El contenido de esta guía se considera actualizado en el momento de la redacción. Se ha hecho todo lo posible para asegurar su exactitud. No obstante, algunas de las informaciones pueden haber cambiado debido a las constantes remodelaciones y a la evolución del coste de la vida. Declinamos toda responsabilidad ante posibles imprecisiones, errores u omisiones que puedan detectarse.

Debido a que en el momento de la redacción el cambio al euro no se había completado aún, los precios que facilitamos en esta guía tienen carácter orientativo.

Ediciones de Viaje

NEUMÁTICOS MICHELIN S.A.
Avenida de los Encuartes, 19
28760 TRES CANTOS (MADRID)
☎ 91 410 50 00
www.ViaMichelin.com
LaGuiaVerde@es.michelin.com

Manufacture française des pneumatiques Michelin
Société en commandite par actions au capital de 304 000 000 EUR
Place des Carmes-Déchaux – 63 Clermont-Ferrand (France)
R.C.S. Clermont-Fd B 855 200 507

Prohibido todo tipo de reproducción, total o parcial,
sin autorización previa del editor.

© Michelin et Cie, Propriétaires-éditeurs, 2002
Dépôt légal juin 2002 – ISBN 2-06-000245-1 – ISSN 0764-1478
Printed in France 06-02/2.1

Maquetación: Euronumérique Ligugé
Impresión: Aubin Ligugé
Encuadernación: Aubin Ligugé

Maqueta de cubiertas: Agencia Carré Noir, F – 75017 París

LA GUÍA VERDE
en busca de nuevos horizontes

Si quiere ser protagonista de sus vacaciones y disfrutar plenamente de su tiempo; si desea aprender mientras viaja, descubrir nuevos paisajes y conocer el auténtico carácter de las regiones y países que visite, déjese conducir por los nuevos caminos que le abre La Guía Verde.

Nuestros redactores trabajan durante todo el año para ayudarle a preparar sus vacaciones. Recorren personalmente ciudades y pueblos, elaboran circuitos, seleccionan lo más interesante, buscan los hoteles y restaurantes más agradables y recogen infinidad de datos para elaborar mapas y planos de calidad.

La Guía Verde que tiene en sus manos está realizada con todo cuidado y es fruto de la experiencia turística de Michelin. Queremos ofrecerle un producto práctico y siempre actualizado que evoluciona y le escucha, por eso sus aportaciones son fundamentales.

Comparta con nosotros la pasión por viajar que nos ha conducido a más de sesenta destinos españoles y extranjeros. Déjese llevar como nosotros por esa curiosidad insaciable que anima a descubrir continuamente nuevos horizontes.

Sumario

Cómo utilizar esta guía	8
Signos convencionales	9
Mapa de los lugares más interesantes	10
Mapa de itinerarios de viaje	13

Informaciones prácticas   17

Antes de salir	18
Cómo llegar a Alemania	21
Desplazarse dentro de Alemania	21
Alojamiento	22
Otros datos útiles	23
Gastronomía	24
Ocio y turismo	26
Deportes	28
Estaciones termales	28
Fiestas, ferias y festivales	30
Algunos libros	33
Vocabulario	34

Introducción   37

Fisonomía del país	38
La democracia alemana	41
Historia	44
Arte	56
Literatura	63
Música	66
Cine	68

Ciudades, pueblos y parajes   71

Aquisgrán 72 – Alpes (ruta alemana) 75 – Alsfeld 79 – Altenburg 80 – Amberg 81 – Annaberg-Buchholz 82 – Ansbach 83 – Aschaffenburg 83 – Augsburgo 85 – Bad Doberan 88 – Bad Hersfeld 88 – Bad Kreuznach 89 – Bad Mergentheim 90 – Bad Reichenhall 91 – Bad Säckingen 92 – Bad Tölz 92 – Bad Wimpfen 94 – Baden-Baden 96 – Badenweiler 98 – Bamberg 99 – Bautzen 103 – Baviera (selva) 105 – Bayreuth 106 – Berchtesgaden 110 – Bergstraße 113 – Berlín 114 – Bernkastel-Kues 150 – Bonn 152 – Bremen 158 – Bruchsal (castillo) 162 – Brühl 163 – Brunswick 156 – Bückeburg 165 – Burghausen 169 – Celle 167 – Chemnitz 168 – Chiemsee 170 – Chorin (abadía) 172 – Coblenza 299 – Coburgo 173 – Colonia 302 – Constanza 318 – Constanza (lago) 319 – Cottbus 174 – Darmstadt 177 – Dessau 179 – Detmold 183 – Donaueschingen 184 – Dortmund 185 – Dresde 186 – Düsseldorf 197 – Eberbach (convento) 200 – Eichstätt 201 – Eifel 203 – Einbeck 206 – Eisenach 206 – Emden 210 – Erfurt 211 – Espira 492 – Essen 215 – Esslingen am Neckar 217

Estatua de Roland, Bremen

Sillones en la playa

– Flensburg 218 – Francfort del Meno 219 – Freiberg 230 – Friburgo de Brisgovia 232 – Frisonas Orientales (islas) 420 – Frisonas Septentrionales (islas) 407 – Fritzlar 236 – Füssen 239 – Fulda 237 – Garmisch-Partenkirchen 240 – Gelnhausen 242 – Görlitz 242 – Goslar 245 – Gotha 248 – Göttingen 249 – Greifswald 250 – Güstrow 251 – Haigerloch 252 – Halberstadt 253 – Halle 254 – Hamburgo 257 – Hameln 269 – Hann. Münden 271 – Hannover 272 – Harz 275 – Heidelberg 276 – Helgoland (isla) 281 – Hildesheim 281 – Hohenloher Land 284 – Hohenzollern (castillo) 285 – Husum 286 – Idar-Oberstein 287 – Ingolstadt 288 – Jena 289 – Jura suabo 479 – Karlsruhe 291 – Kassel 294 – Kiel 297 – Lahn (valle) 321 – Landsberg am Lech 323 – Landshut 323 – Leipzig 324 – Lemgo 331 – Limburg an der Lahn 333 – Lindau im Bodensee 333 – Linderhof (castillo) 335 – Lübeck 336 – Ludwigsburg 340 – Ludwigslust 341 – Luneburgo 342 – Lüneburger Heide 344 – Magdeburgo 347 – Maguncia 349 – Mannheim 352 – Marburgo 354 – Maulbronn (monasterio) 356 – Mecklemburgo (meseta lacustre) 357 – Meissen 359 – Memmingen 361 – Merseburgo 363 – Metálicos (montes) 214 – Minden 363 – Mönchengladbach 364 – Monschau 365 – Mosela (valle) 366 – Mühlhausen 368 – Múnich 369 – Münster 396 – Münster (castillos) 399 – Naumburg 400 – Neubrandenburg 402 – Neuschwanstein (castillo) 405 – Nördlingen 408 – Nuremberg 409 – Oberstdorf 415 – Odenwald 416 – Oldenburg 417 – Osnabrück 418 – Paderborn 421 – Palatinado 424 – Passau 422 – Potsdam 428 – Quedlinburg 434 – Rastatt 436 – Ratisbona 438 – Ratzeburg 437 – Ravensburg 438 – Rheinsberg (palacio) 443 – Rin (valle) 444 – Rostock 451 – Rothenburg ob der Tauber 453 – Rottweil 456 – Rüdesheim am Rhein 457 – Rügen (isla) 458 – Ruhr (cuenca) 461 – Ruta romántica 449 – Saale (alto valle) 466 – Saarbrücken 467 – Salem 474 – St. Blasien 475 – Sarre (valle inferior) 471 – Sauerland 476 – Schleswig 477 – Schwäbisch Gmünd 480 – Schwäbisch Hall 481 – Schwerin 487 – Schwetzingen 489 – Selva Negra 482 – Sigmaringen 490 – Soest 490 – Spreewald 495 – Stade 496 – Stendal 497 – Stralsund 498 – Straubing 499 – Stuttgart 501 – Sylt (isla) 506 – Suiza sajona 472 – Tréveris 509 – Tubinga 514 – Turingia (selva) 508 – Überlingen 517 – Ulm 518 – Usedom (isla) 522 – Vierzehnheiligen (iglesia) 524 – Waldeck (región) 525 – Waldsassen 526 – Wasserburg am Inn 527 – Weimar 528 – Wernigerode 533 – Wertheim 534 – Wessobrunn 535 – Wetzlar 535 – Wies (iglesia) 538 – Wiesbaden 536 – Wismar 539 – Wittenberg 541 – Wolfenbüttel 542 – Wörlitz (parque) 543 – Worms 546 – Würzburg 548 – Xanten 554 – Zittau (montes) 554 – Zugspitze 556 – Zwickau 557 – Zwiefalten 559.

Lista del Patrimonio Mundial de la Unesco — 561

Condiciones de visita — 562

Índice — 606

Castillo de Moritzburg

Detalle de una fachada de Hildesheim

Cartografía

PRODUCTOS QUE COMPLEMENTAN ESTA GUÍA

Mapas Michelin nos 415 a 420
Mapas de carreteras a escala 1/300.000, con índice alfabético de localidades e informaciones turísticas

Mapa Michelin nº 984 de Alemania
Mapa de carreteras a escala 1/750.000, con índice alfabético de localidades e informaciones turísticas

Mapa de carreteras y Atlas Michelin de Alemania
Alemania a escala 1/300.000, Benelux, Austria, Suiza a escala 1/400.000, República Checa a escala 1/600.000. 102 planos de ciudades, índice de localidades, encuadernado con espiral, formato 22,7 x 30 cm

Plano urbano de Berlín nº 33
Plano de la ciudad a escala 1/10.000, con las principales vías de comunicación, indicación de las calles de sentido único, los aparcamientos más importantes, los principales edificios públicos y estafetas de correos, así como un callejero por orden alfabético y consejos prácticos

y para llegar a Alemania

Atlas de carreteras Michelin de Europa
Encuadernado con espiral, con índice alfabético de localidades, incluye 74 planos de ciudades y sus alrededores

Mapa Michelin nº 987 de Alemania, Austria, Benelux, República Checa
Mapa de carreteras a escala 1:1.000.000, con informaciones turísticas

www.ViaMichelin.com
El portal www.ViaMichelin.com ofrece una gran cantidad de servicios y de informaciones prácticas de ayuda al viajero en 43 países europeos: cálculo de itinerarios, cartografía (desde mapas de países hasta planos de ciudades), selección de hoteles y restaurantes de La Guía Roja Michelin, etc.

ÍNDICE CARTOGRÁFICO

Lugares más interesantes	10
Itinerarios de viaje	13
Regiones naturales	38
Constitución del Imperio Alemán	52

Planos de ciudades

Aquisgrán 72 – Augsburgo 86 – Bad Wimpfen 95 – Baden-Baden 96 – Bamberg 99 – Bayreuth 107 – Berlín: alrededores 126, ciudad 128, centro histórico (Berlín-Mitte) 130 – Bonn 153 – Bremen 161 – Chemnitz 169 – Coblenza 300 – Colonia: 312, casco antiguo 314 – Constanza 320 – Cottbus 175 – Dessau 180 – Dresde 192 – Düsseldorf 199 – Eichstätt 202 – Eisenach 208 – Erfurt 212 – Essen: 215, casco antiguo 216 – Francfort del Meno 226 – Friburgo de Brisgovia 233 – Garmisch-Partenkirchen 240 – Görlitz 243 – Goslar 246 – Halle 255 – Hamburgo 264 – Hannover 273 – Heidelberg 280 – Hildesheim 282 – Jena 290 – Karlsruhe 291 – Kassel 295 – Leipzig 328 – Lindau im Bodensee 334 – Lübeck 339 – Luneburgo 343 – Magdeburgo 347 – Maguncia 350 – Mannheim 353 – Marburgo 355 – Meissen 360 – Múnich 386 – Münster 396 – Neubrandenburg 403 – Nuremberg 412 – Passau 422 – Potsdam 432 – Ratisbona 440 – Rostock 452 – Rothenburg 455 – Schwerin 488 – Soest 491 – Stralsund 498 – Stuttgart 503 – Tréveris 511 – Tubinga 515 – Überlingen 518 – Ulm 519 – Weimar 530 – Wolfenbüttel 543 – Worms 547 – Würzburg 550 – Zwickau 558

Planos de situación y de plantas de monumentos

Bamberg: catedral	100
Berlín: isla de los museos	134
Dresde: Zwinger	191
Dresde: Galería de Pintura de Viejos Maestros	193
Friburgo de Brisgovia: colegiata	234
Heidelberg: castillo	279
Colonia: catedral	310
Maguncia: catedral	349
Marburgo: iglesia de Santa Isabel	355
Maulbronn: abadía	357
Múnich: Residencia	375
Múnich: Antigua Pinacoteca	382
Múnich: parque de Nymphenburg	392
Nuremberg: iglesia de San Sebaldo	411
Potsdam: parque de Sanssouci	430
Iglesia de Vierzehnheiligen	524
Parque de Wörlitz	544
Zugspitze	557

Mapas de itinerarios y circuitos descritos

Ruta alemana de los Alpes	75
Alrededores de Bayreuth	109
Lago de Constanza	150
Eifel	205
Montes Metálicos	214
Harz	275
Hohenloher Land	284
Landas de Luneburgo	345
Valle del Mosela	367
Castillos de la región de Münster	399
Palatinado	426
Iglesias barrocas de Suabia	560
Valle del Rin	447
Rügen	459
Cuenca del Ruhr	465
Suiza sajona	473
Sauerland	476
Jura suabo	479
Selva Negra	484
Selva de Turingia	508
Usedom	523
Región de Waldeck	525

Cómo utilizar esta guía

Esta guía está pensada para ayudarle a sacar el máximo partido de su viaje por Alemania.

● Los mapas de las primeras páginas se han diseñado para ayudarle a preparar su viaje. **El mapa de Lugares más interesantes** identifica los puntos de mayor interés turístico clasificados según el sistema de estrellas de Michelin. El **mapa de Itinerarios de viaje** señala los principales recorridos en coche y las localidades con importantes recursos hoteleros.

● El capítulo **Informaciones prácticas** contiene datos de carácter práctico: direcciones, servicios, instalaciones deportivas, calendario de fiestas...

● En la **Introducción al viaje** hallará toda la información necesaria para comprender mejor el paisaje, la historia, la cultura y el arte alemanes.

● En el capítulo **Ciudades, pueblos y parajes** encontrará los principales lugares de interés turístico, ordenados alfabéticamente; también se incluyen excursiones por los alrededores.

● Al final de la guía encontrará las **Condiciones de visita** con los horarios de los diferentes museos y monumentos (están señalados con un reloj azul: ⏰) y un completo **Índice** de localidades, personalidades, hechos históricos... para ayudarle a encontrar rápidamente cualquier detalle que desee conocer.

● Si tiene algún comentario o sugerencia, no dude en escribirnos a:

MICHELIN Ediciones de Viaje
Avenida de los Encuartes, 19 – 28760 Tres Cantos (Madrid)
LaGuiaVerde@es.michelin.com
www.ViaMichelin.com

Gute Reise!

Signos convencionales

★★★ Justifica el viaje
★★ Vale la pena desviarse
★ De particular interés

Lugares de interés

- Condiciones de visita al final de la guía
- Itinerario descrito Principio de la visita
- Iglesia – Templo
- Sinagoga – Mezquita
- Edificio
- Estatua, pequeño edificio
- Crucero, calvario
- Fuente
- Muralla – Torre – Puerta
- Si puede, vea también…
- AZ B Localización de un lugar de interés en el plano
- Información turística
- Castillo, Palacio – Ruinas
- Presa – Fábrica
- Fortaleza – Cueva
- Monumento megalítico
- Mesa de orientación – Vista
- Curiosidades diversas

Deportes y ocio

- Hipódromo
- Pista de patinaje
- Piscina al aire libre, cubierta
- Puerto deportivo
- Refugio
- Teleférico, telecabina
- Tren turístico
- Sendero señalizado
- Zona recreativa
- Parque de atracciones
- Zoo, reserva de animales
- Jardín floral, arboleda
- Parque ornitológico Reserva de pájaros

Otros signos

- Autopista, autovía
- Acceso: completo, parcial
- Calles peatonales
- Calle impracticable, de uso restringido
- Escalera – Sendero
- Estación – Estación de autobuses
- Funicular
- Tranvía – Metro
- Bert (R.)… Calle comercial en los planos de ciudad
- Lista de correos – Teléfono
- Mercado cubierto
- Cuartel
- Puente levadizo
- Cantera – Mina
- B F Transbordador
- Transporte de vehículos y pasajeros
- Transporte de pasajeros
- ③ Salida de la ciudad, coincide en planos y mapas MICHELIN

Abreviaturas y símbolos específicos

- J Palacio de Justicia (Justizgebäude)
- L Gobierno provincial (Landesregierung)
- M Museo (Museum)
- POL. Policía (Polizei)
- R Ayuntamiento (Rathaus)
- T Teatro (Theater)
- U Universidad (Universität)
- Aparcamiento "P+R"
- Aparcamiento cubierto
- 19 Carretera federal (Bundesstraße)

Esta guía mantiene la ortografía alemana y la letra ß que en español equivale a ss.

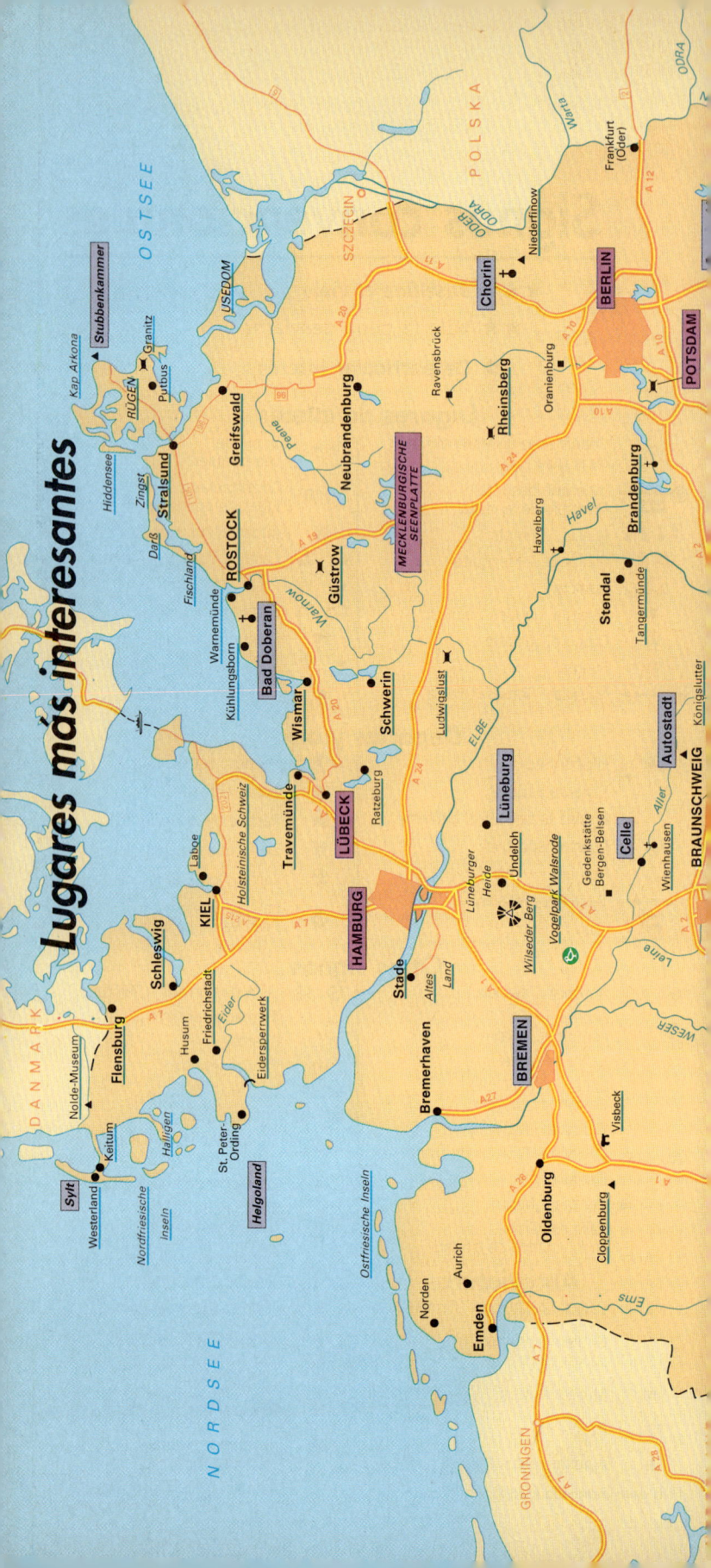

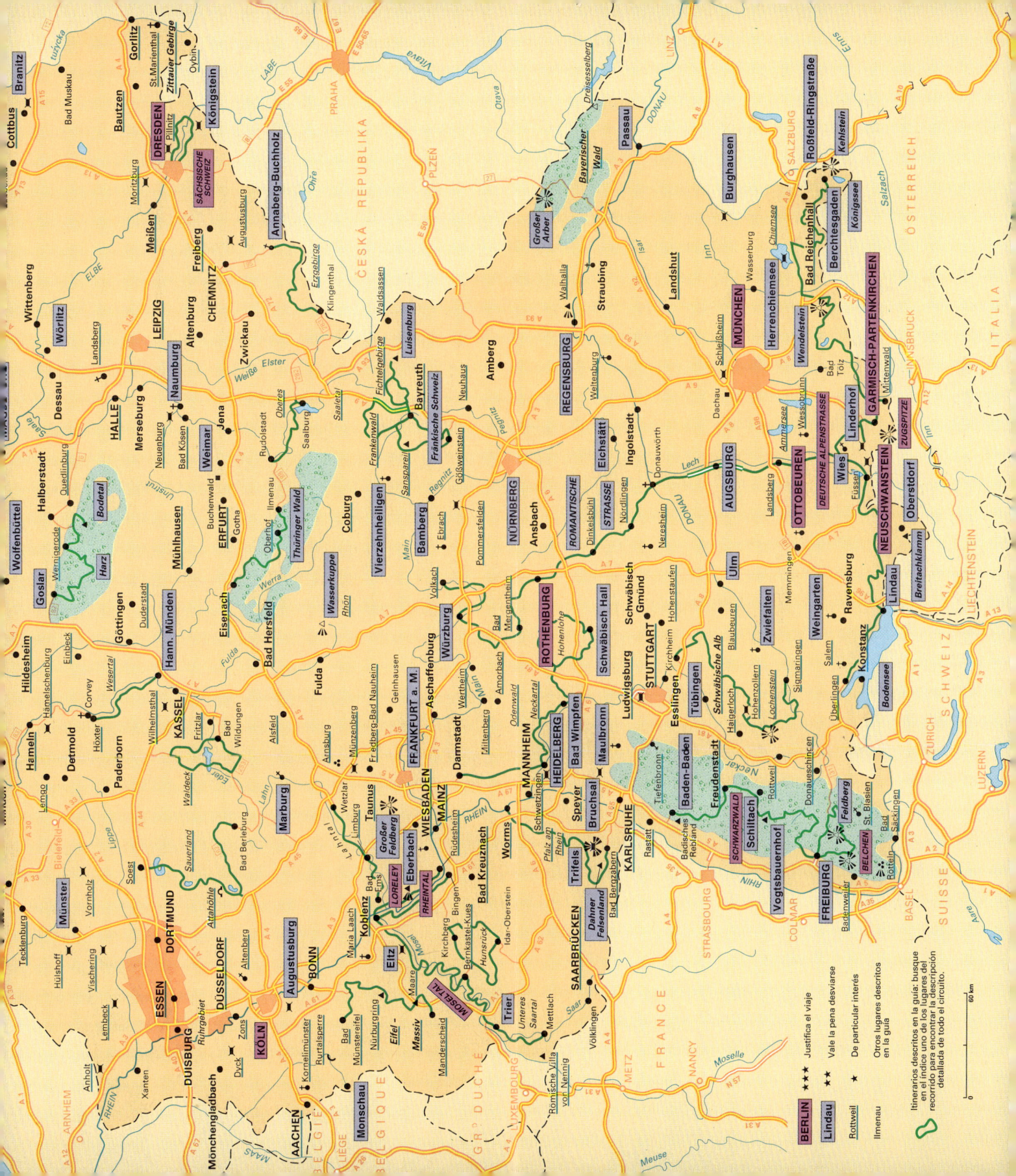

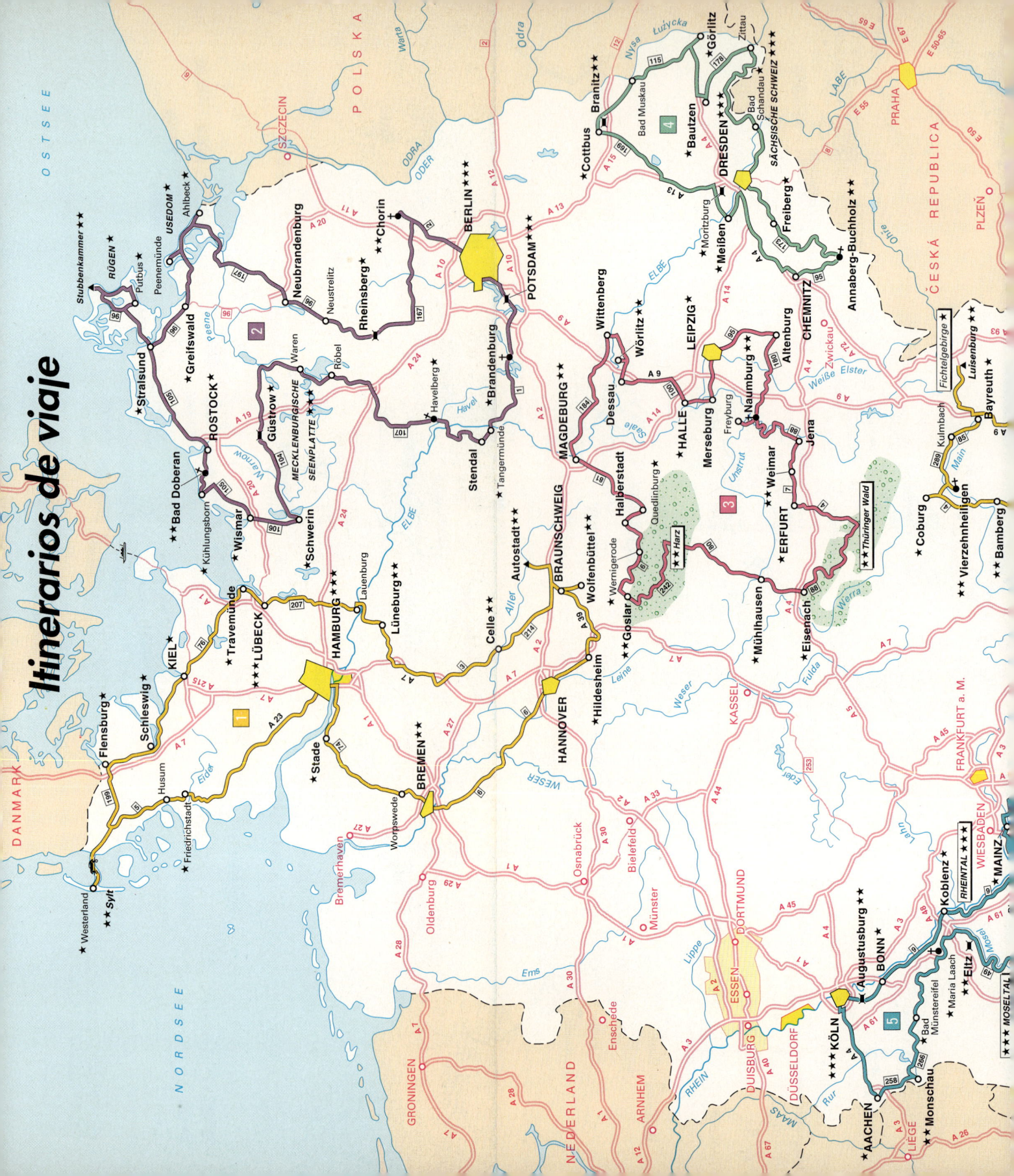

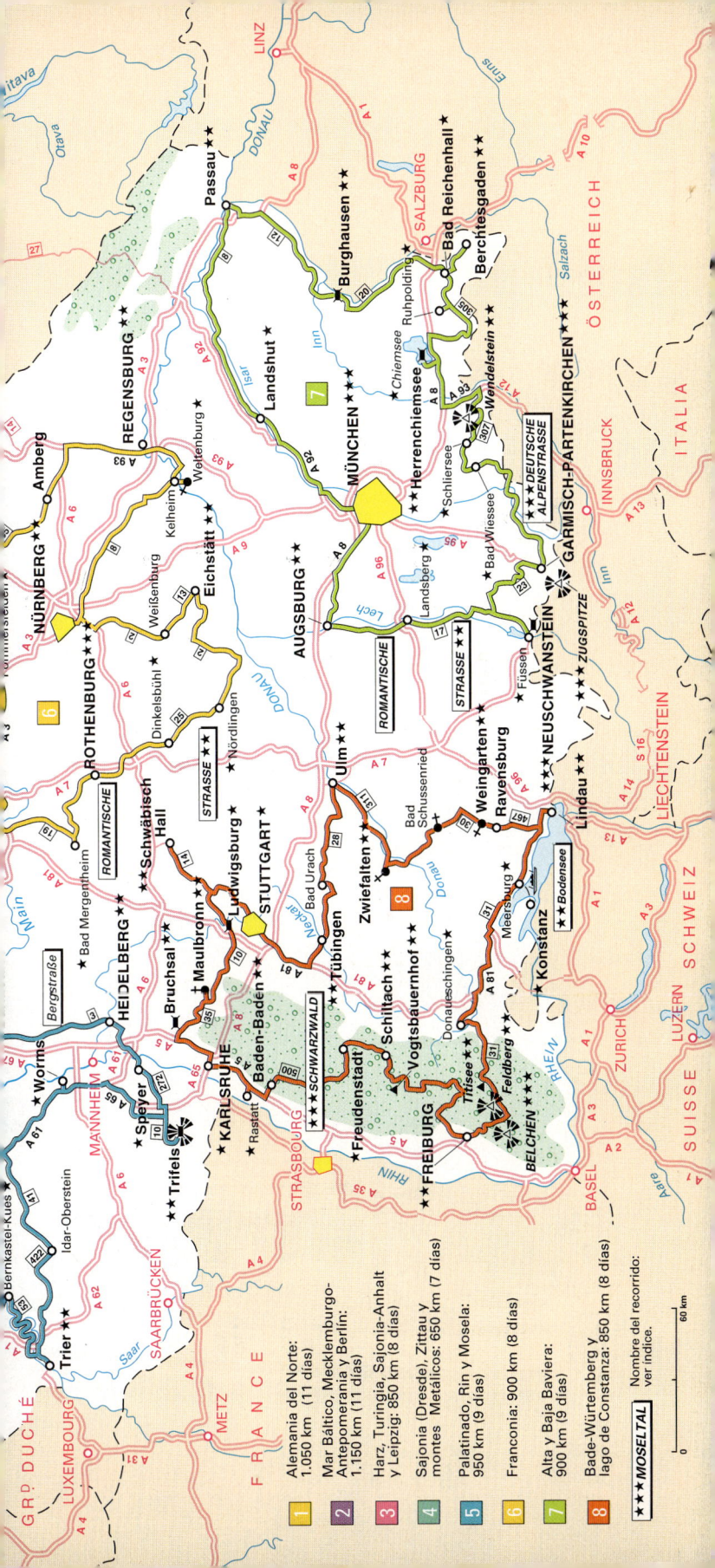

Navegación por el Elba en la Suiza sajona

Informaciones prácticas

Antes de salir

Direcciones útiles

Si desea preparar el viaje con antelación, le aconsejamos que se dirija en primer lugar a la **oficina de turismo de Alemania**. Una información más detallada de la región que el viajero tenga previsto visitar se obtiene en las oficinas y asociaciones de turismo locales, cuya dirección se facilita en el capítulo Condiciones de Visita, señalizadas con el símbolo ✆. Muchas ciudades alemanas disponen de dirección en internet (en alemán), que se forma con el nombre de la población; por ejemplo, para conectar con Karlsruhe debe escribir: www.karlsruhe.de.

Oficina de turismo de Alemania en España: San Agustín 9, 28001 Madrid, ☎ 91 429 35 51, www.alemania-turismo.com.

Oficina central de turismo alemán en Alemania (Francfort del Meno): Beethovenstraße 69, 60325 Frankfurt am Main, ☎ 069/97 46 40, fax 069/97 46 42 33.

Internet: www.germany-tourism.de (inglés).

Embajada de Alemania en España: Fortuny 8, 28010 Madrid, ☎ 915 579 000, fax 91/310 21 04.

EMBAJADAS Y CONSULADOS

Embajada de España: Schöneberger Ufer 89, 10785 Berlín, ☎ 030/ 254 00 70, fax 030/ 257 99 557.

Consulado de España en Berlín: Steinplatz 1, 10623 Berlín, ☎ 030/ 315 09 251, fax 030/ 315 09 962.

Consulado de España en Düsseldorf: Hombergerstraße 16, 30474 Düsseldorf, ☎ 02 11/43 90 80, fax 02 11/45 37 68.

Consulado de España en Francfort: Nibelungenplatz 3, 60318 Frankfurt a.M., ☎ 069/ 95 91 66-0, fax 069/ 596 47 42.

Consulado de España en Hamburgo: Mittelweg 37, 20148 Hamburg, ☎ 040/ 41 46 46-0, fax 040/ 41 74 49.

Consulado de España en Hannover: Bödekerstraße 22, 30161 Hannover, ☎ 0511/ 31 10 85, fax 0511/ 31 62 30.

Consulado de España en Múnich: Oberföhringer Straße 45, 81925 München, ☎ 089/ 998 47 90, fax 089/ 981 02 06.

Consulado de España en Stuttgart: Lenzhalde 61, 70192 Stuttgart, ☎ 0711/ 226 20 02, fax 0711/ 22659 27.

OFICINAS DE TURISMO REGIONALES

Baden-Würtemberg

Baden-Württemberg: LFV-Marketing Baden-Württemberg, Esslinger Straße 8, 70182 Stuttgart, ☎ 07 11/23 85 80, fax 07 11/2 38 58 99, www.tourismus-baden-wuerttemberg.de.

Baden: Touristikgemeinschaft Baden-Elsaß-Pfalz, Baumeisterstraße 2, 76137 Karlsruhe, ☎ 07 21/35 50 20, fax 07 21/3 55 02 22, tg-visavis@gmx.de, www.region-karlsruhe.de.

Bodensee (Lago de Constanza): Internationaler Bodensee Tourismus, Insel Mainau, 78465 Konstanz, ☎ 0 75 31/9 09 40, fax 0 75 31/90 94 94, www.bodensee-tourismus.com.

Suabia: Fremdenverkehrsamt Neckargemünd, Hauptstraße 25, 69142 Neckargemünd, ☎ 0 62 23/35 53, fax 0 62 23/80 42 80.

Selva Negra: Info- & Prospektservice Schwarzwald, Yorckstraße 23, 79110 Freiburg im Breisgau, ☎ 07 61/89 79 79 79, fax 07 61/89 79 79 89, www.schwarzwald-tourist-info.de.

Baviera

Baviera: Bayerischer Tourismusverband, Prinzregentenstraße 18, 80538 München, ☎ 0 89/21 23 97 30, fax 0 89/29 35 82, www.btl.de/bayern.

Allgäu: Tourismusverband Allgäu/Bayerisch Schwaben, Fuggerstraße 9, 86150 Augsburg, ☎ 08 21/3 33 35, fax 08 21/3 83 31, www.btl.de/allgaeu-bayerisch-schwaben.

Franconia: Tourismusverband Franken, Fürther Straße 21, 90429 Nürnberg, ☎ 09 11/26 42 02, fax 09 11/27 05 47, www.btl.de/franken.

Múnich-Alta Baviera: Tourismusverband München-Oberbayern, Bodenseestraße 113, 81243 München, ☎ 0 89/8 29 21 80, fax 0 89/82 92 18 28, www.btl.de/oberbayern.

Baviera Oriental: Tourismusverband Ostbayern, Luitpoldstraße 20, 93047 Regensburg, ☎ 09 41/58 53 90, fax 09 41/5 85 39 39, www.ostbayern-tourismus.de.

Berlín

Berlín: Berlin Tourismus Marketing, Am Karlsbad 11, 10785 Berlin, ☎ 0 30/25 00 25, fax 0 30/25 00 24 24, www.berlin.de.

Brandemburgo

Brandemburgo: Tourismusverband des Landes Brandenburg, Am Neuen Markt 1, 14467 Potsdam, ☎ 03 31/27 52 80, fax 03 31/2 75 28 10, ldv@tourismus-brandenburg.de.

Spreewald: Tourismus Zentrale Spreewald, Lindenstraße 1, 03226 Raddusch, ☎ 03 54 33/7 22 99, fax 03 54 33/7 22 28, www.spreewald-tourist.de.

Bremen

Bremen: Bremer Touristik Zentrale, Finddorffstraße 105, 28215 Bremen, ☎ 018 05/10 10 30, fax 04 21/3 08 00 36, www.bremen-tourism.de.

Hamburgo

Hamburgo: Tourismus-Zentrale Hamburg, Steinstraße 7, 20095 Hamburg, ☎ 0 40/30 05 10, fax 0 40/30 05 12 20, www.hamburg-tourism.de.

Hesse

Hesse: Hessischer Fremdenverkehrsverband, Abraham-Lincoln-Straße 38-42, 65189 Wiesbaden; ☎ 06 11/77 88 00, fax 06 11/7 78 80 40, www.hessen-tourismus.de.

Odenwald: Touristikgemeinschaft Odenwald, Renzstraße 7, 74821 Mosbach, ☎ 0 62 61/8 43 19, fax 0 62 61/8 44 67, www.tg-odenwald.de.

Rhön: Fremdenverkehrsverband Rhön, Wörthstraße 15, 36037 Fulda, ☎ 06 61/6 00 61 11, fax 06 61/6 00 61 20, fvv-roehn@t-online.de.

Westerwald: Fremdenverkehrsamt Westerwald-Lahn-Taunus, Schiede 43, 65549 Limburg, ☎ 0 64 31/29 62 21, fax 0 64 31/29 64 44, ferienland.wlt@t-online.de.

Mecklemburgo-Antepomerania

Mecklemburgo-Antepomerania: Tourismusverband Mecklenburg-Vorpommern, Platz der Freundschaft 1, 18059 Rostock, ☎ 03 81/4 03 05 00, fax 03 81/4 03 05 55, www.tmv.de.

Meseta lacustre de Mecklemburgo: Fremdenverkehrsverband Mecklenburgische Seenplatte, Turnplatz 2, 17207 Röbel/Müritz, ☎ 03 99 31/5 13 81, fax 03 99 31/5 13 86, www.mecklenburgische-seenplatte.de.

Mar Báltico (Mecklemburgo-Antepomerania): Verband Mecklenburgische Ostseebäder, Kühlungsborner Straße 4, 18209 Bad Doberan/Heiligendamm, ☎ 03 82 03/6 21 20, fax 03 82 03/6 21 93, www.mecklenburgische-ostseebaeder.m-vp.de.

Baja Sajonia

Baja Sajonia: Tourismusverband Niedersachsen e. V., Vahrenwalder Straße 7, 30165 Hannover, ☎ 05 11/9 35 72 50, fax 05 11/9 35 72 59, www.tourismus.niedersachsen.de.

Harz: Harzer Verkehrsverband, Marktstraße 45, 38640 Goslar, ☎ 0 53 21/340 40, fax 0 53 21/34 04 66, www.harzinfo.de.

Landas de Luneburgo: Fremdenverkehrsverband Lüneburger Heide, Barckhausenstraße 35, 21335 Lüneburg, ☎ 0 41 31/7 37 30, fax 0 41 31/4 26 06, www.lueneburgerheide.de.

Mar del Norte (Niedersachsen): Tourismusverband Nordsee e. V., Fischteichweg 7-13, 26603 Aurich, ☎ 0 49 41/1 65 88, fax 0 49 41/1 64 52, www.ostfriesland.de.

Weserbergland: Fremdenverkehrsverband Weserbergland-Mittelweser, Deisteralle 1, 31785 Hameln, ☎ 0 51 51/9 30 00, fax 0 51 51/93 00 33, www.weserbergland.com.

Renania Septentrional-Westfalia

Eifel: Eifel Touristik Agentur NRW, Marktstraße 15, 53902 Bad Münstereifel, ☎ 0 22 53/92 22 22, fax 0 22 53/92 22 23, www.eifel-touristik.de.

Renania: Landesverkehrsverband Rheinland, Rheinallee 69, 53173 Bonn, ☎ 02 28/36 29 21, fax 02 28/36 39 29, www.rheinland-info.de.

Cuenca del Ruhr: Kommunalverband Ruhrgebiet, Kronprinzenstraße 35, 45128 Essen, ☎ 02 01/2 06 90, fax 02 01/2 06 95 01, www.kvr.de.

Sauerland: Sauerland Touristik, Heinrich-Jansen-Weg 14, 59929 Brilon, ☎ 0 29 61/94 32 29, fax 0 29 61/94 32 47, www.sauerland-touristik.de.

Teutoburger Wald: Teutoburger Wald Tourismus e. V., Bad Meinberger Straße 1; 32760 Detmold, ☎ 0 52 31/95 85 55, fax 0 52 31/95 85 75, www.teutoburgerwald.de.

Renania-Palatinado

Renania-Palatinado: Rheinland-Pfalz Tourismus GmbH, Löhrstraße 103-105, 56068 Koblenz, ☎ 02 61/91 52 00, fax 02 61/9 15 20 40, www.rlp-info.de.

Mosela: Mosellandtouristik, Gestade 12-14, 54470 Bernkastel-Kues, ☎ 0 65 31/20 91, fax 0 65 31/20 93, www.mosellandtouristik.de.

Palatinado: Pfalz Touristik, Landauer Straße 66, 67434 Neustadt/Weinstraße, ☎ 0 63 21/3 91 60, fax 0 63 21/39 16 19, www.pfalz-touristik.de.

Westerwald: Westerwald Gäste-Service, Kirchstraße 48a, 56410 Montabaur, ☎ 0 26 02/3 00 10, fax 0 26 02/30 01 15, www.westerwald-touristik.de.

Sarre

Sarre: Tourismus Zentrale Saarland, Franz-Joseph-Röder-Straße 9, 66119 Saarbrücken, ☎ 06 81/92 72 00, fax 06 81/9 27 20 40..

Sajonia

Sajonia: Tourismus Marketing GmbH Sachsen, Bautznerstraße 45-47, 01099 Dresden; ☎ 03 51/49 17 00, fax 03 51/4 96 93 06, www.sachsen-tour.de.

Montes Metálicos: Tourismusverband Erzgebirge e. V., Adam-Ries-Straße 16, 09456 Annaberg-Buchholz, ☎ 0 37 33/18 80 00, fax 0 37 33/1 88 00 20/30, www.tourismus-erzgebirge.de.

Suiza sajona: Tourismusverband Sächsische Schweiz, Am Bahnhof 6, 01814 Bad Schandau, ☎ 03 50 22/49 50, fax 03 50 22/4 95 33, www.saechsische-schweiz.de.

Sajonia-Anhalt

Sajonia-Anhalt: Landes-Tourismusverband Sachsen-Anhalt, Große Diesdorfer Straße 12, 39108 Magdeburg, ☎ 03 91/7 38 43 00, fax 03 91/7 38 43 02.

Altmark: Fremdenverkehrsverband Altmark, Markstraße 13, 39590 Tangermünde, ☎ 03 93 22/34 60, fax 03 93 22/35 60.

Schleswig-Holstein

Schleswig-Holstein: Tourismus Agentur Schleswig-Holstein GmbH, Lorentzendamm 24, 24103 Kiel, ☎ 04 31/5 60 00, fax 04 31/5 19 45 65, TASH@sht.de.

Holsteinische Schweiz: Kurverwaltung Malente, Bahnhofstraße 4, 23714 Malente, ☎ 0 45 21/7 09 70, fax 0 45 21/7 09 20, www.sht.de/holst.schweiz.

Mar del Norte (Schleswig-Holstein): Nordseebäderverband Schleswig-Holstein, Parkstraße 7, 25813 Husum, ☎ 0 48 41/8 97 50, fax 0 48 41/48 43, www.sht.de/nordsee.

Mar Báltico (Schleswig-Holstein): Verband Ostseebäder Schleswig-Holstein, Vorderreihe 57, 23570 Lübeck-Travemünde, ☎ 0 45 02/68 63, fax 0 45 02/42 34, www.sht.de/ostsee.

Turingia

Turingia: Thüringer Tourismus GmbH, Weimarische Straße 45, 99099 Erfurt; ☎ 03 61/3 74 20, fax 03 61/3 74 23 88, www.thueringen-tourismus.de.

Saale: Fremdenverkehrsverband Thüringer Schiefergebirge/Obere Saale, Im Oberhof 108, 07356 Lobenstein, ☎ 0 36 51/23 39, fax 0 36 51/22 69, www.lobenstein.de.

Selva de Turingia: Fremdenverkehrsverband Thüringer Wald, August-Bebel-Straße 16, 98527 Suhl, ☎ 0 36 81/3 94 50, fax 0 36 81/72 21 79, www.thueringer-wald.com.

Formalidades de entrada

Los ciudadanos españoles, como miembros de la UE, sólo tienen que llevar el DNI (que tiene que estar en vigor) o el pasaporte. Los automovilistas deben llevar la documentación del vehículo y el carnet de conducir expedido en su país de origen; la carta verde facilitada por la compañía aseguradora no es obligatoria, pero simplifica los trámites legales en caso de accidente.

Turismo para minusválidos

La revista alemana *"Handicapped-Reisen in Deutschland"* (19,50 €, incluidos gastos de envío), editada por la compañía FMG Fremdenverkehrsmarketing GmbH (Postfach 2154, 40644 Meerbusch, ☎ 0 21 59/81 56 22, fax 0 21 59/81 56 24, www.fmg-verlag.de) ofrece una amplia información sobre los hoteles, apartamentos y albergues adaptados para acoger a personas con impedimentos físicos –más de 1.250 establecimientos poseen infraestructuras para viajeros en sillas de ruedas. Otra publicación interesante es *Reise-ABC* (aprox. 3,60 € más gastos de franqueo), editada por BSK Bundesverband Selbsthilfe Körperbehinderter e. V., Postfach 20, 74236 Krautheim, ☎ 0 62 94/6 81 10, fax 0 62 94/9 53 83, www.bsk-ev.de.

Cómo llegar a Alemania

Avión – A los aeropuertos alemanes vuelan directamente desde España, entre otras, las siguientes compañías:

Lufthansa: Información y reservas en el ☏ 902 22 01 01. Tiene vuelos directos desde Madrid a Francfort, Düsseldorf, Colonia y Stuttgart; desde Barcelona a Francfort, Múnich, Colonia, Düsseldorf y Stuttgart; y desde Málaga y Bilbao sólo a Francfort. Lufthansa vuela también a Berlín vía Colonia, www.lufthansa.com.

Iberia: Información y reservas en el ☏ 902 400 500. Desde Madrid, tiene cuatro vuelos diarios directos a Francfort, tres a Düsseldorf, dos a Múnich, y uno diario a Berlín y a Hannover.

Tren – Alemania dispone de una amplia red de ferrocarril perfectamente conectada con otros países europeos, aunque desde España no existe ningún tren directo. Desde nuestro país la conexión con las ciudades alemanas se realiza vía París desde Madrid, y vía Milán y Zúrich desde Barcelona. En España, la única delegación oficial de los Ferrocarriles Alemanes (**Deutsche Bahn AG** ☏ 018 05/99 66 33) está a cargo de la Agencia de viajes **NORDA**, con sede en Carrera de San Jerónimo 44, 28014 Madrid, ☏ 91 389 69 00, fax 914 29 95 27; y en Barcelona, Pau Claris, 108, D.P. 08009, ☏ 93/304 17 72. En esta agencia se pueden adquirir billetes de tren para cualquier trayecto de la red ferroviaria alemana, incluso con reserva de plaza. En **internet** una dirección muy útil con posibilidad de consulta en inglés es www.bahn.de.

En autocar – La compañía EUROLINES tiene varios servicios semanales entre Madrid, con parada en Zaragoza y Barcelona, y las ciudades de Dortmund, Dresde, Francfort, Hamburgo, Maguncia y Múnich. Información en el ☏ 91 528 11 05 (Madrid) y en el ☏ 93 232 10 92 (Barcelona).

Desplazarse dentro de Alemania

En coche

Normas de circulación

El límite de velocidad en zonas urbanas es de 50 km/h, en las carreteras nacionales 100 km/h. En amplios tramos de las autopistas no existe límite de velocidad, pero se recomienda no superar los 130 km/h.
Es obligatorio el uso de cinturón de seguridad tanto en los asientos delanteros como en los traseros. También es preceptivo un triángulo indicador de peligro y un botiquín portátil.

Mapas – Los mapas de carreteras Michelin correspondientes a la red vial de Alemania abarcan del nº 415 al 420 (escala 1:300.000). También puede utilizar el Atlas Michelin de Europa (escala 1/1.000.000 para el Oeste de Europa y 1/3.000.000 para el Este de Europa).

¡Michelin en Internet!: www.ViaMichelin.com

Si desea preparar su viaje en detalle, ¡consulte nuestro portal en la red! Basta con que indique el punto de partida y de destino dentro del territorio europeo, para que el itinerario más corto, barato o directo aparezca en pantalla. De esta forma obtendrá en pocos segundos la duración de los trayectos, las carreteras que hay que utilizar, los precios de los peajes, y la parte del Mapa Michelin correspondiente. La información sobre las obras en carretera, así como los horarios de tren y de transbordadores le permitirán ahorrar tiempo. Las direcciones de los hoteles, restaurantes y campings, y la lista de atracciones turísticas le ayudarán a preparar el viaje. Además, esta página web le mantendrá informado de las últimas novedades de Bibendum, de la mascota y de los demás productos Michelin (mapas, planos, atlas, la Guía Verde, la Guía Roja, etc.).

Asistencia en carretera – En autopistas y en las carreteras más transitadas el servicio de ayuda corresponde al ADAC (Allgemeiner Deutscher Automobil Club), ☎ 01 80/2 22 22 22; éste es gratuito, a excepción de las piezas de recambio o la grúa, que corren a cargo de los no afiliados a esta asociación. www.adac.de.

Alquiler de coches:

Sixt: ☎ 0 18 05/25 25 25, fax 0 18 05/22 11 20, www.e-sixt.de.
Europcar: ☎ 0 18 05/80 00, fax 0 18 05/05 05 11, www.europcar.de.
Avis: ☎ 0 18 05/55 77, fax 0 61 71/68 10 01, www.avis.de.
Hertz: ☎ 0 18 05/33 35 35, fax 0 03 53/18 13 35 98, www.hertz.de.

En tren

EuroDomino – Un bono que permite viajar un mínimo de 3 días (ampliable hasta 8 días a un precio de 21 €/día) por toda la red alemana de ferrocarriles en cualquier tipo de tren. El bono de 3 días para un adulto cuesta 180 € (135 €, jóvenes). Con este abono también se pueden obtener descuentos en los viajes de autobús y barco (dependiendo de cada compañía). Información en **NORDA**. ☎ 91 389 69 00.

Wochenendticket – Pase de fin de semana para trenes regionales. Con un Pase pueden viajar de 1 a 5 personas. 21 €.

En avión

En la mayoría de las ciudades alemanas existen delegaciones y oficinas de la compañía **Lufthansa**, ☎ 018 03/80 38 03, fax 05 61/993 31 15, www.lufthansa.de.

También puede informarse en **Deutsche BA**, ☎ 018 05/35 93 22, fax 04 21/557 51 69, www.deutsche-ba.de.

Alojamiento

Agenda de direcciones en esta guía

En las descripciones de varias ciudades incluidas en esta guía figura una amplia agenda de direcciones con una selección de hoteles de distintas categorías.

Hoteles

La reserva de habitaciones y apartamentos se puede realizar a través del servicio de la **HRS** Hotel Reservation Service, Drususgasse 7-11, 50667 Köln, ☎ 02 21/207 70, fax 0221/2 07 76 66, www.hrs.de.

Además, el viajero dispone de un amplio catálogo de hoteles y restaurantes en la **Guía Roja Michelin de Alemania**. En ella figuran más de 10.000 establecimientos que son periódicamente visitados por inspectores para comprobar la calidad de sus instalaciones y de los servicios que ofrecen. Esta información se completa con las observaciones y sugerencias de los lectores.

Pensiones, casas de vacaciones

Información y prospectos se obtienen en las oficinas de turismo. Las casas particulares en las que se puede encontrar alojamiento se reconocen fácilmente porque están identificadas con el cartel **Zimmer** (habitaciones). La agencia **bed & breakfast**, Müggenkampstraße 35, 20257 Hamburg, ☎ 0 40/4 91 56 66, fax 0 40/4 91 42 12 proporciona habitaciones de diferentes categorías; algunas ofrecen, además de alojamiento, otros servicios como media pensión, cuidado de niños e incluso de animales domésticos.

Turismo rural

La asociación agraria **Deutsche Landschafts-Gesellschaft e.V. (DLG)**, Eschborner Straße 122, 60489 Frankfurt am Main, ☎ 069/24 78 84 53, fax 069/24 78 84 80 publica un catálogo ("Urlaub auf dem Bauernhof") en el que figuran las granjas y alojamientos rurales que acogen huéspedes para pasar unas vacaciones en el campo. Esta guía se puede solicitar en la dirección arriba indicada y se vende al precio de 10,15 €, más gastos de envío. Entre los cerca de

2.000 caseríos y granjas controlados por la DLG figuran numeras explotaciones vinícolas y agropecuarias. Las ofertas de hospedaje en lugares idóneos para la práctica de la pesca y de la caza se dan a conocer en folletos especiales. www.landtourismus.de.

Raus auf's Land es el título del catálogo que edita la oficina central que coordina los alojamientos rurales; esta publicación se adquiere al precio de 11,70 € (más gastos de envío) en la siguiente dirección: Landschriften Verlag, Heerstraße 73, 53111 Bonn, ☎ 02 28/96 30 20, fax 02 28/9 63 02 33. Para poder elegir entre la amplia oferta (3.300 establecimientos adheridos a esta organización) el usuario dispone de numerosas fotos que le permiten hacerse una idea de las características del lugar. www.bauernhofurlaub.com.

Camping

Los mapas y guías con amplia información de este tipo de establecimientos se pueden obtener en la Asociación Alemana de Campings DCC (**Deutscher Camping-Club**), Mandlstraße 28, 80802 München, ☎ 089/380 14 20, fax 089/33 47 37; y en el **Allgemeiner Deutscher Automobil-Club (ADAC)**, Am Westpark 8, 81373 München; ☎ 089/767 60, fax 089/76 76 25 00, www.adac.de.

Albergues juveniles

Albergues juveniles – Existen multitud de albergues a disposición de las asociaciones juveniles que están afiliadas a la *International Youth Hostel Federation*. De este tipo de alojamiento sólo pueden hacer uso los jóvenes menores de 25 años que posean un carnet internacional, expedido en España por las oficinas de la TIVE y por los propios albergues españoles. Si desea una guía de los albergues en Alemania, puede solicitarla a la **Deutsches Jugendherbergswerk**, Hauptverband: Bismarckstraße 8, 32756 Detmold; ☎ 052 31/7 40 10, fax 052 31/74 01 74, www.djh.de. Para cualquier consulta, puede dirigirse al Instituto de la Juventud, Ortega y Gasset 71, 28006 Madrid, ☎ 91 347 77 00.

Otros datos útiles

Horarios de apertura

Comercio – Las tiendas abren en general entre 9 y 10 de la mañana y cierran entre 18.30 y 20. Los sábados suelen permanecer abiertas hasta las 16. Algunas panaderías abren los domingos hasta mediodía. Por regla general todos los comercios cierran los domingos.

Bancos – Las entidades bancarias abren normalmente de lunes a viernes de 8.30 a 12.30 y de 14 a 16 ó 18.

Correos y Teléfonos

Correos – El franqueo con los países de la Comunidad Europea es de 0,56 € para las cartas y 0,51 € para las tarjetas postales.

Para llamar a Alemania desde España – 00 49 prefijo regional sin el 0 + número del abonado.

Para llamar a España desde Alemania – 00 34 + número del abonado

Días festivos

Año Nuevo; 6 de enero (sólo en Baden-Württemberg, Baviera y Sajonia-Anhalt); **Viernes Santo; lunes y martes de Pascua; 1 de mayo; Ascensión de Cristo; domingo y lunes de Pentecostés; Corpus Christi** (en Baden-Württemberg, Baviera, Hessen, Renania Septentrional-Westfalia, Renania-Palatinado, Sarre, en Sajonia y en Turingia en las comunidades con mayoría católica); **Asunción de la Virgen** (sólo en algunas comunidades católicas del Sarre y Baviera); **3 de octubre** (Día de la Unidad Alemana); **Día de la Reforma** (en Brandemburgo, Mecklemburgo-Antepomerania, Sajonia, Sajonia-Anhalt, Turingia); **1 de noviembre** (en Baden-Württemberg, Baviera, Renania Septentrional-Westfalia, Renania-Palatinado, Sarre); **día de penitencia y oración** (Buß- und Bettag, miércoles que precede el primer domingo de Adviento, sólo en Sajonia); **25 de diciembre** (1. Weihnachtstag), **26 de diciembre**: San Esteban (2. Weihnachtstag).

Gastronomía

La cocina alemana es más bien grasa y se caracteriza por platos sencillos en cuyos ingredientes predominan la carne de vaca, ternera y, sobre todo, el cerdo. Presenta una gran variedad de jamones (Schinken) y embutidos (Würste) de gran calidad. Los menús se componen generalmente de un plato único bastante copioso, normalmente de carne, acompañado por dos guarniciones: una de patatas cocidas, que sustituyen el pan en las comidas, y otra de verduras (coles de Bruselas, judías verdes o repollo). La carta también puede presentar como entrante una oferta de sopas (Suppe); el pan, que se elabora con diversos granos (el de centeno es excelente) es preciso pedirlo aparte en las comidas principales.

El desayuno (Frühstück) es bastante abundante, e incluye embutidos, quesos, pan, mantequilla, mermelada y té o café con leche. A medio día se sirve una comida caliente (Mittagessen), mientras la cena (Abendessen) suele consistir en un surtido de embutidos fríos (Aufschnitt) acompañados de una gran variedad de tipos de pan.

Los horarios de las comidas son bastante diferentes a los españoles: el desayuno se puede tomar hasta las 9.30 aprox., el almuerzo o comida se sirve entre 12 y 14 y la cena desde las 18 hasta las 21.30.

A continuación relacionamos una selección de especialidades de la cocina regional alemana.

Baden-Würtemberg

Schwäbischer Rostbraten: Carne asada al estilo de Suabia.
Spätzle: Cazuela de fideos.
Badische Schneckensuppe: Sopa de caracoles al estilo de Baden.
Maultaschen: Empanadillas de carne picada y espinacas.
Gaisburger Marsch: Guiso de carne de vaca, patatas y fideos.
Schwetzinger Spargel mit Flädle: Tortilla de espárragos y fideítos a la manera de Schwetzingen.

Baviera y Franconia

Leberknödel: Albóndigas de hígado, se preparan en caldo y se sirven con chucrut.
Münchner Weißwürste: Salchicha blanca de Múnich.
Kartoffel- und Semmelknödel: Albóndigas con pasta de patata o de harina
Schweinshaxe o **Kalbshaxen:** Pata de cerdo o de ternera.
Rostbratwürste: Salchichas a la brasa.
Schlachtschüssel: Caldereta de carnes, con cerdo cocido, morcilla y paté de hígado, acompañado de chucrut y albóndigas de harina.

Brandemburgo

Märkischer Ententopf: Pato guisado al estilo de las Marcas.
Spreewälder Gurkenfleisch: Carne con pepinillos a la manera del Spreewald.

Hesse y Westfalia

Himmel und Erde: Puré de manzanas y patatas acompañado de morcilla frita.
Töttchen: Ragú de cabeza de ternera y sesos fuertemente condimentado.
Pickert: Tortilla de patatas dulce con uvas pasas.
Rindfleisch mit grüner Soße: Carne de vaca en salsa verde.

Sopa de anguilas (especialidad de Hamburgo)

Especialidades berlinesas: codillo, salchicha y cerveza

Mecklemburgo-Antepomerania

Mecklenburger Linsengericht: Potaje de lentejas al estilo de Mecklemburgo.
Mecklenburger Wurzelfleisch: Carne guisada.
Kartoffelsuppe mit Speck und Pflaumen: Cazuela de patatas con tocino y ciruelas.
Schweriner Käsesuppe: Sopa de queso a la manera de Schwerin.
Rostocker Fischtopf: Plato de pescado al estilo de Rostock.

Renania-Palatinado y el Sarre

Sauerbraten: Carne de vaca asada a la vinagreta acompañada de una salsa agridulce y croquetas de patata.
Reibekuchen: Tortilla a base de patata cruda rallada muy fina y servida con compota de manzana.
Hämchen: Manitas de cerdo con chucrut y puré de patatas.
Saumagen: Tripa de cerdo, cecina, salchicha y pasta de patata, acompañado de chucrut.
Schweinepfeffer: Ragú de cerdo muy condimentado a la pimienta.
Schales: Gratinado de patatas ralladas, cecina, puerro y huevos.
Dibbelabbes: Revuelto de patatas y huevos (se remueve constantemente en sartén hasta conseguir un punto crujiente).

Baja Sajonia y Schleswig-Holstein

Aalsuppe: Sopa de anguilas con ciruelas, peras, verduras, tocino y especias.
Labskaus: Especialidad marinera a base de carne de vaca y de cerdo, arenque salado, patatas y remolachas, acompañado de un huevo frito y pepinillos.
Buntes Huhn: Carne adobada con verduras variadas.
Rote Grütze: Postre de frambuesas y fresas con crema de vainilla o nata.

Sajonia y Sajonia-Anhalt

Leipziger Allerlei: Panaché de verduras con patas de cangrejo y setas.
Rinderzunge in Rosinensauce: Lengua de vaca en salsa de pasas.
Dresdner Stollen: Bollo de Navidad (Stollen) de Dresde.
Sächsische Quarkkeulchen: Requesón estilo sajón.
Vogtländer Klöße: Albóndigas de Vogtland.
Schlesisches Himmelreich: Carne de cerdo adobada con frutas pasas.

Turingia

Linsen mit Blutwurst: Lentejas con morcilla.
Thüringer Speckkuchen: Pastel de tocino al estilo de Turingia.
Thüringer Rostbraten: Carne asada.
Thüringer Klöße: Albóndigas.

Ocio y turismo

RUTAS TURÍSTICAS

Alemania cuenta con cerca de 150 rutas perfectamente señalizadas, que permiten conocer diferentes aspectos de su territorio. Las más célebres son:
Antigua ruta de la sal – De Luneburgo a Lübeck.
Ruta del vino de Baden – De Baden-Baden a Lörrach.
Ruta de la cerveza y de los castillos – De Passau a Bad Frankenhausen.
Bocksbeutelstraße (Ruta del vino de Franconia) – Existen 5 itinerarios diferentes con punto de partida en Würzburg.
Ruta alemana de las "avenidas" (Alleenstraße) – Desde Sellin a Goslar, visitando la isla de Rügen.
Ruta alemana de las casas de vigas entramadas – Existen 6 itinerarios en Baja Sajonia y Hesse.
Ruta alemana de vacaciones: del Báltico a los Alpes – Desde Puttgarden a Berchtesgaden.
Ruta alemana de la relojería – Circuito de Villingen-Schwennigen.
Ruta del Vino – De Bockenheim/Palatinado a Schweigen.
Ruta de los castillos – De Mannheim por Bayreuth (hasta Praga).
Ruta de la Plata – De Zwickau a Dresde
Ruta de la Costa Verde (Grüne Küstenstraße) – De Westerland a Wischhafen pasando por la isla de Sylt.
Ruta clásica de Turingia – Circuito desde Meiningen.
Ruta barroca de Suabia – Diferentes rutas entre Ulm y el lago de Constanza.
Ruta romántica – De Würzburg a Füssen.
Ruta de las cumbres de la Selva Negra – De Baden-Baden a Freudenstadt.
Ruta panorámica de la Selva Negra – De Waldkirch a Hinterzarten.
Ruta de los emperadores y los reyes – De Francfort a Viena.
Ruta del románico – Circuito partiendo de Magdeburg.
Ruta del Renacimiento del Weser – De Hann. Münden a Bremen.

CRUCEROS

Para obtener información sobre los cruceros por el Rin (de Colonia a Maguncia), el Mosela, el Meno y el Elba dirigirse a: **KD Deutsche Flußkreuzfahrten GmbH**, Hohe Straße 68-82, 50667 Köln, ☎ 02 21/2 58 60, fax 02 21/2 58 61 07, www.k-d.com.
Otra compañía naviera que organiza travesías es la Transocean Tours; los catálogos informativos están a disposición de los clientes en las agencias de viaje. www.vikingkd.com.

PARQUES RECREATIVOS Y DE ATRACCIONES

Selección de los parques lúdicos más interesantes de Alemania:

Parque / Localidad	Teléfono / Dirección internet	Salida más próxima de la autopista
Bavaria-Filmstadt Geiselgasteig (Baviera)	089/64 99 23 04 www.bavaria-filmtour.de	A 99: Oberhaching (4)
Churpfalzpark Loifling Cham (Baviera)	0 99 71/3 03 40 www.churpfalzpark.de	A 3: Straubing (106)
Erlebnispark Schloß Thurn Heroldsbach (Baviera)	0 91 90/92 98 98 www.schloss-thurn.de	A 73: Baiersdorf Nord (10)
Erlebnispark Tripsdrill Cleebronn-Tripsdrill (Baden-Würtemberg)	071 35/99 99 www.tripsdrill.de	A 81: Mundesheim (13)
Erlebnispark Ziegenhagen Witzenhausen (Hesse)	055 45/246 www.ziegenhagen-hessen.de/Erlebnispark/erlebnispark.html	A 75: Hann.-Münden (75)
Europa-Park Rust (Baden-Würtemberg)	0 18 0/5 77 66 88 www.europapark.de	A 5: Ettenheim (57)
Fränkisches Wunderland Plech (Baviera)	092 44/98 90 www.wunderland.de	A 9: Plech (46)

Parque / Localidad	Teléfono / Dirección internet	Salida más próxima de la autopista
Freizeit-Land Geiselwind (Baviera)	095 56/224 www.freizeit-land.de	A 3: Geiselwind (76)
Filmpark Babelsberg Potsdam (Brandemburgo)	01 80 5/34 56 72 www.filmpark.de	A 115: Potsdam-Babelsberg (5)
Fort Fun Abenteuerland Bestwig-Wasserfall (Renania Septentrional-Westfalia)	029 05/811 23 www.fortfun.de	A 46: Bestwig (71)
Hansa-Park Sierksdorf (Schleswig-Holstein)	045 63/47 42 22 www.hansapark.de	A 1: Eutin (15)
Heide-Park Soltau (Baja Sajonia)	051 91/91 91 www.heidepark.de	A 7: Soltau-Ost (44)
Holiday Park Haßloch (Renania-Palatinado)	0 63 24/5 99 39 00 www.holidaypark.de	A 65: Neustadt-Süd (13)
Phantasialand Brühl (Renania Septentrional)	022 32/362 00 www.phantasialand.de	A 553: Brühl-Süd (2)
Potts park Minden-Dützen (Renania Septentrional)	05 71/510 88 www.pottspark-minden.de	A 2: Porta Westfálica (33)
Ravensburger Spieleland Weitnau (Baviera)	075 42/40 00 www.spieleland.com	A 96: Wangen-West
Safari- und Hollywood-Park Schloß Holte-Stukenbrock (Renania Septentrional-Westfalia)	0 52 07/95 24 25 www.safaripark.de	A 2: Stukenbrock-Senne (23)
Sea Life Constancia (Baden-Würtemberg)	0 75 31/12 82 70 www.sealife.de	A 81 ó A 98, luego B 33
Serengeti-Safaripark Hodenhagen (Baja Sajonia)	051 64/531 www.serengeti-park.de	A 7: Westenholz (7)
Taunus-Wunderland Schlangenbad (Hesse)	061 24/40 81 www.taunuswunderland.de	A 66: Wiesbaden-Frauenstein (2)
Vogelpark Walsrode Walsrode (Baja Sajonia)	0 51 61/20 15 17 www.vogelpark-walsrode.de	A 27: Walsrode-Süd (28)
Warner Bros. Movie World Bottrop-Kirchhellen (Renania Septentrional-Westfalia)	020 45/89 98 99 www.movieworld.de	A 31: Kirchhellen-Feldhausen (40)

PARQUES NACIONALES

Las iniciativas llevadas a cabo por los gobiernos federales para asegurar la conservación de zonas naturales y proteger especies de fauna y flora amenazadas por la contaminación y la extensión de nuevos asentamientos humanos ha dado como resultado la creación de 13 parques nacionales, citados a continuación. Para más información, dirigirse a: Europarc Deutschland, Marienstraße 31, 10117 Berlin; ☎ 0 30/28 87 88 20, fax 0 30/2 88 78 82 16, www.europarc-deutschland.de.

Baviera: Selva de Baviera; Berchtesgaden
Schleswig-Holstein: parque marino y costero (Wattenmeer) de Schleswig-Holstein
Baja Sajonia: parque marino y costero (Wattenmeer) de Baja Sajonia; Harz
Hamburgo: parque marino (Wattenmeer) de Hamburgo
Sajonia-Anhalt: Alto Harz
Mecklemburgo-Antepomerania: Jasmund; Müritz; los "Bodden" (ensenadas poco profundas) de Antepomerania
Sajonia: Suiza sajona
Brandemburgo: valle inferior del Oder
Turingia: Hainich

Deportes

Cicloturismo

El club ciclista alemán **ADFC** (Allgemeiner Deutscher Fahrrad-Club), Grünenstraße 8-9, 28199 Bremen, ☎ 04 21/34 62 90, fax 04 21/3 46 29 50, www.adfc.de, organiza excursiones de uno o varios días por pistas y caminos apropiados, y confecciona mapas de circuitos y folletos informativos para realizar recorridos de diverso interés cultural o turístico. La publicación del ADFC *"Deutschland per Rad entdecken"* (Descubrir Alemania en bicicleta) ofrece 48 rutas por todo el territorio con datos precisos sobre distancias, lugares de interés, etc. Se obtiene gratis en muchos comercios de bicicletas, pero si lo solicita a la sede de ADFC los gastos de envío ascienden a 5 € aprox. En las librerías se puede adquirir también una guía en la que figuran unos 170 itinerarios que atraviesan las diferentes regiones del país (*"Radfernwanderwege in Deutschland"*).

El que quiera viajar con la bicicleta en el ferrocarril necesita comprar, además de su título de transporte correspondiente, un billete suplementario para transportar la bicicleta. Los ciclistas pueden conectar por línea telefónica directa con los ferrocarriles alemanes: ☎ 018 05/15 14 15. En muchos trenes de largo recorrido es preciso, además, hacer una reserva de plaza (gratuita) para las bicicletas.

Senderismo y alpinismo

Alemania es un paraíso para los aficionados al senderismo, en particular la región de media montaña (Mittelgebirge) y la zona alpina, que disponen de una amplia red de senderos perfectamente señalizados y mantenidos en buen estado. Para facilitar el diseño de rutas y circuitos, se editan numerosos mapas y guías (por ejemplo, los Kompaß).

La mayor parte de las organizaciones regionales de senderismo, que colaboran en la vigilancia de más de 200.000 km de senderos, están asociadas en la **Verband Deutscher Gebirgs- und Wandervereine**, Wilhelmshöher Straße 157-159, 34121 Kassel, ☎ 05 61/93 87 30, fax 05 61/9 38 73 10. A través de esta asociación, que integra a la mayoría de los clubs de excursionistas del país, se pueden conocer con detalle las peculiaridades de las distintas regiones del territorio nacional; también organiza excursiones dentro y fuera de las fronteras de Alemania, www.dt-wanderverband.de.

Deportes de invierno

Alemania cuenta con 12 regiones para la práctica del deporte del esquí en sus diferentes modalidades. Existen numerosas localidades que disponen de pistas tanto para el esquí de fondo, como para el descenso. La región del **Allgäu** se divide en tres zonas: la occidental (Westallgäu), la superior (Oberallgäu) y la oriental (Ostallgäu). Las localidades más célebres son Oberstaufen, Oberstdorf y Pfronten. Otras estaciones alpinas con dominios esquiables se encuentran en la **Alta Baviera** en las proximidades de Berchtesgaden, Reit im Winkl, Tegernsee/Schliersee, así como Garmisch-Partenkirchen/Mittenwald. En **Baviera Oriental** se ofrecen posibilidades tanto para el esquí de fondo como para el descenso en el Bayerischer Wald (Selva de Baviera), Oberpfälzerwald y en el Fichtelgebirge. La **Selva Negra** cuenta igualmente con pistas de descenso y de fondo (Feldberg y Belchen). Otras zonas de esquí, fundamentalmente de fondo, están situadas en la región de media montaña (Mittelgebirge) del **Rhön**, **Sauerland**, **Taunus**, **Eifel** y el **Jura suabo** (Schwäbische Alb). En el macizo del **Harz** existen distritos acotados para la práctica de deportes de invierno tanto en la zona oriental como en la occidental. Oberhof es la estación invernal más importante de la **selva de Turingia**. Los principales centros de esquí de los **montes Metálicos** (Erzgebirge) son Oberwiesenthal (para el descenso) y Zinnwald-Georgenfeld (para el esquí de fondo).

Estaciones termales

En Alemania existe una amplia gama de estaciones termales equipadas con modernas y cuidadas instalaciones para el tratamiento de dolencias de diversa índole. Los balnearios suelen estar emplazados en lugares de extraordinaria belleza, clima benigno e inmejorable infraestructura hotelera.

En la administración de los balnearios y en las agencias de viaje se pueden obtener prospectos en los que se describen las características de los establecimientos y las diferentes curas que se reciben en cada una de las instalaciones. Para ampliar la información, dirigirse a: **Deutsche Heilbäderverband**, Schumannstraße 111, 53113 Bonn, ☎ 02 28/20 12 00, fax 02 28/2 01 20 41. En Alemania, además de los tratamientos usuales en balnearios de aguas minerales, termales, de mar y de montaña, en algunos sanatorios se aplican terapias especiales, como la **cura Kneipp**. Sebastian Kneipp, párroco de la ciudad bávara de Wörishofen desde 1855 hasta 1897, fue el inventor de una com-

Balneario de Baden-Baden

pleta teoría sanitaria basada en la hidroterapia y en la alimentación sana y equilibrada. Para más detalles sobre la Asociación Kneipp, solicitar información en: Kneippbund, Adolf-Scholz-Allee 6, 86825 Bad Wörishofen, ☏ 0 82 47/3 00 20, fax 0 82 47/3 00 21 99 o en la Verband Deutscher Kneippheilbäder und Kneippkurorte, Wilhelmsplatz 3, 57334 Bad Laasphe, ☏ 0 27 52/8 98, fax 0 27 52/77 89.

Los estados que poseen mayor número de estaciones termales son Baden-Würtemberg (información en la Heilbäderverband Baden-Württemberg, Esslingerstraße, 8, 70182 Stuttgart, ☏ 07 11/2 38 58 71, fax 07 11/2 38 58 98), Baviera (Bayerischer Heilbäderverband, Rathausstraße 8, 94072 Bad Füssing, ☏ 0 85 31/97 55 90, fax 0 85 31/2 13 67) y Baja Sajonia (Heilbäderverband Niedersachsen, Unter den Eichen 15a, 26160 Bad Zwischenahn, ☏ 0 44 03/5 86 89, fax 0 44 03/ 6 14 90).

Internet: www.deutscher-heilbaederverband.de; www.kneippbund.de.

Estaciones hidrotermales (selección) – Baden-Baden, Badenweiler, Bad Berka, Bad Brückenau, Bad Doberan, Bad Düben, Bad Ems, Bad Homburg, Bad Kissingen, Bad Kreuznach, Bad Langensalza, Bad Muskau, Bad Orb, Bad Pyrmont, St. Peter-Ording, Bad Reichenhall, Bad Saarow, Bad Salzungen, Bad Sulza, Bad Tölz, Bad Vilbel, Bad Wiessee, Bad Wildbad, Bad Wildungen.

Estaciones climáticas (selección) – Bayrischzell, Bad Bergzabern, Braunlage, Freudenstadt, Garmisch-Partenkirchen, Hahnenklee, Bad Herrenalb, Königstein im Taunus, Isny, Oberstdorf, Rheinsberg, Rottach-Egern, St. Blasien, Schönwald, Bad Suderode, Titisee-Neustadt.

Balnearios (mar) (selección) – Ahlbeck, Baltrum, Binz, Borkum, Damp, Grömitz, Heiligendamm, Heiligenhafen, Helgoland, Heringsdorf, Hiddensee, Juist, Kampen, Langeoog, Norddeich, Norderney, Nordstrand, Pellworm, Scharbeutz-Haffkrug, Spiekeroog, Timmendorfer Strand, Travemünde, Wangerooge, Warnemünde, Westerland, Wyk.

Fiestas, ferias y festivales

En este cuadro se citan las fiestas y ferias más importantes de Alemania; algunas localidades que se mencionan más abajo no están descritas en la guía, mientras que en los epígrafes de Berlín, Dresde, Francfort, Hamburgo, Colonia y Múnich se amplía la información en el apartado "Agenda de direcciones" correspondiente a cada una de estas grandes ciudades.

1 de enero
Garmisch-Partenkirchen . . . . Concurso internacional de saltos de esquí de Año Nuevo, en el marco del "Torneo de los Cuatro Trampolines".

Domingo anterior al martes de Carnaval
Múnich . . . . "München narrisch" (Carnaval).

Rosenmontag (lunes de Carnaval)
**Colonia, Düsseldorf,
Maguncia** . . . . Rosenmontagsumzug: desfile de carrozas del lunes de Carnaval.

Rosenmontag und Fastnachtsdienstag (lunes y martes de Carnaval)
Rottweil . . . . Narrensprung: "Alemannische Fasnet" (Desfile de los locos).

De Jueves Santo a Lunes de Pascua
Bautzen . . . . Mercado tradicional sorabo de huevos de Pascua.

Pascua
Oberlausitz (Alta Lusacia) . . Fiesta de Pascua de los sorabos.

Celebración de la Comunión entre los sorabos

30 de abril a 1 de mayo
**En algunas localidades
del Harz** . . . . Noche de Walpurgis.
Marburg . . . . Los ciudadanos y estudiantes celebran el comienzo del mes de mayo con canciones.

Finales de abril a finales de mayo
Wiesbaden . . . . Festival Internacional de mayo: teatro y música.

Mediados de mayo a mediados de septiembre todos los domingos a las 12
Hamelín . . . . Rattenfängerspiel: espectáculo en el que se representa la fábula del *Flautista de Hamelín*.

Viernes después de la Ascensión
Weingarten . . . . Blutritt: procesión a caballo en honor de la Santa Sangre de Cristo.

Principios de mayo-principios de junio
Schwetzingen . . . . Festivales de música clásica.

2ª quincena de mayo
Baden-Baden . . . . Carrera internacional de caballos en Iffezheim.

Último sábado de mayo
Merfelder Bruch . . . . Wildpferdefang: rodeo y venta en subasta de los potros nacidos en el año.

Pentecostés
Schwäbisch Hall . . . . Fiesta de la repostería: bailes tradicionales de los salineros.

Rothenburg ob der Tauber . . Meistertrunk: conmemoración del "trago magistral", célebre suceso de la guerra de los Treinta Años; las gentes se visten con trajes de época.

Lunes de Pentecostés
Kötzting . . . . Pfingstritt: procesión a caballo.

El martes siguiente a Pentecostés
Deidesheim . . . . Venta tradicional –subasta– de machos cabríos (Geißbockversteigerung), fiesta popular con bailes folclóricos.

Corpus Christi
Múnich . . . . Procesión del Corpus por las calles engalanadas de la ciudad.

Colonia . . . . Mülheimer Gottestracht: procesión en barco por el Rin.

Hüfingen . . . . Procesión por las calles tapizadas de flores.

14 días después de Pentecostés de viernes a lunes
Schwalmstadt . . . . Salatkirmes: kermés para celebrar la introducción de la patata en la región de Hesse; las gentes visten sus trajes tradicionales

1ᵉʳ fin de semana de junio y septiembre, 2º fin de semana de julio
Heidelberg . . . . Schloßbeleuchtung: iluminación y fuegos artificiales en el castillo.

Junio-agosto
Chorin . . . . Choriner Musiksommer: concierto estival de música clásica en el monasterio cisterciense.

Junio-agosto
Bad Hersfeld . . . . Festival en las ruinas de la antigua abadía (teatro, ópera).

Junio-septiembre (cada cinco años: 2002-2007)
Kassel . . . . Documenta: la exposición internacional más prestigiosa de arte contemporáneo.

Última semana de junio
Kiel . . . . Kieler Woche (Semana de Kiel): regatas y fiesta popular.

Último domingo de junio
Freiberg . . . . Bergparade: desfile con uniformes históricos.

Finales de junio a mediados de julio (cada cuatro años; próxima cita: 2005)
Landshut . . . . "Fürstenhochzeit" (la boda principesca): una fiesta tradicional con espectaculares trajes de época.

En los meses de verano
En distintas localidades de Mecklemburgo-Antepomerania . . . . Veranos musicales de Mecklemburgo-Antepomerania: festivales internacional de música en los castillos, iglesias, etc.

Julio-agosto
En varias localidades de Schleswig-Holstein . . . . . Schleswig-Holstein-Festival: festival de música

1ᵉʳ fin de semana de julio
Lübbenau . . . . Spreewaldfest: fiesta tradicional de la población soraba del Spreewald.

Principios de julio
Hannover . . . . Schützenfest: fiesta de los "Tiradores", gran desfile.

Desfile en Freiberg

Mediados de julio (cada 4 ó 5 años; próxima cita: 2005)
Ulm .... Fischerstechen: justa de pescadores.

3er fin de semana de julio
Dinkelsbühl .... Kinderzeche: conmemoración de la salvación de la ciudad gracias a los ruegos de los niños (trajes tradicionales).

Penúltimo lunes de julio
Ulm .... Schwörmontag (lunes del Juramento): cortejo de barcas desfilando por el Danubio.

3er domingo y lunes de julio
Kaufbeuren .... Tänzelfest: gran desfile histórico animado por los escolares.

Último sábado de julio y 1º de agosto
Hitzacker .... Musikfestspiele: festivales de música.

Finales de julio a finales de agosto
Bayreuth .... Bayreuther Festspiele: Festival de Ópera Richard Wagner.

Última semana de agosto
Baden-Baden .... Carrera internacional de caballo (Galopprennen) en Iffezheim.

Agosto-septiembre
Erfurt .... Domstufenfestspiele (Festival de la Catedral).
Koblenz-Oberwesel, St. Goar .. Der Rhein in Flammen ("El Rin en llamas").

2º sábado de agosto
Constanza .... Seenachtsfest: Fiesta en el lago de Constanza.

2ª semana de agosto
Furth im Wald .... Drachenstich (Matanza del dragón): fiesta popular que rememora la leyenda de san Jorge, desfile con trajes históricos.

Sábado después del 24 de agosto
Markgröningen .... Schäferlauf: carrera de pastores sobre los rastrojos de los campos de cultivo.

Septiembre
Rothenburg ob der Tauber .. Reichsstadt-Festtage: la ciudad conmemora que fue la villa del Imperio; fastuosos fuegos artificiales.

Finales de septiembre – principios de octubre
Bad Cannstatt .... Cannstatter Volksfest: fiesta popular.

1er y 2º fin de semana de octubre
Neustadt an der Weinstraße . Weinlesefest: fiesta de la vendimia: desfile y elección de la Reina del vino.

Últimos diez días de octubre
Bremen .... Bremer Freimarkt (mercado franco de Bremen): la fiesta más popular del Norte de Alemania.

Domingo anterior al 6 de noviembre
Benediktbeuern .... Leonhardifahrt: fiesta similar a la que se celebra en Bad Tölz.

6 de noviembre (San Leonardo)
Bad Tölz .... Leonhardifahrt: cortejo de caballos y carros engalanados en honor al protector de los caballos y de las bestias; el desfile recorre la localidad hasta la iglesia parroquial antes de la celebración de la misa.

Adviento
Nuremberg .... Christkindlesmarkt: mercado tradicional de Navidad.

24 de diciembre y San Silvestre
Berchtesgaden .... Weihnachtsschießen y Neujahrsschießen: Tiro de Navidad y de San Silvestre.

Algunos libros

Historia

Mary Fulbrook – *Historia de Alemania*, Cambridge University Press, 1995

Jacques Droz – *Alemania. La formación de la unidad alemana 1789/1871*, Editorial Vicens-Vives, Barcelona, 1973

Joaquín Abellán – *Nación y nacionalismo en Alemania. La "Cuestión Alemana" (1815-1990)*, Editorial Tecnos, Madrid, 1997

Lucien Febvre – *Martín Lutero, un destino*, F.C.E., 1994

Ramón Carande – *Carlos V y sus banqueros*, Barcelona, Ed. Crítica, 1983

Heinz Huber, Arthur Müller – *El Tercer Reich. Su historia en textos, fotografías y documentos*, 2 vols., Barcelona, Plaza y Janés, 1967

Richard von Weizsäcker – *De Alemania a Europa. El impulso de la Historia*, Barcelona, Círculo de Lectores, 1992

Jean Bérenguer – *El Imperio de los Habsburgo 1273-1918*, Barcelona, Crítica, 1993

Impresiones de viajeros

Julio Camba – *Alemania*, Buenos Aires, Espasa Calpe, Colección Austral, 1947

Wenceslao Fernández Flórez – *Alemania*, Vol. IV Obras Completas, Madrid, Aguilar, 1968

Madame de Staël – *Alemania*, México, 1947, Espasa Calpe Mexicana, Colección Austral

Arte y ciencia

J.Hubert, J.Porcher, W.F. VI – *El Imperio carolingio*, Aguilar, Madrid, El Universo de las Formas, 1968

John Conant Kenneth – *Arquitectura carolingia y románica del 800 al 1200*, Madrid, Editorial Cátedra, 1995

Christian Norbert-Schulz – *Arquitectura barroca tardía y rococó*, Aguilar, 1989

Schmutzlar – *El modernismo*, Madrid, Alianza Forma, 1976

Hugh Honour – *El romanticismo*, Madrid, Alianza Forma, 1981

Dietmar Elger – *Expresionismo. La revolución artística alemana*, Taschen, 1988

Peter Selz – *La pintura expresionista alemana*, Madrid, Alinaza Forma, 1989

Novalis, Schiller, Kleist, Hölderlin – *Fragmentos para una teoría romántica del Arte*, Tecnos, 1987

Johann W.Goethe – *Escritos de Arte*, Ed. Síntesis

Kandinsky – *De lo espiritrual en el Arte*, Alianza

Magdalena Droste – *Bauhaus 1919-1933*, Benedikt Taschen, 1998

Jürgen Misch – *Apuntes sobre la historia social y estética del cine alemán después de la II Guerra Mundial*, 1984

Paul Forman – *Cultura en Weimar, causalidad y teoría cuántica, 1918-1927*, Madrid, Alianza Universidad, 1984

Douglas Botting – *Humboldt y el Cosmos*, Barcelona, Ediciones del Serbal

Literatura y pensamiento

El Cantar de los Nibelungos, Olimpo, Mitología e Historia
Wolfram von Eschenbach – *Parzival*, Madrid, Biblioteca Medieval Siruela.
Johann W. Goethe – *Fausto I* (1808)
J.C. Friedrich von Schiller – *Don Carlos* (1787)
Heinrich Heine – *Alemania. Cuadros de Viaje*, México, Ed. Porrúa, 1991
Hölderlin – *Emilia en vísperas de su boda*, Poesia Hiperion
E.T.A. Hoffmann – *Cuentos*, Madrid, Colección Austral, 1998
Bertold Brecht – *El círculo de tiza caucasiano* (1944)
Heinrich Böll – *El honor perdido de Katharina Blum*
Günter Grass – *El tambor de hojalata*
Thomas Mann – *Los Buddenbrook*
Robert Musil – *El hombre sin atributos*
G.W. Friedrich Hegel – *Fenomenología del espíritu* (1807)
Immanuel Kant – *Crítica de la razón pura* (1781)
Johann Gottlieb Fichte – *Discursos a la nación alemana* (1807-1808)
Martin Heidegger – *Ser y tiempo* (1927)

Vocabulario

Abteilung	sección
Ansichtskarte	tarjeta postal
Ausflug	excursión
Bahnhof	estación (de ferrocarril)
Botschaft	embajada
Brücke	puente
Brunnen	pozo, fuente
Burg	fortaleza
Denkmal	monumento (conmemorativo)
Dom	catedral
Fähre	transbordador
Fahrweg	camino vecinal
Festung	fortaleza, ciudad fortificada
Flohmarkt	rastro, baratillo
Forsthaus	casa forestal
Garten	jardín
Gasse	calle, callejuela
Gasthaus	albergue, posada
Gasthof	albergue, hospedería
Gebühr	impuesto, peaje
Geburtshaus	casa natal
Geradeaus	recto
Geschlossen	cerrado
Gesperrt	cortado, obstáculo
Gipfel	cumbre, cima
Gletscher	glaciar
Guten Tag	buenos días/tardes
Guten Abend	buenas tardes/noches
Haus	casa
Hof	patio, granja
Höhe	altitud
Höhenweg	camino que discurre por las cumbres
Höhle	cueva
Hütte	refugio de montaña, fábrica
Kanzel	púlpito
(Musik) Kapelle	orquesta, banda de música
Kirche	iglesia
Klamm	garganta estrecha, barranco
Kloster	abadía, convento
Konsulat	consulado
Krankenhaus	hospital
Kreuzgang	claustro
Kur	cura, estancia en balneario
Landhaus	sede del gobierno provincial
Landungsstelle	embarcadero
Links	izquierda
Markt	plaza del mercado, plaza mayor
Münster	colegiata
Offen	abierto

Pfarrkirche	iglesia parroquial
Post	Correos
Postlagernd	lista de correos
Quelle	manantial, fuente
Rathaus	ayuntamiento
Rechts	derecha
Schloß	castillo, palacio
Schlucht	garganta, desfiladero
Schlüssel	llave
Schwimmbad	piscina
See	lago
Speicher	depósito
Speisesaal	comedor
Spielbank	casino
Stausee	pantano
Stift	abadía, monasterio
Strandbad	playa
Straße	calle, carretera
Stube	en un restaurante, pequeño comedor
Tal	valle
Talsperre	presa
Tor	puerta, portón
Treppe	escalera
Verboten	prohibido
Wald	bosque
Wechsel	cambio
Zahnradbahn	tren de cremallera
Zimmer frei	habitaciones libres

Indicaciones en carretera

Achtung	atención
Anfang	principio
Ausfahrt	salida
Ausgang	salida
Aussicht	vistas
Baustelle	obras
Einbahnstraße	calle de sentido único
Einfahrt	entrada
Eingang	entrada
Ende	fin
Freie Fahrt	circulación libre
Frostschäden	daños por helada
Fußgängerzone	zona peatonal
Gefährlich	peligroso
Glatteis	hielo
Kurzparkzone	zona de estacionamiento limitado
LKW	vehículos pesados
PKW	turismos
Rollsplitt	gravilla
Steinschlag	derrumbamiento
Umleitung	desvío
Vorfahrt	prioridad
Vorsicht	precaución

Pequeño léxico gastronómico

Bier	cerveza
Biergarten	cervecería con jardín
Brot	pan
Essen	comer
Mittagessen	almuerzo
Abendessen	cena
Essig	vinagre
Fischgericht	plato de pescado
Flasche	botella
Gabel	tenedor
Gemüse	verduras
Glas	vaso
Hühnerbrust	pechuga de pollo
Käse	queso
Kaffee	café
Kalbfleisch	carne de ternera
Kartoffeln	patatas
Lammfleisch	carne de cordero
Leber	hígado
Löffel	cuchara
Messer	cuchillo
Milch	leche
Milchkaffe	café con leche
Mineralwasser	agua mineral
Niere	riñones
Öl	aceite
Omelette	tortilla
Rindfleisch	carne de vaca
Rippchen	chuletas
Salz	sal
Schweinebraten	cerdo asado
Spiegelei	huevo frito
Würze	condimento
Zahlen, bitte	por favor, la cuenta
Kellner	camarero

Ayuntamiento de Rostock

Introducción al viaje

Fisonomía del país

Alemania está situada en el centro de la Europa continental y está delimitada al S por los Alpes y al N por el mar Báltico y el mar del Norte. Al E y al O, sin embargo, carece de fronteras naturales, por lo que las influencias y el intenso intercambio cultural con los territorios vecinos han marcado el desarrollo milenario de la historia y civilización germánicas.

TRES GRANDES REGIONES NATURALES

La inmensa llanura germano-polaca del Norte está formada por los aluviones glaciares del Cuaternario. El resistente zócalo sobre el que se asientan sus tierras impidió que en está región se produjeran los plegamientos alpinos y hercinianos que afectaron a los territorios centrales y occidentales durante el Paleolítico. Esta última región se encuentra hoy compartimentada en pequeños macizos y depresiones –producto de la erosión– cubiertas en su mayor parte de masas boscosas. Entre las cadenas montañosas hercinianas más importantes cabe destacar el macizo Esquistoso renano (Schiefergebirge), la Selva Negra (Schwarzwald), el Böhmerwald, el bosque de Baviera, los montes Metálicos (Erzgebirge) y el Riesengebirge. En el borde septentrional de estas suaves cadenas montañosas se encuentran las cuencas mineras del Ruhr y de Silesia, cuya riqueza carbonífera explica la prosperidad industrial de la región. La vasta cuenca sedimentaria de Suabia-Franconia, drenada por el Neckar en Suabia y el Meno en Franconia, está limitada al N por la Selva Negra y al O por el macizo calcáreo del Jura suabo. Su paisaje ofrece elevaciones menos pronunciadas en las que afloran los estratos rocosos de la tierra, creando una hilera de colinas a modo de festones.
Al S, el paisaje alpino de Alemania se limita a los Alpes de Berchtesgaden, del Allgäu y de Baviera. Los dominios prealpinos, formados por los sedimentos y los pliegues que afectaron a la cadena montañosa durante la última glaciación, se extienden hasta el Danubio.

LOS PAISAJES

Alemania del Norte

El valle bajo del Rin y Westfalia – La verde llanura del bajo Rin, al abrigo de inundaciones, evoca por sus casas confortables a los Países Bajos. En los alrededores de Münster, en Westfalia, podemos encontrar un paisaje similar, cuyo atractivo reside en la proliferación de castillos provistos de fosos de agua que rodean la fortaleza.

La gran llanura del Norte – Esta enorme región, situada entre el río Ems y el Oder, presenta, a pesar de su aparente monotonía, una cierta variedad de paisajes. Al S, a los pies de las serranías del Weser y el Harz, se extienden las llanas campiñas de los Börde, cuyas tierras son de una gran fertilidad gracias a la capa de loess que las recubre. Las granjas y los cultivos prosperan en esta zona densamente poblada, que además es rica en yacimientos minerales de hierro y potasio.
Sin embargo, en la región de Geest, situada más al N, el suelo, formado por sedimentos glaciares (arena, grava, barro, arcilla, guijarros), es pobre debido al deficiente drenaje de sus tierras arenosas y al rigor de los hielos escandinavos de la última glaciación, que cubrieron la zona hasta bien entrado el Paleolítico. Los innumerables depósitos morrénicos y los lagos poco profundos que salpican el paisaje de la meseta de Mecklemburgo, entre Berlín y el Báltico, son también testigos de la acción de los glaciares sobre la zona. En la costa del Báltico, en cambio, estos ríos de hielo no han modificado en exceso el relieve gracias a la escasa profundidad de sus mares. En esta región la acción erosiva de las corrientes litorales ha creado un rosario de penínsulas alrededor de la isla de Rügen y el cabo de Darss.
Al E, en el centro de Brandemburgo, los valles glaciares dejaron vastos surcos por los que corren hoy los ríos Spree y Havel. Su trazado serpenteante a través de la región de Postdam y el bosque de Spree (Spreewald) alimenta las zonas lacustres.
Al O del bajo Weser y en la región de Worpswede, al N de Bremen, la turbera (Moor) y la pradera húmeda dominan el paisaje. El drenaje del suelo pantanoso ha permitido transformar las estériles turberas en campos de cultivo. Al SO de Luneburgo, entre Celle y Hamburgo, se extiende la vasta reserva natural de Lüneburger Heide, un paisaje virgen de praderas parcialmente repobladas de pinos.

La costa del mar Báltico – La costa alemana del mar Báltico, que se extiende desde Flensburg hasta Stettin es una sucesión de pequeñas elevaciones (en torno a los 100 m). En estas tierras invadidas por las morrenas glaciares, los ríos de hielo no modificaron en exceso el relieve costero debido a la escasa diferencia entre pleamar y bajamar y a la modesta profundidad del mar (55 m de promedio). Esta circunstancia favoreció el asentamiento de numerosas ciudades con una larga tradición histórica. Entre las bahías de Lübeck y de Kiel se encuentra la región conocida como la "Suiza de Holstein", una atractiva zona de bosques y lagos, vestigios de una morrena terminal de la época glacial. Un dédalo de brazos de mar, originados igualmente por los hielos de las últimas glaciaciones, bañan una multitud de apacibles playas y penetran profundamente en la tierra, formando un paisaje de fiordos y golfos salpicados de bosques, pequeñas aldeas de pescadores y puertos naturales. Al E, la costa báltica está jalonada de ensenadas poco profundas (Bodden) de la época posglaciar. Frente al continente emergen cuatro islas, la mayor de ellas, Rügen, de perfil costero desigual, está bañada por un sin fin de los característicos "Bodden".

La costa del mar del Norte – La franja costera del mar del Norte, que se extiende desde los Países Bajos hasta Dinamarca, se distingue por un perfil desigual, sometido a continuas modificaciones debido al desgaste que ocasionan los fuertes vientos y el intenso oleaje que reinan en la zona. El ritmo de las mareas (cada 12 h, 25 min y 53 s) hace que la oscilación del nivel de las aguas entre bajamar y pleamar se sitúe en torno a los 2-3,5 m. Entre tierra firme y el rosario de islas situado frente a la costa continental (separadas por una distancia entre 5 y 30 km), emerge con el reflujo de la marea una amplia superficie de tierra que se conoce con el nombre de "Watt" (los "bajos"). El ecosistema del "Watt" ofrece en sus limos grisáceos, que alternan con bancos de arena, una variedad de cerca de 2.000 especies animales, desde focas a microorganismos de 0,1 mm de tamaño. La costa continental está ocupada por amplias superficies de tierras pantanosas (Marschen) ganadas al mar. En tiempos pasados, cuando las mareas bañaban estos suelos, junto a las finas partículas de arena arrastradas por las aguas, se fueron depositando sustancias animales y vegetales que constituyen actualmente la base de la fertilidad de sus campos de cultivo. Más al interior, la región arenosa y ondulada del "Geest" presenta, sin embargo, suelos estériles. Antaño helada, su suelo se compone de detritos glaciales. En las depresiones poco profundas se han formado grandes turberas bajas y esponjosas, parte de las cuales han sido convertidas en tierras de cultivo. Al fondo de los estuarios del Elba y del Weser, que forman sendos deltas, se encuentran los dos puertos marítimos más importantes de Alemania: Hamburgo y Bremen.

Alemania Central

El macizo Esquistoso renano – En este antiguo macizo, que antaño formó un bloque compacto, el curso del Rin y el de sus afluentes –el Mosela y el Lahn– han tallado una vía de circulación que comunica el N y el S del país. Las alturas solitarias de este cuádruple bloque de mesetas (Hunsrück, Taunus, Eifel y Westerwald) destacan por su crudeza climática y por las huellas evidentes de actividad volcánica (lago de cráteres del Eifel).
El alto Sauerland, cubierto de denso bosque, constituye, gracias a su sistema de represas, la reserva hidrológica de la zona industrial del Ruhr.

Las regiones montañosas de Hesse y del Weser – El macizo Esquistoso renano y la selva de Turingia (Thüringerwald) delimitan un territorio donde se entremezclan montañas de poca altura, algunas de origen volcánico (Rhön, Vogelsberg), y valles. Desde las primeras invasiones bárbaras estos valles han constituido auténticas vías de penetración del N al S de Alemania.

Los diques

La costa baja del mar del Norte está protegida por una hilera de diques construidos con arena y tierra arcillosa grasa. Estas obras de ingeniería hicieron habitable esta región inhóspita de la fachada marítima alemana. La ardua labor de ganar terreno al mar comenzó en la costa del mar del Norte en el s. XI. Al principio se edificaban sencillos muros circulares de apenas 3 m de altura y 10 m de longitud. Un dique moderno (de 9 m de altura) no debe medir más de 90 m de longitud, pues es conveniente que la parte exterior sea plana para que las olas puedan deslizarse suavemente por su superficie y no golpeen con violencia sobre sus muros. Para que un dique se conserve en buen estado es muy importante prestar atención a la cubierta. La parte superior debe ser consistente y con escasa vegetación. Por eso es frecuente ver pastar a los rebaños de ovejas sobre los diques, ya que mantienen el pasto ralo y con el pisoteo comprimen el suelo.

Las elevaciones del Weser, sólo franqueables en Porta Westfálica, se prolongan al O por el Teutoburger Wald y constituyen una importante barrera entre Westfalia y el N de Alemania. Los montes Metálicos (Erzgebirge) representan la frontera natural con la vecina República Checa.

El Harz – En este macizo situado en el corazón de Alemania se alcanzan cotas relativamente elevadas (Brocken, 1.142 m). Clima riguroso con abundantes nevadas invernales.

Alemania del Sur

La llanura del alto Rin – Esta depresión, que se extiende de Basilea a Bingen, goza de un buen clima de lluvias moderadas, primaveras anticipadas y veranos cálidos. En sus soleados campos se cultivan lúpulo, tabaco y vino. Este corredor del alto Rin es un importante nudo de comunicaciones continental.

La Selva Negra (Schwarzwald) – Este macizo granítico relativamente poblado, cuya mayor altura se encuentra al S en el Feldberg (1.493 m), domina la llanura del alto Rin. Su clima saludable y la existencia de importantes fuentes de aguas termales aseguran una gran afluencia turística en verano.

La cuenca de Suabia-Franconia – Suabia ofrece una gran diversidad de paisajes, entre los que destaca el Jura suabo, un espectacular frontón de tonalidad azulada que alcanza los 900 m de altura. Aquí, los pequeños valles salpicados de frutales y viñedos alternan con las suaves elevaciones y las colinas cubiertas de bosque.
Franconia es una amplia meseta de líneas onduladas que limita al SE con el macizo calcáreo del Jura de Franconia –de donde se extraen las famosas piedras de Solnhofen, utilizadas en la construcción para el revestimiento de suelos y paredes–, y al N con la selva de Turingia y el bosque de Bohemia, dos macizos cristalinos cubiertos de densos bosques.

Los Alpes y la región prealpina – Los Alpes bávaros y los del Allgäu presentan un atractivo especial por el contraste entre el verde oscuro de su tupida vegetación y el tono gris de sus escarpadas y desnudas paredes de piedra. La Zugspitze, el pico más alto de Alemania, alcanza los 2.962 m.
Los ríos Iller, Lech, Isar e Inn, que descienden de los Alpes para aportar sus aguas al Danubio, han tallado en la meseta de Baviera un conjunto de valles agrícolas, donde actualmente se asientan las principales ciudades de los Prealpes (Ulm, Augsburgo, Múnich).

Garmisch-Partenkirchen con el macizo de la Zugspitze

La democracia alemana

Un Estado Federal – La historia reciente de Alemania occidental comienza con la creación del Estado Federal. Históricamente, el territorio alemán estuvo fraccionado en una multitud de parcelas políticas –reinos, principados, feudos eclesiásticos, ciudades libres, estados autónomos, etc.– ninguna de las cuales desempeñó un papel dominante como capital de su heterogéneo espacio, hasta que Berlín fue proclamada capital del Reich en el último cuarto del s. XIX.

La Ley Fundamental (Grundgesetz), aprobada el 8 de mayo de 1949, garantiza las libertades individuales y define la naturaleza y obligaciones de las principales instituciones del Estado. El Parlamento se compone de dos cámaras: el Bundestag (la Dieta), asamblea compuesta por 669 diputados designados por sufragio universal, ejerce el poder legislativo, elige al canciller federal (Bundeskanzler) y controla al Gobierno; y el Bundesrat (Consejo Federal), formado por los representantes de los gobiernos de los Estados (Länder) que componen la Federación. Algunas leyes, y en concreto las que afectan los intereses de los Länder, precisan de la aprobación del Bundesrat para entrar en vigor.

A la cabeza del gobierno federal está el Canciller, quien en virtud de sus amplias prerrogativas diseña las líneas generales de la política alemana. El presidente de la República (Bundespräsident) es elegido por la Asamblea Federal, representa a la nación en las instancias internacionales, tiene potestad para nombrar y revocar a los jueces y funcionarios federales y supervisa la constitucionalidad de las leyes.

Desde 1990 la República Federal Alemana se compone de 16 Länder. Con la reunificación, a los once antiguos estados federales (incluida Berlín, que estuvo regida hasta entonces por un régimen especial) se sumaron los cinco Estados de la RDA, surgidos con la reordenación de los antiguos 15 distritos en los que estaba compartimentado su territorio.

LOS LÄNDER

	SUPERFICIE en km^2	POBLACIÓN	CAPITAL
Baden-Würtemberg	35.751	9.400.000	Stuttgart
Baviera	70.555	11.000.000	Múnich
Berlín	883	3.400.000	Berlín
Brandemburgo	26.000	2.700.000	Potsdam
Bremen	404	682.000	Bremen
Hamburgo	755	1.600.000	Hamburgo
Hesse	21.114	5.600.000	Wiesbaden
Mecklemburgo-Antepomerania	22.500	2.100.000	Schwerin
Baja Sajonia	47.344	7.200.000	Hannover
Renania Septentrional-Westfalia	34.070	16.900.000	Düsseldorf
Renania-Palatinado	19.849	3.700.000	Maguncia
Sarre	2.570	1.100.000	Saarbrücken
Sajonia	17.000	4.900.000	Dresde
Sajonia-Anhalt	25.000	3.000.000	Magdeburgo
Schleswig-Holstein	15.729	2.600.000	Kiel
Turingia	15.209	2.500.000	Erfurt

DESDE LA EDAD MEDIA

Desde la firma del Tratado de Verdún (843), los pueblos con afinidades lingüísticas y culturales que habitaban el espacio geográfico comprendido entre el Báltico y los Alpes se empezaron a agrupar en comunidades y constituyeron el núcleo de la futura entidad política de Alemania. En la lucha frente a las constantes incursiones bárbaras de húngaros y eslavos se distinguieron algunos príncipes tribales; entre ellos eligieron al primer rey de Alemania, Otón I, que fue entronizado bajo el título de rey de Italia. Coronado posteriormente como Emperador por el papa de Roma, fue el fundador del Sacro Imperio Romano.

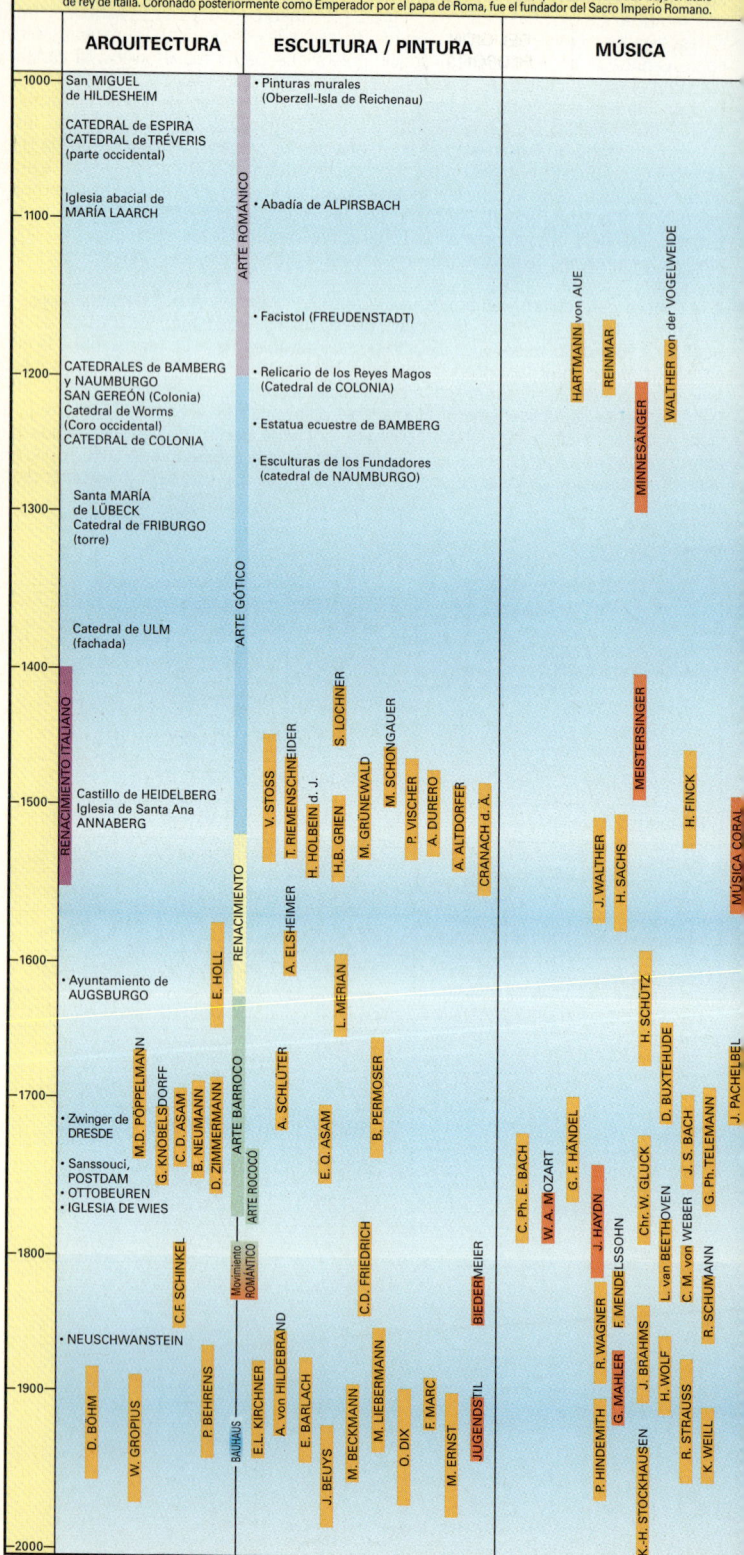

Año	ARQUITECTURA	ESCULTURA / PINTURA	MÚSICA
1000	San MIGUEL de HILDESHEIM; CATEDRAL de ESPIRA; CATEDRAL de TRÉVERIS (parte occidental)	• Pinturas murales (Oberzell-Isla de Reichenau)	
1100	Iglesia abacial de MARÍA LAARCH	ARTE ROMÁNICO — • Abadía de ALPIRSBACH	
		• Facistol (FREUDENSTADT)	HARTMANN von AUE
1200	CATEDRALES de BAMBERG y NAUMBURGO; SAN GEREÓN (Colonia); Catedral de Worms (Coro occidental); CATEDRAL de COLONIA	• Relicario de los Reyes Magos (Catedral de COLONIA); • Estatua ecuestre de BAMBERG; • Esculturas de los Fundadores (catedral de NAUMBURGO)	REINMAR; MINNESÄNGER; WALTHER von der VOGELWEIDE
1300	Santa MARÍA de LÜBECK; Catedral de FRIBURGO (torre)	ARTE GÓTICO	
1400	Catedral de ULM (fachada)		MEISTERSINGER
	RENACIMIENTO ITALIANO	V. STOSS; T. RIEMENSCHNEIDER; H. HOLBEIN d. J.; S. LOCHNER; H.B. GRIEN; M. GRÜNEWALD; M. SCHONGAUER; P. VISCHER; A. DÜRERO; A. ALTDORFER; CRANACH d. A.	
1500	Castillo de HEIDELBERG; Iglesia de Santa Ana ANNABERG	RENACIMIENTO	J. WALTHER; H. SACHS; H. FINCK; MÚSICA CORAL
1600	• Ayuntamiento de AUGSBURGO	E. HOLL; A. ELSHEIMER; L. MERIAN	H. SCHÜTZ
1700	• Zwinger de DRESDE	M.D. PÖPPELMANN; G. KNOBELSDORFF; C.D. ASAM; B. NEUMANN; D. ZIMMERMANN; A. SCHLÜTER; E.Q. ASAM; B. PERMOSER; ARTE BARROCO	D. BUXTEHUDE; J. PACHELBEL
	• Sanssouci, POSTDAM; • OTTOBEUREN; • IGLESIA DE WIES	ARTE ROCOCÓ	C. Ph. E. BACH; G. F. HÄNDEL; J. S. BACH; G. Ph. TELEMANN; Ch.W. GLUCK
1800		Movimiento ROMÁNTICO; C.F. SCHINKEL; C.D. FRIEDRICH; BIEDERMEIER	W.A. MOZART; J. HAYDN; L. van BEETHOVEN; C.M. von WEBER
1900	• NEUSCHWANSTEIN; P. BEHRENS; D. BOHM; W. GROPIUS	BAUHAUS; E.L. KIRCHNER; A. von HILDEBRAND; E. BARLACH; J. BEUYS; M. BECKMANN; M. LIEBERMANN; O. DIX; F. MARC; M. ERNST; JUGENDSTIL	R. WAGNER; F. MENDELSSOHN; J. BRAHMS; H. WOLF; R. SCHUMANN; G. MAHLER; R. STRAUSS; P. HINDEMITH; K. WEILL
2000			K.-H. STOCKHAUSEN

HASTA NUESTROS DÍAS

El Imperio, empeñado en obtener la supremacía sobre el Papado, desgastará grandes energías en la consecución de este objetivo. El fracaso de esta política tendrá como resultado la continua reducción de los dominios del Imperio, que con el tiempo quedará limitado al espacio que ocupa la actual Alemania. Los príncipes territoriales fueron conquistando cada vez más poder, y el Imperio se transformó en una monarquía electiva.

LITERATURA	RELIGIÓN FILOSOFÍA	HISTORIA	ECONOMÍA CIENCIA y TÉCNICA	
		DINASTÍA OTONIANA	PROSPERIDAD ECONÓMICA	–1000–
		DINASTÍA SÁLICA	FUNDACIÓN DE CONVENTOS	
	Gregorio VII	Enrique IV		
POEMA DE LOS NIBELUNGOS	• CANOSSA 1077			
				–1100–
HEINRICH von VELDEKE	CONCORDATO DE WORMS			
GOTTFRIED von STRASSBURG			• CRECIMIENTO DEMOGRÁFICO	
WOLFRAM von ESCHENBACH	Alejandro III	**DINASTÍA HOHENSTAUFEN**	• EXPANSIÓN HACIA EL ESTE	
		Conrado III Federico I "Barbarroja"	• EXPLOTACIÓN de YACIMIENTOS MINEROS en SILESIA y TURINGIA	–1200–
		ORDEN TEUTÓNICA 1190 3ª Cruzada		
Meister ECKHART	ALBERTO MAGNO			
H. SUSO	6ª Cruzada	Federico II	• COMERCIO BÁLTICO: LA HANSA	
J. TAULER		Rodolfo I de Habsburgo	• DESARROLLO URBANO	
				–1300–
		DINASTÍA LUXEMBURGO		
		Carlos IV Bula de Oro	• HAMBRUNAS • 1349: PESTE NEGRA • DESCENSO DE LA POBLACIÓN	
	Concilio de Constanza Guerras Husitas	Segismundo		–1400–
		DINASTÍA HABSBURGO	• GUTENBERG	
M. LUTHER	1517: Lutero fija las 95 tesis en la puerta de la iglesia de Wittenberg 1521: Excomunión de Lutero 1530: Confesión de Augsburgo 1546: Muerte de Lutero	Matrimonio de Maximiliano con María de Borgoña	Sociedades comerciales de los Fugger y los Welser • ESPLENDOR DE LAS CIUDADES	–1500–
PARACELSUS		Maximiliano I		
H. SACHS		Carlos V • PAZ DE AUGSBURGO 1555		
		Rodolfo II		
	Contrarreforma			–1600–
J. J. GRIMMELSHAUSEN		Matías • Guerra de los TREINTA AÑOS	• KEPLER: Telescopio astronómico	
A. GRYPHIUS F. FISCHART		• PAZ de WESTFALIA		
M. OPITZ		Revocación del Edicto de Nantes: Llegada de protestantes franceses al Imperio	• LEIBNIZ: Cálculo integral y diferencial	–1700–
D. C. LOHENSTEIN	W. G. LEIBNIZ	**ASCENSO DE LOS SOBERANOS DE PRUSIA Y BRANDENBURGO DINASTÍA HOHENZOLLERN**	• BÖTTGER: Porcelana • FAHRENHEIT: Termómetro de mercurio	
J. C. GOTTSCHED G. E. LESSING H. von KLEIST NOVALIS E. T. A. HOFFMANN C. WIELAND J. von EICHENDORFF J.W. von GOETHE	AUFKLÄRUNG J. G. von HERDER E. KANT J. G. FICHTE	• Guerra de los Siete Años		–1800–
H. HEINE E. von SCHILLER J. u. W. GRIMM F. G. KLOPSTOCK	G. W. F. HEGEL	• Confederación del Rin • Bismarck nombrado Canciller • Confederación de Alemania del Norte • II. REICH	• DRAIS: Draisina • HAHNEMANN: Homeopatía • G. DAIMLER/C. BENZ: Motor de gasolina • DIESEL: Motor Diesel • RÖNTGEN: Rayos X • PLANCK: Teoría Cuántica • EINSTEIN: Teoría de la Relatividad • O. HAHN: Fisión del Uranio	–1900–
G. HAUPTMANN Th. MANN H. HESSE B. BRECHT	K. MARX F. ENGELS A. SCHOPENHAUER F. NIETZSCHE E. HUSSERL M. HEIDEGGER K. JASPERS	1ª GUERRA MUNDIAL • República de Weimar • III. REICH 2ª GUERRA MUNDIAL		
H. BÖLL G. GRASS		• REUNIFICACIÓN DE ALEMANIA		–2000–

43

Historia

Los orígenes

Los primeros restos fósiles del género homínido hallados en el territorio de la actual Alemania tienen una antigüedad de 500.000 años; corresponden al llamado Homo heidelbergensis, cuya mandíbula inferior se descubrió en 1907 en las proximidades de la ciudad de Heidelberg. En el Paleolítico Medio (200.000-40.000 a.C.) la morfología de los fósiles prehomínidos corresponde al tipo denominado **Homo Sapiens Neanderthalensis** (ver *Düsseldorf*). Los primeros homínidos de la última fase del desarrollo filogenético, cuyos rasgos biológicos se relacionan con el hombre actual (Homo Sapiens Sapiens), aparecieron en el Pleistoceno Superior, un periodo del Paleolítico correspondiente a la última glaciación del Cuaternario (4º periodo glaciar o de Wurm – 10.000 a.C.). Estos antepasados humanos practicaban la caza, la pesca y la recolección como medio de subsistencia. Durante el Neolítico (a partir del VI milenio a.C.) tuvo lugar el proceso de sedentarización que revolucionó el modo de vida humano. El hombre comenzó a cultivar plantas, a criar ganado para procurar su sustento y a vivir agrupado en poblados.

En el siguiente periodo, conocido como la Edad del Bronce, se difundió el cobre como materia prima para la fabricación de utensilios, armas y objetos de adorno. En esta etapa las sociedades, perfectamente organizadas, darán paso a las primeras civilizaciones (a partir del año 1.000 a.C. aprox.) de la Edad del Hierro, en la que se suceden, a su vez dos periodos: la cultura de Hallstatt y la de La Tène, esta última más evolucionada que la primera. En este momento una parte de la población, ya liberada de la exclusividad que hasta entonces había supuesto la obtención del sustento, empieza a ocupar los puestos de dirección de las actividades económicas y administrativas, generándose, de este modo, una incipiente diversificación de las funciones sociales. En los objetos hallados en las excavaciones se aprecian los signos de jerarquización de la sociedad.

La Cultura de La Tène

El nombre de La Tène, con el que se conoce a la civilización difundida por las tribus celtas que poblaron gran parte del continente europeo entre los ss. V y I a.C., procede del yacimiento homónimo cercano al lago suizo de Neuchâtel. Los restos encontrados —más de 2.500 objetos materiales— revelan un nivel superior de desarrollo de esta cultura con respecto a la anterior, conocida como de Hallstatt. Su difusión espacial en territorio germánico se sitúa en el S de Alemania, en el reborde septentrional de los Alpes y en la región del Meno y el Mosela. Los celtas portadores de la cultura de La Tène difundieron la civilización urbana a regiones menos evolucionadas, y crearon los primeros asentamientos fortificados permanentes al N de los Alpes. La decadencia de esta cultura, que representa el apogeo de la Edad del Hierro, sobrevino por la presión de los pueblos germánicos del Rin y la expansión del Imperio Romano.

Romanos y germanos

En el I milenio a.C. tuvieron lugar las migraciones de tribus germánicas hacia Centroeuropa. En estos desplazamientos participaron multitud de grupos de población de culturas y procedencias distintas (de la llanura escandinava, de la Alemania septentrional y de la zona de Mittelgebirge). El término "germanos" aparece por primera vez en los textos de **Poseidonio**, escritor romano del s. I a.C. También César utiliza este vocablo ("De Bello Gallico") cuando describe los territorios al N de los Alpes que no pertenecen a la Galia.

Las incursiones de los cimbrios de Jutlandia y de sus aliados, los teutones, en territorio de la Galia hacia el año 100 a.C. constituyeron los primeros enfrentamientos militares de las tribus germánicas con la antigua civilización romana. La conquista de la Galia por **César** (58/55 a.C.) frenó solo en parte la expansión de las tribus germánicas occidentales. El emperador Augusto ideó estrategias políticas encaminadas a integrar dentro de la estructura del Imperio a los pueblos germánicos que ocupaban las tierras próximas a la línea del Elba; pero el proyecto jamás se pudo realizar.

En el s. I d.C. se construyó el **limes**, una línea defensiva de 550 km a lo largo de la frontera del Imperio Romano entre el Rin y el Danubio. Aunque los conflictos fueron frecuentes, también se establecieron en ocasiones alianzas, relaciones comerciales e intercambios culturales. Al amparo de los campamentos militares romanos y de las ciudadelas construidas en los vados de los ríos se conformaron diferentes núcleos de población que con el tiempo darían lugar a importantes ciudades (por ejemplo, Colonia, Coblenza, Ratisbona).

El occidente medieval resultó de una amalgama de elementos culturales de la antigua civilización clásica, del mundo germánico y de la tradición cristiana. En los ss. II y III se produjo la fusión de las grandes familias tribales que compartían un mismo origen, como los francos, los sajones y los alemanes. Los jefes tribales de la época de las migraciones constituyeron los grupos de poder en los Estados feudales altomedievales.

s. I a.C.	En el año 9 d.C. tres legiones romanas al mando del general Varo son aniquiladas por el caudillo germano Arminio el Querusco, y los romanos ceden sus posiciones militares de la margen derecha del Rin.
314	Un año después del edicto de Milán de Constantino el Grande, por el que se reconocía al cristianismo como religión legítima del Imperio Romano, se funda el primer obispado germánico en Tréveris.
375	Inicio de las grandes migraciones: los godos (tribus germánicas del Este), desplazados por los hunos, avanzan hacia el O. Se consuma la división del "Imperium Romanorum".
476	Fin del Imperio romano de Occidente. Odoacro, caudillo de los Hérulos, depone al último emperador romano, Rómulo Augústulo. En 493 Odoacro muere asesinado a manos del ostrogodo Teodorico.

El Imperio de Carlomagno

La coronación de Carlomagno como emperador en la catedral de San Pedro de Roma significó la restauración del Imperio Romano en Occidente. Sus dominios se extendían desde los Pirineos hasta el Elba y desde Roma hasta el Canal de la Mancha. Durante su reinado, además de potenciar las actividades culturales y artísticas —el periodo se ha designado con el término de "Renacimiento carolingio"—, se organizó el reino administrativa y militarmente. Carlomagno eliminó un conjunto de ducados independientes y de estados tribales y dividió el Imperio en condados gobernados por los *comes* (condes). El emperador intervenía en estas jurisdicciones administrativas por medio de los *missi dominici* —miembros de la aristocracia franca—, que vigilaban el cumplimiento de las leyes impuestas desde Aquisgrán, donde residía el poder imperial. Las comarcas limítrofes estaban gobernadas por los *comes marcae* (marqueses), con poderes especiales, en particular de naturaleza militar. Existía un servicio regular de emisarios reales que viajaban por todo el territorio del Imperio para vigilar el correcto funcionamiento de la administración imperial. También el rey y su Corte se desplazaban continuamente por sus dominios y visitaban los principados que ya se habían convertido en importantes centros económicos y culturales.

El Imperio franco

La confederación de pueblos **francos** —formada por las tribus de origen germánico asentadas en la región de la desembocadura del Rin— se expandió lentamente en dirección SO. Los francos, admitidos en el Imperio Romano en calidad de federados, continuaron su penetración en el N de las Galias dirigidos por la familia de los **merovingios** que hacia el año 500 constituyeron el principal núcleo de poder del mundo altomedieval. La unidad política del conjunto tribal se consiguió bajo Clodoveo I, auténtico fundador del reino franco. Este monarca acabó con los restos del dominio romano en occidente. Influido por su esposa Clotilde se convirtió al cristianismo. A finales del s. VII la mala gestión de los llamados "reyes holgazanes" condujo a la desaparición del reino merovingio y a la sucesión en el poder de la dinastía que será conocida posteriormente como **carolingia**. Los soberanos carolingios depositaron el poder de decisión en la figura de los mayordomos, que en la práctica absorbieron toda la autoridad política y suplantaron la potestad real.

El término genérico de *thiustisk*, con el que se designó a partir del s. VIII a todas las lenguas diferentes al latín y, posteriormente, al francés, es una derivación lingüística del concepto de "tribu". Entonces aún no existía una lengua común en el ámbito territorial al E del Rin, que constituyó hasta el s. XI lo que se conocía como reino franco. En el s. X surgió por primera vez el concepto de "Regnum Teotonicorum" —que se fue imponiendo a lo largo de los ss. XI y XII— para denominar a la confederación de pueblos de diferente origen tribal que se había establecido en la región oriental del reino franco.

715	El papa Zacarías sanciona la entronización de Childerico III, último rey de la dinastía merovingia y candidato apoyado por el mayordomo de palacio Pipino.
768	Carlomagno se convierte en rey de los francos. En los conflictos del reino lombardo, apoya al Papa y se declara rey de los lombardos. Somete a los sajones e incorpora a sus dominios el reino de Baviera.
800	En Roma, el papa León II corona emperador a Carlomagno, que se convierte en el primer emperador del Imperio Romano restaurado en occidente.

843	Por el tratado de Verdún se reparte el Imperio de Carlomagno entre los tres nietos del emperador. Luis el Germánico obtiene el reino franco oriental. La división definitiva del imperio carolingio, que sentó las bases de las futuras naciones de Francia y Alemania, tuvo lugar en los tratados de Mersen (870) y Verdún-Ribemont (879/880).
911	Al extinguirse la rama franco-oriental de la dinastía carolingia, los grandes del reino eligen soberano al duque franco Conrado, distanciándose así de la nación franca-occidental.

El Sacro Imperio Romano

El **Sacro Imperio Romano Germánico** fue una monarquía electiva. El rey germano era elegido por los príncipes de entre los candidatos legítimos por derecho de sangre; después se procedía a la coronación imperial por el Papa. A partir del s. XI, el Imperio Germánico abarcaba no sólo la autoridad sobre territorios alemanes e italianos, sino sobre el reino de Borgoña, al contraer matrimonio Otón I el Grande con Adelaida de Borgoña. El imperio "germánico" se consideró una institución heredera del antiguo Imperio Romano e intentó realizar la idea del imperio universal romano; a partir de 1157 se reafirmó este concepto supranacional al añadir los términos de "Sacrum Imperium". Pero a partir de mediados del s. XIII, durante el reinado de la dinastía Hohenstaufen, se perdieron los dominios territoriales en Italia y se impuso un nuevo concepto de "**Sacro Imperio Romano de la Nación Alemana**", que hacía referencia al poder imperial circunscrito a la comunidad de Estados germánicos del Imperio.

Éstos, que en la Alta Edad Media se extendía desde Sicilia al mar Báltico, resultaba ingobernable sin un sistema administrativo centralizado y los medios técnicos, financieros y militares adecuados. En el s. XIII se inició un proceso de consolidación del poder de los príncipes, con la consiguiente restricción a la autoridad imperial. La concesión de tierras y privilegios de todo tipo (por ejemplo, derechos de aduana) otorgó grandes prerrogativas a la aristocracia imperial en materia de administración y seguridad, con lo que gobernó sus dominios con total autonomía.

La **querella de las Investiduras** fue el conflicto que enfrentó, desde mediados del s. XI, al Papado y al Imperio –las dos máximas instancias del poder del Medievo– por la elección de los obispos. Esta lucha trajo consigo el debilitamiento del Imperio y provocó una gran conmoción espiritual en el mundo cristiano. El **concordato de Worms** puso fin a la disputa en 1122 y estableció, entre otras cuestiones, que la potestad de los dignatarios eclesiásticos debía circunscribirse a la esfera de lo espiritual. La condición de los obispos se equiparó a la de los príncipes, que eran considerados vasallos del Imperio.

Con el tiempo, la institución de los feudos hereditarios e indivisibles fue acrecentando las prerrogativas de los vasallos, en detrimento de la autoridad imperial, hasta constituirse en una multitud de pequeños Estados territoriales autónomos, algunos de mayor tamaño, como Baviera y Sajonia. La soberanía territorial de los principados minó la estructura del Estado unitario regido por una personalidad imbuida de amplios poderes políticos, y constituyó el fundamento de la organización federalista actual de Alemania.

Corona imperial

962	Con la coronación de Otón el Grande en Roma se restaura el Imperio Romano Germánico de Occidente. El duque de Sajonia es entronizado el año 936; la dinastía otoniana permanece en el poder hasta la muerte de Enrique II y es sustituida en 1024 por los reyes salios (francos).
1073	Comienza el pontificado de Gregorio VII, enérgico reformador de la Iglesia, que proclama el sometimiento del poder laico a la autoridad eclesiástica. El conflicto alcanza su momento álgido con el dramático viaje del emperador germánico Enrique IV a Canosa (Toscana) para solicitar el perdón del Papa, que le había excomulgado en 1077.
1152-1190	Reinado de Federico I Barbarroja, de la dinastía Hohenstaufen, que refuerza la autoridad imperial (*Restauratui Imperii*), lucha por limitar el poder del Papa a la esfera de lo temporal y despoja al duque güelfo Enrique el León de sus feudos de Baviera y Sajonia.

1212-1250	Durante su reinado, Federico II permanece en el S de Italia y Sicilia la mayor parte del tiempo. Sus intereses en los dominios al N de los Alpes son marginales. Promulga dos leyes imperiales (1220-31) que ratifican el poder espiritual y temporal de los príncipes en los territorios del Imperio.
1254-1273	El periodo entre la muerte de Conrado IV y la elección de Rodolfo de Habsburgo, conocida como el Interregno, se caracteriza por la anarquía. Los reyes "extranjeros", privados de un poder efectivo, permiten que prevalezca la ley del más fuerte. El Imperio ya no recuperará nunca la importancia de la que gozó en la Alta Edad Media.

La Bula de Oro

Desde el s. X se fue reduciendo el número de príncipes que podían participar en la elección del rey; al mismo tiempo, se establecieron las normas jurídicas por las que debía regirse el sistema de designación del monarca. En 1356 se promulgó la Bula de Oro, la ley jurídica fundamental del Sacro Imperio Romano Germánico, que regulaba el sistema de elección y limitaba el poder imperial. El documento fijaba, de forma definitiva, la composición del cuerpo de electores e instituía la votación colegiada a través de un Consejo formado por tres electores eclesiásticos (los arzobispos de Maguncia, Colonia y Tréveris) y cuatro príncipes laicos (el rey de Bohemia, el margrave de Brandemburgo, el duque de Sajonia y el conde del Palatinado). La Bula incorporaba una cláusula según la cual el rey sería elegido por mayoría simple de votos, sin que fuera necesaria la confirmación o aprobación de la Santa Sede. Además, la designación tendría lugar en Francfort (Meno) y la coronación del emperador en Aquisgrán. La ley, proclamada por el emperador luxemburgués Carlos IV, está considerada como la primera carta constitucional del Reino y la base del Estado Federal. La bula otorgaba importantes privilegios a los príncipes electores, que incrementaron aún más sus amplios poderes, como los dominios hereditarios e indivisibles o el fuero jurisdiccional, y consagraba el germanismo del Imperio al incluir sólo a electores alemanes.

La Baja Edad Media

Tras el interregno producido por la extinción de la dinastía de Luxemburgo, la corona imperial pasó a la casa **Habsburgo**, que unió los derechos de ambas dinastías. Después de sofocar las luchas internas de los príncipes germanos y frenar las pretensiones del poderoso linaje de los Luxemburgo, de los Nassau y de los Wittelsbach, los Habsburgo lograron consolidar su poder en el s. XV. El Renacimiento marca la línea divisoria entre el concepto medieval providencialista de la monarquía –el poder de los reyes emanaba de Dios– y la monarquía autoritaria y centralizada de la Edad Moderna, que mostró el firme propósito de fortalecerse frente a los poderes feudales.

Las antiguas sesiones celebradas en la Corte dieron origen en la Baja Edad Media a la **Dieta Imperial**, una asamblea formada por cerca de 350 miembros pertenecientes a los estamentos laico y religioso. Esta institución sentó las bases del posterior dualismo

El emperador Carlos IV y los siete príncipes electores (hacia 1370)

entre el rey y los estamentos. En la Dieta de Worms (1495) se acordaron importantes reformas que posibilitaron el desarrollo del Estado moderno, entre otras, la supresión de los privilegios jurídicos y fiscales de los feudos. Además, la Dieta estableció la "Paz perpetua" para todo el Imperio, la constitución de un tribunal general –la Cámara Imperial, encargada de velar por el cumplimiento y respeto de la legalidad vigente– y la fijación del primer impuesto imperial. Con la implantación de este tributo obligatorio, denominado el "Gemeine Pfennig" (céntimo común) –un tipo mixto que gravaba el patrimonio, la renta y al individuo– el emperador Maximiliano I logró llevar a buen término la reforma del sistema financiero imperial, a la que se habían opuesto durante mucho tiempo los estamentos. En sesiones posteriores de la Dieta se acordó la estructuración del territorio en distritos administrativos suprarregionales. En 1663 se estableció en Ratisbona la "Dieta Permanente".

Alentada por las ideas del **Humanismo**, en el s. XVI empieza a esbozarse en los territorios del Imperio una incipiente conciencia de "nación alemana", tanto desde el punto de vista político, como cultural. En este periodo histórico se resucitan y difunden obras que contribuyen al desarrollo de este concepto ("Germania" de Tácito). Si hasta entonces siempre se había utilizado el término de "Estados alemanes" en plural, hacia 1500 aparece por primera vez el vocablo "Alemania" (Deutschland) en singular, hecho que atestigua este proceso de reconocimiento de una idiosincrasia particular germana.

1273	Por requerimiento del Papa, el conde Rodolfo de Habsburgo (quien entre otros dominios territoriales poseía Brisgovia, Alsacia y Argovia) es designado en Francfort (Meno) rey de Alemania por los príncipes electores.
1346-1378	Reinado de Carlos IV de Luxemburgo, el soberano más importante de la Baja Edad Media.
1386	Fundación de la Universidad de Heidelberg, la más antigua de Alemania.
1414-1418	Concilio de Constanza; era la primera asamblea eclesiástica importante que se celebraba en la Edad Media.
1438	A la muerte del último emperador de la dinastía Luxemburgo, los príncipes electores designan como rey al duque Alberto V de Habsburgo, que asciende al trono bajo el nombre de Alberto II.
hacia 1450	Johannes Gutenberg inventa en Maguncia la imprenta de caracteres móviles; eclosión y difusión del Humanismo.
1452	Federico III será el último rey que acuda a Roma para ser coronado como emperador.
1493	Entronización de Maximiliano I, quien a partir de 1508 será nombrado "Emperador Romano". Sus sucesores adquirirán el título de emperadores en el mismo momento de ser entronizados en la ceremonia de Aquisgrán. El rey, acompañado por su Corte, ya no tendrá que organizar los complicados desplazamientos a Italia para coronarse como emperador.
1519-1556	El emperador Carlos V, nieto de los Reyes Católicos y Maximiliano I reúne bajo su corona el imperio más poderoso (en cuanto a extensión, población y riqueza se refiere) desde la época carolingia.

La Hansa

Esta organización de mercaderes germanos, fundada a mediados del s. XII para asegurar las ventajas comerciales de las ciudades marítimas alemanas, constituyó uno de los mayores poderes económicos de la Europa del Norte durante la Edad Media. Aunque no se puede precisar una fecha concreta para su creación, la primera institucionalización de lo que se podrían considerar como unos estatutos tiene lugar hacia 1300. La liga, que comenzó siendo una pequeña asociación de mercaderes para la defensa de sus intereses económicos, acabó reuniendo en su seno a la mayoría de las ciudades alemanas, 30 grandes y numerosas pequeñas. La ciudad que ocupó más veces el puesto de preeminencia de la liga fue Lübeck, que dirigió la organización en su época de apogeo (s. XIV). Al finalizar la guerra de los Treinta Años los únicos miembros que continuaban con la tradición hanseática eran los puertos de Hamburgo, Lübeck y Bremen.

La Reforma y la guerra de los Treinta Años

En 1503 **Lutero** (1483-1546) ingresó en el convento de la orden agustina de Erfurt. Este monje escrupuloso vivía atormentado con el problema doctrinal de la Gracia. Tras doctorarse en Teología, fue nombrado profesor de Exégesis bíblica en la Universidad de Wittenberg y, hacia 1512, encontró en las Sagradas Escrituras algunas respuestas a sus dudas espirituales: "El hombre no puede conseguir el perdón de sus pecados sino confiando en el amor de Dios y en su misericordia". La empresa de la salvación –Lutero en su doctrina de la justificación del hombre– no depende del esfuerzo de la voluntad o de la práctica de buenas obras, sino únicamente de la misericordia de Dios, y ésta la obtendrá entregándose a Él sin tratar de penetrar en el misterio de sus designios, es decir, la única fuente de salvación es la Fe. Esta convicción es el motor de la lucha luterana contra la venta de indulgencias, y así, el 31 de octubre de 1517, fijó en la puerta de la iglesia del castillo de Wittenberg sus 95 tesis en las que rechazaba esta práctica y recordaba el significado del sacrificio de la Cruz y de la Gracia de Dios.

Denunciado como sospechoso de herejía, fue invitado por el Papa a comparecer ante un tribunal y retractarse. Lutero se negó y quemó públicamente, en 1520, la bula papal por la que se le comunicaba la excomunión. Rechazó los sacramentos y la Gracia emanada de ellos, negó al clero cualquier función que no fuera la puramente espiritual, proclamó el sacerdocio universal conferido por el bautismo, y criticó las instituciones de la Iglesia y su estructura jerárquica. Convocado a la Dieta de Worms en 1521, Lutero se reafirmó en sus tesis, y el emperador le impuso el destierro. Acogido por el príncipe elector de Sajonia (Federico el Sabio), Lutero tradujo al alemán el Antiguo y el Nuevo Testamento. Esta versión de la Biblia le convirtió en el creador de la moderna lengua alemana. En 1529 la Dieta de Espira volvió a poner en vigor el edicto de Worms, al que se agregaron otras medidas que prohibían cualquier reforma religiosa.

Lutero, imagen del s. XVI

Las divisiones internas de los protestantes, la lucha por la sucesión entre los hermanos Rodolfo II y Matías, la reorganización dogmática del catolicismo y el renacimiento religioso de la Contrarreforma, originados por el **concilio de Trento** (1545-63), apoyado firmemente por el emperador, fueron los elementos desestabilizadores del delicado equilibrio conseguido por la paz de Augsburgo. La Liga Católica, capitaneada por el ducado de Baviera, se opuso decididamente a la Unión Protestante, dirigida por el Electorado Palatino del Rin. El levantamiento de Bohemia de 1618 fue el detonante de la **guerra de los Treinta Años**, que comenzó siendo un conflicto religioso limitado a los dominios austríacos, se transformó luego en una guerra alemana localizada al O y N del país, y terminó siendo una lucha por la hegemonía europea, en la que el factor religioso pasó a ocupar un segundo plano. Los estados protestantes de Dinamarca y Suecia intervinieron en la guerra al ver amenazada su religión. La Francia de Richelieu se sumó a la contienda con el propósito de arrebatar a los Habsburgo los Países Bajos y el Franco Condado —entonces bajo soberanía española— pero, finalmente, el conflicto bélico se desarrolló casi en exclusiva en suelo alemán y dejó a su paso campos devastados, ciudades saqueadas y destruidas y la economía arruinada. La paz de Westfalia (1648), en la que se puso fin a la contienda, significó importantes pérdidas territoriales para el Imperio, que quedó muy debilitado.

1530	Carlos V convoca a los protestantes en Augsburgo para tratar de llegar a un acuerdo, pero las posturas son irreconciliables. Melanchthon presenta en nombre de los luteranos la Confessio Augustana, el credo protestante.
1555	La **paz de Augsburgo**, que reconoce al protestantismo los mismos derechos religiosos que al catolicismo, establece el principio "*cuius regio, eius religio*" (los súbditos debían adoptar la confesión religiosa por la que optase su soberano), por lo que el Imperio pierde la jurisdicción en materia religiosa a favor de los estados territoriales.
1618	Los estamentos de Bohemia se oponen al nombramiento del archiduque Fernando II de Habsburgo, heredero del emperador Matías, como rey de Bohemia, y designan como sucesor al príncipe elector protestante Federico V del Palatinado. Tras la Defenestración de Praga, la crisis se agudiza y se declara la guerra.
1618-1623	En la primera fase de la guerra (que enfrenta a Bohemia contra el Palatinado) Federico V es derrotado por las tropas de Tilly en la batalla del Weißer Berg (1620).
1625-1629	Al final de la segunda fase (guerra de Dinamarca contra la Baja Sajonia) los soldados daneses protestantes son derrotados por las tropas imperiales bajo la dirección de Wallenstein.
1630-1635	Suecia interviene en la guerra a favor de los protestantes (guerra sueca). El rey Gustavo Adolfo II muere en la batalla de Lützen.

1635-1648	La Francia de Richelieu, que hasta entonces había evitado la guerra abierta contra los países de la corona de Habsburgo –por los que estaba cercado–, decide tomar parte activa en la contienda y se alía con Bernhard von Weimar (guerra franco-sueca).
1648	Después de cinco años de negociaciones *(ver Münster)*, se firma el acuerdo de **paz de Westfalia**, en Münster y Osnabrück. Se crea la octava dignidad electoral para el Palatinado.
1688-1697	Las pretensiones territoriales de Luis XIV sobre la orilla izquierda del Rin desencadenan la **guerra de Sucesión del Palatinado**, que es devastado por las tropas francesas al mando de Louvois.

El ascenso de Prusia-Brandemburgo

El burgrave **Federico von Hohenzollern** obtuvo, en 1414, el principado electoral de Brandemburgo, al que se agregó, 203 años más tarde, el ducado de Prusia, que pasó a dominio de su dinastía. Federico Guillermo (1640-1688), elector de Brandemburgo y más conocido por el sobrenombre de El Gran Elector, asumió el gobierno de su país en 1640. Se le considera con justicia el creador del Estado prusiano por los grandes logros de su política autoritaria con la que consiguió reducir el poder de los parlamentos locales, organizar un sistema eficiente de recaudación de contribuciones y un control de la Hacienda, así como crear un ejército profesional. El débil reino que heredó, al que se agregaron los territorios de la Prusia oriental reconocidos en el tratado de Westfalia, se convirtió bajo su mandato en el Estado más poderoso del N de Alemania. Cuando en 1685 fue revocado el **edicto de Nantes** –promulgado en 1598 para poner fin al conflicto religioso en Francia entre católicos y protestantes– miles de hugonotes emigraron a Brandemburgo y contribuyeron al espectacular desarrollo económico de Berlín.

Su nieto Federico Guillermo I, primer rey de Prusia, continuó con la obra emprendida por su predecesor. Convencido de la importancia de una buena organización para garantizar el buen funcionamiento del Estado, creó un cuerpo de funcionarios bien estructurado y un ejército permanente en el que la consigna principal era la obediencia sin condiciones. Los elementos fundamentales del estado del llamado "Rey Sargento" fueron la disciplina, la laboriosidad y la economía.

A su muerte, en 1740, su hijo y sucesor **Federico II el Grande** (1740-1786) halló un país con una administración modélica, lo que permitió que Prusia se convirtiera, durante su reinado, en la segunda potencia del Imperio. Tras la guerra de Sucesión de Austria y la guerra de los Siete Años, se le otorgó la posesión de Silesia, y en el reparto de Polonia consiguió afianzar su poder sobre los territorios orientales. El "Viejo Fritz", como se le conocía popularmente, había recibido una buena formación humanista. Se interesó por la música y la literatura, fue amigo y corresponsal de Voltaire y gozó de gran prestigio entre la intelectualidad europea de la época. Prusia experimentó un importante desarrollo cultural y político durante el reinado de este "príncipe ilustrado", que con una burocracia bien organizada y la alianza establecida entre la realeza y la nobleza, sentó las bases del futuro poder prusiano.

1701	El príncipe elector Federico III es entronizado en Königsberg como rey de Prusia bajo el nombre de Federico I.
1740-1748	Guerras de sucesión de Austria/Silesia: se revoca la Pragmática Sanción promulgada por Carlos IV (1713). La guerra concluye con la invasión de Silesia por las tropas prusianas de Federico II el Grande.
1756-1763	Guerra de los Siete Años: Prusia, aliada con Inglaterra, lucha contra Austria, Francia y Rusia. Al final de la guerra, Prusia ocupa el quinto puesto entre las potencias europeas. Esta relación de fuerzas se mantendrá en Europa hasta la I Guerra Mundial.

Las reformas prusianas: una "revolución desde arriba"

El primero en poner en práctica las reformas previstas por la Ley Agraria (Allgemeines Landrecht) de 1794 fue el barón von Stein, cuya labor continuó el barón von Hardenberg. Con un ímpetu casi revolucionario, ambos se propusieron transformar las estructuras del Estado y de la sociedad a golpe de decreto. Entre sus más destacados logros cabe señalar la abolición de la servidumbre de la gleba por un edicto de 1807, la supresión de la afiliación obligatoria a un gremio y la implantación de la libertad de industria y comercio. A todas estas mejoras sociales se sumaron la derogación de las leyes antisemitas (Judenemanzipation), la modernización de la estructura administrativa, la reforma educativa –que posibilitó la fundación de la Universidad de Berlín por Guillermo de Humboldt en 1810– y la reestructuración del Ejército.

El camino hacia la unificación de Alemania

Desde 1792 Francia estaba en guerra con el resto de las potencias políticas europeas y en la paz de Luneville, firmada en 1801, consiguió, finalmente, sus objetivos: fragmentar el Imperio Germánico y crear Estados alemanes poco extensos, pero fuertes. Esto significó la pérdida de los territorios situados en la orilla izquierda del Rin, con los que compensó a los príncipes alemanes por su renuncia a los planes de reorganización del Imperio. La reordenación política de éste se llevó a cabo en varias etapas, que fueron reguladas por la llamada **Comisión del Imperio** (Reichsdeputationshauptschluß, 1803), nombrada por la Dieta. En sus acuerdos, la comisión ordenó la secularización de los principados eclesiásticos, su posterior redistribución y la mediatización o pérdida de la dependencia directa del Imperio de numerosos señoríos, así como la cancelación de los privilegios que disfrutaban las ciudades libres del Imperio. Los grandes beneficiarios de la redistribución fueron Baviera, Prusia, Baden y Würtemberg, que ampliaron sus dominios y obtuvieron dignidad electoral. Dieciséis estados de Alemania del Sur y del Oeste se separaron del Sacro Imperio y fundaron en París, bajo el protectorado de Napoleón, la Confederación del Rin (1806).

El **congreso de Viena** (1814-15) fue convocado para proceder a la repartición de Europa y crear una nueva distribución geográfica. Los principios políticos que inspiran la conferencia son: la restauración (retorno a la situación política de 1792); la supremacía y legitimidad de las dinastías del "Antiguo Régimen"; la solidaridad política de las monarquías con el fin de neutralizar las ideas liberales y los movimientos revolucionarios que puedan poner en peligro a los Estados.

La Confederación Germánica

La Deutsche Bundesakte (Acta Federal), promulgada el 8 de junio de 1815, resolvía el problema de la reconstrucción territorial de los Estados alemanes trastornados durante las guerras napoleónicas. Esta nueva Confederación Germánica (Deutscher Bund), una institución federativa débil y carente de competencias políticas, estaba formada por 39 Estados políticamente autónomos, entre ellos cuatro ciudades libres. También se adhirieron como miembros los reyes de Holanda, Dinamarca y los Países Bajos. Prusia y Austria sólo estaban representadas por una parte de sus estados asociados. El organismo estaba dirigido por una Dieta (Bundestag) presidida por Austria y con sede en Francfort, e integrada por 11 miembros plenipotenciarios elegidos por los gobiernos. El Bund se convirtió, en la práctica, en un instrumento de la política de Metternich, el príncipe renano que ocupó la cancillería austríaca. Apoyado por Prusia, reprimió los movimientos liberales y nacionalistas. La política conservadora de la Dieta significó un periodo de aparente estabilidad (Biedermeierzeit).

Pese a la desmembración del Imperio y a la división de su territorio en pequeños Estados, desde principios del s. XVIII, se aprecian en Alemania los síntomas de una conciencia nacional alemana. Este proceso se manifiesta en todos los campos de la creación intelectual y artística: en la literatura, en la filosofía, en las Bellas Artes, en la música. En él se expresa el despertar de ese sentimiento de pertenencia a una cultura común de los pueblos germánicos que posteriormente impulsaría el patriotismo político. Los ideales de la Revolución Francesa, el fin del Imperio, las reformas estructurales y las experiencias de la época en la que las tropas de Napoleón ocuparon el territorio fueron los motores de un movimiento, nacido a principios del s. XIX, que anhelaba una Alemania libre y unida. En 1834 se creó, por iniciativa de Prusia, la Unión Aduanera Alemana (Deutscher Zollverein), iniciativa que puede considerarse como una etapa previa en el camino hacia la unificación política por la vía de la solidaridad económica.

El 31 de marzo de 1848 se inauguraron en Francfort las sesiones de la Asamblea constituyente (Vorparlament), que acordaron la convocatoria de elecciones para la **Asamblea Nacional** (Nationalversammlung). Ésta sería la encargada de elaborar una Constitución alemana y de decidir el modelo de gobierno de la futura entidad política. El debate fundamental sobre la configuración territorial de Alemania contempló, por una parte, la creación de una gran Alemania controlada por Austria a través de la institución de un imperio hereditario ocupado por la dinastía Habsburgo, y por otra, la solución de los partidarios de crear una pequeña Alemania bajo dirección prusiana y con un Hohenzollern a la cabeza. Sin embargo, el rey de Prusia, Federico Guillermo IV, rechazó la corona imperial que le propuso una delegación enviada por la Asamblea constituyente reunida en la iglesia de San Pablo.

En tan sólo ocho años desde su nombramiento (1862) como ministro-presidente de Prusia, **Otto von Bismarck** logró la unificación de Alemania bajo hegemonía prusiana. La estrategia diplomática del "Canciller de Hierro" consiguió anular el dualismo Austria-Prusia e hizo fracasar las tentativas del emperador austriaco Francisco José de crear una federación que integrara a los diversos Estados en una "Gran Alemania".

Convencido de la lealtad de unas élites burguesas surgidas en una época de prosperidad económica propiciada por la industrialización, Bismarck dio comienzo a una gran época de militarismo germánico. El canciller confiaba en la neutralidad de Napoleón III. Austria y Prusia, después de unir sus fuerzas en 1864 para derrotar a Dinamarca, se enfrentan entre sí dos años más tarde. En la disputa entre las potencias germánicas, Prusia sale victoriosa en la batalla de Sadowa (Königsgrätz, 1866), que marca el fin del dualismo austro-prusiano. Al año siguiente, Bismarck funda la **Confederación de Alemania del Norte** (Norddeutscher Bund), que integraba a todos los Estados alemanes situados al N del Meno; Hannover, Hesse y Schleswig-Holstein ya pertenecían con anterioridad a Prusia. La guerra franco-prusiana de 1870-71 pondrá fin a las anexiones.

1806	Napoleón invade Berlín. El emperador austríaco Francisco II abdica la corona del Sacro Imperio Romano Germánico, lo que significa el fin del imperio instituido por Carlomagno.
1813	Prusia lidera la coalición en la guerra de liberación contra la invasión napoleónica, cuyas tropas son aniquiladas en la Batalla de las Naciones, cerca de Leipzig.
1814-1815	Congreso de Viena; fundación de la Confederación Germánica y de la Santa Alianza entre Rusia, Prusia y Austria.
1819	Los acuerdos de Karlsbad incluyen la censura de la prensa, la prohibición de las asociaciones estudiantiles (Burschenschaften), y establecen el control de las Universidades.
1833/34	Fundación de la Unión Aduanera Alemana; dirigida por Prusia, constituye un mercado común alemán en el que se integran la mayoría de los Estados germánicos, a excepción de Austria.
1835	Establecimiento de la primera línea férrea de Alemania entre las ciudades de Nuremberg y Fürth.
1848	Los disturbios franceses de febrero se extienden primero a Mannheim y, más tarde, a todos los Estados alemanes. Pero la llamada revolución de Marzo se transforma pronto en un movimiento reformista burgués.

El Imperio alemán

La pretensión de la casa Hohenzollern (Leopoldo de Hohenzollern-Sigmaringen) de ocupar el trono español constituye el pretexto para agudizar las tensiones entre Francia y Alemania en 1870. Bismarck logró despertar los sentimientos de orgullo nacional a ambos lados de la frontera, y Francia declaró la guerra a Prusia. Los estados del S de Alemania se alinearon de parte de la Confederación de Alemania del Norte, liderada por Prusia, y como ésta había firmado acuerdos secretos de mutua defensa con los diferentes estados del Sur, contó, al final, con el apoyo de todos los príncipes alemanes. Tras la derrota de Sedán el 2 de septiembre de 1870, que supuso el fin del imperio de Napoleón III, los Estados alemanes del Sur reiniciaron las conversaciones con Bismarck para restablecer los lazos federativos y conseguir la unificación de Alemania.

Los primeros años de la Alemania unificada en 1871, conocidos con el término histórico de "crisis de progreso" o **Gründerzeit**, se caracterizaron por un espectacular auge de la economía. Este periodo se vio favorecido por los cinco millones de francos franceses que ingresaron en las arcas del Imperio alemán en concepto de reparaciones de guerra. Las ventajas de un gran espacio económico sin las trabas que imponían las fronteras aduaneras y las medidas para la homogeneización de la moneda y el sistema de pesas y medidas, propiciaron un extraordinario desarrollo de las finanzas, de la industria, del ramo de la construcción y del transporte.

1871	El 18 de enero se proclama a Guillermo I emperador de Alemania en la sala de los Espejos de Versalles. El Imperio Alemán, que ha incorporado los territorios de Alsacia y Lorena, continúa siendo una confederación de Estados bajo la hegemonía prusiana. Desde el punto de vista económico, Alemania se transforma en una sociedad industrial.
1888	Tras el corto reinado de Federico III, Guillermo II accede al trono imperial.
1890	Las diferencias de criterio, cada vez más acusadas, entre el emperador y Bismarck terminan con la destitución del canciller, que deja una Alemania en plena crisis de crecimiento. El fuerte aumento de la población unido al extraordinario florecimiento de la industria determinan la arriesgada política expansionista del Imperio. Las comprometidas decisiones imperiales en política exterior suscitan la enemistad de Rusia, Inglaterra y Francia.

La I Guerra Mundial y la República de Weimar

La rivalidad económica y política de las potencias europeas había creado una situación tensa y de desconfianza mutua, un auténtico caldo de cultivo para que cualquier pretexto desencadenara las hostilidades entre los Estados. El asesinato en Sarajevo del archiduque Francisco Fernando, heredero del trono austríaco, y de su esposa, el 28 de junio de 1914, desencadenó el primer conflicto de una contienda que habría de enfrentar en el campo de batalla a la comunidad internacional durante cuatro años. La movilización del ejército austro-húngaro contra Serbia arrastró al conflicto a las grandes potencias europeas. El plan de guerra de Alemania, que preveía dos frentes de ataque, estaba marcado en el memorandum del entonces jefe del estado mayor von Schlieffen. Sin respetar la neutralidad de Bélgica, las tropas alemanas se movilizaron en dirección a Francia. Ésta logró contener el avance en la línea del Marne, y entonces dio comienzo la guerra de posiciones. En el E, los ejércitos alemanes bajo la dirección del mariscal von Hindenburg, ocuparon amplios territorios de Rusia.

Después de la Revolución de Noviembre, que tras el levantamiento espartaquista de 1919 había ido cediendo terreno poco a poco, se impuso el modelo de Estado parlamentario democrático-liberal, a cuya cabeza se situó un presidente con amplios poderes. El 11 de agosto de 1919 se firmó la Constitución elaborada por la Asamblea constituyente reunida en la ciudad de **Weimar**. Esta "República sin republicanos" tendrá que asumir desde el principio las duras obligaciones impuestas a Alemania en el tratado de Versalles, que entró en vigor en 1920: renuncia a la soberanía sobre algunos territorios (lo que supuso tener que prescindir de importantes zonas agrarias e industriales), pérdida de las colonias territoriales, reducción de los efectivos militares y pago de elevadas reparaciones de guerra.

Por otra parte, los únicos partidos políticos republicanos –Partido Socialista Alemán (SPD), Centro (Zentrum) y Partido Demócrata Alemán (DDP)– que habían aprobado la Constitución no consiguieron en ninguna ocasión, después de 1920, una mayoría parlamentaria que les permitiera gobernar. La inestabilidad reinante produjo durante la República de Weimar 16 cambios de gobierno, es decir, uno nuevo cada ocho meses y medio como promedio. La profunda crisis económica provocada por una industria desarticulada durante el conflicto bélico mundial, agravada por el endeudamiento del Estado a causa de las elevadas reparaciones de guerra que estaba obligado a pagar, dispararon la inflación que llevó a la ruina a las clases medias.

De 1923 a 1929, Alemania conoció un periodo de relativa calma, a pesar de las tensiones internas y externas que siguieron aquejando a la República. Aunque la cifra de parados continuó aumentando, la economía experimentó una recuperación espectacular gracias al Plan

Evolución de los precios del pan (1 kg)

Diciembre 1919 – 80 marcos

Diciembre 1921 – 390 marcos

Diciembre 1922 – 163,15 marcos

Abril 1923 – 474 marcos

Julio 1923 – 3.465 marcos

Agosto 1923 – 69.000 marcos

Septiembre 1923 – 1.512.000 marcos

Octubre 1923 – 1.743.000.000 marcos

Diciembre 1923 – 399.000.000.000 marcos

Dawes –que regulaba los pagos de las reparaciones alemanas–, a la evacuación francesa de la cuenca del Ruhr y a la afluencia masiva de capital americano. En el plano internacional, Gustav Stresemann, ministro de relaciones exteriores, reconoce los límites fronterizos occidentales de Alemania y logra su ingreso en la Sociedad de Naciones (1926). Un año antes había suscrito en Locarno un pacto de seguridad, por el que Francia y Alemania renunciaban a una revisión de las fronteras, aunque no se trató el problema de los límites de la zona oriental del país.

Pero la situación económica se agrava en 1929 porque la crisis financiera mundial también arrastra a Alemania. Una desmesurada deuda externa, una inflación desorbitada, el dramático incremento de las cifras del paro y el descenso de las exportaciones crean un clima propicio para la inestabilidad social y la radicalización de los partidos políticos, en particular del Partido Nacionalsocialista Alemán (NSDAP). La ideología de este partido defendía la teoría de una "comunidad internacional" basada en la supremacía de una "raza" para resolver los graves problemas que aquejaban a la sociedad. A partir de 1930, las luchas callejeras y los enfrentamientos entre los militantes nacionalsocialistas y los comunistas fueron frecuentes. Las clases dirigentes y el mundo de los negocios consideró a Hitler el baluarte contra el avance del comunismo. El 30 de enero de 1933, casi una década después de su fallido golpe de Estado, **Hitler** fue nombrado canciller del Reich por el presidente imperial von Hindenburg. La República de Weimar tenía las horas contadas.

1914	El 3 de agosto Alemania declara la guerra a Francia y a Rusia.
1917	Rusia, sacudida por la revolución, solicita la suspensión de las hostilidades. Los EE UU entran en la guerra al ser atacada su marina mercante por los submarinos alemanes.
1918	El 28 y el 29 de octubre se amotinan en Wilhelmshaven los marineros de la escuadra de alta mar. Simultáneamente se desencadenan en Alemania levantamientos populares desde tiempo atrás latentes, con la formación de numerosos consejos de trabajadores y de soldados. Pero el movimiento es reprimido por el gobierno provisional de Friedrich Ebert, apoyado por el mando supremo del ejército. El 9 de noviembre abdica Guillermo II, y Philipp Scheidemann proclama la República. Dos días más tarde Matthias Erzberger firma, en nombre del nuevo gobierno, el armisticio de Compiègne.
1919	Reunión de la Asamblea Nacional en Weimar; Friedrich Ebert (SPD) es elegido primer presidente de la República (11 de febrero). Firma del tratado de paz de Versalles (28 de junio).
1923	Francia, descontenta por el retraso en el pago de las reparaciones de guerra, ocupa la cuenca del Ruhr (11 de enero); en los enfrentamientos, la población opone una resistencia pasiva. La situación política se radicaliza: la derecha se agrupa en torno al NSDAP –al que Hitler se había afiliado en 1919. Hitler, convertido en líder del movimiento, dirige la tentativa de golpe de Estado de Múnich (8-9 de noviembre). Tras el fracaso Hitler es encarcelado, pero será liberado un año más tarde.
1925	A la muerte de Friedrich Ebert, se elige presidente del Imperio al antiguo mariscal de campo Paul von Hindenburg.
1930	Tras la derrota parlamentaria en el Reichstag (Dieta imperial), se inicia la época de los gabinetes presidencialistas (Brüning, von Papen, von Schleicher), es decir, la etapa de los gobiernos sin mayoría parlamentaria.
1932	En las elecciones al Parlamento, celebradas en julio, el Partido Nacionalsocialista Alemán de los Trabajadores (NSDAP) es el más votado con el 38% de los sufragios. Junto al KPD, los nacionalsocialistas obtienen la mayoría absoluta, lo que permite a los partidos radicales bloquear cualquier propuesta del Parlamento.

El Nacionalsocialismo y la II Guerra Mundial

En un tiempo récord, Hitler organiza desde el NSDAP el **Estado totalitario**. Después del incendio del Reichstag, provocado por la SA, el 27 de febrero de 1933, Hitler ordena la persecución de todos los partidos, asociaciones y organizaciones sociales, a excepción de las de carácter confesional, y crea una atmósfera de terror a través de la violencia ejercida por la policía política del partido nacionalsocialista (Gestapo), las SS y la SA. La detención de funcionarios y diputados del Partido Comunista le permite ganar la mayoría necesaria para votar la Ley de plenos poderes (23 de marzo) y convertirse en el único partido del Estado. Los opositores al régimen son internados en campos de concentración y asesinados. A la muerte de von Hindenburg, en agosto de 1934, se proclama "Führer y canciller del Reich", acaparando los cargos de presidente y canciller del Imperio. Desde ese momento tuvo vía libre para realizar su proyecto de construir el "Imperio de los mil años", sin oposición ni reglas parlamentarias que pusieran límites a sus designios.

Con la promulgación de las Leyes de Nuremberg (septiembre de 1935), la persecución de los judíos adquiere un carácter claramente racista y sistemático. Las acciones antisemitas de los nazis incluyeron arrestos masivos, actos vandálicos contra propiedades privadas y edificios religiosos (sinagogas), prohibiciones de diversa índole, privación de derechos, etc. El 1 de abril de 1933, los nazis declaran el "boicot a los judíos" y la exclusión de cerca de 500.000 judíos alemanes de los puestos que ocupaban en la administración pública. En la madrugada del 9 al 10 de noviembre de 1938, conocida como la **noche de los cristales rotos**, se desata una ofensiva intimidatoria contra los judíos, durante la cual se quemaron sus sinagogas, propiedades y negocios.

En este periodo, la literatura y todas las formas de expresión artísticas se sometieron a la censura, y todas aquellas consideradas como "degeneradas" fueron destruidas. Centenares de intelectuales partieron al exilio.

La recuperación de la economía internacional, el programa de construcción de autopistas –puesto en marcha con anterioridad– y otros grandes proyectos de ingeniería, así como el rearme y el servicio de trabajo obligatorio de los jóvenes en las organizaciones paramilitares del Estado, generaron un descenso considerable de la tasa de paro. En 1942 el III Reich estaba en su apogeo: amplios sectores de la población alemana se habían beneficiado de sus logros materiales.

El 1 de septiembre de 1939 Alemania invade Polonia y se desencadena la **II Guerra Mundial**. Los preparativos de esta guerra de aniquilación en nombre de la creación de un espacio vital euroasiático dominado por la raza "aria", se habían iniciado en 1936 con la denuncia de los tratados de Locarno, la ocupación de la Renania desmilitarizada y la anexión de Austria y el territorio de los Sudetes (1938). Los enfrentamientos bélicos alcanzaron de lleno a la población alemana a partir de 1942, año en el que comenzaron los ataques aéreos sistemáticos y los bombardeos de objetivos militares y civiles por parte de las aviaciones británica y norteamericana. Al final de la guerra, el país había quedado reducido a escombros y cenizas, la población estaba hambrienta y millones de personas eran desplazadas de los territorios orientales. La liberación de los prisioneros de los campos de concentración descubrió los horrores cometidos por la política de exterminio nazi (6 millones de muertos).

1933	Después del incendio provocado en el Reichstag el 27 de febrero de 1933, del que fueron acusados los comunistas –aunque existen indicios de que los responsables fueron militantes del NSDAP–, se suspenden los derechos políticos fundamentales reconocidos por la Constitución de Weimar. La ley de plenos poderes de 23 de marzo permite a Hitler y a su gobierno decretar a su entera satisfacción, sin tener en cuenta los consejos de la Cámara ni del presidente. Se aprueba una ley de unificación de los Estados (Länder) (4 de abril).
1934	Tras la muerte de von Hindenburg, Hitler asume todos los poderes y se autoproclama "Führer (caudillo) y canciller del Imperio"; las fuerzas armadas le prestan juramento.
1936	Hitler viola los acuerdos y ocupa la zona desmilitarizada del Rin.
1938	El 4 de febrero Hitler asume el mando supremo de las Fuerzas Armadas. El Imperio se anexiona ("Anschluß") Austria el 13 de mayo; la acción es sancionada en un plebiscito. En la Conferencia de Múnich (septiembre), Hitler consigue la aprobación de París y de Londres para incorporar al Imperio el territorio de los Sudetes.
1939/40	El 23 de agosto de 1939 se firma el Pacto germano-soviético de no agresión, con un protocolo adicional secreto (determinación de las esferas de influencia en el E de Europa de ambos firmantes). El 1 de septiembre estalla la II Guerra Mundial. Una ofensiva relámpago permite a las tropas alemanas ocupar amplios territorios en el N y O de Europa. Sólo Inglaterra, replegada en su isla, resiste las agresiones. Las Fuerzas armadas alemanas apoyan las acciones del ejército italiano en el N de África.
1941	Hitler ataca Rusia en una guerra de exterminio; al mismo tiempo, Alemania amplía su esfera de influencia en los Balcanes.
1942	En la Conferencia de Wannsee, celebrada en enero, se aprueban las ejecuciones masivas en los "campos de exterminio" del Este, de los judíos que vivían en los territorios de influencia germánica.
1943	Contraofensiva soviética tras la derrota de Stalingrado. Los americanos, que entraron en la guerra después del ataque japonés a Pearl Harbour en 1941, desembarcan en Sicilia en julio.
1944	Desembarco aliado en Normandía (junio). El 20 de julio, Hitler sale ileso de un atentado planeado por el coronel von Stauffenberg. Desembarco de las tropas aliadas en el S de Francia (agosto).
1945	Tras el suicidio de Hitler, el 30 de abril, se firma en Reims y en Berlín-Karlshorst la capitulación de las fuerzas armadas del Reich (7-9 de mayo). El 5 de junio se anuncia que los representantes de las potencias vencedoras asumen de forma conjunta el Gobierno Supremo (Regierungsgewalt) de Alemania.

Alemania de 1945 hasta nuestros días

1945	Alemania y Berlín se dividen en cuatro zonas de ocupación. Los acuerdos contemplan que las tropas británicas y americanas abandonen Sajonia, Turingia y Mecklemburgo y se establezcan en los sectores occidentales de Berlín. En la conferencia de Potsdam las potencias vencedoras deciden la desmilitarización, democratización y la administración conjunta de Alemania.
1946	Unificación de los sectores británico y americano (Bizona).
1948	El delegado soviético abandona el Consejo Aliado de Control en Berlín (20 de marzo), y concluye la administración conjunta de las cuatro potencias de Alemania. La Unión Soviética bloquea Berlín occidental y obliga a establecer un puente aéreo para el abastecimiento de este sector de la ciudad.

1949	El 23 de mayo se crea en las tres zonas de ocupación occidentales la República Federal. En el sector soviético se funda, el 7 de octubre, la República Democrática Alemana. Durante el gobierno de **Konrad Adenauer**, canciller federal hasta 1963, la República Federal experimenta una recuperación económica espectacular y normaliza sus relaciones con todos los Estados del mundo.
1952	El gobierno soviético presenta una propuesta (conocida como la "nota de Stalin") a los aliados occidentales para la creación de una Alemania unida, democrática y neutral.
1961	Construcción del muro de Berlín (12-13 de agosto).
1972	Firma del Tratado Fundamental entre la RFA y la RDA, piedra angular de la política de acercamiento al Este (Ostpolitik) diseñada por Willy Brandt (canciller federal de 1969 a 1974).
1989	Durante el verano, grupos de ciudadanos de la República Democrática Alemana ocupan las sedes diplomáticas de la República Federal de Alemania de varias ciudades europeas, entre otras las de Praga, Budapest y Varsovia, para exigir el visado de entrada en la República Federal. El 10 de septiembre el gobierno de la RDA decide la apertura de la frontera entre Hungría y Austria, y comienza la huida masiva. El 4 de noviembre se celebra, en Berlín oriental, una manifestación multitudinaria, en la que participan más de un millón de personas. En la noche del 9 al 10 de noviembre se abre la frontera entre las dos Alemanias. El 7 de diciembre se celebra la primera "mesa redonda" (Runder Tisch), un organismo de control formado por los movimientos ciudadanos y representantes de los partidos políticos.
1990	Elaboración del tratado de Reunificación de las dos Alemanias: el 3 de octubre entra en vigor el artículo 23 de la Ley Fundamental, por el que la República Democrática Alemana se integra en la República Federal. El 2 de diciembre se celebra la primera sesión parlamentaria conjunta en el edificio del Reichstag (Dieta Imperial) de Berlín.
1991	El Bundestag designa a Berlín como nueva capital de la Alemania reunificada y sede del gobierno.
1994	La retirada de las tropas rusas estacionadas en los nuevos Estados federales (Bundesländer) se concluye en septiembre. En el mismo mes se retiran de Berlín los últimos contingentes de tropas aliadas.
1999	Después de haberse instalado en Berlín la sede de la presidencia de la República, se traslada el Parlamento Federal (Bundestag). El 19 de abril, inauguración solemne de la nueva sala de Plenos del edificio del Reichstag (Dieta Imperial) con una sesión del Parlamento.
1 enero 2002	El euro se convierte en la moneda nacional alemana, reemplazando al marco.

Konrad Adenauer

Arte

La situación geográfica de Alemania en el centro de Europa ha favorecido a lo largo de su azarosa historia la penetración de los grandes movimientos artísticos desarrollados en los países vecinos. El poderoso imperio de Carlomagno logró fundir los elementos dispares de la antigüedad tardía, de la tradición paleocristiana y de la cultura germánica y sentar los fundamentos del arte de la Europa occidental. Pero hasta la división del gran imperio franco entre los sucesores de Carlomagno, que condujo a la formación del imperio alemán, el arte germano no adquirió independencia. La obra más importante de la arquitectura otoniana, a la que dieron nombre tres grandes emperadores alemanes, es la basílica de San Miguel de Hildesheim. El arte gótico, inspirado en el arte de las catedrales francesas, presentó pocos elementos originales, al igual que el renacentista, que imitó los modelos italianos. Sin embargo, el barroco se manifestó con gran vigor, en particular en la suntuosa decoración de las iglesias bávaras y en brillantes conjuntos arquitectónicos, como el Zwinger de Dresde o Sanssouci en Potsdam.

EL ROMÁNICO (ss. IX-XII)

La arquitectura prerrománica – En Alemania, como en todo el occidente cristiano, la arquitectura religiosa surgió de un esfuerzo por adaptar las basílicas civiles romanas a la celebración del culto. En efecto, las primeras iglesias son edificaciones de planta rectangular alargada orientadas al E y rematadas por un ábside semicircular. Las naves son de altura desigual: nave central ligeramente elevada con respecto a las laterales. La cubierta consiste en una techumbre simple de vigas de madera.

La época carolingia se caracteriza por la construcción de templos con dos presbiterios. El presbiterio occidental se elevaba en ocasiones en la **Westwerk** (antecuerpo o fachada oeste), una obra maciza de altura considerable y aspecto militar, que constituía, con frecuencia, una pequeña iglesia independiente –como en el caso de Corvey– reservada tradicionalmente al emperador.

La arquitectura otoniana (s. X-principios del XI) – La restauración del Imperio en el año 962 por Otón I el Grande marcó el inicio del resurgimiento de la arquitectura religiosa en Sajonia y en las regiones del bajo Rin y del Mosa. Las monumentales iglesias que se construyeron en esta época se caracterizan por las amplias naves laterales desprovistas de bóvedas, y un crucero en el que los brazos sobresalen de la planta. La techumbre es plana y decorada con vigas de madera. La uniformidad del espacio interior, que no está dividido en tramos, se rompe con la alternancia de pilares rectangulares y columnas. Las iglesias de San Miguel en Hildesheim y de San Ciriaco en Gernrode son las obras arquitectónicas más importantes de este estilo.

El estilo románico en la Alemania renana – En Colonia y sus alrededores existen numerosas iglesias que presentan una planta original de tres ábsides en forma de trébol. Estos ábsides están decorados, en el exterior, por arcadas ciegas y por dos motivos ornamentales de origen lombardo: la "galería enana" (Zwerggalerie) y un adorno llamado *lesene*, que consiste en unas bandas con bajorrelieves en sentido vertical unidas al muro en su extremo superior por medio de pequeñas arcadas ciegas.

El románico renano muestra su mayor esplendor en las catedrales imperiales del Rin medio (Espira, Maguncia y Worms). La planta se caracteriza por su doble presbiterio sin deambulatorio ni absidiolos, y en algunas ocasiones, por dos naves transversales; además, existe una multiplicidad de torres. La techumbre puntiaguda y en forma de rombo de las torres renanas recuerda a la mitra. La bóveda de arista en la nave central, que no comenzó a usarse hasta finales del s. XI, aparece por primera vez en la catedral de Espira. A principios del s. XIII la catedral de Naumburgo y las iglesias de Limburgo del Lahn y de Andernach marcan la transición del románico al gótico con sus bóvedas de arcos apuntados.

EL GÓTICO (ss. XIII-XVI)

El edificio gótico alemán por excelencia es la catedral de Colonia. La amplitud de sus naves, la elegancia de sus bóvedas de crucería y la altura de las dos torres de la fachada, de inspiración francesa, no se pueden comparar a ninguna otra iglesia alemana. La impronta del gótico francés se aprecia en las catedrales de Ratisbona, Friburgo de Brisgovia, Magdeburgo y Halberstadt. La influencia de los modelos galos se manifiesta, igualmente, en los monasterios cistercienses. Las iglesias abaciales construidas por esta orden entre 1150 y 1250 en Alemania carecen de torres y campanario, y el testero de la nave central se cierra de forma rasa (sin ábside) y está flanqueado por capillas de planta rectangular. La abadía cisterciense de Maulbronn es uno de los escasos conjuntos monásticos de este estilo que se conservan casi intactos en Europa.

Las iglesias góticas de la margen oriental del Elba están construidas principalmente en ladrillo. Los ejemplos góticos más representativos de este original tipo de construcción (Backsteingotik) son la iglesia de Santa María en Lübeck, la de San Nicolás en Stralsund, así como las casas consistoriales de ambas ciudades, la catedral de Schwerin y la colegiata de Bad Doberan.

El gótico tardío (Spätgotik) – En este periodo, que abarca aproximadamente los ss. XIV-XVI, se construyeron sobre todo iglesias de tipo germánico, es decir, las **iglesias con planta de salón** (Hallenkirche), que se caracterizan porque las tres naves presentan la misma altura. En cuanto a las bóvedas, se aprecia una clara predilección por las compartimentadas –con nervaduras longitudinales y transversales formando redes– y estrelladas. A este grupo pertenece la iglesia de Santa Ana en Annaberg Buchholz.

Colegiata de Bad Doberan

El concepto arquitectónico de la **iglesia con planta de salón** difiere totalmente del tipo basilical construido a fines de la época románica. Las tres naves están separadas unas de otras por pilares simples. Los ejemplos más destacados y elegantes de este estilo se construyeron a finales de la época gótica en Múnich (iglesia de Nuestra Señora) y en Dinkelsbühl (San Jorge).

La arquitectura civil a fines de la Edad Media – La circulación de riquezas que se produjo en los ss. XIV-XV como consecuencia de la activación del comercio y de la industria artesanal favoreció el desarrollo de la arquitectura urbana, pues, la emergente clase burguesa, deseosa de poder y reconocimiento, impulsa la construcción de soberbios ayuntamientos y elegantes casas con paredes entramadas, ricamente decoradas en el interior con retratos y esculturas. Esta arquitectura civil bajomedieval pervive aún en Ratisbona, Rothenburgo, Goslar y Tubinga.

Iglesia de San Jorge (tipo salón), Dinkelsbühl – **1**) Nave central **2**) Nave lateral **3**) Bóveda reticulada

EL RENACIMIENTO (1520-1620)

Eclipsado por las turbulencias de la Reforma religiosa, el Renacimiento ocupa en la historia de la arquitectura alemana un papel de segundo orden. La influencia italiana se manifiesta con claridad en el S de Alemania: las esbeltas arcadas empleadas en la decoración de la capilla sepulcral de la familia del banquero Jacobo Fugger son una fiel imitación de modelos florentinos (1518). Además, el modelo para la construcción de la iglesia jesuítica de San Miguel en Múnich fue la iglesia de Gesú en Roma.

En el N de Alemania se aprecia la influencia del estilo flamenco y holandés. En los barrios de los comerciantes, los frontones escalonados –como el de la Gewandhaus de Brunswick– presentan una abundante decoración de volutas, obeliscos, estatuas y pilastras. El castillo de Güstrow y el casco antiguo de la ciudad de Görlitz, así como los castillos de Johannisburg, en Aschaffenburg, y el de Heidelberg son muestras notables del estilo renacentista. Los ejemplos de esta corriente artística en las ciudades de Wolfenbüttel, Bückeburg y Hameln tienen el encanto del "Renacimiento del Weser" *(ver Hameln)*.

EL BARROCO (ss. XVII-XVIII)

El arte barroco, esencialmente religioso, floreció con todo su esplendor en el S de Alemania a partir de mediados del s. XVII. Este estilo expresó a la perfección la alegría mística que siguió al concilio de Trento, con la multiplicidad de formas y la irregularidad de los contornos de sus creaciones, así como con la magia y el efectismo que otorgaban los contrastes del color. El refinamiento del barroco llevado a sus últimas consecuencias produjo el estilo rococó, que aplicó su fantasía colorista fundamentalmente en los interiores. En esta época se erigieron imponentes monumentos para exaltar el dogma de la transubstanciación, la Creación divina, el milagro mariano y las manifestaciones piadosas populares.

Los maestros del barroco germánico y danubiano – El excepcional desarrollo del barroco en Alemania se debió sobre todo a la **escuela del Vorarlberg** (1680-1750), cuyos maestros, por su fuerte espíritu corporativo, han permanecido en su mayor parte en el anonimato. Estos arquitectos buscaron continuamente la perspectiva en sus iglesias de nave única.

Sin embargo, algunos artistas, sobre todo los bávaros, brillaron con luz propia en diferentes disciplinas. Los arquitectos mostraron predilección por las plantas sutiles y originales, circulares o elípticas. Entre ellos cabe citar a maestros como Johann Michael Fischer (Diessen, Ottobeuren, Zwiefalten), a los hermanos Asam (Weltenburg, iglesia de San Juan Nepomuceno de Múnich) y a Dominikus Zimmermann (Steinhausen, Wies).

En Franconia el desarrollo del barroco está estrechamente ligado al de Bohemia y debe su esplendor al firme apoyo de los príncipes obispos de la casa de Schönborn, con sede en Maguncia, Würzburg, Espira y Bamberg. Los hermanos Dientzenhofer decoraron los palacios de Praga y los de Bamberg. Juan Baltasar Neumann, el más notable de los arquitectos del barroco, trabajó al servicio de los mismos prelados y superó a sus coetáneos en estas artes gracias al enriquecimiento que le proporcionó el contacto con maestros franceses, italianos y vieneses, y a su propia creatividad.

Fachada de la iglesia de Ottobeuren

En Sajonia, el Zwinger en Dresde es el ejemplo más notable del rococó alemán. Esta obra maestra del arquitecto Matías Pöppelmann y del escultor Baltasar Permoser es de inspiración italiana. El refinamiento de la decoración rococó en el palacio de Sansssouci de Potsdam sorprende a aquellos que asocian a Prusia con valores como la austeridad y la rigidez. En el diseño de los planos de este palacio, el arquitecto Knobelsdorf asimiló las formas del barroco italiano y francés, fruto de los conocimientos adquiridos durante sus largos años de estudio en ambos países europeos.

Las iglesias – En las iglesias barrocas, la importancia de la fachada predomina sobre el resto del edificio. Una aglomeración de ornamentos plásticos, la superposición de dos frontones de diseño diferente, la estructuración de su superficie en forma de voladizos y entrantes y la alternancia de líneas cóncavas y convexas son algunos de los recursos utilizados por los arquitectos barrocos para transmitir movimiento a la fachada. Dos torres rematadas por cúpulas de bulbo flanquean frecuente-

Bóveda de la iglesia de Vierzehnheiligen

mente estas fachadas (una torre sola en las iglesias de peregrinación). Con el tiempo, estas torres se separan del edificio y constituyen un cuerpo independiente de la iglesia.
En el interior, el empleo refinado de la perspectiva y de la ilusión óptica crea la impresión de grandiosos espacios. Amplias tribunas recorren los muros por encima de las capillas laterales. Estas últimas y las galerías confluyen en el crucero, realzando la verticalidad del conjunto. Por los altos ventanales situados al nivel de las galerías, la luz entra a raudales. El barroco de Bohemia y Franconia se caracteriza por la complejidad de sus bóvedas. El retablo del altar mayor, elemento esencial del mobiliario, se concibe como un verdadero escenario teatral en el que la estructura evoca un arco de triunfo. En el punto central de este arco, esculpido en madera o en estuco, se sitúa un grupo escultórico o un gran cuadro. Las columnas salomónicas acentúan la sensación de movimiento, tan acorde con el gusto barroco. La iluminación artificial indirecta proyecta, desde su foco oculto, un juego de luces y sombras, elemento genuino del estilo barroco. La decoración rococó, por su parte, cuenta con otros recursos propios como la exuberancia ornamental y los contornos asimétricos.

Los palacios – Son construcciones de una sola planta sobre un zócalo elevado que confiere una mayor prestancia al edificio. Las distintas alas se despliegan entorno a un cuerpo central dibujando un semicírculo que se abre por su lado convexo hacia los jardines del palacio. La monumentalidad de las escalinatas, de múltiples tramos y gran efecto escénico, es uno de los elementos característicos de los palacios alemanes del s. XVIII. La caja de la escalera, embellecida con una galería de arcadas y con frescos en el techo, comunica generalmente con el salón de fiestas situado en la primera planta o "Beletage" (planta noble).

Escalera del palacio de Pommersfelden

Sus techos, majestuosos, son tan elevados que su altura corresponde a la de dos plantas. En las grandes abadías otra estancia suntuosa completa las salas de representación: la biblioteca.

EL ADVENIMIENTO DEL NEOCLASICISMO

El ejemplo de Versalles inspira en Alemania no solo un nuevo estilo en la arquitectura palaciega, sino nuevas modas y modos en la vida cortesana, sobre todo en Renania y en el Berlín de Federico II. Los príncipes electores del Palatinado, de Maguncia, de Tréveris y de Colonia requieren la presencia de arquitectos franceses. A ellos, se deben los planos de muchas residencias de recreo, que reciben nombres tan sugerentes como Monrepos o Solitude (repos = tranquilidad; solitude = soledad).
Frontispicios sencillos, balaustradas, columnatas porticadas que preceden la entrada principal otorgan un toque de discreta elegancia al aspecto exterior del palacio. La decoración interior, por el contrario, combina la rocalla, menos frondosa y apenas perceptible, con coronas florales y ramilletes que dan animación y calor a la estancia. A partir de 1750 cambió la tendencia arquitectónica por la influencia de Winckelmann, que acababa de publicar sus trabajos sobre el arte en la antigüedad clásica, y por el descubrimiento de las ruinas de Pompeya, que arrojaba nueva luz sobre el mundo greco-romano. Del repertorio clásico, los arquitectos se inclinaron por el orden dórico, el más frío de ellos, y levantaron columnas y pilastras colosales y de aspecto imponente, cuya altura llegaba al segundo piso. Se comenzó la construcción de monumentos conmemorativos y museos, un signo del interés renovado por el pasado. En tiempos de Schinkel, el maestro de la columnata, se levantaron, fundamentalmente en Berlín, una serie de construcciones en consonancia con el espíritu de la época. La decoración interior mostró predilección por los motivos plásticos, tales como las guirnaldas, los frisos de perlas y ovos, así como por los jarrones y las urnas.

El neoclasicismo perdió pronto su fuerza creativa y antes de 1830 se había extinguido en Alemania, a excepción de Múnich. El estilo neogótico, expresión de la conciencia nacional según los románticos, vino a sustituirlo. Las casas burguesas se construyeron en el **estilo Biedermeier**, equipadas con un mobiliario confortable, ligero, de líneas sencillas y con vitrinas donde se exhibían figurillas. Hacia 1850 se impone el denominado **estilo bismarckiano** (Gründerzeit), desprovisto de espíritu innovador. Su concepto interior suele ser ingenioso, pero exteriormente los edificios se construyen en estilo románico, gótico o renacentista. Las grandes familias burguesas, enriquecidas por la industria, se dejan seducir por las imitaciones pretenciosas de la cultura alemana medieval y renacentista, cuyos elementos estilísticos también serían aplicados en los edificios públicos (Reichstag de Berlín).

ARTE CONTEMPORÁNEO

A comienzos del s. XX se impone en la arquitectura y en las artes industriales el **Jugendstil** (modernismo alemán), que tuvo gran difusión gracias a la fabricación en serie de muebles de calidad. Pero otro movimiento con mucha mayor proyección de futuro estaba surgiendo en torno a Peter Behrens, Mies van der Rohe y Walter Gropius, pioneros en el descubrimiento de la noción de estética en los productos industriales. Después de la I Guerra Mundial se fundó en Weimar, bajo la dirección de Walter Gropius, la **Bauhaus**, trasladada en 1925 a Dessau.
Después de 1945 se construyeron multitud de iglesias. Los arquitectos Dominikus Böhm y Rudolf Schwarz se cuentan entre los renovadores más destacados del arte eclesial. Sus realizaciones son de una gran sencillez. El empleo de nuevos materiales y técnicas constructivas innovadoras hacen posible la aplicación de soluciones arquitectónicas audaces, puestas en práctica en edificios culturales como la Filarmónica de Berlín, obra del arquitecto Hans Scharoun, y la Galería Nacional de Stuttgart (Staatsgalerie), del británico J. Stirling.

PRINCIPALES ARTISTAS ALEMANES

Pintores y grabadores – Arquitectos y escultores

S. XV

Stephan LOCHNER (muerto en 1451) – El maestro principal de la escuela de Colonia pintó madonas de semblantes dulces sobre colores suaves, normalmente sobre fondos dorados (**Adoración de los Reyes**, en la catedral de Colonia; **Virgen en el bosque de rosas**, museo Wallraf-Richartz, Colonia).

Veit STOSS (1445-1533) – Este genial artista, que dominó la técnica del grabado sobre madera, realizó obras maestras de una gran vitalidad (**Salutación inglesa**, iglesia de San Lorenzo en Nuremberg; **Retablo de Santa María** en la catedral de Bamberg).

Tilman RIEMENSCHNEIDER (1460-1531) – Escultor de una extraordinaria delicadeza, sus figuras tienen una intensa fuerza expresiva (**tumba de Enrique II**, en la catedral de Bamberg; **Adán y Eva**, museo de la región franconiana del Meno en Würzburgo; **retablo de la capilla de Creglingen**).

El Maestro de SAN SEVERIN (finales del s. XV) – La obra de este autor se distingue por los colores irisados y el carácter intimista, influencias, sin duda, de la pintura holandesa (**Cristo ante Pilatos**, museo Wallraf-Richartz en Colonia).

El Maestro de la VIDA DE MARÍA (finales del s. XV) – El carácter anecdótico que plasma en sus realizaciones recuerdan a Van der Weyden (**Visión de San Bernardo**, museo Wallraf-Richartz de Colonia).

Friedrich HERLIN (muerto en 1500) – Pintor que da un tratamiento poético a escenas de la vida real (**Donantes rezando**, museo de Nördlingen).

S. XVI

Mathias GRÜNEWALD (1460-1528) – La obra de este genial pintor refleja una profundidad del sentimiento y una intensidad trágica especiales (**Crucifixión**, Staatliche Kunsthalle de Karlsruhe; **Madona**, iglesia de Stuppach cerca de Mergentheim, Baviera).

Alberto DURERO (1471-1528) – Este humanista, el más célebre artista del Renacimiento alemán, alcanzó a lo largo del s. XVI, una gran importancia en toda Europa. Como pintor realizó retratos y escenas religiosas de una enorme intensidad mística y una gran fuerza persuasiva. Experto en el uso del buril, fue un grabador genial en cobre y en madera, y un excepcional dibujante (los **Cuatro Apóstoles**, **Descendimiento de la Cruz**, Antigua Pinacoteca de Múnich; **Carlomagno**, Museo Nacional Germánico de Nuremberg).

Lucas CRANACH el Viejo (1472-1553) – Pintor y grabador extraordinario, se le conoce como el retratista de príncipes y personalidades destacadas de la Reforma. Su sentido para percibir los misterios de la naturaleza y el paisaje, característico en los maestros de la escuela del Danubio, se refleja fielmente en sus cuadros (**Los príncipes electores de Sajonia**, Kunsthalle de Hamburgo; **Sagrada Familia**, Städelsches Kunstinstitut de Francfort; **Retrato de Martín Lutero**, Museo Nacional Germánico de Nuremberg).

Albrecht ALTDORFER (1480-1538) – Es el representante más destacado de la escuela del Danubio y uno de los iniciadores de la pintura paisajista. Sus expresivos cuadros adquieren con el juego de luces y sombras un gran dramatismo (**Batalla de Arbela**, Pinacoteca Antigua de Múnich).

Hans BALDUNG GRIEN (hacia 1485-1545) – Este autor consigue unos efectos magistrales en los contrastes de luces y sombras y muestra predilección por los colores poco usuales (**Coronación de la Virgen**, altar mayor de la catedral de Friburgo).

Hans HOLBEIN el Joven (1497-1543) – Las principales facetas de este pintor son los retratos y las composiciones religiosas, que se caracterizan por su gran realismo (**Retrato del comerciante Georg Gisze**, Museos de Dahlem en Berlín).

S. XVII

Adam ELSHEIMER (1578-1610) – Este pintor natural de Francfort creó una línea muy original en sus cuadros paisajistas de pequeño formato, que representan de forma exquisita escenas mitológicas y bíblicas (**La huida a Egipto**, Antigua Pinacoteca de Múnich).

Elias HOLL (1573-1646) – Este gran arquitecto es el autor de las obras monumentales más importantes del Renacimiento en Alemania (**Ayuntamiento de Augsburgo**).

Andreas SCHLÜTER (hacia 1660-1714) – Maestro de la escultura barroca en Alemania del Norte, sus estatuas en piedra muestran una gran fuerza creativa y un excepcional talento (**estatua del Gran Elector**, palacio de Charlottenburgo en Berlín; **Máscaras de guerreros moribundos**, Zeughaus de Berlín).

Los MERIAN (S. XVII) – Familia de grabadores que realizaron una serie extraordinaria de grabados en cobre de ciudades alemanas.

Venus, Lucas Cranach

S. XVIII

Balthasar PERMOSER (1651-1732) – La obra magistral de este escultor de la corte de Dresde, formado en Roma, Florencia y Venecia, está imbuida de la exuberancia y el virtuosismo propios del estilo barroco italiano (**Wallpavillon** o Pabellón de la muralla y **Baño de las ninfas** del Zwinger en Dresde).

Matthäus Daniel PÖPPELMANN (1662-1736) – Primer arquitecto de la corte de Augusto el Fuerte, cursó estudios en Praga, Viena e Italia antes de realizar la obra maestra del barroco tardío, el **Zwinger** de Dresde.

Dominikus ZIMMERMANN (1685-1766) – Es el autor de las iglesias más refinadas del rococó bávaro (**iglesia de Wies**; **santuario de Steinhausen**).

Balthasar NEUMANN (1687-1753) – Su genial dominio de los recursos técnicos y artísticos le convierten en el más famoso de los arquitectos barrocos alemanes (**santuario de Vierzehnheiligen**).

Los hermanos ASAM – El escultor Egid Quirin (1692-1750) y su hermano, el pintor y arquitecto Cosmas Damian Asam, son un ejemplo notorio de la estrecha colaboración entre los artistas de diferentes disciplinas en la época barroca (**iglesia de los hermanos Asam**, en Múnich).

Georg Wenzeslaus von KNOBELSDORFF (1699-1753) – Arquitecto oficial de la corte y amigo personal de Federico el Grande, realizó en la **Ópera de Berlín** y en el **palacio de Sanssouci** de Potsdam sus obras maestras. Es además el representante más notable del estilo rococó.

S. XIX

Caspar David FRIEDRICH (1774-1840) – Pintor paisajista romántico. Descubrió la fuerza testimonial de la naturaleza (**El monje y el mar**, **Abadía en el bosque de robles**, palacio de Charlottenburgo, Berlín; **Paseante sobre un mar de nubes**, Kunsthalle de Hamburgo).

Karl Friedrich SCHINKEL (1781-1841) – Arquitecto neoclásico. Sus elegantes columnatas confieren prestancia al centro urbano de Berlín (**Nuevo Puesto de Vigía, Museo Antiguo y Teatro**).

Wilhelm LEIBL (1844-1900) – Maestro del realismo (**Tres mujeres en la iglesia**, Kunsthalle de Hamburgo; **Retrato de Mina Gedon**, Nueva Pinacoteca de Múnich).

Adolf von HILDEBRAND (1847-1935) – En sus enormes esculturas certifica un dominio de los volúmenes que contrasta con los excesos de otros autores del s. XIX (**Fuente de Wittelsbach** en Múnich).

Max LIEBERMANN (1847-1935) – Principal representante del impresionismo alemán (**Callejón de los judíos en Amsterdam**, Museo Wallraf-Richartz de Colonia).

S. XX

Ernst BARLACH (1870-1938) – Escultor expresionista, sus obras –en madera o bronce–, sean figuras aisladas o grupos, tienen forma compacta y atormentada y representan un romanticismo exasperado (**El ángel** en la iglesia de los Antonitas de Colonia; **Friso de los que escuchan**, casa familiar de Ernst Barlach en Hamburgo; **El cantor**, en Ratzeburg).

Dominikus BÖHM (1880-1955) – Pionero de la nueva arquitectura religiosa (**iglesia de María Reina**, en Colonia; **iglesia de St. Wolfgang** en Ratisbona).

La BAUHAUS – La Escuela Superior de Arquitectura fue fundada por Walter Gropius (1883-1969), director de la institución entre 1925 y 1928. La Bauhaus se convirtió pronto en el centro aglutinador de las manifestaciones artísticas de vanguardia. El movimiento pretendía conciliar el arte y la técnica y crear una corriente de armonía entre la forma y la función *(ver Dessau y Weimar)*.

El EXPRESIONISMO – El expresionismo refleja en su pintura una visión deformada de la realidad, a veces violenta y trágica, siguiendo las líneas marcadas por Van Gogh y el noruego Edvard Munch (1863-1944). Ver las obras de **Emil NOLDE** (1867-1956) en Seebüll y la de otros artistas representativos de este movimiento en el **Museo Die Brücke** de Berlín. Varios pintores, entre los que cabe citar a Erich Heckel, Ernst Ludwig Kirchner y Karl Schmidt-Rottluff, se integraron en 1905 en la asociación de artistas conocida como **"Die Brücke"** (El Puente), que pervivió hasta 1913, y cuyo gusto por los colores puros recuerda a la corriente artística francesa conocida como el fauvismo.

El "BLAUE REITER" (Jinete Azul) – A este grupo, creado en Múnich en 1912 por Franz Marc y Wassily Kandinsky, se unieron pronto August Macke, Paul Klee, Gabriele Münter y A. von Jawlensky. Este movimiento aspiraba a liberar al arte de las ataduras impuestas por el realismo. El camino hacia la pintura abstracta quedaba allanado: *Corzos en el bosque*, de **Franz Marc** en el Staat. Kunsthalle de Karlsruhe; *La tienda de modas* de **August Macke**, en el Museo Folkwang de Essen. El Blaue Reiter fue una fuente de inspiración incluso para la Bauhaus.

NUEVA OBJETIVIDAD (Neue Sachlichkeit) – Este movimiento pictórico realista, nacido hacia 1923, abarcó a todas las disciplinas artísticas. En oposición al mundo de los sentimientos del expresionismo, presentan la realidad positiva y tangible. Esta corriente, marcada por la situación política y social de la Alemania de posguerra, critica la miseria social con un verismo que en ocasiones roza la crueldad (*La guerra* de **Otto Dix**, 1932, en el Albertinum de Dresde).

Corzos en el bosque, Franz Marc

LA SEGUNDA MITAD DEL SIGLO XX – Al finalizar la II Guerra Mundial el expresionismo abstracto estuvo representado por los artistas Willi Baumeister, Julius Bissier y Ernst Wilhelm Nay. A comienzos de los años 50 los autores Otto Greis, Bernhard Schultze, Hans Kreutz, Karl Otto Götz, conocidos como la Cuadriga, son los exponentes de la tendencia alemana **Informal**. Entretanto, se creaba en 1957 el **grupo Zero** (Heinz Mack, Otto Piene, Günther Uecker), en cuya obra domina la luz, el movimiento y las estructuras materiales. La "documenta II", celebrada en Kassel en 1959, constataba la pobreza temática de la pintura alemana. Pero en los años 60 se aprecia un renacimiento de la pintura y surge el **grupo Zebra** (Dieter Asmus, Nikolaus Störtenbecker, Dietmar Ullrich), que, en oposición al expresionismo abstracto, se confesaba heredero del movimiento Neue Sachlichkeit (Nueva Objetividad). Konrad Klapheck puso en el centro de mira de su producción artística objetos de la vida cotidiana y máquinas, en un mundo pictórico congelado e hiperrealista.

En los años 60 y 70 **Joseph Beuys** ocupó el lugar preeminente en el escenario artístico alemán. Este creador y otros artistas de su entorno establecen una relación directa con el público, organizando *happenings* y actuaciones en vivo, con las que pretendían redefinir el papel del arte y de los artistas en una sociedad moderna (obras de J. Beuys y otros en la Kunsthalle de Hamburgo, en la Neue Nationalgalerie de Berlín, en el Hessisches Landesmuseum de Darmstadt y en la Staatsgalerie de Stuttgart).

A finales de los años 70 se acuña el término **"Neue Wilde"** (Nuevos Bárbaros) para una nueva generación de pintores neo-impresionistas, cuya temática artística es tan discordante como los propios autores. Pintaban lo que les gustaba y lo que les preocupaba en cada momento, sin tener en cuenta ninguna convención, de una forma salvaje y desenvuelta. Estos pintores tratan el tema de Alemania con un sentimiento profundo de desencanto, y en su expresión artística se rebelan contra el espíritu de su tiempo. **Jörg Immendorff** aborda en sus "*Escenas de café en Alemania*" (Café-Deutschland-Bilder) la división territorial del país, y llama mucho la atención con su pintura vehemente y de grandes proporciones. **A.R. Penck** utiliza un lenguaje en sus **"Standard-Bilder"** lleno de interrogantes. **Markus Lüpertz** reacciona a este sentimiento de desolación con una pintura "ditirámbica" plasmada en cuadros de grandes dimensiones, marcados por el virtuosismo en la composición cromática. La nueva generación de pintores logra traspasar las fronteras internacionales. **Anselm Kiefer** rastrea los mitos del pasado con un estilo gesticulante y tremendamente expresivo, en tanto que **Sigmar Polke** acuña el "realismo capitalista", que impregna también la creación de **Gerhard Richter**. Resulta difícil encuadrar la trayectoria artística de este último autor, cuya producción deriva del realismo fotográfico de sus primeras obras a la pintura desprovista de objetos de los años 80. **Georg Baselitz**, cuya obra figurativa de primera hora puede considerarse como una provocación al arte abstracto, experimenta posteriormente con nuevas formas de expresión, cuya característica más determinante fue la representación de motivos pintados al revés, con la cabeza hacia abajo. Su pintura espontánea y subjetiva fue todo un símbolo para generaciones posteriores y la base de su renombre internacional. En las postrimerías del siglo XX muchos artistas plásticos decidieron desarrollar sus capacidades creativas en la nueva cultura audiovisual que está en continua expansión, por ejemplo, en el **arte del vídeo**.

Los **documenta**, que se celebran con una periodicidad de cuatro años en Kassel, y los dinámicos círculos de bellas artes existentes en todas las grandes ciudades contribuyen en gran medida a la difusión y al análisis de los temas candentes del arte moderno actual. Así, el clima reinante en el escenario de la creación artística alemana favorece un estimulante intercambio y la búsqueda incesante de nuevas formas de expresión.

LA PINTURA EN LA RDA – El **realismo socialista** dominó la pintura de la RDA hasta los años sesenta y setenta. A partir de 1970 se vislumbra una fase de mayor alegría temática; pero, por regla general, la producción artística se ciñe a la ideología del régimen (grandes cuadros que representan escenas históricas y de obreros). Los pintores realistas socialistas, en particular los de Leipzig, comienzan a ser reconocidos en el ámbito internacional. Entre los representantes más destacados de esta nueva tendencia cabe citar a Bernhard Heisig, Wolfgang Mattheuer, Willi Sitte y Werner Tübke. A este último se debe un cuadro panorámico sobre la guerra de los campesinos (en Bad Frankenhausen), que cuenta entre las obras más monumentales de la pintura. En los últimos años de existencia de la RDA los artistas inconformistas gozaron de algunas oportunidades para expresarse.

Literatura

Los nombres de los grandes filósofos están en negrilla.

Edad Media

S. IX	El Cantar de Hildebrand.
Fines s. XII	El Poema de los Nibelungos.
S. XIII	Wolfram von Eschenbach escribe el poema de *Parsifal* que evoca las vicisitudes en la búsqueda del santo Grial (se dice que la copa contuvo la sangre de Cristo).
1170-1228	Apogeo de la lírica medieval con Walter von der Vogelweide, caballero y trovador.
Comienzos s. XVI	Crónica de las cómicas aventuras del bufón Till Eulenspiegel.

La Reforma y la guerra de los Treinta Años

Hay que esperar a la conclusión de los movimientos de la Reforma y de la devastadora guerra de los Treinta Años para que la creación literaria en Alemania se desarrolle en plenitud.

1534	Lutero termina la traducción de la Biblia, primer texto literario de la lengua alemana moderna.
1669	Grimmelshausen publica su *Simplicissimus*, una de las obras más célebres del género picaresco mundial.

El Siglo de las Luces ("Aufklärung")

1646-1716	Leibniz redacta su Teodisea en francés y latín e inventa el cálculo diferencial.
1729-1781	Lessing establece los principios del nuevo teatro alemán (Dramaturgia de Hamburgo) y crea el drama burgués (Trauerspiel), que, a diferencia de las tragedias de Aristóteles, tiene como escenario el ámbito doméstico no aristocrático (Emilia Galotti).
1724-1804	**Kant** define en su *Crítica de la razón práctica* las relaciones entre libertad y ley moral. El hombre posee una conciencia moral que no depende –como defiende la metafísica– de la experiencia, pues, si de ésta dependiera, relativizaría la ética. Ésta, según Kant, debe ser autónoma y no estar sometida a una voluntad externa (imperativo hipotético). Por el contrario, el hombre debe obedecer a un imperativo categórico inexcusable que le hace actuar guiado por la voluntad recta y sin condicionamiento exterior. Su filosofía se muestra, por tanto, como un dique contra el hedonismo y el utilitarismo.

"Sturm und Drang" y clasicismo

Con el binomio "Sturm und Drang", que literalmente se traduce como "tormenta e impulso", se identifica un movimiento literario e intelectual que se desarrolló en Alemania en la 2ª mitad del s. XVIII y significó una reacción al racionalismo de la Ilustración (Aufklärung). El movimiento manifiesta la fe en un principio de creación artística que no se somete a reglas ni a leyes, y defiende el culto al individuo frente al grupo, el amor a la nación y a la cultura propias. Sus máximos representantes son Goethe (1748-1832) y Schiller (1759-1805).

1759-1805	La obra poética y los dramas históricos de Schiller se convierten en himnos a la libertad.
1774	La novela epistolar *Werther* de Goethe, catapulta a la gloria a su joven autor.
1788	Goethe regresa de Italia y se representan sus grandes dramas clásicos: Ifigenia en Táuride, Egmont, Torquato Tasso.
1796-1821	Goethe escribe su novela *Wilhelm Meister* (I y II parte).
1808 y 1832	Sale a la luz el *Fausto*, (partes I y II), un drama en verso que contiene la quintaesencia de la filosofía de Goethe. Esta obra está considerada por muchos como la pieza cumbre de la literatura alemana.

Goethe

El romanticismo (1790-1850)

El romanticismo, la aspiración íntima del yo a alcanzar el infinito, expresa de forma particular la sensibilidad germánica, pese a ser un movimiento de alcance europeo. Además de la literatura, impregnó las bellas artes, la filosofía, la música e incluso la vida política y religiosa. Heidelberg y Berlín en Alemania son sus principales centros.

1770-1831	**Hegel** define la conciencia histórica y la dialéctica.
1772-1801	Novalis, en su calidad de poeta y místico, exalta el arte y la religión de la Edad Media; considera la "flor azul" (blaue Blume) como el símbolo de eternidad *(Heinrich von Ofterdingen)*.
1805	Arnim y Brentano editan bajo el título de *Des Knaben Wunderhorn* (El cuerno mágico del zagal), una recopilación de viejos poemas y canciones populares.
1810	Heinrich von Kleist representa su obra teatral *El Príncipe Federico de Homburg*, el drama de un hombre de acción sumido en un mundo de ensoñación.
1812	Primera edición de los *Cuentos* de los hermanos Grimm.
1776-1822	E.T.A. Hoffmann compone sus *Cuentos fantásticos* (*Los elixires del diablo*).

El realismo político y el naturalismo

Al idealismo encarnado por el movimiento romántico le sustituye la búsqueda de la realidad, lo que se traduce –después de 1848– en el materialismo histórico dentro de la filosofía, y en la crítica social en la literatura.

1797-1856	Heinrich Heine, el poeta que "reniega del romanticismo" y autor de la *Lorelei*, defiende con amarga ironía una joven Alemania liberal.
1788-1860	**Schopenhauer**, uno de los principales pensadores de la filosofía pesimista, lanza su teoría de la interpretación del mundo, en la que el "deseo de vivir" y la "compasión" ocupan un lugar preeminente.

1813-1863	Hebbel compone sus vigorosas tragedias *(María Magdalena)*.
1848	**Karl Marx** y **Friedrich Engels** publican el *Manifiesto Comunista*.
1862-1946	Gerhart Hauptmann crea el drama social, composición naturalista de gran contenido crítico que presenta las acciones humanas condicionadas por el medio en que se desarrollan.

La literatura contemporánea antes de 1945

1844-1900	**Friedrich Nietzsche** denuncia, en un lenguaje desbordante de lirismo, la decadencia de la humanidad y exalta la figura del "superhombre", el pequeño-burgués liberado de una moral caracterizada por la debilidad y elevado a una categoría superior *(Así habló Zaratustra)*.
1868-1933	Stefan George publica sus poesías, que se relacionan por su perfección formal con la obra de los simbolistas franceses.
1875-1955	Thomas Mann destaca por sus novelas y sus relatos literarios cortos *(Los Buddenbrook, Doctor Fausto)*.
1877-1962	Hermann Hesse, desgarrado internamente por el conflicto entre la espiritualidad y la vida, se revela como un maestro de la narración *(Peter Carmenzind, Narciso y Goldmund, El lobo estepario)*.
1883-1924	Franz Kafka trata en sus obras el tema del absurdo en la existencia humana *(El Proceso, La Metamorfosis)*.
1898-1956	Bertolt Brecht, dramaturgo comprometido y crítico de la realidad social, experimenta con técnicas revolucionarias nuevas formas de teatro *(La ópera de los tres peniques, El círculo de tiza caucasiano)*.
1900-1930	Las obras de los austriacos Rainer María Rilke y Hugo von Hoffmannsthal representan la cumbre de la lírica impresionista.
1900-1983	Anna Seghers, exiliada desde 1933, se establece en la RDA después de la guerra. En su obra estudia la relación entre el arte y la realidad.
1920-1950	La filosofía existencialista está representada por tres figuras de renombre: **Husserl**, **Heidegger** y **Jaspers**.

El nacionalsocialismo obligó a exiliarse a multitud de poetas y escritores (Walter Benjamin, Alfred Döblin, Lion Feuchtwanger, Else Lasker-Schüler, Thomas y Heinrich Mann, Carl Zuckmayer, Stefan Zweig). Otros muchos sufrieron el exilio interior, como Gottfried Benn (1886-1956).

La literatura desde 1945

Los 12 años de nacionalsocialismo interrumpieron la producción literaria en Alemania. La asociación de autores conocida como **Grupo 47** (por el año de su fundación) fue la encargada de reconstruir este erial provocado por la censura hitleriana. Este grupo de escritores, aunando sus esfuerzos en torno a Hans Werner Richter y Alfred Anderch, logró conectar de nuevo a Alemania con las corrientes literarias mundiales. Esta agrupación de vanguardia, que actuó como foro de lectura, de discusión y de crítica, ejerció una influencia extraordinaria hasta su extinción en 1967. Sus miembros, algunos de los cuales recibieron premios literarios, dejaron una huella indeleble en la literatura contemporánea en lengua alemana: Paul Celan, Heinrich Böll (Premio Nobel de literatura en 1972), Günter Grass, Siegfried Lenz, Peter Weiss, Hans Magnus Enzensberger.

A finales de los años 50 salieron a la luz obras de renombre internacional. Günter Grass creó en *El tambor de hojalata* una obra maestra, Uwe Johnson publicó *Mutmassungen über Jakob* (Especulaciones acerca de Jacobo), Heinrich Böll su *Billar a las nueve y media* y Martin Walser su primera novela titulada *Matrimonios en Philippsburg*. Fuera del Grupo 47, Arno Schmidt desarrolla un trabajo apreciable y de gran originalidad, y Wolfgang Koeppen demuestra en su novela satírica una notable habilidad lingüística. Una creciente politización del grupo llevó a su ruptura y disolución. Si los años 60 significaron un compromiso crítico con la sociedad, en los 70 los literatos se retiran a una "vida contemplativa interior" redescubierta en esa década. Enormemente fértil se revela la literatura femenina de los años 70 y 80 (Gabriele Wohmann, Karin Struck, Verena Stefan).

El teatro, aún en la estela de Brecht, asistió al surgimiento de una nueva pléyade de autores tales como Tankred Dorst (*Toller*, 1968), Peter Weiss (*Hölderlin*, 1971) y Heinar Kipphardt. Rolf Hochhuth alcanzó gran popularidad con sus piezas teatrales, en las que abordó temas morales de actualidad (*El vicario*,1963), y Botho Strauss es el dramaturgo alemán que más obras ha llevado a escena, con las que ha alcanzado gran fama internacional (*El hipocondríaco*, 1972, *El parque*, 1983, *Coro final*,1991).

La división de Alemania se manifiesta naturalmente también en la literatura. En la RDA tuvo como función colaborar en el programa diseñado para inculcar a la población los valores socialistas. A partir de 1959 el *método Bitterfeld*, con el fin de acercar el arte a la vida cotidiana, lanzó consignas como "Minero, toma la pluma" y "Poetas a la fábrica". Pero muy pronto se demostró el carácter utópico de sus objetivos. En el mundo de la creación literaria son los poetas los que resisten con mayor éxito las imposiciones ideológicas del partido y del gobierno. Así, Peter Huchel, Johannes Bobrowsky y Erich Arendt crean en los años 50 y 60 una obra lírica digna de mención. También fueron conocidos en los 70 Günter Kunert, Reiner Kunze, Sarah Kirsch y Wolf Biermann. En 1976, estos autores fueron privados de su nacionalidad, lo que provocó una ola de protestas y centenares de personas fueron expulsadas o abandonaron el país. Desde comienzos de la década de los 60 Günter de Bruyn da a conocer sus grandes dotes de narrador, en tanto que Stefan Heym y Erwin Strittmatter demuestran, igualmente, su talento. Crista Wolf comienza a conocer el éxito en las dos Alemanias, eclipsando en cierta medida el estrellato de Anna Seghers, considerada como la mejor escritora de la vieja generación de la RDA. El teatro conoce aires renovadores y críticos con Ulrich Plenzdorf y Peter Hacks, pero sobre todo con Heiner Müller (*Die Hamletmaschine*, 1978).

El cuadro de la literatura de postguerra en lengua alemana no quedaría completo sin mencionar la enorme contribución de los suizos Max Frisch y Friedrich Dürrenmatt, de las austríacas Ilse Aichinger e Ingeborg Bachmann en el campo de la lírica, y de la voz provocativa de los también austríacos Thomas Bernhard o Peter Handke.

Música

Edad Media

ss. XII-XIII	Los Minnesänger –trovadores germánicos– eran caballeros nobles que cantaban al amor cortesano, inspirándose en la poesía lírica francesa. Los representantes más ilustres fueron **Wolfram von Eschenbach** y **Walther von der Vogelweide**.
ss. XIV-XV	Los Meistersinger –maestros cantores–, casi siempre comerciantes, se agrupaban en escuelas y continuaron la tradición de los Minnesänger. Fueron los introductores de la polifonía en Alemania **(Heinrich von Meissen, Hans Sachs)**.

Lutero (1483-1546) y los precursores de Bach

La Reforma luterana significó el comienzo del desarrollo autónomo de la música alemana. La nueva liturgia requería una nueva concepción de la música: la antigua polifonía cedió el paso a la coral. Cantada en lengua vulgar, la coral daría origen posteriormente a la cantata y al oratorio alemán.

1529	Coral *Eine feste Burg* (texto de Lutero, música de **Johann Walter**).
1645	Heinrich Schütz compone *Las siete parábolas de Cristo en la Cruz*, con clara influencia del madrigal italiano **(Monteverdi)**.
1637-1707	**Dietrich Buxtehude** organiza los primeros conciertos de música sacra.

Johann Sebastian Bach (1685-1750)

Una capacidad extraordinaria para la composición, un talento inagotable para la invención y la perfección en el arte del contrapunto convierten a Bach en un genio de la creación de todos los géneros musicales.

1717-1723	Bach desempeña las funciones de Maestro de capilla y director de la música de cámara en la Corte Real de Köthen. Compone *Los conciertos de Brandemburgo*.
1723	Es nombrado profesor de canto en la iglesia de Santo Tomás de Leipzig y director musical. Bach demuestra en su obra un perfecto conocimiento de todos los estilos de la época y una capacidad de trabajo asombrosa: para la liturgia dominical debía componer semanalmente una cantata. Además, era el responsable de la organización musical de los oficios religiosos de cuatro iglesias, impartía clases de latín y canto y compuso innumerables obras instrumentales y vocales (la audición completa de sus obras conservadas duraría varios días completos).
1722 y 1744	Compone *Clavecín bien temperado*

Juan Sebastián Bach

La música en la época barroca

1685-1759	**Georg Friedrich Haendel**, compositor de corte brillante y versátil, dio nuevos impulsos al género operístico y a la música sacra con sus geniales y famosos oratorios (*El Mesías*, 1742).
1681-1767	**Georg Philipp Telemann**, influenciado por los compositores franceses e ingleses, abandona el contrapunto por la melodía. Es el organizador de los primeros conciertos públicos.
Mediados s. XVIII	Los músicos de la **escuela de Mannheim** contribuyen a formular la composición de la sinfonía moderna. La sonata para piano debe su auge a **Carl Philipp Emmanuel Bach** (1714-1788), que populariza la sonata clásica. Aparición en Alemania del **Singspiel**, una especie de ópera popular en la que los diálogos (hablados) se entremezclan con piezas cantadas o lieder.
1743	Construcción del primer edificio de la Ópera de Berlín.
1714-1787	**Christoph Willibald Gluck** escenifica en París sus óperas *Ifigenia en Aulide* y *Orfeo*, provocando, por un lado, el entusiasmo del sector innovador y por otro, la indignación de los defensores del género tradicional.

La escuela vienesa: Haydn y Mozart

J. Haydn y W.A. Mozart personalizan el apogeo de la música clásica. Haydn (1732-1809) establece la composición de la sinfonía clásica y del cuarteto de cuerdas; Mozart (1756-1791) desarrolla ambos géneros hasta la perfección y lega a la ópera un catálogo considerable de obras maestras.

Beethoven (1770-1827)

Beethoven revoluciona los géneros existentes, introduciendo en la creación musical nuevas armonías y dando origen a un estilo muy personal precursor del romanticismo. De su talento emana una obra convencida del poder universal de la música. La forma de expresión por excelencia de su genio creador son las sinfonías.

    1824 | Estreno de su magnífica *Novena Sinfonía*.

La música del romanticismo

Franz Schubert (1797-1826) contribuye al renacimiento del lied, reconciliando en un estilo único música clásica y popular.

Carl Maria von Weber (1786-1826) crea la primera ópera romántica alemana en el Freischütz (1821), precursora del drama musical wagneriano.

Felix Mendelssohn-Bartholdy (1809-1847) contiene formalmente en su obra los elementos propios de la música clásica, pero en la riqueza lírica de sus composiciones se revela su espíritu romántico.

Robert Schumann (1810-1856), a veces pasional y otras tierno y sosegado, intenta conciliar la tradición musical germana y su forma de expresión personal.

Johannes Brahms (1833-1897) encarna el romanticismo intimista alemán.

A finales del s. XIX **Gustav Mahler** (1860-1911), creador de las canciones de orquesta, y **Hugo Wolf** (1850-1903) inauguran un lenguaje musical nuevo, que actúa como nexo de unión entre el romanticismo y la música dodecafónica.

Richard Strauss (1864-1949) combina un estilo armónico atrevido con la brillantez de una obra multifacética.

Richard Wagner (1813-1883)

Wagner removió los cimientos de la ópera romántica alemana. La música, al servicio del drama, debía crear una atmósfera sin la cual no era posible transmitir el mensaje. Este descubrimiento justificaba la gran importancia depositada en la orquesta, que debía ser todo lo grande y perfecta que hiciera falta, diseñando, si era preciso, nuevos instrumentos (tubas wagnerianas). Creó un estilo musical opuesto a la ópera tradicional: para conseguir veracidad en el drama; los actos —o unidades dramáticas— debían carecer de recitativos, arias u otro encasillamiento formal. El ingrediente principal de esta unidad total era el "motivo conductor" wagneriano *(leit-motiv)*, breve fórmula musical que condensaba el carácter psicológico de cada personaje.

Richard Wagner

1848	*Lohengrin.*
1876	Inauguración del Teatro del Festival de Bayreuth con *El anillo del Nibelungo.*
1882	*Parsifal.*

La música contemporánea

Los compositores contemporáneos proceden en su mayor parte de la escuela austriaca de dodecafonía (**Schönberg, Berg, Webern**); Paul Hindemith (1893-1963) permanece, por el contrario, fiel a la tradición nacional.

1895-1982	**Carl Orff** pone en práctica una concepción pedagógica musical innovadora en la *Orffsche Schulwerk* (Escuela de Orff) (1930-1935) y adquiere renombre internacional. Su teatro musical combina la expresión corporal, el canto y la palabra en una rítmica fascinante *(Carmina Burana).*
1921	**Alban Berg**, compone *Wozzeck* según texto de Georg Büchner.
1900-1950	**Kurt Weill**, adscrito al comienzo de su carrera a la composición atonal, retorna por influencia del jazz a la música tonal y compone la *Ópera de los tres peniques* (1928).
1901-1983	La obra de **Werner Egk**, discípulo de Carl Orff, denota influencias de Igor Stravinsky y de Richard Strauss, sobre todo en sus composiciones musicales para la ópera y el ballet.

Wolfgang Fortner (1907-1987) comienza su trayectoria influido por Hindemith, pero, posteriormente, regresa a la técnica dodecafónica. En sus últimas obras musicales integra elementos electrónicos.

Para **Bernd Alois Zimmermann** (1918-1970) pasado, presente y futuro forman una unidad indisociable; tal concepción técnica de la composición tiene una correspondencia con la multiplicidad de la realidad. Su principal obra es la ópera *Los soldados.*

A partir de 1950 una generación de jóvenes músicos, bajo la égida de **Karlheinz Stockhausen** (nacido en 1920), ha desarrollado el potencial de la música electrónica. **Hans Werner Henze** (nacido en 1926) configura un teatro musical muy expresivo, donde se aúnan lo moderno y lo tradicional, lo tonal y lo atonal. **Wolfgang Rihm** (nacido en 1952), discípulo de Fortner al igual que Henze, mezcla en un lenguaje muy complejo elementos estilísticos tradicionales con otros procedentes de las nuevas técnicas.

Cine

En 1917 se creó la Universum Film Aktiengesellschaft (UFA) en Alemania. Esta empresa cinematográfica contó desde su fundación con grandes medios, lo que hizo posible la producción de películas muy costosas. Por otra parte, en el tenso clima político y social de posguerra, surgió una escuela artística dispuesta a transmitir el horror histórico de la Alemania derrotada en la I Guerra Mundial y humillada en la paz de Versalles: el expresionismo alemán. Posiblemente, el origen de la denominada "edad de oro del cine alemán" se encuentre en la conjugación de ambos hechos: la disponibilidad de capitales para las producciones y la calidad artística de este movimiento de vanguardia.

El gabinete del doctor Caligari (1919, Robert Wiene), *Dr. Mabuse* (1922) y *Metrópolis* (1925) de Fritz Lang, *Nosferatu el vampiro* (1922) y *Fausto* (1926) de Friedrich Wilhelm Murnau son los títulos de las películas de aquella época, en la que la situación política, social y económica marcó la producción de este medio de comunicación, pero a su vez el cine ejerció una notable influencia sobre el espectador y el medio social. *Tres páginas de un diario* (1929) de Goerg Wilhelm Pabst y *El ángel azul* de Josef von Sternberg e interpretada por Marlene Dietrich marcan el punto de inflexión hacia el realismo.

El Tercer Reich puso fin a esta época de esplendor al utilizar el cine como instrumento de propaganda: *Fiesta de los pueblos* de Leni Riefenstahl (1938) –una de las cintas sobre los Juegos Olímpicos celebrados en Berlín (1936)– y *El judío Süss* de Veit Harlan son dos de las películas que ejemplifican hasta qué punto impregnó la ideología nacionalsocialista la cinematografía. La posguerra significó para el cine alemán la travesía del desierto.

Sin embargo, la década de los 60 asiste al surgimiento de un "jóven cine alemán" en la senda de la "Nouvelle Vague" francesa, cuyos autores se distancian del superficial "cine de papá", que solo persigue fines comerciales. Los primeros en darse a conocer son **Werner Herzog** (*El jóven Törless*, 1966) y Alexander Kluge (*Los artistas bajo la carpa de circo: perplejos*, 1968). A mediados de los años 70 esta joven generación ya había logrado que el cine alemán tuviera cierto renombre internacional. **Volker Schlöndorff** rueda *El honor perdido de Katharina Blum* (en colaboración con Margarethe von Trotta, 1978) y *El tambor de hojalata* (1979). Werner Herzog se refugia en un mundo imaginario y exótico en *Aguirre, la cólera de Dios* (1972), *Nosferatu* (1979), *Fitzcarraldo*

"El matrimonio de María Braun", Rainer Werner Fassbinder

(1982). La Escuela de Múnich cuenta también con realizadores de la talla de **Rainer Werner Fassbinder** (1945-1982), que trabaja también en producciones televisivas y deja tras de sí una obra notable: *Todos nos llamamos Alí* (1973), *El matrimonio de María Braun* (1978), *Berlín Alexanderplatz* (serie televisiva en 14 capítulos, 1980), y **Wim Wenders**: *El amigo americano* (1977), *París, Texas* (1984) y *Cielo sobre Berlín* (1987). La cinematografía también ha dado realizadoras notables, como **Margarethe von Trotta** (*Rosa Luxemburgo*, 1986; *La promesa*, 1995). **Edgar Reiz**, perteneciente también a la generación del "joven cine alemán", traspasó fronteras con el cine épico de sus películas *Patria* (1984) y una segunda parte titulada *La segunda Patria* (1993). Un estilo narrativo expresivo y una gran calidad caracterizan la trayectoria cinematográfica de la República Federal Alemana desde la década de los sesenta a nuestros días.

Doris Dörrie emplea un lenguaje reconfortante y cargado de humor, tanto en su primera película, que le dio fama internacional *Hombres, hombres* (1985), como en su más reciente producción *¿Estoy guapa?* (1998), ambientada en Alemania y España. Pero a pesar del éxito de las últimas producciones cinematográficas alemanas (Caroline Kink, *Más allá del silencio*, 1996; Tom Tyker, *Lola corre*, 1999) no atraviesa en la actualidad sus mejores momentos.

Resulta difícil emitir un juicio sobre las películas producidas la antigua RDA. Al igual que los otros géneros artísticos, el cine tenía como misión la educación del pueblo. Así, las primeras realizaciones se inspiraron en obras literarias clásicas ante el temor de abordar temas de actualidad que pudieran comprometer a los cineastas. Durante treinta años se impuso el cine de Konrad Wolf, que conoció el éxito internacional con *Sterne* (1958). En *Solo Sunny* (1979) plantea por vez primera una defensa del individualismo, abriendo una brecha en el seno de la industria del cine alemán oriental por la que pudieran expresarse las ideas inconformistas. Egon Günther alcanzó el éxito con *Der Dritta* (1971); el mayor éxito de taquillas de la DEFA –la empresa cinematográfica del Estado, organismo equivalente a la UFA germano-occidental– lo conquista Heiner Carow (*La leyenda de Paul y Paula*, 1973). El año 1984 fue rico en realizaciones: Hermann Zschoche rueda *Media vida*, Iris Gusner *Cascada arriba*, Helmut Dzuiba *Erscheinen Pflicht*. Rainer Simon fue uno de los realizadores más destacados de las décadas 70 y 80 (*El dirigible*, 1982, *La mujer y el extraño*, 1985). Finalmente, Lothar Warneke aborda en sus obras los problemas cotidianos, y aboga por la supresión de las posiciones ideológicas rígidas (*Einer trage des anderen Last*, 1988).

Al contrario que en la RFA, la RDA produjo filmes magníficos dirigidos al público infantil, que se destacan por una puesta en escena digna de mención (*Ottokar der Weltverbesserer*, 1976).

Castillo de Neuschwanstein

Ciudades, pueblos y parajes

AACHEN ★

AQUISGRÁN – Renania Septentrional-Westfalia – 253.000 habitantes
Mapa Michelin nº 417 N 2

Aquisgrán, situada en las estribaciones septentrionales de las Ardenas (Hohes Venn), es la ciudad más occidental de Alemania. Los celtas ya conocían la existencia de fuentes de agua mineral, que los romanos transformaron en termas o baños públicos *(Aquae Grani)*. Durante el reinado de Carlomagno la villa fue el núcleo del Imperio franco. En la actualidad es un próspero centro industrial y sede de una importante Universidad Politécnica.

Carlomagno (747-814)

El rey de los francos (desde 768) fijó la capital del Imperio, hasta entonces itinerante como la propia Corte, en la ciudad de Aquisgrán. En el año 800 el papa León II le coronó emperador del Imperio Romano de Occidente. Durante su reinado, las conquistas militares se extendieron desde el Oder al Adriático: sometió a la nobleza de Sajonia, ocupó el ducado de Baviera y consolidó las "marcas", territorios fronterizos que estaban en permanente contacto con los pueblos extranjeros enemigos (eslavos, daneses). En un intento fallido de conquistar Zaragoza, sus ejércitos se enfrentaron contra las huestes musulmanas. Desde el punto de vista cultural, la Corte franca actuó como centro de irradiación del saber: transmitió a Occidente los tesoros de la cultura latina, desarrolló el Derecho y reorganizó administrativamente el reino. También potenció la actividad cultural a través de las escuelas religiosas y los conventos, a quienes confió la cristianización de los pueblos sometidos.

El emperador está sepultado en la capilla Palatina de la catedral.

La ciudad de la coronación – Desde el año 936 a 1531 fueron coronados en la catedral de Aquisgrán 30 príncipes alemanes. En 1562 Aquisgrán cedió este privilegio a la ciudad de Francfort del Meno.

AACHEN

Alojamiento

Brülls am Dom – *Rammelsgasse 2 (Hühnermarkt)* – ☎ *02 41/3 17 40* – *fax 02 41/40 43 26* – *10 hab* – *individuales desde 67 €.* Hotel bien atendido y enclavado en el casco antiguo de la ciudad.

Zur Abtei – *Aachen-Kornelimünster, Napoleonsberg 132* – ☎ *0 24 08/92 55 00* – *fax 0 24 08/41 51* – *12 hab* – *individuales desde 51 €.* Edificio de piedra situado junto a la carretera federal B 258. Estancias con decoración original.

Restaurantes

Tradition – *Burtscheider Str. 11* – ☎ *02 41/4 48 42* – *fax 02 41/40 81 08* – *menús desde 10,25 €.* Local confortable con decoración rústica, en el centro de la ciudad; amplia oferta de platos.

Charlemagne – *Aachen-Eilendorf, van-Coels-Str. 199* – ☎ *02 41/9 51 94 44* – *fax 02 41/9 51 94 46* – *menús desde 20,50 €.* Edificio histórico de piedra que se remonta al s. XVII. Ambiente rústico y preciosa terraza.

QUÉ VER

★★ **Dom (Catedral)** ⓥ – Hacia el año 800, el emperador Carlomagno encargó la construcción de una **capilla palatina** de planta central, cuya nave principal describe un octógono regular rodeado por una galería de 16 caras con tribunas y coronado por una cúpula de paños. Este edificio, inspirado en los modelos de otras capillas imperiales paleocristianas –primero en su género al norte de los Alpes–, se erigió como parte de un complejo arquitectónico palaciego y constituye el núcleo de la actual catedral de Aquisgrán. El presbiterio de estilo gótico –comenzado en 1355– fue consagrado en 1414 para conmemorar el sexto centenario de la muerte del emperador. La catedral de Aquisgrán fue el primer monumento alemán declarado por la Unesco Patrimonio Cultural de la Humanidad (1978).

Exterior – *Salga de la catedral Katschhof por la parte N y rodee el edificio.* En el recorrido se pueden ver sucesivamente: la capilla de San Nicolás (anterior a 1487), la capilla de Carlos Huberto (1455-74), con una portada gótica y, finalmente, el ábside (51 m de altura hasta la cruz), decorado con estatuas del s. XIX, que se intercalan entre los altos ventanales de tracería calada.
Desde la Münsterplatz *(parte sur)* se obtiene una buena perspectiva del octógono carolingio cubierto por una cúpula del s. XVII. A este lado del templo se agregaron otras tres capillas: la de san Matías (1414) y santa Ana (anterior a 1449), ambas de estilo gótico, y la capilla Húngara (1756-67). En el porche carolingio de la entrada que se abre al Dornhof (cuerpo oeste) se pueden ver dos **puertas de bronce** decoradas con cabezas leoninas (hacia 800).

Interior – El octógono de la capilla está formado por ocho grandes pilares ligados entre sí que sustentan una galería de dos alturas; los grandes vanos de la primera planta se cubren con rejas de bronce de la época carolingia.
La cúpula está decorada con unos magníficos mosaicos del s. XIX. Desde lo alto pende una espléndida **lámpara**★★ (Radleuchter) en bronce con forma de corona que encargó el emperador Federico I Barbarroja a un artista local en 1165. A la derecha de los dos pilares que preceden al presbiterio, se alza la imagen milagrosa de *Nuestra Señora de Aquisgrán* (s. XIV).
El espacio del presbiterio, de finales del gótico, recibe la luz natural a través de unas vidrieras modernas. A la derecha, junto a la puerta que da acceso a la sacristía, se puede ver el **ambón de Enrique II**★★★, un pequeño púlpito realizado a base de láminas de cobre dorado y adornado con piedras preciosas (principios del s. XI). Junto al altar mayor de la época carolingia se puede admirar la llamada **Pala de Oro**★★★, una especie de antipendio, obra maestra de la orfebrería otoniana, que representa escenas de la Pasión y de Cristo en la Gloria (hacia 1020). En el ábside se encuentra el **relicario de Carlomagno**★★★ (Karlschrein, 1200-15), un espléndido cofre de plata repujada con un baño de oro, que contiene los restos de Carlomagno. En el tramo que precede al presbiterio se exhibe el valioso relicario de la Virgen María (Marienschrein) de 1238.
En el tramo oeste de la galería superior se encuentra el **trono**★ (Kaiserstuhl) de Carlomagno, un asiento de mármol situado sobre una tribuna de seis peldaños, en el que se celebraban las ceremonias de coronación. Entre los años 936 y 1165 ascendieron a este trono (conservado en perfecto estado) más de 30 reyes alemanes, quienes tras los actos solemnes de la entronización, recibían aquí el juramento de fidelidad de los príncipes *(visita sólo con guía; pregunte en la Domschatzkammer).* Los miles de fieles que desde 1349 peregrinaban al templo cada siete años, se deslizaban por un estrecho hueco que existe bajo el trono como signo de devoción *(próxima cita en el año 2007).*

AACHEN

Cruz de Lotario (tesoro de la Catedral)

***Domschatzkammer (Tesoro)** – *Entrada por la Klostergasse*. El tesoro de la catedral, uno de los más ricos y valiosos de los países de la Europa septentrional, fue remodelado en 1995 y hoy cuenta con más de 100 piezas de arte sacro, que se agrupan en cinco temas. Entre ellos destacan el **busto-relicario de Carlomagno** (posterior a 1349), realizado en plata y oro por encargo del emperador Carlos IV, la **cruz de Lotario**, engastada con piedras preciosas, el llamado altar de Aquisgrán (hacia 1520) y el famoso olifante de marfil (hacia 1000). También se muestra la llamada **Cappa Leonis**, un precioso tejido fabricado en el s. XIX que servía como manto en la coronación.

Rathaus – El **ayuntamiento**, construido en el s. XIV en el emplazamiento del palacio carolingio, conserva del antiguo edificio la **torre de Granus** (*en la esquina de la Krämerstraße*). La fachada que se abre a la plaza, precedida por la **fuente del Mercado**, está decorada con las estatuas de los emperadores y reyes que fueron coronados en Aquisgrán. Delante de la fuente se alza una estatua de Carlomagno.
En la llamada **sala Blanca** (Weißer Saal), un salón de estilo barroco, se firmó la paz de Aquisgrán en 1748, que puso fin a la guerra de Sucesión austríaca. La **sala del Consejo** (Ratsaal) posee bellos revestimientos de madera realizados por un maestro de Lieja (1730).
En la **sala de la Coronación** (Krönungssaal), de estilo gótico con bóvedas de crucería, se hace entrega todos los años del Premio Carlomagno, un galardón que se otorga a las personalidades que se hayan destacado por su labor en pro de la unidad europea.

▶▶ Couven-Museum★ *(Aachener Wohnkultur)* – Suermondt Ludwig Museum★ – Ludwig Forum für Internationale Kunst (Foro de Arte Internacional Ludwig).

EXCURSIÓN

Kornelimünster – *10 km al SE*. Este barrio de Aquisgrán, situado en el valle del Inde, con sus casas de azurita (malaquita azul) y gres y sus tejados de pizarra, ofrece el aspecto típico de las pequeñas villas del Eifel. La localidad debe su nombre a una antigua abadía, la **Kornelimünster★**. La iglesia abacial es una construcción de planta irregular, con cinco naves, que se empezó a edificar en el s. XIV sobre una antigua iglesia benedictina de la época carolingia. Las galerías del ábside *(parte este)* datan del s. XVII, mientras la capilla octogonal, consagrada al santo papa Cornelio, se agregó a principios del s. XVIII. El interior gótico (bóveda de crucería, frescos del techo) fue transformado por J.J. Couven al gusto rococó (hacia 1750). A la izquierda del **altar mayor** se puede ver una estatua en piedra de san Cornelio (hacia 1460). La iglesia posee un rico **relicario★**.

Desde la iglesia románico-gótica de **San Esteban**, en el cementerio situado en la colina (al norte), se ofrece una buena **vista** de conjunto de la iglesia, de la abadía y de la localidad.

Deutsche ALPENSTRASSE★★★

Ruta alemana de los ALPES – Baviera
Mapas Michelin n°s 419 X 13-18/420 X 14-22

La **ruta alemana de los Alpes** atraviesa las estribaciones de los Alpes del Allgäu y de los Alpes bávaros desde Lindau a Berchtesgaden y desde el lago de Constanza al Königsee y alcanza cotas majestuosas como la Zugspitze (2.962 m) y el Watzmann (2.712 m). El atractivo de esta ruta reside en sus bellos paisajes, así como en los numerosos lugares de interés cultural y artístico que el visitante puede descubrir, como los castillos de **Luis II de Baviera**, cerca de Füssen, o la iglesia de Wies.

Para el recorrido total se precisan tres días.

★ 1 EL ALLGÄU

Desde Lindau a Füssen   112 km – 1/2 día.

En este tramo del recorrido la ruta transcurre por la región ganadera del Allgäu, convertida hoy en un importante centro de producción quesera.

★★ **Lindau** – *Ver este nombre.*

Paradies – En una curva pronunciada de la carretera entre Oberreute y Oberstaufen existe un mirador desde el que se disfruta de un amplio panorama hacia el SO de los Alpes Appenzeller, situados ya en territorio suizo.

Oberstaufen – Esta atractiva estación invernal, a los pies del macizo del Hochgrat (1.834 m), posee buenas pistas de esquí.
La carretera atraviesa Immenstadt y Sonthofen y llega a Hindelang.

★ **Hindelang** – Hindelang y la localidad vecina de Bad Oberdorf son lugares privilegiados de vacaciones en cualquier época del año. La belleza del paisaje atrae a numerosos veraneantes, en invierno las laderas nevadas del Oberjoch a los aficionados a los deportes de invierno, y el manantial de aguas sulfurosas a los usuarios de los balnearios.
La ascensión de la **Jochstraße**★ ofrece una gran variedad de perspectivas sobre las pequeñas crestas de los Alpes calcáreos del Allgäu: desde el mirador del **Kanzel**★, situado en la cima de la carretera, se goza de una vista de conjunto del Oberjoch y de las montañas que lo circundan. La carretera desciende por el valle del Wertach, bordea el Grüntensee, pasa cerca de la estación invernal de Pfronten y desemboca finalmente en Füssen.

★ **Füssen** – *Ver este nombre.*

★ EL AMMERGAU

2 De Füssen a Garmisch-Partenkirchen   95 km – 1/2 día.

★ **Hohenschwangau y Neuschwanstein**★★★ – *Ver Neuschwanstein.*

La carretera rodea al N la cadena prealpina del Allgäu y atraviesa, a continuación, una región moldeada por la erosión de las morrenas del antiguo glaciar del Lech. En el paisaje, destacan los campanarios de bulbo de las iglesias de los pueblos que jalonan la ruta.

Steingaden – Esta antigua abadía premonstratense fundada en el s. XII conserva su **iglesia**★, que fue remodelada en el s. XVIII al gusto barroco. Pero en el aspecto exterior se descubre el origen románico de la construcción, sobre todo en las torres macizas con sus arcadas ciegas. En el portal del vestíbulo gótico existe una pintura que reproduce el árbol genealógico de la familia de los güelfos, a quienes se atribuye la fundación de la abadía. La elegante decoración de estuco del presbiterio barroco contrasta con la sobriedad de la nave central. El suntuoso mobiliario de estilo barroco y rococó –púlpito, tribuna del órgano, retablos y esculturas– confiere a la iglesia un carácter teatral, como si quisiera simbolizar el triunfo de la decoración sobre la arquitectura.

★★ **Wieskirche** – *Ver este nombre.*

Rottenbuch – **La iglesia de la Natividad de la Virgen**★ (Mariä-Geburtskirche) perteneció en su origen a un convento de canónigos agustinos, pero en el s. XVIII fue remodelada primero al estilo barroco y después al rococó. Los estucos muestran el virtuosismo de los decoradores de la escuela de Wessobrunn, entre los que destacan Joseph y Franz Schmuzer. Los frescos, obra del pintor Matthäus Günter, armonizan con la rica y exuberante ornamentación plástica del conjunto. El púlpito, las tribunas del órgano y los retablos de Franz Xaver Schmädl están llenos de estatuas y adornos dorados en el más puro estilo rococó.

Deutsche ALPENSTRASSE

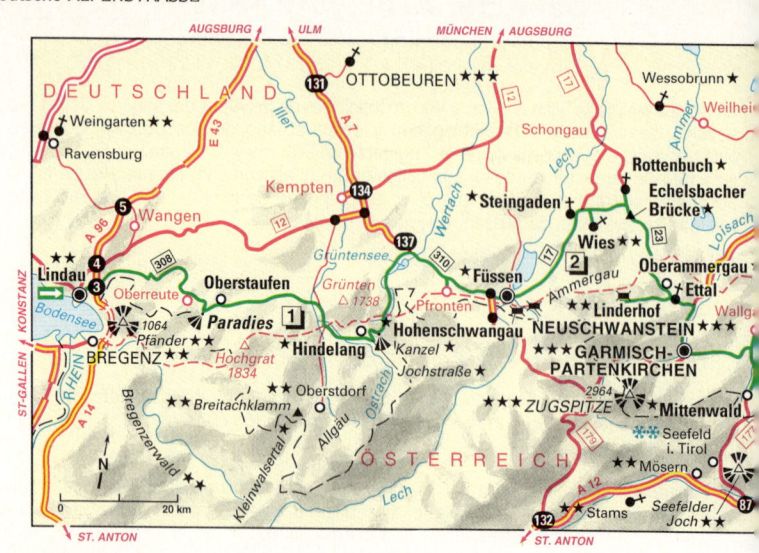

* **Echelsbacher Brücke** – El puente de Echelsbach, construido en 1929 en hormigón armado, es una audaz obra de ingeniería que salva la profunda garganta del Ammer (76 m). *Camine hasta el centro del puente y desde allí contemple la profundidad del angosto valle.*

* **Oberammergau** – Esta pequeña villa de artesanos, hábiles escultores de la madera, está situada en las estribaciones del Ammergau. La ciudad es famosa por las **representaciones del Misterio de la Pasión**, que se celebran cada 10 años durante la estación estival (*próxima cita en el año 2010*). Estos festejos tienen su origen en una ofrenda a la Virgen que hicieron sus habitantes en 1633 por haber librado a la localidad de la epidemia de cólera que se declaró en ese año y que desapareció sin causar muchas víctimas. En el evento participan 1.100 actores aficionados y la función se prolonga durante todo el día.

** **Schloß Linderhof** – *Ver este nombre.*

Ettal – La veneración de una estatua de la Virgen, atribuida a Giovanni Pisano, y el florecimiento de la vida monacal explican las grandiosas dimensiones de la abadía benedictina de Ettal, fundada en 1330 por el emperador Luis el Bávaro.
La primitiva iglesia colegial era una construcción gótica, de planta poligonal, única en su género en Alemania. La edificación actual se debe a los arquitectos barrocos Enrico Zucalli, autor del presbiterio y de la fachada, y Joseph Schmuzer, maestro de obras y estucador de la escuela de Wessobrunn, quien edificó la cúpula después del incendio que devastó la iglesia en 1744. Los **frescos** que decoran esta cúpula son obra de Johann Jakob Zeiller. El conjunto arquitectónico es una obra maestra del rococó.

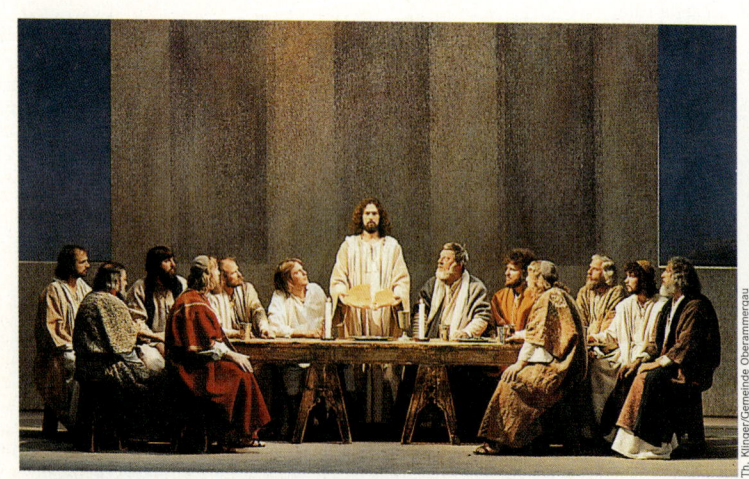

El Misterio de la Pasión (Oberammergau)

Deutsche ALPENSTRASSE

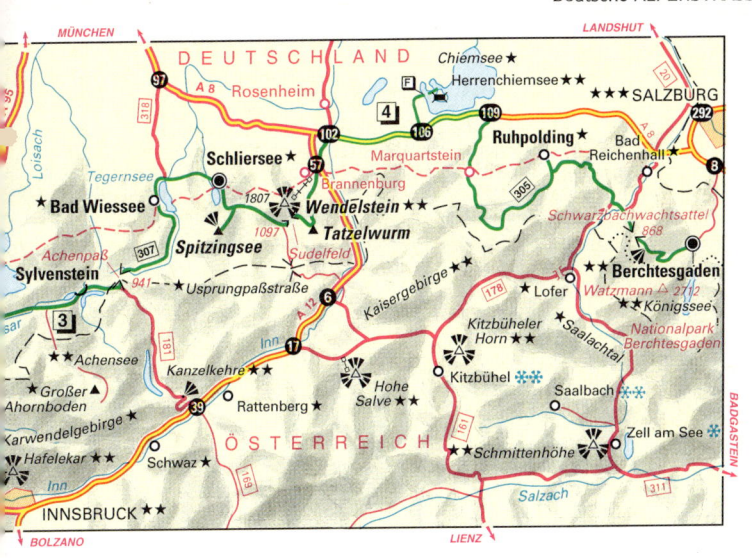

La ruta llega finalmente al valle del Loisach. Al S se divisa la cadena montañosa del Wetterstein, con sus tres cimas: la Zugspitze, la Alpspitze en forma piramidal y la Dreitorspitze. *Continúe en dirección a Garmisch-Partenkirchen.*

★★★ **Garmisch-Partenkirchen** – *Ver este nombre.*

★ 3 EL VALLE ALTO DEL ISAR Y LOS LAGOS

De Garmisch-Partenkirchen a Schliersee *172 km – 1 día.*

★ **Mittenwald** – *Ver Garmisch-Partenkirchen: Excursiones.*

En Wallgau la carretera *(de peaje hasta Vorderriß)* asciende bruscamente en dirección al valle alto del Isar, que en este tramo se ensancha y lleva las aguas turbulentas propias de un torrente.

Sylvenstein-Staudamm – La **presa de Sylvenstein** regula las temibles crecidas del Isar. Las aguas estancadas de este gran embalse alimentan una central eléctrica subterránea.
La carretera atraviesa el Achenpaß, se interna 2 km por territorio austriaco y luego avanza valle abajo en dirección al lago Tegernsee.

★ **Bad Wiessee** – Por su excepcional emplazamiento —entre el lago Tegernsee y las tierras interiores semialpinas— este elegante balneario es a la vez una importante estación termal de aguas yodadas, sulfurosas y fluoradas, y un lugar agradable de descanso que atrae a los visitantes en cualquier época del año.

★ **Schliersee** – Esta localidad, ubicada a orillas del lago del mismo nombre, es el marco adecuado para una estancia tranquila, al igual que las localidades vecinas de Fischhausen, Neuhaus y Spitzingsee *(ver ruta 4).*
La **iglesia parroquial de San Sixto**★ es una antigua iglesia conventual de nobles canónigos dependiente del capítulo de la catedral de Nuestra Señora de Múnich. La primitiva iglesia gótica fue "barroquizada" entre 1712 y 1714. El artista Johann Baptist Zimmermann, hermano del arquitecto de la iglesia de Wies, pintó los frescos de las bóvedas.

★ 4 EL SUDELFELD Y LAS MONTAÑAS DE CHIEMGAU

De Schliersee a Berchtesgaden *172 km – 1 día.*

Spitzingsee – La carretera de acceso ofrece, a 1.500 m de la cumbre, una **vista panorámica**★ de la cuenca de Fischhausen-Neuhaus y del Schliersee. Poco después concluye a orillas del Spitzingsee, un lago de dimensiones modestas. A 3 km de Bayrischzell se encuentra la estación de partida del teleférico que conduce a la cima del Wendelstein.

La cascada del Tatzelwurm – *15 min a pie, i/v.* Desde el aparcamiento señalizado como "Naturdenkmal Tatzelwurm" existe un camino que conduce a la cascada donde, según reza una leyenda, habitó un temible dragón.

Deutsche ALPENSTRASSE

AGENDA DE DIRECCIONES

En Hindelang

Obere Mühle – *En Bad Oberdorf, Ostrachstraße 40* – ☎ *0 83 24/28 57* – *fax 0 83 24/86 35*. Hospedería rústica instalada en un edificio de 1433 (no dispone de alojamiento). La carta gastronómica ofrece desde el clásico plato de pan con embutidos y pepinillos que se sirve de merienda o de cena generalmente (Brotzeit) a platos elaborados de la cocina regional.

Alpengasthof Hirsch – *En Bad Oberdorf, Kurze Gasse 18* – ☎ *0 83 24/3 08* – *fax 0 83 24/81 93* – *10 hab* – *individuales desde 36 €*. Habitaciones confortables y buena cocina.

Romantikhotel Bad-Hotel Sonne – *Marktstraße 15* – ☎ *0 83 24/89 70* – *fax 0 83 24/98 74 99* – *57 hab* – *individuales desde 65 €*. Hospedería con 400 años de antigüedad con bellas pinturas murales.

En Oberammergau

Landhaus Feldmeier – *Ettaler Straße 29* – ☎ *0 88 22/30 11* – *fax 0 88 22/66 31* – *22 hab* – *individuales desde 44 €*. Hotel decorado en estilo rústico, negocio familiar; también dispone de apartamentos.

Alte Post – *Dorfstraße 19* – ☎ *0 88 22/91 00* – *fax 0 88 22/91 01 00*, *32 hab* – *individuales desde 44 €*. Hostería del s. XVII, antigua estafeta decorada con pinturas murales; acogedor salones en el restaurante.

Turmwirt – *Ettaler Straße 2*, ☎ *0 88 22/9 26 00* – *fax 0 88 22/14 37* – *22 hab* – *individuales desde 57 €*. Confortable hospedería próxima al centro histórico de la localidad.

En Oberstaufen

Bayerischer Hof – *Hochgratstraße 2* – ☎ *0 83 86/49 50* – *fax 0 83 86/49 54 14* – *62 hab* – *individuales desde 51 €*. Establecimiento cuidado en un lugar céntrico y tranquilo.

Traube – *En Thalkirchdorf (6 km al E)* – ☎ *0 83 25/92 00* – *fax 0 83 25/9 20 39* – *28 hab* – *individuales desde 52 €*. Hospedería de 1767 instalada en un edificio de vigas entramadas, negocio familiar.

Allgäu Sonne – *Stiessberg 1* – ☎ *0 83 86/70 20* – *fax 0 83 86/78 26*, *162 hab* – *individuales desde 80 €*. Magnífico emplazamiento con hermosas vistas panorámicas y rodeado de amplias zonas de descanso.

Lindner Parkhotel – *Argenstraße 1* – ☎ *0 83 86/70 30* – *fax 0 83 86/70 37 44* – *91 hab* – *individuales desde 87 €*. Hotel de 1ª categoría situado junto al parque del balneario, con habitaciones espaciosas y apartamentos. Restaurante decorado al estilo alpino.

En Ruhpolding

Alpina Feriendomizil – *Niederfeldstraße 17* – ☎ *0 86 63/99 05* – *fax 0 86 63/50 85* – *12 hab* – *individuales desde 41 €*. Lugar tranquilo y confortable.

Sporthotel am Westernberg – *Am Wundergraben 4* – ☎ *0 86 63/8 80 30* – *fax 0 86 63/6 38* – *25 hab* – *individuales desde 46 €*. Situado en la parte alta de la localidad. Decoración rústica elegante. Bonitas vistas, buenas instalaciones deportivas (tenis, equitación).

Berggasthof Weingarten – *Weingarten (3 km al O)* – ☎ *0 86 63/92 19* – *fax 0 86 63/57 83* – *6 hab* – *individuales desde 39 €*. Precioso emplazamiento con inmejorables vistas. Decoración rústica, precios muy razonables.

En Schliersee

Terofal – *Xaver-Terofal-Platz 2* – ☎ *0 80 26/40 45* – *fax 0 80 26/26 76* – *23 hab* – *individuales desde 39 €*. Hostería en el corazón de Schliersee, decorada con mucho gusto en estilo rústico.

Seeblick – *Carl-Schwarz-Straße 1* – ☎ *0 80 26/6 00 60* – *fax 0 80 26/6 00 60 11* – *20 hab* – *individuales desde 50 €*. Hotel rústico, negocio familiar bien atendido.

En Bad Wiessee

Freihaus Brenner – *Freihaus 4* – ☎ *0 80 22/8 20 04* – *fax 0 80 22/8 38 07* – *Menús desde 13 €*. Restaurante de montaña (no dispone de alojamiento) en un magnífico emplazamiento desde el que se domina la localidad. Bonitas vistas del lago y de la montaña.

Landhaus Midas – *Setzbergstraße 12* – ☎ *0 80 22/8 11 50* – *fax 0 80 22/9 95 77* – *11 hab* – *individuales desde 48 €*. Villa rústica decorada al estilo alpino, entorno apacible, próxima al centro termal.

Lederer am See – *Bodenschneidstraße 9* – ☎ *0 80 22/82 90* – *fax 0 80 22/82 92 00* – *97 hab* – *individuales desde 60 €*. Espléndida ubicación en una península del paseo a orillas del lago. Hotel de 1ª categoría con todas las comodidades, piscina cubierta, sauna y playa.

Deutsche ALPENSTRASSE

★★ Wendelstein – Existen dos alternativas para llegar a la cima del Wendelstein: tomar el teleférico que parte de la estación de Bayrischzell-Osterhofen *(ascensión: 7 min)*, o bien utilizar el **tren de cremallera** ⊙ (Wendelstein Zahnradbahn) que sale de la estación de Brannenburg/Inntal y realiza el recorrido en 25 min. El tren asciende por una pendiente cada vez más escarpada hasta alcanzar una altura de 1.738 m. Un camino entallado en la roca conduce finalmente a la cima, situada a 1.838 m y coronada por un observatorio solar y una capilla de 1718.

Hace 230 millones de años el Wendelstein formaba parte de un arrecife de coral que se extendía centenares de kilómetros hacia el sur. Por su singular estructura geológica ha sido declarado "Parque geológico". Para conocer la zona, se han trazado cuatro senderos, en cuyo recorrido se han instalado cuadros explicativos y datos de interés. *Recomendamos particularmente el camino de la cumbre, un circuito en el que se pueden emplear unas 2h30.*

El **panorama★★** que se divisa desde la cima abarca, de E a O, las montañas de Chiemgau, las Loferer y Leoganger Steinberge, el Kaisergebirge, con sus afiladas crestas, y los glaciares de los Hohen Tauern.

La carretera continúa valle abajo del Inn hasta llegar a la autopista Múnich-Salzburgo, que discurre paralela a la orilla meridional del **Chiemsees★**. A partir de Marquartstein la ruta atraviesa una sucesión de valles tortuosos y de paredes abruptas, hasta que llega a la amplia cuenca del Reit, situada a los pies del Zahmer Kaiser. La carretera gira en dirección este y se interna en un largo desfiladero que discurre próximo a lagos poco profundos y sombríos.

★ Ruhpolding – En esta localidad veraniega se conservan tradiciones populares muy antiguas. En el altar lateral derecho de la iglesia parroquial de San Jorge se puede ver una bella imagen románica de la Virgen que data del s. XII.

Al pasar el puerto de Schwarzbachwacht (868 m), se aprecia el vivo contraste entre el valle cubierto de bosque denso del Schwarzbach y las amplias praderas a las faldas del Ramsau. En diferentes puntos del descenso hacia Ramsau se aprecian hermosas **vistas★★** del Watzmann y del Hochkalter, en cuyas crestas pervive el Blaueis-Gletscher (único glaciar que, junto con el Höllentalfern –en el macizo de Zugpizte–, se halla en territorio alemán). La ruta de los Alpes finaliza en Berchtesgaden.

★★ Berchtesgaden – *Ver este nombre.*

ALSFELD★

Hesse – 18.000 habitantes
Mapa Michelin nº 417 N 11

La primera mención histórica de Alsfeld data del año 1069, cuando pertenecía a los landgraves de Turingia. En 1247 pasó a formar parte del Schwalm, territorio situado entre el Knüllgebirge y el Vogelsberg, bajo el dominio del landgrave de Hesse. Favorecida por su estratégico emplazamiento, en un importante nudo de comunicaciones, y gracias al buen gobierno de sus soberanos y a la laboriosidad de sus artesanos y comerciantes, la villa experimentó un rápido desarrollo en la Edad Media. Este esplendor se tradujo en una gran actividad constructiva, sobre todo en el periodo bajomedieval y durante el Renacimiento.

Una acertada política de protección de los monumentos ha permitido que Alsfeld posea un importante conjunto de casas de vigas entramadas, que bordean el pintoresco dédalo de callecitas estrechas y sinuosas. Por su labor de saneamiento y rehabilitación del casco antiguo, Alsfeld obtuvo en 1975, del Consejo de Europa, el distintivo de ciudad modélica en la conservación del patrimonio histórico.

QUÉ VER

★ Marktplatz – El pintoresco conjunto arquitectónico de la **plaza del Mercado** está constituido, en el

Plaza del Mercado (Alsfeld)

ALSFELD

ángulo noreste, por el edificio del ayuntamiento, la Weinhaus (con un curioso frontón escalonado) y la torre de la iglesia. El **Ayuntamiento★**, construido en 1516, se caracteriza por sus dos torres gemelas y su fachada de paredes entramadas; en la parte inferior se abre un pórtico, que servía antiguamente de lonja para las transacciones comerciales.

En el lado opuesto de la plaza se alza la "Hochzeitshaus" (Casa de bodas), una robusta construcción de piedra de 1555, cuya fachada presenta un mirador en saledizo de dos niveles y un frontón doble en el ángulo derecho. La decoración de festones y volutas es característica de principios del Renacimiento alemán.

Rittergasse – En esta **calle**, que nace frente al ayuntamiento y desemboca en la plaza del Mercado, se encuentran dos de las **casas antiguas★** más interesantes de Alsfeld: la Neurath-Haus (nº 3), un bello ejemplo de los edificios de vigas entramadas de la época barroca, y la Minnigerode-Haus (nº 5), una casa de piedra que conserva una soberbia escalera de caracol en madera; ésta se despliega en sentido helicoidal alrededor de un poste fusiforme sin fijación alguna al muro. La casa alberga el museo regional.

Walpurgiskirche – Esta **iglesia** de principios del gótico conserva su mobiliario original. Destacan las tribunas de madera y, sobre todo, las tallas del panel central del altar mayor tardogótico, que representan una Crucifixión y cuatro escenas de la vida de Cristo.

En la recoleta plazuela al norte de la iglesia se puede contemplar una fuente *(Schwälmer Brunnen)* adornada con una escultura que representa a una muchacha cuidando gansos. Ataviada con el traje regional de Schwalm, esta figura inspiró a los hermanos Grimm el popular personaje de Caperucita Roja.

ALTENBURG

Turingia – 44.000 habitantes
Mapa Michelin nº 418 N 21

La primera mención histórica de Altenburg data del año 976. Los soberanos de la dinastía Hohenstaufen encargaron la construcción de un castillo imperial –en el que se alojó el emperador Federico I "Barbarroja" en repetidas ocasiones– y concedieron a la localidad el rango de villa imperial. En 1328 Altenburg fue cedida al margrave de Meissen, y posteriormente los duques de Sajonia-Altenburg residieron en la villa en dos periodos diferentes (de 1603 a 1672 y de 1826 a 1918). La ciudad apenas sufrió daños durante la II Guerra Mundial. El relieve accidentado sobre el que se asienta la villa medieval añade un nuevo atractivo a sus callecitas estrechas y empinadas, desde las que se ofrecen hermosas perspectivas.

La ciudad del juego de cartas – Altenburg es célebre en Alemania por la fabricación de juegos de cartas. En efecto, esta actividad tiene una tradición nada menos que de cuatro siglos. Además, entre 1810 y 1818, inventó un juego llamado "skat", inspirado en otros juegos antiguos, que tuvo gran éxito en la época y que aún hoy es muy popular entre los alemanes.

QUÉ VER

★ Rathaus und Markt (Ayuntamiento y plaza del Mercado) – Situada en el centro de la ciudad, esta plaza estrecha y alargada, bordeada de elegantes casas burguesas, está dominada por el edificio del ayuntamiento, que fue construido entre 1562 y 1564 por el arquitecto Nikolaus Grohman de Weimar. Este monumento es uno de los más importantes de estilo renacentista de Alemania. La fachada destaca por sus bellos miradores semicirculares, entre los que se eleva una torre octogonal rematada con un tejado imperial, y por los pórticos profusamente decorados. La **Brüderkirche** cierra la perspectiva oeste de la plaza. Un mosaico de estilo modernista (Jugendstil) recubre la fachada principal de esta iglesia.

Brühl – *Al NE de la plaza del Mercado*. A los pies de la **iglesia de San Bartolomé** (s. XV) se encuentra el Brühl, el primitivo mercado de la villa. Entre los bellos edificios que bordean la plaza destacan una magnífica construcción barroca de 1724, el **palacio Seckendorff**, y, enfrente, la sede del **Juzgado municipal**, igualmente de estilo barroco (1725); entre ambos se alza la **Skatbrunnen**, una fuente de 1903.

Schloß – El perfil compacto y macizo del castillo se alza sobre una roca pórfida, desde la que se divisa, hacia el SO, un panorama impresionante. La construcción de este conjunto fortificado, cuyos edificios se despliegan en torno a un vasto patio, se prolongó por espacio de nueve siglos. En el conjunto destaca la **iglesia del castillo★**, de estilo gótico tardío, cuya nave principal se cubre con una bella bóveda estrellada. Del mobiliario interior merece una atención especial el órgano, fabricado por Gottfried Heinrich Trost en 1738. En el castillo está alojado el **Museo del castillo y de los Juegos de cartas** (Schloß- und Spielkartenmuseum) ⊙. Cruzando el amplio **parque del castillo** en dirección N se llega al Lindenau-Museum.

ALTENBURG

Huida a Egipto, Lorenzo Mónaco (Museo Lindenau)

★ **Lindenau-Museum** – El **Museo Lindenau**, que toma el nombre del estadista sajón Bernhard August von Lindenau (1779-1854), posee los ricos fondos donados a su ciudad natal por este ilustre ministro del duque de Sajonia. El museo, instalado en un edificio de 1873, es célebre entre los especialistas del arte por su extraordinaria colección de **cerámicas antiguas** (ss. VII-II a.C.) y de vaciados en escayola de obras maestras del arte griego.
Pero la auténtica joya del museo es su pinacoteca, que cuenta con la más importante colección de cuadros de **primitivos italianos**★★ fuera del país transalpino. Ésta comprende 180 cuadros de los ss. XIII al XVI, en particular de artistas pertenecientes a las escuelas sienesa y florentina.
El museo expone, igualmente, algunas piezas excepcionales de la pintura europea de los ss. XVI-XVIII, así como de autores alemanes del s. XIX y de arte contemporáneo.

AMBERG

Baviera – 43.000 habitantes
Mapa Michelin nº 409 R 19

Situada en la ruta de comunicación entre Nuremberg y Praga, Amberg desempeñó un importante papel como centro de intercambios comerciales en los ss. XIV-XV. De esta época de esplendor son testigos los numerosos edificios burgueses del casco antiguo de la villa, que se encuentra rodeada por una muralla medieval.
Desde el puente del Ring, al sur de la ciudad, o desde el camino que discurre paralelo al Arsenal (Zeughaus), se puede contemplar la imagen característica de la localidad: los dos arcos del puente fortificado que, reflejados en las aguas del río, dibujan dos círculos perfectos que semejan unos anteojos (Stadtbrille).

QUÉ VER

Marktplatz – En uno de los flancos de la **plaza del Mercado** se alza el **Ayuntamiento**, un edificio imponente construido entre los ss. XIV-XVI. Su fachada se distingue por un frontón gótico que corona una bella balaustrada renacentista. En el otro extremo de la plaza se encuentra la monumental **iglesia de San Martín**, de estilo gótico (s. XV). La torre occidental, construida en el s. XVIII, mide casi 100 m de altura. El interior está dividido en tres naves de inmensas proporciones. La iglesia de San Martín es la construcción gótica más importante del Alto Palatinado después de la catedral de Ratisbona.

★ **Deutsche Schulkirche** – La antigua **iglesia de la escuela salesiana**, construida a finales del s. XVII por el arquitecto Wolfgang Dientzenhofer, posee elegantes revestimientos de estuco de estilo rococó realizados por artistas locales (1738-58). Su originalidad reside en la disposición de las dos capillas o nichos que flanquean un arco triunfal, y en la tribuna del órgano de forma avenerada.

Wallfahrtskirche Maria-Hilf (Santuario de María Auxiliadora) – Este templo fue construido en señal de gratitud tras la desaparición de la peste que asoló la región en 1634. Los **frescos de la bóveda**★, una obra de juventud de Cosmas Damián Asam, representan escenas del trágico acontecimiento.

ANNABERG-BUCHHOLZ ★

Sajonia – 24.000 habitantes
Mapas Michelin n⁰ˢ 418/420 O 23 – Esquema: ERZGEBIRGE

Las localidades de Annaberg y Buchholz, que en el pasado pertenecieron a dos señoríos diferentes (se fusionaron en 1945), vivieron su etapa de esplendor a raíz del descubrimiento, entre 1491 y 1496, de importantes yacimientos de plata y estaño en la montaña de Schreckenberg. Situada a los pies de los montes Metálicos (Erzgebirge), la riqueza originada por la explotación de más de 600 minas fluyó durante mucho tiempo hacia la capital de la región. En esta época residía en Annaberg-Buchholz el popular **Adam Ries** o Riese (1492-1559), que fue director de la escuela de aritmética de la villa y ocupó además el cargo de intendente y escribano de las minas. Cuando los filones de plata comenzaron a agotarse, la fabricación de encajes de bolillos se impuso como primera actividad económica en la zona. En la actualidad, los sectores económicos más activos de Annaberg-Buchholz son la industria alimentaria, la fabricación de artículos de pasamanería y la construcción de maquinaria eléctrica.

QUÉ VER

★★ **St. Annenkirche** – La iglesia de Santa Ana, construida entre 1499 y 1525, es uno de los ejemplos más notables del gótico flamígero en Sajonia. En su interior, los nervios de la bóveda arrancan de 12 elegantes pilares y serpentean por el espacio dibujando múltiples curvas y diseños florales. Este magistral abovedamiento se debe al arquitecto Jacob Heilmann von Schweinfurt. Una tribuna con parapetos, en los que se representan escenas del Antiguo y Nuevo Testamento, recorre los muros laterales. Al fondo del edificio, en el muro lateral izquierdo, cerca de la portada oeste, se conserva una obra maestra de la policromía, la denominada **Schöne Tür**★★ (puerta bella), diseñada por el artista Hans Witten para otra iglesia y posteriormente trasladada a ésta. También destaca en la nave central el **púlpito**★★, realizado por el escultor Franz Maidburg en 1516; en los relieves aparece la figura de un minero, al igual que en el reverso del llamado **Bergmannsaltar**★ (retablo de los Mineros), de 1520, situado a la izquierda del presbiterio. En él se ilustra con gran lujo de detalles las diferentes fases de la extracción minera en aquella época.

Erzgebirgsmuseum (Museo de los montes Metálicos) ⓥ – En este museo, que ilustra la historia de la ciudad y de la explotación minera, se dedica una amplia sección a las artes y a las tradiciones populares.

Junto al museo se encuentra el **Besucherwerk im Gössner**, una antigua mina de la que se extrajo plata durante un cuarto de siglo en los tiempos de prosperidad económica de Annaberg (1498). *El acceso está situado en el patio del museo; una escalera metálica conduce al fondo de un pozo, donde se visitan las galerías que tienen 260 m de longitud.*

Technisches Museum Frohnauer Hammer (Museo Técnico y Forja de Frohnau) ⓥ – Este antiguo molino de harina fue transformado, tras el descubrimiento de los yacimientos de plata, en una fábrica de acuñación de moneda, y posteriormente en una herrería. El visitante puede ver el funcionamiento de tres martillos pilones (de 100, 200 y 300 kg) y dos fuelles accionados por la fuerza hidráulica.

EXCURSIÓN

★ **Erzgebirge** (Montes Metálicos) – *Ver este nombre.*

Bóveda de la iglesia de Santa Ana (Annaberg-Buchholz)

ANSBACH

Baviera – 40.000 habitantes
Mapa Michelin n⁰ˢ 419/420 S 15

Esta ciudad de Franconia, fundada por la dinastía Hohenzollern, se distingue por su noble conjunto arquitectónico de estilo barroco. Los margraves del linaje de los Hohenzollern establecieron su residencia en Ansbach y Bayreuth en el s. XIII. Desde entonces y durante mucho tiempo, ambas ciudades mantuvieron estrechas relaciones de colaboración. También existieron fuertes vínculos entre los miembros de los círculos cortesanos de Ansbach y Bayreuth.

QUÉ VER

* **Residenz (Palacio de la Residencia)** ⊙ – El antiguo palacio de los margraves, construido sobre una fortaleza del s. XIV, fue ampliado y remodelado al estilo barroco en el s. XVIII según un proyecto conjunto de los arquitectos Retti y Gabrieli.
La fachada se caracteriza por su impresionante sobriedad. En el interior, como en la mayor parte de los palacios barrocos alemanes, domina la distribución simétrica y destacan, sobre todo, los aposentos de los príncipes (Fürstenzimmer): la **sala de los Azulejos**** (Gekachelter Saal), decorada con 2.800 piezas de cerámica procedentes de la fábrica de porcelana de Ansbach. La delicadeza de su ejecución y las referencias locales en los motivos representados dan a la estancia un ambiente cálido y acogedor; el **Gabinete de los Espejos*** (Spiegelkabinett), sobrecargado de figurillas de porcelana china y frisos dorados tallados en madera; la estancia familiar, con los retratos de los Hohenzollern; la sala de Gobelinos, con tres tapices ejecutados según diseño de Charles le Brun. Al otro extremo de la explanada se extienden los **jardines del castillo**, de estilo barroco, en los que se alza el pabellón de la Orangerie (invernaderos) y un monumento que recuerda al misterioso personaje de Kaspar Hauser, cuya paternidad se atribuye al archiduque de Baden Karl Ludwig Friedrich, herido de muerte precisamente en este lugar en 1833.

Kaspar Hauser

En 1828, el día de Pentecostés, apareció en Nuremberg un adolescente de unos 15 años de edad en estado salvaje. Al parecer, el muchacho había pasado su niñez en un sótano, sin contacto alguno con el mundo exterior. Este "huérfano de Europa", cuyo misterioso origen fascinó a la sociedad de la época, fue bautizado con el nombre de Kaspar Hauser.
El joven vivió en Ansbach de 1831 a 1833, año en el que murió trágicamente apuñalado por un desconocido. El rumor de que era un hijo abandonado por el príncipe heredero del gran ducado de Baden persistió hasta nuestros días, pero una prueba de ADN realizada en 1996 descartó esta hipótesis.
El enigma queda sin resolver: ¿quién era en realidad Kaspar Hauser?

St. Gumbertus-Kirche – El santuario románico de 1280 fue remodelado en el s. XVIII y convertido en la iglesia de Corte del margraviato. En el conjunto destaca, sobre todo, la capilla de los Caballeros del Cisne (Schwanenritterkapelle) *(entrada detrás del altar, a la izquierda)*, edificada en el s. XVI. En ella se pueden ver un bello retablo de la Virgen (1484) y los blasones y epitafios de los Caballeros del Cisne, orden instituida en 1440 por el elector de Brandemburgo Federico II. A partir de 1660, la cripta situada debajo de la capilla, que conserva vestigios del presbiterio románico primitivo (1039), se convirtió en el mausoleo de la familia Hohenzollern.

ASCHAFFENBURG

Baviera – 65.000 habitantes
Mapa Michelin n⁰ 417 Q 11

Aschaffenburg, situada en un recodo del Meno, en el reborde occidental del macizo boscoso del Spessart, se convirtió a partir del s. XIII en la segunda residencia de los poderosos obispos y príncipes electores de Maguncia. Los arquitectos paisajistas del s. XVIII embellecieron la ciudad con numerosos parques y jardines, que constituyen todavía hoy uno de los principales atractivos de la ciudad.
En 1816, como el principado electoral había desaparecido 11 años antes por decisión de la **Comisión del Imperio** encargada de la reordenación política, *(Reichsdeputationshauptschluß)*, el Congreso de Viena asignó Aschaffenburg al reino de Baviera. El rey Luis I celebró esta conquista territorial y bautizó a la ciudad con el nombre de la "Niza bávara", probablemente debido a su clima suave. En la actualidad, las principales actividades económicas son las industrias de confección y de fabricación de accesorios para automóviles.

ASCHAFFENBURG

QUÉ VER

★Schloss Johannisburg – Este **palacio**, construido entre 1605 y 1614 en el emplazamiento que ocupó una fortaleza medieval destruida a mediados del s. XVI, es un edificio de arenisca roja. El autor de este primer palacio del Renacimiento alemán fue el arquitecto estrasburgués Georg Rindinger. Se trata de una construcción de cuatro alas, tres alturas y tejados a dos aguas muy inclinados. Las cuatro torres angulares, de planta cuadrada, rematadas por tejados imperiales, y la torre del homenaje que se conserva de la antigua fortaleza (s. XIV), dominan el conjunto. La parte central de las tres fachadas están coronadas por los típicos hastiales abuhardillados del Renacimiento, decorados con nichos en forma de concha, pilastras y obeliscos.

En la **1ª planta** del palacio (ala orientada al Meno) está alojada la **Staatsgalerie** ⊙ (galería de Pinturas), en la que se pueden ver obras de maestros holandeses del s. XVII como **Hans Baldung Grien** *(Colina del Gólgota)* y de pintores de la escuela de Lucas Cranach el Viejo.

La **iglesia del palacio** (Schloßkirche), situada entre la torre occidental y la torre del homenaje, alberga un magnífico **altar★** realizado por el escultor franconiano Hans Juncker. Esta obra de arte posee una rica decoración de figuras y relieves de alabastro (1609-14).

En la **2ª planta** se muestra una **colección de maquetas de corcho** (Korkmodellsammlung) –reproducciones de construcciones antiguas–, que formaba parte del "Phelloplastischen Kabinet" del arzobispo Carl Theodor von Dalberg. Esta colección, reunida a principios del s. XIX, es sin duda la mayor del mundo en su género. Los **Aposentos de los Príncipes**, situados en el ala del Meno, muestran mobiliario de finales del s. XVIII y principios del XX. El **Museo Municipal** (Städtisches Schloßmuseum) ⊙, alojado también en el palacio, está consagrado al arte sacro y a la artesanía de los ss. XV a XX, así como a la historia de la ciudad.

Los jardines se extienden en la parte noroccidental del palacio; aquí se encuentra el **Pompeianum**, una réplica de la casa de Cástor y Pollux en Pompeya mandada construir por Luis I de Baviera.

Stiftskirche – El peristilo que rodea la fachada y la nave lateral norte, así como la monumental escalinata barroca, otorgan a esta iglesia románico-gótica un peculiar aspecto asimétrico. La parte más antigua es la nave central (s. XII); la torre se concluyó entre 1480 y 1490. La portada oeste, de estilo románico (principios del s. XIII), presenta una hermosa decoración de motivos vegetales; el relieve del tímpano simboliza a Cristo como Juez universal rodeado por los dos patrones de la ciudad, el apóstol san Pedro y el papa mártir Alejandro.

En el interior se conservan numerosas obras de arte. En una vitrina se puede ver el **Descendimiento de la Cruz** (1525), predela realizada por **Grünewald** para un retablo hoy desaparecido. Grünewald trabajó al servicio de los príncipes electores de Maguncia como pintor oficial de la Corte, y dirigió desde 1516 la reconstrucción del palacio de Aschaffenburg hasta el inicio de la guerra de los Campesinos. En el muro derecho de la nave principal se encuentra un **Crucifijo románico** del año 980 aproximadamente, que es una de las obras más notables de su época; en el transepto derecho se muestra una *Resurrección* de Lucas Cranach el Viejo (1520), y en el izquierdo una Crucifixión de estilo gótico (hacia 1520). El claustro, de estilo románico tardío, consta de 64 columnas, cuyos capiteles presentan una gran variedad de motivos decorativos.

Maqueta en corcho del Coliseo de Roma (palacio de Johannisburg)

ASCHAFFENBURG

ALREDEDORES

Park Schönbusch (Parque de Schönbusch) – *3 km al O*. El encanto de estos jardines del s. XVIII reside en los estanques, canales, islotes y pabellones en forma de templete que jalonan las instalaciones. En el centro del parque se alza el **palacete de recreo** mandado construir por los arzobispos de Maguncia hacia 1780 y decorado en estilo neoclasicista. Desde la sala de los Espejos de la 1ª planta se ofrece una bonita **vista** del palacio de Aschaffenburg y, en la lejanía, de la masa boscosa del Spessart.

AUGSBURG★★

AUGSBURGO – Baviera – 265.000 habitantes
Mapas Michelin nos 419/420 U 16

"*Splendissima Raetiae Provinciae Colonia*" (la colonia más floreciente de la provincia de Recia), escribía Tácito a propósito de Augusta Vindelicum. En efecto, esta ciudad situada en la "ruta romántica" posee en su escudo de armas la piña, fruto que simboliza desde antiguo la fertilidad. En los ss. XVII-XVIII alcanzó un gran esplendor y dictó los gustos y estilos de este arte en Europa.

Augsburgo ha dado al mundo de la cultura artistas y humanistas notables: Hans Holbein el Viejo (fallecido en 1525), Hans Burkmair (1473-1531), Martin Schongauer, hijo de un famoso orfebre augsburgués, Konrad Peutinger. Otras personalidades ilustres vinculadas a la ciudad son Mozart, cuyo padre era originario de Augsburgo, y el célebre dramaturgo Bertolt Brecht, nacido en esta villa en 1898.

En la actualidad Augsburgo es a la vez una activa ciudad comercial y un centro artístico que conserva importantes testimonios del arte renacentista, muchos de los cuales se deben al gran arquitecto Elías Holl (1573-1646).

APUNTES HISTÓRICOS

Una ciudad romana – La ciudad, fundada el año 15 a.C. por Druso y Tiberio, hijastros del emperador Augusto, es una de las más antiguas de Alemania junto a Tréveris y Colonia. Situada en la principal vía comercial que comunicaba con Italia, Augsburgo se convirtió en sede episcopal en la época de decadencia del Imperio Romano. A finales del s. XIII obtuvo el status de ciudad libre del Imperio y el privilegio de sede de la Dieta.

Los Fugger – A finales del s. XV Augsburgo, que ya contaba con una población de 50.000 habitantes, se transformó en el centro de las altas finanzas europeas gracias a los Fugger y a los Welser, dos familias que, según se decía, se repartían los negocios del mundo de entonces. El más importante fue Jacques Fugger el Rico (1459-1525), célebre banquero del Imperio, sobre todo por sus préstamos a los Habsburgo. Carlos V llegó a escuchar de labios de ese personaje la siguiente admonición: "Es sabido que, sin mi ayuda, Vuestra Majestad no habría conseguido la corona del Sacro Imperio Romano Germánico". Se estima en cuatro millones de ducados la deuda, jamás extinguida, de los Habsburgo hacia sus banqueros de Augsburgo.

La Confesión de Augsburgo – En 1530, Carlos V, inquieto ante la importancia que adquiría la Reforma en los diversos Estados del Imperio, convocó una dieta imperial en Augsburgo con la esperanza de controlar la disidencia religiosa. Los protestantes, aglutinados en torno a Lutero, proclamaron sus ideas a través de un documento escrito por el principal ideólogo del movimiento religioso, Melanchthon. Su *Confessio Augustana* se convirtió en el texto programático más valioso del protestantismo. Pero las tesis que se exponen en la obra fueron rechazadas por la Dieta. Hasta 1555, fecha en la que se firmó la **paz de Augsburgo**, no se reconoció la libertad de culto a los protestantes –al menos a los príncipes territoriales y a los señores. Después de la revocación del edicto de Nantes (1686), que provocó un éxodo masivo de hugonotes (cerca de 500.000), Prusia y Austria organizaron una alianza en contra del rey francés Luis XIV bautizada con el nombre de la **liga de Augsburgo**.

QUÉ VER

★ **Fuggerei** – Este pintoresco barrio, construido entre 1519 y 1525 por mandato de Jakob Fugger el Rico para dar cobijo a los pobres de la ciudad, está formado por un conjunto de 53 casitas con graciosos frontones, que se reparten a lo largo de ocho calles, una iglesia y diversos edificios de gobierno. La Fuggerei es una pequeña urbanización de carácter social –primera en su género en la historia– que acoge, aún hoy, a personas de poca solvencia económica a cambio de un canon anual simbólico y la obligación moral de rezar por el alma de sus fundadores.

AUGSBURG

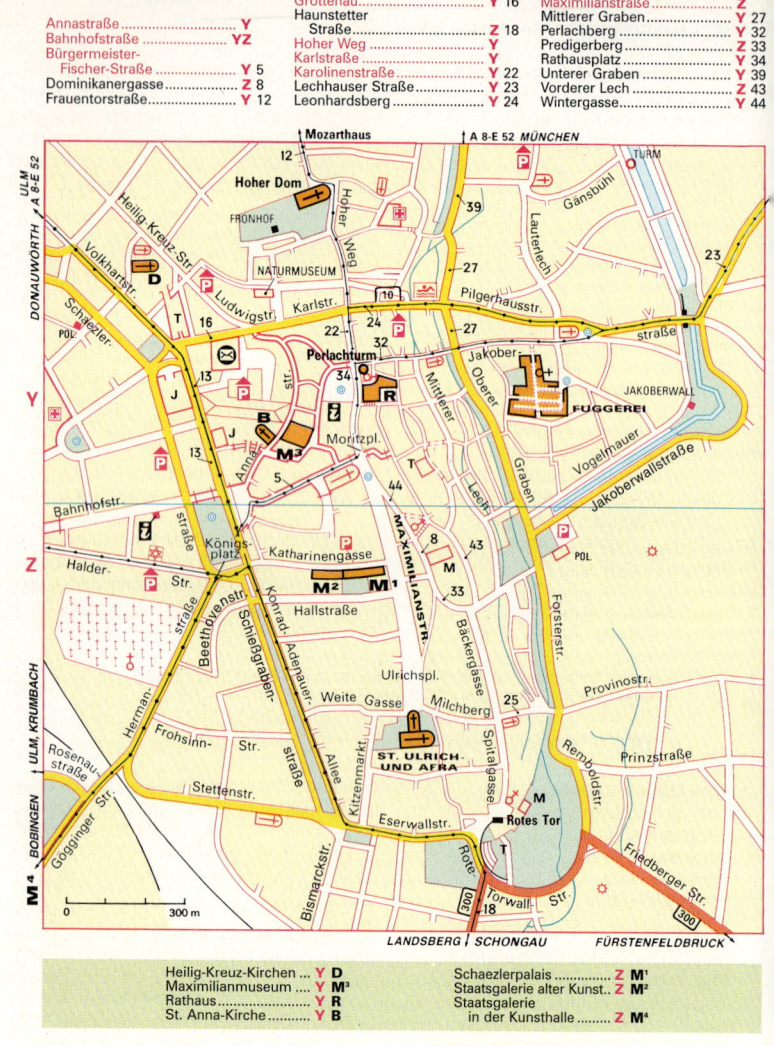

Annastraße	Y	Fuggerstraße	Y 13	Margaretenstraße	Z 25
Bahnhofstraße	YZ	Grottenau	Y 16	Maximilianstraße	Y
Bürgermeister-Fischer-Straße	Y 5	Haunstetter Straße	Z 18	Mittlerer Graben	Y 27
Dominikanergasse	Z 8	Hoher Weg	Y	Perlachberg	Y 32
Frauentorstraße	Y 12	Karlstraße	Y	Predigerberg	Z 33
		Karolinenstraße	Y 22	Rathausplatz	Y 34
		Lechhauser Straße	Z 23	Unterer Graben	Y 39
		Leonhardsberg	Y 24	Vorderer Lech	Z 43
				Wintergasse	Y 44

Heilig-Kreuz-Kirchen	Y D	Schaezlerpalais	Z M¹
Maximilianmuseum	Y M³	Staatsgalerie alter Kunst.	Z M²
Rathaus	Y R	Staatsgalerie in der Kunsthalle	Z M⁴
St. Anna-Kirche	Y B		

★ **Maximilianstraße** – Esta calle céntrica, bordeada de elegantes casas y palacios construidos por la alta burguesía del Renacimiento, ofrece una de las imágenes más bellas de la Alemania tradicional. Debido a su antigüedad la mayor parte de las fachadas de sus majestuosos edificios han tenido que ser profundamente restauradas. En su recorrido se alzan tres fuentes de bronce renacentistas.

★ **Münster St. Ulrich und St. Afra (Colegiata de San Ulrico y San Afra)** – Esta iglesia protestante, construida perpendicularmente a la iglesia abacial del mismo nombre, fue fundada a finales del s. XV y reformada en los ss. XVII-XVIII. El interior, de grandes proporciones, está dividido en tres naves; el transepto se cubre con bellas bóvedas de crucería. Desde la espléndida reja barroca que separa la entrada de las naves se pueden admirar los tres altares barrocos del presbiterio y de la nave transversal: en el centro el altar de la Natividad (Adoración del Niño), a la izquierda, la Resurrección y, a la derecha, el retablo de Pentecostés. En la intersección de las naves se alza un grupo escultórico en bronce de 1607 que representa la Crucifixión.

En la parte norte se abren varias capillas laterales, entre las que destaca, a la derecha, la del santo obispo Simpert, con un bello baldaquino gótico y una balaustrada coronada de **estatuas de santos**★ en terracota.

La yuxtaposición de dos iglesias con el mismo nombre, pero de credos religiosos diferentes, uno católico y otro protestante, es característica de Augsburgo, como es el caso de las **iglesias de la Santa Cruz** (Heilig-Kreuz-Kirchen).

Städtische Kunstsammlungen (Colecciones Municipales de Arte) – *Entrada por Maximilianstrasse 46.* La visita comienza en las salas del **palacio Schaetzler** (Schaetzlerpalais), donde están reunidas las obras de los artistas alemanes del barroco (Deutsche Barockgalerie). El **Gran Salón de Fiestas**★★ está decorado con un gran plafón de estucos y frescos de estilo rococó, así como revestimientos murales del mismo estilo.

AUGSBURG

En la **Galería Nacional de Arte Antiguo** (Staatgalerie alter Kunst), una segunda galería de pinturas consagrada a los grandes artistas suabos y augsburgueses de los ss. XV-XVI, se exhiben, entre otros, el cuadro votivo de la familia Schwarz de Hans Holbein el Viejo, y el célebre retrato realizado por Alberto Durero del banquero Jakob Fugger el Rico.

En la segunda planta se puede admirar obras de Van Dyck, Tiepolo y El Veronés.

Rathaus (Ayuntamiento) – El arquitecto de este soberbio edificio renacentista fue Elias Holl. El frontón, decorado con dos piñas emblemáticas de la ciudad, está flanqueado por dos torres octogonales rematadas con cúpulas de bulbo. En el interior se puede visitar el Salón Dorado (Goldene Saal) con su magnífico artesonado.

A la izquierda del edificio se eleva la **torre de Perlach** (Perlachturm), una torre de vigía románica reconstruida posteriormente en tres ocasiones. Cuando desde su cima se divisan los Alpes, se iza una bandera amarilla.

Dom – La **catedral** fue transformada en estilo gótico en el s. XIV. En el exterior destacan la portada sur o **puerta de la Virgen**★★ (Jungfrauenportal), de estilo gótico, y la **puerta románica a doble batientes**★ (Türflügel) (se exhiben provisionalmente en el interior del templo), realizada en bronce en la 1ª mitad del s. XI y decorada con 32 bajorrelieves que representan escenas del Antiguo Testamento y personajes de la mitología cristiana.

En el interior, la nave central está flanqueada por dos naves laterales de cada lado de menor altura. El presbiterio oriental dispone de un doble deambulatorio en el que se abren capillas góticas. En los cuatro altares adosados a los pilares centrales se pueden ver **tablas**★ (Tafelgemälde) de Hans Holbein el Viejo (a la izquierda la *Natividad de María* y *la Subida al templo*, a la derecha la *Oferta rechazada por san Joaquín* y la *Presentación en el templo*). En la nave central, los altos ventanales se adornan con las **vidrieras de los Profetas**★ (Prophetenfenster), que datan del s. XII, y cuyas figuras se caracterizan por una gran rigidez. Los marcos de alabastro son modernos.

⊙ ▶▶ St. Anna-Kirche (Iglesia de Santa Ana) (*Capilla de los Fugger*★) – Maximilianmuseum (*Orfebrería augsburguesa*) – Mozarthaus (Casa natal de Mozart) – Rotes Tor (Puerta Roja) – Staatsgalerie in der Kunsthalle★ (Galería Nacional de Arte) (*arte alemán de los ss. XIX-XX*).

Sala de Fiestas del palacio Schaezler (Augsburgo)

BAD DOBERAN

Mecklemburgo-Antepomerania – 12.400 habitantes
Mapa Michelin nº 416 D 19

Esta localidad se desarrolló al amparo de un monasterio cisterciense fundado hacia 1171. La pequeña villa termal se distingue por su arquitectura clasicista construida entre 1800 y 1825 para albergar a los usuarios del cercano balneario de Heiligendamm situado a orillas del Báltico. En aquella época Bad Doberan era la residencia de verano de la corte mecklemburguesa. Otro de los atractivos del lugar es su bella colegiata.

** MÜNSTER (COLEGIATA) ⊙

La colegiata del antiguo convento cisterciense, construida entre 1294 y 1368, es uno de los más bellos ejemplos de la arquitectura gótica en ladrillo del norte de Alemania. De acuerdo con la tradición de la orden, el edificio carece de torre en su fachada occidental, la cual presenta como único elemento decorativo un gran ventanal. El presbiterio se prolonga en un deambulatorio en el que, al estilo de Flandes, se abren una serie de capillas. La sobriedad característica de la arquitectura cisterciense sólo se rompe con el friso sobre fondo negro que recorre la base inferior del tejado, dibujando con ladrillos vidriados una arcada trebolada.

Interior – También en el interior domina el ladrillo como material constructivo. La nota de color la proporcionan las pinturas del triforio situado entre la arcada y el claristorio. La basílica de tres naves, caracterizada por su gran armonía, se cubre con una bóveda de arista. La rica decoración del interior subraya la importancia de la iglesia como lugar de acogida del mausoleo de la familia ducal mecklemburguesa. El **altar mayor★**, una talla de filigrana en madera realizada por maestros de Lübeck en 1310, representa escenas del Antiguo y del Nuevo Testamento. El **retablo de la Crucifixión** y la impresionante **cruz triunfal★** (simbolizada como el árbol de la vida), ambas de 1370, presentan por el anverso (hacia los fieles) la imagen de Cristo y por el reverso (hacia los monjes) la de la Virgen. El **tabernáculo★** en forma de aguja realizado en madera de haya data de la misma época. El candelabro de la Virgen, un magnífico trabajo de 1290, muestra una elegante Madona con una luna en cuarto creciente (símbolo de la castidad) y la aureola de santidad. También destacan en el interior dos ventanas en las naves laterales adornadas con **vidrieras policromadas** góticas del s. XIV.

En las capillas del deambulatorio se pueden ver los **monumentos funerarios** de la familia principesca de Mecklemburgo.

ALREDEDORES

Una bonita avenida bordeada de tilos conduce desde Bad Doberan a los balnearios del Báltico de Heiligendamm y Kühlungsborn. También se puede acceder a ambos utilizando el tren de vía estrecha conocido como el "Molli".

Heiligendamm – *6,5 km al NO*. Heiligendamm, la primera estación de baños de mar de Alemania, fue fundada por el duque de Mecklemburgo Friedrich Franz I en 1793. La bella **arquitectura termal**, como la casa de curas de estilo neoclásico (1814-1816) y los numerosos edificios elegantes que se alzan en la Prof.-Vogel-Straße, testifican el esplendor pasado del balneario.

★**Kühlungsborn** – *14 km al NO*. Esta localidad ofrece, además de su balneario y su estación termal, el atractivo de sus enormes playas y sus bosques de coníferas, frecuentados en verano por numerosos turistas.

BAD HERSFELD★

Hesse – 33.000 habitantes
Mapa Michelin nºˢ 417/418 N 13

La estación hidrotermal de Bad Hersfeld está situada en una de las zonas más accidentadas de los bosques de Hesse. La localidad atrae anualmente a gran número de visitantes que acuden a presenciar los festivales de Ópera y Teatro que se organizan, durante los meses de julio y agosto, en el marco incomparable de las ruinas de una antigua abadía.

La ciudad, que en los ss. XI y XII era un modesto mercado, creció al amparo de una abadía fundada en el s. IX y desaparecida en 1606. Tras el descubrimiento de manantiales de aguas termales en 1904, se fundó en 1963 el Balneario Público de Bad Hersfeld (Bad Hersfeld Hessisches Staatsbad).

★**Ruinas de la abadía (Stifsruine)** ⊙ – Las ruinas dan una idea de las dimensiones colosales de esta basílica románica de la época otoniana, que en longitud supera los 100 m. El amplio crucero formaba una gran nave transversal. En los ss. XI-XII la iglesia abacial fue transformada (conservando la planta primitiva) al estilo románico

BAD HERSFELD

con doble presbiterio. Fue destruida en 1761. El ábside oeste, que reposa sobre un basamento rectangular y está flanqueado por una única torre románica, destaca por sus enormes proporciones, sobre todo si se contempla desde el interior.

La torre románica de Santa Catalina (Katharinenturm, 1120), aislada al N de la iglesia, formaba parte de las dependencias conventuales y en ella se aloja la campana de la abadía, fundida hace cerca de un milenio y conocida como la Lullusglocke.

Casco antiguo – En las cercanías de la plaza del Mercado (Marktplatz), la torre mutilada de la iglesia evangélica emerge de un pintoresco laberinto de casas burguesas de vigas entramadas. Entre todas ellas destaca la casa del sacristán (Küsterhaus, 1452) y la casa barroca del párroco (Pfarrhaus, 1714), con una bella puerta.

Ayuntamiento (Rathaus) – Este edificio gótico, remodelado a finales del s. XVI, está coronado por frontones de estilo Renacimiento del Weser. Desde el atrio, bella **vista**★ de la iglesia.

ALREDEDORES

Rotenburg an der Fulda – *21 km al N*. Esta vieja ciudad enclavada en un bonito valle del río Fulda conserva un rico patrimonio arquitectónico. En sus 750 años de historia ha visto levantar murallas medievales, casas de vigas entramadas y edificios en diferentes estilos; el ayuntamiento posee un portal renacentista y una escalera rococó. La plaza del Mercado, con sus pintorescas callejuelas y pasajes, y el palacio que en otro tiempo fue la residencia de los landgraves de Hesse, constituyen un atractivo conjunto monumental.

BAD KREUZNACH★

Renania-Palatinado – 43.000 habitantes
Mapa Michelin nº 417 Q 7

Esta estación termal, cuyo origen se remonta a una fortaleza romana, está situada en el curso inferior del río Nahe, en un paisaje rodeado de viñedos y bosque mixto. Bad Kreuznach es célebre por sus **fuentes de agua mineral salina** y por los vinos de la región que, debido a la climatología y a la calidad de los suelos, producen una variedad que se distingue por un sabor a medio camino entre los caldos frescos y fuertes del Mosela y los vinos más ligeros del Rin. El centro de la vida del balneario se encuentra en la **isla de Badewörth**, a la que se accede a través del **Viejo Puente** tendido sobre el Nahe en el extremo inferior de la isla. Las dos **casas góticas** (1495), que mantienen un aparente equilibrio inestable junto al puente, son el emblema de la ciudad. Las terapias por inhalación se realizan en una sala al aire libre junto a las torres de gradación.
Desde el **Kauzenburg** *(café-restaurante en el Kauzenberg)* se ofrece una bella vista de la ciudad y de los alrededores.

★ **Römerhalle** ⓥ – *Hüffelsheimer Straße 11*. Este museo está instalado en una antigua explotación agrícola de finales del s. XIX situada en el extremo occidental del parque que rodea al castillo. En él se exponen hallazgos arqueológicos de la época romana procedentes de las excavaciones realizadas en Bad Kreuznach y sus alrededores. Las piezas más interesantes de la colección son dos **pavimentos de mosaico**★★ del s. III: el mosaico del Océano representa al dios del mar en su elemento natural, y el mosaico de los gladiadores muestra a estos luchadores en combate contra fieras salvajes. En el subsuelo se ha instalado un **hipocausto**, una habitación romana que se caldeaba por medio de hornillos y conductos subterráneos. En las inmediaciones se ha desenterrado una **villa romana**, de la que procede el mosaico de los gladiadores.
A pocos pasos de aquí se encuentra también el parque histórico del castillo, con bellos estanques y árboles exóticos, así como el **Schloßparkmuseum** (museo del parque del Castillo).

EXCURSIÓN

★ **Bad Münster am Stein-Ebernburg** – *A 4,5 km en dirección S; aparque el coche en las proximidades del balneario – 1 h a pie i/v*. Entre en el **balneario**★ (torre de gradación) y continúe hasta los jardines al borde del Nahe. En la otra orilla, a 136 m sobre el nivel de las aguas, se alza la **Rheingrafenstein**★★ con los vestigios de una antigua fortaleza.

Cruce el río en la barcaza y suba hasta la plataforma panorámica en la cima del promontorio.

Desde lo alto se ofrece una **vista**★ del valle de Bad Münster y del Rotenfels, cuyos acantilados de roca pórfida se elevan sobre el Nahe hasta una altura de 214 m.

BAD MERGENTHEIM★

Baden-Würtemberg – 23.000 habitantes
Mapa Michelin nº 413 M 18 – Esquema: ROMANTISCHE STRASSE

Enclavada en un hermoso valle del Tauber junto a la "ruta romántica", Bad Mergentheim fue el lugar elegido por la orden teutónica en el s. XVI para establecer su residencia. Esta ciudad, con una rica tradición histórica, ofrece al visitante numerosos atractivos: su interesante casco antiguo, el castillo de los caballeros de la orden, así como una estación termal en la que se tratan dolencias del aparato digestivo.

La orden teutónica

La orden teutónica, fundada en 1198 por un grupo de caballeros alemanes en el transcurso de la Tercera Cruzada, era una hermandad religiosa, militar y hospitalaria para el cuidado de los enfermos. Después de la conquista de Jesusalén por Saladino (1187), los Caballeros de la Orden se vieron obligados a trasladarse a Europa, donde formaron un Estado poderoso gracias a la ocupación por las armas de grandes territorios y a donaciones de tierras de los príncipes.

En 1525, el gran maestre de la orden Alberto de Brandemburgo-Ansbach, que residía en Königsberg, se convirtió al protestantismo y secularizó y transformó estos dominios en un feudo de Polonia y Lituania, al que dio el nombre de Prusia Ducal.

Ese mismo año, los caballeros de orden eligieron como nueva sede residencial el **castillo de Mergentheim** en Franconia, que les pertenecía desde 1219 y siguió siendo durante tres siglos la residencia oficial de los grandes maestres de la orden. En 1809 Napoleón disolvió la institución en todos los Estados de la Confederación del Rin.

Transformada en 1929 en una orden eclesiástica, la orden teutónica, que tiene en la actualidad su sede en Viena, continúa con las actividades caritativas que la caracterizaron en sus orígenes.

Deutschordensschloß (Castillo de la Orden Teutónica) – Este castillo, rodeado por un foso de agua (Wasserburg) y construido en el s. XII, fue ampliado y totalmente remodelado a mediados del s. XVI para acoger la residencia del gran maestre de la orden. Sobre la portada de la entrada principal, ricamente decorada, se puede ver el escudo de armas del gran maestre Maximiliano de Austria (1590-1618). Las torres del patio interior poseen elegantes escaleras helicoidales de estilo renacentista.

Castillo de la Orden Teutónica, Bad Mergentheim

El castillo acoge en tres plantas el **Museo de la Orden Teutónica**: los dos aposentos principescos de la 2ª planta, con sus techos estucados al gusto barroco, y la sala capitular clasicista, acogen la sección consagrada a la historia de la orden. El espacio dedicado a la historia local ilustra el periodo desde los orígenes de la ciudad hasta la actualidad. La colección de antigüedades muestra porcelanas, loza fina, tallas de marfil y arte sacro.

También se puede ver una magnífica **colección de casas de muñecas** que cuenta con 40 ejemplares construidos en los ss. XIX-XX. Su ordenación cronológica permite comprobar las diferencias estilísticas y la evolución técnica en el menaje doméstico.

BAD MERGENTHEIM

Alojamiento

Alte Münze – Münzgasse 12 – ☎ 0 79 31/56 60 – fax 0 79 31/56 62 22 – 32 hab – individuales desde 45 €. Hotel en el casco urbano junto al castillo de la Orden Teutónica.

Bundschuh – Cronbergstraße 15 – ☎ 0 79 31/93 30 – fax 0 79 31/93 36 33 – 50 hab – individuales desde 59 €. Negocio familiar bien atendido, el propietario se ocupa personalmente de la atención al huésped; lugar tranquilo.

Victoria – Poststraße 2 – ☎ 0 79 31/59 30 – fax 0 79 31/59 35 00 – 78 hab – individuales desde 75 €. Emplazamiento céntrico, hotel de lujo con restaurante para gourmets (una estrella Michelin); salón con revestimientos en madera, bodega moderna y salita para tomar tapas y aperitivos.

ALREDEDORES

Stuppach – 6 km por la carretera a Schwäbisch Hall. La célebre **Madona de Stuppach**★★ (1519), que se conserva en una capilla de la **iglesia parroquial** ⊙, constituía originalmente el panel central del retablo de Nuestra Señora de las Nieves pintado por Matthias Grünewald para la iglesia abacial de Aschaffenburg. En él se representa a la Virgen con el Niño.

BAD REICHENHALL★

Baviera – 18.500 habitantes
Mapa Michelin nº 420 W 22

Situada en una amplia cuenca del valle del Saalach, Bad Reichenhall es célebre desde la antigüedad por sus minas de sal y por su estación termal, en la que se tratan dolencias de las vías respiratorias. El eje principal de la ciudad, de 2 km de longitud, comunica la iglesia de San Zenón con el puente sobre el Saalach. El tramo más animado de esta gran vía de comunicación está constituido por la **Ludwigstraße**, donde se encuentran la mayor parte de los comercios.

Las fuentes salinas de Bad Reichenhall, las más productivas y con mayor grado de concentración salina de Europa (máxima salinidad 24%), se explotan desde la época celta para la producción de sal doméstica. Se trata de sal extraída de fuentes naturales y no de la obtenida del mineral por el procedimiento de la salmuera.

Hasta 1958 las aguas salinas de Reichenhall llegaban a las instalaciones de extracción y refinamiento de Traunstein y Rosenheim a través de un conducto de 79 km (Soleleitung); hoy son tratadas in situ, junto con la salmuera procedente de Berchtesgaden, en la Salina Nueva.

St. Zeno-Kirche (Iglesia de San Zenón) – En la calle que atraviesa la zona norte de la localidad. Este santuario construido a finales del s. XII, reformado en el s. XVI y "barroquizado" posteriormente, es el equivalente, al N de los Alpes, de la célebre iglesia románica consagrada al mismo santo que existe en Verona. Su estructura recuerda, en efecto, a la basílica veronesa de san Zenón, así como la decoración de la portada principal, que presenta una alternancia de colores rojo y gris en las claves de los arcos y un par de columnas que descansan sobre dos leones tumbados. El tímpano muestra a la Virgen con el Niño entre san Zenón y san Ruperto, primer obispo de Salzburgo.

El retablo del altar mayor fue diseñado en 1962, inspirándose en un grupo escultórico de la escuela del Inn (1520), y representa la coronación de la Virgen.

Alte Saline Bad Reichenhall (Antigua Salina de Bad Reichenhall) ⊙ – Luis I de Baviera mandó construir en 1834 el edificio de la Salina en el estilo neomedieval tan de moda en aquella época. Se accede en primer lugar a la gran sala de máquinas, donde se ve girar las dos inmensas ruedas de paletas accionadas por bombas. A través de sus largas galerías y cuevas revestidas de mármol, se llega a las distintas instalaciones de toma de agua, donde se conservan las arcaicas máquinas, por ejemplo, el brazo de transmisión de 103 m de longitud, que hace funcionar, gracias a sus cinco articulaciones, la bomba de la fuente Karl-Theodor.

BAD SÄCKINGEN★

Baden-Würtemberg – 16.800 habitantes
Mapa Michelin nº 419 X 71

Hacia el año 522 san Fridolino fundó en el emplazamiento de la actual Bad Säckingen una misión religiosa. El monasterio benedictino, citado por primera vez en un documento del 878, desempeñó un papel fundamental en el desarrollo de esta ciudad milenaria. En 1173, el convento y la villa pasaron a dominio de los Habsburgo y permanecieron bajo gobierno austríaco hasta 1805. Las abadesas del convento de damas, elevadas a la dignidad de princesas en 1307, ejercieron el control sobre la ciudad hasta su secularización en 1806.

El poder curativo de las aguas termales de Säckingen se conoce desde la Edad Media, pero el reconocimiento oficial como balneario para el tratamiento de trastornos del aparato locomotor es muy reciente (1978).

El patrimonio arquitectónico de esta localidad situada a orillas del Rin, entre la Selva Negra y Suiza, denota claras influencias helvéticas.

★ **Fridolinsmünster (Colegiata de San Fridolino)** – La iglesia, consagrada a san Fridolino, apóstol de los alemanes, posee una cripta de la época carolingia cubierta con una bóveda de cañón. La actual basílica, construida en el s. XIV en estilo gótico, fue posteriormente transformada al gusto barroco, como se puede apreciar en las arcadas de medio punto que, mediante elementos de relleno, adquirieron forma ojival en la bóveda, que fue desmontada y decorada con estucos de la escuela de **Wessobrunn**, así como en los altos ventanales, sustituidos por vanos circulares. El tesoro de la iglesia cuenta, entre otras piezas valiosas, con el **relicario de san Fridolino**, un magnífico trabajo de orfebrería con forma de carroza, realizado en un taller de Augsburgo en el s. XVIII.

★ **Gedeckte Brücke** – En 1575 se colocaron los pilares de piedra de este **puente** de madera de 200 m de longitud –el más largo en su género de Europa– tendido sobre el Rin y que conduce a Stein, en el cantón de Aargau. El diseño de la estructura, levantada entre 1785 y 1803, se debe a Blasius Baldischweiler, un arquitecto de puentes natural de Laufenburg.

Schloßpark – Este bello parque rodea el llamado **palacio de las Trompetas**, construido en su mayor parte por los señores de Schönau hacia 1600. El edificio alberga la **colección de trompetas** más importante de Europa. Desde el ángulo del parque cercano al campo de mini-golf se ofrece una buena perspectiva del puente de madera.

EXCURSIÓN

Waldshut – *26 km al O.* Situada en la pendiente de una ladera boscosa con forma de media luna a orillas del Rin, Waldshut conserva intactas las dos puertas fortificadas de acceso a la ciudad. La **Kaiserstraße**, de diseño regular solamente interrumpido por los frontones en saledizo (Hotzenhaube) de sus edificios, constituye el núcleo del **casco antiguo**★. Este eje principal limita en su extremo O con la puerta de Basilea (Unteres Tor) y al E con la puerta de Schafhausen (Oberes Tor).

El proyecto del **ayuntamiento**, construido en 1770 en estilo barroco tardío, se atribuye al arquitecto Johann Caspar Bagnato. Este elegante edificio presenta una suntuosa puerta con volutas y una torrecilla con un reloj de sol. Entre las casas patricias de la Kaiserstraße destaca la conocida como "Wilde Mann", una mansión del s. XVI coronada por el típico tejado en saledizo de la región (Hotzenhaube). El edificio de la "Alte Metzig" (charcutería), de 1588, alberga en la actualidad el **Museo local** (Heimatmuseum).

BAD TÖLZ

Baviera – 17.000 habitantes
Mapas Michelin nºˢ 419/420 W 18

En la época romana existía un paso sobre el río en el emplazamiento de la actual Bad Tölz; en 1180 aparece una referencia documental que cita el lugar con el nombre de "Tollenz". En 1331 el emperador Luis el Bávaro otorgó formalmente a Tölz los derechos de mercado y a partir de entonces, la ciudad comenzó a prosperar con el negocio de acarreo de madera por el río. El descubrimiento de las fuentes más salubres y ricas en yodo (41,5 mg/l) en territorio alemán, en 1845, convirtieron a Bad Tölz (situada a 670 m sobre el nivel del mar) en uno de los balnearios –reconocido oficialmente en 1906– más célebres de Europa.

El torrente del Isar, que desciende de los Alpes, separa el moderno barrio termal del pintoresco casco antiguo de edificios multicolores. Desde Bad Tölz se puede realizar una agradable excursión en telesilla al Blomberg, una colina situada a 1.248 m de altura.

BAD TÖLZ

* **Marktstraße** – El encanto de esta calle, bordeada de bellas casas con fachadas multicolores y tejados en saledizo, reside en su trazado curvo y en el terreno en declive sobre el que se asienta.

Kalvarienberg (Monte del Calvario) – En lo alto del camino del vía crucis se alza una pequeña capilla (1722) consagrada a san Leonardo. El culto a este santo está muy extendido desde tiempos inmemoriales entre la población campesina de Austria y Baviera: el ermitaño del Lemosín es venerado aquí no sólo por su intercesión en la liberación de prisioneros –obsérvense las cadenas de hierro (1743) que rodean el santuario–, sino por ser el protector de los caballos. El 6 de noviembre, onomástica del santo, se celebra una romería en Bad Tölz, en la que desfilan los carros engalanados, tirados por los caballos provistos igualmente de adornos multicolores.

AGENDA DE DIRECCIONES

En la margen derecha del Isar

Altes Fährhaus – *An der Isarlust 1* – ☎ *0 80 41/60 30* – *fax 0 80 41/7 22 70* – *menús desde 24 €* – *5 hab* – *individuales desde 64 €*. Hostal alojado en un edificio rústico, en un lugar idílico y tranquilo a orillas del Isar. Cocina refinada.

Jägerwirt – *Bad Tölz-Kirchbichl (5,5 km al N por la Dietramszeller Straße)* – *Nikolaus-Rank-Straße 1* – ☎ *0 80 41/95 48* – *fax 0 80 41/7 35 42* – *menús desde 7,50 €*. Hospedería en estilo rústico, gastronomía regional, se prepara pierna de ternera por encargo.

En la margen izquierda del Isar

Haus an der Sonne – *Ludwigstraße 12* – ☎ *0 80 41/61 21* – *fax 0 80 41/26 09* – *16 hab* – *individuales desde 41 €*. Hotel confortable en el balneario, equipado con mobiliario rústico.

EXCURSIONES

Benediktbeuern – *15 km al SO*. A los pies de las primeras estribaciones de los Alpes bávaros, el **convento de Benediktbeuren** ⊙, fundado en el año 739, es uno de los monasterios benedictinos más antiguos de la Alta Baviera. Desde 1930 vive aquí la comunidad de salesianos de Don Bosco.
La actual **iglesia abacial** fue edificada entre 1681 y 1686. En las partes libres de estucos de la bóveda, Georg Asam –padre de los célebres hermanos Asam– realizó el primer gran ciclo completo de pinturas de principios del Barroco en Baviera: Nacimiento de Cristo, Bautizo, Transfiguración, Resurrección, Descendimiento del Espíritu Santo, Juicio Final.
En la parte norte de la iglesia, la **capilla de Santa Anastasia**★ (1751-53) constituye, con sus elegantes frescos y estucos, una de las creaciones más hermosas del arte rococó. Johann Michael Fischer, autor del diseño arquitectónico, y los artistas que intervinieron en la decoración del interior realizaron pocos años después otro trabajo magistral en Ottobeuren.

* **Walchensee** – *40 km al SO*. Este lago artificial, que ocupa un magnífico emplazamiento en medio de una densa masa boscosa, alimenta la central eléctrica situada a 200 m de la orilla del Kochelsee. Esta instalación, que aprovecha el declive del terreno, es una de las más importantes de Alemania.
Un telesilla permite acceder al Fahrenberg, de donde parte un sendero *(30 min)* que conduce a la cima del **Herzogstand** (1.731 m). Desde el pabellón-mirador se ofrece una **panorámica**★★ del Walchensee, del Kochelsee, del macizo del Karwendel y del gran farallón del Wetterstein, que culmina en la Zugspitze.

BAD WIMPFEN★★

Baden-Würtemberg — 6.000 habitantes
Mapa Michelin n°s 417/419 S 11 — Esquema: HOHENLOHER LAND

Bad Wimpfen, antigua residencia de la casa de Hohenstaufen y ciudad libre del Imperio, está situada sobre un promontorio desde el que se domina el curso del Neckar. En el pintoresco dédalo de estrechas callecitas se alinean numerosas casas de vigas entramadas. Al pie de la colina se extienden las salinas de Ludwigshalle, cuya explotación dio origen a la riqueza de la región y, en particular, de Bad Wimpfen, que agrupa sus casas en torno a la antigua colegiata de San Pedro y San Pablo.

★★ LA CIUDAD ALTA (BAD WIMPFEN AM BERG) 1h30.

Inicie el recorrido en la plaza del Mercado y siga la ruta marcada en el plano.

Kaiserpfalz (Palacio Imperial) – Los vestigios del palacio imperial se encuentran en diferentes lugares. Detrás del ayuntamiento se puede ver el **Blauer Turm**, cuyo remate neogótico data del s. XIX. Desde la cima de la torre, ocupada como antaño por un guardián, se divisan la ciudad y el valle. Un poco más adelante se puede ver la llamada **Steinhaus**, que se distingue por su frontón escalonado del s. XVI; en el museo se ilustra la historia de la ciudad desde la ocupación romana.

Desde la terraza panorámica que domina la Steinhaus, descienda ocho peldaños para acceder al paseo alrededor de la muralla; a la derecha, se descubren las arcadas románicas con columnas gemelas que pertenecieron a una galería del antiguo palacio. La refinada decoración denota el buen gusto arquitectónico de los Hohenstaufen, cuya época significó el apogeo del estilo románico.

Continuar a lo largo de la muralla hasta llegar a una escalera que conduce al **Roter Turm**, el último baluarte defensivo del palacio situado en el extremo más prominente del Altenberg. Regresar al centro de la ciudad cruzando la **puerta de Hohenstaufen** (Hohenstaufentor) en dirección a la Klostergasse.

Viejas calles – En la **Klostergasse** se pueden ver casas de vigas entramadas que están rodeadas de jardincillos y, enfrente, los baños públicos, cuya fachada se reconoce por la galería exterior.

Retroceder hasta el cruce con la Langgasse y girar a la izquierda por una callecita muy estrecha que desemboca en la **Hauptstraße★**. En el nº 45 se encuentra el patio del antiguo hospital (Spitalhof), rodeado de bellos edificios de vigas entramadas, entre los que figuran las construcciones más antiguas de Bad Wimpfen. Continuar por la Hauptstraße, adornada con pintorescos letreros, y pasar por delante de la **fuente del Águila** (Adlerbrunnen), de 1576, para concluir el recorrido en la Salzgasse.

BAD WIMPFEN EN EL VALLE

Stiftskirche St. Peter und Paul (Iglesia de San Pedro y San Pablo) – La iglesia gótica conserva de la construcción románica primitiva el cuerpo oeste caracterizado por una sobriedad impresionante.

En el **claustro★★** ⓘ se pueden apreciar las distintas etapas del estilo gótico: la parte Este, con sus ventanales de tres o cuatro lóbulos y su rica decoración escultórica, pertenece a la época de "apogeo", mientras que el ala norte (hacia 1350) pertenece a la última fase del gótico y el ala oeste, edificada a finales del s. XV, anuncia ya las formas sobrias del Renacimiento.

EXCURSIONES

- ★ **Auto- und Technikmuseum** (Museo del Automóvil y de la Técnica) ⓘ – *En Sinsheim, 25 km al O.* Este museo posee una extraordinaria colección de ingenios y artefactos accionados por la fuerza mecánica. En el primer edificio se pueden ver impresionantes tractores para las labores del campo que datan de principios del s. XX; locomotoras a vapor y coches de marcas de gran prestigio (Mercedes, Bugatti), así como el primer modelo de avión de vuelo libre fabricado en serie, el Lilienthal (finales del s. XIX). En un segundo edificio se expone principalmente material militar (tanques blindados, cañones, aviones).

- ★ **Neckartal** – *74 km – 4 h aprox.* Pasado Bad Wimpfen, el río Neckar, después de atravesar el macizo de arenisca del Odenwald, se desliza por los valles en cuyas laderas se alzan los numerosos castillos del Rin. En esta zona el tráfico de barcos es muy intenso.
Burg Guttenberg ⓘ – El castillo, que presenta un impresionante muro defensivo, posee un interesante **archivo** y valiosas **colecciones de Arte★**. Entre las piezas más curiosas destaca una biblioteca-herbario del s. XVIII, en la que las especies vegetales se guardan en 92 cajitas de madera con forma de libro, así como un retablo de la Virgen de la Misericordia con el manto protector (s. XV). Desde la torre del homenaje se ofrece una **vista** del Neckar.

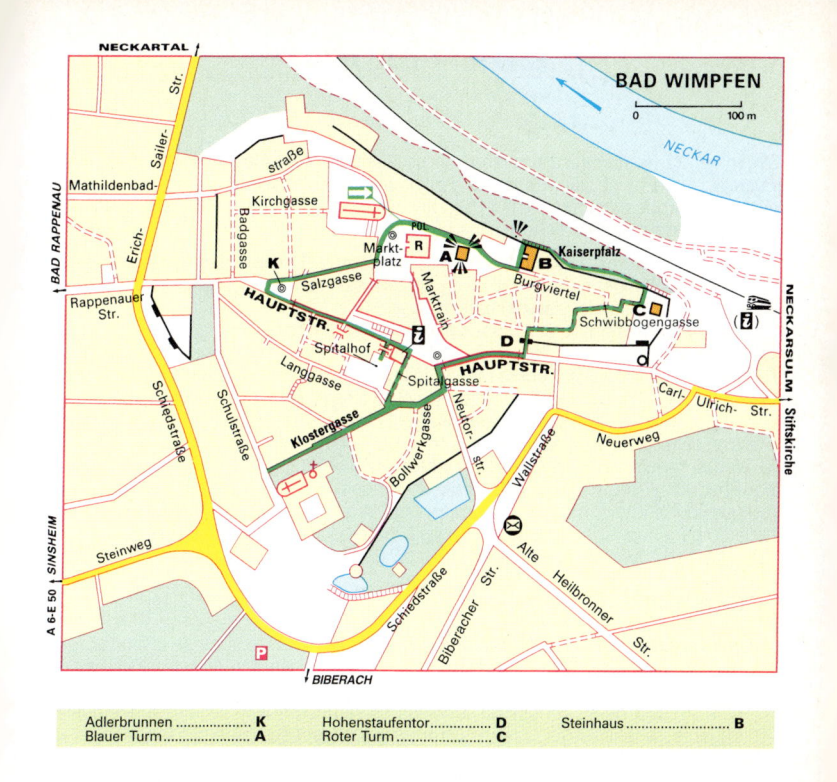

Adlerbrunnen .... **K**	Hohenstaufentor .... **D**	Steinhaus .... **B**
Blauer Turm .... **A**	Roter Turm .... **C**	

Burg Hornberg – *1,5 km desde Neckarzimmern*. Este castillo, situado en la cima de una colina cuyas laderas se cubren de viñedos, se reconoce desde la lejanía por su elevada torre del homenaje. En el interior, una parte del castillo se ha acondicionado como **museo histórico**, en el que se puede ver entre otros objetos, la armadura de Götz von Berlichingen, fallecido aquí en 1562. Desde la torre se distingue una amplia **vista★** del valle del Neckar.

En Hirschhorn am Neckar gire a la derecha en dirección a Beerfelden, donde se encuentra la desviación (de nuevo a la derecha) de la carretera que conduce al castillo de Hirschhorn.

★ Hirschhorn am Neckar – El castillo se alza en la cumbre de un espolón rocoso fortificado. Desde la terraza y desde la torre *(121 peldaños de difícil ascenso)* se obtiene una magnífica **panorámica★** del meandro del Neckar y del valle cubierto de denso bosque.

Neckarsteinach – En una estrecha cresta de la montaña se agrupan cuatro castillos que dominan la localidad de Neckarsteinach: el Vorderburg y el Mittelburg, que en la actualidad son propiedad privada; la ruina del Hinterburg, la construcción más antigua fundada en torno al año 1100, primitiva casa solariega del señorío de Steinach y, finalmente, el castillo Schadeck, igualmente en ruinas, que es una pequeña edificación del s. XIII conocida popularmente, por su singular emplazamiento, como el "nido de las golondrinas".

Dilsberg – *A 4,5 km de Neckargemünd*. Siguiendo las indicaciones de "Burgruine" se llega al castillo, desde cuya torre *(97 peldaños)* se ofrece una **vista★** panorámica del meandro del Neckar.

Al llegar a **Heidelberg** por la orilla derecha del río se obtiene una magnífica vista del castillo, situado en la ribera opuesta.

Jagsttal – *Ver este nombre*.

Neckarsulm – *10 km al SE*. El antiguo castillo de la orden Teutónica alberga el **Museo Alemán de la Motocicleta y del Vehículo de dos Ruedas** (Deutsches Zweiradmuseum) ⊙, instalado en las proximidades de la fábrica de motores NSU, pionera de la industria de los vehículos de dos ruedas (desde 1873). En este museo se ilustra la evolución de la bicicleta desde sus orígenes hasta nuestros días.

BADEN-BADEN ★★

Baden-Würtemberg – 50.000 habitantes
Mapa Michelin nº 419 T 8 – Esquema: SCHWARZWALD

Situada entre las últimas elevaciones noroccidentales de la Selva Negra y las campiñas vitícolas ribereñas del Rin, Baden-Baden es una de las estaciones termales más lujosas de Alemania que cuenta entre sus magníficas instalaciones con las termas de Caracalla y el palacio de baños de Friedrichsbad.

Ciudad de los baños, ciudad de los juegos de azar – El emperador romano Caracalla, convencido del poder curativo de las aguas termales de Baden-Baden, acudía al balneario para tratar sus dolencias reumáticas.
En el s. XII, los margraves de Baden del linaje de los Zähringen establecieron en la ciudad su residencia permanente, y en el s. XVI fue nombrado médico de la corte el gran Paracelso, al que la ciencia considera fundador de la medicina y de la farmacopea moderna. La fama internacional de Baden se acrecentó con la fundación del casino por el francés Jacques Bénazet y con la inauguración del teatro en 1862. En el s. XIX, las grandes familias de Europa pusieron de moda la estación termal y la convirtieron en la capital europea de verano.
El parque termal, donde se alzan la **Kurhaus** (casa de Curas), construida en 1821-1824 por Friedrich Weinbrenner, y la **Trinkhalle**, lujosa obra de Heinrich Hübsch decorada en su interior con pinturas murales que representan escenas de leyendas de la región, son un reclamo para numerosos visitantes. En las suntuosas salas del balneario se celebran conciertos y bailes, pero también los amantes del juego pueden probar fortuna en el casino.

QUÉ VER

★★ **Lichtentaler Allee** – La **avenida Lichtental**, el paseo más elegante de la ciudad, discurre a lo largo del río Oos, cuyo lecho ha sido pavimentado. En el s. XIX, esta avenida fue escenario de actos políticos y de encuentros mundanos de la alta sociedad. A la sombra de su centenaria arboleda se reunieron Napoleón III y la emperatriz Eugenia, se dejaron ver la reina Victoria, seguida por su numeroso séquito, y el estadista Bismarck, rodeado por sus ministros y diplomáticos. Pero también representantes de la intelectualidad acudían ocasionalmente a la cita, como el escritor Dostoievski. En 1861 tuvo lugar allí el atentado contra el que entonces era el rey de Prusia y se convirtió posteriormente en el emperador Guillermo I.

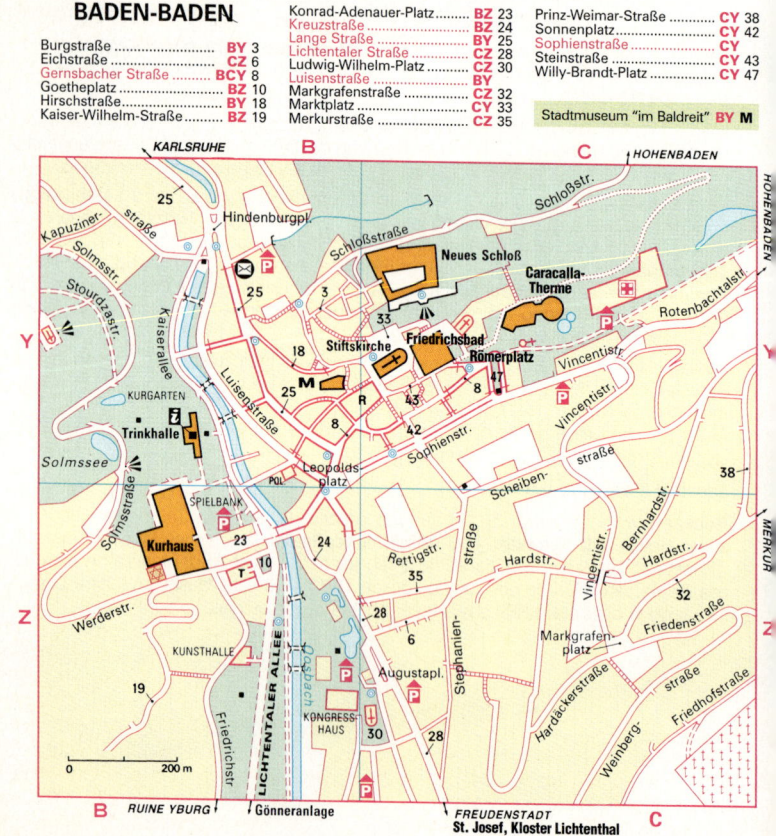

BADEN-BADEN

Burgstraße	BY 3
Eichstraße	CZ 6
Gernsbacher Straße	BCY 8
Goetheplatz	BZ 10
Hirschstraße	BY 18
Kaiser-Wilhelm-Straße	BZ 19
Konrad-Adenauer-Platz	BZ 23
Kreuzstraße	BZ 24
Lange Straße	BY 25
Lichtentaler Straße	CZ 28
Ludwig-Wilhelm-Platz	CZ 30
Luisenstraße	BY
Markgrafenstraße	CZ 32
Marktplatz	CY 33
Merkurstraße	CZ 35
Prinz-Weimar-Straße	CY 38
Sonnenplatz	CY 42
Sophienstraße	CY
Steinstraße	CY 43
Willy-Brandt-Platz	CY 47

Stadtmuseum "im Baldreit" BY M

BADEN-BADEN

Alojamiento

CORRECTO

Am Markt – *Marktplatz 18* – ☎ *0 72 21/2 70 40* – *fax 0 72 21/27 04 44* – *25 hab* – *individuales desde 42,50 €*. Negocio familiar muy bien atendido, situado junto a la iglesia.

Auerhahn – *Geroldsauer Straße 160* – ☎ *0 72 21/9 78 80* – *fax 0 72 21/74 32* – *28 hab* – *individuales desde 47 €*. Hospedería confortable, situada en el barrio de Geroldsau.

Waldhorn – *Beuerner Straße 54* – ☎ *0 72 21/7 22 88* – *fax 0 72 21/7 34 88* – *11 hab* – *individuales desde 38,50 €*. Hospedería en una villa rústica del barrio de Oberbeuern; tranquila y confortable.

UNA BUENA OPCIÓN

Atlantic – *Sophienstraße 2a* – ☎ *0 72 21/36 10* – *fax 0 72 21/2 62 60* – *51 hab* – *individuales desde 66,50 €*. Situación céntrica en la avenida Lichtentaler Allee, frente al Teatro.

Bad-Hotel Zum Hirsch – *Hirschstraße 1* – ☎ *0 72 21/93 90* – *fax 0 72 21/3 81 48* – *58 hab* – *individuales desde 81 €*. Establecimiento con larga tradición, decoración clásica y mobiliario de estilo.

UN CAPRICHO

Steigenberger Europäischer Hof – *Kaiserallee 2* – ☎ *0 72 21/93 90* – *fax 0 72 21/2 88 31* – *128 hab* – *individuales desde 110 €*. Clásico gran hotel, dispone de 4 suites.

Quisisana – *Bismarckstraße 21* – ☎ *0 72 21/36 90* – *fax 0 72 21/36 92 69* – *60 hab (6 suites)* – *individuales desde 135 €*. Hotel instalado en una antigua villa, lujoso y con decoración moderna.

Brenner's Park-Hotel – *Schillerstraße 6* – ☎ *0 72 21/90 00* – *fax 0 72 21/3 87 72* – *100 hab (12 suites)* – *individuales desde 180 €*. El hotel más suntuoso de Baden-Baden.

Restaurantes

CORRECTO

Molkenkur – *Quettigstraße 19* – ☎ *0 72 21/3 32 57* – *menús desde 5 €*. Restaurante instalado en una antigua lechería (considerado como el más antiguo de Baden-Baden), bonita terraza.

La Provence – *Schloßstraße 20* – ☎ *0 72 21/2 55 5* – *menús desde 8,50 €*. Ambientación mediterránea en un bonito salón abovedado.

UNA BUENA OPCIÓN

Klosterschänke – *en la carretera a Steinbach, salga por la Fremersbergstraße* – ☎ *0 72 21/2 58 54* – *menús desde 7,50 €*. Edificio rústico de madera en el que se sirven platos regionales e italianos. Desde la terraza se disfruta de una bonita vista de la llanura del Rin.

La Casserole – *Gernsbacher Straße 18* – ☎ *0 72 21/2 22 21* – *menús desde 10 €*. Pequeño restaurante alsaciano decorado en estilo rústico.

Medici – *Augustaplatz 8* – ☎ *0 72 21/20 06* – *menús desde 14 €*. Establecimiento señorial decorado al estilo de una casona antigua. Además del restaurante, dispone de una barra americana y un gabinete para fumadores. Desde la terraza se distingue una bella perspectiva de la Lichtentaler Allee.

UN CAPRICHO

Papalangi – *Lichtentaler Straße 13* – ☎ *0 72 21/3 16 16* – *menús desde 10 € (almuerzo) y 15,50 € (cena)*. Restaurante moderno, en el que periódicamente se cambian los cuadros que adornan sus paredes.

Le Jardin de France – *Rotenbachtalstraße 10* – ☎ *0 72 21/3 00 78 60* – *menús desde 18 €*. Restaurante moderno y elegante en el que se puede disfrutar de la gastronomía francesa.

Zum Alde Gott – *Weinstraße 10* – ☎ *0 72 23/55 13* – *menús desde 19 €*. Restaurante rústico en una villa campestre del barrio de Neuweier; carta regional e internacional.

En su origen, el paseo estuvo únicamente plantado de robles, que hoy tienen una antigüedad de 300 años, pero con el transcurso del tiempo se han ido añadiendo nuevas especies vegetales, como arbustos ornamentales, macizos de azaleas, magnolios, etc. Avanzando por la avenida, existe un puente a mano izquierda que conduce a un pequeño parque, el **Gönneranlage★**.

BADEN-BADEN

Neues Schloß (Castillo Nuevo) – Construido en el s. XVI por encargo de los margraves de Baden en el lugar que ocupaba una antigua fortaleza, el castillo fue remodelado a mediados del s. XIX. El edificio actual, en el que se yuxtaponen diferentes estilos arquitectónicos, fue la residencia de verano de los Grandes Duques de Baden hasta 1918.

Stiftskirche – Como mausoleo de los margraves de Baden desde el s. XIV al XVIII, el presbiterio de esta iglesia alberga numerosos monumentos funerarios de todos los estilos, desde tardogóticos a rococó. Entre ellos destacan, en particular, los del margrave Leopoldo Guillermo (izquierda, finales del s. XVII) y la imagen del margrave Luis Guillermo, conocido como **Luis el Turco** (derecha, 1753). En la parte frontal del presbiterio se conserva un **crucifijo de piedra arenisca★** realizado por **Niclaus Gerhaert von Leyden** en 1467. Esta escultura está considerada como una obra maestra de la plástica bajomedieval. En la iglesia, a la entrada del presbiterio, se puede ver un hermoso tabernáculo de estilo tardogótico (finales del s. XV), que se distingue por su bello cincelado de filigrana.

Römische Badruinen ⊙ – En excavaciones realizadas bajo la **Römerplatz**, se han descubierto los vestigios de unas antiguas termas romanas, de las que resulta particularmente interesante el sistema de calefacción subterráneo (hipocausto).

EXCURSIONES

★ **Ruinas de Yburg** – *6 km al SO por la Friedrichstraße. Desde la torre (110 peldaños) se divisa una* **extensa panorámica★★** *de la llanura del Rin y, al fondo, de los viñedos de Baden.*

Merkur – *Salga de Baden-Baden por la Markgrafenstraße y la Hardstraße, a continuación siga las indicaciones a "Merkurbahn". Desde la estación final del funicular se accede a la torre panorámica (ascensor).* **Vistas★** *de Baden-Baden y alrededores, del valle del Rin y (si el tiempo lo permite) de los Vosgos y del valle del Murg.*

Altes Schloß Hohenbaden (Castillo Viejo); Ebersteinburg – *13 km – 1h30 aprox. Salga de Baden-Baden por la Schloßstraße. El* **castillo Viejo** *de Hohenbaden fue mandado construir por el margrave de Baden, quien también encargó a finales del s. XV la edificación del castillo Nuevo. Al año siguiente quedó destruido por un incendio. Desde el camino de ronda se ofrece una bonita panorámica de la ciudad y del valle; a continuación, recomendamos subir a la torre del homenaje de las ruinas de Ebersteinburg: desde aquí se contemplan las últimas estribaciones de la Selva Negra.*

★ **Badisches Rebland (Viñedos de Baden)** – *26 km – 1h30. Siga las indicaciones hasta* **Badischen Weinstraße★★★** *que se repiten en todos los pueblos por donde discurre la ruta de los viñedos, bien cuidados, de las laderas bajas de la Selva Negra.*

★ **Burg Altwindeck** – *Este viejo castillo de planta circular se ha acondicionado como restaurante con amplias* **vistas★** *a la llanura del Rin.*

Sasbach – *15 min a pie. Estacione el coche cerca del Hotel Linde para visitar el parque. Un obelisco y una estela funeraria con inscripciones en francés, alemán y latín señalan el lugar donde, en 1675, perdió la vida el mariscal Turenne en una campaña francesa para defender Alsacia de las tropas imperiales.*

★★★ **Schwarzwald-Hochstraße (Ruta de las cumbres de la Selva Negra)** – *Ver este nombre.*

BADENWEILER★

Baden-Würtemberg – 3.700 habitantes
Mapa Michelin nº 419 W 7

Esta pequeña población, situada a la salida de un valle al sur de la Selva Negra, ofrece hermosas vistas de la llanura del Rin y del macizo de los Vosgos. La localidad cuenta con una larga tradición como estación termal gracias a sus aguas medicinales y a su suave clima. La belleza del paraje, cubierto de plantaciones de frutales y viñedos, atrae a numerosos visitantes, que acuden a sus baños recomendados para el tratamiento de dolores reumáticos y articulares, y para los trastornos circulatorios y del corazón.

★★ **Kurpark** – El promontorio sobre el que se extienden las instalaciones del parque termal fue creado artificialmente. En él crecen una gran variedad de plantas subtropicales, y los cedros y cipreses alternan con las enormes secuoyas. En el recinto del parque se encuentran las impresionantes ruinas de los antiguos baños romanos, las mejor conservadas de la Europa septentrional. Desde los vestigios de la fortaleza se disfruta de una **bonita vista★** de los alrededores, de la llanura renana y de los Vosgos.

BADENWEILER

EXCURSIONES

★ **Blauen** – *8 km al SE; 2h30 a pie o 15 min en coche*. Desde la atalaya el **panorama**★★ que se divisa abarca la llanura del Rin –por la que discurren en paralelo el río y el gran canal de Alsacia– y las lomas boscosas de los Vosgos. Al nordeste se observa la cumbre desnuda del Belchen; cuando existen buenas condiciones de visibilidad se dibuja al sur la silueta de los Alpes.

★ **Schloß Bürgeln** ⊙ – *10 km al S*. Este palacete, construido en 1762 por los abades de St. Blasien, se alza en medio de un jardín de cultivos dispuestos en terrazas y domina las últimas ondulaciones de la Selva Negra. Las dependencias del castillo están decoradas con bellos estucos de estilo rococó.

★ **Burg Rötteln** – *27 km al S*. A través de rampas y de un puente se accede al Oberburg o núcleo defensivo de la fortaleza. La torre Verde (Grüner Turm), desde la que se controla todo el conjunto, fue restaurada y acondicionada como mirador. Desde allí, la vista alcanza el valle de la Wiese, que se pierde en la aglomeración urbana de Basel, el macizo montañoso del Blauen, cubierto de una densa vegetación arbolada, las suaves elevaciones de la Selva Negra y, en el horizonte lejano, los Alpes suizos.

BAMBERG★★

Baviera – 70.000 habitantes
Mapas Michelin n°s 419/420 Q 16

Esta bella ciudad situada en el fértil valle del río Regnitz, residencia imperial desde el año 902 al 1007, se convirtió en sede episcopal durante el reinado del emperador Enrique II el Santo (1002-24). Como en tantas otras villas arzobispales, los conflictos entre los obispos y dignatarios espirituales de Bamberg –instalados en la parte alta de la ciudad– y el sector burgués –que vivía en el valle, más concretamente en la isla, en torno al Grüner Markt (Mercado Verde) y en el barrio del Sand– fueron continuos desde el s. XII. Estas discrepancias seculares se resolvieron en el s. XV a favor del clero. Con el transcurso del tiempo fueron desapareciendo poco a poco las diferencias, y en el s. XVIII, bajo la dinastía de los obispos de Schönborn, se construyeron magníficos

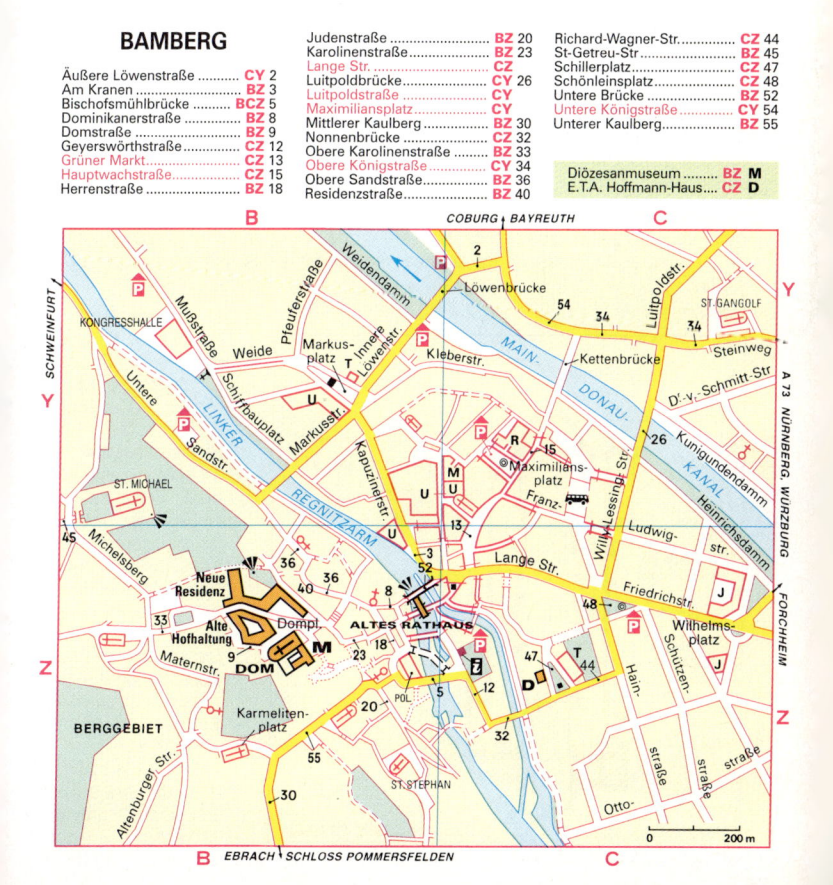

BAMBERG

Äußere Löwenstraße	CY 2
Am Kranen	BZ 3
Bischofsmühlbrücke	BCZ 5
Dominikanerstraße	BZ 8
Domstraße	BZ 9
Geyerswörthstraße	CZ 12
Grüner Markt	CZ 13
Hauptwachstraße	CZ 15
Herrenstraße	BZ 18
Judenstraße	BZ 20
Karolinenstraße	BZ 23
Lange Str.	CZ
Luitpoldbrücke	CY 26
Luitpoldstraße	CY
Maximiliansplatz	CY
Mittlerer Kaulberg	BZ 30
Nonnenbrücke	CZ 32
Obere Karolinenstraße	BZ 33
Obere Königstraße	CY 34
Obere Sandstraße	BZ 36
Residenzstraße	BZ 40
Richard-Wagner-Str.	CZ 44
St-Getreu-Str	BZ 45
Schillerplatz	CZ 47
Schönleinsplatz	CZ 48
Untere Brücke	BZ 52
Untere Königstraße	CY 54
Unterer Kaulberg	BZ 55
Diözesanmuseum	BZ M
E.T.A. Hoffmann-Haus	CZ D

99

BAMBERG

monumentos de estilo barroco en todos los barrios de la ciudad. Entre los grandes maestros que embellecieron la ciudad figura la familia de arquitectos Dientzenhofer y el escultor Riemenschneider.

Bamberg cuenta con 2.300 edificios declarados de interés histórico que abarcan los estilos del románico al barroco. Desde 1993 la ciudad figura en la lista de los bienes culturales declarados Patrimonio de la Humanidad por la Unesco.

Bamberg posee una exquisita cocina. Entre las numerosas especialidades gastronómicas merece la pena degustar las carpas a la manera tradicional y la "cerveza ahumada" (Rauchbier).

BARRIO DE LA CATEDRAL 2 h

La plaza de la catedral (Domplatz) está bordeada por la catedral, la Residencia Nueva (Neue Hofhaltung) del s. XVII y la Residencia Antigua (Alte Hofhaltung), que alberga en la actualidad el Museo Histórico.

★★ **Dom** – Esta basílica, de estilo de transición del románico al gótico, se caracteriza por su planta de dos cabeceras. La oriental (Georgenchor) –y más antigua– se alza sobre una terraza y está coronada por una elegante balaustrada; presenta, además, una decoración de cornisas con motivos geométricos en damero. La occidental (Peterschor) es del más puro estilo gótico. Ambas están flanqueadas por torres cuadradas.

La planta, inspirada en la del primitivo santuario otoniano, refleja las reticencias de las pujantes instituciones eclesiásticas del Imperio Germánico ante las innovaciones del gótico francés.

La **puerta de los Príncipes** (Fürstenportal), la más hermosa de la catedral, se abre a la plaza. Cada una de las diez arquivoltas de que consta, reposa alternativamente en una columna –acanalada, estriada u otro tipo de ornamento– o en una figura escultórica. Las estatuas representan a los profetas portando sobre sus espaldas a los apóstoles. *Se accede a la iglesia por la* **puerta de Adán** *(Adamspforte)*. La portada está decorada con motivos de procedencia normanda (en zigzag) que recuerdan a un diamante tallado (las esculturas que adornaban originalmente la puerta se encuentran en el Museo Diocesano). En el interior se puede observar (de E a O) la evolución estilística del románico al gótico. La parte superior de los dos presbiterios, que flanquean la nave principal, no están estructurados a modo de triforio, como entonces era habitual, lo que demuestra el conservadurismo arquitectónico del templo. Bajo el presbiterio oriental se encuentra una cripta de enormes proporciones, que consta de tres naves, y cuya bóveda de aristas descansa sobre robustas columnas. Bajo el presbiterio occidental se hallan las sepulturas de los arzobispos de Bamberg, que en su mayor parte proceden de la cripta occidental de la catedral de San Enrique.

La iglesia alberga obras maestras de escultores alemanes de principios del gótico.

1) Estatua ecuestre del **caballero de Bamberg**★★★ del s. XIII. Esta escultura, que representa a un rey no identificado (tal vez a san Esteban, primer rey de Hungría y cuñado de Enrique II), joven y de rasgos agraciados, simboliza el ideal medieval.

2) Célebre grupo de la Visitación (prestar atención al semblante de santa Isabel). Esta obra –al igual que el caballero de Bamberg–, que se inspira en un grupo muy similar de la catedral de Reims, muestra claras influencias de la escuela francesa de esa ciudad.

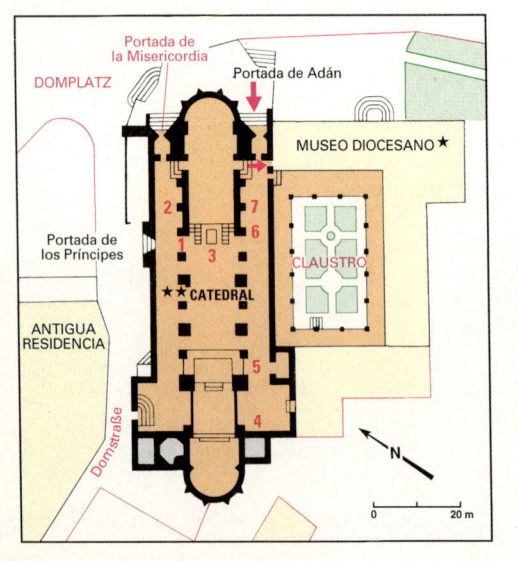

3) A la entrada del presbiterio: **lápida sepulcral**★★★ de Enrique II el Santo y de su esposa Cunegunda. El artista Tilman Riemenschneider tardó 14 años en realizar esta obra. Entre sus bajorrelieves se distinguen las siguientes escenas: ordalías de Cunegunda, redimida en la hoguera de un supuesto pecado de adulterio; Cunegunda despide a obreros deshonestos; muerte del emperador Enrique II; en presencia de san Lorenzo, se coloca en la balanza el alma de Enrique II; san Benedicto cura milagrosamente al emperador de un cálculo.

BAMBERG

4) Retablo de la *Natividad de Cristo* (1523), del escultor Veit Stoß.

5) Monumento funerario del obispo Friedrich von Hohenlohe.

6) Estatua alegórica de la Iglesia.

7) Estatua que simboliza la Sinagoga con los ojos vendados.

Alte Hofhaltung – *El patio se cierra al anochecer*. Este edificio fue la **antigua residencia** imperial y episcopal y se construyó sobre los cimientos de un antiguo palacio de los ss.X-XI. La fachada, con el frontón de volutas, el mirador en saledizo de dos plantas, las pequeñas torres angulares y la hermosa entrada son características del renacimiento alemán.
El hermoso **patio interior**★★ está bordeado por edificios góticos de vigas entramadas, con tejados de fuertes pendientes, en los que se abren buhardillas a diferentes niveles, y galerías de madera con adornos florales.

El caballero de Bamberg (catedral)

Neue Residenz (Residencia Nueva) ⊙ – Este palacio, el de mayores proporciones de Bamberg, se compone de cuatro cuerpos: dos alas construidas en el s. XVII, de estilo renacentista, que se alzan en la Obere Karolinenstraße, y dos alas barrocas que dan a la Domplatz, cuyo proyecto fue encomendado en 1695 al arquitecto Johann Leonard Dietzenhofen por Lothar Franz von Schönborn, príncipe elector de Maguncia y príncipe obispo de Bamberg.
En la 1ª planta se exhiben obras de maestros alemanes (Maestro de la Vida de María, Hans Baldung Grien, etc.)
Los aposentos de los príncipes ocupan la 2ª planta. Junto al lujoso mobiliario barroco se encuentran gobelinos auténticos y bellos suelos de parqué.
Entre los salones de representación destaca la Sala Imperial (Kaisersaal), cuyas paredes están decoradas con pinturas alegóricas y retratos.
Desde la rosaleda del palacio hay una **bella vista**★ sobre la ciudad y del convento benedictino de San Miguel.
Por la Karolinenstraße se llega al barrio burgués situado a orillas del Regnitz. Son interesantes las imágenes de la Virgen en las esquinas de los edificios.

★ **Altes Rathaus (Ayuntamiento Viejo)** – Este curioso edificio construido sobre una isleta en medio del río, data del s. XIV (la planta), pero en el s. XVIII fue transformado al estilo barroco. Consta de varios cuerpos: el ayuntamiento propiamente dicho, situado a la izquierda, que presenta un gigantesco fresco en su fachada; la torre del puente y la casa del capataz, un pequeño edificio de vigas entramadas elevado sobre un saliente del puente que apunta hacia el curso del río.
Desde el puente Untere Brücke, que se encuentra al final de la isleta, se contempla el viejo barrio de los pescadores, con sus casitas a la orilla del río Regnitz.

Los belenes de Bamberg

La ciudad de Bamberg no sólo es atractiva en verano. Cada año aumenta el número de turistas que acuden durante la Navidad para recorrer la llamada **ruta de los belenes** (Bamberger Krippenweg). Éstos se exponen en cerca de 30 lugares diferentes –iglesias, museos o plazas– de la villa durante las fiestas y hasta el día 6 de enero. El recorrido puede iniciarse en la Catedral, donde se muestra el retablo de la Natividad, obra del maestro de Nüremberg Veit Stoß. El visitante puede continuar por el camino que lleva hasta la Maternkapelle y seguidamente llegar a la Obere Pfarre, en cuyo belén se escenifican los sucesos bíblicos que acontecen desde la Anunciación de María hasta las bodas de Caná. En el Schönleinsplatz le sorprenderá un inmenso belén con figuras de tamaño natural ataviadas con los trajes regionales de Bamberg, mientras en la iglesia de St. Gandolf podrá observar a la Sagrada Familia a través de un visor que amplía la imagen de un belén en miniatura. En San Martín quedará seducido por más de 200 figuras de rostros amables, pero no cabe duda que cada estación tiene su encanto.
Los belenes de Bamberg están ambientados, casi siempre, en algún paraje natural de la región. Así, en fácil descubrir en ellos una casa de vigas entramadas, la silueta de la ciudad o una gruta de la Suiza franconiana.
(En la oficina Bamberg Tourismus und Kongreß Service, Geyerswörthstraße 3, 96047 Bamberg, disponen de información sobre la ruta de los belenes)

⊙ ▶▶ **Diözesanmuseum**★ (Museo Diocesano) – E.T.A.-Hoffmann-Haus (Casa del poeta E.T.A. Hoffmann).

BAMBERG

Ayuntamiento Viejo (Bamberg)

EXCURSIONES

* **Ebrach** – *35 km en dirección E*. El **antiguo convento** (hoy institución penitenciaria), primer monasterio cisterciense fundado en la orilla derecha del Rin, fue transformado al estilo barroco en los ss. XVII-XVIII bajo la dirección de J.L. Dientzenhofer y Balthasar Neumann y posteriormente del arquitecto J. Greising. La planta de la **iglesia**★ –de cabecera poligonal y deambulatorio cuadrado–, construida entre 1200 y 1285 en estilo gótico primitivo, está inspirada en la de la abadía de Cîteaux (el primer abad de Ebrach mantuvo una estrecha relación con san Bernardo). Un rosetón de 7,60 m de diámetro decora la fachada. Entre el mobiliario interior destaca una bella reja de estilo rococó, un retablo de san Bernardo en el brazo izquierdo del crucero y los dos órganos barrocos del presbiterio.
* **Schloß Pommersfelden** (Palacio de Pommersfelden o de Weißenstein) ⊙ – *21 km al S*. Este palacio, proyectado por los arquitectos Hildebrandt y Dientzenhofer y construido entre 1711 y 1718 por encargo del arzobispo Lothar Franz von Schönborn, fue una de las realizaciones modélicas de la arquitectura palaciega barroca. Una visita rápida al palacio permite contemplar la extraordinaria **caja de escalera**★ con tres niveles de galerías y decorada con frescos que representan a los dioses del Olimpo y a los cuatro continentes conocidos en aquella época *(ver ilustración p. 59)*. En la planta baja, una gruta artificial (Grottensaal), que se abre al jardín, perpetúa la tradición renacentista con la ornamentación de rocalla. La sala de mármol de la primera planta posee frescos y pilastras de estuco realizadas por el artista Johann Michael Rottmayr.

Alojamiento

Romantik-Hotel Weinhaus Messerschmitt – *Lange Straße 41* – ☎ *09 51/2 78 66* – *fax 09 51/2 61 41* – *17 hab* – *individuales desde 70 €*. Edificio del s. XIX situado en el centro de la ciudad. Bonita terraza en un patio interior presidido por una fuente. Habitaciones confortables.

Barock-Hotel am Dom – *Vorderer Bach 4* – ☎ *09 51/5 40 21* – *19 hab* – *individuales desde 51 €*. El establecimiento, con una fachada barroca enlucida en color amarillo, se encuentra en las cercanías de la catedral.

Restaurantes

Würzburger Weinstuben – *Zinkenwörth 6* – ☎ *09 51/2 26 67* – *fax 09 51/2 26 56* – *menús desde 10,50 €*. Taberna que sirve platos tradicionales.

Schlenkerla – *Dominikanerstraße 6* – ☎ *09 51/5 60 60* – *fax 09 51/5 40 19* – *menús desde 6,15 €*. Cervecería con decoración rústica; cocina franconiana acompañada de la especialidad de la casa: la cerveza ahumada.

En la visita completa del palacio se muestran, además, los aposentos de los príncipes, donde se encuentran la galería de pinturas y el gabinete de los Espejos.

Forchheim – *25 km al S.* La **iglesia parroquial de San Martín** (St. Martins Pfarrkirche) domina el centro de esta localidad que se distingue por su magnífico conjunto de casas de vigas entramadas. En el interior de la iglesia se pueden contemplar las ocho **tablas**★ (s. XV) que adornaban el antiguo retablo del altar mayor. Éstas muestran por el anverso la leyenda de san Martín –cuya onomástica se celebra en Forchheim con grandes festejos y con una procesión de farolillos el 11 de noviembre– y por el reverso escenas de la Pasión. El **palacio** (Pfalz), un edificio gótico del s. XIV, se levantó en el mismo emplazamiento que ocupaba el antiguo palacio carolingio.

BAUTZEN ★

Sajonia – 47.000 habitantes
Mapa Michelin nº 418 M 27

Sobre una roca granítica bañada por un meandro del río Spree se alza Bautzen. Su estratégico emplazamiento favoreció, sin duda, el desarrollo de la ciudad. Desde el Friedensbrücke (puente de la Paz) se ofrece una imagen pintoresca de la localidad, con el castillo (Ortenburg), la catedral de San Pedro (Petridom), el dédalo de callejuelas del casco antiguo y la vieja cisterna de agua (Alte Wasserkunst), el símbolo de la ciudad. Bautzen fue el principal lugar de asentamiento de la minoría **sorbia**, un pueblo de origen eslavo que, después de las grandes migraciones del s. VI, se asentó en los territorios comprendidos entre Francfort (Oder) y Bautzen. A pesar de constituir una minoría nacional, los sorbios conservan su lengua, su cultura y numerosas tradiciones e instituciones propias.

QUÉ VER

Hauptmarkt – La **plaza del mercado**, centro de la ciudad histórica, está bordeada de casas burguesas y del ayuntamiento, un edificio barroco de tres plantas construido por el arquitecto Johann Christoph Naumann hacia 1730, y cuya torre, de planta asimétrica, está coronada por una bella cúpula. La Reichenstraße conduce, desde la plaza del Mercado, a la **Reichenturm** ⊙, una torre inclinada (1,44 m con respecto a la vertical) de 56 m de altura, desde la que se tiene una magnífica vista de la ciudad.

★ **Dom St. Peter** – La **catedral de San Pedro** es un edificio de planta de salón con tres naves y bóveda reticulada gótica (1213-1497). Es la única iglesia en Sajonia que, desde 1530, es frecuentada por fieles de credos diferentes (los oficios religiosos católicos se celebran en el presbiterio y los del rito protestante en la nave principal). El templo se comenzó a construir a principios del s. XIII y se amplió a mediados del s. XV por la parte sur. De aquella época datan los altos ventanales de estilo gótico flamígero y la singular fisonomía de la planta; al edificar el presbiterio de tipo salón el eje deja de ser recto y adquiere forma de "codo". En 1664 se concluyó la torre barroca de 85 m de altura que corona la fachada. En el interior se pueden contemplar varias obras interesantes, como el gran crucifijo en madera (1714) de Balthasar Permoser, el altar mayor barroco (1722-24) del presbiterio, obra de G. Forssati, que exhibe figuras de santos realizadas por J.B. Thormae y una pintura de G.A. Pellegrini *(Devolución de las llaves a san Pedro)*, así como la Fürstenloge (logia de los Príncipes, 1673-74) en la parte protestante del templo.

Continúe el recorrido por la calle a los pies de la catedral hasta el convento (Domstift).

BAUTZEN

Los edificios que se han conservado del convento datan de 1683. El interés de la fachada sur reside en su gran portada (1753-55), inspirada en la arquitectura toscana. El frontón, de forma ligeramente redondeada, acoge el escudo de armas del convento.

Siga por la Schloßstraße.

La particularidad de los edificios de esta atractiva calle, que conduce al Ortenburg, es que están construidos sobre tres ejes y que han sido restaurados en su mayor parte.

Ortenburg – En el emplazamiento de la fortaleza de Ortenburg existía una antigua construcción defensiva del año 600 d.C., que Enrique II mandó restaurar (958) para proteger la frontera de la Alta Lausacia. Dos devastadores incendios a principios del s. XV causaron tales destrozos que el rey húngaro Matías Corvino (Lausacia fue de 1469 a 1490 una provincia húngara) tuvo que reconstruirlo desde los cimientos. Entonces (1483-86), se levantó un castillo de estilo gótico tardío, en una de cuyas torres (ala norte) se puede ver un bajorrelieve que representa al rey húngaro. La guerra de los Treinta Años también causó graves daños, que fueron subsanados después de 1648. En 1698 la fachada fue coronada con un frontón renacentista anacrónico para la época barroca.

Sorbisches Museum (Serbski Musej) (Museo sorbio) ⓥ – Este museo, instalado en el antiguo depósito de la sal –un edificio de 1782 anejo al Ortenburg– ilustra la historia, la cultura y el modo de vida de los sorbios, un pueblo de etnia eslava que se asentó en la región en el s. VI. Se muestran bonitos trajes típicos.

★ **Stadtbefestigung** – Las **fortificaciones** medievales están en buen estado de conservación y realzan la imagen de la ciudad. El circuito de las murallas puede sugerir alguna idea de la vida en la Edad Media en la ciudad de Bautzen. Merece la pena visitar las ruinas de la **iglesia de San Nicolás** (Nikolaikirche) y el cementerio del mismo nombre al N de la plaza del Mercado.

★ **Alte Wasserkunst** ⓥ – El **antiguo depósito de agua** es una vieja torre fortificada construida en 1558, que se utilizó para el aprovisionamiento de la ciudad hasta 1965. El interior, que consta de siete plantas, es un auténtico prodigio de la técnica debido a su extraordinario mecanismo de bombeo.

Antiguo depósito de agua e iglesia de San Miguel

EXCURSIÓN

De Bautzen a Zittau 44 km por la carretera B 178.

★ **König-Friedrich-August-Turm (Torre del rey Federico Augusto)** ⊙ – En **Löbau** *(al SO de la ciudad; salga por la Herwigsdorfer Straße).* Esta torre panorámica de hierro y de 28 m de altura es única en su género en toda Europa. La estructura, con un peso total de 70 t, consta de unas 6.000 piezas de fundición gris que se unen entre sí formando un trabajo magistral de filigrana. Desde cada una de las tres plataformas se ofrecen bellas panorámicas.

★ **Obercunnersdorf** – *3 km al S de Löbau gire a la derecha.* El pueblo ha sido declarado monumento de interés histórico por constituir un conjunto homogéneo bien conservado de casas típicas sorbias, las llamadas **Umgebindehäuser.** De los aproximadamente 250 edificios que cuenta la localidad un buen número están abiertos al público. *(Para más información sobre este tipo peculiar de construcción, ver p. 556).*

Herrnhut – Esta localidad es célebre por la hermandad evangélica que lleva su nombre. Esta comunidad religiosa, fundada en Moravia en 1457, fue perseguida mucho tiempo por su adhesión al protestantismo y halló refugio finalmente en este lugar, donde fundó la villa de Herrnhut (1722). Este hecho explica la unidad estilística de su arquitectura, que por su singularidad ha sido denominada el "barroco de Herrnhut". En el Museo Etnográfico se ilustran las actividades pedagógicas de la hermandad, que en la actualidad está presente en 22 países de los cinco continentes.

Zittau – *Ver este nombre.*

Torre del rey Federico Augusto (Löbau)

BAYERISCHER WALD ★
SELVA DE BAVIERA – Baviera
Mapa Michelin nº 420 S 20 – T 23

La gran superficie boscosa de la **Selva de Baviera** está limitada al SO por el tramo del valle del Danubio que se extiende desde Ratisbona a Passau. Al NE, donde se encuentran las máximas altitudes (Großer Arber, 1456 m; Großer Rachel, 1453 m), llega hasta los confines de la Selva de Bohemia. El relieve de la Selva de Baviera pertenece a la llamada Alemania media (Mittelgebirge) y se caracteriza por sus cumbres redondeadas, las rocas aisladas cubiertas de vegetación agreste, por algunos valles escarpados tallados por los cursos fluviales y las amplias cañadas. Una peculiaridad geológica de su suelo es el llamado Pfahl, una franja de cuarzo de 50 m a 100 m de anchura y 150 km de longitud. A ambos lados de la frontera que divide Alemania de la República Checa, sobre un estrato de gneis y granito antiquísimo (en la Selva de Baviera se encuentran algunas de las montañas más antiguas del mundo), se extiende el mayor parque natural protegido (Waldschutzgebiet) de Europa (13.330 ha de superficie).

El corazón de este territorio protegido está constituido por el parque nacional creado en 1970; en él se ha ido poniendo término, paulatinamente, a la tala de árboles. El carácter primitivo de los bosques se manifiesta en la diversidad de especies del mundo animal.

CIRCUITO DESDE BODENMAIS 66 km – 3 h.

★ **Bodenmais** – La única estación termal de la parte oriental de Baviera está situada en la ladera sur del Großer Arber, en un bonito valle de pastos comunales. Los ricos yacimientos de azufre y de hierro magnético de la región se explotan desde el s. XV. Desde Kötzting la carretera remonta las dehesas y los bosques del valle del Weißer Regen, desde el que se divisan en el horizonte las cimas del Osser.

Lam – Este atractivo lugar de veraneo está situado en el fondo de un amplio barranco.

BAYERISCHER WALD

Al llegar al valle boscoso del Lamer Winkel, el camino comienza a ascender lentamente. Esta excursión concluye con un recorrido por la ladera de la montaña, en el que se disfruta de magníficas vistas sobre el Großer Arber (punto culminante: Brenner Sattel, 1030 m).

* **Hindenburg-Kanzel** – Hermosa vista★ del Lamer Winkel y del Arber.
** **Großer Arber** – Desde la estación de partida del teleférico ⊙ 1 h aprox. i/v, incluidos 20 min a pie i/v.
   Desde la estación superior continúe la ascensión de la montaña a pie hasta llegar a un punto situado entre dos picos rocosos. El de la izquierda, con una capillita a sus pies, domina la depresión del Schwarzer Regen y desde él se disfruta hacia el SO de amplias panorámicas de la región fronteriza. Desde el de la derecha (coronado con una cruz) la vista★★ se dirige hacia el Lamer Winkel y las elevaciones boscosas de la Selva de Baviera.
   En el descenso hacia el fondo del valle, dejando a la derecha el **Großer Arbersee**★, un romántico lago rodeado de pinos, se ofrecen espléndidas **panorámicas**★ de las cuencas del Zwiesel, del Falkenstein y del Rachel a su paso por las últimas estribaciones boscosas de la ladera sur del Arber.

BAYREUTH★

Baviera – 72.000 habitantes
Mapa Michelin nº 420 Q 18

Esta villa de Franconia, situada en las proximidades de los montes boscosos del Fichtelgebirge y de la Suiza franconiana, vivió durante siglos una vida apacible hasta que, en el s. XVIII, comenzó repentinamente a conocer horas de gloria y esplendor. Los margraves de Brandemburgo-Bayreuth la eligieron como residencia permanente de su Corte y fue una de las capitales europeas del barroco y el rococó. En la actualidad goza de fama mundial por su festival de música, y todos los años se convierte en lugar de peregrinaje de los admiradores de las óperas de Wagner.

APUNTES HISTÓRICOS

La princesa Guillermina – Como hija del Rey Soldado y hermana del Gran Federico, rey de Prusia, la princesa Guillermina bien podría haber aspirado a ocupar un trono, pero su destino era casarse con un noble poco brillante, el margrave de Brandemburgo-Bayreuth. Decepcionada por su matrimonio se refugió en el círculo de intelectuales próximo que le proporcionó un entorno estimulante para desarrollar su gran talento e inquietudes. El filósofo Voltaire mantuvo con ella una relación amistosa hasta su muerte.
Durante su reinado la ciudad vivió su época de mayor esplendor. La princesa era una artista con talento, escritora, compositora y mecenas. Bajo se impulso, el rococó de Bayreuth adquirió un estilo original, cuya principal característica fue la sustitución de la hojarasca por una ornamentación floral y de guirnaldas.

Wagner y Liszt – Se ha dicho con frecuencia que muchas de las obras maestras de Wagner no habrían sido posibles sin la influencia de Liszt. Estos dos compositores, grandes innovadores del lenguaje musical, sentían una admiración mutua, que se acrecentó con el tiempo, pues los lazos familiares –Wagner se casó en 1877 con Cosima, hija de Liszt– permitieron profundizar su relación. Incluso la muerte reuniría a ambos en Bayreuth: Liszt falleció en esta ciudad (1886) durante la celebración de uno de los primeros festivales (su tumba se encuentra en el cementerio municipal, *acceso por la Erlanger Straße*), mientras Wagner, que murió en Venecia en 1883, reposa en los jardines de la villa Wahnfried.

El festival – Como creador de nuevas formas de expresión musical, Wagner recorrió numerosos lugares en busca de un marco apropiado para representar sus innovadoras obras. En 1870 la elección recayó en Bayreuth.
El Teatro del Festival (Festspielhaus), inaugurado en 1876 con *El anillo del Nibelungo*, se construyó siguiendo las instrucciones precisas del propio músico y con el apoyo económico de Luis II de Baviera. Desde la muerte de Wagner en 1833 la familia ha mantenido la tradición de interpretar, en todas las temporadas operísticas, la obra que se representó en la inauguración del Teatro del Festival. La tenacidad de su esposa Cosima y de su hijo Sigfrido, y posteriormente de sus nietos Wieland (muerto en 1966) y Wolfgang ha permitido que la costumbre se mantenga hasta nuestros días. Cada año, los grandes especialistas mundiales de la estética wagneriana transmiten a un público entusiasta el mensaje mágico de la obra de este genio.

BAYREUTH

Am Mühltürlein	Y	3
Bahnhofstraße	Y	4
Balthasar-Neumann-Str.	Z	5
Bürgerreuter Str.	Y	7
Erlanger Str.	Y	8
Friedrich-von-Schiller-Str.	Y	10
Josephsplatz	Y	14
Kanalstraße	Y	15
Kanzleistraße	YZ	17
Karl-Marx-Str.	Y	18
Ludwigstraße	Z	20
Luitpoldplatz	Y	22
Markgrafenallee	Y	24
Maximilianstraße	Y	
Muncker Str.	Y	26
Nürnberger Str.	Z	28
Opernstraße	Y	30
Richard-Wagner-Str.	YZ	32
Schulstraße	Y	33
Sophienstraße	Y	35
Wieland-Wagner-Str.	Y	36
Wilhelminenstraße	Z	38
Wittelsbacherring	Z	39
Wölfelstraße	Y	40

Richard-Wagner-Museum	Z	M¹
Schloßkirche	Y	A

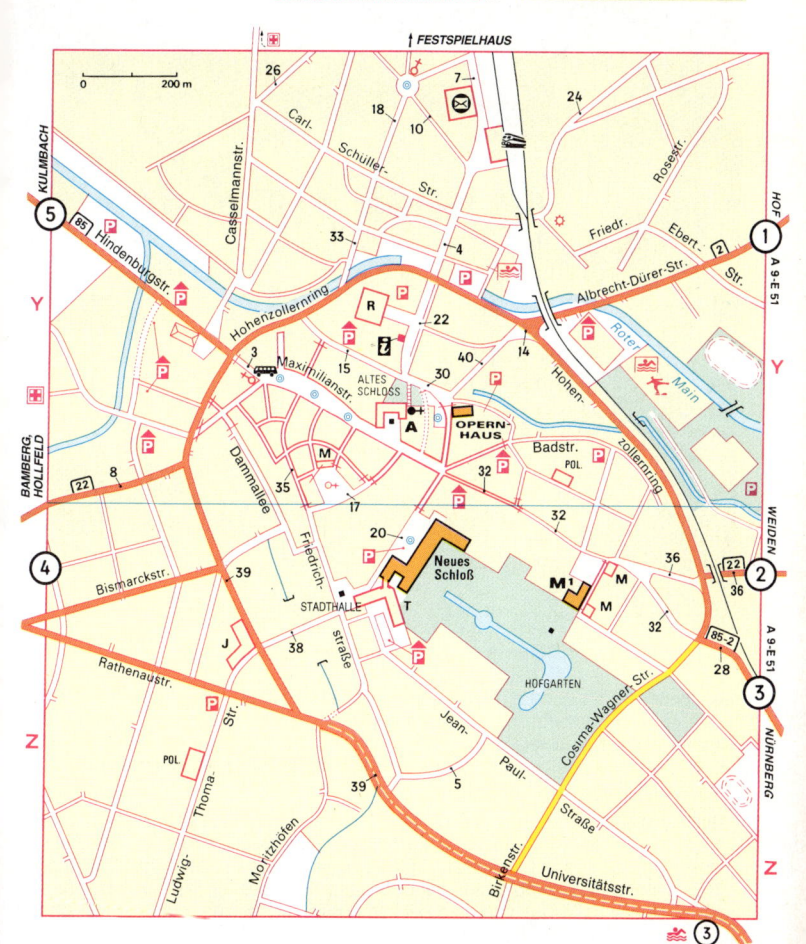

QUÉ VER

★ **Markgräfliches Opernhaus** ⓥ – Este **teatro de la Ópera** se construyó por encargo de la margravina Guillermina entre 1745 y 1748. La fachada, alineada en una fila de casas burguesas del s. XVIII, presenta un cuerpo central dotado de cuatro columnas que reposan sobre una balconada a la altura del primer piso.
El interior, construido todo en madera, posee una gran profundidad, 72 m, incluidos el escenario y el proscenio. Originalmente no había asientos en el patio de butacas, pues el espacio se reservaba para las representaciones de ballet y danza. El palco más lujoso es el de los Príncipes, que se distingue de los demás porque está cubierto por un baldaquino decorado con la corona de Prusia y los blasones de los margraves. La riqueza exuberante de los estucados fue realizada por los decoradores boloñeses Giuseppe y Carlo Galli Bibiena. Los colores de la decoración armonizan con los tonos dorados de los estucos, que se enredan por las columnas, enmarcan los medallones y los candelabros y coronan los palcos.
Es uno de los teatros de corte mejor conservados de Europa.

Neues Schloß (Palacio Nuevo) ⓥ – Este palacio fue mandado edificar por la princesa Guillermina, que quería convertir a Bayreuth en una segunda Potsdam. Fue construido en tan sólo dos años (1753-1754), transformando edificios ya existentes y uniéndolos entre sí. La elegante **decoración del interior**★ fue realizada en su mayor parte por el estucador Pedrozzi, quien contó con el inestimable consejo de la margravina Guillermina, una gran entusiasta del estilo rococó con motivos florales. Los

BAYREUTH

Teatro de la Ópera de los Margraves (Bayreuth)

pequeños aposentos de la princesa se encuentran en la primera planta del ala norte, y fue ella precisamente la que inspiró la decoración del gabinete de los Espejos, el salón japonés y de la sala de música.

En la planta baja del ala norte se encuentra el **Museo de Cerámica de Bayreuth** (Museum Bayreuther Fayencen).

★ **Richard-Wagner-Museum** ⓥ – La Villa Wahnfried, en la que vivió Richard Wagner desde 1874, fue la residencia familiar hasta 1966. La fachada es lo único que se conserva de su proyecto original. En la actualidad es el museo wagneriano y atrae anualmente a innumerables admiradores del artista. Los objetos expuestos recuerdan episodios de la vida y la obra del compositor (mobiliario, manuscritos, pianos, máscaras mortuorias), y muestran la historia de los festivales de ópera wagnerianos (construcción del teatro del festival, decorados, trajes). En el jardín se encuentran las sepulturas de Richard y Cosima Wagner.

★ **Schloß Eremitage (Palacio del Ermitaño)** ⓥ – *4 km al E por* ② *del mapa.* El Ermitaño era el palacio de recreo de los margraves. El hermoso **parque**★ (Schloßpark) de estilo inglés bien merece una visita. El **palacio Antiguo** (Altes Schloß), rodeado de parterres que dibujan formas geométricas, se construyó en 1715, pero fue transformado en 1736 por Guillermina tras recibirlo como obsequio de su marido. La margravina redactó sus memorias en el **gabinete chino de los Espejos** (chinesisches Spiegelkabinett). Se recomienda visitar la original gruta que se abre en el patio interior y el Eremitage del margrave Friedrich. A unos metros de allí se recrearon en 1743 las ruinas de un teatro clásico. El **palacio Nuevo** (Neues Schloß) es una orangerie de planta semielíptica, reconstruida después de 1945. En el centro se alza el llamado Templo del Sol (Sonnentempel), pabellón rococó que exhibe al dios Apolo sobre el carro de fuego.

ⓥ ▶▶ Schloßkirche (Iglesia del Palacio) – Festspielhaus (Teatro del Festival *(Acceso por la Karl-Marx-Straße).*

ALREDEDORES

★★ ① **La Suiza franconiana (Fränkische Schweiz)** *105 km – 1 día.*

Al SO de Bayreuth, cercana a las grandes vías de comunicación, se encuentra la ondulada meseta de la Suiza franconiana, cuyos profundos y encajados valles forman la parte N del Alb franconiano. El suelo, calizo y poroso, ha sufrido una intensa erosión que ha dado lugar a las numerosas grutas y picos dolomíticos.

BAYREUTH

Tüchersfeld – Las casas de este pueblecito se dispersan por un entorno curioso de picachos rocosos que asemejan agujas.

Pottenstein – El castillo, antigua residencia de los príncipes obispos de Bamberg, domina la ciudad. En los alrededores hay numerosos monumentos naturales (gargantas, grutas).

Teufelshöhle ⓥ – La más famosa de las cuevas calcáreas de la Suiza franconiana sorprende por las extrañas formaciones de estalactitas y estalagmitas. La pintoresca salida conduce al visitante por un escarpado y caótico laberinto de rocas jurásicas.

★ **Gößweinstein** – El circuito **Marienfelsen** *(unos 45 min por un camino peatonal; salga del castillo y siga las indicaciones a "Marienfels-Schmitt-Anlagen")* conduce al profundo valle del Wiesenttal a través de bosques poco densos y salpicados de bellas formaciones rocosas. Existen en la ruta varios **miradores**★★.
La iglesia de la Peregrinación (Wallfahrtskirche) de Gößweinstein, construida por Balthasar Neumann entre 1730 y 1739, conserva en la parte superior del altar mayor un grupo escultórico gótico de la Trinidad (principios s. XVI). Los finos estucados fueron realizados por el maestro de Bamberg F.J. Vogel. En el s. XIX se remodeló el **castillo** en estilo neogótico.

★ **Sanspareil** y **Burg Zwernitz** – Una vez concluida la construcción del Eremitage en Bayreuth, los margraves Guillermina y Federico adquirieron un antiguo terreno de caza, que transformaron en **parque**★ (Felsengarten, literalmente "jardín de rocas") y bautizaron con el nombre de Sanspareil. En un extremo del bosque levantaron el **casón de Levante** (Morgenländische Bau). Este edificio, construido en el estilo rococó peculiar de Bayreuth, es una buen ejemplo de la arquitectura cortesana de Franconia. Otros monumentos que adornan el enorme parque (17 ha) son las grutas, las cuevas y los teatros en ruinas.
La primera referencia documentada del **castillo de Zwernitz** ⓥ (desde la torre del homenaje se ofrece una bella vista) data de 1156. Desde 1338 perteneció a los Hohenzollern, pero en 1810 cayó en manos de Baviera. En el interior se puede ver mobiliario y armas de los ss. XVI-XVIII.

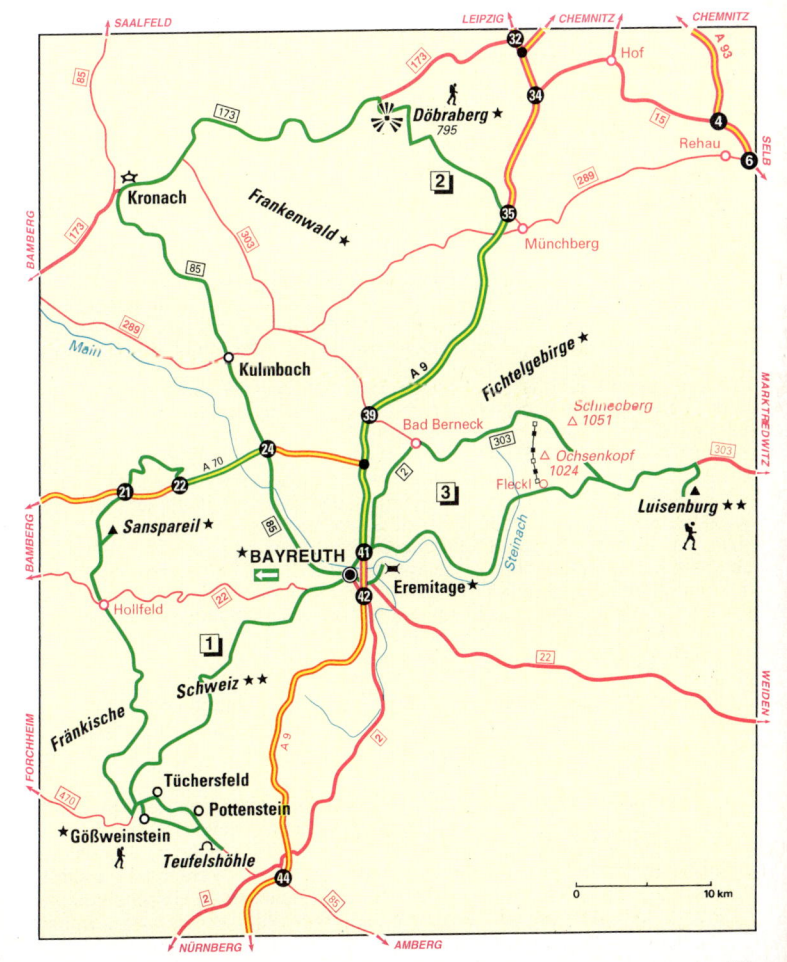

BAYREUTH

★ ② La montaña franconiana (Frankenwald) *125 km – 5 h aprox.*

★ **Döbraberg** – *45 min a pie i/v. Suba a la torre panorámica (795 m).* Desde la cima se ofrece una **panorámica**★ grandiosa que abarca desde las montañas de Turingia al N, hasta el Fichtelgebirge al S. Entre estos dos macizos se enclava la cuenca del Hof (Hofer Becken).

Kronach – La **fortaleza Rosenberg** (ss. XVI-XVIII), situada en una colina que domina el bosque de Franconia y la pequeña ciudad de Kronach, es una de las construcciones defensivas de mayores dimensiones erigidas durante la Edad Media en Alemania. En la fortaleza está alojada la Galería Franconiana (Fränkische Galerie), una filial del Museo Nacional Bávaro (Bayerisches Nationalmuseum). Aquí se muestra arte franconiano medieval y renacentista; entre otras, se pueden ver obras de Lucas Cranach el Viejo (nacido en Kronach probablemente en 1472).

Kulmbach – La antigua residencia de los margraves de Ansbach-Kulmbach es hoy famosa porque allí se elaboran cervezas fuertes (Echt Kulmbacher, Bayrisch Gfrorns). El castillo de **Plassenburg**★ ⊙, una de las fortalezas medievales mejor conservadas, sorprende al visitante por el contraste entre la aparatosidad de sus edificaciones originales y el refinamiento de su elegante **patio renacentista**★★, bordeado en tres de sus lados por una doble galería de arcadas superpuestas. El interior (restaurado) alberga varias colecciones de arte, entre las que destaca la de **figurillas de plomo**★ del **Deutsches Zinnfigurenmuseum** (Museo Alemán de Figurillas de Plomo) ⊙, que con sus 300.000 piezas y 150 dioramas constituye la colección más importante en su género del mundo. También están alojados en la Plassenburg el Museo Regional de Obermain (Landschaftsmuseum Obermain) y las Colecciones Nacionales (Staatliche Sammlungen).

★ ③ El Fichtelgebirge *92 km – 5 h aprox.*

La carretera discurre por el valle del Steinach y se interna en las profundidades del macizo granítico poblado de pinos del Fichtelgebirge. Una vez pasado Fleckl, se llega a la estación del teleférico que asciende al **Ochsenkopf** (1.024 m), una de las cimas del Fichtelgebirge, que está coronada por una torre de televisión.

★★ **Luisenburg** – Este **laberinto** de enormes bloques graníticos se puede recorrer siguiendo un camino señalizado, que tan pronto sube como desciende, mantiene una dirección o da un giro brusco. Las formaciones graníticas son variopintas: unas veces las rocas tienen contornos redondeados, otras tienen formas planas y se apilan como un montón de platos en una alacena. Desde muchos puntos se divisa la silueta del Fichtelgebirge. *(Camino de ida: indicador azul / camino de vuelta: indicador rojo)*

Regrese a Bayreuth por la B 303 pasando por la pequeña ciudad de Bad Berneck.

BERCHTESGADEN★★

Baviera – 8.200 habitantes
Mapa Michelin nº 422 X 22 – Esquema: Deutsche ALPENSTRASSE

La cuenca de Berchtesgaden está rodeada por las cumbres del Watzmann, del Steinernes Meer y del Hagengebirge. Este conjunto forma una cuña de tierra que penetra en territorio austriaco. Esta particularidad geográfica se debe, fundamentalmente, a razones históricas. El origen de la ciudad de Berchtesgaden, al igual que el de su región, se remonta a una abadía de canónigos agustinos, cuyos priores defendieron sus intereses frente al poder omnipresente del arzobispado de Salzburgo y del Principado de Baviera. En 1803 se secularizó el priorato y pasó a manos de Salzburgo, pero unos años después el convento y sus posesiones fueron definitivamente incorporadas a Baviera.
Berchtesgaden es el punto final de la ruta alemana de los Alpes y un magnífico punto de partida de múltiples excursiones. Su privilegiado emplazamiento, en un decorado natural presidido por la cima del Watzmann, atrae en verano a numerosos turistas y aficionados al senderismo.

QUÉ VER

★ **Schloßplatz** – La plaza del Palacio constituye el corazón de Berchtesgaden. En ella se alza el llamado Getreidekasten, un antiguo silo para el grano. Los soportales fueron construidos en el s. XVI. La fachada de la iglesia y la del antiguo palacio de los canónigos completan el conjunto.

Stiftskirche St. Peter und Johannes – La **iglesia abacial de San Pedro y San Juan**, construida sobre los cimientos de un santuario románico, presenta grandes analogías con la iglesia de St. Zeno, en Bad Reichenhall. La influencia lombarda se manifiesta por la alternancia, en la fachada, de piedras de diferentes colores, un recurso decorativo muy original.
Las torres, destruidas en un incendio, fueron restauradas en el siglo pasado. En el interior, la nave principal se cubre con una cúpula reticulada del s. XVI; el presbiterio (s. XIV), a mayor altura, es de estilo gótico puro.

BERCHTESGADENa

Alojamiento

Fischer – Königsseer Straße 51 – ☎ 0 86 52/95 50 – fax 0 86 52/6 48 73 – 54 hab – individuales desde 50 €. Hotel para unas vacaciones en el campo situado en la carretera a Königssee.

Grenzgasthaus Neuhäusl – Wildmoos 45 (7 km al E, en la carretera de Roßfeld-Höhenring) – ☎ 0 86 52/94 00 – fax 0 86 52/6 46 37 – 26 hab – individuales desde 40 €. Situado a 850 m de altitud, con magníficas vistas del Untersberg y del Kehlstein.

Alpenhotel Denninglehen – Am Priesterstein 7 (7 km al E, en la carretera de Roßfeld-Höhenring) – ☎ 0 86 52/50 85 – fax 0 86 52/6 47 10 – 24 hab – individuales desde 55 €. A 900 m de altitud. Mobiliario rústico, vistas de las montañas.

Schloß ⓥ – La antigua abadía de estilo románico fue transformada en el s. XVI en un suntuoso **palacio**. En él residió desde 1923 el heredero del trono Ruperto de Baviera, comandante general de las tropas bávaras durante la I Guerra Mundial y jefe de la casa de Wittelsbach hasta su muerte en 1955. El Príncipe enriqueció el interior del palacio con un valioso mobiliario y objetos de arte de diferentes épocas y procedencias. El museo (Schloßmuseum) alberga interesantes colecciones de blasones, armas y armaduras, tapices franceses y porcelana de Nymphenburg, así como tallas alemanas de los ss. XV-XVI (entre ellas dos retablos de Tilman Riemenschneider).

Claustro – Sólo se conservan de este **claustro** del s. XIII las arcadas románicas que bordean tres lados. La ornamentación de algunas columnas (de fuste redondo, espiral o poligonal), con diseños trenzados, follajes y motivos vegetales, es la original.

★ **Dormitorium** – El **dormitorio**, una bonita sala de dos naves de principios del gótico, guarda, entre otros objetos religiosos y de culto, 12 magníficos bustos procedentes de la sillería del coro de la basílica de Weingarten (1487).

Museo – Merecen una atención especial las dos salas renacentistas de la primera planta (con mobiliario italiano de los ss. XV-XVI) y la serie de ocho habitaciones señoriales, que recrean el modo de vida y las costumbres de la época romántica y Biedermeier.

★ **Salzbergwerk** ⓥ – Estas **minas de sal** han contribuido decisivamente al progreso económico y social de la región de Berchtesgaden. Su explotación comenzó en 1517. La salmuera –con un índice de salinidad del 27%– se obtiene diluyendo el mineral salino en agua. Luego se bombea hasta la refinería de Bad Reichenhall, donde llega por una tubería de 18 km de longitud. Allí se extrae la sal del agua.
Para inspeccionar la mina se requiere el uso de ropa apropiada, puesta a disposición del visitante a la entrada. La visita comienza a bordo de un pequeño tren eléctrico que recorre las galerías; luego se prosigue un tramo a pie hasta llegar a una gran caverna en la que existe un lago salino, que se atraviesa en una balsa. En una sala acondicionada como museo se muestra, entre otras, la máquina elevadora de salmuera ideada por el ingeniero Georg von Reichenbach en 1817. Esta máquina está basada en el principio del ariete hidráulico, y se empleaba antiguamente para enviar las aguas salobres por una tubería de madera desde Berchtesgaden a Bad Reichenhall.

ALREDEDORES

★★ **Obersalzberg y Kehlstein** ⓥ – 4 km. Hay un servicio de autobuses entre ambas localidades. Hitler, al que unían lazos familiares y amistosos con Berchtesgaden, se refugió en Obersalzberg cuando fue liberado de la prisión donde cumplía condena por su participación en el golpe de Estado fallido de 1923. Tras su ascensión al poder en 1934, el nuevo canciller adquirió allí una pequeña granja, el Berghof, que mandó transformar y ampliar. El Berghof se convirtió en el santuario del "solitario de Berchtesgaden" –como se autodenominaba irónicamente. Allí preparaba minuciosamente los encuentros diplomáticos de gran trascendencia, creando toda una escenografía digna del mejor teatro.
El edificio fue destruido casi en su totalidad en un ataque aéreo norteamericano el 25 de abril de 1945, poco antes de que las tropas americanas y francesas ocuparan la región.

Obersalzberg – De este pequeño pueblo no ha quedado nada, excepto el Platterhof, un "hotel del pueblo" que, a instancias del Führer, estaba a disposición de sus adeptos e incondicionales por el precio simbólico de un marco. Sólo los cimientos permiten distinguir la ubicación primitiva del Berghof. En 1999 se creó un **Centro de documentación para la historia del nacionalsocialismo**.

BERCHTESGADEN

San Bartolomé (Königssee)

★★ **Kehlstein** – *1.834 m.* El autobús asciende por una **carreterita**★★★ increíblemente estrecha –parece la galería de una mina– que fue excavada en el flanco rocoso del Kehlstein. A la llegada *(es necesario inscribirse para realizar el camino de regreso)* se sube en un ascensor los últimos 100 m hasta la cima donde está la Teehaus, conocida en tiempos de Hitler como "el nido del águila", que fue un regalo que recibió el Führer del Partido Nacionalsocialista de los Trabajadores (NSDAP) con motivo de su 50 cumpleaños, pero que visitó en raras ocasiones. Un poco más arriba se ofrecen bellísimas vistas **panorámicas**★★ de los picos cercanos y, al fondo, de Salzburgo, de los abruptos Prealpes del Salzkammergut y del macizo del Dachstein, donde brillan los hielos de sus glaciares.

★★ **Königssee** ⓥ – *5 km al S.* Este lago estrecho y alargado es uno de los más románticos de Alemania. Está rodeado por las escarpadas paredes del Watzmann, al O, y por el zócalo rocoso del Steinernes Meer, al S. En su parte más angosta surge, en una península que se adentra en el lago, la bella **capilla de San Bartolomé**, un pequeño edificio barroco de tres ábsides. En este **entorno**★ pintoresco surgen edificaciones con valor histórico en medio de un frondoso bosque de arces.

Tomando como punto de partida la localidad de Salet se puede dar un paseo de 15 min hasta el Obersee, situado en el extremo del valle al pie del Teufelshörner y rodeado de un anfiteatro de rocas sobre el que se precipita, desde una altura de 400 m, la cascada de Röthbach.

★★ **Roßfeld-Höhenringstraße (Ruta del Roßfeld)** ⓥ – *29 km – 1h30 aprox.* Esta carretera transitable todo el año conduce a la cresta de la montaña situada sobre el valle austriaco del Salzach y ofrece bellas perspectivas del Tennengebirge, y las espectaculares escarpaduras que unen el Hoher Göll y el Kleiner Göll. Al fondo se divisa la silueta del macizo del Dachstein, que se reconoce por el brillo que irradia de sus pequeños ventisqueros. En la vertiente contraria se disfruta de magníficas panorámicas del impresionante macizo del Hoher Göll, del Kehlstein, del Untersberg y de la región de Berchtesgaden y de Salzburgo.

Desde el aparcamiento se puede ascender en pocos minutos hasta la señal y la cruz que coronan la cima del Hennenkopf (1.551 m). Pasado el refugio de Roßfeld la carretera serpentea por la bella región ondulada y boscosa de Oberau.

★ **Hintersee** – *12 km al O.* La carretera asciende por el angosto valle del Ramsau hasta el lago que está rodeado por las cumbres escarpadas del Reiteralpe y la cadena de picachos del Hochkalter. La orilla oriental del lago y su "bosque encantado", así como las riberas sombrías del torrente invitan a un agradable paseo río abajo.

BERGSTRASSE

Baden-Würtemberg y Hesse
Mapa Michelin nº 417 R 10

Esta antigua ruta de montaña (Bergstraße), trazada a los pies de las pequeñas montañas boscosas y agrestes del Odenwald, presta su nombre a las laderas soleadas de este macizo que se inclinan hacia la llanura del Rin. Su excelente situación favorece la eclosión precoz de los árboles frutales. La ruta está sembrada de antiguas fortalezas y de pequeñas villas antiguas que componen el paisaje característico de Renania.

DE HEIDELBERG A DARMSTADT 58 km – 3 h aprox.

★★ Heidelberg – Ver este nombre.

Weinheim – El emplazamiento de Weinheim, protegida al N y al E por crestas montañosas de hasta 400 m de altitud, favorece la eclosión temprana de la primavera y el benigno clima que goza la localidad. En 1264 Weinheim obtuvo sus derechos municipales. A principios del s. XIX su economía era fundamentalmente agraria, pero, tras un lento proceso de transformación, la ciudad se ha convertido en la capital administrativa de la región. Weinheim conserva de las antiguas fortificaciones algunos lienzos de muralla y una serie de torres. En el casco viejo posee un importante conjunto de edificios antiguos, entre los que destacan el Antiguo Ayuntamiento, que se alza en la plaza del Mercado (hacia 1577), y el Büdinger Hof, construido en 1582 (Judengasse 15-17). A los pies del **castillo**, hoy sede del ayuntamiento, se extiende el parque (Schloßpark) inglés, donde se puede admirar el cedro más viejo de Alemania. En uno de los extremos del parque se encuentra el **Exotenwald★** (bosque exótico), un inmenso y frondoso bosque (50 ha), cuya arboleda fue plantada entre 1872 y 1884. Las **ruinas del castillo de Windeck** y la **Wachenburg**, construida a principios del s. XX, dominan la ciudad.

Heppenheim an der Bergstraße – La pintoresca **plaza del Mercado★** o Großer Marktplatz, dominada por la vasta iglesia neogótica (conocida como la catedral de la Bergstraße), está bordeada por dos casas de vigas entramadas con miradores en saledizo de dos plantas, por el edificio del ayuntamiento y por la farmacia Liebig, en la que el célebre químico Justus von Liebig comenzó sus investigaciones.

Lorsch – De la antigua abadía fundada el año 774 sólo subsiste, a la entrada de la localidad (al E) parte de la nave central y la **Torhalle★**. Esta puerta triunfal, inscrita en la lista de monumentos que son Patrimonio Cultural de la Humanidad, es un vestigio de la arquitectura carolingia. La planta superior se apoya en columnas compuestas, y su fachada muestra una decoración de gabletes ciegos en forma de mitra y un trabajo de marquetería en arenisca roja y blanca.
En los terrenos que ocupaba el antiguo monasterio se ha creado un complejo museográfico (**Museumszentrum Lorsch** ⊙), que cuenta con una sección etnográfica y otra dedicada a la historia del convento. Además, existe un museo del tabaco.
Detrás de la iglesia se disfruta de una amplia vista de la llanura del Rin y del Odenwald.

Bensheim – La "ciudad de las flores y del vino" se siente orgullosa, y no es para menos, de su **casco antiguo** (Altstadt). En él se pueden admirar bellas casas de vigas entramadas, sobre todo, en la plaza del Mercado (Marktplatz), en la Hauptstraße y en la Wambolterhofstraße. En el barrio de Auerbach se encuentra el parque nacional de **Fürstenlager★★**. Situado en un pequeño valle al abrigo de las inclemencias del clima, fue la residencia de verano del landgrave de Hesse. En él crecen árboles de especies exóticas, que rodean pabellones y monumentos simbólicos construidos en el estilo de finales del s. XVIII. Continuando el recorrido hacia el N se llega al **castillo de Auerbach** (Auerbacher Schloß) ⊙, que constituye un auténtico observatorio de la región.

Darmstadt – Ver este nombre.

BERLIN★★★

BERLÍN – 3.500.000 habitantes
Mapas Michelin n°s 416/418 I 23-24

Berlín fue durante más de 40 años una ciudad dividida y el símbolo de la escisión del mundo en dos bloques. Durante este prolongado aislamiento la República Federal de Alemania y la antigua República Democrática Alemana hicieron del sector que les correspondió a cada una un escaparate que mostrara las excelencias de sus respectivos sistemas políticos. Esta competencia ha hecho de la actual capital de la Alemania reunificada una metrópoli moderna desde el punto de vista urbanístico y una ciudad con una vida económica y cultural extraordinariamente dinámica.

APUNTES HISTÓRICOS

Los nombres de Cölln y Berlín aparecen por primera vez en un documento histórico del s. XIII, que se refiere a estos lugares como dos aldeas habitadas por pescadores y carreteros, situadas, respectivamente, en una isla arenosa del Spree y en la margen derecha de dicho río.
La evolución de Berlín como capital se debió a la voluntad política de los Hohenzollern, príncipes electores de Brandemburgo, que la convirtieron en su residencia permanente en 1470, tras la conclusión del primer castillo que se había comenzado a edificar en Cölln en 1451.

El Gran Príncipe Elector (1640-1688) – **Federico Guillermo de Brandemburgo** llegó a Berlín al concluir la guerra de los Treinta Años. En aquella época la ciudad ofrecía un aspecto muy descuidado. Este notable general del ejército, vencedor en 1675 de la famosa batalla de Fehrbellin, que enfrentó a Prusia contra las tropas suecas, fue un hombre íntegro y de probada rectitud que afrontó personalmente las tareas de reorganización de su Estado. Su experiencia en Holanda, donde pasó su juventud, le sirvió para trazar la estrategia apropiada que hiciera de Berlín una ciudad saludable. En este sentido promulgó un considerable número de leyes y ordenanzas y mandó acondicionar los muelles a orillas del Spree. La construcción de un canal entre el Spree y el Oder estimuló, además, el comercio; pero su mayor contribución al auge que tomó Berlín a partir de su gobierno fue la apertura de la ciudad a los hugonotes franceses quienes, tras el Edicto de Nantes de 1685, llegaron a la ciudad en grandes oleadas. La acogida masiva de hugonotes –la proporción aproximada de hugonotes y berlineses llegó a ser de uno a cinco– transformó la villa en poco tiempo. Un gran número de nuevos artesanos, teólogos, doctores y médicos aportaron sus conocimientos y esfuerzos e hicieron posible el florecimiento de la futura capital del Reich.

El desarrollo urbanístico de Berlín en la época Ilustrada – El primer rey de Prusia, **Federico I**, mandó construir para su esposa Sofía Carlota el palacio de Charlottenburgo. El encargado de las obras fue el genial arquitecto y escultor Andreas Schlüter (hacia 1660-1714), quien había trabajado con anterioridad en el Palacio real y en el Arsenal (Zeughaus). Su sucesor, **Federico Guillermo I** (1713-1740), es conocido en la historia con el sobrenombre de "**Rey Soldado**" por su meticulosidad en la gestión administrativa del Estado y su política sistemática de reclutamiento, que fue la base de la fuerza militar prusiana posterior. A este monarca le interesaba menos el embellecimiento de la ciudad que su expansión territorial. Las necesidades

Estatua ecuestre del Gran Elector

militares obligaron a construir amplias plazas de armas y así, en el exterior de las antiguas fortificaciones, diseñó una villa nueva, la Friedrichstadt. Estas dimensiones draconianas obligaron a proyectar unas calles y avenidas larguísimas en este sector de la ciudad, como la Leipziger Straße, la Friedrichstraße y la Wilhelmstraße (hoy Toleranzstraße). En ellas se ubicaban los edificios de gobierno del Reich.

Federico II el Grande (1740-1786) continuó la obra emprendida por su predecesor. Bajo su reinado se configuró el conjunto urbanístico monumental de la célebre avenida de "Unter den Linden" y el "Forum Fridericianum" (Bebelplatz). El monarca recurrió al talento de Georg Wenzeslaus von Knobelsdorff (1699-1753), arquitecto versátil que creó grandes obras inspiradas tanto en la tradición rococó (Sanssouci) como en el estilo neoclásico.

El neoclasicismo vivió su época de mayor esplendor hasta 1835. En ese periodo se erigieron, entre otros edificios públicos, la puerta de Brandemburgo (1789) y la Neue Wache (1818).

Berlín en el s. XIX – Los sentimientos patrióticos despertados en sus arengas, por los profesores de la Universidad fundada en 1810 por Guillermo de Humboldt, y los llamamientos del rey de Prusia para levantarse en armas contra las tropas francesas convirtieron a Berlín en el foco principal de la resistencia contra la política expansiva de Napoleón Bonaparte.

La ciudad se benefició del creciente prestigio que habían adquirido el reino de Prusia y sus élites dirigentes. Entre los grandes pioneros que contribuyeron a que Berlín se desarrollara como un centro importante de la era industrial cabe citar a Augusto Borsig, apodado el "rey de la locomotora", a Werner von Siemens (1816-1892), el magnate en el campo de la electrónica, y a Emil Rathenau, el fundador de la poderosa Allgemeine Elektrizitäts Gesellschaft (A.E.G.).

Mientras el estilo arquitectónico oficial se caracterizó por la construcción de edificios imponentes (Reichstag), en las zonas suburbanas se levantaron los barrios residenciales de elegantes villas, que fueron expandiéndose a un ritmo acelerado hacia el Grünewald. En 1871 Berlín, con una población que rondaba el millón de habitantes, obtuvo el rango de capital del Reich.

El Gran Berlín – La reorganización administrativa que tuvo lugar en 1920 dio origen al Gran Berlín, la ciudad más extensa del continente. Con esta reforma se agrupaban, en un único cuerpo administrativo, 6 distritos urbanos, 7 villas, 59 pueblos y 27 dominios, que sumaban una población total de 4 millones de habitantes. A pesar del clima de inseguridad política que vivió Alemania en el periodo de entreguerras, los años 20 fueron para Berlín de gran efervescencia intelectual y animación mundana. La metrópoli cultural atraía a los artistas de vanguardia, y la prensa berlinesa marcaba el tono periodístico en toda la nación.

Grandes realizadores como Ernst Lubitsch, Fritz Lang, Carl Mayer, Georg Wilhelm Pabst rodaron en los estudios de la capital películas de renombre internacional que fueron interpretadas por actores y actrices de la talla de Emil Jannings y Marlene Dietrich (*El ángel azul, Nosferatu, etc.*). El teatro cobró nuevos bríos y alcanzó gran brillantez con Max Reinhardt (1873-1943). En 1928 se representó por primera vez la *Ópera de los tres peniques*, del dramaturgo Bertolt Brecht.

El advenimiento del régimen de Hitler interrumpió la fecunda creación artística de la época. La persecución de los judíos y la destrucción sistemática del patrimonio cultural y literario en nombre de la lucha contra un arte calificado como *degenerado* por la censura nazi envió al exilio a toda una generación de intelectuales, pintores y escultores.

La rendición de Berlín – En la Conferencia de Yalta, celebrada en febrero de 1945, se decidió la creación de un estatuto especial para Berlín y la ciudad quedó dividida en 4 zonas de ocupación bajo el control de cada una las "grandes" potencias vencedoras. Desde el 21 de abril al 3 de mayo la antigua capital del Reich fue escenario de cruentos enfrentamientos entre el Ejército Rojo, al mando de los generales Schukow y Koniew, y las fuerzas armadas alemanas.

La población se defendió con barricadas de la ofensiva final lanzada por la artillería y los tanques soviéticos que volaron 120 de los 248 puentes existentes en la ciudad.

Una vez sofocados los enfrentamientos tras la toma del Reichstag, la ciudadanía, exhausta, acogió con indiferencia la noticia del suicidio de Hitler (30 de abril) en el búnker situado bajo la Cancillería.

La ciudad dividida – Tras la firma de la capitulación de Alemania el 8 de mayo, las cuatro potencias vencedoras (EE UU, URSS, Francia y Gran Bretaña) asumieron el gobierno conjunto de Berlín.

La evolución política en el sector oriental de la ciudad, que los soviéticos concibieron como el núcleo de una potencial república democrática popular, impidió la proyectada administración unitaria común. Las presiones políticas, los vetos y diferentes incidentes que acontecieron en esa difícil coyuntura crearon un clima de tensión insostenible. Los concejales, que mostraron su disconformidad con las teorías de socialismo de Estado, abandonaron el ayuntamiento y se agruparon en la tenencia de alcaldía del distrito de Schöneberg. Cuando las tres potencias occidentales unificaron sus zonas a nivel económico en 1948, los soviéticos abandonaron la Comisión de control para Alemania, creada en 1945 en virtud de los acuerdos de Yalta. El distanciamiento fue cada vez mayor y a partir de 1948 el aislamiento de la administración del sector Este era un hecho consumado.

El 20 de junio de 1948 se llevó a cabo la reforma monetaria en los sectores occidentales, a la que los soviéticos respondieron con el bloqueo total de las comunicaciones viarias y ferroviarias que enlazaban Berlín con las zonas occidentales de Alemania. Los aliados occidentales establecieron entonces un "puente aéreo" –26 junio 1948–12 mayo 1949– para abastecer a la ciudad aislada. Diversos acontecimientos históricos jalonaron el progresivo distanciamiento entre las dos Alemanias y la consolidación de la ruptura definitiva: el 7 de octubre de 1949 la fundación de la República Democrática en el sector oriental; el 17 de junio de 1953 la represión de los graves levantamientos populares y, mientras tanto, el incesante flujo de refugiados del Berlín oriental hacia el occidental.

El 13 de agosto de 1961 las autoridades orientales prohibieron la circulación entre el E y el O de Berlín, y poco después empezaron a levantar barreras de cemento y alambradas que convirtieron la línea divisoria trazada sobre el mapa en un auténtico muro de separación entre los dos sectores. A partir de entonces las dos partes de la ciudad, divididas por un muro de hormigón de 160 km de longitud y 4 m de altura, reforzado con alambradas y dotado de torretas de vigilancia y puestos de tiro, evolucionarían según modelos políticos e ideológicos diametralmente opuestos. Las tentativas de franquear esta sólida frontera tuvieron casi siempre un final trágico.

El derribo del muro – A principios de noviembre de 1989 las autoridades de Berlín oriental, presionadas por las fuertes manifestaciones populares de protesta en la RDA, decidieron restablecer la libertad de circulación entre ambos Estados y, finalmente, el 9 de noviembre de 1989 se abrieron los puestos fronterizos que existían en el muro. La noche del 9 al 10 de noviembre se recuerda en toda Alemania con intenso júbilo, sobre todo por la multitud que se aglomeró en los alrededores de la puerta de Brandemburgo. En junio de 1991 el Parlamento Federal votó a favor de que Berlín recuperara su status como capital de la nación.

Pero el proceso de unificación abierto con la demolición del muro no ha borrado del paisaje ni de la mente de los ciudadanos las huellas de medio siglo de historia vivida por separado a uno y otro lado del telón de acero. Desde el punto de vista arquitectónico y urbanístico perdura la peculiar fisonomía de las interminables avenidas y las enormes colmenas que se construyeron en el Berlín "socialista".

LA VIDA EN BERLÍN

Una ciudad jardín – El perímetro de Berlín, la mayor ciudad de Alemania, ocupa una superficie ocho veces superior a la de París. Gran parte de su patrimonio histórico fue seriamente dañado en la II Guerra Mundial y la ciudad, reducida a escombros, contó para su reconstrucción con arquitectos de renombre como Le Corbusier y Scharoun. De las ruinas de 1945 resurgió una ciudad moderna con amplias arterias que comunican los diferentes barrios, todos ellos proyectados en vastos espacios verdes. El río Havel se interna en los bosques y alimenta numerosos lagos (Tegeler See, Stößensee, Großer Wannsee). Los bosques, los parques y las zonas lacustres ocupan más de un tercio de la superficie urbana. Se dice que Berlín cuenta con mayor número de puentes que Venecia.

Una metrópoli con una gran animación cultural – Antes de la II Guerra Mundial la vida cultural giraba en torno a la Potsdamer Platz y a la Friedrichstraße. Hoy se centra fundamentalmente en los alrededores de la Kurfürstendamm y la Gedächtniskirche, al O, y en la Alexanderplatz, en el E de la ciudad. La vida nocturna en el barrio de Kreuzberg, caracterizada por su espíritu cosmopolita, atrae al movimiento que se autodenomina "alternativo".

Berlín tiene fama de organizar numerosos espectáculos de buena calidad, especialmente durante los festivales de música, teatro y cine.

En los últimos tres siglos de historia la ciudad ha actuado como punto de encuentro de emigraciones masivas (hugonotes que abandonaron Francia tras el edicto de Nantes, grandes grupos de población procedentes de Polonia y de Bohemia) que han contribuido a modelar el carácter del ciudadano berlinés, cuyas peculiaridades son su tolerancia, su ironía y su fino sentido del humor, que le permiten encarar la vida con optimismo.

Esta mezcla tan variopinta de población se refleja en la gran oferta gastronómica: junto a especialidades de la cocina de Brandemburgo, como el codillo con chucrut (Eisbein mit Sauerkraut) y el puré de guisantes (Erbsenpüree), en los restaurantes de Berlín se sirven platos de todos los rincones del mundo. En cuanto a las bebidas refrescantes, la "Berliner Molle", una cerveza rubia, y la "Berliner Weiße mit Schuß" (cerveza de trigo mezclada con jarabe de frambuesa o de asperilla) han traspasado las fronteras de la ciudad.

GUÍA PRÁCTICA DE BERLÍN

Prefijo telefónico – 030.

Información turística – *Berlin Tourismus Marketing GmbH*, ☎ 25 00 25 lu-vi 8-19, fs 9-18. **Oficinas de información**: Europa-Center, lu-sá 8.30-20.30, do 10-18.30; Brandenburger Tor, ala sur, lu-do 9.30-18; aeropuerto de Tegel, frente a la sala de embarque 0, lu-do 5-22.30; KaDeWe, agencia de viajes de la planta baja, lu-vi 8.30-20, sá 9-16.

Oficinas de Correos con horario especial – (Deutsche Post AG, ☎ 62 78 10) La Oficina postal nº 120 situada en la Joachimstaler Straße 8 permanece abierta lu-sá 8-24 y do 10-24, la Oficina nº 519 del aeropuerto de Tegel, vestíbulo principal lu-vi 8-18, fs 8-13.

Entradas – Venta anticipada de localidades (con una antelación mínima de tres semanas) en *Berlin Tourismus Marketing*; también se pueden adquirir en las taquillas de los teatros.

Periódicos – Berliner Morgenpost, Tagesspiegel, Berliner Zeitung, taz, BZ.

Internet – www.berlin.de; www.berlinonline.de; www.berlin-info.de; www.d-berlin.de; www.berlinculture.de; www.gotoberlin.de; www.city-berlin.com.

Transporte público

La empresa de transportes berlinesa "Berliner Verkehrs-Betriebe" (BVG) agrupa las líneas del metropolitano (U-Bahn) y de autobuses, ☎ 19449. Horario: (por regla general) 5.30-20.30, sá 8.45-16.15. La red de trenes de cercanías y el ferrocarril metropolitano (S-Bahn) están asociados con ella en el consorcio **VBB** (Verkehrsverbund Berlin-Brandenburg), ☎ 25 41 41 41 lu-vi 8-20, fs de 9-18. Información en el BVG-Pavillon de la Hardenbergplatz (Bahnhof Zoo) todos los días de 6.45-22, así como en numerosas estaciones de metro (U-Bahn) y ferrocarril metropolitano (S-Bahn). Berlín y sus alrededores (incluida Potsdam), está dividida en tres zonas tarifarias; para viajar por el centro de la ciudad se precisa un título de transporte de la zona AB. Éstos se adquieren en todas las taquillas de las estaciones de la U-Bahn y de la S-Bahn, así como en las máquinas automáticas que se encuentran junto a las paradas de tranvía y directamente del conductor en el autobús.
El billete ordinario (válido para dos horas) cuesta 2,05 €, el abono para un día 4,45 €, el abono de grupo válido para un día (Gruppentageskarte), del que se pueden beneficiar dos adultos y hasta 3 niños tiene un precio de 10,75 €. Una vez validado, el abono caduca a las 3 de la madrugada del día siguiente.
La tarjeta **Welcome Card** (válida durante 72 h) se vende al precio de 16,35 € y da derecho a viajar por toda la red de transportes públicos de la ciudad (VBB) a un adulto acompañado de hasta tres niños; además, con la tarjeta se pueden obtener descuentos en algunos teatros, museos, atracciones y circuitos turísticos en autobús. Se adquiere en todos los puestos de venta de la BVG, así como en las oficinas de información de *Berlin Tourismus Marketing*.
Atención: La línea de autobús 100, que realiza el trayecto entre la estación de ferrocarril de Zoo y Alexanderplatz, une los dos centros de la ciudad y en el recorrido se pueden ver numerosos monumentos.
Internet – www.bvg.de; www.vbbonline.de; www.berliner-verkehr.de.

Visitas guiadas

Circuitos turísticos por la ciudad – Las empresas que realizan circuitos turísticos por la ciudad son: *Severin & Kühn* (☎ 880 41 90), *Bus-Verkehr-Berlin* (☎ 885 98 80), *Berliner-Bären-Service* (☎ 35 19 52 70; www.sightseeing.de) y *Berolina* (☎ 88 56 80 03; www.berolina-berlin.com). Las explicaciones se reciben a través de auriculares y el recorrido dura unas 2 h. Los autobuses salen cada 30 min (desde las 10 h) de la Kurfürstendamm (entre Joachimsthaler Straße y Fasanenstraße), y de Alexanderplatz (delante del Hotel Forum-Hotel); a lo largo del circuito existen varias paradas para subir o bajar. *Severin & Kühn* (☎ 8 80 41 90) realiza un tour (Große Berlin-Tour) de 3-4 h de duración entre las 10 y las 14.

Paseos a pie por la ciudad a distintos lugares de interés: *Kulturbüro* (☎ 444 09 36; www.stadt-fuehrung.de), *art:berlin* (☎ 28 09 63 90) y *Stattreisen* (☎ 455 30 28; www.stattreisen.berlin.de).

Cruceros por los lagos y canales – La compañía *Stern- und Kreisschiffahrt* (☎ 536 36 00) ofrece viajes en barco de 1 h de duración con salida en el barrio de San Nicolás y un recorrido por los canales del centro histórico; también realiza un circuito por la ciudad de 3h30 por el río Spree y el Landwehrkanal, salida de Jannowitzbrücke y Schloßbrücke, así como travesías de los lagos Havel y Wannsee a Potsdam/Lange Brücke (duración 1h15).

BERLIN

Alojamiento

CORRECTO

Econtel – *Sömmeringstraße 24 (Charlottenburg, transversal de la Kaiserin-Augusta-Allee)* – ☎ *34 68 10* – *fax 34 68 11 63, 205 hab* – *individuales desde 88 €*. Instalaciones modernas, parada del servicio especial de autobuses (X9) al aeropuerto de Tegel junto a la puerta del hotel.

Am Wilden Eber – *Warnemünder Straße 19 (Wilmersdorf, cerca de la Forckenbeckstraße)* – ☎ *823 30 71* – *fax 82 44 03* – *15 hab* – *individuales a partir de 62 €*. Pequeño hotel en las proximidades del bosque de Grünewald.

Kastanienhof – *Kastanienallee 65 (Mitte, en el cruce de la Invalidenstraße y la Brunnenstraße)* – ☎ *44 30 50* – *fax 44 30 51 11* – *36 hab* – *individuales a partir de 72 €*. Instalado en un edificio cercano a la colina del Prenzlauer Berg.

UNA BUENA OPCIÓN

Luisenhof – *Köpenicker Straße 92 (Mitte)* – ☎ *241 59 06* – *fax 279 29 83* – *27 hab* – *individuales a partir de 113 €*. Elegante decoración en un edificio histórico.

Hecker's Hotel – *Grolmanstraße 35 (Charlottenburg, atraviesa la Savigny-Platz)* – ☎ *889 00* – *fax 889 02 60* – *72 hab* – *individuales a partir de 132 €*. Confort moderno en uno de los rincones más bonitos del distrito de Charlottenburgo.

art'Hotel Ermelerhaus – *Wallstraße 70 (Mitte, a orillas de uno de los canales del Spree cerca de la Heinrich-Heine-Straße)* – ☎ *24 06 20* – *fax 24 06 22 22* – *95 hab* – *individuales a partir de 120 €*. Instalado en una antigua mansión restaurada y modernizada. En sus salones se exponen regularmente obras de arte.

Berlin-Plaza – *Knesebeckstraße (Charlottenburg, calle transversal a la Kantstraße, entre ésta y la Kurfürstendamm)* – ☎ *88 41 30* – *fax 88 41 37 54* – *131 hab* – *individuales a partir de 105 €*. Situación céntrica junto a la avenida de Kurfürstendamm, precios interesantes los fines de semana.

UN CAPRICHO

Kempinski Hotel Bristol – *Kurfürstendamm 27 (Charlottenburg)* – ☎ *88 43 40* – *fax 883 60 75* – *301 hab* – *individuales a partir de 222 €*. El hotel más lujoso en el sector occidental.

Adlon – *Unter den Linden 77 (Mitte)* – ☎ *226 10* – *fax 22 61 22 22, 337 hab* – *individuales a partir de 252 €*. Hotel de lujo con un emplazamiento de excepción en la Pariser Platz frente a la puerta de Brandemburgo; restaurado recientemente.

Four Seasons – *Charlottenstraße 49 (Mitte, paralela a la Friedrichstraße y transversal a Unter den Linden)* – ☎ *203 38* – *fax 20 33 61 66, 204 hab* – *individuales a partir de 226,50 €*. Esta sobria construcción de Kleihues situada en la Gendarmenmarkt sorprende por el lujoso interior.

Restaurantes

CORRECTO

Alte Pumpe – *Lützowstraße 42 (Tiergarten, paralela al Lützowufer)* – ☎ *26 48 42 65* – *menús a partir de 7,70 €*. Café-restaurante moderno con cocina regional.

Lutter & Wegner – *Charlottenstraße 56 (Mitte, paralela a Friedrichstraße y transversal a Straße Unter den Linden)* – ☎ *202 95 40* – *menús a partir de 14,50 €*. Decoración austriaca; situado en la plaza de Gendarmenmarkt.

Marjellchen – *Mommsenstraße 9 (Charlottenburg, calle paralela entre la Kantstraße y Kurfürstendamm)* – ☎ *883 26 76* – *menús a partir de 10 €*. Especialidades gastronómicas de Silesia y de Prusia Oriental.

Nußbaum – *Bundesplatz 6 (Wilmersdorf, en la Bundesallee)* – ☎ *854 50 20* – *menús a partir de 4,35 € (almuerzo) y 6,15 € (cena)*. Platos "caseros" y tradicionales berlineses.

UNA BUENA OPCIÓN

Kaiserstuben – *Am Kupfergraben 6a (Mitte, calle paralela situada entre las orillas del Spree y Unter den Linden)* – ☎ *20 45 29 80* – *menús a partir de 23 €*. Excelente restaurante próximo a la Isla de los Museos.

Funkturm-Restaurant – *Messedamm 22 (Charlottenburg, calle paralela al Messegelände)* – ☎ *30 38 29 96* – *menús a partir de 13 €*. Magníficas vistas de los barrios occidentales y del Grünewald.

Borchhardt – *Französische Straße 47 (Mitte, calle paralela entre Unter den Linden y Leipzigerstraße)* – ☎ *20 38 71 10* – *menús a partir de 16,50 €*. Salón-comedor señorial adornado con elegantes columnas.

UN CAPRICHO

Bamberger Reiter – *Regensburger Straße 7 (Schöneberg, paralela a la Hohenstaufenstraße, en el cruce de la Bundesallee y Hohenzollerndamm)* – ☎ *218 42 82* – *menús a partir de 27 €*. Varios salones muy acogedores

Harlekin – *Lützowufer 15 (Tiergarten)* – ☎ *25 47 88 58* – *menús a partir de 26 €*. Restaurante moderno en el *Grand Hotel Esplanade*.

Cafés, cervecerías y bares

En Berlín no existe un escenario único donde se concentre el público que busca diversión, sino distintos puntos, barrios o calles donde la animación es permanente. Las posibilidades de elección son ilimitadas: en Charlottenburg en torno a la Savignyplatz y a la Kurfürstendamm; en Schöneberg en los alrededores del Winterfeldplatz; en Kreuzberg en la Chamissoplatz, en la Oranienstraße, la Wiener Straße y a lo largo del Landwehrkanal; en Mitte en la Friedrichstraße, en el barrio de Nikolaiviertel y en las proximidades del Hackesche Markt, y en Prenzlauer Berg en torno a la Kollwitzplatz y a la Kastanienallee.

CAFÉS

Leysieffer – *Kurfürstendamm 118 (Charlottenburg)* – ☎ *88 57 48 0. Lu-sá de 10-18, do de 11-18.30*. Típico café de la Ku'Damm con una extensa carta de tartas.

Café Einstein – *Kurfürstenstraße 58 (Tiergarten, cerca de la Kaiser-Wilhelm-Gedächtniskirche y del Europa Center)* – ☎ *2 61 50 96. Todos los días de 9-2*. Café vienés en una villa de estilo fin de siglo.

Operncafé – *Unter den Linden 5 (Mitte)* – ☎ *20 26 83. Todos los días de 9-24*. Café instalado en el antiguo palacio de las Princesas; bonita terraza, muy agradable sobre todo en verano.

Pasticceria und Rosticceria Italiana – *Leibnitzstraße 45 (Charlottenburg)* – ☎ *3 24 83 89. Todos los días de 10-21*. Magnífica repostería.

Tele-Café – *Panoramastraße 1 (Mitte)* – ☎ *2 42 33 33. De nov a finales de feb, todos los días de 10-24, de mar a finales de oct, todos los días de 10-1*. Café giratorio situado a 200 m de altura en la torre de la televisión; la plataforma tarda 30 min en dar una vuelta completa.

CERVECERÍAS CON JARDÍN

Café am Neuen See – *Lichtensteinallee 1 (Tiergarten)* – ☎ *2 54 49 30. Todos los días de 10-24*. Cervecería con jardín en el Tiergarten con capacidad para 1.000 plazas.

Kastanie – *Schloßstraße 22 (Charlottenburg)* – ☎ *3 21 50 34. Todos los días de 12-2*. Pequeña cervecería en la avenida que conduce al palacio de Charlottenburg; el bulevar de enfrente es un lugar tradicional para el juego de la petanca.

Golgatha – *En el Viktoriapark, Katzbachstraße esquina a Kreuzbergstraße (Kreuzberg)* – ☎ *7 85 24 53. Todos los días de 10-6*. Cervecería con terraza a pocos pasos de uno de los parques decimonónicos más bellos de Berlín.

Prater Biergarten – *Kastanienallee 7-9 (Prenzlauer Berg)* – ☎ *4 48 56 88. Lu-vi de 16-24, fs de 12-24*. En el centro del Prenzlauer Berg.

BERLIN

PUBS

Irish Harp Pub – *Giesebrechtstraße 15 (Charlottenburg, en la esquina de Kurfürstendamm y Leibnitzstraße)* – ☎ 8 82 77 39. Lu de 11-1.30, ma-ju de 11-2, vi y sá de 11-3, do de 10.30-1.30. Excelente carta de whiskys, especialista en cerveza Guiness.

Kilkenny-Irish-Pub – *Hackescher Markt (Mitte, entre la Torstraße y la Karl-Liebknecht-Straße)* – ☎ 2 83 20 84. Lu de 11-1.30, ma-ju de 11-2, vi y sá de 11-3, do de 10.30-2. Situado bajo las arcadas del ferrocarril suburbano.

The Shannon – *Apostel-Paulus-Straße 34 (Schöneberg, transversal a la Martin-Luther-Straße y paralela a la Grunewaldstraße)* – ☎ 7 81 86 76. Do-ju de 19-2, vi y sá de 19-3. En este local todo gira en torno a la "Isla Verde".

CAFÉS Y CERVECERÍAS EN CHARLOTTENBURGO

Schwarzes Café – *Kantstraße 148*; ☎ 3 13 80 38. Sólo cierra los lu a las 3 de la madrugada hasta el día siguiente a las 11 de la mañana. Ambiente retro del Berlín de entreguerras.

Zillemarkt – *Bleibtreutraße 48, entre la Lietzenburgerstraße y la Kurfürstendamm)*; ☎ 8 81 70 40. Todos los días de 10-1. Local situado en un encantador rincón de Charlottenburg donde se instalaba antiguamente un rastro, con el típico empedrado berlinés.

Café Hardenberg – *Hardenbergstraße 10* – ☎ 3 12 26 44. Todos los días de 9-1. Lugar de encuentro de los estudiantes de la Universidad Técnica, siempre está abarrotado.

CAFÉS Y CERVECERÍAS EN MITTE

StäV – *Schiffbauerdamm, 8 (paralela al canal del Spree, cerca de la Moltkestraße)* – ☎ 2 82 39 65. Todos los días de 11-1. Lugar de encuentro de ciudadanos de Bonn.

Deponie Nr. 3 – *Georgenstraße 5 (paralela al canal del Spree y a Unter den Linden)* – ☎ 20 16 57 40. Lu-vi a partir de las 9, fs a partir de las 10. Local instalado bajo un puente del ferrocarril metropolitano; ofrece un ambiente agradable con una decoración rústica.

Aedes – *Rosenthaler Straße 40-41, continuación de la Brunnenstraße)* – ☎ 2 85 82 75. Todos los días de 10-24. Café en los Hackeschen Höfe.

Hackbarths – *Auguststraße 49 (paralela a la Torstraße entre la Schönhauser Allee y la Prenzlauer Allee)* – ☎ 2 82 77 06. Todos los días de 9-3. Clientela internacional, jóvenes y artistas.

BAR DE CÓCTELES

Harry's New York Bar – *Lützowufer 15 (Tiergarten, junto a Lützowufer)* – ☎ 2 62 68 07. Todos los días de 14-4, "hora feliz" de 14-21. Establecimiento en el que se sirven excelentes cócteles en una inmensa barra.

Galerie Bremer – *Fasanenstraße 37 (Charlottenburg, transversal a la Hardenbergstraße, cerca de la oficina de correos)* – ☎ 8 81 49 08. Lu-sá de 20-2. Este encantador bar se encuentra en la trastienda de la Galería Bremer.

Compras

Las grandes superficies comerciales se encuentran a lo largo de la Kurfürstendamm y en la Tauentzienstraße, así como en el complejo *Potsdamer Platz Arkaden*. Los almacenes más prestigiosos son *KaDeWe* (Tauentzienstraße 221), que ofrecen una enorme variedad de artículos de consumo y de lujo en una arquitectura suntuosa, y *Galeries Lafayette* (Friedrichstraße 207), que se distingue por su gran oferta en un espacio arquitectónico sorprendente. En la Fasanenstraße y en la Friedrichstraße se ubican los comercios de las **marcas exclusivas**. Otra zona de compras interesante se halla en los *Hackeschen Höfe* (Rosenthalerstr./Sophienstr., www.hackesche-hoefe.com), un complejo de ocho patios en el que se han instalado galerías, boutiques de moda, tiendas de anticuario, restaurantes, bares, una sala de cine e incluso un cabaret.

Galerías de Arte – Se han establecido, en el sector oeste de la ciudad, en torno a la Savignyplatz (Charlottenburg), la Fasanenstraße (Charlottenburg) y la Pariser Straße (Wilmersdorf), y en la parte este entre la Oranienburger Straße y la Rosa-Luxemburg-Platz.

Anticuarios – Se concentran en la Eisenacher Straße/Kalckreuthstraße, en la Fasananstraße, en los alrededores de la Bleibtreustraße, de la Pestalozzistraße y de la Knesebeckstraße, así como bajo las arcadas de la estación de la S-Bahn de Friedrichstraße.

Rastrillos (Flohmarkt) – Rastro de la calle 17 de Junio (Großer Berliner Trödel und Kunstmarkt) en Charlottenburg, fs 11-17; en Fehrbelliner Platz (Wilmersdorf), fs 7-16, y Berliner Kunst- und Nostalgiemarkt en la Isla de los Museos, fs 11-17.

Mercados – Markt am Winterfeldplatz, mi y sá 8-13; Maybachufer (mercado semanal turco), ma y vi 12-18.30.

BERLIN

Espectáculos

TEATRO

Berliner Ensemble – *Bertold-Brecht-Platz, 1 (Mitte, a orillas del Spree, entre la Luisenstraße y la Friedrichstraße)* – ☏ *282 31 60* – *www.berliner-ensemble.de. Venta anticipada de entradas: lu-vi 8-18, fs 11-18.* En 1928 Bertold Brecht obtuvo un gran éxito en este teatro centenario con la escenificación de su obra la *Ópera de los tres peniques* (entonces se llamaba Theater am Schiffbauerdamm). Este escritor fundó la compañía Berliner Ensemble, que tiene su sede en este edificio desde 1954.

Deutsches Theater – *Schumannstaße 13a (Mitte)* – ☏ *28 44 12 21* – *www.deutsches-theater.de. Venta anticipada de entradas: lu-sá 11-18.30, do 15-18.30.* Cuenta con tres escenarios; bajo la dirección de Thomas Langhoff se representan obras teatrales de gran calidad; repertorio clásico y contemporáneo.

Schaubühne am Lehniner Platz – *Kurfürstendamm 153 (Wilmersdorf)* – ☏ *89 00 23. Venta anticipada de entradas: lu-sá 11-18.30, do 15-18.* La compañía de la Schaubühne tiene su sede en este edificio desde 1981. Ha cosechado grandes éxitos bajo la dirección de Peter Stein.

Volksbühne – *Rosa-Luxemburg-Platz (Mitte, paralela a la Torstraße entre la Schönhauserallee y la Prenzlauerallee)* – ☏ *247 76 94. Venta anticipada de entradas: todos los días de 12-18.* Teatro vanguardista y provocador dirigido por Frank Castorf. También se celebran otro tipo de espectáculos (en el Roter und Grüner Salon).

Komödie/Theater am Kurfürstendamm – *Kurfürstendamm 206-209 (Charlottenburg)* – ☏ *47 99 74 30/40* – *www.komoedie-am-kurfuerstendamm.de. Venta anticipada de entradas: lu-sá de 10-18, Do de 15-17.* Teatro de comedias en el que con frecuencia actúan famosas figuras de la televisión.

ÓPERA, BALLET, OPERETA Y MUSICAL

Deutsche Oper Berlin – *Bismarckstraße 35 (Charlottenburg)* – ☏ *343 84 01* – *www.deutscheoperberlin.de. Venta anticipada de entradas: lu-sá 11-1 antes del comienzo del espectáculo, do 10-14.* Antiguamente se encontraba aquí el edificio de la Ópera de Charlottenburg; el inmueble moderno fue construido después de la guerra.

Staatsoper Unter den Linden – *Unter den Linden 5 (Mitte)* – ☏ *20 35 45 55* – *www.staatsoper-berlin.de. Venta anticipada de entradas: lu-vi 10-18, fs 14-18.* Esta Ópera, la más antigua y suntuosa de Berlín, fue creada en la época de Federico II.

Komische Oper – *Behrenstraße 55-57 (Mitte, paralela a Unter den Linden)* – ☏ *47 99 74 00* – *www.komische-oper-berlin.de. Venta anticipada de entradas: lu-sá 11-19, do 13-2 antes del comienzo del espectáculo.* La Ópera Cómica fue fundada en 1947 por Walther Felsenstein; en ella se pueden ver interesantes puestas en escena de Harry Kupfer.

Theater des Westens – *Kantstraße 12 (Charlottenburg)* – ☏ *31 90 30* – *www.theater-des-westens.de.* En este lujoso edificio de la época guilermina se puede asistir a magníficos espectáculos musicales.

TEATROS DE VARIEDADES, REVISTAS Y CABARETS

Friedrichstadtpalast – *Friedrichstraße 107 (Mitte)* – ☏ *23 26 2 31* – *www.friedrichstadtpalast.de. Venta anticipada de entradas: lu 10-18, ma-do 10-19.* Local legendario fundado en los años 20, magnífico escenario de revistas.

Chamäleon Variété – *Rosenthaler Straße 40-41 (Mitte, prolongación de la Brunnenstraße)* – ☏ *282 71 18* – *www.chamaeleonberlin.de. Venta anticipada de entradas: lu-ju 12-21, vi-sá 12-24, do 16-21.* Situado en los Hackeschen Höfen, presenta un programa muy variado.

Wintergarten-Variété – *Potsdamer Straße 96 (Tiergarten)* – ☏ *25 00 88 88* – *www. wintergartenberlin.de. Venta anticipada de entradas: lu-vi 10-18, sá 10-16.* Espectáculo de variedades clásico en el que actúan artistas consagrados.

CONCIERTOS DE MÚSICA CLÁSICA

Konzerthaus Berlin (Schauspielhaus am Gendarmenmarkt) – *Gendarmenmarkt (Mitte, paralela a la Friedrichstraße entre Unter den Linden y Leipzigerstraße)* – ☏ *203 09 21 01/02* – *www.konzerthaus.de. Venta anticipada de entradas: lu-sá 12-19, do y fest 12-16.* La sala de conciertos más bonita de Berlín.

Philharmonie y Kammermusiksaal – *Herbert-von-Karajan-Straße 1 (Tiergarten)* – ☏ *25 48 81 32* – *www.berlin-philharmonic.com. Venta anticipada de entradas: lu-vi 15-18, fs 11-14.* Sede de la Orquesta Filarmónica de Berlín.

JAZZ

A-Trane – *Bleibtreustraße 1 (Charlottenburg, transversal a la Lietzenburgerstraße y a Kurfürstendamm)* – ☏ *312 25 50, fax 3 13 46 29* – *www.a-trane.de. Do-ju 21-2, vi-sá a partir de las 21, comienzo del espectáculo a las 22.* Aquí están representadas todas las tendencias de la música de jazz.

BERLIN

B-Flat – *Rosenthaler Straße 13 (Mitte, prolongación de la Brunnenstraße)* – ☏ *2 80 63 49 – fax 2 83 31 23. Todos los días a partir de las 20.* Este agradable local está enclavado en el corazón de la zona de clubs del distrito de Mitte.

Miles – *Greifswalder Straße 212-213 (Prenzlauer Berg)* – ☏ *44 00 81 40. Ma-do a partir de las 21.* Local inaugurado recientemente.

CLUBS, DISCOTECAS Y MÚSICA EN VIVO

Knaack Club – *Greifswalder Straße 224 (Prenzlauer Berg)* – ☏ *442 70 60 – fax 4 42 85 86. Mi a partir de las 20, vi-sá a partir de las 21, salas de billar todos los días de 18-20.* Club en un patio interior, con varias plantas en las que actúan diferentes bandas, público joven.

SO 36 – *Oranienburger Straße 190 (Kreuzberg, en el cruce de la Torstraße y la Chausseestraße)* – ☏ *61 40 13 06 – fax 61 60 92 68. Lu y mi a partir de las 23, ju-sá en función de la hora en que comience el espectáculo, do a partir de las 17.* Lugar de encuentro de jóvenes punks.

Tresor/Globus – *Leipziger Straße 126a/esquina a Wilhelmstraße (Mitte)* – ☏ *229 06 11. Mi, vi y sá a partir de las 23.* Música tecno en un local instalado en un antiguo edificio de los grandes almacenes Wertheim próximo a la Potsdamer Platz.

WMF – *Johannisstraße 19-21 (Mitte, transversal a la Friedrichstraße y paralela a la Torstraße)* – ☏ *28 38 88.* Un sitio apropiado para escuchar música tecno.

CINE

Numerosos cines se han establecido en los alrededores de la Gedächtniskirche. El mayor complejo de la ciudad (19 salas) es el *Cinemaxx*, situado en la Potsdamer Platz, donde se encuentra la sala de pantalla panorámica IMAX. También se ofrece una interesante programación en los distritos de Kreuzberg, Schöneberg, Mitte y Prenzlauer Berg.

Acontecimientos culturales y artísticos

Los principales festivales que se celebran anualmente en Berlín son: la *"Berlinale"* de cine *(Internationale Filmfestspiele)* en feb, el de teatro en mayo *(Theatertreffen)*, el *Love-Parade* en jul, la *Berliner Festwochen* en sept, el *Museumsinsel-Festival* a finales de sept y el *Jazz-Fest* en nov.

Gendarmenmarkt

BERLIN

** EL CENTRO HISTÓRICO

El itinerario comienza en el Reichstag y continua por la famosa avenida Unter den Linden, la calle más animada de la ciudad antes de la II Guerra Mundial.

* **Reichstag (Parlamento)** – El Reichstag (Dieta del Imperio) –cuyos diputados eran elegidos por sufragio universal– celebró sus sesiones en este impresionante edificio de estilo renacentista italiano, obra de Paul Wallot, a partir de 1894. En 1933 los nazis lo incendiaron, y en 1945 las bombas lanzadas por los aliados causaron gravísimos daños; en 1954 fue volada finalmente la célebre cúpula. La reconstrucción del edificio se concluyó en la década de los 70, pero sin la cúpula.
El 4 de octubre de 1990, el Parlamento fue el escenario de la primera sesión parlamentaria de la Alemania reunificada. En 1995 los artistas **Christo y Jeanne-Claude** "empaquetaron" el edificio con inmensos plásticos de color plateado durante 14 días, lo que dio lugar a la celebración de una gran fiesta popular en la explanada que está delante del edificio. Por fin se puso en marcha el proyecto de remodelación creado por el arquitecto británico **Norman Foster**. El arquitecto británico diseñó una cúpula acristalada, que por su aspecto ligero contrasta vivamente con la pesada mole del edificio. Su estructura se apoya en 12 columnas y proyecta la luz natural en la sala de Plenos a través de un curioso sistema helicoidal de espejos. Otra solución audaz es la disposición de rampas transitables en la cúpula, que conducen hasta una **plataforma panorámica**★★. El Parlamento Federal cuenta con una gran afluencia de visitantes al año.
El 19 de abril de 1999 los diputados del Parlamento celebraron la primera sesión plenaria en el edificio remodelado.

** **Brandenburger Tor (Puerta de Brandemburgo)** – Este arco de triunfo, monumento emblemático de Berlín, fue durante casi tres décadas el símbolo de la dramática división de la ciudad. De hecho, la puerta de Brandemburgo formaba parte del muro, construido por la policía en 1961 y que discurría siguiendo un eje N-S en dirección a la Potsdamer Platz. Desde esta plaza se domina hacia el O una amplia perspectiva del Paseo 17 de Junio con la columna de la Victoria (Siegessäule), y en dirección O la famosa avenida Unter den Linden. Seis columnas dóricas soportan el entablamento clásico. El proyecto, realizado por el arquitecto Carl Gotthard Langhans en 1788-91, se inspiró en los propileos del Partenón. El original de la famosa *Cuádriga de la Victoria* (copia) que corona el monumento, obra de Gottfried Schadow (1793), fue trasladada a París en una de las campañas napoleónicas, y retornó de nuevo a Berlín en 1814.

BERLIN

★★ Unter den Linden – La célebre avenida –en español significa "Bajo los Tilos"– se trazó en 1647 durante el reinado de Federico el Grande. A partir del cruce con la Friedrichstraße se levantan edificios de los ss. XVII-XIX.

Gire a la derecha en la Charlottenstraße y llegue hasta el Gendarmenmarkt.

★ Alte Bibliothek (Antigua Biblioteca) – El edificio fue concebido por el arquitecto Georg Friedrich Boumann el Joven en estilo barroco vienés e inaugurado en 1780 para albergar los tesoros de la Biblioteca Real. En Berlín se le da el apelativo de la "cómoda".

★★ Gendarmenmarkt – Esta plaza es, sin lugar a dudas, una de las más hermosas de Berlín. Su nombre procede del regimiento "Gens d'Armes" que prestó servicios al Rey Sargento, Federico Guillermo I, y que tenía aquí sus caballerizas. El elegante Teatro (Schauspielhaus) construido en 1821 por Schinkel está flanqueado por la **Catedral alemana★** (Deutscher Dom) al S. y la **Catedral francesa★** (Französischer Dom) al N. Ambas iglesias, que son de principios del s. XVIII, fueron dotadas de sendas cúpulas por Karl Gontard durante el reinado de Federico el Grande.
En la catedral alemana está alojada la exposición **"Debates sobre la historia alemana"**, una panorámica sobre los interrogantes que han suscitado las ideas y decisiones políticas que se ha visto obligada a tomar Alemania desde 1800 hasta nuestros días; en la Catedral francesa se encuentra el Museo de los Hugonotes.

★★ Schauspielhaus – Este teatro, inspirado en la arquitectura de la Grecia clásica –como se aprecia en el pórtico de entrada que se sustenta sobre seis columnas–, fue construido por Karl Friedrich Schinkel en 1820. Aquí se estrenó la obra de Carl Maria von Weber *Freischütz*. El edificio, seriamente dañado durante la II Guerra Mundial, fue restaurado entre 1980 y 1984 respetando el estilo clásico original. El interior, aunque no pudo ser reconstruido fielmente porque se pensaba dar una función distinta al teatro y transformarlo en una sala de conciertos, posee una lujosa decoración que emula a la de antaño.
El monumento a Schiller que se alza frente a la escalinata del Schauspielhaus es obra del artista berlinés Reinhold Begas (1871).

St. Hedwigs-Kathedrale (Catedral de St. Hedwig) – De acuerdo con las últimas investigaciones, el arquitecto Georg Wenzeslaus von Knobelsdorff fue el autor del proyecto de esta iglesia católica, cuyas obras se prolongaron de 1743 a 1773. El edificio, inspirado en el Panteón de Roma, fue consagrado a santa Eduvigis, patrona de Silesia, para celebrar los éxitos militares de Federico II en ese territorio.

★ Staatsoper Unter den Linden (Teatro Nacional de la Ópera) – De los tres proyectos que se presentaron para el Forum Fridericiarum –además del teatro estaba previsto un palacio y una academia de Bellas Artes–, el único que se realizó (1840-43) fue este teatro de la Ópera diseñado por el arquitecto Knobelsdorff. En 1843 sufrió un grave incendio y el arquitecto Langhans lo reconstruyó inspirándose en el edificio original. El arquitecto Richard Paulick restauró el edifico entre 1951 y 1955 de los daños que sufrió durante la II Guerra Mundial.

Humboldt-Universität (Universidad Humboldt) – Este gran edificio fue construido por Johann Boumann el Viejo en 1753 y estaba destinado a ser la residencia del príncipe Enrique, hermano de Federico el Grande. En 1810 se transformó en sede universitaria. La estatua de uno de sus fundadores, Guillermo de Humboldt, y la de su hermano, el geógrafo y gran viajero Alejandro de Humboldt, adornan la entrada principal. Enfrente, en el bulevar central, se alza la estatua ecuestre de Federico el Grande, obra de Christian Daniel Rauch (1840-1851).

Neue Wache (Nuevo Cuerpo de Guardia) – Este pequeño edificio de proporciones equilibradas (1818) se debe, una vez más, a Friedrich Schinkel. Su diseño arquitectónico produce la sensación de que se hubiera encajado un templo dórico entre dos enormes pilastras. En 1966 se convirtió en el templo-homenaje a las víctimas del fascismo y el militarismo. Desde 1993 es el principal monumento conmemorativo de Alemania, un "lugar para el recuerdo y la memoria de las víctimas de la guerra y del militarismo". En el interior se encuentra una escultura a mayor escala que la humana de la artista Käthe Kollwitz: *Madre sosteniendo a su hijo muerto*.

★★ Zeughaus (Arsenal) – El edificio barroco más importante de Berlín fue construido entre 1695 y 1706. En él está alojado el **Museo de Historia Alemana★★** (Deutsches Historisches Museum) ⊙, que acaba de reabrir sus puertas tras unas profundas obras de saneamiento y remodelación según un proyecto concebido por el arquitecto americano y antiguo discípulo de Gropius **Ieoh-Ming-Pei**.

★ Friedrichswerdersche Kirche ⊙ – *Werderstraße*. Esta bella iglesia de ladrillo fue construida entre 1824 y 1830 según un proyecto de Karl Friedrich Schinkel. En la actualidad alberga el **Museo Schinkel★**, en el que se exhiben esculturas de este polifacético artista, que contribuyó con su extraordinaria obra a la monumentalidad de Berlín, y esculturas del clasicismo berlinés.

Cruce el puente del Spree para llegar a la Isla de los Museos. A la izquierda, se alza la catedral (Dom).

★ **Berliner Dom (Catedral Berlinesa)** ⓥ – Este imponente edificio neorrenacentista se construyó entre 1894 y 1905. El **interior**★★ destaca por las inmensas proporciones (tiene una capacidad para 1.500 personas) y el lujo de la decoración. En la parte S del templo se encuentra el magnífico **sarcófago** de Federico I y su esposa Sophie Charlotte, realizado por el escultor Andreas Schlüter. La **cripta**, que está parcialmente abierta al público, alberga más de 90 sarcófagos de los Hohenzollern, dinastía que gobernó la región de Prusia-Brandemburgo durante cinco siglos.

Se puede continuar el paseo y visitar el barrio moderno que se extiende en torno a Alexanderplatz.

★ **Alexanderplatz** – La plaza fue bautizada con este nombre en honor al zar ruso Alejandro, que visitó Berlín en 1805. Los berlineses la conocen con el apodo de "Alex". El escritor Alfred Döblin la puso de moda con su novela "Berlín Alexanderplatz" (1929). Hoy la plaza es un importante nudo de comunicaciones de la parte oriental de Berlín y un gran centro comercial metropolitano. La **iglesia de Santa María** (St. Marienkirche), un templo del s. XIV que conserva en la torre frescos del s. XV que representan la Danza macabra y un púlpito barroco de Andreas Schlüter, resulta insignificante al lado de la vertiginosa **torre de la televisión**★ (Fernsehturm) (365 m), cuya esfera giratoria alberga un café y un mirador con amplias vistas de la ciudad.

Iglesia de Santa María y torre de la televisión

Al S de la plaza se alza la torre del **"Rotes Rathaus"**, de 74 m de altura, un edificio que se erigió entre 1861 y 1869 enteramente en ladrillo.

★ **Nikolaiviertel** – Este barrio, situado en pleno corazón del antiguo Berlín, comprende el rectángulo delimitado por edificio del ayuntamiento, el río Spree, la Rathausstraße y la Mühlendamm. La restauración de sus casas típicas –entre ellas la **Knoblauchhaus**★ ⓥ (Poststraße 23) y el **Ephraim-Palais**★ ⓥ (en la esquina de la Poststraße y la Mühlendamm)–, de sus callecitas empedradas y sus tabernas tradicionales se realizó tomando como modelo algunos antiguos grabados, de forma que conserva la imagen de una ciudad provinciana del siglo pasado en pleno centro de la metrópoli.

El barrio está dominado por la silueta de las torres gemelas neogóticas de **San Nicolás**★ **(Nikolaikirche** ⓥ), la iglesia más antigua de Berlín. La primitiva basílica de estilo románico tardío, que conserva un presbiterio gótico de 1379, fue transformada en una iglesia de tipo salón gótica en ladrillo tras el gran incendio que devastó la ciudad en 1380. El interior acoge un museo que ilustra la historia de la construcción del templo y su importancia como mausoleo de notables personalidades de la ciudad. Se pueden ver magníficos monumentos funerarios, pintura religiosa y esculturas desde el gótico hasta el s. XVIII.

AGLOMERACIÓN BERLINESA

Ahrendsfelder Chaussee .... **DT** 403	Baumschulenstraße .... **CV** 419	Grünauer Straße .... **DV** 437
Allee der Kosmonauten...... **DU** 404	Birkbuschstraße .... **BV** 421	Hildburghauser
Alt-Biesdorf .... **DU** 406	Britzer Damm .... **CV** 424	Straße............................. **BV** 439
Am Großen Wannsee .... **AV** 407	Charlottenburger	Hindenburgdamm .... **BV** 440
Am Juliusturm .... **AU** 409	Chaussee .... **AU** 425	Hohenschönhauser
Am Kiesteich .... **AU** 410	Curtiusstraße .... **BV** 427	Straße............................. **DT** 442
Am Rupenhorn .... **AU** 412	Dietzgenstraße .... **CT** 428	Indira-Gandhi-
Am Tierpark .... **DU** 413	Eichborndamm .... **BT** 430	Straße............................. **CU** 444
Am Treptower Park .... **CU** 415	Eisenhutweg .... **DV** 443	Karlshorster Straße .... **DU** 445
An der Wuhlheide .... **DV** 416	Ernststraße............................ **BT** 431	Karolinenstraße .... **BT** 446
Barnetstraße......................... **CV** 418	Florastraße............................ **CT** 433	König-Luise-
	Germanenstraße .... **CT** 434	Straße............................. **BV** 448
	Greenwichpromenade .... **BT** 436	Königsheideweg.................. **DV** 449

Arboretum .... **CV** B²	Deutsch-russisches	Großsiedlung Siemensstadt **BU** S¹
Borsigwerke .... **BT** Q¹	Museum	Haus der
Botanischer	Berlin-Karlshorst .... **DU** M³⁰	Wannsee-Konferenz........ **AV** F²
Garten............................. **BV** B¹	Erholungspark Marzahn .... **DU** C¹	Heckeshorn (≤) .... **AV** G²
Botanisches	Fabrik Scherk .... **CV** Y	Heimatmuseum
Museum .... **BV** M²⁷	Georg-Kolbe-Museum .... **BU** M³¹	Reinickendorf .... **BT** M³²
Brücke-Museum .... **BV** M³⁶	Glockenturm (☼)................. **AU** E¹	Heimatmuseum Tempelhof **CV** M³⁴

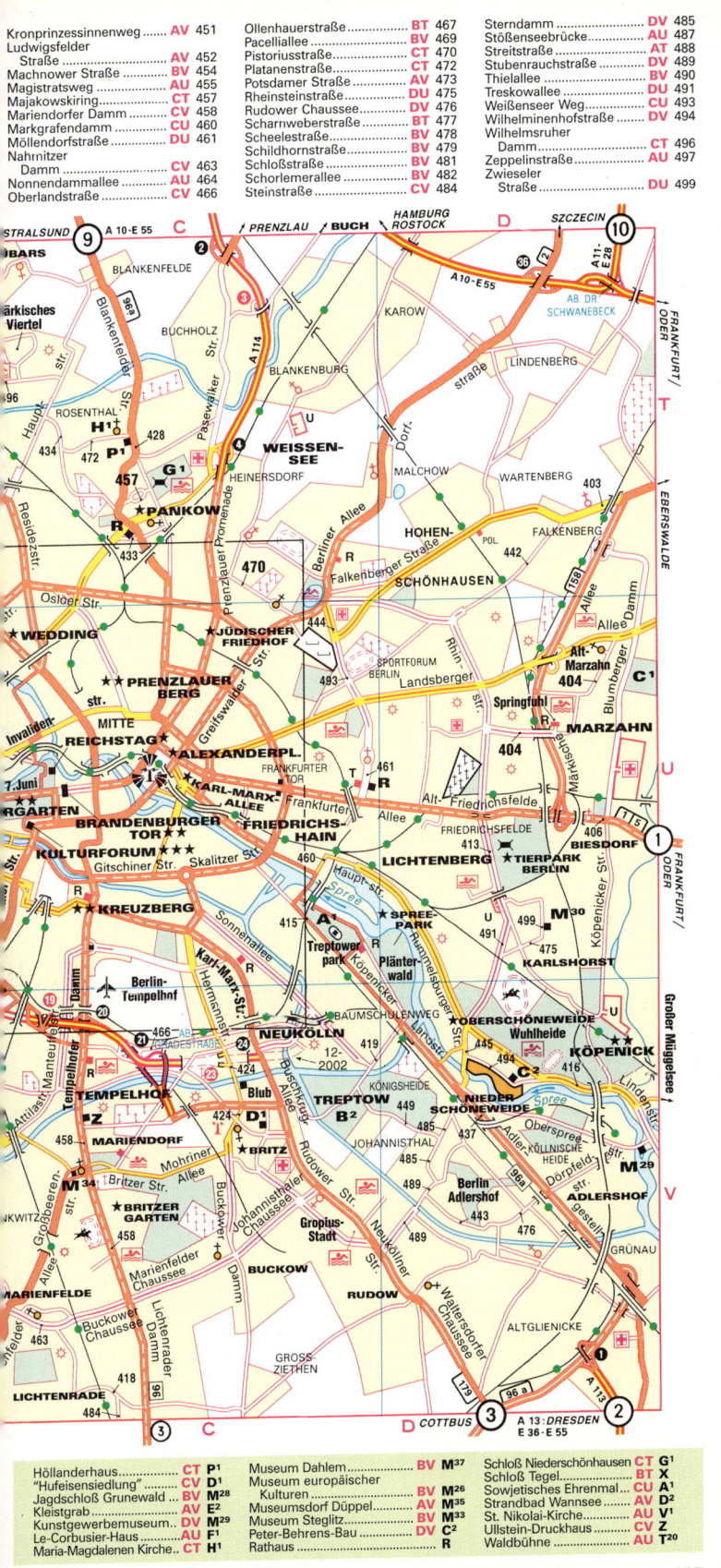

Kronprinzessinnenweg	**AV**	451
Ludwigsfelder Straße	**AV**	452
Machnower Straße	**BV**	454
Magistratsweg	**AU**	455
Majakowskiring	**CT**	457
Mariendorfer Damm	**CV**	458
Markgrafendamm	**CU**	460
Möllendorfstraße	**DU**	461
Nahnitzer Damm	**CV**	463
Nonnendammallee	**AU**	464
Oberlandstraße	**CV**	466
Ollenhauerstraße	**BT**	467
Paceliallee	**BV**	469
Pistoriusstraße	**CT**	470
Platanenstraße	**CT**	472
Potsdamer Straße	**AV**	473
Rheinsteinstraße	**DU**	475
Rudower Chaussee	**DV**	476
Scharnweberstraße	**BT**	477
Scheelestraße	**BV**	478
Schildhornstraße	**BV**	479
Schloßstraße	**BV**	481
Schorlemerallee	**BV**	482
Steinstraße	**CV**	484
Sterndamm	**DV**	485
Stößenseebrücke	**AU**	487
Streitstraße	**AT**	488
Stubenrauchstraße	**DV**	489
Thielallee	**BV**	490
Treskowallee	**DV**	491
Weißenseer Weg	**CU**	493
Wilhelminenhofstraße	**DV**	494
Wilhelmsruher Damm	**CT**	496
Zeppelinstraße	**AU**	497
Zwieseler Straße	**DU**	499

Holländerhaus	**CT**	P¹
"Hufeisensiedlung"	**CV**	D¹
Jagdschloß Grunewald	**BV**	M²⁸
Kleistgrab	**AV**	E²
Kunstgewerbemuseum	**DV**	M²⁹
Le-Corbusier-Haus	**AU**	F¹
Maria-Magdalenen-Kirche	**CT**	H¹
Museum Dahlem	**BV**	M³⁷
Museum europäischer Kulturen	**BV**	M²⁶
Museumsdorf Düppel	**AV**	M³⁵
Museum Steglitz	**BV**	M³³
Peter-Behrens-Bau	**DV**	C²
Rathaus		**R**
Schloß Niederschönhausen	**CT**	G¹
Schloß Tegel	**BT**	X
Sowjetisches Ehrenmal	**CU**	A¹
Strandbad Wannsee	**AV**	D²
St. Nikolai-Kirche	**AU**	V¹
Ullstein-Druckhaus	**CV**	Z
Waldbühne	**AU**	T²⁰

127

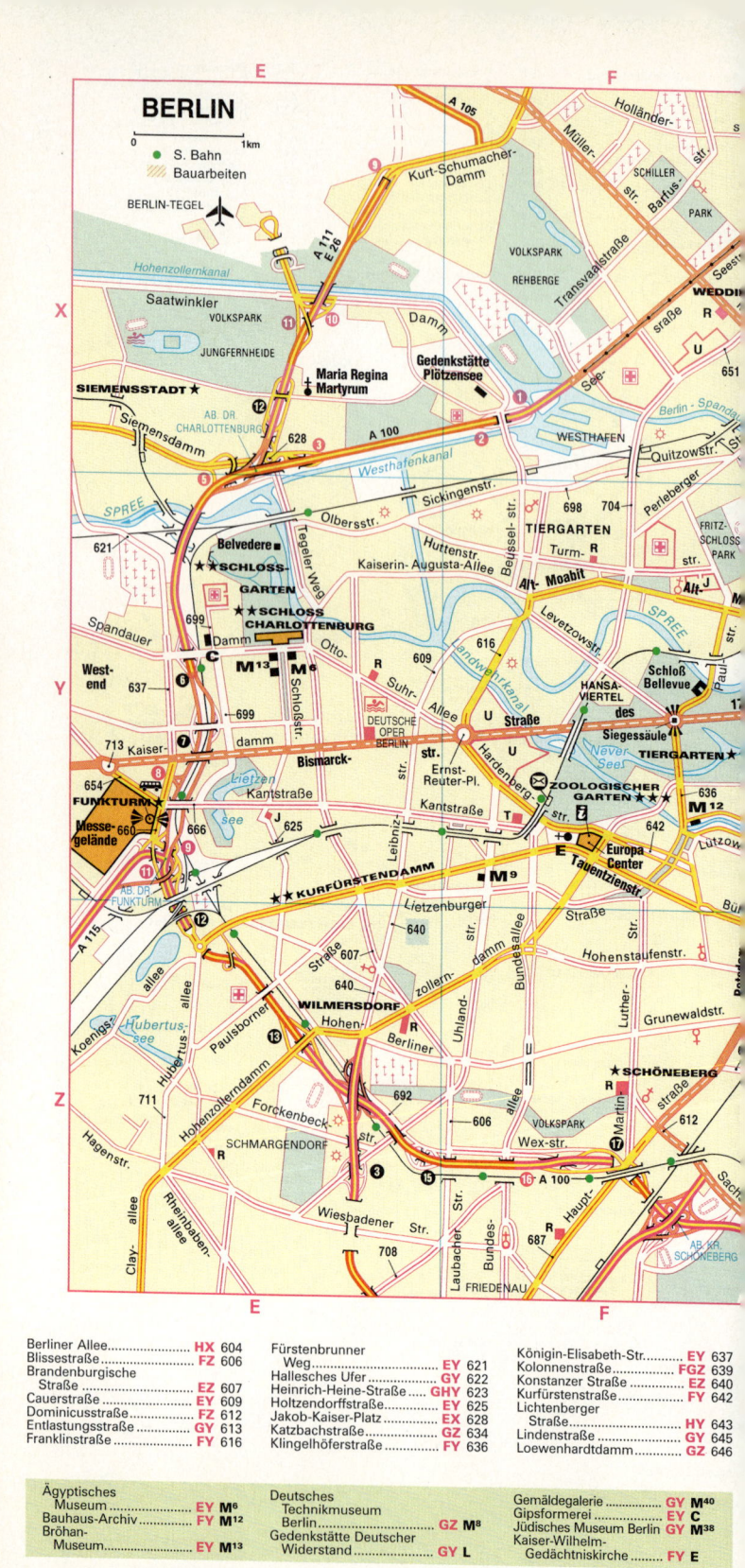

Berliner Allee	**HX** 604
Blissestraße	**FZ** 606
Brandenburgische Straße	**EZ** 607
Cauerstraße	**EY** 609
Dominicusstraße	**FZ** 612
Entlastungsstraße	**GY** 613
Franklinstraße	**FY** 616
Fürstenbrunner Weg	**EY** 621
Hallesches Ufer	**GY** 622
Heinrich-Heine-Straße	**GHY** 623
Holtzendorffstraße	**EY** 625
Jakob-Kaiser-Platz	**EX** 628
Katzbachstraße	**GZ** 634
Klingelhöferstraße	**FY** 636
Königin-Elisabeth-Str.	**EY** 637
Kolonnenstraße	**FGZ** 639
Konstanzer Straße	**EZ** 640
Kurfürstenstraße	**FY** 642
Lichtenberger Straße	**HY** 643
Lindenstraße	**GY** 645
Loewenhardtdamm	**GZ** 646

Ägyptisches Museum	**EY** M6
Bauhaus-Archiv	**FY** M12
Bröhan-Museum	**EY** M13
Deutsches Technikmuseum Berlin	**GZ** M8
Gedenkstätte Deutscher Widerstand	**GY** L
Gemäldegalerie	**GY** M40
Gipsformerei	**EY** C
Jüdisches Museum Berlin	**GY** M38
Kaiser-Wilhelm-Gedächtniskirche	**FY** E

128

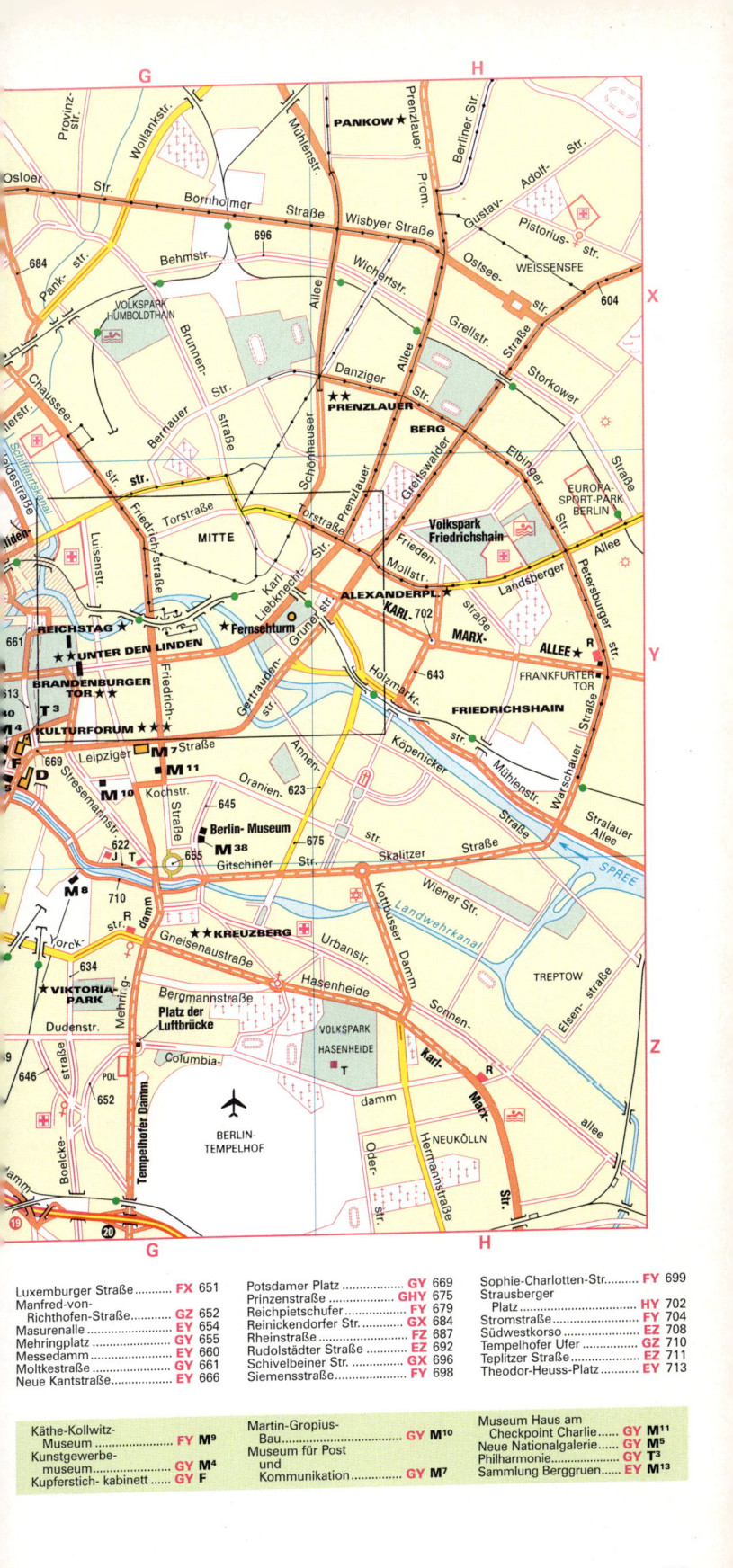

Luxemburger Straße	**FX** 651	Potsdamer Platz	**GY** 669	Sophie-Charlotten-Str.	**FY** 699
Manfred-von- Richthofen-Straße	**GZ** 652	Prinzenstraße	**GHY** 675	Strausberger Platz	**HY** 702
Masurenallee	**EY** 654	Reichpietschufer	**FY** 679	Stromstraße	**FY** 704
Mehringplatz	**GY** 655	Reinickendorfer Str.	**GX** 684	Südwestkorso	**EZ** 708
Messedamm	**EY** 660	Rheinstraße	**EZ** 692	Tempelhofer Ufer	**GZ** 710
Moltkestraße	**GY** 661	Rudolstädter Straße	**EY** 696	Teplitzer Straße	**EZ** 711
Neue Kantstraße	**EY** 666	Schivelbeiner Str.	**GX** 698	Theodor-Heuss-Platz	**EY** 713
		Siemensstraße	**FY** 698		

Käthe-Kollwitz- Museum	**FY** M⁹	Martin-Gropius- Bau	**GY** M¹⁰	Museum Haus am Checkpoint Charlie	**GY** M¹¹
Kunstgewerbe- museum	**GY** M⁴	Museum für Post und		Neue Nationalgalerie	**GY** M⁵
Kupferstich-kabinett	**GY** F	Kommunikation	**GY** M⁷	Philharmonie	**GY** T³
				Sammlung Berggruen	**EY** M¹³

BERLIN
CENTRO HISTÓRICO

Albrechtstraße	**OY**	4
Alte Schöhauser Straße	**PX**	9
Am Kupfergraben	**OY**	13
Am Weidendamm	**OY**	19
An der Spandauer Brücke	**PY**	21
Auguststraße	**OPX**	30
Bodestraße	**PY**	36
Brüderstraße	**PZ**	40
Bunsenstraße	**NY**	46
Burgstraße	**PY**	48
Charlottenstraße	**OYZ**	52
Französische Straße	**OZ**	69
Friedrichsgracht	**PZ**	73
Friedrichstraße	**OYZ**	
Georgenstraße	**OY**	13
Gertraudenbrücke	**PZ**	81
Gertraudenstraße	**PZ**	82
Gormannstraße	**PX**	90
Große Hamburger Straße	**PX**	100
Hackescher Markt	**PY**	106
Holzmarktstraße	**QZ**	124
Inselbrücke	**QZ**	133
Inselstraße	**QZ**	135
Jannowitzbrücke	**QZ**	136
Jungfernbrücke	**PZ**	139
Klosterstraße	**QY**	150
Köpenicker Straße	**QZ**	154
Krausnickstraße	**PX**	160
Liebknechtbrücke	**PY**	171

Alexanderhaus	**QY**	B
Alte Nationalgalerie	**PY**	M20
Alter jüdischer Friedhof	**PX**	X
Altes Museum	**PY**	M18
Berliner Ensemble	**OY**	T10
Berolinahaus	**QY**	C
Botschaft der Russischen Föderation	**NOZ**	A1
Denkmal Friedrichs II.	**OZ**	D1
Deutscher Dom	**OZ**	N1
Deutsches Theater	**NX**	T13
Dorotheenstädtischer und Französischer Friedhof	**OX**	K3
Ephraim-Palais	**PZ**	S
Ermelerhaus	**QZ**	D
Franziskaner-Klosterkirche	**QY**	W
Französischer Dom	**OZ**	N
Friedhof der Garnisonkirche	**PX**	K4
Friedrichstadtpalast	**OXY**	T11
Friedrichswerdersche Kirche (Schinkelmuseum)	**PZ**	M22
Gouverneurhaus	**OZ**	G2
Haus des Lehrers	**QY**	A
Heiliggeistkapelle	**PY**	C1
Kammerspiele	**NX**	T14
Knoblauchhaus	**PZ**	M21
Komische Oper	**OZ**	T16
Kronprinzpalais	**PZ**	H1

130

Street	Grid	No.
Märkisches Ufer	OZ	177
Markgrafenstraße	OZ	186
Marschallbrücke	NY	189
Memhardstraße	QXY	195
Monbijoustraße	OY	202
Mühlendammbrücke	PZ	205
Neue Roßstraße	OZ	210
Neue Schönhauser Straße	PX	211
Niederwallstraße	PZ	214
Oberwallstraße	PZ	216
Platz vor dem Neuen Tor	NX	225
Poststraße	PZ	226
Prenzlauer Berg	QX	228
Rathausbrücke	PZ	232
Rathausstraße	PY	234
Robert-Koch-Platz	NX	243
Roßstraßenbrücke	PZ	244
Rungestraße	OZ	249
Saarbrücker Straße	QX	252
Sandkrugbrücke	NX	253
Schadowstraße	NOY	255
Scharnhorststraße	NX	256
Scharrenstraße	PZ	258
Schillingstraße	QY	261
Schloßbrücke	PYZ	264
Schönhauser Allee	QX	270
Spandauer Straße	PY	280
Tucholskystraße	OXY	294
Unterbaumstraße	NY	295
Waisenstraße	QZ	298
Weinmeisterstraße	PX	307
Werderstraße	PZ	309
Weydingerstraße	QX	313

	Grid	Ref
Maxim-Gorki-Theater (ehem. Singakademie)	OY	T18
Metropol-Theater (ehem. Admiralspalast)	OY	T9
Mohrenkolonnaden	OZ	P
Museum für Kindheit und Jugend	OZ	M23
Neuer Marstall	PZ	Z1
Neues Museum	PY	M19
Nicolaihaus	PZ	F
Nikolaikirche	PZ	Q
Palais Podewils	QYZ	V
Palast der Republik	PYZ	Z
Prinzessinnenpalais	OZ	G1
"Quartier 206"	OZ	H
Ribbeckhaus	PZ	G
Robert-Koch-Museum	NY	M17
Rudolf-Virchow-Haus	NX	M16
Schadowhaus	NYZ	C2
Schauspielhaus	OZ	T15
Sophienkirche	PX	Y
Spittelkolonnade	PZ	E
Staatsbibliothek	OY	B2
Staatsratsgebäude	PZ	Z2
Staatsoper Unter den Linden	OZ	T17
Stadtbibliothek	PY	B1
Stadtgericht	QY	J
St. Hedwigs-Kathedrale	OZ	F1
Tierarzneischule (Altes Anatomiegebäude)	NX	T12

BERLIN

Los museos de Berlín

El primer edificio de la Isla de los Museos fue el Antiguo Museo, construido por Schinkel en 1830, al que se sumaron, durante el reinado de Federico Guillermo IV, el Nuevo Museo y la Galería Nacional. Wilhelm von Bode, director general de los museos de Berlín a partir de 1906, desempeñó su función con una extraordinaria eficacia, y gracias a su contribución los museos de la ciudad fueron pronto mundialmente reconocidos como modelo de organización.

Cuando comenzó el periodo de reconstrucción del país después de la II Guerra Mundial, una parte del patrimonio de los museos estaba intacto gracias a las medidas de protección que se habían previsto con anterioridad a los grandes bombardeos que asolaron la ciudad; pero un número considerable de colecciones fueron confiscadas por las potencias vencedoras, o diezmadas por el saqueo y el pillaje. Posteriormente, la división de Alemania y el control de Berlín por los países aliados llevó también a la repartición de las colecciones museísticas. Prusia, que se había debilitado mucho con el hundimiento del Imperio Alemán, se disolvió como entidad política con el decreto nº 46 del Consejo de Control Aliado, y su herencia cultural se distribuyó entre las dos Alemanias. En la parte occidental se creó en 1957 la Fundación Cultural Prusiana (Stiftung Preußischer Kulturbesitz) y en el Este se reunió el legado en la tradicional "Isla de los Museos" ("Museumsinsel").

El primer paso para el reagrupamiento de las colecciones después de la reunificación alemana de 1990 se dio en 1992 con la unificación administrativa de las colecciones nacionales en la nueva Fundación *Preußischer Kulturbesitz – Staatliche Museen zu Berlin*.

Facilitamos a continuación un resumen informativo –a título meramente orientativo– de la ubicación de los **museos nacionales de Berlín** (situación al cierre de la edición, información en internet: www.smb.spk-berlin.de).

en Berlín-Charlottenburg

Museum für Vor- und Frühgeschichte (Museo de Prehistoria y Protohistoria)
Schloß Charlottenburg, Edificio Langhans
Spandauer Damm 22
U: Sophie-Charlotte-Platz y Richard-Wagner-Platz, S: Westend
BUS: X 21, 109, 145, 210

Ägyptisches Museum und Papyrussammlung (Museo Egipcio y Colección de Papiros)
Schloßstraße, 70
U: Sophie-Charlotte-Platz y Richard-Wagner-Platz, S: Westend
BUS: X 21, 109, 145, 210

Sammlung Berggruen (Colección Berggruen) – **Picasso und seine Zeit** (Picasso y su tiempo)
Schloßstraße 1
U: Sophie-Charlotte-Platz y Richard-Wagner-Platz, S: Westend
BUS: X 21, 109, 145, 210

Gipsformerei (Taller de reproducciones en escayola)
Sophie-Charlotten-Straße 17-18
U: Sophie-Charlotte-Platz y Richard-Wagner-Platz, S: Westend
BUS: X 21, 109, 145, 210

en Berlín-Mitte

Museumsinsel (Isla de los Museos):
Altes Museum (Antiguo Museo)
Entrada por Lustgarten
Antikensammlung (Colección de Antigüedades)
Alte Nationalgalerie (Antigua Galería Nacional)
entrada por Bodestraße
Bode-Museum (Museo Bode)
entrada por Monbijoubrücke (cerrado hasta 2005)
En el futuro está previsto instalar aquí el Museum für Spätantike und Byzantinische Kunst (Museo de Arte Antiguo y Bizantino), la Skulpturensammlung (Colección de esculturas), el Münzkabinett (Gabinete de Monedas)
Neues Museum (actualmente en construcción) inauguración prevista para 2008
En el futuro se alojarán aquí también el Museo Egipcio y la Colección de Papiros y el Museo de Prehistoria y Protohistoria

Pergamonmuseum (Museo de Pérgamo)
entrada por Kupfergraben
Vorderasiatisches Museum (Museo de Oriente Próximo)
Antikensammlung (Colección de Antigüedades)
Museum für Islamische Kunst (Museo de Arte Islámico)
U: y S: Friedrichstraße, S: Hackescher Markt
Tranvías: 1, 2, 3, 4, 5, 6, 13, 15, 50, 53
BUS: 100, 142, 147, 157, 200, 348

Friedrichswerdersche Kirche (Iglesia Friedrich Werder)
Schinkelmuseum (Nationalgalerie) (Museo Schinkel – Galería Nacional)
Werderscher Markt
U: Hausvogteiplatz
BUS: 100, 142, 147, 157, 200, 257, 348

en Berlín-Dahlem

Museen Dahlem (Museos en Dahlem)
entrada por Lansstraße 8
Ethnologisches Museum (Museo Etnológico)
Museum für Indische Kunst (Museo de Arte Hindú)
Museum für Ostasiatische Kunst (Museo de Arte de Asia Oriental)
U: Dahlem-Dorf
BUS: X 11, X 83, 110, 183

BERLIN

Museum europäischer Kulturen (Museo de las Culturas Europeas)
Im Winkel 6/8
U: Dahlem-Dorf
BUS: X 11, X 83, 110, 183

en Berlín-Tiergarten

Kulturforum:
Gemäldegalerie (Galería de Pinturas)
Neue Nationalgalerie (Nueva Galería Nacional)
Kunstgewerbemuseum (Museo de Artes Decorativas)
Kupferstichkabinett (Gabinete de Calcotipia)
Kunstbibliothek (Biblioteca de Arte)
U: Kurfürstenstraße
U: + S: Potsdamer Platz
BUS: 129, 142, 148, 248, 341, 348

Hamburger Bahnhof (Estación de Hamburgo) – Museum für Gegenwart (Nationalgalerie) (Museo de Arte Contemporáneo-Galería Nacional)
Invalidenstr 50-51
U: Zinnowitzer Straße, S: Lehrter Stadtbahnhof
Tranvías: 6, 8, 13, 50
BUS: 157, 245, 248, 340

en Berlín-Köpenick

Kunstgewerbemuseum (Museo de Artes Decorativas)
Schloß Köpenick
S: Spindlersfeld y Köpenick
BUS: 167, 360
Tranvías: 26, 60, 62, 67, 63, 68

★★★ MUSEUMSINSEL

La **Isla de los Museos** se creó por iniciativa del rey Federico Guillermo III. Este amplio complejo arquitectónico se construyó a principios del s. XIX y albergó, hasta la II Guerra Mundial, las colecciones más importantes de los museos nacionales de Berlín.

★★★ **Pergamonmuseum (Museo de Pérgamo)** ⊙ – *Entrada por Kupfergraben.* El edificio, concluido en 1930, reúne tres museos o colecciones diferentes (indicaremos a continuación las piezas más valiosas de cada sección; existe, no obstante, una guía del museo en las taquillas de la entrada).

★★★ **Colección de Antigüedades** (Antikensammlung) ⊙ – Es una de las más ricas del mundo. El ejemplar más valioso es el **altar de Pérgamo**★★★, una obra maestra del arte helenístico dedicada al dios Zeus (s. II a.C.); la **puerta del mercado de Mileto**★★ (s. II d.C), bellamente decorada; esculturas griegas y romanas y mosaicos. Los objetos de arte de pequeño tamaño se muestran en la Colección de Antigüedades (Antikensammlung) del Altes Museum.

★ **Museo de Oriente Próximo** (Vorderasiatisches Museum) ⊙ – Destaca sobre todo la denominada **vía de las procesiones de la antigua Babilonia que conduce a la puerta de Ischtar**★★, construida en 580 a.C. (salas 8 y 9), formada por revestimientos cerámicos con azulejos que representan figuras de leones en color amarillo sobre un fondo azul; estela de Assarhaddon, que data del s. VII a.C. (sala 3); fachada en ladrillo del templo de la diosa Irmina en Uruk (civilización sumeria); bajorrelieves procedentes

Vía de la procesiones de la antigua Babilonia (Museo de Oriente Próximo)

del templo de Assurnasirpal II en Nimrud, del s. IX a.C. (salas 10 y 11); piezas originarias de Mesopotamia y Persia (salas 6 y 7); relieves murales de Nínive (sala 12).

★★ **Museo de Arte Islámico** (Museum für Islamische Kunst) ⊙ – Fachada del palacio real omeya de Mschatta (s. VIII), que se encontraba en la región oriental de Jordania, cerca del mar Muerto y fue un. obsequio del sultán Abul Hamid al emperador Guillermo II; decoración mural de una casa siria en Alepo (principios del s. XVII); pinturas en miniatura (ss. XV-XVII).

★★ **Alte Nationalgalerie (Antigua Galería Nacional)** ⊙ – *Entrada por Bodestraße.* El edificio (1864-74), diseñado por el discípulo de Schinkel, el arquitecto Friedrich A. Stüler alberga la pintura y escultura del s. XIX.
La visita se inicia en la planta superior, donde se muestran obras de artistas de la época de Goethe hasta finales del romanticismo (entre otros de **Caspar David Friedrich**, Waldmüller, Blechen, Schinkel). En la primera planta están representados Feuerbach, Böcklin, Marées, Leibl, Liebermann, los impresionistas franceses, así como la pintura histórica alemana y belga; en la planta baja se pueden contemplar obras del realismo, fundamentalmente de pintores y escultores berlineses (**Adolph Menzel**, Krüger, Schadow) y de los paisajistas de esta corriente pictórica (Constable, Courbet).

BERLIN

** **Bode-Museum (Museo Bode)** ⓥ – *Entrada por Monbijoubrücke.* Este museo, situado en un extremo de la Isla de los Museos y cerrado desde 1999, se aloja en un magnífico edificio de 1904 que va a ser profundamente reestructurado. Cuando abra de nuevo sus puertas en 2004 acogerá en sus tres plantas la **colección completa de esculturas** –fundamentalmente europea, desde la antigüedad hasta principios del neoclasicismo– que estaban dispersas en diferentes museos de la ciudad, los fondos del **Museo de Arte Antiguo y Bizantino**, y el **Gabinete Numismático**, que presenta una exposición sobre la historia de las monedas y del dinero como medio de cambio.

** **Altes Museum** ⓥ – *Entrada por el Lustgarten.* Este edificio proyectado por Schinkel (1824-1830) fue el primer museo público que se inauguró en Berlín. La larga fachada principal (87 m de longitud), con sus 18 columnas jónicas, es una obra maestra del arte neoclásico. En el interior merecen una atención especial los frescos que decoran la cúpula de la rotonda. El edificio fue restaurado entre 1951 y 1966 de los destrozos que sufrió durante la guerra. Estaba previsto que la gran cubeta de granito (7 m de diámetro) situada delante del edificio ocupara un lugar en la rotonda.

En la actualidad se exhibe en la planta baja la **Antikensammlung** (Colección de Antigüedades), en particular los objetos de arte de pequeño tamaño (la arquitectura monumental se muestra en el Museo Pérgamo). La sección dedicada al arte y la cultura de la antigua Grecia se inicia con la exposición de los ídolos de mármol del archipiélago de las Cícladas (3er milenio a.C.), continúa con piezas pertenecientes a las etapas arcaicas (s. VII-V a.C.) y helenística, y finaliza con obras del periodo de la dominación romana.

En las dos cámaras del tesoro que existen en el museo se pueden contemplar magníficas joyas antiguas, entre las que destacan las del tesoro de Vettersfelde (oro, hacia 500 a.C.), el de Tarento (s. III a.C.) y el **tesoro de plata de Hildesheim**★★★ de época romana.

La planta superior se reserva provisionalmente para las exposiciones temporales.

★PASEO POR EL TIERGARTEN

El enorme parque de Tiergarten –mide 3 km de longitud desde la Ernst-Reuter-Platz hasta la puerta de Brandemburgo– es el más antiguo de la ciudad. En su origen fue una reserva de caza de los príncipes electores, que el arquitecto paisajista Peter Josef Lenné (1789-1866) transformó en un bellísimo jardín de estilo inglés. Al N del Tiergarten se encuentra el barrio residencial de la Hansa, un modelo urbanístico de gran interés que sufrió graves daños durante la guerra. Catorce arquitectos de fama internacional y de diferentes nacionalidades colaboraron en su reconstrucción en 1957.

Siegessäule (Columna de la Victoria) ⓥ – Esta columna de 67 m de altura, coronada por una figura de la Victoria, conmemora las campañas militares de 1864, 1866 y 1871. Desde la cima (285 peldaños) la **vista**★ abarca el río Spree, el barrio de la Hansa, el Tiergarten, la Puerta de Brandemburgo, la avenida Unter den Linden, el ayuntamiento de Berlín, así como la gran vía de comunicación que lleva hasta las orillas del Havel.

Schloß Bellevue (Palacio de Bellevue) – Este edificio fue construido en 1785 en estilo neoclásico como palacio de verano del hermano menor de Federico el Grande, el príncipe August Ferdinand. En la actualidad es la residencia oficial del Presidente de la República. Detrás del palacio se extienden 20 ha de parque, cuya parte O es un jardín de estilo inglés.

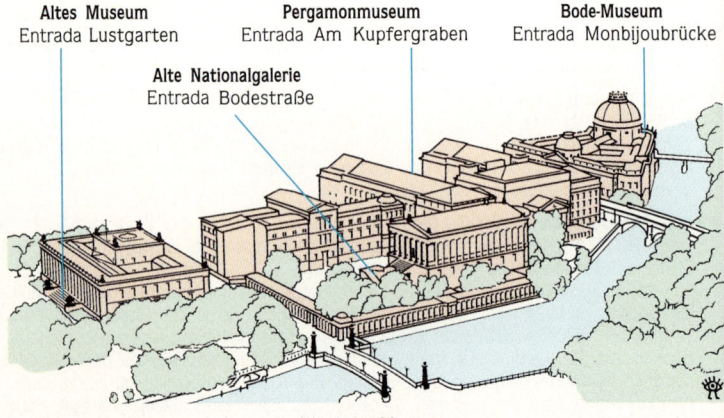

Altes Museum
Entrada Lustgarten

Pergamonmuseum
Entrada Am Kupfergraben

Bode-Museum
Entrada Monbijoubrücke

Alte Nationalgalerie
Entrada Bodestraße

Isla de los Museos

BERLIN

Parque zoológico

★★★**Zoologischer Garten (Parque zoológico)** ⊙ – *Entrada principal por Hardenbergplatz.* El parque zoológico está enclavado en pleno corazón de Berlín y reúne una enorme diversidad de especies. Con sus 14.000 ejemplares pertenecientes a 1.300 especies distintas es uno de los más ricos del mundo.
El **acuario** ⊙ *(entrada desde el Zoo o por el acceso directo de la Budapester Straße)* cuenta con 650 especies distintas. En la primera planta se encuentra la famosa sala de los cocodrilos y el terrario.

★★★ **KULTURFORUM IM TIERGARTEN**

★★★ **Gemäldegalerie (Galería de Pinturas)** ⊙

Esta colección de pintura es el resultado de la paciente labor de adquisiciones realizada por el Gran Elector y por Federico el Grande; pero también a la extraordinaria labor desarrollada por **Wilhelm von Bode**, director de la galería a partir de 1890, quien continuó enriqueciendo la pinacoteca con nuevas compras y la convirtió, antes del estallido de la I Guerra Mundial, en una de las colecciones más completas de pintura europea de los ss. XIII-XVIII.
El traslado de la Galería de Pinturas al Kulturforum en el verano de 1998 puso fin a medio siglo de precariedad y dispersión de los fondos por distintas instituciones de la ciudad. A pesar de las pérdidas ocasionadas por la guerra, la colección constituye uno de los conjuntos más ricos del mundo. En él están representados todos los periodos estilísticos y las escuelas más importantes de pintura.
El diseño del edificio, concebido por los arquitectos Heinz Hilmer y Christoph Sattler, permite que casi todas las salas reciban la luz natural desde arriba. En las 53 salas, dispuestas en forma de herradura en torno a un distribuidor central, se exponen más de 1.100 cuadros. En la Studiengalerie de la planta baja se pueden contemplar otros 300 cuadros de gran valor artístico.
Para no aburrir al lector con un interminable inventario de títulos, señalamos a continuación las obras más representativas de las distintas escuelas o artistas:

Pintura alemana, ss. XIII-XVI (salas I-III, gabinetes 1-4):

Maestros de la Pasión de Darmstadt (hacia 1440-60): Tabla de un retablo de la Crucifixión; Hans Multscher: *Altar de Wurzach*, 1437 (sala I)

Hans Baldung Grien: *Retablo de los Reyes Magos*, 1506-07; *Virgen con el Niño y un ángel*, hacia 1539 (sala II)

Lucas Cranach el Viejo: *Retablo del Juicio Final*, hacia 1524; *Venus y Amor*, hacia 1530 (sala III)

La Vida de Cristo en 35 tablas, de Colonia hacia 1410-20; Martin Schongauer: *Nacimiento de Cristo*, hacia 1480 (gabinete 1)

135

BERLIN

Varios cuadros de Alberto Durero: *Retrato de Jerónimo Holzschuher*; obras de pequeño formato de Albrecht Altdorfer; Hans Baldung Grien: *Retrato de un anciano*, hacia 1518-19 (gabinete 2)

Lucas Cranach el Viejo: *Adán y Eva*, 1533; *Descanso en la huida*, 1504 (gabinete 3)

Hans Holbein el Joven: *El comerciante Georg Gisze*, 1532; varias obras de Hans Burgkmair; Christoph Amberger: *Sebastián Münster*, hacia 1552 (gabinete 4)

Pintura de los Países Bajos, ss. XV-XVI (salas IV-VI, gabinetes 5-7):

Varios retablos de Rogier van der Weyden, entre ellos el *Altar de Mittelburg*, hacia 1445 (sala IV)

Obras de Gerard David; Hans Memling: *Virgen entronizada con el Niño*, hacia 1480-90; Hugo van der Goes: *Adoración de los Reyes*, hacia 1470 (sala V)

Jan Gossaert: *Retrato de un noble*, hacia 1530 (sala VI)

Petrus Christus: *Retrato de una dama joven*, hacia 1470; Jan van Eyck: *La Virgen en el templo*, hacia 1425 (gabinete 5)

Quinten Massys: *Virgen entronizada*, hacia 1525; Joachim Patenier: *Descanso en la huida*, hacia 1520 (gabinete 6)

Pieter Bruegel el Viejo: *Proverbios flamencos*, 1559 (gabinete 7)

Pintura flamenca y holandesa, s. XVII, Rubens, Rembrandt (salas VII-XI, gabinetes 8-19):

Peter Paul Rubens: *El Niño con el pajarito*, hacia 1629-30; Antonin van Dyck: *Retrato de un matrimonio noble genovés*, 1621-23; Jacob Jordaens: *El rapto de Europa*, hacia 1615-16 (sala VII)

Peter Paul Rubens: *La Virgen con el Niño*, hacia 1625-1628; Jan Davidsz de Heem: *Flores y frutos*, 1651 (sala VIII)

Matteus Stom: *Sara conduce a Agar al lecho de Abraham*; *Esaú vende su primogenitura* (sala IX)

Rembrandt: *Autorretrato*, 1634; *Sansón amenazando a su suegro*, 1635; *Moisés destruye las tablas de la ley*, 1659 (sala X)

Jacob van Ruisdael: *Robles a orillas de un lago de nenúfares*, hacia 1665-1669; Meindert Hobbema: *Camino a través de una arboleda*, hacia 1663 (sala XI)

Jan Brueghel el Viejo: *Ramo de flores*; naturalezas muertas de Osias Blert y Balthasar van der Ast (gabinete 8)

Paisajes de pequeño formato de Pedro Pablo Rubens; Daniel Seghers: *Guirnalda de flores* (gabinete 9)

Obras de Pedro Pablo Rubens y de su círculo (gabinete 10)

Roelant Savery: *El Paraíso*, 1626 (gabinete 11)

Paisajes de Jan van Goyen, Pieter de Molijn, Salomon van Ruysdael (gabinete 12)

Frans Hals: *Muchacho tocando la flauta*, hacia 1623-25; varios retratos masculinos y femeninos (gabinete 13)

Vistas de ciudades y paisajes de Jan van Goyen (gabinete 14)

Cuadros de paisajes de Jacob van Ruisdael (gabinete 15)

Rembrandt: *Susana y los dos ancianos*, 1647; *José y la mujer de Putifar*, 1655; círculo de Rembrandt: *Hombre con un yelmo dorado*, hacia 1650-1655 (gabinete 16)

Gerard ter Borch: *El consejo paterno*, hacia 1654-1655 (gabinete 17)

Jan Vermeer van Delft: *El vaso de vino*, hacia 1661-1662 (gabinete 18)

Philip van Dyk: *El tañedor de laúd*, (gabinete 19)

Pintura inglesa, francesa y alemana, s. XVIII (gabinete 20-22):

Thomas Gainsborough: *Los hijos de Marshamr*, 1787; Joshua Reynolds: *Lady Sunderlin*, 1786 (gabinete 20)

Jean Antoine Watteau: *El baile*, hacia 1719; Jean Baptiste Siméon Chardin: *El dibujante*, 1737 (gabinete 21)

Varias obras de Antoine Pesne, entre ellas *Federico el Grande, príncipe heredero*, hacia 1739 (gabinete 22)

Pintura italiana, ss. XVII-XVIII, pintura francesa, s. XVII, pintura española ss. XVI-XVII (salas XII-XIV, gabinetes 23-26, 28):

Francesco Guardi: *Ascención en globo*, 1784; *Canal Grande en Venecia*, hacia 1745; Canaletto: *Vista del puente de Rialto desde el Canal Grande*; varias vistas de Venecia (sala XII)

BERLIN

Diego Velázquez: *Retrato de una dama*, hacia 1630-33; Francisco de Zurbarán: *Don Alonso Verdugo de Albornoz*, hacia 1635; varios cuadros de Murillo (sala XIII)

Caravaggio: *Amor victorioso*, 1601-02; Simon Vouet: *Aseo de Venus*, hacia 1625-27 (sala XIV)

Angelika Kaufmann: varias obras, entre ellas: *Bacchantin*, antes de 1786; Anton Raphael Mengs: *Autorretrato*, hacia 1778-79 (gabinete 23)

Luigi Crespi: *Elisabetta Cellesi*, 1732 (gabinete 24)

Claudio de Lorena: *Paisaje romano*, hacia 1635-36; Nicolas Poussin: *Autorretrato*, 1649 (gabinete 25)

Georges de La Tour: *Campesinos comiendo*, hacia 1622-25 (gabinete 26)

Escenas bíblicas de Jacopo Amigoni (gabinete 28)

Pintura italiana, finales s. XV-s. XVI (salas XV-XVII, gabinetes 29-32):

Parmigianino: *El bautismo de Cristo*, hacia 1519; Correggio: *Leda y el cisne*, hacia 1532 (sala XV)

Tiziano: *Venus tocando el órgano*, hacia 1550-52; *Retrato de un joven con barba*, hacia 1525; Tintoretto: *Virgen con el niño*, 1570-75 (sala XVI)

Giovanni Battista Moroni: *El duque de Alburquerque*, 1560; (sala XVII)

Raffael: varios cuadros de Vírgenes, entre ellas la *Madonna de Terranova*, hacia 1505 (gabinete 29)

Artistas florentinos: Alessandro Alori, Bronzino, Giorgi Vasari (gabinete 30)

Cariani: *Retrato de una joven descansando*, hacia 1520-24 (gabinete 31)

Lorenzo Lotto: Retratos masculinos (gabinete 32)

Miniaturas (Gabinete 34):

Lucas Cranach el Viejo: *Catalina Bora*, hacia 1525

Pintura italiana, s. XIII-finales s. XV (sala XVIII, gabinete 35-41):

Botticelli: *San Sebastián*, 1474; *María con el Niño y los ángeles cantores*, hacia 1477; *Virgen entronizada*, 1484-85; Antonio de Pollaiuolo: *Retrato de una joven*, hacia 1465

Obras de Ercole de Roberti (gabinete 35)

Marco Zoppo: *María entronizada con el Niño*, 1471 (gabinete 36)

Cima da Conegliano: *María con el Niño y un donante*, hacia 1492-94; varias obras de Giovanni Bellini (Gabinete 37)

Andrea Mantegna: *La presentación en el templo*, hacia 1465-66; Carlo Crivelli: *María entronizada con el Niño* (gabinete 38)

Fra Angelico: *El Juicio Final*; Fra Filippo Lippi: *María adorando al Niño*, hacia 1459 (gabinete 39)

Lorenzo Monaco: varios cuadros, entre ellos *La Última Cena*, 1390 (gabinete 40)

Retrato de una joven, Antonio del Pollaiuolo (Galería de Pinturas)

Taddeo Gaddi: varias obras, entre otras un *Tríptico*, 1334; Maestro de Santa Magdalena: *María entronizada con el Niño y los ángeles*, hacia 1270 (gabinete 41)

Studiengalerie

Aquí se exponen también obras de gran valor artístico y diferentes escuelas, entre ellas hermosas naturalezas muertas como las de Jan Fyt *(Naturaleza muerta con peces y frutas)*, Jan Davidsz de Heem *(Naturaleza muerta con peces y langosta)*, Pieter Claesz *(Naturaleza muerta con bodegón y frutas)*.

★★ **Kunstgewerbemuseum (Museo de Artes Decorativas)** ⓥ — Matthäikirchplatz. Este moderno edificio, que acoge el Museo de Artes Decorativas más antiguo de Alemania, fue construido en 1985 según un proyecto de Rolf Gutbrod. El museo

BERLIN

está dispuesto en tres plantas, con tres grandes salas cada una, en las que se ofrece una buena panorámica de las artes aplicadas desde la Edad Media hasta el diseño industrial contemporáneo.

La sala I (planta baja) está consagrada a la Edad Media. A la entrada se puede ver el **tesoro del monasterio de Dionisius★** de Enger-Herford (Westfalia), al que pertenece, entre otras piezas de gran valor, un bello relicario con incrustaciones de piedras preciosas (2ª mitad s. VIII). En el centro de la sala se exhibe el **tesoro de los Güelfos★★★**, que cuenta con un relicario con la forma de una iglesia bizantina dotada de una gran cúpula (Colonia, hacia 1175). En las restantes salas también se exponen piezas de gran interés, que nombramos a continuación. Sala II (planta baja): muebles y mayólicas italianas del s. XIV, cristales venecianos de los ss. XVI-XVII; sala III (planta baja): 34 piezas de plata que forman el **tesoro de Luneburgo★★** (gótico tardío y renacimiento) y objetos de orfebrería de Nüremberg; sala IV *(primera planta)*: el contenido del **armario de arte de Pomerania★**; sala V (planta superior): porcelana china y alemana de los ss. XVII-XVIII, gabinete chino; sala VI (planta superior): diferentes objetos de estilo Biedermeier, historicista y Jugendstil, gabinete de espejos con revestimiento de madera del palacio Wiesentheid/Franken (1724-25); sala VII (planta superior): porcelanas, lozas y cristalerías de Jugendstil y art déco. En la planta sótano (salas IX y X) se puede admirar la exposición más completa de diseño internacional de Alemania.

Existe otra colección de arte decorativo en el castillo de Köpenick. Entre los objetos más interesantes destaca la **gran vajilla de plata★★** de la sala de los Caballeros del Castillo de Berlín, y el **escritorio★** realizado por David Roentgen.

★ **Kupferstichkabinett und Sammlung der Zeichnungen und Druckgraphik (Gabinete de Calcotipia y Colección de Dibujos y Estampas)** ⓥ – *Matthäikirchplatz*. La colección de este gabinete cuenta con 80.000 dibujos y cerca de 520.000 estampas desde la Edad Media hasta la actualidad, y es una de las más importantes del mundo en su género.

Entre los maestros más representativos del periodo que abarca del s. XIV al XVIII cabe citar a **Alberto Durero**, **Bruegel el Viejo**, **Rembrandt** y **Botticelli**; de los artistas de los ss. XIX-XX destacan Goya, Daumier, Menzel, Kollwitz y Picasso. Las obras se encuentran en los depósitos, pero pueden ser consultadas en la sala de estudio.

En esta misma plaza (Matthäikirchplatz) se encuentra la **Biblioteca de Bellas Artes** (Kunstbibliothek), que dispone de unos fondos muy ricos. Esta biblioteca acoge, además, exposiciones temporales.

★★ **Neue Nationalgalerie (Nueva Galería Nacional)** ⓥ – *Potsdamer Straße 50*. Esta construcción de vidrio y acero (1968), proyectada por **Mies van der Rohe**, alberga pintura y escultura del s. XX.

Las colecciones cuentan con obras importantes de la corriente moderna clásica en Europa y del arte americano de los años 60 y 70. La exposición comienza con los precursores del **expresionismo** y la extraordinaria sala dedicada a los artistas del movimiento **Die Brücke** (El Puente). A continuación se exponen numerosas obras de Lovis Corinth, Oskar Kokoschka, Wilhelm Lehmbruck y Ernst Barlach. El cubismo está representado por Picasso y Juan Gris. También se exhiben obras de algunos artistas de la **Bauhaus** (Schlemmer, Kandinsky), de George Grosz, **Paul Klee** y del surrealista **Max Ernst**. Las obras más relevantes de las colecciones de arte contemporáneo pertenecen a artistas del Grupo Zero, del nuevo realismo y de la pintura americana (Barnett Newman, *Quién teme al rojo, al amarillo y al azul-IV*, 1969-70).

Entre las esculturas que se muestran en el interior y en la terraza destacan *La lavandera* de Renoir, *Cabezas y rabos* de Calder y la graciosa *Maja* de Gerhard Marcks.

Las obras de artistas a partir de la 2ª mitad del s. XX se pueden contemplar en el **Museum für Gegenwart**, que está alojado en la antigua **Estación de Hamburgo** (Hamburger Bahnhof).

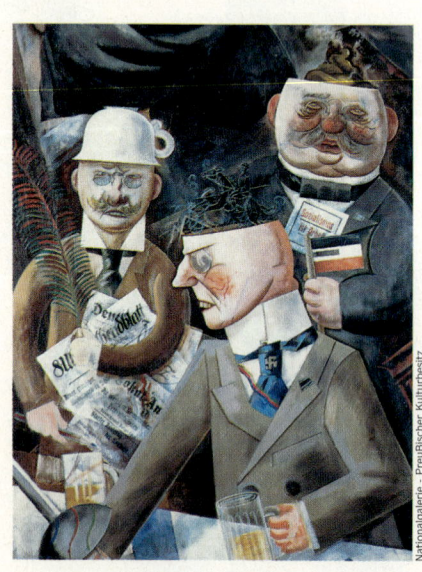

Los pilares de la sociedad, George Grosz (Nueva Galería Nacional)

★★ **Philharmonie** ⓥ – *Herbert-von-Karajanstraße 1*. En este edificio diseñado por el arquitecto **Hans Scharoun** (1963), que se caracteriza por un curioso tejado que evoca una inmensa ola, dirigió la Orquesta Filarmónica de Berlín el director Herbert von Karajan entre 1954 y 1989. Su sucesor, el milanés Claudio Abbado, ocupará la dirección hasta el año 2002, fecha en la que cederá el puesto a Simon Rattle. En la sala de conciertos, la orquesta, que ocupa una posición central, está rodeada por todos lados por filas de butacas que dibujan formas poligonales; el auditorio posee un aforo para 2.400 espectadores. En un edificio anejo construido por Edgar Wisniewski, discípulo de Scharoun, según un esquema del maestro, tiene su sede la **Kammermusiksaal** (Sala de Música de Cámara, 1988). En esta ocasión el techo tiene forma de tienda de campaña y la sala una capacidad para 1.200 personas.

Otro proyecto fruto de la colaboración entre Scharoun y Wisniewski es el edificio anejo en el que se aloja el **Museo de Instrumentos Musicales**★ (Musikinstrumentenmuseum, *Tiergartenstraße 1*) ⓥ, una importante colección de instrumentos europeos de cuerda, de viento, de teclado y de percusión, cuyas piezas más antiguas se remontan al s. XVI.

La imponente construcción de la **Biblioteca Nacional**★ (Staatsbibliothek Preußischer Kulturbesitz), que está situada frente a la Galería Nacional y posee unos fondos de alrededor de 3,7 millones de volúmenes, es otra obra de Scharoun.

Gedenkstätte Deutscher Widerstand ⓥ – *Stauffenbergstraße 13-14*. El **Monumento a la Resistencia Alemana** se alza en el lugar que ocupaba la antigua comandancia del Ejército. Aquí se encontraba la oficina de Claus Schenk, conde de Stauffenberg, instigador del atentado fallido contra Hitler el 20 de julio de 1944. La exposición está dedicada a la resistencia antinazi en Alemania.

★ BARRIO DE KURFÜRSTENDAMM

★★ **Kurfürstendamm** – En el s. XVI esta calle no era más que un sencillo camino, cuyo firme consistía en troncos de árboles, por el que los príncipes electores accedían a su palacio de caza de Grünewald. Por encargo de Bismarck esta vía se transformó, entre 1882 y 1886, en una lujosa avenida. Hoy la "Ku'damm", como la conocen los berlineses, con sus 3,5 km de longitud sembrados de cafés, restaurantes, teatros, cines, galerías y tiendas de moda, es uno de los escenarios del cosmopolitismo berlinés.

Iglesia en memoria del emperador Guillermo I

BERLIN

* **Kaiser-Wilhelm-Gedächtniskirche** – Esta iglesia, edificada entre 1891 y 1895 en estilo románico y dedicada a la memoria del emperador Guillermo I, quedó casi destruida por los bombardeos del último conflicto bélico mundial. Las ruinas de la torre se dejaron sin reconstruir intencionadamente como testigo de los horrores de la guerra, y constituyen el núcleo de un complejo arquitectónico moderno (1959-61) de edificios poligonales de hormigón y cristal en distintos tonos de azul.

El primitivo vestíbulo de entrada, situado bajo la torre, se ha acondicionado como **sala conmemorativa**, en la que además de exponer la historia de la iglesia, se rinde homenaje a las víctimas de la guerra y se hace un llamamiento a la reconciliación. Los mosaicos del techo y de los muros (1906) se han conservado en buen estado.

Tauentzienstraße – Esta es la calle donde se concentran las grandes firmas internacionales. Aquí se encuentran los almacenes **KaDeWe** (Kaufhaus des Westens; Gran Almacén del Oeste), fundados a principios del s. XX y que tienen fama de ser la mayor galería comercial del continente. El rascacielos del **Europa-Center**, situado detrás de la Gedächtniskirche, alberga varios centros comerciales y de negocios, así como restaurantes, salas de cine y el famoso cabaret *Die Stachelschweine* (Los Puercoespines). El reloj hidráulico en el Blumenhof (patio de las flores) es obra del francés Bernard Gitton. Desde la azotea, a 100 m de altura *(subida en ascensor hasta la planta vigésima, después continuar 2 pisos más a pie)* hay una magnífica **vista**★ de Berlín.

En el espacio delimitado por la Gedächtiskirche y el Europa Center, se extiende una plaza decorada con un conjunto de esculturas en bronce de Joachim Schmettau y una curiosa fuente que representa el globo terráqueo, apodada por los berlineses como "**Wasserklops**" (albóndigas de agua).

★★ PALACIO DE CHARLOTTENBURG *Prevea 1 día para la visita.*

El palacio era el lugar de descanso favorito de la reina Sofía Carlota, esposa de Federico I, quien estableció aquí en 1695 el primer círculo científico cortesano de Prusia-Brandemburgo y fundó, junto al filósofo Leibniz, la Sociedad Científica. Tras su muerte en 1705, el palacio de Liezenburg fue rebautizado en su honor con el nombre de Charlottenburg.

La construcción comenzó en 1695 con un modesto edificio destinado a residencia veraniega que, en 1710, se amplió y cubrió con una cúpula (la estatua dorada de la corona representa a la Fortuna y sirve de veleta). El Rey Soldado Federico Guillermo I no mostró gran interés por este palacio. En cambio, Federico II encargó un proyecto de ampliación al arquitecto Knobelsdorff, quien añadió un nuevo cuerpo, el ala este (Neuer Flügel), cuya fachada se adorna con una puerta monu-

Charlottenburg

mental. Posteriormente, la reina Luisa, esposa de Guillermo III, pasó largas temporadas en esta residencia. Tanto el exterior como el interior fueron totalmente restaurados de los graves destrozos que sufrió el palacio durante la II Guerra Mundial. En el **patio de honor★** se encuentra la estatua ecuestre del Gran Príncipe Elector, obra maestra de Andreas Schlüter (1703).

Cuerpo Central – Fue construido por los arquitectos Arnold Nering y Eosander Göthe entre 1695 y 1713 para la princesa Sofía Carlota, y en él se encuentran las salas históricas.

★★ **Historische Räume** ⓥ (**Salas históricas**) – *En la planta baja del cuerpo central. Sólo vis guiada (1 h)*. El recorrido comienza en una sala en la que se pueden ver dos maquetas del palacio: una tal como era en el s. XVIII (jardín barroco), y la otra tras la transformación del jardín en un parque inglés por Lenné (principios del s. XIX). Las tres pequeñas habitaciones de la llamada **Mecklenburgische Wohnung** presentan bellos revestimientos murales de tela; los dinteles de las puertas poseen elegantes relieves y los techos se adornan con los frescos originales. En el dormitorio destaca una bonita estufa cerámica. Las salas oficiales ocupan los 140 m de longitud de la fachada que se abre al jardín. En ellas se muestran los retratos de la familia real Hohenzollern y de la casa Hannover, elegante mobiliario lacado, el clavicémbalo blanco de Sofía Carlota y el cuarto de baño situado junto al dormitorio real. El célebre **gabinete de porcelanas★★** (Porzellankabinett, 1706) contiene una magnífica colección de porcelanas de Extremo Oriente (reproducciones posteriores a la II Guerra Mundial) que decoran las paredes y se exponen en múltiples estantes y repisas.

La **capilla del palacio** (1706) se utiliza en verano como sala de conciertos. Sobre el palco real se puede admirar una enorme corona sujetada por figuras alegóricas y dominada por la emblemática águila prusiana.

La visita concluye en los aposentos de la reina Sofía Carlota. Su dormitorio estaba decorado antiguamente con 66 cuadros. La bella **escalera exenta** diseñada por Eosander, el arquitecto que realizó la ampliación del palacio a partir de 1702, fue la primera en su género en Alemania.

Para continuar el recorrido por la 1ª planta del cuerpo central, suba la escalera.

De la rotonda superior que comunica con el patio de honor pende un elegante candelabro; desde la sala oval de la segunda planta, revestida de espejos, se ofrece una bella **vista** del parque.
Los **antiguos aposentos de Federico Guillermo IV y su esposa Elisabeth**, los últimos soberanos que utilizaron el palacio de Charlottenburg como residencia permanente, no contienen apenas mobiliario. En el cuadro de Franz Krüger titulado *Parada en Unter den Linden en 1837* se reconocen los principales edificios que bordeaban la célebre avenida. Las salas contiguas, adornadas con cuadros, tapices, porcelanas, cristalería, orfebrería y medallas, muestran parte de la colección de Schlobitten (un sitio real en la antigua Prusia Oriental ya desaparecido). En ellas se puede ver también la vajilla de plata de los Hohenzollern que se guardaba en la cámara del tesoro del palacio de Berlín (Berliner Stadtschloß). Pero la pieza más valiosa de la exposición es la **vajilla del príncipe heredero★★**, un regalo realizado por 414 ciudades prusianas al príncipe heredero Guillermo, hijo del rey Guillermo II, con motivo de su compromiso matrimonial con la duquesa Cecilia de Mecklenburg-Schwerin; en el **gabinete real** se exhiben las insignias de la corona prusiana.

★★ **Neuer-Flügel** (**Ala de Knobelsdorff**) ⓥ – *Parte E del cuerpo central*. La escalera conduce, a la izquierda, a la **sala blanca** (Weißer Saal), que era utilizada por Federico II como comedor de gala y Salón del Trono. Las pinturas de **Antoine Pesne** que decoraban el techo, destruidas en 1943, han sido sustituidas por unos frescos modernos de Hann Trier.
La inmensa (42 m de longitud) **galería dorada★★** (Goldene Galerie) de 1746, antigua sala de música y de baile de estilo rococó, ha recuperado, tras su restauración, la decoración en suaves tonos verdes, rosas y dorados que la caracterizaba.
En las salas contiguas, los **aposentos de Federico II**, de estilo rococó en los que dominan los tonos blanco y dorado, conservan importantes obras de pintura francesa del s. XVIII, por la que los soberanos sentían gran predilección. Entre ellas figuran el *Rótulo del comerciante Gersaint*★★★ (1720), en la sala de conciertos, y el *Embarque a Citera*★★★, ambas obras del pintor valón Watteau. *Retroceda por el mismo camino.*

★ **Aposentos de Invierno** – Estas piezas orientadas al S, utilizadas por el descendiente de Federico II, Federico Guillermo II y su nuera la reina Luisa, esposa de Federico Guillermo III, son de estilo de principios del clasicismo prusiano. El elegante **dormitorio de la Reina Luisa★**, está decorado en tonos malva y cubierto de grandes tules blancos. Este fue el primer trabajo (1810) realizado por **Schinkel** para la familia real. En la última habitación de este largo pasillo se muestra una bella **colección de retratos★** femeninos realizados por Antoine Pesne, pintor oficial de la Corte. Las tres estancias que se abren al jardín están decoradas en estilo rococó; en una vitrina de la **biblioteca** se exponen algunos ejemplares de la valiosa **colección de petacas** de Federico II. La Galería de Pinturas ocupa las salas restantes.

Baje la escalera.

En la planta baja se encuentra la **maqueta del castillo de Berlín** destruido totalmente en la II Guerra Mundial. Las autoridades de Berlín oriental mandaron volar los restos de la construcción en 1950. En la sala contigua se pueden ver tapices barrocos con escenas chinas y parte de la colección de antigüedades que perteneció a Federico el Grande.

La **galería china y el gabinete chino**, que formaban parte de los apartamentos de verano de Federico Guillermo II, se orientan al jardín. En los cuadros que adornan los aposentos de Federico Guillermo III se muestran escenas de las guerras de liberación, entre otros, el célebre retrato ecuestre de Napoleón realizado por el pintor Jacques-Louis David.

Ala oeste (Große Orangerie) – Este edificio, construido entre 1701-1707 y utilizado hoy para exposiciones temporales, se debe a Eosander, mientras que el autor del proyecto del antiguo teatro, edificado entre 1788 y 1791 en el extremo oeste, fue el arquitecto Langhans. Enfrente se alza la Kleine Orangerie, donde se han instalado un restaurante y un café.

★ **Museum für Vor- und Frühgeschichte** (Museo de Prehistoria y Protohistoria) – A través de abundante material arqueológico de extraordinario valor y de diversos dioramas se ofrece una panorámica de la Prehistoria y Protohistoria de Europa. El museo dedica, además, toda una planta a la exposición de objetos de la Edad de Hierro, a las culturas de Hallstatt y Lausacia, así como a las civilizaciones de La Tène, ibérica y celta. También están representadas la época imperial de Roma, las postrimerías de la Edad Antigua, la Edad Media, así como las Edades del Hierro y del Bronce del continente euroasiático.

★★ **Parque (Schloßgarten)** – Por su extensión y frondosidad, el parque es un remanso de paz lejos del bullicio de la gran ciudad. Los jardines fueron transformados durante el reinado de Federico Guillermo II al estilo inglés. En el extremo O de un paseo cubierto de tejos y cipreses se alza el pequeño **mausoleo**★ en forma de templo erigido en 1810 por Heinrich Gentz. En él reposan Federico Guillermo III, la reina Luisa, el emperador Guillermo I y la emperatriz Augusta.

El **pabellón Schinkel** o Neue Pavillon *(entre el extremo oriental del ala Knobelsdorff y el puente del palacio)* fue edificado en 1824 por Schinkel para residencia de verano de Federico Guillermo III.

El estilo de este pequeño edificio es de inspiración italiana. La decoración interior, aunque totalmente destruida durante la II Guerra Mundial, se debe también, casi en exclusiva, a Schinkel. Algunas obras maestras, entre otras de C.D. Friedrich, K. Blechen y E. Gaertner, recuerdan el esplendor que se vivió en Berlín en la época de Schinkel.

Al N del lago, en dirección al Spree, se encuentra la pequeña casa de té, conocida como **Belvedere**★, construida por Langhans. El edificio contiene una **colección histórica**★ de piezas procedentes de una manufactura de porcelanas que se fundó en la ciudad y pasó a la administración real en 1763. Se trata de la Real Fábrica de Porcelanas (Königliche Porzellanmanufaktur). En ella se muestra el desarrollo de esta actividad industrial en Berlín desde el estilo rococó hasta el Biedermeier. *Inicie la visita en la tercera planta (bonita vista de los jardines).*

EN LAS PROXIMIDADES DEL PALACIO DE CHARLOTTENBURG

Stülerbauten (Edificios de Stüler) – El conjunto de edificios coronados por cúpulas situados en la Schloßstraße, frente al palacio de Charlottenburg, fueron construidos por Friedrich August Stüler entre 1851 y 1859 como cuarteles para la Guardia de Corps. El del extremo occidental alberga la Colección Berggruen, y en el oriental está instalado, provisionalmente, el Museo Egipcio.

★★ **Sammlung Berggruen – Picasso und seine Zeit** (Colección Berggruen: Picasso y su tiempo) – *Schloßstraße 1, pabellón oeste de Stüler*. Esta colección, reunida por el marchante de objetos de arte Heinz Berggruen, posee fundamentalmente obras de Picasso. En ella están representadas las distintas facetas creadoras del artista: retratos (*El jersey amarillo*, de 1929; *Dora Maar con las uñas pintadas en verde*), esculturas (*Cabeza de Fernando*, de 1909), dibujos y aguadas. También se pueden ver obras de Cézanne, Van Gogh, Matisse, Braque, Laurens, Giacometti y de arte africano. La 2ª planta está consagrada en exclusiva a **Paul Klee**.

★★★ **Ägyptisches Museum und Papyrussammlung** (Museo Egipcio y Colección de Papiros) – Instalado en el pabellón este de Stüler, las colecciones de este museo ilustran la evolución cultural y artística del Egipto faraónico. En el concepto expositivo prima la calidad sobre la cantidad. Los tesoros del museo son la **cabeza de ébano de la reina Teje**★★ (XVIII dinastía), la cabeza verde de un sacerdote (hacia 300 a.C.), caracterizada por una inquietante expresión, y el fascinante **busto de la reina Nefertiti**★★★, en piedra calcárea policromada (1350 a.C.), el ejemplar más célebre del arte egipcio.

Busto de la Reina Nefertiti. Museo Egipcio

BERLIN

Museo Bröhan

★ **Bröhan-Museum** – *Schloßstraße 1a*. Este museo, creado con donaciones de colecciones privadas, está dedicado a las artes aplicadas y al diseño industrial desde la época de la Exposición Universal de París de 1889 hasta finales de la década de los 30 (Jugendstil, art déco). Destacan sobre todo el **mobiliario** de los ebanistas franceses de los años 20 (J.-E. Ruhlmann), la magnífica **cristalería** francesa (Gallé, Marinot) y las **porcelanas**. También está representada la **pintura** de la Secesión de Berlín
En sus espaciosas salas se exhibe una interesante colección de mobiliario art déco y Jugendstil.

Gipsformerei (Taller de moldes de yeso) – *Sophie-Charlotten-Straße 17-18*. Cerca del palacio de Charlottenburg se encuentra el taller de moldes de yeso dependiente de los museos nacionales de Berlín. Con sus cerca de 6.500 piezas es uno de los mayores en su género, junto al Louvre y al Museo Británico. Un buen número de reproducciones (bustos, máscaras, figuras) se pueden adquirir en la tienda del taller.

MUSEOS DE BERLÍN-DAHLEM: ARTE Y CULTURA MUNDIALES

Con el traslado, en 1998, de la Galería de Pinturas de Dahlem al Kulturforum en el Tiergarten, las colecciones que permanecen en este complejo museístico, es decir, las de los Museos de Etnología, de Arte Hindú y de Extremo Oriente han ganado un gran espacio expositivo.

★★★ **Etnologisches Museum (Museo de Etnología)** – *Entrada por la Lansstraße*. Las colecciones de este museo se cuentan, con sus cerca de 400.000 objetos inventariados, entre las primeras del mundo en su género.

★★★ **América Precolombina** – Estelas y esculturas en piedra procedentes de Cozumalhuapa (Guatemala) y objetos de la civilización maya. También reúne una importante estatuaria sagrada y profana de la cultura azteca. Los textiles con motivos de vivos colores y las figuras antropomorfas de Perú pertenecen a la época preincaica. La **cámara del oro**★★★ contiene magníficas joyas y objetos de culto de los ss. VII a.C. hasta el XI d.C.

★★ **Oceanía** – Esta colección, que se empezó a reunir a finales del s. XVIII con piezas procedentes del ámbito del Pacífico, cuenta entre sus piezas más destacadas con esculturas en madera y máscaras policromadas de Nueva Guinea, las espectaculares **canoas de Oceanía** y el magnífico manto de plumas rojas y ocres del rey de Hawai.

★ **Asia Meridional** – Reúne objetos del área suroriental de Asia, la India y Sri Lanka. Las culturas de esta región se expresan a través de máscaras, marionetas y figurillas para el teatro de sombras chinescas. Indonesia está representada a través de una importante colección de figuras de culto y de tejidos.

★★ **Norte de África y África Occidental** – El mayor interés de esta colección se centra en las joyas bereberes, los **bronces** del antiguo reino de Benin y las **cabezas femeninas de terracota** de Ife (Nigeria). También merecen la pena las esculturas en madera de Camerún.

BERLIN

★★ **Museum für Indische Kunst** (Museo de Arte Hindú)– *Entrada por la Lansstraße*. Reúne colecciones arqueológicas de la India, Nepal, Tíbet y Asia Suroriental. Asia Central está representada con su excepcional **colección de arte de Turfan★★**, nombre que hace referencia a un oasis del Turquestán chino situado en la ruta de la seda.

★ **Museum für Ostasiatische Kunst** (Museo de Arte del Extremo Oriente) – *Entrada por la Lansstraße*. Reúne colecciones arqueológicas, de arte decorativo y arte industrial de China, Japón y Corea. El inventario incluye piezas de bronce, piedra, madera, marfil, laca y cerámica desde el año 3000 a.C. hasta la actualidad. Los objetos más valiosos se encuentran en la pintura y caligrafía china y japonesa, y en la escultura en madera de Asia oriental.

★ **Museum europäischer Kulturen** (Museo de las Culturas Europeas) – *Im Winkel 6/8*. El museo muestra objetos del folclore europeo desde el s. XVI hasta nuestros días. Bajo el lema "Contactos culturales en Europa", la exposición permanente lleva por título la *Fascinación de la imagen*. En ella se muestra el poder de seducción de las representaciones pictóricas o plásticas sobre el individuo, desde el hechizo que emana de las obras de arte religioso, al influjo de los grabados, las pinturas y la decoración en la arquitectura, los muebles y los objetos de uso doméstico que nos rodean, pasando por la publicidad en los medios de comunicación de masas que invade todos los rincones de nuestra sociedad.
El recorrido comienza en la planta superior.

Y ADEMÁS

★ **Museum für Kommunikation Berlin** – *Leipziger Str. 16*. El **Museo de Telecomunicaciones** está alojado en el magnífico edificio del antiguo Museo Postal del Imperio (Reichspostmuseum), el primer museo de este género que se creó en el mundo. En él se pueden contemplar colecciones de objetos relacionados con la historia de las telecomunicaciones desde sus inicios hasta la actualidad.

★★ **Deutsches Technikmuseum Berlin** (Museo Alemán de la Técnica) – *Trebbiner Straße 9*. La ubicación de este museo, en las antiguas instalaciones ferroviarias de la estación de mercancías de Anhalt, es perfecta para una exposición sobre la técnica y la evolución de los transportes en los últimos siglos. En los históricos edificios de la estación, ya en desuso, se expone el progreso técnico, concebido como parte consustancial de la civilización y la cultura de la humanidad. Los orígenes de la aviación y la navegación espacial, la astronomía, los transportes terrestres y marítimos, así como los medios de comunicación, las técnicas fotográficas y de obtención de energía se presentan al visitante con criterios amenos y medios interactivos, maquetas y la exposición de modelos originales. Merece especial atención la **sección ferroviaria★★**, que cuenta con locomotoras que datan de los comienzos del ferrocarril. La visita se completa con el **Spectrum**, una selección de 250 experimentos que ilustran fenómenos científicos.

Museo Alemán de la Técnica, Berlín

BERLIN

★★ Hamburger Bahnhof – Museum für Gegenwart Berlin (Estación de Hamburgo – Museo de Arte Contemporáneo) ⓘ – *Invalidenstraße 50-51*. El edificio de la **Estación Ferroviaria de Hamburgo**, hoy en desuso, es el más antiguo que se conserva en la ciudad de todos los construidos en Berlín en el s. XIX. Cuando dejó de funcionar en 1884, fue remodelada para acoger el Museo de los Transportes y la Construcción. La magnífica estructura metálica que se añadió al antiguo edificio constituye hoy el núcleo de una espaciosa sala acondicionada en 1960 por el arquitecto Paul Kleihues como **Museo de Arte Contemporáneo**. Los fondos de la exposición proceden, fundamentalmente, de la colección privada de Erich Marx. Desde su inauguración en 1966, la estación de Hamburgo es uno de los principales centros de arte contemporáneo de Berlín.
En la gran sala se exhiben obras de Anselm Kiefer (*Censo de población*, 1991), Richard Long (*Círculo de Berlín*), Mario Merz y Günther Uecker. La gran Galería muestra obras extraordinarias de Cy Twombly, Robert Rauschenberg y Andy Warhol. Una sala está dedicada exclusivamente a las composiciones de Joseph Beuys (*Parada de tranvía* – proyecto presentado a la Bienal de 1976).

★ Käthe-Kollwitz-Museum ⓘ – *Fasanenstraße 24*. El museo está dedicado a la producción artística, tanto gráfica como escultórica, de Käthe Kollwitz (1867-1945). Los máximos exponentes de su creación están representados por las dos series de agua fuertes tituladas *La revuelta de los tejedores* (1893-98) y *Guerra de los campesinos* (1903-08), los grabados en madera con los temas de *La guerra* (1920-24) y *El proletariado* (1925), el ciclo de litografías sobre *La muerte*, así como los autorretratos. Los **carteles** que diseñó en los años 20, como el que lleva por título *No más guerras* (Nie wieder Krieg) testifican el compromiso político y humano de esta artista.
En el ático se exponen sus esculturas, entre las que cabe citar el grupo en bronce *Las madres* (Muttergruppe, 1924-37).

★★ Martin-Gropius-Bau ⓘ – *Stresemannstraße 110*. Este edificio en forma de cubo, diseñado por Martin Gropius y Heino Schmieden en 1881 y antigua sede del Real Museo de Artes Decorativas (Königliche Kunsgewerbemuseum), fue reconstruido a partir de 1978 de los destrozos ocasionados durante la guerra. El estilo arquitectónico tiene influencias del neoclasicismo de Schinkel. La decoración interior, con su imponente sala de las columnas, es una buena muestra del arte prusiano de la *Época de los Fundadores* (Gründerzeit). Aquí se celebran importantes exposiciones temporales.

Topographie des Terrors (Topografía del Terror) ⓘ – Junto al edificio Martin Gropius se extiende la zona conocida como "**Prinz-Albrecht-Gelände**". Aquí tenían su sede el Cuartel General de la Gestapo y las comandancias de las SS y del SD (Sicherheitsdienst = Servicio de Seguridad), reagrupados en un Cuerpo General de Seguridad del Reich (Reichssicherheitshauptamt) a partir de 1939. En el transcurso de unas obras realizadas en unos terrenos baldíos de las inmediaciones se descubrieron a mediados de los años 80 los cimientos de la prisión que perteneció a estos organismos represivos del Estado nazi.
Para la construcción del nuevo Centro Internacional de Documentación (Internationales Dokumentation- und Begegnungszentrum), auspiciado por la Fundación Topografía del Terror, fue seleccionado el proyecto del arquitecto suizo **Peter Zumthor**. Mientras se concluyen las obras del edificio se puede visitar la exposición al aire libre organizada en las proximidades de las excavaciones que se realizan en la Niederkirchnerstraße.

★ Viktoria-Park – Este parque se extiende sobre la colina más alta de la ciudad, el Kreuzberg (66 m), desde donde se disfruta de una amplia perspectiva de Berlín. En sus jardines se alza el monumento conmemorativo a las guerras de liberación contra Napoleón, construido por el arquitecto K.F. Schinkel.

Luftbrückendenkmal (Monumento al Puente Aéreo) – Los grandes arcos del monumento que apuntan al cielo en dirección O simbolizan los tres corredores aéreos que utilizaron los aliados para abastecer a Berlín durante el bloqueo soviético.

Jüdisches Museum Berlin (Museo Judío de Berlín) ⓘ – Está alojado en un edificio moderno, cuyo espectacular diseño, que simboliza un rayo, se debe al arquitecto americano **Daniel Libeskind**. El interior, con sus salas laberínticas vacías, simboliza la aniquilación de la cultura judeo-germánica.
La exposición permanente muestra, entre otros aspectos, la historia de los judíos en Alemania y su importancia en el desarrollo de la ciudad desde el ss. XVIII al XX.
El edificio contiguo, que también pertenece al museo, fue la antigua sede del tribunal de Justicia (Altes Kammergericht), donde trabajó el escritor E.T.A. Hoffmann.

Museum Haus am Checkpoint Charlie (Museo del Muro de Berlín) ⓘ – En este museo se documentan los sucesos originados por la construcción del Muro y las dramáticas tentativas para franquearlo. Existe además información sobre los movimientos en defensa de los derechos humanos y civiles.

El Muro

El Muro de Berlín fue la denominación que se dio al conjunto de instalaciones fronterizas (torretas de vigía, alambradas electrificadas, puestos de tiro, etc.) que separaban los sectores E y O de la ciudad, y a Berlín occidental del territorio de la desaparecida República Democrática Alemana. En este antiguo pasillo de la muerte apenas quedan huellas de la dramática división de la ciudad. A excepción de la torreta de vigilancia que se conserva en Schlesisches Tor, hoy convertida en "Museo del Arte Prohibido" (Museum für Verbotene Kunst), y la entrada tapiada de los edificios de la Heidelberger Straße, en el distrito de Treptow, sólo se ven terrenos en obras, jardines o zonas invadidas por la maleza en el lugar que ocupaba el muro.

El mayor lienzo de muralla se encuentra en el barrio de Friedrichshain y se conoce como la "East Side Gallery". Las pinturas murales realizadas por un grupo de artistas en 1990 se encuentran hoy en muy mal estado. También se pueden ver restos del muro junto a la antigua sede del Parlamento prusiano, situado entre la Detlev-Rohwedder-Haus (ocupada por el Ministerio Imperial de la Aviación en tiempos de Göring) y los terrenos de la "Topografía del terror".

La Bernauer Straße simboliza el aspecto más inhumano del muro. En el terreno del cementerio de la Sophiengemeinde (Bernauerstraße esquina a Ackerstraße) se inauguró en 1998 el **Monumento conmemorativo del Muro de Berlín** (Gedenkstätte Berliner Mauer).

* **Märkisches Museum/Stiftung Stadtmuseum Berlin (Museo de la Marca/Museo de Berlín)** ⓥ – El pintoresco complejo arquitectónico (1899-1908) que alberga este museo, inspirado en el estilo gótico y renacentista de la marca de Brandemburgo, despliega sus edificios en torno a dos patios interiores. El museo ilustra el desarrollo histórico y cultural de la ciudad desde los primeros asentamientos prehistóricos hasta nuestros días. Mientras concluyen las grandes obras de remodelación que se están realizando, se pueden visitar varias exposiciones temporales que muestran diversos aspectos de la historia de Berlín.

A la entrada se puede ver una copia del Roland de Brandemburgo de 1474, una figura que simboliza las libertades y privilegios de las ciudades. La estatua, de gran tamaño, está realizada en piedra arenisca.

** **Kunstgewerbemuseum (Museo de Artes Decorativas)** ⓥ – *En el castillo de Köpenick (Isla del Castillo)*. La visita a este museo nos aleja del centro bullicioso de la ciudad y nos muestra la cara amable de la vida provinciana en el distrito de Köpenick, situado en el extremo suroriental de Berlín.

Invernadero del Jardín Botánico

BERLIN

El museo está alojado en el castillo de caza de estilo barroco construido por el arquitecto holandés Rutger von Langerfeld entre 1677 y 1684. El interés de las colecciones reside en el mobiliario de los ss. XVI-XIX. Merecen especial atención la lujosa **habitación con revestimientos de madera★**, que procede del palacio de Haldenstein (Suiza, s. XVI), y el **escritorio★** diseñado por David Roentgen (Neuwied, 1779), cuyos trabajos de marquetería representan las Siete Artes Liberales de la época de Federico II. La **Cámara del tesoro★** contiene joyas y orfebrería del s. XVI y vajillas de plata de estilo barroco, entre las que destaca el **gran buffet de plata★★** procedente de la Sala de los Caballeros del antiguo castillo de Berlín, obra de los orfebres originarios de Augsburgo J. Ludwig y A. Biller (1695-98).

★★ **Großer Müggelsee** – *Salga de la ciudad por la Köpenicker Landstraße.* El Müggelsee es el mayor de los lagos berlineses. Desde la plataforma de la torre panorámica se disfruta de una extraordinaria vista sobre los lagos y los bosques del entorno.

★★ **Botanischer Garten (Jardín botánico)** ⓥ – *Königin-Luise-Straße 6/8.* Este jardín botánico, con sus cerca de 43 ha, es uno de los mayores del mundo. En él están representados los diferentes tipos de vegetación que se desarrollan desde las llanuras a los territorios de alta montaña de la zona templada del hemisferio norte. En el arboreto se reúnen las especies arbóreas y arbustivas más singulares. Sus 16 invernaderos ocupan una superficie de 6.000 m^2 y en ellos se desarrollan gran cantidad de plantas tropicales y subtropicales.
El **Museo Botánico★** ⓥ muestra la biodiversidad de la flora. Junto a las plantas útiles, el museo posee especies decorativas descubiertas en tumbas del antiguo Egipto.

★ **Brücke-Museum (Museo "Die Brücke")** ⓥ – *Bussardsteig, 9.* Este museo reúne obras representativas del movimiento *Die Brücke* (El Puente), la escuela artística más importante del expresionismo alemán, fundada en Dresde en 1905 por un grupo de estudiantes de Bellas Artes. Esta corriente se caracteriza por el uso de colores fuertes y la deformación de los contornos y las líneas. En 1911 el grupo se trasladó a Berlín y dos años más tarde se disolvió. La mayor parte de los óleos, esculturas, acuarelas y dibujos que se exponen aquí pertenecen a **Karl Schmidt-Rottluff** y **Erich Heckel**. También se pueden ver obras de Max Pechstein, Otto Mueller, Ernst Ludwig Kirchner y Emil Nolde.

★★ **Grunewald** – Esta gran masa arbolada (3.100 ha) de bosque mixto era ya en el s. XVI un coto de caza de los príncipes electores. Al E, el Grunewald limita con una zona residencial jalonada de pequeños lagos. En uno de estos lagos, el Grunewaldsee, se alza el **pabellón de caza de Grunewald★** ⓥ. Esta elegante construcción, en su origen un palacete renacentista que fue transformado 160 años más tarde al estilo barroco por encargo del rey de Prusia Federico I, domina un patio rodeado por tres edificios auxiliares **(Jagdzeugmagazin)**. Todo el conjunto se despliega bajo la sombra de una hilera de hayas centenarias. En el interior se puede admirar mobiliario y una galería de arte con obras de autores alemanes y holandeses de los ss. XV al XIX.
El **Havel★★** constituye la frontera natural del Grunewald por el O. Paralela al río discurre la autopista Havelchaussee, que conduce, algo más al S, a las playas del **Wannsee★★**, muy frecuentadas por los bañistas en verano.

Wannsee

BERLIN

Isla de los Pavos Reales

** Pfaueninsel (Isla de los Pavos Reales) – *Acceso en transbordador desde los embarcaderos de Nikolskoer Weg (servicio según la demanda).* Sus jardines de estilo inglés y los edificios que se alzan en esta isla sobre el Havel tienen el sabor de finales del s. XVIII. El parque invita a un agradable paseo.

El **castillo*** (1794-97) está intencionadamente inacabado para crear la sensación de ruina, siguiendo el gusto romántico. En el interior, en el que las salas lucen magníficos revestimientos de madera y suelos de parqué, abundan los recuerdos personales de la reina Luisa.

* Funkturm (Torre de la Radio) – La silueta del *Gran Holgazán* (lange Lulatsch), como llaman los berlineses a esta torre de 150 m de altura, es ya indisociable de la imagen de la ciudad. Desde la plataforma situada a 126 m de altura (ascensor) se ofrece una extraordinaria **panorámica***** de Berlín.

* Olympia-Stadion (Estadio olímpico) – Desde lo alto del campanario de 77 m de altura (*ascensor*) se tiene una vista de conjunto de las instalaciones deportivas del Reich, que ocupan una superficie de 132 ha. El estadio fue construido para los Juegos Olímpicos que se celebraron en Alemania en 1936 y se sigue utilizando en la actualidad. Existe un proyecto para cubrir el estadio y construir tribunas móviles con capacidad para 77.000 espectadores. La conclusión de las obras está prevista para el año 2003.

* Bauhaus-Archiv – Museum für Gestaltung – *Klingelhöferstraße 14.* El edificio que alberga este museo fue construido en 1979 según un proyecto original de **Walter Gropius**, fundador de la Bauhaus (1919-33). Esta institución es célebre, sobre todo, por sus realizaciones en el campo de la arquitectura, pero su influencia no es menor en las artes plásticas. Los objetos de uso cotidiano creados por esta escuela fueron los precursores del diseño contemporáneo.

La exposición cuenta tanto con objetos artesanales como industriales, esculturas y pinturas de Schlemmer, Moholy-Nagy, Feininger, Kandinsky y Klee.

Gedenkstätte Plötzensee (Monumento conmemorativo Plötzensee) – El monumento en honor a las víctimas del nacionalsocialismo se alza donde tuvieron lugar las ejecuciones de la antigua institución penitenciaria de Plötzensee. Entre 1933 y 1945 fueron ejecutadas aquí, mediante la horca o la guillotina, más de 3.000 personas, la mayoría de ellas prisioneros políticos y opositores al régimen.

* Spandauer Zitadelle – La **ciudadela de Spandau** se construyó en la segunda mitad del s. XVI en el emplazamiento de una fortaleza medieval (s. XII), en la confluencia de los ríos Havel y Spree. En cada uno de los cuatro ángulos de esta construcción de ladrillo se alza un bastión de planta poligonal, una innovación con respecto a los antiguos bastiones circulares. La fortaleza de Spandau es el único ejemplo de la nueva arquitectura militar ita-

Frontón de la puerta de la Ciudadela de Spandau

liana al norte de los Alpes. A lo largo de su agitada historia sufrió agresiones de las tropas suecas, austríacas, francesas, rusas y prusianas. Pero sobre todo es conocida porque hasta hace poco tiempo fue una cárcel estatal.
Para acceder al portón de entrada se atraviesa un puente levadizo. En el escudo de armas que corona el dintel de la puerta están representadas las distintas provincias de Prusia.

Juliusturm – *Rodee el edificio hacia la derecha.* Esta torre del homenaje de 32 m de altura –único vestigio de la antigua fortaleza– es hoy el emblema de la Ciudadela de Spandau. La entrada a la torre está protegida por un impresionante sistema de seguridad: 145 escalones conducen a la plataforma panorámica. El edificio denominado Palas es en la actualidad la sede del **Museo de Historia Local** (Stadtgeschichtliches Museum Spandau) ⓥ. *(Al museo se accede por una pasarela).* Junto a los muros exteriores de su parte sur se ven varias tumbas judías de los ss. XIII-XIV con inscripciones en hebreo. Estas losas proceden del cementerio judío de Spandau, devastado en 1510.

★**St.Nikolai-Kirche (Iglesia de San Nicolás)** ⓥ – *En Spandau.* Esta iglesia de planta de salón es la única construcción gótica en ladrillo que se conserva en Berlín. La entrada a la capilla norte, situada en el presbiterio poligonal, está coronada por una **Crucifixión** (1540) realizada en madera policromada. El magnífico **altar renacentista**★ (piedra policromada y estuco) fue un regalo de un arquitecto militar italiano, el conde Rochus von Lynar. Destacan también el púlpito labrado en oro de estilo barroco y la **pila bautismal en bronce** gótica (1398).

ⓥ ▶▶ Volkspark Friedrichshain – Iglesia Maria Regina Martyrum – Schloß Tegel★ (Humboldt-Schloß) *(Adelheidallee 19-20)*

EXCURSIONES

★★★**Potsdam** – *19 km al O. Ver este nombre.*

Oranienburg – *31 km en dirección N. Salida por* ⑨ *del mapa.* El **campo de concentración de Sachsenhausen** ⓥ, convertido hoy en monumento conmemorativo, fue construido en 1936. En él perecieron más de la mitad de las personas que fueron internadas. La historia del campo se ilustra a través de una exposición permanente y de exposiciones temporales. En 1997 se inauguró el **Museum Baracke 38**, en el que se muestran las penalidades de los presos judíos. El cinismo de la propuesta que figura en el lema a la entrada del campo: *Arbeit macht frei (El trabajo redime al hombre)* queda patente tras el recorrido por las instalaciones *(seguir las indicaciones del plano que se distribuye a la entrada)*, en las que se demuestra la absurda rigidez del sistema de trabajo.
La Inspección del Campo, oficina de vigilancia común a todos los campos de concentración en Alemania, guarda documentación de los múltiples crímenes contra la humanidad proyectados por los nazis.
Tras la liberación del campo en 1945, los soviéticos crearon el "Campo de trabajos forzados nº 7"; una placa en el patio del puesto de comandancia recuerda también a sus víctimas.

Frankfurt an der Oder – *90 km al E, salida por* ① *del mapa.* Esta antigua ciudad hanseática, fundada en el s. XIII, es sede desde 1991 de la **Universidad Europea Viadrina**. Un tercio de sus plazas lectivas se otorgan a los estudiantes de la vecina Polonia, que pueden acceder al campus incluso a pie a través de un puente sobre el río Oder. La ciudad fue destruida en un 70% durante la II Guerra Mundial, pero muchos de sus edificios históricos han sido reconstruidos, entre ellos importantes ejemplos de la arquitectura gótica en ladrillo, como el Ayuntamiento y la iglesia de Santa María **(St. Marienkirche)**. En abril de 2001 se inauguró el Kleist-Forum, un centro cultural y de congresos diseñado por el arquitecto Klaus Springer. El Centro se levantó en honor al célebre dramaturgo **Heinrich von Kleist** (1777-1811), a quien también se ha dedicado un museo *(Faberstraße 7)* en el que se ilustra su vida y su obra.

BERNKASTEL-KUES★

Renania-Palatinado – 7.200 habitantes
Mapa Michelin nº 417 Q 5 – Esquema: MOSELTAL

Estas dos ciudades gemelas se extienden a ambas orillas del Mosela, en la confluencia de las aguas de este río y las de un torrente que baña un profundo barranco esquistoso del Hunsrück. Los cultivos de la vid –el mayor latifundio vitícola de Alemania– cubren un amplio meandro del Mosela y trepan por las pendientes de Graach y de Zeltlingen. El 95% de las cepas pertenecen a la variedad Riesling. Durante la fiesta de la vendimia que se celebra en la primera semana de septiembre, la "ciudad del vino" goza de gran animación. En las bodegas de Bernkastel-Kues se dan a catar a los turistas los famosos caldos de la región.

★ **Markt** – Esta pequeña plaza en pendiente está delimitada por las tradicionales casas de vigas entramadas. En su centro se alza la **fuente de San Miguel** (Michaelsbrunnen), del s. XVII, y frente a la Karlstraße, a la derecha del ayuntamiento, se puede ver un edificio que posee un frontón puntiagudo muy original.

Alojamiento

Moselblümchen – *Schwanenstraße 10 – ☎ 0 65 31/23 35 – fax 0 65 31/76 33 – 21 hab – individuales desde 46 €. Decoración moderna, precios razonables.*

Bären - *Schanzstraße 9 – ☎ 0 65 31/95 04 40 – fax 0 65 31/9 50 44 46 – 33 hab – individuales desde 44 €. Negocio familiar.*

Zur Post – *Gestade 17 – ☎ 0 65 31/9 67 00 – fax 0 65 31/96 70 50 – 42 hab – individuales desde 56 €. Hotel tradicional renovado. Gran confort.*

St. Nikolaus-Hospital (Cusanusstift) ⓥ – *En Kues.* El hospital de San Nicolás, fundado en 1458 por el cardenal Nikolaus Cusanus (1401-1464), humanista y teólogo originario de Kues, tenía como finalidad dar cobijo a ancianos indigentes. El número de personas acogidas se limitaba a 33, cifra que simboliza los años que vivió Cristo. Esta tradición perdura hasta nuestros días.

En el conjunto arquitectónico destacan el claustro, de estilo gótico tardío, y la capilla, con un bello retablo del s. XV, y una copia en bronce del monumento funerario del cardenal (el original se encuentra en San Pietro in Vincoli, Roma). A la entrada, a mano izquierda, se puede admirar un fresco del Juicio Final y, a la derecha, la lápida sepulcral de santa Clara Cryftz, hermana del prelado.

La **biblioteca** alberga cerca de 400 manuscritos e incunables, así como una serie de instrumentos astronómicos pertenecientes al fundador.

EXCURSIÓN

Burg Landshut – *3 km al SE.* Este castillo, levantado sobre un promontorio rocoso, fue la residencia de los arzobispos de Tréveris a partir del s. XI. Durante la guerra de Sucesión del Palatinado fue totalmente destruido. Desde sus ruinas se ofrece una espléndida **vista panorámica**★★ de las grandes extensiones de viñedos a orillas del Mosela.

BODENSEE★★

LAGO DE CONSTANZA – Baden-Würtemberg y Baviera
Mapa Michelin nº 419 W 10 – X 13

El lago de Constanza (Bodensee), conocido en Alemania también como "mar de Suabia", recuerda a las regiones mediterráneas por la inmensidad de sus horizontes y la dulzura de su microclima. En algunos lugares, como en la isla de Mainau, es tan privilegiado, que permite la germinación de vegetación tropical. En superficie (53.000 ha) casi se equipara al lago Lemán. Numerosas compañías navieras, que poseen embarcaderos en distintas ciudades alemanas y austriacas (Constanza, Überlingen, Meersburg, Friedrichshafen, Lindau y Bregenz), realizan excursiones y cruceros en barco por el lago.

Atención: Las islas de **Reichenau**★, en el Untersee, y de **Mainau**★★, en el Überlinger See, se describen en el apartado "Alrededores" del bloque **Konstanz**★.

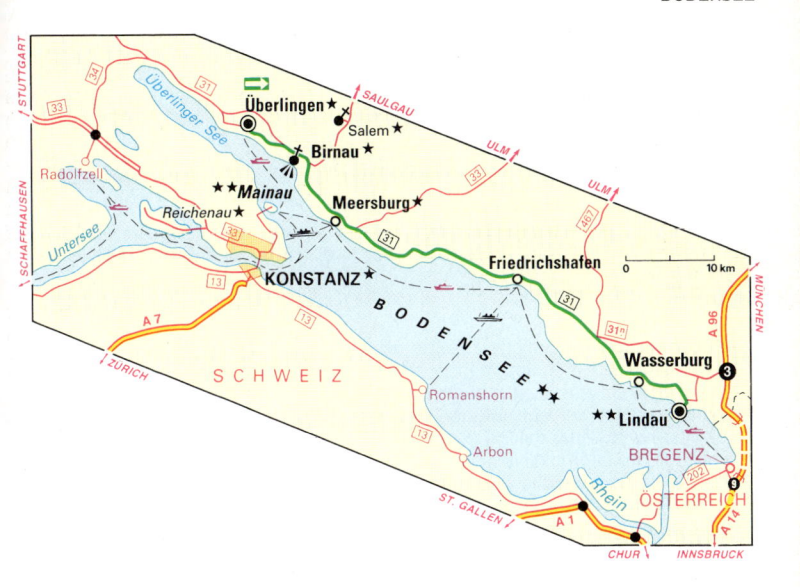

DE ÜBERLINGEN A LINDAU *56 km – 4 h aprox.*

★ **Überlingen** – *Ver este nombre.*

★ **Birnau** – La iglesia actual de estilo rococó se construyó entre 1746 y 1750 sobre una terraza desde la que se domina el lago de Constanza. La orden cisterciense de Salem encargó la obra al arquitecto Peter Thumb.

La elegante decoración barroca se despliega por la arquitectura y las pinturas que decoran la bóveda de lunetos de la nave principal, adorna la cúpula rebajada del presbiterio y la que cubre el ábside. Una elegante galería que se apoya en ménsulas decoradas con volutas de estilo rococó, recorre a media altura la nave de la iglesia. Los peregrinos acuden al santuario a venerar una imagen de la Virgen de principios del s. XV que está alojada en un nicho del altar mayor.

Santuario (Birnau)

★ **Meersburg** – La antigua residencia de los príncipes obispos y hoy importante centro turístico desde principios de la primavera hasta finales del otoño, ocupa un pintoresco emplazamiento en una ladera del lago de Constanza. El centro de la ciudad alta (Oberstadt) está constituido por la **plaza del Mercado**★, de la que sale la **Steigstraße**★, una bella calle bordeada de casas de vigas entramadas.
La poetisa **Annette von Droste-Hülshoff**, nacida en Westfalia en 1797, residió hasta su muerte, en 1848, en el castillo de Meersburg, conocido como **Alte Schloß**. Esta imponente construcción, que cuenta con más de 100 habitaciones y posee unos muros de 3 m de espesor, domina la ciudad. Fue adquirida, en 1838 en un estado semirruinoso, por Josef von Laßberg, cuñado de Annette von Droste-Hülshoff y célebre por sus trabajos de investigación sobre el mundo antiguo. A partir de 1846 y tras una profunda restauración, sirvió de residencia de la escritora. Se pueden visitar las dos pequeñas habitaciones de la torre en las que Annette von Droste-Hülshoff compuso sus más bellas poesías. También se conservan recuerdos de la autora del cuento *El haya del judío* (1842) en el **Droste-Museum** *(Fürstenhäusle, Stettener Straße)*.
Desde la terraza del **Palacio Nuevo** (Neues Schloß) se disfruta de una hermosa **vista**★ del lago y del macizo del Säntis.

BODENSEE

Alojamiento en Meersburg

Löwen – *Marktplatz 2* – ☏ *0 75 32/4 30 40* – *fax 0 75 32/43 04 10* – *21 hab – individuales desde 51 €*. Hospedería del s. XV situada en la plaza del Mercado (Marktplatz).

3 Stuben – *Kirchstraße 7* – ☏ *0 75 32/8 00 90* – *fax 0 75 32/13 67* – *31 hab – individuales desde 74 €*. Edificio de vigas entramadas restaurado y con decoración moderna, situado en el corazón del casco antiguo. Cocina muy elaborada, para gourmets.

Otros alojamientos en la región aparecen en los epígrafes Lindau y Überlingen

Friedrichshafen – Situada a orillas del lago de Constanza, Friedrichshafen es la segunda localidad en importancia después de la ciudad de Constanza. El atractivo del puerto, con sus muelles en constante actividad, invita a un agradable paseo por los alrededores del lago. Desde Friedrichshafen se pueden realizar excursiones en barco a las cascadas del Rin (Rheinfall) en Schaffhausen, a la isla de Mainau y a los palafitos de Unteruhldingen. Por ser la cuna de la aviación y por su prestigio como centro industrial recibió el apelativo, del que la villa se siente orgullosa, de "ciudad de las Ferias y del Zeppelín".

Zeppelin-Museum Friedrichshafen ⊙ – Alojado en la antigua estación marítima, el **museo** está consagrado a la historia de los dirigibles rígidos diseñados por el conde von Zeppelin (1838-1917). En el museo se exhibe, reconstruido parcialmente, el legendario "Hindenburg", que explotó en 1937 en Lakehurst.
También existe una sección de arte, en la que hay una selección de obras desde la Edad Media hasta nuestros días.

> **Una experiencia inolvidable: el lago de Constanza visto desde un zeppelín**
>
> En fechas recientes se han comenzado a construir de nuevo globos aerostáticos en Friedrichshafen. El Zeppelín de Nueva Tecnología (NT) emprendió su primer vuelo en septiembre de 1997, 97 años después del viaje que realizó el dirigible pionero desarrollado por el conde Zeppelín. El globo alcanza una velocidad de 130 km/h y es de dimensiones modestas en comparación con sus predecesores (75 m de largo y 8.200 m³ de volumen), por ejemplo, el LZ 129 Hindenburg medía 245 m de longitud y tenía un volumen de 200.000 m³. Desde este dirigible con capacidad para 12 plazas (está previsto ampliarlas a 40), los turistas pueden admirar la belleza del lago de Constanza a vista de pájaro.

Wasserburg – Este pueblecito, que recibe un gran número de turistas, agrupa sus casas en una península bañada por las aguas del lago. Se recomienda recorrer la lengua de tierra hasta el extremo donde se encuentra el cabo.

★★ **Lindau** – *Ver este nombre.*

BONN★

Renania Septentrional-Westfalia – 312.000 habitantes
Mapa Michelin nº 417 N 5

Esta ciudad situada en la margen izquierda del Rin tuvo su origen en un campamento romano (Castra Bonnensia). En el s. XVI adquirió cierta importancia al ser elegida como residencia por los príncipes electores y arzobispos de Colonia, y en el s. XVIII se transformó en una ciudad residencial barroca.
En 1949, Bonn fue designada como capital provisional de la recién creada República Federal Alemana, circunstancia que favoreció el espectacular desarrollo de la ciudad.
El distrito gubernamental se estableció en un barrio residencial al SO de la ciudad.
Desde el bastión del **Alter Zoll** (Antigua Aduana) se disfruta de un buen panorama de la ciudad, del Rin y de los alrededores. La **vista**★ sobre el río y el macizo del Siebengebirge es particularmente hermosa a la caída de la tarde y al amanecer. A los pies del bastión discurre el apacible paseo del Rin, que sirve de marco para disfrutar de unos momentos de ocio. *El embarcadero para realizar travesías por el río se encuentra en este paseo.*

La juventud de Beethoven – **Ludwig van Beethoven** (1770-1827) nació y creció en el barrio que se agrupa en torno a la **iglesia de San Remigio** (St. Remigius-Kirche). A los 13 años tocaba la viola y el clavecín en la orquesta del palacio de los príncipes electores.

BONN

Pero el destino de Beethoven estaba en Viena. Atraído por el ambiente musical que se respiraba en esta ciudad y para seguir el camino de los músicos que más admiraba, Mozart y Haydn, dejó Bonn a los 22 años y se instaló definitivamente en Viena, que ya conocía de anteriores estancias. Su virtuosismo como pianista y su talento como compositor asombraron a la sociedad vienesa desde el primer momento.

En la **Beethovenhalle**, un edificio moderno diseñado por el arquitecto Siegfried Wolske, se celebra todos los años el Festival de Beethoven.

★ **Rheinisches Landesmuseum** – Las colecciones del **Museo Renano** presentan una panorámica de la historia, la cultura y el arte de las regiones media y baja del Rin desde la prehistoria hasta nuestros días.

La sección de Prehistoria posee interesantes vestigios del Neolítico –como un cráneo del hombre de Neandertal–, de la Edad del Bronce y de la cultura de La Tène (armas, objetos de metal, joyas procedentes de túmulos funerarios).

También la **sección romana**★, cuenta con valiosos objetos, como los altares que utilizaban en sus cultos los soldados de los campamentos romanos establecidos en la región renana. Una pieza maestra del arte del mosaico romano es el **mosaico del Dios del Sol** (Sonnengottmosaik, hacia 250 d.C.), que muestra a la divinidad sobre un carro de combate rodeado de animales. Los cultos funerarios se ilustran en las lápidas, como la de Marcus Caelius de Xanten (principios s. I d.C.).

La pieza más interesante de la Sección de Franconia es la sepultura restaurada de un señor franconiano (hacia 600 d.C.). La sección dedicada a la **Edad Media hasta la Moderna** muestra obras de arte y de artesanía desde el románico hasta el s. XIX. También está bien representada la escultura románica, la pintura gótica sobre madera y la pintura holandesa de los ss. XVI-XVII.

★ **Münster (Colegiata)** – La antigua iglesia abacial de San Casiano y San Florencio se edificó sobre una antigua necrópolis de la 2ª mitad del s. III. El actual edificio (ss. XI-XIII), que presenta elementos estilísticos románicos y de principios del gótico, constituye un conjunto de gran armonía.

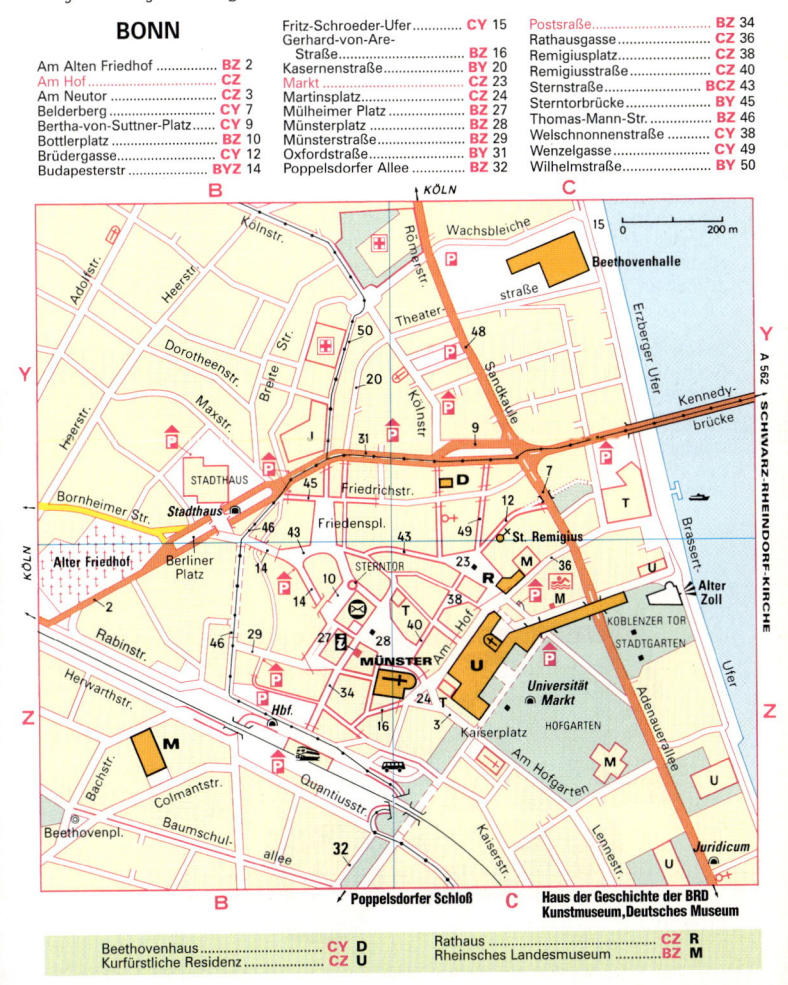

BONN

Am Alten Friedhof	BZ	2
Am Hof	CZ	
Am Neutor	CZ	3
Belderberg	CY	7
Bertha-von-Suttner-Platz	CY	9
Bottlerplatz	BZ	10
Brüdergasse	CYZ	12
Budapesterstr	BZ	14
Fritz-Schroeder-Ufer	CY	15
Gerhard-von-Are-Straße	BZ	16
Kasernenstraße	BY	20
Markt	CZ	23
Martinsplatz	CZ	24
Mülheimer Platz	BZ	27
Münsterplatz	BZ	28
Münsterstraße	BZ	29
Oxfordstraße	BZ	31
Poppelsdorfer Allee	BZ	32
Postsraße	BZ	34
Rathausgasse	CZ	36
Remigiusplatz	CZ	38
Remigiusstraße	CZ	40
Sternstraße	BCZ	43
Sterntorbrücke	BY	45
Thomas-Mann-Str.	BZ	46
Welschnonnenstraße	CY	38
Wenzelgasse	CY	49
Wilhelmstraße	BY	50

Beethovenhaus	CY	D
Kurfürstliche Residenz	CZ	U
Rathaus	CZ	R
Rheinisches Landesmuseum	BZ	M

153

En el interior destacan una pila bautismal románica y las esculturas de piedra que adornan el acceso al presbiterio, así como una pintura mural fechada hacia 1200 que representa a la Virgen entre san Casiano y san Florencio. Un fresco (hacia 1300) muestra la Asunción de María. El tabernáculo fue realizado en 1619, mientras el resto del mobiliario es en su mayor parte barroco o de finales del s. XIX. La cripta (1040) de tres naves, situada debajo del presbiterio, alberga las reliquias de los mártires. El **claustro**★ (hacia 1150), de estilo románico, es uno de los que mejor se conservan de esa época en Alemania.

Beethovenhaus ⊙ – En esta casa del casco antiguo de Bonn nació Beethoven en diciembre de 1770. El edificio alberga desde 1890 un museo en el que se muestran documentos originales que ilustran la vida y la obra del gran compositor. Entre los objetos expuestos figuran retratos del músico y de personas de su círculo de amistades, manuscritos, partituras, instrumentos musicales, trompetillas acústicas y varias máscaras del artista.

Rathaus – El **ayuntamiento** es un bello edificio de estilo rococó (1738), cuya fachada está pintada en tonos rosa y gris. La elegante escalera exterior de doble tramo es de la época de los príncipes de Wittelsbach y está cubierta por un techo abuhardillado decorado con blasones.

Kurfürstliche Residenz (Residencia de los Príncipes Electores) – El alargado edificio de estilo barroco (1697-1702) resalta sobre el verde del parque. En 1715 fue remodelado según los planos de Robert de Cotte, arquitecto al servicio del rey Luis. El nuevo palacio fue dotado de tres alas que se despliegan en dirección SE. Desde 1818 es sede de la Universidad de Bonn.

★**Haus der Geschichte der Bundesrepublik Deutschland** (Museo de Historia de la República Federal de Alemania) ⊙ – *Adenauerallee 250*. Este museo de historia contemporánea de Alemania, el primero que se creó en la República Federal con esta temática, se caracteriza por un estilo expositivo ameno y lúdico. El despliegue de medios audiovisuales es extraordinario y los visitantes se aglomeran en torno a las pantallas de vídeo, los paneles de información interactivos y los botones que ponen en marcha algún mecanismo electrónico. Los más adultos se refrescan la memoria con acontecimientos históricos de los que fueron partícipes, mientras las jóvenes generaciones –el sector del público más numeroso– no logran salir de su asombro. La presentación de los aspectos socio-económicos es tan atractiva como el discurso cultural y político. Paralelamente a la evolución histórica de la República Federal de Alemania se muestra la historia de la República Democrática Alemana.
En el transcurso de las obras se descubrieron las ruinas de una **bodega de la época romana**, que ha pasado a formar parte del museo (*planta sótano*).

★**Kunstmuseum Bonn** (Museo de Arte Moderno) ⊙ – *Friedrich-Ebert-Allee 2*. El talento arquitectónico de Axel Schultes se descubre no tanto en la imponente fachada de este edificio inaugurado en 1992, como en su estructura interior, concebida en grandes espacios. En la **planta baja** se pueden contemplar obras del expresionismo alemán, fundamentalmente de **August Macke**, pintor que vivió un tiempo en Bonn. El arte alemán desde 1945 está bien representado por artistas como Günther Uecker, Gerhard Richter, Anselm Kiefer, Georg Baselitz, A.R. Penck, Markus Lüpertz, entre otros; a Joseph Buys y sus montajes se dedican tres salas completas.
La **Sala de Exposiciones de la República Federal de Alemania** (Kunst- und Austellungshalle der Bundesrepublik Deutschland) ⊙ es un edificio contiguo destinado a exposiciones temporales que fue proyectado por el arquitecto vienés Gustav Peichl. Las 16 columnas de la fachada simbolizan los Estados federales.

Deutsches Museum Bonn (Museo Alemán de Bonn) ⊙ – *Ahrstraße 45*. Este museo, que es una filial del célebre Deutsches Museum de Múnich, ofrece una visión de la apasionante historia de la investigación y la técnica en Alemania –de la República

Lanzadora de Cohetes (Daimler-Benz), Museo Alemán de Bonn

Federal y de la antigua RDA– desde 1945. Una gama de instrumentos multimedia, cintas de vídeo e incluso un vídeo teléfono muestran una panorámica de la técnica alemana que oscila entre la tradición y el futurismo.

Poppelsdorfer Schloß (Palacio de Poppelsdorf) – Este edificio (1714-53), construido según los planos diseñados por el arquitecto de la Corte francesa **Robert de Cotte**, se comunica con la Residencia por la **Poppelsdorfer Allee**, una larga avenida que avanza bajo la sombra de una arboleda de castaños y un gran bulevar central.
La fachada orientada a la ciudad denota influencia del barroco francés en la división vertical que presenta tres cuerpos en forma de pabellones. Sin embargo, el patio interior, caracterizado por una columnata semicircular, se inspira en elementos estilísticos italianos.
Detrás del palacio se encuentra el **Jardín Botánico** de la Universidad.

Alter Friedhof – En él reposan artistas y eruditos célebres, como August Wilhelm von Schlegel, Ernst Moritz Arndt, Robert y Clara Schumann, y la madre de Beethoven.

ALREDEDORES

Schwarz-Rheindorf** – Se accede por la Kennedybrücke. La **iglesia de estilo románico fue consagrada en 1151. Los muros de la capilla inferior se adornan con escenas del Libro de Ezequiel. La planta superior, con un trono reservado al Emperador, se inspira en la capilla palatina de Aquisgrán.

Bad Godesberg – Este barrio residencial situado al sur de la ciudad posee bellos parques (Redoute-Park, Draitschbrunnen). Aquí tenían su sede las embajadas diplomáticas antes del traslado del gobierno federal a Berlín.
El agradable **paseo a orillas del Rin**, donde se encuentra el embarcadero para las travesías por el río, es muy frecuentado por el público. La intensa actividad fluvial al atardecer anima el paisaje, dominado por la silueta del hotel del Petersberg y las ruinas del Drachenfels (Peña del Dragón).
Sobre un cerro basáltico en el centro de la ciudad se conservan las ruinas del **Godesburg** Ⓥ, un castillo mandado construir en el s. XIII por el príncipe elector de Colonia. Desde la torre del homenaje hay un bello **panorama*** de la ciudad, de la depresión de Bonn que se extiende hasta Colonia, y de los Siebengebirge.

EXCURSIONES

***Siebengebirge** – Este macizo montañoso, cuya altitud máxima se encuentra a 460 m, se alza frente a Bad Godesberg sobre la orilla derecha del Rin. El Siebengebirge ("siete picos"), límite septentrional del cultivo de la vid en la región renana, está constituido por siete cerros. La cima de cada uno de estos picos estaba coronada en tiempos pasados por un castillo señorial. Enclavados en el parque natural más antiguo de Alemania, los conos volcánicos y las colinas son los lugares de paseo predilectos de los excursionistas y amantes del arte románico en Renania. En las pequeñas localidades de la región se conservan numerosos ejemplos de este estilo, como las ruinas del convento de Heisterbach.
Al pie del macizo y a orillas del Rin se encuentran las poblaciones de **Bad Honnef-Rhöndorf** (casa de Konrad Adenauer) y **Königswinter**, de donde parte un tren de cremallera que conduce hasta el **Drachenfels*** Ⓥ. Según la leyenda, este lugar fue el escenario en el que el nibelungo Sigfrido venció en combate a un dragón y se bañó en su sangre para hacerse invulnerable. Desde la terraza situada junto a las ruinas de la torre se ofrece una amplia **panorámica**** (de izquierda a derecha) de las mesetas del Westerwald y del Eifel, de Bad Godesberg, Bonn y finalmente de Colonia.
A medio camino de la ascensión al Drachenfels se alza, en medio de un bello parque, el **palacio de Drachenburg**, construido a finales del s. XIX en estilo neogótico.

Remagen – 23 km al S. Salga de Bonn por la Adenauerallee. Nada más pasar Mehlem se divisan, a la derecha, las ruinas cubiertas de hiedra de **Rolandsbogen** y, a la izquierda, **Nonnenwerth**, una isla en el Rin.
La pequeña villa renana de Remagen se asienta sobre una antigua fortaleza romana. En el **Museo Romano** (Kirchstraße 9), instalado en una antigua capilla del s. XVI, se muestran hallazgos de aquella época. La localidad se hizo célebre por su **puente**, que fue tomado, casi intacto, por los americanos el 7 de marzo de 1945, permitiéndoles establecer una cabeza de puente sobre la margen derecha del río. A los diez días el puente se vino abajo por sobrecarga. En las torres que aún se conservan se ha instalado un **Museo de la Paz** (Friedensmuseum) Ⓥ, en el que se relata la historia del puente, desde su fundación con fines militares en 1916-17 hasta su derrumbe, así como los acontecimientos bélicos que tuvieron lugar en 1945 (se muestran las crónicas semanales de guerra correspondientes a la primavera de 1945). Merece la pena visitar la **iglesia parroquial** (Pfarrkirche) de la ciudad, rodeada por una muralla que posee una **doble puerta de entrada romana** (portón para los vehículos y puerta para los peatones); los bajorrelieves que decoran los arcos de la entrada representan sirenas y bestias fantásticas. En el extremo norte de la ciudad se eleva el **Apollinarisberg**, cuyo santuario neogótico es el emblema de la ciudad de Remagens.

BRAUNSCHWEIG

BRUNSWICK – Baja Sajonia – 260.000 habitantes
Mapas Michelin nos 416/418 J 15

Desde los inicios de la Revolución industrial Brunswick fue un importante centro económico en la región, papel que sigue desempeñando en la actualidad. El Collegium Carolinum, en el que el célebre astrónomo, físico y matemático **Carl Friedrich Gauss** realizó sus primeras investigaciones, se convirtió posteriormente en una prestigiosa Universidad Politécnica. Tras la II Guerra Mundial la ciudad fue reconstruida con un moderno diseño urbanístico.

APUNTES HISTÓRICOS

El León de Brunswick – En 1166 el duque Enrique el León, artífice del esplendor y el poder político que adquirió la casa de los güelfos en Alemania en el s. XII, eligió Brunswick como residencia permanente de su Corte. En esta época mandó erigir en el patio del castillo un monumento con la figura del león como símbolo de su poder. El emperador Federico I Barbarroja, temeroso del prestigio adquirido por el duque de Baviera y Sajonia, le invitó a comparecer a la Dieta imperial. Ante la negativa de Enrique el León de acudir al llamamiento, el emperador le despojó de todas sus posesiones territoriales con excepción de los dominios situados entre el alto Weser y el bajo Elba. Enrique el León falleció en 1195.

El León de Brunswick

La Corte, mecenas de la cultura y el arte – Tras la muerte de Enrique el León, Brunswick dejó de ser la residencia permanente del ducado. En el s. XVIII una línea colateral de la casa de Brunswick trasladó de nuevo la Corte a la ciudad. En 1807 la región se anexionó al efímero reino de Westfalia como consecuencia de las guerras napoleónicas.

Los duques de Brunswick desempeñaron un importante papel de mecenazgo en el mundo del arte y de la cultura: por iniciativa de Carlos II, en 1828 se estrenó en Brunswick la 1ª parte del *Fausto* de Goethe.

En el país de Till Eulenspiegel – El recuerdo de este famoso pícaro –la figura ejemplar del hombre que se defiende de los poderosos con ingenio– y sus divertidas aventuras, las "Eulenspiegeleien", están presentes en todos los rincones de Brunswick y sus alrededores. Quizás Till Eulenspiegel existió realmente: se supone que nació en **Schöppenstedt** *(23 km al SE de Brunswick)* hacia el año 1300, pero la versión que conocemos de sus historias fue redactada por un escribano de aduanas de Brunswick en el s. XVI. En su supuesta ciudad natal existe un museo dedicado a este curioso personaje.

QUÉ VER

★ **Dom (Catedral)** – Sobre el zócalo del cuerpo occidental se asientan las dos torres octogonales de la catedral de San Blas (St. Blasius), unidas entre sí por el edículo gótico del campanario. Esta disposición servirá de modelo para otros templos de la ciudad.

Esta iglesia románica, edificada en tiempos de Enrique el León, posee una bóveda de cañón de sección transversal en forma de arco ojival. Las naves septentrionales de tipo salón se cubren con bóvedas sostenidas por columnas de fuste en espiral. El presbiterio y el crucero están decorados con pinturas murales que datan del s. XIII. En el centro del crucero pende un magnífico **candelabro de bronce★** (hacia 1180) de siete brazos patrocinado por Enrique el León. Entre el mobiliario destacan también el sepulcro de Enrique el León y de su esposa Matilde de Inglaterra en la nave central, un **retablo de la Virgen** de estilo románico consagrado en 1188, y una impresionante cruz en la nave norte, obra del maestro Imerwald (hacia 1150); los pliegues de las mangas de la **figura de Cristo★** son un magnífico trabajo de cincelado. En la cripta, de tres naves, situada bajo el presbiterio reposan las tumbas de los príncipes güelfos.

BRAUNSCHWEIG

Altstadtmarkt – Este "islote histórico" –así se denominan en Brunswick los pequeños grupos de casas antiguas repartidos por la ciudad que sobrevivieron a los destrozos de la guerra– es el corazón del barrio burgués, en el que se agrupan las antiguas instituciones municipales. Los dos cuerpos del edificio del **antiguo ayuntamiento** (Altstadtrathaus), con sus elegantes frontones escalonados, ocupan el ángulo derecho de la plaza del Mercado. Los pilares de la fachada que se abre a la plaza se adornan con las estatuas de los príncipes sajones y güelfos. En la esquina donde desemboca la Poststraße, se alza el **Comercio de Telas**, (Gewandhaus), una construcción de cuatro plantas de estilo renacentista, decorada con un espectacular frontón cuádruple.

Martinikirche – La **iglesia de San Martín**, perteneciente a la Hansa, es el símbolo del antiguo poder burgués frente al dominio de la nobleza encarnado por la catedral de Brunswick. La iglesia más rica de la ciudad fue atesorando con el tiempo numerosas obras de arte. El románico está representado por la torre del s. XII y el gótico por las fachadas laterales (hacia 1320) y por la capilla de Santa Ana (1434). Durante el renacimiento se inicia el rico interior que concluye en el barroco (altar mayor, 1722-25). Los epitafios de los ss. XVI-XVII (monumentos conmemorativos a alcaldes, juristas y oficiales) demuestran que la iglesia de San Martín personificaba, como ninguna otra en el norte de Alemania, la autoridad y el prestigio de la Hansa y de los comerciantes en la ciudad.

⊙ ▶▶ Herzog-Anton-Ulrich-Museum (Museo del Duque Anton Ulrich, *pintura y artes industriales*) – Mittelalterliche Abteilung in Burg Dankwarderode (Sección de Arte medieval en el castillo de Dankwarderode).

EXCURSIONES

Königslutter am Elm – *20 km al E*. Königslutter, situado a los pies de los bellos bosques del Elm, es célebre, sobre todo, por su abadía benedictina. La antigua colegiata, conocida como la **catedral imperial★**, es una basílica románica de tres naves y cinco ábsides. El ábside principal presenta una espléndida **decoración de esculturas★★** de inspiración lombarda. La portada norte, conocida como "puerta de los leones", se caracteriza por su original estructura: los tres vanos de acceso se apoyan en dos columnas helicoidales, que a su vez reposan sobre figuras de leones. En el interior se encuentran las tumbas del emperador Lotario III, fundador de la iglesia en 1135, y su esposa Richenza.
El ala norte del **claustro★**, de doble nave románica cubierta por una bóveda de aristas, se sostiene sobre columnas ricamente decoradas.

★★ **Autostadt** ⊙ – *32 km al NE de Wolfsburg, al N del centro urbano*. La "Ciudad de los coches", con una superficie de 25 ha, es un parque recreativo situado en las inmediaciones de la factoría central del consorcio Volkswagen. Las construcciones arquitectónicas se integran perfectamente en esta amplia zona verde salpicada de zonas lacustres artificiales. En el complejo todo gira en torno al mundo del automóvil –su historia, el conjunto de valores que con él se asocian, previsiones acerca de su futuro, etc. Pero algo que ocurre aquí y no sucede en ninguna otra ciudad, es que los coches sólo se pueden ver en el interior de los edificios.
Si el visitante comienza su recorrido en el **KonzernForum**, le esperan emocionantes proyecciones cinematográficas, simuladores e instalaciones virtuales para experimentar el mundo de sensaciones que proporciona la técnica de última generación.
La filosofía de la Empresa se presenta en las cuatro salas especiales de cine que componen el **KonzernWelt**. En el **AutoLab** se muestra, con un método interactivo y experimental, la técnica y la fabricación de automóviles. El **ZeitHaus** es un museo que ilustra la historia de los vehículos a motor mediante la exposición de numerosos y relucientes modelos –entre ellos el "escarabajo" de John Lennon–, haciendo hincapié, naturalmente, en la marca Volkswagen. En el **MarkenPavillon** se exhiben diferentes marcas de coches. Para crear una imagen vívida de la emoción que puede despertar la velocidad y las prestaciones de algunos vehículos, por ejemplo, el *Lamborghini Diablo*, se recurre a un espectáculo de luz y sonido con efectos especiales que sobrecoge al visitante (110 decibelios). Algo más poético y popular resulta el paseo por la exposición de modelos Skoda y Seat. Una experiencia inolvidable se ofrece en la pantalla panorámica de cine del pabellón de Volkswagen. En el **KundenCenter** (atención al cliente), cuyas torres (**AutoTürme**) se iluminan de noche, están listos para salir al mercado los coches recién fabricados.
El complejo dispone de instalaciones especiales donde se atiende y asesora a niños de todas las edades. Numerosos restaurantes, cafeterías y comercios, incluso un hotel de cinco estrellas, completan la oferta. De lunes a viernes se puede asistir a visitas guiadas de la fábrica Volkswagen (*1 h, incluido en el precio de la entrada, inscribirse al adquirir el billete*).

BRAUNSCHWEIG

Pabellón Lamborghini, Autostadt

Helmstedt – *41 km al E*. Esta pequeña ciudad, en la que se conservan numerosas casas de vigas entramadas, fue hasta 1810 una sede universitaria. De sus instalaciones queda aún en pie el **Juleum★**, un bonito edificio construido a finales del s. XVI en estilo renacentista *(a él se llega desde la zona peatonal por la Neumärker Straße y la Collegienstraße)*.

Helmstedt-Marienborn fue (hasta 1990) uno de los puestos fronterizos más importantes de la antigua frontera interior de Alemania. Tres edificios ejemplifican la absurda situación que se vivía cerca del desaparecido telón de acero: el **Zonengrenz-Museum** en Helmstedt *(Südertor, 6)*, el monumento conmemorativo **Grenzdenkmal Hötensleben** *(16 km al S de Helmstedt hacia Schöningen)*, donde se conservan en su estado original las instalaciones fronterizas (350 m de longitud), y el puesto de tránsito propiamente dicho, el **Gedenkstätte Deutsche Teilung Marienborn★** *(acceso por la A 2, dirección a Berlín)*, donde existe un impresionante centro de documentación e información.

BREMEN★★

Bremen – 552.000 habitantes
Mapa Michelin nº 415 G 10

Bremen, situada en el estuario del Weser a 59 km de su desembocadura, constituye con Bremerhaven –la ciudad portuaria a orillas del mar– un gran emporio comercial marítimo. Desde el año 965 gozó de derecho de mercado y, en 1358, participó en la creación de la Hansa. En 1646 fue declarada ciudad libre del Imperio y en 1783 fue la primera ciudad alemana que estableció relaciones comerciales directas con los recién creados Estados Unidos de Norteamérica. Es el centro tradicional de importación del algodón y del tabaco, por lo que su Bolsa rige, junto a la de Liverpool, los mercados mundiales de este sector de la economía. Pero, además de gran centro comercial e industrial, Bremen es una ciudad con una gran tradición cultural y artística y uno de los lugares donde el Renacimiento del Weser ha legado los más bellos edificios de este estilo arquitectónico.

La ciudad del café

Los locales en los que se sirve esta rica infusión tienen una larga tradición de más de tres siglos en esta vieja ciudad. Con anterioridad incluso a Viena y Hamburgo, Bremen inauguró en 1673 el primer establecimiento de café en un país de lengua germánica. La mitad del café que se consume en Alemania transita por su puerto.

Los puertos de Bremen ⓥ – El 25% de la población de Bremen vive de la actividad portuaria, bien del puerto marítimo de Bremen-ciudad o del complejo de puertos de Bremerhaven. Con un volumen anual de 34 millones de toneladas (1997), es el segundo puerto comercial de Alemania, después de Hamburgo.

A través de sus distintos puertos se importan todo tipo de materias primas y otros artículos, como vino, papel, frutos meridionales, etc. Pero lo más llamativo es el elevado número de contenedores y el volumen de automóviles que se expiden a través del complejo de muelles de Bremerhaven: en 1997 fueron despachados en la terminal de contenedores Kaiser Wilhelm 1,7 millones de contenedores y se transbordaron más de 1 millón de vehículos, situándose este puerto a la cabeza de Europa en el transporte de vehículos.

EL CASCO ANTIGUO *2 h*

★★ Marktplatz – La inmensa **plaza del Mercado**, situada en el corazón del viejo Bremen, está enmarcada por los edificios más antiguos de la ciudad. Aquí se alza, vigilante, la gigantesca **estatua de Roland**, incluido el baldaquino gótico que alcanza una altura de 10 m. Fue erigida en 1404 frente al ayuntamiento y es el emblema de la ciudad. El caballero soporta la espada de la justicia y un escudo que exhibe el águila imperial, que simbolizan, por un lado, su arrogante conciencia individual, pero por otro, la dependencia de la ciudad del Imperio.

El **Schütting**, un elegante edificio del s. VI, fue la antigua sede de la corporación de comerciantes. La decoración de la fachada tiene una marcada influencia flamenca.

★ Rathaus ⓥ – El **ayuntamiento** es un edificio de planta gótica al que se añadió, a principios del s. VII, una magnífica fachada de estilo renacentista del Weser. La fachada principal se divide en tres niveles: sobre una galería de grandes arcadas, realzada por una balconada finamente esculpida, descansa la planta intermedia, donde alternan los altos ventanales y las estatuas góticas de Carlomagno y de los siete príncipes electores del Imperio (son copias, pues los originales se encuentran en el Museo Focke). La fachada que se abre a la plaza del Mercado está coronada por una balaustrada y tres pequeños frontones.

En un ángulo del ala oeste se encuentra el grupo escultórico en bronce de **Los músicos de Bremen** –obra de Gerhard Marcks–, que representa la entrañable pirámide que forman –uno sobre el otro– un asno, un perro, un gato y un gallo, protagonistas del popular cuento de los hermanos Grimm.

Interior – Una espléndida **escalera de caracol de madera tallada★★** decora la Sala de Juntas de la primera planta. La ornamentación renacentista resalta la función primordial de esta sala: la de impartir justicia. Los frescos del techo representan el Juicio de Salomón. También está presente el carácter marítimo de la ciudad: del techo penden antiguas maquetas de navíos. La **Güldenkammer** es una pequeña sala remodelada entre 1903 y 1905 por Heinrich Vogeler, que presenta un lujoso revestimiento de cuero dorado.

En la famosa bodega del ayuntamiento de Bremen (Ratskeller, *entrada por el lado O*), que dispone de una carta que incluye alrededor de 600 variedades de caldos, sólo se degustan vinos alemanes.

★ St. Petri Dom (Catedral) – El macizo edificio de la catedral conserva en su planta la estructura original del s. XI, pero las profundas modificaciones realizadas entre los ss. XVI-XIX han alterado su aspecto externo; las torres de la fachada occidental y la torre cuadrada fueron edificadas casi en su totalidad en el s. XIX. En el primer pilar a la izquierda del presbiterio se puede contemplar una bella **Virgen con el Niño★** del s. XVI. La balaustrada de la tribuna del órgano está decorada con las esculturas de mayor valor artístico de la catedral. En el centro se reconoce la figura de Carlomagno con Willehad, primer obispo de Bremen. Debajo de esta tribuna se encuentra la cripta occidental, del s. XI, que posee interesantes capiteles románicos y una magnífica **pila bautismal★★** en bronce (s. XIII). También se halla el único órgano fuera de Sajonia fabricado por Gottfried Silbermann. La cripta este, de la época de los primeros reyes sálicos, presenta en los capiteles de sus columnas una decoración de motivos geométricos (damero) y figuras de animales mitológicos.

En el **Museo Catedralicio** se muestran objetos hallados en las tumbas de los obispos que estaban enterrados bajo la nave principal.

Cruzando el patio interior se puede visitar la Bleikeller (bodega de plomo), una sala en la que se muestran unas urnas de cristal en las que se conservan ocho sepulturas de plomo con cadáveres momificados en perfecto estado (tal vez debido a la gran sequedad ambiental en el recinto).

Pfarrkirche Unserer Lieben Frauen (Iglesia parroquial de Nuestra Señora) – Esta iglesia de tipo salón, cuya construcción se inició en 1229, se caracteriza por la sobriedad en la decoración, a excepción del púlpito que fue construido en 1709. Posee una bóveda de crucería que data de la época de fundación de la iglesia y unas vidrieras realizadas por Alfred Manessier (1966-1979), que representan temas bíblicos.

BREMEN

Alojamiento

Park Hotel – *Im Bürgerpark* – ☎ 04 21/3 40 80 – fax 04 21/3 40 86 02 – *150 hab – individuales desde 177 €*. El hotel más lujoso de Bremen. Situado en un lugar tranquilo.

Zur Post – *Bahnhofsplatz 11* – ☎ 04 21/3 05 90 – fax 04 21/3 05 95 91 – *183 hab – individuales desde 101 €*. Hotel céntrico en la ciudad. En el edificio se encuentra uno de los mejores restaurantes de la región.

Westfalia – *Langemarckstraße 38* – ☎ 04 21/5 90 20 – fax 04 21/50 74 57 – *63 hab – individuales desde 69 €*. Hotel situado cerca del centro en el barrio de Alte Neustadt. En el restaurante se sirven sobre todo platos de pescado.

Horner Eiche – *Im Hollergrund 1* – ☎ 04 21/2 78 20 – fax 04 21/2 76 96 66 – *68 hab – individuales desde 69 €*. Hotel confortable en las proximidades de la salida de Horn-Lehe de la autopista A 27. Instalaciones modernas.

Heldt – *Friedhofstraße 41* – ☎ 04 21/21 30 51 – fax 04 21/21 51 45 – *55 hab – individuales desde 54 €*. Hotel situado en un lugar tranquilo al NE de la ciudad.

Restaurantes

Meierei – *Im Bürgerpark* – ☎ 04 21/3 40 86 19 – fax 04 21/21 99 81 – *menús desde 20,50 €*. Construcción de madera de principios del s. XX, con una bonita terraza, situado en un parque.

Ratskeller – *Am Markt 1* – ☎ 04 21/32 16 76 – fax 04 21/3 37 81 21 – *menús desde 18 €*. Mesón en las bodegas del antiguo ayuntamiento. Preciosos reservados para 5 personas. Cocina internacional y extraordinaria carta de vinos alemanes.

Bistro Feinkost Hocke – *Schüsselkorb 17* – ☎ 04 21/32 66 51 – fax 04 21/32 73 25 – *menús desde 21,50 €*. Pequeño restaurante instalado en la parte posterior de una tienda de ultramarinos; cocina internacional.

Alte Gilde – *Ansgaritorstr.aße 24* – ☎ 04 21/17 17 12 – fax 04 21/1 57 01 – *menús desde 10,50 €*. En la zona peatonal, instalado en un sótano abovedado. Especialidades regionales.

Flett – *Böttcherstraße 3* – ☎ 04 21/32 09 95 – fax 04 21/32 09 96 – *menús desde 13 €*. Salones decorados en estilo rústico típico de las ciudades hanseáticas. Carta gastronómica regional.

En la parte noreste de la iglesia se abre una cripta subterránea que es un vestigio del templo primitivo consagrado a san Veit. Sus bóvedas de crucería, datadas en 1020, descansan sobre un pilar central. La cripta es la construcción más antigua de Bremen.

Stadtwaage (Báscula Municipal) – Bello edificio del s. XVI que combina el ladrillo y la piedra de sillería.

★ **Böttcherstraße** – Esta angosta calle, que comunica la plaza del Mercado con el río Weser, fue abierta entre 1923 y 1933 por voluntad de Ludwig Roselius, un mercader que se enriqueció con el comercio del café. El proyecto arquitectónico de Runge y Scotland se inspira en el estilo tradicional de la región, mientras Bernhard Hoetger da rienda suelta a la fantasía y mezcla el estilo expresionista con elementos del Jugendstil y del art déco. Las altas casas de este pintoresco conjunto urbanístico, coronadas por curiosos frontones, acogen galerías de arte, tiendas y museos. Entre los dos frontones de la Glockenspielhaus existe un carillón de porcelana *(se pone en funcionamiento en verano cada hora entre las 12 y las 18)*.

★ **Paula-Modersohn-Becker-Museum** ⊙ – *Böttcherstraße 6-10*. La casa de Paula-Modersohn-Becker, construida por el arquitecto Bernhard Hoetger, ofrece un bello marco para la exposición de los cuadros, dibujos y gráficos de esta artista, precursora de la pintura moderna.

El **Museum im Roseliushaus** (Museo de la casa de Roselius), instalado en un palacete de 1588 que perteneció a un comerciante, conserva preciosos muebles, cuadros y objetos de arte desde el s. XII al XIX. De las piezas atesoradas en la colección de Ludwig Roselius destacan algunas pinturas de la escuela de Lucas Cranach y un grupo de la Piedad de Tilman Riemenschneider.

Atlantishaus (Casa Atlantis) – Este inmueble, construido por Bernhard Hoetger en 1931, está decorado con los signos del zodiaco y posee una escalera de caracol de vidrio y hormigón muy original.

A poca distancia, cruzando la Martinistraße y a orillas del Weser, se alza la **iglesia parroquial de San Martín** ⊙, una iglesia de planta de salón de los ss. XIII-XIV, decorada con relieves de la Crucifixión y un fresco del s. XIV.

BREMEN

Y ADEMÁS

★ **Schnoorviertel (Barrio del Schnoor)** – Este barrio de casitas alineadas, uno de los más antiguos de Bremen, estaba habitado por los pescadores. Hoy sus edificios, pertenecientes a diferentes épocas, han sido restaurados, y en ellos se han instalado restaurantes, galerías de arte, anticuarios y tiendas de artesanía. Es una zona muy animada por la noche.

★ **Kunsthalle (Galería de Arte)** ⓥ – Esta colección reúne obras representativas de la pintura alemana y francesa de los ss. XIX-XX: Delacroix, Courbet y la escuela de Barbizon; Menzel, Leibl, Beckmann; impresionistas franceses y sus coetáneos alemanes y de artistas del grupo de Worpswede. También hay cuadros de otras épocas de la pintura europea: de los viejos maestros del s. XV, de Rubens, Rembrandt, Tiepolo, e incluso de Picasso. En el Gabinete de grabados se conservan más de 230.000 dibujos y grabados desde los tiempos de Durero hasta la actualidad.

★★ **Focke-Museum** ⓥ – *Salga de Bremen por el Rembertiring*. Este museo está situado en una zona de parques que hacen la visita especialmente agradable. El museo, consagrado al arte y a la cultura de la región de Bremen, acoge en sus cuatro edificios históricos y en un inmueble de construcción reciente valiosas colecciones que ilustran un milenio de historia de la ciudad.

BREMEN

Am Brill	Y 2
Am Dom	Z 4
Am Landherrnamt	Z 7
Ansgaritorstraße	Y 9
Ansgaritorwallstraße	Y 10
Balgebrückstraße	Z 12
Böttcherstraße	Z
Dechanatstraße	Z 23
Domsheide	Z 24
Friedrich-Ebert-Straße	Z 29
Goetheplatz	Z 32
Herdentorswallstraße	Y 36
Hermann-Böse-Straße	Y 37
Hutfilterstraße	Y 38
Katharinenstraße	YZ 40
Knochenhauerstraße	Y
Komturstraße	Z 43
Markplatz	Z
Martinistraße	YZ
Obernstraße	YZ
Osterdeich	Z 52
Ostertorstraße	Z 55
Ostertorswallstraße	Z 56
Papenstraße	Y 57
Pelzerstraße	Y 58
Pieperstraße	Y 59
Sandstraße	Z 62
Schnoor	Z 63
Schüsselkorb	Y 64
Schüttingstraße	Z 67
Sögestraße	Y 71
Stavendamm	Z 73
Violenstraße	Z 78
Wachtstraße	Z 79
Wandschneiderstraße	Z 83
Wegesende	Y 85

Atlantishaus	Z F	Paula-Becker-Modersohn Museum	Z E	Der Schütting	Z A
Focke-Museum	Y M³			Stadtwaage	Z D
Liebfrauenkirche	Z B	Rathaus	Z R		

161

BREMEN

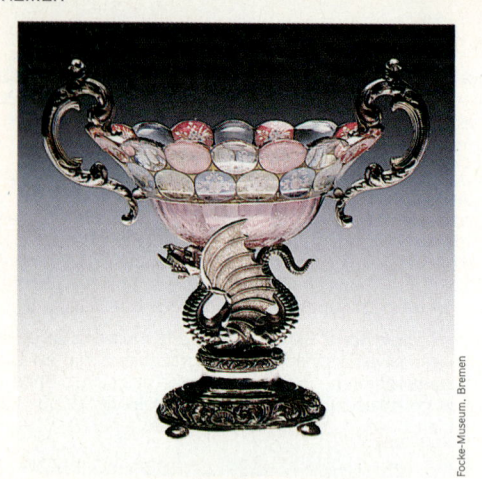

Copa de cristal (1840-1850), Focke-Museum

En el vestíbulo del moderno **edificio principal** (Haupthaus), inaugurado en 1998, se exponen objetos que se asocian con la vida y actividades de la ciudad: la arquitectura de Bremen, el río Weser, el trabajo de la plata, la construcción naval y de automóviles. En un circuito que sigue un orden cronológico se presenta la historia hasta la actualidad. Finalmente, se ofrece información sobre la navegación y el comercio, dos aspectos importantes de una ciudad volcada al mar.

La colección de prehistoria y protohistoria de la región se muestra en unas dependencias que se reconocen por su tejado de caña.

La sección consagrada a la región de Bremen está alojada en una granja emplazada en los terrenos del museo. Esta edificación de 1586 procede de Mittelsbüren y es la típica construcción rural de la Baja Alemania. El granero de Tarnstedt muestra utensilios de labranza.

También pertenece al museo la **Casa Riensberg** (a la derecha de la avenida que conduce al Focke-Museum). Este antiguo edificio de la 2ª mitad del s. XVIII, transformado en residencia de verano por una familia burguesa acomodada, expone muebles, porcelanas de Fürtenberg y cristalerías artísticas europeas.

◯ ▶▶ Wallanlagen★ (Paseo de las Murallas) – Übersee-Museum (Museo de Ultramar) *(folclore y artesanía)* – Neues Museum Weserburg *Arte contemporáneo* – Universum Science Center *(Wiener Straße 2)*.

EXCURSIÓN

Worpswede – *24 km al N – 1h30 aprox. Salga de Bremen por Rembertiring.* Este pueblo, aislado en otro tiempo en un paraje de turbera, se convirtió a finales del s. XIX en un foco de atracción de numerosos artistas, entre los que se pueden citar a Heinrich Vogeler, Paula Modersohn-Becker y su esposo Otto Modersohn, y a Rainer Maria Rilke. Esta "colonia" de artistas llegó a este lugar perdido seducidos por el pintor Fritz Mackensen. En aquellas fechas se abrieron galerías de arte, talleres, locales de artesanía, muchos de los cuales aún perduran. El *Café Worpswede* y el estrafalario Niedersachsenstein –monumento a los Caídos de la I Guerra Mundial– ilustran las ideas vanguardistas e innovadoras de los arquitectos que se sumaron a este grupo de creadores.

Bremerhaven – *58 km al N.* El antepuerto de Bremen fue fundado en 1827 en la desembocadura del Weser. El puerto pesquero acoge la mitad de la flota pesquera de Alemania, pero Bremerhaven destaca sobre todo como puerto de contenedores.

◯ ▶▶ Deutsches Schiffahrtsmuseum★★ (Museo Alemán de la Navegación) – Technikmuseum U-Boot Wilhelm Bauer – Zoo am Meer (Zoológico a orillas del mar).

Schloß BRUCHSAL★★
Baden-Württemberg
Mapa Michelin nº 419 S 9

El palacio de Bruchsal, residencia de los cuatro últimos príncipes obispos de Espira, está situado en la margen derecha del Rin. Su magnífico **palacio barroco** ◯, constituido por más de 50 edificios, fue construido en 1722 por el arquitecto Maximilian von Welsch por orden del príncipe obispo Damian Hugo von Schönborn. La carretera que conduce a Heidelberg (Schönbornstraße) atraviesa de norte a sur los extensos terrenos que pertenecen al palacio.

Cuerpo central – Una **magnífica escalera★★** de caja ovalada, obra maestra de Balthasar Neumann (1731), preside este cuerpo central. Los frescos de la cúpula, que está decorada con estucos de estilo rococó, son una reproducción de los originales realizados por el artista Johannes Zick. La escalera conduce a los salones de gala, en los que se exponen las piezas que han pervivido del antiguo mobiliario del palacio. Junto a los muebles y a los retratos de los príncipes, se pueden contemplar porcelanas, cuberterías de plata y **tapices** de los ss. XVI a XVIII procedentes de manufacturas holandesas y francesas.

Schloß BRUCHSAL

Desde la sala abovedada que se abre al jardín (Gartensaal), pavimentada con suelos de mármol, se ofrece una vista del **parque**, con sus parterres de estilo francés. En tiempos pasados poseía una alameda de 16 km que conducía hasta el Rin.

** **Museum mechanischer Musikinstrumente** (Museo de Instrumentos Musicales Mecánicos) ⓥ – *En el edificio principal. Visita guiada de 1 h aprox.* Esta sección del Museo Regional de Baden procede de una colección particular y consta de unos 400 instrumentos musicales de los ss. XVIII al XX, entre los que se incluyen piezas que se accionan mediante cilindros, hojas de metal o de cartón, o rollos de papel. La amplia gama de inventos mecánicos que reproducen sonidos musicales está representada por cajas y relojes de música, organillos, maquinaria musical de un cinematógrafo y pianolas. Los ejemplares más valiosos de la colección son los **orquestriones** –proyectados para imitar, mediante los tubos del órgano, los instrumentos de la orquesta, tanto el piano como el violín–, y los **órganos**. Los productos fabricados en Leipzig y en la Selva Negra están bien documentados en este museo.

Caja de música Victory (1942),
Museo de instrumentos musicales mecánicos

Städtisches Museum (Museo Municipal) ⓥ – *En el piso ático y en la parte sur del cuerpo central.* El museo se divide en cinco secciones: el departamento de Paleontología, en el que se expone además una colección de minerales de Bruchsal y de sus alrededores, la sección de Protohistoria y Prehistoria, que alberga objetos del Neolítico hasta finales de la Edad Media y un gabinete numismático y de medallas, con acuñaciones del antiguo Estado de Baden, del Palatinado y del principado arzobispal de Espira.

BRÜHL

Renania Septentrional-Westfalia – 41.500 habitantes
Mapa Michelin nº 417 N 4

Esta ciudad situada al S de Colonia es célebre por sus palacios, convertidos hoy en museos públicos y calificados por la Unesco como Patrimonio de la Humanidad.

** SCHLOSS AUGUSTUSBURG ⓥ *Visita: 1 h.*

Este palacio rococó, construido entre 1725 y 1768 según un proyecto del maestro de obras originario de Westfalia Johann Conrad Schlaun y del arquitecto de la Corte de Baviera François Cuvilliés, fue un encargo del príncipe elector Clemens August, arzobispo de Colonia y miembro de la familia real de Wittelsbach. Augustusburg era su residencia favorita y el lugar donde podía practicar su pasión por la caza y demostrar sus habilidades como anfitrión de una espléndida Corte.

** **Treppenhaus** – Esta magnífica **escalera** es una de las más bellas realizaciones de **Balthasar Neumann**, arquitecto oficial de la corte de Würzburg. En los elementos del estucado que imitan el mármol predominan los tonos verdes grisáceos y amarillos anaranjados. Cariátides y atlantes se reúnen en grupos de cuatro figuras alrededor de un pilar y soportan la bóveda. Los **frescos del techo*** de Carlo Carlone contribuyen a reflejar la gloria del príncipe y de la casa Wittelsbach.

BRÜHL

**Interior – *Se visitan cerca de una veintena de habitaciones*

Grandes aposentos (Großes Neues Appartement): Sala de guardia decorada con un fresco de Carlo Carlone; comedor dotado de una galería y magníficos frescos en el techo y en los muros; lujosa **sala de audiencias★**.

Aposentos de verano (Sommerappartement): Estas salas ocupan la primera planta y se habitaban en los cálidos días del estío. Para acentuar la sensación de frescor, los pavimentos se solaron de azulejos artísticos procedentes de Rotterdam en tonos azules y blancos. Elegante mobiliario.

Aposento amarillo (Gelbes Appartement): Fueron las habitaciones privadas de Clemente Augusto. Cuvilliés decoró las salas en estilo regencia. Lujoso mobiliario.

★Jardines (Garten) – Este parque, diseñado por un discípulo de Lenôtre, Dominique Girardet, es un ejemplo del arte de la jardinería francesa con sus largas alamedas decoradas con parterres florales de vivos colores que conducen al estanque. En 1840 fue transformado por Peter Lenné en un jardín paisajista.

★ SCHLOSS FALKENLUST (Palacio de Falkenlust)

A unos 2,5 km del palacio de Augustusburg; pasado el estanque, continúe por la Falkenluster Allee. Una producción audiovisual de 20 min de duración relata la historia de la construcción y acondicionamiento del palacio.

Este encantador palacete de estilo rococó de dos pisos y planta simétrica, está coronado por un mirador y una linterna.
Llaman la atención el pequeño **gabinete lacado★** con sus ricas pinturas, la **escalera** alicatada hasta el techo con cerámicas azules y blancas, y, sobre todo, el **gabinete de los Espejos★**, una pequeña obra de arte por sus revestimientos de madera con incrustaciones en azul y oro.

Y ADEMÁS

★Phantasialand – A la salida de Brühl por el S. Este parque, ue ocupa una superficie de 28 ha, es célebre por sus numerosas atracciones, entre las que destacan los grandes toboganes de la zona acuática, que alcanzan desniveles de hasta 16 m; una de las mayores montañas rusas instaladas en un recinto cubierto; una máquina que circula por un monocarril; el **Wild West Stunt Show**, un espectáculo de acrobacia; un emocionante viaje virtual intergaláctico; o el **Wintergarten-Show★** *(reserva de plazas en la caja del Wintergarten)*, en el que se asiste a un espectáculo mágico cuya mayor atracción es la intervención de tigres blancos en un número de ilusionismo.

Phantasialand (Brühl)

▶▶ Schloßkirche (Iglesia del Palacio).

BÜCKEBURG

Baja Sajonia — 20.500 habitantes
Mapa Michelin nº 417 J 11

Bückeburg está situada en las estribaciones septentrionales de la serranía del Weser (Weserbergland). En 1609 el duque Ernst von Holstein-Schaumburg le concedió privilegios municipales y la convirtió en residencia permanente de su Corte. Numerosos monumentos de estilo renacentista son testigos de esta época de esplendor. Aunque Bückeburg conservó su status de capital tras la abdicación del último príncipe de la dinastía en 1818, el pequeño Estado de Schaumburg-Lippe se disolvió en 1946 y fue adjudicado a la Baja Sajonia.

QUÉ VER

* **Palacio (Schloß)** ⊙ — *Antes de visitar el palacio, recomendamos que den un paseo por el parque. Acceso por la puerta a la derecha de la entrada principal.* Entre las cuidadas superficies de césped bordeadas de acequias se descubre el palacio, cuya imponente **fachada**★ constituye, con sus buhardillas rematadas por frontones semicirculares escalonados, un espléndido ejemplo del primer Renacimiento en Alemania.
Una puerta monumental de principios del s. XVII da acceso al patio de honor; desde allí se llega a un patio interior –la parte más antigua del castillo– decorado en tres de sus lados por balconadas renacentistas.
En la visita se muestran algunos salones equipados con un lujoso mobiliario, tapices y cuadros de viejos maestros de la pintura. La **capilla** presenta un magnífico revestimiento de madera tallada del Renacimiento tardío.
El **salón dorado**, con su famosa "puerta de los dioses" (Götterpforte) de 1604, constituye uno de los atractivos de la visita. La **sala blanca** posee un bello artesonado de estuco adornado con escudos de armas y trofeos.

* **Stadtkirche (Iglesia parroquial)** — Este es uno de los primeros templos construidos en Alemania destinados al culto luterano. La monumental fachada renacentista muestra una alternancia de cornisas y molduras verticales, aunque ya aparecen elementos decorativos, como los ojos de buey de las ventanas ciegas, que anuncian el gusto barroco. En el interior se puede contemplar una bella pila bautismal en bronce realizada por Adrian de Vries en 1615.

* **Hubschraubermuseum (Museo del Helicóptero)** ⊙ — *Sableplatz.* Numerosas maquetas y más de 40 modelos originales de helicópteros ilustran el desarrollo de la técnica de vuelo en vertical, desde las primeras teorías y diseños realizados por Leonardo da Vinci hasta la sofisticada tecnología de nuestros días.

ALREDEDORES

Besucherbergwerk (Museo de la Mina) ⊙ — *En Kleinenbremen, 3 km al S. Equiparse con ropa de abrigo.* Desde 1883 hasta 1982 se extrajeron anualmente de esta mina hasta un millón de toneladas de mineral de hierro. La visita transcurre por los largos túneles excavados en el subsuelo, que se apoyan en potentes pilares.
Anejo al Museo de la Mina se encuentra el **Museo de Minería y de Geología** (Museum für Bergbau und Erdgeschichte).

BURGHAUSEN★★

Baviera — 19.000 habitantes
Mapa Michelin nº 420 V 22

Esta ciudad, cuyo centro histórico conserva su aspecto medieval, está situada en un meandro del Salzach que constituye la frontera entre Baviera y Austria. La fortaleza domina el casco antiguo desde su estratégico **emplazamiento**★★ sobre un espolón alargado y estrecho entre el Salzach y el Wöhrsee. Los duques de Baviera –señores del castillo desde el s. XII– lo convirtieron en el complejo fortificado mayor de Alemania. Su sistema defensivo, reforzado a principios del s. XVI ante la amenaza turca, tiene más de un kilómetro de longitud.

★★ **Burg** ⊙ — *Prever unas 2h30 a pie, incluida visita.* Partir de la Stadtplatz y rodear el acantilado situado en el extremo sur del espolón rocoso, atravesar el **Wöhrseeturm** y caminar un corto trecho a orillas del Wöhrsee. Por un sendero en fuerte pendiente se llega al primer lienzo de la muralla, desde donde se contemplan las fortificaciones diseminadas por la ladera de la colina del Eggenberg. Por la **puerta de San Jorge** (Georgstor) se accede a la muralla interior que protege el estrecho patio del castillo. En el edificio principal de la fortaleza están alojados dos museos.

BURGHAUSEN

Vista general de Burghausen

Staatliche Sammlungen (Colecciones Nacionales) ⓥ – En los que fueran los antiguos aposentos del duque (se conservan muebles de época de los ss. XV-XVII) se puede ver una interesante colección de cuadros de la escuela bávara.
Desde la 2ª planta se accede a la **plataforma panorámica** *(62 peldaños)*, desde la que se disfruta de una amplia **vista**★ de Burghausen, del valle del Salzach y de las colinas circundantes. La capilla gótica *(en el mismo ala del edificio)* posee una elegante bóveda reticulada.

Stadtmuseum (Museo Municipal) ⓥ – Alojado en los antiguos aposentos de la duquesa *(ala oeste del castillo, edificio principal)*, el museo ilustra la historia de la ciudad. En él se pueden ver objetos del arte popular y mobiliario rústico.
En el camino de regreso a la Stadtplatz por la **rampa del castillo** (Burgsteig) *(situada entre la puerta de la fortaleza y la Georgstor)*– se ofrecen bonitas vistas del casco antiguo de Burghausen.
También se puede llegar a la fortaleza en coche. Los aparcamientos se encuentran al N, en una explanada al pie de la colina (Cura-Parkplatz).

EXCURSIONES

Marienberg – *4 km al S*. Santuario de estilo rococó (1764) y planta casi cuadrada. El interior de este edificio de planta central destaca por el fresco de Martin Heigel que decora la cúpula. La pintura representa un barco (símbolo de la iglesia) debajo de la imagen de la Santísima Trinidad rodeada de figuras de célebres fundadoras de la orden.

★**Raitenhaslach** – *6 km al S*. Esta antigua iglesia abacial cisterciense (s. XII) fue "barroquizada" a finales del s. XVII, pero aún se distinguen en ella elementos románicos. En el interior destacan sobre todo los **frescos del techo**★★ (1739), realizados por Johannes Zick, artista nacido en Lachen (junto a la localidad de Ottobeuren), que ilustran la vida de san Bernardo de Clairvaux. Del mismo autor son los cuadros que adornan el altar mayor *(Asunción de la Virgen)*. Las pinturas de las dos primeras capillas laterales y los retablos de san Sebastián y san Bartolomé se deben al artista J.M. Rottmayr.
Los estucos son obra de M. Zick y, entre ellos resaltan, por sus brillantes tonos azules, los que decoran el arco del presbiterio. La iglesia alberga, además, numerosas losas sepulcrales de los abades de los ss. XV-XVIII.

Tittmoning – *16 km al S*. Localidad situada en la margen izquierda del Salzach junto a la frontera con Austria. La villa conserva parte de las fortificaciones medievales y un castillo que en otro tiempo fue la residencia de los príncipes obispos de Salzburgo. Por dos de las puertas de la muralla se accede a la pintoresca **plaza de la Villa** (Stadtplatz), bordeada de casas con curiosos tejados, fachadas pintadas en vivos colores, fuentes adornadas con blasones y algunos miradores en saledizo.

BURGHAUSEN

Altötting – *21 km al NO.* A este centro de peregrinación mariana, uno de los más antiguos de Baviera, acuden anualmente 700.000 personas. La imagen milagrosa de la *Virgen Negra* está alojada en el altar de esta capilla de planta octogonal, también conocida como **Santa Capilla** (Heilige Kapelle).
En el tesoro (Schatzkammer) de la antigua iglesia abacial tardogótica, hoy **iglesia parroquial de St. Philipp y St. Jakob** (antigua Stiftskirche), se conservan dos obras de arte muy valiosas: una figura de Cristo de origen flamenco realizada en marfil (1580) y un pequeño **caballo de oro**★ (Goldene Rößl), que fue un regalo de la reina Isabel de Baviera a su esposo, el rey Carlos VI de Francia. En la cripta que se encuentra cruzando el claustro, se halla la tumba del conde de Tilly, célebre general de la guerra de los Treinta Años.

CELLE★★

Baja Sajonia – 74.000 habitantes
Mapas Michelin n°s 415/416/418 I 14

De 1378 a 1705, Celle fue la residencia oficial de los duques güelfos de la línea de Luneburgo, hasta que fueron expulsados de la ciudad por los burgueses liberados. La villa a orillas del Aller conserva su prestancia señorial en el casco antiguo medieval y el encanto de sus calles bordeadas de más de 500 casas de vigas entramadas de los ss. XVI-XVIII.

★★ EL CASCO ANTIGUO *1 h aprox.*

Los ejemplos mejor conservados de edificios de vigas entramadas se pueden contemplar en la Neuen Straße, en la Zöllnerstraße, en la Poststraße (la **Hoppenerhaus**, de 1532, está decorada con frisos de madera tallados y policromados) y en la Kalandgasse, junto a la iglesia (**Alte Lateinschule**, 1602). En la fachada del **ayuntamiento**, pintada en tonos claros, se descubre una mezcla de diferentes elementos estilísticos del Renacimiento. El frontón del lado norte, que fue realizado en 1579 por artesanos procedentes de las serranías del Weser, está enmarcado por volutas y coronado por agujas muy imaginativas.

Y ADEMÁS

Castillo ⓥ – El edificio es un cuadrilátero con torres angulares de grandes proporciones. La fachada este, orientada hacia la ciudad, está coronada con buhardillas de frontones curvos, que son característicos del Renacimiento del Weser. La **capilla**★ (Hofkapelle) es una obra original del Renacimiento; una parte de las tribunas son abiertas y otras están acristaladas; del techo penden unos curiosos cordones decorativos. El cuadro del altar, que representa la Crucifixión, es obra del pintor flamenco Marten de Vos, quien dirigió las obras de acondicionamiento de la capilla a finales del s. XVI. El **teatro de Corte** de tipo italiano, construido en 1674, es el más antiguo en su género en Alemania.

Bomann-Museum ⓥ – *Schloßplatz.* Este museo está dedicado a la historia de la ciudad de Celle y a las tradiciones populares de la Baja Sajonia. El interés de la sección local se centra en la historia del antiguo reino de Hannover. También se puede contemplar una reproducción del interior de una granja de la región de Luneburgo de 1571.

★ **Stadtkirche (Iglesia parroquial)** – La iglesia original de estilo gótica fue "barroquizada" entre 1676 y 1698 por estucadores italianos. En el interior destaca un **altar** de 1613, en el que se yuxtaponen elementos estilísticos renacentistas y barrocos, el **trono principesco** (Fürstenstuhl, 1565-66) situado debajo del órgano y una pila bautismal de 1610. En la cripta de los Príncipes *(debajo del presbiterio)* reposan los duques güelfos de la línea dinástica de Celle, cuyas losas funerarias se encuentran en el presbiterio.

Alojamiento

Blumlage – *Blumlage 87* – ☎ *0 51 41/91 19 30* – *fax 0 51 41/9 11 93 33* – *32 hab* – *individuales desde 56,50 €.* Hotel tranquilo situado en las afueras de la ciudad.

Am Hehlentor – *Nordwall 62* – ☎ *0 51 41/8 85 69 00* – *fax 0 51 41/88 56 90 13* – *16 hab* – *individuales desde 51 €.* Hotel agradable alojado en un edificio de vigas entramadas.

Restaurantes

Historischer Ratskeller – *Markt 14* – ☎ *0 51 41/2 90 99* – *fax 0 51 41/2 90 90* – *menús desde 9,20 €.* Restaurante en las bodegas del Antiguo Ayuntamiento, cocina internacional.

Palio – *En el hotel Fürstenhof* – *Hannoversche Straße 55* – ☎ *0 51 41/20 10* – *fax 0 51 41/20 11 20* – *menús desde 15,50 €.* Filial del restaurante de Hotel am Platz, cocina italiana.

CELLE

EXCURSIÓN

★Kloster Wienhausen ⓥ – *10 km en dirección S saliendo por* ③. Esta antigua abadía de monjas cistercienses fue fundada en 1233 por una cuñada de Enrique el León. En ella vive, desde la época de la Reforma, una pequeña comunidad de religiosas del rito protestante. El monasterio custodia valiosos tesoros artísticos, entre los que cabe destacar una estatua en piedra de la fundadora (1280) y las esculturas de madera de la Virgen de Wienhausen y del Cristo Resucitado (s. XIII). El **coro de las monjas** (Nonnenchor) está decorado con espléndidas **pinturas murales★** de principios del s. XIV; en el centro, el relicario de madera gótico representa el Santo Sepulcro.

Una vez al año –a partir del primer viernes después de Pentecostés– se exhiben durante 14 días los célebres **tapices de Wienhausen** (Wienhäuser Bildteppiche) realizados por las monjas entre 1300 y 1500.

CHEMNITZ
Sajonia – 273.000 habitantes
Mapa Michelin nº 418 N 22

Chemnitz, situada a los pies de los montes Metálicos (Erzgebirge) y a orillas del río homónimo, es una ciudad con una tradición histórica de más de 800 años. Esta próspera ciudad (tercera en importancia de Sajonia), enclavada en la zona más densamente poblada de Sajonia, constituye el centro económico y cultural de la región.

Sus orígenes se remontan a la fundación del convento benedictino de St. Marien hacia 1136 en la colina del castillo (Schloßberg). La instalación de un taller de blanqueo en 1357 favoreció el desarrollo económico de la ciudad, que se convirtió en uno de los principales centros textiles de Alemania. Con la industrialización se diversificó su economía y surgieron nuevos sectores, como la construcción de maquinaria. Hacia 1800 se establecieron las primeras factorías de hilaturas de algodón, que pronto convirtieron a Chemnitz en la "Manchester sajona". Entre 1953 y 1990 Chemnitz cambió su nombre por el de Karl-Marx-Stadt.

Brückenstraße – Los edificios residenciales y los inmuebles de oficinas del nuevo centro urbano encuentran en las proximidades de la Brückenstraße y la calle de las Naciones (Straße der Nationen), perpendicular a la anterior. El impresionante **monumento a Carlos Marx** (12,40 m), realizado en granito de Ucrania por Lew Kerbel en 1971, se alza delante de una inmensa plataforma en la que está grabada, en varias lenguas, la última frase del Manifiesto Comunista "Proletarios del todo el mundo, uníos".

Altes Rathaus (Antiguo Ayuntamiento) – El edificio, que fue reconstruido fielmente después de 1945, posee una bella fachada gótica modificada en el s. XVII. En la fachada de la torre se abre un elegante portal renacentista. El edificio contiguo (a la derecha), construido a principios del s. XX, alberga el Nuevo Ayuntamiento.

Kunstsammlungen Chemnitz (Museo Municipal de Bellas Artes) ⓥ – Contiene pintura y plástica de los ss. XIX-XX (románticos de Dresde, impresionistas y expresionistas alemanes). La mayoría de las obras expuestas pertenecen a Karl Schmidt-Rottluff. La colección de tejidos y artes decorativas se compone de un numeroso mobiliario y objetos de artesanía Jugendstil (Henry van de Velde, talleres de Viena), de estilo art déco y contemporáneo.

Schloßkirche (Iglesia del castillo) – La antigua iglesia de esta abadía benedictina fundada en 1136 fue transformada en una iglesia de salón a principios del s. XVI. Las finas esculturas de la portada (trasladadas a la parte interna del muro meridional) son de estilo gótico tardío. En el brazo derecho del crucero, **el grupo de la Flagelación★**, realizado en madera policromada por el artista Hans Witten (1515), es conmovedor por su expresividad y su impresionante tamaño (3 m de altura).

ⓥ ▶▶ Museum für Naturkunde (Museo de Historia Natural) (*"Bosque petrificado" Wald★*).

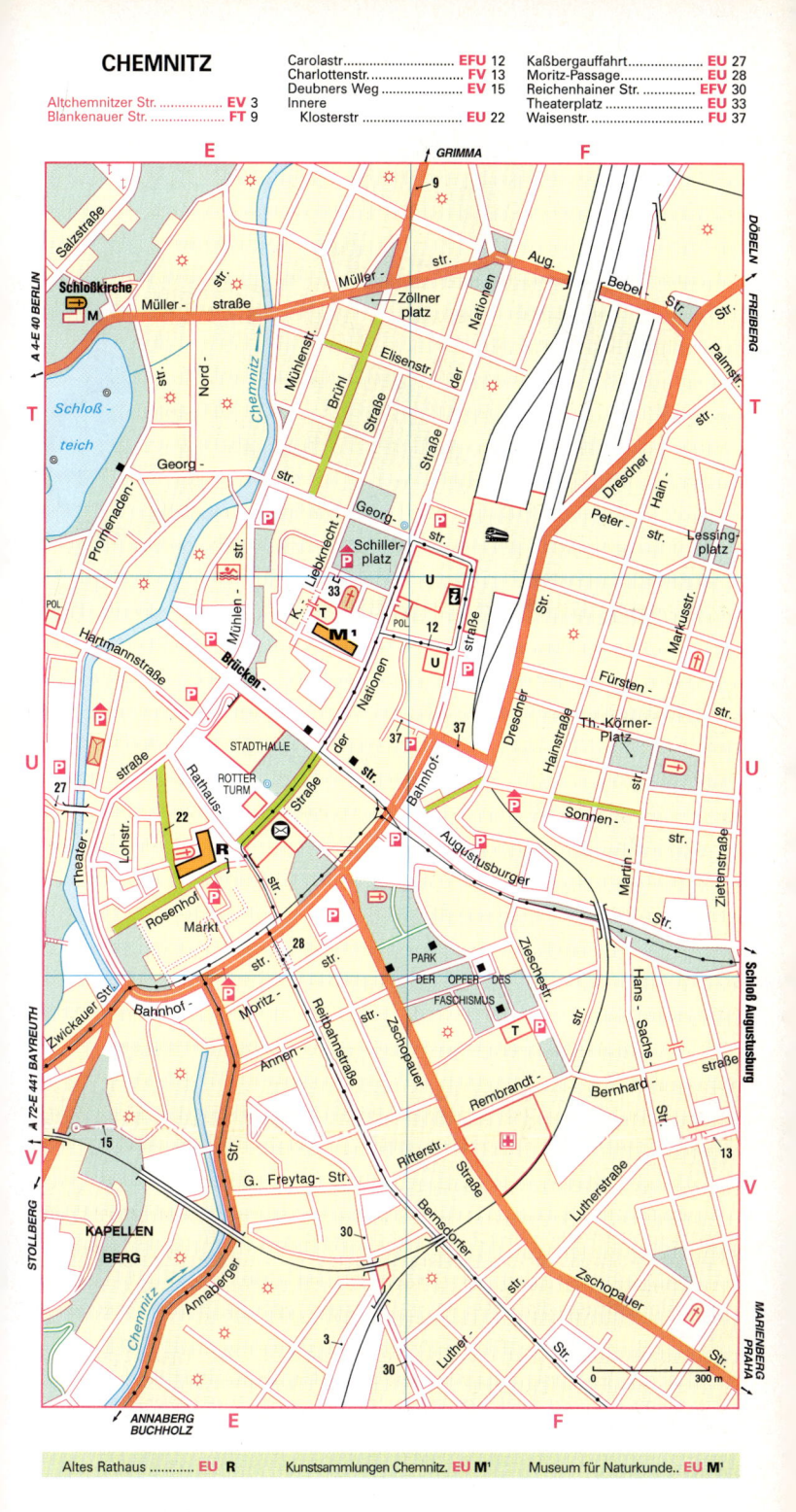

CHEMNITZ

Altchemnitzer Str. .... **EV** 3	Carolastr .... **EFU** 12	Kaßbergauffahrt .... **EU** 27
Blankenauer Str. .... **FT** 9	Charlottenstr. .... **FV** 13	Moritz-Passage .... **EU** 28
	Deubners Weg .... **EV** 15	Reichenhainer Str. .... **EFV** 30
	Innere	Theaterplatz .... **EU** 33
	Klosterstr .... **EU** 22	Waisenstr. .... **FU** 37

Altes Rathaus .... **EU** R   Kunstsammlungen Chemnitz. **EU** M¹   Museum für Naturkunde.. **EU** M¹

ALREDEDORES

★ **Schloß Augustusburg** – *15 km al E en dirección a Erdmannsdorf.* Este pabellón de caza fue construido hacia 1570 en la cima de una colina llamada Schellenberg (515 m) por encargo de Augusto I, príncipe elector de Sajonia. En el altar de la capilla, un cuadro de Lucas Cranach el Joven de 1571 muestra al príncipe rodeado de sus 14 hijos.

CHEMNITZ

Museo de Motocicletas, palacio de Augustusburg

El **Museo de Animales de Caza y Ornitología**★ (Museum für Jagdtier und Vogelkunde) ⊙ posee una gran colección de dioramas en los que se da a conocer –mediante una reconstrucción ficticia del hábitat natural– la rica fauna de los montes Metálicos (Erzgebirge).
El **Museo de Motocicletas**★★ (Motorradmuseum) ⊙ muestra la historia de este medio de locomoción, que ya cuenta con más de un siglo de existencia. Esta colección de motocicletas es una de las más completas de Europa.

CHIEMSEE★
Baviera
Mapa Michelin nº 420 W 21 – Esquema: Deutsche ALPENSTRASSE

El Chiemsee, conocido como el "mar bávaro", es el lago más grande de Baviera. Sus tranquilas aguas cubren una superficie de 82 km^2 y bañan las suaves orillas cubiertas de cañaverales desde las que se divisan, hacia el S, las estribaciones de los Alpes bávaros con sus imponentes cimas nevadas.
Las tres islas del lago no están muy alejadas de la orilla occidental. La Herreninsel posee un lujoso palacio que emula al de Versalles; en la Fraueninsel existe un convento, mientras que la tercera isla, la Krautinsel, está deshabitada.
La excelente infraestructura hotelera da cabida, en la estación estival, a numerosos veraneantes, en particular en **Prien**, principal centro turístico, y en **Seebruck**. Ambas localidades disponen de instalaciones para la práctica de deportes náuticos.
La autopista Múnich-Salzburgo discurre paralela a las orillas llanas y pantanosas; sin embargo, los paisajes más interesantes y las panorámicas del lago, con los Alpes como telón de fondo, se encuentran en la ribera norte entre Rimsting y Seebruck.

LAS ISLAS

A las islas se accede generalmente desde la costa oeste. Deje la autopista en la salida a Bernau y diríjase al embarcadero de **Prien-Stock**. *La travesía* ⊙ *hasta la Herreninsel dura 15 min y a la Fraueninsel 30 min.*

Herreninsel – Ya en el s. VIII existía en la isla un monasterio, pero el convento de agustinos fue fundado por el arzobispo de Salzburgo hacia 1130. Tras los tiempos difíciles de la Reforma religiosa, comenzó una nueva etapa de esplendor en el s. XVII caracterizada por una gran actividad constructora. En esta época se edificaron la colegiata de San Sebastián y San Sixto. El llamado **Altes Schloß** forma parte de las antiguas dependencias conventuales.

En 1873 el joven rey Luis II de Baviera compró la isla para preservarla de la sistemática tala forestal. Su proyecto era construir en ella un lujoso palacio.

★★ **Schloß Herrenchiemsee** ⊙ – El **palacio Herrenchiemsee** ha hecho célebre esta isla boscosa. Con su visita a Versalles en 1867, Luis II de Baviera reforzó la admiración que ya profesaba desde hacía tiempo al rey Sol. Por esta razón el monarca decidió que el palacio de Herrenchiemsee fuera una réplica del de Versalles. Las obras comenzaron en 1878 y se prolongaron hasta 1885. En esa fecha se habían gastado 20 millones de marcos y las arcas del rey estaban vacías. La muerte del monarca, cuando solo llevaba una semana residiendo en el palacio, puso fin al sueño que había acariciado durante tanto tiempo.

La semejanza entre el modelo y la copia es asombrosa: el parque francés, en cuyo centro se alza la fuente de Latona; la fachada decorada con columnas, cuyo techo plano se disimula con una balaustrada; la serie de aposentos, entre los que destacan el majestuoso salón de Gala y la galería de los Espejos.

En el ala sur del palacio se ha instalado el **Museo del rey Luis II**, que ilustra la vida de este romántico monarca.

Atención: en temporada alta hay que contar con largos periodos de espera para poder acceder al palacio de Herrenchiemsee.

Fraueninsel – En esta isla, de dimensiones mucho más modestas, se asientan una encantadora aldea de pescadores y el convento de **Frauenchiemsee**, un monasterio de benedictinas, cuya fundación (782) se atribuye al duque Tassilo III. La iglesia, construida en el s. XIII, fue remodelada al estilo gótico en el s. XV. El interior fue "barroquizado" y alberga un hermoso retablo del año 1694.

En el conjunto arquitectónico llama la atención la torre del campanario de planta octogonal, cuyos pisos inferiores datan del s. XI. La cúpula de cebolla fue instalada en 1626.

AGENDA DE DIRECCIONES

En Fraueninsel

Zur Linde – *En la Fraueninsel (prohibida la circulación de vehículos a motor)* – ☎ *0 80 54/9 03 66* – *fax 0 80 54/72 99* – *14 hab* – *individuales desde 54 €.* Hotel confortable que data de 1396.

En Bernau am Chiemsee

Alter Wirt-Bonnschlößl – *Kirchplatz 9* – ☎ *0 80 51/8 90 11* – *fax 0 80 51/8 91 03* – *41 hab* – *individuales desde 36 €.* Agradable mesón con habitaciones para huéspedes, cocina regional a precios económicos.

En Bernau-Reit

Seiserhof – *Reit 5* – ☎ *0 80 51/98 90* – *fax 0 80 51/8 96 46* – *26 hab* – *individuales desde 33 €.* Hospedería situada en un lugar muy tranquilo, con preciosas vistas del Chiemgau y del Chiemsee.

En Rimsting-Greinharting

Der Weingarten – *Ratzingerhöhe* – ☎ *0 80 51/17 75* – *fax 0 80 51/6 35 17* – *24 hab* – *individuales desde 31 €.* Hospedería con bellas panorámicas del paisaje prealpino, del lago (Chiemsee) y de los Alpes, emplazamiento tranquilo.

En Gstadt am Chiemsee

Gästehaus Grünäugl – *Seeplatz 7* – ☎ *0 80 54/5 35* – *fax 0 80 54/77 43* – *13 hab* – *individuales desde 44,50 €.* Hospedería muy bien atendida situada a orillas del lago (embarcadero).

Kloster CHORIN★★

Brandemburgo
Mapa Michelin nº 416 H 25

Las majestuosas ruinas de la **abadía de Chorin** se encuentran en una zona de vegetación frondosa a orillas del lago Amtsee. Las obras del convento, construido a instancias de los margraves de Brandemburgo por los monjes cistercienses de la abadía de Lehnin, se iniciaron en 1273. En 1542 se disolvió la comunidad religiosa que lo habitaba y durante los siglos posteriores cayó en un total abandono. En 1825, el arquitecto Karl Friedrich Schinkel llamó la atención del rey de Prusia sobre el interés histórico de las ruinas del monasterio y le convenció para que tomara medidas de protección del lugar. El conjunto, reconstruido parcialmente, es uno de los más bellos ejemplos de la arquitectura gótica en ladrillo del norte de Alemania. En verano se celebra un festival de música clásica.

★★ANTIGUA ABADÍA ⊙

Iglesia – Los monjes de Lehnin adoptaron en Chorin la misma planta basilical de tres naves, pero con algunas modificaciones. En Chorin se añade un ábside heptagonal en la prolongación del presbiterio, se suprime el abovedamiento de los tramos y tanto los arcos vueltos como los ojivales reposan en pilares fasciculados y no en las pilastras; los pilares rectangulares se adornan con finas columnas adosadas. El edificio actual carece de su muro sur.

La fachada occidental, que presenta una marcada división vertical, se caracteriza por su sobria elegancia. Está flanqueada por dos torres de escalera donde se encuentran sus tres ventanales, separados por dos contrafuertes y coronados por un rosetón de seis vanos. La parte superior se adorna con gabletes escalonados y una arcada ciega.

Dependencias conventuales – *Parcialmente cerradas por obras de restauración.* De las primitivas dependencias conventuales sólo se conservan el ala oeste, ocupada antiguamente por los legos, y el ala este, que junto a la desaparecida ala sur estaba reservada a los monjes.

También se pueden ver la casa del abad, la cervecería y los restos del molino.

EXCURSIÓN

★**Schiffshebewerk Niederfinow** (Elevador de barcos de Niederfinow) ⊙ – *18 km al S por la B 2. A la salida de la localidad de Eberswalde, poco antes de llegar al paso a nivel del tren, gire a la izquierda en dirección a Liepe.* Construido entre 1927 y 1934, esta gigantesca obra de ingeniería permite a las chalanas (de hasta 1.200 t de carga) y a los barcos de recreo salvar el desnivel de 36 m que existe en el canal que une el Oder y el Havel. La embarcación se introduce en un tramo del canal de 85 m de longitud, 12 m de ancho y 2,5 m de profundidad, en la que es elevada o descendida mediante un juego de cables de acero y de contrapesos de hormigón; la plataforma que se utiliza para realizar la maniobra, que dura 20 min, es de hormigón armado y se mueve mediante un sistema de ruedas de engranaje que se sumerge 20 m en el canal.

Desde la terraza este se puede observar el interesante mecanismo interno de la instalación y, desde el lado contrario, una amplia vista de la depresión del Oder.

Datos técnicos

Material y costes: 72.000 m^3 de hormigón, 14.000 t de acero; 27,5 millones de marcos (unos 14 millones de euros).
Dimensiones totales (sin incluir el puente sobre el canal): 60 m de altura, 94 m de longitud, 27 m de anchura.
Dimensiones de la dársena de maniobras: 85 m de longitud, 12 m de anchura, 2,50 m de profundidad, 4.290 t de peso (plataforma elevadora).
Velocidad media de elevación y descenso: 12cm/seg, duración de la operación 5 min.
Contrapesos de hormigón: 192 piezas de 21 t cada una, accionadas por 4 motores eléctricos de 55 kw cada uno.
Cables de acero: 256 piezas de 52 mm de grosor, que se deslizan por pares sobre 128 poleas de doble acanaladura de 3,50 m cada una.
Barcos y cargueros: 10.000 al año, en total 4 millones de toneladas.

COBURG★

COBURGO – Baviera – 44.000 habitantes
Mapas Michelin nº 418/420 P 16

Todo parece indicar que en el lugar donde está emplazada la actual ciudad de Coburgo ya existía en los ss. IX-X una propiedad real. Johann Casimir (1586-1633), el primer soberano del pequeño ducado de Sajonia-Coburgo, instauró en sus dominios una gestión y una administración de justicia modélicas, sentando las bases de un Estado bien organizado. El bello conjunto arquitectónico de estilo renacentista, dominado por la silueta de una imponente fortaleza, data de la época de este gobernante, el duque más emprendedor de la línea ernestina de la dinastía Sajonia-Coburgo. Hasta el s. XIX la ciudad no volvería a experimentar una nueva etapa de actividad constructora.

El noble linaje de Sajonia-Coburgo se ha ido emparentando, a lo largo de la historia, con casi todas las familias reales de Europa. Del fruto del matrimonio entre el duque Eduardo de Kent y la princesa Victoria de Coburgo nació la célebre reina Victoria de Inglaterra. Ésta se casó con su primo el príncipe Alberto de Sajonia-Coburgo.

Esta ciudad, situada entre el alto valle del Meno y la selva de Turingia, pasó a Baviera como resultado de un plebiscito popular celebrado en 1920 (antes pertenecía a Turingia).

LA FORTALEZA (VESTE) 3 h.

La fortaleza de Coburgo, rodeada de tres lienzos de muralla, es una de las más grandes de Alemania. Sus orígenes se remontan al s. XI, sin embargo, su estructura actual es del s. XVI, es decir, de la época en que gobernaba Coburgo el duque Johann Casimir.

La fortaleza de Coburgo

★**Kunstsammlungen (Colecciones de Arte)** ⓥ – Esta importante colección europea de arte fue reunida en su mayor parte por los duques de Coburgo. En la Steinerne Kemenate se visitan el aposento de Lutero, el gran salón de honor de 1501, y la habitación decorada con motivos de caza (Jagdintarsienzimmer), de 1632. En las salas se hallan repartidas numerosas obras de arte que abarcan desde la Edad Media hasta principios de la Edad Moderna, entre las que destacan algunos cuadros de Alberto Durero y de Lucas Cranach. El edificio Carl Eduard alberga una colección de artes decorativas, una sección en la que se exhibe la mayor colección europea de cristal veneciano y un gabinete de estampas. En el edificio de la Duquesa (Herzoginbau) se exponen armas históricas, carrozas y trineos.

Y ADEMÁS

★**Gymnasium Casimirianum (Instituto Casimiro)** – El Instituto de Enseñanza Media, situado frente a la iglesia de San Mauricio (Moritzkirche), es el más bello edificio civil de estilo renacentista de la ciudad. Fue fundado por el duque Johann Casimir en 1605 y está coronado por una linterna barroca.

COBURG

Schloß Ehrenburg ⓥ – El **palacio de Ehrenburg** fue la residencia de los duques de Coburgo desde 1547 a 1918. La única parte que se conserva de la época de construcción (1547) es el ala sur (orientado hacia la Steingasse), de estilo renacentista. El castillo fue reconstruido tras el incendio que sufrió en 1690, de modo que tanto el interior como la fachada que se abre a la Schoßplatz tienen la impronta del gusto barroco a pesar de las transformaciones al estilo neogótico inglés que se efectuaron en la primera mitad del s. XIX. Los salones de gala (Prunkräume) están equipados con suntuoso mobiliario estilo Imperio y Biedermeier. En uno de los aposentos está instalada una galería de pinturas con obras de artistas alemanes y neerlandeses.

ALREDEDORES

Schloß Callenberg ⓥ – *6 km al N por la B 303 y la B 4, salida a Rodach*. El **castillo**, citado en un documento de 1122, fue propiedad de los duques de Coburgo desde el s. XVI, quienes lo habitaron hasta el s. XX. En el s. XIX fue transformado al gusto neogótico y en la actualidad alberga las colecciones de arte de la familia ducal. En las salas históricas se puede ver valioso mobiliario.

Schloß Rosenau ⓥ – *A 7 km de Coburgo en dirección NE, en el valle de Röden*. Este **castillo**, situado en un lugar pintoresco, es un bello ejemplo de arquitectura neogótica. El duque Ernst I encargó la remodelación de la antigua fortaleza medieval a partir de 1808, así como el acondicionamiento del parque, que transformó en un jardín de estilo inglés. En este palacio nació, en 1819, el príncipe Alberto, futuro esposo de la reina Victoria de Inglaterra. Se pueden visitar los aposentos y salones ducales. En la **Orangerie** se ha instalado un museo dedicado a la cristalería moderna **(Museum für Modernes Glas)**, la mayor colección en su género de Europa.

EXCURSIÓN

Kloster Banz (Abadía de Banz) – *26 km al S*. El monasterio benedictino de Banz fue fundado a finales del s. XI y poco tiempo después se instaló en él una comunidad de monjes procedente de la abadía de Hirsau. En 1114 el obispo Otón I de Bamberg consagró la iglesia a san Pedro y san Dionisio. El monasterio sufrió numerosas agresiones a lo largo de los siglos, de forma que el conjunto actual data casi en su totalidad del s. XVIII.

La **antigua colegiata★**, construida en arenisca amarilla, domina desde su estratégico emplazamiento el valle del Meno. El edificio, proyectado por el arquitecto **Johann Dientzenhofer** en 1719, posee una bóveda de una extraordinaria complejidad constituida por tres óvalos, mientras la planta de la iglesia está formada por dos óvalos. Los bellos **frescos del techo★** realizados por Melchior Steidl, representan los tres senderos que conducen a Dios. En la decoración interior destacan también la sillería del coro (1749), el púlpito (1714) y las seis estatuas alojadas en los nichos de las pilastras.

Desde la terraza se ofrece una **vista★** del valle del Meno y del santuario de **Vierzehnheiligen★★**.

COTTBUS

Brandemburgo – 125.000 habitantes
Mapa Michelin nº 418 K 27

Documentada por primera vez en 1156, Cottbus fue en su origen una fortaleza eslava. Gracias a su estratégica situación geográfica –en el cruce del río Spree y la ruta de la Sal que iba de Halle a Silesia– la ciudad se convirtió en un importante centro comercial desde el s. XII. A mediados del s. XV Cottbus pasó a dominio de Brandemburgo. El comercio y la manufactura de tejidos fueron las bases de su riqueza, pero su prosperidad económica se consolidó en los ss. XIX-XX con la explotación de las minas de lignito que se encuentran en las proximidades. Como capital de la Baja Lusacia la ciudad ha gozado también de una rica vida cultural.

Hoy se distingue Cottbus por sus numerosos parques que le dan un agradable aspecto de "ciudad verde".

COTTBUS

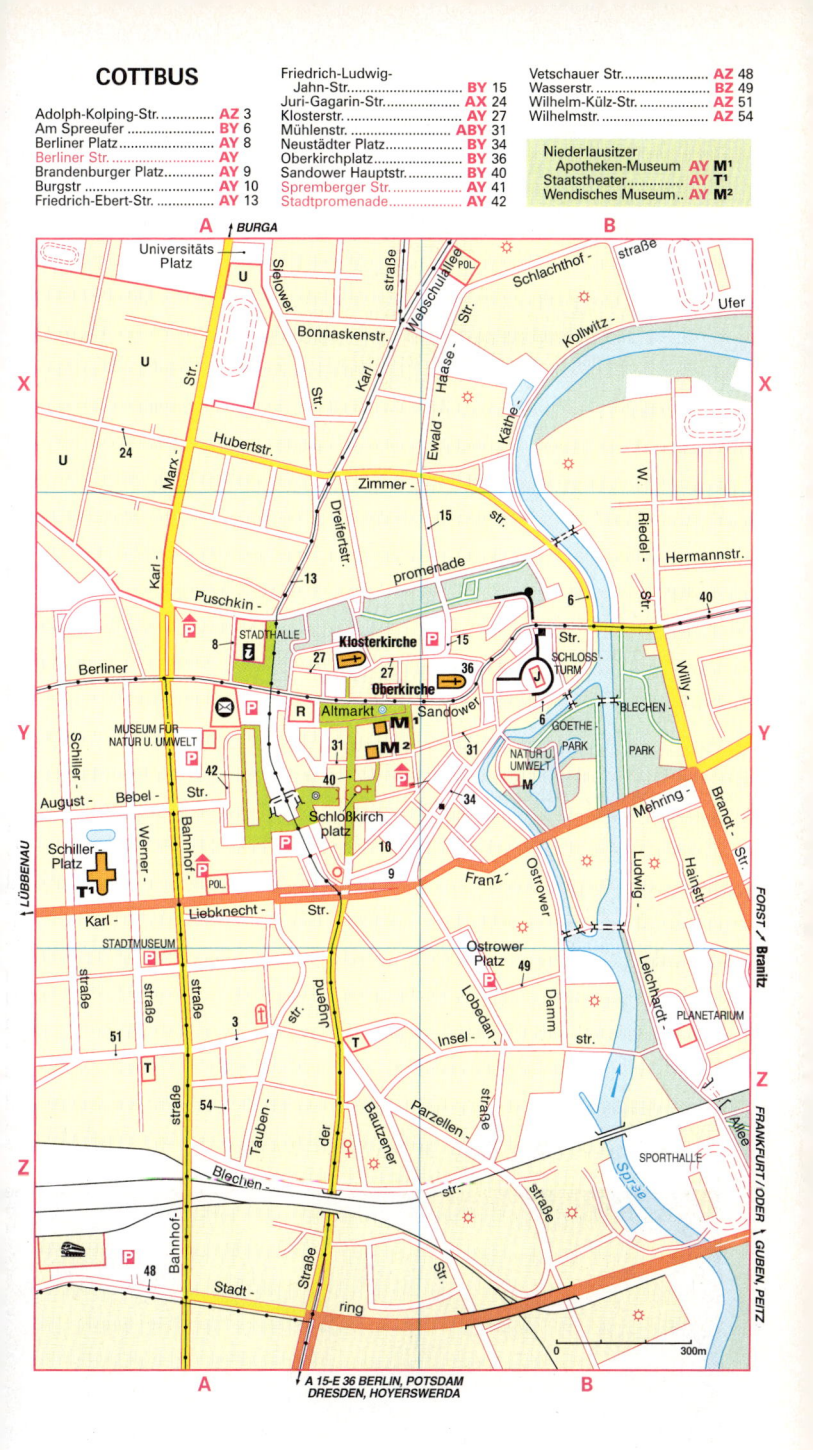

Adolph-Kolping-Str.	**AZ**	3
Am Spreeufer	**BY**	6
Berliner Platz	**AY**	8
Berliner Str.	**AY**	
Brandenburger Platz	**AY**	9
Burgstr	**AY**	10
Friedrich-Ebert-Str.	**AY**	13
Friedrich-Ludwig-Jahn-Str.	**BY**	15
Juri-Gagarin-Str.	**AX**	24
Klosterstr.	**AY**	27
Mühlenstr.	**ABY**	31
Neustädter Platz	**BY**	34
Oberkirchplatz	**BY**	36
Sandower Hauptstr.	**BY**	40
Spremberger Str.	**AY**	41
Stadtpromenade	**AY**	42
Vetschauer Str.	**AZ**	48
Wasserstr.	**BZ**	49
Wilhelm-Külz-Str.	**AZ**	51
Wilhelmstr.	**AZ**	54

Niederlausitzer
 Apotheken-Museum **AY M¹**
Staatstheater **AY T¹**
Wendisches Museum **AY M²**

★★ PALACIO PÜCKLER Y PARQUE DE BRANITZ *3 h.*

Las antiguas propiedades de Branitz ya eran patrimonio de la familia Pückler-Muskau en 1696 cuando el príncipe Hermann fijó su residencia en el palacio. Se había visto obligado a vender Muskau para evitar la bancarrota, pero no podía renunciar a la gran pasión de su vida: la arquitectura paisajista. Por suerte para las generaciones posteriores, su obra ha perdurado en el parque de Branitz, una auténtica joya del arte de la jardinería.

Schloß Branitz (Palacio de Branitz) ⓥ – Con los ingresos por la venta de Muskau, el príncipe Pückler pudo encargar la restauración y acondicionamiento del palacio, que había sido construido en 1772 por Gottfried Semper. Se conserva buena parte de la decoración y el mobiliario, como el del comedor y el de la biblioteca. En la primera

175

COTTBUS

> ### Un apasionado de los jardines
>
> *"A un jardín con gran estilo le ocurre como a una colección de cuadros: si esta última precisa un marco arquitectónico adecuado para poder apreciar su valor artístico, un jardín necesita un espacio idóneo para poder contemplar su belleza."*
>
> El príncipe **Hermann von Pückler-Muskau** nació en Muskau en 1785. Como persona derrochadora que era, contrajo desde muy joven grandes deudas que llegaron a poner en peligro el patrimonio familiar. En el colmo de la desesperación por su actitud irresponsable, su padre intentó que le declararan incapacitado.
>
> Su verdadera vocación se despierta en el curso de sus largos viajes al extranjero al quedar fascinado por el descubrimiento de los grandes parques ingleses. A su regreso en 1815 comenzó inmediatamente a diseñar los jardines paisajistas de Muskau. En esta tarea empeñó 30 años de su vida.
>
> Su matrimonio de conveniencia con Lucie von Hardenberg (1817), nueve años mayor que él, transcurrió en buena armonía, a pesar de que el príncipe intentó divorciarse de ella algunos años más tarde para poder volver a casarse, en esta ocasión también por razones económicas. Sin embargo, la nueva unión no se llegó a celebrar al descubrirse que ya había dilapidado la fortuna de su primera esposa para financiar los trabajos de acondicionamiento del parque de Muskau. Así pues, la pareja permaneció unida contra viento y marea hasta la muerte de Lucie en 1858.
>
> En 1845 el príncipe, ya sexagenario, tuvo que enfrentarse a la amenaza de embargo que pendía sobre el palacio de Muskau. Por fuerza mayor tuvo que desprenderse de él y a partir de entonces dedicó el resto de su vida –25 años– a un nuevo proyecto: el parque de Branitz.

planta se descubre la afición del príncipe por el estilo oriental y los objetos exóticos. Algunas salas albergan una galería de pinturas que reúne la obra de **Karl Blechen**, artista romántico natural de Cottbus.

Junto al palacio se alzan las antiguas **caballerizas reales** de estilo Tudor, sede de exposiciones temporales, y el pabellón de los Caballeros, convertido hoy en un café. Entre ambas edificaciones se extiende una elegante pérgola decorada con relieves en terracota diseñados por Bertel Thorvaldsen y estatuas en zinc. En la zona que se orienta al jardín se abre una terraza que exhibe dos grifos de bronce.

El parque – En las 90 ha de superficie del parque se construyeron colinas, corrientes de agua y lagos para crear un paisaje lacustre artificial ya que en Branitz no existía, como en Muskau, un curso de agua natural. Pückler diseñó un minucioso proyecto con el que pretendía alternar, de forma adecuada, los grandes espacios libres, las arboledas, los setos, las especies aisladas, los fosos y los estanques.

Túmulo – El príncipe Pückler tenía sus propias convicciones acerca de la vida y la muerte. De acuerdo con ellas, dispuso que su cadáver fuera embalsamado y sometido a la acción combinada de sosa cáustica, potásica y cálcica. Los restos fueron enterrados –de acuerdo con su deseo– en un túmulo de 11 m de altura plantado con viñas salvajes que se alza en el lago de la Pirámide.

Terraza del palacio de Branitz

COTTBUS

Y ADEMÁS

Altmarkt — La **plaza del Antiguo Mercado**, de forma alargada, presenta una cierta homogeneidad a pesar de que las casas que se conservan son de diferentes estilos: los frontones curvos barrocos alternan con las fachadas neoclásicas.

★ **Niederlausitzer Apotheken-Museum** (Museo de la Farmacia de la Baja Lusacia) ⊙ — Con más de cuatro siglos de antigüedad, la farmacia del León (Löwenapotheke), ubicada en la plaza del Antiguo Mercado, conserva unas instalaciones centenarias, entre las que destacan una oficina del s. XIX, un almacén de medicamentos, un laboratorio galénico que data de la época en que se fundó el dispensario, y un herbolario.

★ **Wendisches Museum** ⊙ — Este interesante museo está alojado en una casa burguesa del s. XVIII restaurada con un exquisito gusto. En él se ilustran 1.500 años de historia del pueblo eslavo en Alemania. Los vendos (sorbios) se establecieron a principios de la Edad Media en el territorio comprendido entre el río Saale y el Neisse lusaciano. Este pueblo ha conservado su lengua y su cultura hasta nuestros días. Una de las principales atracciones del museo es la exposición de sus **trajes tradicionales★**, que destacan por su variedad y valor artístico.

> ⊙ ▶▶ Oberkirche St. Nikolai (Iglesia de San Nicolás) — Klosterkirche (Iglesia abacial) (*Doble sepulcro★*) — Staatstheater (Teatro Nacional) (*Jugendstil*).

EXCURSIÓN

Bad Muskau — *A 45 km aprox. de Cottbus en dirección SE; salir por la B 115*. Esta pequeña estación termal, situada junto a la frontera de Polonia, es célebre, sobre todo, por el inmenso **parque de Muskau★★**, cuyo diseño (1815-45) ocupó gran parte de la vida del príncipe Pückler, en aquel tiempo dueño y señor de Muskau. En esos 30 años gastó en estos jardines de estilo inglés un millón de táleros. De las 545 ha que ocupaba en un principio, que se extendían a ambas orillas del río Neisse, todavía quedan en la actualidad 200 ha en territorio alemán.

El **palacio Viejo** (Altes Schloß) ⊙, que ha sido reconstruido y posee una bella portada renacentista, alberga una exposición que ilustra la historia del parque.

El **palacio Nuevo** (Neues Schloß), que fue destruido durante la II Guerra Mundial y ha sido parcialmente restaurado en fechas recientes, había sido remodelado al estilo neorrenacentista en 1846 por su entonces propietario, el príncipe Federico de Holanda.

DARMSTADT

Hesse — 140.000 habitantes
Mapas Michelin nᵒˢ 417/419 Q 9

La antigua residencia del gran ducado de Hesse-Darmstadt está situada a los pies de la región boscosa del Odenwald. Los grandes duques, príncipes ilustrados y amantes del arte, convirtieron a Darmstadt en un notable centro intelectual y cultural; hacia 1900 la ciudad era un importante centro del Jugendstil. Diversas instituciones, entre las que destacan la Academia Alemana de la Lengua y de la Poesía y el Instituto de Estética Industrial son los encargados de perpetuar esta tradición en los tiempos actuales.

QUÉ VER

★ **Hessisches Landesmuseum** (Museo Regional de Hessen) ⊙ — En el edificio principal se puede ver una gran selección de **pinturas de retablos medievales**, obras de Stephan Lochner y de Lucas Cranach el Viejo, y de pintura flamenca y holandesa; además se muestra una colección de artes aplicadas (**tallas en marfil**), pintura alemana del s. XIX, objetos de Jugendstil y una sección de zoología, geología y paleontología. Una de las piezas más interesantes es el célebre **Werkkomplex de Beuys** (1949-69).

El edificio anejo está consagrado al impresionismo y expresionismo alemanes y al arte contemporáneo.

Mathildenhöhe — Aquí fundó el gran duque Ernst Ludwig la **colonia de artistas de Darmstadt** (Darmstädter Künstlerkolonie) en 1899. En ella se agruparon arquitectos, pintores y escultores decididos a aunar esfuerzos para desarrollar un "arte total" acorde con el espíritu de vanguardia y los ideales promulgados por el Jugendstil. Los más destacados representantes de este grupo fueron el arquitecto Joseph Olbrich y el escultor Bernhard Hoetger.

177

DARMSTADT

Mathildenhöhe, Darmstadt

Las viviendas y los talleres situados en torno a la capilla Rusa formaban, en 1901, el núcleo de la exposición titulada "*Un documento del arte alemán*" (Ein Dokument Deutscher Kunst); el diseño de sus terrazas y pérgolas es característico de la arquitectura modernista, siempre a la búsqueda de nuevas formas de expresión. La **torre nupcial** (Hochzeitsturm), erigida en 1908 con motivo de los esponsales de Ernst Ludwig, domina el conjunto; el interior está decorado con dos mosaicos que representan alegorías del amor.

Schloß (Palacio) ⓥ — Este antiguo palacio de los landgraves situado en el centro de la ciudad se compone de dos edificios diferentes: el Neuschloß (palacio Nuevo), diseñado (1716-26) por el arquitecto Rémy Delafosse, cuya fachada, de líneas regulares, se abre a la plaza del Mercado; y el Altschloß (palacio Viejo), a espaldas del anterior y construido en los ss. XVI-XVII, que posee un frontón de volutas y una portada decorada con los blasones en la fachada del patio.

En el **museo** (Schloßmuseum) se pueden contemplar carrozas, mobiliario y vajillas principescas. La galería de pinturas alberga la célebre *Virgen de Darmstadt*, obra de Hans Holbein el Joven.

Prinz-Georg-Palais (Palacio del Príncipe Jorge) ⓥ — La antigua residencia de verano de los landgraves (erigida hacia 1710) alberga la **colección de porcelanas**★ (Porzellansammlung) de los grandes duques. Las vajillas y figuras de porcelana eran propiedad de la familia, y constituyen la mayor colección de porcelanas procedente de la fábrica de Kelsterbach, así como de otras manufacturas alemanas y rusas. Casi todas las piezas fueron obsequios de las casas reales e imperiales de Europa.

El **parque del Príncipe Jorge** (Prinz Georg Garten) se conserva como una obra de arte de la jardinería. Diseñado en la segunda mitad del s. XVIII de acuerdo con el gusto por las formas geométricas reinante en aquella época, este jardín histórico es una de las más bellas realizaciones en la región de Hesse. En sus cerca de 2 ha de superficie prosperan macizos de plantas útiles y flores y cuenta, además, con numerosos pabellones (Casita del Té), estanques e invernaderos (Orangeriegarten).

ALREDEDORES

Jagdschloß Kranichstein (Pabellón de caza de Kranichstein) ⓥ — *A 5 km en dirección NE, saliendo de Darmstadt por la Kranichsteiner Straße.* El **Museo de la Caza**★ (Jagdmuseum) posee interesantes armas, trofeos y cuadros.

DESSAU

Sajonia-Anhalt – 93.000 habitantes
Mapa Michelin nº 418 K 20

Esta ciudad, situada en la confluencia del río Elba con el Mulde, fue fundada en el s. XII. La primera mención de Dessau de la que se tiene noticia data de 1213. Su excelente emplazamiento en un cruce de caminos de las rutas comerciales contribuyó al desarrollo de la localidad que, en 1474, se convirtió en la residencia de una línea colateral de los príncipes de Anhalt.

Después de una época de prosperidad entre los ss. XVI-XVIII, a comienzos del s. XX Dessau adquirió notoriedad a escala internacional gracias a Hugo Junkers, un inventor de motores y calderas a gas y el constructor del primer avión enteramente metálico. En 1925 se escribió otro importante capítulo de la historia de la ciudad: la Bauhaus, célebre escuela de arquitectura y arte fundada en 1919 en Weimar, trasladó su sede a Dessau.

El viejo mariscal de campo de Dessau – El príncipe Leopoldo I de Anhalt-Dessau (1676-1747) fue un personaje curioso que –contra viento y marea– se casó con la hija de un farmacéutico. El desarrollo económico del pequeño principado fue espectacular en el medio siglo que duró su reinado gracias al fomento de la construcción y a una política de adquisición de nuevas tierras basada en el drenaje de las zonas pantanosas.

El "reino de los jardines" – Su nieto, Leopoldo III Friedrich Franz (1740-1817) transformó las riberas del Elba en un inmenso jardín –el mayor del continente europeo– que se extendía hasta **Wörlitz★★**. El príncipe ilustrado adoptó profundas reformas en beneficio de sus 36.000 súbditos. Su gobierno tomó como modelo la Inglaterra progresista e, inspirado en ella, se comprometió decididamente en la modernización de la agricultura, la construcción de diques y la creación de manufacturas. Aunque de escasa relevancia política, fue un estado modélico que creció a la sombra de Prusia.

★★LOS EDIFICIOS CONSTRUIDOS POR LA BAUHAUS

Dessau conserva multitud de edificios construidos por la Bauhaus, por lo que la Unesco declaró la ciudad Patrimonio Cultural de la Humanidad en 1996.

Bauhausgebäude (Edificio de la Bauhaus) ⓥ – La "Escuela Superior de Diseño" (Hochschule für Gestaltung), construida según un proyecto de Walter Gropius, fue inaugurada en 1926. El edificio presenta todas las características propias del llamado estilo de la Bauhaus: bloques cúbicos, soportes no visibles en los ángulos, fachadas acristaladas.

Meisterhäuser (Casas de los Maestros) – La pequeña colonia que concibió Walter Gropius constaba de su propia vivienda y de tres casas bifamiliares para el profesorado de la Bauhaus. El proyecto se realizó entre 1925 y 1926 en una parcela arbolada. Del conjunto inicial se conservan y se pueden visitar dos casas de maestros: la **Kandinsky-Klee-Haus** y la **Feiningerhaus** ⓥ. Esta última alberga en la actualidad el **Centro Kurt Weill** (Kurt-Weill-Zentrum), consagrado a este compositor nacido en Dessau en 1900.

Feiningerhaus

DESSAU

Akazienwäldchen	**BY**	2
Bertolt-Brecht-Straße	**CX**	3
Carl-Maria-von-Weber-		
Straße	**CX**	5
Eisenbahnstraße	**BY**	8
Erdmannsdorffstraße	**BY**	10
Ferdinand-von-Schill-		
Straße	**BCX**	12
Flössergasse	**CX**	14
Friedrich-Naumann-Straße	**CY**	15
Friedrich-Schneider-Straße	**CX**	16
Hausmannstraße	**BX**	18
Humboldstraße	**CX**	20
Johannisstraße	**CX**	
Kleistraße	**BX**	21
Kornhausstraße	**AX**	23
Liebknechtstraße	**ABX**	25
Marktstraße	**CY**	26
Mendelssohnstraße	**CX**	28
Mozartstraße	**CX**	29
Richard-Wagner-Straße	**CX**	30
Schwaberstraße	**BX**	32
Steinstraße	**CX**	33
Wallstraße	**CY**	34
Wörlitzer Straße	**CX**	37
Zerbster Straße	**CXY**	

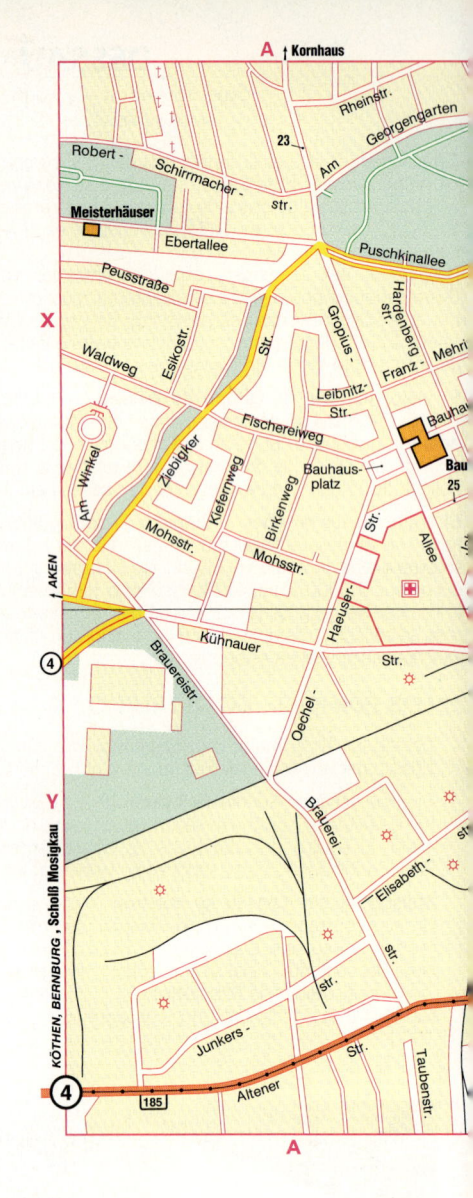

Se recomienda visitar el interior para poder apreciar hasta en el más mínimo detalle las innovaciones que aportó la Bauhaus en materia de "aireación e iluminación" en una época en que la mayor parte de las viviendas mantenían las deficientes condiciones de salubridad de finales del s. XIX.

Arbeitsamt (Oficina de Trabajo) – Esta construcción de una sola planta semicircular es un ejemplo característico de la arquitectura funcionalista diseñada por Walter Gropius en 1928.

Kornhaus – Hermann Baethe y Carl Fieger realizaron en 1929 el proyecto de este restaurante-merendero situado a orillas del río Elba.

Törtensiedlung – Aunque ninguna de las 314 casas unifamiliares alineadas se conserva en su estado original, en el **barrio residencial de Törten** se reconoce la huella inconfundible del estilo Bauhaus. Esta colonia modélica pretendió paliar la falta de viviendas en la ciudad, y permitir a los obreros acceder a la propiedad gracias a una rígida organización del trabajo y a la reducción del tiempo de construcción que abarató los costes.

Otros edificios de la Bauhaus – Casa de acero y casa Fieger *(ambas en la Südstraße)*, Cooperativa de consumo (Konsumgebäude, *Am Dreieck, 1*), casas de las galerías (Laubenganghäuser, *Peterholzstraße*).

Y ADEMÁS

Georgium – Este bello palacio diseñado por Friedrich Wilhelm von Erdmannsdorff para el príncipe Johann Georg se alza en el inmenso parque de Georgengarten) El Georgium acoge una **galería de Pinturas** (Anhaltische Gemäldegalerie) ⓥ, que cuenta con una gran colección de pintura alemana desde el ss. XV al XIX, con obras de Lucas Cranach el Viejo (altar de los Príncipes) y Hans Baldung Grien, lienzos de artistas de la escuela de Francfort del s. XVIII, así como de maestros flamencos y holandeses de los ss. XV al XVII.

ALREDEDORES

★ **Luisium** ⓥ – *En Waldersee, aprox. a 4 km al E de Dessau (salga de la ciudad por* ②*)*. Este precioso palacete, construido por Friedrich Wilhelm von Erdmannsdorff en estilo neoclásico para la princesa Luisa von Anhalt-Dessau entre 1774 y 1778, está situado en un enorme y acogedor jardín paisajista salpicado de templetes que se inspiran en la arquitectura clásica. Por su magnífica decoración forma parte del "reino de los jardines", cuyo máximo exponente es el creado por Leopoldo III de Dessau en **Wörlitzer Park**★★. En el interior, las habitaciones poseen bellos frescos en tonos suaves.

DESSAU

Salón de Fiestas del Luisium

★ **Schloß Mosigkau** ⓥ – *A 5 km en dirección SO. Salga de Dessau por la B 185 (por ④).* El **palacio de recreo de Mosigkau**, fue construido entre 1752 y 1757 para residencia de la princesa Ana Guillermina, la hija soltera de Leopoldo I. El conjunto arquitectónico, que consta de tres alas y dos plantas, es un bello ejemplo de estilo rococó y está rodeado por un hermoso jardín de recreo. Las salas del palacio poseen un rico mobiliario: colgaduras de seda y damasco, revestimientos de madera, artesonados blancos y estucados en el techo proporcionan la nota alegre del estilo rococó. Especial interés presenta la **Gartensaal**★ por su colección de pintura, con obras de maestros flamencos y holandeses.

La Bauhaus

En 1919 se creó en Weimar la "Staatliches Bauhaus", la más importante escuela de arquitectura, diseño y enseñanza de arte del s. XX. Su primer director, **Walter Gropius**, expresó en un manifiesto programático los objetivos educativos de la institución: *"La meta de toda actividad artística es la construcción"*. El alumno debía ser instruido en artesanía, en dibujo y en ciencia, para que todos los oficios contribuyeran colectivamente al producto final: el edificio. De esta forma, el arte y las actividades artesanales, la teoría y la práctica aunaban su sabiduría y sus habilidades para crear la obra de arte total. La Bauhaus rescataba, en cierto modo, la tradición medieval de la corporación de artesanos –incluso su nombre se inspira en el término Bauhütte, que designaba en la Edad Media al gremio de la construcción– y elevaba la artesanía a la categoría de Bellas Artes.

Tras las elecciones de 1924 en Turingia, en las que las fuerzas conservadoras accedieron al poder, la Bauhaus tenía las horas contadas en Weimar. Ante la amenaza de clausura, multitud de ciudades se propusieron como candidatas para acoger una institución de tanto prestigio. Finalmente, los artistas optaron por Dessau. Ésta fue una época de gran creatividad: en los talleres las ideas vanguardistas y las nuevas concepciones sobre acondicionamiento de interiores se iban plasmando en objetos reales. Así surgió el legendario mueble tubular de acero de Marcel Breuer. Pero en 1932 un decreto municipal ordenó la disolución de la Bauhaus.

El último director de la escuela, **Mies van der Rohe**, decidió entonces su traslado a Berlín con el propósito de continuar con las actividades artísticas en el ámbito privado. Sin embargo, el 12 de abril de 1933, bajo la fuerte presión del partido nacionalsocialista que acababa de "asumir" el poder, la escuela se vio obligada a cerrar definitivamente sus puertas.

Aunque esta decisión marcó el fin de la institución, sus ideas se expandieron por todo el mundo, y hoy es imposible imaginar la arquitectura del s. XX sin la marca indeleble de la Bauhaus.

DETMOLD

Renania Septentrional-Westfalia – 75.000 habitantes
Mapa Michelin nº 417 K 10

En los documentos se cita una victoria de Carlomagno sobre los sajones (753) en un lugar llamado "Theotmalli" que probablemente constituyó el primer asentamiento de la ciudad de Detmold. Salvo breves interrupciones, De 1528 a 1918, Detmold fue residencia permanente primero del condado y después del principado (desde 1798) de Lippe.

La plaza del Mercado, bordeada de casas de vigas entramadas de los ss. XVI-XVII, constituye el centro histórico de la ciudad. Sus edificios se distinguen por las bellas tallas, los miradores y los frontones que decoran sus fachadas.

QUÉ VER

Residenzschloß (Palacio de la Residencia) ⓥ – La antigua **residencia de los Príncipes**, un castillo edificado en el s. XVI, se caracteriza por sus buhardillas coronadas por frontones semicirculares, típicos del primer Renacimiento alemán y por una elegante galería en el patio interior.

En el interior se pueden contemplar, entre otros objetos, los valiosos tapices del s. XVII que representan, según un boceto de Charles le Brun, la historia de Alejandro Magno. Entre las lujosas vajillas de porcelana se encuentra un servicio que fue un regalo de la emperatriz francesa Josefina a la princesa Pauline zur Lippe.

★ **Westfälisches Freilichtmuseum (Museo al Aire Libre de Westfalia)** ⓥ – En un terreno de más de 100 ha se han reconstruido más de una centena de casas campesinas, con sus dependencias anejas, que recrean el hábitat rural y la cultura popular en Westfalia de los ss. XV al XIX. Las casas están equipadas con mobiliario rústico y en el campo se pueden observar los métodos de cultivo, la horticultura, etc.

★ **Hermannsdenkmal (Monumento a Arminio)** ⓥ – El célebre monumento recuerda la batalla que libró Arminio, jefe de los queruscos, contra las legiones romanas capitaneadas por el general Varo en el bosque de Teutoburg (año 9 d.C.). Arminio se educó en Roma y sirvió en el ejército de Augusto, pero estando al servicio de los romanos concibió el proyecto de librar a Germania de ellos. Después de ganar la confianza de Varo, promovió secretamente una sublevación en los distritos más lejanos del país y, mientras Varo acudía a sofocar a los rebeldes confiando en la lealtad de Arminio, éste destrozó sus legiones en un desfiladero. "Varus, Varus, devuélveme mis legiones", se lamentaba –según la leyenda– el emperador Augusto al tener noticia del fatal desenlace de la contienda. Desde la galería *(75 peldaños)* se ofrece una **vista**★ del bosque, de la ciudad de Detmold y de la región montañosa del Weser.

Palacio de la Residencia (Detmold)

DETMOLD

EXCURSIÓN

★ Externsteine ⓥ – *En Horn-Bad Meinberg, unos 12 km al S de Detmold*. Este conjunto de rocas de arenisca, antiguo lugar de culto de los pueblos germánicos, se convirtió en la Edad Media en un centro de peregrinación cristiana. En este santuario mítico se ha realizado una réplica de los Lugares Santos de Jerusalén. Lo más llamativo del conjunto es un **bajorrelieve★★** del Descendimiento esculpido en la misma roca. Constituye, además, un raro ejemplo en territorio alemán de escultura romana con influencias bizantinas.

DONAUESCHINGEN★

Baden-Würtemberg – 20.000 habitantes
Mapa Michelin nº 419 W 9

En medio de la fértil meseta del Baar, entre la Selva Negra y el Jura suabo, la ciudad de Donauschingen está situada en la confluencia de los dos manantiales que alimentan el Danubio, el Breg y el Brigach.

En la vanguardia de la música – En 1921 se creó el mundialmente famoso festival de música contemporánea de Donauschingen, que todos los años congrega a músicos y melómanos de todos los rincones del globo. Desde su fundación hasta nuestros días, este acontecimiento musical ha gozado de una gran fama internacional.

QUÉ VER

Donauquelle – El lugar donde se construyó en el s. XIX esta monumental fuente, situada en una rotonda del parque del palacio, se considera tradicionalmente como el nacimiento del Danubio. Estas aguas comienzan aquí su recorrido de 2.840 km hasta llegar a su desembocadura.

Fürstenberg-Sammlungen (Colecciones Principescas) ⓥ – *En la Karlsplatz*. Esta interesante exposición de mineralogía, paleontología y zoología data de la época de la fundación del museo (1868).

★ **Galería de pinturas** – *2ª planta*. Aquí se presentan obras de los maestros suabos de los ss. XV-XVI, pero sobre todo, destaca el magnífico **altar de la Pasión★★** de Hans Holbein el Viejo; también se pueden ver obras de Lucas Cranach el Viejo. El arte contemporáneo está representado, fundamentalmente, por obras de Anselm Kiefer.

Schloß (Palacio) ⓥ – La residencia de los príncipes de Fürstenberg, una construcción señorial de 1723, fue remodelada en el s. XIX y conserva la prestancia del estilo de aquella época. Se muestra al público el lujo de sus aposentos, así como valiosas porcelanas, orfebrería y bellas tapicerías de las fábricas de gobelinos de Beauvais y de Bruselas.

▶▶ Pfarrkirche.

Fuente del Danubio, Donauquelle

DORTMUND

Renania Septentrional-Westfalia – 610.000 habitantes
Mapa Michelin nº 417 L 6 – Esquema: RUHRGEBIET

Dortmund aparece mencionada por primera vez en un documento del año 885; hacia el 900 obtuvo el derecho de mercado y desde el 1220 gozó de la categoría de ciudad del Imperio. En la alta Edad Media fue un influyente miembro de la Hansa, pero en la Edad Moderna experimentó un proceso de decadencia –al igual que la mayor parte de las ciudades prósperas de Alemania– como consecuencia de los estragos de la guerra de los Treinta Años, llegando a descender su población a 2.000 habitantes en 1648. El verdadero auge económico se produjo a mediados del s. XIX. Desde los inicios de la Revolución Industrial, Dortmund fue un importante centro productor de carbón y acero, aunque también fue célebre en el mundo por el volumen de fabricación de cerveza. En la actualidad es una metrópoli industrial y administrativa que apuesta por la investigación y la innovación tecnológica.
En el aspecto cultural Dortmund dispone de una amplia gama de museos, galerías de arte y espectáculos que ofrecer al visitante, pero el dinamismo de la ciudad se manifiesta igualmente en sus animados mercados y en sus fiestas locales.

Alojamiento

Senator – Münsterstraße 187 (B 54) – ☎ 02 31/8 61 01 20 – fax 02 31/81 36 90 – 34 hab – *individuales desde 61,50 €*. Hotel céntrico, confortable, habitaciones silenciosas que dan a un patio.

Haus Überacker – *En Dortmund-Höchsten* – *Wittbräucker Straße 504* – ☎ 0 23 04/8 04 21 – fax 0 23 04/8 68 44 – 17 hab – *individuales desde 43,50 €*. Negocio familiar bien atendido, preciosa terraza en el jardín.

Restaurantes

Hövels Hausbrauerei – *Hoher Wall 5* – ☎ 02 31/9 14 54 70 – fax 02 31/91 45 47 20 – *menús desde 10,50 €*. Establecimiento con decoración rústica, platos regionales y una pequeña cervecería en el restaurante.

SBB-Restaurant – *Westfalendamm 166 (B 1)* – ☎ 02 31/59 78 15 – fax 02 31/5 60 06 37 – *menús desde 15,50 €*. Restaurante moderno, gastronomía internacional. En el edificio se encuentra también el bonito restaurante japonés Edo (sólo menús).

QUÉ VER

★ **Westfalenpark (Parque de Westfalia)** ⊙ – Entre los atractivos de este gran parque de 70 ha de superficie situado al S de la ciudad se encuentran la **rosaleda** (Deutsche Rosarium), que cuenta con alrededor de 3.200 variedades de rosas de todo el mundo, y la **torre de la televisión** (Fernsehturm "Florian"), de 220 m de altura y símbolo de la ciudad. Desde el mirador de la plataforma y desde el restaurante giratorio (a 138 m de altura) se disfruta de una imponente **panorámica★** de la región del Ruhr y el Sauerland.

★ **Reinoldikirche (Iglesia de San Reinaldo)** – *Ostenhellweg, cerca del mercado*. Esta basílica de tres naves, que data de principios del gótico, alberga interesantes tesoros artísticos: a la entrada del presbiterio, a la izquierda, se alza una estatua en madera del patrono de la ciudad, san Reinaldo, y a la derecha, una talla de Carlomagno (ss. XIV-XV). En el retablo esculpido de finales del gótico (s. XV) se representa la vida de Jesús y la Crucifixión. También destaca un magnífico **facistol** en bronce, realizado hacia 1450 en el valle del Mosa.

Marienkirche (Iglesia de Santa María) ⊙ – *Frente a la iglesia de San Reinaldo*. Esta basílica románica de 1170, que cuenta con un presbiterio de principios del gótico, alberga en la nave lateral norte el llamado **altar de Berswordt** (hacia 1395), donde destaca una fina representación de la Pasión de Cristo. También destaca el valioso **retablo de la Virgen★** (1420), una obra maestra de Conrad von Soest en tonos oro, azul y rojo. La Virgen dorada que se contempla en el presbiterio, una escultura románica en madera de 1230, conserva su policromía medieval original.

Museum für Kunst und Kulturgeschichte (Museo de Arte e Historia de las Civilizaciones) ⊙ – *Hansastraße 3*. Sus colecciones se presentan con un criterio cronológico, y abarcan temas tan dispares como la historia de la ciudad de Dortmund (con numerosas piezas procedentes de hallazgos arqueológicos), el arte religioso en la Baja Edad Media, la casa y el mobiliario en diferentes épocas históricas y la pintura alemana (movimiento berlinés de la Secesión, C.D. Friedrich, diseño del s. XX). La sección consagrada al periodo romano alberga el célebre **tesoro de Dortmund★**, descubierto en 1907, que consiste en una colección de 444 monedas de oro romanas, datadas la mayor parte en el s. IV d.C.

⊙ ▶▶ Petrikirche (Iglesia de San Pedro, altar tallado★) – Probsteikirche (Iglesia del Priorato) – Brauerei-Museum (Museo de la cerveza) – Museum am Ostwall *(Arte contemporáneo)*.

DRESDEN★★★

DRESDE – Sajonia – 480.000 habitantes
Mapa Michelin nº 418 M 25 – Esquema: SÄCHSISCHE SCHWEIZ

Dresde es uno de los principales centros turísticos de Alemania, tanto por su situación geográfica a orillas del ancho curso del Elba y a las puertas de la Suiza sajona, como por su extraordinario patrimonio arquitectónico y artístico. Desde 1990 esta antigua y noble ciudad es capital regional de Sajonia.

La Florencia del Elba – Dresde fue poblada en su origen por la tribu eslava de los sorabos. La colonización germánica se realizó a lo largo del s. XII, reinando los margraves de Meissen y, en 1485, la llamada "escisión de Leipzig" vinculó su desarrollo histórico a la línea albertina del ducado de Sajonia hasta su extinción en 1918. Durante todo ese largo periodo de tiempo fue la sede residencial de la dinastía reinante.

Pero la auténtica eclosión económica y cultural se produjo en la primera mitad del s. XVIII. Los príncipes electores **Augusto el Fuerte** (Federico Augusto II) y Augusto III contribuyeron, de manera decisiva, al esplendor de la ciudad con la construcción del magnífico conjunto barroco del Zwinger, el palacio japonés y la iglesia de la Corte (Hofkirche), así como con la constitución de las grandes colecciones de pintura y objetos de arte. Éstas se enriquecieron con la aportación de innumerables obras pictóricas de los ss. XIX-XX –recordemos que Dresde fue la cuna del expresionismo alemán– que hoy hacen de la ciudad uno de los más prestigiosos centros artísticos de Europa. En el panorama musical también cuenta con instituciones célebres: la Staatsoper (Ópera Nacional) y la Staatskapelle (Capilla de la Corte Nacional). El gran músico Carl Maria von Weber ocupó muchos años el cargo de director de la Ópera. Otras figuras respaldan también su tradición artística: el pintor C.D. Friedrich, el poeta Heinrich von Kleist –aquí compuso su *Michael Kohlhaas*– y Richard Wagner, que estrenó sus obras *El holandés errante* y *Tannhäuser*.

La noche del apocalípsis – Pocos meses antes de la finalización de la II Guerra Mundial, en la noche del 13 al 14 de febrero de 1945, Dresde fue víctima de un intenso bombardeo por parte de las fuerzas aéreas aliadas que tenía como finalidad minar la moral de la población. Tres ataques sucesivos dejaron como saldo entre 35.000 y 135.000 muertos y una ciudad reducida a cenizas: más del 75% quedó destruida.

Hoy, la restauración de los edificios monumentales –en el caso del Zwinger se ha realizado una recomposición modélica– y la reconstrucción de los barrios de viviendas, comunicados entre sí por grandes arterias, han devuelto a la ciudad parte de su antiguo esplendor, pero con una particularidad: su rico patrimonio histórico se ha integrado en un urbanismo moderno. El ejemplo más claro de esta sorprendente combinación es la **Prager Straße★**, una ancha calle peatonal poblada de comercios modernos, que une el barrio de la estación de ferrocarril con el casco viejo y en la que alternan edificios de los años 70 e impresionantes inmuebles históricos.

GUÍA PRÁCTICA DE DRESDE

Prefijo telefónico – 0351

Información turística – *Dresden Werbung & Tourismus GmbH*, ☎ 49 19 20, fax 49 19 21 16 lu-vi 8-19, fs 9-16. **Oficinas de información**: en el edificio de la Schinkelwache situado en la plaza del Teatro (Theaterplatz), lu-vi 10-18, fs 10-16; Prager Straße 2a, lu-vi 9-19, sá 9-16. La venta anticipada de entradas se realiza en la *Dresden Werbung und Tourismus*, ☎ 49 19 22 33.

Oficinas de Correos con horario especial – Sucursal nº 1 en la Königsbrücker Straße 21-29, lu-vi 6.30-19, sá 6.30-13.

Internet – www.dresden-tourist.de; www.cityguide-dresden.de; www.dresden-online.de; www.dresden.de.

Transporte

El consorcio municipal de transportes "Dresdner Verkehrsbetriebe" (**DVB**) ofrece un buen servicio, cómodo y puntual, ☎ 857 10 11, fax 8 57 10 10, www.nahverkehr.sachsen.de. Las oficinas de información (Service-Zentren) de la Estación Central de Ferrocarril (Hauptbahnhof) funcionan de lu-vi 7-19, sá 8-18, do 9-18; la de la Postplatz lu-vi 7-20, sá 8-18, do 9-18; las de la Pirnaischer Platz y la Albertplatz lu-vi 7-18, sá 9-16. El consorcio agrupa las empresas de transporte del Alto Elba (Verkehrsverbund Oberelbe-**VVO**), de la Suiza sajona (Sächsiche Schweiz), las del E de los montes Metálicos (Erzgebirge) y parte de la Alta Lusacia (Oberlausitz), ☎ 01 80/2 45 19 98, www.dvbag.de, lu-vi 7-20, fs 8-19. Los títulos de transporte se adquieren en los Service-Zentren, en las máquinas automáticas que se encuentran junto a las paradas de los autobuses y tranvías y directamente del conductor en el autobús; el billete ordinario cuesta 1,50 € (validez 1 h), el billete para 4 viajes 5,65 €, el abono diario 4,10 €, e familiar 6,15 € (dos adultos y hasta 4 niños y vigencia de 24 h).

DRESDEN

La tarjeta **Dresden-City-Card**, que se vende al precio de 13,80 € (válida durante 48 h), da derecho a viajar por toda la red de transportes públicos de la ciudad (autobuses y tranvías) y en los ferrys que transitan por el Elba; además, con ella se puede acceder gratuitamente a 12 museos estatales, así como obtener descuentos en otras instituciones culturales, en algunos circuitos turísticos por la ciudad y en travesías en barco. La tarjeta **Dresden-Regio-Card**, válida para 72 h, cuesta 23 € y permite utilizar, además de los medios públicos de locomoción por el centro de Dresde, la red de ferrocarriles de cercanías que comunica con las localidades vecinas a orillas del Elba, entre otras, Meissen, Pirna y Königstein; también da derecho a descuentos en algunos ferrocarriles de vía estrecha. (Schmalspurbahnen). Ambas tarjetas se adquieren en las Oficinas de Información turística, en muchos hoteles y en los Service-Zentren de la DVB.

Visitas guiadas

Circuitos turísticos por la ciudad – La empresa *Dresden Tour*, dependiente de la sociedad *Stadtrundfahrt Dresden* (☎ 899 56 50), realiza recorridos turísticos por la ciudad de 1h30 de duración, con salidas (cada 30 min) de la Augustusbrücke/Schloßplatz y 11 paradas a lo largo del circuito (entre otras en la Königstraße, Frauenkirche y Dr.-Külz-Ring), desde las 9.30 en los meses de abr-oct, y cada hora a partir de las 10 de la mañana en los meses de nov-mar. La *Super Dresden Tour* ofrece, además del recorrido en autobús, un paseo por el centro histórico (salida de la Augustusbrücke todos los días a las 10.30, 12, 13.30, nov-abr sólo sá), y la empresa *Sempertour* propone también una visita al edificio de la Ópera (todos los días a las 12.30 y a la 13.30). Finalmente, la *Dresdner Verkehrsbetriebe* organiza un circuito *(Original Dresden Tour)* en los tranvías de la ciudad (1 h aprox.), que parte de la Postplatz los sá a las 11.30, 13 y 14.30 (sólo del 28 abr-29 sept); reservas en el ☎ 857 22 01.
La sociedad *Stadtrundfahrt Dresden* también propone **Paseos a pie** por el centro histórico de la ciudad; salidas de la Augustusbrücke a las 10.30, 12 y 13 todos los días (nov-mar sólo sá). La empresa *Igeltours – Dresdens andere Stadtführung* (☎ 804 45 57, fax 8 04 45 48, www.igeltour-dresden.de,) incluye en su programa circuitos a pie de acuerdo con temas específicos de interés cultural o artístico.
Travesías en barco: La compañía naviera *Sächsische Dampfschiffahrts GmbH und Co. Conti, Elbschiffahrts KG* (☎ 86 60 90, fax 8 66 09 88) realiza excursiones por el Elba entre Meissen y la Suiza sajona en barcos históricos de vapor con ruedas de paletas y en embarcaciones modernas de motor. Salidas de Terrassenufer.

Alojamiento

CORRECTO

Wenotel – *Messering 24* – ☎ 4 97 60 – *fax 4 97 61 00* – *81 hab* – *individuales desde 59 €*. Edificio sencillo y funcional situado en Friedrichstadt.
Landhaus Lockwitzgrund – *Lockwitzgrund 100* – ☎ 2 71 00 10 – *fax 27 10 01 30* – *12 hab* – *individuales desde 49 €*. Pequeño hotel decorado en estilo rústico y ubicado en Lockwitz; buena cocina regional.
Elbterrassen Wachwitz – *Altwachwitz 14* – ☎ 26 96 10 – *fax 269 61 13* – *8 hab* – *individuales desde 51 €* Pequeño hotel de Wachwitz instalado en un edificio de interés histórico a orillas del Elba.

UNA BUENA OPCIÓN

Schloß Eckberg – *En Loschwitz* – *Bautzner Straße 134* – ☎ 809 90 – *fax 8 09 91 99* – *84 hab* – *individuales desde 95 €*. El hotel, instalado en un palacio de estilo neogótico en la ribera del Elba, está rodeado por un inmenso parque.
Bayerischer Hof – *Antonstraße 33;* ☎ 82 93 70 – *fax 8 01 48 60* – *50 hab* – *individuales desde 85 €*. Hotel en el distrito de Neustadt, cerca de la Marienbrücke, con una elegante decoración.
Martha Hospiz – *Nieritzstraße 11 (perpendicular a la Theresienstraße y a la Königsstraße)* – ☎ 8 17 60 – *fax 8 17 62 22* – *50 hab* – *individuales desde 85 €*. Albergue tradicional situado en la Neustadt.

UN CAPRICHO

Kempinski Hotel Taschenbergpalais – *Taschenberg 3* – ☎ 491 20 – *fax 4 91 28 12* – *213 hab (25 suites)* – *individuales desde 218 €*. Este elegante hotel está instalado en un palacio barroco mandado construir por Augusto el Fuerte para la condesa Anna Constanze von Cosel, frente al Zwinger y a la Ópera.
Bülow Residenz – *Rähnitzgasse 19 (paralela a la Königstraße junto a la Palaisplatz)* – ☎ 8 00 30 – *fax 8 00 31 00* – *30 hab* – *individuales desde 113 €*. Hotel confortable en la Neustadt, dispone del mejor restaurante de Dresde.
Radisson SAS Gewandhaus Hotel – *Ringstraße 1 (cerca de la Kreuzkirche, paralela a la Kreuzstraße)* – ☎ 4 94 90 – *fax 4 94 94 90* – *97 hab* – *individuales desde 154 €*. Situación céntrica (casco antiguo) y recién reformado.

Restaurantes

CORRECTO

Landhaus Lockwitzgrund – *Lockwitzgrund 100* – ☎ *2 71 00 10* – *menús desde 7,50 €*. Buena cocina regional.

Feldschlößchen Stammhaus – *Budapester Straße 30* – ☎ *4 71 88 55* – *menús desde 8 €*. Instalado en un edificio de interés histórico con más de un siglo en las dependencias de un antiguo palacete (inaugurado en 1998); en la torre se puede visitar una exposición que ilustra la tradición cervecera de Dresde.

Café & Restaurant Pfund – *Bautzner Straße 79* – ☎ *8 08 08 22* – *menús sencillos desde 6 €*. Se encuentra en la 1ª planta del edificio de la Pfunds Molkerei.

UNA BUENA OPCIÓN

Opernrestaurant – *Theaterplatz 2* – ☎ *4 91 15 21* – *menús desde 12 €*. Decoración clásica y magnífico emplazamiento en el casco antiguo.

Fischgalerie – *Maxstraße 2 (entre la Marienbrücke y la Ostra Allee)* – ☎ *4 90 35 06* – *menús desde 13,50 €*. Cercano a la Postplatz, especializado en pescado.

König Albert – *Königstraße 26* – ☎ *8 04 48 83* – *menús desde 12 €*. Pequeño restaurante con cocina mediterránea y regional.

Ars Vivendi – *Bürgerstraße 14 (paralela a la Leipziger Straße en dirección a Pieschen)* – ☎ *8 40 09 69* – *menús desde 14,50 €*. Cocina elaborada y bonitos salones abovedados.

UN CAPRICHO

Restaurant Caroussel – *Rähnitzgassse 19* – ☎ *8 00 30* – *menús desde 24,50 €*. En el hotel Bülow Residenz, restaurante elegante con una extensa oferta gastronómica.

Gourmet – *En Dresden-Kemnitz. Merbitzer Straße 53* – ☎ *4 25 50* – *menús desde 24,50 €*. Cocina sajona moderna, en el hotel Pattis.

Cafés, tabernas y bares

CAFÉS EN EL CASCO ANTIGUO

Café Börse – *Prager Straße 8a* – ☎ *4 90 64 11* – *Todos los días de 9-1*. Café moderno.

Café Kreuzkamm – *Altmarkt 18* – ☎ *4 95 41 72* – *Lu-sá 8.30-19, do 12-18*. Tras la reunificación se abrió de nuevo este café tradicional fundado en 1825.

Italienisches Dörfchen – *Theaterplatz 3 (en la esquina de la Augustusbrücke y la Terrassenufer)* – ☎ *49 81 60. Café todos los días de 10-20. Salón de los príncipes, vinoteca y cervecería todos los días de 12-24*. Salones magníficamente decorados, con columnas, estucos y frescos en el techo.

Vestibül im Taschenbergpalais – *Taschenberg 3 (junto al palacio paralela a la Sophienstraße)* – ☎ *4 91 27 12* – *Todos los días de 9-23*. Este agradable salón sirve exquisitas tartas, pasteles y algunas especialidades culinarias.

TABERNAS Y CERVECERÍAS CON JARDÍN

Ballhaus Watzke – *Kötzschenbrodaer Straße 1 (prolongación de la Leipziger Straße, Richtung Kötzschenbroda)* – ☎ *85 29 20* – *Todos los días de 11-1*. Cervecería instalada en un edificio histórico rodeada de un inmenso jardín a orillas del Elba. En la planta superior dispone de un salón de baile con capacidad para 550 personas.

Brauhaus am Waldschlößchen – *Am Brauhaus 8b (paralela a la Bautzner Straße, en dirección a Bautzen)* – ☎ *81 19 90* – *Todos los días de 11-1*. En esta cervecería se elaboran las célebres cervezas de Dresde "Waldschlößchen Dunkel" y "Waldschlößchen Hefe".

Fährgarten Johannstadt – *Käthe-Kollwitz-Ufer 23b (prolongación de la Terrassenufer en dirección a Johannstadt)* – ☎ *4 59 62 62* – *De abr-oct todos los días a partir de las 10*. Establecimiento fundado en 1920 en las praderas del Elba, donde además de cerveza se sirven carnes a la brasa.

Biergarten im Schillergarten – *Am Schillergarten 9* – ☎ *3 18 30 20* – *Por regla general abierto desde Pascua todos los días desde las 11*. Lugar muy agradable en Blasewitz para pasar las tardes de verano, disfruta de magníficas vistas.

BODEGAS

Besoffenes Huhn – *Altenberger Straße 43 (perpendicular a la continuación de la Grunaer Straße)*. Esta bodega en Gruna permanece abierta hasta las 3 de la madrugada y ofrece gran variedad de vinos, algunos verdaderamente exóticos.

Weinstube Rebstock – *Niederwaldstraße 10*. Aquí se sirven hasta 95 variedades de vinos, muchos elaborados en Sajonia, y procedentes de casi todas las regiones de Alemania.

SALIR DE COPAS EN LA NEUSTADT

Blue Note – *Görlitzer Straße 26 (prolongación de la Rothenburger Straße)* – ☎ 8 01 42 75 – *Todos los días a partir de las 19*. Muy apropiado para los noctámbulos y amantes del jazz, del blues y del rock'n roll.

Café 100 – *Alaunstraße 100 (entre la Rothenburger Straße y la Königsbrückerstraße)* – ☎ 8 01 39 57 – *Todos los días de 17-3*. Local animado y con buen ambiente.

Mondfisch – *Louisenstraße 37 (perpendicular a la Rothenburger Straße y paralela a la Bautzner Straße)* – ☎ 8 04 41 83 – *Do-ju 20-2, vi-sá 20-3*. Curiosa decoración interior, iluminada con faroles de barco y paredes pintadas en tonos azules. En la zona exterior del local, decorada en estilo Jugendstil, reina la animación, mientras en la parte posterior se puede escuchar música agradable.

Oscar-die Filmkneipe – *Böhmische Straße 30 (perpendicular a la Rothenburger Straße y paralela a la Bautzner Straße)* – ☎ 8 02 94 40 – *Todos los días a partir de las 18*. Confortable taberna decorada con carteles de cine de todo el mundo.

Café Europa – *Königsbrucker Straße 68* – ☎ 8 04 48 10. Este establecimiento permanece abierto las 24 h del día.

Frank's Bar – *Alaunstraße 80 (entre la Rothenburger Straße y la Königsbrücker Straße)* – ☎ 8 02 67 27 – *Todos los días de 20-3*. No resulta fácil decidirse por una de las 200 variedades de cócteles que se ofrecen en este bar.

Compras

Las principales arterias comerciales de Dresde son la Prager Straße (donde se encuentran los grandes almacenes), la Wilsdruffer Straße y la plaza de Altmarkt en el casco antiguo, la Königstraße –marcas exclusivas– y la Hauptstraße, estas dos últimas situadas en el sector moderno de la ciudad (Neustadt). Las **Galerías de Arte** y los **Anticuarios** se han establecido sobre todo en la Neustadt en torno a la Königstraße y a la Hauptstraße, y en el barrio que se extiende entre la Bautzener Straße, la Königsbrücker Straße y la Alaunplatz.

Rastros (Flohmarkt) – Se instalan en la plaza de Elbemarkt, en la Käthe-Kollwitz-Ufer/Albert-Brücke (mayo-oct, 8-14), y en el World Trade Center ubicado en la Ammonstraße/Freiberger Straße (2º do del mes de 8-16).

Mercados – El Altmarkt es el principal mercado de la ciudad; abre sólo por las mañanas a partir de las 8 todos los días excepto do. Aquí se celebran el mercado de Primavera (Frühlingsmarkt) en el mes de mayo, el de Otoño (Herbstmarkt) en sept y un célebre mercado navideño (Striezelmarkt) en dic.

Espectáculos

TEATRO

Staatschauspiel Dresden – *Schauspielhaus am Zwinger* – *Ostra-Allee 3* – ☎ 491 35 55, *llamada grat 0800 491 35 00* – www.staatsschauspiel-dresden.de. *Venta anticipada: lu-vi 10-18.30, sá 10-14 (durante los intermedios de la función lu-vi 10-14)*. La compañía teatral de la Staatschauspiel Dresden actúa también en el Teatro Oben, en el Schloßtheater y en el TiF (Theater in der Fabrik).

Komödie Dresden – *Freiberger Straße 39 (World Trade Center, desde la Postplatz en dirección a Löbtau por la paralela a la Annenstraße)* – ☎ 86 64 10 ó 5 30 41 68 – www.komoedie-dresden.de. *Venta anticipada: lu-sá 10-18, do 14-20*. Teatro y otro tipo de espectáculos.

Projekttheater Dresden – *Louisenstraße 41 (perpendicular a la Rothenburger Straße y paralela a la Bautznerstraße)* – ☎ 804 30 41 – fax 8 03 35 47 – www.projekttheater.de. *Venta anticipada: lu-vi 10-16*. Teatro experimental.

ÓPERA, BALLET, OPERETA Y MUSICAL

Semperoper – *Theaterplatz 2* – ☎ 4 91 10 (Dirección artística) – www.semperoper.de. *Venta anticipada en el edificio de la Schinkelwache en la Theaterplatz)*, ☎ 4 91 17 06 – *lu-vi 10-18, sá 10-13 (despacho sólo en contaduría)*. La Semperoper es la sede de la Ópera de Dresde (Sächsische Staatsoper Dresden) y de la Sächsische Staatskapelle Dresden.

Staatsoperette – *Pirnaer Landstraße 31 (prolongación de la Grunaerstraße en dirección a Pirna)* – ☎ 2 07 99 29 – fax 2 07 99 37 – www.staatsoperette-dresden.de. *Venta anticipada lu 11-16, ma-vi 11-19, sá 16-19, do 1 h antes del comienzo de la función*. Ofrece un amplio repertorio, desde obras de Strauß a creaciones de Andrew Lloyd Webber.

DRESDEN

TEATRO DE VARIEDADES, REVISTAS Y CABARETS

Dresdens Kabarett-Theater "Die Herkuleskeule" – *Sternplatz 1 (junto a la Josephinenstraße) – ☎ 4 92 55 55 – fax 4 92 55 54 – www.herkuleskeule.de. Venta anticipada: lu-vi 13.30-18 (por teléfono a partir de las 9), sá 10-12.* Este local cuenta con una fiel clientela desde su inauguración hace 10 años y no ha perdido un ápice de su mordacidad.

bebe-Kabarett-Theater – *Clara-Zetkin-Straße 44 (en Nausslitz, salir del casco antiguo en dirección SO) – ☎ 4 12 13 75 – fax 2 00 73 15. Venta anticipada 1 h antes del comienzo de la función (generalmente a partir de las 20).* Espectáculos con mucho humor.

Theaterkahn Dresdner Brettl – *Terrassenufer (junto a la Augustbrücke) – ☎ 4 96 94 50 – www.theaterkahn-dresden.de. Venta anticipada: lu-vi 11-18.* Programa variado de teatro, números de cabaret y musicales.

CONCIERTOS DE MÚSICA CLÁSICA

Kulturpalast – *Schloßstraße 2 – ☎ 4 86 60 – fax 4 86 66 77. Venta anticipada: lu-vi 10-19, sá 10-14.* Sede de la Filarmónica de Dresde desde su fundación en los años 60, este edificio acoge diferentes acontecimientos musicales.

Kreuzkirche – *Altmarkt – ☎ 496 58 07 – www.konzert-kongress-dresden.de. Lu, mi y ju 9-13.30 y 14-17 , ma 9-13 y 14-18, vi 9-13.30 y 14-16.* Sede del célebre Kreuzchor.

JAZZ

Tonne – *Am Brauhaus (paralela a la Bautzner Straße en dirección a Baiutzen) – ☎ 8 02 60 17 – fax 8 02 60 18 – www.schaufenster-dresden.de. Vi-sá a partir de las 20, do-lu de acuerdo con la programación de espectáculos, do a partir de las 11 (jazzbruch).* En esta sala actúan conjuntos internacionales de jazz, blues y folk.

CLUBS, DISCOTECAS Y MÚSICA EN VIVO

Bärenzwinger – *Brühlscher Garten (perpendicular entre la Terrassenufer y la Rathenauplatz) – ☎ 495 14 09. Vi-sá 20-3, do-ju 20-24.* Este local al que acuden muchos estudiantes ofrece desde los años 60 un interesante programa de actuaciones. Situado bajo las terrazas de Brühl.

Yenidze – *Weißeritzstraße 3 (paralela a Marienbrücke) – ☎ 494 00 64.* El edificio de una antigua fábrica de tabacos fue transformado a principios del s. XX en una especie de mezquita.

CINE

En la Prager Straße se encuentra el moderno UFA-Palast, el mayor complejo de cines de la ciudad (15 salas) construido por el equipo de arquitectos Coop Himmelblau. En el distrito de Neustadt existen otras salas cinematográficas.

Acontecimientos culturales y festivos

Dampferparade en mayo, *Internationales Dixielandfestival* a mediados de mayo, *Dresdner Musikfestspiele* en jul, *Striezelmarkt* en dic.

EL CENTRO HISTÓRICO

***Zwinger** – *La mejor perspectiva del conjunto arquitectónico se obtiene desde el pabellón del Carillón (Glockenspielpavillon), en la Sophienstraße.* La idea inicial del príncipe Augusto el Fuerte era la de levantar una orangerie en el lugar que ocupaba una antigua fortaleza, pero su arquitecto **Matthäus Daniel Pöppelmann** (1662-1736) concibió un proyecto tan ambicioso que el resultado final fue una amplia explanada bordeada de galerías y pabellones. El mayor atractivo de esta joya del barroco reside en la maestría con la que se logra integrar la decoración escultórica, obra de la escuela de **Balthasar Permoser** (1651-1732), en la estructura del edificio.

El vasto patio rectangular, en el que se celebraban fiestas y torneos, está bordeado por dos alas semielípticas en las que están incorporados el **pabellón del Carillón** (Glockenspielpavillon) y el **pabellón de la Muralla**★★ (Wallpavillon). La conjugación de elementos arquitectónicos y elementos plásticos roza la perfección en estas dos últimas realizaciones: no existe un solo muro transversal que perturbe la verticalidad de las líneas, acentuada por las expresivas y vigorosas figuras de los atlantes que acompañan a un Hércules sumido en una densa decoración vegetal. El pabellón está coronado por la única obra escultórica firmada por Permoser: *Hércules portando el globo terráqueo.*

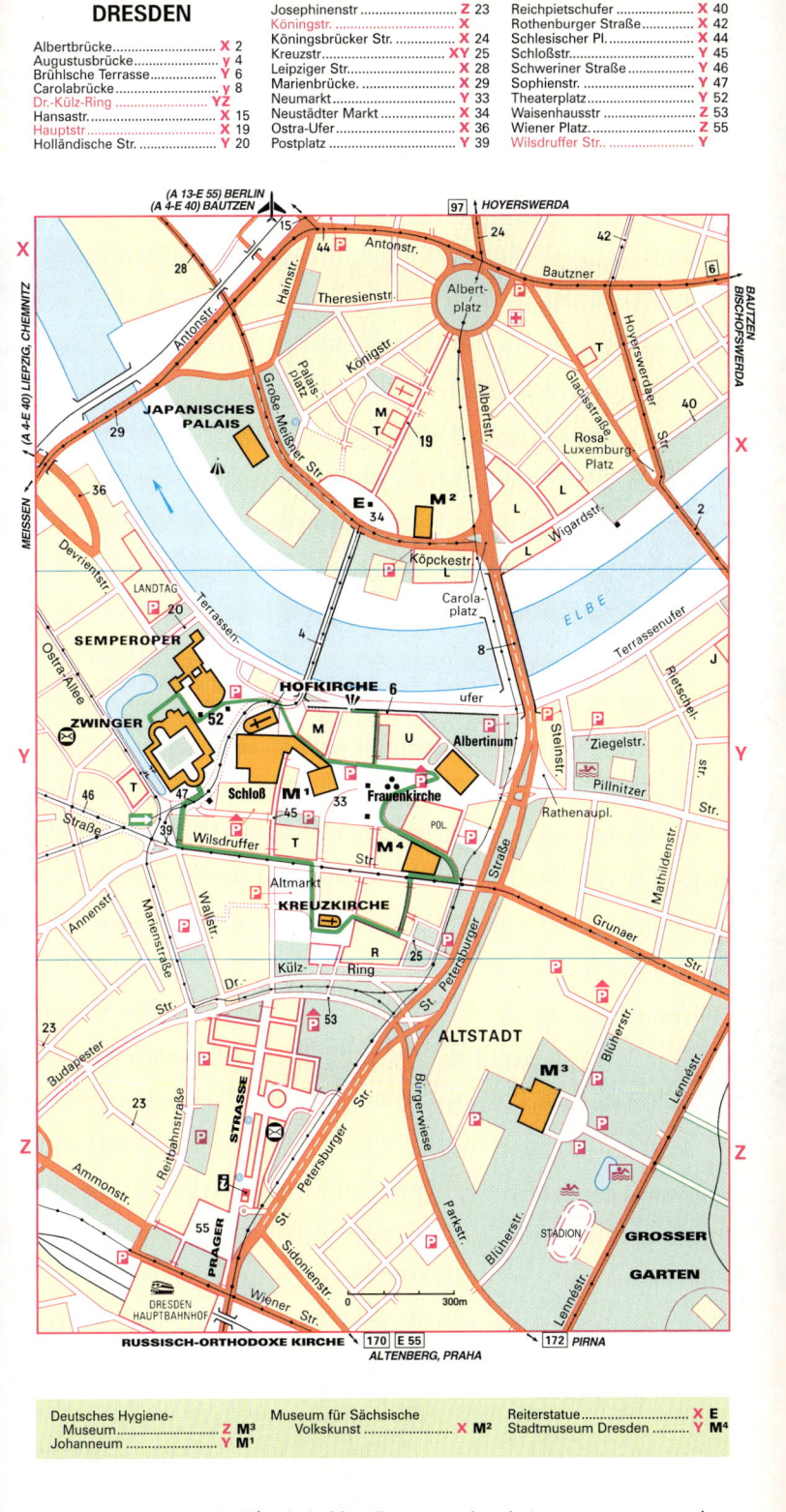

DRESDEN

Albertbrücke............... **X** 2	Josephinenstr................. **Z** 23	Reichpietschufer........... **X** 40
Augustusbrücke........... **y** 4	Köningstr........................ **X**	Rothenburger Straße..... **X** 42
Brühlsche Terrasse....... **Y** 6	Köningsbrücker Str......... **X** 24	Schlesischer Pl................ **X** 44
Carolabrücke................ **y** 8	Kreuzstr......................... **XY** 25	Schloßstr......................... **Y** 45
Dr.-Külz-Ring................ **YZ**	Leipziger Str................... **X** 28	Schweriner Straße.......... **Y** 46
Hansastr........................ **X** 15	Marienbrücke................. **X** 29	Sophienstr....................... **Y** 47
Hauptstr......................... **Y** 19	Neumarkt........................ **Y** 33	Theaterplatz................... **Y** 52
Holländische Str............ **Y** 20	Neustädter Markt........... **X** 34	Waisenhausstr................ **Z** 53
	Ostra-Ufer....................... **X** 36	Wiener Platz................... **Z** 55
	Postplatz......................... **Y** 39	Wilsdruffer Str................ **Y**

Deutsches Hygiene-Museum............ **Z** M³	Museum für Sächsische Volkskunst............ **X** M²	Reiterstatue............ **X** E
Johanneum............ **Y** M¹		Stadtmuseum Dresden............ **Y** M⁴

Por la escalera del pabellón de la Muralla se accede a la terraza, que comunica, a la derecha, con el **Baño de las Ninfas**★★ (Nymphenbad). Para la creación de esta obra extraordinaria, el arquitecto Pöppelmann debió inspirarse probablemente durante su viaje a Italia. La elegante **Zwingergalerie** (Galería del Zwinger) cierra el edificio por su lado sudoeste. Para obtener una buena perspectiva es conveniente

191

DRESDEN

Pabellón del Carillón (Zwinger)

situarse en el exterior y para ello atravesar la **Puerta de la Corona** (Kronentor). Esta puerta, que está decorada con estatuas que representan las Cuatro Estaciones, está rematada por una estructura en forma de bulbo, en cuya cima se halla, sostenida por cuatro águilas, la corona real polaca. La galería situada en el lado noreste, construida en 1847 por **Gottfried Semper** (1803-1879), acoge la exposición de las colecciones reales.

★★ **Porzellansammlung** (Colección de Porcelanas) – *Entrada por la Sophienstraße*. Este museo reúne colecciones muy valiosas de porcelana china y japonesa que fueron adquiridas por Augusto el Fuerte, así como ejemplares únicos procedentes de las célebres manufacturas de **Meissen**. En la primera planta merece la pena contemplar los animales y figuras humanas a tamaño natural de Meissen (1ª mitad s. XVIII), así como la sala consagrada a **Johann Friedrich Böttger**, quien, tras una larga experiencia en la fabricación de loza o "porcelana roja", fue el introductor en Europa de la porcelana dura (1708). *La colección permanecerá cerrada al público hasta mediados de 2003.*

★★★ **Gemäldegalerie Alte Meister** (Galería de Viejos Maestros) – *En el edificio Semperbau*. La gran riqueza de las colecciones de pintura es el resultado de la pasión por el arte de los príncipes electores Augusto el Fuerte y de su sucesor, Augusto III. Actualmente constituye uno de los conjuntos más importantes del mundo, que cuenta con obras maestras de la pintura renacentista italiana, del barroco y de artistas holandeses y flamencos del s. XVII.

Planta baja:
Salas 1-4: se pueden admirar junto a tapices realizados según bocetos de Rafael numerosas "Veduten" (vistas de ciudades que se caracterizan por un gran detallismo) de Bellotto, más conocido por el nombre de Canaletto, realizadas a mediados del s. XIX. Las que corresponden a Dresde y Pirna demuestran una extraordinaria precisión y tienen un valor documental para reconstruir el urbanismo de aquella época.
Salas 5 y 6: cuadros de los pintores de Dresde.

Primera planta:
Salas 101-102: obras de Silvestre y Canaletto. Salas 104-106 y 108-111: pintura flamenca y holandesa de los ss. XVI-XVII. Se puede contemplar el *Autorretrato con su mujer Saskia* de Rembrandt (Sala 106), *Betsabé* de Rubens, *Muchacha leyendo* de Jan Vermeer (Sala 108).

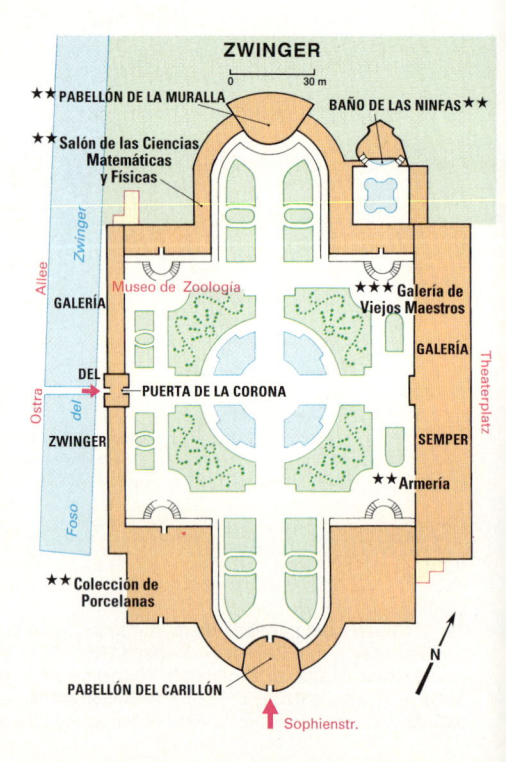

DRESDEN

Sala 107: pintura de los antiguos Países Bajos (Jan van Eyck está representado aquí con un maravilloso tríptico) y la pintura alemana de principios del s. XVI que cuenta con obras maestras de Holbein, Cranach el Viejo, Durero.
Sala 112: pintura francesa del s. XVII (Claudio de Lorena, Nicolas Poussin).
Salas 113-121: pintura italiana del s. XVI en las salas 117-119 con iluminación cenital, con cuadros de el Veronés, Tintoretto, Giorgione *(Venus dormida)*, Tiziano y Rafael, cuya obra *Virgen Sixtina* (sala 117) constituye uno de los principales centros de interés.
Sala 16: Cuadros de Botticelli, Mantegna, Pinturicchio *(Retrato de un joven)*.

Segunda planta:
La sala 201 está consagrada a la pintura al pastel. Destaca sobre todo el bello cuadro de Jean Etienne Liotard *La Chocolatera*. En esta sala se exhibe la mayor colección de obras de Rosalba Carrieras (75 pinturas al pastel).
La sala 202 está reservada a la pintura francesa del s. XVIII.
Salas 203-207: pintura italiana del s. XVIII, con obras de Tiepolo, Crespi.
Salas 208-210: pintura española (El Greco, Murillo, Zurbarán, Velázquez).
Salas 211-216: cuadros de autores alemanes de los ss. XVII-XVIII; el s. XIX alcanza su punto álgido en las obras que se exponen en la sala 216.

GALERÍA DE PINTURA

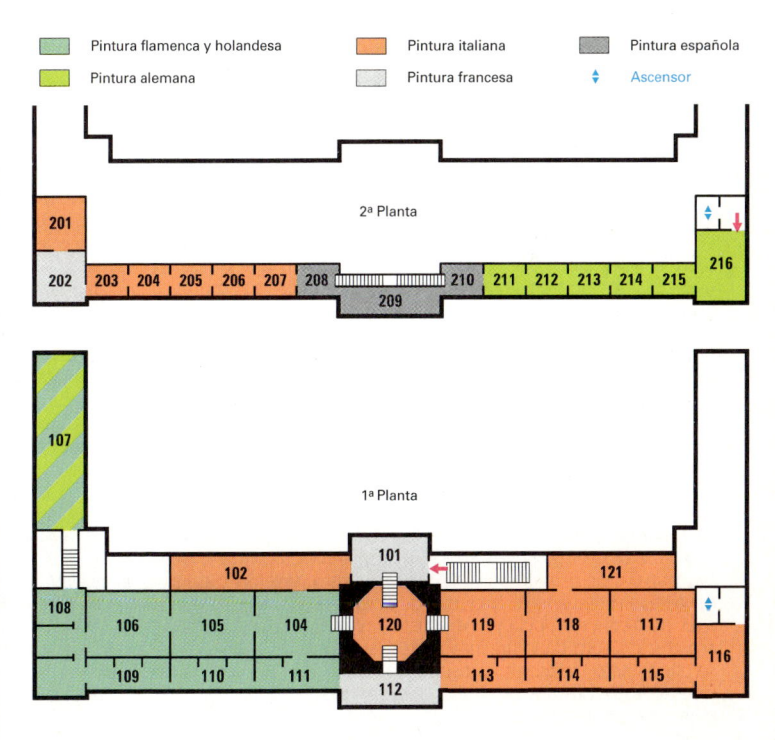

- Pintura flamenca y holandesa
- Pintura italiana
- Pintura española
- Pintura alemana
- Pintura francesa
- Ascensor

2ª Planta

1ª Planta

** **Rüstkammer** (Armería) ⓥ– *Semperbau, ala este*. No es necesario ser un aficionado a las armas para reconocer la excelencia de las piezas que aquí se exponen, todas ellas magníficos trabajos de artesanía. La colección, reunida por los príncipes del linaje Wettin, comprende cerca de 1.000 objetos de los ss. XV a XIX. El cincelado, grabado y repujado de las armaduras son extraordinarios. Algunos de los ejemplares que se exhiben se deben al fabricante de Augsburgo Anton Peffenhauser. Destaca particularmente la magnífica colección de armaduras infantiles, que se vestían en torneos lúdicos celebrados en la corte sajona.

** **Mathematisch-Physikalischer Salon** (Salón de las Ciencias Matemáticas y Físicas) ⓥ – *Pabellón de la esquina nororiental*. La colección de instrumentos que se muestran en estas salas testifica la genialidad humana y su capacidad de invención a lo largo de la historia. La colección se compone de relojes e instrumentos de medición de los ss. XVI al XIX. En la planta superior se pueden ver relojes de sol, de arena, de aceite, automáticos, de pie, de mesa y de bolsillo, así como cronómetros marinos.
También es interesante la sección de instrumentos ópticos, barómetros y termómetros.

DRESDEN

En el camino hacia la **plaza del Teatro**, *en cuyo centro se alza una estatua ecuestre del rey Juan (1854-1873), se pasa por delante del* **Antiguo Puesto de Guardia de la Ciudad** (Altstädter Wache), *obra del arquitecto Karl Friedrich Schinkel.*

** **Semperoper (Ópera)** – Este edificio, que muestra una marcada influencia del Renacimiento italiano, fue construido entre 1871-78 bajo la dirección de Manfred Semper, según el proyecto de su abuelo Gottfried. Este último, que fue profesor de arquitectura en Dresde, había sido el autor del primer teatro de Ópera, destruido por un incendio en 1869. La fachada, en forma de semicírculo, consta de dos plantas de arcadas superpuestas, a la que se añade una tercera algo retranqueada. Sin embargo, la parte derecha y la izquierda de la fachada están construidas en saledizo, y en sus nichos se alojan las estatuas de Shakespeare y de Sófocles *(derecha)*, así como las de Moliere y de Eurípides *(izquierda)*.

** **Ehemalige Katholische Hofkirche (Antigua Iglesia Católica de la Corte)** – Esta basílica de enormes proporciones –la mayor iglesia de Sajonia– fue construida entre 1738 y 1754, poco después de la conversión de la dinastía albertina al catolicismo, en cumplimiento de la condición impuesta por la casa real polaca para poder aspirar a su corona. El exterior del edificio, de clara influencia del barroco italiano, está dominado por una torre de 86 m que aloja el campanario. Los áticos están decorados con estatuas de los Apóstoles y figuras de santos.
En el interior, el altar mayor está adornado con un bello cuadro (1765) de Anton Raphael Mengs que representa la Ascensión de Cristo. El púlpito fue tallado por Balthasar Permoser en 1722, mientras que el órgano (1750-55) es la última obra realizada por el famoso fabricante de órganos de la Corte Gottfried Silbermann.
La cripta alberga los sarcófagos de numerosos reyes y príncipes sajones.

Schloß (Palacio) – *La antigua residencia de la Corte, un palacio de estilo renacentista, se encuentra en proceso de restauración.* La fachada exterior del edificio que une el ala oeste y el Johanneum está decorada con un gigantesco mosaico (102 m), la **Procesión de los Príncipes★** (Fürstenzug), realizado con azulejos de porcelana de Meissen, que representa un cortejo de príncipes de la casa de Sajonia-Wettin. En el lado opuesto corre el **Langer Gang★** (Largo Pasillo), formado por arcadas toscanas que separan el patio de los establos reales. El antiguo edificio de las caballerizas, el **Johanneum** (*a la izquierda de la entrada se puede contemplar la Schöne Pforte, puerta de estilo renacentista*) alberga en la actualidad el **Museo de los Transportes** (Verkehrsmuseum), una colección de automóviles y motocicletas. También se muestra la evolución de los transportes públicos urbanos.

Al salir, cruzar la plaza del Nuevo Mercado (Neumarkt) en dirección a la **Frauenkirche**.

Frauenkirche (Iglesia de Nuestra Señora) – Esta imponente iglesia, dotada de una gran cúpula, es la obra maestra del arquitecto Georg Bähr. Se comenzó a edificar en 1726, pero la cúpula de 23,5 m de diámetro, considerada como el emblema de la ciudad, no se finalizó hasta 1738. Fue el templo más importante del credo protestante hasta que los ataques aéreos del 13 y 14 de febrero de 1945 lo redujeron a cenizas. El incendio provocado por las bombas fue de tal intensidad que hizo estallar la piedra arenisca y los ocho pilares que soportaban la pesada cúpula de 5.800 t. se vinieron abajo en la madrugada del 15 de febrero, causando un enorme cráter en el suelo. Hasta la reunificación, las ruinas de la Iglesia de Nuestra Señora simbolizaron la destrucción de la ciudad y un manifiesto contra la guerra.
Los trabajos de restauración están en marcha y deberán concluir para la celebración del octavo centenario de la ciudad de Dresde en el año 2006. La **cripta**, que posee un altar de piedra esculpido por el artista inglés Anish Kappor y alberga la sepultura del arquitecto Georg Bähr, fue inaugurada en agosto de 1996. Los viernes y los sábados se oficias actos religiosos, y los sábados además se ofrecen conciertos para recaudar fondos destinados a la reconstrucción. La iglesia podrá acoger a 2.200 fieles.

La reconstrucción de la Frauenkirche

Después de muchas vicisitudes y dificultades, en gran parte de orden financiero, los trabajos de reconstrucción comenzaron en 1993. Los costes previstos van a superar los 127 millones de euros, que las campañas de marketing y las donaciones no serán capaces de reunir. Hasta 1999 se habían logrado recolectar unos 86 millones de euros.
Algunas cifras ilustran la magnitud de las obras a realizar: en la inmensa montaña de escombros de la Frauenkirche se rescataron 8.390 piedras de fachadas, muros y cubiertas –esto supone una cuarta parte de la superficie total, pero sólo el 10% están intactos. Además, se dispone de 90.000 piedras de muros que se integrarán en la construcción al igual que otras dañadas, pero reutilizables. Con ayuda de 10.000 fotos antiguas, de los planos y del proyecto originales se podrá localizar, medir y fotografiar los materiales constructivos antes de decidir el lugar que deben ocupar. Toda está información está digitalizada y registrada en un banco de datos que contiene 90.000 clichés convenientemente clasificados y numerados.

DRESDEN

*Acérquese a la **terraza de Brühl**, que se encuentra en el emplazamiento de las antiguas fortificaciones: **vista**★ sobre el Elba y el barrio de Neustadt (en la orilla derecha del río).*

Albertinum – El antiguo arsenal fue transformado entre 1884 y 1885 en un museo.

★★★**Gemäldegalerie Neue Meister** (Galería Moderna de Pintura) – La visita de esta galería permite apreciar la riqueza de la pintura alemana de los ss. XIX-XX y sus diversas escuelas artísticas: la **romántica** (Caspar David Friedrich: *Dos hombres contemplando la luna*); la **Biedermeier** (Carl Spitzweg: *El pescador*), la de los **realistas burgueses** (Adolf von Menzel), la del grupo llamado los **germano-alemanes** (Arnold Böcklin, Wilhelm Leibl) y la de los pintores modernistas del **Jugendstil**.

Baño de Diana (1704), colecciones de la "Bóveda Verde"

El **impresionismo** alemán expone obras de sus tres principales representantes: Max Liebermann, Max Slevogt y Lovis Corinth.

El grupo de artistas de **"El Puente"** (Die Brücke), movimiento de vanguardia del expresionismo alemán, nació en Dresde a principios del s. XX. En la galería está presente con obras de Karl Schmidt-Rottluff y de Max Pechstein.

Dos trípticos ilustran la pintura alemana "revolucionaria" del periodo de entreguerras: el impresionante cuadro de **Otto Dix** *La guerra* (1929-32), una denuncia, sin concesiones, de la locura y la crueldad que suponen los conflictos bélicos y *El imperio milenario* (1935-38) de Hans Grundig.

Las restantes salas están consagradas a los pintores vanguardistas de Sajonia y Dresde.

★★★**Grünes Gewölbe** (Colecciones de la "Bóveda Verde") – La colección de obras maestras del arte de la joyería y de la orfebrería reunida por Augusto el Fuerte se custodiaba antiguamente en una sala del palacio de Dresde, que por el color que predominaba en su decoración recibió el nombre de **"Bóveda Verde"**. Aunque la colección se trasladó después de la II Guerra Mundial al Albertinum, conserva su denominación original. Entre las numerosas piezas de valor adquiridas por Augusto el Fuerte cabe destacar las realizaciones del orfebre de la corte de Dresde **Johann Melchior Dinglinger**: (el fabuloso **Palacio real de Dehli del Gran Mogol Aureng Zeb**, el Baño de Diana y la célebre figura negra adornada con esmeraldas).

Una vez concluida la rehabilitación del Palacio de Dresde, las obras de arte de la Bóveda Verde se exhibirán de nuevo en su lugar originario.

★**Stadtmuseum Dresden** – El Museo Histórico de la Villa de Dresde está instalado en el **Landhaus**, un elegante palacete construido entre 1770 y 1775 por F.A. Krubsacius para ser la sede burocrática de los Estados provinciales de Sajonia. En el museo se muestra el desarrollo histórico de la ciudad desde sus orígenes hasta la actualidad, y la obra pictórica de artistas contemporáneos locales.

★**Kreuzkirche (Iglesia de la Santa Cruz)** – La iglesia primitiva que se elevaba en este mismo lugar –la más antigua de Dresde (s. XIII)– fue destruida durante la guerra de los Siete Años y reconstruida posteriormente en estilo barroco. Los daños ocasionados durante el último conflicto bélico mundial fueron reparados exteriormente, pero las obras de restauración en el interior han sido muy limitadas. La Kreuzkirche es sede del célebre coro masculino de la Santa Cruz.

DRESDEN

BARRIO RESIDENCIAL DE NEUSTADT

El barrio de Neustadt, con sus casas residenciales de estilo barroco, neoclásico y de la época de Bismarck (Gründerzeit) –la mayor concentración de edificios representativos de este estilo en Alemania– es cada vez más apreciado tanto por los lugareños como por los turistas.

La Hauptstraße, la vía que comunica el Neustädter Markt –plaza en la que destaca la célebre **estatua ecuestre★** de bronce dorado de Augusto el Fuerte– y la Albertplatz, fue restaurada con un gusto exquisito después de 1945, preservando numerosos edificios del s. XVIII.

★ **Japanisches Palais (Palacio Japonés)** – Esta vasta construcción de cuatro alas fue edificada entre 1715 y 1737 bajo la dirección del arquitecto Pöppelmann para acoger la colección de porcelanas de Meissen de Augusto el Fuerte. El tejado del pabellón de la esquina (Eckpavillon), de inspiración oriental, da la nota exótica asiática al palacio. Desde la zona del parque orientada al Elba se disfruta de una **vista★** de la orilla izquierda del río.

★ **Museum für Sächsische Volkskunst (Museo de Artes y Tradiciones Populares de Sajonia)**
Ⓥ – La destreza y el gran gusto de los sajones se aprecia en los numerosos objetos de artesanía popular que se exhiben en este museo, alojado en el edifico renacentista más antiguo de la ciudad (1568). Aquí se pueden ver muebles policromados, cerámica, cestería y loza, así como trajes regionales sajones y sorbios, puntillas, encaje de bolillos, tallas y juguetes típicos de los montes Metálicos (Erzgebirge) y adornos de Navidad.

▶▶ Pfunds Molkerei (Lechería Pfund, "el despacho de leche más hermoso del mundo", decoración **interior★**, *Bautzener Straße. 79*) – Großer Garten★ – Russisch-Orthodoxe Kirche★ (Iglesia rusa ortodoxa) – Deutsches Hygiene-Museum (Museo Alemán de la Higiene).

ALREDEDORES

★ **Schloß Moritzburg** Ⓥ – *A 14 km en dirección NO, saliendo de Dresde por la Hansastraße.* Este **palacio** mandado construir por el duque Moritz entre 1542 y 1546 como un sencillo pabellón de caza de estilo renacentista en la reserva real de los príncipes electores de Sajonia, fue transformado a instancias de Augusto el Fuerte (1670-1733) en un suntuoso palacio barroco entre 1723 y 1736 por el arquitecto Matthäus Daniel Pöppelmann. El edificio de cuatro alas con imponentes torreones angulares y enlucido en tonos ocres y blancos característicos del barroco sajón, está rodeado por un parque de considerables proporciones, que posee un lago artificial. En el interior destaca la decoración barroca y las tres amplias salas donde se exhibe una gran colección de trofeos de caza. La capilla fue levantada en 1661-72 e integrada al palacio en 1728 por Pöppelmann cuando efectuó la remodelación del palacio.

El Museo de Ornitología está alojado en el **palacete de los Pavos Reales** (Fasanenschlößchen, 1769-82). *30 min a pie.*

★ **Schloß Pillnitz** Ⓥ – *A 15 km en dirección SE, saliendo de Dresde por la Bautzener Straße.* Este conjunto de palacios de recreo situado en la orilla derecha del Elba fue diseñado entre 1720 y 1724 por Matthäus Daniel Pöppelmann, arquitecto oficial de los príncipes electores. La predilección del barroco tardío por las formas chinas se refleja en la estructura del tejado. El Nuevo Palacio (Neues Palais), que se alza en la diagonal entre el Wasserpalais (palacio a la orilla del río) y el Bergpalais (palacio sobre una colina), fue edificado bajo la dirección del arquitecto Schuricht entre 1818-26 tras el incendio que destruyó el primitivo palacio renacentista. En la fachada del Wasserpalais que se abre al Elba se puede contemplar la amplia escalinata de Pöppelmann, que servía como embarcadero para el paseo en góndola.

Las salas del Bergpalais y del palacio a orillas del río albergan el **Museo de Artes Aplicadas y Artesanía** (Kunstgewerbemuseum), cuyas colecciones –mobiliario, objetos de bronce dorado y plata, cristalería, cerámicas (barrocas) y porcelanas asiáticas– muestran las relaciones de Sajonia con China y Japón. Además, se muestran objetos que abarcan del arte gótico hasta nuestros días.

El parque fue ampliado y transformado en un bello jardín de estilo inglés en 1778. Las riberas del Elba invitan a un agradable paseo; enfrente se encuentra la única isla sobre el río, una reserva ornitológica donde abundan las garzas cenicientas.

★★★ **Sächsische Schweiz** – *Ver este nombre.*

★ **Meissen** – *Ver este nombre.*

DÜSSELDORF★

Renania Septentrional-Westfalia – 570.000 habitantes
Mapa Michelin nº 417 M 4

Esta antigua villa de pescadores, situada en la margen derecha del Rin junto a la desembocadura del Düssel, es hoy uno de los centros económicos más relevantes de Alemania y capital del land de Renania-Westfalia.

APUNTES HISTÓRICOS Y ARTÍSTICOS

En 1288, tras la batalla de Worringen, el conde de Berg concedió el rango de villa a esta localidad del bajo Rin. Un siglo después, en 1380, Düsseldorf se convirtió en la residencia del ducado de Berg y en el s. XVII pasó a dominio de los príncipes electores del Palatinado-Neuburg –línea colateral de la dinastía de Wittelsbach–, uno de cuyos máximos representantes fue el elector Johann Wilhelm (1679-1716). Conocido popularmente como **Jan Wellem**, este mecenas de las artes y entusiasta del arte barroco atrajo a la Corte a multitud de músicos, pintores y arquitectos. Durante su reinado, la ciudad vivió una época de gran esplendor cultural, y una buena parte de su colección particular de pintura es hoy el orgullo de la Antigua Pinacoteca de Múnich.

En el periodo napoleónico, Düsseldorf fue la capital del gran ducado de Berg (1806) hasta que, en 1815, pasó a depender de Prusia.

Heinrich Heine (1797-1856). – Heine, hijo de un pequeño comerciante de la Bolkerstraße, pasó su juventud en un ambiente impregnado de la presencia francesa y la figura de Napoleón. Gran viajero liberal y pensador europeo amigo de la polémica, Heine se autodefinía como un "ruiseñor alemán, que de buen grado habría construido su nido en la peluca del señor Voltaire".

La tradición musical – La fama de Düsseldorf como ciudad de la música está ligada a figuras de la talla de Schumann y Mendelssohn-Bartholdy. **Robert Schumann** (1810-1856), célebre director de la orquesta municipal entre 1850 y 1853, vivió cuatro años en una casa de la Bilker Straße. El artista tuvo que renunciar al cargo por una incipiente enfermedad nerviosa. Su amigo **Felix Mendelssohn-Bartholdy** (1809-1847) fue un brillante director de los festivales de música del Bajo Rin, que se celebraban en esta ciudad.

LA VIDA EN DÜSSELDORF

El "despacho del Ruhr" – Düsseldorf no es sólo la segunda plaza financiera y bursátil de la República Federal, sino también la sede administrativa de numerosas empresas de Renania-Westfalia. Su importante papel en las instituciones de crédito y en la actividad comercial está simbolizado por la "**Dreischeibenhaus**" (inmueble de Thyssen, conocido como las "Tres Lonchas").

La moda – Düsseldorf, la ciudad que acoge anualmente diversas exposiciones y desfiles de colecciones de alta costura, reivindica el título de "Pequeño París" y de capital alemana de la moda. La CPD (Collections Premiere Düsseldorf) es la mayor feria de la moda del mundo, con más de 2.200 expositores de más de 40 países. Paseando por la avenida **Königsallee**★ (comúnmente llamada "Kö"), acondicionada en una parte del antiguo foso de la muralla y poblada de galerías comerciales, se puede observar el interés de esta sociedad por el mundo de la moda.

La gastronomía – En las tabernas típicas del casco viejo se pueden degustar los mejores platos de la cocina tradicional. Las principales especialidades son la morcilla de cebolla, el "Halve Hahn" (un queso con cominos bien condimentado con una mostaza local fuerte) y los "Röggelchen" (pequeños panecillos de harina de centeno). Los viernes por la tarde se acostumbra a comer el "Reibekuchen", una tortilla elaborada con patatas crudas ralladas muy finas. La bebida que más se consume en Düsseldorf es el **Altbier**, una cerveza negra de alta fermentación.

Relaciones con el Extremo Oriente – La capital de Renania Westfalia desempeña un papel cada día más importante en las relaciones económicas de Alemania y el Extremo Oriente. Contabilizando sólo las empresas japonesas, Düsseldorf cuenta ya con 300 sucursales de firmas extranjeras. Esto explica que en la ciudad residan alrededor de 7.000 ciudadanos japoneses. Otro signo de la influyente presencia del Extremo Oriente en la vida urbana es el importante **Centro Japonés** (Japanisches Center), situado en la Immermannstraße, el Trade Center de Taiwan, que tiene su sede cerca de la estación central de ferrocarril, y un centro cultural en el barrio de Niederkassel.

QUÉ VER

El casco antiguo – Este barrio a orillas del Rin, con sus múltiples tabernas a menudo muy concurridas desde las primeras horas de la tarde, está considerado como el "**mayor mostrador de Europa**". Aquí se puede ver en acción a los llamados "**Radschläger**", muchachos que, según la costumbre de Düsseldorf, dan volteretas por unos céntimos. La **Bolkerstraße** es, sin duda, la calle peatonal más bulliciosa del casco viejo. En ella se encuentra la casa natal del poeta Heinrich Heine (en el nº 53) y está igualmente asociada a la historia del sastre Wibbel, un curioso personaje que asistió a su propio entierro, tras ocultar su verdadera identidad, para librarse de la pena de prisión. Las figuras del carillón de la Schneider-Wibbel-Gasse recuerdan diariamente esta anécdota popular *(se pone en funcionamiento a las 11-13-15-18 y 21 h)*.

DÜSSELDORF

Alojamiento

Steigenberger Parkhotel – *Corneliusplatz 1* – ☎ *02 11/1 38 10* – *fax 02 11/1 38 15 92* – *134 hab* – *individuales desde 192 €*. Situado en el primer edificio de la plaza, en el centro de la ciudad, junto a un pequeño parque.

Ambassador – *Harkortstraße 9* – ☎ *02 11/8 76 77 40* – *fax 02 11/37 67 02* – *62 hab* – *individuales desde 72 €*. Hotel céntrico cerca de la estación de ferrocarril.

Doria – *Düsseldorf-Derendorf, Duisburger Straße 1a* – ☎ *02 11/49 91 92* – *fax 02 11/4 91 04 02* – *41 hab* – *individuales desde 61,50 €*. Hotel confortable en el centro de la ciudad.

Merkur – *Düsseldorf-Mörsenbroich* – *Mörsenbroicher Weg 49* – ☎ *02 11/1 59 24 60* – *fax 02 11/15 91 46 25* – *30 hab* – *individuales desde 66,50 €*. Hotel cómodo y bien atendido.

Fashion Hotel – *Düsseldorf-Stockum* – *Am Hain 44* – ☎ *02 11/4 39 50* – *fax 02 11/4 39 52 00* – *29 hab* – *individuales desde 72 €*. En las cercanías del recinto ferial y del aeropuerto.

Restaurantes

Berens am Kai – *Düsseldorf-Unterbilk* – *Kaistraße 16* – ☎ *02 11/3 00 67 50* – *fax 02 11/30 06 75 15* – *menús desde 25,50 €*. Cocina creativa en un ambiente moderno.

Rheinturm Top 180 – *Düsseldorf-Unterbilk* – *Stromstraße 20* – ☎ *02 11/8 48 58* – *fax 02 11/32 56 19* – *menús desde 19,50 €*. Restaurante giratorio situado a 172 m de altura con vistas panorámicas de Düsseldorf y del valle del Rin.

Edo – *Düsseldorf-Oberkassel* – *Am Seestern 5* – ☎ *02 11/59 10 82* – *fax 02 11/5 38 20 96* – *menús desde 20,50 €*. Restaurante japonés con decoración típica y bonitos jardines.

Zum Schiffchen – *Hafenstraße 5* – ☎ *02 11/13 24 31* – *fax 02 11/13 45 96* – *menús desde 10,50 €*. Cervecería tradicional en el casco antiguo de la ciudad.

Lindenhof – *En Meerbusch-Büderich* – *Dorfstraße 48* – ☎ *0 21 32/26 64* – *fax 0 21 32/1 01 96* – *menús desde 15,50 €*. Mesón rústico con buena cocina (se recomienda reservar mesa).

Marktplatz (Plaza del Mercado) – Esta plaza, en cuyo centro se alza la estatua ecuestre de Jan Wellem (G.V. Grupello, 1711) está separada del Rin por el edificio del **antiguo ayuntamiento** (finales del s. XVI). En la parte norte se encuentra la plaza de la Fortaleza (Burgplatz), abierta al Rin; en el medio, exenta, se puede contemplar la **Schloßturm**, único vestigio del castillo de los duques.

★ **Hofgarten y Schloß Jägerhof** – Este sombreado **parque**, adornado con refrescantes fuentes, nace en la Königsallee, al NO, discurre hasta el barrio de los museos, a orillas del Rin, y llega hasta el castillo Jägerhof en dirección E. La antigua residencia del Montero mayor del príncipe elector fue edificada en el s. XVIII con la colaboración del arquitecto francés Nicolás de Pigage. En la actualidad alberga el **Museo Goethe**★, en el que se conservan manuscritos, autógrafos, dibujos y grabados del escritor. En la colina de Napoleón, situada en la parte noroccidental del parque, se alza una escultura en bronce, obra de Maillol, titulada *Harmonie,* que es un modesto **Monumento a Heine**.

★ **Museum kunst palast (Museo de Bellas Artes)** ⓥ – Este museo alberga una importante pinacoteca en la que están representados artistas holandeses del s. XVII, los románticos de la escuela de Düsseldorf, así como los impresionistas alemanes y los expresionistas. También ocupa un importante lugar el arte contemporáneo, en especial el de los años 60. La sección de plástica es una de las más ricas del museo, con interesantes obras de la Edad Media.

La extraordinaria **colección de cristal**★★ reúne piezas de vidrio desde la época romana hasta la actualidad procedentes de países europeos y asiáticos. También es muy rica la representación de cristal Jugendstil. Finalmente, el museo cuenta con un **departamento oriental** (artesanía islámica y textiles) y una rica **sección gráfica**.

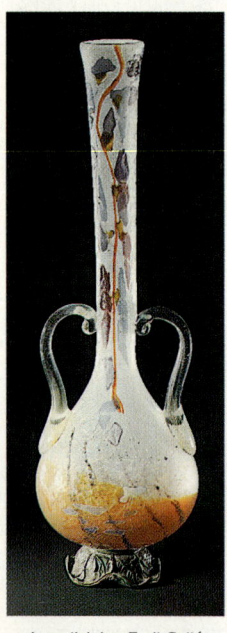

Las glicinias, Emil Gallé (Museum kunst palast)

DÜSSELDORF

Am Wehrhahn	EY 3
Berliner Allee	EZ
Blumenstraße	EZ 7
Bolkerstraße	DY 8
Citadellstraße	DZ 13
Corneliusstraße	EZ 15
Elberfelder Str.	EY 21
Ernst-Reuter-Platz	EZ 23
Fischerstraße	EY 27
Flinger Str.	DY 28
Friedrich-Ebert-Str.	EZ 29
Grabbeplatz	DY 32
Graf-Adolf-Str.	EZ
Heinrich-Heine-Allee	EY 42
Hofgartenrampe	DY 45
Jan-Wellem-Platz	EY 51
Königsallee	EZ
Marktplatz	DY 68
Martin-Luther-Platz	EZ 69
Maximilian-Weyhe-Allee	EY 70
Mühlenstraße	DY 73
Ratinger Str.	DY 88
Schadowplatz	EY 90
Schadowstraße	EY 91
Schneider-Wibbel-Gasse	DY 95
Schulstraße	DZ 96
Schwanenmarkt	DZ 97
Tonhallenstraße	EY 101
Vagedesstraße	EY 104
Venloer Str.	EY 105

Altes Rathaus	DY R
Dreischeibenhaus	EY E
Goethe-Museum	EY M¹
Hetjens-Museum	DZ M⁴
Kunstsammlung Nordrhein-Wesfalen	DY M³
Lambertuskirche	DY A
Löbbecke-Museum und Aquazoo	DY M⁶
Museum kunst palast	DY M²

★ **Kunstsammlung Nordrhein-Westfalen (Colecciones de Arte de Renania Westfalia)** ⓥ – El edificio moderno diseñado por los arquitectos daneses Dissing y Weitling está consagrado a la pintura del s. XX. La colección cuenta con obras de Picasso, Braque, Léger, Chagall, Ernst y Beuys, así como con 92 cuadros y dibujos de **Paul Klee**, que ocupó el puesto de profesor en la Academia de Bellas Artes de Düsseldorf de 1930 a 1933.

ⓥ ▶▶ Lambertuskirche (Iglesia de San Lamberto) – Hetjens-Museum/Deutsches Keramik-Museum★ (Museo Alemán de Cerámica) – Aquazoo-Löbbecke-Museum★ (Museo Löbbecke y Zoo Acuático).

DÜSSELDORF

EXCURSIONES

Neuss – *A 10 km de Düsseldorf. Salga de la ciudad por la Elisabethstraße. La* **colegiata de San Quirin**★ *(s. XIII), con su ábside trebolado y su torre occidental de planta cuadrada y tejado piramidal, es una de las últimas grandes construcciones del arte románico en Renania. La torre octogonal sobre el crucero está flanqueada por cuatro pequeños torreones de base cuadrada y tejados romboidales. El estilo de transición del románico al gótico en Alemania se manifiesta en la combinación de arcadas de medio punto y de arcos ojivales, así como en las altas ventanas en forma de concha de la esbelta nave central.*

★**Schloß Benrath** ⊙ – *A 10 km en dirección SE. El* **palacio**, *levantado entre 1755 y 1770 por Nicolás de Pigage como residencia de recreo del príncipe elector Carl Theodor von der Pfalz, es un edificio típico del barroco tardío. El pabellón central está flanqueado por dos alas de poca altura y dos torreones. En el interior, los aposentos conservan la decoración original de estilo rococó que anuncia ya, por su sobriedad, la transición al neoclasicismo. Posee, además, un magnífico mobiliario de la segunda mitad del s. XVIII.*
El **parque**★, *diseñado igualmente por Pigage, es de estilo francés y se extiende, hacia el O, hasta el Rin.*

Neandertal – *A 14 km en dirección E. Salga de Düsseldorf por Am Wehrhahn. El valle encajado del Düssel toma su nombre de Neandertal en honor al poeta religioso calvinista Joachim Neander (1650-1680), quien con frecuencia escogió este paraje como lugar de descanso e inspiración.*
En una cueva de los alrededores, hoy destruida, se halló en 1856 el célebre esqueleto del llamado **"hombre de Neandertal"**, *al que se calcula una antigüedad de unos 60.000 años. Un letrero sobre una roca triangular indica el lugar exacto donde se produjo el hallazgo (en el margen derecho de la carretera, 3 km después de pasar, por debajo, el puente elevado de la autopista).*

Neanderthal Museum (Museo de Neandertal) ⊙ – *En Mettmann, Talstraße 300. Cerca del lugar donde se hallaron los restos del "hombre de Neandertal" se encuentra este museo experimental que proporciona una panorámica sobre la historia de la evolución humana.*
Con ayuda de un ordenador se han diseñado el cráneo y los rasgos físicos de un hombre ancestral, lo que ha permitido reconstruir a tamaño natural, uniendo las piezas con silicona, una réplica de lo que pudo ser un antepasado del hombre actual.

Kloster EBERBACH★★
Convento de EBERBACH – Hesse
Mapa Michelin nº 417 P 8

El antiguo monasterio cisterciense, situado junto a Himerod en la región volcánica del Eifel, fue el único convento fundado en Alemania por la orden de san Bernardo de Claraval. Su interesante emplazamiento en un valle aislado del macizo invita hoy como antaño al recogimiento y a la meditación. En 1136, en tiempos de San Bernardo, los monjes cistercienses se desplazaron desde Borgoña hasta este lugar y pusieron la primera piedra de uno de los conjuntos conventuales medievales mejor conservados de Alemania, cuyos muros (de 1.100 m de longitud y 5 m de altura) permanecen intactos. El convento fue secularizado en 1803 y sus tierras plantadas de viñedos.

VISITA ⊙

Klosterkirche (Iglesia abacial) – Esta basílica románica, construida en dos etapas (1145-60 y 1170-86), está dividida en tres naves y cubierta por una bóveda de arista. Su arquitectura presenta la sobriedad característica de los edificios cistercienses. En la parte sur se añadió, hacia 1310-40, una capilla gótica con bellos ventanales de tracería calada. La iglesia alberga en el interior magníficos **monumentos funerarios**★ de los ss. XIV-XVIII.

Klostergebäude (Dependencias conventuales) – Las diferentes dependencias conventuales se despliegan en torno a un **claustro**★ edificado entre mediados del s. XIII y el s. XIV. Del **refectorio de los monjes**, construido en 1186, solo se conserva la portada; la nueva sala que se levantó en 1720 destaca por los espléndidos estucos del techo realizados por el artista de Maguncia Daniel Schenk (1738).
En el refectorio de los legos se puede ver una extraordinaria colección de **prensas de uvas**★★, que ilustran los 800 años de tradición vitícola del convento. La más antigua data de 1668.

Kloster EBERBACH

Una de las salas más interesantes es el **dormitorio de los monjes★** de cerca de 72 m de longitud, construida hacia 1250-70. Cubierta por una bóveda de crucería, el suelo presenta un ligero declive que obliga a acortar progresivamente las columnas que sostienen la techumbre. Desde esta perspectiva la sala parece mucho mayor de lo que es en realidad. La **sala capitular**, erigida en 1186, fue dotada de una bonita bóveda estrellada en 1345. Las pinturas con motivos vegetales (pámpanos) fueron realizadas en 1500.

Atravesando el dormitorio se llega al **Museo de la Abadía** (Abteimuseum), en el que se ilustra la historia del monasterio y de la orden cisterciense.

El nombre de la Rosa

En noviembre de 1986, después de tres meses de preparativos, comenzó el rodaje de la película *El nombre de la rosa*, adaptación de la novela homónima de **Umberto Eco**, y cuyo argumento está inspirado en un crimen cometido en una abadía del norte de Italia en 1327. Tras una minuciosa selección, en la que se inspeccionaron hasta 300 monasterios, el director de cine Jean-Jacques Annaud eligió la abadía de Eberbach como escenario para situar la acción. También se desarrollaron algunas escenas de la trama policiaca en los estudios cinematográficos de Cinecittà, en Roma, pero la mayor parte de la película está ambientada en las dependencias del convento benedictino. En la sala del capítulo, donde en otro tiempo celebraban las juntas los clérigos, se representa la escena en la que el franciscano William de Baskerville, encarnado por el actor Sean Connery, se enfrenta al nuncio apostólico. Otras salas que sirven de escenario a la película son el dormitorio de los monjes y la bodega en la que en la actualidad se realizan las degustaciones de vino. En este lugar se filmó el juicio ante el tribunal de la "Santa Inquisición". Otras partes de la película se rodaron en la iglesia abacial y en el hospital.

EICHSTÄTT★★

Baviera – 13.000 habitantes
Mapas Michelin nos 419/420 T 17

Esta ciudad arzobispal –sede de una Universidad católica– está situada en el corazón del parque natural del Altmühl. Alejada de los centros industriales, Eichstätt conserva intactos sus monumentos históricos, que no sufrieron daños durante la II Guerra Mundial. En el s. VIII san Wilebaldo, enviado por san Bonifacio en misión evangelizadora a la región, fundó el obispado. El conjunto barroco se construyó tras la devastadora guerra de los Treinta Años, en la que las tropas suecas redujeron la ciudad, incluida la catedral, a cenizas. Los tejados de los edificios se cubren con las típicas placas de pizarra calcárea.

★BARRIO RESIDENCIAL DEL EPISCOPADO
(BISCHÖFLICHER RESIDENZBEZIRK) *1h30.*

Dom (Catedral) – La nave principal y el presbiterio oriental datan del s. XIV, aunque presentan elementos del románico, gótico y barroco. La entrada principal, en la parte norte, posee una portada gótica decorada con estatuas polícromas. La fachada occidental es barroca. En el interior destaca el **altar de Pappenheim★★** (finales del s. XV), de casi 10 m de altura, situado en la nave lateral izquierda. La representación de la Crucifixión de Cristo, caracterizada por el detallismo y la riqueza de las figuras, es una obra maestra de la escultura. El presbiterio occidental alberga una estatua en posición sentada de anciano **san Wilebaldo** (obispo de Eichstätt en el s. VIII), una hermosa realización de principios del s. XVI.

Acceda al Mortuarium por el brazo derecho del crucero.

★ **Mortuarium** – Esta capilla funeraria de los canónigos del capítulo constituye el flanco occidental del claustro. En el suelo de este recinto de dos naves de principios del gótico (finales del s. XV) están encastradas bellas lápidas sepulcrales. Las pilastras alineadas que soportan la bóveda reticulada terminan en columnas salomónicas; entre ellas resalta la llamada **"bella columna"**, un magnífico trabajo de encaje sobre piedra. Las cuatro **vidrieras** de la parte Este son obra de Hans Holbein el Viejo (hacia 1500). En el muro sur destaca un grupo escultórico de la Crucifixión de Loyn Hering (s. XVI).

EICHSTÄTT

Domplatz
Freiwasserstraße............ 3
Gabrielstraße............... 4
Herzoggasse................. 5
Kapuzinergasse.............. 8
Loy-Hering-Gasse........... 10
Luitpoldstraße
Marktgasse................. 12
Markplatz
Ostenstraße
Pater-Philipp-
  Jeningen-Platz........... 13
Spitalbrücke............... 17
Walburgiberg............... 20
Weißenburgerstraße......... 23
Weststraße
Widmanngasse............... 25

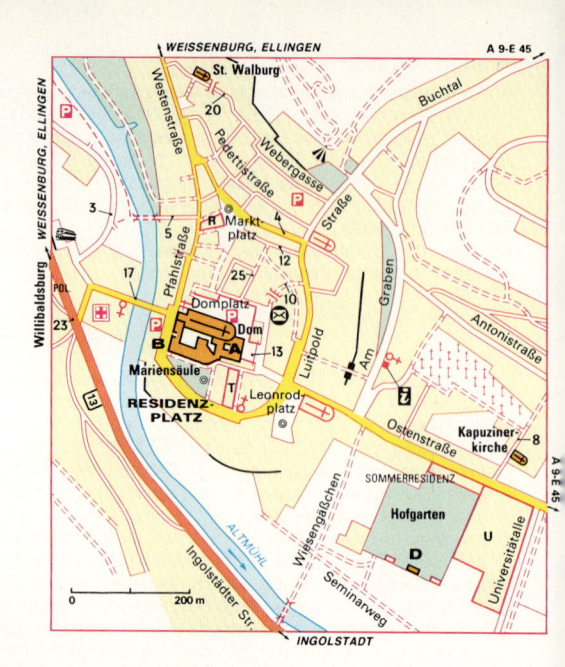

Fürstbischöfliche
  Residenz............ **B**
Kreuzgang............. **A**
Muschelpavillon .. **D**

Domschatz und Diözesanmuseum (Tesoro y Museo diocesano) ⓥ – *Cruzando el claustro.* Aquí se presenta la historia de la diócesis a través de esculturas de madera y piedra, cuadros explicativos, vestiduras y objetos litúrgicos, mapas, etc. Observe en la sala del Obispo la **casulla de san Wilebaldo**, la vestidura sagrada más antigua de la diócesis –probablemente una realización bizantina del s. XII.
En la **cámara del tesoro** se conservan custodias, relicarios, cálices y otros objetos litúrgicos.

★ **Claustro** (Kreuzgang) – El claustro se añadió a la catedral hacia 1420-30, y presenta grandes ventanales de tracería calada.

★ **Residenzplatz** – Para obtener la mejor perspectiva de esta plaza de forma irregular, pero bordeada de un conjunto barroco uniforme, es conveniente situarse en el ángulo sudeste. En el lado sur se alinean cuatro imponentes edificios de estilo rococó, coronados por frontones ricamente decorados, cuya entrada está flanqueda por figuras de atlantes. Enfrente se encuentra el ala sur de la Residencia y la antigua sede de la vicaría general ocupa la parte oeste. En primer término, en el centro de una fuente se alza la **columna de la Virgen** (Mariensäule) rodeada de multitud de angelotes.

Fürstbischöfliche Residenz (Antiguo Palacio de la Residencia) ⓥ – *Sede del Consejo Regional.* La entrada principal da acceso a la magnífica escalinata de honor de estilo barroco, cuyo techo se adorna con frescos.

Y ADEMÁS

Willibaldsburg (Castillo de Willibaldo) – *Acceso por la B 13 y por la Burgstraße.* Este palacio, situado en la ladera de una colina al O de la ciudad, se construyó en el s. XVII sobre una fortaleza del s. XIV. En el recinto del castillo se puede ver el **Pozo** (Tiefer Brunnen) de 75 m de profundidad *(acceso por el patio del castillo).* Desde la plataforma almenada de la torre de vigía *(98 peldaños)* se ofrece una **vista** de las fortificaciones, de Eichstätt y del parque natural del Altmühl. En el palacio se han instalado dos museos.

Archaeopteryx (pájaro del Jurásico), Jura-Museum

★ **Jura-Museum** ⓥ – Está consagrado a la historia geológica del Jura de Franconia. Una gran parte de los fósiles expuestos (amonites, crustáceos, peces, saurios, libélulas) proceden de las placas calcáreas de Solnhofen. La pieza más valiosa del museo es el esqueleto completo de

EICHSTÄTT

un **archaeopteryx** (ancestro de pájaro) *(vitrina octogonal)*, una especie en un estadio evolutivo a medio camino entre el reptil y el pájaro; este raro ejemplar fue hallado en 1951 en las proximidades de Workerszell, al NO de Eichstätt.
Museum für Ur- und Frühgeschichte (Museo de Prehistoria y Protohistoria) ⊙ – En él se presenta el proceso de sedentarización en el valle del Altmühl desde la época de los pueblos cazadores y recolectores hasta la alta Edad Media. Son particularmente interesantes los objetos arqueológicos relacionados con el tratamiento metalúrgico del hierro de la civilización de Hallstatt, la sección romana, así como un doble enterramiento que data de la época merovingia.

▶▶ Hofgarten (Parque, pabellón de las Conchas★) – Kapuzinerkirche (Iglesia de los Capuchinos) – St. Walburg (Iglesia de San Walpurga).

EXCURSIONES

Weißenburg – *24 km al NO*. Situada en los límites de la provincia de Recia y en las proximidades del limes, Weißenburg era una importante villa de las guarniciones romanas. Las **termas**★ (Thermen) ⊙, descubiertas en 1977, y un **Museo Romano** (Römermuseum) ⊙, donde se puede contemplar una bella colección de **estatuas de bronce**★, así como la *Porta decumana*, una perfecta reconstrucción de una puerta de entrada a una fortificación en el castillo Biriciana, son vestigios de su esplendor en la época romana. En el **casco antiguo** de la ciudad destacan el edificio gótico del ayuntamiento (s. XV), la plaza del Mercado (Marktplatz) y la Luitpoldstraße (Holzmarkt o mercado de la madera), con sus espléndidas casas burguesas. La **puerta de Ellingen** (Ellinger Tor), al N de la ciudad, constituye la construcción más interesante del cinturón amurallado (s. XIV). La **iglesia de San Andrés** (Andreaskirche) posee un elegante presbiterio de estilo gótico tardío, construido a comienzos del s. XV. Cerca de la iglesia, el **Museo Municipal de Weißenburg** (Reichsstadtmuseum Weißenburg) ⊙ está alojado en un edificio histórico de la plaza de Martín Lutero (Martin-Luther-Platz). En él se ilustra la historia de Weißenburg, que ostentó el título de ciudad imperial hasta 1802.

Ellingen – *3 km al N de Weißenburg*. La monumentalidad de esta localidad barroca se debe a los caballeros de la Orden Teutónica, cuyos comendadores para Franconia establecieron su residencia en el s. XIII y permanecieron en la villa hasta que fueron expropiados de sus bienes por Napoleón en 1809. Las cuatro imponentes alas que constituyen las edificaciones del **palacio** ⊙ (1711-25) –la iglesia ocupa enteramente el ala norte– se despliegan en torno a un patio. En el interior destaca la majestuosa **escalera**★ En un pequeño museo se expone el origen y la historia de la Orden Teutónica.

Neues Fränkisches Seenland – Esta zona de esparcimiento al N y O de Weißenburg surgió con la construcción del canal del Rin-Meno-Danubio y el transvase del Altmühl, con cuyas aguas se formaron tres lagos artificiales: el Altmühlsee, el Brombachsee y el Rothsee.

EIFEL★

Renania Septentrional-Westfalia y Renania-Palatinado
Mapa Michelin n° 417 O-P 4

La región del Eifel, prolongación oriental de las Ardenas, es la formación orográfica más extensa y compleja, desde el punto de vista edafológico y paisajista, de las que componen el macizo Esquistoso renano. Los cursos de los ríos Ahr, Kyll y Rur han entallado profundamente esta meseta ondulada del Eifel (altitud media 600 m) y se ramifican por una serie de hermosos valles boscosos.
El **Alto Eifel** (Hocheifel), en el centro, se caracteriza por las manifestaciones volcánicas que han dejado su huella en el paisaje en forma de conos basálticos (Hohe Acht, 747 m), depósitos de toba, lagos de origen volcánico (Maare) y fuentes de aguas termales. El **Schnee-Eifel**, la región más árida y desolada de la sierra, forma una cadena sombría de cerca de 700 m de altitud que discurre paralela a la frontera belga, al NO de Prüm. El **Eifel Norte** (Nordeifel), una zona en la que alternan la pradera y el bosque, está surcada por valles profundos. La región turística de los Siete Lagos se extiende en dirección NO hasta el Hohes Venn, una meseta pantanosa que pertenece a las Ardenas. El **Eifel Sur** (Südeifel) limita con la Suiza luxemburguesa y posee valles muy pintorescos.

Los vinos del Ahr – Los viñedos cultivados en las laderas esquistosas del valle del Ahr –los más septentrionales de Alemania–, plantados de cepas borgoñonas, producen un vino tinto de cosecha tardía e intenso color, que debe degustarse a la temperatura ambiente.

EIFEL

AGENDA DE DIRECCIONES

En Altenahr

Wein-Gasthaus Schäferkarre – *Brückenstraße 29* – ☏ *0 26 43/71 28* – *fax 0 26 43/12 47* – *menús desde 13 €*. Instalado en el edificio restaurado de una cooperativa vinícola del año 1716. Fachada de vigas entramadas. Cocina regional.

En Bad Neuenahr

Hohenzollern an der Ahr – *Barrio de Ahrweiler* – *Am Silberberg 50* – ☏ *0 26 41/97 30* – *fax 0 26 41/59 97* – *25 hab* – *individuales desde 56 €*. Situado en las faldas de una colina desde la que se domina el valle del Ahr.

Zum Ännchen – *Barrio de Ahrweiler* – *Niederhutstraße 11* – ☏ *0 26 41/9 77 70* – *fax 0 26 41/97 77 99* – *23 hab* – *individuales desde 44 €*. Hotel confortable instalado en un inmueble urbano restaurado del corazón del casco antiguo, zona tranquila sin tráfico rodado.

Pruemer Hof – *Barrio de Ahrweiler* – *Markt 12* – ☏ *0 26 41/47 57* – *fax 0 26 41/90 12 18* – *menús desde 13 €*. Edificio público restaurado junto al mercado (Markt), cocina internacional.

Steinheuers Restaurant Zur alten Post – *Barrio de Heppingen* – *Landskroner Straße 110 (entrada por la Konsumgasse)* – ☏ *0 26 41/9 48 60* – *fax 0 26 41/94 86 10* – *menús desde 28 €*. Cuenta con hospedería, que dispone de otro restaurante de tipo mesón (cocina regional), con 11 hab (*individuales desde 77 €*) y menús desde 14 €.

En Manderscheid

Haus Burgblick – *Klosterstraße 18* – ☏ *0 65 72/7 84* – *fax 0 65 72/7 84* – *22 hab* – *individuales desde 27 €*. Pensión familiar con café-restaurante sólo para los clientes alojados, emplazamiento tranquilo.

DE BAD MÜNSTEREIFEL A MANDERSCHEID *145 km – 1 día*

Esta ruta discurre por los activos centros turísticos del valle del Ahr, atraviesa a continuación las tierras onduladas y tranquilas del Alto Eifel, cubiertas de bellos bosques, y serpentea finalmente entre lagos volcánicos (Maar).

★**Bad Münstereifel** – Rodeada por sólidas **murallas**★, esta localidad conserva numerosos monumentos históricos y casas antiguas. La **primitiva colegiata de St. Chrysantus y Daria** está precedida por un antecuerpo románico (Westwerk) del s. XI, flanqueado por torres, que recuerda al templo de San Pantaleón en Colonia.
A unos 12 km al E de Bad Münstereifel se ve en el lado izquierdo de la carretera el gigantesco radiotelescopio de Effelsberg (100 m de diámetro, profundidad del reflector parabólico 21 m). En Kreuzberg la ruta llega al Ahr y continúa por el angosto valle del río paralela a sus meandros.

Altenahr – Altenahr, situada entre dos meandros, es un punto de partida privilegiado para realizar excursiones. Las ruinas dispersas de la **fortaleza de Are** (s. XII) dominan la villa. Desde la estación superior del telesilla se disfruta de una bella vista de los alrededores.
En el recorrido por el valle alternan los viñedos y las paredes rocosas escarpadas: los pueblos vitícolas que jalonan el paisaje se suceden unos a otros: **Rech** y su puente romano, **Dernau** con su "fuente del vino", **Marienthal** y su convento en ruinas.

Bad Neuenahr-Ahrweiler – El casco antiguo de **Ahrweiler**★ conserva sus murallas y puertas medievales intactas. Las calles de la zona peatonal están bordeadas de bellas casas de vigas entramadas. En el transcurso de unas obras que se realizaban en la calle se descubrió una **villa romana**, que por su buen estado de conservación se ha acondicionado como museo.
Bad Neuenahr es una estación termal cuya fama traspasa las fronteras alemanas. En el extremo E de la localidad se envasan las célebres aguas minerales Apollinaris.
A partir de Ahrweiler la carretera asciende bruscamente para internarse en el bosque antes de llegar al relieve ondulado de la alta meseta del Eifel.

★**Hohe Acht** – *30 min a pie i/v*. Desde la torre panorámica *(75 peldaños)* situada en el punto más alto del Eifel (747 m), el **panorama**★★ abarca una vasta región ondulada, en la que solo sobresalen el castillo de Nürburg, al SO y, enfrente, las ruinas de la fortaleza de Ölbrück, que preceden a la cadena montañosa de Siebengebirge.

Nürburg – *30 min a pie i/v*. Las ruinas de la fortaleza se han restaurado en gran parte. Su torre del homenaje disfruta de una amplia vista de la **región montañosa**★ circundante.

EIFEL

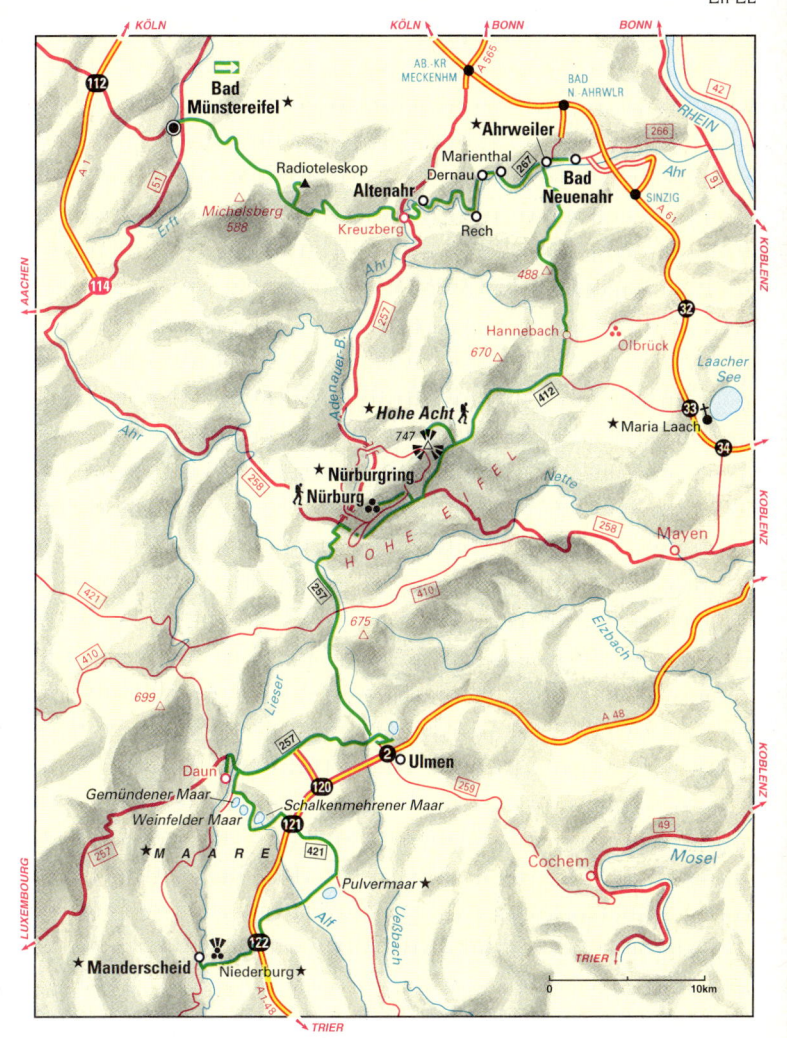

★ **Nürburgring** – Este célebre circuito automovilístico toma el nombre de las ruinas de Nürburg, que se encuentran en el anillo norte del recinto. En sus instalaciones se celebran prestigiosas competiciones, como el Campeonato del Mundo de Fórmula 1, el Gran Premio de Motociclismo, las pruebas del "International Touring Cars" y las carreras de "Super-Touring-Wagen" de turismos. El perímetro total es de 4.542 km, consta de 14 curvas y posee un desnivel de 56 m. El parque recreativo **Erlebnispark Nürburgring** ⊙ está consagrado enteramente a las carreras deportivas. En una de sus salas se encuentra la **Colección de Mitos del Nürburgring**★ (Sammlung Mythos Nürburgring), en la que se pueden ver tanto carruajes antiguos como coches de carreras.

Ulmen – Entre esta localidad y las ruinas de un castillo que perteneció a una antigua orden de cruzados, se extienden las aguas de un bello lago de origen volcánico (Maar).

★ **Los Maare** – En las inmediaciones de Daun comienza la región volcánica de los **Maare**★, lagos de dimensiones modestas que jalonan la zona de grandes dislocaciones terciarias del Alto Eifel. La presión de los gases dio origen a cráteres de explosión, caracterizados por la ausencia tanto de conos, como de lava y que están bordeados, sin embargo, por un anillo de cenizas. Las aguas fueron llenando estos embudos y formaron los apacibles lagos volcánicos *(siga las señales verdes que indican "Maare")*: el **Gemündener Maar**, el **Weinfelder Maar**, el **Schalkenmehrener Maar** y el **Pulvermaar**★, un lago de forma circular casi perfecta.

★ **Manderscheid** – En Manderscheid, visite las ruinas de la **Niederburg**★: desde la torre del homenaje, **vista**★ del pueblo, de la Oberburg y del valle del Lieser. Continúe en coche hasta el aparcamiento "Burgenblick" y siga por el sendero que conduce al **mirador**★★ conocido como el "Kaisertempelchen" (templete del emperador); desde aquí, bella panorámica de las ruinas de la Oberburg y de la Niederburg.

EINBECK★

Baja Sajonia – 29.400 habitantes
Mapas Michelin nos 417/418 K 13

Esta antigua ciudad hanseática situada entre el Harz y el río Weser contaba ya en la Edad Media con cerca de 700 fábricas de cerveza, en las que se elaboraba el tipo llamado "Ainpöckisch Pier". Su volumen de producción era capaz de abastecer de esta singular cerveza, que ha dado nombre a la que se fabrica en la actualidad (Bockbier, derivación de Ainpöckisch Pier) a toda Alemania. La villa conserva parte de su sistema de fortificaciones medievales, pero sobre todo destaca su gran conjunto de cerca de 400 casas de vigas entramadas del s. XVI ricamente decoradas con esculturas policromadas.

★★ LAS CASAS DE VIGAS ENTRAMADAS Visita: 1 h.

La mayor parte de los edificios de vigas entramadas se agrupan en torno a la plaza del Mercado (Marktplatz).

- ★★ **Marktplatz** – En la esquina de la Münsterstraße se alzan dos de las casas más interesantes: la **Brodhaus** (1552) y, sobre todo, el impresionante inmueble de la **Ratsapotheke** (1590), en cuyas buhardillas, provistas de tragaluces, se almacenaba –como en la mayor parte de las casas de la ciudad– la cebada y el lúpulo. Enfrente se encuentra el ayuntamiento, con sus tres antecuerpos de tejados puntiagudos en forma de yelmo, y la **báscula pública**★ (Ratswaage). En su fachada, que se conserva en perfecto estado, se puede apreciar la decoración característica de las casas burguesas de Einbeck: palmetas en forma de abanico semiabierto o abierto; molduras en torno a los dinteles y los marcos de las puertas que simulan collares de perlas enroscados; frisos festoneados de guirnaldas.

- ★★ **Tiedexerstraße** – Esta calle comienza detrás de la torre de la iglesia del Mercado (Marktkirche). Las fachadas y los frontones de las casas alineadas en esta calle crean una perspectiva llena de armonía. Entre ellas destaca la que ocupa el nº 16.

- **Marktstraße** – Aquí destaca sobre todo la **Eickesche Haus**★★ *(el nº 13; esquina a la Knochenhauerstraße)*. Este edificio de vigas entramadas, construido entre 1612 y 1614, imita a los palacetes de piedra del Renacimiento. Las losas de los antepechos están decoradas con relieves que representan alegorías de las virtudes y de las musas; figuras y máscaras muy expresivas adornan los pilares y los extremos de las vigas. También tiene interés la casa del nº 26.

EXCURSIONES

Bad Gandersheim – *22 km en dirección NE.* La ciudad natal de Roswitha von Gandersheim, primera poetisa alemana (s. X), es hoy una estación termal apreciada por sus aguas medicinales salinas. El núcleo histórico de la villa está dominado por la **catedral**★ (s. XI), cuya fachada tiene un aspecto peculiar con sus dos torres octogonales flanqueando un cuerpo central. En el interior se conservan dos **altares** de los ss. XV-XVI de gran valor. Cerca de la plaza del Mercado se pueden contemplar numerosos edificios de vigas entramadas en perfecto estado de conservación (la mayor parte del s. XVI). En el mismo lugar se alza el **ayuntamiento renacentista**, cuya estructura arquitectónica tiene grandes similitudes con la Moritzkirche. En verano tienen interés los festivales de la Catedral que se celebran en la localidad.

Alfeld – *24 km al N saliendo de Einbeck por la B 3.* En esta villa situada en la orilla derecha del río Leine destaca, sobre todo, el edificio de la antigua Escuela de Latín (Alte Lateinschule), una casa de vigas entramadas de 1610 decorada con esculturas policromadas que alberga en la actualidad el **Museo Municipal** (Stadtmuseum) ⊙. Este museo presenta una curiosa colección de animales que se conservan en preparados. La exposición se completa con dioramas en los que se muestran especies ya desaparecidas o en vías de extinción.

EISENACH★

Turingia – 45.000 habitantes
Mapa Michelin nº 418 N 14 – Esquema: THÜRINGER WALD

Eisenach fue fundada a finales del s. XII por Luis I, primer landgrave de Turingia. La historia de esta ciudad, situada en los confines noroccidentales de la Selva de Turingia, es indisociable de la fortaleza de **Wartburg**, que es a la vez el símbolo y la materialización de largos siglos de civilización germánica.

En el corazón de Alemania – A principios del s. XIII, el conjunto fortificado de Wartburg fue el escenario donde se celebraban las legendarias justas de los Minnesänger –los trovadores–, que inspiraron a Richard Wagner el tema de su ópera *Tannhäuser*. En Eisenach estudió **Lutero**, y en esta villa realizó la traducción del Antiguo Testamento, protegido por el duque de Sajonia tras la amenaza que se cernía sobre él por sus escritos contra la Dieta Imperial. Juan Sebastián Bach nació en 1685 en esta ciudad, residencia de los duques de Sajonia-Eisenach hasta el año 1741, fecha en la que pasó a dominio de la casa Sajonia-Weimar.

EISENACH

En 1817 la fortaleza de Wartburg acogió una manifestación patriótica organizada por las asociaciones de estudiantes alemanes para exaltar el sentimiento nacional y difundir las ideas progresistas en los territorios germanos. Medio siglo más tarde (1869) el "programa de Eisenach" será una de las piedras angulares para la fundación del partido socialdemócrata de los trabajadores por parte de August Bebel y Wilhelm Liebknecht.

PLAZA DEL MERCADO (MARKT)

Schloß (Palacio) – La sobria fachada del palacio cierra el flanco norte de la plaza. La antigua residencia de los duques de Sajonia-Weimar alberga en la actualidad el **Museo de Turingia** (Thüringer Museum) ⓥ, que expone porcelanas, cerámicas y cristalería de la región, así como cuadros y grabados de los ss. XIX-XX; posee una bella sala de fiestas de estilo rococó. *Durante las obras de restauración el museo de Turingia permanecerá cerrado.*

Rathaus (Ayuntamiento) – Es un edificio de tres plantas del s. XVI (de estilo barroco y renacentista), reconstruido en 1636 tras un incendio. Obsérvese la ligera inclinación de su torre.

Georgenkirche (Iglesia de San Jorge) – Esta iglesia salón de tres naves (s. XVI) alberga las lápidas sepulcrales de numerosos landgraves de Turingia. En este templo pronunció un sermón Lutero el 2 de mayo de 1521, tras ser desterrado del Imperio y en ella fue bautizado Juan Sebastián Bach el 26 de marzo de 1685.

Predigerkirche (Iglesia de los Predicadores) – La iglesia, de principios del gótico (finales del s. XIII), alberga la **colección de esculturas*** del Museo de Turingia (obras de los ss. XII a XVI).

Lutherhaus (Casa de Lutero) ⓥ – En calidad de huésped, Lutero residió en esta bella casa de 1498 a 1501 cuando era estudiante de la Escuela de Latín. En ella se muestran habitaciones ambientadas en la época, cuadros, libros y diversos documentos relativos a la historia de la Reforma religiosa.

Y ADEMÁS

Bachhaus (Casa de Bach) ⓥ – *Desde la casa de Lutero suba por la Lutherstraße hasta la Frauenplan.* En el número 21 de la calle Frauenplan, se encuentra la casa donde se supone que nació Juan Sebastián Bach. Las dependencias de esta modesta construcción están ambientadas en el s. XVII y recrean una vivienda típica de la época. También se muestran manuscritos y retratos que recuerdan al compositor y a otros miembros de esta familia de músicos.

Fortaleza de Wartburg (Eisenach)

EISENACH

Alexanderstraße	**BY**
Altstadtstraße	**CY** 4
Am Hainstein	**BZ** 5
Am Klosterholz	**AY** 7
Am Roten Bach	**AY** 9
August-Bedel-Straße	**ABY** 12
Barfüßerstraße	**BZ** 13
Christianstraße	**AY** 15
Clemdastraße	**BY** 18
Ernst-Böckel-Straße	**BCZ** 19
Frauenberg	**BZ** 21
Gabelsbergerstraße	**CY** 22
Georgenstraße	**BY** 25
Goldschmiedenstraße	**BY** 26
Grimmelgasse	**BZ** 28
Heinrich-Ehrardt-Pl	**BY** 29
Hinter der Mauer	**BY** 30
Johannisstraße	**BY** 31
Johann-Sebastian-Bach-Straße	**CZ** 33
Karlstraße	**BY**
Kupferhammer	**BY** 34
Langensalzaer Straße	**CY** 37
Markt	**BY** 38
Naumannstr.	**BY** 39
Querstraße	**BY** 40
Reuterweg	**BZ** 42
Schmelzerstraße	**BY** 43
Sommerstr.	**BY** 44
Stedtfelder Straße	**AY** 45
Theaterpl.	**BY** 46
Waisenstraße	**BCZ** 47
Werrastraße	**AY** 50
Wilhem-Rinkens-Straße	**BY** 51

Rathaus	**BY R**

Automobilbaumuseum (Museo del Automóvil) ⓥ – En las salas de la Sparkasse *(Rennbahn, 6)*, junto a la antigua factoría de automóviles, se presenta provisionalmente una pequeña exposición que ilustra la historia de la marca de coches Wartburg (desde 1955 se fabricaba aquí el coche más popular difundido por la antigua RDA, cuyo último ejemplar salió de la cadena de producción en 1991).

En una antigua planta de montaje *(Friedrich-Naumann-Straße, 10)* ubicada en los terrenos de la empresa se va a inaugurar una nueva exposición a finales de 2001 que, bajo el título de **El mundo del automóvil en Eisenach** (Automobile Welt Eisenach) ilustrará desde un enfoque cultural e histórico la casi centenaria tradición de Eisenach en la fabricación de automóviles (1896-1991). Esta actividad industrial ha estado ligada a nombres tan célebres como Wartburg, Dixi y BMW (aquí creó diferentes modelos desde 1928-1940).

ⓥ ▶▶ Fritz-Reuter- und Richard-Wagner-Museum (Museo Fritz-Reuter y Richard Wagner).

★★ LA WARTBURG ⓥ 2 h.

Deje el coche en el aparcamiento de la Wartburg, que se encuentra en una explanada desde la que parte un camino que asciende hasta la fortaleza (15 min a pie).

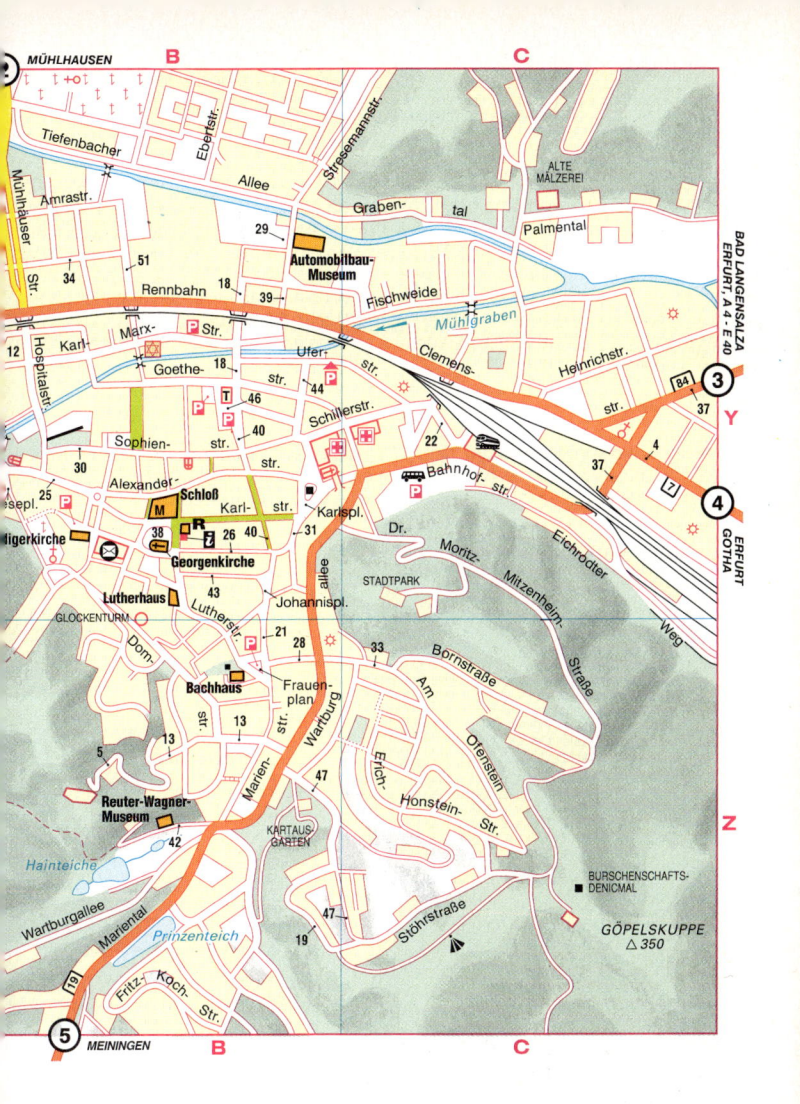

Sobre una colina rocosa al S de la ciudad se levanta este conjunto fortificado, que se compone de varios edificios construidos en diferentes épocas. A través de la Torhaus (puerta de la casa) se accede a un patio de entrada –cuyas construcciones más antiguas se remontan al s. XII–, a continuación se llega al **primer patio del castillo**, bordeado de casas de vigas entramadas de los ss. XV y XVI. El segundo patio da paso a la zona más interesante de la fortaleza: a la izquierda, el **Palas★**, un edificio de tres plantas con arcadas romanas de principios del s. XIII, que era la vivienda de los landgraves. Desde el reducto y la torre sur se ofrece una amplia **vista★** sobre Eisenach, el bosque de Turingia y las estribaciones del Rhön.

Se recomienda la visita guiada (1 h) de las salas históricas. Entre ellas destaca la **sala de los Trovadores** (Sängersaal), con los frescos de Moritz von Schwind que representan la leyenda que tuvo como escenario la Wartburg.

La visita concluye en el **Museo de la Wartburg,** en el que se exhiben objetos de las colecciones reunidas en la Fortaleza y algunos cuadros, entre los que figuran obras de Lucas Cranach el Viejo.

El adarve cubierto conduce a la **estancia de Lutero** (Lutherstube).

ALREDEDORES

★★ **Thüringer Wald (Selva de Turingia)** – *Ver este nombre.*

EMDEN

Baja Sajonia – 53.000 habitantes
Mapa Michelin nº 415 F 5

El enarenamiento de la desembocadura del Ems en el s. XVI fue un hecho catastrófico para el futuro de su puerto, que perdió gran parte de su importancia en el tráfico marítimo. Con la construcción de diques en el río y la apertura de los canales Dortmund-Ems y Ems-Jade, Emden experimentó un renacimiento en el s. XX y hoy es uno de los principales puertos marítimos de la Baja Sajonia, especializado en la exportación de automóviles y en la construcción naval. Su puerto cuenta, además, con imponentes instalaciones para recibir el gas natural extraído del mar del Norte.
Desde el punto de vista turístico, Emden es un excelente punto de partida para visitar las islas Frisonas Orientales.

QUÉ VER

Ostfriesisches Landesmuseum (Museo Regional de la Frisia Oriental) – *En el ayuntamiento*. Los hallazgos en las turberas, las maquetas del puerto y de barcos de pesca, así como los cuadros de la escuela holandesa recuerdan el pasado esplendor de la ciudad.

En este museo ocupa un lugar de honor la antigua **armería**★★, que conserva una espléndida colección de armas y armaduras de los ss. XVI al XVIII. Desde la torre se disfruta de una vista del puerto y los alrededores de Emden.

Puerto – *Ratsdelf*. La parte más antigua del puerto es el **Hafentor**, de 1635. En la vieja dársena fondean algunos **buques-museo**.

Pelzerhaus – *Pelzerstraße*. La sede del antiguo **gremio de peleteros**, construida hacia 1585, posee una fachada renacentista. Es uno de los pocos edificios del centro histórico que resistieron los bombardeos de la II Guerra Mundial. *En la actualidad está en proceso de rehabilitación.*

★**Kunsthalle in Emden (Fundación Henri y Eske Nannen)** – *Hinter dem Rahmen 13. Al NO de la ciudad.* Esta **Galería de Arte**, alojada en un conjunto de edificios posmodernos de ladrillo rojo, alberga una valiosa colección de obras del expresionismo alemán y del movimiento artístico de la Nueva Objetividad (Neue Sachlichkeit). El conjunto es el resultado de la paciente labor de atesoramiento de Henri Nannen, fundador de la revista "Stern" y natural de Emden. También cuenta con obras de pintura y escultura contemporáneas.

Caballos azules, Franz Marc
(Galería de Arte de Emden)

LA RUTA DE STÖRTEBEKER *156 km*

Krummhörn – El paisaje de esta región de marismas, habitada desde tiempos muy antiguos, está salpicado de curiosos **cerros artificiales** ("Warfen") construidos por los lugareños para proteger sus tierras de las mareas altas. La cima de estas colinas suele estar coronada por una iglesia construida en toba y ladrillo alrededor de la cual se agrupan las casas del pueblo. La iglesia constituye, además el centro de donde parten las calles formando un sistema radial (Lohnen). Uno de los pueblos más interesantes es **Rysum**, en cuya iglesia hay un órgano tardogótico que está considerado como el más antiguo de los que aún se encuentran en buen estado de funcionamiento. En **Pewsum** se puede visitar el Manninaburg (finales del s. XV), un castillo rodeado por un foso y situado en un bonito emplazamiento. En él se puede ver una exposición que ilustra la historia de los castillos de la Frisia oriental y de las grandes familias que dominaron la región en la Edad Media. La iglesia de **Pilsum**, caracterizada por su planta cruciforme y una maciza torre sobre el crucero, es uno de los más bellos edificios religiosos de estilo románico tardío de la zona. Otras localidades de interés turístico son Loquard, Campen, Groothusen y Eilum.

Greetsiel – Pintoresca aldea de pescadores que con sus característicos bateles de pesca, sus casas de vigas entramadas cuidadosamente restauradas y sus dos molinos de viento constituye la imagen típica del paisaje de Frisia oriental.

Norden – En la gran plaza del Mercado de esta localidad se alza la **Ludgerikirche**, una iglesia con nave románica y campanario independiente construida en varias etapas entre los ss. XIII-XV; en el interior se puede ver un tabernáculo tardogótico, así como un órgano barroco fabricado por Arp Schnitgers (1686-92) que se caracteriza por su extraordinaria sonoridad. Frente a la Bundesstraße 72 se encuentra el **Antiguo Ayuntamiento** (Alte Rathaus), un edificio del s. XVI en el que están alojados el **Museo local** (Heimatmuseum) y el **Museo del Té de Frisia Oriental** (Ostfriesisches Teemuseum). Este último ilustra la historia de esta infusión originaria del continente asiático. Al otro lado de la plaza está la **iglesia de los Menonitas** con aspecto de palacio, y en la Osterstraße otro de los edificios monumentales de la villa: la mansión noble Schöningh (Haus Schöningh), una bella casa renacentista construida en 1576.

Dornum – De los tres castillos construidos antes de 1400 y destruidos en 1514, dos han sido restaurados. El **palacio**, rodeado por un foso de agua, es una edificación de cuatro alas de estilo barroco que se alza en medio de un amplio parque.

Esens – Esta atractiva localidad posee una de las mayores iglesias neoclásicas de la Frisia Oriental, **St. Magnus**, edificada entre 1848 y 1854. En el interior destaca el suntuoso sarcófago de piedra arenisca del caballero Sibet-Attena (fallecido en 1473). En el **Holarium** (junto a la plaza de la Iglesia) se muestra una exposición de holografías, en la que se ilustra la técnica de la reproducción de imágenes de objetos (similar a la fotografía) en tres dimensiones mediante la utilización del láser.

Neuharlingersiel – Esta bella localidad pesquera posee uno de los puertos más antiguos de la costa del mar del Norte (documentado en 1693). Desde 1971 se puede visitar un interesante **museo de barcos en botella** (Buddelschiffmuseum).

Regrese a Emden por Esens y Aurich.

ERFURT ★

Turingia – 212.000 habitantes
Mapa Michelin nº 418 N 17

El año 742 san Bonifacio, un religioso procedente de Inglaterra, fundó en Erfurt un obispado, que pocos años después fue unido al arzobispado de Maguncia.
El emplazamiento de la villa, al pie del "camino real" (Königsweg), en la encrucijada de dos grandes rutas del Imperio que comunicaban la región del Rin con Rusia, favoreció el florecimiento de una importante plaza comercial en la Edad Media, hasta el punto de que Erfurt llegó a ser miembro de la Liga de la Hansa en el s. XV. En aquel tiempo, la ciudad actuaba como vínculo de unión entre los poderosos puertos marítimos del Norte y las tierras del interior de Centroeuropa. Desde 1990 es la capital del Estado de Turingia.

Espiritualidad y humanismo – La silueta de las numerosas torres de las iglesias que se elevan sobre los tejados de la ciudad son testigos del importante papel que los arzobispos electores de Maguncia confirieron a Erfurt en el plano religioso. En 1303 **Johann Eckhart**, provincial de los dominicos de Sajonia y gran místico de la orden, se estableció en Erfurt, y dos siglos más tarde la ciudad acogió al joven **Lutero**, quien estudió filosofía en su prestigiosa Universidad, fundada en 1379 y cuna del humanismo germano. En 1505 ingresó en el convento de los agustinos, donde permaneció seis años hasta que fue reclamado por la Universidad de Wittenberg para ocupar el puesto de profesor de Filosofía.

La Dieta de los Príncipes de Erfurt – Con el fin de persuadir al zar Alejandro II para que lograra la neutralidad de Austria mientras realizaba su campaña en España, Napoleón agasajó al mandatario ruso en un encuentro celebrado en Erfurt del 27 de septiembre al 14 de octubre de 1808. Las largas conversaciones, que pretendían únicamente una demostración de fuerza, acabaron en un relativo fracaso: el emperador sólo consiguió la promesa rusa de que prestaría ayuda militar en caso de una agresión austriaca. Durante la prolongada estancia en la ciudad Napoleón mantuvo varios encuentros con Goethe. Ambas personalidades se profesaban una admiración recíproca; el emperador francés concedió al poeta la distinción de caballero de la Legión de Honor.
Desde 1990 Erfurt es la capital del land de Turingia.

ERFURT

Alojamiento

Sleep und Meet – *Auf der großen Mühle 4 (en la B 7)* – ☎ *03 61/4 38 30* – *fax 03 61/4 38 34 00* – *94 hab* – *individuales desde 50 €*. Hotel moderno muy bien comunicado.

Erfurtblick – *Nibelungenweg 20* – ☎ *03 61/22 06 60* – *fax 03 61/2 20 66 22* – *11 hab* – *individuales desde 46 €*. Hotel confortable situado sobre una colina con vistas de la ciudad y de los alrededores; negocio familiar.

Restaurante

Alboth's Restaurant – *Futterstraße 15* – ☎ *03 61/5 68 82 07* – *fax 03 61/5 68 81 81* – *menús desde 14,50 €*. Restaurante instalado en un edificio histórico de la ciudad, emplazamiento céntrico, cocina regional con especialidades de temporada.

QUÉ VER

★★ Dom St. Marien (Catedral de Santa María) – La basílica románica primitiva, construida en 1154 sobre una colina de la ciudadela, fue ampliada a mediados del s. XIV. De esta época data el elevado presbiterio gótico y la portada norte (llamada Triangelportal); un siglo después se reemplazó la primitiva nave románica por una de estilo gótico tardío, flanqueda por amplias naves laterales.

★★ Triangelportale (Portada norte) – El vestíbulo de entrada está constituido por dos puertas que poseen una elegante decoración escultórica. Al NE, las figuras que representan a los Apóstoles recuerdan la estatuaria de los maestros de las catedrales francesas, mientras que las Vírgenes Necias y las Vírgenes Sabias de la portada noroeste muestran influencias de la escuela de Magdeburgo.

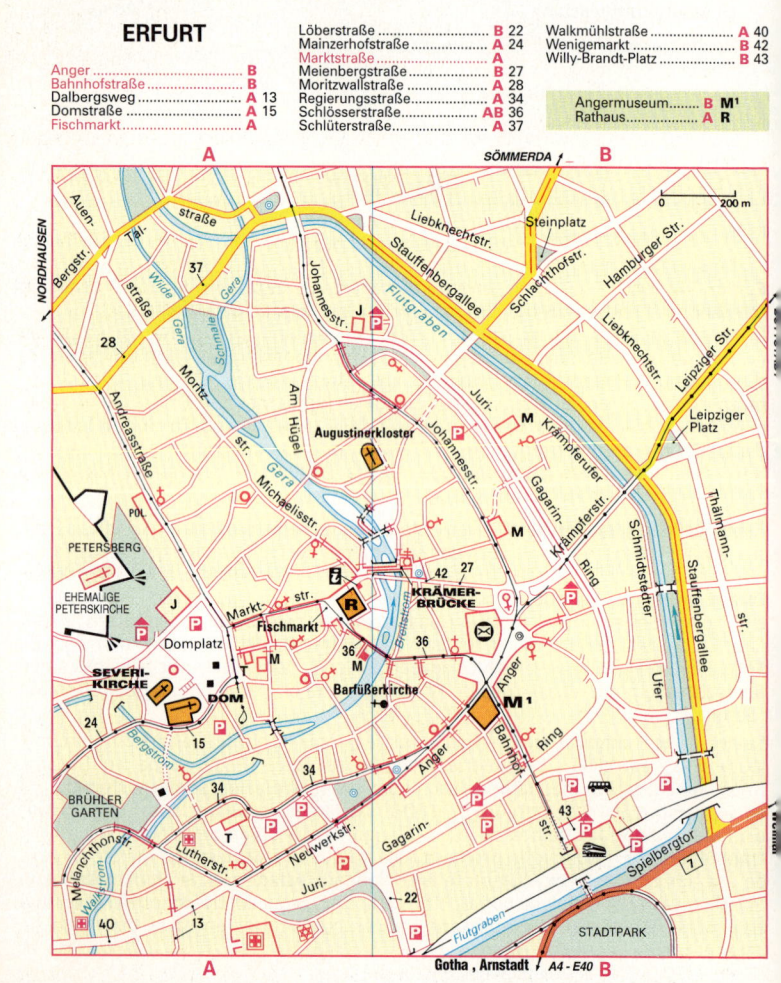

ERFURT

Anger	B
Bahnhofstraße	B
Dalbergsweg	A 13
Domstraße	A 15
Fischmarkt	A
Löberstraße	B 22
Mainzerhofstraße	A 24
Marktstraße	A
Meienbergstraße	B 27
Moritzwallstraße	A 28
Regierungsstraße	A 34
Schlösserstraße	AB 36
Schlüterstraße	A 37
Walkmühlstraße	A 40
Wenigemarkt	B 42
Willy-Brandt-Platz	B 43

Angermuseum	B M¹
Rathaus	A R

212

ERFURT

Interior – El templo atesora numerosas obras de arte, entre las que destacan el altar románico de la Virgen, de 1160, la **estatua candelabro**★ conocida como "**Wolfram**", datada en la misma fecha, la losa sepulcral del conde de Gleichen acompañado de sus dos esposas, y la sillería del coro del s. XIV, magníficamente tallada. Las **vidrieras**★ del presbiterio (1370?-1420) representan escenas del Antiguo y del Nuevo Testamento, así como de vidas de diferentes santos.

★ **Severi-Kirche (Iglesia de San Severo)** – Esta antigua abadía de benedictinas del convento de San Pablo y de canónigos agustinos es una iglesia de salón dividida en cinco naves de estilo gótico primitivo. En la nave sur se encuentra el **sarcófago**★ de san Severo (hacia 1365).

Cruce la Domplatz y doble en la Marktstraße.

Fischmarkt (Plaza del Pescado) – El interior del impresionante ayuntamiento de estilo neogótico que domina la plaza está decorado con **frescos**★ que representan leyendas y la historia de la región de Turingia.

Al N de la plaza se alza un bello edificio de tres plantas de estilo renacentista denominado *Zum Breiten Herd* (Casa del Gran Fogón).

★ **Krämerbrücke (Puente de los Abaceros)** – Este singular puente construido en 1325 es el único, al N de los Alpes, que presenta la particularidad de estar bordeado de casas habitadas. Los estrechos edificios de vigas entramadas de los ss. XVI a XIX, provistos de tejados con fuerte inclinación, crean un conjunto pintoresco de aspecto medieval.

★ **Angermuseum (Museo Anger)** ⓥ – *Anger 18*. El museo está instalado en un edificio barroco de principios del s. XVIII, antiguo depósito de aduana y báscula municipal (Packhof und Waagehof). La exposición de arte medieval de Turingia constituye el centro de Interés de este museo: **retablos**★★ de los ss. XIV-XV, entre los que destaca el del altar de los Agustinos; una **Piedad**★★ obra del Maestro del sarcófago de san Severo y un cuadro con el tema de la Creación, de Hans Baldung Grien. La pinacoteca reúne a los paisajistas alemanes de los ss. XVIII-XIX. En la exposición de artesanía destacan las porcelanas y cerámicas fabricadas en las manufacturas de Turingia.

El Museo Anger alberga un pequeño tesoro: se trata de una **pintura mural** de Erich Heckel titulado *La vida de los hombres* (Das Leben der Menschen, 1923/1925).

El museo realiza obras de rehabilitación, por lo que algunas secciones pueden estar cerradas al público.

ⓥ ▶▶ Augustinerkloster (Convento de los Agustinos) – Barfüßerkirche (Iglesia de los Franciscanos).

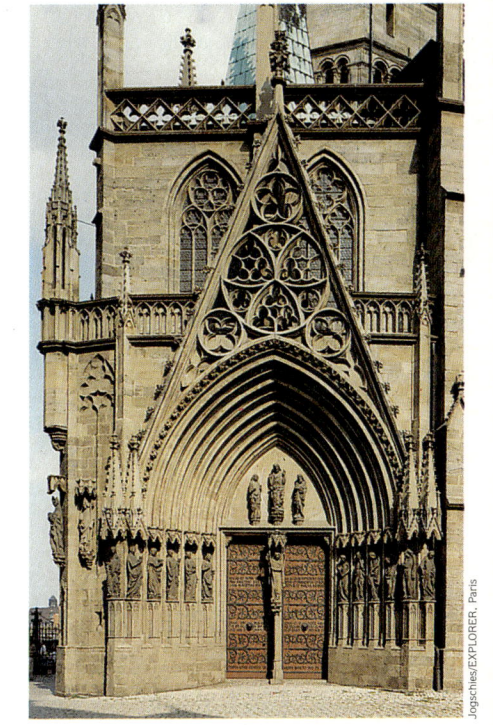

Catedral de Erfurt (portada noroeste)

EXCURSIÓN

Arnstadt – *16 km al S*. **Johann Sebastian Bach** hizo célebre esta pequeña villa fundada en el s. VIII. El gran compositor residió en Arnstadt entre 1703 y 1707 y ocupó el cargo de organista de la iglesia parroquial que hoy lleva su nombre. En el **Museo Histórico de la Ciudad** (Museum für Stadtgeschichte) ⓥ alojado en el edificio *Zum Palmbaum* (Casa de la Palmera), junto al mercado, se conservan, entre otros objetos, recuerdos del músico (Bachgedenkstätte und Literaturkabine). En el antiguo cementerio (Alter Friedhof) –*en la Bahnhofstraße*– reposan más de una veintena de miembros de la familia de Bach.

En el **palacio Nuevo** (Neues Palais) ⓥ vale la pena visitar la **Colección de muñecas "Mon Plaisir"**★. También son interesantes los tapices renacentistas de Bruselas y las **porcelanas de Asia y de Meissen**★ que se pueden contemplar en este mismo palacio.

Debido a obras de restauración en la actualidad sólo se puede visitar la Colección de Muñecas.

ERZGEBIRGE★

MONTES METÁLICOS – Sajonia
Mapas Michelin nos 418/420 O 21-22

Los **montes Metálicos** (Erzgebirge), un macizo montañoso que se extiende en dirección SO a NE, reciben con razón ese nombre, pues su subsuelo guarda ricos yacimientos de metales (plata, estaño, cobalto, níquel, hierro). Estos tesoros naturales hicieron posible la prosperidad económica de numerosas localidades de la región, como Zwickau, Annaberg y Schneeberg. Las crestas de la línea montañosa, que delimitan la frontera con la República Checa, alcanzan su cota máxima a unos 750 m. La máxima elevación en territorio alemán es el **Fichtelberg** (1.214 m). Los embalses, los amplios horizontes verdes, los bosques sembrados de senderos y la multitud de estaciones de veraneo hacen de la región un lugar privilegiado de vacaciones.

La ruta que describimos a continuación discurre por la zona occidental de la cordillera, iniciándose el recorrido en paralelo a la frontera checa.

DE ANNABERG-BUCHHOLZ A KLINGENTHAL

81 km (93 km vía Schwarzenberg) – 3 h aprox.

Salga de Annaberg-Buchholz por la carretera nº 95 en dirección a Klingenthal.

★ **Fichtelberg** – El Fichtelberg domina la localidad de **Oberwiesenthal** –un lugar ideal para la práctica de deportes de invierno, a la vez que balneario–, que se reconoce a larga distancia por su estación meteorológica. A la cima se puede acceder en telesilla o a pie *(el trayecto dura 30 min, deje el coche en el aparcamiento situado a 500 m de la estación inferior del telesilla)*. Amplia **vista panorámica**★ de los alrededores. Al S se divisa el pico más alto de los montes Metálicos, el monte Klinovec (1.244 m), situado en territorio de la República Checa.

Desde Oberwiesenthal hasta **Ehrenzipfel** la carretera discurre paralela a un encantador arroyo. Al llegar a **Rittersgrün** se puede girar en dirección a Schwarzenberg o continuar por la ruta principal.

Schwarzenberg – Situado sobre un espolón rocoso, las casas del casco antiguo de esta localidad, declarado monumento de interés histórico, se agrupan en torno a la iglesia y a la fortaleza. Esta última, construida hacia 1150, fue transformada en un castillo de caza entre 1555 y 1558. En la actualidad alberga el Museo "Schloß Schwarzenberg". Junto al castillo se alza la iglesia barroca de **San Jorge**★ (1690-99), de una sola nave cubierta por un magnífico techo de madera. Del mobiliario destacan un bello púlpito de la Santísima Trinidad y una reja de hierro forjado que separa la nave del presbiterio.

Sosa-Talsperre – *Desde el aparcamiento, camine hasta el quiosco y desde allí ascienda a pie hasta la cima del promontorio.* Pequeño lago rodeado por un bosque idílico.

Tras recorrer la orilla meridional del lago artificial de Eibenstock, la carretera nº 283 remonta el valle sinuoso del Zwickauer Mulde y concluye finalmente en **Klingenthal**.

Klingenthal – Esta localidad, fundada en el s. XVI como pueblo minero, constituye desde mediados del s. XVII un importante centro de fabricación de instrumentos musicales. Posee una bonita iglesia ("Zum Friedensfürsten"), un edificio barroco de planta central.

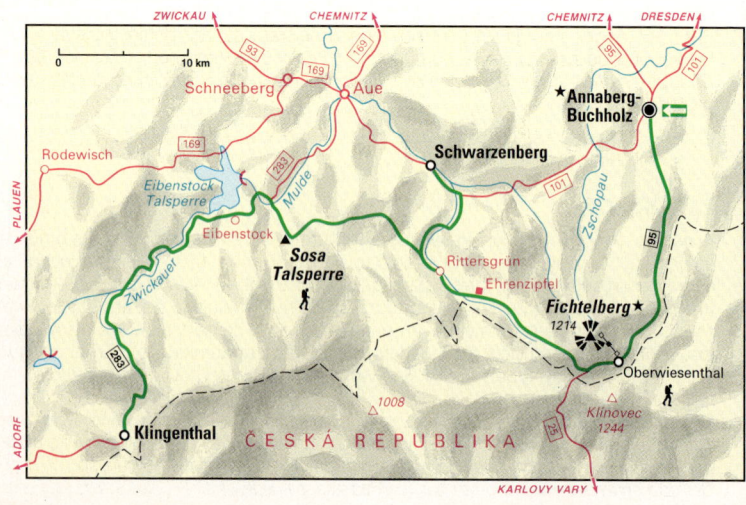

ESSEN ★

Renania Septentrional-Westfalia – 670.000 habitantes
Mapa Michelin nº 417 L 5 – Esquema: RUHRGEBIET

Sería falso imaginar la ciudad de Essen como un centro industrial ensombrecido por los humos. El 75% de la población de esta metrópoli del Ruhr, que en otro tiempo fue la principal ciudad minera de Europa, trabaja en la administración, los servicios o el comercio. El sector industrial dominante en la actualidad es el de la construcción de maquinaria pesada. El programa de transformación de antiguas instalaciones industriales y fábricas puesto en práctica en toda la región del Ruhr también ha afectado a Essen. En Essen-Katernberg, se ha instalado en el edificio de calderas de la mina de carbón Zollverein XII *(Gelsenkirchener Straße 181)* el **Centro de Diseño de Renania Septentrional-Westfalia** (Design-Zentrum Nordrhein-Westfalen) ⓥ, cuyo proyecto se debe al arquitecto Norman Foster.

Essen ofrece hoy un aspecto de villa residencial, con una zona peatonal animada por la actividad de los comercios y grandes espacios verdes **(Grugapark)**; el gran bosque situado al S de la ciudad se extiende hasta las tranquilas aguas del lago de Baldeney.

ESSEN

Aktienstraße	R 2
Altenessener Str.	R 3
Am Kreyenkrop	R 4
Borbecker Str.	R 6
Brückstraße	S 9
Burggrafenstraße	R 13
Essener Str.	R 16
Freiherr-vom-Stein-Straße	S 17
Gladbecker Str.	R 20
Grillostraße	R 21
Hachestraße	R 23
Hammer Str.	S 27
Hausackerstraße	S 31
Heidhauser Str.	R 34
Helenenstraße	R 37
Hirtsieferstraße	R 39
Hobeisenstraße	R 40
Hohenzollernstraße	R 42
Holsterhauser Str.	R 43
Hutelandstraße	R 45
Humboldtstraße	S 46
Huttropstraße	R 47
Huyssenallee	R 47
Kaulbachstraße	R 56
Klemensborn	S 58
Laupendahler Landstr.	S 65
Leimgardsfeld	R 66
Lührmannstraße	R 72
Martin-Luther-Str.	R 74
Mülheimer Str.	R 76
Onckenstraße	R 77
Pastoratsberg	S 80
Pferdebahnstraße	R 82
Rubensstraße	R 87
Ruhrallee	R 88
Segerothstraße	R 92
Velberter Str.	S 95
Wittekindstraße	S 103
Wuppertaler Straße	S 104
Zeunerstraße	S 108

215

ESSEN

Bernestraße	DZ	5
Brandstraße	DZ	8
Helbingstraße	DZ	33
Hirschlandplatz	DZ	36
I. Hagen	DZ	48
Kennedyplatz	DZ	57
Kettwiger Str.	DZ	
Klosterstraße	DY	60
Kopstadtplatz	DY	62
Limbecker Platz	DY	69
Limbecker Str.	DY	70
Ostfeldstraße	DY	78
Ottilienstraße	DZ	79
Porscheplatz	DZ	83
Rathenaustraße	DZ	84
Rheinischer Platz	DY	86
Rottstraße	DY	
Schützenbahn	DY	90
Segerothstraße	DY	92
Steeler Str.	DZ	94
Viehofer Str.	DY	96
I. Weberstraße	DY	98
Zwölfling	DZ	110

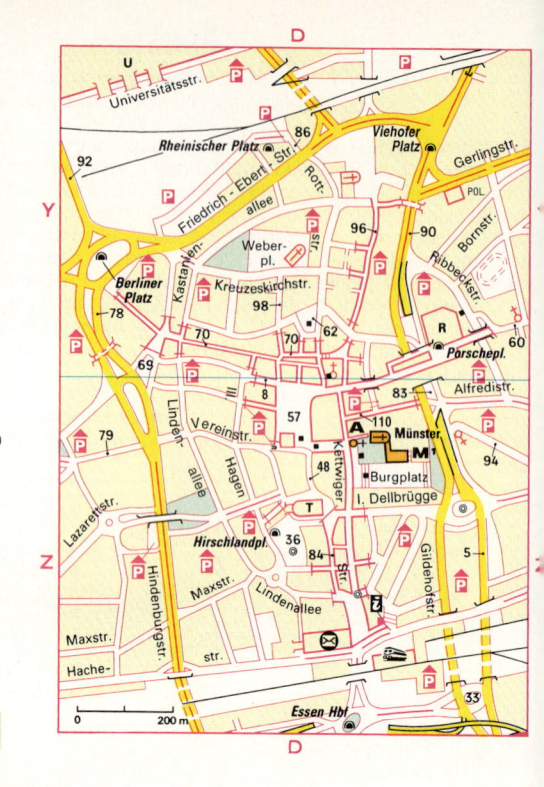

Domschatzkammer	DZ	M¹
Johanniskirche	DZ	A

QUÉ VER

★★ **Museum Folkwang** ⓥ – *Museumszentrum*. Este **museo** de renombre internacional alberga importantes colecciones de pintura, escultura, artes gráficas y fotografía de los ss. XIX-XX, fundamentalmente de artistas alemanes y franceses. Junto a los románticos alemanes y a los realistas del s. XIX, se exhiben obras de los realistas franceses, de los impresionistas, de los cubistas y de los surrealistas.
Los pintores de los movimientos **El Puente** y del **Jinete Azul** (Kandinsky, Macke, Marc) y los artistas de la escuela de la Bauhaus certifican la inmensa variedad de tendencias del impresionismo alemán y del arte del s. XX. Destaca también la gran colección de arte posterior a 1945, con de Baselitz, Kiefer, Lüpertz, Penck y Richter, así como de artistas americanos (Pollock, Newman, Stella).

★ **Ruhrlandmuseum** (Museo del Ruhr) ⓥ – *Museumszentrum*. En este museo, que cuenta con interesantes colecciones geológicas y arqueológicas, se puede ver una exposición con el tema "**Historia Social de la Industrialización**★". En ella se ilustra la situación de la clase obrera y el estilo de vida de la burguesía en la región del Ruhr a principios del s. XX.

Münster (Colegiata) – La parte más antigua del templo es el **testero oeste**★ (s. X), que consta de tres lienzos de pared y está inspirado en el de la catedral de Aquisgrán. La actual iglesia salón de estilo gótico se levantó a finales del s. XIII y principios del s. XIV sobre una cripta otoniana (las pinturas de las vidrieras son de Manessier). En la capilla lateral izquierda se conserva una obra de arte de gran valor: la **Virgen de Oro**★★★ (Goldene Madonna), que data de 980 y está catalogada como la estatua de la Virgen más antigua de Occidente. En el cuerpo oeste se encuentra un gigantesco candelabro de siete brazos (hacia el año 1000) decorado con motivos geométricos. El **tesoro catedralicio**★ (Domschatzkammer) ⓥ, alojado en la parte sur de la catedral, posee, entre otras joyas, cuatro espléndidas **cruces procesionales**★★★ (ss. X-XI), la corona de la Virgen de Oro, evangeliarios y la llamada espada ceremonial del martirio de san Cosme y san Damián, lujosa pieza del tesoro de Otón III.

Johanniskirche (Iglesia de San Juan) – Esta capilla de recogimiento –que en su origen fue el baptisterio del capítulo de la catedral– está unida al Münster por un atrio (s. XI). Fue transformada en iglesia de tipo salón hacia 1470. En la nave lateral derecha conserva un **retablo**★ pintado por Barthel Bruyn el Viejo (s. XVI), en el que se representan escenas de la vida de Jesús.

ESSEN

★**Villa Hügel** ⓥ – Esta suntuosa villa de la época de Bismarck (Gründerzeit) está situada en un bello **parque** de la orilla norte del lago Baldeney. Se construyó en 1870-1873 según los planos diseñados por Alfred Krupp. El edificio debía cumplir la doble función de vivienda privada y lugar de recepciones oficiales de la empresa. En total cuenta con 269 habitaciones. Hasta 1945 la Villa Hügel fue la residencia de tres generaciones de los Krupp y a partir de 1953 fue abierta al público.

La estructura arquitectónica y el acondicionamiento interior de la villa principal (Großes Haus) no se ha alterado desde 1915. Del rico equipamiento original destacan sobre todo los magníficos tapices (ss. XV-XVIII). En la actualidad es sede de una exposición permanente. En el pabellón anexo (Kleines Haus) se muestra la historia del vertiginoso ascenso de la empresa propiedad de los Krupp, que comienza en 1811 con la construcción del primer horno de fundición por Friedrich Krupp, y refleja el desarrollo de la industria pesada en Alemania desde sus inicios.

Abteikirche St. Ludger (Iglesia abacial St. Ludgerus) – *En el barrio meridional de Essen-Werden, a 8 km del centro de la villa.* Este templo, románico en su origen (s. XII), muestra ya elementos de transición al gótico en las bóvedas nervadas de la nave principal. El crucero se cubre con una **cúpula de pechinas**★. La cripta posee un elemento arquitectónico poco usual en las iglesias alemanas: la "**confesión**". Se trata de una galería en torno a la tumba de san Ludgero, que permite a los peregrinos rezar sin dejar de contemplar el sepulcro del santo. El **Tesoro** (Schatzkammer) ⓥ se encuentra en un museo situado en la parte sur de la iglesia. En él se puede ver un **crucifijo de bronce**★, una fina obra de arte del s. XI, así como una **píxide de marfil**★ del s. V, que muestra la representación más antigua en Alemania de la Natividad de Cristo.

ESSLINGEN AM NECKAR
Baden-Württemberg – 95.000 habitantes
Mapa Michelin nº 419 T 11

Situada en el valle del Neckar y rodeada de viñedos, Esslingen fue fundada en 1220. En 1802 fue incorporada al reino de Württemberg y perdió su antiguo status de ciudad libre del Imperio. La villa vivió su época de mayor esplendor durante el reinado de la dinastía de los Hohenstaufen, quienes residieron largas temporadas en Esslingen. En tiempos pasados esta localidad suaba fue un importante enclave de la ruta que unía el norte de Italia y Flandes. En la orilla derecha del Neckar, el núcleo antiguo conserva su imagen medieval dominada por la silueta de las torres de sus iglesias y por el castillo.

Esslingen posee una larga tradición comercial y desarrolló pronto un activo sector industrial que en la actualidad se dedica a la fabricación de maquinaria y de automóviles.

QUÉ VER

★**Marktplatz** – El edificio más bello que adorna esta pintoresca plaza, trazada en el s. XIX, es la **casa Kielmeyer**. Todas las calles que desembocan en la plaza del Mercado están bordeadas de viejos edificios de vigas entramadas y ofrecen bellas perspectivas.

★**Altes Rathaus** (Antiguo Ayuntamiento) – En este edificio de los ss. XV y XVI se conjugan el encanto de las líneas sobrias de las antiguas construcciones de vigas entramadas y la gracia de las fachadas ricamente decoradas del Renacimiento. El frontón de volutas de la fachada, que se abre a la plaza del Mercado, está coronado por un carillón doble y pintado en vivos colores. Pero la fachada meridional del ayuntamiento también presenta gran interés, porque en ella se muestra la originalidad de las construcciones de vigas entramadas en la región de Suabia.

Stadtkirche (Iglesia de San Dionisio) – Esta iglesia gótica domina la perspectiva de la plaza del mercado con sus dos torres comunicadas entre sí por una curiosa pasarela cubierta. El patronato de san Dionisio recuerda que la ciudad de Esslingen tuvo su origen en un convento que se estableció en el s. VIII con los donativos de la abadía de San Denis, en París. La nave central está separada del presbiterio por un leccionario (trascoro) de estilo gótico florido. A la izquierda de éste se puede ver una bella Piedad del s. XV. El presbiterio recibe la luz a través de unas bellas **vidrieras**★ de los ss. XIII-XIV.

ESSLINGEN AM NECKAR

Frauenkirche (Iglesia de Nuestra Señora) – Este templo de estilo gótico, al que se accede desde la plaza del Mercado por la rampa de la Untere-Beutau-Straße, se alza sobre una colina y presenta una bella unidad estructural. El exterior está dominado por la **torre★**, finamente labrada y flanqueada por dos torrecillas de escalera. La mejor perspectiva del conjunto se obtiene desde la parte oeste de la iglesia. Posee una rica decoración de estuco, sobre todo en el tímpano de la portada sur, con escenas que ilustran la vida de la Virgen (1350), y en la portada suroeste, en el que se representa el Juicio Final (s. XV). También llaman la atención las vidrieras del presbiterio, realizadas en 1330.

FLENSBURG★

Schleswig-Holstein – 89.000 habitantes
Mapa Michelin nº 415 B 12

Flensburg está situada en el extremo interior de un brazo de mar. Esta profunda ensenada denominada **Flensburger Förde★** –con sus riberas sombreadas por una densa vegetación de hayas– es un lugar muy apreciado por los amantes de la navegación de recreo. La cercanía de Dinamarca se adivina en los rótulos de las tiendas y de los quioscos de prensa que bordean el paseo del muelle o del Holm, la principal calle comercial de la ciudad. En efecto, Flensburg es la ciudad más septentrional de Alemania. Su economía se basa en la construcción naval y en el comercio del ron y otras bebidas espiritosas. Esta antigua villa portuaria jugó un importante papel en el comercio ultramarino, y de su rico pasado conserva las **lonjas de los mercaderes y los almacenes de víveres** –fundamentalmente del s. XVIII–, cuidadosamente restaurados en el marco del plan de saneamiento del casco antiguo de la ciudad. Los edificios más destacados son el **Handelshof**, en Norderstraße 86, el **Künstlerhof**, en Norderstraße 22 y el **Westindienspeicher** en Große Straße 24 *(patio interior)*.

QUÉ VER

★**Museumsberg Flensburg (Colina de los Museos)** ⊙ – Los museos y colecciones municipales instalados en la Colina de los Museos albergan una valiosa selección de objetos que ilustran la historia artística y cultural de Schleswig-Holstein, incluida la parte N de Schleswig que hoy pertenece a Dinamarca. La colección de mobiliario y equipamiento interior muestra arcones finamente tallados y armarios de la época gótica y del Renacimiento. Son interesantes las reconstrucciones de interiores de **viviendas burguesas y ambientes campesinos★**. Destaca la colección de obras del pintor Emil Nolde.

Nikolaikirche – Este edificio de ladrillo de estilo gótico tardío, que fue construido a finales del s. XIV, domina la Südermarkt, la plaza más bulliciosa de la ciudad. En el interior se puede contemplar un magnífico **órgano renacentista★**.

Nordertor (Puerta del Norte) – Esta sencilla construcción de ladrillo (finales del s. XVI) con sus dos frontones escalonados es el símbolo de la ciudad.

EXCURSIÓN

Glücksburg – *A 12 km en dirección NE.* El **palacio de Glücksburg** (Wasserschloß Glücksburg) ⊙ parece emerger de las aguas del lago. La construcción (1582-87) es un bloque compacto que agrupa tres cuerpos de edificios y que está flanqueado por cuatro torres angulares.
La decoración del interior recuerda a la casa Oldenburg Schleswig Holstein, con la que está emparentada la familia real danesa. En la primera planta destaca la gran Sala de Fiestas conocida como **Roter Saal**. Sus pesadas bóvedas poseen un delicado artesonado de cuadrículas, donde se intercalan pequeños elementos decorativos, como estrellas, rosetones o diminutos bustos. También es digno de mención el original **tapizado de cuero** con motivos ornamentales en oro y plata, un trabajo de repujado realizado en Malinas (Bélgica) en 1703.

FRANKFURT AM MAIN★★

FRANCFORT DEL MENO – Hesse – 660.000 habitantes
Mapa Michelin nº 417 P 10

Abierta al mundo y rica en tradiciones, la capital financiera y comercial de la República Federal ocupa una posición central en la intersección de los ejes de comunicación N-S y E-O. Numerosas administraciones federales tienen su sede en Francfort, entre otras la Banca Nacional alemana (Bundesbank) e instituciones europeas (Banco Central Europeo). Institutos de investigación de renombre internacional, su Universidad fundada en 1914, la Ópera y el creciente número de museos convierten a Francfort en la metrópoli científica y cultural de la región del Rin y del Meno. Su fama como ciudad de la prensa se explica por el prestigio del Frankfurter Allgemeine Zeitung, diario liberal que se edita desde el s. XIX.

APUNTES HISTÓRICOS

El corazón histórico de la ciudad del Meno está constituido por la **colina de la Catedral** (Domhügel), sobre la que se alzaban una fortificación romana y un palacio carolingio.

La época imperial – En 1152 Federico I Barbarroja se hizo elegir rey germánico en Francfort, inaugurando así una tradición que Carlos IV consagraría en 1356 con la Bula de Oro, mediante la cual el rey era elegido en Francfort por mayoría simple y, una vez coronado en Aquisgrán, pasaba a ser "Rey de Romanos", sin que fuera necesaria la confirmación o aprobación de la Santa Sede. En 1562 Francfort reemplazó a Aquisgrán como **ciudad de coronación** de los reyes y emperadores del Sacro Imperio Romano Germánico, privilegio que conservó hasta la disolución del Reich en 1806.

La juventud de Goethe – **Johann Wolfgang von Goethe**, nacido en Francfort en 1749, era hijo de un digno consejero imperial. El poeta mantuvo durante toda su vida estrechos lazos con su ciudad natal, cuyos recuerdos inolvidables reflejó en sus *Memorias (Aus meinem Leben)*. Después del periodo de prácticas que Goethe realizó en el tribunal de Wetzlar, el poeta vivió en Francfort los años más productivos de su carrera literaria (1772-75). En esta ciudad escribió en tan sólo cuatro semanas su obra *Werther* (1774).

Economía y Finanzas – La ciudad imperial obtuvo el derecho de la acuñación de moneda en el s. XVI. El mercado financiero experimentó un súbito florecimiento y se creó la **Bolsa**. En el s. XVIII, los Bancos de Francfort dominaban la economía y en el s. XIX adquirieron renombre internacional gracias a los gigantes de las finanzas como **Bethmann** y, sobre todo, **Rothschild** (1744-1812), cuyos hijos, conocidos como los "cinco de Francfort", fundaron filiales en París, Londres, Viena y Nápoles. Esta situación económica favorable creó un perfecto caldo de cultivo para el desarrollo de una poderosa industria, a la cabeza de la cual se situaron las industrias químicas y farmacéuticas.

En 1240 se celebró la primera feria de otoño en Francfort, a la que se sumó, en 1330, la feria de primavera. Junto a estas ferias de larga tradición, la ciudad organiza en la actualidad salones especiales de muestras que confirman el importante papel económico de esta metrópoli, entre los que son famosos el Salón del Automóvil y la Feria de la Peletería. El acontecimiento cultural más destacado es la **Feria del Libro** (Buchmesse) que tiene lugar en el mes de octubre.

El hecho de que la Unión Europea haya designado a Francfort como sede del Banco Central Europeo refuerza el indiscutible papel que representa en Alemania como capital financiera y de servicios.

El aeropuerto de Francfort es un centro neurálgico del tráfico aéreo internacional.

FRANCFORT EN LA ACTUALIDAD

La vida ciudadana – A pesar de su carácter cosmopolita –uno de cada cuatro habitantes de Francfort es extranjero– la metrópoli del Meno ha sabido salvaguardar la idiosincrasia de Hesse. La zona más animada de la ciudad se encuentra en torno a la **Hauptwache**, la antigua plaza de armas construida en 1729, que está situada entre el Roßmarkt y la **Zeil**, arteria comercial con mayor volumen de negocios de Alemania. Al N de la estación de ferrocarril se extiende el Westend, un tranquilo barrio residencial de estilo bismarckiano (Gründerzeit), situado en una zona verde que intenta preservar su integridad frente al avance de las construcciones comerciales.

En las tabernas del barrio de Alt-Sachsenhausen, en la orilla izquierda del Meno, se puede degustar el célebre **"Ebbelwei"** (sidra ligeramente ácida) junto a una especialidad de queso fresco en una salsa de cebollas y vinagre conocida como "Handkäs mit Musik".

FRANKFURT AM MAIN

Los rascacielos de Francfort

Panorama de la ciudad – El casco antiguo de Francfort, destruido casi por completo por los bombardeos de 1943-44, se extiende dentro del cinturón verde que sustituyó la línea de antiguas fortificaciones derribadas en 1805. Del recinto amurallado de la ciudad sólo subsiste en buen estado **la torre de Eschenheim**, cuya construcción se concluyó en 1428.

Después de 1945 se restauró un pequeño núcleo –la zona alrededor del Römerberg– en el interior de este perímetro. Para obtener la mejor perspectiva de las modestas siluetas –en comparación con los rascacielos de la Torre de la Feria, el de la Deutsche Bank o el de la Dresdner Bank– de este conjunto urbanístico, el observador debe situarse en el extremo del puente **Untermainbrücke**, junto a la orilla izquierda del Meno. Entre el ábside de la antigua iglesia de los Carmelitas y la catedral se pueden contemplar (de izquierda a derecha) la cúpula de la torre de la iglesia de San Pablo (Paulskirche), los tejados inclinados del Römer, la iglesia de San Leonardo en la ribera del río, el esbelto campanario de la iglesia de San Nicolás y, finalmente, en el extremo del Eiserner Steg (puente de Hierro), el Saalhof, un antiguo palacio imperial del que sólo se conserva una torre gótica (Rententurm).

El barrio de los rascacielos –que le ha valido a Francfort el apodo del "Manhattan germánico" por la densidad de edificios de esta índole que allí se alzan– refleja la prosperidad económica que disfruta la ciudad. La tendencia en la construcción de nuevos edificios altos va en aumento. En los últimos años ha visto crecer la silueta de dos elevados rascacielos: el **Messeturm** (265 m), un edificio de granito rojo oscuro del arquitecto germano-americano Helmut Jahn, y la sede del Commerzbank, obra de Norman Foster, que es hasta la fecha el más alto edificio de oficinas de Europa (259 m). En el barrio de los negocios las construcciones no deberán sobrepasar en el futuro la línea de los 200 m, pero no ocurre lo mismo en el campo ferial, donde existe un proyecto para levantar la denominada **Torre del Milenio** ("Millenium-Turm"), que alcanzará los 365 m de altura.

Desde la **Henninger Turm** ⊙ (120 m) en Sachsenhausen, emblema de la fábrica de cerveza homónima, se ofrece una **vista panorámica★** de la metrópoli, del Meno, del denso bosque que bordea la ciudad y del macizo boscoso del Taunus.

FRANKFURT AM MAIN

GUÍA PRÁCTICA DE FRANCFORT

Prefijo telefónico – 069.

Información turística – *Tourismus + Congress GmbH*, ☎ 21 23 88 00/ fax: 21 23 78 80, lu-vi 8.30-17. **Oficinas de Información:** Tourist Information Hauptbahnhof (Estación Central de Ferrocarril), vestíbulo, lu-vi 8-21, fs 9-18, ☎ 21 23 88 49; Tourist Information Römer, Römerberg 7, lu-vi 9.30-17.30, fs 10-16; City Info Zeil, lu-vi 10-18, sá 10-16. Venta anticipada de entradas en *Tourismus + Congress GmbH*.

Oficinas de Correos con horario especial: La Sucursal de Zeil permanece abierta lu-vi 9.30-20, sá 9-16; la oficina de la Estación Central de Ferrocarril (Hauptbahnhof) lu-vi 7-19.30, sá 8-16, y la que se encuentra en el aeropuerto abre diariamente de 7-21.

Internet – www.frankfurt.de; www.rhein-main.net; www.frankfurt-am-main.de; www.frankfurt-online.net. www.frankfurt-tourismus.de.

Transporte

La compañía de transportes urbanos **RMV** (Rhein-Main-Verkehrsbund: ☎2 73 07 62, www.rmv.de, do-vi 8-18, sá 9-16) coordina el servicio de autobuses, metro (U-Bahn), tranvías, ferrocarril metropolitano (S-Bahn) y los trenes suburbanos de la aglomeración de Frankfurt Rhein-Main. Los trenes de cercanías dependen de la empresa **VGF** (Verkehrsgesellschaft Frankfurt am Main: ☎ 1 94 49, www.vgf-ffm.de, lu-ju 8-17, vi 8-13). Puestos de información: garita en la antigua plaza de Armas (Hauptwache), lu-vi 9-20, sá 9-16, en la Konstablerwache, pasaje de la planta B, y en distintas estaciones de Metro y Ferrocarril metropolitano. En los viajes por la ciudad se aplica siempre la tarifa 3: el billete ordinario para un viaje cuesta 1,90 €, entre las 9-16 cuesta 1,55 €, el billete diario (Tageskarte) 4,20 €, la Gruppenkarte (que pueden usar hasta 5 personas) 7,15 € (válido hasta la hora en que concluye el servicio correspondiente). Los títulos de transporte se adquieren en las máquinas automáticas o directamente se compran a los empleados de la compañía (conductores, etc.). No es posible obtener billetes ni en los vagones del metro o el ferrocarril metropolitano, ni en los tranvías.

Existen dos modalidades de **Frankfurt Card**: una cuesta 6,15 € (validez 1 día) y otra 9,70 € (válida para 2 días); ambas dan derecho a viajar por la red de la RMV en el área metropolitana de Francfort, incluido el aeropuerto, y con ella se pueden obtener descuentos del 50% en 15 museos y diferentes atracciones, como el Zoológico, y del 25 al 30% en algunas travesías en barco y en circuitos turísticos. La tarjeta se puede obtener en numerosas agencias de viaje, en las oficinas de información turística y en las dos terminales del aeropuerto.

Atención: Si viaja al aeropuerto en el ferrocarril metropolitano (S-Bahn) deberá adquirir un billete de la tarifa 4.

Visitas guiadas

Circuitos turísticos por la ciudad – La sociedad *Tourismus + Congress GmbH* (☎ 21 23 89 53, fax 21 23 82 43) organiza circuitos de 2h30 de duración, que incluyen la visita al Museo Histórico para ver las antiguas maquetas de la ciudad y de la Casa de Goethe; salidas todos los días a las 14 desde el Römerberg y a las 14.15 de la estación central de ferrocarril, de abr-oct también a las 10 o las 10.15 (22,50 €). La empresa *Ebbelwei-Express* incluye en el precio del billete (3,10 €) un viaje de una hora (sólo fs por la tarde) en tranvía por el casco antiguo de Francfort y Sachsenhausen, una botella de sidra (o de zumo de manzana) y un paquete de galletitas saladas (Brezeln); ☎ 21 32 24 25, www.tcf.frankfurt.de. Las agencias *Kulturothek Frankfurt* ☎ 28 10 10, fax 28 10 70, www.kulturothek-frankfurt.de, y *Stattreisen* ☎ 46 33 59, www.stattreisen-frankfurt.de.

Travesías en barco – La compañía naviera *Frankfurter Personenschiffahrt*, ☎ 133 83 70 ofrece viajes de 50 a 100 min de duración durante los meses de abr-oct.

Ebbelwei-Expreß

Alojamiento

CORRECTO

A Casa – *Varrentrappstraße 49 (continuar por la Junghofstraße en dirección al recinto ferial)* – ☏ *97 98 88 21 – fax 97 98 88 22 – 6 hab – individuales desde 64 €*. Pequeño hotel instalado en una antigua villa.

Kolpinghaus – *Lange Straße 26 (paralela entre Zeil y Schöner Aussicht)* – ☏ *29 90 60 – fax 29 90 61 00 – 48 hab – individuales desde 46 €*. Edificio funcional con decoración sencilla.

Corona – *Hamburger Allee 48 (prolongación de la Schloßstraße y perpendicular a la Bockenheimer Landstraße)* – ☏ *77 90 77 – fax 70 86 39 – 26 hab – individuales desde 57 €*. Negocio familiar situado cerca del Parque Ferial.

UNA BUENA OPCIÓN

Courtyard by Marriott – *Oeserstraße 180 (en dirección al Parque Ferial)* – ☏ *3 90 50 – fax 3 80 82 18 – 236 hab – individuales desde 108 €*. Gran hotel equipado para reuniones de trabajo, cercano a la Feria y con precios razonables.

Atlantic – *Düsseldorfer Straße 20* – ☏ *27 21 20 – fax 27 21 21 00 – 60 hab – individuales desde 108 €*. Hotel moderno próximo a la Estación Central de Ferrocarril.

Liebig-Hotel – *Liebigstraße 45 (perpendicular a la Bockenheimer Landstraße al O del Reuterweg)* – ☏ *72 75 51 – fax 72 75 55 – 19 hab – individuales desde 108 €*. Pequeño hotel situado en el barrio financiero.

Imperial – *Sophienstraße 40 (cerca del Palmengarten)* – ☏ *7 93 00 30 – fax 79 30 03 88 – 60 hab – individuales desde 110 €*. Típico hotel para hombres de negocios.

UN CAPRICHO

Steigenberger Frankfurter Hof – *Bethmannstraße 33* – ☏ *2 15 02 – fax 21 59 00 – 332 hab (17 suites) – individuales desde 268 €*. Gran hotel de larga tradición en el centro de la ciudad.

Hilton – *Hochstraße 4* – ☏ *1 33 80 00 – fax 13 38 13 38 – 342 hab (3 suites) – individuales desde 268 €*. Hotel moderno situado en el cinturón verde próximo a la Ópera Antigua.

Restaurantes

CORRECTO

Bauer – *Sandweg 113 (cerca del Zoo)* – ☏ *40 59 27 44 – menús desde 12,50 €*. Agradable decoración y ambiente distendido.

Tao – *Friedberger Anlage 14 (cerca del Zoo)* – ☏ *44 98 44 – menús desde 10 €*. Excelente cocina vietnamita; situado al norte de la ciudad, agradable jardín.

UNA BUENA OPCIÓN

Meyer's Restaurant – *Große Bockenheimer Straße 54* – ☏ *91 39 70 70 – menús desde 17 €*. Restaurante italiano en plena Freßgass.

Stars und Starlets – *Friedrich-Ebert-Anlage 49 (cerca de la estación central de ferrocarril)* – ☏ *756 03 00 – menús desde 17 €*. Restaurante moderno instalado en una bodega con decoración de diseño.

Eckstein – *An der Staufenmauer 7* – ☏ *131 07 27 – menús desde 20 €*. El restaurante se encuentra en un pequeño pasaje en las proximidades de la Konstabler Wache, junto a las antiguas murallas.

Erno's Bistrot – *Liebigstraße 15 (perpendicular a la Bockenheimer Landstraße al O del Reuterweg)* – ☏ *72 19 97 – menús desde 26 €*. Cocina francesa refinada.

UN CAPRICHO

Tiger-Restaurant – *Heiligkreuzgasse 20 (cerca de la Konstabler Wache)* – ☏ *92 00 22 25 – menús desde 29 €*. Restaurante moderno con bar instalado en el célebre teatro de variedades "Tigerpalast".

Cafés, tabernas y bares

La Freßgass está poblada de restaurantes y terrazas de cafés. El barrio tradicional para tomar "Ebbelwoi" (sidra) es Sachsenhausen, situado en la orilla opuesta del Meno. También disfruta de buen ambiente el distrito de Bockenheim.

CAFÉS

Altes Café Schneider – *Kaiserstraße 12* – ☏ *28 14 47. Lu-vi 7-19, sá 8-18, oct.-abr también do 12-18*. La decoración de tejidos aterciopelados y los candelabros proporcionan un aspecto nostálgico al local.

Café Hauptwache – *An der Hauptwache 1* – ☏ *01 71/6 21 10 26*. Agradable terraza y mesas en el interior.

FRANKFURT AM MAIN

Café im Liebighaus – *Schaumainkai 71* – ☎ *63 58 14. Oct-mayo, ma-sá 11-20, do 10-20; jun-sept, ma-vi 10-23, sá 10-18.30, do 10-20.* Bonito café de museo situado en una encantadora plazuela.

Stattcafé – *Grempstraße 21* – ☎ *70 89 07. Lu-vi 9-24, fs 8-20.* Acogedor café en Bockenheim donde sirven buenos desayunos y deliciosas tartas.

Café Christine – *Eschersheimer Landstraße 319* – ☎ *56 17 66. Lu-sá 7.30-18.30, do 10-18.* Rica repostería, con especialidades locales, como el Frankfurter Kranz, y extranjeras, como la Schweizer Nußtorte (tarta suiza de nueces).

CAFÉS Y TABERNAS

Café Diesseits – *Konrad-Broßwitz-Straße 1* – ☎ *70 43 36. Todos los días de 9.30-1.* Taberna en Bockenheim.

Café Klatsch – *Mainkurstraße 29 (dirección a Lomreberg)* – ☎ *4 90 97 09 – fax 40 50 66 32. Todos los días de 10-1.* Público variopinto y variada carta gastronómica.

Central Park – *Kaiserhofstraße 12 (perpendicular a la Große Bockenheimer Straße)* – ☎ *91 39 61 46 – fax 91 39 61 48 – www.central-park.com. Lu-vi de 11-2, sá de 11-3.* Café con agradable terraza.

Harveys – *Bornheimer Landstraße 64 (perpendicular a la Friedberger Landstraße en dirección a Friedberg)* – ☎ *49 73 03 – fax 43 46 04 – www.harveys-frankfurt.de. Do-ju 9-1, vi-sá 9-2.* Curiosa decoración interior, tan original como la clientela.

Helium – *Bleidenstraße 7 (cerca de la Liebfrauenkirche)* – ☎ *28 70 35 – www.nachtleben.de/helium. Todos los días de 11.30-4.* Puede pasar una alegre velada observando al público que lo frecuenta.

EN EL BARRIO DE SACHSENHAUSEN

Varios locales donde degustar "Ebbelwei" (sidra).

Zum gemalten Haus – *Schweitzer Straße 67* – ☎ *61 45 59. Mi-do 10-24.* Típico local en el que se sirve sidra acompañada de variadas especialidades gastronómicas.

Zum Eichkatzerl – *Dreieichstraße 29 (perpendicular al Deutschherrnufer al E de la Walter-Kölb-Straße)* – ☎ *61 74 80. Ma-do 15-24.* Este local tiene más de un siglo de antigüedad.

Klaana Sachsenhäuser – *Neuer Wall 11 (perpendicular a la Elisabethenstraße)* – ☎ *61 59 83. Lu-sá 16-24.* Decoración rústica y agradable terraza en el patio interior; cocina regional.

Fichtekränzi – *Wallstraße 5 (perpendicular a la Elisabethenstraße)* – ☎ *61 27 78. Todos los días de 17-23.* Aquí se ofrece sidra (Ebbelwoi), buena cerveza y una gran selección de vinos.

Lorsbacher Tal – *Große Ritterstraße 49 (paralela al S del Deutschherrnufer)* – ☎ *61 64 59. Ma-sá 16-24, do 12-23.* En esta antigua tasca se pueden degustar exquisitas "tapas".

LOCALES AL AIRE LIBRE

Römerbembel – *Römerberg* – ☎ *28 83 83. Todos los días de 11.30-23, platos calientes de 11.30-23.* Magnífica vista del Römer.

Zur Sonne – *Berger Straße 312 (por la Vilbeler Straße en dirección NE)* – ☎ *45 93 96 – fax 2 20 10. Lu-sá 16-24, platos calientes hasta las 23, do de 15-23.* Lugar ideal para tomar un poco de sol.

Zum Rad – *Leonhardsgasse 2* – ☎ *47 91 28 – fax 47 29 42 – www.zum-rad.de. Invierno: mi-sá 17-24, do 11-24; verano: lu y mi-sá 16-24, do 15-24.* El establecimiento dispone de un salón interior con bellos revestimientos de madera y un jardín a la sombra de viejos castaños.

FRANKFURT AM MAIN

BARES

Oppenheimer Bar – *Oppenheimer Straße 41 (prolongación de la Oppenheimer Landstraße)* – ☎ *62 66 74.*

Jimmy's – *Friedrich-Ebert-Anlage 40 (al S de la Bockenheimer Landstraße)* – ☎ *75 40 29 61. Lu-vi 17-4, fs a partir de las 20.* Piano-Bar instalado en el hotel Hessischer Hof.

Havanna Bar – *Schwanenstraße 2 (entre Zoo y Schöne Aussicht)* – ☎ *49 56 33. Do-ju 18-2, vi-sá 18-3.* Gran especialista en la preparación de cócteles.

Compras

La principal arteria comercial de Fráncfort es la Zeil; en ella se encuentran, además de numerosos grandes almacenes, el célebre pasaje *Les facettes*. Muy cerca de aquí se ubican los establecimientos de las **marcas exclusivas**, en las calles próximas a la Große Bockenheimer Straße (Freßgass) y a la Goethestraße.

Las **Galerías de Arte** están distribuidas por toda la ciudad, aunque la mayor parte se han establecido en la Braubachstraße. Los **negocios de anticuario** se concentran en la Pfarrgasse (alrededores de la catedral).

El **Rastro** (Flohmarkt) se celebra todos los sá de 9-14 a orillas del Meno.

Mercados – El mercado de productos agrícolas se instala todos los sá por la mañana en la Konstablerwache. En Bornheim se celebra los mi de 7-18 en la Berger Straße, y en Sachsenhausen los viernes de 8-18 en las proximidades de la Estación Sur de Ferrocarril (Südbahnhof).

Espectáculos

TEATRO

Schauspiel Frankfurt – *Neue Mainzer Straße 17* – ☎ *1 34 04 00 – fax 1 34 04 44 – www.schauspiel.frankfurt-m.com. Venta anticipada: lu-vi 8-20, sá 8-19, do 11-19.* En este complejo municipal se puede ver actuar a la Schauspielhaus, a la Kammerspiele, a la compañía de Ópera y al Ballet de Fráncfort.

Die Komödie – *Neue Mainzer Straße 18* – ☎ *28 45 80. Venta anticipada: lu-sá 10-13.30 y 14.30-19, do 15-18.* Espectáculos humorísticos.

Volkstheater Frankfurt – *Großer Hirschgraben 21* – ☎ *28 36 76 – www.volkstheater-frankfurt.de. Venta anticipada: lu 10-16, ma-sá 10-18.* Teatro que se expresa en dialecto de la región de Hesse.

Künstlerhaus Mousonturm – *Waldschmidtstraße 4 (cerca del Zoo);* ☎ *40 58 95 20 – www.mousonturm.de. Venta anticipada: ma-vi 11-19, fs 15-19.* Instalado en el edificio de una antigua fábrica de jabón; en él se pueden ver actuaciones de teatro independiente y de diferentes compañías nacionales y extranjeras.

ÓPERA, BALLET, OPERETA Y MUSICAL

Oper und Ballett Frankfurt – *Willy-Brandt-Platz* – ☎ *1 34 04 00 – fax 1 34 04 44 – www.oper-frankfurt.de. Venta anticipada: lu-vi 8-20, sá 8-19, do 11-19.* La compañía de este teatro ha alcanzado un merecido prestigio bajo la dirección de William Forsythe por sus audaces puestas en escena y su moderna coreografía.

TEATRO DE VARIEDADES, REVISTAS Y CABARETS

Schmiere – *Seckbächer Gasse 2 (entre Mainkai y Münzgasse)* – ☎ *28 10 66 – fax 91 39 99 70. Venta anticipada: mi-do a partir de las 18.* Teatro satírico.

Tigerpalast – *Heiligkreuzgasse 16-10 (cerca de la Konstabler Wache)* – ☎ *28 96 91 – www.tigerpalast.com – Venta anticipada: todos los días de 10-21.* Local que reúne a los admiradores de Jonny Klinke.

CONCIERTOS DE MÚSICA CLÁSICA

Alte Oper Frankfurt – *Opernplatz* – ☎ *1 34 04 00 – www.alte-oper-frankfurt.de. Venta anticipada: lu-vi 8-20, sá 8-19, do 11-19.* El edificio de la Ópera de Fráncfort (Alte Oper) fue remodelado en 1981 y transformado en una sala de conciertos y en un centro de Congresos.

Jahrhunderthalle Hoechst – *Pfaffenwiese, Hoechst* – ☎ *3 60 12 40. Venta anticipada: lu-vi 12-20.* Además de conciertos de música clásica, esta sala acoge diferentes tipos de espectáculos.

JAZZ

Jazz-Keller – *Kleine Bockenheimer Straße 18a* – ☎ *28 85 37/28 49 27 – www.jazzkeller.com. Mi-do a partir de las 21, vi-sá a partir de las 22.* Este es el primer local de jazz que se creó en Fráncfort.

FRANKFURT AM MAIN

CLUBS, DISCOTECAS Y MÚSICA EN VIVO

Dreikönigskeller – *Färberstraße 71 (detrás de la iglesia de Sachsenhäuser Ufer)* – ☎ *62 92 73*. Local situado junto a la iglesia Dreikönigkirche, en el que se asiste a interesantes actuaciones musicales.

Sinkkasten – *Brönnerstraße 5 (paralela entre la Schäfergasse y la Stiftstraße)* – ☎ *28 03 85 – fax 29 91 49 – www.sinkkasten-frankfurt.de. Lu-ju 21-2, vi 21-3, sá 21-4*. Club musical de larga tradición.

Dorian Gray – *FRA Terminal 1, Halle C* – ☎ *69 02 21 21*. Gran discoteca en el aeropuerto de Francfort.

CINE

La mayor parte de los cines de estreno se encuentran en el centro de la ciudad, entre Konstabler Wache, Zeil y Hauptwache; también existen numerosas salas en la Weißfrauenstraße. En la Filmoteca Municipal del Deutsches Filmmuseum (Museo Alemán del Cine) se pueden ver películas interesantes.

Acontecimientos culturales y festivos

Dippemess a finales de mar/principios de abr y en sept. *Mainfest* a finales de jul/principios de ago. *Apfelweinfest auf dem Römerberg* a principios de ago. *Museumsuferfest* en ago. *Weihnachtsmarkt auf der Airport Gallery im Terminal 1* en dic.

EL CASCO ANTIGUO 1/2 día

Römer y Römerberg – El Römer es un conjunto desigual de casas burguesas de la época medieval *(reconstruidas)*; a partir de 1405 las dependencias del ayuntamiento ocuparon estos edificios, que posteriormente sirvieron también de escenario para las celebraciones de los banquetes con motivo de la elección y coronación de los emperadores. Los tres frontones góticos escalonados, símbolos de la ciudad de Francfort, se orientan hacia el Römerberg. Este grupo de edificaciones debe su nombre a la **casa Zum Römer**, que está situada en el centro y es la más antigua y lujosa del trío de casas decoradas con gabletes góticos; las cuatro estatuas de emperadores, custodiadas por figuras de águilas, que coronan la balaustrada tallada en piedra del balcón se añadieron en el s. XIX.
Una elegante escalera de caracol exenta de estilo renacentista adorna el pequeño patio interior.

Sala Imperial (Kaisersaal) ⌚ – Para ilustrar la historia milenaria del Imperio Germánico, esta sala se decoró en el s. XIX con 47 retratos de emperadores, desde Carlomagno hasta Francisco II, el último emperador. En la antigua sala de Fiestas reservada para los banquetes con motivo de las coronaciones imperiales se celebran en la actualidad las recepciones oficiales del consejo municipal.

La plaza del **Römerberg** está acotada al S por el edificio de arenisca roja de la antigua **iglesia de San Nicolás**, que data del s. XIII. La primitiva capilla del Consejo posee una tribuna flanqueada por cuatro torres angulares y un bonito carillón formado por 40 campanillas. Al SO de la plaza se alza la casa **Wertheim**, una bella construcción de vigas entramadas del renacimiento tardío (1600).
En el flanco norte de la Römerberg se encuentra la **Steinerne Haus**, un edificio de 1464 que imita la arquitectura palaciega italiana. El flanco oriental de la plaza está bordeado por una serie de casas de vigas entramadas de los ss. XV-XVIII (*restauradas*). En el centro se puede contemplar la **fuente de la Justicia** (Gerechtigkeitsbrunnen), de 1543.
La parte rehabilitada del viejo Francfort limita con una zona de arquitectura posmoderna, uno de cuyos edificios más representativos es la **Galería de Arte Schirn** (Kunsthalle Schirn). Esta sala, formada por una larga galería y una rotonda, alberga exposiciones temporales de arte contemporáneo.

★ **Dom (Bartholomäuskirche)** – En esta iglesia parroquial comenzó a celebrarse, a partir de 1356, la elección de los reyes y, desde 1562, la coronación del emperador. Por eso, debido a la solemnidad de los acontecimientos que acogía, la iglesia de San Bartolomé fue denominada "catedral" de Francfort.
Esta iglesia gótica de tres naves de tipo salón, con un enorme crucero, fue construida entre los ss. XIII y XV sobre el solar que ocupaba un antiguo templo carolingio. La alta **torre occidental**★★, cuya construcción no se concluyó hasta 1877, está coronada por una estructura arquitectónica octogonal decorada con gabletes y una linterna.
El peristilo neogótico que precede a la torre norte se construyó después del incendio que sufrió la catedral en 1867. En él se puede contemplar un impresionante grupo de la **Crucifixión** (1509) realizado en arenisca gris por Backoffen, un escultor natural de Maguncia. La bella **sillería del coro**★ (hacia 1350) es obra de un maestro de la alta Renania, mientras que las **pinturas murales** fueron realizadas en 1427 por un artista de la escuela de Colonia; en ellas se representa la leyenda de san Bartolomé.

Allerheiligenstraße	HY 3	Goethestraße	GY	Münzgasse	GZ 40
An der Hauptwache	GHY	Gr. Bockenheimer		Rechneigrabenstr.	HZ 50
Bethmannstraße	GZ 7	Str.	GY 27	Roßmarkt	GY
Bleidenstraße	HY 9	Große Friedberger Str.	GY 29	Schillerstraße	GY 54
Bockenheimer Landstr.	GY 10	Großer Hirschgraben	GZ 30	Stoltzestraße	HY 58
Domstraße	HZ 13	Kaiserstraße	GZ	Taunusstraße	GZ 62
Elisabethenstraße	HZ 16	Kalbächer Gasse	GY 32	Untermainanlage	GZ 65
Friedberger Anlage	HY 20	Kleiner Hirschgraben	GY 35	Weißfrauenstraße	GZ 68
Friedberger Landstr.	HY 22	Limpurgergasse	HZ 36	Weserstraße	GZ 69
Friedensstraße	GZ 24	Münchener Str.	GZ	Zeil	HY

Alte Nikolaikirche	HZ A	Liebfrauenkirche	HY E
Deutsches Architektur-Museum	GZ M6	Museum für Moderne Kunst	HY M10
Deutsches Filmmuseum	GZ M7	Museum für Post und Kommunikation	GZ M5
Goethe-Museum	GZ M2	Museum für Völkerkunde	GZ M8
Haus Wertheim	HZ B	Naturmuseum Senckenberg	GY M9
Historisches Museum	HZ M1	Römer und Römerberg	HZ R
Jüdisches Museum	GZ M3	Städtische Galerie Liebieghaus	GZ M4
Kunsthalle Schirn	HZ D	Steinernes Haus	HZ C

En un nicho situado a la derecha del presbiterio se encuentra la lápida sepulcral (1352) del conde Günther von Schwarzburg, el infortunado rival del monarca Carlos IV por el título de rey de Germania. La puerta contigua comunica con la **Wahlkapelle** (1ª mitad s. XV), la capilla en la que los siete príncipes electores del Sacro Imperio Romano Germánico deliberaban para designar el nuevo rey.

En la capilla situada a la izquierda del presbiterio se encuentra el **altar del Sueño de María** (María-Schlaf-Altar), de 1434. Es el único retablo que se conserva de la iglesia primitiva y es obra de un maestro de Colonia. En él se representa a los Doce

Apóstoles rodeando a la Virgen María en su lecho de muerte. El gran **Descendimiento de la Cruz** que se alza en el muro occidental del crucero norte es obra de Anton van Dyck (1627).

★ **Dommuseum (Museo de la Catedral)** – Está instalado en la parte que se conserva del claustro gótico. En el museo se muestra, además del tesoro de la catedral que presenta una valiosa colección de orfebrería y de suntuosas vestiduras desde la Alta Edad Media al s. XIX, los hallazgos procedentes de la llamada **Mädchengrab**, una sepultura datada a finales de la época merovingia.

Al O de la catedral se encuentra el **Historischer Garten**, un campo de excavaciones arqueológicas en el que han salido a la luz restos de la época romana y vestigios de las fortificaciones carolingias.

★ **Museum für Moderne Kunst (Museo de Arte Moderno)** – Esta proeza arquitectónica se debe al vienés Hans Hollein, quien logró diseñar un espacioso museo cuando sólo disponía de un terreno de forma triangular de reducidas dimensiones. La concepción del interior, llena de soluciones que derrochan fantasía, sorprende por sus grandes dimensiones y perspectivas. Las obras de arte contemporáneo acumuladas por Karl Ströher, coleccionista de Darmstadt –adquiridas por la ciudad de Francfort en 1980–, constituyen la piedra angular de los fondos del museo. Están bien representados los artistas de la escuela de Nueva York (Claes Oldenburg, Andy Warhol) y el arte contemporáneo alemán (Joseph Beuys, Mario Merz, Katharina Fritsch y Gerhard Richter con su deprimente *Ciclo de Stammheim*). También se dedica un amplio espacio a la fotografía. Una característica original del museo es que cada 6 u 8 meses modifica completamente la distribución de las obras en las salas.

Museo de Arte Moderno

Leonhardskirche (Iglesia de San Leonardo) – El aspecto de esta iglesia gótica de los ss. XV y XVI revela que fue construida sobre una basílica románica. En la parte oriental se conservan las torres octogonales y las bellas tallas en piedra del **portal del Maestro Engelbertus** (s. XIII), que, tras añadirse dos naves al edificio primitivo, quedaron en el interior de la iglesia.

La parte central del templo es casi cuadrada, con una galería corrida en tres de sus lados. En el presbiterio se pueden contemplar magníficas vidrieras, y, a la izquierda del mismo, un extraordinario retablo esculpido *(Escenas de la vida de la Virgen)*, así como un cuadro de Holbein el Viejo que representa *La Última Cena* (1501). La nave lateral norte alberga una capilla bautismal.

Paulskirche (Iglesia de San Pablo) – En este edificio (reconstruido) de planta circular, levantado a principios del periodo neoclásico, celebró sus sesiones (1848/49) la Asamblea Nacional Alemana elegida después de la Revolución de Marzo. En la actualidad alberga exposiciones consagradas a la historia del movimiento democrático alemán.

★ **Goethe-Haus (Casa de Goethe) y Frankfurter Goethe-Museum (Museo de Goethe)** – "La casa era espaciosa, luminosa y alegre, la escalera amplia, los vestíbulos bien aireados y desde múltiples ventanas se podían contemplar los jardines". Así describía Goethe el hogar paterno. En esta casa, reconstruida después de 1945, se ha recreado el ambiente hogareño de la familia Goethe en el s. XVIII. En la pequeña exposición que se ha montado en el antiguo gabinete del poeta, se puede ver, junto a una imagen de Charlotte Buff, su amor de juventud, documentos que ilustran la génesis de sus primeras obras.

Al lado, un edificio moderno alberga un **museo** en el que se ha instalado una pinacoteca con obras de la época de Goethe (finales del barroco hasta el romanticismo). Entre los cuadros que se pueden ver figuran obras de Tischbein, Hackert, Graff, Füssli y Friedrich.

ORILLA IZQUIERDA DEL MENO

El tramo de la orilla izquierda del Meno que va desde el Eiserner Steg a la Friedensbrücke se conoce en Francfort como la **ribera de los museos**, un itinerario cultural en el que se alinean una impresionante serie de museos a lo largo del paseo de Schaumainkai. Este conjunto museístico, creado en un barrio de magníficas villas burguesas, contrasta con la orilla derecha, que alberga la ciudad de los negocios.

FRANKFURT AM MAIN

Las nuevas construcciones de los años 80 que acogen museos de renombre internacional (Museo de Artes Aplicadas, Museo de Arquitectura, Museo Postal) se integran a la perfección en esta zona residencial de grandes espacios verdes y parques muy cuidados.

** **Städelsches Kunstinstitut und Städtische Galerie (Museo Städel y Galería Municipal)** ⓥ – Esta gran galería de arte alberga una importante colección de **pintura de los "viejos maestros"**, con magníficas obras de: **Holbein el Viejo** (*Genealogía de Cristo*), Grünwald, Altdorfer, Durero, van Eyck (*Virgen de Lucca*), Fray Angélico, Mantegna, Botticelli. La pintura de siglos posteriores está representada por Vermeer (*El geógrafo*), Rembrandt, Frans Hals, Rubens (*Esponsales de Santa Catalina*), Tiépolo, Elsheimer, Poussin, Watteau.
La pintura alemana de la época de Goethe está representada por **Johann Heinrich Wilhelm Tischbein** (*Goethe en la campiña romana*, 1787). Entre los impresionistas franceses destacan **Renoir** y **Monet** (*El almuerzo*), mientras que Liebermann es el máximo exponente germano de esta corriente artística. Entre los Expresionistas alemanes cabe citar a Beckmann, Kirchner y Marc; Matisse y Picasso representan la tendencia moderna. También hay un espacio reservado al surrealismo, a la Bauhaus y al arte contemporáneo (Dubuffet, Bacon, Tapiès).

* **Museum für Kunsthandwerk (Museo de Artes Aplicadas)** ⓥ – El nuevo edificio del museo (1985) es obra del arquitecto neoyorquino Richard Meier, que integró en el proyecto la preexistente Villa Metzler (1803), de estilo neoclásico.
En sus grandes espacios, inundados de luz gracias a la apertura de amplias superficies de cristal, resaltan la pureza de líneas y la nobleza de los materiales de los objetos expuestos, especialmente del mobiliario: los armarios y los cofres tallados del renacimiento y del barroco, las cómodas y bargueños con incrustaciones preciosas, y las piezas de Jugendstil. También tiene gran valor la **colección de vidrio** (cristalerías venecianas de los ss. XV-XVI). La **sección islámica** contiene sobre todo loza fina y tapices, y en la de **Extremo Oriente** destacan la porcelana y una bella colección de piezas lacadas.
La artesanía de estilo rococó y neoclásico cuenta con una notable **colección de porcelanas** fabricadas en las renombradas manufacturas europeas de Meissen, Berlín, Nymphenburg, Viena y Sèvres. También tiene interés la **sección de arte del libro y de la caligrafía**.

Städtische Galerie Liebieghaus/Museum alter Plastik (Galería de la Ciudad Liebig/Museo de Escultura) ⓥ – Alberga bellas esculturas de distintos periodos y ámbitos culturales: del Antiguo Egipto (cabeza de un dignatario del Imperio Medio), de la Edad Media (*Virgen con el Niño*, Tréveris, s. XI), obras de Tilman Riemenschneider y del clasicismo.

* **Deutsches Filmmuseum (Museo Alemán de Cinematografía)** ⓥ – En este museo se exponen los diferentes inventos que marcaron el **comienzo de la historia del cine** (cinematógrafo de Edison, 1899) y los inicios de la fotografía. En la sección **Producción cinematográfica, Historia del cine y de géneros**, el visitante se familiariza entre bastidores con las técnicas del cine mudo y sonoro. En una serie de dibujos y maquetas se muestran las técnicas de los efectos especiales, y en un pequeño **cine** se realizan varias proyecciones diarias de informativos de actualidad, anuncios publicitarios y cortometrajes.

Y ADEMÁS

** **Zoo** ⓥ – En este zoológico, célebre por el alto índice de reproducción de animales en cautiverio, viven cerca de 5.000 ejemplares (600 especies). La sección de aves se distingue por su gran colorido, con un gran recinto dispuesto para el vuelo en libertad de algunos pájaros. En el **Exotarium** se muestran peces, reptiles, pingüinos e insectos en un espacio que simula su hábitat natural. El Grzimek-Haus –que se mantiene en la oscuridad durante el día– permite observar a los **animales nocturnos**, como el zorro del Sahara, el tapir...

Museo de Historia Natural Senckenberg

* **Naturmuseum Senckenberg (Museo de Historia Natural Senckenberg)** ⓥ – Este museo fundado en 1821 se distingue por su rico **departamento de Paleontología**★★ (*en la planta baja*), organizado con un criterio muy didáctico. Ya en el ves-

FRANKFURT AM MAIN

tíbulo de entrada se expone una colección de fósiles del Jurásico Inferior (Lias), hallados en Holzmaden (Würtemberg), que incluye cocodrilos marinos, ichthyosaurios y crinoideos.

En la **sala de los dinosaurios** se pueden contemplar los esqueletos de gigantestos animales de la Era Secundaria: diplodocus e iguanodonte. También se conservan importantes **hallazgos de la época jurásica**, principalmente de la región de Solnhofen próxima al Altmühl (ancestro de pájaro y otros saurios antepasados de los animales voladores). Se ilustra igualmente la historia de la evolución del homo mediante numerosos objetos procedentes de hallazgos arqueológicos. Los fósiles hallados en las excavaciones de **Messel** cerca de Darmstadt, conservados en perfecto estado, proporcionan una idea bastante expresiva de nuestro pasado geológico.

★ **Palmengarten (Jardines Tropicales)** ⊙ – *Salga por la Bockenheimer Landstraße*. Este jardín botánico reúne una amplia variedad de plantas ornamentales que prosperan en grandes **invernaderos** (tropicales, subantárticas, alpinas) y colecciones de flora exótica (palmeras, orquídeas, cactus). El Palmhaus (invernadero de palmeras), de 1869, es la estufa más antigua construida en Europa. El parque cuenta, además, con multitud de árboles muy antiguos y distintos tipos de jardines (jardín adornado con piedras, de arbustos, de rododendros, rosaledas, etc.).

⊙ ▶▶ Historisches Museum (Museo Histórico) – Liebfrauenkirche (Iglesia de Nuestra Señora) – Jüdisches Museum (Museo Judío) – Museum für Kommunikation Frankfurt am Main (Museo Posta y de las Telecomunicaciones) – Deutsches Architektur-Museum (Museo Alemán de Arquitectura) – Museum der Weltkulturen (Museo de las Grandes Civilizaciones).

EXCURSIONES

Offenbach – *A 7 km en dirección E. Salir de Francfort por Deutschherrn-Ufer. Plano de la ciudad en Guía Roja Michelin de Alemania*. Esta villa situada en la orilla izquierda del Meno es el centro de la industria del cuero en Alemania (bianualmente se celebra allí el Salón Internacional del Cuero).

★★ **Museo Alemán del Cuero y Museo del Zapato** ⊙ – *Frankfurter Straße 86*. El **museo del Cuero** (Deutsches Ledermuseum) expone una gran variedad de colecciones –cuero, pergamino y piel– de todo el mundo y presenta el tema de los "curtidos" desde diferentes perspectivas (por ejemplo, el uso de este material para la fabricación de objetos para viaje, para la práctica de deportes, juegos, etc.)
El **Museo Alemán del Zapato** (Deutsches Schuhmuseum) *(instalado en el mismo edificio)* presenta la evolución de la moda de esta prenda, desde el antiguo Egipto, la época romana hasta el calzado moderno. Una sección interesante del museo es la que considera el zapato como una creación artística.

★ **Friedberg** – *A 28 km al N, saliendo de Francfort por la Friedberger Landstraße*. La villa de **Friedberg**, fundada por los Hohenstaufen, posee dos centros históricos bien diferenciados: el castillo imperial aislado por el sistema de fortificaciones, y el conjunto urbanístico burgués, comunicados ambos por la bulliciosa Kaiserstraße.
El conjunto del **castillo de los Hohenstaufen** (Stauferburg, hacia 1180) y sus edificaciones anejas, dominado por la silueta de la **torre de Adolf★** (1347), tiene el aspecto de una ciudad autónoma. Las murallas defensivas se han transformado en un paseo dotado de miradores.
Los **baños judíos★** (Judenbad) en la villa burguesa *(en la Judengasse 20)*, una construcción abovedada sobre una fuente cuadrangular (s. XIII), los utilizaban las mujeres en sus abluciones rituales. Por una escalera muy empinada adosada a la pared del pozo *(74 peldaños)* se descienden 25 m hasta el nivel del agua. Las columnas que sostienen los arcos de la escalera están adornadas con capiteles góticos.
La **iglesia parroquial** (Stadtkirche), que data de los ss. XIII-XIV, presenta en su exterior la disposición típica de Hesse, una curiosa estructura de tejados transversales, con gabletes separados cubriendo las naves laterales. En el interior destaca un estrecho **tabernáculo★** de 1482 que se conserva en el presbiterio; en el ábside del mismo se pueden admirar tres vidrieras del s. XV que iluminan el espacio. A la izquierda del leccionario se encuentra la célebre **Madona de Friedberg** (hacia 1280).

★ **El Taunus** – *Circuito de 62 km – 4 h*. En el Taunus, un macizo recubierto de una magnífica masa forestal en el que surgen numerosas fuentes de aguas minerales, se encuentra la cota más elevada del macizo Esquistoso renano: el Großer Feldberg (alt. 880 m).

★ **Königstein im Taunus** – Las ruinas de un **castillo medieval** ⊙ perduran sobre su impresionante cimentación; bastiones circulares del s. XVI y voladizos defensivos al estilo Vauban del s. XVII. Desde la torre del homenaje *(166 peldaños)*, **vista** de la pequeña localidad y de las montañas del Taunus. Entre los bellos edificios de la estación termal destacan el antiguo ayuntamiento del s. XIII y la Tesorería (1720-27), así como el conjunto arquitectónico que data de finales del s. XIX y principios del s. XX.

229

FRANKFURT AM MAIN

* **Großer Feldberg** – El **mirador de la torre** ⊙ de este importante centro de telecomunicaciones ofrece un inmenso **panorama**★★ que abarca, hacia el NO, la meseta del Westerwald, en dirección NE la depresión de Wetterau, y hacia el SE la baja llanura del Meno, donde se extiende la ciudad de Francfort y su aglomeración. Con tiempo despejado se divisan incluso las agujas de la catedral de Francfort y de la colegiata de Estrasburgo.

  Saalburg – Guillermo II ordenó la reconstrucción de este campamento romano establecido a lo largo del "limes". Merece la pena visitar las fortificaciones exteriores y los edificios del patio central, en los que se ha instalado un museo arqueológico.

* **Bad Homburg vor der Höhe** – En 1840, la inauguración de un casino por los hermanos **Blanc** transformó esta pequeña ciudad balneario en la capital europea del juego. En la actualidad Bad Homburg es una ciudad moderna con una elegante estación termal, cuyos pabellones y construcciones –la instalación de las Fuentes, los Baños del Emperador Guillermo, la iglesia Rusa, el Templete Siamés, el Casino– se diseminan por un **parque**★ diseñado por el arquitecto paisajista Peter Joseph Lenné.

  El **castillo**, dominado por la silueta de la esbelta torre Blanca (48 m de altura), único vestigio de la antigua fortaleza, fue sucesivamente la residencia del landgrave de Hesse-Homburg (1680-1866) y la sede estival de la corte prusiana y de los emperadores germanos.

  La visita da a conocer la personalidad del landgrave Federico II (1633-1708), modelo histórico en el que se inspira Kleist para crear al protagonista de su obra *El Príncipe de Homburg*; aquí se muestra la prótesis de madera del aristócrata, llamada "pierna de plata" por el material utilizado en las articulaciones.

FREIBERG★

Sajonia – 47.000 habitantes
Mapa Michelin nº 418 N 23/24

Su privilegiada situación en las laderas orientales de los montes Metálicos explica la importancia de Freiberg durante la Edad Media, que llegó a ser la ciudad más próspera de Sajonia. La monumentalidad del centro histórica es un signo de la riqueza que proporcionó a la villa la explotación de su rico subsuelo.

La ciudad sajona de la plata – En 1168 se descubrieron ricos filones argentíferos en los alrededores y durante siglos fueron explotados por mineros procedentes del Harz, quienes no solo extrajeron plata del subsuelo, sino otros valiosos metales como cobre, plomo, fluorita, cinc y ágata. En 1765 se fundó en Freiberg el instituto minero más antiguo del mundo que, con rango universitario, persiste en la actualidad como Escuela de Estudios Superiores de Mineralogía. Esta institución tuvo entre sus alumnos a futuros poetas y científicos, como Alexander von Humboldt, Novalis y Theodor Körner.

Hoy en día todas las minas están cerradas –salvo una, a disposición de los estudiantes, que puede ser visitada por los turistas–, pero la ciudad conserva el orgullo de su pasado minero y perpetúa sus tradiciones en los desfiles que se celebran anualmente en la región.

★★ LA CATEDRAL ⊙

Esta iglesia de planta de salón fue construida en estilo gótico tardío entre 1490 y 1501 en el lugar que ocupaba la primitiva catedral románica. La sobriedad del exterior impide sospechar los magníficos tesoros que alberga el interior. Sus tres naves simétricas están divididas por finos pilares octogonales, donde vienen a confluir las nervaduras de las bóvedas reticuladas. Los altos ventanales de arcos ojivales filtran una suave luz que ilumina la nave principal. Una tribuna de piedra a media altura recorre las naves laterales y rodea los pilares, que se adornan con las figuras de los Apóstoles (1505); los pilares centrales están decorados con estatuas de las Vírgenes sabias y las Vírgenes necias. Un **arco triunfal**★ de estilo románico tardío (hacia 1220), una de las más bellas realizaciones en madera de este periodo en Alemania central, corona el leccionario.

★★ **Tulpenkanzel (Púlpito de los Tulipanes)** – Esta obra maestra del arte sacro fue realizada hacia 1505 por Hans Witten. El púlpito de los Tulipanes –nombre que se le dio con posterioridad porque recuerda la corola de esta flor, la cual no se introdujo en

FREIBERG

Europa hasta 1647– se concibe como una planta fantástica –que bien podría ser el árbol de la vida–, cuyo tronco está representado por la escalera de acceso. Este púlpito sólo se utiliza en las grandes festividades religiosas, por lo que desde 1638 los sermones se pronuncian desde el **púlpito de los Mineros** (Bergmannskanzel), una bella realización, pero que no se puede comparar con la genialidad de la obra de Witten.

★★ **Silbermannorgel** – Este **órgano** construido por Silbermann, que se distingue por su bella estructura y su elegante decoración escultórica (ángeles), destaca sobre todo por su extraordinario sonido, producido por medio de sus 3 teclados, sus 45 registros y sus 2.674 tubos. Para conseguir el brillante timbre de este instrumento musical, considerado como su obra maestra, Gottfried Silbermann combinó tradiciones musicales sajonas y francesas.

Púlpito de los Tulipanes (catedral de Freiberg)

Una dinastía de fabricantes de órganos

Gottfried Silbermann (1683-1753) aprendió el oficio en Estrasburgo en el taller de su hermano Andreas, cuya obra maestra es el órgano de Ebersmünster en Alsacia. Gottfried Silbermann se estableció en Freiberg en 1710. Allí fabricó multitud de instrumentos –se le atribuyen 51 órganos, entre ellos el de la capilla de la Corte de Dresde– que se caracterizan por su extraordinaria tonalidad. El órgano de la catedral de Freiberg es el más notable de los que se conservan. Su sobrino Johann Andreas, hijo de Andreas Silbermann, construyó 54 órganos en la región del Alto Rin.

★★ **Goldene Pforte (Puerta Dorada)** – Esta espléndida portada compuesta por ocho dovelas fue realizada en 1230 para la primitiva iglesia románica. En 1484 se trasladó de la fachada occidental, donde estaba flanqueda por las torres, a la fachada sureste. Es una obra maestra de la escultura románica alemana, pero muestra claras influencias de las catedrales francesas. En el tímpano se representa a la Virgen entronizada y la Adoración de los Reyes Magos *(en un prospecto se explica la complejidad de su iconografía)*. La portada recibe su nombre de la decoración policromada que presentaba en sus orígenes, en la que predominaban los tonos dorados.

★ **Capilla mortuoria (Begräbniskapelle)** – En el s. XVI el presbiterio fue transformado en una capilla sepulcral para acoger a los miembros de la línea albertina de la casa de Wettin. El cenotafio del príncipe elector Mauricio de Sajonia (1563), obra del escultor Antonius van Zerroen, natural de Amberes, es el primer monumento funerario de estilo renacentista en Sajonia. Alrededor del presbiterio se encuentran las estatuas de bronce, a tamaño natural, de los príncipes arrodillados; las bellas alegorías de las virtudes son obra de Balthasar Permoser.

Y ADEMÁS

Obermarkt – Esta gran plaza está dominada por el edificio del ayuntamiento (s. XV), de estilo gótico tardío, que posee una gran torre central de planta cuadrada. Las elegantes casas burguesas que bordean la plaza, caracterizadas por sus pendientes tejados y los grandes aleros, reflejan el esplendor de la villa en tiempos pasados. Entre los edificios más interesantes destacan la Schönlebe-

FREIBERG

Haus *(Obermarkt 1)*, con su magnífico portal, y el que se alza en la esquina de la Obermarkt y la Erbische Straße, decorada con un bello mirador renacentista.

★ **Lehr- und Besucherbergwerk** ⊙ – La visita de esta **mina** se desarrolla en dos fases: el recorrido comienza en las galerías del **pozo Reiche Zeche**, el lugar de donde se extraía la plata y los metales no ferrosos, a continuación se desciende al interior. De este complejo sistema de galerías se pueden visitar cuatro; parte de la ruta se realiza a bordo de un pequeño ferrocarril *(duración: 2 h)*.
En la segunda parte de la visita se desciende al **pozo Alte Elisabeth**, cuyas instalaciones datan del s. XIX y cuentan con el equipamiento original: bomba de vapor de balancín (1849) con material de extracción de la época, separador de minerales, forja. El oratorio minero es el único edificio de esta naturaleza que se conserva intacto en Sajonia. *(Duración: 1 h)*.

⊙ ▶▶ Geowissenschaftliche Sammlungen der TU Bergakademie★ (Colección Mineralógica de la Escuela de Minas de la Universidad Técnica) *(Minerales)* – Stadt- und Bergbaumuseum (Museo Municipal y Minero).

FREIBURG IM BREISGAU★★
FRIBURGO DE BRISGOVIA – Baden-Würtemberg – 200.000 habitantes
Mapa Michelin nº 419 V 7 – Esquema: SCHWARZWALD

Esta bella ciudad que se extiende por las laderas occidentales de la Selva Negra fue fundada a principios del s. XII por los duques de Zähringen, quienes concedieron a la villa amplios fueros, como indica su nombre (Freiburg = ciudad libre). Al extinguirse la dinastía en 1388 pasó a la soberanía de los Habsburgo, bajo cuyo dominio permaneció hasta 1798. En 1805, tras las guerras napoleónicas y el proceso de secularización, fue incorporada al ducado de Baden. Friburgo experimentó un gran auge en la segunda mitad del s. XIX gracias al nuevo impulso que cobró su antigua Universidad en el campo de la investigación y la docencia. Esta ciudad se distingue por su suave clima y agradable emplazamiento, próximo a la Alta Selva Negra. La abundancia de aguas que descienden de las montañas vecinas discurren por acequias ("Bächle") y refrescan en los días cálidos las calles del casco viejo de la ciudad.

★★ **Münster (Catedral)** – De la primitiva iglesia románica, cuya construcción se inició hacia el año 1200, sólo subsisten los brazos del crucero, flanqueados por las llamadas "torres de los Gallos" (Hahnentürme), de planta octogonal y coronadas por agujas góticas. El edificio fue ampliándose hacia el O y refleja claramente, en sus distintas fases constructivas, la evolución del arte gótico. La espléndida torre de la fachada, uno de los raros ejemplos en Alemania cuya edificación se concluyó durante la Edad Media, pertenece a la segunda etapa de construcción del templo, es decir, al gótico.
En 1354 se comenzó a levantar el nuevo presbiterio. La magnitud del proyecto y la inestabilidad política de la época retrasaron su consagración hasta 1513. Esta magnífica obra arquitectónica se caracteriza por una amplia nave con deambulatorio cubierta con soberbias bóvedas reticuladas típicas del gótico tardío germánico.

Flanco norte – El tímpano de la portada norte del presbiterio, en la que se representa el Pecado Original, data de 1350 aprox. En las arquivoltas se ilustra la Creación del mundo según el Libro del Génesis. En la escena del séptimo día (*a la derecha*), el Creador aparece en posición de descanso, representación poco frecuente en la historia del arte.

★★★ **Torre** – El campanario, de planta cuadrada y líneas sobrias, adquiere forma de pirámide octogonal conforme asciende en altura (116 m); la torre se abre en diferentes niveles de ventanas y está rematada por una aguja de delicado calado. Una galería en forma de estrella, con cuatro ángulos voladizos, recorre la base del tejado que se adorna, además, con curiosas gárgolas. Está considerado como uno de los más bellos campanarios de la Cristiandad.

Flanco sur – Está magníficamente labrado: los contrafuertes poseen una rica estatuaria que representa a los reyes del Antiguo Testamento y a los Apóstoles.
Ingrese en el templo por la puerta sur atravesando el atrio renacentista, y llegue a la puerta principal cruzando la puerta de la torre.

Vestíbulo y portada oeste – La estatuaria del vestíbulo data de finales del s. XIII. La pared de la izquierda está presidida por la figura de Satanás, "príncipe de este mundo", que seduce a sus víctimas, pordioseros ataviados con pieles de carneros, y una procesión formada por personajes bíblicos y por las Vírgenes Sabias.
En la pared de la derecha el cuadro plástico se completa con las Vírgenes necias, seguidas por las alegorías de las Artes liberales y las imágenes de santa Margarita y santa Catalina de Alejandría.

FREIBURG IM BREISGAU

Auf der Zinnen	Y 2
Augustinerplatz	Z 3
Bertholdstraße	Y
Eisenbahnstraße	Y 7
Eisenstraße	Y 9
Europaplatz	Z 12
Fahnenbergplatz	Y 13
Franziskanerstraße	Y 14
Friedrichring	Y 16
Gerberau	Z
Greiffeneggring	Z 19
Habsburgerstraße	Y 20
Herrenstraße	YZ 24
Holzmarkt	Z 26
Kaiser-Joseph-Straße	YZ
Münsterstraße	Y 30
Oberlinden	Z 31
Platz der Alten Synagoge	Y 32
Rathausgasse	Y 33
Salzstraße	YZ 38
Schiffstraße	Y 40
Schusterstraße	Z 43
Schwabentorplatz	Z 45
Schwabentorring	Z 47
Schwarzwaldstraße	Z 49
Turmstraße	Y 54
Universitätsstraße	Y 55
Unterlinden	Z 57
Werthmannplatz	Z 59

Adelhauser Neukloster	Z F
Augustinermuseum	Z M¹
Colombischlößle	Y M²
Erzbischöfliches Palais	Y A
Haus zum Walfisch	Y E
Historisches Kaufhaus	Y B
Neues Rathaus	Y R¹
Wentzingerhaus	Y D

La propia puerta está flanqueada por las figuras que representan a la Iglesia, a la izquierda, y a la Sinagoga con los ojos vendados, a la derecha. La decoración restante está consagrada al misterio de la Redención. En el tímpano se yuxtaponen escenas de la vida terrenal de Cristo y una interesante representación del Juicio Final.

Nave principal – La nave es de altura moderada y está embellecida por una elegante galería de arcos trilobulados que recorren los muros laterales de parte a parte. El mobiliario y la estatuaria son particularmente interesantes:

1) Virgen en la columna del pórtico (1270-80), venerada por dos ángeles.
2) Púlpito con motivos rústicos de estilo gótico tardío (1560). El artista inmortaliza su propia imagen en un nicho bajo la caja de escalera.
3) Estatua de Bertoldo V, último representante de la dinastía Zähringen (procedente de una sepultura y reproducida en el s. XVII).
4) Santo Sepulcro, situado detrás de una fina cancela gótica de piedra calada (1340).
5) Las vidrieras de los tres ventanales del transepto meridional son las más antiguas de la catedral (s. XIII).
6) Altar de los Reyes Magos del año 1505.

Presbiterio ⓥ – Desde el presbiterio, de inmensas proporciones y bien iluminado, se pueden contemplar las magníficas bóvedas reticuladas del deambulatorio. Alberga numerosas obras de arte:

**Altar mayor (Hochaltar), un políptico realizado por Hans Baldung Grien entre 1512 y 1516, que representa en el panel central una obra maestra del autor: la *Coronación de la Virgen*. El retablo está decorado con ornamentos de Hans Wydyz, a quien se debe igualmente la predela con la escena de la *Adoración de los Reyes Magos*.

FREIBURG IM BREISGAU
CATEDRAL

a) **Capilla de Stürzel:** pila bautismal de estilo rococó realizada por Ch. Wentzinger.

b) **Capilla de la Universidad:** altar de Oberried (1521). Los dos retablos *(La Natividad* y la *Adoración de los Reyes Magos)* son obra de Hans Holbein el Joven.

c) En la segunda capilla imperial se encuentra el altar de Schnewlin, retablo esculpido por Hans Wydyz y que representa el *Descanso en la huida a Egipto.* Los cuadros laterales del tríptico son obra de la escuela de Hans Baldung Grien.

d) Reverso del altar mayor de Baldung Grien: *Crucifixión.*

e) En la capilla Böcklin se guarda un Crucifijo románico de plata repujada.

f) En la capilla Locher se muestra un retablo tallado (1521-24) por Sixt von Staufen que representa la *Virgen de la Misericordia,* con un grandioso manto protecto.

Subida a la Torre (Turmbesteigung) – *Junto a muro sur.* Primero se accede a una pequeña estancia de la torre. Desde allí se puede ascender a la plataforma superior, que está coronada por la magnífica aguja calada. **Vistas★** de Friburgo, del Kaiserstuhl y de los Vosgos.

Münsterplatz – Frente al flanco sur de la catedral se pueden contemplar diversos edificios históricos de interés:

Palacio Arzobispal (Erzbischöfliches Palais) – Este palacio, construido en 1756, posee un bello balcón de hierro forjado.

★Antiguos Grandes Almacenes – Esta construcción gótica, enlucida en tonos rojos y adornada con miradores en saledizo protegidos por tejadillos puntiagudos, reposa sobre una galería de grandes arcadas y posee una vistosa cubierta de tejas cerámicas. Las grandes estatuas de los emperadores (1530) que decoran la primera planta de la fachada recuerdan la antigua soberanía de los Habsburgo.

Wentzingerhaus – Esta casa, construida en 1761 por el pintor y escultor Johann Christian Wentzinger –natural de Friburgo– como su propia residencia, completa el armonioso conjunto urbanístico de la plaza. El edificio conserva aún la majestuosa escalera de estilo barroco y en la actualidad aloja el **Museo de Historia Local** (Museum für Stadtgeschichte).

★Rathausplatz (Plaza del Ayuntamiento) – Esta plaza ofrece un agradable cuadro con sus balcones poblados de flores y la hilera de castaños que le dan sombra. La plaza se adorna con la estatua del monje franciscano Berthold Schwarz, a quien se atribuye la invención en Friburgo de la pólvora para cañones hacia 1350.

★Neues Rathaus (Ayuntamiento Nuevo) – Las dos casas burguesas del s. XVI que formaban el núcleo de la antigua Universidad de Friburgo fueron unidas en 1901 por un cuerpo central que descansa sobre una galería de arcadas. En este complejo de edificios se instaló el actual ayuntamiento. El mirador en saledizo de estilo renacentista *(en la esquina de la Rathausplatz y la Rathausgasse),* conserva una figura esculpida que representa el Unicornio.

Haus zum Walfisch (Casa de la Ballena) – Del edificio primitivo (1516) solo se conserva el mirador en saledizo que forma un baldaquino sobre el majestuoso pórtico de estilo gótico tardío.

★★Augustinermuseum (Museo de los Agustinos) – Este museo, que está instalado en la iglesia de un antiguo convento de monjes agustinos y ocupa, además, algunas salas contiguas de la planta baja, posee una excelente **sección de arte sacro y profano de la Edad Media★★.**

Algunas esculturas son auténticas obras maestras de los ss. XIV-XV. Entre sus tesoros, el museo cuenta con un bello tapiz de 1310 (Maltererteppich) y un admirable tríptico de Matthias Grünewald –que en tiempos pasados adornaba un altar en Aschaffenburg– pintado en 1519, y que representa a Nuestra Señora de las Nieves. También destaca una colección de pintura de Baden del s. XIX.

FREIBURG IM BREISGAU

Alojamiento

CORRECTO

Schwarzwälder Hof – *Herrenstraße 43* – ☎ *07 61/3 80 30* – *fax 07 61/3 80 31 35* – *47 hab* – *individuales desde 36 €*. Sencillo, pero cuidado; decoración rústica acogedora.

Hirschengarten Hotel – *Breisgauer Straße 51* – ☎ *07 61/8 03 03* – *fax 07 61/8 83 33 39* – *20 hab* – *individuales desde 49 €*. Hotel moderno con precios razonables, situado en Friburgo-Lehen.

UNA BUENA OPCIÓN

Oberkirchs Weinstuben – *Münsterplatz 22* – ☎ *07 61/2 02 68 68* – *fax 07 61/2 02 68 69* – *26 hab* – *individuales desde 59 €*. Decorado con buen gusto.

Zum Roten Bären – *Oberlinden 12* – ☎ *07 61/38 78 70* – *fax 07 61/3 87 87 17* – *25 hab* – *individuales desde 101 €*. Hospedería fundada en 1311 en un edificio de 1120. El equipamiento del hotel, sin embargo, es moderno.

UN CAPRICHO

Colombi-Hotel – *Rotteckring 16* – ☎ *07 61/2 10 60* – *fax 07 61/3 14 10* – *124 hab* – *individuales desde 173 €*. Elegante hotel, muy lujoso.

Restaurantes

CORRECTO

Larifari – *Situado en el pasaje Storchen (Storchenpassage), entre la Grünwälderstraße y la Salzstraße* – ☎ *07 61/2 24 01* – *menús desde 8 €*. Marco excepcional para disfrutar de una buena comida, en una bodega abovedada decorada a estilo antiguo.

Greifenegg-Schlößle – *Schloßbergring 3* – ☎ *07 61/3 27 28* – *menús desde 8,20 €*. Restaurante con terraza y cervecería con jardín, desde el que se disfruta de una espléndida vista del casco antiguo de la ciudad.

UNA BUENA OPCIÓN

Schloßbergrestaurant Dattler – *Am Schloßberg 1 (acceso por la Wintererstraße o con el funicular a Schloßberg, 3,10 €)* – ☎ *07 61/3 17 29* – *menús desde 15 €*. Restaurante en la montaña con una bonita vista de Friburgo.

Weinstube zur Traube – *Schusterstraße 17* – ☎ *07 61/3 21 90* – *menús desde 14 €*. Decoración rústica, exquisita cocina regional.

UN CAPRICHO

Eichhalde – *Stadtstraße 91* – ☎ *07 61/5 48 17* – *menús desde 15,50 € (almuerzos)* – *24,50 € (cenas)*. Restaurante en Friburgo-Herdern con decoración moderna, instalado en un edificio de estilo Jugendstil; cocina natural ligera.

Colombi-Restaurant – *Rotteckring 16* – ☎ *07 61/2 10 60* – *menús desde 24,50 €*. Elegante restaurante en estilo rústico, gastronomía francesa.

Schwabentor (Puerta de Suabia) – Es un vestigio de las fortificaciones medievales de la ciudad.
Desde la puerta de Suabia se puede descender hasta el paseo del muelle que bordea el Gewerbekanal. Aquí está situado el pintoresco barrio de la Isla, habitado en otro tiempo por los pescadores y tintoreros.

★ **Schloßberg** – A esta zona boscosa de las últimas estribaciones de la Selva Negra se puede acceder en **funicular** ⊙ o a pie. En el camino de ascenso desde la puerta de Suabia se ofrecen bellas vistas de la catedral.

EXCURSIONES

★ **El Kaiserstuhl (El "trono del Emperador")** – *Circuito de 73 km. Salir de Friburgo por la Lessingstraße y llegar hasta Breisach pasando por Gottenheim.* Este pequeño macizo de origen volcánico, aislado en la llanura de Baden, disfruta de un clima cálido y seco, favorable para el cultivo de árboles frutales y viñedos en la zona inferior de sus laderas. Los caldos de Ihringen, Bickensohl, Oberbergen y Oberrotweil compiten en calidad con los que se producen en esta región vitícola. Otras bonitas localidades vinícolas son **Endingen**★, con su histórica plaza del Mercado, y la pintoresca **Burkheim**★, situada en la ladera SO del Kaiserstuhl.

FREIBURG IM BREISGAU

* **Breisach** – El montículo rocoso de Breisach fue el núcleo de uno de los sistemas de fortificaciones más temidos de Europa. En 1793 la ciudad fue devastada por las tropas revolucionarias francesas y, en 1945, sufrió considerables daños. La **colegiata**★, cuya nave principal, el crucero y las dos torres son románicas, alberga un magnífico **altar**★★ tallado (1526). Las pinturas que cubren el primer tramo hasta el pilar del muro oeste son obra del maestro de Colmar Martin Schongauer. Fueron realizadas a finales del s. XV y representan el *Juicio Universal*.

Retablo de la colegiata de Breisach

Desde la colina de la colegiata se disfruta una bella **panorámica**★ de las cumbres de la Selva Negra meridional, de las elevaciones del Sundgau, del Großer Belcher en los Vosgos y del cercano macizo del Kaiserstuhl.

★★★ **La alta Selva Negra** – Ver *Schwarzwald*.

FRITZLAR★

Hesse – 15.000 habitantes
Mapa Michelin nº 417 M 11

Esta pintoresca ciudad medieval domina, desde las numerosas torres defensivas y desde las torres de las iglesias, el valle del río Eder. Su cinturón fortificado, con las murallas y torres, se conservan casi intactas. Entre todas ellas destaca la imponente **Torre Gris**★ (Graue Turm), que data del s. XIII y que se caracteriza por su cubierta cónica. En la imagen de la ciudad se impone la silueta de las torres de la catedral (buena perspectiva desde el *Hospitalsbrücke*).

QUÉ VER

* **Marktplatz** – La plaza del Mercado conserva sus casas de vigas entramadas, decoradas con frontones de diversas formas. Entre todas ellas llama la atención el Antiguo Almacén, un edificio del s. XV coronado por un pequeño pináculo. Sobre la columna de la fuente se alza la estatua de Rolando, de 1564, una figura que simboliza la independencia y las libertades burguesas.

* **Dom (Catedral)** ⊙ – La iglesia actual fue edificada en el s. XIII en el solar que ocupaba el templo primitivo, del que solo se conservan la fachada occidental, los fundamentos de las torres y la cripta. El ábside rodea una galería enana de estilo renano. La originalidad de esta construcción reside en la compleja estructura de la cubierta, formada por diversos tejadillos yuxtapuestos, y en la elegante fachada de vigas entramadas de la sala del capítulo, adosada al ábside septentrional del templo.

FRITZLAR

En el interior destacan la custodia gótica y las dos figuras románicas talladas en madera –la Virgen María y san Juan (originales en el Tesoro)– que flanquean la entrada del presbiterio. Las criptas ocupan un amplio espacio subterráneo. La cripta principal, de tres naves, reposa sobre columnas que poseen una bella decoración románica en sus capiteles de dados o sencillas estrías; en ella se encuentra la sepultura de san Wigberto, primer abad de Fritzlar.

Tesoro catedralicio y Museo (Domschatz und Museum) ⊙ – *Entrada por el claustro a la derecha del presbiterio.* Destaca sobre todo la cruz del emperador Enrique II (1020), adornada con perlas, piedras preciosas y camafeos. En museo conserva también un relicario de disco de la época románica (s. XII) y una interesante colección de objetos litúrgicos, vestiduras sagradas y valiosas estatuas.

FULDA
Hesse – 60.000 habitantes
Mapas Michelin nos 417/418 O 13

La ciudad de Fulda está considerada por su pasado religioso como una de las ciudades santas de Alemania al encontrarse aquí la sepultura de san Bonifacio, apóstol del Cristianismo. En el aspecto arquitectónico, la huella medieval queda ensombrecida por el magnífico conjunto barroco compuesto por la catedral, el palacio de la Residencia y numerosos palacetes nobles de la época de los príncipes abades, los guardianes de la tumba de san Bonifacio. En la actualidad Fulda es un importante centro cultural y económico de la región oriental de Hesse.

San Bonifacio, el "Apóstel transalpino" – A principios del s. VIII, el papa Gregorio VII confió la evangelización de las tribus germanas a Winfried, un monje anglosajón procedente del convento de Exeter. En el año 754 el monje, a quien el Papa había cambiado el nombre por el de Bonifacio, inició la construcción del convento. Diez años más tarde comenzó su labor misionera en Frisia, donde murió martirizado cerca de la localidad de Dokkum. Fue sepultado en el monasterio de Fulda.

La abadía benedictina de Fulda se convirtió –en particular durante el gobierno espiritual del abad Rabano Mauro (822-842)– en un centro teológico, artístico e intelectual responsable de los primeros monumentos literarios escritos en lengua alemana (*El cantar de Hildebrand*, copia realizada por los monjes hacia el año 820).

QUÉ VER

Dom (Catedral) – Las obras de la catedral barroca de Fulda, proyectada por el arquitecto Johann Dientzenhofer e inspirada en modelos italianos, comenzaron en 1704. La tumba de san Bonifacio, situada en una cripta debajo del altar mayor (Bonifatiusgruft), es un lugar de peregrinaje tradicional. En su interior destaca, sobre todo, el bajorrelieve de alabastro (s. XVIII) que adorna el zócalo del **altar de san Bonifacio**★, en el que se representa al santo.

En el **Museo Catedralicio** (Dommuseum) ⊙ *(acceso a la izquierda de la catedral)* se conservan las reliquias de san Bonifacio –"cráneo" y daga– y se expone una notable colección de vestiduras litúrgicas de la época barroca. Este estilo artístico se muestra en todo su esplendor en el soberbio *Altar de plata*. También es digna de mención la colección de arte medieval.

★ **Michaelskirche (Iglesia de San Miguel)** – Esta iglesia, que domina el atrio de la Catedral con su imponente torre cuadrada, despliega su arquitectura alrededor de una rotonda del s. IX. La cripta, cuya bóveda descansa sobre un único pilar, es de origen carolingio. La rotonda, por su parte, reposa sobre ocho columnas.

Schloß (Palacio) – La antigua construcción renacentista fue transformada en el palacio residencial de los príncipes abades de Fulda por el arquitecto Johann Dientzenhofer entre 1706 y 1721. En las **salas históricas** se visitan los aposentos de los príncipes, la sala Imperial (Kaisersaal) y la sala de los Príncipes (Fürstensaal) –estas dos últimas decoradas con estucos y frescos– así como una colección de porcelanas de Fulda. Una de las salas más interesantes es el Gabinete de los Espejos, con sus lujosos adornos de estilo rococó. Se recomienda un paseo por el parque, jalonado de terrazas y muros coronados de balaustradas; una escalinata ovalada (1724) que conduce a la orangerie está decorada con un monumental **jarrón de Flora**, realizado en 1728 por el escultor de Bamberg Johann Friedrich Humbach.

FULDA

EXCURSIONES

Probsteikirche St. Peters (Iglesia de la Prepositura de San Pedro) – *A 4 km de Fulda. Además, 30 min a pie y visita. Salir de Fulda por la Petersberger Straße y la B 458 (marcada al E en el plano); seguir las indicaciones a "Petersberg" hasta el pie de la roca donde se alza la iglesia y allí aparcar el coche.* Desde la cima de la montaña se ofrece un magnífico **panorama***: hacia el E se divisa el macizo del Rhön, con las estribaciones de la Milseburg y la cumbre redondeada de la Wasserkuppe; al SO, más allá de la ciudad de Fulda, el Vogelsberg. El santuario románico que se alza en este privilegiado **emplazamiento*** fue reconstruido en su mayor parte en el s. XV. A ambos lados del arco de triunfo y en los muros se conservan cinco **bajorrelieves** del s. XII, que representan a Cristo en Majestad, a la Virgen María, a san Bonifacio, a Carloman –hijo de Carlos Martel– y a Pipino el Breve. La cripta carolingia está decorada con pinturas murales del s. IX.

Sala de música del palacio de los Pavos Reales

Schloß Fasanerie (Palacio de los Pavos Reales o de Adolphseck) ⓥ – *A 6 km en dirección S.* El palacio y su amplio parque, mandado construir por el príncipe obispo Amand von Buseck entre 1739 y 1754, adquirió su aspecto actual tras las reformas realizadas por los landgraves y príncipes de Hesse. El museo presenta una magnífica exposición de Artes Decorativas de los ss. XVIII-XIX, así como una rica colección de antigüedades y de porcelanas.

*El macizo del Rhön – *Circuito de 104 km por el SE de Fulda – duración aprox.: 4 h.* La alta meseta (cerca de 1000 m de altura) de este macizo de origen volcánico presenta un rudo paisaje de turbera, que se caracteriza por un subsuelo basáltico poco poroso. En las zonas más elevadas se pueden encontrar pastos, praderas y tierras baldías, con una vegetación arbustiva de enebros, matorrales y especies silvestres de arándanos verdes y encarnados. Las condiciones meteorológicas reinantes en las grandes alturas, favorecidas por los fuertes vientos, explican que el Rhön sea la cuna del vuelo sin motor.

Gersfeld – El principal centro turístico del Rhön posee una **iglesia** evangélica (1785), cuya estructura se distingue por la disposición de su mobiliario: el órgano, el altar y el púlpito forman un conjunto compacto, que simboliza la Reforma litúrgica luterana.

*Kreuzberg (Calvario) – Desde el Calvario, situado a 928 m de altura, se ofrece una espléndida **vista*** del macizo montañoso; al N se divisa la Wasserkuppe.

Wasserkuppe – *Desde la escuela de vuelo sin motor emprender la ascensión hacia la cumbre (950 m) siguiendo la línea de alambradas a la izquierda.* La **panorámica** abarca la ciudad de Fulda y el Vogelsberg.

FÜSSEN ★

Baviera – 16.500 habitantes
Mapas Michelin n°s 419/420 X 16 – Esquema: Deutsche ALPENSTRASSE

Füssen es una pequeña ciudad turística situada situada en las proximidades de los castillos de Luis II de Baviera (Neuschwanstein y Hohenschwangau) y a las puertas del Tirol. En los alrededores existen multitud de lagos, entre ellos el **Forggensee**, un inmenso lago artificial formado por la presa de Roßhaupt, en cuyas aguas se pueden practicar la natación y los deportes náuticos. Los vestigios del antiguo cinturón amurallado y sus torres fortificadas rodean el casco antiguo de la ciudad, dominado por la silueta del **castillo** (Hohe Schloß).

QUÉ VER

Ehemaliges Kloster St. Mang (Antiguo convento de San Magno) – La fundación de este convento benedictino se remonta a la época en la que san Magno evangelizó la región (el santo falleció el año 750). La abadía, transformada al gusto barroco en el s. XVIII, fue secularizada en 1803.

Stadtpfarrkirche (Iglesia parroquial) – La **iglesia parroquial**, diseñada en estilo barroco por el arquitecto Johann Jakob Herkomer, fue construida entre 1701 y 1717. Herkomer fue además el autor de los estucos y los frescos que decoran el interior, lo que explica la armonía que reina en el santuario. La cripta románica, situada delante del altar mayor, posee frescos que datan del año 1000, en los que se muestra a san Magno y san Galo.

Capilla de Santa Ana – *Entrada por el Museo Municipal.* En esta capilla se conserva una impresionante **Danza macabra★** (Totentanz) pintada hacia 1602 por un artista local, así como un grupo gótico que representa a la Santa Familia con santa Ana.

Edificios conventuales – El magnífico conjunto arquitectónico, de estilo barroco veneciano, se debe igualmente a Johann Jakob Herkomer. En los antiguos salones de representación (sala de fiestas, refectorio, biblioteca, etc.) se ha instalado el **Museo Municipal de Füssen** (Museum der Stadt Füssen) ⊙, en el que se ilustra la historia de la abadía de San Magno, así como una interesante colección de instrumentos de cuerda que muestra la tradición local en la construcción de instrumentos musicales, sobre todo de laúdes y violines.

Alojamiento

Landhaus Sommer – *Weidachstraße 74* – ☎ *0 83 62/9 14 70* – *fax 0 83 62/91 47 14* – *70 hab (13 suites)* – *individuales desde 86,50 €*. Hotel en un bello emplazamiento a orillas del lago Forgensee con majestuosas vistas de las montañas. Piscina cubierta y sauna.

Altstadthotel "Zum Hechten" – *Ritterstraße 6* – ☎ *0 83 62/9 16 00* – *fax 0 83 62/91 60 99* – *35 hab* – *individuales desde 43,50 €*. Situado en el corazón del casco antiguo.

Geiger – *Uferstraße 18* (Hopfen am See) – ☎ *0 83 62/70 74* – *fax 0 83 62/3 88 38* – *23 hab* – *individuales desde 41 €*. Preciosas vistas de las montañas y del lago Hopfensee.

Hohes Schloß – *Junto a la iglesia parroquial se encuentra el camino que conduce al castillo.* Fue la antigua residencia de verano (finales del s. XV) de los príncipes obispos de Augsburgo. En las salas acondicionadas como museo –y en particular en la sala de los Caballeros, decorada con un lujoso artesonado de casetones– se exponen colecciones de pintura suaba de los ss. XV a XVIII. Contiguo al palacio se encuentra el **Baumgarten**, un parque público pintoresco y apacible, que ofrece al paseante diferentes perspectivas de las escarpaduras del Säuling (2.047 m).

Lechfall – *500 m en dirección S.* El río Lech se precipita con un gran estruendo por una angosta garganta rocosa, sobre la que se tiende una pasarela.

239

GARMISCH-PARTENKIRCHEN ★★★

Baviera – 26.500 habitantes
Mapa Michelin-nº 419/420 X 17 – Esquema: Deutsche ALPENSTRASSE

Situada a los pies de la cadena montañosa del Wetterstein, en la que despuntan las siluetas de la Alpspitze, el Waxenstein y el Zugspitze, el pico más alto de Alemania, Garmisch-Partenkirchen –la principal estación de esquí germana Alemania– alcanzó renombre internacional con la celebración de las Olimpiadas de Invierno de 1936. La magnífica infraestructura de la sede recuerda los fastos de aquellos legendarios Juegos, así como los del Campeonato del mundo de esquí alpino de 1978, que también tuvieron como escenario estas instalaciones deportivas.

A pesar de su modesta altitud (720 m), las favorables condiciones meteorológicas aseguran en invierno un excelente nivel de nieve para la práctica del esquí.

En verano se añaden nuevos atractivos, y numerosos turistas acuden para recorrer los "Höhenwege", los senderos que discurren por las laderas bajas del Wank y de la Kramerspitze.

QUÉ VER

Alte Kirche (Vieja Iglesia) – *En Garmisch*. La antigua iglesia de San Martín se encuentra en un pintoresco barrio de la localidad a orillas del Loisach, en el que se conservan en buen estado numerosas casas rurales. El interior de la iglesia consta de dos naves de idénticas dimensiones sustentadas por un único pilar y cubiertas por una bóveda de crucería de finales del gótico. En ella han sido descubiertas y restauradas un conjunto de pinturas murales de los ss. XV y XVI, en las que se representan escenas de la Pasión y una gigantesca figura de San Cristóbal.

Wallfahrtskirche St. Anton (Santuario de San Antón) – *En Partenkirchen*. A la nave octogonal de este temple (consagrado en 1708) el arquitecto Joseph Schmuzer añadió, entre 1734 y 1736, una segunda de planta ovalada, cuya cúpula está decorada con frescos realizados por el pintor J.E. Holzer.

Philosophenweg (Camino de los Filósofos) – *En Partenkirchen*. En el **parque de San Antón** (St. Anton-Anlagen) está el punto de partida de este camino panorámico, desde el que se ofrecen amplias **vistas★** de los macizos que circundan la localidad, entre los que destaca la Zugspitze, cuya silueta se eleva por detrás del Waxenstein.

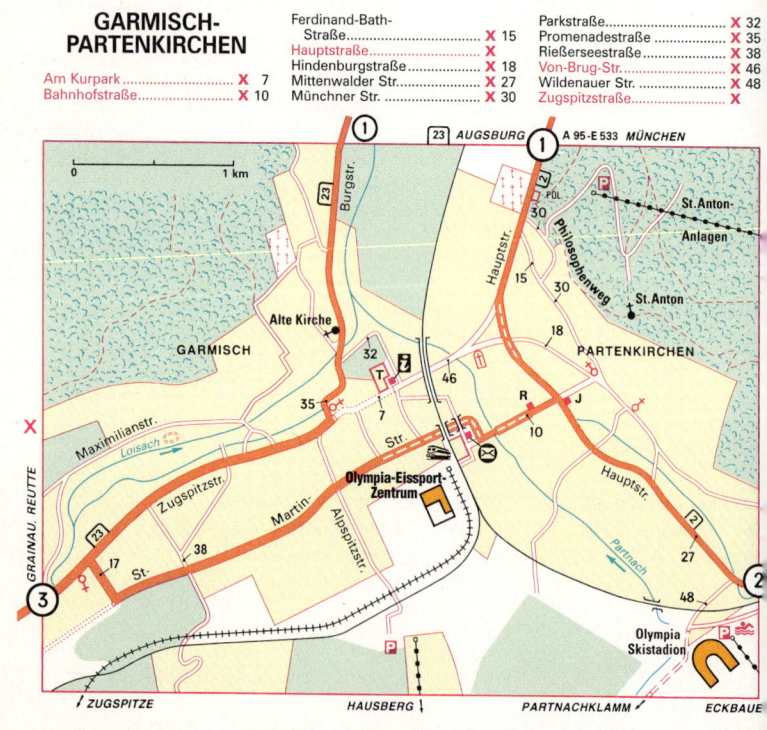

GARMISCH-PARTENKIRCHEN

Am Kurpark	X 7
Bahnhofstraße	X 10
Ferdinand-Bath-Straße	X 15
Hauptstraße	X
Hindenburgstraße	X 18
Mittenwalder Str.	X 27
Münchner Str.	X 30
Parkstraße	X 32
Promenadestraße	X 35
Rießerseestraße	X 38
Von-Brug-Str.	X 46
Wildenauer Str.	X 48
Zugspitzstraße	X

▶▶ Olympia-Eissport-Zentrum (Pista Olímpica de Hielo) – Skistadion (Estadio de Esquí).

GARMISCH-PARTENKIRCHEN

Alojamiento en Garmisch-Partenkirchen

Gasthof Fraundorfer – *Ludwigstraße 24* – ☎ *0 88 21/92 70* – *fax 0 88 21/9 27 99* – *27 hab* – *individuales desde 37 €*. Hospedería situada en el centro urbano de Partenkirchen, decorada en estilo bávaro.

Berggasthof Panorama – *St. Anton 3* – ☎ *0 88 21/25 15* – *fax 0 88 21/48 84* – *16 hab* – *individuales desde 49 €*. A 10 minutos a pie del centro de la localidad. Magnífica vista del pico de Zugspitzmassiv, decoración rústica muy acogedora.

Standacherhof – *Höllentalstraße 48* – ☎ *0 88 21/92 90* – *fax 0 88 21/92 93 33* – *37 hab* – *individuales desde 67 €*. Lugar tranquilo, negocio familiar en el que se dispensa una atención exquisita al huésped. Piscina cubierta, sauna y solarium acondicionado en una bonita pradera.

Grand Hotel Sonnenbichl – *Burgstraße 97* – ☎ *0 88 21/70 20* – *fax 0 88 21/70 21 31* – *93 hab* – *individuales desde 90 €*. Hotel en las afueras de la localidad. Un rincón bucólico, gran confort.

EXCURSIONES

★★★ **Zugspitze** – *Ver este nombre.*

★★ **Wank** – *20 min en telecabina* ⓥ. *Salida del albergue Schützenhaus, al N de Partenkirchen*. Desde la cumbre, situada a 1.780 m, se ofrece una panorámica completa de la cadena montañosa del Wetterstein con el Zugspitze, y de la profunda cuenca de Garmisch-Partenkirchen con el paisaje prealpino. En la cumbre existe un circuito panorámico de 3 km de longitud (*pendientes muy suaves, en invierno en parte limpio de nieve*) con numerosas terrazas para tomar el sol (gratuitas).

★★ **Partnachklamm** – *1h30 i/v, incluidos los 5 min del teleférico (prevea ropa de lluvia)*. Camine desde el Estadio de esquí de Partenkirchen hasta la estación inferior del teleférico de Graseck, que conduce al hotel de "Forsthaus Graseck". Aquí nace un sendero que conduce a las **gargantas**: el camino tallado en la roca atraviesa dos tramos extraordinariamente angostos, que sobrecogen al excursionista por el estrépito de las cascadas. Al llegar al albergue de "Partnachklamm" se vuelve a tomar el camino utilizado al inicio del paseo. La travesía es especialmente interesante en invierno por el espectáculo que ofrecen las inmensas cortinas de hielo que cuelgan de las rocas de la garganta.

★ **Eibsee** – *8 km al O.* Este lago de aguas tranquilas está situado en un magnífico paraje boscoso a 1.000 m de altura, a los pies del Zugspitze. *El circuito del lago dura unas 2 h a pie por un sendero señalizado.*

★ **Mittenwald** – *20 km al E.* La villa de Mittenwald, situada en la antigua vía comercial que unía Augsburgo con Verona, es un centro turístico de primer orden por su pintoresco centro urbano, poblado de bellas **casas**★★ policromadas que bordean la Hauptstraße, y por su extraordinaria ubicación como punto de partida de numerosas excursiones (macizos de Kranzberg y del Karwendel). Pero Mittenwald no es sólo "un libro de estampas animado", según lo definía Goethe. Un monumento a los pies de la iglesia recuerda a un hijo ilustre de la región, Matthias Klotz, pionero en la ciudad en la fabricación de instrumentos musicales de cuerda. En sus frecuentes viajes a Italia, este artesano había aprendido el oficio junto a Amati, maestro luthier natural de Cremona que enseñó su arte a Stradivarius. En la actualidad, una decena de fabricantes, una escuela y un **Museo del Violín** ⓥ (Geigenbau- und Heimatmuseum) mantienen esta tradición.

Alojamiento y restaurante en Mittenwald

Alpenrose – *Obermarkt 1* – ☎ *0 88 23/9 27 00* – *fax 0 88 23/37 20* – *18 hab* – *individuales desde 35 €*. Hospedería decorada con ricos frescos, bodega en la que se sirven exquisitas especialidades bávaras (Schmankerln).

Alpengasthof Gröbl-Alm – *Gröbl-Alm 1 (2 km al N)* – ☎ *0 88 23/91 10* – *fax 0 88 23/29 21* – *31 hab* – *individuales desde 41 €*. Situado en las afueras de la localidad, rodeado de verdes praderas. Grandiosa vista del bosque de Mittenwald y de las montañas.

Arnspitze – *Innsbrucker Straße 68* – ☎ *0 88 23/24 25* – *menús desde 15 €*. Albergue al S de la localidad (no dispone de habitaciones). Especialista en cocina regional.

GELNHAUSEN

Hesse – 21.600 habitantes
Mapa Michelin nº 417 P 11

Esta ciudad libre del Imperio fue fundada en 1170 por el emperador Federico Barbarroja. En ella se construyó un palacio imperial (Pfalz) en el que el emperador sólo se alojó en ocho ocasiones. Gracias a su magnífico emplazamiento junto a una importante vía de comunicación en el valle del Kinzig, y a los privilegios que le otorgaban su rango de ciudad imperial, Gelnhausen se convirtió, bajo la soberanía de la dinastía Hohenstaufen, en un floreciente centro económico del Imperio.

La ciudad, situada entre el macizo boscoso del Spessart y la montaña del Vogelsberg, conserva un bello conjunto de casas de vigas entramadas y vestigios de la muralla medieval. En la imagen de la villa se destacan las siluetas de sus numerosas torres y puertas.

* **Marienkirche (Iglesia de Santa María)** – Esta construcción de piedra calcárea roja presenta en sus torres, en su bello ábside poligonal coronado por arcadas ciegas y en su elegante galería los elementos característicos del románico renano. En el interior, el **presbiterio**★★, con sus elegantes arcadas trilobuladas y sus consolas finamente talladas, constituye una obra maestra de la arquitectura ornamental del s. XIII. Un leccionario de la misma época separa la nave del presbiterio.

Kaiserpfalz ⓥ – Las **ruinas del palacio imperial**, que se alzan sobre un islote verde del río Kinzig, son los restos mejor conservados de la arquitectura de la época de los Hohenstaufen. De la primitiva construcción aún quedan en pie una parte del edificio de entrada (Torhalle), una columnata con bellos relieves en sus capiteles, la torre de acceso, el palas o vivienda señorial y la muralla defensiva.

EXCURSIONES

Büdingen – *17 km al N*. Su **cinturón amurallado**★ (Stadtmauer) conserva bellas edificaciones que datan de los ss. XV-XVI, entre las que destaca la puerta de Jerusalén, con sus sólidos torreones de estilo gótico.

El **castillo** ⓥ de los príncipes de Ysenburg es una de las escasas residencias de los Hohenstaufen que todavía está habitada. Las alas del edificio se despliegan en torno a un patio interior de planta poligonal. Si se desea seguir un orden cronológico al visitar el conjunto, se debe comenzar el recorrido en el arco de entrada y seguir en el sentido de las agujas del reloj: las primeras construcciones datan del s. XII y las más recientes pertenecen al s. XVII. La capilla del s. XV conserva la **sillería del coro**★ adornada con figuras de santos y blasones.

Steinau – *25 km al NO*. En esta villa transcurrió la juventud de los hermanos Grimm, cuya familia vivió durante un lustro (1791-96) en el inmueble que ocupaba el **Tribunal de Hanau** (Hanauische Amtshaus) *(Brüder-Grimm-Straße 80)*, hoy transformado en un centro de documentación sobre la vida y obra de ambos eruditos. En el **castillo** (Schloß) ⓥ, un conjunto fortificado renacentista que posee una torre del homenaje de planta cuadrada, se puede visitar el **Museo Grimm** y una exposición de marionetas.

GÖRLITZ★

Sajonia – 70.000 habitantes
Mapa Michelin nº 418 M 28

La ciudad de Görlitz, fundada a orillas del Neisse, está dividida en dos por el río, que constituye desde 1945 la frontera natural entre Alemania y Polonia. En los ss. XV y XVI la villa conoció una época de gran prosperidad económica gracias a su floreciente industria textil y al comercio del glasto, hierba pastel utilizada por los tintoreros. En esa época fue sede de la Judicatura y disfrutó del privilegio de acuñar moneda. La industrialización del s. XIX favoreció el desarrollo de sectores como la fabricación de maquinaria pesada y la óptica.

La ciudad salió casi indemne de la II Guerra Mundial, por lo que conserva un extraordinario patrimonio monumental, cerca de 3.500 edificios están declarados de interés histórico.

QUÉ VER

Obermarkt – Al N de la **plaza Alta del Mercado**, delimitada al O por la torre Reichenbach (Reichenbacher Turm) y por la iglesia de la Trinidad al E, se alinean una serie de bellas casas de estilo barroco. La que ocupa el nº 29 *(Oficina de información turística)* posee una fachada finamente decorada con estucos, en la que se abre un portal flanqueado por columnas.

GÖRLITZ

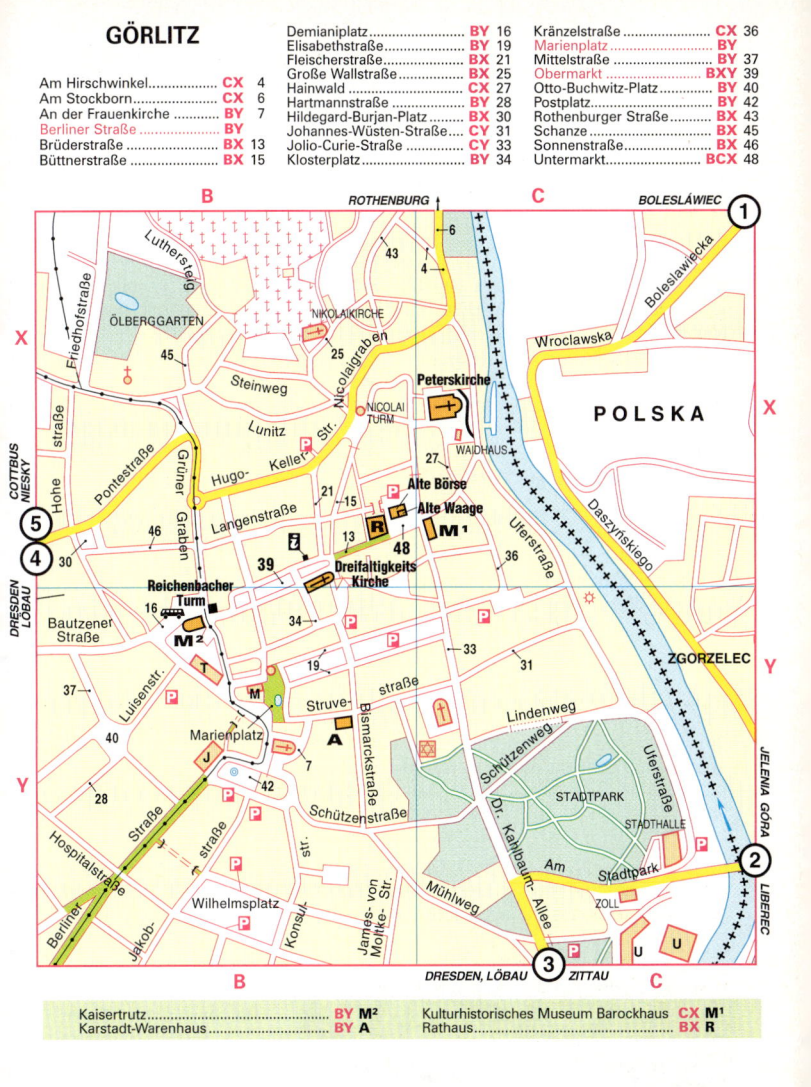

Am Hirschwinkel	CX 4	Demianiplatz	BY 16	Kränzelstraße	CX 36
Am Stockborn	CX 6	Elisabethstraße	BY 19	Marienplatz	BY
An der Frauenkirche	BY 7	Fleischerstraße	BX 21	Mittelstraße	BY 37
Berliner Straße	BY	Große Wallstraße	BX 25	Obermarkt	BXY 39
Brüderstraße	BX 13	Hainwald	CX 27	Otto-Buchwitz-Platz	BY 40
Büttnerstraße	BX 15	Hartmannstraße	BY 28	Postplatz	BY 42
		Hildegard-Burjan-Platz	BX 30	Rothenburger Straße	BX 43
		Johannes-Wüsten-Straße	CY 31	Schanze	BX 45
		Jolio-Curie-Straße	CY 33	Sonnenstraße	BCX 46
		Klosterplatz	BY 34	Untermarkt	BCX 48

[mapa de Görlitz]

Kaisertrutz	BY M²	Kulturhistorisches Museum Barockhaus	CX M¹
Karstadt-Warenhaus	BY A	Rathaus	BX R

Dreifaltigkeitskirche ⊙ – La **iglesia de la Trinidad**, situada en la Obermarkt se caracteriza por su alta y esbelta torre barroca. El interior se estructura en dos naves estrechas (s. XV) que se prolongan en el presbiterio construido entre 1371 y 1381. La magnífica **sillería**★ del coro (1484) tiene inscrita en la parte superior la crónica de los monjes franciscanos. El altar mayor barroco (1713) es obra de Caspar Gottlob von Rodewitz, discípulo de Permoser; el púlpito de los Doce Apóstoles data de fines del Renacimiento.
La **capilla de Santa Bárbara** alberga tesoros del arte sacro, como el **retablo de la Virgen**★ (hacia 1510), una obra maestra de finales del gótico. En él se representa a María con su aureola de santidad y la Natividad. Las tablas del retablo plegado muestran la Pasión de Cristo. La gran sepultura con relieves fue realizada por Hans Olmützer en 1492, mientras que la conmovedora figura de **Cristo** (finales del s. XV) se atribuye a un maestro del S de Alemania.

★ **Untermarkt** – La **plaza baja del Mercado**, antigua plaza comercial de Görlitz, está dominada por la torre (1378) del **ayuntamiento** (Rathaus). En el ángulo de la Brüderstraße destaca la magnífica escalera exterior (1537-38) con forma de candelabro que sustenta la estatua (copia) de la Justicia. A la derecha de la puerta monumental renacentista se pueden contemplar las armas (1488) del rey de Hungría Matthias Corvinus, esculpidas en estilo gótico tardío. El cuerpo central es renacentista, mientras que las obras de ampliación que se realizaron a principios del s. XIX son de estilo neogótico.
El edificio barroco más antiguo de Görlitz (1706) se alza en el centro de la plaza: se trata de la sede de la **antigua bolsa** (Alte Börse), decorado con figuras alegóricas en su portada. En el inmueble contiguo se encuentra la antigua **balanza pública** (Alte Waage), que consta de tres alturas construidas en estilo renacentista sobre una primera planta barroca.
El flanco sur del Untermarkt está bordeado de casas porticadas habitadas en el pasado por los burgueses y las personas notables de la ciudad.

243

GÖRLITZ

Kulturhistorisches Museum (Museo Municipal de Arte) – *Neißestraße 30*. En el ángulo SE de la plaza un impresionante edificio barroco (1727-29) alberga las colecciones municipales de arte y de artesanía de los ss. XVI al XIX, con mobiliario de estilo renacentista y barroco; en particular, resultan interesantes un conjunto de **muebles rústicos★** policromados del s. XVIII (en la 2ª planta) y unas valiosas cristalerías. En el gabinete de grabados se pueden ver obras del s. XVI al XX.

★ St. Peter und Paul – La gran mole de la **iglesia de San Pedro y San Pablo**, un templo de piedra arenisca de cinco naves cubiertas por un tejado de cobre, se alza a orillas del Neisse. Sobre una basílica románica iniciada en el año 1235, se construyó, en el s. XVI, la iglesia actual de estilo gótico, cuyas obras se prolongaron durante 75 años.

Interior – El interior se distingue por la bella bóveda estrellada que cubre las tres naves centrales, los vanos adornados con tracerías caladas y un elegante **púlpito** (1693) apoyado sobre la figura de un ángel y decorado con hojas de acanto doradas. El altar mayor barroco (1695), realizado en piedra arenisca y falso mármol, es obra del escultor Georg Heermann. El retablo representa la Ascensión de Cristo. Destaca también el **gran órgano**, fabricado en 1703 por Eugenio Casparini, el maestro de Andreas Silbermann. La caja, realizada por el artista local Johann Conrad Buchau, está coronada por tres grupos de ángeles tañendo diferentes instrumentos musicales. La decoración interior se completa con unos bellos confesionarios de estilo barroco.

> **Schlesisches Himmelreich**
>
> Con un poco de suerte se puede degustar en Görlitz este plato típico de sabor agridulce, elaborado a base carne de cerdo salada y frutos secos. Se sirve con una salsa ligera de zumo de limón y se acompaña con albóndigas de harina.

A la derecha de la iglesia se alza el edificio civil más antiguo de la ciudad, la **casa del Glasto** (Waidhaus, s. XIII), lugar donde se almacenaba la preciosa planta tintórea que proporcionaba el color azul a los tejidos.

Kaisertrutz – *Demianiplatz*. Esta maciza construcción circular de 19 m de diámetro, levantada entre 1490 y 1541, formaba parte del conjunto de las antiguas fortificaciones de la ciudad. En la actualidad alberga el **Museo Municipal del Arte y de la Cultura** (Museum für Stadtgeschichte und Kunst).

Reichenbacher Turm – Esta torre, considerada el emblema de la ciudad, se alza frente al Kaisertrutz; la primera vez que se menciona es en un documento histórico del año 1376. Desde la cima de este edificio de 52 m de altura (165 peldaños) se puede contemplar una bella **vista★** de Görlitz.

Karstadt Warenhaus (Galería comercial Karstadt) – Esta bella galería comercial, en la que se combinan una estructura de acero y sillares de cantería, fue proyectada por el arquitecto Schmanns en estilo Jugendstil (1912-13). A pesar del aspecto macizo del exterior, el interior, con su luminoso atrio cubierto por una bóveda de cañón acristalada, su magnífica escalera y sus refinadas columnas, sorprende por su elegancia.

Galería comercial Karstadt, Görlitz

ALREDEDORES

St. Marienthal – *En Ostritz, 11 km al S de Görlitz. Salga por la B 66.* La reina Cunegunda de Bohemia fundó, en 1234, este convento de monjas cistercienses, a cuya orden sigue perteneciendo la comunidad que habita en el actual monasterio.

En un pintoresco meandro del Neisse, a su paso por la región de Lusacia, el conjunto de edificios de este convento, construido en los ss. XVII-XVIII, sorprende por sus dimensiones. La influencia de Bohemia se reconoce, sobre todo, en la fachada occidental, en la que se abre un antecuerpo, y que está precedida por una fuente y por una columna que recuerda la Peste de 1704. Los viñedos plantados en los terrenos del convento son los más orientales en territorio alemán.

Klosterkirche (Iglesia abacial) ⓥ – Aunque no es usual en la arquitectura cisterciense, este edificio posee una torre en lugar del característico linternón. El interior, cubierto por una bóveda de crucería, fue decorado en 1850 por los miembros de la escuela nazarena en estilo neorrománico.

GOSLAR★★

Baja Sajonia – 47.000 habitantes
Mapa Michelin nº 418 K 15 – Esquema: HARZ

Esta villa imperial fundada en el año 1000 está situada en el reborde septentrional del parque natural del Harz. El casco antiguo conserva un bello conjunto de casas de vigas entramadas y monumentos históricos de gran interés.

Las minas – La prosperidad de Goslar, antigua ciudad libre del Imperio, se debió a la riqueza minera del Harz y especialmente a los yacimientos de plata y plomo de **Rammelsberg**. La villa vivió su época de apogeo en los ss. XV y XVI. De esta fecha datan la mayor parte de las construcciones históricas del casco antiguo.

La cesión de las minas a los duques de Brunswick a mediados del s. XVI marcó la decadencia económica de la localidad. En la actualidad Goslar vive, esencialmente, del turismo, que experimentó un fuerte impulso cuando la Unesco declaró su centro histórico y las minas argentíferas de Rammelsberg –cuya explotación cesó en 1988– Patrimonio Cultural de la Humanidad. Otros atractivos de Goslar son su cercanía al Harz, punto de partida para la realización de interesantes excursiones, y la estación termal de **Hahnenklee-Bockswiese**, muy frecuentada por los usuarios del balneario y por los aficionados a los deportes de invierno.

Desde el mirador del **Georgenberg** *(panel informativo junto al monumento a Bismarck)* se disfruta una **panorámica de la ciudad.**

Ayuntamiento

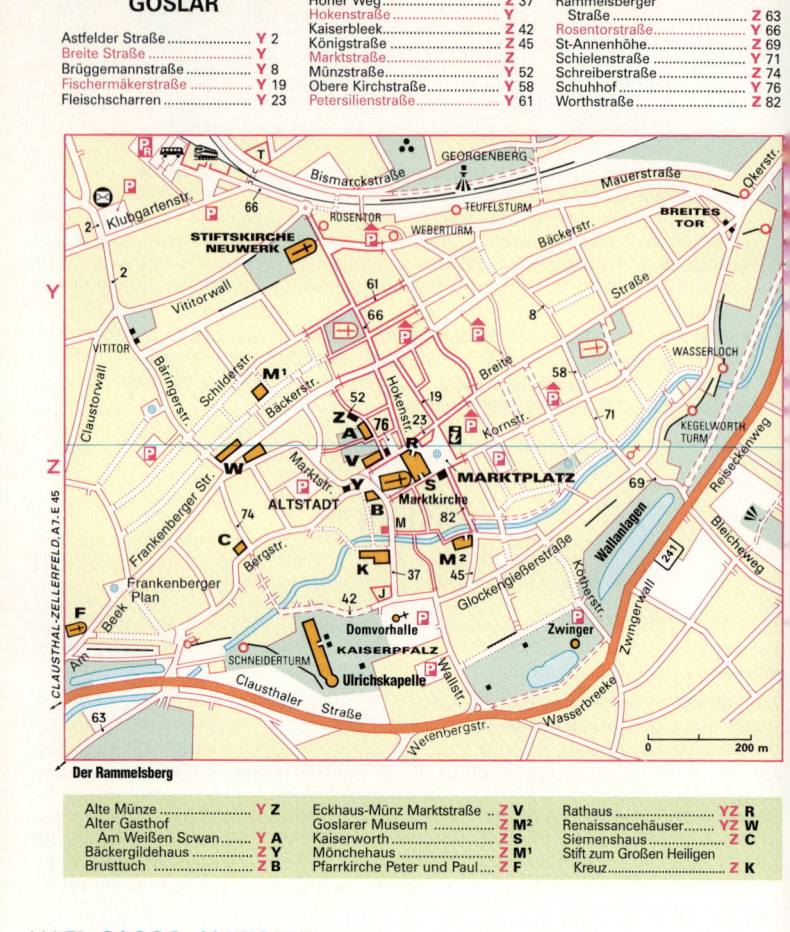

GOSLAR

Astfelder Straße	Y	2
Breite Straße	Y	
Brüggemannstraße	Y	8
Fischmäkerstraße	Y	19
Fleischscharren	Y	23
Hoher Weg	Z	37
Hokenstraße	Y	
Kaiserbleek	Z	42
Königstraße	Z	45
Marktstraße	Z	
Münzstraße	Y	52
Obere Kirchstraße	Y	58
Petersilienstraße	Y	61
Rammelsberger Straße	Z	63
Rosentorstraße	Y	66
St-Annenhöhe	Z	69
Schielenstraße	Y	71
Schreiberstraße	Z	74
Schuhhof	Y	76
Worthstraße	Z	82

Alte Münze	Y	Z
Alter Gasthof Am Weißen Scwan	Y	A
Bäckergildehaus	Z	Y
Brusttuch	Z	B
Eckhaus-Münz Marktstraße	Z	V
Goslarer Museum	Z	M²
Kaiserworth	Z	S
Mönchehaus	Z	M¹
Pfarrkirche Peter und Paul	Z	F
Rathaus	YZ	R
Renaissancehäuser	YZ	W
Siemenshaus	Y	C
Stift zum Großen Heiligen Kreuz	Z	K

★★★ EL CASCO ANTIGUO 3 h

El punto de partida del circuito marcado en el plano se sitúa en la plaza del Mercado (Marktplatz).

- ★ **Marktplatz** – La **plaza del Mercado**, de aspecto digno y austero, está bordeada de casas con fachadas revestidas de pizarra gris. En el conjunto destacan, sobre todo, el Kaiserworth, sede de la corporación de artesanos, y el edificio gótico del ayuntamiento (Rathaus), detrás del cual se perfilan las torres de la **Marktkirche** (s. XII). En el centro se alza la **Marktbrunnen**, una fuente de 1230 formada por dos grandes pilas de bronce; su estructura está rematada por dos águilas imperiales coronadas y con las alas desplegadas. Sobre el gablete de la casa situada frente al ayuntamiento un **carillón** ilustra en cuatro escenas la historia de la minería en el Harz, desde la Edad Media hasta nuestros días *(se pone en funcionamiento a las 9, 12, 15 y 18 h)*.

- ★ **Rathaus (Ayuntamiento)** – Siguiendo una costumbre medieval, en la planta baja de este edificio del s. XV se abre un pórtico de arcos apuntados hacia la plaza del Mercado. Una escalera exterior *(en el lado sur)* conduce a la **gran sala de honor** (Diele) de la primera planta. La base del tejado se oculta tras una galería de ventanales decorados con gabletes triangulares.

- ★★ **Huldigungssaal** (Sala del Homenaje) ⓥ – Esta pieza, transformada como **sala del Consejo Municipal** hacia 1450, fue magistralmente decorada en torno a 1510. En los revestimientos de madera magníficamente tallados alternan las efigies de emperadores romanos y sibilas ataviados con vestimentas renacentistas. En el techo, las figuras de los profetas y de los evangelistas rodean las escenas que representan la infancia de Cristo. Detrás de una puerta se oculta una minúscula capilla que conserva pinturas murales con el tema de la Pasión de Cristo y un relicario de santa Margarita (hacia 1300).

Kaiserworth – Este edificio del gótico tardío (1494) fue en el pasado la sede del gremio de los sastres *(hoy alberga un hotel)*. Está decorada con una serie de figuras alojadas en nichos y cubiertas por baldaquinos. A los pies de la estatua de la Abundancia, sobre la arista de un gablete, el **Hombrecito de los ducados** (Dukatenmännchen) simboliza de forma satírica el derecho de Goslar a acuñar moneda.

GOSLAR

★★ Fachwerkhäuser (Casas de vigas entramadas) – Al NO del ayuntamiento está situada la **Schuhhof**, una plaza bordeada de casas de vigas entramadas; los edificios de la derecha poseen soportales. Por un estrecho pasaje se accede a la Münzstraße, donde se encuentra la antigua posada **Am Weißen Schwan** *(en el patio existe un pequeño museo de figuritas de estaño)* y el edificio de la **Antigua Moneda** (Alte Münze), que data de 1500 *(transformado hoy en restaurante)*. La casa situada en la esquina de la Münzstraße y la Marktstraße construida en 1526, muestra un espléndido mirador en saledizo de dos niveles. Frente a la Marktkirche se puede ver el **Brusttuchs**, construido por encargo de un rico propietario de minas y decorado al gusto renacentista con un sin fin de motivos bíblicos, mitológicos y legendarios. El edificio, de 1526, sorprende por su inmenso tejado extremadamente inclinado. Unos metros más adelante se alza la **sede del antiguo gremio de Panaderos**, edificio levantado entre 1501 y 1557 que presenta un alto frontón.

Los **inmuebles renacentistas** en la confluencia de la Marktstraße y la Bäckerstraße están adornados con azulejos dispuestos en abanico, muy difundidos por la Baja Sajonia, *(Bäckerstraße 2)* y con frisos de arcadas ciegas *(Bäckerstraße 3)*.

Siemenshaus (Casa Siemens) ⓥ – Esta impresionante casa de vigas entramadas fue mandada construir en 1693 por Hans Siemens, un antepasado del famoso industrial berlinés fundador de la empresa que lleva su nombre. Posee un bello vestíbulo de entrada (Däle) revestido de azulejos y un pintoresco patio interior.

Y ADEMÁS

★ Stiftskirche Neuwerk (Iglesia conventual de Neuwerk) – La antigua iglesia abacial fue construida en los ss. XII-XIII. Las altas **torres** poligonales de su fachada son de las más elegantes de la arquitectura religiosa románica. El magnífico ábside semicircular presenta en el exterior una rica decoración, que convierte el templo en uno de los más bellos de Baja Sajonia. La nave principal se cubre con una pesada bóveda de cañón de sección transversal en forma de arco ojival. El antiguo leccionario, adornado con seis finos bajorrelieves en estuco (Cristo, la Virgen y cuatro Apóstoles), sirve de parapeto a la tribuna del órgano (parte oeste). En el presbiterio destacan los frescos románicos tardíos realizados hacia 1225.

★ Pfarrkirche Peter und Paul (Iglesia parroquial de San Pedro y San Pablo) – *Entrada por Frankenberger Plan.* Las reformas realizadas en el transcurso de los siglos no han logrado enmascarar el aspecto románico de esta basílica de tres naves y cruz latina construida en el s. XII. En el interior destaca la fina talla de la piedra y, en particular, de las columnas que sostienen la **tribuna occidental**, inspiradas en el modelo de Königslutter *(ver p.)*. El templo conserva vestigios de los frescos del s. XIII que cubrían amplias superficies de sus muros. En el altar del s. XII se puede ver un suntuoso retablo barroco de 1675, realizado, al igual que el púlpito, en el taller de Heinrich Lessen en Goslar.

★ Kaiserpfalz ⓥ – Este **palacio imperial** mandado edificar por Enrique III (1039-1056) fue reconstruido en varias ocasiones, pero su aspecto actual data de 1868-1879. Las pinturas históricas de la gigantesca **Sala Imperial** evocan los acontecimientos más importantes del periodo en el que Goslar fue la residencia habitual de los emperadores del Sacro Imperio Romano. Desde la sala Imperial (Reichssaal) se accede a la **capilla palatina St. Ulrich** (principios del s. XII), un edificio de dos plantas con forma de cruz griega en la planta baja y octogonal en la planta superior. La capilla alberga la tumba de Enrique III (figura yacente del s. XIII), en cuyo zócalo se conserva el corazón del emperador.

Domvorhalle – El único vestigio de la catedral edificada en el s. XI por Enrique III y destruida en 1822 es esta capilla románica que alberga en su interior el **trono imperial★**, un magnífico trabajo artesanal de finales del s. XI.

★ Mönchehaus (Casa de los Monjes) – Instalado en una antigua casa de vigas entramadas (1528), este **Museo de Arte Moderno** expone obras de Beuys, Hundertwasser, Serra, de Kooning, etc. En el jardín se exhiben esculturas e interesantes móviles de Calder.

Rammelsberg (Museo Minero de Rammelsberg) ⓥ – *Situado al SO de la ciudad; salga por Clausthaler y Rammelsberger Straße.* La montaña del Rammelsberg, con su riqueza en minerales no ferrosos, ha asegurado la prosperidad de Goslar por muchos siglos. Las minas, explotadas durante cerca de un milenio, han producido unos 30 millones de toneladas de mineral. En la actualidad existen un Museo de la Minería (Bergbaumuseum) y la Explotación Minera Rammelsberg (Besucherbergwerk Rammelsberg), que se pueden visitar conjuntamente, recorriendo, a pie o a bordo de un ferrocarril minero, las galerías Roeder.

ⓥ ▶▶ Stift zum Heiligen Kreuz (Hospital de la Santa Cruz) – Breites Tor★ (Puerta Ancha) – Goslarer Museum (Museo de la Ciudad de Goslar) – Zwinger (torre).

ALREDEDORES

★★ Harz – *Ver este nombre.*

★ Iglesia de Grauhof – *3 km de Goslar; salga por Okerstraße.* Los agustinos del convento de Grauhof (1527) encargaron la edificación de esta iglesia (1701-17) a un arquitecto italiano. En el mobiliario destacan, sobre todo, un púlpito en forma de barco (1721), la magnífica caja del órgano (1737) y la **sillería del coro**, cuyas tallas en maderas nobles representan en 56 escenas la vida y la regla de san Agustín.

GOTHA

Turingia – 51.000 habitantes
Mapa Michelin nº 418 N 16

Mencionada por primera vez en un documento del año 775, esta localidad conoció una época de prosperidad en los ss. XV y XVI gracias al desarrollo de las relaciones comerciales. De 1640 a 1918 el ducado de Sajonia-Gotha estableció en la villa su residencia, pero el renombre internacional se lo proporcionó la publicación del Almanaque de Gotha, que edita la genealogía de las familias nobles. La plaza del Mercado, bordeada de bellas casas burguesas de diferentes siglos, se extiende hasta el palacio. En la parte baja de esta plaza se alza el imponente edificio del **ayuntamiento** de estilo renacentista (1567-74), cuya fachada norte posee un bello portal. El palacio, de enormes proporciones y en posición angulada respecto al eje visual, domina la ciudad.

* **Schloß Friedenstein (Palacio de Friedenstein)** ⓥ – La construcción de este austero palacio de tres alas de principios del barroco se inició en el reinado de Ernesto I el Piadoso (1643) y se concluyó en 1655. El único elemento decorativo consiste en una galería de arcadas que rodea el patio interior. El interior, por el contrario, es un regalo para la vista. En él se pueden visitar más de una treintena de piezas en la que compiten la suntuosa decoración de estilo barroco, rococó y neoclásico. Destacan sobre todo los artesonados de estuco originales del s. XVII, los bellos trabajos de marquetería en los suelos de madera, y el mobiliario de primera calidad (entre otras se conservan piezas del taller de Abraham Roentgen).

El palacio alberga ricas colecciones de arte atesoradas pacientemente durante siglos por los señores de la Casa de Gotha, y completadas después con aportaciones de distintas procedencias.

Pareja de enamorados de Gotha

La **colección de Obras de arte** comprende pinturas holandesas y flamencas del s. XVII y, sobre todo, una serie de cuadros de autores alemanes de los ss. XV y XVI, entre los que se incluyen fundamentalmente **pinturas de Lucas Cranach el Viejo** y el primer retrato doble de la pintura alemana conocido como la **Pareja de enamorados de Gotha★**, realizado entre 1480 y 1485 por el Maestro del Livre de Raison. También destaca el Altar de Gotha, magnífica representación en 157 paneles de la vida de Cristo y una de las realizaciones de mayor riqueza gráfica en la historia de la pintura religiosa alemana.

En el palacio se exhibe asimismo una colección de esculturas del francés Jean Antoine Houdon (1741-1828), la segunda en importancia después de la que atesora el museo del Louvre.

Parque del palacio – El vasto parque de estilo inglés comprende un magnífico espacio arbolado y el edificio de la orangerie, construida entre 1747 y 1767.

> Una **Colección de objetos antiguos y de Arte egipcio** testifica la pasión de sus fundadores por reunir objetos de arte. El recorrido por el palacio de Friedenstein no debería concluir sin antes visitar el **Ekhoftheater** (1774).

GÖTTINGEN

GOTINGA – Baja Sajonia – 130.000 habitantes
Mapas Michelin nᵒˢ 417/418 L 13

Gotinga es, junto con Tubinga, Heidelberg y Marburgo, una de las cuatro ciudades alemanas donde el ambiente y las tradiciones universitarias están más arraigadas. El bullicio estudiantil impregna las calles de la pequeña villa, especialmente en la época de los exámenes y con ocasión de las fiestas institucionales. Las iglesias góticas y los edificios clasicistas de la Universidad constituyen un conjunto urbanístico interesante.

Una prestigiosa Universidad – La Universidad de Gotinga (1736), bautizada con el nombre de *Georgia Augusta* en honor a su fundador, el rey de Inglaterra y príncipe elector de Hannover, se distinguió en sus inicios por ser una institución aristocrática, frecuentada por los vástagos de la hidalguía de Hannover y los hijos de las grandes familias inglesas y rusas. Entre las enseñanzas que se impartían entonces gozaban de gran prestigio el derecho y la filología. La designación del matemático **Carl Friedrich Gauss** (1777-1855) como director del observatorio y profesor de astronomía en 1807 inauguró una etapa brillante de la institución en los campos de la teoría y la investigación científicas. Gauss fue un genio de una extraordinaria precocidad: a los 16 años ya intuía la posibilidad de una geometría no euclidiana. La unidad internacional de medida de la intensidad del campo magnético lleva su nombre, y un consejo de investigación formado por un grupo de máximos especialistas en el tema intenta, todavía hoy, desentrañar la quintaesencia de su testamento científico, que recoge en 19 páginas sus 145 enigmáticas tesis. En Gotinga se han formado o han impartido clases 40 premios Nobel; sus cerca de 33.000 alumnos pueden estudiar hasta 14 especialidades diferentes. Max Planck (1858-1947), autor de la teoría cuántica (1900), reposa en esta ciudad.

QUÉ VER

Ayuntamiento (Rathaus) – Los estudiantes, los turistas y los ciudadanos de Gotinga han convertido la plaza del Mercado y los sótanos del edifico del ayuntamiento en los centros preferidos de reunión. Esta zona es, por tanto, la más animada de la villa. El ayuntamiento, que data de la segunda mitad del s. XIV, es una construcción típica de finales del medievo.
Delante del edificio se alza una curiosa fuente, la **Gänseliselbrunnen** (1901), que representa a una muchacha con dos ocas y es el lugar al que tradicionalmente acuden los estudiantes para celebrar el éxito en sus exámenes.

Perspectiva sobre cuatro iglesias – Desde la esquina SE de la plaza del Mercado se ofrece una bella vista que abarca los cuatro puntos cardinales: en cada uno de ellos domina la imagen de una iglesia. Al E se dibuja la cúpula de la iglesia rural de San Albán; al S se divisa la torre de la iglesia de San Miguel; al O las dos torres octogonales de San Juan y, finalmente, al N se yergue el altivo campanario de la iglesia de Santiago (72 m).

Fachwerkhäuser – Las **casas de vigas entramadas** se encuentran, sobre todo, en el sector oriental del casco antiguo de la ciudad. Próxima al ayuntamiento, en la esquina de la Barfüßerstraße y la Judenstraße, se alza la antigua taberna del **Junkernschänke**★, un edificio renacentista decorado con bustos enmarcados en medallones, sobre los que aparecen figuras bíblicas (Adán y Eva, Sansón y Dalila, etc.). En los pilares angulares están representados los señores de la casa.

Städtisches Museum ⊙ – El **Museo Municipal**, alojado en un edificio renacentista y consagrado en gran parte al arte religioso de la región, comprende además una sección de historia local en la que se ilustra el desarrollo de la ciudad y de su Universidad. Además de las colecciones de arte sacro (desde la Edad Media a la Moderna), el museo muestra porcelanas de Fürstenberg, loza de Hann. Münden, orfebrería de Gotinga y cristalería contemporánea.

EXCURSIÓN

★**Duderstadt** – *31 km al E*. Conocida en otros tiempos como la "Nuremberg del Eichsfeld", esta villa engloba en sus murallas más de 550 casas de vigas entramadas de diferentes épocas y adornadas con bonitas tallas. En un extremo de la Marktstraße se alza el **ayuntamiento**, construido en el s. XIII y ampliado entre 1432 y 1533, que presenta en la fachada sus torretas puntiagudas. A pocos metros de él se encuentra la **iglesia de San Ciriaco** (St. Cyriakuskirche), una vasta iglesia de tipo salón con ocho tramos que data del s. XV. Entre las múltiples obras de arte que alberga en su interior destacan 15 estatuas barrocas adosadas a los pilares, de las que 12 representan a los Apóstoles.

GREIFSWALD ★

Mecklemburgo-Antepomerania – 70.000 habitantes
Mapa Michelin nº 416 D 23

Greifswald, fundada por los abades del convento de Eldena, obtuvo sus fueros municipales en 1250. El ingreso de la ciudad en la Liga Hanseática (1281) significó el comienzo de una época de esplendor, que se refleja en la construcción de tres impresionantes iglesias parroquiales. Este periodo de prosperidad se prolongó durante cuatro siglos.

El patrimonio artístico monumental de Greifswald es notable ya que apenas sufrió daños durante la II Guerra Mundial. Su riqueza arquitectónica –en la que se advierte una cierta influencia escandinava– es sin duda una de las bazas con las que cuenta la ciudad para convertirse, en el futuro, en el lugar elegido para unas agradables vacaciones.

Soberanía sueca – Con el tratado de Westfalia de 1648, la Antepomerania y, en consecuencia, Greifswald fueron unidas al reino de Suecia. Aunque la ciudad no prosperó en el aspecto económico durante los dos siglos de dominación sueca, el gobierno tolerante del país escandinavo otorgó a la ciudadanía unas libertades poco comunes para la época. El periodo de gran actividad constructiva comenzó en 1815, fecha en la que la Antepomerania pasó a soberanía de Prusia. Gran parte de las casas burguesas que se conservan en la ciudad fueron edificadas en esta etapa de expansión.

El pintor del Romanticismo – **Caspar David Friedrich**, encarnación de la pintura romántica alemana, nació en Greifswald en 1774 (su casa natal en el nº 57 de la Langen Straße fue destruida por un incendio en 1901). Aunque abandonó la ciudad a los veinte años, siguió manteniendo estrechos lazos con Greifswald y, sobre todo con las ruinas del convento de Eldena, que representa el principal tema de su obra pictórica. La simbología de la transitoriedad de la existencia humana que refleja el artista en sus cuadros transmite un mundo de sentimientos subjetivos que nadie había sido capaz de representar con anterioridad, y a menudo expresan la desesperación y la soledad del hombre frente a la naturaleza y a su destino. Sus severas composiciones conmueven todavía al hombre de nuestros días.

EL CASCO ANTIGUO

* ★ **Marktplatz (Plaza del Mercado)** – La fachada del **ayuntamiento** (1738), situado en el flanco occidental de la plaza, se caracteriza por su frontón renacentista y su linternón barroco. Las arcadas de inspiración medieval del frontón oriental se pusieron al descubierto en 1936.
  En el otro lado de la plaza se alzan varios edificios interesantes. La **casa del nº 11**★ (principios del s. XV), uno de los más bellos ejemplos del gótico en ladrillo de Alemania del Norte, presenta un frontón escalonado ricamente decorado.

* ★ **Marienkirche (Iglesia de Santa María)** ⓥ – El interior de esta iglesia de tipo salón está dividido en tres naves y no tiene coro. La elegante estructura del frontón Este atenúa la imagen maciza y voluminosa de este edifico de ladrillo, al que los habitantes de Greifswald dan el apelativo cariñoso de "María la Gorda". Su periodo de construcción se prolongó desde 1280 hasta el s. XV. En su mobiliario destaca un magnífico **púlpito**★ de 1587, tallado por Joachim Mekelenborg, un escultor natural de Rostock. Conserva frescos tardogóticos del s. XIV; en uno de ellos se representa la captura de una ballena en la aldea pesquera de Wieck en 1545.

* ★ **Dom St. Nikolai (Catedral de San Nicolás)** ⓥ – La silueta de la catedral está dominada por una compleja torre de cerca de 100 m de altura, cuya planta cuadrada, flanqueada por cuatro torretas circulares, soporta un cuerpo octogonal de dos niveles con doble hilera de arcadas ciegas de tracería, coronadas por una elegante aguja barroca de inspiración holandesa (1653). La iglesia de salón primitiva fue transformada en una basílica en el s. XIV. La obra consistió en incorporar los contrafuertes exteriores a la estructura interior del edificio, creando así una serie de 21 capillas. En el s. XIX, Gottlieb Giese –discípulo de Schinkel– y Joachim Christian Friedrich –hermano del célebre pintor Caspar David Friedrich– emprendieron una nueva remodelación del templo, en esta ocasión al estilo neogótico acorde con el espíritu del Romanticismo. En el interior se pueden admirar numerosas pinturas al óleo (ss. XVI-XIX) y lápidas, así como unos frescos que datan de 1430 aprox.

* **Universität** – *Rubenowplatz*. La Universidad de Greifswald es la segunda más importante del Norte de Alemania después de la de Rostock. Fue fundada en 1456 por el alcalde de la ciudad Heinrich Rubenow, que fue su primer rector. Entre sus ilustres alumnos figura el poeta **Ernst Moritz Arndt**, que da nombre a la institución. El edificio central, que se alza en la Rubenowplatz, fue construido a mediados del s. XVIII. La fachada presenta un frontón triangular decorado con los blasones de la Casa Real de Suecia (en la parte que se abre a la calle) y el escudo de armas de Pomerania (en el lado que se orienta al patio).

GREIFSWALD

Pommersches Landesmuseum ⓥ – *Theodor-Pyl-Straße, 1*. Existe un proyecto de crear, hasta el año 2004, un importante complejo museístico mediante la reagrupación de diferentes edificios históricos, cuyo fin primordial es ilustrar la historia y presentar el rico patrimonio cultural de Pomerania. Entre las colecciones más notables destaca la **pinacoteca**, con obras de los ss. XVII-XX (incluye cuadros de Caspar David Friedrich).

Y ADEMÁS

★ **Klosterruine Eldena (Ruinas del convento de Eldena)** – *Wolgaster Landstraße*. La antigua abadía cisterciense, fundada en 1199, tuvo su época de esplendor a mediados del s. XIV. Devastada durante la guerra de los Treinta Años, fue utilizada posteriormente como "cantera". Las gentes del lugar extrajeron del montón de piedras materiales para sus construcciones. Todo lo que subsiste de aquel magnífico complejo son algunas partes de la iglesia, del claustro y de las dependencias orientales, pero sus vestigios siguen siendo tan pintorescos como en la época del pintor Caspar David Friedrich, quien no sólo los inmortalizó en sus cuadros, sino que luchó por su conservación.

★ **Wieck** – *Accesible a pie desde las ruinas del convento de Eldena*. La aldea pesquera de Wieck, declarada monumento de interés histórico, está situada en la desembocadura del río Ryck en el Greifswalder Bodden. Las casitas de los pescadores con sus techos de bálago, el idílico puerto y el **puente levadizo**★ (Zugbrücke) de madera forman un conjunto singular. El puente, inspirado en un modelo holandés y datado en 1887, es un prodigio de la técnica. La parte central se eleva mediante un torno de mano.

Puente levadizo de Wieck, Greifswald

ⓥ ▶▶ St. Jacobikirche (Iglesia de Santiago) – Ehemaliges Hospital St. Spiritus (Antiguo Hospital del Espíritu Santo) – Botanischer Garten★ (Jardín Botánico).

GÜSTROW ★

Mecklemburgo-Antepomerania – 36.000 habitantes
Mapa Michelin nº 416 E 20

Güstrow obtuvo sus fueros municipales en 1228. Entre 1556 y 1695 la ciudad experimentó un gran desarrollo como residencia permanente de los duques de Mecklemburgo-Güstrow. La arquitectura de las casas burguesas y de los edificios que bordean las **plazas de la catedral y del Mercado**, así como las bellas construcciones de las calles adyacentes son testigos de este periodo de esplendor *(Mühlenstraße 17-18, Grüner Winkel 10)*. El **ayuntamiento**, situado en la plaza del Mercado, presenta una curiosa estructura: a finales del s. XVIII se construyó delante del edificio una fachada neoclásica que unificaba cuatro edificios preexistentes.

Ernst Barlach – El nombre de este artista está ligado a la ciudad de Güstrow, donde residió cerca de tres décadas hasta su fallecimiento en 1938. Había llegado a la ciudad en 1910 con la intención de establecerse, y aquí creó la mayor parte de su obra.

GÜSTROW

QUÉ VER

★ **Schloß Güstrow** ⓥ – Este **palacio renacentista**, uno de los más importantes en su género en el N de Alemania, combina elementos estilísticos italianos, franceses y alemanes. Las obras se iniciaron en 1558 por encargo del duque Ulrich y se realizaron en diversas fases. El primer arquitecto fue el italiano Franziskus Parr, quien levantó las alas sur y oeste; su sucesor, el neerlandés Philipp Brandin construyó en colaboración con su discípulo Claus Midow las alas norte y este (1587-88), y el edificio de entrada (Torhaus) fue proyectado en 1671 por Charles Philipp Dieussart en estilo barroco holandés. En la fachada oeste, con su rica decoración y sus torres angulares, se encuentra la entrada principal. La fachada del ala sur que se abre al patio se distingue por su bella torre de escalera y la triple galería de columnas superpuestas. En el palacio se ha instalado un museo dependiente del **Museo Nacional de Schwerin** (Staatliches Museum Schwerin), en el que se pueden ver cuadros (entre otros, de Tintoretto), artesanía, armas y cristalería. En el salón de fiestas la **decoración de estucos** representa escenas de caza y de combates.

★ **Dom (Catedral)** ⓥ – Esta basílica gótica de ladrillo fue consagrada en 1335.staca por su gran tamaño. Fue utilizada durante algún tiempo como capilla funeraria por los duques de Mecklemburgo, lo que explica que guarde en su interior numerosas obras de arte. La **Cruz triunfal** (hacia 1370) del crucero sur representa el árbol de la vida. El **retablo** fue realizado en el taller hamburgués de Hinrik Bornemann hacia 1500. Los **monumentos funerarios**★ de estilo renacentista que se encuentran en la parte norte del presbiterio presentan bellos motivos ornamentales, obra de Philipp Brandin. Entre los numerosos tesoros que alberga la catedral destacan doce **estatuas de los Apóstoles**★, realizadas en madera de roble a tamaño natural hacia 1530 por Claus Berg, escultor natural de Lübeck.
Junto a estas piezas antiguas, la obra moderna de Ernst Barlach *Der Schwebende* (copia en molde, pues el original fue tachado de "arte degenerado" y destruido por los nazis en 1937) ofrece un vivo contraste: se trata de una expresiva figura con los rasgos faciales de Käthe Kollwitz en actitud meditativa, apoyada en una bella reja de hierro forjado del s. XVIII.

Pfarrkirche St. Marien ⓥ – La **iglesia parroquial** gótica de St. Marien ha sufrido a lo largo de los siglos numerosas transformaciones. En la actualidad presenta el aspecto de una iglesia de tipo salón dividida en tres naves, cuya torre posee un remate de estilo barroco. El **altar mayor**★, una bella talla del arte de Brabante, fue realizado en Bruselas por Jan Borman el Joven e instalado en la iglesia en 1522. La obra consta de trece relieves magistrales en madera de roble que representan la Pasión de Jesús. El retablo muestra tres escenas diferentes y puede colocarse en dos posiciones distintas. Las magníficas pinturas se deben a Bernaerd van Orley. En la nave central se puede ver una **Cruz triunfal** de 1516 entre las figuras –detalle poco habitual– de María y San Juan junto a Adán y Eva.

★ **Ernst-Barlach-Stiftung (Fundación Ernst Barlach)** ⓥ – La obra del artista está repartida en tres lugares de la ciudad: en la **Gertrudenkapelle**, una capilla de estilo gótico tardío en la que el artista siempre deseó instalar su taller (aquí se pueden ver sus esculturas religiosas); en la **casa-taller "am Heidberg"** (Atelierhaus am Heidberg), situada a orillas del Inselsee, en las afueras de la ciudad (acceso por el Barlachweg), y en un museo alojado en un edificio moderno próximo a la casa-taller que fue inaugurado en 1998. En este último se organizan exposiciones temporales.

HAIGERLOCH★

Baden-Württemberg – 10.000 habitantes
Mapa Michelin nº 419 U 10

Dos meandros del río Eyach profundamente entallados en el terreno constituyen el atractivo marco geográfico del pintoresco **enclave**★★ de Haigerloch.
Las tierras señoriales de los condes de Haigerloch y Hohenberg pasaron a dominio de la dinastía Hohenzollern en 1497, quienes fueron ampliando la pequeña fortaleza hasta convertirla en un gran castillo.

QUÉ VER

Salga de la plaza del Mercado (Marktplatz) en la parte baja de la ciudad y suba al castillo.

Schloßkirche (Iglesia del Castillo) – Construida en el borde de un montículo rocoso, la iglesia atrae por el vivo colorido de su decoración barroca (1748).

Cruzar el patio del castillo en diagonal y tomar el sendero que conduce al Kapf.

HAIGERLOCH

Haigerloch

Kapf – Vista del meandro del Eyach, que engloba la parte alta de la ciudad, dominada por la silueta de la torre Romana (Römerturm).

Regrese a la plaza del Mercado y gire a la izquierda por la Pfluggasse.

Atomkeller-Museum Haigerloch (Museo del Átomo) – Este pequeño museo ilustra mediante paneles explicativos cómo, en los últimos meses de la II Guerra Mundial, un grupo de investigadores reunidos en torno al profesor Heisenberg construyeron, ocultos en un refugio excavado en la roca bajo la iglesia del castillo, el primer reactor nuclear experimental alemán.

Regrese a la plaza del Mercado y suba en coche por la Oberstadtstraße a la iglesia de Santa Ana.

St. Anna-Kirche – La **iglesia de Santa Ana** se alza sobre una explanada sombreada desde la que se domina la garganta del Eyach. Para disfrutar de una **vista★** más amplia es necesario retroceder unos pasos por la carretera que nos ha conducido hasta la iglesia.
Este santuario de peregrinación, construido en 1755, forma con la **casa del Capellán** (Kaplaneihaus), situada enfrente, un conjunto barroco muy elegante. En el interior destacan los altares edificados por Johann Michael Feuchtmayer, que se adornan con esculturas de tamaño natural realizadas por Johann Georg Weckenmann. Los **frescos del techo** son obra del pintor de Sigmaringen, Andreas Meinrad von Au.

HALBERSTADT

Sajonia-Anhalt – 45.000 habitantes
Mapa Michelin nº 418 K 17

En el año 804 Carlomagno fundó el arzobispado de Halberstadt. Durante la Edad Media formó parte de la Liga de la Hansa y constituyó un poderoso centro económico especializado en el comercio de la lana y del lino. Pocos meses antes de la conclusión de la II Guerra Mundial un ataque aéreo destruyó gran parte de su casco antiguo; la reconstrucción de sus edificios históricos, que concluyó en 1998, no ha logrado devolver a la ciudad su encanto de antaño.

QUÉ VER

★★ Dom St. Stephanus – La **catedral de San Esteban** evoca la grandiosidad de las catedrales francesas. Se comenzó a construir en 1240 y en la primera fase se levantaron las torres y los tramos occidentales. En la siguiente etapa, de 1354 a 1402, los trabajos continuaron con la edificación del presbiterio, de la pequeña capilla de

HALBERSTADT

Santa María, y del deambulatorio, ambos góticos. Los muros –que ya no tienen que soportar la carga del techo ni de las bóvedas, porque de ello se encarga el conjunto de cimbras, nervios, pilastras y arbotantes que conducen el peso a los contrafuertes– se reducen considerablemente en número y grosor y son reemplazados por enormes ventanales con vidrieras policromadas. La nave principal, concluida a finales del s. XV, carece de triforio. Debido a la importancia que adquiere el presbiterio, el crucero se desplaza hacia el centro del templo.

En el interior se puede contemplar un magnífico **leccionario*** (hacia 1510) de estilo gótico tardío. El **arco triunfal*** situado sobre él, una bella escultura de finales del románico, procede de la catedral otoniana que ocupaba el lugar del edificio actual. La figura de Cristo está flanqueada por dos estatuas que representan a la Virgen y a San Juan. Los pilares del presbiterio se adornan con 14 esculturas de santos y de los Apóstoles (s. XV). En el lado sur de la nave principal se abre el claustro (Vía Crucis del s. XIII).

****Tesoro** (Domschatz) ⊙ – En él se guarda una preciosa colección de vestimentas litúrgicas y objetos de culto, así como cuadros, manuscritos y tapices del s. XII, entre los que figura el célebre tapiz de Abraham, de más de 10 m de largo.

Liebfrauenkirche (Iglesia de Nuestra Señora) – *Al O de la catedral*. El cancel del presbiterio de esta basílica románica del s. XII está decorado con **relieves*** que representan a la Virgen María, a Cristo y a los Apóstoles. Por la maestría en su ejecución está considerada como una de las obras más logradas de la escultura románica de finales del s. XII.

⊙ ▶▶ Städtisches Museum (Museo Municipal) – Marktkirche St. Martini (Iglesia de San Martín).

HALLE*

Sajonia-Anhalt – 296.000 habitantes
Mapa Michelin nº 418 L 19

Halle, asentada a orillas del río Saale, entre la gran llanura del Norte y las primeras elevaciones del Harz, es a la vez un gran centro económico –especializado en la construcción de maquinaria y en la industria química– y un importante foco intelectual, sede de una Universidad fundada a finales del s. XVII célebre por sus estudios filosóficos y teológicos. En esta ciudad nació en 1685 **Georg Friedrich Haendel**. En honor al maestro de la música barroca alemana, Halle celebra anualmente el **Festival de Haendel**.

La ciudad de la sal – Las fuentes de agua salina proporcionaron gran prosperidad a la ciudad, que vivió su época de mayor esplendor del s. XIV al XVI. Halle, que pese a su importancia nunca llegó a obtener el rango de villa imperial, creció en torno a una fortaleza construida en el año 806 para proteger sus riquezas.

El gran crecimiento de la ciudad vino de la mano de la Revolución Industrial, gracias a la explotación de las minas de lignito.

QUÉ VER

***Marktplatz (Plaza del Mercado)** – La torre de la iglesia del Mercado y la **torre Roja** (s. XV) con sus cerca de 80 m de altura, dominan esta vasta plaza, en cuyo centro se alza el monumento a Haendel (1859). El mercado y el trasiego de tranvías convierten el lugar en uno de los más bulliciosos de la ciudad.

Marktkirche (Iglesia del Mercado)** – La iglesia actual de tipo salón está dividida en tres naves y carece de coro. El edificio se levantó entre 1529 y 1554 en el lugar que ocupaban dos templos románicos en ruinas, de los que sólo subsisten las torres. En el interior se puede contemplar el delicado entrelazado de las nervaduras de la bóveda de cañón, que no está dividida en tramos transversales. Unas tribunas de piedra recorren los muros de las naves laterales. El púlpito (1547), cuyo tornavoz (1596) es obra de Heinrich Heidereiter, forma con el resto de los elementos decorativos un conjunto de gran armonía. El **retablo del altar mayor *(Virgen con el Niño)* fue pintado por un discípulo de Lucas Cranach.

Moritzkirche (Iglesia de San Mauricio) – *Hallorenring*. Esta iglesia de tipo salón de tres naves, edificada entre 1388 y 1511, posee bóvedas reticuladas y estrelladas características del estilo gótico tardío. El templo alberga magníficas **esculturas de Konrad von Einbeck***, cuyas obras se distinguen por el realismo y la gran fuerza expresiva. Destacan sobre todo *Cristo Varón de dolores*, una estatua de *San Mauricio* (1411) y una *Piedad* (1416).

HALLE

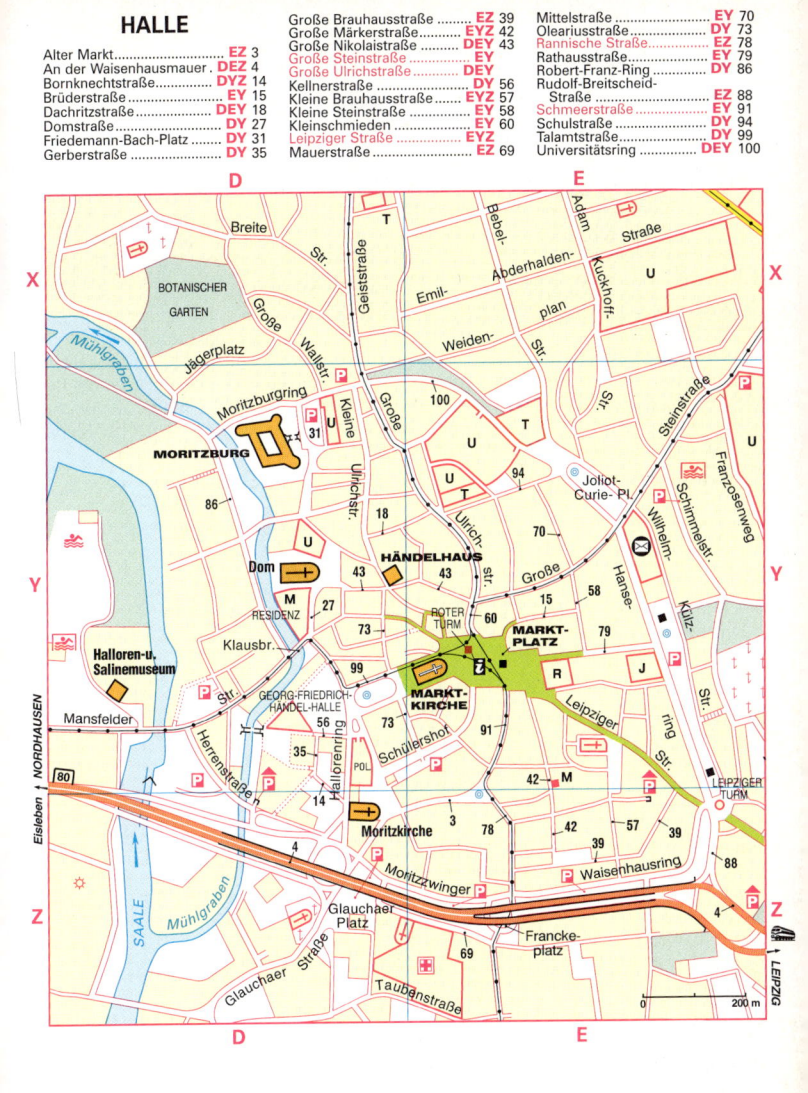

Alter Markt .... **EZ** 3	Große Brauhausstraße .... **EZ** 39	Mittelstraße .... **EY** 70
An der Waisenhausmauer . **DEZ** 4	Große Märkerstraße .... **EYZ** 42	Oleariusstraße .... **DY** 73
Bornknechtstraße .... **DYZ** 14	Große Nikolaistraße .... **DEY** 43	Rannische Straße .... **EY** 78
Brüderstraße .... **EY** 15	Große Steinstraße .... **EY**	Rathausstraße .... **EY** 79
Dachritzstraße .... **DEY** 18	Große Ulrichstraße .... **DEY**	Robert-Franz-Ring .... **DY** 86
Domstraße .... **DY** 27	Kellnerstraße .... **DY** 56	Rudolf-Breitscheid-
Friedemann-Bach-Platz ...... **DY** 31	Kleine Brauhausstraße .... **EYZ** 57	Straße .... **EZ** 88
Gerberstraße .... **DY** 35	Kleine Steinstraße .... **EY** 58	Schmeerstraße .... **EY** 91
	Kleinschmieden .... **EY** 60	Schulstraße .... **DY** 94
	Leipziger Straße .... **EYZ**	Talamtstraße .... **DY** 99
	Mauerstraße .... **EZ** 69	Universitätsring .... **DEY** 100

Dom (Catedral) – *Am Domplatz*. Hacia 1520 el cardenal Alberto de Brandemburgo encargó la remodelación de una antigua iglesia de tipo salón de tres naves que databa del s. XIV. Adosadas a los pilares se encuentran las estatuas de Cristo, los Apóstoles y varios santos realizadas en el taller de Peter Schroh, uno de los escultores más notables de su época; al igual que el púlpito (hacia 1525), su estilo anuncia ya el Renacimiento. *En la actualidad se realizan obras de rehabilitación.*

Technisches Halloren- und Salinemuseum (Museo de las Salinas) ⊙ – *Mansfelder Straße, 52*. Este museo ilustra la historia de la explotación de las minas de sal por los "Halloren", la corporación de los salineros de Halle.

★★ Staatliche Galerie Moritzburg Halle (Galería Nacional de Moritzburg) ⊙ – *Friedemann-Bach-Platz*. En 1484 se inició la construcción de la Moritzburg, una fortaleza de cuatro alas que fue la residencia predilecta de los arzobispos de Magdeburgo y Maguncia hasta 1541. Destruida durante la guerra de los Treinta Años, se reconstruyó parcialmente a principios del s. XX, transformándose en un museo. En la actualidad alberga la colección de arte más importante del Estado de Sajonia-Anhalt.

Pintura alemana de los ss. XIX-XX: la exposición cuenta con obras de primer rango pertenecientes al periodo del **romanticismo**, del **impresionismo** y de los clásicos modernos; también están representados los artistas del grupo **Die Brücke**, como Beckmann y Feininger.

Escultura alemana de los ss. XIX-XX: obras de Ernst Barlach y Wilhelm Lehmbruck; también se muestra una colección de cristalería y de cerámica desde la Edad Media hasta nuestros días, así como de porcelanas y de orfebrería. En la torre está alojado el Gabinete Regional de Numismática.

⊙ ▶▶ **Händel-Haus★** (Casa de Haendel).

HALLE

EXCURSIONES

★ **Doppelkapelle Landsberg (Capilla de Landsberg)** ⓥ – *En Landsberg, a 19 km al O de Halle, por la B 100.* Su pintoresco emplazamiento, encaramada sobre una roca, nos permite distinguirla en la lejanía. Consagrada a la Santa Cruz, esta capilla fue construida sobre un antiguo santuario entre 1195-1200. Esta rara modalidad de doble capilla –sólo se conocen unos 30 ejemplos– separaba a la gente del pueblo, confinada en la parte inferior de la iglesia, de los nobles, que asistían a los oficios religiosos en la capilla alta. Los **capiteles**★ de los pilares y las columnas presentan una magnífica decoración con motivos florales, de figuras humanas y animales. Desde la balconada la **vista**★ abarca Leipzig, Halle y Merseburgo.

Eisleben – *34 km al O.* En esta pequeña ciudad minera al pie de las primeras elevaciones del Harz nació y murió **Martín Lutero**. La memoria del reformador se cultiva en su **casa natal** *(Geburtshaus, en la Lutherstraße 16);* en la casa donde falleció el religioso *(Sterbehaus, en la Andreaskirchplatz 7)* y en múltiples rincones del bonito casco histórico, como en la iglesia de San Pedro y San Pablo, donde fue bautizado en 1483, en la iglesia donde predicaba (San Andrés) y en la plaza del Mercado, donde se alza un monumento a su persona de 1883.

▶▶ Goitzsche *(Parque Natural y de descanso; 30 km al NE de Halle, al S de Bitterfeld).*

HAMBURG ★★★

HAMBURGO – 1.650.000 habitantes
Mapas Michelin nos 415/416 F 14

Hamburgo, la segunda ciudad de Alemania después de Berlín, es uno de los principales puertos de Europa. Los títulos de ciudad "libre y de la Hansa" y el estatuto de ciudad-estado (Stadtstaat) son un testimonio tanto de su pasado esplendor comercial como del destacado papel que desempeña en la actualidad en la economía y la cultura alemanas. Todos los años se celebra en mayo el aniversario de la fundación de su puerto (Hafengeburtstag), conmemorando la concesión, en 1189 por el emperador Federico Barbarroja del derecho a navegar libremente por el Elba inferior. El ejercicio de este derecho, amenazado constantemente por la piratería y por las pretensiones feudales de otros estados ribereños –en particular de Dinamarca– mantuvo a las autoridades de la ciudad germana en alerta permanente hasta el s. XVII.

La villa hanseática (ss. XIII-XV) – Hamburgo, que fue en sus orígenes una modesta población establecida a orillas del río Alster, afluente del Elba, conoció su primera época de prosperidad cuando se integró en la Liga de la Hansa, en aquel entonces capitaneada por la ciudad de Lübeck. Su puerto se benefició de las condiciones particulares del tráfico marítimo entre el Báltico y el mar del Norte. En aquel tiempo sólo se transportaban por los estrechos del Kattegatt y el Skagerrak (que comunicaban ambos mares) las cargas pesadas, como el grano o la madera. Los materiales valiosos, en cambio, se desembarcaban en Lübeck y se trasladaban por tierra hasta Hamburgo, donde eran de nuevo embarcados.

Independencia y neutralidad – Los descubrimientos geográficos del s. XVI y la apertura de nuevas rutas de navegación oceánica revolucionaron el sistema comercial y destruyeron el monopolio de la Hansa. Hamburgo se vio forzada a desempeñar el papel de intermediaria, almacenando y distribuyendo las mercancías. La creación de la primera Bolsa en Alemania en 1558 refleja la intensa actividad y el volumen de sus negocios, que se vieron favorecidos por una postura política de estricta neutralidad. Hamburgo se mantuvo al margen incluso de la guerra de los Treinta Años. En 1842 la ciudad sufrió un grave incendio. La independencia de las colonias americanas favoreció el progreso de su puerto durante el s. XIX. Hacia 1913 la compañía naviera Hamburg-Amerika-Line era la mayor del mundo, y la construcción naval la industria más relevante de esta ciudad portuaria. En la actualidad su tráfico comercial alcanza un volumen anual de 57 millones de toneladas.

LA VIDA EN HAMBURGO

Distracciones y comercios – Como la mayor parte de los grandes centros portuarios, Hamburgo tiene fama de gozar de una "intensa vida nocturna", que se concentra, sobre todo, en el barrio de San Pauli. Los letreros luminosos y variopintos de las numerosas discotecas, del Panoptikum (museo de cera) y de los bares y restaurantes exóticos reclaman la atención del paseante a lo largo de la **Reeperbahn** y de la Großer Freiheit. Numerosas galerías de arte, tiendas de modas, joyerías y restaurantes se concentran en un laberinto de pasajes cubiertos por una estructura arquitectónica moderna que se encuentra entre el edificio de la Ópera (Staatsoper) y el ayuntamiento. Una segunda zona comercial en el centro de la ciudad se encuentra en la Mönckebergstraße, la arteria que une el ayuntamiento con la estación central de ferrocarril.

Vista del puerto y de la torre "Michel"

HAMBURG

En los negocios de antigüedades entorno a la Gänsemarkt existe una gran oferta de objetos de arte de Extremo Oriente. En los alrededores del ayuntamiento y de la estación de ferrocarril se ubican las librerías especializadas en cartografía, grabados antiguos, literatura viajera y guías turísticas. Los interesados en la filatelia y los amantes del tabaco deben acudir a las pequeñas tiendas en el barrio de la prensa y de los negocios.

Especialidades gastronómicas – En la elaboración de sus platos típicos, a base de carne, verduras y salsas agridulces, se combinan productos de la tierra y especias exóticas. Entre las especialidades cabe citar la Aalsuppe –una sopa de anguilas– y el Labskaus, un guiso marinero en el que se mezcla carne y pescado picados, y se acompaña con un huevo frito.

GUÍA PRÁCTICA DE HAMBURGO

Prefijo telefónico – 040

Información turística – *Tourismus-Zentrale Hamburg GmbH*, ☎ 30 05 13 00, fax 30 05 13 33, info@hamburg-tourism.de; lu-do 8-20. **Oficinas de Información** en la Estación Central de Ferrocarril (Hauptbahnhof), salida principal a la Kirchenallee, lu-do 7-23; en el puerto de St. Pauli, entre los embarcaderos 5 y 6, lu-do 10-18 (oct-mar sólo hasta las 17.30). Las revistas de venta en los quioscos de prensa *Prinz* (quincenal), *Szene Hamburg* (mensual) y la *Hamburger Vorschau* (disponible en las oficinas de turismo) proporcionan información sobre todo tipo de espectáculos. Venta anticipada de entradas para determinados espectáculos en *Tourismus-Zentrale Hamburg*.

Oficinas de Correos con horarios especiales – Sucursal en la Estación Central de Ferrocarril (Hauptbahnhof) situada en la plaza Hachmannplatz, lu-vi de 8-20, sá de 9-18.

Periódicos – Hamburger Morgenpost, Hamburger Abendblatt.

Internet – www.hamburg.de; www.hamburg-intern.de; www.hamburg-web.de; www.hamburg-information.de; www.hamburg-tourism.de.

Transporte

Hamburgo dispone de una amplia red de autobuses y trenes gestionada por el consorcio de transportes **HVV** (Hamburger Verkehrsverbund), cuyas líneas cubren una extensa zona de la región de Schleswig Holstein. ☎ 1 94 49, las 24 h del día. La información sobre el servicio se obtiene en la oficina de la HVV instalada en la estación central de ferrocarril (Hauptbahnhof) de lu-vi 6-22, fs 7-22, así como en numerosas estaciones del metro (U-Bahn) y del ferrocarril metropolitano (S-Bahn). Los títulos de transporte se adquieren en las máquinas automáticas y directamente del conductor del autobús. El precio del billete sencillo es de 1,38 €; el abono diario individual cuesta 4,24 € y el de grupo (válido para 5 personas) 7,06 €; el tiempo de validez de ambos se prolonga desde las 9 de la mañana hasta la conclusión del servicio.

Internet – www.hvv.de.

Existen varias modalidades de la tarjeta **Hamburg Card:** individual (6,54 €) y colectiva (hasta 5 personas, precio 12,56 €); ambas se pueden utilizar desde las 18 h de un día y todo el día siguiente hasta la finalización del servicio. El viajero dispone también de una tarjeta **Hamburg Card** para tres días (individual 13,55 €, colectiva 22 €). El usuario de la red de transportes del HVV tiene derecho al acceso libre a 11 museos estatales y a beneficiarse de descuentos en determinadas atracciones, como en la visita de los barcos-museo (Museumsschiffe) y en las travesías en barco o en los circuitos turísticos. La tarjeta Hamburg Card se obtiene en la Oficina de Información (Touristeninformation), en numerosos hoteles, en las máquinas automáticas, en las agencias de viajes y en las de atención al cliente del HVV.

Visitas guiadas

Circuitos turísticos por la ciudad – Circuito en autobús de dos pisos, con salida y regreso en la estación central de ferrocarril (Hauptbahnhof), puerta de la Kirchenallee; existen varias paradas para subir o bajar a lo largo del recorrido. La empresa *Top Tour Hamburg* ofrece viajes todos los días cada 30 min a partir de las 9.30 (en invierno lu-ju a las 11 y a las 15, vi-sá a las 11, 13 y 15) que duran unos 90 min; la empresa *Gala Tour* realiza circuitos diarios con salida a las 10 y a las 14 todo el año, recorre algunas localidades vecinas a orillas del Elba y dura 2h30, ☎ 6 72 03 94. La empresa *Hummel-Bahn* tiene su salida en la estación central de ferrocarril (puerta de Kirchenallee), servicio diario de abr-oct a partir de 10.30-16.30 cada dos horas (duración 2 h), ☎ 7 92 89 79, fax 7 92 54 15, www.hummelbahn.de;. Las agencias *Tourismus-Zentrale Hamburg* y *Stattreisen Hamburg e.V*; ☎ 4 30 34 81, fax 4 30 74 29, www.stattreisen-hamburg.de, proponen **paseos a pie por la ciudad** con destinos específicos, como la visita de St. Pauli o de la Speicherstadt.

HAMBURG

Travesías en barco – Se pueden realizar viajes por el puerto de Hamburgo en distintos tipos de embarcaciones; los barcos parten cada hora (travesías de 1 h de duración) de los embarcaderos 1-9 en St. Pauli, servicio de abr-oct, lu-vi 10-17, sá 11-17; ene-abr, vi-do a las 11, 12.45, 14.30 y 16. La principal compañía naviera es la *HADAG* (Hafen-Dampfschiffahrts-Actien-Gesellschaft), ☎ 3 11 70 70, www.hadag.de. También ofrecen viajes la *Rainer Abicht*, ☎ 3 17 82 20, fax 31 78 22 22, www.abicht.de, la *Kapitän Prüsse*, ☎ 31 31 30, fax 31 55 88, www.kapitaen-pruesse.de, y otras navieras más modestas. También son interesantes los paseos en barco por el Alster y el circuito de los canales (todos ellos salen del Jungfernstieg y los organiza la *Alster-Touristik GmbH*. ☎ 3 57 42 407, fax 35 32 65, www.alstertouristik.de.

Alojamiento

CORRECTO

Kronprinz – *Kirchenallee 46* – ☎ *24 32 58* – *fax 2 80 10 97* – *73 hab* – *individuales desde 66,50 €*. Buen emplazamiento cerca de la estación de ferrocarril.

Elbbrücken-Hotel – *Hamburg-Rothenburgsort, Billhorner Mühlenweg 28* – ☎ *7 80 90 70* – *fax 7 80 90 72 22* – *40 hab* – *individuales desde 46 €*. Bien comunicado.

UNA BUENA OPCIÓN

Senator – *Lange Reihe 18* – ☎ *24 12 03* – *fax 2 80 37 17* – *56 hab* –*individuales desde 95 €*. Confort moderno; cerca de la estación de ferrocarril.

Am Elbufer – *Hamburg-Finkenwerder, Focksweg 40a* – ☎ *7 42 19 10* – *fax 74 21 91 40* – *14 hab* – *individuales desde 77 €*. Confort moderno. Situado a orillas del Elba.

Landhaus Flottbek – *Hamburg-Flottbek, Baron-Voght-Straße 179* – ☎ *8 22 74 10* – *fax 82 27 41 51* – *25 hab* – *individuales desde 100 €*. Hotel instalado en un conjunto de casas campesinas, con decoración rústica.

Baseler Hof – *Esplanade 11* – ☎ *35 90 60* – *fax 35 90 69 18* – *153 hab* – *individuales desde 77 €*. Emplazamiento céntrico, cerca del Binnenalster, confort moderno.

UN CAPRICHO

Vier Jahreszeiten – *Neuer Jungfernstieg 9* – ☎ *3 49 40* – *fax 34 94 26 00* – *158 hab (11 suites)* – *individuales desde 222 €*. Hotel clásico con una bonita ubicación a orillas del Binnenalster; amplia oferta gastronómica en sus cuatro restaurantes.

Park Hyatt Hamburg – *Bugenhagenstraße 9 (cerca de la estación central de ferrocarril, entre Mönckeberg y Speersort)* – ☎ *33 32 12 34*– *fax 33 32 12 35* – *252 hab (34 suites)* – *individuales desde 224 €*. Hotel moderno para viajes de negocios, instalado en un antiguo edificio de oficinas.

Restaurantes

CORRECTO

Le Plat du Jour – *Dornbusch 4 (perpendicular al Börsenbrücke)* – ☎ *32 14 14* – *menús desde 13 €*. Cocina francesa.

Jena Paradies – *Klosterwall 23* – ☎ *32 70 08* – *menús desde 14,60 €*. Restaurante moderno decorado al estilo de la Bauhaus, cocina internacional.

Rive Bistro – *Hamburg-Altona, Van-der-Smissen-Straße 1* – ☎ *3 80 59 19, menús desde 14 €*. Restaurante en la zona del puerto con interesantes vistas a las instalaciones portuarias, buena ocasión para degustar un plato de pescado.

UNA BUENA OPCIÓN

Anna – *Bleichenbrücke 2* – ☎ *36 70 14* – *menús desde 19 €*. Restaurante céntrico junto al Bleichenfleet, decoración mediterránea y cocina internacional.

Il Ristorante – *Große Bleichen 16* – ☎ *34 33 35* – *menús desde 18,50 €*. Restaurante italiano en la 1ª planta de un edificio de oficinas. Ambiente selecto y abundante decoración floral.

Zippelhaus – *Zippelhaus 3* – ☎ *30 38 02 80* – *menús desde 18,50 €*. Instalado en unos antiguos almacenes, decoración moderna, cocina regional e internacional.

Allegria – *Hamburg-Winterhude, Hudtwalker Straße 13* – ☎ *46 07 28 28* – *menús desde 13,50 €*. Restaurante moderno con cocina elaborada.

Lutz und König – *Hamburg-Niendorf, König-Heinrich-Weg 200* – ☎ *55 59 95 53* – *menús desde 14,50 €*. Situado al N de la ciudad, decoración rústica, buena relación calidad/precio.

UN CAPRICHO

Jacobs Restaurant – *Hamburg-Nienstedten, Elbchaussee 401* – ☎ *82 25 50* – *menús desde 20 €*. Restaurante en el hotel de lujo Louis C. Jacob, magnífico emplazamiento, con vistas al puerto y al Elba. Salones decorados con mucho gusto y cocina exquisita.

Le Canard – *Hamburg-Altona, Elbchaussee 139* – ☎ *8 80 50 5760 59* – *Menús desde 27 €*. Bonito emplazamiento a orillas del Elba, decoración moderna (es imprescindible reservar mesa), magnífica carta de vinos.

Tafelhaus – *Hamburg-Bahrenfeld, Holstenkamp 71* – ☎ *89 27 60* – *menús desde 20 €*. Pequeño restaurante con dos salones (es imprescindible reservar mesa) especializado en cocina francesa.

Cafés, tabernas y bares

La zona con mayor animación nocturna es sin duda St. Pauli, poblada de locales en torno a la Reeperbahn y a la Große Freiheit. En un estrecho espacio se agrupan más de 400 establecimientos gastronómicos y de diversión. En el centro de la ciudad, el sector con mayor concentración de tascas y restaurantes está comprendido entre la Gänsemarkt y la Millerntor (sobre todo en los alrededores de la Großneumarkt); recomendamos en particular el barrio de los Pasajes entre Jungfernstieg y Stadthausbrücke. Finalmente Eimsbüttel, el distrito de Schanzen, Altona y Eppendorf son otros lugares en los que se puede elegir entre una variada gama de restaurantes y tabernas.

CAFÉS

Alsterpavillon – *Jungfernstieg 54* – ☎ *3 55 09 20. Lu-do 9.30-2.30*. Café legendario con vistas al Binnenalster.

Café Wien – *Ballindamm/Binnenalster* – ☎ *33 63 42. Lu-vi 10.30-2, fs 15-2*. Como en los vieneses, gran surtido de cafés; instalado en un antiguo barco de vapor del Alster.

Arkaden-Café – *Alsterarkaden 9-10* – ☎ *35 76 06 30. Lu-sá 9-19, do 12-18*. Magníficas vistas del Alsterfleet y del ayuntamiento mientras se degusta una deliciosa porción de tarta.

Café Fees – *Holstenwall 24* – ☎ *3 17 47 66. Ma-do a partir de las 10 y sin hora fija de cierre*. Café del Museo de Historia de Hamburgo; una bonita cúpula acristalada cubre el jardín de invierno.

Café Oertel – *Esplanade 229* – ☎ *34 02 75*. Café tradicional en la Stephansplatz.

CAFÉS Y TABERNAS

Backatelle – *Grindelallee 3* – ☎ *4 10 50 60. Do-ju 8-1, vi-sá 8-2*. Un local lucrativo importado de Harburg.

Café Katelbach – *Große Brunnenstraße 60* – ☎ *3 90 55 11. Lu-sá a partir de las 11, do a partir de las 15*. Café en el distrito cosmopolita de Altona-Ottensen.

Café Loft – *Große Bleichen 21* – ☎ *35 43 37. Lu-sá 9-20*. En el centro de la ciudad.

Factory – *Hoheluftchaussee 95 (zona O de Hoheluft)* – ☎ *4 20 37 11. Lu-vi de 10-2, fs desde las 10 y sin hora fija de cierre*. Esta agradable taberna está instalada en una antigua fábrica de tabacos.

Café Unter den Linden – *Juliusstraße 16 (cerca de Sternschanze y Lagerstraße)* – ☎ *43 81 40. Todos los días de 11-1*. Un lugar apropiado para la lectura de prensa y las tertulias de café.

AMERICANOS

American Place – *ABC Straße 52* – ☎ *3 50 50. Todos los días de 12-15 y a partir de las 17*. Gran variedad de especialidades norteamericanas.

Amtrak – *Bahngärten 28 (Wandsbek)* – ☎ *68 09 49. Lu-ju 17-1, vi 17-2, sá 10-2, do 10-1*. El restaurante, instalado en la estación de trenes más antigua de Hamburgo, toma el nombre de la compañía de ferrocarril norteamericana.

COCTELERÍAS

Angies's Nightclub – *Spielbudenplatz 27 (una paralela al Reeperbahn al S)* – ☎ *31 12 31. Mi-do 22-4*. Espectáculos variados y música en vivo.

Havanna Bar – *Fischmarkt 4-6 (embarcaderos de St. Pauli en dirección O)* – ☎ *31 36 36. Do-ju 20-3, vi-sá 20-6*. Bebidas exóticas en un ambiente caribeño.

Manhattan Bar – *Große Bleichen 35* – ☎ *3 50 84 28. Do-ju 16-2, vi-sá 16-3*. Lugar de encuentro en la Mahagonitresen.

En St. Pauli

Café Absurd – *Clemens-Schulz-Straße 84 (cerca de la Budapesterstraße)* – ☎ *3 17 11 22. Lu-ju de 10-1, vi-do 10-3*. Un local de dudosa clientela cerca de la milla del pecado de Hamburgo.

HAMBURG

Christiansen's Fine Drinks and Cocktails – *Pinnasberg 60* – ☎ *3 17 28 63. Lu-sá a partir de las 20.* Bar de cócteles en Kiez.

Haifisch-Bar – *Große Elbstraße 128* – ☎ *3 80 93 42. Lu-vi 11-5, fs las 24 h.* Local muy animado.

La Paloma – *Friedrichstraße 112* – ☎ *31 45 12. Ma-ju 19-1, vi-sá 19-6, do 19-4.* Decorado con cuadros de Jörg Immendorf, aquí comenzó el renacimiento de St. Pauli.

Hamborger Veermaster – *Reeperbahn 62* – ☎ *31 65 44. Lu-vi .17-1, sá 11 (17 nov-abr)-5, do 11 (17 nov-abr) 11-1.* Establecimiento animado con música de acordeón.

Grünspan – *Große Freiheit 58* – ☎ *31 36 16. Vi 22-6, sá 22-7.* La discoteca más antigua de la ciudad.

Montaña rusa junto al "Dom" de Hamburgo

Compras

Las principales calles comerciales de Hamburgo son la Jungfernstieg, la Mönckebergstraße y la Spitalerstraße (aquí se encuentran también los **grandes almacenes**). Una de los lugares más agradables para ir de compras es la zona de pasajes cubiertos en el centro de la ciudad, donde se agrupan multitud de comercios (más de 300 negocios y tiendas de moda). Las **marcas exclusivas se han establecido en la** Neuen Wall.

Las **Galerías de Arte** están distribuidas por toda la ciudad, tanto en el centro, como en distintos barrios periféricos. Los **anticuarios** se concentran en el *Quartier Satin* situado en la ABC-Straße y en el *Antik-Center* del mercado de Klosterwall.

Rastros – En el folleto *Menschen & Märkte* se ofrece una información detallada de los distintos rastros que se instalan en Hamburgo (no tienen carácter estable) y en el N de Alemania. Los mercadillos que se organizan con una cierta regularidad son los de Barmbek (Hellbrockstraße), sá 7-17, y Eppendorf (Nedderfeld/Parkhaus), también sá 16.30-19.30.

Mercados – El más célebre de Hamburgo es el mercado del Pescado (Fischmarkt), que se celebra todos los do de 5-10 en verano y de 7-10 en invierno. En todos los distritos existen mercados semanales, y entre ellos el más pintoresco es el que se instala bajo el puente del ferrocarril en la estación del metropolitano de Eppendorfer Baum (lu y vi).

Espectáculos

TEATRO

Deutsches Schauspielhaus – *Kirchenallee 39* – ☎ *24 87 13 –* fax *24 87 14 14 –* www.schauspielhaus.de. *Venta anticipada: lu-sá 10-18, do 10-13.* El teatro, construido en 1900, fue dirigido primero por Gustaf Gründgens y posteriormente por Peter Zadek. Elección minuciosa de las piezas a representar.

Hamburger Kammerspiele – *Hartungstraße 9 (cerca de la Universidad al N de la Johnsallee)* – ☎ *41 33 44 44 –* fax *44 19 69 15 –* www.hamburger-kammerspiel.de. *Venta anticipada: lu-vi 12-19, sá 12-16.* Teatro contemporáneo, números de cabaret y lecturas literarias.

Thalia Theater – *Alstertor (perpendicular entre Ballindamm y Hermannstraße)* – ☎ *32 81 44 44 –* fax *32 81 41 02 –* www.thalia-theater.de. *Venta anticipada: lu-vi 10-18, sá 12-18, do 14-18.* En su programación figuran piezas clásicas, modernas y en ocasiones musicales.

HAMBURG

Komödie Winterhuder Fährhaus – Hudtwalker Straße 13 (Winterhude) – ☎ 48 06 80 80 – www.komoedie-winterhuder-faehrhaus.de. *Venta anticipada: lu-sá 11-18, do 14-17* Comedias costumbristas en las que con frecuencia actúan figuras populares de la televisión.

Ernst-Deutsch-Theater – Mundsburger Damm 60 (prolongación de An der Alster) – ☎ 22 70 14 20 – www.ernst-deutsch-theater.de. *Venta anticipada: lu-sá 10-18.30, do 15-18.* Pequeño teatro gestionado por un particular.

Ohnesorg-Theater – Große Bleichen 25 – ☎ 35 08 03 21 – www.ohnsorg.de. *Venta anticipada: lu-sá 10-19, do 14-18.* Sainetes y comedias interpretadas en dialecto (Platt).

ÓPERA, BALLET, OPERETA Y MUSICAL

Hamburgische Staatsoper – Große Theaterstraße 35 (perpendicular a Neuer Jungfernstieg, cerca del Gänsemarkt) – ☎ 35 68 68 – fax 3 56 86 10 – www.hamburgische-staatsoper.de. *Venta anticipada: lu-sá 10-18.30.* Tanto la compañía de Ópera, como la de Ballet (dirigida por John Neumeier) gozan de gran prestigio.

Allee-Theater – Max-Brauer-Allee 76 (Altona-Norte, perpendicular a la Budapester Straße) – ☎ 38 29 59 – www.theater-fuer-kinder.de. *Venta anticipada: lu-vi 10-18, fs 11-18.* Ópera de cámara de Hamburgo y teatro infantil.

Buddy-Musicaltheater – En el puerto/Norderelbstraße 6 – ☎ 30 05 11 50 – www.buddy.de. *Venta anticipada: todos los días de 8-20.* Escenario principal del género musical.

Neue Flora – Stresemannstraße/Alsenplatz (Altona-Norte) – ☎ 30 05 13 50 y 0 18 05 44 44. *Venta anticipada: todos los días de 8-20.* Desde 1990 vaga por aquí el Fantasma de la Ópera.

Operettenhaus – Spielbudenplatz 1 (entre Steindamm y Adenauerallee) – ☎ 30 05 13 50. *Venta anticipada: todos los días de 8-20.* El musical *Cats*, que antes figuraba siempre en su programa de actuaciones, ha sido sustituido por el de *Fosse*.

VARIEDADES, REVISTAS Y CABARETS

Pulverfaß Cabaret – Pulverteich 12 – ☎ 24 97 91. *Venta anticipada: lu-sá a partir de las 15, do a partir de las 14.* Espectáculo de travestidos, una mezcla de canciones, parodia y comedia.

Schmidt-Theater – Spielbudenplatz 24 (entre Steindamm y Adenauerallee) – ☎ 31 77 88 99. *Venta anticipada: todos los días de 12-19.* Aquí y en el local contiguo (*Schmidts Tivoli*) se ofrece teatro, comedia, revistas y variedades.

Imperial Theater – Reeperbahn 5 – ☎ 31 31 14. *Venta anticipada: lu-sá 10-18.* Musical y comedia en St. Pauli.

Hansa-Theater – Steindamm 17 – ☎ 24 14 14 – fax 2 80 10 00 – www.hansatheater.de. *Venta anticipada: todos los días de 11-20.* Típico espectáculo de variedades.

CONCIERTOS DE MÚSICA CLÁSICA

Musikhalle – Johannes-Brahms-Platz (en el cruce entre Sievekingplatz(Kaiser-Wilhelm-Straße) – ☎ 34 69 20. *Venta anticipada: lu-vi 11-18, sá 10-14; para los conciertos en el Großer Saal lu-vi 11-20.* Esta sala de conciertos de estilo barroco es el principal centro de música clásica de Hamburgo; en ella actúan las tres orquestas de la ciudad: la Philharmonische Staatsorchester, la NDR-Sinfonieorchester y la Hamburger Symphoniker.

JAZZ

Cotton Club – Alter Steinweg – ☎ 34 38 78 – fax 3 48 01 23 – www.cottonclub.org. *Lu-sá a partir de las 20, do 11-15.* Jazz de los viejos tiempos.

Dennis' Swing Club – Papenhuder Straße 25 (perpendicular a An der Alster) – ☎ 2 29 91 92. Uno de los más prestigiosos clubs de jazz de Hamburgo.

CLUBS, DISCOTECAS Y MÚSICA EN VIVO

Traxx – Altländer Straße 10 (paralela a Klosterwall, en el cruce con Deichtorplatz) – ☎ 32 17 42. Discoteca y bailes de salón.

Docks & Prinzenbar – Spielbudenplatz 19, Kastanienallee 20 (entre Steindamm y Adenauerallee) – ☎ 31 78 83 0 (oficina diurna), 31 78 83 22 (oficina nocturna). *Ju-sá a partir de las 22.* Local donde se celebran conciertos, fiestas y, un domingo al mes, un rastro.

CINE

Los dos grandes complejos de cines de Hamburgo son el *Cinemaxx* (junto al Dammtor) y el *UFA-Palast* (en la plaza de Gänsemarkt).

Acontecimientos culturales y festivos

Volksfest Dom: mediados mar-mediados abr, mediados jul-mediados ago y principios nov-dic. *Flohmarkt in Horn/Galopp-Rennbahn*: do de Resurrección, 2º do jul, 3 oct; *Hafengeburtstag*: principios mayo. *Hamburger Ballettage*: jul. *Alstervergnügen*: finales ago.

HAMBURG

EL CENTRO *1 día*

***Außenalster** – Esta espléndida superficie lacustre permite la práctica de la vela y del remo en pleno corazón de la ciudad. La flotilla del Außenalster mantiene un servicio regular que comunica los distintos embarcaderos del lago.
En la **travesía del Alster** ⓥ los barcos se alejan lo suficiente de la orilla como para obtener una buena panorámica de la ciudad, cuya imagen está dominada por la torre del ayuntamiento y por los cinco campanarios, de más de 100 m de altura, de las grandes iglesias de Hamburgo. Se recomienda un paseo por el barrio residencial a orillas del Alster, donde se alzan las elegantes mansiones de la alta sociedad de Hamburgo, rodeadas de cuidados jardines y vastas zonas verdes.
Si se quiere bordear el Alster en coche, lo más conveniente es circular en el sentido de las agujas del reloj. En las arboladas avenidas de este barrio residencial se alinean las lujosas villas señoriales. Existen dos **miradores** que justifican sus nombres por las bellas panorámicas que ofrecen: el **Fernsicht** (perspectiva) *(salir por Alsterufer)* y el **Schöne Aussicht** (Bella Vista) *(salir por An der Alster).*

*★**Jungfernstieg** – Esta célebre avenida, situada en un extremo de la dársena del Binnenalster, constituye la principal arteria cosmopolita de la ciudad, con sus bulliciosas terrazas del Alsterpavillon –un café y restaurante– y el activo tráfico de embarcaciones por el lago. En el Ballindamm (orilla este del Binnenalster) se alinean los imponentes inmuebles donde tienen su sede administrativa las compañías navieras y aéreas.

Rathausmarkt – La **plaza del Ayuntamiento** fue rediseñada tras el devastador incendio que sufrió la ciudad en 1842. Está dominada por la silueta neorrenacentista de la torre del **ayuntamiento**, construido en 1897. El puente (Schleusenbrücke) situado junto a la esclusa que regula el nivel de las aguas del Alster conduce al Alsterfleet, uno de los escasos vestigios del peculiar sistema de canales que surcaban la antigua ciudad de Hamburgo.
En la cabecera del puente se alza el esbelto monumento que recuerda a las víctimas de la I Guerra Mundial, adornado con un relieve del escultor Barlach. En las arcadas al otro extremo del puente (Alsterarkaden) existen elegantes establecimientos que presentan sus productos en lujosos escaparates.

St. Jakobikirche (Iglesia de Santiago) – Entre los numerosos tesoros que alberga esta iglesia gótica de tipo salón (ss. XIV-XV) destaca el retablo de san Lucas y el de la cofradía de pescadores, el tríptico del gremio de toneleros en el altar mayor, el púlpito de mármol y alabastro, obra de Georg Baumann (1610), y finalmente el célebre órgano de Arp-Schnitger (1693).

Speicherstadt

263

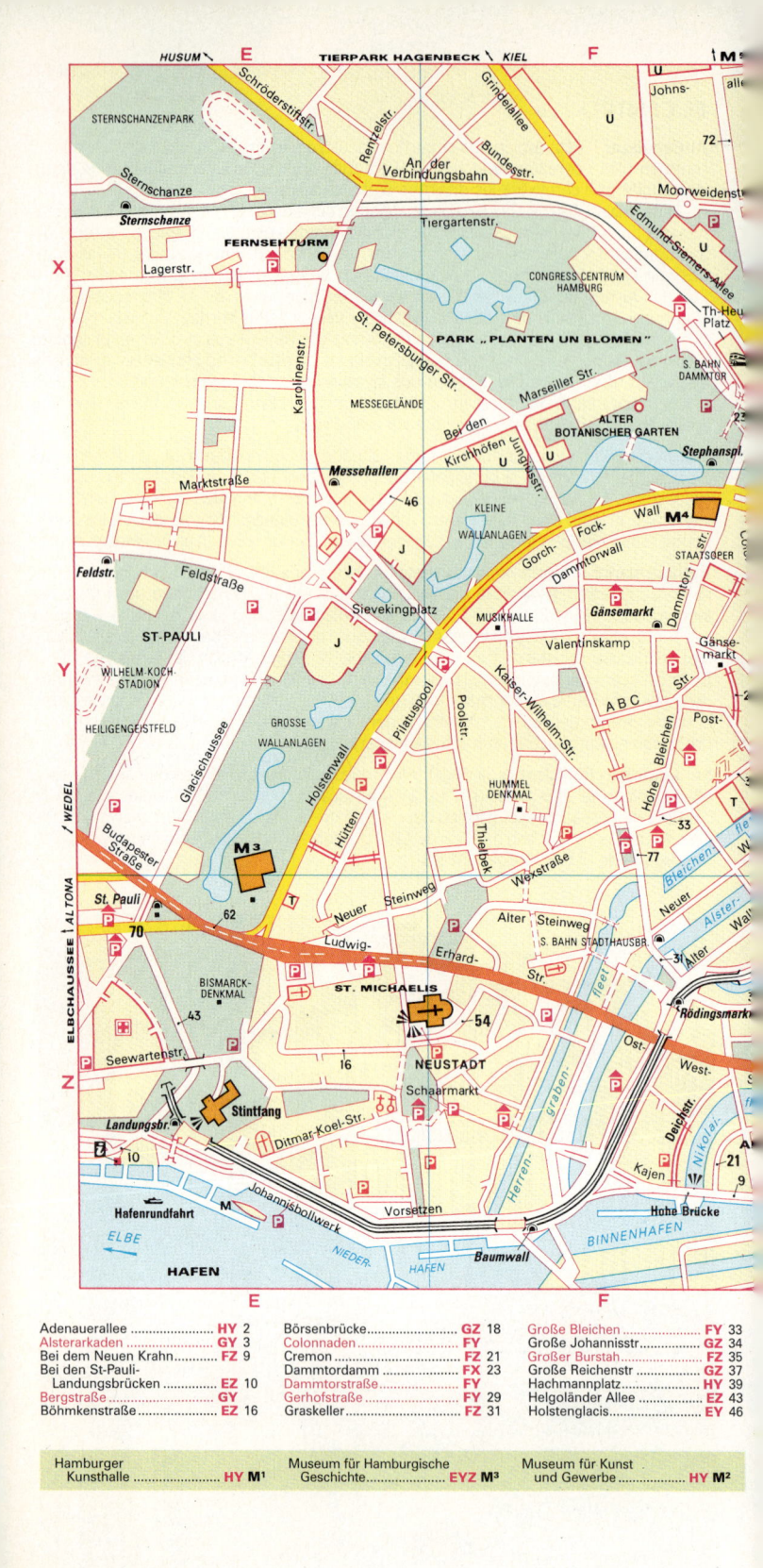

Adenauerallee	HY 2	Börsenbrücke	GZ 18	Große Bleichen	FY 33
Alsterarkaden	GY 3	Colonnaden	FY	Große Johannisstr.	GZ 34
Bei dem Neuen Krahn	FZ 9	Cremon	FZ 21	Großer Burstah	FZ 35
Bei den St-Pauli-		Dammtordamm	FX 23	Große Reichenstr.	GZ 37
Landungsbrücken	EZ 10	Dammtorstraße	FY	Hachmannplatz	HY 39
Bergstraße	GY	Gerhofstraße	FY 29	Helgoländer Allee	EZ 43
Böhmkenstraße	EZ 16	Graskeller	FZ 31	Holstenglacis	EY 46

Hamburger Kunsthalle	HY M[1]	Museum für Hamburgische Geschichte	EYZ M[3]	Museum für Kunst und Gewerbe	HY M[2]

HAMBURG

Street	Ref
Jungfernstieg	**GY**
Kleine Reichenstraße	**GZ** 50
Klingberg	**GZ** 51
Krayenkamp	**FZ** 54
Millerntordamm	**EZ** 63
Mönckebergstraße	**GHY**
Neuer Wall	**FYZ**
Poststraße	**FY**
Pumpen	**HZ** 68
Rathausstraße	**GZ** 69
Reeperbahn	**EZ** 70
Reesendamm	**GY** 71
Rothenbaumchaussee	**FX** 72
Schleusenbrücke	**GY** 75
Schmiedestraße	**GZ** 76
Spitalerstraße	**GHY**
Stadthausbrücke	**FY** 77
Steintordamm	**HY** 79
Steintorplatz	**HY** 80
Zippelhaus	**GZ** 88

Museum für Post und Kommunikation	**FY M⁴**	
Museum für Völkerkunde Hamburg	**FX M⁵**	
Rathaus		**GZ R**

265

Kontorhäuser (Inmuebles de las Contadurías) – Las inmensas moles de estos edificios de ladrillo rojo se alzan en el barrio de la prensa y de los negocios en torno a la Burchardplatz. La casa de Chile (Chilehaus), una obra vanguardista de 1923 diseñada por Fritz Höger, dibuja una roda que apunta hacia el cielo. El edificio **Sprinkenhof** (1931) constituye por sí mismo una pequeña ciudad de oficinas (emplea a 6.000 personas), dotado en su interior de una red vial por la que pueden circular incluso vehículos a motor.

Al S se encuentra la **Speicherstadt**, un gran conjunto de almacenes portuarios construidos a orillas del Elba en un laberinto de canales.

La Speicherstadt fue construida a finales del siglo pasado para la zona franca del puerto. En sus 373.000 m² de superficie continúa almacenando valiosas mercancías, como seda cruda, alfombras orientales, especias, café y tabaco.

Altstadt (Casco antiguo) – El casco antiguo se extiende entre el Nikolaifleet, el Binnenhafen (dársena reservada a la navegación fluvial) y el Zollkanal.

Deichstraße – Está bordeada por antiguas casas de comerciantes de los ss. XVII-XVIII, que en la actualidad albergan numerosas tabernas. En esta calle se declaró el gran incendio de 1842. Las fachadas restauradas de los antiguos almacenes situados en la curva que describe el canal de Nikolaifleet, conservan el aspecto típico del viejo Hamburgo.

También se ofrece una interesante perspectiva desde el puente **Hohe Brücke**, tendido sobre el Nikolaifleet en un extremo del Binnenhafen. Obsérvense las marcas que indican el nivel que alcanzaron las aguas durante las inundaciones de 1962 y 1976.

Cremon – En los números 33-36 de esta calle se pueden ver antiguos edificios residenciales y almacenes, que presentan interesantes fachadas orientadas tanto al canal como a la calle.

St. Katharinen – Esta iglesia gótica en ladrillo (ss. XIV-XV) domina con su torre barroca de bulbo calada el barrio en torno al viejo puerto.

★**Hauptkirche St. Michaelis (Iglesia de San Miguel)** – Construida en ladrillo por el arquitecto Ernst Georg Sonnin en 1762, este edificio es uno de los más representativos del barroco del N de Alemania. La iglesia sorprende por sus vastas dimensiones y su gran luminosidad. La silueta de su célebre **torre** (1786), conocida popularmente como "Michel" y emblema de la ciudad, domina las orillas del Elba con su característica linterna en forma de rotonda.

Desde la plataforma panorámica se obtiene una magnífica **vista**★ del centro urbano, de los muelles del Alster y, sobre todo, de las aguas del Elba surcadas por multitud de barcos entrando y saliendo de las dársenas, los almacenes y los talleres del puerto.

Junto al ábside de la iglesia se encuentra la calle "Am Krayenkamp". Franquear la entrada del nº 10, que conduce a un patio bordeado de casas de vigas entramadas conocidas como las **Krameramtswohnungen**. Se trata de un conjunto de "viviendas sociales" construidas en 1670 que hoy albergan galerías de arte.

En la cripta, una de las mayores de Europa, está enterrado Carl Philipp Emanuel Bach.

★★**Hamburger Kunsthalle (Museo de Bellas Artes)** – Es uno de los más importantes museos de arte de Alemania. Ha sido remodelado recientemente para poder apreciar mejor la riqueza de sus colecciones.

Para seguir un orden cronológico, se recomienda comenzar la visita en la sección consagrada a la Edad Media, donde se exhiben obras de los maestros alemanes antiguos, especialmente artistas renanos del s. XIV. La galería cuenta con el **Grabower Altar**, retablo (1379) creado para la iglesia de San Petri de Hamburgo por el Maestro Bertram, y es una de las obras cumbre de la pintura gótica en Alemania del Norte. La pintura holandesa del s. XVII está representada por la obra de juventud de Rembrandt *(Simeón en el templo)*, paisajes y escenas marineras de Avercamp, van Goyen, Ruysdael, van de Velde, así como cuadros de género de Jan Steen y Pieter de Hooch.

Uno de los principales atractivos del museo es la pintura alemana del s. XIX. En esta sección se pueden ver obras del pintor romántico Caspar David Friedrich *(Mar de hielo, Paseante sobre un mar de nubes)* y de Philipp Otto Runge También se exhiben obras notables de Feuerbach, Marées y Böcklin. Una sala está consagrada exclusivamente a Menzel. Entre los realistas figura Wilhelm Leibl con su célebre cuadro *Tres mujeres en la iglesia*.

En las salas contiguas se exponen obras de Max Liebermann *(Mujeres reparando las redes)*, Lovis Corinth y Edvard Munch *(Madonna)*. Entre los "clásicos modernos" sobresalen Max Beckmann y Oskar Kokoschka, así como artistas del movimiento **Die Brücke** (El Puente) y del **Jinete Azul** (Kirchner, Nolde, Marc). En este contexto destaca la fascinante pintura de Paul Klee titulada *El pez de oro*.

El edificio de la Kunsthalle se amplió en 1997 con una nueva ala construida por el arquitecto **Oswald Mathias Ungers**. Con esta nueva galería (**Galerie der Gegenwart**), consagrada a los artistas contemporáneos desde 1960, se duplicó la superficie expositiva del museo. Como es habitual en los diseños de este arquitecto, el espacio está dividido en cuadriláteros para evitar la sensación de monotonía de las amplias salas. Este efecto se aprecia, sobre todo, desde el atrio.

La extraordinaria distribución y colocación de los cuadros, en la que participaron algunos de los autores expuestos (Richard Serra, Claes Oldenburg, Hanne Darboven, Jenny Holzer), realza el valor artístico de las obras. El nuevo edificio acoge realizaciones de creadores célebres de las últimas décadas (Bruce Naumann, Andy Warhol, Donald Judd, Richard Long). El arte alemán contemporáneo está representado por Sigmar Polke, Georg Baselitz, Markus Lüpertz, Mario Merz, Gerhard Richter, Rosemarie Trockel; las obras de Joseph Beuys ocupan un lugar de excepción.

***Museum für Hamburgische Geschichte** (Museo Histórico de Hamburgo) ⓥ – En este museo destacan sobre todo las maquetas del viejo Hamburgo, la sección consagrada al puerto y a la navegación (más de una centena de modelos a escala reducida de barcos, entre los que se incluye el impresionante *Wappen von Hamburg*, de 1722) y una maqueta del sistema ferroviario. También tienen interés la sección dedicada a la moda en el vestir a lo largo de la historia, así como la rica colección de mobiliario.

** EL PUERTO

Las mejores **vistas*** del puerto se tienen desde la iglesia de San Miguel (St. Michaeliskirche) y el Stintfang *(terraza a los pies del albergue juvenil)*.

El puerto de Hamburgo en cifras – El puerto de Hamburgo dispone de 55 dársenas a lo largo de sus 45 km de muelles, sin contar con las posibilidades de amarre que ofrecen las "Dückdalben" (bitas plantadas en el agua). Las que acogen los grandes buques que remontan el Elba (13,5 m de calado, hasta 110.000 t de carga) no precisan esclusas que regulen el nivel del agua gracias a la reducida marea (3,5 m por término medio). Hamburgo ofrece 340 líneas regulares (con cerca de 650 salidas mensuales), que unen la ciudad con 1.100 puertos de todo el mundo.

Circuito del puerto en barco (Hafenrundfahrt) ⓥ – *Salidas de la embarcadero de St. Pauli (St. Pauli-Landungsbrücken) nº 2*. El visitante se sorprenderá por las dimensiones de los talleres de construcción naval y, sobre todo, por la extraordinaria animación del Elba, por el que circulan todo tipo de embarcaciones. Barcazas automotrices transportan de una orilla a otra del Elba al personal que concluye su jornada de trabajo en las oficinas de la orilla izquierda.

Los domingos y días festivos *(hasta las 10 h)*, el mercado de St. Pauli, conocido como el **Fischmarkt**, ofrece un espectáculo digno de ver.

Maqueta del puerto de Hamburgo (1497)

HAMBURG

Y ADEMÁS

★★ **Tierpark Hagenbeck** ⓥ – *Salga del centro urbano por la Grindelallee. Este bello* **Parque zoológico**, creado en 1907, posee una gran arboleda, lagos y rocas artificiales. En él viven cerca de 2.500 animales (360 especies) procedentes de los cinco continentes que viven en semi-libertad en sus cerca de 25 ha. Muchos animales, algunos de especies en peligro de extinción, se han aclimatado y reproducido con gran éxito en el parque, entre ellos los elefantes asiáticos.

> ⓥ ▶▶ Museum für Kunst und Gewerbe★ (Museo de Artes decorativas) – Museum für Post und Kommunikation★ (Museo del Correo y las Telecomunicaciones) – Fernsehturm★ (Torre de televisión) (*vista*★★) – Erholungspark "Planten un Blomen" ★ (Parque recreativo Planten un Blomen) – Museum für Völkerkunde Hamburg★ (Museo de Etnografía) (*sala de máscaras oceánicas*★).

ALREDEDORES

Altona; Klein Flottbek; Wedel – *22 km – 1/2 día.*

★★ **Altonaer Museum in Hamburg – Norddeutsches Landesmuseum** ⓥ – *Salga de Hamburgo por Reeperbahn.* El **Museo de Altona y de Alemania del Norte** ilustra el arte, la cultura y la vida cotidiana en Schleswig-Holstein. Destacan sobre todo una excepcional colección de **mascarones de proa** de los ss. XVIII-XIX, la reconstrucción de interiores de viviendas rurales, las maquetas que explican los diferentes tipos de pesca y las embarcaciones del mar del Norte, los finos bordados de los trajes regionales campesinos y una bella exposición de juguetes antiguos. La sección de artesanía presenta una colección de objetos de la vida cotidiana desde finales del renacimiento hasta el Jugendstil. Destaca también la galería de pintura paisajista del N de Alemania.

Altonaer Balkon (Balcón de Altona) – Desde esta terraza-mirador situada al S del ayuntamiento de Altona se disfruta de una bella **vista★** de la Köhlbrandbrücke y de la confluencia de los dos brazos del Elba que delimitan la zona portuaria e industrial de Hamburgo.

Merece la pena pasear por la **Elbchaussee★**, avenida bordeada de lujosas villas edificadas por las grandes dinastías de armadores y comerciantes de Hamburgo a comienzos del s. XIX.

Al llegar a Klein-Flottbek gire a la derecha por la Baron-Voght-Straße y avance hasta el nº 50.

Jenisch-Haus ⓥ – Esta villa residencial, construida entre 1831 y 1834 en estilo neoclásico, está situada en un parque de plantas exóticas. El rico mobiliario de sus salones da buena idea de la decoración de las viviendas burguesas desde la época del renacimiento hasta el Jugendstil. Llaman la atención los suelos de madera con incrustaciones de marquetería, así como los muebles de estilo danés, aunque fabricados en Altona.

Ernst-Barlach-Haus (Casa Ernst Barlach) ⓥ – *Baron-Voght-Straße 50 A, Jenischpark.* La construcción de este edificio, concebido para alojar una de las más ricas colecciones de escultura, dibujos y grabados del artista **Ernst Barlach**, natural de Wedel, fue patrocinada por el fabricante de cigarrillos hamburgués Hermann Reemtsma. Entre las obras expuestas destaca la rica serie de esculturas en madera, algunas de ellas de una extraordinaria fuerza expresiva, como *El friso de los que escuchan*, el grupo de *Tres hombres blandiendo la espada*, y una figura de *Moisés*.

Continúe por la Elbchaussee, recorra el agradable barrio suburbano de Blankenese, poblado de elegantes residencias, hasta llegar finalmente a Wedel.

Wedel – Siga los indicadores de "Willkomm-Höft" hasta un gran café-restaurante a orillas del Elba llamado "Schulauer Fährhaus". En el interior se ha instalado un puesto de salutación a los navíos que se avistan desde esta plataforma (Schiffsbegrüßungsanlage). La ceremonia consiste en el saludo de la bandera según las reglas establecidas en el código internacional marítimo y la interpretación del himno nacional del país a quien corresponde la bandera que ondea en el buque que pasa. El **Museo Ernst-Barlach** ⓥ (Mühlenstraße 1), instalado en la casa natal del artista, reúne interesantes

Mascarón de proa del "Terpsichore"

Altonaer Museum in Hamburg - Norddeutsches Landesmuseum

bronces (Ancianos danzando), dibujos y litografías. Las obras expuestas ilustran el conflicto interno del artista frente a determinados mitos literarios y la expresión del drama personal de Barlach a través de sus creaciones.

Schloß Ahrensburg ⊙ – *23 km al NE*. Los blancos muros de este **palacio** rodeado de agua contrastan con el verde del entorno donde está situado, a orillas del Hunnau. Proyectado –al igual que el palacio de Glücksburg– por el arquitecto Peter Rantzau, el edificio forma un bloque de tres cuerpos flanqueados por torres decoradas con linternas.

Esta residencia, último edificio que se construyó en Schleswig-Holstein en estilo renacentista (1595), se caracteriza por sus frontones de volutas flanqueados de obeliscos.

El mobiliario de Ahrensburg conserva los recuerdos de la familia del conde Heinrich Carl Schimmelmann, comerciante de Hamburgo y tesorero de la Corte real danesa, que adquirió el castillo en 1758. En el interior destacan sobre todo la caja de la escalera en madera de roble de estilo rococó, la sala Emkendorf y el salón de fiestas con su lujoso suelo de madera.

HAMELN★

Baja Sajonia – 60.000 habitantes
Mapa Michelin nº 417 J 12

Esta pequeña ciudad a orillas del Weser conserva el conjunto arquitectónico más homogéneo del llamado **Renacimiento del Weser**, difundido en Alemania del Norte entre finales del s. XVI y principios del s. XVII. Este estilo, de inspiración holandesa y flamenca, se distingue por una decoración en la que predominan los miradores, los piñones agudos y dentados, las volutas, las agujas y las molduras de piedra delicadamente talladas que recorren todo el contorno del edificio. Predominan las construcciones civiles (apenas se edificaron iglesias), cuya planta baja se abre con arcadas y el cuerpo central de la fachada sobresale hasta la altura del tejado (resalto). Otro elemento característico son las buhardillas, ventanas practicadas en las vertientes del tejado cuya misión es producir armonía entre las líneas horizontales de la techumbre y las verticales del edificio.

La leyenda del "Flautista de Hamelín" – Se cuenta que un día de 1284 un joven enigmático, ataviado con una vestimenta multicolor, prometió a los habitantes de Hamelín librar a la villa de todas las ratas y ratones a cambio de una buena recompensa de monedas de oro. El hombre tomó una flauta y al sonar las primeras notas de su melodía comenzaron a salir ratas de todos los rincones. Los roedores siguieron al flautista hacia el Weser, y al llegar al río, el músico se detuvo en la orilla y las ratas se precipitaron al agua, donde murieron todas ahogadas. Pero cuando el mago reclamó la recompensa prometida, el alcalde se burló de él. Para vengarse, el hombre se presentó un domingo en la villa a la hora en la que se celebraba la misa y al son de la dulce flauta atrajo tras de sí a todos los niños, que dejaban sus casas para seguir los pasos del mago. Los niños desaparecieron para siempre del lugar, sin que nadie pudiera averiguar qué fue de ellos, pues de los 130 que siguieron al flautista, sólo regresaron un ciego y un mudo.

La interpretación histórica de la leyenda, menos romántica pero con mayores visos de realidad, es que para remediar un problema de superpoblación de la ciudad en el s. XIII, un numeroso grupo de jóvenes se vio obligado a emigrar y establecerse, sin esperanza de regresar a su patria, a los lejanos territorios del Este.

Una adaptación teatral de este relato se representa en la terraza de la Hochzeitshaus (casa de las Bodas) cada domingo en verano al mediodía.

QUÉ VER

★ **Rattenfängerhaus (Casa del "flautista de Hamelín")** – Este inmenso edificio de proporciones equilibradas data de 1603. La fachada se cubre con una decoración de gran simetría compuesta por molduras de sillares tallados y numerosos elementos esculpidos, como bustos y máscaras. El frontón presenta las volutas y agujas propias del Renacimiento del Weser.

★ **Hochzeitshaus (Casa de las Bodas)** – El edificio, construido entre 1610 y 1617, dispone de un gran salón para la celebración de los matrimonios civiles. Tres elegantes frontones, decorados con volutas, rompen las líneas horizontales de la fachada, marcadas por las molduras talladas que contornean el edificio y las largas filas de sillares.

Dempterches Haus (Casa Dempter) – *Junto al Mercado*. Fue construida en 1607 y se distingue por su pabellón central en saledizo (Utlucht) característico del Renacimiento del Weser. Las plantas baja y primera están edificadas en piedra arenisca, mientras la planta superior es de vigas entramadas.

HAMELN

Detalle de la casa de los Canónigos, Hameln

Stiftsherrenhaus (Casa de los Canónigos) – *Osterstraße 8*. Es una bella casa de vigas entramadas levantada en 1558. Sobre las ménsulas se alzan tallas en madera que representan personajes bíblicos. Aquí y en el inmueble contiguo **(Leisthaus)** está alojado el museo municipal.

Haus Lücking (Casa Lücking) – *Wendenstraße 8*. Esta casa de vigas entramadas de 1638 se reconoce por su elegante puerta en forma de arco de medio punto, la abundancia de elementos decorativos e inscripciones.

Rattenkrug – *Bäckerstraße 16*. Este edificio de 1568 destaca sobre todo por su pabellón en saledizo (Utlucht) y el frontón escalonado de cinco niveles. En su origen es una construcción de principios del gótico (1250).

Münster (Colegiata) – Desde los jardines públicos al S de la ciudad se distingue la silueta maciza de esta iglesia, dominada por la torre poligonal del crucero que perteneció a la primitiva basílica románica (s. XII). En el interior, la nave gótica de tipo salón (s. XIII) presenta una elegante ordenación de los pilares del crucero, cuyos capiteles poseen una gran variedad de motivos decorativos (damero, palmetas, pámpanos).

ALREDEDORES

★**Hämelschenburg** – *11 km al S*. Este **castillo**★ con forma de herradura, rodeado por un estanque y un sistema de fosos, fue construido entre 1588 y 1618. Es una de las obras maestras del Renacimiento del Weser y uno de los pocos palacios de este estilo abiertos al público. De las tres alas que constituyen el conjunto la más decorada es la que está orientada hacia la carretera, que presenta una alternancia de superficies lisas y molduras de piedra tallada, un mirador saledizo suspendido sobre el foso del castillo, así como cuatro buhardillas de elegantes proporciones. Se puede asistir a una visita guiada, en la que se muestran los aposentos de la época de construcción del castillo, así como las salas acondicionadas en el s. XIX (mobiliario renacentista, barroco y Biedermeier, una colección de pintura del s. XVIII y una exposición de armas).

Fischbeck – *7 km al NO*. La antigua abadía –desde 1566 una comunidad de damas protestantes– fue reconocida oficialmente por el emperador Otón I en el año 955. La iglesia data del s. XII y las galerías desde las cuales las damas nobles podían asistir a los oficios religiosos fueron añadidas en el s. XV. La **cripta** primitiva, en la que cada columna presenta un capitel distinto, conserva su estilo románico original. A la izquierda del presbiterio se alza una conmovedora talla en madera de Ecce-Homo; a la derecha se encuentra el célebre **tapiz de Fischbeck** del s. XVI, que ilustra la historia de la fundación del convento. Sobre la entrada de la sacristía, una estatua del s. XIII representa a Helmburgis, fundadora de la orden. El claustro originario, destruido por un incendio en la primera mitad del s. XIII, fue reconstruido entre la segunda mitad del s. XIII y el s. XIV.

HANN. MÜNDEN ★★

Baja Sajonia — 28.000 habitantes
Mapas Michelin n⁰ˢ 417/418 L 12

Hann. Münden está situada en el fondo de un valle donde se funden las aguas de los ríos Fulda y Werra para formar el Weser. Los restos arqueológicos han demostrado que en el delta existía un asentamiento en tiempos de Carlomagno, pero la ciudad fue fundada oficialmente, según las investigaciones, por Enrique el León. El derecho de almacenaje (Stapelrecht) –vigente desde 1247 a 1823 oficial– proporcionó gran prosperidad a la villa. Esta época de esplendor se manifiesta en el gran conjunto de edificios de vigas entramadas que se conserva en el casco histórico.

A propósito del nombre

En su origen la localidad se llamaba "Münden" (desembocar), pero en el s. XVIII, para no confundirla con "Minden" de Prusia, se la designó como Hannoversch Münden. El servicio de correos fue el encargado de crear la contracción de Hann.Münden en 1870, aceptado oficialmente en 1991 por la corporación municipal de Hann.Münden.

★ **El casco antiguo** — En él se conservan más de 700 **casas de vigas entramadas**★★, ejemplarmente restauradas y mantenidas, que ilustran seis siglos de arquitectura tradicional. Las más interesantes bordean las calles en torno al ayuntamiento y las riberas del Werra. Las torres del homenaje y los vestigios del cinturón amurallado añaden nuevos encantos a esta joya urbanística medieval.

★ **Rathaus** — La fachada principal del **ayuntamiento** presenta los elementos característicos del renacimiento del Weser: volutas, obeliscos y multitud de figuras que decoran el frontón.

St.Blasiikirche (Iglesia de San Blas) — Su torre hexagonal domina sobre el empinado tejado a dos aguas. En el interior, transformado en una nave gótica a finales del s. XV, destacan la tumba del duque Guillermo de Brunswick-Luneburgo (fallecido en 1503) en la nave central, el epitafio de su hijo, el duque Erich I a la izquierda del presbiterio, y una pila bautismal del s. XIV en la nave lateral izquierda.

EXCURSIÓN

★ **El alto valle del Weser** — 67 km – 2 h aprox. El Weser serpentea por un valle boscoso que comunica Hann. Münden y Bad Karlshafen. Los hugonotes franceses, que abandonaron su país por motivos religiosos y fueron acogidos por los landgraves de Hesse, fundaron en el s. XVIII varias localidades a orillas del río bautizadas con nombres simbólicos, como Gottstreu (fidelidad a Dios) y Gewissensruh (tranquilidad de conciencia).

Wahlsburg-Lippoldsberg — La antigua iglesia abacial de San Jorge y Santa María en Lippoldsberg es uno de los primeros templos románicos abovedados en el N de Alemania.

Tome el transbordador para cruzar a la otra orilla.

Gewissensruh — Llaman la atención el pequeño santuario (1779) y las inscripciones francesas en las casas.

Bad Karlshafen — La regularidad de su plano urbanístico y la homogeneidad arquitectónica de la ciudad confieren un carácter monumental homogéneo a Bad Karlshafen, localidad fundada en 1699 por el landgrave Carlos de Hesse para acoger a los hugonotes que emigraron de Francia en 1685 tras la revocación del Edicto de Nantes. El **Museo Alemán de los Hugonotes** (Deutsches Hugenottenmuseum, *Hafenplatz 9*) ⊙, instalado en una antigua fábrica de Tabacos, está consagrado a la historia de esta comunidad. En la primera planta se ilustra la historia de los hugonotes antes de su salida de Francia, tomando como modelo la vida del célebre ceramista Bernard Palissy. La segunda planta está dedicada a la recepción de este grupo de emigrantes en Alemania y su influencia en el desarrollo intelectual, científico-técnico y artesanal en el país de acogida.

Fürstenberg — El castillo de Fürstenberg alberga desde 1747 la célebre manufactura de porcelanas homónima. En el **Museo del Castillo** (Schloßmuseum) ⊙ se puede contemplar una magnífica colección de porcelanas, así como asistir a demostraciones o proyecciones de películas de vídeo en las que se explican las técnicas de fabricación.

★ **Höxter** — Esta localidad se caracteriza por un bello conjunto de casas de vigas entramadas que muestran una elegante decoración típica del Renacimiento del Weser y una cubierta de antiguas tejas de arenisca en tonos rosa; las más pintorescas bordean la **Westernbachstraße**. La iglesia de St. Kilian posee un **magnífico púlpito**★★ adornado con preciosos relieves de alabastro de estilo renacentista (1597).

HANN. MÜNDEN

Corvey – La **iglesia** de esta antigua abadía sólo conserva el impresionante **antecuerpo oeste★** con tres torres (885), que constituye un extraordinario ejemplo de arquitectura carolingia. La logia (Johannischor) –que según la tradición estaba reservada a emperador– se encuentra en un santuario situado en el centro del antecuerpo oeste sobre el atrio de entrada a la iglesia.

Tras el proceso de secularización, el landgrave de Hesse-Rotenburg adquirió las antiguas dependencias del convento y las transformó en su residencia. En e actual palacio, propiedad de los duques de Rativor, se ha instalado el **Museo de Höxter-Corvey** ⓥ.

HANNOVER

Baja Sajonia – 518.000 habitantes
Mapas Michelin nº 415/416/418 I 13

Hannover, capital de la Baja Sajonia, es uno de los principales centros económicos de N de Alemania. La celebración anual de dos ferias internacionales de la industria atrae a numerosos hombres de negocios y promueve una intensa actividad comercial. La organización de la primera Exposición Universal del s. XXI en el año 2000 ha dotado a la ciudad de nuevas infraestructuras que se han demostrado como nuevos focos de atracción del turismo. Las grandes zonas lacustres (Maschsee), el bosque municipal y los célebres Jardines Reales (Königliche Gärten), inaugurados en el s. XVII, están situados en pleno corazón de la ciudad.

Desde la cúpula del **ayuntamiento** (Rathaus) ⓥ se ofrece una amplia vista de la ciudad.

APUNTES HISTÓRICOS

La Casa de Hannover – E principado de Hannover pasó en el s. XVII a una línea colateral de la casa de Brunswick-Luneburgo, y Hannover se convirtió en la capital del principado homónimo al fijar la Corte su residencia en esta ciudad. La vida en el palacio de Herrenhausen se animó y experimentó profundas transformaciones: daba comienzo un periodo de esplendor promovido por la princesa Sophie, una persona cultivada, amante de las artes y de las letras. El compositor Georg Friedrich Haendel acudía con asiduidad a los conciertos de la Corte, y en 1676 el filósofo **Gottfried Wilhelm Leibniz** ocupó el cargo de bibliotecario de Palacio, en el que permaneció durante cuarenta años. En 1692 el principado se convirtió en el Electorado de Brunswick y Luneburgo.

Feria de Hannover

La Corte de Hannover y el Trono de Inglaterra – El matrimonio (1658) del duque Ernesto Augusto con la princesa palatina Sophie, nieta de Jacobo I Stuart, concedía a la casa de Hannover derechos sobre la Corona de Inglaterra.

En 1714 el príncipe elector Jorge Luis, hijo de la princesa Sophie, se convirtió en rey de Inglaterra bajo el nombre de Jorge I, conservando además el título de elector de Hannover. Un siglo más tarde, el Congreso de Viena (1814) promovió el principado al rango de reino, y Jorge III, que ocupaba el trono inglés desde 1760, pudo convertirse también en rey de Hannover. Esta unión personal de la corona inglesa y el principado de Hannover duró hasta 1837. En este año, la reina Victoria, que ocupaba el primer rango en la línea de sucesión dinástica, accedió al trono de Inglaterra, pero no pudo obtener la corona de Hannover porque en este principado estaba vigente la Ley Sálica, que excluía del trono a las mujeres y sus descendientes. El príncipe Ernesto Augusto se convirtió en rey de Hannover y regresó a la ciudad, que durante su reinado recuperó e esplendor de antaño. Tres décadas más tarde (batalla de Langensalza, 1866) la casa Hannover perdió su independencia y fue anexionada al reino de Prusia.

HANNOVER

★★ HERRENHÄUSER GÄRTEN (JARDINES REALES) *1h30*

Salga por la Leibnizufer.

Los jardines reales de Herrenhausen, situados al NO de la ciudad, están formados por cuatro parques diferentes. Una avenida de tilos, la Herrenhäuser Allee, comunica los parques entre sí. *(Los automovilistas deben utilizar la Nienburger Straße)*

★★ **Großer Garten** – En 1666 se inició el acondicionamiento de este parque, y entre 1680 y 1710 se realizaron obras de ampliación y remodelación por encargo de la princesa Sophie, quien solía decir que estos jardines eran parte de su vida. La parte más antigua es un jardín de estilo francés, adornado con numerosas figuras alegóricas y estatuas de divinidades romanas. En el lado izquierdo se existe un teatro al aire libre, mientras en el derecho se extiende un jardín de trazado laberíntico.

Georgengarten – Este parque fue proyectado entre 1835 y 1841 como un jardín paisajista romántico. En el centro se alzan el templete de Leibnitz (Leibniztempel) y el palacete Wallmoden (Wallmodenschlößchen). En este último está alojado el **Museo Wilhelm Busch** ⊙, consagrado a este célebre poeta, ilustrador y humorista (1832-1908), considerado como el precursor del cómic moderno por sus viñetas de los personajes infantiles de *Max y Moritz*.

★ **Berggarten** – En los invernaderos de este Jardín Botánico crecen cerca de 2.500 variedades de orquídeas, cactus y otras plantas crasas o suculentas (que acumular reservas de agua), así como gran número de especies de la flora de las Islas Canarias. En el extremo del paseo principal se alza el mausoleo de la Casa Real de Hannover.

Welfengarten – En este parque se encuentra el Welfenschloß, un edificio dependiente de la Universidad delante del cual se alza el Corcel de Sajonia (Sachsenroß), monumento emblemático del Estado de la Baja Sajonia realizado por Friedrich Wolff en 1876.

Y ADEMÁS

Marktkirche (Iglesia del Mercado) – Esta iglesia del s. XIV posee una torre de cuatro piñones rematados por un afilado pináculo. En el interior destacan el magnífico **retablo de la Pasión**★★ del altar mayor, tallado y policromado, las vidrieras del presbiterio (s. XIV) y una pila bautismal de bronce (s. XV).

HANNOVER

Aegidientorplatz	Z 2
Am Marstall	Y 5
Am Maschpark	Z
Am Steintor	Y 8
Arthur-Menge-Ufer	Z 10
Bahnhofstraße	Y 14
Breite Straße	Z
Culemannstraße	Z
Ernst-August-Platz	Y 18
Friederikenplatz	Z 20
Friedrichswall	Z 22
Georgstraße	Y
Goethestraße	Y
Goseriede	Y
Große Packhofstraße	Y 26
Hildesheimer-Straße	Z
Joachimstraße	Z 30
Karmarschstraße	Y
Kurt-Schumacher-Straße	Y
Lange Laube	Y
Langensalza-Straße	Z
Lavesallee	Z
Lavesstraße	Z
Leibnizufer	Y
Luisenstraße	Y
Marienstraße	Z 38
Marktstraße	YZ
Maschstraße	Z
Meterstraße	Z
Münzstraße	Z 40
Opernplatz	Y 44
Osterstraße	Z
Planckstraße	Z 46
Prinzenstraße	Y
Schiffgraben	Y
Schillerstraße	Y
Schmiedestraße	Y
Theaterstraße	Y
Thielenplatz	Y 52
Waterlooplatz	Z
Waterloostraße	Z
Wiesenstraße	Z

Historisches Museum Hannover	Y M³	Niedersächsisches Landesmuseum	Z M²
Kestner-Museum	Z M¹	Rathaus	Z R

HANNOVER

Alojamiento

Kastens Hotel Luisenhof – *Luisenstraße 1* – ☎ 05 11/3 04 40 – Fax 05 11/3 04 48 07 – 152 hab – *individuales desde 112 €*. El hotel de más categoría en la localidad, decoración clásica y emplazamiento céntrico.

CVJM City Hotel – *Limburgstraße 3* – ☎ 05 11/3 60 70 – fax 05 11/3 60 71 77 – 47 hab – *individuales desde 75 €*. Hotel confortable al comienzo de la zona peatonal.

In Herrenhausen – *En Hannover-Herrenhausen, Markgrafstraße 5* – ☎ 05 11/7 90 76 00 – fax 05 11/7 90 76 98 – 42 hab – *individuales desde 64 €*. Situado al N, en las afueras de la ciudad. Hotel cómodo bien comunicado con la autopista y el centro urbano.

Restaurantes

Biesler – *Sophienstraße 6* – ☎ 05 11/32 10 33 – fax 05 11/32 10 34 – *menús desde 15 €*. Restaurante cerca de la ópera, gastronomía alemana.

Steuerndieb – *En Hannover-Buchholz (en el bosque de Eilenriede), Steuerndieb 1* – ☎ 05 11/90 99 60 – fax 05 11/9 09 96 29 – 5 hab – *individuales desde 81,50 €* – *menús desde 15,50 €*. Hospedería situada en el bosque de la ciudad, con una bonita terraza.

★ **Niedersächsisches Landesmuseum (Museo Regional de Baja Sajonia)** ⓥ – El museo consta de cuatro secciones: la **galería de Baja Sajonia** (Niedersächsische Landesgalerie) expone cuadros y esculturas de un período histórico que abarca nueve siglos, aunque el mayor espacio está consagrado al arte alemán desde la Edad Media al renacimiento, así como a los ss. XIX-XX (Holbein, Cranach, Riemenschneider, C.D. Friedrich, Liebermann, Slevogt); también están representadas las escuelas italianas de pintura desde el s. XIV al XVIII (Botticelli, Tiepolo) y la pintura holandesa y flamenca del s. XVII (Rubens, Ruysdael).
La **sección de Historia Natural** presenta fundamentalmente los paisajes de la Baja Sajonia, pero también trata otros temas de interés, como la formación de los océanos y los continentes. Cuenta también con un acuario. El **departamento de Prehistoria**★ (Urgeschichts-Abteilung) muestra importantes hallazgos originales que ilustran la prehistoria y la protohistoria de la Baja Sajonia. Entre las piezas expuestas destacan los objetos de la Edad del Hierro hallados en las turberas, entre otros, un cuerpo humano perfectamente conservado. La **sección de Etnología** (Völkerkunde-Abteilung) está organizada temática y geográficamente (Nueva Guinea, América, África, Indonesia).
(Por obras de restauración algunas secciones del museo están cerradas al público).

★ **Sprengel-Museum Hannover (Museo Sprengel)** ⓥ – La estatua del *Alabardero*, de Alexander Calder, precede en pocos metros la entrada a este museo consagrado al arte del s. XX. Entre los cubistas destacan Picasso (*Tres mujeres*, 1908); se muestran obras importantes del movimiento **Die Brücke** (El Puente) –Karl Schmidt-Rottluff *(Los bañistas)*– y del grupo del **Jinete Azul** (Kandinsky, Jawlensky, Marc: *Caballo y águila*, Macke: *Desnudo con collar de corales*). Se pueden contemplar también varios retratos de Max Beckmann *(Mujer con ramo de claveles)*. El surrealismo está representado por el artista local Kurt Schwitters, cuya obra se caracteriza por la ambigüedad y la ambivalencia *(Cuadros Merz)*. La colección se completa con las creaciones de Tapiès, Dubuffet, Lindner y Willi Baumeister, quienes representan las tendencias contemporáneas de la pintura.

El arte Merz

An: Anna Blume

Oh Du, Geliebte meiner 27 Sinne, ich liebe Dir!
Du, Deiner, Dich Dir, Du mir, – – – – wir?
Das gehört beiläufig nicht hierher!

Estas son las primeras estrofas de uno de los más célebres poemas de **Kurt Schwitters** (1887-1948); el artista las hizo fijar en las columnas de anuncios que existen por las calles de Hannover, ciudad que le vio nacer. El artista, que concluyó sus estudios en la Academia de Arte de Dresde, mantuvo contactos con el movimiento vanguardista berlinés "Sturm" y posteriormente formó parte del grupo Dadá. Está considerado como el fundador del arte Merz, una corriente artística de corte constructivista –cuyo nombre procede de un banco (Kommerz- und Privat Bank)– que abarca diferentes actividades creativas: poesía, estructuras, collages. El artista escribió, además, numerosos manifiestos, artículos críticos y ensayos. En 1937 su obra fue considerada como "arte degenerado" y Schwitters se refugió en Noruega, de donde tuvo que partir en 1940 a un nuevo exilio perseguido por los nazis. Schwitters murió en Inglaterra en 1948.

HANNOVER

Zoologischer Garten (Jardín zoológico) ⊙ – *Adenauerallee 3. Salga por Schiffgraben.* Este zoológico ha ampliado recientemente sus instalaciones con criterios modernos y originales. En los nuevos espacios se ha creado la llamada "colina de los gorilas", que parece realmente un escenario natural con su magnífica catarata; el "sendero de la evolución", que sigue las huellas del hombre de Neandertal; el "palacio de la jungla", construido en una superficie de 12.000 m^2 y en el que se pueden ver elefantes, tigres, leopardos y serpientes pitón; un paisaje de Zambeze, con leones, jirafas y antílopes; la sabana africana, con cebras, gacelas antílopes y avestruces; y finalmente, la volatería y el ganado porcino, alojados en un edificio de vigas entramadas (restaurado).

⊙ ►► Kestner-Museum★ (*Arte antiguo y artes aplicadas; sección de monedas y medallas*) – Historisches Museum Hannover★ (Museo Histórico).

HARZ★★

Baja Sajonia y Sajonia-Anhalt
Mapa Michelin nº 418 K 15-16

El macizo boscoso del Harz constituye la estribación más septentrional de las montañas que se formaron en Europa central como resultado de los plegamientos hercinianos de la Era Primaria. El Harz, situado en medio de la llanura germano-polaca, recibe de frente los vientos húmedos del O, lo que explica la abundancia de cursos de agua que recorren la región. Los numerosos pantanos artificiales hacen de la zona una reserva acuífera excepcional para las regiones limítrofes.

La mayor elevación, el **Brocken** (1.142 m), escenario legendario de aquelarres, atrae a multitud de excursionistas. Un ferrocarril de vía estrecha **(Harzquerbahn)**, impulsado por una vieja máquina de vapor, atraviesa el macizo de N a S, uniendo las localidades de Wernigerode y Nordhausen. Para penetrar en el corazón del Harz —en especial del Harz oriental– se recomienda realizar el recorrido entre Wernigerode y la estación de Eisfelder Talmühle y tomar la ramificación que lleva desde Schierke al Brocken.

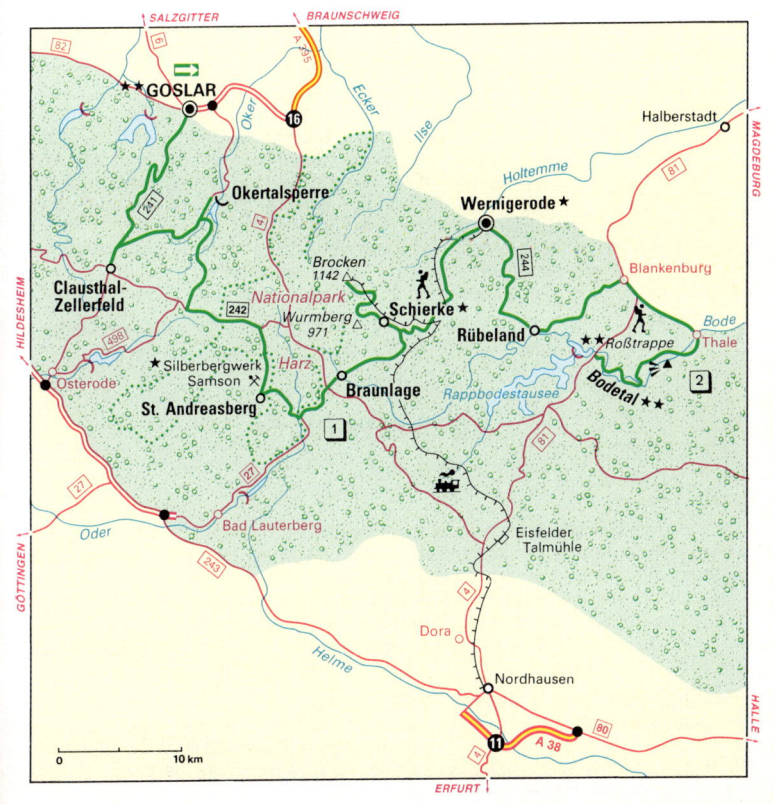

275

HARZ

1 EL ALTO HARZ 81 km – 1/2 día.

El itinerario, que dispone de una red viaria excelente, discurre por vastos paisajes de relieves ondulados y cubiertos de bosques de coníferas.

★★Goslar – Ver este nombre.

Clausthal-Zellerfeld – Clausthal-Zellerfeld es la antigua capital minera del Harz. El **Museo de las Minas del Alto Harz** (Oberharzer Bergwerksmuseum, en Zellerfeld) ⓥ ilustra los procedimientos de explotación hasta la clausura del último pozo en 1931. En Clausthal se recomienda visitar la **iglesia parroquial del Espíritu Santo** (Pfarrkirche Zum Hl. Geist, Hindenburgplatz), que data de 1642 y es una de las mayores iglesias construidas en madera de Europa. En ella destaca la magnífica disposición de las tribunas y la iluminación sesgada que procede de los ventanales de la bóveda.

Presa del Oker (Okertalsperre) – Desde el dique de contención se disfruta de una bella **vista★** sobre el lago artificial.

St. Andreasberg – La carretera desciende al fondo del valle, donde se encuentra una antigua **mina de plata★** (Silberbergwerk Samson) ⓥ. Se puede ver en funcionamiento la denominada "Fahrkunst", una máquina de una simplicidad genial que facilitaba la salida del pozo a los mineros.
El museo alberga una sección de geología y una gran colección de minerales.

Braunlage – Esta importante estación invernal y termal está situada sobre una meseta que domina las elevaciones boscosas del **Wurmberg** (971 m).

★Schierke – Debido a su magnífico emplazamiento, esta localidad –en la que se encuentra la estación de ferrocarril de Brocken (Brockenbahn)– es un agradable lugar de vacaciones y el punto de partida de numerosas excursiones a pie, entre otras, la que conduce a la cumbre del Brocken.

2 EL HARZ ORIENTAL 89 km – 1/2 día.

En esta parte del macizo montañoso predomina el bosque de frondosas sobre el de coníferas y, aunque los paisajes no son tan grandiosos, ofrece bellezas naturales espectaculares.

★Wernigerode – Ver este nombre.

Rübeland – Esta localidad, cuya actividad principal es la explotación de la roca calcárea, es célebre por sus cuevas de estalactitas y estalagmitas. En la **gruta de Hermann★** (Hermannshöhle) ⓥ se puede contemplar, además de una gran sala con esas curiosas formaciones cristalinas, un pequeño estanque poblado de "próteos o peces de las cavernas" (un batracio sin órganos visuales) que viven en la más completa oscuridad.

★★Valle del Bode – El río se abre camino a duras penas por el laberinto de formaciones rocosas, y discurre a los pies de impresionantes acantilados. El risco más espectacular es, sin duda, el **"Roßtrappe"★★** (la "Huella del Caballo"), al que se llega tras 10 min de marcha a pie desde el aparcamiento. Desde el mirador situado a una altura vertiginosa sobre el río, se ofrece una **vista★★★** del fondo del valle surcado por impetuosas aguas, de los afilados peñascos y de los bosques en el horizonte. El lugar debe su nombre a una leyenda sobre una princesa que, perseguida por un terrible gigante, huía a lomos de un caballo. El animal, al tomar impulso para salvar el abismo, dejó la huella de sus cascos en la roca.
Siguiendo el curso de la corriente, la ruta serpentea entre el denso bosque por un terreno muy accidentado. *La belleza del paisaje y la peligrosidad del trazado hasta conectar con la carretera nacional nº 81 aconsejan una velocidad moderada a los conductores.*

ⓥ ▶▶ KZ-Gedenkstätte Mittelbau-Dora (Monumento conmemorativo Dora) (al N de Nordhausen, ver Weimar).

HEIDELBERG★★

Baden-Würtemberg – 135.000 habitantes
Mapa Michelin nº 417 R 10

La ciudad de Heidelberg, famosa por su Universidad fundada en 1386, es una de las cunas del movimiento romántico alemán. Allí crearon su obra a comienzos del s. XIX autores como Brentano, Arnim, Eichendorff y Görres. Situada a orillas del Neckar, Heidelberg debe su animación a los cerca de 27.000 estudiantes que allí residen y a los numerosos turistas –en especial americanos y japoneses– que la visitan.
El "homo heidelbergensis", un ser humano de la época interglaciar, habitó estos lugares hace 600.000 años.

Vista panorámica de la ciudad – Desde la margen derecha del río Neckar y a ambos lados del **Viejo Puente** (Alte Brücke o Karl-Theodor-Brücke) se goza de una vista excepcional sobre el casco antiguo de la ciudad, dominado por la iglesia del Espíritu Santo (Heiliggeistkirche) y las ruinas del castillo, cuyos muros rojos de piedra de cantería resaltan sobre el verde de la floresta.

HEIDELBERG

Otra panorámica excepcional de la ciudad se obtiene desde el **Camino de los Filósofos**, (Philosophenweg), al que se llega por el puente Theodor-Heuss (Theodor-Heuss-Brücke) y la Bergstraße. También son magníficas las vistas que se ofrecen desde el **Schlangenweg**, unas escaleras en pendiente que conducen al Viejo Puente.

APUNTES HISTÓRICOS

El Palatinado – En la Alemania medieval los condes del Palatinado gozaban de la dignidad electoral y de la plena confianza de los soberanos del Sacro Imperio. En el s. XIV estos altos oficiales reales se vieron privados de sus funciones, a excepción de la dinastía hereditaria que gobernaba los territorios situados en la confluencia del Neckar y el Rin, el **condado palatino "del Rin"** (Pfalzgrafschaft "bei Rhein"). En el s. XIV el conde del Palatinado recuperó su dignidad electoral y convirtió a Heidelberg en residencia permanente de su Corte.
Gracias a una acertada administración, el **Electorado Palatino** (Kurpfalz) llegó a convertirse con el paso del tiempo en uno de los dominios más cohesionados de Europa. En el s. XVI los príncipes electores abrazaron el luteranismo, momento en el que se inicia un periodo de abandono y deterioro del castillo de Heidelberg, que había sido levantado en el s. XIII sobre los restos de unas fortificaciones militares.

La guerra del Palatinado (1688-1697) – Concluida la guerra de los Treinta Años, el elector Carlos Luis, para extender la influencia de su familia, casó a su hija **Elisabeth-Charlotte** con el duque Felipe de Orleans. La princesa **Liselotte von der Pfalz**, como se la conocía en la Corte, no pasó inadvertida en los círculos cortesanos franceses. Saint-Simon la cita en sus *Memorias* y advierte su carácter parlanchín y su aversión a ciertos miembros de la aristocracia del país galo. En 1685 el elector Carlos II, hermano de Liselotte, murió sin descendencia, y la alianza matrimonial que en su momento pareció una estrategia política inteligente, tuvo consecuencias funestas: el rey Luis XIV reclamó los derechos sobre su herencia para la corona francesa, lo que desencadenó el conflicto bélico.
En 1689 las tropas francesas devastaron la ciudad y el castillo de Heidelberg. Cuatro años más tarde fue nuevamente asediada e incendiada. En el s. XVIII fue reconstruida, pero no logró recuperar el esplendor de antaño. En 1764 la caída de un rayo provocó un incendio en las murallas del castillo, lo que marcó el comienzo de un lento proceso de ruina. Los príncipes electores prefirieron residir en los palacios de Mannheim y Schwetzingen. En la actualidad las ruinas del castillo constituyen la nota romántica de la ciudad de Heidelberg y uno de sus principales atractivos.

★★★ EL CASTILLO (Schloß) *1/2 día (incluidos aposentos del castillo).*

Acceso en coche por la Neue Schloßstraße.

Siguiendo el camino indicado en el esquema, se llega sucesivamente al **Rondell** (vistas★), al **Gran Torreón** (Dicker Turm) y a la **puerta de Elisabeth** (Elisabethentor), mandada construir en una sola noche por Federico V en 1615 para sorprender a su esposa, la aristócrata inglesa Elisabeth Stuart.
En el ángulo suroriental del castillo se encuentra el **Gesprengte Turm** (Torreón Volado), destruido parcialmente por la explosión de una mina que habían colocado los zapadores franceses, y que dejó al descubierto las casamatas, cuyas bóvedas reposan sobre un sólido pilar central.

Vista del castillo y del río Neckar, Heidelberg

HEIDELBERG

Los **jardines★**, dispuestos en terrazas, fueron acondicionados entre 1616 y 1619 por encargo de Federico V. Desde la terraza principal se obtiene una buena perspectiva del ala este del castillo. La parte posterior del Ottheinrichsbau y del Gläserne Saalbau está flanqueada por dos torres: a la izquierda, la **Apothekerturm** (torre de la Farmacia), de planta circular y con una serie de ventanas alineadas, y a la derecha la **Glockenturm** (torre del Campanario), que presenta un remate octogonal.

Desde la terraza Scheffel, situada al N, se disfruta una amplia vista que abarca el castillo, el centro urbano con sus casas a lo largo de la Hauptstraße y el Viejo Puente tendido sobre el Neckar.

Patio de honor y edificios del palacio

El patio de honor se encuentra al otro lado del puente fortificado, cuyo paso está vigilado por una imponente torre, la **Torturm**. Nada más entrar, se abre a la derecha la **sala de la Fuente** (Brunnenhalle), de estilo gótico y cuyas **columnas romanas de granito** proceden del palacio imperial de Carlomagno en Ingelheim (cerca de Maguncia).

Bibliotheksbau (Biblioteca) (6) – Esta construcción gótica, gracias a su disposición un poco remetida respecto al ala oeste del castillo, recibe la luz por todos sus costados. En otro tiempo albergó la biblioteca privada de la familia principesca, su colección de arte y la cámara del tesoro. Posee un bello mirador.

★★**Friedrichsbau (Ala de Federico)** (10) – La disposición de la fachada de este palacio, con sus dos remates de perfil curvo, respeta rigurosamente el orden antiguo de las columnas (de abajo a arriba, dórico, jónico y corintio), redescubierto en el Renacimiento. Sin embargo, la estructuración de la fachada mediante pilastras y cornisas con el fin de conseguir los contrastes de luz y sombras, anuncia ya el gusto barroco. Las **estatuas** (copias) representan a los antepasados de Federico IV, entre otros, a los príncipes de la casa de Wittelsbach.
De las fachadas que se orientan hacia la ciudad, la única decorada es la posterior, que puede contemplarse desde la **Gran Terraza** (Altan), a la que se accede por un pasaje cubierto situado a la derecha del Friedrichsbau. Desde aquí se domina el casco antiguo de la ciudad.

Gläserner Saalbau (Sala de los Espejos) (8) – Este edificio debe su nombre a la Sala de los Espejos (hoy destruida) que existió en otro tiempo en la primera planta. Los tres niveles de galerías que presenta se inspiran en el Renacimiento italiano.

Ottheinrichsbau (Ala de Ottoheinrich) (9) – Este edificio fue mandado construir por Otón Enrique, uno de los soberanos más ilustrados del Renacimiento. Durante su breve reinado (1556-59) el príncipe abrió su territorio a las nuevas corrientes de pensamiento de la época, sobre todo a las ideas de renovación religiosa y artística. Este edificio inaugura el periodo fecundo del Renacimiento tardío en la arquitectura alemana.
En la estructuración de la fachada domina la línea horizontal. La decoración plástica responde a los cánones de la época, con la conjugación de motivos mitológicos y bíblicos. En la puerta monumental, con forma de arco triunfal y en cuya realización colaboró el gran escultor Alexander Colin (1527/29-1612), natural de Mechelen, se representa el escudo de armas de los príncipes electores: el león del Palatinado y el globo terráqueo imperial enmarcado en un fondo romboidal.

Alojamiento

Backmulde – *Schiffgasse 11* – ☏ *0 62 21/5 36 60* – *fax 0 62 21/53 66 60* – *13 hab* – *individuales desde 54 €*. Hotel instalado en un edificio del casco antiguo con un patio interior, decoración rústica.

Schnookeloch – *Haspelgasse 8* – ☏ *0 62 21/13 80 80* – *fax 0 62 21/1 38 08 13* – *11 hab* – *individuales desde 82 €*. Hotel en el casco antiguo de Heidelberg, decoración rústica, muy frecuentado por estudiantes.

Weißer Bock – *Große Mantelgasse 24* – ☏ *0 62 21/9 00 00* – *fax 0 62 21/90 00 99* – *23 hab* – *individuales desde 85 €*. Pequeño hotel acondicionado con mucho gusto, estancias con techos de vigas de madera, restaurante adornado con fotos antiguas.

Romantik-Hotel Zum Ritter St. Georg – *Hauptstraße 178* – ☏ *0 62 21/13 50* – *fax 0 62 21/13 52 30* – *39 hab* – *individuales desde 95 €*. Edificio renacentista del año 1592 con una bella fachada de arenisca, situado en una agradable calle peatonal.

HEIDELBERG

Interior ⏱

Sólo vis guiadas. Sin embargo, se pueden visitar independientemente el Großes Faß (Gran cuba) y el Museo Alemán de la Farmacia.

El recorrido de la visita, que dura unas 2 h, comienza en el **Ruprechtsbau**, el edificio más antiguo de la fortaleza (principios del s. XV), que está situado a la entrada del patio, a la izquierda. Dos maquetas permiten comparar la arquitectura del conjunto a principios del s. XVII (su época de mayor esplendor) con su aspecto actual.

La decoración renacentista del **Friedrichsbau** no es la original, sino en su mayor parte una reconstrucción idealizada del s. XIX; en los pasillos se encuentran las estatuas que adornaban la fachada; la capilla *(en la planta sótano)* fue "barroquizada" hacia 1720.

★ **Großes Faß (Gran cuba)** – Esta gran cuba, con capacidad para 221.726 litros, fue instalada durante el reinado del príncipe elector Carlos Teodoro en 1751. El vino se extraía mediante una bomba y se canalizaba hasta el salón de los banquetes reales (en el ala de las Damas). La plataforma sobre el tonel era tan amplia que se podía transitar por ella para degustar el vino o incluso utilizar como escenario de baile. El guardián de este símbolo báquico –en la actualidad el centro de la vida folclórica– era el bufón palaciego **Perkeo**, célebre por su extraordinaria resistencia a los efectos perturbadores del alcohol. Una escultura en madera y un reloj que él diseñó, provisto de un mecanismo sorpresa, nos recuerdan a este curioso personaje.

★ **Deutsches Apothekenmuseum (Museo Alemán de la Farmacia)** ⏱ – *Entrada bajo las escaleras que conducen al ala Ottoheinrich.* Se trata de una oficina de farmacia de los ss. XVIII y XIX que cuenta con una colección de viejas fórmulas y remedios farmacéuticos. En la torre de la Farmacia está instalado un laboratorio que reúne instrumental y aparatos médicos antiguos.

Siguiendo el Molkenkurweg o tomando el funicular se llega al restaurante **Molkenkur**, situado en el emplazamiento de una antigua construcción defensiva. Desde allí se disfruta de una bella **vista**★ del castillo.

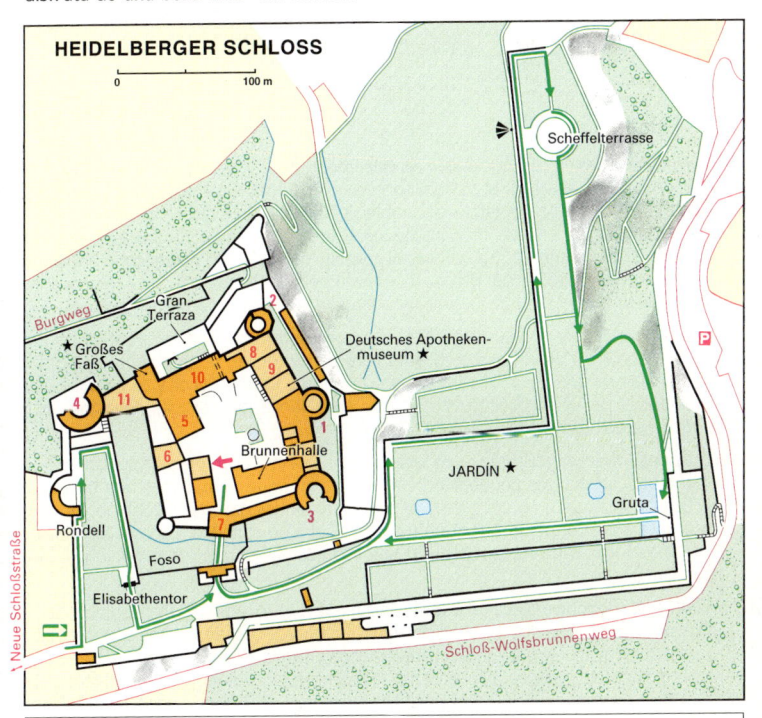

Finales de la Edad Media (y remodelaciones posteriores)
1) Torre de la Farmacia (s. XIV) – 2) Torre del Campanario (s. XIV) – 3) Torreón Volado (s. XV).

Época de transición del Gótico al Renacimiento (Luis V – 1508-1544).
4) Gran Torreón (1533) – 5) Ala de las Damas – 6) Biblioteca – 7) Torre de la Portada

Época renacentista
8) Ala de la Sala de los Espejos (1549) – 9) Ala de Ottoheinrich

Época de transición del Renacimiento al Barroco
10) Ala de Federico (Federico IV – 1592-1610), delante, la Gran Terraza (Altan).
11) Ala inglesa (Federico V – 1610-1632)

HEIDELBERG

Bauamtsgasse ... **Z** 5	Hauptstraße ... **YZ**	Marstallstraße ... **Y** 66
Burgweg ... **Z** 19	Heiliggeist-	Neue
Grabengasse ... **Z** 36	Straße ... **Y** 44	Schlossstrasse ... **Z** 74
Graimbergweg ... **Z** 39	Jubiläumsplatz ... **YZ** 47	Schlossberg ... **Z** 84
	Karlsplatz ... **YZ** 55	Steingasse ... **Y** 92
	Kornmarkt ... **Z** 57	Universitätsplatz ... **Z** 94
	Marktplatz ... **Y** 63	Zwingerstraße ... **Z** 99

Deutsches Apothekenmuseum ... **Z M¹**	Jesuitenkirche ... **Z F**
Haus zum Ritter ... **Z N**	Kurpfälzisches Museum ... **YZ M²**
Heiliggeistkirche ... **Y E**	Studentenkarzer ... **Z B**

Y ADEMÁS

★ **Kurpfälzisches Museum (Museo del Palatinado)** – *Hauptstraße 97*. Una parte del museo está instalado en el palacio barroco erigido por el arquitecto J.A. Breunig. La sección arqueológica muestra un molde de la mandíbula del Homo heidelbergensis (600.000 a.C). La pieza más interesante de la sección consagrada al arte de los maestros alemanes antiguos es el **retablo de los Doce Apóstoles**★★ (*Windsheimer Zwölfbotenaltar*, 1509), de Tilman Riemenschneider. La colección de **Pinturas y dibujos del Romanticismo**★★ presenta esencialmente vistas de la ciudad y del castillo.

★ **Haus zum Ritter** – Esta magnífica casa burguesa debe su nombre al busto de san Jorge, con traje de caballero, que adorna el frontón de volutas de la fachada. Fue construida en 1592 por el comerciante hugonote Carlos Bélier y es el único edificio residencial del Renacimiento tardío que subsistió a los ataques devastadores que sufrió Heidelberg entre 1689 y 1693.

Studentenkarzer (Calabozo de los estudiantes) – Aquí eran encerrados entre 1712 y 1914 los estudiantes pendencieros y excesivamente escandalosos que perturbaban la paz de la ciudad. Muchos de ellos realizaron en las paredes inscripciones, siluetas (con el tizne producido por el humo de las velas) o escudos, para dejar a las generaciones futuras un recuerdo de lo que ellos consideraban un episodio glorioso en sus vidas.

Heiliggeistkirche (Iglesia del Espíritu Santo) – En el exterior de esta iglesia de estilo tardogótico que se alza en la plaza del Mercado los comerciantes, continuando con una tradición secular, acomodan sus puestos y tenderetes entre los contrafuertes de sus muros. Las galerías que recorren las naves laterales acogían la **Biblioteca Palatina**, que tras la ocupación de Heidelberg por las tropas de Tilly en la guerra de los Treinta Años (1623) fue saqueada y trasladada al Vaticano como botín de guerra. Considerada como una de las bibliotecas más ricas de Europa en aquella época, el grueso de sus fondos se siguen conservando en Roma.
El **presbiterio**, muy luminoso, fue en otro tiempo el lugar de sepultura de los electores palatinos. Tras el saqueo de la iglesia durante la guerra del Palatinado, solo se conservó la **losa funeraria de Ruprecht III** (que reinó en Alemania entre 1400 y 1410 bajo el nombre de Ruprecht I) y de su esposa Isabel de Hohenzollern.

Jesuitenkirche (Iglesia de los Jesuitas) – En 1712 se puso la primera piedra de esta iglesia barroca edificada según los planos del arquitecto J.A. Breunig, natural de Heidelberg. La fachada principal, inspirada en el modelo de la iglesia de los Jesuitas de Roma, es obra del arquitecto de la Corte palatina F.W. Rabaliatti (1716-1782), a

HEIDELBERG

quien se deben otros edificios importantes de la ciudad. El interior, bien iluminado, consta de tres naves divididas en tramos por sólidos pilares, cuyos capiteles están decorados con estucos de estilo rococó.

A través de esta iglesia se accede al **Museo de Arte Sacro y Litúrgico** (Museum für Sakrale Kunst und Liturgie) ⊙, en el que se muestra una colección de arte religioso de los ss. XVII al XIX (Vírgenes, cruces de altar, objetos de culto). El **tesoro** del museo alberga piezas de orfebrería y platería de los talleres de Augsburgo (cálices, custodias, etc.). También existe información sobre los Jesuitas en Heidelberg, cuyo importante papel en la historia de la ciudad queda patente en los diferentes edificios de las proximidades de la iglesia (antiguo Colegio de los Jesuitas, Instituto de Enseñanza Media, Collegium Borromaeum).

EXCURSIONES

Castillo de Schwetzingen – *10 km al O. salga de Heidelberg por la Friedrich-Ebert-Anlage. Ver este nombre.*

Königstuhl ⊙ – *5 km al SE de Heidelberg, saliendo de la ciudad por la Neue Schloßstraße, el Molkenkurweg, y después el Gaisberger Weg; aquí tome el funicular, estaciones Stadt (cerca del Kornmarkt), Schloß, Molkenkur, Königstuhl. Una torre de televisión señala el punto más alto (568 m). Desde la cima se distingue una amplia panorámica que abarca el valle del Neckar, el Odenwald y la llanura del Rin.*

Isla de HELGOLAND★★

Schleswig-Holstein – 1.700 habitantes
Mapa Michelin nº 415 D 7

Atraídos por la idea de un corto crucero, todos los años miles de turistas se embarcan rumbo a esta isla ⊙ rocosa del mar del Norte para salvar los 70 km que la separan del estuario del Elba, situado en el continente.

Desde 1814, la isla de Helgoland perteneció a Inglaterra, quien la entregó a Alemania en 1890 a cambio de Zanzíbar.

Una roca prodigiosa – La isla, desgastada durante siglos por las mareas, ocupa en la actualidad una superficie de 2 km². En 1947, según un acuerdo adoptado en la Conferencia de Potsdam, los británicos debían destruir por completo las instalaciones militares –incluida la base para submarinos–, y en efecto, emplearon en las acciones destinadas a tal fin cerca de 6.000 t de explosivos. En 1952 la isla fue devuelta a Alemania y tras la reconstrucción del centro, dividido en dos por un escarpado arrecife, hoy se ha convertido en una atractiva meta turística.

el acuario y el observatorio ornitológico de la estación biológica hacen de la isla un importante centro de investigación para el estudio de la fauna y la vegetación del mar del Norte.

Helgoland ofrece a los visitantes múltiples atracciones: excursiones por los arrecifes, baños de mar y bonitos paseos por la zona de dunas que se extiende delante de la costa. Además, la isla es puerto franco para la adquisición de tabaco, chocolate y bebidas alcohólicas.

HILDESHEIM★

Baja Sajonia – 106.500 habitantes
Mapas Michelin nᵒˢ 416/417/418 J 13

En el año 815 Ludovico el Pío fundó en Hildesheim un obispado en torno al cual se desarrolló la ciudad. Considerada como la capital del arte románico otoniano en Alemania, Hildesheim vivió en la época de los obispos Bernward (993-1022) y Godehard (1022-1038) un periodo de esplendor. Desde mediados del s. XIII y hasta el s. XVI se suscitaron numerosas querellas entre la ciudadanía y la jerarquía eclesiástica, cada vez menos dispuesta a limitar su influencia al dominio espiritual. Los reveses de la historia frenaron con frecuencia el desarrollo de la ciudad, pero aún así logró preservar durante siglos su rico patrimonio arquitectónico medieval, hasta que las fuerzas aliadas lo destruyeron durante los ataques de la primavera de 1945. Con un gran esfuerzo se ha logrado reconstruir fielmente la tradicional plaza del Mercado. En la actualidad Hildesheim, con un puerto fluvial unido a través de un canal lateral al Mittellandkanal, basa su economía en un próspero sector industrial, cuyas actividades respetan la protección del medio ambiente.

El rosal milenario – Cuenta la leyenda que un atardecer del año 815 el emperador Ludovico el Pío, fatigado tras una jornada de caza, ocultó su relicario entre las ramas de un rosal silvestre antes de tenderse a descansar. Pero a la mañana siguiente no

HILDESHEIM

acertó a retirar el precioso cofre del arbusto. El monarca interpretó el hecho como un signo divino y fundó en este lugar la capilla que posteriormente se convertiría en la sede de un obispado. Alrededor de este santuario creció la ciudad de Hildesheim.
El rosal sobrevivió a las destrucciones de la guerra en 1945 y al incendio de la catedral y cada año vuelve a florecer.

QUÉ VER

★ Marktplatz – La histórica **plaza del Mercado**, totalmente destruida por un ataque aéreo en marzo de 1945, ha sido un ejemplo de buena reconstrucción por su fidelidad con el modelo original. A su alrededor se alzan edificios de diferentes estilos construidos a lo largo de ocho siglos.

Ayuntamiento – La parte oriental de la plaza del Mercado está dominada por este edificio gótico levantado entre 1246 y 1290 y remodelado en varias ocasiones. *(El carillón se pone en funcionamiento a las 12, 13 y 17).*

Tempelhaus (Casa de los Templarios) – Situado al S de la plaza del Mercado, este edificio de aspecto oriental de los años 1320-30 desentona en el conjunto arquitectónico de la plaza. El frontón escalonado y las dos torretas circulares fueron añadidas probablemente en el s. XVI. Un elemento que llama la atención en la fachada es el **mirador renacentista★** de 1591, en cuya barandilla se ilustra la historia del Hijo Pródigo.

El inmueble contiguo, la **Wedekindhaus**, presenta una estructura típica de las construcciones renacentistas de la Baja Sajonia: un antecuerpo en el que se abren vanos desde el nivel del suelo hasta el frontón del tejado. Esta casa de vigas entramadas data de 1598 y está decorada con ricas tallas de madera. Al lado se alza la **Lüntzelhaus,** de 1755 (sede actual de la Caja de Ahorros de la ciudad) y el edificio gótico de la **Rolandstift** (s. XIV), que muestra un antecuerpo barroco (hacia 1730).

HILDESHEIM

Almsstraße .... Y	Eckmekerstraße .... YZ 23	Kläperhagen............................ Z 49
Bahnhofsallee .... Y	Gelber Stern .... Z 28	Mühlenstraße .... Z 61
Bernwardtstraße .... Y	Godehardsplatz .... Z 31	Neue Straße............................ Z 64
Bergsteinweg........................ Z 8	Hannoversche Straße .... Y 33	Osterstraße............................ Y
Bischof-Janssen-	Hoher Weg............................ Z 36	Pfaffenstieg............................ Z 69
Straße.................................. Y 12	Hohnsen .... Z 39	Rathausstraße........................ Y 72
Domhof .... Z 20	Jacobistraße .... Z 41	Scheelenstraße...................... Z 80
	Judenstraße .... YZ 44	Schuhstraße.......................... Z 83
	Kardinal-Bertram-	Theaterstraße........................ Y 91
	Straße.................................. Y 47	Zingel.................................... YZ

Antoniuskapelle .... **Z A**	Pelizaeus-Museum	St. Andreaskirche .... **Z B**
Heiligkreuzkirche....... **Z F**	und Roemer-Museum . **Z M¹**	Tempelhaus .... **Y E**

HILDESHEIM

Las casas gremiales de los panaderos (Bäckeramtshaus) y de los carniceros (Metzgeramtshaus), levantadas respectivamente en 1451 y 1529, ocupan el flanco oeste de la plaza. Ambas son fieles reconstrucciones de las originales, y la última, la imponente **Knochenhaueramtshaus**★ de ocho plantas está considerada como la construcción de vigas entramadas más bella del mundo.

En las cinco plantas superiores se aloja actualmente el **Museo Municipal**.

La casa rococó (**Rokokohaus**) cierra el lado norte de la plaza, flanqueada por la cervecería de la villa (**Stadtschänke**) y la casa de la corporación de tejedores (**Wollenwebergildehaus**).

★ **Dom (Catedral)** ⊙ — La catedral actual es una reconstrucción fiel de los planos originales de la antigua basílica románica del s. XI. Las capillas laterales se edificaron, de acuerdo con el templo que existía en 1945, en estilo gótico, mientras que la cúpula del crucero reproduce el modelo del s. XVIII.

La decoración del interior respeta la sobriedad de la basílica primitiva. La nave principal presenta la alternancia en los soportes característica de la Baja Sajonia: un pilar por cada dos columnas.

La catedral alberga valiosas **obras de arte**★. En el crucero cuelga un monumental candelabro del s. XI. En la última capilla lateral izquierda se puede contemplar una pila bautismal del s. XIII; la estructura que la soporta consta de cuatro figuras que simbolizan los ríos del Paraíso. En el brazo derecho del transepto se alza una columna de bronce del s. XI que representa la vida de Cristo.

El **claustro**★ románico de dos plantas se une por su lado Este a la catedral. A lo largo del ábside trepan las ramas del **rosal milenario**.

En la fachada oeste se encuentran las **puertas de bronce del obispo Bernward**, una obra de arte de la escultura románica primitiva. En sus hojas se representan escenas del Antiguo y del Nuevo Testamento.

Antoniuskapelle — En su interior destaca sobre todo un precioso **leccionario renacentista**★.

★ **Roemer- und Pelizaeus-Museum** ⊙ — El **Museo Pelizaeus** posee una de las colecciones de antigüedades egipcias más ricas de Alemania. Entre las piezas más notables destacan la estatua a tamaño natural del visir Hem-Iunu, primo de Keops —modelo en el que se inspiró Thomas Mann para crear el personaje de Putifar en su novela sobre José— y la escultura que representa al escriba Heti, procedente de las excavaciones de Gizeh.

El **Museo Romano** (Roemer Museum) muestra colecciones de ciencias naturales y etnográficas.

★ **St. Michaeliskirche (Iglesia de San Miguel)** — La planta de esta basílica de doble presbiterio, construida a principios del s. XI, es característica del arte otoniano de la Baja Sajonia, así como la alternancia de pilares y columnas de la nave principal. Los brazos del crucero presentan dos niveles de galerías; los capiteles poseen los típicos motivos de dados del arte otoniano. En el techo de la nave principal se pueden contemplar **frescos** (s. XIII) que representan *El árbol de Jesé*. De la decoración original se conserva la llamada **cancela del coro de los Ángeles** (Engelschorschranke), a la derecha, delante del presbiterio occidental *(a la izquierda según se entra)*; está coronada por una balaustrada, en cuya parte interior aparecen trece figuras de ángeles.

★ **St. Godehardikirche (Iglesia de San Gotardo)** — Las agujas afiladas de las tres torres confieren a esta basílica levantada en el s. XII una elegante silueta. La arquitectura románica de la iglesia se ha conservado casi intacta. En el interior destaca la rica decoración de los **capiteles figurativos de las columnas**.

Andreaskirche (Iglesia de San Andrés) — Esta iglesia gótica (ss. XIV-XV), destruida durante la II Guerra Mundial, conserva del primitivo santuario románico (1130) el cuerpo occidental (Westwerk). La torre, de 114 m de altura, es la más alta de la Baja Sajonia.

Brühlviertel (Barrio de Brühl) — Este distrito, el único que salió indemne de la guerra, conserva el tipismo de la antigua Hildesheim. Al final de la calle principal, en el Hinteren Brühl, se alza la **casa Werner** (Wernersche Haus), de 1606, que presenta una rica decoración.

Heiligkreuzkirche (Iglesia de la Santa Cruz) — Tras la fachada barroca se oculta la iglesia de estilo románico primitivo construida en el s. XI sobre una puerta fortificada. En el interior se alternan elementos románicos otonianos, góticos y barrocos.

St. Mauritius-Kirche (Iglesia de San Mauricio) — *Salga por el Bergsteinweg*. Esta iglesia del s. XI (claustro de los ss. XII-XIII) se encuentra en el barrio occidental de Moritzberg. El interior de la iglesia fue decorado con estucos en el s. XVIII.

HOHENLOHER LAND

Baden-Würtemberg
Mapa Michelin nº 419 S 11-13

La llanura de Hohenlohe, que se extiende entre las elevaciones del bosque de Suabia (Schwäbischer Wald) y el valle del Tauber, es una región que conserva un acusado carácter rural. Numerosos castillos del periodo del Renacimiento alemán salpican esta franja de tierra, atravesada por los valles del Jagst, de trazado sinuoso y pronunciado, y del Kocher, más suave y sereno.

EL VALLE DEL JAGST

1 De Bad Wimpfen a Schwäbisch Hall 114 km – 4 h aprox.

La carretera discurre paralela al curso del Jagst, en cuyas fértiles orillas crecen árboles frutales y, en algunas zonas, incluso viñedos.

★★ Bad Wimpfen – *Ver este nombre.*

Neudenau – Posee una bella **plaza del Mercado** (Marktplatz) bordeada de casas decoradas con frontones de vigas entramadas.

Schöntal – La **antigua abadía cisterciense** ⓥ, fundada en 1157 y regida por monjes de Maulbronn, adquirió su aspecto actual en tiempos del abad Knittel (1683-1732). El diseño del complejo conventual fue realizado por **Johann Leonhard Dientzenhofer**. La **iglesia barroca★** (1727) alberga un altar mayor de Johann Michael Fischer, así como cuatro magníficos **retablos de alabastro★★** del s. XVII. Entre las dependencias de la abadía destaca, sobre todo, la antecámara del abad, conocida como la **sala de la Orden** (Ordenssaal), cuyos muros están repletos de pequeños cuadros en los que se representan cerca de 300 tipos de vestiduras sacras de diferentes órdenes religiosas.
En el claustro se encuentra la tumba del caballero Götz von Berlichingen (fallecido en 1562), personaje que inspiró una obra de Goethe.

Jagstberg – Este pueblo, situado en la cima de la ladera derecha del Jagst, posee una iglesia parroquial (Pfarrkirche St. Burkhard) del s. XVII que fue transformada a estilo barroco por el estucador Joseph Hell en 1765.

La carretera pasa próxima al puente de madera de Unterregenbach.

Langenburg – Esta ciudad fortificada se asienta sobre una colina coronada por el castillo de los príncipes de Hohenlohe. El **patio interior del castillo renacentista★** ⓥ núcleo de la fortaleza del s. XII (transformada en los ss. XVII-XVIII en una residencia palaciega), está bordeado por varios niveles de galerías rematadas por frontones decorados con volutas. Las estancias del castillo, equipadas con mobiliario señorial, conservan numerosos documentos y recuerdos de la casa real de Hohenlohe.

★★ Schwäbisch Hall – *Ver este nombre.*

2 De Schwäbisch Hall a Jagsthausen 73 km – 3 h aprox.

★ Freilandmuseum Hohenlohe – *Ver este nombre.*

Waldenburg – Asentada en el extremo de un espolón rocoso de las montañas de Waldenburg, la villa ofrece una bella panorámica que abarca el Odenwald y los Alpes Suabos. El sistema de fortificaciones, dotado de torres

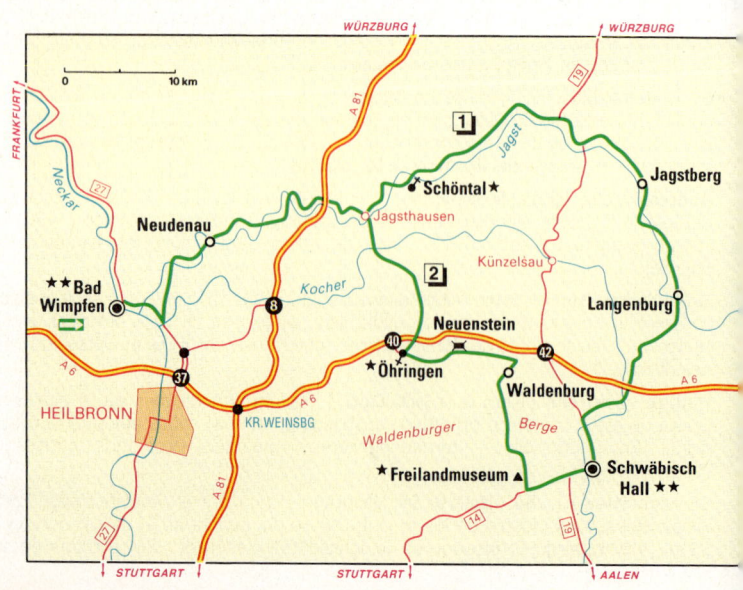

HOHENLOHER LAND

defensivas y atalayas, se conserva en buen estado. El **castillo** de la casa Hohenlohe, destruido en 1945, ha sido reconstruido respetando fielmente el modelo original.

La carretera atraviesa los bosques que cubren las montañas de Waldenburg y desciende hacia Neuenstein.

Neuenstein – La sólida construcción del **castillo** ⓥ, que presenta frontones de estilo renacentista, se remonta a una "fortaleza rodeada de agua" del s. XI. La visita de las dependencias del interior ofrece una visión de la vida cotidiana de los pequeños aristócratas alemanes en la Edad Media. La sala de los Caballeros y la sala Imperial albergan una colección de armas, así como un magnífico mobiliario y preciosas piezas de orfebrería que muestran el lujo y esplendor de tiempos pasados. La cocina, de 1485, aún puede funcionar.

Öhringen – En la antigua **iglesia abacial**★ de esta localidad recibían sepultura los miembros de la casa real Hohenlohe. La iglesia gótica es de tipo salón y fue construida en el s. XV. Se accede a ella a través del claustro; en el presbiterio se encuentra el monumento funerario de Felipe de Hohenlohe (fallecido en 1609), yerno de Guillermo de Orange. Los altorrelieves del zócalo representan escenas de la guerra de independencia de los Países Bajos. El tabernáculo del altar mayor y el **retablo de santa Margarita**★ (en la gran capilla a la izquierda) son dos bellas obras de arte de finales del s. XV.
En la cripta se encuentra la sepultura de Adelhaid, la fundadora del convento y madre del emperador Conrado II.

Burg HOHENZOLLERN★
Castillo de HOHENZOLLERN – Baden-Würtemberg
Mapa Michelin nº 419 V 10 – 5 km al S de Hechingen – Esquema: SCHWÄBISCHE ALB

El castillo de los Hohenzollern, situado en un **emplazamiento**★★★ privilegiado en la cima de un picacho del Jura suabo, parece emerger de un cuento de hadas con sus múltiples torreones y almenas.

La cuna de los Hohenzollern – La dinastía se remonta al linaje condal de los **Zollern**, afincados originariamente en la región de Hechingen y que se fueron ramificando con el transcurso del tiempo, dando origen a varias líneas colaterales de la nobleza alemana. En 1415 los Hohenzollern de Franconia se convirtieron en margraves de Brandemburgo, y por tanto, en príncipes electores. En 1618 obtuvieron, por herencia, el ducado de Prusia.
En el s. XVIII, bajo el dominio de los Hohenzollern, el reino de Prusia adquirió el rango de gran potencia europea. El primero en ocupar el trono del Imperio alemán, fundado a instancias de Prusia en 1871, fue un miembro de esta familia, el emperador Guillermo I. Pero apenas medio siglo más tarde los desastres militares de la I Guerra Mundial y la revolución posterior pusieron fin al imperio y a la dominación de la dinastía: el 9 de noviembre de 1918 el emperador Guillermo II se vio forzado a abdicar.

Castillo ⓥ – El castillo actual fue reconstruido entre 1850 y 1867, de acuerdo con los planos originales, por los arquitectos prusianos Prittwitz y Stüler. Sólo se conserva de la antigua fortaleza condal de los Zollern la capilla católica de **San Miguel** (Michaeliskapelle), cuyas **vidrieras policromadas** son, al parecer, las más antiguas que se conservan en el S de Alemania. En 1952 las tumbas de Federico Guillermo I y Federico el Grande fueron trasladadas desde Potsdam a la **capilla protestante** neogótica que se encuentra en el ala norte; en 1991 regresaron de nuevo a Potsdam. Las colecciones del tesoro (Schatzkammer) evocan el recuerdo de Federico el Grande (condecoraciones, petacas, flautas, vestimenta).
Se recomienda efectuar un recorrido por los bastiones (comience por la izquierda después de pasar el puente levadizo): **panorámica**★ *del valle superior del Neckar y del Jura suabo.*

Castillo de Hohenzollern

HUSUM

Schleswig-Holstein – 21.000 habitantes
Mapa Michelin nº 415 C 11

La "ciudad gris junto al mar", como definía el escritor **Theodor Storm** (1817-1888) a su ciudad natal, ha estado sometida desde su origen a la intensa acción erosiva del mar del Norte. En la actualidad, Husum es el mayor puerto pesquero y comercial de la costa oeste de Schleswig-Holstein y el principal centro económico de las islas Frisonas Septentrionales. Además, es una moderna estación turística que ofrece una atractiva oferta cultural.

El puerto interior, sujeto al flujo y reflujo de las mareas, es el centro neurálgico de la villa. En la **Großstraße** se alzan las antiguas casas de los comerciantes, caracterizadas por sus altos frontones escalonados. Las buhardillas servían originalmente como depósito de mercancías.

★ **Nordfriesisches Museum-Nissen-Haus** (Museo de las islas Frisonas Septentrionales) ⊙ – *Herzog-Adolf-Straße 25*. En este edificio, construido por el arquitecto Klinker, se presentan los diferentes paisajes que el viajero encuentra en el litoral alemán (Watt, Geest, Marsch, Polder), así como la vida y cultura de sus habitantes. Una sección está dedicada a las técnicas de construcción de diques y a los sistemas para ganar terrenos al mar. También se ofrece información sobre las grandes catástrofes provocadas por las mareas a lo largo de la historia. El museo cuenta con una sección que ilustra la emigración de Schleswig-Holstein a Ultramar desde el s. XVII hasta la época contemporánea. También alberga una colección de pintura frisona y una sección consagrada a la historia de la ciudad de Husum.

Storm-Haus (Casa de Storm) ⊙ – *Wasserreihe 31*. La casa donde residió el escritor entre 1866 y 1880 es la típica vivienda de un comerciante burgués. En su interior se puede ver mobiliario Biedermeier, cuadros, documentos y manuscritos del legado del escritor, en cuyas obras se encuentran continuas alusiones a su ciudad natal, a la que siempre estuvo muy unido.

Marienkirche – Esta iglesia neoclásica, construida entre 1829 y 1832 según los planos diseñados por el arquitecto danés Christian Friedrich Hansen, es la típica iglesia destinada al culto protestante. Las tribunas del interior se apoyan en columnas de orden dórico.

Schloß vor Husum – El **palacio de Husum** fue construido entre 1577 y 1582 por encargo del duque Adolfo de Schleswig-Holstein-Gottorf como segunda residencia. Inspirado en el estilo renacentista holandés, el edificio fue transformado al gusto barroco en 1752. El bello parque que lo rodea está especialmente hermoso en primavera, en la época de **floración del azafrán**★.

EXCURSIONES

★ **Friedrichstadt** – *15 km al S*. Los fundadores de Friedrichstadt fueron holandeses partidarios de la iglesia Reformada que, expulsados de su país por motivos religiosos, fueron acogidos por el duque Federico III de Schleswig-Hollstein-Gottorf. Por voluntad del duque, la planificación de la villa debía inspirarse en un modelo holandés de ciudad portuaria y comercial. Este carácter foráneo y exótico constituye el principal atractivo de Friedrichstadt. Una red de canales en forma de parrilla y orillas ajardinadas recorre las calles de trazado rectilíneo, bordeadas de casas con frontones escalonados y volutas. El centro de la ciudad y punto de partida para un paseo por la villa, es la plaza del Mercado (Marktplatz). También se recomienda una travesía por los canales.

★ **Eidersperrwerk** – *35 km al S*. La carretera rodea una reserva ornitológica en dirección a la desembocadura del Eider, donde se alza el dique construido en 1967-1972 a raíz de la marea viva que tuvo lugar en 1962. Los cinco impresionantes portones de acero de la esclusa permanecen abiertos en situaciones atmosféricas normales, de forma que permiten el flujo y reflujo de las mareas. En caso de tempestad, se cierran para proteger el puerto fluvial de los violentos golpes de mar.

Friedrichstadt

St. Peter Ording – *37 km al S.* Este célebre balneario, con su playa de arena fina de 12 km de longitud, está situado al O de la península de Eiderstedt. La estación termal de aguas sulfurosas del mar del Norte cuenta con una de las mayores salinas de azufre de Alemania. Impresionante puente de 1.012 m de longitud.

★ **Nolde-Museum Seebüll (Museo Nolde)** ⓥ – *56 km al N.* El pintor Emil Hansen (1867-1956), más conocido por el seudónimo de E. Nolde y uno de los máximos representantes del expresionismo alemán, se hizo construir una casa en la localidad de Seebüll entre 1927 y 1937 en un paraje solitario de marismas. El edificio debía cumplir a un mismo tiempo las funciones de vivienda, taller y galería de acuerdo con las normas del diseño arquitectónico de la Bauhaus. Cada año se presenta en el actual museo una selección diferente de cuadros del artista, aunque siempre permanece expuesta la serie de nueve cuadros con el tema de *La vida de Cristo*.

IDAR-OBERSTEIN

Renania-Palatinado – 36.000 habitantes
Mapa Michelin nº 417 Q 5

Dos ciudades gemelas componen esta aglomeración urbana: Idar, que se extiende a orillas de un afluente del río homónimo, y la pintoresca Oberstein, con sus casas agrupadas en el fondo de una garganta originada por la acción de las aguas del Nahe. La abundancia en tiempos pasados de yacimientos de ágata, jaspe y amatista en los alrededores hicieron célebre a Idar-Oberstein, y hoy continúa siendo un centro especializado en el comercio de piedras preciosas y en la industria joyera.

★★ **Deutsches Edelsteinmuseum (Museo Alemán de Piedras Preciosas)** ⓥ – *En Idar, en el edificio Idar-Zentrum de la Hauptstraße, 118.* En este museo se puede ver una gran variedad de piedras preciosas de todo el mundo: ágatas, diamantes, etc. La colección está formada por unas 7.000 piezas talladas y 1.000 semitalladas y en estado bruto. También reviste interés la gliptoteca del museo, en la que se ilustran, además de 6.000 años de historia de la escultura, el arte del grabado en la época moderna.

Museo Alemán de Piedras preciosas, Idar-Oberstein

★ **Felsenkirche** – *30 min a pie i/v. Acceso por la escalera que parte de la plaza del Mercado de Oberstein (214 peldaños).* Esta iglesia, restaurada en repetidas ocasiones, está excavada en una roca que domina el curso del Nahe. Su interés artístico reside en el **retablo del altar mayor** (principios del s. XV), en el que las escenas de la Pasión de Cristo reflejan con realismo los sentimientos de odio, sufrimiento y destrucción.

Museum Idar-Oberstein (Museo local) ⓥ – *En Oberstein, a los pies de la Felsenkirche.* El **museo local** posee una interesante colección de minerales y piedras preciosas. Llaman la atención, en particular, las denominadas "Landschaftsachate", finas láminas de ágata que, al trasluz, presentan curiosas imágenes fantasmagóricas. La exposición se completa con una sala de cristales, un gabinete de piedras fluorescentes y joyas fabricadas en los talleres de Idar-Oberstein.

Burgruinen (Ruinas del castillo) – Desde las ruinas se contempla el valle del Nahe.

Weiherschleife ⓥ – *En el barrio de Tiefenstein.* En este **taller** se puede observar la destreza de estos artesanos que, tumbados sobre la piedra de afilar accionada por una rueda hidráulica, trabajan con técnicas muy antiguas. Se pueden contemplar las distintas fases en el proceso de elaboración de una piedra preciosa, desde su estado bruto a la joya refinada.

IDAR-OBERSTEIN

EXCURSIÓN

El Hunsrück – *141 km – 5 h aprox.* El Hunsrück constituye, junto al Taunus, el borde meridional del macizo Esquistoso renano. Esta región de media montaña, cubierta de bosque abundante en caza, está surcada por profundos valles, cuyas zonas altas se dedican a la agricultura.

Erbeskopf – El Erbeskopf, con sus 818 m de altura, es la máxima elevación del macizo montañoso. Desde la torre-mirador de madera se distingue una panorámica del paisaje ondulado y boscoso.

A partir de Thalfang, la carretera de **Hunsrückhöhen★** *ofrece bonitas vistas de los valles, de las colinas cubiertas de bosque y de los pueblos, con sus casas revestidas de pizarra.*

Kirchberg – Esta localidad situada en una colina conserva algunas hermosas casas de vigas entramadas, sobre todo en la plaza del Mercado. El origen de la iglesia de San Miguel se remonta a la época prerrománica, aunque la construcción actual data del s. XV.

Simmern – Simmern es el centro geográfico y económico del Hunsrück. La iglesia parroquial de San Esteban (s. XV), cubierta por una bonita bóveda estrellada, alberga los magníficos **monumentos funerarios★** de los duques de Pfalz-Simmern, las obras plásticas más representativas del Renacimiento en la región Media del Rin.

Ravengiersburg – Oculta en el fondo de un valle, esta aldea posee una iglesia románica que perteneció a un antiguo convento de monjes agustinos. La impresionante fachada oeste presenta un bello friso sobre un arco de medio punto, una galería enana y una arcada ciega. Sobre la portada se puede ver un relieve de *Cristo en Majestad*.

Dhaun – Desde su magnífico **emplazamiento★** el castillo domina el valle del Simmerbach. La escalera en la explanada delante del castillo conduce a lacasamatas.

INGOLSTADT

Baviera – 113.580 habitantes
Mapas Michelin n⁰ˢ 419/420 T 18

Situada en la orilla izquierda del Danubio, Ingolstadt fue, durante un breve periodo de su historia, la capital de un ducado de la Alta Baviera (1392-1447). En 1472, el duque Luis el Rico fundó la primera Universidad en la región que, tras 328 años de actividad pedagógica, se trasladó a Landshut y a Múnich. La escritora inglesa Mary Shelley (1797-1851) sitúa en esta Universidad la acción de su novela *Frankenstein o el moderno Prometeo*, inspirada en el mito del hombre creador de vida por medios artificiales. En 1828 la ciudad se convirtió en plaza fuerte y en residencia ducal y en la actualidad es un centro industrial de construcciones automovilísticas (Audi) y de refinerías.

QUÉ VER

★ Maria-de-Victoria-Kirche (Iglesia de Santa María de la Victoria) – Este antiguo oratorio fue reformado por los hermanos Asam en 1732. El inmenso fresco del techo (490 m²) representa la propagación de la Fe, por intercesión de la Virgen, a las cuatro partes de la tierra conocida. El altar mayor, ricamente decorado, está coronado por un baldaquino. Las cuatro figuras que lo adornan simbolizan las cuatro ciencias tradicionales: la medicina, la teología, el derecho y la filosofía. En los muros laterales destaca la sillería reservada a los profesores.

Liebfrauenmünster (Colegiata de Nuestra Señora) – Esta iglesia, construida entre 1425 y 1536, es una de las obras maestras del gótico tardío en Baviera. Se accede por el atrio sur. Es una iglesia de planta de salón, aunque la nave central presenta mayor altura que las laterales. El espléndido **altar mayor★** es de estilo de transición del gótico al renacimiento (1572); en el panel central se representa a la Virgen María, patrona de Baviera, con su manto protector. En la decoración mobiliaria destacan la sillería del coro, el púlpito, la imagen milagrosa y el Nacimiento barroco que se conserva en la torre sur.

Armadura (Museo Bávaro de la Armada)

INGOLSTADT

★ **Bayerisches Armeemuseum (Museo Bávaro de la Armada)** ⓥ – Instalado en las amplias salas de un castillo ducal del s. XV (Herzogschloß), esta rica colección ilustra la historia militar de Baviera desde el s. XIV. Numerosas armas de fuego muestran la evolución de la tecnología armamentística. Un gigantesco diorama (17.000 figuritas de soldados) escenifica la batalla de Leuthen (1757), en la que Federico II venció a los austríacos.
Este museo dispone de una sala en la fortificación Reduit Tilly, que está situada en la orilla opuesta del Danubio cerca del Neue Schloß, en la que se ilustra la historia de la I Guerra Mundial.

Kreuztor (Puerta de la Santa Cruz) – Esta puerta, monumento emblemático de la ciudad, está rematada por una torre hexagonal coronada de torrecillas. Es el más bello vestigio de las fortificaciones levantadas en los ss. XV y XVI.

EXCURSIÓN

Neuburg an der Donau – *22 km al O.* Esta pequeña villa renacentista y barroca, que nació al amparo de una ciudadela romana del s. IV, está situada en una cresta calcárea en la orilla derecha del Danubio.
En el extremo este de la colina se alza el **castillo**, erigido entre 1527 y 1546 (el ala este y las dos torres son posteriores, de 1665-68) por el conde palatino Otón-Enrique. El patio está bordeado por una galería de dos niveles de principios del Renacimiento alemán. La fachada oeste del patio de honor está decorada con pinturas que representan escenas del Antiguo Testamento. Desde la galería de la entrada se accede a la capilla, que posee frescos de 1543. El **museo del castillo** (Schloßmuseum) ⓥ está alojado en el ala este; la 1ª planta está consagrada a la historia de la **casa principesca Pfalz-Neuburg**; el **Museo de Prehistoria** se encuentra en la 2ª planta y en él se exhiben piezas del Neolítico (herramientas, objetos de culto a los muertos), de la época romana y de la Alta Edad Media; en la 3ª planta se muestra una colección de arte sacro barroco.
En el ala norte se puede ver una de las más bellas salas del renacimiento alemán; la **sala de los Caballeros** (Rittersaal).
Al O del castillo, en la cercana Karlplatz adornada con la fuente de Marienbrunnen, se alza la **Hofkirche** (Capilla Real, 1607-27). En el interior de esta iglesia de finales del Renacimiento domina el color blanco salpicado de cristales dorados. El rico **estucado del techo**★ data de la época de construcción de la capilla; el **altar mayor**★ (1752-54) y el púlpito, de estilo barroco, son obra de J.A. Breitenauer.

JENA

Turingia – 101.000 habitantes
Mapa Michelin nº 418 N 18

Jena, situada al NE del bosque de Turingia y en el curso medio del río Saale, experimentó un desarrollo espectacular a raíz de la fundación de su célebre Universidad en 1548. Desde entonces, numerosos científicos e intelectuales, como el filósofo y lingüista Guillermo de Humboldt y su hermano, el ilustre geógrafo Alejandro de Humboldt, o los poetas Goethe y Schiller, han contribuido con su arte y erudición al prestigio de la ciudad.
La floreciente industria óptica de Jena nació a mediados del s. XIX gracias a la invención del microscopio por parte de los investigadores Carl Zeiss y Ernst Abbe.
En la actualidad Jena es una ciudad dinámica con grandes planes para el futuro.

QUÉ VER

Johannistor – La **puerta de San Juan** y la **Pulverturm** (torre de la Pólvora) son los vestigios que se conservan de las antiguas fortificaciones del s. XIV.

Stadtmuseum Göhre ⓥ – El **Museo Municipal** está alojado en uno de los edificios más bellos de la ciudad, que data de alrededor de 1500. En sus cuatro plantas se ilustra la historia de la ciudad desde su fundación. Posee una bella colección de objetos de arte y de la historia cultural local.

Stadtkirche St. Michaelis – La **iglesia parroquial de San Miguel** perteneció a un convento de religiosas cistercienses y fue completamente remodelada en el s. XV al estilo gótico. La hermosa portada sur se adorna con un elegante baldaquino.

Goethe-Gedenkstätte (Monumento a Goethe) ⓥ – Según su propio testimonio, Goethe encontraba en Jena la tranquilidad necesaria para la creación literaria. La antigua casa del guarda del Jardín Botánico donde se alojó el escritor conserva diversos documentos y recuerdos que ilustran su obra.

JENA

Alexander-Puschkin-Platz	**AZ** 3	Goethestraße	**AY**	Obere Lauengasse	**BY** 3
Am Planetarium	**AY** 6	Hainstraße	**AZ** 18	Rathenaustraße	**AZ** 4
Bachstraße	**AY** 9	Johannisplatz	**AY** 24	Saalstraße	**BY** 4
Carl-Zeiss-Platz	**AY** 10	Johannisstraße	**AY** 25	Schillerstraße	**AZ** 4
Engelplatz	**AZ** 13	Löbdergraben	**AZ** 30	Unterm Markt	**ABY** 4
		Lutherstraße	**AZ** 31	Vor dem Neutor	**AZ** 4
		Markt	**AY** 34	Weigelstraße	**AY** 4
		Neugasse	**AZ** 37	Westbahnhofstraße	**AZ** 4

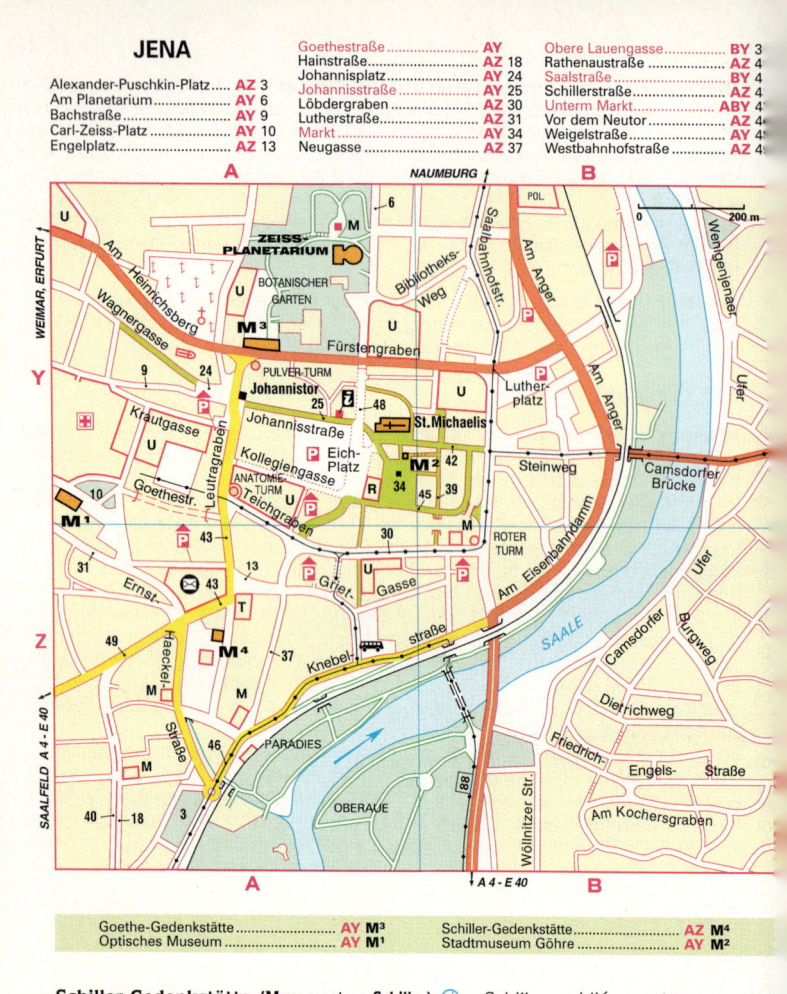

Goethe-Gedenkstätte	**AY M³**	Schiller-Gedenkstätte	**AZ M⁴**
Optisches Museum	**AY M¹**	Stadtmuseum Göhre	**AY M²**

Schiller-Gedenkstätte (Monumento a Schiller) – Schiller residió en esta casa entre 1797 y 1799. En ella se presenta una exposición con el tema "La década de Schiller en Jena".

★ **Zeiss-Planetarium der Ernst-Abbe-Stiftung Jena** – En un extremo del Jardín Botánico se encuentra el **Planetario** fundado por la firma Zeiss. Un viaje virtual a través del cosmos permite al espectador conocer el movimiento de los planetas y la configuración estelar de la bóveda celeste. Se puede contemplar un interesante espectáculo de luces generado por rayos láser.

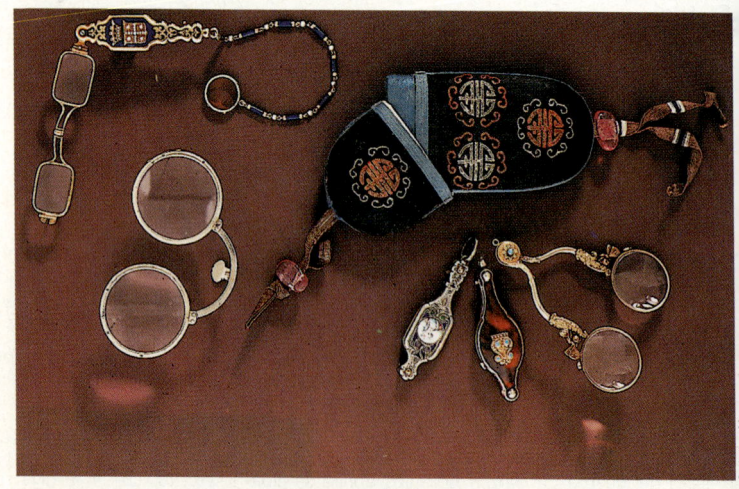

Museo de la Óptica, Jena

JENA

★ **Optisches Museum** (Museo de la Óptica) ⊙ – En 1847 Carl Zeiss abrió un comercio en Jena provisto de un taller en el que fabricaba microscopios. Años más tarde se asoció con el físico Ernst Abbe y el químico Otto Schott y juntos iniciaron la construcción de instrumentos ópticos de precisión. Una parte del museo está consagrada a esta etapa pionera de la industria óptica, mientras otra sección se ocupa de ilustrar cinco siglos de historia de estos aparatos científicos y su evolución técnica. Entre las numerosas piezas expuestas figuran diferentes tipos de microscopios, lentes, gafas, telescopios, objetivos, cámaras fotográficas y aparatos especializados para la práctica de la oftalmología. También se puede contemplar una interesante reproducción del "Antiguo taller Zeiss de 1866".

KARLSRUHE★

Baden-Würtemberg – 270.000 habitantes
Mapa Michelin nº 419 S 9

Karlsruhe es una de las ciudades de nueva planta con trazado urbanístico geométrico que fundaron en el s. XVIII los príncipes ilustrados de Alemania del Sur. Después de las devastaciones de 1689 y de la destrucción de la residencia de Durlach, el margrave Carlos Guillermo de Baden-Durlach no creyó oportuno destinar fondos a la reconstrucción de la fortaleza y decidió edificar un palacio en la llanura del Rin. En 1715 se colocaba la primera piedra de una torre octogonal a partir de la cual se desplegaría en forma de **"abanico"** la red vial de la nueva ciudad residencial del margraviato. Esta planta urbana alcanzó su pleno desarrollo en el s. XIX, momento en el que Karlsruhe se convirtió en la capital del Gran ducado de Baden (1806). El arquitecto **Friedrich Weinbrenner** (1766-1826) aportó a la ciudad sus monumentos de estilo neoclásico. En esa época se proyectó la **plaza del Mercado** (Marktplatz), con el ayuntamiento, la iglesia protestante (Evangelische Stadtkirche) y la pequeña pirámide que alberga la cripta con el mausoleo del fundador. En la actualidad, el centro neurálgico de la ciudad se sitúa en torno a la Kaiserstraße (zona peatonal), eje E-O de la ciudad que discurre paralelo al palacio, diseñada igualmente por Weinbrenner.

La antigua residencia de los grandes duques es hoy la sede de los máximos organismos jurisdiccionales del Estado, es decir, el Tribunal Constitucional y el Tribunal Supremo, así como de la primera Universidad Politécnica que se creó en Alemania (1825). Entre sus alumnos figuran, entre otros, Heinrich Hertz, descubridor de las ondas electromagnéticas, y Carl Benz, el pionero de la industria automovilística. Karlsruhe es también la ciudad natal del barón de Drais, inventor de un vehículo (1817) –precursor de la bicicleta– conocido con el nombre de "draisina".

KARLSRUHE

Akademiestraße	3
Amalienstraße	12
Baumeisterstraße	16
Beiertheimer Allee	17
Erbprinzenstraße	29
Ettlinger Str.	32
Europaplatz	33
Fritz-Erler-Straße	34
Hans-Thoma-Str.	40
Hermann-Billing-Str.	44
Herrenstraße	46
Kaiserstraße	50
Karl-Friedrich-St.	52
Karlstraße	
Luisenstraße	64
Markgrafenstraße	67
Marktplatz	68
Mathystraße	70
Schloßplatz	95
Stephanienstraße	104
Waldhornstraße	110
Waldstraße	112
Wederplatz	116
Wilhelmstraße	121
Willy-Brandt-Allee	122
Zirkel	127

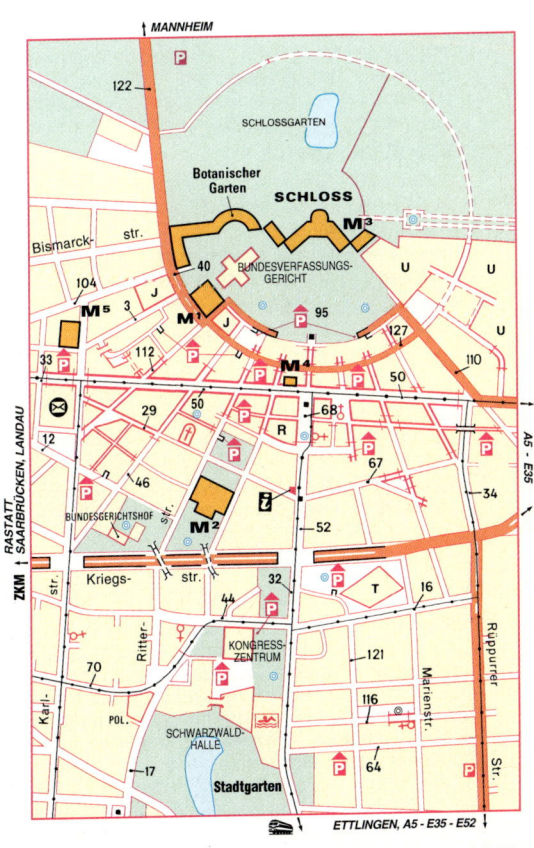

Badisches Landesmuseum	M³
Museum beim Markt	M⁴
Museum für Literatur am Oberrhein	M⁵
Staatliche Kunsthalle	M¹
Staatliches Museum für Naturkunde	M²

KARLSRUHE

Alojamiento

CORRECTO

Hotel Betzler – *Amalienstraße 3* – ☏ *07 21/91 33 60* – *fax 07 21/9 13 36 25* – *34 hab* – *individuales desde 35 €*. Hotel en el centro urbano con habitaciones con diferente nivel de confort.

Hotel Fässle – *Lameystraße 12* – ☏ *07 21/55 44 33* – *fax 07 21/59 09 03* – *28 hab* – *individuales desde 40 €*. Hotel económico y sencillo en las afueras de la ciudad.

UNA BUENA OPCIÓN

Kübler – *Bismarckstraße 39* – ☏ *07 21/14 40* – *fax 07 21/14 44 41* – *140 hab* – *individuales desde 60 €*. Hotel cuyas dependencias se distribuyen en diferentes edificios, emplazamiento céntrico y tranquilo.

Allee Hotel – *Kaiserallee 91* – ☏ *07 21/98 56 10* – *fax 07 21/9 85 61 11* – *27 hab* – *individuales desde 71 €*. Habitaciones espaciosas con mobiliario moderno. Cafetería-restaurante separado, con cocina internacional.

Am Markt – *Kaiserstraße 76* – ☏ *07 21/91 99 80* – *fax 07 21/9 19 98 99* – *29 hab* – *individuales desde 72 €*. Hotel de varias plantas en la zona peatonal. Decoración elegante con mobiliario en madera natural en tonos claros.

Steuermann – *En Karlsruhe-Daxlanden, Hansastraße 13* – ☏ *07 21/95 09 00* – *fax 07 21/9 50 90 50* – *18 hab* – *individuales desde 75 €*. Hotel en las afueras, cerca del puerto fluvial. Habitaciones luminosas y bien equipadas.

UN CAPRICHO

Schloßhotel – *Bahnhofplatz 2* – ☏ *07 21/3 83 20* – *fax 07 21/3 83 23 33* – *96 hab* – *individuales desde 100 €*. Hotel confortable en la ciudad, excelente equipamiento.

Renaissance Hotel – *Mendelssohnplatz* – ☏ *07 21/3 71 70* – *fax 07 21/37 71 56* – *215 hab* – *individuales desde 116 €*. Hotel elegante, habitaciones con mobiliario moderno.

Restaurantes

CORRECTO

Vogelbräu – *Kapellenstraße 50* – ☏ *07 21/37 75 71* – *menús desde 5 €*. Cervecería inaugurada en 1985 que ofrece una sencilla carta gastronómica. En el verano agradable jardín para tomar cerveza.

Hoepfner Burghof – *Haid- und Neu-Straße 18* – ☏ *07 21/6 18 34 00* – *menús desde 8 €*. Esta cervecería está alojada en un edificio de 1898 con aspecto de fortaleza. Las estancias designadas como "Burgstuben" están decoradas al estilo de la sala de los Caballeros en los castillos medievales.

UNA BUENA OPCIÓN

Schützenhaus – *En Karlsruhe-Durlach, en el Turmberg, Jean-Ritzert-Straße, 8* – ☏ *07 21/49 13 68* – *menús desde 9,70 €*. Restaurante en el bosque, con cocina regional.

Trattoria Toscana – *Blumenstraße 19* – ☏ *07 21/2 06 28* – *menús desde 9,20 €*. Restaurante italiano con decoración típica.

Hansjakob Stube – *Ständehausstraße 4* – ☏ *07 21/2 71 66* – *menús desde 12 €*. Bodega rústica donde se sirven algunos platos de cocina.

UN CAPRICHO

Zum Ochsen – *En Karlsruhe-Durlach, Pfinzstraße 64* – ☏ *07 21/94 38 60* – *fax 07 21/9 43 86 43* – *menús desde 23 €*. Hospedería tradicional con elegante decoración y gastronomía francesa. *El establecimiento dispone además de 6 hab* – *individuales desde 100 €*.

Buchmann's Restaurant – *Mathystraße 22* – ☏ *07 21/8 20 37 30* – *menús desde 25 €*. Restaurante fino instalado en un inmueble urbano situado bastante céntrico.

QUÉ VER

★**Staatliche Kunsthalle** ⓥ – La **Galería Nacional de Arte** está alojada en un edificio construido entre 1838 y 1846. Contiene una extraordinaria colección de **cuadros de antiguos Maestros alemanes**★★, en la que figuran numerosas obras de Grünewald *(Crucifixión)* y la *Pasión de Karlsruhe*, una obra maestra tardogótica fechada hacia 1450. La edad de oro de la pintura flamenca y holandesa está representada por Rubens, Rembrandt *(Autorretato)* y Jordaens. La pintura francesa de los ss. XVII y XVIII destaca por las naturalezas muertas de Chardin. La **Colección Hans Thoma**★ ocupa un lugar excepcional en la pintura alemana del s. XIX. Este siglo también cuenta con una amplia muestra de pintores alemanes y franceses de primer rango, desde Caspar David Friedrich a Paul Cézanne.

KARLSRUHE

El pabellón contiguo de la **Orangerie** alberga una extraordinaria **colección★** de clásicos modernos y de arte contemporáneo. Junto a esculturas de Rodin, Barlach, Lehmbruck y Modigliani, se pueden contemplar cuadros de expresionistas alemanes (Franz Marc: *Corzos en el bosque*), del movimiento **Die Brücke** (El Puente), de artistas influidos por el cubismo (Léger, Delaunay); también se pueden ver en la galería las obras *La mujer del viento*, de Max Ernst y *Los siete pecados capitales*, de Otto Dix. Entre los creadores contemporáneos cabe citar a Arnulf Rainer, Gerhard Richter, Yves Klein, Antoni Tapiès y Palermo.

★**Schloß** – De la primera construcción del **palacio**, de proporciones modestas, solo subsiste la alta torre octogonal que marca el centro del abanico de donde irradia todo el sistema vial de Karlsruhe. Su aspecto actual data de 1749-1775, fecha en la que el margrave Carlos Federico, nieto del fundador de la ciudad, encargó la nueva construcción. El palacio fue la residencia de los grandes duques hasta 1918. Un ataque aéreo lanzado en 1944 destruyó por completo el interior; los daños externos fueron reparados después de la guerra respetando fielmente el modelo original.

★**Badisches Landesmuseum** ⓥ – El Museo Regional de Baden está alojado en el palacio y presenta hallazgos prehistóricos de la región, antigüedades de las culturas del ámbito mediterráneo, así como colecciones de arte y folclore de la región de Baden desde la Edad Media hasta la Contemporánea. Se puede ver igualmente el célebre **Botín de los turcos** (Türkenbeute), apresado por el margrave Luis Guillermo, también conocido con el apelativo de "Luis el Turco" (1677-1707).
Desde la **torre del palacio** ⓥ se ofrece una bella vista de Karlsruhe, la parte N de la Selva Negra, de la región de Kraich y de las montañas del Palatinado.

Desde los jardines del palacio, que se extienden hacia el N por una zona boscosa, se accede al **jardín botánico** ⓥ, que cuenta en sus **invernaderos★** con una impresionante colección de cactus.

Museum beim Markt (Museo junto al Mercado) ⓥ – *Entre la plaza del Mercado y el palacio*. Este museo, dependiente del Museo Regional, reúne una colección de arte **modernista★** (Jugendstil) y art déco, así como objetos de artesanía y de diseño contemporáneo.

★**ZKM (Zentrum für Kunst und Medientechnologie)** ⓥ – *Acceso por la Kriegsstraße* – En este **Centro de Arte y Tecnología de los Medios de Comunicación**, alojado en el edificio de una antigua fábrica de armas y municiones de principios del s. XX, se han reunido bajo el mismo techo –el complejo consta de diez patios de luces cubiertos por estructuras acristaladas– distintos museos y talleres que ilustran el mundo de la investigación y la innovación, la creatividad y la cultura de las nuevas tecnologías de la información.

Tapiz de E. Burne-Jones y W. Morris (Museum beim Markt)

KARLSRUHE

Museum für Neue Kunst (Museo de las Nuevas Artes) ⓥ – *Acceso por la fachada principal, dirección Lessingstraße.* Panorámica del arte europeo y americano desde 1960 (pintura, diseño, escultura, fotografía, holografía, "videoarte", montajes) con fondos procedentes de colecciones privadas de Baden-Würtemberg.

Medienmuseum (Museo de los Medios de Comunicación) ⓥ – *El acceso se realiza a través del edificio con forma de cubo de color azul (Blauer Kubus, estudio de grabación musical del ZKM).* El criterio lúdico e interactivo de la exposición pretende familiarizar al visitante con el uso y el funcionamiento de los nuevos sistemas informáticos.

Städtische Galerie (Galería Municipal) ⓥ – *En el patio de luces nº 10 (en el extremo S del ZKM.* En la exposición permanente (plantas 1ª y 2ª) se expone una muestra de arte local desde 1850 y arte alemán posterior a 1945 (pintura, grabados, escultura, fotografía). En la planta baja se presentan las exposiciones temporales.

KASSEL★

Hesse – 200.000 habitantes
Mapas Michelin nºs 417/418 M 12

La antigua residencia de los landgraves, hoy metrópoli económica, administrativa y cultural de Hesse Septentrional, está situada a orillas del río Fulda *(paseos en barco con salida desde el Fuldabrücke)* en medio de un paisaje montañoso cubierto de bosque. Al O, desde las laderas del Habichtswald, el palacio y el parque dominan la ciudad; allí mismo brotan las aguas medicinales que surten las **termas de Kurhessen**, que se explotan desde 1983.

Kassel es célebre por su intensa actividad musical y teatral pero, sobre todo, por la **Documenta**, una exposición internacional de arte contemporáneo que se celebra desde 1955 con una periodicidad de cinco años (2002, 2007). El escenario principal de este acontecimiento cultural es el **Fridericianum**, un edificio pre-clásico en la vasta plaza de Friedrichsplatz proyectado por el arquitecto Simon Louis du Ry como sede del museo y de la biblioteca del landgrave Federico II.

Tras la reunificación Kassel ha vuelto a ocupar un lugar central en el territorio de Alemania; el enlace de la estación ferroviaria de Wilhelmshöhe con la red de alta velocidad (ICE) constituye una ventaja añadida para el futuro de la ciudad.

Los hermanos Grimm – Jakob (1785-1863) y **Wilhelm Grimm** (1786-1859) vivieron en Kassel de 1805 a 1830, ocupando ambos el puesto de bibliotecarios de la Corte. Sus trabajos conjuntos en el campo de la lengua y la literatura (gramática alemana, primeros volúmenes del Diccionario Alemán) constituyen el origen de los primeros estudios de filología germánica. En Hesse realizaron una labor de recopilación de cuentos populares, que reunieron en un compendio titulado *Cuentos de niños y del hogar* (1812-1815).

★★ WILHELMSHÖHE *1/2 día.*

★★ **Parque** – *Al O de la ciudad.* El acondicionamiento de este gran parque de 350 ha, donde crecen cerca de 800 especies de vegetales, comenzó en 1701 por orden del landgrave Carlos según el diseño del arquitecto italiano Guerniero. El parque original de estilo barroco fue transformado en la segunda mitad del s. XVIII en un jardín paisajista inglés, con templetes, pabellones, grutas artificiales y falsas ruinas. El **palacio de Löwenburg**, una ruina quimérica erigida entre 1793-1801 (en el interior se puede contemplar una interesante colección de armas, armaduras y distintos objetos decorativos), es un excelente ejemplo del espíritu romántico y de su admiración y nostalgia por la Edad Media.

En el punto más alto del parque se alza la figura de **Hércules**★, emblema de Kassel. Esta gigantesca estatua –una copia (1717) del Hércules Farnesio que se conserva en el Museo Nacional de Arqueología de Nápoles– corona una pirámide, que a su vez reposa sobre una enorme base octogonal (la altura total del monumento es de 72 m). Desde la cúspide del Hércules se disfruta de una amplia **perspectiva**★★ que abarca el parque, el palacio y la ciudad de Kassel.

A los pies del octógono se encuentra el punto de partida de la **gran cascada**. El agua brota de las **fuentes**★, se precipita por cascadas, se remansa en pozas hasta llegar al estanque de Neptuno. Desde allí prosigue valle abajo recorriendo la catarata de Steinhöfer, el puente del Diablo (Teufelsbrücke) y el acueducto hasta el gran lago de la Fuente (Fontänenteich) que se extiende delante del palacio. El desnivel entre ambos extremos del recorrido es de 200 m.

KASSEL

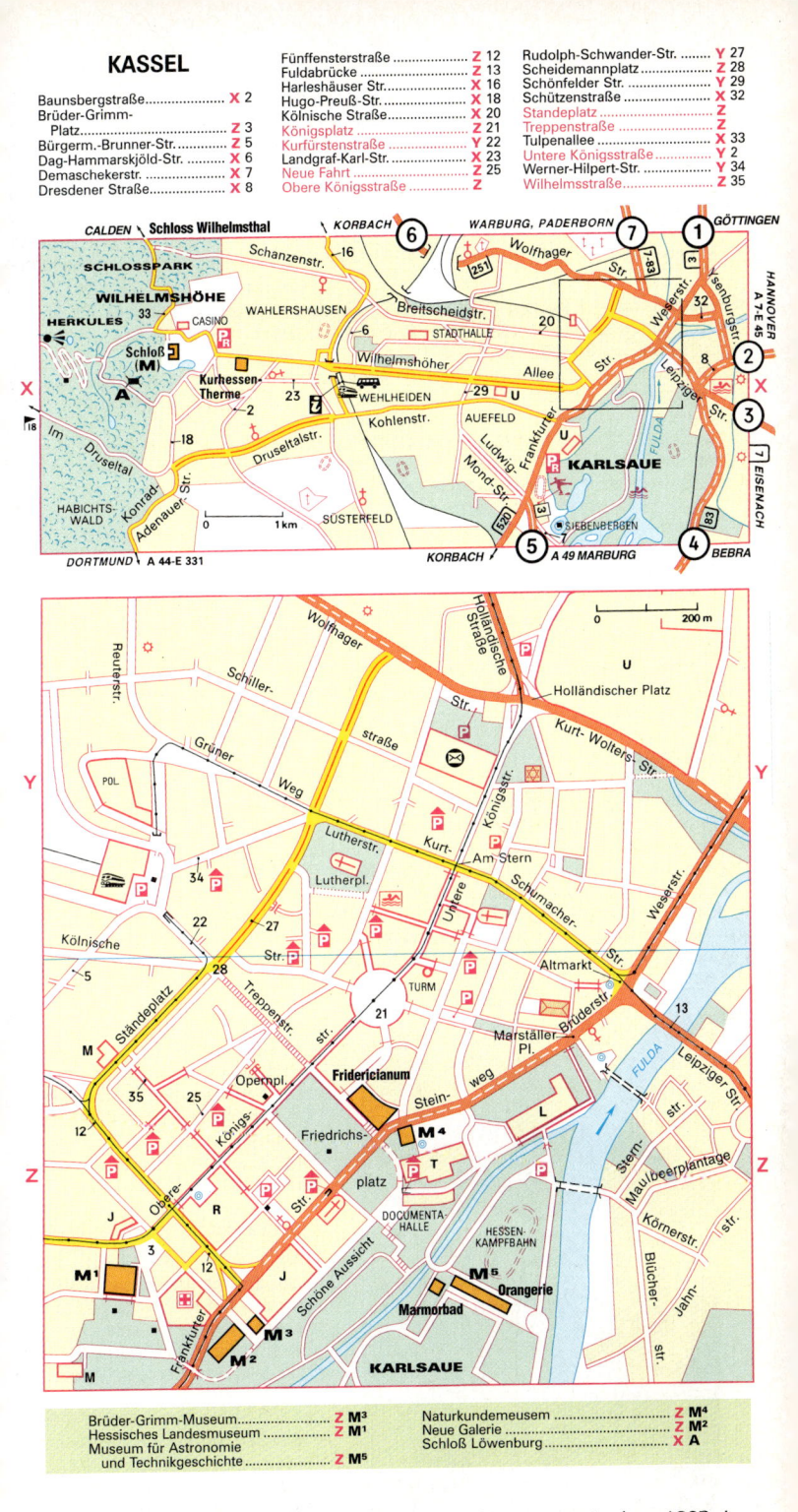

Baunsbergstraße	X 2
Brüder-Grimm-Platz	Z 3
Bürgerm.-Brunner-Str.	Z 5
Dag-Hammarskjöld-Str.	X 6
Demaschekerstr.	X 7
Dresdener Straße	X 8
Fünffensterstraße	Z 12
Fuldabrücke	Z 13
Harleshäuser Str.	X 16
Hugo-Preuß-Str.	X 18
Kölnische Straße	X 20
Königsplatz	Z 21
Kurfürstenstraße	Y 22
Landgraf-Karl-Str.	X 23
Neue Fahrt	Z 25
Obere Königsstraße	Z
Rudolph-Schwander-Str.	Y 27
Scheidemannplatz	Z 28
Schönfelder Str.	Y 29
Schützenstraße	X 32
Standeplatz	Z
Treppenstraße	Z
Tulpenallee	X 33
Untere Königsstraße	Y 2
Werner-Hilpert-Str.	Y 34
Wilhelmsstraße	Z 35

Brüder-Grimm-Museum	Z M³
Hessisches Landesmuseum	Z M¹
Museum für Astronomie und Technikgeschichte	Z M⁵
Naturkundemeuseum	Z M⁴
Neue Galerie	Z M²
Schloß Löwenburg	X A

Schloß – La construcción de este **palacio** neoclásico se concluyó en 1803. Las salas históricas del ala sur (**museo del palacio** – Schloßmuseum) están decoradas con sus muebles de estilo Imperio y Luis XV. Durante la II Guerra Mundial sufrió considerables daños y en su posterior restauración no se reconstruyó la cúpula central que existía en el proyecto original. Tras una profunda rehabilitación del edificio central finalizada en junio de 2000, se aloja de nuevo aquí la Galería de Antiguos Maestros de la Pintura. El espacio expositivo han ganado en luminosidad gracias al tejado acristalado que cubre las salas.

KASSEL

- ★ **Colección de Antigüedades** – Reúne hallazgos arqueológicos pertenecientes a las culturas mediterráneas. Las figuras de piedra y bronce de animales sagrados y divinidades ofrecen una panorámica de las creencias y la cosmovisión de los antiguos egipcios. La cultura de la Grecia clásica está representada por una enorme gama de recipientes áticos fabricados en arcilla y esculturas de mármol, aunque el célebre **Apolo de Kassel** es una copia romana del s. II del modelo original en bronce atribuida al escultor ateniense Fidias. Una serie de bustos y objetos del culto a los muertos (sarcófagos de mármol, urnas funerarias de barro y cristal) ilustran el mundo romano de la época imperial.

- ★★★ **Galería de Antiguos Maestros** – Esta colección de pintura, que ocupa un lugar de primer rango mundial por la calidad de las obras expuestas, fue adquirida en su mayor parte por los landgraves.
  La pintura alemana está representada por las siguientes obras maestras: *Crucifixión* de Altdorfer, *Tríptico de viaje* de Cranach el Viejo, *Retrato de Elisabeth Tucher* de Durero, *Hércules y Anteo* de Baldung Grien.
  De la pintura holandesa se exponen lienzos de Rembrandt: *Jacobo bendice a sus nietos* (1656), *Retrato de Saskia Van Uylenburgh*, *La Sagrada Familia de la cortina*, *Paisaje invernal* y varios autorretratos; de Franz Hals: retratos muy expresivos, como el del *Hombre con gorro de dormir*; de Rubens: *La coronación de un héroe*, *La Virgen y el Niño como refugio de pecadores*; de Van Dyck: *Retrato de Sebastián Leerse con su mujer y su hijo*.
  Jordaens está representado con la obra *La boda del pintor*; en ella el artista se autorretrata tocando el laúd.
  En la galería se reserva un espacio a la pintura paisajista y de escenas de la vida cotidiana de autores como Jan Brueghel, Ruisdael, Metsu y Jan Steen.
  También se pueden contemplar obras de maestros italianos (Tintoretto, Tiziano, Bassano), españoles (Ribera, Murillo) y franceses (Poussin con su *Victoria de Amor sobre Pan*).

Y ADEMÁS

- ★ **Karlsaue** – Este parque, diseñado en el s. XVIII por encargo del landgrave Carlos, se extiende a ambas orillas del río Fulda. Las zonas más frecuentadas son los jardines dispuestos en terrazas por las laderas que descienden desde el paseo de Schöne Aussicht a la isla artificial de Siebenbergen. En la parte norte del parque se encuentra el edificio de la **Orangerie** (1710), en el que está alojado el **Museo de Astronomía e Historia de la Tecnología y el Planetario** ⓥ. La prestigiosa **colección**★★ de relojes e instrumentos astronómicos antiguos tiene su origen en el interés por el estudio de los astros de Guillermo IV, quien fundó en 1560 el primer observatorio astronómico europeo de la era moderna. El gran reloj planetario fue construido en 1561 de acuerdo con los planos del propio landgrave. Mediante maquetas se ilustran determinados fenómenos científicos y la evolución de la técnica desde la antigüedad hasta nuestros días (técnica energética, elaboración de datos).
  Junto a la Orangerie se encuentra la **piscina de Mármol** (Marmorbad, 1728), decorada en su interior con relieves y estatuas inspirados en la mitología griega.

- ★ **Hessisches Landesmuseum (Museo Regional de Hesse)** ⓥ – La planta baja está reservada a las colecciones de protohistoria y prehistoria. Tanto la Edad de la Piedra como el Neolítico y la Edad de Bronce están documentadas con piezas muy selectas (hallazgos de las culturas de Hallstatt y La Tène).
  En la primera planta está instalado el **Museo Alemán del Papel Pintado**★★ (Deutsche Tapetenmuseum). Más de 600 piezas expuestas ilustran la evolución de este tipo de revestimiento mural (ss. XVIII-XX): papeles pintados inspirados en el Próximo o en el Extremo Oriente, de cuero repujado, con representaciones panorámicas, impresiones gráficas sobre papel

Tapiz panorámico,
Museo Alemán del Papel Pintado (Kassel)

pintado que presentan gran variedad de motivos. Algunos de ellos proceden de los célebres talleres franceses (Réveillon, París) y otros de fábricas alemanas; procedimientos de impresión.
En la 2ª planta se exhiben –ordenadas por épocas– esculturas y porcelanas de las manufacturas de Kassel y Fulda, así como objetos de artesanía desde la Edad Media hasta el s. XIX (cristal policromado de Bohemia, plata labrada de Kassel, etc.).

- ⊙ ►► Neue Galerie★ (Nueva Galería) *(Pintura alemana y europea desde mediados del s. XVIII a nuestros días)* – Brüder-Grimm-Museum (Museo de los hermanos Grimm) – Naturkundemuseum (Museo de Historia Natural).

EXCURSIÓN

★ **Schloß Wilhelmsthal** ⊙ – *12 km al N. Salir de Kassel por la Rasenallee.* Este **palacio** rococó (1747-61), rodeado de un parque de estilo inglés, fue construido por el arquitecto François de Cuvilliés el Viejo. La refinada decoración del interior se distingue por los elegantes revestimientos y el valioso mobiliario (cómoda con incrustaciones de nácar), así como por las porcelanas chinas y la colección de retratos femeninos (galería de bellezas) pintada por J.H. Tischbein el Viejo al gusto cortesano de aquella época.

KIEL★

Schleswig-Holstein – 240.000 habitantes
Mapas Michelin nos 415/416 D 14

El desarrollo económico de este puerto, fundado en el s. XIII, se vio favorecido por su situación geográfica en el extremo E del canal que conecta el mar del Norte y el Báltico. Esta gran obra de ingeniería (en alemán Nord-Ostsee-Kanal) fue muy importante para la navegación, pues evitaba a los barcos tener que rodear la península de Jutlandia. La construcción de una base naval en la bahía de Kiel cambió el rumbo de su historia. La pequeña ciudad portuaria, modesto miembro de la Hansa en la Edad Media, se transformó en una gran ciudad. Reconstruida después de la II Guerra Mundial, en la que sufrió graves daños, la actual capital del Estado de Schleswig-Holstein es hoy una ciudad moderna y un importante astillero.
Situada a las puertas de Escandinavia, Kiel es, además, un importante enclave para las relaciones con los países bálticos que pertenecieron a la desaparecida Unión Soviética (Lituania, Estonia y Lituania). Las estadísticas hablan por sí solas: el transporte anual de pasajeros se sitúa en torno a los 1,8 millones y el tráfico de mercancías en 5,5 millones de toneladas.

★★ **La rada de Kiel (Kieler Förde)** – Las orillas de esta profunda ensenada están pobladas de estaciones turísticas y balnearios bien protegidos, como Strande, Schilksee, Schönberger Strand, Stein, Laboe y Heikendorf. Desde hace más de un siglo la parte norte de la rada es el escenario de regatas de veleros; cada año se celebra la famosa **Semana de Kiel**, la manifestación marinera más espectacular de Alemania.

Regata de veleros, Kiel

KIEL

Viento en las velas

La Semana de Kiel, que se celebra en el mes de junio en las aguas que bañan la costa de esa ciudad, es el acontecimiento deportivo de vela más importante del mundo. Cerca de 2,5 millones de visitantes se congregan aquí para contemplar la destreza en el manejo de la vela de 5.000 especialistas, que se reparten en 1.800 embarcaciones, entre lanchas y yates. Todos ellos compiten en 20 modalidades internacionales y once disciplinas olímpicas.
El que esté interesado en vivir de cerca este evento puede viajar en los barcos que escoltan la regata. Información: ☎ 04 31/6 79 10 16.

★★ Hindenburgufer (Muelle de Hindenburg) – Este largo paseo de 4 km de longitud, que avanza a la sombra de la arboleda del parque a orillas de la rada, ofrece una amplia **panorámica★** de la bahía.

Rathaus (Ayuntamiento) – Construido entre 1907 y 1911, el edificio está dominado por su torre de 106 m de altura. Desde la galería superior se ofrece una **vista★** de la rada hasta el Monumento a la Marina, en Laboe.

EXCURSIONES

★★ Schleswig-Holsteinisches Freilichtmuseum (Museo al aire libre de Schleswig-Holstein) – *6 km al S, en Molfsee.* Cerca de 60 granjas y construcciones rústicas –de los ss. XVI al XIX– típicas de la región situada al N del Elba se han reconstruido en este lugar y se han agrupado según la procedencia geográfica. Los artesanos hacen revivir viejos oficios tradicionales: el herrero en la forja, el alfarero en el torno, el panadero cociendo el pan en el horno de leña, los tejedores en el telar y el molino girando sus aspas al viento...

★ Laboe – *20 km al N.* Este balneario, enclavado en una zona de aguas poco profundas y con bancos de arena, posee un bello puerto pesquero y náutico y es ideal para las vacaciones en familia.
En la alta torre de Laboe, con forma de roda de barco (85 m de altura, **vista★★** de la rada y, con buen tiempo, incluso de las costas de Dinamarca) se encuentra el **Monumento a la Marina★** (Marine-Ehrenmal), situado en sus alas subterráneas donde se ilustra la historia de la marina de guerra alemana; en las salas del museo se puede contemplar el **submarino U 995**, lanzado en Hamburgo en 1943 y que operaba en las aguas de Noruega y del mar de Barents.

Nord-Ostsee-Kanal – El **canal de Kiel**, construido para facilitar la conexión entre el mar del Norte y el Báltico, fue inaugurado por el emperador Guillermo II en 1895. Esta vía artificial navegable durante 100 km es la más transitada del mundo; al año atraviesan el canal más de 38.000 navíos (sin contar las embarcaciones deportivas), aunque en cuanto al tonelaje transportado ocupa el 3er puesto en el ranking mundial. Desde el segundo viaducto de la carretera de Kiel a Holtenau *(Olympiabrücke, acceso desde Kiel por la Holtenauer Straße y la Prinz-Heinrich-Straße)* se pueden ver las **esclusas de Holtenau**, punto de unión del canal y el Báltico. En la isla de las

Alojamiento

Bärenkrug – *Hamburger Chaussee 10* – ☎ *0 43 47/7 12 00 – fax 0 43 47/71 20 13 – 22 hab – individuales desde 56,50 €*. Hospedería rural (con habitaciones para huéspedes) junto a la carretera B 4, buena cocina regional.

Sporthotel Avantage – *Kiel-Wellsee (zona industrial), Braunstraße 40* – ☎ *04 31/71 79 80 – fax 04 31/7 17 98 20 – 18 hab – individuales desde 64 €*. Edificio en las afueras, en la parte sur de la ciudad. Pistas de tenis al aire libre y cubiertas pertenecientes al hotel.

Restaurantes

Lüneburg-Haus – *Dänische Straße 22* – ☎ *04 31/9 23 27 – fax 04 31/97 93 22 – menús desde 16 €*. Alojado en un edificio al comienzo de la zona peatonal. A la entrada está la cafetería, pero en la 1ª planta se encuentra el salón del restaurante, cocina internacional.

Beckmanns – *Dorfstraße 16* – ☎ *0 43 40/43 51 – fax 0 43 40/43 83 – menús desde 18 € – 7 hab – individuales desde 49 €*. Mesón que se reconoce porque está cubierto de hiedra, decoración rústica muy confortable, cocina de temporada (días laborables sólo cenas).

esclusas de Holtenau existe una exposición interactiva que presenta una maqueta del canal y del sistema de esclusas que regula el nivel de las aguas. Entre las obras de ingeniería más interesantes que atraviesan el canal destacan el **viaducto de Rendsburg★**, el **puente ferroviario y de carretera de Grünental**, dotado de una plataforma panorámica *(acceso desde Albersdorf por la B 204)* y el **puente del ferrocarril de Hochdonn**.

Rendsburg – *36 km al O*. La estructura urbana de Rendsburg se explica por la situación estratégica de la ciudad en una encrucijada de la principal vía comercial que conducía a Dinamarca. El casco viejo, con sus casas agrupadas en torno al ayuntamiento (s. XVI) y a la iglesia de Santa María (s. XIII), se asienta sobre una isla del Eider y está flanqueado por dos barrios fortificados construidos a finales del s. XVII. El distrito de **Neuwerk**, al S (entre el canal y el casco viejo), constituye el ejemplo típico del sistema urbanístico defensivo diseñado por Vauban: toda la red vial parte de una inmensa explanada central (Paradeplatz).
Al S de la ciudad se encuentra el **viaducto del ferrocarril★** de 42 m de altura; además existe un túnel para el tráfico rodado de 640 m de longitud y un paso subterráneo paralelo para los peatones dotado de una escalera mecánica de 1.278 m.

★ **Die Holsteinische Schweiz (La Suiza de Holstein)** – *51 km – 2h30 aprox.* Entre Kiel y la bahía de Lübeck (Lübecker Bucht), a poca distancia del mar Báltico, la región de la "Suiza de Holstein" está salpicada de lagos separados entre sí por colinas boscosas de origen morrénico (el punto más alto es el Bungsberg con 168 m).
A orillas del lago más grande de la región (Großer Plöner See) se asienta la ciudad de **Plön**; desde la terraza de su palacio renacentista se disfruta de una bella **vista★** del paisaje lacustre circundante. Hacia el Este se encuentra **Eutin**, villa natal del compositor Carl Maria von Weber, que conserva un casco antiguo con un conjunto de construcciones en ladrillo del s. XVII. El palacio y los fosos de agua (1723) están rodeados de un jardín de estilo inglés.
Malente-Gremsmühlen es una pequeña localidad de veraneo asentada sobre un istmo boscoso, punto de partida para las excursiones en barco.

KOBLENZ★

COBLENZA – Renania-Palatinado – 108.000 habitantes
Mapa Michelin nº 417 O 6 – Esquema: MOSELTAL

La ciudad de Coblenza, situada en la confluencia del Rin y del Mosela, fue fundada hacia el año 30 a.C. por el emperador Tiberio. Su nombre procede de la expresión latina *ad confluentes*, que designaba al castillo levantado por los romanos a orillas del río (Castrum apud Confluentes). Durante mucho tiempo estuvo bajo la soberanía de los arzobispos de Tréveris, quienes supieron sacar provecho de su estratégico emplazamiento geográfico. La ciudad se convirtió en 1786 en la residencia permanente de los príncipes electores. Después de la Revolución Francesa, Coblenza se convirtió en lugar de acogida de numerosos aristócratas y nobles que emigraron del país galo. La inestabilidad política de aquella época hizo que en poco tiempo pasara de ser la capital del Departamento del Rin y el Mosela (1798) tras la ocupación, en 1794, de la orilla izquierda del Rin por las tropas de la República, a depender políticamente del reino de Prusia durante la Restauración.

Coblenza posee numerosos atractivos. Además de un puerto de viajeros que constituye el punto de partida de agradables excursiones por el Rin y el Mosela, la ciudad ofrece un interesante festival de verano que culmina con un impresionante espectáculo de fuegos artificiales –el "Rin en llamas"–, conciertos al aire libre y las tabernas de la "villa del vino", situada en los **Jardines del Rin** (Rheinanlagen).

El casco viejo se agrupa en torno a la iglesia de Nuestra Señora; allí se encuentra la casa natal del canciller Metternich.

QUÉ VER

★ **Deutsches Eck** – Es el punto en el que confluyen las aguas del Rin y del Mosela. Desde lo alto del zócalo *(107 peldaños)* que sirve de soporte al monumento dedicado al emperador Guillermo I, se disfruta de una interesante vista de la ciudad y de la orilla derecha del Rin, dominada por la fortaleza de Ehrenbreitstein.

Stiftskirche St. Kastor – La **iglesia abacial de San Cástor**, de estilo románico, se construyó sobre los cimientos del antiguo santuario en el que se firmó el tratado de Verdún (842), que estableció la división del Imperio de Carlomagno.

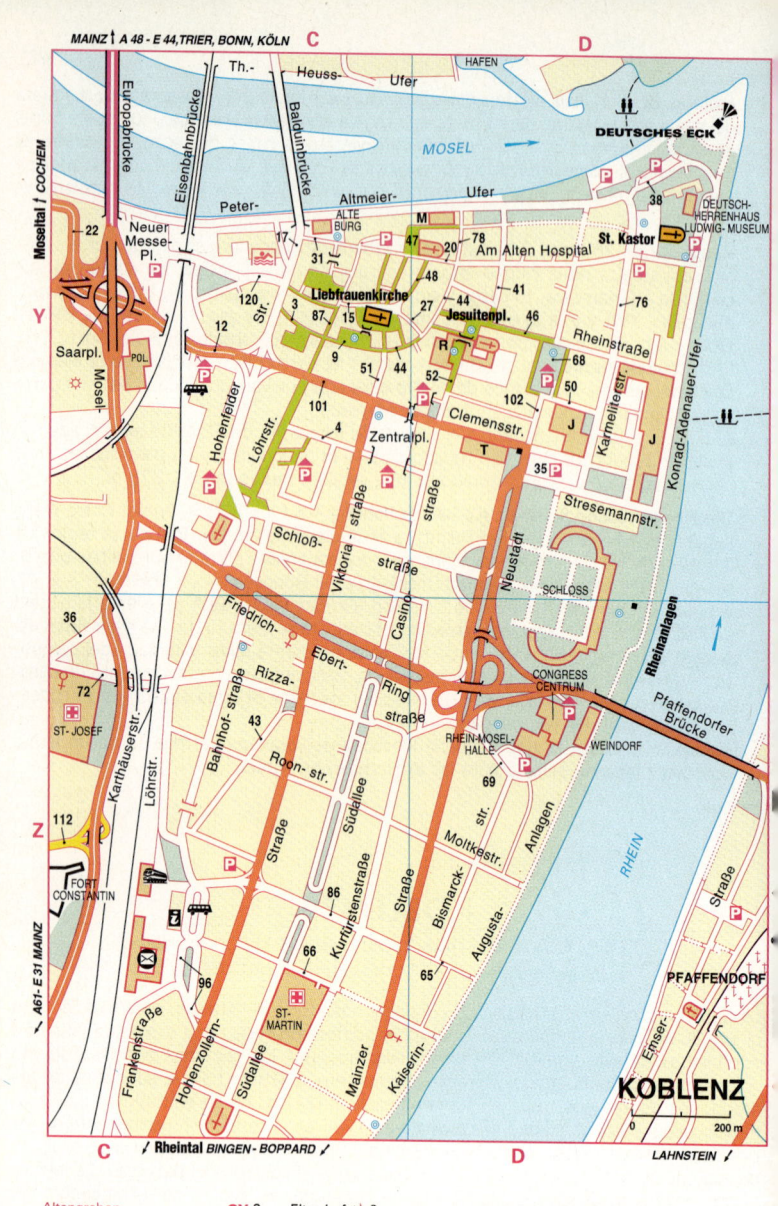

Altengraben .... **CY** 3	Eltzerhofstraße .... **DY** 41	Kardinal-Krementz-Straße.. **CZ** 72
Altlöhrtor .... **CY** 4	Emil-Schüller-Straße .... **CZ** 43	Kastorpfaffenstraße........... **DY** 76
Am Plan .... **CY** 9	Entenpfuhl....................... **CDY** 44	Kornpfortstraße .... **DY** 78
Am Wöllershof .... **CY** 12	Firmungstraße .... **DY** 46	Löhrstraße .... **CY**
An der Liebfrauenkirche ...... **CY** 15	Florinsmarkt .... **CDY** 47	Markenbildchenweg........... **CZ** 86
An der Moselbrücke........... **CY** 17	Florinspfaffengasse .... **DY** 48	Marktstraße .... **CY** 87
Auf der Danne .... **CY** 20	Gerichtsstraße .... **DY** 50	Neversstraße .... **CY** 96
Baedekerstraße .... **CY** 22	Görgenstraße .... **CY** 51	Pfuhlgasse .... **CY** 101
Braugasse .... **DY** 27	Gymnasialstraße .... **DY** 52	Poststraße........................ **DY** 102
Burgstraße .... **CY** 31	Januarius-Zick-Straße .... **DZ** 65	Schlossstraße .... **CDY**
Clemensplatz .... **DY** 35	Johannes-Müller-Straße..... **CZ** 66	Simmerner Straße.............. **CZ** 112
Cusanusstraße .... **CZ** 36	Josef-Görres-Platz .... **DY** 68	Viktoriastraße .... **CY**
Danziger Freiheit .... **DY** 38	Julius-Wegeler-Straße........ **DZ** 59	Weißer Gasse .... **CY** 120

La nave y el presbiterio se cubren con bóvedas estrelladas. En el interior las obras más interesantes son los monumentos funerarios de los arzobispos Kuno de Falkenstein y Werner de Königstein, que se distinguen por los baldaquinos murales policromados (presbiterio) y los 16 paneles pintados sobre madera (brazo derecho del crucero). En el de la izquierda, abajo, se representa a san Cástor.

Liebfrauenkirche – La **iglesia de Nuestra Señora**, originalmente románica, fue reformada en el s. XIII y en el s. XV se la dotó de un presbiterio de estilo gótico tardío. Las nervaduras de la bóveda están adornadas con claves esculpidas. A finales del s. XVII se añadió un remate barroco a las torres. En el interior destacan las vidrieras de los ventanales del presbiterio, diseñadas por H.G. Stockhausen en 1992.

KOBLENZ

Jesuitenplatz – En el patio del antiguo colegio de los jesuitas, hoy ocupado por el ayuntamiento de la ciudad, se alza la Schängelbrunnen, una fuente que evoca las ingeniosas diabluras de los pícaros de Coblenza.

EXCURSIONES

★ **Ciudadela de Ehrenbreitstein** – *A 4,5 km en la orilla derecha del Rin. Salga de Coblenza por el Pfaffendorfer Brücke.* En este lugar estratégico se levantó en el s. X una fortaleza que permaneció bajo control de los arzobispos de Tréveris hasta su destrucción en el año 1801. Entre 1816 y 1832, los prusianos, que habían obtenido en el Congreso de Viena la soberanía sobre Renania, reconstruyeron la ciudadela. Desde la terraza se ofrece una amplia **panorámica**★ de Coblenza, del castillo de Stolzenfels al S, de la meseta boscosa del Hunsrück y de la región volcánica del Eifel.

★ **Monasterio de Maria Laach** – *20 km al O.* La abadía benedictina de María Laach, de aspecto sólido y equilibrado, se alza al borde de un gran cráter del Eifel (Maar o lago de origen volcánico). La iglesia abacial es una basílica románica de tres naves edificada en piedra basáltica y toba, que recuerda por su doble presbiterio y sus seis torres a las catedrales imperiales de Worms, Espira y Maguncia.
El atrio de la iglesia o "Paraíso" (principios del s. XIII) y sus capiteles finamente cincelados con figuras humanas, animales y motivos vegetales, figuran entre los más bellos trabajos de la estatuaria románica de Alemania. El altar está coronado por un curioso baldaquino hexagonal que muestra cierta influencia morisca. La cripta constituye la parte más antigua de la iglesia.

Andernach – *18 km al N.* Esta pequeña localidad, situada en la orilla izquierda del Rin, conserva un acusado aspecto medieval. Se accede al casco viejo a través de la **Rheintor**, una doble puerta fortificada, cuya parte más antigua data del s. XII.
La bella fachada de su **iglesia parroquial** es un interesante ejemplo del estilo renano de transición (del románico al gótico) de principios del s. XIII. También se recomienda visitar las **ruinas del castillo** (ss. XIV-XV), situadas al SE de la ciudad.

★★★ **Valle del Rin** – *Ver Rheintal.*

KÖLN ★★★

COLONIA – Renania Septentrional-Westfalia – 1.008.480 habitantes
Mapa Michelin nº 417 N 4

Colonia, la gran metrópoli del Rin, es la cuarta ciudad de Alemania en cuanto a población y una de las más ilustres por su arte, su historia y sus tradiciones. El casco antiguo, situado en la margen izquierda del río, dibuja un semicírculo entre éste y el Ring, una avenida con trazado curvo de 6 km de largo que discurre paralela a los escasos vestigios, entre otros la **Severinstor** y la **Ulrepforte**, que se conservan del cinturón amurallado del s. XIII. En la Edad Media este sector de la urbe contaba con 40.000 habitantes; con esta cifra, Colonia era en aquella época la ciudad más grande y poblada de Alemania. Los principales ejes de circulación de entonces eran la **Hohe Straße** (eje N-S) y la **Schildergasse** (eje E-O), que en la actualidad son zonas peatonales con gran animación, sembradas de comercios. Los barrios más modernos, edificados tras la destrucción de la muralla medieval en 1881, se ordenaron en zonas concéntricas alrededor del núcleo histórico. Un doble **cinturón verde** (Grüngürtel) –uno interno y otro externo– actúa como pulmón de la metrópoli. Numerosos puentes comunican el casco viejo con los barrios periféricos industriales de la margen derecha del Rin. Este es el sector de la ciudad donde se celebran las **ferias y las exposiciones**.

Las principales industrias de Colonia son la construcción mecánica (automóviles y máquina-herramienta), la química, la petroquímica y la farmacéutica, sin olvidar la perfumería, con la célebre agua de colonia (Kölnisch Wasser "4711").

Vista desde el Rhin – La mejor perspectiva de los barrios históricos de la ciudad, dominados por la silueta de la catedral y la torre de la gran iglesia de San Martín (Groß St. Martin), se obtiene desde la orilla derecha del Rin al S del puente de Hohenzollern (a la altura del muelle Kennedy), o desde el puente Deutz, aunque por éste circula un tráfico de vehículos muy intenso.

APUNTES HISTÓRICOS Y ARTÍSTICOS

Colonia en tiempo de los romanos – Una vez fijados los límites del Imperio Romano en la línea marcada por el curso del Rin, los ubios, pueblo germánico aliado de los romanos, recibieron la autorización del general Agripa (yerno de Augusto) para establecerse en el lado izquierdo del río (año 38 a.C), dando origen al asentamiento de "Oppidum Ubiorum". En el año 50 de nuestra era Agripina, tercera esposa del empe-

Colonia

rador Claudio y madre de Nerón, consiguió que su ciudad natal, Colonia, fuera elevada a la categoría de ciudad romana. A partir de entonces la población –convertida en residencia del gobernador de la Germania Inferior– tomó el nombre de **Colonia Claudia Ara Agrippinensium (CCAA)**, cuyas iniciales designan todavía a la ciudad y aparecen en todas las inscripciones romanas. En esa época se edificó el primer cinturón defensivo, del que se conservan algunos vestigios en la Zeughausstraße, en la puerta Norte de la villa (Nordtor), situada delante de la catedral, y en el **Praetorium** junto al actual ayuntamiento. La fundación de la colonia romana también marcó el inicio de una etapa brillante para el artesanado, el comercio y la arquitectura, a la que sólo pondría freno el comienzo de las invasiones de los pueblos bárbaros (s. V).

La ciudad santa a orillas del Rin – En la Edad Media, Colonia experimentó un florecimiento político y cultural sin precedentes bajo la tutela del poder del clero. Primero fue sede de un obispado fundado por el emperador Constantino (s. IV) y posteriormente Carlomagno la elevó al rango de arzobispado. Hasta la batalla de Worringen en 1288, los arzobispos de Colonia ejercieron un poder no sólo en la esfera de lo espiritual, sino también en la de lo temporal. Al calor de las autoridades eclesiásticas se erigieron más de 150 iglesias –entre ellas la catedral–, conventos y colegiatas, que hicieron de la ciudad la "Roma del Norte" y la convirtieron en un vigoroso centro religioso, intelectual y artístico. En el s. XIII y a principios del XIV predicaron sus doctrinas eminentes pensadores como el dominico **Alberto Magno** (profesor de Tomás de Aquino) y el **Johann Eckhart**, así como el franciscano de origen escocés **Duns Escoto**. La burguesía de Colonia se benefició de la notable labor de estos eruditos religiosos para crear, en 1388, su prestigiosa **Universidad**.

El comercio – Su emplazamiento a orillas del Rin y en una encrucijada de las grandes vías de comunicación del continente, convirtieron a Colonia en una importante plaza comercial y en la principal rival de Lübeck en la Hansa. El sistema de pesas y medidas de Colonia se impuso en todo el N de Alemania.

El instrumento de este inmenso poder fue el **derecho de almacenaje** (Stapelrecht): los comerciantes foráneos en tránsito por la ciudad estaban obligados a estacionar sus carros y exponer sus mercancías a la venta al menos durante tres días; de esta forma, los residentes de la localidad se beneficiaban de un derecho de tanteo o de compra prioritaria. En 1360 se celebró la primera feria y en 1475 fue proclamada ciudad libre del Imperio, que no significó otra cosa que la confirmación oficial de la preponderancia económica que ejercía Colonia desde el s. XIII.

La escuela de Colonia – Ya en el s. XIV se cultivaba con gran destreza el arte de la iluminación de manuscritos y de la decoración de altares. La pintura conoció su apogeo en la primera mitad del s. XV con las obras del **Maestro de Santa Verónica** y de **Stephan Lochner**, natural de Meersburgo. A partir de 1450, los artistas de Colonia, influidos por las escuelas holandesas, comenzaron a abandonar el misticismo idealista que caracterizó el periodo gótico, y se inclinaron por el realismo amable del Renacimiento. Estas pinturas se distinguen por la delicadeza de los colores y la dulzura en el tratamiento de las figuras.

La época de esplendor de la escultura sacra en Colonia se sitúa en los ss. XIV-XV. Las numerosas **Madonas** son el testimonio del llamado "**estilo bello**", que se extendió por toda Europa hacia 1400: estas Vírgenes del gótico tardío se caracterizan por una sonrisa apenas esbozada, las vestiduras de suave caída y ricos pliegues y los elegantes contornos de la figura.

LA CIUDAD MODERNA

El proceso de industrialización de la segunda mitad del s. XIX propició un crecimiento espectacular de la ciudad. Después de la I Guerra Mundial, el estadista **Konrad Adenauer** jugaría un papel de primer orden en el desarrollo urbano moderno. El que más tarde ocuparía el cargo de canciller de la República Federal fue alcalde de Colonia desde 1917 a 1933, fecha en la que fue destituido por los nacionalsocialistas. Bajo su mandato se produjo la reapertura de la Universidad (1919), clausurada por las fuerzas de ocupación francesas en 1798, la construcción del palacio ferial en Deutz y la creación del cinturón verde (década de los 20).

Arte y cultura – La oferta cultural en la Colonia contemporánea es muy variada. Junto con la música y los espectáculos de distinta índole, las artes plásticas ocupan un lugar preeminente: cerca de 120 galerías presentan al público las creaciones más recientes. En Colonia se celebran anualmente dos certámenes artísticos de renombre internacional: la "Westdeutsche Kunstmesse" y, sobre todo, la "**Art Cologne**", consagrada enteramente al arte moderno. La **Josef-Haubrich-Halle** alberga importantes exposiciones temporales.

Uno de los máximos exponentes de la literatura alemana de posguerra es **Heinrich Böll** (1917-1985), nacido en Colonia. La obra del premio Nobel de literatura de 1972, que no ahorra en críticas ni a la iglesia ni a la sociedad, está estrechamente vinculada a su patria renana.

La ciudad de los medios de comunicación – Los impresores y editores de libros (y de periódicos) gozan de una tradición secular en Colonia. El sector de los medios de comunicación se ha beneficiado de esta circunstancia en tiempos más recientes y ha experimentado un gran desarrollo. Colonia es considerada como la capital alemana de la televisión: cuenta con ocho cadenas emisoras, entre ellas una regional (Westdeutscher Rundfunk), tres programas de la RTL, Viva, Vox y varias cadenas de radiodifusión; con estudios de grabación, un complejo consagrado a los medios electrónicos y una Escuela Superior de Ciencias de la Información y la Comunicación. Esta industria representa anualmente un volumen de negocios de cerca de 10.000 millones de €.

Carnaval de Colonia

El carnaval – La población de Renania tiene fama de gozar de un gran sentido del humor; pero esta proverbial alegría, aunque se manifiesta en cualquier época del año, se derrocha durante el carnaval de forma especial.

En Colonia, los festejos se proclaman oficialmente el día 11 de noviembre a las 11 horas 11 minutos, pero las fechas más señaladas son el **carnaval de las mujeres** (el jueves anterior al **lunes de Carnaval** – *atención: las mujeres cortan las corbatas a los hombres sin ninguna contemplación*); el **Veedelszöch** y el Schullzöch, o desfile de máscaras popular y estudiantil, que tiene lugar el domingo precedente al martes de carnaval; el **lunes de las rosas**, con su legendaria cabalgata en la que participan multitud de carrozas, comparsas, charangas y chirigotas que, con su particular ingenio, realizan parodias de la actualidad respondiendo a un tema general que cada año propone la comisión organizadora de los festejos *(existen prospectos en la oficina de turismo de Colonia en los que se indica el itinerario del desfile y otras informaciones útiles, como los lugares de venta de localidades para las tribunas y la reserva de alojamiento)*; el **martes de Carnaval**, último día del periodo festivo en el que, a medianoche se quema el "Nubbel", un monigote de paja disfrazado. En la noche del miércoles de ceniza se reúnen las agrupaciones para compartir la tradicional cena a base de pescado, que ya anuncia la Cuaresma.

La vida urbana – Los habitantes de Colonia se distinguen por su sentido del humor y su cordialidad. El **Kölsch** es a la vez un dialecto local y un célebre tipo de cerveza fabricada en la región que se sirve en larguísimas copas de cristal.

"kölsch"

Blootwoosch, Flönz	Morcilla
Hämche	Codillo
Halver Hahn	Panecillos de centeno con queso holandés
Kies	Queso
Köbes	Camarero
Kölsch	Cerveza de alta fermentación
Kölsche Kaviar	Morcilla acompañada de aros de cebolla y mostaza
Rievkoche	Tortilla de patatas ralladas muy finas
Röggelche	Panecillos de harina de centeno
Soorbrode	Asado a la vinagreta

Los habitantes de Colonia manifiestan un cierto sentido del arraigo a la patria chica en su estrecha vinculación con los **"Veedeln"**, los barrios tradicionales de la antigua villa que crecieron al amparo de una iglesia parroquial y conservan una fuerte personalidad; el de San Severino es uno de los más primitivos. Pero los colonienses también sienten un gran aprecio por el casco viejo a orillas del Rin, que fue restaurado en la década de los 80. La construcción de un túnel bajo la vía que discurre paralela a la orilla del río entre el puente de Hohenzollern y el puente Deutz, permitió la creación de un **paseo ajardinado** (Rheingarten) junto al Rin, alejado de los ruidos de la circulación, muy frecuentado por los habitantes de Colonia y por numerosos turistas. Por aquí se llega al embarcadero para aquellos que deseen realizar excursiones en barco.

El parque del Rin (Rheinpark), que ocupa una extensión de 20 ha en la margen derecha del río, sigue siendo uno de los lugares preferidos en la ciudad para la celebración de espectáculos al aire libre, en los que el público se reúne en torno a la célebre **fuente de la Danza** (Tanzbrunnen). También crean gran expectación los festivales que se organizan en el centro cultural **Kölnarena**, situado en el barrio de Deutz, que con sus 18.000 plazas y múltiples salas es el mayor complejo de este género en Alemania.

BARRIO DE LA CATEDRAL

El corazón de Colonia está formado por la red de calles que se extienden por las inmediaciones de la estación central del ferrocarril y el **puente de Hohenzollern** (Hohenzollernbrücke), el más transitado del mundo (un tren cada dos minutos, día y noche). Cerca de la catedral más célebre de Alemania se encuentra un conjunto de prestigiosos museos formado por el Museo Romano-Germánico (Römisch-Germanisches Museum), el Museo Diocesano (Diözesanmuseum), el Museo Ludwig, este último alojado en un edificio erigido en 1986 por los arquitectos P. Busmann y G. Haberer. El moderno diseño de esta construcción, caracterizada por su tejado con forma de dientes de sierra, contrasta vivamente con la catedral gótica y con la estación de ferrocarril de estilo bismarckiano. En el mismo complejo –a nivel subterráneo– se encuentra también el auditorio de la **Filarmónica**. Una serie de terrazas conducen desde la Heinrich-Böll-Platz, la plaza donde están ubicados los museos, a la zona norte de los jardines a orillas del Rin.

GUÍA PRÁCTICA DE COLONIA

Prefijo telefónico – 02 21

Información turística – *Köln Tourismus Office*, ☏ 22 12 33 45, oficina de información situada frente a la catedral (Unter Fettenhennen 19), mayo-oct. lu-sá 8-22.30, do 9-22.30; nov-abr. lu-sá 8-21, do 9-19. Las publicaciones periódicas locales *Kölner Illustrierte*, *Kölner Stadt Revue* y *Monatsvorschau* (*Köln Tourismus*) proporcionan información cada 4 semanas sobre todo tipo de acontecimientos culturales y artísticos en la ciudad. Venta anticipada de localidades en *Köln-Ticket* (Roncalli-Platz, ☏ 28 01).

Oficinas de Correos con horarios especiales – Central de Correos de la Breite Straße, lu-vi 8-20, sá 8-16.

Prensa – Kölner Stadt-Anzeiger, Express, Kölnische Rundschau.

Internet – www.koeln.de; www.koeln.org; www.koeln-online.de; www.cologne-in.de; www.koelnerkarneval.de.

Transporte público

El transporte urbano de Colonia está gestionado por el consorcio **KVB** (Kölner Verkehrsbetriebe), que agrupa la mayor parte de líneas de autobuses, el metropolitano y los tranvías. El KVB está integrado en la asociación Verkehrsverbund Rhein-Sieg (**VRS**), que extiende su ámbito de influencia hasta la ciudad de Bonn. En el área metropolitana de Colonia se aplican diferentes tarifas en función del recorrido que se realice; el precio del billete sencillo varía (dependiendo del trayecto) entre 1,20 y 2,90 €. Un billete para grupos reducidos (Minigruppenticket) cuesta 7,25 € y da derecho a viajar sin límite en todos los medios de locomoción públicos de Colonia a un máximo de 5 personas (válido desde las 9 de la mañana). El abono individual para 24 h se adquiere por 5,15 € y el de 3 días por 12,95 €. La información sobre el servicio se ofrece en el ☏ 5 47 33 33 (24 h), www.kvb-koeln.de y en los puestos de la KVB distribuidos por toda la ciudad; éstos se encuentran fundamentalmente en la Estación Central del Oeste (Hauptbahnhof Ostseite), lu-sá 7-20, do 12-20; Neumarkt 25, lu-vi 7-19, sá 8.30-16; y Ehrenfeldgürtel 14, lu-vi 7-19, sá 8.30-14.

La tarjeta **Köln Tourismus Card**, que se puede obtener al precio de 9,20 € en los hoteles de la ciudad (válida 72 h), da derecho a la utilización de todos los medios de transporte públicos del área metropolitana y cercanías, en los circuitos turísticos en autocar, el acceso libre a todos los museos municipales y a descuentos en las entradas de la Ópera, travesías en barco, subida a la torre de la catedral y en la visita al Museo del Chocolate (Schokoladenmuseum), etc.

Visitas guiadas

Circuitos turísticos por la ciudad – *Köln Tourismus* organiza circuitos en autocar con guía turístico y visita de algunos museos de la ciudad. El punto de partida es la oficina situada frente a la catedral y ofrece servicios de abr-oct todos los días a las 10, 11, 14 y 15, y sá además a las 17; de nov-mar, a las 11 y 14. El lugar de encuentro para la vis guiada de la catedral es la entrada principal del templo (lu-sá a las 11, 12.30, 14 y 15.30, do sólo a las 14 y 15.30). Las compañías *StattReisen Köln* (☏ 732 51 13, www.stattreisen-koeln.de) e *inside Cologne – City Tours* (☏ 52 19 77, www.inside-cologne.de) proponen un programa de **paseos a pie por la ciudad**.

Travesías en barco – La compañía naviera *Köln-Düsseldorfer Deutsche Rheinschiffahrt (KD)* dirige la principal flota de barcos que operan en el Rin: ☏ 208 83 18, www.k-d.com. Otras compañías son la *Dampfschiffahrt Colonia* ☏ 257 42 25 y la *KölnTourist Personenschiffahrt* ☏ 12 16 00.

Alojamiento

CORRECTO

Ilbertz – *Mindener Straße 6 (en la margen derecha del Deutzer Brücke)* – ☏ 88 20 49 – fax 88 34 84 – 29 hab – individuales desde 67 €. Negocio familiar bien atendido próximo a la Feria.

ETAP Köln-West – *En Marsdorf, Toyotaallee 40* – ☏ 022 34/ 957 78 20 – fax 0 22 34/597 78 30 – 74 hab – individuales desde 40 €. Moderno y funcional.

Brandenburger Hof – *Brandenburger Straße 2 (perpendicular a la Domstraße, al N de la Goldgasse)* – ☏ 12 28 89 – fax 13 53 04 – 32 hab – individuales desde 36 €. Situado al N del casco antiguo, confort moderno.

UNA BUENA OPCIÓN

Savoy – *Turiner Straße 9 (perpendiclar a la Machabäerstraße)* – ☏ 162 30 – fax 162 32 00 – 103 hab – individuales desde 115 €. Confort moderno en un entorno agradable.

KÖLN

Mercure Severinshof – *Severinstraße 199* – ☎ *2 01 30* – *fax 2 01 36 66* – *252 hab – individuales desde 114 €*. Hotel moderno funcional, próximo al casco antiguo.

Brenner'scher Hof – *En Hunkersdorf, Wilhelm-v.-Capitaine-Straße 15* – ☎ *9 48 60 00* – *fax 94 86 00 10* – *40 hab* – *individuales desde 133 €*. Elegante decoración al estilo de las grandes mansiones campestres.

UN CAPRICHO

Hyatt Regency – *Kennedy-Ufer 2ª* – ☎ *8 28 12 34* – *fax 8 28 13 70* – *305 hab – individuales desde 155 €*. Hotel de lujo moderno, situado en la orilla derecha del Rin en el distrito de Deutz; bellas vistas a la catedral y al casco antiguo.

Excelsior Hotel Ernst – *Domplatz;* ☎ *27 01* – *fax 13 51 50* – *160 hab* – *8 suites – individuales desde 187 €*. Elegante hotel junto a la catedral, decoración clásica.

Wasserturm – *Kaygasse 2 (perpendicular a la Blaubachstraße)* – ☎ *2 00 08* – *fax 2 00 88 88* – *88 hab* – *42 suites* – *individuales desde 215 €*. Antiguo depósito de agua del s. XIX transformado en un hotel moderno; decoración interior de Andrée Putman.

Restaurantes

CORRECTO

Höhn's Dombrauerei Ausschank – *Goltsteinstraße 83* – ☎ *3 48 12 93* – *menús desde 9,50 €*. Situado en el valle de Bayenthal, agradable terraza para tomar cerveza.

UNA BUENA OPCIÓN

Wackes – *Benesisstraße 59 (perpendicular a la Hahnenstraße, cerca de la iglesia de los Apóstoles* – ☎ *2 57 34 56* – *menús desde 16 €*. Esta taberna decorada en estilo rústico sirve sobre todo platos alsacianos.

Bruno Lucchesi – *Dürener Straße 218 (por la B 264 en dirección a Aquisgrán)* – ☎ *40 80 22* – *menús desde 20 €*. Pequeño restaurante con especialidades italianas.

Paul's Restaurant – *En Nippes, Bülowstraße 2* – ☎ *76 68 39* – *menús desde 20 €*. Restaurante acogedor instalado en una casa burguesa restaurada.

UN CAPRICHO

Le Moissonnier – *Krefelder Straße 25 (perpendicular al Hansaring)* – ☎ *72 94 79* – *menús desde 20 €*. Típico restaurante francés con decoración Jugendstil.

Hanse Stube – *Dompropst-Ketzer-Straße 2 (entre Tunisstraße y la catedral)* – ☎ *2 70 34 02* – *menús desde 25 €*. Restaurante elegante y acogedor en el Excelsior Hotel Ernst.

Cafés, tabernas y bares

En el casco antiguo de Colonia existen multitud de establecimientos de copas y restaurantes. Las principales zonas de tabernas son: el Belgischer Viertel, que se extiende entre la Aachener Straße y la Venloer Straße (bonito barrio de estilo bismarckiano), el Univiertel (en torno a la Zülpicher Straße), la Südstadt (alrededor de la Chlodwigplatz) y el Friesenviertel (Friesenstraße).

CAFÉS

Café Reichard – *Unter Fettenhennen 11* – ☎ *2 57 85 42* – *todos los días de 8.30-20*. Café con mucha animación con vistas a la plaza de la Catedral.

Café Jansen – *Obenmarspforten 7 (paralela a Pipinstraße, esquina a la Hohe Straße)* – ☎ *2 72 73 90* – *lu-vi 9-18.30, sá 9-18, do 13-18*. Instalado en un edificio de interés histórico; ambiente de los años 50.

Café Frommel – *Breite Straße 122* ☎ *2 57 61 57* – *lu-vi 8.30-19, sá 8.30-18, do 10.30-18.30*. Extraordinaria oferta de tartas: más de 100 especialidades.

Café Schulte – *Heumarkt 65 (en la parte oeste del Deutzer Brücke)* – ☎ *2 58 11 53* – *lu-vi 8-18, sá 9-18.30, do 10-18.30*. Gran surtido en repostería de la región renana.

Café Zimmermann – *Herzogstraße 11-13 (paralela a la Hohe Straße por el O)* – ☎ *2 57 39 78* – *lu-vi 8.30-19, sá 8-17*. Café de larga tradición.

SALONES DE TÉ

Café Storch – *Aachener Straße 11 (continuación de la Hahnenstraße)* – ☎ *25 17 17* – *lu-sá 8-1, do 9-1*. El té se prepara con extraordinario esmero, usando un agua filtrada cuidadosamente para eliminar impurezas.

Masal-Salon de Thé – *Zülpicher Straße 85 (en Sülz, paralela al NE de la Luxemburger Straße)*. En su carta cuenta con 150 variedades de té.

Schorschs Teestube – *Schillingstraße 6 (paralela al N del Ebertplatz)* – ☎ *72 17 69* – *lu-vi 16-24, fs 10-24*. Gran selección de té verde.

CAFÉS Y TABERNAS

Café Waschsalon – *Ehrenstraße 77 (continuación de la Breite Straße en dirección O)*. ☎ *13 33 78 – lu-ju 8-1, vi 8-3, sá 10-3, do 10-1*. Decorado con 150 lavadoras fuera de servicio.

EWG – *Aachener Straße 59* – ☎ *25 28 98 – lu-ju 16-2, vi-sá 14-3, do 11-2*. Local ambientado en los años 50; del techo cuelgan originales lámparas.

Scheinbar – *Brüsseler Straße 10 (al oeste del Hohenzollernring)* – ☎ *9 23 20 48 – todos los días de 19-1*. Bar de cócteles en el barrio belga.

Café Central – *Jülicher Straße 1 (junto a la iglesia, en la esquina con la Roonstraße)* – ☎ *23 47 55 – todos los días de 7-3 (4 vi-sá)*. Alojado en la planta baja del Hotel Chelsea, es uno de los locales más "in" de Colonia.

Klein Köln – *Friesenstraße 53 (junto al Friesenplatz)* – ☎ *25 36 76 – todos los días de 20-4*. Local para noctámbulos.

CERVECERÍAS

Früh am Dom – *Am Hof 12-14 (en el casco viejo, al S de la catedral, a la altura del WDR)* – ☎ *2 61 30 – www.frueh.de – todos los días de 8-24*. La cervecería más célebre de la ciudad, que cuenta con una fiel clientela.

Gaffel – *Alter Markt 20-22 (cerca del Neumarkt)* – ☎ *2 57 76 92 – todos los día de 11-1*. Cervecería instalada en un edificio declarado de interés histórico.

Früh im Veedel – *Chlodwigplatz 28* – ☎ *31 44 70 – lu-sá 11-1*. Al S de la ciudad; se habla el dialecto de Colonia ("Kölsch").

Em Golde Kappes – *Neusser Straße 295* – ☎ *73 49 32 – lu-sá 10-24*. Local emblemático.

Sion – *Unter Taschenmacher 5-7 (cerca de la catedral, al S)* – ☎ *2 57 85 40*. Cervecería con capacidad para 500 personas en el interior; además cuenta con una amplia terraza.

CERVECERÍAS CON JARDÍN

Biergarten im Volksgarten – *Volksgartenstraße 27* – ☎ *38 26 26 – todos los días de 11-1*. En verano es casi imposible encontrar una mesa libre.

Em Birkenbäumchen – *Neuenhöfer Allee 63a (en dirección a Zülpich)* – ☎ *43 39 07 – todos los días de 10-1*. Situada junto al pintoresco parque de Beethoven, la terraza dispone de 340 plazas.

Hyatt Regency Hotel – *Kennedy-Ufer 2a* – ☎ *82 81 17 60 – mayo-sept, lu-vi 16-24, sá 14-24, do 11-24*. La cervecería del hotel se encuentra en el paseo Deutzer Uferpromenade, desde el que se disfruta de una magnífica vista de la catedral y del casco antiguo.

BODEGAS

Beiss'l – *Otto-Fischer-Straße 1 (Colonia Sur, perpendicular al Luxemburger Ring)* – ☎ *41 25 79 – todos los días de 19-1*. Decoración interior art déco.

Bacchus – *Rathenauplatz 17 (en la Roonstraße)* – ☎ *21 79 86 – lu-vi 17-1, sá 18-1, do 18-24*. Extraordinaria atención al cliente.

Weinhaus Viertel – *Darmstädter Straße 9 (perpendicular a la Bonner Straße dirección St. Maria Königin)* – ☎ *32 91 92 – lu-vi 17-1, fs 18-1*. Fundamentalmente se sirven vinos alemanes.

Compras

Un buen punto de partida para ir de compras es la catedral. Aquí nace la principal arteria comercial de Colonia, la Hohe Straße. En la Schildergasse (perpendicular a la anterior) se encuentran los grandes almacenes; en la plaza de Neumarkt y en el dédalo de pasajes y galerías de las inmediaciones se apiñan los comercios de todo tipo. Los negocios de **marcas exclusivas** se han establecido en la Breite Straße, la Mittelstraße y la Pfeilstraße.

Hohe Straße, Colonia

KÖLN

En otros barrios también existen grandes centros comerciales, por ejemplo, en torno a la plaza de Chlodwigplatz al S de la ciudad, en la Bonner Straße y en la Severinstraße.

Los **anticuarios** y las **galerías de arte** se concentran en la St.-Apern-Straße; en la Albertusstraße al N de la Neumarkt y en el barrio de la catedral. Atención: el artista Thomas Baumgärtner ha marcado con un símbolo (un plátano) las galerías que él considera de gran categoría y merecen ser visitadas.

Rastros (Flohmärkte) – En el casco antiguo se instala un rastro el tercer sá del mes en las proximidades de la iglesia de Groß St. Martin (de 9-18); entre la Breite Straße y la Glockengasse el segundo do del mes (de 11-18).

Mercados – En el Sudermannplatz (centro de la ciudad): ma y vi 7-13; los más tradicionales se establecen, sin embargo, en el barrio septentrional de Köln-Nippes (en la plaza Wilhelmplatz): lu-sá 7-13.

Espectáculos

TEATRO

Bühnen der Stadt Köln – *Offenbachplatz (cerca de la Neumarkt)* – ☎ *22 12 84 00. Venta anticipada: lu-vi 9-18, sá 9-14.* El complejo engloba tres teatros: el *Halle Kalk*, el *Schlosserei* y el *West-end Theater*.

Volkstheater Millowitsch – *Aachener Straße 5* – ☎ *25 17 47* – *www.millowitsch.de. Venta anticipada: 3 h antes del comienzo de la sesión.* La familia de actores Millowitsch se dedica al teatro desde 1848.

Theater am Dom – *Glockengasse 11 (perpendicular a la Tunisstraße)* – ☎ *2 58 01 53* – *www.theater-am-dom.de. Venta anticipada: días laborables de 10-20.* Comedia y teatro costumbrista; a menudo actúan famosas figuras de la televisión.

Theater Der Keller – *Kleingedankstraße 6 (junto al Volksgarten)* – ☎ *31 80 59* – *www.theater-der-keller.de. Venta anticipada: lu-ju 10-17, vi 10-15.* Interesante programación.

ÓPERA, BALLET, OPERETA Y MUSICAL

Opernhaus – *Offenbachplatz* – ☎ *22 12 84 00. Venta anticipada: lu-vi 9-18, sá 9-14.* Repertorio variado. Los espectáculos de baile han cosechado grandes éxitos incluso fuera de la región.

Musical Dome – *Detrás del Hauptbahnhof* – ☎ *28 01 (Köln-Ticket)* – *www.koeln-ticket.de. Venta anticipada: lu-vi 8-21, sá 8-16, do 10-16.* El edificio, construido como sede del teatro musical Gaudí, renueva constantemente su programación y sirve como escenario para otros espectáculos de diversa índole.

VARIEDADES, REVISTAS Y CABARETS

Comedia Colonia – *Löwengasse 7-9 (perpendicular a la Severinstraße a la altura de la Severinbrücke)* – ☎ *3 99 60 10* – *www.comediacolonia.de. Venta anticipada: lu-sá 15-19.* Números de cabaret y comedias.

"Senftöpfchen-Theater" – *Große Neugasse 2-4 (cerca de la catedral)* – ☎ *2 58 10 58* – *www.senftoepfchen-theater.de* – *venta anticipada: todos los días de 16-20.* El local celebró en 1999 su 40 aniversario.

Atelier-Theater – *Roonstraße 78* – ☎ *24 24 85* – *venta anticipada: todos los días de 18-20.* El teatro sirve de escenario para diferentes espectáculos. El *Atelier-Café* abre a las 16 h.

Die Machtwärter – *Gertrudenstraße 24* – ☎ *257 83 60.* El cabaret político más antiguo de Colonia.

CONCIERTOS DE MÚSICA CLÁSICA

Kölner Philharmonie – *Bischofsgartenstraße 1 (al oeste del Hohenzollernbrücke)* – ☎ *20 40 80* – *www.koelner-philharmonie.de* – *venta anticipada: lu-vi 8-21, sá 8-16, do 10-16.* La Filarmónica de la ciudad está alojada en un edificio de arquitectura extravagante.

JAZZ

Stadtgarten – *Venloer Straße 40 (sector oeste, perpendicular al Hohenzollernring)* – ☎ *9 52 99 40* – *abre normalmente lu-sá 12-1, do 10.30-1.* En verano atrae su terraza, pero aquí se celebran interesantes conciertos de jazz y festivales.

Subway – *Aachener Straße 82-84* – ☎ *51 79 69* – *abre normalmente a partir de las 21.* Es uno de los más prestigiosos clubs de jazz de Colonia, aunque también se pueden escuchar otros estilos de música.

Papa Joe's Biersalon "Klimperkasten" – *Alter Markt 50-52 (cerca de la Neumarkt)* – ☎ *2 58 21 32* – *www.papajoes.de* – *todos los días de 11-3.* Cervecería decorada en el estilo de los años 20; a partir de las 20 h música de jazz

KÖLN

CLUBS, DISCOTECAS Y MÚSICA EN VIVO

Alter Wartesaal – *En el Hauptbahnhof (estación central de ferrocarril)*, ☎ *9 12 88 50* – www.wartesaal.de – *vi-sá a partir de las 20 conciertos, de 22-5 se celebran fiestas*. La discoteca más famosa de Colonia está instalada en la antigua sala de espera de 1ª clase de la estación central de ferrocarril (construida en 1915).

E-Werk – *Schanzenstraße 37* – ☎ *96 27 90* – www.e-werk-koeln.de – *según el programa de espectáculos, vi-sá 22-5*. En este local de la antigua central eléctrica de Mühlheim existe una gigantesca discoteca, pero también se celebran grandes conciertos.

CINE

El complejo de cines más moderno es el *Cinedom* (Media Park) con 13 salas. La mayor parte de los cines se encuentran en la Ringstraße, en el sector comprendido entre la Rudolfplatz y la Christophstraße.

Acontecimientos culturales y artísticos

Karneval en feb, con el magnífico desfile del lunes de Carnaval (comienzo de la sesión tradicional el 11 nov), *Ringfest der PopKomm* en ago, *Art Cologne* en nov.

★★★**Dom (Catedral)** – En 1164 el emperador Federico I Barbarroja donó a la ciudad de Colonia las **reliquias de los Reyes Magos** y ordenó su traslado desde Milán. Desde esta fecha la afluencia de peregrinos fue incesante, y la villa hubo de considerar la conveniencia de levantar un templo más solemne para acoger a los creyentes. La edificación de la imponente catedral, iniciada en 1248, se prolongó durante cerca de seis siglos y medio, y está considerada como la primera iglesia de estilo gótico en Renania. Aunque el proyecto original se basó en las catedrales de París, Amiens y Reims, la de Colonia superó a las francesas en sus dimensiones. En 1320 se había concluido el presbiterio, pero las obras de la torre sur, que ya contaba con dos plantas, se interrumpieron en 1410, al igual que ocurrió con la nave principal y el transepto en 1560. Los maestros medievales lograron hasta esa fecha colocar el armazón del tejado de la primera planta, pero habrían de transcurrir tres siglos hasta lograr cubrir el vano existente entre el presbiterio y la torre. En efecto, la fascinación romántica por el estilo gótico hizo que en 1842 se desempolvaran los planos originales del templo y se reiniciaran las obras. Concluido finalmente en 1880, el emperador Guillermo I presidió la consagración solemne del edificio. La catedral figura en la lista de monumentos declarados por la Unesco como Patrimonio Cultural de la Humanidad.

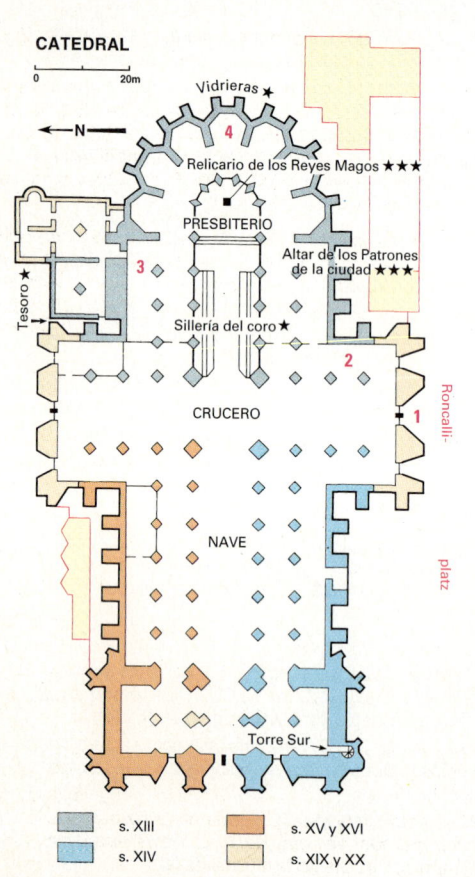

La configuración de la **fachada de dos torres** (poniente) marca el apogeo del estilo gótico: las hileras de ventanales ojivales, adornados con bellos gabletes, se abren espacio entre una gran cantidad de arbotantes, contrafuertes y pináculos; la disposición de las finas pilastras agrupadas en haces contribuye a la sensación de verticalidad creada por sus agujas, que se elevan hasta una altura de 157 m. El ábside, que se orienta hacia el Rin con multitud de pináculos y torrecillas, es un ejemplo de proeza arquitectónica. En la portada sur destacan las **puertas de bronce** (**1**) realizadas por **Ewald Mataré** (1948-1954); en la hoja derecha se representa a la Jerusalén celestial sobre una imagen de la ciudad de Colonia en llamas.

El acceso por la puerta de poniente ofrece una perspectiva única de la nave principal (144 m de longitud, 45 m de anchura y 43,50 m de altura), que abarca hasta el presbiterio; desde el umbral y hasta que no se avanza hasta la altura del transepto, se tiene la impresión de que el presbiterio se encuentra a una distancia infinita, mientras la bóveda parece flotar a una milagrosa altura.

Las cinco **vidrieras tardogóticas**★ (1507-08) de la nave lateral izquierda (norte) muestran escenas de la vida de la Virgen y de san Pedro.

La primera capilla del deambulatorio (capilla de la Santa Cruz) alberga la **Cruz de Gero**★ (Gerokreuz) (**3**), un ejemplo único de arte otoniano del s. X. En la capilla absidal (capilla de los Reyes Magos) se instaló en 1265 la llamada **Vidriera de la Biblia** (Ältere Bibelfenster) (**4**), la más antigua de las vidrieras de la catedral en la que aparecen representados temas bíblicos. Detrás del **altar mayor** se exhibe el **cofre-relicario de los Reyes Magos**★★★, un fino trabajo de orfebrería decorado con escenas y estatuillas religiosas. El cofre en forma de basílica, que acoge lo que se consideran las reliquias de los santos, es de inmensas proporciones (2,20 m de longitud) y fue realizado entre 1190 y 1225 por maestros artesanos de la localidad.

La última capilla del deambulatorio (capilla de la Virgen) posee el célebre **altar de los Patronos de la ciudad**★★★, pintado hacia 1440 por **Stephan Lochner**. El panel central del retablo representa la *Adoración de los Reyes Magos* y los laterales a los patronos de la ciudad: a la izquierda santa Úrsula rodeada de Vírgenes, y a la derecha san Gereón.

Adosada a un pilar del muro sur se alza una estatua conocida como la **Madona de Milán**, una imagen de la Virgen con el Niño, cuyo estilo y características la relacionan con las esculturas que adornan los pilares del presbiterio (hacia 1270-80)

En el brazo sur del crucero se encuentra el **altar de Agilulfo** (Agilolphusaltar) (**2**), un retablo flamenco tallado que data de 1521.

Coro ⓥ – *Sólo vis guiadas*. Con sus 104 asientos finamente tallados, la **sillería del coro**★ (principios del s. XIV) es la mayor de Alemania de la época medieval. Sobre ella corre un friso de pinturas realizadas entre 1332 y 1340 que simbolizan la leyenda de distintos santos.

Las 14 **estatuas** que adornan los pilares representan a Jesús, la Virgen María y los Apóstoles.

Torre sur – Una empinada escalera *(509 peldaños)* conduce hasta la **plataforma panorámica** situada a 97 m de altura: desde allí se disfruta de una amplia vista de la ciudad de Colonia y de sus alrededores. También conviene echar un vistazo al **campanario** (Glockenstube). La **campana de san Pedro** (Petersglocke), la mayor de las nueve que se alojan en la torre, fue fundida en 1923 y con un peso de 24 t –sólo el badajo pesa 800 kg– está considerada como una de las mayores del mundo.

★ **Tesoro** (Domschatzkammer) ⓥ – *Acceso por el brazo norte del crucero*. En él se guardan, entre otras valiosas piezas, distintos objetos litúrgicos de oro y plata, cruces pectorales, báculos pastorales, el relicario barroco de san Engelberto, el llamado Bastón de san Pedro, la custodia-relicario con la cadena del mismo santo, vestimentas sacerdotales y antiquísimos tejidos que se supone pertenecieron a los Reyes Magos.

EL CASCO ANTIGUO

★ **Historisches Rathaus** – El edificio del **antiguo ayuntamiento**, situado en el centro de la vieja judería –la toponimia (Judengasse, Salomonsgasse) indica que este barrio constituyó un gueto–, se caracteriza por una **torre** gótica construida entre 1407 y 1414 *(el carillón funciona a las 12 y 17)*, y un pabellón renacentista de estilo flamenco (1569-73). En 1349 el barrio judío fue asaltado, las puertas y barreras que lo aislaban del resto de la ciudad fueron derribadas, numerosos habitantes asesinados y las viviendas incendiadas. Sólo quedó en pie parte del **Mikwe** (junto al antiguo ayuntamiento), un edificio de 1170 que albergaba los baños judíos y que hoy está protegido por una estructura acristalada de forma piramidal *(se pueden visitar los baños de lu-vi, solicitando la llave al conserje del ayuntamiento)*.

Prätorium (Pretorio) ⓥ – *La entrada está algo oculta junto a la puerta de un garaje subterráneo de la Kleine Budengasse*. Las destrucciones durante la II Guerra Mundial dejaron al descubierto los cimientos del palacio del pretor romano (ss. I-IV). Las fisuras que presentan los macizos muros hacen suponer que la última construcción, y también la de mayores dimensiones, debió hundirse en este lugar. En el vestíbulo se exhiben figurillas, ladrillos y recipientes de la época romana. También se puede acceder al **sistema de canalizaciones y desagües**, que fue empleado como refugio antiaéreo durante la guerra por los habitantes de Colonia.

KÖLN

Street	Grid
Am Bayenturm	FX 3
An der Malzmühle	FX 9
An St.-Katharinen	FX 14
Apostelnstraße	EV 15
Auf dem Berlich	EV 16
Blaubach	EV 28
Ehrenstraße	EV
Figelstein	FU
Gertrudenstraße	EV 47
Gladbacher Straße	EU 48
Habsburgerring	EV 57
Hahnenstraße	EV
Hohenstaufenring	EX
Hohenzollernring	EV
Kaiser-Wilhelm-Ring	EV 62
Kardinal-Frings-Straße	EV 65
Karolingerring	EV 66
Kattenburg	EV 67
Kleine Witschgasse	FX 69
Mathiasstraße	FX 74
Mechtildisstraße	FX 76
Mittelstraße	EV
Neumarkt	EV
Neusser Straße	FU 86
Pfälzer Straße	EX 96
Richmodstraße	EV 100
Riehler Straße	FU 102
Roonstraße	EX 104
Sankt-Apern-Straße	EV 108
Severinstraße	FX
Tel-Aviv-Straße	FX 111
Ursulastraße	FU 116
Victoriastraße	FU 117
Zeppelinstraße	EV 118
Zeughausstraße	EV 122

Museum	Grid
Deutsches Sport- und Olympia-Museum	FX M11
Diözesanmuseum	FV M3
Imhoff-Stollwerk-Museum	FX M9
Josef-Haubrich-Halle	N
Käthe-Kollwitz-Museum	EV M10
Kölnisches Stadtmuseum	EV M7
Museum für Angewandte Kunst	FV M6
Museum für Ostasiatische Kunst	EV M5
Museum Ludwig	FV M2
Rautenstrauch-Joest-Museum für Völkerkunde	FX M8
Römisch-Germanisches Museum	FV M1
Schnütgen-Museum	FV M4
St. Aposteln	EV K

Gürzenich – Este edificio, construido como sala de fiestas entre 1441 y 1444, es uno de los primeros ejemplos de arquitectura civil de estilo gótico; en él se inspiraron numerosas casas burguesas. Utilizado desde la Edad Media para recepciones y banquetes oficiales, el salón continúa acogiendo desde el s. XIX -es decir, desde la institucionalización del carnaval– los grandes festejos tradicionales que se celebran en la ciudad.

En dirección a la ribera del Rin se encuentra el Heumarkt. Hacia el N se extiende la **plaza del Viejo Mercado** (Alter Markt), decorada con una fuente (1895) de Jan van Werth, una de las figuras populares del carnaval de Colonia, cuyo pregón se pronuncia precisamente aquí el día de "Weiberfastnacht" (carnaval de las mujeres o jueves anterior al lunes de carnaval).

El **barrio de San Martín** (Martinsviertel), situado entre la plaza del Viejo Mercado y el Rin, es célebre por sus numerosas tabernas y mesones. Delante de la iglesia románica de San Martín se alzan las esculturas de dos tipos que simbolizan el carácter del coloniense: **Tünnes** representa al amigable e ingenuo campesino y **Schäl** al astuto hombre de negocios.

Agua de Colonia

La célebre "Aqua Mirabile" ya se conocía en Colonia en el s. XVI, pero su comercialización propiamente dicha no comenzó hasta el s. XVIII gracias al espíritu emprendedor de una familia de inmigrantes italianos: los Farina. Su miembro más destacado, **Juan María Farina**, fue el impulsor de la venta de este compuesto aromático que se presentaba como un remedio con virtudes curativas para un sinfín de dolencias. Su éxito animó a otros muchos fabricantes a dedicarse al negocio y en poco tiempo el preparado, exportado con el nombre de "Agua de Colonia", se convirtió en el producto alemán más solicitado por los mercados extranjeros. Así, el comerciante **Wilhelm Mülhens** fundó en 1792 un establecimiento en la Glockengasse.

Durante la ocupación francesa, la administración napoleónica prohibió la utilización del "agua de colonia" como medicamento, pero los fabricantes se apresuraron a adaptarse a la nueva situación legal y transformaron su utilidad de sustancia curativa a producto para el aseo personal.

En esta misma época, el gobierno francés de la ciudad estableció la numeración de los inmuebles y de las calles, de manera que al local de Mühlens en la Glockengasse le correspondió el número 4711. Esta cifra se convirtió posteriormente en la marca de fábrica con la que se registró, en 1875, la "Auténtica Agua de Colonia" (Echt Kölnisch Wasser).

(Un carillón sobre el frontón de la casa nº 4711 de la Glockengasse entona todas las horas de 9 a 21 la melodía de la Marsellesa).

MUSEOS

★★ **Museum Ludwig** ⓥ – Este museo cuenta con una importante colección de arte del s. XX. Uno de los movimientos artísticos mejor documentados es el **expresionismo**, con obras de pintores de **Die Brücke** (El Puente) y del grupo del **Jinete Azul** (**Blaue Reiter**). También ocupa un lugar de excepción el arte alemán de entreguerras: constructivismo, Bauhaus (de Paul Klee, por ejemplo, *Caminos principales y caminos laterales*), Nueva Objetividad, Progresistas de Colonia. Uno de los puntos fuertes del museo está constituido por el arte de la **vanguardia rusa**. La sección dedicada a los surrealistas revela que el **movimiento dadá** tuvo sus orígenes en Colonia en el periodo previo al estallido de la I Guerra Mundial. Junto a las pinturas a la aguada, los óleos y los colages de **Max Ernst** *(El encuentro de los amigos)*, pionero del movimiento dadá y natural de la localidad de Brühl (a pocos kilómetros de Colonia), se pueden ver obras de Arp, Schwitters, Miró, Dalí y Magritte.

Cámara fotográfica de viaje (hacia 1880).
Agfa Foto-Historama

KÖLN

Am Leystapel	GZ 4
Am Malzbüchel	GZ 5
An den Dominikanern	GY 8
Augustinerstraße	GZ 19
Bechergasse	GZ 22
Bischofsgartenstraße	GY 26
Breite Straße	GZ
Brückenstraße	GZ 32
Dompropst-Ketzer-Str.	GY 38
Drususgasse	GY 39
Glockengasse	GZ 50
Große Budengasse	GZ 52
Große Neugasse	GZ 54
Gürzenichstraße	GZ 55
Heinrich-Böll-Platz	GY 58
Hohe Straße	GYZ
Kleine Budengasse	GZ 68
Komödienstraße	GZ 71
Kurt-Hackenberg-Platz	GY 72
Minoritenstraße	GZ 79
Offenbachplatz	GZ 90
Quatermarkt	GZ 99
Schildergasse	GZ
Unter Goldschmied	GZ 114
Unter Sachsenhausen	GY 115

Diözesanmusem	GY M³
Fest- und Tanzhaus Gürzenich	GZ A
Museum für Angewandte Kunst	GYZ M⁶
Museum Ludwig	GY M²
Prätorium	GZ C
Römisch-Germanisches Museum	GY M¹
St. Mariä Himmlfahrt	GY F
St. Maria-im-Kapitol	GZ B
Schnütgen-Museum	GZ M⁴
Wallraf-Richartz-Museum	GZ M¹²

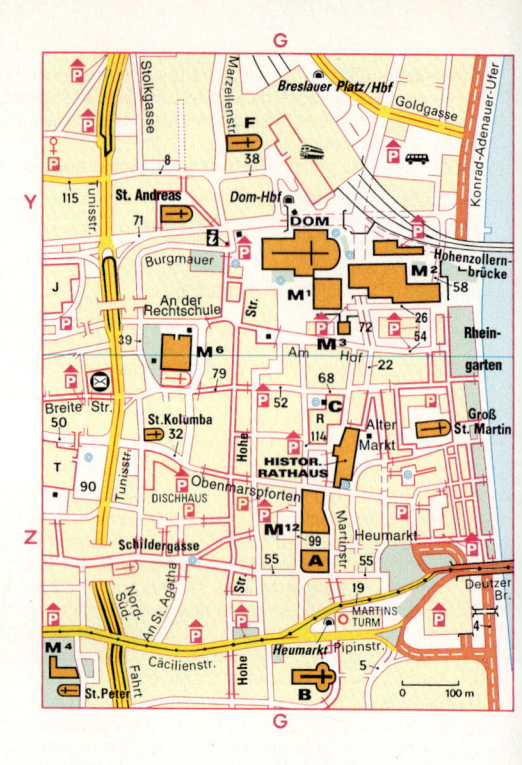

El espacio reservado a la pintura francesa moderna está ocupado por los **cubistas** Braque, Léger y Delaunay, el **nuevo realismo** con obras de Arman, Klein, Saint-Phalle, Tinguely, Tapiès, Burri, Dubuffet. Un lugar especial ocupa también la obra de **Pablo Picasso**, con una amplia colección de trabajos que representan las diferentes etapas de su trayectoria artística.

El arte alemán de posguerra y las nuevas corrientes están representadas por el **Grupo Zero** y **Joseph Beuys**, así como por los notables trabajos de Baselitz, Richter, Polke, Penck, Kiefer. Existe también una buena muestra de pintura abstracta americana (Rothko, Newman, de Kooning) y una amplia colección de **arte pop** (Rauschenberg, Warhol, Segal).

La producción de numerosos artistas contemporáneos europeos, americanos, japoneses y chinos completan –con obras de gran formato– la visión general de las últimas tendencias del arte internacional.

Museum Ludwig/Agfa Foto-Historama – El **Museo de la Fotografía**, constituido por diferentes colecciones privadas, ofrece en sus magníficas instalaciones una panorámica de 150 años de historia de la fotografía. La excelencia del museo reside tanto en la presencia de objetos antiguos únicos, como en la extraordinaria ordenación de fotografías de gran valor testimonial, cultural y artístico. Aquí se descubren las distintas etapas de la historia de la fotografía: la linterna mágica, el daguerrotipo (1839), la calotipia (procedimiento de Talbot, 1841), fotografías de aficionados y carretes de películas (Eastman, 1888), cámaras de pequeño formato.

★★ **Römisch-Germanisches Museum** (Museo Romano-Germánico) – Como capital de la provincia romana de la Germania Inferior, Colonia conoció entre los ss. I y IV un gran esplendor que se materializó en una intensa relación entre la civilización romana y la cultura germánica de los ubios. Los diferentes testimonios de aquella época sacados a la luz en el transcurso del tiempo se han ordenado –siguiendo un criterio temático– en la parte del complejo museístico que linda con el sur de la catedral. *(Al museo acuden numerosos grupos de escolares, por lo que se recomienda realizar la visita por la tarde o en fin de semana).*

En el sótano se encuentra el **mosaico de Dionisio**★, una obra romana magníficamente conservada compuesta por 1,5 millones de teselas (dimensiones 14,5 m x 7 m). La sala donde se celebra la fiesta (parte de una villa romana) fue descubierta en 1941 en el transcurso de unas excavaciones para construir un refugio antiaéreo, y se ha conservado en el lugar original. En las salas contiguas las estelas funerarias y diversos objetos sacros evocan el "culto a los muertos", así como la vida cotidiana en la época romana.

El museo debe gran parte de su celebridad al **mausoleo de Lucius Poblicius**, un oficial de la 5ª legión que se estableció en Colonia al alcanzar su jubilación del ejército (s. I d.C.). Desde donde mejor se puede contemplar este monumento de 14,60 m de altura, reconstruido en los años 60, es desde los pisos superiores. Se puede observar la diferencia entre las piezas originales y las nuevas que se han añadido para completar la obra. Una de las piezas más interesantes, aunque no particularmente original, es el **mosaico de los Filósofos** (planta superior), con frescos de estilo pompeyano.

La preciosa **colección de cristal**★★ muestra la gran imaginación de los artesanos de vidrio romanos. Los **Schlangenfadengläser** (fabricados en Colonia en el s. II) fueron un tipo de vasos con decoración de filigrana que dieron un extraordinario resultado en el mercado de exportación romano. La **copa diatreta** (s. IV) requería una elaboración muy refinada: el vidrio se soplaba varias veces para obtener un cristal grueso, a continuación se incrustaba el color y se tallaba y finalmente, se adornaba el borde con una inscripción griega. Sólo existen en el mundo seis ejemplares como éste.

Algunas de las antiguas **joyas** romanas, francas y "bárbaras" llaman la atención por sus modernos diseños.

★ **Diözesanmuseum** – El **Museo Diocesano**, concebido como un pequeño museo de arte, ha tomado en los últimos tiempos nuevos rumbos, acrecentando sus fondos con obras contemporáneas de arte sacro. Una de sus obras maestras es la **Virgen de las violetas** de Stephan Lochner. Llama también la atención el curioso "montaje" de la caja de municiones y el Crucifijo de **Joseph Beuys**.

También destaca la colección de esculturas y orfebrería de los ss. XI a XVI, que cuenta con el llamado *crucifijo Herimann*, un relicario romano decorado con una cabeza de lapislázuli. Existe un proyecto para la construcción de un nuevo edificio en el solar donde se encuentran las ruinas de la iglesia tardogótica de Santa Kolumba, cuya inauguración está prevista para el año 2003. Los planos se deben al arquitecto suizo Peter Zumthor.

★★ **Wallraf-Richartz-Museum** – El museo se trasladó a principios de 2001 desde su antiguo domicilio situado en un edifico que compartía con el Museo Ludwig a espaldas de la catedral (parte sur) a esta nueva y espaciosa sede, cuyo diseño se debe al arquitecto **Oswald M. Ungers**.

1ª planta – Aquí reviste un interés particular la rica colección de **pintura medieval de Colonia**, que alcanza su punto culminante con los trabajos tardogóticos de Stephan Lochner y sus contemporáneos. Entre los artistas más destacados cabe señalar al **Maestro de Santa Verónica**, con el tríptico de *La Sagrada Familia* (principios del s. XV), al **Maestro de la Vida de María**, con el tríptico de *La Anunciación* (reverso de las alas del retablo) y a **Stephan Lochner**, con *La Virgen del Rosal* (hacia 1450).

Las obras de maestos alemanes, italianos (Lorenzetti, Martini), flamencos y holandeses permiten valorar la dimensión europea de la pintura religiosa medieval. El retrato está magníficamente representado por Bartholomäus Bruyn el Viejo (retratos de *Gerhard Pilgrim*, *Heinrich Salsburg*, etc.). Entre los **viejos maestros alemanes** figuran **Alberto Durero** *(Pífano y tambor)* y Lucas Cranach el Viejo *(Virgen con el Niño)* y entre los italianos del s. XVI, los venecianos Tiziano y Tintoretto.

2ª planta – Está dedicada al arte barroco, representado por los grandes nombres de la **pintura holandesa y flamenca**: Rubens (*Venus y Argos*, *La Sagrada Familia* y la *Estigmatización de San Francisco*), J. van Ruisdael *(Vista de un río)*, Frans Hals *(Hija de pescador)* y **Rembrandt** con su célebre *Autorretrato*, que muestra a un hombre anciano. A continuación se pueden contemplar a los pintores españoles (Murillo), italianos (Tiepolo, Bordone) y franceses (Boucher *Muchacha en reposo*, y Claudio de Lorena, *Grandes paisajes*).

3ª planta – En la sección dedicada a los ss. XVIII-XIX dominan los artistas alemanes y franceses. Están presentes los románticos alemanes (entre otros C.D. Friedrich) y los **realistas**, entre los que ocupa un lugar destacado el coloniense **Wilhelm Leibl** *(Retrato de H. Pallenberg)*. También se reserva un espacio a los impresionistas alemanes: Liebermann, Corinth, Klinger. La pintura francesa

Pífano y tambor, Alberto Durero
(Museo Wallraf-Richartz)

KÖLN

*Vasija ritual,
Museo de Arte del Asia Oriental*

abarca un amplio abanico que incluye desde la pintura romántica (Delacroix) y realista (Coubert) hasta el movimiento **impresionista**: Renoir, Monet, Cézanne, van Gogh *(Puente ferroviario)* y Gauguin; también se exhiben esculturas desde el s. XIX.

** **Schnütgen-Museum** – La **iglesia de Santa Cecilia** (s. XII), una de las 12 iglesias románicas que se conservan en Colonia, es el marco perfecto para acoger este **Museo de Arte religioso** de los ss. VI-XIX, pero centrado fundamentalmente en la Edad Media.
Posee una rica colección de esculturas. Sus numerosas **Vírgenes en madera** ilustran el periodo conocido como **"estilo bello"** en la estatuaria de Colonia. Una pieza maestra de la talla en madera de estilo tardogótico es el *San Jerónimo y el león* (Erkelenz, 1460-70). El retablo dorado (hacia 1170) perteneció a la iglesia de Santa Úrsula.
Los trabajos medievales en marfil, originarios de Alemania, de Francia y de Bizancio, se distinguen por la delicadeza en su ejecución, aunque las piezas de orfebrería no desmerecen en elegancia a las anteriores. También destacan los objetos de bronce del Oriente cristiano. Los fondos del museo cuentan, además, con una rica colección de tejidos que abarca desde la Edad Media hasta el s. XVIII.

** **Museum für Ostasiatische Kunst (Museo de Arte de Asia Oriental)** – *Universitätsstraße 100*. El edificio del museo fue proyectado por el japonés Kunio Maekawa y el jardín interior por Masayuki Nagare. Las colecciones reúnen obras de arte chinas, japonesas y coreanas que ilustran un amplio periodo que abarca desde la Edad de Piedra hasta el s. XX. Entre las piezas más antiguas figuran los **recipientes rituales** chinos de bronce (ss. XII-XVI a.C.). La exposición de **arte budista** de China y Japón reviste también gran interés. Los objetos cerámicos chinos ilustran todas las fases de la evolución de este arte hasta finales del Imperio.
La reconstrucción del gabinete de un hombre de letras, equipado con mobiliario chino del s. XVII y utensilios de escritorio, proporciona una visión general de la cultura de las elites intelectuales. También destaca una colección de pintura paisajista china y de biombos policromados japoneses.

* **Museum für Angewandte Kunst** (Museo de Artes Decorativas) – Este museo presenta una panorámica de la evolución de las artes decorativas desde la Edad Media hasta la actualidad. Junto a una importante colección de muebles, existe una sección consagrada a la **cerámica** que muestra una amplia gama de productos, como piezas en gres de Renania, mayólicas italianas e islámicas y porcelanas europeas de los últimos 300 años. En la sección dedicada a los trabajos en metal destacan los de estaño fino de los ss. XVI-XVII, así como las joyas. Los mejores ejemplares de la sección del vidrio están representados por el cristal fabricado en las regiones boscosas de Alemania, los vasos venecianos decorados con la técnica de la filigrana, las copas barrocas y las creaciones modernistas (Emile Gallé).
También recomendamos visitar la sección de esculturas, con obras de Tilman Riemenschneider, la **colección de tejidos** con una sala dedicada a la moda, y las grandes figuras de animales producidas en la manufactura de porcelanas de Meissen (Kirchner, Kändler). La **sección de diseño** proporciona una panorámica general de la estética de las formas desde comienzos del s. XX hasta el presente.

Rautenstrauch-Joest-Museum für Völkerkunde (Museo Etnográfico Rautenstrauch-Joest) – En este museo merecen especial atención la sección de cerámica y escultura **jemer** y **thai**, con objetos de los ss. VIII al XVI, la **colección de arte del Antiguo Egipto** y las nuevas secciones consagradas a los indios de América del Norte y a los esquimales. Existe un proyecto para la construcción de un nuevo edificio más espacioso.

* **Imhoff-Stollwerck-Museum** – *Rheinauhafen*. Este original museo tiene como tema de exposición la historia y la elaboración de un producto alimenticio exótico en la dieta europea: el **chocolate**. La arquitectura del edificio que alberga el museo y su **emplazamiento*** son

Distribuidor automático de chocolate, Imhoff-Stollwerck-Museum

también bastante singulares: un depósito de mercancías que perteneció a las aduanas del puerto construido en la época de Bismarck, que ha sido integrado en una estructura moderna de cristal, a la que se accede a través de un viejo puente giratorio sobre el Rin. El visitante encuentra informaciones precisas sobre los sofisticados métodos de preparación del producto, que en tiempos pasados constituía una bebida propia de aristócratas. Otras piezas interesantes del museo son la maqueta de una fábrica para su elaboración a partir de las bayas del cacao, bellos recipientes de porcelana y plata, así como una sección consagrada a la larga tradición del establecimiento Imhoff-Stollwerck, inaugurado en Colonia en 1829.

LAS IGLESIAS ROMÁNICAS

El periodo románico (mediados s. X-mediados s. XIII) fue extraordinariamente rico para la arquitectura religiosa en Colonia. En el casco antiguo se conservan 12 iglesias de esta época, una de ellas desacralizada y convertida en museo. Un recorrido por el núcleo histórico de la ciudad proporciona al visitante una buena panorámica de las distintas etapas y variedades estilísticas del arte románico religioso en Renania. Ciertas características típicas de la construcción en la región, como el **presbiterio de tres ábsides**, tuvieron su origen en Colonia.

★ **St. Maria im Kapitol** – La iglesia de **Santa María del Capitolio** se levantó sobre los cimientos de un templo romano dedicado a la tríada capitolina. Esta construcción de estilo otoniano tardío (s. XI) posee el más antiguo **presbiterio de tres ábsides**★ de Colonia. El espacio bajo el presbiterio está ocupado casi por completo por una cripta, que es la mayor de Alemania después de la que existe en la catedral de Espira.

A la derecha del altar se puede ver la Virgen de San Hermann-Josef (hacia 1180). El **leccionario renacentista** presenta una rica decoración escultórica (hacia 1525); a su izquierda, se conserva la Madona de Limburgo (finales del s. XIII), y en el extremo occidental de la nave principal dos **estelas funerarias** que representan a Plektrudis, esposa de Pipino de Herstal; la de la izquierda data de 1160 y la de la derecha de 1280. También destacan dos hojas de una **puerta de madera**★ románica de 1065 en el extremo occidental de la nave lateral sur.

Santa María del Capitolio

St. Severin – La **iglesia de San Severino** es el templo cristiano más antiguo de Colonia, edificado sobre un antiguo **cementerio franco-romano** en el s. IV. La construcción actual data de los ss. XIII (presbiterio) al XV (torre occidental y nave principal).

El **interior**★ presenta una elegante nave gótica; el altar mayor está decorado con **pinturas del Maestro de San Severino**. También destaca un Crucifijo en forma de "Y" griega en el brazo sur del crucero, así como el arca de san Severino detrás del altar mayor. La cripta de tres naves (ss. XI-XIII) alberga la **tumba de san Severino**, obispo de Colonia hacia el año 400 y en la actualidad uno de los santos patronos de la ciudad.

★ **St. Pantaleon** – La nave principal y el impresionante antecuerpo oeste son dos obras maestras de la arquitectura otoniana (s. X). Un **leccionario**★ tardogótico separa la nave del presbiterio. En la cripta y en la nave lateral derecha se encuentran las tumbas del obispo Bruno, hermano de Otón el Grande, y de la emperatriz Theophanu, esposa de Otón II (s. X). En el lapidario se conservan fragmentos de piedras que pertenecieron a las tribunas occidentales; también se puede visitar el tesoro.

★ **St. Gereon** – La **iglesia de San Gereón** se construyó en el s. IV sobre un cementerio romano para dar **sepultura a san Gereón** (patrono de la ciudad) y a otros mártires anónimos de la Legión Tebana, víctimas de las persecuciones cristianas dirigidas por el

KÖLN

emperador Diocleciano. La originalidad de esta antiquísima construcción reside en su planta elíptica con ocho nichos y en el monumental **decágono★** que corona el cuerpo central, añadido a principios del s. XIII. El baptisterio, edificado en la misma época, presenta **pinturas murales** (san Gereón y los mártires) realizadas de la s. XIII y un retablo de principios del s. XVI. En los ss. XI y XII se efectuaron obras de ampliación, en las que se construyeron las torres y la **cripta** (pavimento de mosaico del s. XI y altar de piedra de 1540) y se prolongó la nave.

En la nave principal *(parte norte)* se puede contemplar un bello tabernáculo (1608), cuyos relieves representan la Última Cena, y en la parte sur del decágono una Virgen con el Niño policromada (1430); las vidrieras modernas son obra de Wilhelm Buschulte y Georg Meistermann.

St. Andreas — La **iglesia de San Andrés** es una basílica de estilo románico tardío (primer cuarto del s. XIII), que se distingue por su cuerpo occidental de dos niveles, breve nave central y torre octogonal sobre el crucero. A principios del s. XV se derribó el presbiterio principal y se sustituyó, tomando como modelo la catedral de Aquisgrán, por una sala gótica cerrada con una cristalera (1414-20). En las capillas góticas se pueden contemplar pinturas murales de la primera mitad del s. XIII. La espléndida sillería del coro data de 1430.

La cripta, que presenta restos de frescos del s. XIV, alberga el sarcófago del dominico **san Alberto Magno** (1200-1280).

St. Úrsula — En la nave lateral norte de la **iglesia de Santa Úrsula** se puede contemplar un ciclo de pinturas (30 escenas) de **Stephan Lochner** (1456) que representan el martirio de la santa, princesa británica asesinada junto a 10 jóvenes de su Corte. La tradición eleva esta cifra a 11.000 víctimas.

El arquitecto Johannes Crane construyó en 1643 en el brazo sur del crucero la **cámara dorada** ⓥ★, que contiene más de 120 bustos-relicarios y 700 huesos humanos. El cofre con los restos de santa Úrsula (1256) y el **relicario de san Eterio** (1170-80) se encuentran en el presbiterio.

ⓥ ▶▶ Kölnisches Stadtmuseum (Museo Municipal de Colonia) — Käthe-Kollwitz-Museum — Deutsches Sport- und Olympia-Museum (Museo Alemán del Deporte y las Olimpiadas) — Groß St. Martin (Iglesia de San Martín el Grande) — St. Maria in Lyskirchen (Iglesia de Santa María de Lys) (*frescos de la bóveda★★*) — St. Georg (Iglesia de San Jorge) — St. Aposteln (Iglesia de los Santos Apóstoles) (*ábside tripartito★*) — St. Kunibert (Iglesia de San Cuniberto) (*vidrieras policromadas★ de 1230*) — St. Kolumba (Iglesia de Santa Colomba) — St. Peter (Iglesia de San Pedro) — St. Maria Königin (Iglesia de Santa María Reina) (*cristalera mural★*) — St. Mariä Himmelfahrt (Iglesia de la Asunción) — Botanischer Garten (Jardín Botánico) (*salga por la Konrad-Adenauer-Ufer*).

EXCURSIONES

★★ **Castillo de Augustusburg** — *13 km al S, ver Brühl.*

★ **Catedral de Altenberg** — *20 km en dirección NE.* La antigua abadía cisterciense de Altenberg, llamada también "Bergischer Dom" (catedral del ducado de Berg) está situada en un pequeño valle de la región de Berg, un lugar muy apreciado por los habitantes de la gran ciudad para realizar excursiones. En la iglesia, de estilo gótico puro (1255-1379), se celebran desde 1857 tanto el rito católico como el protestante.
En el interior destacan el ventanal de grisalla del presbiterio y la inmensa **cristalera policromada** (18 x 8 m) sobre la portada oeste, realizado hacia 1400 y considerada como la mayor de Alemania.

★ **Zons** — *24 km al N.* Este pintoresco pueblo renano, desde 1975 un barrio de Dormagen, posee una fortificación aduanera del s. XIV que se conserva casi intacta. El encanto de la localidad reside precisamente en sus murallas medievales y en sus numerosas torres defensivas.

KONSTANZ★

CONSTANZA — Baden-Württemberg — 75.000 habitantes
Mapa Michelin n° 419 X 11 — Esquema: BODENSEE

Esta ciudad alemana de larga tradición, cuya fundación se atribuye al emperador romano Constantino Cloro (292-306), padre de Constantino el Grande, está enclavada a orillas del lago suizo de Constanza (o Bodensee en alemán) y en la ribera meridional del Rin, que atraviesa este lago. La ciudad ocupa un agradable **emplazamiento★** sobre una estrecha lengua de tierra que se adentra en la parte principal del lago, el Obersee, y divide sus aguas formando un pequeño lago menor, el Untersee, que es la prolongación del principal.

Constanza, capital de la Cristiandad — El **Concilio de Constanza**, celebrado en esta ciudad entre 1414 y 1418, trató de restablecer la unidad de la Iglesia, comprometida por las disputas de tres dignatarios eclesiásticos que aspiraban a legitimarse en la sede pontificia. Tras largas y complicadas negociaciones, dos de los tres papas, Gregorio XII y

KONSTANZ

Juan XXIII, aceptaron abdicar, mientras el tercero en discordia, Benedicto XIII –el aragonés Pedro de Luna–, hombre de carácter indomable y convencido de su legitimidad, huyó a España y se refugió en la fortaleza de Peñíscola hasta su muerte, acaecida en 1423. En 1417, el Concilio decidió condenar y deponer al último protagonista del Cisma y procedió a la elección de un nuevo pontífice, el papa Martín V, que ponía provisionalmente fin al conflicto de autoridad en el seno de la Iglesia y devolvía la unidad espiritual a la Cristiandad latina.

Durante una pausa en las negociaciones, el Concilio se ocupó de la persona y doctrina herética lanzada por el rector de la Universidad de Praga y reformador religioso **Jan Hus**, quien fue convocado a Constanza en 1414. Este precursor del protestantismo fue condenado a la hoguera por sus duras críticas al clero, en las que cuestionaba la primacía espiritual del Papa, así como por sus 45 tesis basadas en el modelo ideado por el inglés Juan Wyclif.

Alojamiento

Barbarossa – *Obermarkt 8-12* – ☎ *0 75 31/12 89 90* – *fax 0 75 31/12 89 97* – *55 hab* – *individuales desde 36 €*. Hotel histórico en el corazón del casco antiguo de Constanza; agradable taberna en la 1ª planta.

Bayerischer Hof – *Rosgartenstraße 30* – ☎ *0 75 31/1 30 40* – *fax 0 75 31/13 04 13* – *25 hab* – *individuales desde 64 €*. Hotel instalado en un edificio clásico en el centro de la ciudad.

Schiff am See – *William-Graf-Platz 2* – ☎ *0 75 31/3 10 41* – *fax 0 75 31/3 19 81* – *28 hab* – *individuales desde 67 €*. Hotel situado a orillas del lago, hermosas vistas, a dos minutos del embarcadero de donde parten los ferrys con destino a Meersburg.

UN CAPRICHO

Steigenberger Inselhotel – *Auf der Insel 1* – ☎ *0 75 31/12 50* – *fax 0 75 31/12 52 50* – *102 hab* – *individuales desde 123 €*. Instalado en las dependencias de un antiguo convento de dominicos en una pequeña isla muy próxima al casco antiguo. Magnífica panorámica.

Seehotel Siber – *Seestraße 25* – ☎ *0 75 31/9 96 69 90* – *fax 0 75 31/99 66 99 33* – *12 hab* – *individuales desde 138 €*. Villa de estilo Jugendstil, modernizada, con bonita terraza. Restaurante de categoría, menús desde 31 €.

★ LAS ORILLAS DEL LAGO

Las orillas del lago, con su puerto, sus sombreados jardines, el casino, los paseos del muelle –en particular la Seestraße– y las viejas torres defensivas (Rheintorturm y Pulverturm) constituyen lugares de esparcimiento muy agradables.

Existe una amplia oferta de vapores para realizar excursiones por el lago.

Y ADEMÁS

★ **Münster** – La construcción de esta **colegiata** se prolongó durante varios siglos (XI-XVII), lo que explica la falta de uniformidad estilística en su arquitectura.

Los bajorrelieves tallados en las **hojas de la puerta**★ de la portada principal representan escenas de la vida de Cristo (1470).

La bóveda del s. XVII que cubre la nave principal reposa sobre las arcadas del santuario del s. XI, por lo que la nave central conserva una serena armonía románica. La decoración de las tribunas y la caja del órgano anuncian ya los elementos característicos del Renacimiento. En el brazo izquierdo del crucero se encuentra la torrecita de la escalera ("Schnegg") que conduce a las bóvedas de la parte Este del edificio. Esta escalera en espiral presenta un fino trabajo de filigrana al estilo francés tardogótico. *(Debajo se encuentra el acceso al tesoro).*

La capilla de San Mauricio (s. XIII) alberga la obra más valiosa de la estatuaria del templo: el **Santo Sepulcro**★, una obra altomedieval con forma de dodecaedro adornado con tres ciclos iconográficos. Este monumento constituye uno de los escasos ejemplos de la Alta Edad Media cuya factura se asemeja a la escultura de Bamberg y Naumburgo.

En la cripta se pueden contemplar cuatro discos de cobre dorado, realizados en diferentes épocas (ss. XI-XIII), que representan a Cristo en Majestad, el águila que simboliza a san Juan Evangelista y a los patronos del obispado, san Conrado y san Pelayo. *La escalera a la derecha de la portada principal conduce a la plataforma panorámica de la torre de la iglesia:* desde allí se ofrece una vista de la ciudad y del lago.

KONSTANZ

Augustinerplatz	Z
Bahnhofplatz	Z 2
Bahnhofstraße	Z 3
Benediktinerplatz	Y 4
Bodanplatz	Z
Bodanstraße	Z
Brauneggerstraße	Y
Emmishoferstraße	Z 5
Gartenstraße	Y 8
Glärnischstraße	Y 9
Gottlieber Str.	Z 12
Hafenstraße	Z 12
Hussenstraße	Z 13
Inselgasse	Y
Kanzleistraße	Z 17
Katzgasse	Y 18
Konzilstraße	YZ
Kreuzlinger Str.	Z 20
Lutherplatz	Z
Mainaustraße	Y 22
Marktstätte	Z 23
Münsterplatz	Z
Münzgasse	Z 25
Neugasse	Z 26
Obere Laube	Z
Obermarkt	Z 28
Paradiesstraße	Z 29
Rheinsteig	Y
Rheinbrücke	Y
Rheingutstraße	Y
Rosgartenstraße	Z 32
St.-Stephans-Platz	Z 33
Schottenstraße	Y
Schützenstraße	Y 35
Seestraße	Y 36
Spanierstraße	Z 38
Theodor-Heuss-Str.	Y 39
Torgasse	Y 42
Untere Laube	Y
Webersteig	Y
Wessenbergstraße	Z 43
Wissenstraße	Z
Zoolernstraße	Z 45

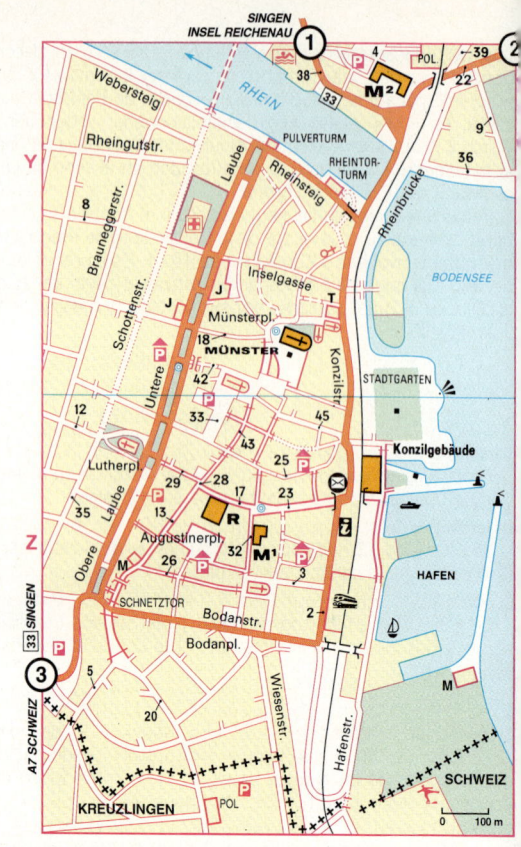

Archäologisches Landesmuseum	Y M²
Rathaus	Z R
Rosgartenmuseum	Z M¹

Rathaus – La fachada del ayuntamiento, un edificio de estilo renacentista, está decorada con pinturas que representan los hechos gloriosos de la historia de la ciudad. En el patio interior existe un elegante edificio del s. XVI flanqueado por dos torretas circulares.

Rosgartenmuseum ⓥ – Este **museo regional**, consagrado a los pueblos lacustres de la zona, está alojado en una antigua casa gremial.
Entre las piezas más interesantes de las colecciones de arte e historia destaca un célebre grabado de la época paleolítica que representa un reno paciendo. También ocupan un amplio espacio el arte y la cultura desde la Edad Media hasta el s. XIX.

Konzilgebäude – Este antiguo almacén comercial de finales del s. XIV sirvió de marco para la reunión del cónclave del que salió elegido el papa Martín V. Enfrente, en un parque al borde del puerto deportivo, se alza un monumento al conde Zeppelin (1839-1917), inventor del dirigible que lleva su nombre y natural de Constanza.

Archäologisches Landesmuseum ⓥ – El **Museo Arqueólogio Regional** está alojado en las dependencias del antiguo convento de Peterhausen. Este bello marco ofrece 3.000 m² de superficie expositiva, en la que se ilustran cuatro mil años de historia, desde los palafitos del IV milenio a.C. hasta la arqueología industrial. La explicación de los métodos de investigación arqueológica resulta atractiva y accesible a un amplio público. Las piezas más interesantes de la colección corresponden a los hallazgos de la época romana y celta, así como a los vestigios medievales procedentes de excavaciones en ciudades del Estado de Baden-Württemberg. La exposición se completa con maquetas de excavaciones arqueológicas, así como de audiovisuales y películas. También existe una sección consagrada a las actividades náuticas que ilustra los inicios de la navegación lacustre y fluvial en la región.

Aldaba romana, Museo Arqueológico Regional

▶▶ Sea Life *(en el centro de Constanza, cerca de la estación de ferrocarril).*

EXCURSIONES

★★ Isla de Mainau ⓥ – *7 km al N. Visita: 2 h.* El vasto parque de esta isla de 45 ha de superficie fue acondicionado por encargo de los grandes duques de Baden. Propiedad del duque Lennart Bernadotte desde 1932, los jardines constituyen un auténtico paraíso para los amantes de las plantas y de las flores. El gran encanto de la isla reside en el armonioso conjunto del palacio, de la iglesia barroca y de los macizos de alegres flores y parterres dispuestos a su alrededor, en los que prosperan plantas exóticas gracias a la dulzura del clima.

Otro gran atractivo del lugar es su inmenso invernadero para mariposas, el mayor de Alemania, y la exposición floral, en la que se puede observar su evolución a lo largo de las estaciones.

★ Isla de Reichenau – *7 km al O.* En el año 724 san Pirmin fundó en esta isla el primer convento benedictino alemán de la margen derecha del Rin. Esta abadía fue el núcleo a partir del cual se desarrolló, con el transcurso de los siglos, un floreciente centro artístico y científico. Aquí se crearon en la época otoniana extraordinarias obras del arte de la iluminación. Los jardineros han convertido las 430 ha de la isla en un inmenso y fértil huerto, consagrado al cultivo de hortalizas. Pero el principal atractivo de Reichenau son sus tres iglesias.

La iglesia carolingia de San Jorge en **Oberzell**, que se distingue por su armoniosa estructuración en diferentes niveles, conserva magníficas **pinturas murales★★** realizadas hacia el año 1000.

En **Mittelzell**, la **colegiata de Santa María y San Marcos★**, cuya construcción se prolongó del s. VIII al XV, posee un antecuerpo oeste con torre. El aspecto macizo de esta última se contrarresta mediante una decoración de cornisas y frisos románicos. El **entramado del tejado** que cubre la nave, una obra de arte medieval realizada en madera de roble, merece una atención particular. Según los cálculos, los árboles se debieron talar hacia el año 1236, por lo que es posible que se trate del maderamen más antiguo de Alemania. En el presbiterio se puede contemplar una bella imagen de la Virgen en piedra arenisca, datada hacia 1300. El **tesoro★** posee entre sus objetos más valiosos un relicario de san Marcos (hacia 1305) de plata repujada con un baño de oro y esmalte.

En **Niederzell**, en el extremo oeste de la isla, se encuentra la antigua abadía de San Pedro y San Pablo (ss. XI-XII). Las pinturas murales del presbiterio, fechadas a principios del s. XII, representan a Cristo en la Gloria y en la parte inferior, a los Apóstoles y a los profetas.

LAHNTAL

Valle del LAHN – Hesse y Renania-Palatinado
Mapa Michelin n° 417 O 7-9

El valle inferior del Lahn, de trazado sinuoso, es un precioso paraje natural para realizar excursiones inolvidables. Sus boscosas laderas están jalonadas de románticos castillos, fortalezas y pequeñas localidades con una larga tradición histórica. Sus aguas profundas, aunque navegables, ya no son transitadas por las embarcaciones comerciales. El tramo más espectacular está situado en el gigantesco meandro de 7 km de longitud cerca de Balduinstein: las paredes de la garganta se aproximan entre sí, dejando un paso de apenas 700 m.

DE BAD EMS A WETZLAR *89 km – 4h30 aprox.*

Bad Ems – Esta célebre estación termal, especializada en el tratamiento de dolencias de las vías respiratorias, atrajo en el s. XIX a destacadas personalidades de la aristocracia europea. Este centro de veraneo, frecuentado por la alta sociedad de la época, contaba entre sus asiduos visitantes con el emperador Guillermo II. En la actualidad, las modernas instalaciones del balneario se integran a la perfección con la bella arquitectura decimonónica.

Una placa de mármol –conocida como la Benedettistein– empotrada en el pavimento junto al edificio del Staatliches Kurhaus recuerda el histórico encuentro celebrado el 13 de julio de 1870 entre Guillermo I y el embajador francés Benedetti, en el que el emperador alemán rechazó categóricamente la petición de que la dinastía Hohenzollern renunciara "para siempre" a ocupar el trono español. La publicación del **despacho de Ems**, en el que Bismarck informaba de los detalles de la conferencia, precipitó el conflicto bélico franco-prusiano de 1870/71.

LAHNTAL

Nassau – Esta pequeña localidad es la cuna del ducado de Laurenburg, dinastía de la que desciende la casa real holandesa (Nassau-Oranien). Se recomienda visitar el ayuntamiento (Adelsheimer Hof), la residencia solariega (Stammburg) de la familia Nassau, y el castillo Stein (casa natal de Carlos Baron de Stein, ministro de Estado prusiano fundador de la Universidad de Berlín).

Abadía de Arnstein – *1 km desde el puente de Obernhof*. La iglesia de este antiguo convento premonstratense posee un presbiterio románico, el oeste, y uno de estilo gótico, el este.

Balduinstein – Ruinas de una fortaleza que mandó edificar el conde Balduino de Luxemburgo, arzobispo de Tréveris, para emular a la fortaleza de Schaumburg.

Schloß Schaumburg ⊙ – Este **palacio** fue reconstruido imitando el estilo neogótico de las mansiones solariegas inglesas. Desde sus torres almenadas se disfruta de una bella **vista** del valle del Lahn.

Diez – El **palacio de Oranienstein** ⊙, que domina la pequeña localidad de Diez, fue construido entre 1672 y 1684 como residencia solariega de la casa real holandesa. En 1811 Napoleón despojó de su título de conde a Guillermo IV de Orange-Nassau –futuro Guillermo I, rey de los Países Bajos– por negarse a formar parte de la Confederación del Rin. En 1867 el palacio fue transformado en una Academia militar. En el castillo, que sirve de acuartelamiento a una brigada de blindados, se ha instalado el **Museo Orange-Nassau**, consagrado a la historia de este linaje *(para visitas dirigirse al puesto de guardia)*.

★ **Limburg** – *Ver este nombre.*

★ **Burg Runkel** – Desde el viejo puente del s. XV se ofrece una magnífica **vista**★★ de la fortaleza, cuyos toscos muros se confunden con la roca.

Weilburg – Esta pequeña ciudad barroca, antigua residencia de los condes de Nassau, está situada en un promontorio bañado por el Lahn. Entre los distintos edificios del **palacio** ⊙ renacentista destacan, sobre todo, la torre del reloj, coronada por una linterna, y una elegante galería (1543) de dos niveles: la inferior presenta dobles columnas de orden jónico, mientras que en la superior se abren ventanas separadas por columnas corintias. En el interior se pueden visitar cerca de 30 estancias. Posee un bello parque.

El **Museo Municipal y de la Minería** (Bergbau- und Stadtmuseum) ⊙ está consagrado a la explotación del hierro en el valle del Lahn, así como al arte y la cultura de la región.

Schloß Braunfels – Esta poderosa fortaleza, cuya construcción se prolongó durante ocho siglos, se distingue por sus numerosas torres y su cinturón amurallado que engloba "toda una ciudad". En el castillo se puede ver un bello mobiliario de los ss. XV al XIX, cuadros, tapices y una colección de armas. En un diaporama que se proyecta en la capilla se ilustra la historia de su construcción.

Wetzlar – *Ver este nombre.*

Weilburg an der Lahn

LANDSBERG AM LECH★

Baviera – 25.000 habitantes
Mapas Michelin nº 419/420 V 16

Situada en la antigua ruta comercial de Salzburgo a Memmingen, Landsberg desempeñó un papel económico y político importante durante la Edad Media como ciudad fronteriza entre Suabia y Baviera. La ciudad alcanzó una notable prosperidad gracias a los beneficios del comercio y a la recaudación aduanera. En sus torres fortificadas y en los vestigios de la muralla medieval se conserva el recuerdo de la villa de antaño.
Desde el paseo que avanza a la sombra de una arboleda por la orilla izquierda del Lech se obtiene una excelente vista, al llegar al Karolinenbrücke, del **emplazamiento**★ de la ciudad encaramada sobre la ladera.

QUÉ VER

★ **Marktplatz** – De planta triangular, la **plaza del Mercado** está bordeada de bellas casas patricias revocadas en tonos alegres. En el centro se alza la **fuente de Santa María** (Marienbrunnen), cuyo pilón de mármol está adornado con una estatua de la Virgen.

Rathaus – El **ayuntamiento** fue construido entre 1699 y 1702, pero la **fachada** fue realizada hacia 1720 por **Dominikus Zimmermann**, arquitecto de la iglesia de Wies y uno de los más notables artistas de la escuela de Wessobrunn; Zimmermann ocuparía años más tarde el cargo de alcalde de la ciudad. El frontón de este elegante edificio posee bellos estucos ornamentales.
En el flanco opuesto de la plaza se encuentra, integrada en una fila de casas, la **Schmalztor** (llamada también "Schöner Turm"), una puerta del s. XIV con una cubierta de tejas cerámicas y una torrecilla con linterna, que daba acceso a la ciudad alta. La empinada *Alte Bergstraße* conduce a la puerta de Baviera (Bayertor).

Bayertor – La **puerta de Baviera** (1425), con su antecuerpo decorado con pequeñas torretas y esculturas, es una de las puertas que mejor se conservan de esta época en Alemania. Por su lado exterior –flanqueado por el lienzo de muralla– está adornada con relieves que representan escudos de armas y una Crucifixión.

LANDSHUT★

Baviera – 58.660 habitantes
Mapa Michelin nº 420 U 20

La antigua capital del ducado de la Baja Baviera, situada a orillas del Isar, posee un núcleo medieval prácticamente intacto.
Las huellas de los duques de Wittelsbach del linaje Ingolstadt y Landshut, cuya vida de lujo y ostentación superó en muchas ocasiones a la de sus parientes muniqueses, se perciben por todos los rincones de la ciudad. Cada cuatro años Landshut conmemora con gran pompa y lujo el matrimonio principesco (1475) del hijo del duque Luis el Rico con Hedwige, hija del rey de Polonia *(ver Fiestas y eventos)*.

QUÉ VER

★ **Martinskirche** – La **iglesia de San Martín**, proyectada por el arquitecto Hans von Burghausen, es una construcción en ladrillo rojo levantada entre los ss. XIV-XV. La **torre**★★, de planta cuadrada, va disminuyendo conforme se eleva hasta sus 130 m de altura (la más alta del mundo en ladrillo) y adquiere forma octogonal en la cima. En sus muros exteriores se pueden ver lápidas sepulcrales. Sus cinco puertas de estilo gótico tardío poseen una rica decoración.
El interior, muy luminoso, se distingue por sus equilibradas proporciones. La bóveda, a 29 m de altura, se apoya en finos pilares octogonales. Sobre el altar de la nave lateral derecha se puede ver una *Virgen con el Niño* de Hans Leinberger (1518), que es autor además de la sillería del coro.

★ **Altstadt** – Los monumentos históricos más importantes de la ciudad se concentran en esta arteria, de trazado ligeramente curvo, que se extiende entre la iglesia de San Martín y el ayuntamiento, una calle bordeada de casas con soportales de los ss. XV-XVI. En la calle paralela, que por ser más moderna se llama "Neustadt", se pueden ver una gran variedad de frontones que derrochan gran fantasía en la decoración; algunas de sus fachadas fueron posteriormente "barroquizadas".

LANDSHUT

Casco antiguo de Landshut

Stadtresidenz ⓥ – Este palacio, que agrupa sus edificios en torno a un elegante patio porticado (1536-43), está situado frente al ayuntamiento. El conjunto arquitectónico se compone de dos cuerpos unidos entre sí por dos estrechas alas: el Edificio Alemán (Deutscher Bau) se orienta hacia la ciudad (mobiliario y elementos decorativos en su mayor parte del s. XVIII), y el Edificio italiano, de estilo renacentista (s. XVI), se abre al patio (grandes salas con techos de casetones).

Burg Trausnitz ⓥ – El **castillo de Trausnitz**, fundado en 1204, se transformó durante el Renacimiento en un palacio inspirado en los modelos italianos, con bellas galerías porticadas (1579). Las partes más interesantes son la capilla, con bellas esculturas de principios del gótico, la llamada "Alte Dürnitz", sala gótica, varias salas amuebladas y decoradas al gusto del s. XVI, así como la escalera de los Bufones (Narrentreppe), en cuyos cuadros se representan escenas de la *Comedia del arte italiana*. Desde la logia Söller se ofrece una magnífica **vista** de la ciudad y de la torre de la iglesia de San Martín.

LEIPZIG★

Sajonia – 450.000 habitantes
Mapa Michelin nº 418 L 21

La ciudad, situada en una depresión del terreno donde confluyen los ríos Weiße Elster y Pleiße, es célebre por sus ferias (primavera y otoño), sus congresos y sus numerosas actividades culturales.

APUNTES HISTÓRICOS

Las ferias de Leipzig – La primera referencia histórica de la localidad aparece en la crónica del obispo Thietmar de Merseburgo en 1015, al informar este último de la muerte del obispo de Meissen en la "Urbs Lipzi"; hacia 1165 el término municipal de Lipzk recibió el primer fuero municipal. Su emplazamiento en el cruce de importantes vías de comunicación, y la concesión de la carta de población por parte del margrave Otón el Rico –uno de los documentos jurídicos más antiguos del derecho feudal burgués– hicieron que Leipzig se convirtiera en una de las plazas comerciales más influyentes de la región. Desde el s. XII se tiene noticia de la celebración de ferias, que tenían lugar en el periodo comprendido entre Pascua y la fiesta de San

LEIPZIG

Miguel, a las que se sumó, en 1458, el mercado de Año Nuevo. Las ferias internacionales de Primavera y Otoño, simbolizadas por la célebre "M-Doble", se institucionalizaron en 1896.

La ciudad del libro – Uno de los primeros libros publicados en el mundo, la "Glossa super Apocalipsim" de Annio de Viterbo, fue impreso en Leipzig por un artesano itinerante de nombre Marcus Brandis en 1481. En 1825 se fundó la "Bolsa del comercio del libro alemán" y, unos años después, la Biblioteca Alemana (Deutsche Bücherei) y el Museo Alemán del Libro y de la Escritura (1912). En la ciudad se celebran anualmente dos acontecimientos relacionados con el mundo de las letras: la Exposición Internacional del Libro artístico y la Feria del libro más bello del año. En la actualidad existen 35 editoriales, entre las que figuran las prestigiosas Kiepenheuer, Brockhaus y Reclam.
La ciudad disfruta igualmente de una merecida fama en el campo de la música, con prestigiosas instituciones como el **Coro de la iglesia de Santo Tomás** (Thomanerchor), la orquesta de la Gewandhaus, y la Escuela Superior de Música "Felix Mendelssohn-Bartholdy".

Estaciones de ferrocarril con encanto...

En 1995 comenzaron las obras de rehabilitación de la estación de ferrocarril de Leipzig –una de las terminales más transitadas del tráfico ferroviario de Europa– ante el evidente estado de abandono que presentaban. En el espacio de dos años se restauraron las instalaciones y se construyó una superficie comercial de 30.000 m^2 distribuidos en dos plantas. Al llegar a la ciudad en ferrocarril, el viajero queda impactado ante esta catedral del consumo, alojada en un edificio de 1915 formado por una gigantesca nave transversal de 267 m de largo y 32 m de ancho y dos inmensos vestíbulos de entrada. Aunque en esta superficie se han instalado 130 tiendas, el proyecto ha tenido en cuenta un detalle importante en el complejo arquitectónico: una cita con el arte. En efecto, *El Luminator* de Jean Tinguely no pasa inadvertido al viajero en este bullicioso templo de los negocios.

Alojamiento

Fürstenhof – *Tröndlinring 8* – ☎ *03 41/14 00* – *fax 03 41/1 40 37 00* – *92 hab* – *individuales desde 218 €*. Pequeño hotel de lujo alojado en un palacete urbano de 1770; situado al borde del centro urbano en una bonita zona de baño.

Michaelis – *Paul-Gruner-Straße 44* – ☎ *03 41/2 67 80* – *fax 03 41/2 67 81 00* – *59 hab* – *individuales desde 75 €*. Casa restaurada con instalaciones modernas.

Am Bayerischen Platz – *Paul-List-Straße 5* – ☎ *03 41/14 08 60* – *fax 03 41/1 40 86 48* – *32 hab* – *individuales desde 56 €*. Hotel confortable situado en el centro de la ciudad.

Ibis – *Brühl 69* – ☎ *03 41/2 18 60* – *fax 03 41/2 18 62 22* – *126 hab* – *individuales desde 72 €*. Hotel cómodo situado en el centro.

Vivaldi – *En Leipzig-Eutritzsch, Wittenberger Straße 87* – ☎ *03 41/9 03 60* – *fax 03 41/9 03 62 34* – *107 hab* – *individuales desde 62 €*. Hotel moderno bien comunicado.

Restaurantes

Kaiser Maximilian – *Neumarkt 9* – ☎ *03 41/9 98 69 00* – *fax 03 41/9 98 69 01* – *menús desde 17 €*. Restaurante céntrico con cocina italiana.

Auerbachs Keller – *Grimmaische Straße 2* – ☎ *03 41/21 61 00* – *fax 03 41/2 16 10 11* – *menús desde 10,50 €*. Bodega histórica del s. XVI en el pasaje Mädler, carta gastronómica regional.

Coffebaum – *Kleine Fleischergasse* – ☎ *03 41/9 61 00 61* – *fax 03 41/9 61 00 30* – *menús desde 10,50 €*. Hostería tradicional de 1645 con un museo del Café.

Weinstock – *Marktplatz 7* – ☎ *03 41/14 06 06 06* – *fax 03 41/14 06 06 07* – *menús desde 11,50 €*. Restaurante instalado en un antiguo establecimiento bancario del s. XVI; bar, taberna y bodega.

Thüringer Hof – *Burgstraße 19* – ☎ *03 41/9 94 49 99* – *fax 03 41/9 94 49 33* – *menús desde 9,50 €*. Hostería alojada en un edificio restaurado de 1454, gastronomía tradicional.

LEIPZIG

PLAZA DEL MERCADO (MARKT)

* **Altes Rathaus (Ayuntamiento Viejo)** – Este alargado edificio de una sola planta, uno de los primeros ayuntamientos renacentistas de Alemania, posee una bella fachada de soportales que se abre a la plaza y un alto tejado con buhardillas. Fue construido en 1556 según el proyecto de Hieronymus Lotter, arquitecto y burgomaestre de Leipzig, y restaurado por primera vez en 1672. En la torre que corona la puerta principal se encuentra el llamado "balcón de los pregones" (Verkündigungsbalkon) o "salida de los músicos" (Bläseraustritt), lugar que ocupaba la banda municipal para animar las fiestas locales. En el ayuntamiento está alojado el **Museo de Historia de la Ciudad** (Stadtgeschichtliches Museum). ⊙.

* **Thomaskirche** – La **iglesia de Santo Tomás**, citada por primera vez en la carta fundacional del convento de canónigos agustinos en 1212, adquirió su aspecto actual de iglesia gótica de tipo salón a finales del s. XV. La iglesia es célebre porque en ella está enterrado (desde 1950) **Johann Sebastian Bach**, maestro cantor durante 27 años, y por su prestigioso coro **(Thomanerchor)**. Éste se creó en 1212 en el Colegio de Santo Tomás y constaba en principio de 12 miembros. Hoy cuenta con cerca de 80 cantores que actúan los viernes a las 18 (coro vespertino), los sábados a las 15 (música coral sacra y cantatas de Bach) y en la misa dominical de las 9.30. Delante de la iglesia se alza el **monumento a Bach**, obra de Carl Seffner (1908).

Músicos en Leipzig

Johann Sebastian Bach vivió en Leipzig desde 1723 hasta su muerte en 1750. Como cantor y director musical de la iglesia de Santo Tomás, Bach fue el máximo responsable de la actividad musical de la ciudad. A este genial compositor se deben 200 cantatas religiosas, 3 oratorios, 2 pasiones oratoriales, 5 misas, 1 magnificat, 6 motetes y 190 corales para cuatro voces.

Bach había caído en el olvido cuando **Felix Mendelssohn-Bartholdy** fue nombrado Maestro de Capilla en la orquesta de la Gewandhaus de Leipzig en 1835. En la década que ocupó el cargo, la ciudad se transformó en un centro musical de renombre internacional. El compositor realizó una excelente labor de recuperación de obras antiguas, entre otras varias de Bach, a quien rindió homenaje en 1829 dirigiendo la interpretación de su *Pasión según San Mateo*.

Clara Wieck y **Robert Schumann** residieron los primeros años de su matrimonio en un bello edificio neoclásico de la Inselstraße (nº 18) de Leipzig, convertido en la actualidad en monumento conmemorativo. Aquí compuso Schumann, entre otras obras, la *Sinfonía de la primavera*.

Bachmuseum ⊙ – *Thomaskirchhof 16*. El **Museo y el Archivo de Bach** están instalados en un edificio, construido en 1586 y reformado en el s. XVIII, que fue la residencia de la familia Bose, con la que Bach mantuvo una estrecha amistad. En el museo se ilustra la vida, la obra y el legado del gran compositor, destacando, sobre todo, la etapa de su carrera artística desarrollada en Leipzig.

* **Alte Börse** – *Naschmarkt*. El edificio de la **Bolsa**, construido entre 1678 y 1687 según los planos diseñados por el arquitecto Johann Georg Starcke, fue el primer edificio de estilo barroco construido en Leipzig. Antiguamente era el lugar de reunión de los comerciantes de la ciudad, pero en la actualidad se utiliza como salón de fiestas y recepciones.
El monumento conmemorativo, que representa a **Goethe** en su época de estudiante en Leipzig, es obra (1903) de Carl Seffner.

** **Museum der Bildenden Künste (Museo de Bellas Artes)** ⊙ – *Grimmaische Straße 1-7*. Este museo alberga una de las colecciones más importantes de arte europeo en Alemania, con obras que abarcan desde finales de la Edad Media hasta la actualidad. Mientras concluyen las obras de la nueva sede en la Sachsenplatz, las colecciones están expuestas en el Salón Ferial Unterschlupf. El nuevo museo se ha instalado en un edificio en forma de cubo de cristal de 43 m de altura.

Antiguos maestros alemanes: **Maestro Francke** (*Cristo Varón de dolores*, hacia 1425), **Lucas Cranach el Viejo**. (*Retrato de Lutero representado como el Caballero Jörg*, 1521), **Cranach el Joven**, Hans Baldung Grien (*Las siete etapas de la vida de la mujer*, 1544).
Pintura flamenca: Escuela de Jan-van-Eyck (*Retrato de un anciano*, 1430-40), **Rogier van der Weyden** (*La Visitación*, hacia 1435), Gerard Honthorst, círculo de Rembrandt (*Retrato*, hacia 1653), **Frans Hals** (*El Mulato*, hacia 1630), van Goyen, van Ostade, van Ruisdael.
Pintura italiana: Cima da Conegliano, Francesco Francia, **Tintoretto** (*Resurrección de Lázaro*, hacia 1565).
Pintura alemana: Anton Graff, **J.F.A. Tischbein**, J.A. Koch, **C.D. Friedrich** (*Etapas de la vida*, hacia 1835), Carl Spitzweg, Moritz von Schwind, Arnold Böcklin (*La isla de la muerte*, hacia 1886), Max Liebermann (*Las fabricantes de conservas*, 1879), Max Klinger (*La hora azul*, 1890), Wilhelm Leibl.
Esculturas de Balthasar Permoser, Bertel Thorvaldsen, Augusto Rodin, Max Klinger. La **colección de estampas** ofrece una panorámica exhaustiva de la evolución del diseño gráfico desde finales de la Edad Media (Martin Schongauer) hasta nuestros días.

Red de pasajes

Resulta agradable deambular por los pasajes cubiertos con estructuras acristaladas característicos de Leipzig. Muchos de ellos han sido restaurados de manera ejemplar y ofrecen tanto a la población local como a los turistas un marco variopinto para realizar compras y tomar copas.

Mädlerpassage – *Enfrente del Naschmarkt*. Es el más elegante y célebre, entre otras razones porque allí se encuentra la **Auerbach Keller**, la bodega que inmortalizó el poeta Goethe en su obra *Fausto*, que tiene fama de servir buenas comidas. Antes de bajar a los sótanos del local, conviene echar una ojeada a los dos grupos escultóricos en bronce, realizados por Matthieu Molitor, que representan a Fausto, Mefistófeles y Zecher.

Specks Hof – *Schuhmachergäßchen*. La restauración de esta galería construida en 1911 suscitó algunas controversias, pero la solución final complació a casi todos: se conservó lo antiguo y los elementos nuevos se integraron discretamente. Specks Hof desemboca en la **Hansahaus**, con su patio de ladrillo cocido.

Strohsack – Este pasaje de diseño moderno comunica la Nikolaistraße con la Ritterstraße. Es curioso el reloj instalado en el pavimento.

Steibs Hof – *Entre Brühl y Nikolaistraße*. La galería, con sus patios revestidos de azulejos blancos y azules, fue edificada en 1907 por encargo de un comerciante de pieles. Hasta los años 30 Leipzig fue un importante centro de la industria de curtidos en Europa.

Jägerhofpassage – *Entre Hainstraße y Großer Fleischergasse*. En este pasaje decorado con azulejos color marfil, una obra tardía del Jugendstil (1913-1914), se ha instalado una sala de cine.

Katharinenstraße – En la parte oeste de esta calle se conservan algunas casas burguesas de estilo barroco, entre las que destaca sin duda la **Romanushaus** (*en la esquina con Brühl*), edificada entre 1701 y 1704 según los planos de Johann Gregor Fuchs para el burgomaestre Franz Conrad Romanus. Los inmuebles contiguos (*nºs 21 y 19*) datan de mediados del s. XVIII y presentan elegantes fachadas. La Fregehaus (*nº 11*), también proyectada por Fuchs, perteneció al adinerado banquero Christian Gottlob Frege, el Fugger de Leipzig, cuyo emporio comercial había diseminado sedes por Europa y el continente americano.

Nikolaikirche – *Nikolaistraße*. La **iglesia de San Nicolás**, construida originalmente en estilo románico, ha sufrido numerosas transformaciones a lo largo de la historia: el presbiterio gótico y las torres occidentales datan del s. XIV, la triple nave de estilo gótico tardío, recorrida por una galería de dos niveles, es de 1523-26, y la torre central, del año 1555.

LEIPZIG

Am Hallischen Tor	**AY** 3
Grimmaischer Steinweg	**BZ** 12
Grimmaische Straße	**ABZ** 13
Große Fleischergasse	**AY** 14
Katharinenstraße	**AY** 18
Klostergasse	**AY** 21
Kupfergasse	**AZ** 23
Mädlerpassage	**AZ** 24
Naschmarkt	**AY** 26
Otto-Schill-Straße	**AZ** 27
Pfaffendorfer Str.	**AY** 28
Preußgäßchen	**AZ** 29
Ratsfreischulstr.	**AZ** 30
Reichsstraße	**AY** 31
Schloßgasse	**AZ** 33
Schuhmachergäßchen	**ABY** 34
Schulstraße	**AZ** 35
Specks Hof	**ABY** 38
Steibs Hof	**BY** 39

Ägyptisches Museum	**AZ M¹**
Goethe-Denkmal	**AY A**
Museum der bildenden Künste	**AY M³**
Museum in der Runden Ecke	**AY M²**
Universität	**BY U**
Zeitgeschichtliches Forum Leipzig	**AZ M⁴**

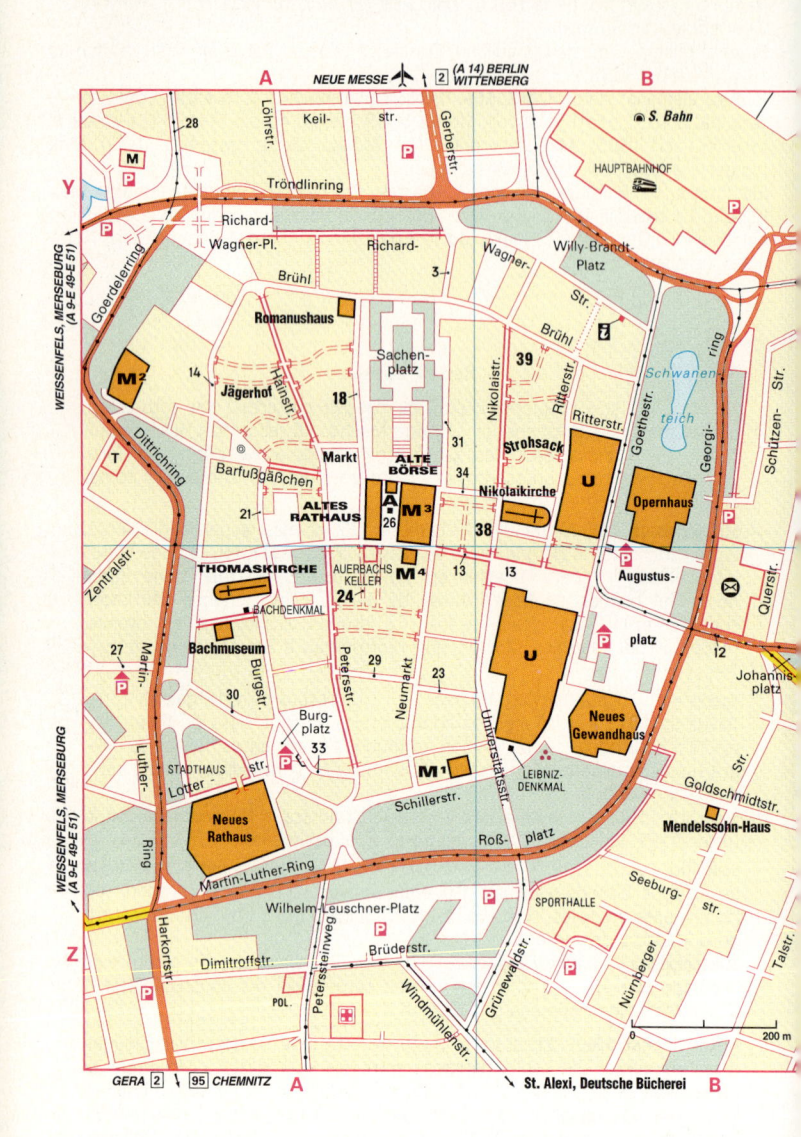

La **decoración interior**★ (1784-1797) clasicista, realizada por Carl Dauthe, es digna de mención. La configuración del espacio es a la vez grandiosa y teatral: el extremo de las columnas acanaladas, en tonos claros, adopta forma de palmera de color verde pastel; la bóveda está compartimentada en casetones rosa pálido con decoración floral de estuco. Los 30 cuadros que se muestran en los atrios y el presbiterio son obra de Adam Friedrich Oeser, un artista coetáneo de Dauthe. El Crucifijo de madera de estilo románico tardío que se alza en el presbiterio es la pieza de arte más antigua de Leipzig. El órgano (1858-1862) es obra del célebre fabricante de órganos Friedrich Ladegast.

La oración de los lunes

Desde 1982 la iglesia de San Nicolás congregaba todos los lunes a las 17 h a un grupo de personas para orar por la paz. A estas plegarias acudían cristianos o fieles de otras creencias religiosas, jóvenes o ancianos, unas veces se reunía una multitud, en otras ocasiones apenas un puñado. En el verano de 1989, cuando comenzó la ola de emigración de la República Democrática Alemana, estos rezos cobraron un mayor significado. De hecho, desde el mes de mayo se había establecido un control policial en las calles de acceso y adyacentes a la iglesia de San Nicolás, pero aun así las 2.000 plazas de la iglesia no eran suficientes para acoger a la gente. Al salir del templo se producían numerosas detenciones, de forma que la tensión fue "in crescendo" y poco a poco se hizo insostenible. Tras las cargas lanzadas el 7 de octubre por personal uniformado contra un grupo de manifestantes indefensos, en la cita para la oración del lunes 9 de octubre se temía lo peor: 1.000 "agentes del orden" estaban convocados para acudir al lugar de las reuniones. Cuando la gente abandonó el templo, se encontró una muchedumbre que los esperaba en la plaza con velas encendidas. Y el milagro de una revolución pacífica se hizo realidad. Un miembro del Comité central del SED (Sozialistische Einheitspartei Deutschland) comentaría tiempo después: "Lo teníamos todo planificado y estábamos preparados para cualquier eventualidad. Lo que no podíamos esperar eran velas y oraciones".

ALEDAÑOS DE LA AUGUSTUSPLATZ

En el flanco norte de la plaza se alza el edificio de la **Ópera**. Construido entre 1956 y 1960, este auditorio es célebre por su excelente acústica y su innovadora estructura arquitectónica.

El flanco oeste está ocupado por la **Krochhaus**, primer rascacielos levantado en la ciudad (1928-1929). El edificio está rematado con una réplica del *Mori*, el campanario de la torre de Venecia. Pero la construcción más llamativa de esta plaza es la sede de la **Universidad de Leipzig** (alt. 142 m), de 1973. En el lado oeste del conjunto (Paraninfo) se ha incorporado la Schinkeltor (1836), obra de Karl Friedrich Schinkel y E. Rietschel.

Al S de este edificio y próximo al Museo Egipcio se encuentra el **Monumento a Leibnitz**.

Neues Gewandhaus – Esta **sala de conciertos** al S de la plaza fue inaugurada en 1981. Más de 1.900 espectadores tienen plaza para escuchar a la orquesta de la Gewandhaus. El busto de Beethoven (1902) es obra del artista local **Max Klinger**. La **fuente de Mende** (Mendebrunnen, 1886) que se alza frente al edificio representa una alegoría del agua.

Orquesta de la Gewandhaus

La Orquesta de la Gewandhaus no fue en su origen una agrupación musical cortesana, como la Staatskapelle de Dresde y otras muchas orquestas de la época barroca, sino que fue fundada por ciudadanos acaudalados y comerciantes de Leipzig en 1743. En 1781, la banda se reunía en la sede del Gremio de fabricantes de paños –de aquí procede su nombre, pues Gewandhaus significa en alemán corporación de tejedores–, que tenía un aforo para 500 personas. A lo largo de su historia, la Gewandhaus fue el escenario donde se estrenaron obras maestras de grandes compositores como Beethoven (*Triple concierto en Do Mayor*), Franz Schubert (*Sinfonía en Do Mayor*), Felix Mendelssohn-Bartholdy (*Sinfonía Escocesa*) y Brahms (*Concierto para violín en Re Mayor*). En 1884, el gobierno municipal mandó construir un Auditorio para la Orquesta, que conservó, sin embargo, su nombre original ("Gewandhausorchester"). En 1944, el edificio fue destruido por un bombardeo, y hasta la construcción de la tercera sala de conciertos en 1981, la orquesta actuó durante años en el Palacio de Congresos (Kongreßhalle).

En 1998, se sumó a la larga lista de ilustres "maestros de capilla" –entre los que figuraron Felix Mendelsohn Bartholdy, Arthur Nikisch y Kurt Masur– el sueco Helmut Blomstedt, su actual director.

LEIPZIG

Grassi-Museum – *Johannisplatz*. Este gran complejo museístico, con sus cuatro patios interiores, fue construido por los arquitectos Carl William Zweck y Hans Voigt entre 1925 y 1929 en estilo expresionista. Mientras se realizan las obras de acondicionamiento del inmueble (previstas hasta 2004) según un proyecto de reforma elaborado por el arquitecto inglés David Chipperfield, las tres importantes colecciones que alberga el museo Grassi se expondrán en diferentes edificios de la ciudad.

★ **Museum für Kunsthandwerk** (Museo de Artesanía) ⊙ – *Neumarkt 20*. En sus salas se expone una colección de artesanía europea desde la Edad Media hasta la 1ª mitad del s. XX: mobiliario (armario fabricado en Nüremberg, s. XVI), porcelanas (Meissen) y cristal (Venecia, Bohemia); también destacan algunos objetos de estilo Jugendstil (Gallé, Lalique) y los trabajos de los talleres vieneses. Una pieza verdaderamente singular de la exposición es la graciosa marioneta articulada (1521) manufacturada en madera de boj.

★ **Museum für Völkerkunde** (Museo de Etnología) ⊙ – *Berliner Straße 11-13*. Este museo, uno de los más antiguos e importantes de Europa en su género, está dedicado a la cultura, modos de vida y costumbres de los pueblos de Asia, África, América, Australia y Oceanía.

★ **Musikinstrumenten-Museum** (Museo de Instrumentos Musicales) ⊙ – Es la colección más importante de Europa después de la de Bruselas. En ella se muestran instrumentos musicales de cinco siglos. Entre los más curiosos figuran un clavicordio veneciano de 1543 (el más antiguo del mundo), una espineta (1693), un piano de cola fabricado en Florencia (1726) y una guitarra de Antonio Mariani (Venecia, 1680) con bellas incrustaciones de nácar.

Y ADEMÁS

Neues Rathaus (Ayuntamiento Nuevo) – El edificio, construido entre 1899 y 1905 sobre los cimientos del antiguo castillo de Pleißenburg, presenta elementos renacentistas y barrocos, conjugados con algunos detalles arquitectónicos modernos.

Museum in der Runden Ecke ⊙ – En este museo se puede ver una exposición con el tema *Stasi: poder y trivialidad*, en la que se muestran los aspectos sorprendentes del funcionamiento del aparato de represión (Stasi) de la desaparecida República Democrática Alemana. El antiguo Ministerio del Interior germano-oriental (Ministerium für Staatssicherheit) contaba con 85.000 colaboradores que ejercían un control absoluto sobre la población. Un comité ciudadano ha organizado esta exposición en las primitivas dependencias de la antigua Dirección Territorial de la Stasi en Leipzig, que tenía su sede en este edificio.

¿Le apetece un café?

El **Café zum Arabischen Coffebaum** (*en la confluencia de la Barfußgäßchen y la Kleine Fleischergasse*) le ofrece algo más que un trago de este exótico brebaje. Considerado como el café más antiguo de Europa, este establecimiento que solía frecuentar Goethe, Klopstock, Robert Schumann y Richard Wagner, sigue atrayendo hoy en día a personas sensibles al mundo del arte. El local, en el que se ha instalado un interesante **Museo de Historia de la Cultura del Café**, está rodeado, además, por un café oriental, un café vienés y otro café típicamente parisino.

El **Kaffeehaus Riquet**, situado en la Schuhmachergäßchen 1, llama la atención por su aspecto. El tejado de este estrecho edificio está coronado por una linterna en forma de pagoda y la puerta de entrada está vigilada por dos cabezas de elefante. Pero el interior no es tan exótico: el ambiente es el típico de un café vienés.

Finalmente, el **Café Maître** de la Karl-Liebknecht-Straße es un buen ejemplo de decoración modernista para aquellos que se interesen por el estilo Jugendstil. Además, el establecimiento conserva entre sus paredes un poco del espíritu del viejo Leipzig.

ANTIGUO CAMPO FERIAL *Acceso por la Windmühlenstraße*

El antiguo terreno de la feria se extiende entre el Deutsche Platz y el parque Wilhelm-Külz, al SE de la ciudad.

Völkerschlachtdenkmal (Monumento de la Batalla de las Naciones) ⊙ – *Por la Johannisplatz*. Este monumento, cuya construcción duró 15 años, fue levantado con motivo de la celebración centenaria de la victoria aliada (batalla de Leipzig) sobre la armada de Napoleón, e inaugurado en 1913. El simbólico mausoleo, la cripta y el panteón de las glorias del país, presidido por cuatro figuras colosales, recuerdan a todos los soldados que murieron en 1813 por la libertad y la paz de Europa. *Quinientos escalones conducen hasta la plataforma panorámica, que ofrece una vista de la ciudad y de sus alrededores.*

St. Alexi-Gedächtniskirche (Iglesia a la memoria de San Alejandro) – *Philipp-Rosenthal-Straße*. Esta iglesia (1912-13) del arquitecto W.A. Pokrowski se construyó al estilo de la antigua Rusia en honor a los 22.000 soldados muertos en la batalla de las Naciones.

Deutsche Bücherei (Biblioteca Alemana) – *Deutscher Platz*. Esta biblioteca fundada en 1912 reúne una colección de obras literarias escritas en lengua alemana, cuyos fondos ascienden en la actualidad a 7,5 millones de títulos. Alberga, además, el **Museo Alemán del Libro y la Escritura** (Deutsches Buch- und Schriftmuseum), que ilustra la historia del libro.

- ⊙ ▶▶ Ägyptisches Museum (Museo Egipcio) – Mendelssohn-Haus (Casa de Mendelssohn) – Zeitgeschichtliches Forum Leipzig (Forum Histórico de Leipzig) (*Grimmasche Straße 6*).

LEMGO ★

Renania Septentrional-Westfalia – 42.000 habitantes
Mapa Michelin nº 417 J 10

Lemgo fue fundada a finales del s. XII por el noble Bernhard zur Lippe. Sus murallas defensivas, construidas en 1365, subsisten en perfecto estado. Como la ciudad apenas sufrió daños durante la II Guerra Mundial, conserva un rico patrimonio arquitectónico de finales del gótico y del Renacimiento que refleja la prosperidad económica del pasado. En la actualidad, las principales actividades económicas son la producción maderera, la fabricación de instrumental y prótesis dentales y la construcción de maquinaria de repuestos de automóviles y de instalaciones de alumbrado.

★ EL CASCO ANTIGUO

Entre al núcleo histórico por la puerta del Este (Ostertor) y avanzar por la Mittelstraße, que lo atraviesa de E a O. Preste atención a la fachada de la casa nº 17 (bellas esculturas en madera rematan el edificio de cuatro plantas) y al nº 36, llamada la "Casa de los Planetas" (Planetenhaus).

★★ Rathaus – La arquitectura del edificio, poco habitual para un **ayuntamiento**, consta de ocho cuerpos yuxtapuestos decorados con bellos frontones, miradores y arcadas. La fachada de esta antigua farmacia de estilo renacentista presenta en la primera planta los bustos de diez filósofos y médicos célebres, desde Aristóteles a Paracelso. Bajo las arcadas del cuerpo central se celebraron siniestros procesos contra la brujería hacia 1670.

Gire a la izquierda en Breite Straße.

Hexenbürgermeisterhaus (Casa del Burgomaestre de la Hechicería) ⊙ – *Breite Straße 19*. Esta casa, construida entre 1568 y 1571, es un magnífico ejemplo de arquitectura urbana de estilo Renacimiento del Weser. El edificio, con una magnífica fachada, alberga el **Museo Municipal** (Städtisches Museum), en el que se presenta una exposición que ilustra el hábitat, la vida cotidiana, la artesanía y la industria locales. Existe una sección especial dedicada a la historia de la persecución de la brujería en Lemgo.

Marienkirche (Iglesia de Santa María) – Construida entre finales del s. XIII y principios del XIV (hacia 1260-1320), esta iglesia de tres naves de estilo gótico posee varios órganos renacentistas –de los más antiguos de Alemania– adornados con magníficas tallas en madera. También son interesantes la pila bautismal (1592), el púlpito (1644) y una cruz triunfal (hacia 1500).

Regrese por Papenstraße, situada a la derecha.

LEIPZIG

La caza de brujas en Lemgo

En tiempos de la Inquisición la herejía y la brujería se castigaban con la pena de muerte. En Lemgo y su comarca se desarrollaban regularmente campañas en las que se perseguía de forma implacable a todo aquel sospechoso de hechicería. Esta actitud obsesiva e intolerante cobró un gran impulso en el s. XV merced a los sólidos apoyos teológicos, jurídicos e institucionales que recibió. Éstos estimularon los grandes procesos y las abundantes penas de hoguera que se dictaron en el mundo germánico a lo largo de ese siglo. La represión de la brujería recibió un nuevo y trascendental aval en 1487: el predicador dominico Jakob Sprenger publicó su célebre *"Malleus maleficarum"*, un manual que dictaba técnicas y normas de extraordinario rigor y crueldad para la localización, delación, proceso y destrucción de los supuestos cultivadores de la hechicería. Entre 1564 y 1681 fueron víctimas de las torturas y la represión más de 200 personas en Lemgo. El burgomaestre Herrmann Cothmann se labró la reputación de sanguinario y brutal como director del tribunal de la Inquisición.

Las persecuciones cesaron a partir del momento en que una joven resistió la tortura a la que fue sometida, fue expulsada de la villa y denunció a sus verdugos ante el Tribunal del Imperio.

St. Nicolaikirche (Iglesia de San Nicolás) – Esta iglesia, consagrada al patrón de los comerciantes, se comenzó a construir en el s. XIII y en ella se conjugan elementos estilísticos románicos (tímpano con tres figuras en la nave lateral derecha; tríptico de piedra en la nave lateral izquierda) y góticos (pinturas murales, claves de las bóvedas). El púlpito y la pila bautismal son renacentistas (hacia 1600).

Por la Papenstraße se vuelve al punto de partida del recorrido.

Y ADEMÁS

★ **Junkerhaus (Casa de Karl Junker)** ⊙ – *Hamelner Straße 36*. La casa del arquitecto Karl Junker (1850-1912), aunque es un claro ejemplo de la corriente artística del Jugendstil, lleva la huella de su estilo particular. El valor emblemático de la línea en movimiento –característico del modernismo– se manifiesta en este edificio en la distribución interior del espacio, que juega con distintas formas espirales que alternan continuamente el sentido del giro. Esta alternancia crea un efecto sorpresa en el visitante. La decoración plástica y pictórica (obsérvense los medallones puntillistas del techo) juega igualmente con el espectador: la percepción de la imagen varía según el punto de mira.

Schloß Brake – *Schloßstraße 18*. La construcción del **castillo Brake** se prolongó desde el ss. XII al XIX, aunque el estilo predominante es el del Renacimiento del Weser. Por eso parece muy acertada la elección de este edificio para alojar el **Weserrenaissance-Museum** ⊙. En este museo se ilustran diversos aspectos artísticos y culturales del periodo comprendido entre el movimiento de la Reforma y la guerra de los Treinta Años.

EXCURSIÓN

Herford – *20 km al O*. Esta localidad, situada entre los montes del Teutoburger Wald y el Weser, formó parte en el s. XVII de la Liga de la Hansa. Su núcleo histórico posee un bello conjunto de **casas de vigas entramadas** construidas entre los ss. XVI-XVIII.

Münsterkirche (Colegiata) – Este santuario de estilo románico tardío (1220-80) es la iglesia de tipo salón más antigua de Westfalia. La parte gótica añadida posteriormente presenta grandes ventanales de tracería.

Johanniskirche – El interior de la **iglesia de San Juan** llama la atención por su **decoración**★ del s. XVII: bellas esculturas en madera policromada donadas por las corporaciones de artesanos –cuyos emblemas aparecen representados en las obras– adornan las tribunas del coro, la sillería y el púlpito. También llaman la atención las vidrieras de los ventanales del presbiterio (s. XV).

LIMBURG AN DER LAHN★

Hesse – 35.000 habitantes
Mapa Michelin nº 417 O 8

La pequeña ciudad medieval de Limburg, situada entre el macizo del Taunus, al SE, y la cadena montañosa del Westerwald, al NO, está dominada por la esbelta silueta de su grandiosa catedral, que se alza a orillas del río Lahn. La construcción de un puente aduanero en 1315 proporcionó gran riqueza a la ciudad, que posee un casco antiguo, declarado de interés histórico, con casas de vigas entramadas de los ss. XIII al XVIII.

★CATEDRAL *30 min*

Construida sobre una roca, **la catedral de San Jorge** destaca tanto por su pintoresco **emplazamiento★★** como por su arquitectura: es el ejemplo clásico del estilo de transición del románico al gótico que se difundió en Alemania entre 1210 y 1250.

El orden exterior y el diseño de la planta, aún románicos, son los característicos de las catedrales renanas. El interior, por el contrario, presenta una estructura gótica compleja claramente inspirada en la arquitectura de la catedral de Laon (Francia): superposición de tribunas, triforio, altos ventanales y pequeñas ventanas lucernario en la parte superior; los capiteles de capullo son típicos del gótico primitivo francés. El templo se cubre con una bóveda de crucería. Sobre el crucero se eleva una torre octogonal. En fechas recientes se descubrieron y restauraron magníficos frescos del románico tardío que decoraban la catedral primitiva.

Desde la terraza del **cementerio** (Friedhofsterrasse) en la parte norte de la iglesia se obtiene una hermosa **vista★** del curso del Lahn, del viejo puente sobre el río y del viaducto sobre la autopista.

★Diözesanmuseum (Museo Diocesano) Ⓥ – *Domstraße 12.* El museo y el Tesoro, alojados en un edificio histórico, poseen una rica colección de arte sacro, entre cuyas piezas destacan la llamada Limburger Staurothek, una Cruz-relicario bizantina del s. X, y el báculo-relicario dorado de San Pedro, realizado en Tréveris en el año 980 para el arzobispo Egbert. En la sección de escultura medieval se puede ver una conmovedora imagen del *Descendimiento de la Cruz* (Dernbacher Beweinung), obra en terracota que data de 1415 aproximadamente.

Y ADEMÁS

★Casco antiguo (Altstadt) – En el barrio antiguo se conserva un importante conjunto de monumentos históricos, en gran parte de casas de vigas entramadas

Limburg an der Lahn

(*Domplatz, Fischmarkt, Brückengasse, Römer, Rütsche, Bischofsplatz*). En la *Fahrgasse* se puede ver el llamado Walderdorffer Hof, una imponente construcción renacentista de cuatro alas.

LINDAU IM BODENSEE★★

Baviera – 24.000 habitantes
Mapa Michelin nº 419 X 13

Las pintorescas calles medievales y su emplazamiento en una isla del lago de Constanza constituyen los principales atractivos de esta antigua ciudad libre del Imperio (1275-1802). Lindau "im Bodensee" (en el lago), que no "am Bodensee" (a orillas del lago), como es el caso de las ciudades vecinas de Meersburg y Überlingen, engloba en sus murallas numerosas casas burguesas decoradas con frontones. La arquitectura del casco antiguo testifica su prosperidad en la época en la que la ciudad desempeñó un papel de primer orden en las relaciones comerciales con las regiones de Europa meridional, particularmente con Italia. Esta pequeña ciudad isleña, que forma parte de la ruta alemana de los Alpes, tiene, sin embargo, un cálido aire mediterráneo. La proximidad de Austria y la atmósfera distendida son otros de los atractivos que justifican su importancia como centro turístico.

LIMBURG AN DER LAHN

Alojamiento

Brugger – *Bei der Heidenmauer 11* – ☎ *0 83 82/9 34 10* – *fax 0 83 82/41 33* - *23 hab* – *individuales desde 44 €*. Situado junto a la muralla, negocio familiar.

Lindauer Hof – *Seepromenade* – ☎ *0 83 82/40 64* – *fax 0 83 82/2 42 03* - *30 hab* – *individuales desde 67 €*. Hotel histórico, situado junto al puerto. Elegante decoración, y jardín en el paseo a orillas del lago.

UN CAPRICHO

Bayerischer Hof – *Seepromenade* – ☎ *0 83 82/91 50* – *fax 0 83 82/91 55 91* - *100 hab* – *individuales desde 108 €*. Un gran clásico en el paseo de lago.

Restaurante

Hoyerberg-Schlössle – *Hoyerbergstraße 64* – ☎ *0 83 82/2 52 95* – *fax 0 83 82/18 3* – *menús desde 23,50 €*. Pequeño palacete histórico (no dispone de alojamiento), situado en el Hoyerberg, con excepcionales vistas del lago de Constanza y de los Alpes. Exquisita cocina.

QUÉ VER

Stadtmuseum Lindau ⓥ – El **Museo Municipal** de Lindau, instalado en la casa **Cavazzen★** (1729) –modelo de arquitectura barroca burguesa–, posee una colección de pinturas y esculturas, y dedica una sección a la decoración de interiores y a la artesanía; también exhibe un interesante conjunto de instrumentos musicales mecánicos.

Maximilianstraße – La arteria principal del casco antiguo está bordeada por una sucesión de casas pintorescas y de tabernas tradicionales. Las fachadas estrechas de vigas entramadas y con miradores, características del valle alpino del Rin y del Vorarlberg, se mezclan con los edificios de frontones escalonados típicos de la vieja Suabia, entre los que destaca el antiguo **ayuntamiento**.

Gire a la derecha por la Zeppelinstraße. Por esta calle se llega al pie de la **torre de los Bandoleros** (Diebsturm), que se alza sobre el punto más alto de la isla.

LINDAU IM BODENSEE

Bäckergässele	Y 8
Bahnhofplatz	Z
Bei der Heidenmauer	Y 15
Bindergasse	Z 18
Brettermarkt	Y 24
Cramergasse	Y 27
Dammgasse	Z 30
Fischergasse	Z 33
Hafenplatz	Z 38
In der Grub	Y
Inselgraben	Z 41
Kirchplatz	Y 47
Maximilianstraße	YZ
Paradiesplatz	Y 6
Reichsplatz	Z 6
Schafgasse	YZ 7
Schmiedgasse	Y 8
Schrannenplatz	Y 8
Seepromenade	Z 8
Stiftplatz	YZ 8
Thierschbrücke	Y 9
Vordere Metzgergasse	Z 9

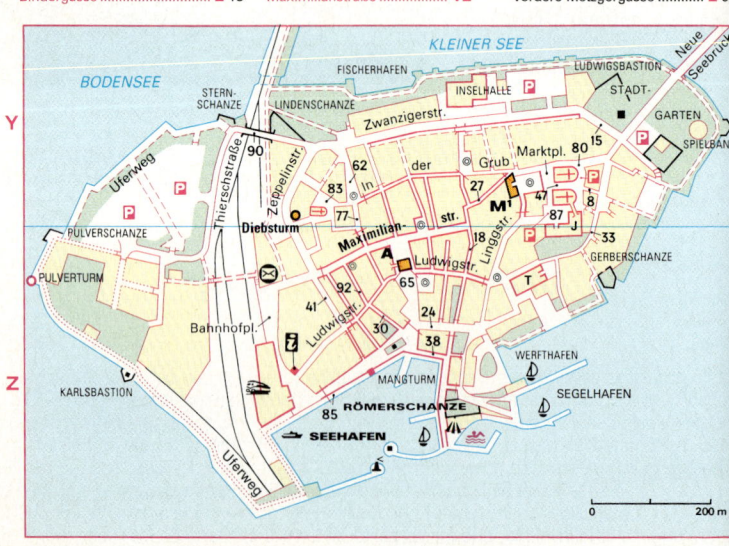

Altes Rathaus ...... Z **A**   Stadtmuseum ..... Y **M¹**

LIMBURG AN DER LAHN

Lindau

Puerto (Hafen) – A orillas de las dársenas se yergue la Mangturm, una torre fortificada que data del s. XII. La bocana del puerto está vigilada por un faro y un monumento del león de Baviera (1856). Subiendo unos peldaños se accede al **Römerschanze★**, un mirador desde el que se divisa la corriente tumultuosa del Rin y el escenario alpino del "Bodan" (nombre que se le daba antiguamente al Bodensee o lago de Constanza): el Kanisfluh, el Hoher Freschen, las Drei Schwestern, y, ya en territorio suizo, el Säntis y el Altmann.

Schloß LINDERHOF★★
Baviera
Mapas Michelin nº 419/420 X 16 – Esquema: Deutsche ALPENSTRASSE

En un valle agreste de los Alpes de Ammergau, en un lugar que los soberanos de Baviera se reservaban para la práctica de la caza, el rey **Luis II** mandó construir el coqueto palacete de Linderhof en la cima de una colina cubierta de denso bosque. Proyectado en el estilo dominante en el s. XVIII, el palacio debía servir de escenario a los sueños románticos del rey.
La nota sorprendente de este conjunto es la abigarrada mezcla de estilos: los edificios rococó, los jardines en terrazas inspirados en el Renacimiento italiano, el parque inglés, el exotismo oriental del Pabellón morisco, etc.

VISITA ⓥ 2 h aprox.

Atención: en temporada alta el tiempo de espera a la entrada puede ser de varias horas.

El palacio fue construido por encargo de Luis II entre 1869 y 1879. En él se combinan elementos de finales del Renacimiento italiano y formas características del barroco. Entre los aposentos del piso superior destaca el **suntuoso dormitorio**, cuyo lujo supera en ocasiones al de Versalles. También impresiona la decoración de los salones y gabinetes, de la sala de los Espejos y los tapices.

★★ Parque – En el extremo del eje central se creó, aprovechando un terreno natural ondulado, una zona de pendientes y valles, jardines en terrazas, estanques y cascadas artificiales que imitan los parques de las villas italianas y sorprenden en un entorno abrupto de alta montaña. Los pequeños parterres marginales son de estilo francés.
Suba a la rotonda del Templo de Venus, que se encuentra en el extremo de la avenida principal, junto al gran estanque (desde esta altura se domina todo el conjunto. La vista es especialmente hermosa cuando se ponen en funcionamiento los juegos de agua). *Baje la rampa que hay a mano derecha, según se contempla el palacio de frente, y ascienda por el lado contrario hasta el Pabellón morisco y la Gruta.* Esta parte, diseñada por el arquitecto paisajista Karl von Effner, es una de las más bonitas del parque, que se integra de forma magistral en el denso bosque de coníferas que constituye el telón de fondo natural.

Schloß LINDERHOF

Palacio de Linderhof

Pabellón morisco (Maurischer Kiosk) – Esta construcción metálica, adquirida por Luis II en la Exposición Universal de París de 1867, servía al rey de decorado cuando sentía el capricho de representar el papel de soberano oriental.

Casa morisca (Marokkanisches Haus) – Este edificio de madera también fue una adquisición de Luis II, pero en esta ocasión lo compró en la Exposición Universal de París de 1878.

Gruta – La caverna fue construida con rocas artificiales para crear el ambiente propicio para la representación del episodio del Venusberg de la ópera wagneriana *Tannhäuser*. La predilección del monarca por las escenificaciones teatrales se materializa en la decoración del lago, iluminado por juegos de luces multicolores y en el que flota una barquita en forma de concha dorada y una roca que recuerda a la Lorelei.

Cabaña de Hunding (Hundinghütte) – Instalada en un principio en el Ammerwald, fue trasladada en 1876 para evocar la escenografía de la *Walkiria* de Wagner, en la que Hunding es uno de sus protagonistas. En 1945 fue destruida por un incendio, pero fue reconstruida en 1990 según los planos originales.

Gurnemanzklause – Esta casita, situada en su origen cerca de la cabaña de Hunding en el Ammerwald, fue igualmente un decorado para la representación de la ópera *Parsifal*.

LÜBECK ★★★
Schleswig-Holstein – 216.000 habitantes
Mapa Michelin nº 415 E 16

Inconfundible desde lejos por sus siete altivas torres y rodeada de canales e instalaciones portuarias, la ciudad de Lübeck conserva en sus edificios y monumentos de ladrillo rojo o negro cerámico el carácter y la atmósfera de la antigua ciudad de la Hansa. Lübeck sigue siendo el puerto alemán más activo del mar Báltico y un centro importante de la construcción naval.

APUNTES HISTÓRICOS

Lübeck vivió en el s. XIV su época de mayor esplendor como capital de la **Liga Hanseática**, una asociación de las ciudades del N de Alemania y de los Países Bajos que monopolizó el comercio con Rusia y Escandinavia desde el s. XII al XVI. A partir del s. XVI el dinamismo y la capacidad de adaptación a los nuevos tiempos de los armadores y los hombres de negocios permitieron superar un largo periodo de declive gracias al estrechamiento de los lazos económicos con Holanda –cuya arquitectura burguesa se puso de moda a orillas del río Trave–, Francia y la Península Ibérica, quienes introducían sus grandes buques cargados de vino a través del puerto de Lübeck.

LÜBECK

En el s. XIX la hegemonía comercial de la ciudad se vio seriamente amenazada por el puerto prusiano de Stettin y la apertura del canal de Kiel. Pero la construcción del canal del Elba y la afluencia a la ciudad de más de 100.000 refugiados en 1945 devolvieron su pujanza a Lübeck, que hoy sigue ocupando un lugar de primer rango en la República Federal.

Desde el s. XVII Lübeck es el mayor centro de importación en Alemania del vino tinto procedente de Francia, denominado aquí "Rotspon". Estos caldos son envejecidos en las vastas bodegas que se extienden, incluso, por debajo del lecho del Trave.

Alojamiento

Wakenitzblick – *Augustenstraße 30* – ☎ *04 51/7 02 63 00 – fax 04 51/79 26 45 – 21 hab – individuales desde 49 €*. Situación céntrica, pero relativamente tranquila, con bonitas vistas del Wackenitz y del trasiego de embarcaciones.

Jensen – *Obertrave 4* – ☎ *04 51/70 24 90 – fax 04 51/7 33 86 – 42 hab – individuales desde 64 €*. Hotel situado entre el Trave y la puerta de Holsten; edificio con bonito frontón; confortable.

Lindenhof – *Lindenstraße 1a* – ☎ *04 51/87 21 00 – fax 04 51/8 72 10 66 – 62 hab – individuales desde 62 €*. Buena relación calidad/precio.

Kaiserhof – *Kronsforder Allee 11* – ☎ *04 51/70 33 01 – fax 04 51/79 50 83 – 60 hab – individuales desde 74 €*. Instalado en varias casas burguesas, bonita decoración y gran confort.

Restaurantes

Schiffergesellschaft – *Breite Straße 2* – ☎ *04 51/7 67 76 – fax 04 51/7 32 79 – menús desde 13,50 €*. Edificio histórico coronado por un frontón escalonado. Hospedería fundada en 1535. Decorada con recuerdos de célebres marinos de Lübeck.

Wullenwever – *Beckergrube 71* – ☎ *04 51/70 43 33 – fax 04 51/7 06 36 07 – menús desde 22,50 €*. Mansión histórica del s. XVI. Ambiente agradable y exquisita cocina.

★★★ EL CASCO ANTIGUO 3 h

Inicie el recorrido en el Holstentor y siga el itinerario marcado en el plano.

★★ **Holstentor (Puerta de Holsten)** – Esta puerta fortificada, flanqueda por dos enormes torres gemelas, fue levantada entre 1466 y 1478 con una finalidad más ostentosa que defensiva. El lado que se orienta a la ciudad es el más decorado, con tres niveles de arcadas ciegas y dos frisos de cerámica que recorren toda la construcción. El edificio alberga el **Museo Municipal** (Museum im Holstentor) ⓥ.

Puerta de Holsten

LÜBECK

★ Rathaus – La construcción del edificio del **ayuntamiento**, que descansa sobre un pórtico y emplea en sus muros el ladrillo oscuro cerámico, se inició hacia 1250. Llaman la atención los muros defensivos, en los que se abren galerías y grandes óculos que se complementan con una decoración de esbeltas torrecillas coronadas por tejados puntiagudos. Delante del ala norte se construyó un bello antecuerpo en piedra arenisca de estilo renacentista. En el extremo del ala este, el edificio Neues Gemach (1440) tiene interés por la estructura de su fachada, cuyos imaginativos calados realzan la verticalidad del conjunto.

Para contemplar la escalera de piedra arenisca construida en 1594 en estilo renacentista holandés y que está adosada al muro frontal del ayuntamiento, atravesar la galería que da acceso a la Breite Straße.

Continuar el recorrido del ayuntamiento hasta la fachada norte, que presenta una impresionante disposición de arcadas ciegas y óculos a varios niveles que recorren todo el muro.

★★ Marienkirche (Iglesia de Santa María) – Es uno de los templos góticos de ladrillo más bellos de Alemania. Se comenzó a edificar hacia 1250 según un proyecto de iglesia salón sin crucero, pero en el transcurso de las obras se transformó en una iglesia que imita el modelo de las catedrales francesas. La nave principal, de 38,50 m de altura, descansa sobre pilares que soportan los arbotantes. Las agujas del campanario (125 m) se concluyeron en 1350. El compositor Dietrich Buxtehude (1637-1707) ocupó durante muchos años el puesto de organista de la iglesia de Santa María.

En el interior, el audaz alzado proporciona grandiosas perspectivas. Un incendio provocado por los bombardeos de la ciudad en 1942 permitió el descubrimiento de unas pinturas murales que datan de los ss. XIII-XIV. En la parte occidental de la nave lateral derecha, la **Briefkapelle** –o capilla de las Cartas, así llamada porque en otro tiempo se sentaban los escribanos– está decorada con altas ventanas de arcos alancetados de principios del gótico; la bóveda estrellada reposa sobre dos finas columnas de granito oscuro. Las dos campanas semienterradas en el suelo de la torre sur recuerdan la noche del 28 al 29 de marzo de 1942, en la que la ciudad sufrió intensos ataques aéreos.

La bóveda del deambulatorio engloba a las dos capillas absidiales góticas, y la capilla axial conserva un altar de la Virgen, obra de la escuela de Amberes de 1518.

Salga del templo y dirigirse a la Mengstraße por la galería del antiguo edificio de la Cancillería del ayuntamiento (ss. XV-XVI).

Buddenbrookhaus – *Mengstraße 4*. **Heinrich** y **Thomas Mann** vivieron en esta casa de estilo barroco, construida en 1758 y que posee una bella fachada de 1841. En ella sitúa Thomas Mann la acción de su célebre novela *Los Buddenbrook*, en la que se retrata la saga de una familia burguesa de Lübeck.

El edificio es actualmente la sede del Centro Heinrich y Thomas Mann, un museo consagrado a la vida y a la obra de estas dos famosas personalidades de Lübeck.

Casa de los Buddenbrook, Lübeck

★ Haus der Schiffergesellschaft (Casa de la Corporación de Navegantes) – En el **interior★★** *(restaurante típico)* de este edificio –que posee una fachada coronada con un frontón escalonado de estilo renacentista– se conserva una decoración pintoresca, con revestimiento de maderas y pinturas, que recrea el ambiente de una taberna de marineros: lámparas de cobre, faroles y maquetas de barcos están suspendidos de las vigas del techo.

★ Heiligen-Geist-Hospital (Hospital del Espíritu Santo) – Este hospital, construido a finales del s. XIII, presenta hacia la calle Koberg una sucesión de tres frontones, flanqueados por esbeltas torrecillas. La **capilla**, una amplia nave gótica decorada con pinturas murales y frescos en las bóvedas de los ss. XIII-XIV, precede a la gran sala del hospital.

LÜBECK

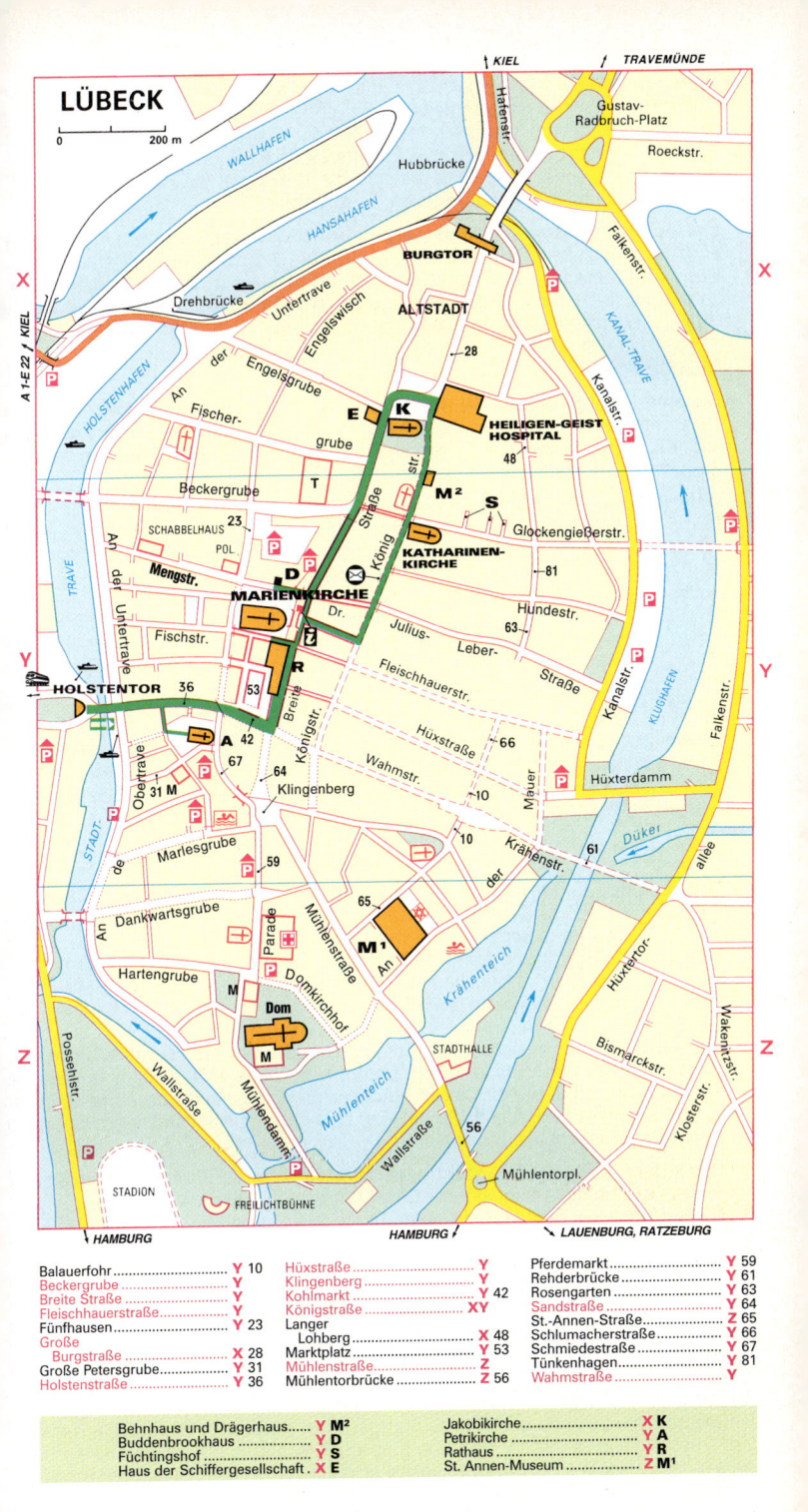

Balauerfohr	Y 10
Beckergrube	Y
Breite Straße	Y
Fleischhauerstraße	Y
Fünfhausen	Y 23
Große Burgstraße	X 28
Große Petersgrube	Y 31
Holstenstraße	Y 36
Hüxstraße	Y
Klingenberg	Y
Kohlmarkt	Y 42
Königstraße	XY
Langer Lohberg	X 48
Marktplatz	Y 53
Mühlenstraße	Z
Mühlentorbrücke	Z 56
Pferdemarkt	Y 59
Rehderbrücke	Y 61
Rosengarten	Y 63
Sandstraße	Y 64
St.-Annen-Straße	Z 65
Schlumacherstraße	Y 66
Schmiedestraße	Y 67
Tünkenhagen	Y 81
Wahmstraße	Y

Behnhaus und Drägerhaus	Y M²
Buddenbrookhaus	Y D
Füchtingshof	Y S
Haus der Schiffergesellschaft	X E
Jakobikirche	X K
Petrikirche	Y A R
Rathaus	Y R
St. Annen-Museum	Z M¹

★ **Jakobikirche (Iglesia de Santiago)** – Es una iglesia gótica de tipo salón que posee dos **órganos**★★ de los ss. XVI-XVII decorados con magníficas tallas en madera. Los pilares de la nave central se adornan con estatuas de tamaño sobrenatural que representan a los Apóstoles y varios santos (s. XIV). En una capilla de la parte sur se conserva el llamado retablo de "Brömbse" (hacia 1500), que se distingue por la delicada ejecución de sus bajorrelieves.

La primera capilla lateral de la nave norte está consagrada a la memoria de las víctimas de los naufragios y alberga un bote de salvamento procedente del Pamir, un barco que se hundió en 1957.

LÜBECK

★ **Katharinenkirche** – En los nichos inferiores de la fachada (s. XIV) de la **iglesia de Santa Catalina** se alojan **estatuas**★ de terracota modernas. Las tres primeras figuras del lado izquierdo fueron realizadas (1930-32) por Ernst Barlach, mientras que las otras son obra de Gerhard Marcks. En el interior de esta iglesia-museo (ya no se oficia) se puede contemplar *(a la derecha de la entrada principal)* un lienzo de Tintoretto que representa *La resurrección de Lázaro*.

Los "patios y pasajes" (Höfe und Gänge) – Al llegar a la esquina de la iglesia, girar en la Glockengießerstraße, donde se encuentran los patios de las instituciones e internados fundados por la generosidad de los notables de la ciudad en el s. XVII. Se pueden visitar el encantador **Füchtingshof**★, en el nº 25, con un portal barroco de 1639; el Glandorps-Gang, en el nº 41, y en el nº 49-51, el Glandorps-Hof.

Y ADEMÁS

★ **Burgtor** – Esta **puerta** defendía el angosto istmo –en la actualidad atravesado por un canal– donde se encontraba antiguamente el único acceso por vía terrestre de la ciudad. Esta bella realización del arte militar presenta una elegante disposición de arcadas y vanos apuntados superpuestos.

Dom (Catedral) – La ampliación del presbiterio de estilo gótico en el s. XIV transformó completamente el primitivo templo románico. En el lado norte del transepto se añadió, a mediados del s. XIII, una bella portada denominado del "Paraíso" (Paradies). En el interior se puede contemplar una inmensa **Cruz triunfal**★ de estilo gótico tardío, realizada por Bernt Notke entre 1470 y 1477. Un leccionario de piedra (1ª mitad del s. XIV), con una balaustrada de tracería en madera, delimita el espacio del presbiterio. Se conservan cuatro valiosos retablos adosados a los pilares del crucero: uno de 1422 patrocinado por los mercaderes de Stecknitz, el altar de las horas canónicas, que data del primer tercio del s. XV; el retablo de los Molineros (hacia 1460) y el altar de la Virgen, realizado en 1506.

ⓥ ▶▶ Petrikirche (Iglesia de San Pedro) *(desde la torre vista★ de la ciudad)* – St. Annen-Museum★ (Museo de Santa Ana) *Museo de historia del arte y de la cultura en Lübeck* – Behnhaus und Drägerhaus *(Pintura y artes aplicadas desde el periodo romántico hasta la época contemporánea).*

EXCURSIÓN

★ **Travemünde** – *20 km en dirección NE. Plano de la ciudad en Guía Roja Michelin de Alemania.* Esta elegante estación termal asomada al Báltico posee una playa de arena fina, un bello paseo marítimo y un casino. Todos los años se organiza, en los meses de julio y agosto, la **semana de Travemünde** (Travemünder Woche), unas regatas en las que participan tanto deportistas alemanes como extranjeros. Esta villa posee además un importante puerto de pasajeros que comunica su costa con Escandinavia y Estonia.

El casco antiguo de la ciudad tiene un gran atractivo por sus casas de vigas entramadas –algunas conservan los típicos frontones de los ss. XVIII y XIX– y la iglesia de San Lorenzo, dedicada a los pescadores. En la orilla opuesta del río *(tome el ferry)*, varado junto a la península de **Priwall**, fondea el *Passat*, un antiguo velero de cuatro palos que se dedicaba al comercio.

Detrás del paseo de la playa se extienden los acantilados del **Brodtener Ufer**; en **Niendorf** se disfrutan de unas magníficas vistas de la bahía de Lübeck y de su costa. Más al N se encuentra el célebre balneario de **Timmendorfer Strand**.

LUDWIGSBURG★

Baden-Würtemberg – 86.000 habitantes
Mapa Michelin nº 419 T 11

A principios del s. XVIII Eberhard Ludwig, duque de Würtemberg, mandó construir un inmenso castillo cerca de la ciudad de Stuttgart, con el que soñaba emular a Versalles, y en cuyo modelo se inspira. En torno a él surgió el núcleo urbano de Ludwigsburg, cuya fundación data de 1704. La estudiada planificación urbana se manifiesta en el trazado de la red vial: las calles y avenidas parecen diseñadas con tiralíneas.

★ EL PALACIO

Este monumental palacio, también llamado "el Versalles suabo", fue construido entre 1704 y 1733 siguiendo las trazas de tres arquitectos. Del conjunto, formado por 18 edificios con 452 habitaciones, se pueden visitar 75 salas.

Visita de las estancias ⓥ – *Entrada: primer patio a la derecha según se llega por la carretera de Stuttgart o desde el parque.* En la planta noble (Beletage, 1ª) del edificio nuevo (Neuen Corps) se pueden visitar los aposentos, decorados en estilo

Imperio, del primer príncipe de Würtemburg. Antes de llegar a las salas de representación del edificio principesco (Fürstenbau), la parte más antigua del palacio que ocupa el flanco norte del patio, se visitan la galería de los Antepasados (Ahnengalerie) y la capilla católica (Schloßkapelle).

* **Parque** ⓥ – Al S, delante del edificio nuevo, se extiende el parque de estilo francés, con sus parterres floridos y sus cenadores adornados con plantas trepadoras al gusto barroco (reconstruidos). En las partes N y E se ha acondicionado un jardín de tipo inglés, que se adapta mejor al terreno ondulado.

** **Jardín de las Hadas** (Märchengarten) – En este jardín se escenifican, con ayuda de figuras animadas (autómatas), los relatos fantásticos del folclore alemán y de otros autores extranjeros que han recopilado leyendas populares.

EXCURSIONES

Marbach am Neckar – *8,5 km al NE.* El **Museo Nacional Schiller** (Schiller-Nationalmuseum) ⓥ, el mayor museo literario de Alemania, presenta seis exposiciones permanentes sobre la literatura alemana desde mediados del s. XVIII hasta nuestros días. La **casa natal de Schiller** evoca algunos recuerdos del gran poeta germano nacido en Marbach en 1759.

Schloß Monrepos – *2 km al NO.* Este **palacete** rococó con forma de herradura, construido en 1760-64, está emplazado en un verde entorno a orillas de un lago.

Markgröningen – *5 km al O.* Esta pintoresca localidad se distingue por su bello conjunto de casas de vigas entramadas, entre las que destaca, sobre todo, su **ayuntamiento***, construido en el s. XV.

LUDWIGSLUST★

Mecklemburgo-Antepomerania – 13.500 habitantes
Mapa Michelin nº 416 G 18

Ludwigslust fue fundada en 1764 por el duque Federico de Mecklemburgo y creció en torno al palacio cuando los duques de Mecklemburgo trasladaron aquí su residencia desde Schwerin. La dirección de las obras estuvo a cargo del arquitecto de la corte Johann Joachim Busch. En los edificios de una o dos plantas que se alzan en la Schloßstraße se aprecia todavía hoy la planificación uniforme de la ciudad. El modelo neoclásico predominante en la etapa posterior a cargo de Johann Georg Barca está presente en la Kanalstraße y en la Schweriner Straße.

La fabricación de papel maché en Ludwigslust – La intensa actividad constructora había agotado los recursos financieros de la corte, pero el duque Federico no estaba dispuesto a renunciar a una decoración suntuosa acorde con la categoría del palacio. Así, haciendo de la necesidad virtud, donde habitualmente se utilizaban materiales preciosos y caros, en Ludwigslust se empleó papel maché. Se comenzó a fabricar en grandes cantidades una pasta con papel viejo, cola y agua, que resultaba muy fácil de modelar, y que, una vez seca y dura, se podía tallar, pulir y pintar. Por si fuera poco, este producto resistía las inclemencias del tiempo. La manufactura de Ludwigslust alcanzó tal maestría, que sus productos se exportaban incluso a Rusia. En 1835 la fábrica cerró sus puertas por falta de demanda, pero la fórmula se guardó en el más estricto secreto y jamás ha sido divulgada.

QUÉ VER

* **Schloß** ⓥ – En este **palacio** en forma de E del barroco tardío (1772-76) aparecen ya elementos clasicistas. El edificio es de ladrillo con la fachada revestida de gres de Pirna. Ésta presenta una triple subdivisión vertical, en la que el cuerpo central sobresale de los dos laterales con un pórtico de columnas. Un parapeto, coronado por 18 jarrones y 40 estatuas originales realizadas por el escultor de Bohemia Rudolph Kaplunger,

Decoración en papel maché, palacio de Ludwigslust

recorre la base del tejado. Las figuras representan las artes, las ciencias y las virtudes y simbolizan los intereses particulares del duque. Así, para complacer sus singulares gustos, se inventaron incluso las alegorías de la hidráulica y la hidrostática.

El interior – El blanco y el oro son los colores predominantes en las salas decoradas en estilo "Zopfstil", que es una variante alemana del estilo Luis XVI o del churrigueresco español, en la que los medallones y los festones sustituyen a los arabescos y a las conchas. Las pinturas sobre los dinteles de las puertas representan paisajes y figuras de animales. En el palacio se conserva el mobiliario original. La **Sala Dorada**★ (Goldene Saal), de dos plantas, está decorada exclusivamente con papel maché y es una de las habitaciones más lujosas del palacio. La Venus de Medici que se puede contemplar en el salón que precede a la Galería, está realizada en este mismo material, pero imitando en esta ocasión el mármol.

Delante del palacio se encuentra un estanque de forma ovalada adornado con una **cascada** y una escultura en arenisca realizada por Rudolph Kaplunger que representa a dos dioses del agua flanqueando el escudo de armas de Mecklemburgo.

- ★ **Schloßpark (Parque)** – Con sus 135 ha de superficie es el mayor parque en su género de Mecklemburgo-Antepomerania. También fue diseñado por Johann Joachim Busch, pero a mediados del s. XIX fue transformado por Peter Joseph Lenné. Paseando por él se descubren cursos de agua, monumentos conmemorativos, estatuas, mausoleos y hasta una gruta de tierra ferruginosa, que al secarse produce una piedra porosa.

- ★ **Stadtkirche (Iglesia)** ⊙ – De acuerdo con los gustos de la época, el palacio y la iglesia se sitúan sobre el mismo eje visual. La iglesia fue construida antes que el palacio (1765-70). Frente a la fachada, lo primero que llama la atención es el gigantesco crismón de 7 m de altura. El pórtico, formado por seis columnas dóricas toscanas, presenta un tímpano y un ático sobre el que se alzan cuatro figuras de piedra arenisca que representan los Evangelistas. El emplazamiento del altar, en la parte sur del templo, se sale de lo habitual. Está dominado por un **enorme cuadro** que representa *La Anunciación de los pastores*. Aunque la imitación de los materiales es perfecta, es fácil adivinar que los paneles son de papel maché pintado. Jugando con el elemento sorpresa, el órgano se ha situado detrás de este gigantesco cuadro. El **Fürstenstuhl** (asiento del Príncipe), ricamente decorado, se encuentra en la parte norte de la iglesia, y sobre él la logia real y la tribuna del coro. La bóveda de casetones descansa sobre dos hileras de columnas.

LÜNEBURG★★

LUNEBURGO – Baja Sajonia – 65.000 habitantes
Mapas Michelin nos 415/416 G 15

La ciudad de la sal – Luneburgo está asentada sobre un yacimiento de sal, cuya explotación, que se prolongó desde el s. X hasta tiempos muy recientes (1980), generó la riqueza de la ciudad durante la Edad Media. A través de la **vieja ruta de la Sal** (Lauenburg, Ratzeburg, puerto de Lübeck) se abastecía del precioso mineral a gran parte de Escandinavia.

La arquitectura de ladrillo – Las construcciones típicas de Luneburgo se caracterizan por sus frontones escalonados decorados con volutas, las cornisas de arcadas ciegas de medio punto o apuntadas y los "Tausteine" (ensamblaje de ladrillos retorcidos como si fuera una soga).

QUÉ VER

- ★★ **Rathaus (Ayuntamiento)** ⊙ – El edificio se compone de varios cuerpos construidos en diferentes épocas (ss. XIII-XVIII). La **gran sala del Consejo**★★ (Große Ratsstube), situada a la derecha del vestíbulo, es una obra maestra del Renacimiento (1566-84). Enteramente revestida de madera, la estancia está decorada con finas tallas realizadas por el artista Albert von Soest.
  De las restantes dependencias del ayuntamiento destaca sobre todo la **sala de los Príncipes** (Fürstensaal) en la primera planta, de estilo gótico y decorada con un bello artesonado policromado. La **sala de Justicia** (Gerichtslaube, hacia 1330) posee un techo abovedado decorado con frescos. Tanto éstos como las pinturas que cubren las paredes se inspiran en los grabados de Hans Burkmair y Heinrich Aldegrever.

- ★ **El casco antiguo** – Se caracteriza por la arquitectura tradicional de ladrillo. Un ejemplo típico lo constituye el conjunto de casas que bordea la alargada plaza **Am Sande**★. En el nº 1 se encuentra el edificio más conocido, la **Schwarze Haus**, una construcción del s. XVI que fue una antigua cervecería. En la Großen Bäckerstraße se alza la Rathsapotheke (farmacia), de 1598, decorada con un bello frontón de ladrillos retorcidos. En la Reitende-Diener-Straße se alinean una sucesión de casas idénticas de poca altura, adornadas con cornisas de ladrillos retorcidos y medallones. El edificio del antiguo convento (s. XVI), situado en el nº 14 de la Rotehahnstraße **(Haus Roter Hahn)** sorprende por su aspecto rústico y su triple frontón de vigas entramadas.

LÜNEBURG

Altenbrücker Damm	Y 2
Altenbrückertor-Straße	Z 3
Am Markt	Y 5
Am Ochsenmarkt	Y 6
Am Sande	Z
Am Schifferwall	Y 7
Am Werder	Y 8
An den Brodbänken	Y 9
An den Reeperbahnen	Z 10
An der Münze	Y 12
Auf dem Meere	Y 14
Bahnhofstraße	Y 16
Bardowicker Str.	Y 17
Bei der Abtspferdetränke	Y 18
B.d. St. Johanniskirche	Z 19
Beim Benedikt	YZ 21
Bockelmannstraße	Y 24
Egersdorffstraße	Y 27
Görgesstraße	Y 28
Grapengießerstraße	Z
Große Bäckerstraße	Y 30
Kaufhausstraße	Y 32
Kleine Bäckerstraße	Z 34
Kuhstraße	Z 35
Lüner Straße	Y 36
Neue Torstraße	Y 38
Reitende-Diener-Str.	Y 40
Rosenstraße	Y 42
Rotehahnstraße	Y 43
Rote Str.	Z
Schießgrabenstraße	YZ 44
Schröderstraße	YZ 45
Sülfmeisterstraße	Z 46
Uelzener Str.	Z 47
Vor dem Bardowicker Tore	Y 48
Waagestraße	Y 49

Brauhaus	Y F
Haus Roter Hahn	Y D
Rathaus	Y R
Rathsapotheke	Y A
St. Johanniskirche	Z E
Staatshochbauamt	Y K

St. Johanniskirche (Iglesia de San Juan) – La enorme **torre oeste**, voluntariamente inclinada (108 m de altura, 2 m de diferencia en la cima con respecto a la línea vertical) para hacer contrapeso a los vientos que soporta frecuentemente, muestra las huellas de las diferentes remodelaciones del edificio. La iglesia actual data del s. XIII. El amplio interior, de tipo salón, consta de cinco naves y dos hileras de capillas laterales, una en la parte norte y otra en la sur. El conjunto forma un cuadrado perfecto, a excepción del ábside poligonal que cierra el lado este. El elemento más valioso del mobiliario es el retablo esculpido del altar mayor, cuyas alas presentan pinturas de finales del s. XV con escenas de la vida de san Juan Bautista y de los santos (santa Cecilia, santa Úrsula y san Jorge).

Alojamiento

Bremer Hof – *Lüner Straße 12* – ☏ *0 41 31/22 40* – *fax 0 41 31/22 42 24* – *54 hab* – *individuales desde 45,50 €*. Hotel urbano en un emplazamiento tranquilo.

Restaurante

Zum Heidkrug – *Am Berge 5* – ☏ *0 41 31/2 41 60* – *fax 0 41 31/24 16 20* – *7 hab* – *menús desde 16,50 €*. Establecimiento alojado en un edificio gótico de ladrillo (s. XV). Cocina de 1ª categoría.

LÜNEBURG

El **órgano**, uno de los más antiguos de Alemania (s. XVI, ampliado a principios del s. XVIII) ha sido reformado en repetidas ocasiones. En una nave lateral se conserva un valioso candelabro del s. XV (Marienleuchter) y un epitafio en piedra arenisca, obra del artista Albert von Soest.

★ **Wasserviertel (Antiguo barrio portuario)** – Desde el puente sobre el río Ilmenau, mirando en sentido opuesto a la corriente, se ofrece una vista pintoresca de las antiguas casas porticadas de la orilla izquierda, así como de la **Vieja Grúa** (Alter Kran) (s. XIV, reformada en el s. XVIII) en la orilla derecha. En la esquina de la Lünetorstraße con la plaza Am Werder se alza la antigua **fábrica de cerveza★**, un edificio de estilo renacentista decorado con un frontón de ladrillos retorcidos y medallones. Más adelante, en la esquina de la Lünetorstraße y la Kaufhausstraße se puede contemplar un inmueble de 1574 caracterizado por sus pilastras de piedra arenisca y una enorme cornisa (hoy Staatshochbauamt, un edifico oficial). Junto a él resalta la fachada barroca (1745) de unos antiguos grandes almacenes (Altes Kaufhaus).

EXCURSIONES

Kloster Lüne – *A 2 km por ① en el plano*. Esta antigua abadía del s. XV posee, sobre todo, un bello **claustro** gótico adornado con una fuente. También tienen interés el presbiterio de la monjas y el refectorio. En la iglesia abacial destaca un altar de 1524 y un órgano barroco de 1645. Existe, además, un **Museo del Tapiz★** (Teppichmusaeum), en el que se muestran tapices góticos.

Lauenburg an der Elbe – *25 km al N por la B 209 (① en el plano)*. La apacible ciudad de Lauenburg está situada en el lugar donde la ruta de la sal entre Lübeck y Luneburgo atravesaba el Elba. A lo largo de la Elbstraße, que discurre a los pies de una ladera boscosa muy inclinada, se alinean las antiguas **casas de vigas entramadas**, construidas entre los ss. XVI y XIX. En el conjunto domina la torre de la iglesia de Santa María Magdalena, que data de la 1ª mitad del s. XIII.

La torre del homenaje, levantada en 1477, es el único vestigio de la fortaleza que se inició en 1182. Los otros edificios del castillo fueron erigidos entre finales del s. XVII y principios del XVIII. En el **Museo de la Navegación en el Elba** (Elbschiffahrtsmuseum) ⓥ *(Elbstraße 59, en la ciudad baja)* se ilustra la historia de la navegación fluvial entre Bohemia y Hamburgo mediante la exposición de hallazgos arqueológicos, maquetas, documentos y motores de barcos *(demostraciones animadas)*.

LÜNEBURGERHEIDE
LANDAS DE LUNEBURGO – Baja Sajonia
Mapas Michelin nºs 415/416 G 13-15

Las landas de Luneburgo se extienden por una amplia zona que está delimitada al S por los valles glaciales del Aller y al NE por el río Elba. El encanto de esta región reside en sus bosques de abedules, pinos y enebros y, sobre todo, en la **floración de los brezos**, que tiene lugar de mediados de agosto a mediados de septiembre. Para preservar la landa del creciente avance de la agricultura y la silvicultura se creó –en gran parte gracias a la iniciativa de Wilhelm Bode (1860-1927), pionero en la lucha por la conservación de este paraje– una reserva natural de 200 km² alrededor del **Wilseder Berg**. En esta zona la flora y la fauna están íntegramente protegidas y la circulación de vehículos restringida a las rutas señalizadas. También se han realizado grandes esfuerzos para conservar el hábitat rural característico de la Baja Sajonia. Fuera del parque, pero en las proximidades, existen numerosas aldeas con gran encanto, que se caracterizan por los campanarios de madera de sus iglesias.

RECORRIDO

Bergen-Belsen – *7 km al SO de Bergen*. El **monumento conmemorativo** (Gedenkstätte) a las víctimas del campo de concentración de Bergen-Belsen se alza en un claro solitario de un bosque de pinos y abedules de las landas de Luneburgo. A la entrada se encuentra el **Centro de documentación** (Dokumentenhaus), inaugurado en 1966, que alberga una exposición permanente en la que se ilustra la historia del campo.

El monumento – *45 min a pie i/v desde el aparcamiento*. El monumento, realizado en toba clara, está situado unos metros más allá de los túmulos que marcan el emplazamiento de las fosas comunes. Un obelisco con inscripciones en 13 idiomas recuerda a las víctimas del nacionalsocialismo.

★★ **Celle** – *Ver este nombre*.

Kloster Ebstorf ⓥ – *26 km al S de Luneburgo*. Este **convento de benedictinos** de los ss. XIV-XV destaca, sobre todo, por el claustro gótico y la tribuna de las religiosas (Nonnenchor), en la que se conservan una estatua de madera a tamaño natural de san Mauricio (1300), así como varias Vírgenes románicas y góticas. Los aficionados

LÜNEBURGERHEIDE

a la geografía y a la cartografía histórica pueden contemplar una reproducción del célebre **mapamundi de Ebstorf★** del s. XIII. El original, que en otro tiempo se guardaba en el monasterio, se quemó durante la II Guerra Mundial.

Tumba de Löns – *Entre Fallingbostel y Walsrode, en una zona conocida como "Vogelspark".* La tumba del poeta regional **Hermann Löns** (1866-1914) se encuentra en el bosque de enebros de Tietling.

Monumento a Löns – *30 min a pie i/v. Estacione el vehículo a medio camino de Baven y Müden y suba por un sendero a la izquierda a lo largo de una hilera de abedules.* El monumento consagrado a este poeta se alza en medio de la vegetación característica de la región (abedules, pinos, enebros, brezo rosa).

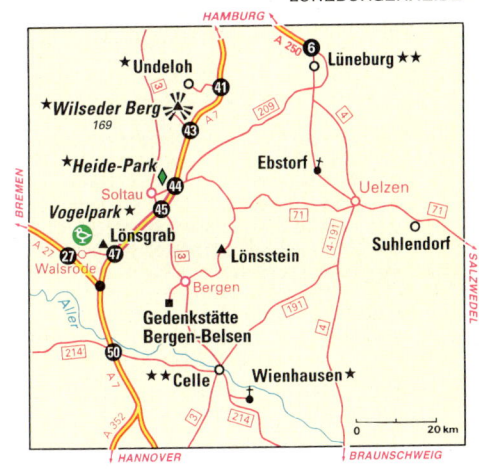

Museum am Mühlenberg in Suhlendorf ⓥ – Este **museo** se avista desde la lejanía por su molino de viento de caja giratoria. En él se explica el oficio de molinero con ayuda de una gran colección de maquetas. En varios talleres se ilustra también el trabajo de otros artesanos, como el de los talabarteros, los herreros o los zapateros.

★ **Heide-Park Soltau** ⓥ – Este cuidado parque ofrece 40 atracciones diferentes que están organizadas por áreas temáticas (la Baja Sajonia, Países Bajos, Little América). Entre las atracciones mecánicas cuenta con montañas rusas, toboganes acuáticos, funiculares. El descenso rápido en balsa constituye una de las grandes diversiones del parque, así como las exhibiciones de delfines, leones marinos y cocodrilos.

★ **Undeloh** – Las casas de esta encantadora localidad se ocultan tras un enorme robledal. Undeloh es el punto de partida de la ruta de 4 km *(cerrada al tráfico de turismos – servicio de coches de caballos)* que lleva a Wilsede, un pueblo de la reserva que permanece al margen de la civilización tecnológica.

★ **Vogelpark Walsrode** ⓥ – *Siga el itinerario señalizado en el parque (Rundgang).* En este **parque ornitológico** (Vogelpark), que ocupa una extensión de 22 ha, viven cerca de 5.000 pájaros (850 especies de todo el mundo), la mayor parte en semilibertad –los grandes recintos donde se alojan permiten el vuelo libre de los animales– y en su entorno natural. Abundan sobre todo las aves palmípedas y las zancudas, así como los papagayos y las cotorras.

En una antigua casa de vigas entramadas está alojado el **Museo Alemán de Pajareras** (Deutsches Vogelbauermuseum), en el que se exhiben una infinidad de modelos diferentes de jaulas para aves.

Ovejas de la landa de Luneburgo

LÜNEBURGERHEIDE

Las landas de brezos

En la Edad Media el término de "landa" ("Heide") servía para designar el territorio perteneciente a una aldea; posteriormente el nombre se hizo extensivo a una planta que florece en agosto y septiembre, y recubre el paisaje de un tapiz de color rosa o colorado: el brezo común (o calluna vulgaris). En julio también se puede encontrar la erica (Erica tetralix), aunque es menos corriente pues esta especie prefiere los suelos húmedos y pantanosos.

La landa de brezos, una de las asociaciones vegetales más antiguas de Europa, es en realidad un paisaje formado por la mano del hombre, una especie de estepa con pequeños arbustos, matorral y musgo. Hace 5.000 años este territorio estaba cubierto de bosques, que los campesinos comenzaron a roturar y que el ganado se encargó de desbrozar definitivamente. Entonces fue cuando la landa, ávida de luz, pudo expandirse. Para evitar la reforestación natural, los labradores recurrieron a la quema, al ramoneo de la oveja del páramo y al "golpe" de azada (la landa fue roturada con azadones).

Flora y fauna – El **enebro** (Juniperus communis), tanto aislado como formando grupos, confiere al paisaje un aspecto particular. Los abedules, los serbales, los pinos silvestres y los robles crecen junto a las aulagas, la retama, el almorejo, los arándanos rojos y negros y el arándano.

La oveja de la landa es una "segadora viviente". Allí donde se la lleva a pastar, el brezo se mantiene a una altura óptima de 20 cm. Tanto el macho como la hembra presentan cornamenta, la de los primeros se curva como el caparazón de un caracol; la cabeza y las patas son oscuras. Hacia 1800 se contaban un millón de ejemplares en la región de las landas, que entonces ocupaba una extensión mayor a la actual. Pero hoy no deben quedar más de un millar. Otro animal asociado a la landa es la abeja. Estos insectos pertenecen con frecuencia a apicultores itinerantes, que los transportan en cajas o en cestos en la época de floración de las especies melíferas.

El pájaro más grande de la landa –por desgracia en vías de extinción– es el **grigallo** (gallo silvestre), con su cola en forma de lira. Abundan, sin embargo, el águila ratera, el milano real, el alcotán y el cernícalo, así como las garzas y las becadas en las zonas bajas y las turberas; en otoño se ven grandes bandadas de zorzales.

Los bloques erráticos – En las landas se encuentran por doquier enormes rocas graníticas, a veces también pórfidas. Se trata de residuos morrénicos arrastrados desde Escandinavia durante la última glaciación, y que quedaron aquí depositados cuando se retiraron los ríos de hielo hace 18.000 años. Algunas piedras presentan aristas muy afiladas.

* **Kloster Wienhausen** – *Ver Celle.*

* **Wilseder Berg** – Desde la cumbre (señalizada con un mojón, 169 m) se divisa un vasto **paisaje de bosques y de landas**★. Con tiempo despejado se distinguen a través de los prismáticos las agujas de las iglesias de la ciudad de Hamburgo, situada 40 km al NE.

Rafting en el Heide-Park Soltau

MAGDEBURG★★

MAGDEBURGO – Sajonia-Anhalt – 235.000 habitantes
Mapas Michelin nos 416/418 J 18

Situada en el curso medio del Elba y en la encrucijada de importantes vías comerciales, Magdeburgo fue fundada por el emperador Otón I el Grande, quien eligió un palacio de la época carolingia como lugar de residencia favorito y elevó la ciudad a la categoría de arzobispado en 968. Las tropas de ocupación imperiales causaron graves destrozos en 1631 y pusieron fin a un periodo de esplendor económico de esta ciudad que se había convertido al luteranismo en 1524. Entre las personalidades ilustres de aquella época cabe citar al ingeniero y burgomaestre Otto von Guericke (1602-1686), célebre por sus observaciones sobre los efectos del vacío, y al compositor Georg Philipp Telemann (1681-1767).

En el s. XIX, la industrialización y la reconstrucción de la fortaleza hicieron posible un renacimiento de la ciudad del Elba, a la que se denominó la "perla de Europa". Aunque los bombardeos durante la II Guerra Mundial produjeron grandes daños, Magdeburgo sigue siendo un importante enclave económico y cultural que disfruta de una gran calidad de vida.

★★★DOM ST. MAURITIUS UND ST. KATHARINA
(Catedral de San Mauricio y Santa Catalina.

Entrada por la portada norte.

En un momento en el que el románico estaba perdiendo fuerza en Alemania, la construcción de la catedral de Magdeburgo a principios del s. XIII representa la primera tentativa de implantar el estilo gótico en tierras germánicas de acuerdo con los cánones arquitectónicos establecidos por las grandes catedrales francesas. Tras un incendio que destruyó el templo otoniano primitivo en 1209, el arzobispo Alberto II, quien durante su estancia en Francia por motivos de estudio había visto surgir las nuevas catedrales, fue el encargado de poner la primera piedra de San Mauricio y Santa Catalina.

Esta catedral puede ser considerada como la primera de estilo gótico francés en tierras alemanas; la obra se concluyó en 1520 con la construcción de las torres occidentales, que alcanzan 103 m de altura.

El deambulatorio y las capillas absidiales en la cabecera confieren un aspecto imponente al exterior. En el lado norte, la **puerta del Paraíso** *(acceso desde el interior)* está decorada con **estatuas★★** de la Vírgenes sabias y las Vírgenes necias. Estas imágenes,

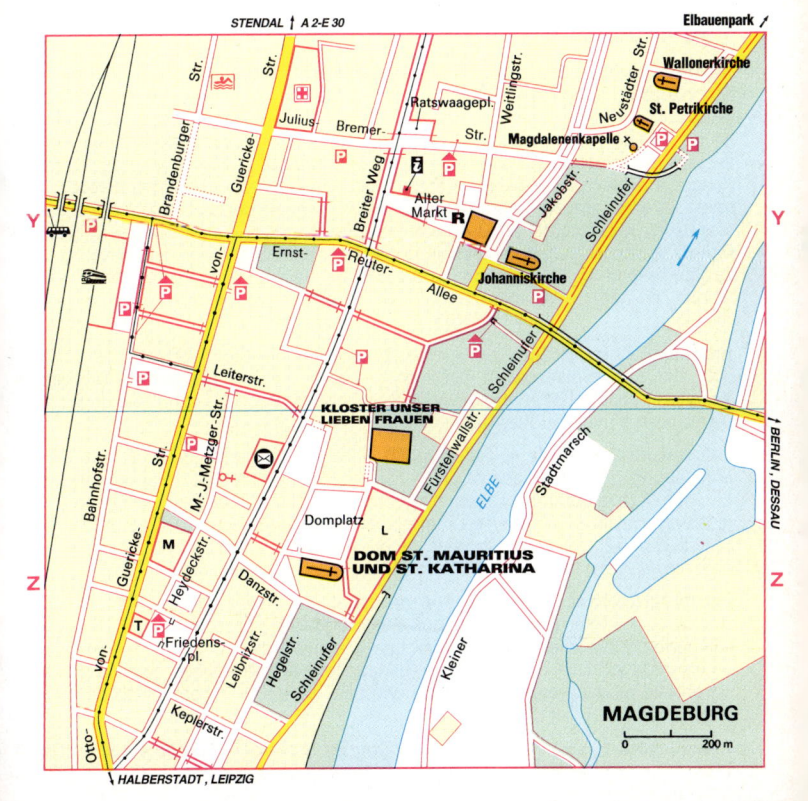

MAGDEBURG

Estatua de Otón I y la Emperatriz Editha, catedral de San Mauricio y Santa Catalina

realizadas hacia 1250, marcan un hito, al igual que la escultura sacra de Naumburgo y Bamberg, en la estatuaria gótica, que paulatinamente va dotando a sus figuras de una mayor expresividad y sentimiento.

Interior – Grandes ventanales dorados con vidrieras policromadas filtran la luz al interior. La **tumba en bronce**★ del arzobispo Ernesto de Sajonia (*entre las dos torres*) fue fundida en 1495 en el taller de Peter Vischer el Viejo de Nuremberg. Las **estatuas sedentes**★ de Cristo y la Ecclesia, aunque posiblemente representen a Otón I y a su esposa Editha, adornan una capilla poligonal (16 lados) de mediados del s. XIII situada en la nave lateral norte. Justo detrás se encuentra el **púlpito de alabastro**★ de estilo Renacimiento tardío (finales s. XVI). En la parte alta del coro, amueblado con una magnífica sillería tallada de 1363, se encuentra el sobrio sarcófago del emperador Otón I. A la derecha se puede ver una **estatua**★ de san Mauricio representado con rasgos africanos (hacia 1250).

En el brazo norte se alza la escultura en madera realizada por Ernst Barlach como *Monumento a los caídos en la I Guerra Mundial* (1929).

Por el brazo sur se accede al claustro, en el que se alza la elegante capilla de la Fuente.

Y ADEMÁS

★★**Kloster Unser Lieben Frauen (Convento de Nuestra Señora)** – *Regierungsstraße*. Este convento, fundado a principios del s. XI, fue entregado en 1129 a la orden premonstratense, quien tuvo que abandonarlo en 1632 en el transcurso de la guerra de los Treinta Años. A partir de esa fecha la abadía se convirtió en seminario y escuela (hasta 1945). Desde 1974 alberga un museo de Bellas Artes (interesante colección de esculturas desde la antigüedad hasta la actualidad en la **bóveda de tres naves**). La **iglesia abacial**★ se utiliza desde 1977 como sala de conciertos. La basílica de tres naves se cubrió de 1220-40 con una bóveda gótica. La parte más antigua del templo se encuentra bajo el presbiterio: se trata de una cripta de tres naves de tipo salón. Posee un bonito **claustro**★, cuya capilla de abluciones, con su tejado cónico de ladrillo, es una de las más antiguas en su género de las que se conservan en Alemania.

Rathaus – El **ayuntamiento**, edificio barroco de dos plantas (1691-98), está precedido por una copia con un baño en oro de la célebre estatua del **Caballero de Magdeburgo** (hacia 1240, original en el Kulturhistorisches Museum), una de las figuras ecuestres más antiguas de Alemania.

Johanniskirche (Iglesia de San Juan) – La iglesia parroquial más antigua de Magdeburgo (documentada en 941) fue totalmente destruida durante la II Guerra Mundial. A la entrada un monumento conmemorativo a Lutero recuerda que el religioso reformista predicó en esta iglesia en 1524. En la actualidad se utiliza como sala de espectáculos y exposiciones. Se puede subir a la torre sur *(¡atención escalones irregulares!)*. Magnífica **vista**★★ de Magdeburgo desde la cima (60 m).

Petriberg (Colina de San Pedro) – *Al N del ayuntamiento, a orillas del Elba*. Tres iglesias coronan el Petriberg: la **capilla de Santa Magdalena** (construida en 1315) de una sola nave gótica; la **iglesia de San Pedro**, una sala gótica de tres naves (ss. XIV-XV) con un elegante atrio sur de estilo gótico en ladrillo, y la **Wallonerkirche**, una antigua iglesia abacial fundada en 1285 y que sirvió para el culto a la comunidad de valones reformistas de 1694-1945.

★**Elbauenpark** – *Al NE del casco antiguo, en la margen derecha del Elba. Desde el centro se accede por la Schleinufer y la Markgrafenstraße*. Este parque de 140 ha de superficie se construyó con motivo de una exposición hortícola celebrada en

Magdeburgo en 1999. El recinto cuenta con un escenario para espectáculos a orillas del río, bonitos arriates y macizos de diversas especies de flores, un pabellón para mariposas, varias atracciones (toboganes, un ferrocarril elevado desde el que se contempla el conjunto de las instalaciones), y, sobre todo, una edificación de madera de 60 m de altura (la mayor en su género del mundo) conocida como la **torre milenaria★★** (Jahrhundertturm). En la zona expositiva, organizada con un criterio didáctico muy imaginativo, se presentan 6.000 años de historia de la ciencia y de la Humanidad. El recorrido comienza en la "Cueva Prehistórica" y va ascendiendo en sentido helicoidal hasta la planta sexta, en la que se muestra el " Escaparate del futuro".

MAINZ★

MAGUNCIA – Renania-Palatinado – 186.000 habitantes
Mapa Michelin nº 417 Q 8

Esta ciudad, capital del estado de Renania Palatinado desde 1949, gozó de un esplendoroso pasado gracias a la influencia de los poderosos príncipes electores de Maguncia, que eligieron la villa situada en la confluencia de los ríos Meno y Rin como residencia permanente. Su emplazamiento en una fértil región agrícola y vitícola ha convertido a la urbe en uno de los principales centros comerciales e industriales de las campiñas del Rin-Meno. Ocupa además el primer puesto en el mercado del vino de Alemania, es sede de la segunda cadena de TV alemana (ZDF) y es el escenario del carnaval más famoso del país por sus chirigotas. Las celebraciones del lunes de carnaval atraen a numerosos turistas.

La mayor gloria de la ciudad es **Johannes Gutenberg** (1397?-1468), natural de Maguncia e inventor de la imprenta moderna.

BARRIO DE LA CATEDRAL *2 h*

El recorrido se inicia en la Liebfrauenplatz. Rodee la catedral por la Domstraße (saliendo del templo hacia la derecha). Desde la plaza de Leichhof se tiene una **vista★★** del conjunto, que comprende el presbiterio occidental y el transepto, cuya compleja estructura está dominada por la gran linterna del crucero. La torre (s. XVIII) descansa sobre un zócalo románico de inspiración lombarda. En la rica decoración de su remate, obra del arquitecto F. Neumann (sobrino de Balthasar Neumann), confluyen elementos góticos y barrocos.

La pequeña plaza colindante, conocida como Höfchen, se prolonga en dirección SO hasta la Gutenbergplatz (donde se puede contemplar el **monumento a Gutenberg**, de Thorvaldsen, el teatro y la casa del Vino alemán) y hacia el E hasta la plaza del Mercado, donde se alza una bella **fuente renacentista**.

Acceda a la catedral por la puerta que se abre a la plaza del Mercado (Marktportal).

★ Dom (Catedral) – La catedral de San Martín y San Esteban, construida entre los años 975 y 1236, es un bello ejemplo de la arquitectura románica de la Alta Renania. El templo presenta una estructura de doble cabecera: el presbiterio oriental, con un concepto arquitectónico sencillo, y el presbiterio occidental, que está precedido por un gran transepto, cuyo crucero recibe la luz de una cúpula renana formada por ocho nervaduras. En el interior, adosados a los robustos pilares románicos, la iglesia alberga gran número de **monumentos funerarios★** de los arzobispos.

Desde la entrada diríjase a la izquierda por la nave lateral.

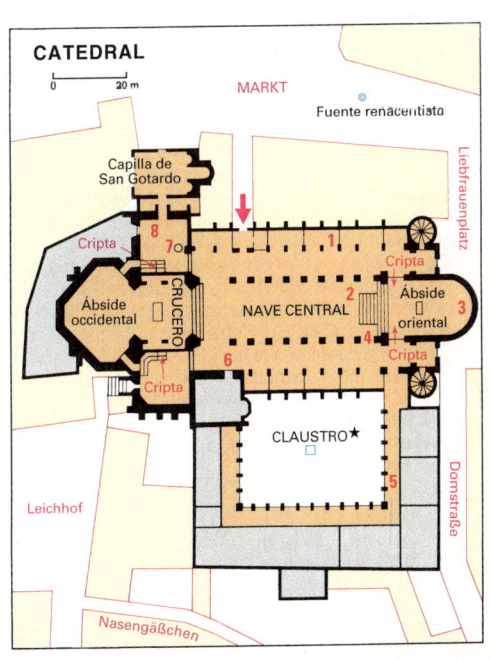

En la segunda capilla (**1**) se conserva un epitafio de finales del s. XV y junto al pilar (**2**) una tumba gótica.

En la cripta bajo el presbiterio oriental se exhibe un **relicario** moderno de oro (**3**) que contiene los restos mortales de los santos de la diócesis de Maguncia.

En el pilar (**4**) se puede contemplar una lápida sepulcral gótica policromada, rodeada de bellas estatuas de San Benito, Santa Catalina, San Mauricio y Santa Clara.

Por una puerta situada en la nave sur se accede al **claustro**★, donde se encuentra la losa sepulcral adornada con bajorrelieves (**5**) del célebre trovador Heinrich von Meißen (fallecido en 1318), conocido como "Frauenlob". El poeta y cantor fue trasladado a su tumba por damas burguesas de Maguncia.

El portal (**6**) de la antigua sala Capitular (s. XV), de un elegante estilo renano, está decorado con estatuas. *Cruce el presbiterio occidental para llegar al brazo derecho del crucero.* Aquí se conserva una pila bautismal (**7**) de estaño (1328) adornada con delicadas figuras.

Un portal románico (**8**) da acceso a la capilla de San Gotardo, una construcción del mismo estilo de dos plantas.

Biblia impresa por Gutenberg, Maguncia

★★ **Gutenberg-Museum (Museo de Gutenberg)** – Este museo, dedicado al arte del libro, muestra el interés del hombre ilustrado por preservar y transmitir a las generaciones venideras el inestimable patrimonio de la palabra escrita, uno de los más preciosos tesoros de la cultura universal. En la exposición se ofrece una panorámica de los recursos inventados por el hombre para hacer accesible a sus semejantes, gracias a la reproducción masiva de los textos escritos, el gran depósito de los conocimientos de la Humanidad. A través de documentos y piezas originales se traza la historia de la industria de producción librera.

En el museo se ha recreado una imprenta del s. XV, en la que se ilustra el sistema de reproducción de libros y sus diferentes técnicas. En una habitación blindada se conservan dos ejemplares originales de la **Biblia de Gutenberg**★★★ (la llamada de las 42 líneas, 1452-55). Entre otros objetos de interés cabe destacar incunables y libros que datan desde el s. XVI al s. XIX, así como antiguas máquinas impresoras y componedoras. También se puede visitar una sección dedicada a la industria editorial moderna y a la técnica de fabricación de "papel". Una sala está consagrada a los precedentes en Extremo Oriente de libros xilografiados, es decir, impresos sobre planchas de madera tallada (piezas policromadas en la sección dedicada a China, Japón y Corea).

Y ADEMÁS

★ **Römisch-Germanisches Museum (Museo Romano-Germánico)** – Las tres secciones del museo están alojadas en el palacio de los Príncipes Electores (ss. XV-XVII). En él se ofrece una panorámica de la Protohistoria y la Prehistoria de Europa, de las refinadas culturas de la cuenca mediterránea, así como de la arqueología romana y altomedieval.

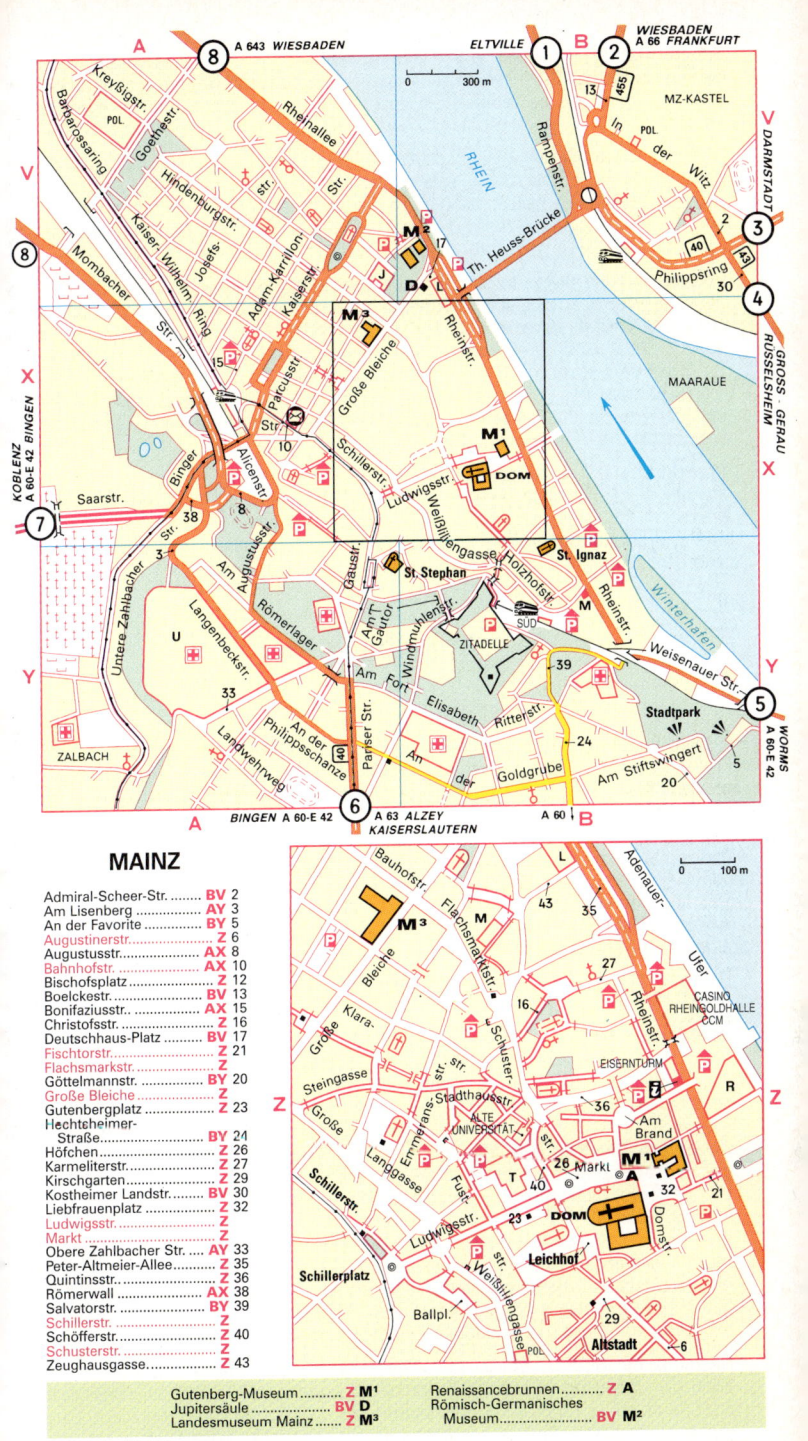

MAINZ

Admiral-Scheer-Str.	BV 2
Am Lisenberg	AY 3
An der Favorite	BY 5
Augustinerstr.	Z 6
Augustusstr.	AX 8
Bahnhofstr.	Z 10
Bischofsplatz	Z 12
Boelckestr.	BV 13
Bonifaziusstr.	AX 15
Christofsstr.	Z 16
Deutschhaus-Platz	Z 17
Fischtorstr.	Z 21
Flachsmarktstr.	Z
Göttelmannstr.	BY 20
Große Bleiche	Z
Gutenbergplatz	Z 23
Hechtsheimer-Straße	BY 24
Höfchen	Z 26
Karmeliterstr.	Z 27
Kirschgarten	Z 29
Kostheimer Landstr.	BV 30
Liebfrauenplatz	Z 32
Ludwigstr.	Z
Markt	Z
Obere Zahlbacher Str.	AY 33
Peter-Altmeier-Allee	Z 35
Quintinstr.	Z 36
Römerwall	AX 38
Salvatorstr.	BY 39
Schillerstr.	Z
Schöfferstr.	Z 40
Schusterstr.	Z
Zeughausgasse	Z 43

Gutenberg-Museum	Z M1	Renaissancebrunnen	Z A
Jupitersäule	BV D	Römisch-Germanisches	
Landesmuseum Mainz	Z M3	Museum	BV M2

★ **Landesmuseum Mainz (Museo Regional de Maguncia)** ⓥ – La sección de antigüedades ofrece una visión global del arte y la cultura de la región del Rin Medio desde la Prehistoria hasta la actualidad.

La sala de lapidaria presenta un interés especial con sus cerca de 300 piezas que datan de la época romana, entre las que figura la columna de Júpiter (Jupitersäule). Una copia de esta obra se alza en la Deutschhaus-Platz delante de la antigua encomienda de la orden Teutónica, edificio que alberga la sede del Parlamento regional de Renania-Palatinado.

También revisten interés las secciones consagradas al Medievo y al Barroco, así como a las colecciones de porcelana de la manufactura de Höchst y de vidrio de estilo modernista (Jugendstilglas). En la sección dedicada al arte del s. XX se exhibe la mayor colección alemana de obras de Tapiès.

MAINZ

Schillerplatz y Schillerstraße – Algunos Ministerios regionales se alojan en los palacios barrocos. En el centro de la plaza se alza una interesante fuente de bronce (1967), en la que se representan escenas y figuras que aluden al carnaval de Maguncia.

Altstadt (Casco antiguo) – Maguncia conserva un bonito casco antiguo, cuya arteria principal, la Augustinerstraße, está poblada de comercios de modas y restaurantes típicos. Vale la pena pasear también por la pintoresca plaza de Kirchgarten, bordeada de las tradicionales casas de vigas entramadas, y por la Kapuzinerstraße, que conduce a la iglesia parroquial de San Ignacio.

Stephanskirche (Iglesia de San Esteban) – Esta antigua iglesia abacial gótica (finales del s. XIII) fue destruida completamente durante la II Guerra Mundial y reconstruida con posterioridad. En el interior destacan las **vidrieras★★** realizadas por Marc Chagall entre 1978 y 1985, que representan escenas del Antiguo y del Nuevo Testamento. En 1989 se instalaron 19 vidrieras más, obra en esta ocasión del artista Charles Marg. El **claustro★**, (1465-99) adosado al muro sur de la iglesia, muestra en sus bóvedas (reticuladas, de estrella y de crucería) la complejidad y el virtuosismo de la arquitectura de finales del gótico.

Ignazkirche (Iglesia de San Ignacio) – Las obras de esta iglesia, proyectada por el arquitecto J.P. Jäger, se prolongaron desde 1763 hasta 1775. El edificio ilustra la transición del estilo rococó al neoclasicismo. En el exterior, a la izquierda, se alza una impresionante **Crucifixión★**, realizada en 1519 por Hans Backoffen, que había sido concebida por el artista para adornar su propia tumba.

MANNHEIM

Baden-Würtemberg – 324.000 habitantes
Mapas Michelin nº 417/419 R 9

Federico IV, príncipe elector del Palatinado, fundó Mannheim en el año 1607 como ciudad residencial fortificada. Situada en la confluencia del Rin y del Neckar, es un importante **puerto fluvial**; *los barcos que realizan el circuito de recreo parten del embarcadero de Kurpfalzbrücke*. El centro urbano está constituido por calles paralelas y perpendiculares que forman un damero de 142 cuadrados, cada uno ocupado por bloques de viviendas que se identifican con una letra y un número de acuerdo con el lugar que ocupan en el eje de coordenadas (**Quadratestadt**). Durante el periodo que fue capital del electorado del Palatinado (1720-1778), la ciudad vivió una etapa de esplendor cultural que se prolongó hasta finales del siglo. En 1779 se fundó el **Teatro Nacional** (el edificio actual data de 1957), donde se estrenó tres años más tarde la obra *Los bandidos*, de Schiller.

QUÉ VER

★★ **Städtische Kunsthalle (Museo de Bellas Artes)** ⓥ – El museo, instalado en un edificio modernista (Jugendstil) de H. Billing (1907), está consagrado al arte de los ss. XIX-XX. La colección de escultura cuenta con interesantes obras de Rodin, Lehmbruck, Barlach, Brancusi, Giacometti, Moore, Nam June Paik, Richard Long y Mario Merz. La sección de pintura expone obras muy célebres, como *El fusilamiento de Maximiliano de México* de Manet, y el famoso lienzo de Cézanne *Fumador de pipa con el brazo apoyado*; además se exhiben obras de Corot, Monet y Pissarro.
Los pintores alemanes del movimiento de la Secesión están representados por Slevogt y Corinth, los de la escuela expresionista por Beckmann, Heckel *(Girasoles)*, Kokoschka *(Vista de Amsterdam)* y el belga Ensor *(Naturaleza muerta)*. Existe una sección dedicada al movimiento alemán Nueva Objetividad (Neue Sachlichkeit) y otras tendencias artísticas posteriores a 1945.
Este museo es célebre por la organización de exposiciones temporales consagradas a artistas modernos y contemporáneos de renombre internacional.

★ **Museum für Kunst-, Stadt- und Theatergeschichte im Reiss-Museum (Museo Reiss)** ⓥ – *Instalado en el antiguo Arsenal (Zeughaus)* (1777-79). La **sección de Bellas Artes** reúne sobre todo escultura y pintura del s. XVIII, así como mobiliario barroco y rococó. También destaca la **colección europea de porcelana y loza fina★**, entre las que destaca la célebre porcelana de Frankenthal fabricada en el Palatinado.
La sección dedicada a la **historia de la ciudad** ilustra el desarrollo cronológico de la villa.
La sección reservada al teatro se encuentra en el sótano. En ella se traza la historia del teatro nacional de Mannheim mediante la exposición de vestuario y accesorios y la proyección de diaporamas.

★ **Museum für Archäologie, Völker- und Naturkunde (Museo de Arqueología, Etnografía y de Ciencias Naturales)** ⓥ – *En el edificio Mutschle, frente al antiguo Arsenal (Zeughaus)*. En las colecciones arqueológicas se pueden ver utensilios desde el Paleolítico a la época carolingia, piezas griegas, etruscas y romanas y objetos procedentes de excavaciones en la región (de la Edad Media a la Moderna).

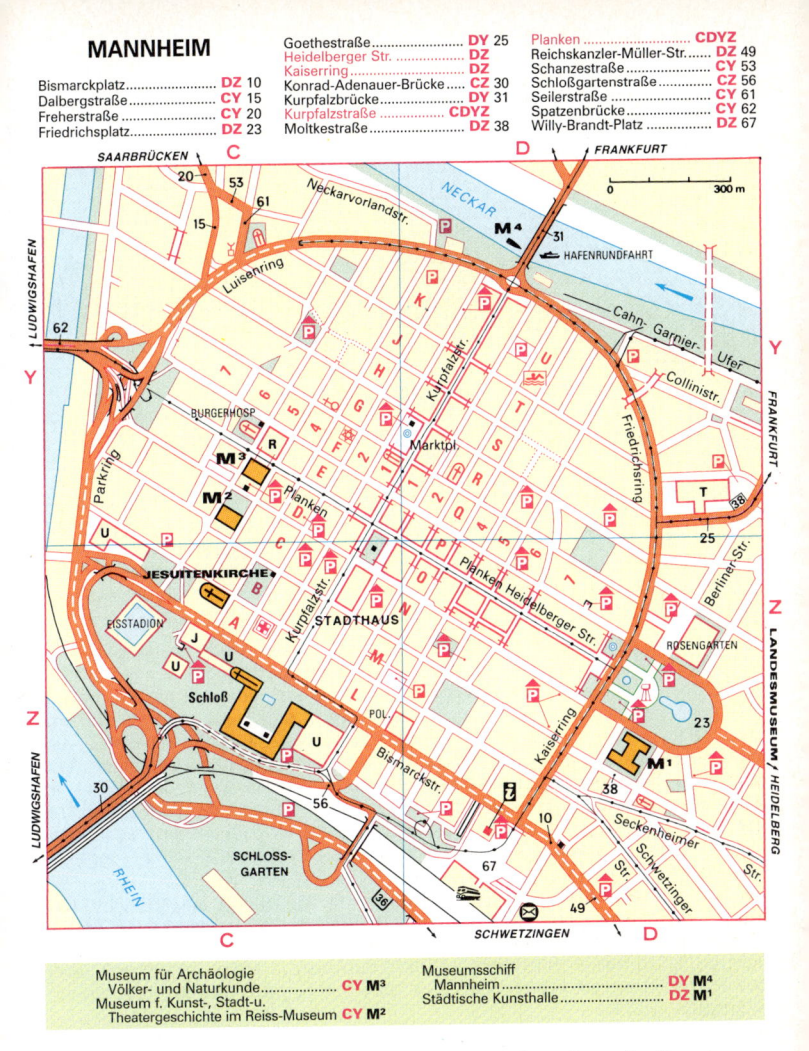

MANNHEIM

Bismarckplatz	DZ 10	Goethestraße	DY 25	Planken	CDYZ
Dalbergstraße	CY 15	Heidelberger Str.	DZ	Reichskanzler-Müller-Str.	DZ 49
Freherstraße	CY 20	Kaiserring	DZ	Schanzestraße	CY 53
Friedrichplatz	DZ 23	Konrad-Adenauer-Brücke	CZ 30	Schloßgartenstraße	CZ 56
		Kurpfalzbrücke	DY 31	Seilerstraße	CY 61
		Kurpfalzstraße	CDYZ	Spatzenbrücke	CY 62
		Moltkestraße	DZ 38	Willy-Brandt-Platz	DZ 67

Museum für Archäologie Völker- und Naturkunde	CY M³
Museum f. Kunst-, Stadt-u. Theatergeschichte im Reiss-Museum	CY M²
Museumsschiff Mannheim	DY M⁴
Städtische Kunsthalle	DZ M¹

Las **colecciones etnográficas*** ilustran la diversidad cultural en el mundo. Se exponen, entre otros temas, el modo de vida de los tuaregs de África, las civilizaciones islámicas de Oriente Próximo y de la India. Particularmente interesantes son los objetos de la **colección de Benin***.

Schloß (Palacio) ⓥ – La construcción de este palacio, el mayor edificio barroco de Alemania (más de 400 salas y 2.000 ventanas) se prolongó desde 1720 a 1760. Restaurado tras los graves daños sufridos durante la II Guerra Mundial, buena parte de sus dependencias están ocupadas en la actualidad por la Universidad de Mannheim. Las amplias alas laterales, que nacen de un cuerpo central formando un ángulo recto, delimitan un vasto patio de honor. En el extremo del ala derecha se encuentra la iglesia y en el de la izquierda, la antigua biblioteca del palacio.
Desde la escalinata de la entrada principal se tiene una amplia perspectiva de la Kurpfalzstraße, que llega hasta el Neckar. Las pinturas del techo reproducen la obra original de Cosmas Damian Asam. A este artista se deben los frescos del techo de la **sala de los Caballeros** (Rittersaal), decorada con estucos y un bello suelo de madera, así como los de la **iglesia**.
En el ala donde se alojan las dependencias de la Universidad se encuentra el **gabinete-biblioteca de estilo rococó**, decorado en tonos verde y rosa, con revestimientos de madera y estucados, así como con pinturas en camafeos.

* **Jesuitenkirche** – El enorme edificio de la **iglesia de los Jesuitas**, levantado entre 1733 y 1760 según un proyecto del arquitecto mayor de la Corte Alessandro Galli da Bibiena y la colaboración de Francesco Rabaliatti, está considerado como el templo barroco más importante del SO de Alemania. La estructuración de la fachada mediante columnas superpuestas respeta la ordenación clásica (dórico, jónico, corintio). El luminoso interior adquiere una nota de color gracias a los revestimientos de falso mármol en tonos verdes y rojos. Tanto el altar mayor, obra de Peter Anton von Verschaffelt, como las antiguas logias de los príncipes, destruidas durante la guerra, han sido reconstruidas. La **Virgen de plata con aureola** (*en la nave lateral izquierda*) es una creación del orfebre augburgués J.I. Saler (1747).

MANNHEIM

★ **Landesmuseum für Technik und Arbeit in Mannheim (Museo de la Técnica)** ⓥ – *Museumsstraße 1*. Este museo inaugurado en 1990, cuya estructura arquitectónica confiere una extraordinaria luminosidad a las salas, ilustra en sus 7.500 m² de superficie 250 años de historia de la industria en la región suroccidental de Alemania, y las repercusiones de la evolución de la técnica en el trabajo y la vida del hombre. Siguiendo un orden cronológico, la exposición comienza en la 5ª planta con el Despotismo Ilustrado, y continúa en sentido descendente hasta el sótano, donde se ilustra la Técnica en el s. XX. La visita se completa con un pequeño viaje por las instalaciones al aire libre del museo a bordo de un tren a vapor.

ⓥ ▶▶ Museumsschiff Mannheim (Barco-museo).

MARBURG★★

MARBURGO – Hesse – 85.000 habitantes
Mapa Michelin nº 417 N 10

Marburgo fue un importante lugar de peregrinaje del Occidente cristiano al que acudían grandes mareas humanas para venerar las reliquias de santa Isabel de Hungría. Después de la Reforma y gracias a la fundación de su prestigiosa Universidad en 1527, la ciudad, que ha conservado su magnífica iglesia gótica consagrada a santa Isabel y el castillo de los landgraves, se convirtió en uno de los más notables foros de la teología protestante y en un centro de investigación y estudio de primer rango.

Santa Isabel de Hungría (1207-1231) – Isabel, hija del rey de Hungría, fue prometida en matrimonio siendo una niña al landgrave Luis de Turingia. Conducida a la fortaleza de Wartburg cerca de Eisenach a los cuatro años de edad, mostró desde muy joven una sensibilidad especial hacia los desfavorecidos de la sociedad. En 1227 murió de peste su marido Luis, con quien se había casado en 1221. Decidió entonces retirarse de la vida mundana, abandonó el palacio y se instaló en una casita contigua, junto al hospital de incurables, a quienes dedicó el resto de sus días. Allí murió de agotamiento a los 24 años de edad, y cuatro años más tarde fue canonizada. En 1235 sus restos fueron exhumados y la Orden Teutónica mandó construir para acoger sus reliquias una magnífica iglesia gótica, que se convirtió en la capilla funeraria de los landgraves de Hesse.

En 1529 un descendiente de la santa, Felipe el Magnánimo, se convirtió al protestantismo. Para mostrar públicamente la profundidad de su credo, decidió poner fin al culto de las reliquias, dando sepultura a los restos de Isabel en un cementerio cercano. Él fue, además, quien tras la renovación del Edicto de Worms, trató de promover la unión de los protestantes y actuó como mediador entre Lutero y Zuinglio en la controversia de Marburgo (1529).

★★ IGLESIA DE SANTA ISABEL Y EL VIEJO MARBURGO *2 h*

★★ **Elisabethkirche (Iglesia de Santa Isabel)** ⓥ – Construida entre 1235 y 1283, este edificio es representativo del modelo de iglesia gótica alemana de tipo salón. El modelo germánico se caracteriza por una planta de tres naves a la misma altura y por la unidad estructural que forman el presbiterio y los dos brazos del crucero, cada uno de ellos rematado por un ábside de idénticas proporciones. La disposición transversal del tejado que cubre las naves laterales es típica de Hesse. Las torres de la fachada, rematadas con finas agujas, se apoyan en sólidos contrafuertes.

Acceda al templo por la puerta de la fachada occidental.

Nave principal – Destacan las siguientes obras de arte:

1) Estatua de santa Isabel (hacia 1470) vestida con elegante traje de corte.

2) Leccionario gótico con finos calados y elegantes ménsulas; en el centro, sobre el altar, se muestra un Crucifijo moderno de Ernst Barlach.

Presbiterio y crucero – Constituyen un auténtico museo por el extraordinario valor de las **piezas**★★★ que alberga:

3) Retablo de la Virgen (1517); en la predela: Piedad de 1360.

4) Mausoleo de santa Isabel (posterior a 1250). El sarcófago está decorado con un bajorrelieve que representa el sepelio de la santa.

5) En los nichos quedan vestigios de frescos (ss. XIV-XV). A la derecha, un episodio de la caridad de santa Isabel (el landgrave contempla, en espíritu, la imagen de Cristo junto a un lecho donde un enfermo recibe los cuidados de la santa); representación de la exhumación solemne de sus restos en 1236.

6) **Cofre de santa Isabel**★★ en la antigua sacristía. Esta obra de arte de la orfebrería fue realizada por artesanos renanos hacia 1250. Las escenas más interesantes de la vida de la santa aparecen en los paneles inclinados del relicario.

MARBURG

7) **Vidrieras de santa Isabel**. Conjunto de medallones que datan del s. XIII que ilustran la caridad de la santa.

8) **Estatua de santa Isabel** que corona el antiguo asiento del oficiante: se presenta a la santa como alegoría de la caridad cristiana; la obra (1510) se atribuye a Ludwig Juppe, uno de los artistas más notables de Marburgo.

9) **Presbiterio de los landgraves** *(brazo derecho del crucero)*, sepulcros de los landgraves de Hesse, descendientes de Santa Isabel.

La capilla de la torre alberga la tumba del mariscal de campo von Hindenburg (1847-1934).
Al salir de la iglesia, el Steinweg –una curiosa rampa de tres niveles que se prolonga en la Neustadt y en la Wettergasse– conduce al casco viejo de Marburgo. *Gire a la izquierda por la Marktgasse.*

★ **Marktplatz (Plaza del Mercado)** – Sólo se conservan casas antiguas en la parte superior de la plaza, el Obermarkt, entre las que destacan los n°s 14, 21 (1560), 23 y 18, esta última conocida como la casa de piedra (Steinernes Haus) de 1323, el edificio habitado más antiguo de la ciudad. La fuente del Mercado, decorada con una escultura de san Jorge luchando con el dragón, es un punto de encuentro tradicional.

Ayuntamiento (Rathaus) – Este edificio gótico fue levantado entre 1512 y 1527. Sobre el portal de la torre se puede ver una bella escultura realizada por Ludwig Juppe que representa a santa Isabel portando las armas de la casa de Hesse-Turingia. Un gallo mecánico da las horas en el reloj de la fachada. *Diríjase por la Nicolaistraße a la plaza de la iglesia de Santa María (Marienkirchplatz)*. Esta última data del s. XIII y está precedida, a la derecha, por un edificio gótico que fue el antiguo osario. Desde la terraza se tiene una panorámica del casco antiguo de la ciudad y del valle cercano. Desde el costado que se alinea con la fachada de la iglesia se contempla la silueta del castillo.

MARBURG

Bahnhofstraße	BY	4
Barfüßestraße	AY	
Busenstraße	BY	9
Deutschhausstraße	BY	10
Elisabethstraße	BY	12
Erlenring	BZ	13
Firmaneistraße	BY	14
Hirschberg	AY	24
Jägerstraße	BZ	25
Ketzerbach	BY	28
Kurt-Schmacher-Brücke	BZ	34
Lutherischer Kirchhof	AY	36
Marktgasse	AY	39
Neustadt	BZ	40
Nicolaistraße	AY	41
Robert-Koch-Straße	BY	49
Schulstraße	BZ	55
Steinweg	BY	56
Universitätsstraße	AY	
Wettergasse	AY	62
Wihelm-Röpke-Straße	BY	63

Haus von Friedrich-Karl von Savigny	AY	B
Marburger Universitätsmuseum für Bildende Kunst	BZ	M
Rathaus	AY	R

355

MARBURG

Llegue hasta el extremo de la explanada y descienda por un pasaje hasta una elegante iglesia de estilo gótico tardío (finales del s. XV). *Suba por la Kugelgasse hasta la Kalbstor; allí gire a la derecha por la Ritterstraße, que conduce a la Marktplatz.* En el nº 15 vivió, a principios del s. XIX, el historiador del Derecho Friedrich Karl von Savigny, un destacado miembro del círculo de intelectuales y artistas románticos de Marburgo (este grupo lo formaban entre otros, Clemens von Brentano, Achim y Bettina von Arnim, Jakob y Wilhelm Grimm).

Y ADEMÁS

★ **Schloß (Palacio)** ⓥ – Desde el s. XIII hasta el XVII este palacio, construido sobre una colina, fue la residencia de los landgraves de Hesse. Desde la terraza se tiene una amplia vista del valle del Lahn. El recorrido por los edificios históricos (ss. XIII-XV), situados en el punto más alto de la roca, discurre sucesivamente por la sala de los Príncipes (Fürstensaal), un gran salón de dos naves de estilo gótico, la sala oeste, desde la que se divisan los vestigios de las fortificaciones primitivas (ss. IX y XI), la sala sur (Südsaal), que conserva documentos que evocan la época de fundación de la Universidad y las discusiones teológicas de Marburgo en 1529, y, finalmente, la capilla, decorada con el suelo de cerámica medieval primitivo.
El **Museo de Arte e Historia**★ (Museum für Kulturgeschichte), instalado en el Wilhelmsbau (s. XV), posee, entre otros valiosos objetos procedentes de la iglesia de Santa Isabel (fragmentos de vidrieras, tapicerías del s. XV en las que se representa la parábola del hijo pródigo), una interesante colección de escudos medievales.
El parque del palacio, situado al pie de la colina, es un paseo muy agradable.

Marburger Universitätsmuseum für Bildende Kunst (Museo de Bellas Artes de la Universidad de Marburgo) ⓥ – Alberga una colección de pintura alemana de los ss. XVI al XX. Entre las obras expuestas figura *El mensajero de Rosenthal*, de Carl Spitzweg.

Kloster MAULBRONN★★
Abadía de MAULBRONN
Mapa Michelin nº 419 S 10

Maulbronn es una de las abadías más antiguas fundadas por la orden del Císter en Alemania. El vasto conjunto de edificaciones conventuales, con sus dependencias protegidas por un cinturón amurallado, se conserva en perfecto estado. En la escuela que se instaló aquí en 1557 se formaron importantes personalidades del mundo de las letras, como Keppler, Friedrich Hölderlin, Justinus Kerner y Hermann Hesse. Este último concibió en Maulbronn su famoso relato *Bajo las ruedas* (1905).

★★ ANTIGUA ABADÍA ⓥ

Esta abadía fundada en 1147, que tras la Reforma pasó a propiedad de los duques de Würtemberg y en la actualidad pertenece al Estado de Baden-Württemberg, no se vio afectada por las transformaciones a las que se vieron sometidos innumerables edificios y monumentos durante el Barroco. El conjunto ha sido declarado Patrimonio de la Humanidad.

★ **Iglesia** – La iglesia fue consagrada en 1178. El atrio, conocido como el Paraíso (**1**), data de principios del s. XIII y es el primer ejemplo del estilo de transición del románico al gótico en territorio germánico.
En el s. XV se sustituyeron los techos planos por bóvedas reticuladas en la nave principal y en la nave lateral derecha. Un leccionario románico separa la nave principal, dividida en diez tramos, del presbiterio. Delante del leccionario (**2**) se alza un gran Crucifijo de piedra de 1473. Las capillas del transepto orientadas al E son vestigios del santuario primitivo. A la izquierda del altar mayor destaca una Virgen del s. XIV (**3**). En la nave lateral derecha se encuentra la sillería del coro del s. XV (23 asientos); ésta se completa con otra sillería (detrás del leccionario) reservada a los monjes, compuesta por 92 asientos tallados hacia 1450 por maestros del círculo de la escuela de Ulm.

★★ **Claustro y dependencias conventuales** – El idílico jardín del claustro, los venerables muros de sus galerías y las dependencias contiguas constituyen un conjunto lleno de armonía.
El ala sur del claustro, adosado a los muros del templo, presenta gruesas columnas fasciculadas, que se repiten en el nártex de la iglesia. El ala este da acceso a la sala Capitular, cuya bóveda estrellada descansa sobre los sobrios pilares centrales, y al locutorio (**A**), cubierto por una bóveda reticulada.

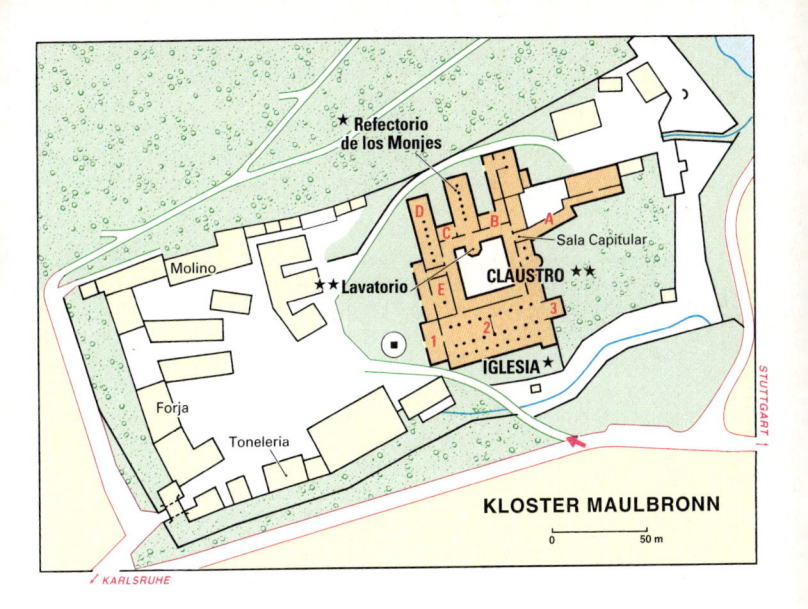

La orden del Císter

Esta orden benedictina, reformadora de las artes arquitectónicas en la Baja Edad Media, recibe el nombre del convento de Cîteaux, en Francia, fundado en 1098 por san Bernardo de Claraval (1090-1153). En los ss. XII-XIII la orden había extendido su influencia no sólo en Europa, en la que habían proliferado iglesias y conventos regidos por sus abades, sino incluso hasta Oriente Próximo. A finales del Medievo se contabilizaban 742 monasterios desde Irlanda a Siria.

La regla cisterciense consideraba superfluo todo aquello que no fuera indispensable para el desarrollo de la vida monacal. Su espíritu de austeridad les lleva a defender la simplificación de los ritos litúrgicos y la ausencia de decoración en los templos (eliminación de la torre en la fachada y de las vidrieras policromadas, etc.). También prescinden de materiales de construcción costosos y suntuarios para basar la belleza de sus edificios en un singular equilibrio de las formas y en la pureza de las líneas.

El **refectorio de los monjes**★, con su bóveda gótica realizada por el mismo maestro que construyó la bóveda del Paraíso (1220-30), es una de las salas más bonitas de la abadía. Está situada en la parte norte entre el calefactorio (**B**) y la cocina (**C**). Frente al refectorio, la elegante **capilla de las Abluciones**★★ (Brunnenkapelle, hacia 1350), decorada con arcadas ciegas cuadrilobuladas, se adentra en el espacio del claustro. Desde la galería oeste se llega al refectorio de los legos (**D**) (del s. XIII, pero reformado en 1869-79), una sala de poca altura cubierta por una bóveda de arista, y a la despensa (**E**) (hoy ocupada por el **lapidario** cuya bóveda románica presenta nervaduras de sección cuadrada.
En la capilla donde se oficiaban los maitines (Frühmessehaus) y en la primera planta de la tonelería (Küferei) se ha instalado el **Museo del Convento** (Klostermuseum).

MECKLENBURGISCHE SEENPLATTE★★★
Meseta lacustre de MECKLEMBURGO – Mecklemburgo-Antepomerania
Mapa Michelin nº 416 F 20-22

La Mecklenburgische Seenplatte, una meseta salpicada de lagos, se extiende entre el canal Elbe-Lübeck y la Uckermark. El relieve de esta región data del último periodo glacial, en el que los ríos de hielo arrastraron las morrenas terminales, y las lenguas de las grandes moles heladas crearon en su desplazamiento formas particulares en el terreno, como cavidades, depresiones y cuencas, ocupadas hoy por el millar de lagos que se diseminan por este paisaje único. La mayor parte de estas superficies lacustres están conectadas entre sí por canales naturales o artificiales y representan un paraíso para los amantes de los deportes náuticos. Pero la zona no dispone de una infraestructura turística tan organizada como la región lacustre de la Alta Baviera, y podría afirmarse que la mayor parte de los lagos, a pesar de su nutrido número y su gran superficie, se ocultan al visitante que circula por las carreteras que atraviesan la meseta. Los más importantes son:

MECKLENBURGISCHE SEENPLATTE

AGENDA DE DIRECCIONES

En Malchow

Insel-Hotel – *An der Drehbrücke* – ☎ *03 99 32/86 00* – *fax 03 99 32/8 60 30* – *16 hab* – *individuales desde 51 €*. Inmueble renovado en el centro de la ciudad.

En Waren

Kleines Meer – *Alter Markt 7* – ☎ *0 39 91/64 80* – *fax 0 39 91/64 82 22* – *30 hab* – *individuales desde 80 €*. Hotel moderno cerca del puerto, cocina exquisita.

Paulshöhe – *Falkenhäger Weg* – ☎ *0 39 91/1 71 40* – *fax 0 39 91/17 14 44* – *14 hab* – *individuales desde 57 €*. Hospedería restaurada, con 7 bungalows, situada al comienzo del bosque y a 200 m de las orillas del lago Müritz.

En Röbel

Seelust – *Seebadstraße 33ª* – ☎ *03 99 31/58 30* – *fax 03 99 31/5 34 93* – *26 hab* – *individuales desde 64 €*. Hotel tranquilo con una bonita terraza a orillas del lago.

Seestern – *Müritzpromenade* – ☎ *03 99 31/5 80 30* – *fax 03 99 31/58 03 39* – *30 hab* – *individuales desde 45 €*. Hotel en el paseo del lago con una agradable terraza con vistas al lago Müritz.

El **Schweriner See**, en cuyas orillas se encuentra la capital del Estado de Mecklemburgo, **Schwerin★** y el castillo del mismo nombre. El **Krakower See**, patria del poeta más representativo de la región de Mecklemburgo, Fritz Reuter, quien imaginaba el paraíso situado en estos entornos.

El **Plauer See**, tercero en superficie de Mecklemburgo-Antepomerania, presenta orillas llanas en la parte septentrional, mientras el extremo sur es boscoso y abrupto. Junto al lago Müritz forma el corazón de la meseta de Mecklemburgo.

Entre el **Malchiner See** y el **Kummerower See** se extiende, al NE, la llamada **Suiza mecklemburguesa**, con sus numerosas elevaciones. En la parte occidental del **Malchiner See** (en la B 108) se alza, en un paraje de colinas, la mayor fortaleza clasicista de Mecklemburgo, el **castillo de Schlitz**, rodeado de un bucólico parque. Pasada la ciudad de **Malchin**, con su bonita basílica construida en ladrillo, se llega al **Kummerower See**. En el camino se puede hacer un desvío para contemplar el milenario **roble de Ivenack** (junto a la ciudad de Stavenhagen).

La perla de la meseta lacustre de Mecklemburgo es, sin duda, el **Müritz**, que con sus 110 km² de superficie es el segundo lago en dimensiones de Alemania. Su nombre procede del término eslavo "morcze", que significa pequeño mar. En su orilla norte se encuentra la villa de **Waren**, el mayor centro turístico de la región. En esta localidad se recomienda visitar la iglesia parroquial de San Jorge y Santa María, el Antiguo y el Nuevo Ayuntamiento, así como la Löwenapotheke (farmacia). **Röbel** se está transformando en un atractivo puerto recreativo, con sus casas flotantes a orillas del lago.

Casas lacustres, Müritzsee

MECKLENBURGISCHE SEENPLATTE

★ **Müritz-Nationalpark** – El **parque nacional** de Müritz es una reserva natural de 318 km² que se extiende en dirección Este desde las orillas del lago y representa un sector importante de la compleja región lacustre de Mecklemburgo. Los bosques ocupan las dos terceras partes de la superficie, los lagos un 12% y los terrenos pantanosos el 8%.
Este parque es un paraíso para los amantes de la ornitología *(se recomienda a los visitantes equiparse con unos buenos prismáticos)*. El pigargo, el águila marina del emblema de Alemania, puede ser avistada cerca de los viveros de Boek desde los refugios que existen en la carretera de Rechlin a Boek. En el trayecto de Federow a Speck *(estacione el vehículo en Federow)*, el visitante encuentra puestos de observación desde los que se puede contemplar el lugar de anidada del **quebrantahuesos**.
La segunda quincena del mes de octubre es el periodo álgido en la migración de las **grullas**. Las bandas de pájaros hacen aquí un alto en el camino y pasan la noche a orillas de los lagos.
Desde el otoño a finales del invierno se pueden ver revolotear aves de presa y rapaces, sobre todo en campo abierto. Para disfrutar plenamente no sólo de la fauna, sino también de la rica flora de la región, se recomienda participar en visitas guiadas, en las que se explican las particularidades naturales de la reserva. *(Para ampliar detalles sobre rutas y excursiones guiadas, acudia a las oficinas turísticas de Waren y Neustrelitz y a los centros de información del parque nacional)*.

MEISSEN ★

Sajonia – 33.000 habitantes
Mapa Michelin nº 418 M 24

La fundación de Meissen se remonta a las campañas militares del rey germano Enrique I contra las tribus eslavas al E del Elba y del Saale. El año 929, este soberano mandó construir la fortaleza de *Misni*, núcleo de la futura Meissen.
La ciudad es célebre sobre todo por su producción de porcelana. Posee también un importante patrimonio arquitectónico, entre cuyos monumentos destacan el castillo de Albrechtsburg, la catedral y el antiguo palacio episcopal.

LA PORCELANA DE MEISSEN

El 29 de marzo de 1709, durante el reinado de Augusto el Fuerte, el alquimista **Johann Friedrich Böttger** (1682-1719) descubrió la fórmula de la fabricación de la porcelana dura china a base de caolín. Al año siguiente, el elector de Sajonia mandó instalar en la Albrechtsburg –un lugar que por su situación aislada y bien protegida era el apropiado para custodiar el secreto de la fórmula– la primera manufactura de porcelana de Europa. La riqueza de los motivos decorativos, inspirados en modelos chinos y japoneses, caracteriza el primer periodo de esplendor de la manufactura de Meissen, dirigida por Johann Höroldt (1720-1775). En los diseños de esta época aparecen exóticos vegetales, un león amarillo, dragones rojos y verdes, dibujos de rocas y pájaros, así como flores y figuras de animales mitológicos. El "**motivo de cebolla**" en tono azul –debido al uso del cobalto– fue creado hacia 1740 por el propio Höroldt, y fue el diseño que alcanzó más aceptación en las vajillas de todo el mundo. Johann J. Kändler (1706-1775) fue el primer diseñador de la porcelana europea, y a él se debe la innumerable producción de figuras gigantes de animales y vasijas, así como de múltiples modelos de vajillas.

Tucán, Paul Walther

★ **Staatliche Porzellanmanufaktur** (**Manufactura Nacional de Porcelana**) ⓥ – En 1861/64 la manufactura se trasladó desde el castillo de Albrecht (Albrechtsburg), donde había tenido su sede durante más de siglo y medio, a la fábrica ubicada en el valle del Triebisch. En el edificio se puede visitar, además de una amplia exposición de porcelanas, un taller en el que se muestra el proceso de elaboración de la pasta y la fabricación de las piezas.

EL VIEJO MEISSEN

Altstadt (Casco antiguo) – La ciudad conserva un rico patrimonio de estilo gótico y renacentista. En la **plaza del Mercado** (Marktplatz) se alza el ayuntamiento tardogótico de 1470-86, la casa Benno (Bennohaus), que data de la segunda mitad del s. XV, la farmacia del Mercado, un edificio renacentista construido entre 1555 y 1560, y la casa del Ciervo (Hirschhaus), que posee un bello portal de 1642. A poca distancia

359

MEISSEN

Am Lommatzscher Tor **AX** 3	Fleischergasse **AY** 9	Markt **AY** 22
An der Frauenkirche **AY** 4	Gerbergasse **BY**	Marktgasse **ABY** 24
Baderberg **AXY** 6	Hahnemannspl. **BY** 10	Martinstraße **BY** 25
Elbstraße **BY** 7	Heinrichsplatz **BY** 12	Ratsweinberg **BY** 28
	Justusstufen **AY** 15	Schloßberg **AX** 31
	Kerstingstraße **AY** 16	Vorbrücker-Str. **BX** 33
	Lorenzgasse **AY** 19	Weinberggasse **BX** 34

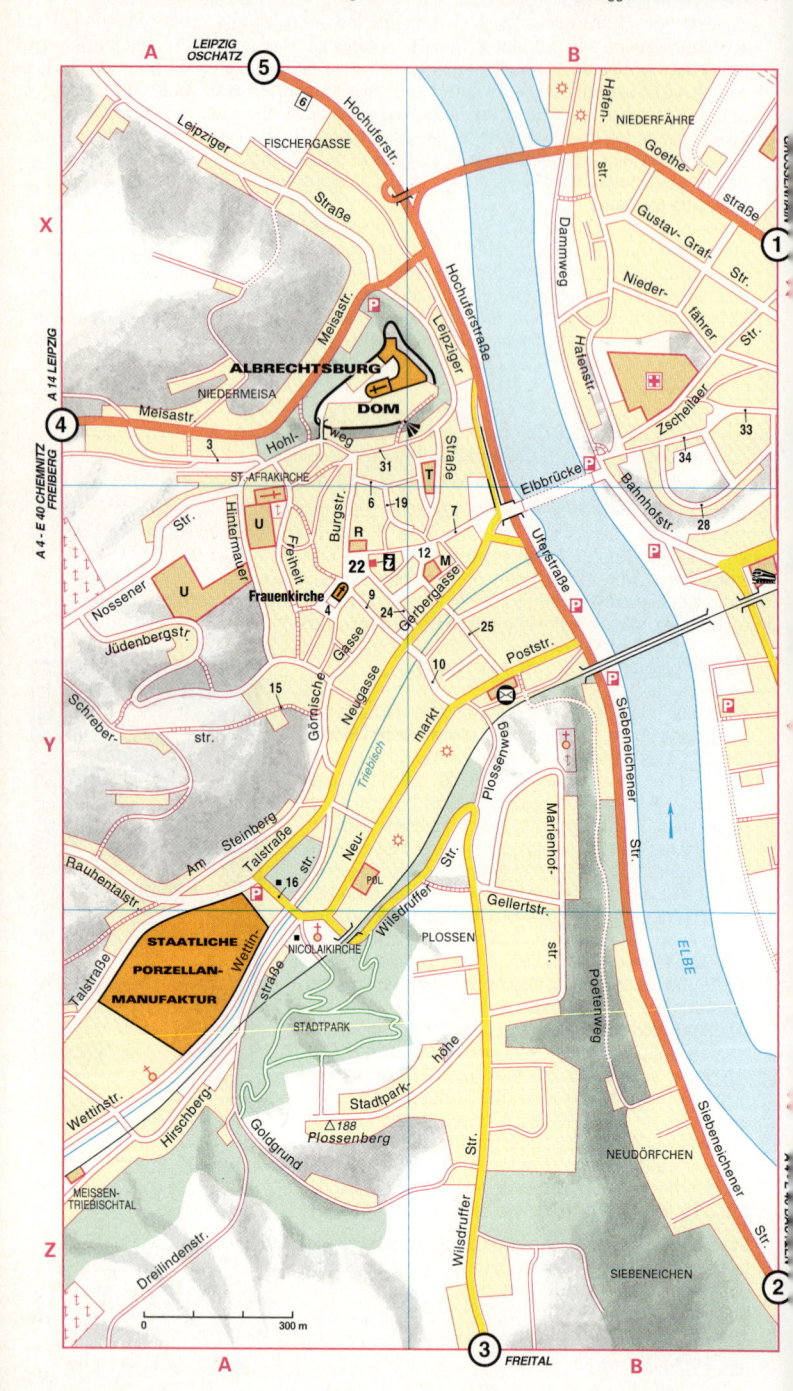

de la plaza se pueden contemplar la puerta de los Fabricantes de paños (Tuchmachertor), un monumento de finales del Renacimiento (hacia 1600) y la cervecería (Brauhaus, s. XVI).

Frauenkirche (Iglesia de Nuestra Señora) – En la plaza del Mercado se alza esta iglesia gótica de tipo salón construida en el s. XV. Posee una bella bóveda reticulada y un carillón cuyas campanas son de porcelana de Meissen.

MEISSEN

✶✶BURGBERG

Sobre este promontorio situado en la parte alta de la ciudad se asientan el castillo de Albrecht, la catedral y los edificios conventuales.

✶ **Albrechtsburg** ⓥ – La construcción del **castillo**, considerado como una de las más bellas realizaciones civiles del gótico tardío, se inició en 1471 según un proyecto de Arnold von Westfalen, uno de los más célebres arquitectos de finales de la Edad Media, y se concluyó hacia 1521-24. Los daños causados durante la guerra de los Treinta Años fueron reparados a partir de 1662. Entre 1710 y 1864 albergó la Manufactura Nacional de Porcelana, primera en su género en Europa. Uno de sus mayores tesoros artísticos es la **gran escalera de caracol** (Großer Wendelstein) que adorna su fachada. Las salas y aposentos del castillo están decorados con frescos y pinturas murales que ilustran la historia de Sajonia.

Desde la colina del castillo (Burgberg) se disfruta de una magnífica **vista** del casco antiguo de la ciudad, de la zona de viñedos y del paisaje ribereño del Elba.

✶ **Dom (Catedral)** – Esta iglesia gótica de tipo salón dividida en tres naves se comenzó a edificar hacia 1250 sobre los restos de un templo románico y no se concluyó hasta finales del s. XV. La construcción de las torres occidentales (81 m de altura) se inició en 1315, pero no se completó hasta 1908 de acuerdo con un proyecto elaborado por el arquitecto Carl Schäfer. El diseño de las **lápidas sepulcrales**✶ en bronce de la capilla de los Príncipes (Fürstenkapelle) se atribuye, de forma compartida, a Alberto Durero y a Lucas Cranach el Viejo y proceden del célebre taller de Peter Vischer en Nuremberg. En la capilla sepulcral del duque Jorge el Barbado se conserva un retablo de Lucas Cranach el Viejo de 1534. Delante del leccionario (1260-70), esculpido en Naumburgo, se halla el **altar de las Novicias**✶ (Laienaltar), realizado en el taller de Lucas Cranach el Viejo. El Crucifijo y el cirial en porcelana de Meissen son obra de J.J. Kändler (1760). En el presbiterio principal se pueden contemplar las magníficas **estatuas de los fundadores**✶✶, que representan al emperador Otón I y a su esposa Adelaida, creadores del obispado. Realizadas en el taller de Naumburgo en 1260, estas esculturas son verdaderas obras maestras del arte centroeuropeo del s. XIII.

La plaza de la catedral está bordeada por los **edificios conventuales**: la residencia del deán, que data de 1526 *(en el nº 5 de la plaza)*, la casa de los canónigos *(en el nº 6)*, construida entre 1726 y 1728, y el priorato *(en el nº 7)*, fechado hacia 1500.

MEMMINGEN

Baviera – 40.000 habitantes
Mapa Michelin nº 419 W 14

Situada en los Prealpes de Allgäu, esta modesta colonia romana se convirtió entre los ss. XIII y XVIII en ciudad libre del Imperio.

El casco antiguo, rodeado por una muralla que se conserva en buen estado, ofrece el aspecto de una típica ciudad comercial del Medievo. El patrimonio monumental de Memmingen, constituido por sus casas gremiales medievales y edificios de estilos que van del gótico al rococó, ilustran más de 850 años de historia de la arquitectura europea.

Casco antiguo – El núcleo histórico se descubre recorriendo la red de canales del centro de la ciudad. Su tipismo está representado por los viejos edificios que bordean sus calles, como la **casa de los Siete tejados** (Siebendächerhaus), antigua residencia del curtidor. En la plaza del Mercado se pueden ver interesantes construcciones de diferentes épocas, entre las que destacan la **Steuerhaus**, el edificio para la recaudación de impuestos construido en 1495, que presenta un porche porticado en la planta baja, y el **ayuntamiento**, levantado en 1589 y transformado en 1765 al gusto rococó, que se distingue por una arquitectura original con tres miradores en saledizo de varios niveles y con remates bulbiformes. Otro monumento interesante es la casa de la orden Hospitalaria de San Antonio (Antonierhaus), de estilo gótico tardío y con un patio bordeado de arcadas. En él se ha instalado un museo consagrado a esta orden religiosa y a los hermanos Strigel, dos artistas originarios de Memmingen.

Martinskirche – Esta basílica gótica data de los ss. XIV-XV. Su elegante presbiterio (1496-1500) es una obra maestra del arquitecto de la catedral de Ulm, Matthias Böblinger. La **sillería del coro**✶ (1501-08), una de las más bellas realizaciones del periodo, está decorada con 68 figuras de los profetas, las sibilas y los fundadores de la iglesia.

MEMMINGEN

Kreuzherrenkirche – *En la plaza de Hallhof*. El remate octogonal del campanario (1617) sobresale por su elegante silueta entre todas las torres de la ciudad.

EXCURSIÓN

Ottobeuren – *11 km al SE*. Esta abadía benedictina, fundada en 764 bajo el patronato del emperador Carlomagno, fue "barroquizada" en el s. XVIII. El monumental complejo arquitectónico es conocido como el "Escorial suabo".

***Klosterkirche** (Iglesia abacial) ⊙ – El gran arquitecto alemán **Johann Michael Fischer** dejó su inconfundible sello en esta joya del barroco concluyendo la obra en 1748. En la decoración del interior colaboraron otros geniales maestros: Johann Jakob Zeiller y su primo Franz Anton Zeiller, autores de la grandiosa composición pictórica que decora la cúpula, Johann Michael Feuchtmayer, que fue el responsable de los estucados, y Johann Joseph Christian que realizó la obra escultórica.

Por su aspecto exterior algo achaparrado no se adivinan las verdaderas dimensiones de esta iglesia, que es en realidad uno de los edificios religiosos más grandes de Alemania. La magnificencia de esta iglesia se muestra puertas adentro. Nada más traspasar el umbral, el visitante aprecia la extraordinaria luminosidad que reina en las naves, como resultado de su orientación N-S (contraria a la tradición cristiana).

En el crucero es donde mejor se aprecia la magnitud del edificio. Todos los elementos arquitectónicos se ordenan en torno a la cúpula central. Llaman la atención los cuatro altares: el de san Miguel, patrón de la región de Ottobeuren y del Imperio; el del santo Ángel de la Guarda; el de san José y el de san Juan Bautista, así como la magnífica obra de arte del **púlpito** y, enfrente, un grupo escultórico que representa el **Bautismo de Cristo** realizado en estuco rojo y gris por Feuchtmayer sobre un diseño de Zeiller.

Interior de la iglesia abacial de Ottobeuren

A la entrada del presbiterio, el pequeño altar del Santo Sacramento está coronado por un Crucifico muy venerado que data aproximadamente de 1220. El cuadro del **altar mayor**, obra de Zeiller que glorifica a la Santísima Trinidad, y las imágenes de los Apóstoles y los Santos, forman una composición de extraordinaria belleza. La **sillería del coro**★★ en madera de nogal (1764) es una obra maestra del arte de la talla. El alto respaldo de la sillería está decorado con bajorrelieves dorados sobre madera de tilo realizados por Joseph Christian (a la derecha representa escenas de la vida de san Benedicto y a la izquierda, motivos inspirados en el Antiguo Testamento).

Karl-Joseph Riepp, discípulo del célebre fabricante de órganos Silbermann, construyó los dos magníficos **órganos del presbiterio**★★ en 1766.

Klostergebäude ⊙ – Las **dependencias conventuales** se edificaron entre 1711 y 1725. Entre las estancias que se muestran al público figuran las salas de representación, por ejemplo, las del palacio de la Prelatura, la bella biblioteca, el teatro y la sala Imperial, decorada con frescos en el techo que representan escenas de la coronación de Carlomagno. También se puede contemplar una exposición que muestra 1.200 años de historia del monasterio.

MERSEBURG

MERSEBURGO – Sajonia-Anhalt – 40.000 habitantes
Mapa Michelin nº 418 L 19

Sede episcopal desde el s. X y residencia de los duques de Sajonia-Merseburgo entre 1656 y 1738, Merseburgo experimentó desde principios del s. XX un importante desarrollo industrial. Hoy se abren nuevas perspectivas económicas para la ciudad como centro turístico rico en monumentos artísticos y situado a las puertas de la región de palacíos y fortalezas que jalonan el valle bañado por los ríos Saale y Unstrut.

QUÉ VER

Los monumentos históricos más interesantes de la ciudad, la catedral y el palacio, se alzan en una colina (Domberg) que domina el curso del Saale.

★★ Dom (Catedral) – El edificio muestra tres diferentes épocas de construcción: la cripta es un vestigio del templo románico, mientras el atrio, el transepto, el presbiterio y el ábside, remodelados en la 1ª mitad del s. XIII, conservan su aspecto gótico original. Finalmente, la nave principal románica fue transformada entre 1500 y 1517. En efecto, las bóvedas reticuladas que cubren las tres naves, así como los finos pilares octogonales, son de estilo gótico puro. El **púlpito★** (1514-26) muestra unas tallas finamente cinceladas características del gótico tardío. La **losa sepulcral en bronce★** del rey Rodolfo de Suabia (fallecido en 1080), considerada como la imagen funeraria más antigua de Alemania, se distingue por la maestría de su ejecución.

Schloß (Palacio) – Este impresionante complejo arquitectónico del renacimiento tardío alemán fue transformado entre 1605 y 1608 por Melchior Brenner, quien incorporó partes esenciales del palacio tardogótico que perteneció al obispo Tilo von Trotta. Los típicos hastiales de burhadilla del Renacimiento tardío proporcionan un carácter singular a la fachada. El ala este se comunica directamente con la catedral a través de un pasaje. Un conjunto de elementos decorativos, como blasones, puertas y miradores de distintas épocas estilísticas contribuyen a la elegancia de la construcción. En el parque se alza un bello pabellón de dos plantas, el **Schloßgartensalon**, edificado entre 1727 y 1738 en estilo barroco.

MINDEN

Renania Septentrional-Westfalia – 87.000 habitantes
Mapa Michelin nº 417 J 10

Minden, situada a la salida de la Porta Westfálica, es un importante nudo de comunicaciones fluviales, ferroviarias y de carreteras. A partir de Minden, el Weser fluye sin obstáculos montañosos por la llanura germana. Los 1.200 años de historia de esta antigua ciudad fortificada han legado un rico patrimonio monumental.

QUÉ VER

★ Dom – La **catedral** presenta una magnífica **Westwerk★★** románica (ver p. 57), precedida de un atrio (el "Paraíso") que se abre en finas arcadas y sobre la que se alza la torre del campanario. El interior se distingue por las bóvedas de tipo westfaliano que cubren el crucero –de inspiración francesa–, así como por tres niveles de arcadas de medio punto –de tradición renana– de los muros del presbiterio. Sobre el altar del crucero se puede ver una copia (el original se guarda en el tesoro de la catedral) del célebre Crucifijo de bronce de Minden. En el primer pilar derecho del crucero hay un fresco con la más antigua representación de san Francisco al N de los Alpes (1270). El friso de los Apóstoles, que hoy se encuentra en el brazo derecho del crucero, coronaba en otro tiempo el leccionario de la catedral.

★ Domschatzkammer (Tesoro de la Catedral) ⓥ – A la derecha del antecuerpo oeste, en la casa junto a la catedral, bajo las arcadas. Entre las piezas maestras del tesoro catedralicio figuran el **Crucifijo de Minden★★** (2ª mitad del s. XI), una bellísima imagen de la Virgen ("Silbermadonna"), realizada en plata laminada (hacia 1230-1240), y el relicario de san Pedro, de oro laminado (1070). En las vitrinas se pueden admirar diversos objetos litúrgicos y pastorales (ss. XIII-XX).

Regrese al coche y salga de la ciudad por la Marienstraße en dirección a Bremen. Nada más cruzar el puente sobre el canal, gire a la derecha y recorra las instalaciones portuarias. Deje el vehículo en el aparcamiento reservado a las visitas situado nada más pasar el puente de la Gran esclusa (Schachtschleuse).

★★ Schachtschleuse – Esta **esclusa**, de 85 m de longitud y 10 m de anchura, comunica el canal (Mittellandkanal) con las aguas del Weser, situadas 14 m por debajo del nivel de aquel (centro de información).

MINDEN

Continúe el recorrido por el puerto; a la salida del túnel que pasa bajo el canal se puede subir a pie hasta el muelle y desde allí acceder al camino de sirga del puente sobre el canal.

★ **Wasserstraßenkreuz** – Este puente de 375 m de longitud facilita el tráfico de buques sin necesidad de esclusas entre Münster y Hannover (211 km). Esta gran obra de ingeniería se completó en 1997 con la construcción, al N, de un segundo puente sobre el canal.

⊙ ▶▶ Mindener Museum für Geschichte, Landes- und Volkskunde (Museo Regional de Historia y Folclore *(Ritterstraße 23-31)*.

EXCURSIÓN

Porta Westfalica – *Circuito de 28 km. Salga de Minden por la carretera nacional nº 61 (Portastraße), ④ del plano; al llegar a Barkhausen gire a la derecha en dirección a Porta Denkmal.*

Kaiser-Wilhelm-Denkmal – Desde este impresionante **monumento**, erigido en 1896 a la memoria del emperador Guillermo I, se contempla la irrupción de las aguas del Weser en la llanura.

Regrese a Barkhausen; continuar a la derecha por la carretera nacional nº 61, después cruce el Weser en dirección a Porta Westfálica; siga los letreros que indican a "Fernsehturm".

Fernsehturm – Esta **torre de televisión**, construida en el emplazamiento de la antigua Bismarckturm, ofrece desde su terraza –a la que se accede por una escalera de 129 peldaños– una panorámica de la Porta Westfálica; del denso nudo de comunicaciones, en el que se entrecruzan vías de ferrocarril y carreteras; del monumento al emperador Guillermo en Minden y de la gran llanura del N de Alemania. En el horizonte se distingue al E el Wesergebirge y el Lippisches Bergland al S.

Regrese a Minden por la carretera nacional B 482.

MÖNCHENGLADBACH

Renania Septentrional-Westfalia – 270.000 habitantes
Mapa Michelin nº 417 M 3

El origen de esta ciudad, situada entre el S de la provincia holandesa de Limburgo y el Bajo Rin, se remonta a una abadía benedictina fundada en el año 973 El núcleo histórico de la villa se despliega en torno a la plaza del **Alter Markt** (Mercado Viejo), que está limitada en su flanco sur por la **iglesia parroquial de la Asunción** (Hauptpfarrkirche St. Mariä Himmelfahrt), de estilo tardogótico. Detrás se encuentran las antiguas dependencias conventuales y la Colegiata. El edificio de la **antigua Prelatura** (s. XVII) alberga hoy el ayuntamiento. Al SO de la plaza, un conjunto de calles empedradas y de escaleras descendentes conducen, a través de un barrio en el que subsisten vestigios de las fortificaciones medievales (**Dicker Turm**), a los jardines de la ciudad.

QUÉ VER

★ **Städtisches Museum Abteiberg (Museo Municipal de Abteiberg)** ⊙ – *Abteistraße 27.* Este museo, diseñado por el arquitecto vienés Hans Hollein, está situado en la ladera sur del Abteiberg, cerca de la catedral. El moderno edificio, caracterizado por su gran luminosidad y su compleja estructura de espacios expositivos que se solapan a diferentes niveles, constituye un marco excepcional para la exhibición de esta colección de arte del s. XX. Los clásicos modernos están representados por obras del expresionismo y del constructivismo. Pero en la exposición se puede ver, sobre todo, la creación artística de los movimientos de vanguardia desde la década de los 50 a los 90.

Münster St. Vitus (ehemalige Abteikirche) – La **colegiata de San Vito** (antigua iglesia abacial), que posee elementos estilísticos románicos y góticos, domina la ladera sur de la colina del Abteiberg. El conjunto de las tres imponentes torres del cuerpo oeste data de 1180-83, mientras que el interior, de tres naves y cubierto por una bóveda de crucería, fue construida entre 1228 y 1239. El **presbiterio gótico** (1256-1300) es obra del maestro Gerhard, primer arquitecto de la catedral de Colonia. La decoración y el mobiliario son sobrios debido a las numerosas obras de arte que se perdieron durante la II Guerra Mundial. En la capilla de los Apóstoles se conserva una **pila bautismal románica**, y sobre el altar del presbiterio pende una cruz triunfal moderna realizada por Elmar Hillebrand. La parte más antigua del templo está constituida por la vasta cripta de tipo salón (hacia 1100) y estilo románico situada bajo el presbiterio. A través del claustro *(parte norte)* se accede al Tesoro, en el que destaca un altar portátil de Colonia fechado hacia 1160.

Schloß Rheydt ⊙ – *Salga del centro urbano por la Theodor-Heuss-Straße en dirección S, después gire a la izquierda por la Breite Straße – Ritterstraße.* Magníficamente situado en el parque natural del Niers, el palacio de Rheydt es una de las construcciones renacentistas mejor conservadas de la baja Renania. El complejo arquitectónico –compuesto por una barbacana, una torre de atalaya y una torre del homenaje o residencia señorial– está rodeado por un cinturón amurallado en forma de estrella, con un foso de agua y unas casamatas en parte transitables.

MÖNCHENGLADBACH

Museo Municipal de Abteiberg, Mönchengladbach

El palacio alberga el **Museo Municipal de Arte e Historia** (Städtisches Museum für Kunst und Kulturgeschichte) del renacimiento, del manierismo y del barroco. La sección de historia de la ciudad está instalada en la torre de la atalaya (Vorburg).

EXCURSIÓN

★**Schloß Dyck** – *9 km al E.* Este pintoresco palacio rodeado de agua, un edificio de cuatro alas flanqueado por torres con cúpulas acampanadas, fue edificado en el s. XVII. Las atalayas datan de los ss. XVII-XVIII. *(No se puede visitar)*

El parque, de 40 ha de superficie, fue transformado en el s. XIX en un jardín paisajista inglés. Posee un puente de piedra, en cuyo centro se alza un pabellón de 1737. *(El parque se puede visitar todo el año)*

MONSCHAU★★

Renania Septentrional-Westfalia – 13.000 habitantes
Mapa Michelin nº 417 O 2

Un **mirador** instalado al borde de la carretera nacional B 258 –según se llega a Monschau procedentes de Aquisgrán– ofrece una magnífica **vista**★★ de esta pequeña localidad de la región del Eifel. Sus estrechos y esbeltos edificios con tejados de pizarra se apiñan al fondo de una garganta sinuosa del valle fluvial. Las pintorescas **fachadas de vigas entramadas**★★ se alinean a orillas del río y bordean el dédalo de calles del casco antiguo.
El rico patrimonio arquitectónico de Monschau es un buen testimonio de la antigua riqueza de la ciudad, basada en una industria textil floreciente desarrollada por un numerosos grupo de protestantes que emigraron de Aquisgrán y se establecieron en aquí hacia 1600. Su época de máximo esplendor se sitúa en el s. XVIII, que vio surgir numerosos monumentos y edificios de estilo barroco. Obsérvense, por ejemplo, las espléndidas puertas de las casas, algunas de ellas verdaderas obras de arte.

QUÉ VER

Salga de la plaza del Mercado hacia la derecha y suba la rampa del Unteren Mühlenberg. Gire después a la derecha por el Knieberg. Se llega a una capilla situada encima del cementerio. Desde la terraza se tiene una hermosa **vista**★ de Monschau, de la fortaleza y de las ruinas de la torre Haller.
El barrio más antiguo comprende el núcleo urbano en torno a la Kirchstraße (obsérvese la vieja mansión del nº 33).

★**Rotes Haus (Casa Roja)** ⓥ – El comerciante y fabricante de tejidos Johann Heinrich Scheibler mandó construir esta casa entre 1762 y 1765, que había de servirle como vivienda y como negocio. Pagó por ella 90.000 táleros, una cantidad considerable para aquella época, pero sin duda se lo podía permitir, pues tenía empleadas en su industria o realizando el trabajo a domicilio para él a cerca de 6.000 personas.
El elegante **acondicionamiento del interior**★ es un excelente ejemplo de la decoración burguesa de los ss. XVIII y XIX. Posee una rica colección de muebles en madera de roble realizados en talleres de Aquisgrán y Lieja, tapices pintados a mano y

MONSCHAU

6.000 muestras de tejidos diferentes suministrados por las fábricas textiles de Monschau. Este lujoso mobiliario se completa con dos suntuosas **escaleras**★★ de estilo rococó finamente talladas probablemente por artistas de Lieja. La decoración de las volutas de la escalera exenta que comunica las tres plantas del edifico residencial representan las diferentes etapas de la manufactura de paños.

Haus Troistorff – *Laufenstraße 18.* Esta espléndida casa fue mandada edificar en 1783 por un empresario textil local. Comparada con la Casa Roja, su diseño muestra los avances de las técnicas constructivas burguesas y los nuevos gustos de la arquitectura urbana. En ella se introducen elementos innovadores –como el cuerpo central en saledizo, los frontones decorados con escudos de armas y los balcones soportados por figuras de atlantes– que contrastan con las formas rústicas hasta entonces predominantes en la ciudad.

ALREDEDORES

Los lagos del Eifel Norte – *85 km – 1/2 día.* 2 km al N de Monschau un **mirador**★ instalado a la derecha de la carretera ofrece una panorámica de la ciudad. A partir de Imgenbro comienza la región de los lagos artificiales del Rur. Nada más pasar la localidad de Schmidt se divisan las ruinas de la fortaleza de Nideggen.

Burg Nideggen ⓥ – El **castillo** (s. XII) en piedra arenisca roja fue, hasta el s. XV, la casa solariega de los condes y duques de Jülich; a partir del s. XVI comenzó su proceso de deterioro. Desde la cima de la torre del homenaje, que alberga un **Museo de las fortalezas y castillos del Eifel** (Burgenmuseum), se obtiene una hermosa **vista**★ del profundo valle del Rur entallado en las mesetas del Eifel, al S, y de la cuenca de Aquisgrán, al N. La iglesia del s. XII (restaurada) posee un presbiterio románico decorado con frescos.

★ **Rurtalsperre** – Este **dique** construido en un paraje agreste (conocido también como "Stausee Schwammenauel") constituye, junto con la presa del valle del Urft, al S, la reserva acuífera más importante del Eifel. Existe un servicio de **excursiones en bote** por el lago.

La carretera cruza el dique de contención y se interna en el Kermeter Forst. Al llegar a Einruhr, la carretera discurre paralela a la orilla sur del Rursee; un poco más adelante se puede contemplar de nuevo el lago desde un mirador.

MOSELTAL★★★
Valle del MOSELA – Renania-Palatinado
Mapa Michelin nº 417 Q 3 – O 6

El curso del Mosela serpentea describiendo grandes meandros entre los macizos esquistosos del Eifel, al NO, y el Hunsrück, al SE. Ambas laderas están cultivadas con viñedos que producen fundamentalmente la variedad Riesling, con la que se elaboran unos vinos blancos secos. La tierra pizarrosa desempeña un papel fundamental en el proceso de maduración de las uvas: la pizarra desmoronada absorbe el calor del sol diurno y lo libera durante la noche transmitiéndolo a las cepas. Cuanto más al N, los caldos del Mosela se hacen más secos y con un buqué más delicado.

Por el Mosela, canalizado a partir de Thionville en Francia, pueden navegar embarcaciones renanas de hasta 1.500 t, aunque sus esclusas permiten el tránsito de convoyes de hasta 3.200 t. Numerosas compañías navieras ofrecen un servicio de **cruceros por el Mosela** ⓥ entre Coblenza y Tréveris.

DE TRÉVERIS A COBLENZA *195 km – 1 día*

★★ **Tréveris** – *Ver este nombre.*

Neumagen-Dhron – Esta localidad es conocida por sus monumentos de la época romana, que en la actualidad se exponen en el Museo Renano (Rheinisches Landesmuseum) de Tréveris. Cerca de una capilla, frente al café *Am Römerweinschiff*, se puede ver una copia del célebre "carguero de vino" romano.

★ **Bernkastel-Kues** – *Ver este nombre.*

Las plantaciones de viñedos se suceden unas a otras; los relojes de sol, instalados sobre las rocas, han dado nombre a caldos ilustres como el Wehlen o el Zeltingen. La carretera atraviesa las típicas aldeas del Mosela de **Ürzig**, **Kröv**, **Enkirch** (a 5 km de Enkirch se encuentra el castillo de **Starkenburg**, desde cuya terraza se ofrece una **bella vista**★ del meandro de Mont-Royal) y de **Pünderich**.

Pasados 3,5 km desde el puente de **Zell**, desde el que se puede contemplar el pintoresco conjunto de casas alineadas en la orilla, gire a la izquierda en dirección a "Marienburg".

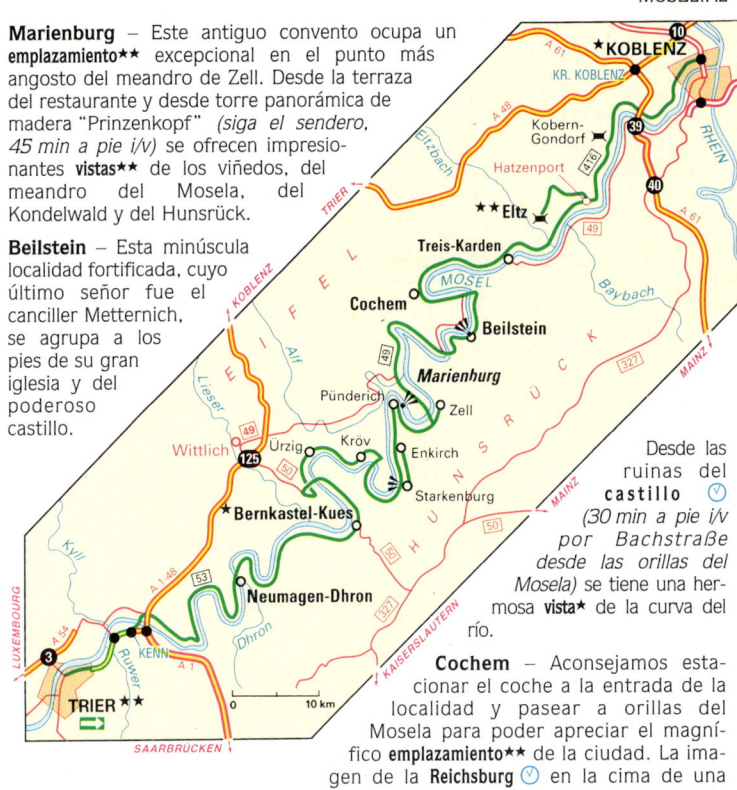

MOSELTAL

Marienburg – Este antiguo convento ocupa un **emplazamiento**★★ excepcional en el punto más angosto del meandro de Zell. Desde la terraza del restaurante y desde torre panorámica de madera "Prinzenkopf", *(siga el sendero, 45 min a pie i/v)* se ofrecen impresionantes **vistas**★★ de los viñedos, del meandro del Mosela, del Kondelwald y del Hunsrück.

Beilstein – Esta minúscula localidad fortificada, cuyo último señor fue el canciller Metternich, se agrupa a los pies de su gran iglesia y del poderoso castillo.

Desde las ruinas del **castillo** ⓥ *(30 min a pie i/v por Bachstraße desde las orillas del Mosela)* se tiene una hermosa **vista**★ de la curva del río.

Cochem – Aconsejamos estacionar el coche a la entrada de la localidad y pasear a orillas del Mosela para poder apreciar el magnífico **emplazamiento**★★ de la ciudad. La imagen de la **Reichsburg** ⓥ en la cima de una colina, cuyas laderas están cubiertas por un tupido tapiz de viñedos, es una de las más comunes del paisaje renano. Tan sólo la torre del homenaje y la base de la muralla subsistieron a los ataques de 1689. En el s. XIX, el castillo fue reconstruido a imitación de las fortalezas del s. XIV con multitud de torrecillas y pináculos. El mobiliario del **interior** es lujoso y señorial.

Castillo de Eltz

367

MOSELTAL

Treis-Karden – La **iglesia de San Castor** en Karden es un buen ejemplo del estilo de transición del románico renano (galería pequeña del ábside) al gótico (bóveda de crucería). En el interior se puede ver un retablo de terracota que representa a los Reyes Magos (1420) y el relicario en madera gótico de san Castor (1490) en la capilla a la izquierda del presbiterio.

★★ **Burg Eltz** ⓥ – *A 10 km de Hatzenport, después 15 min a pie o 5 min en autobús.* En la primera curva después del aparcamiento, desde un promontorio, se obtiene una bella perspectiva del romántico **paraje**★★ en el que está enclavado el castillo, caracterizado por sus múltiples pináculos y sus ocho torres. El patio de honor también es particularmente pintoresco. En el interior conserva abundante mobiliario antiguo y objetos decorativos. Las estancias más interesantes son la sala Rübenach de la planta baja, con su bello artesonado del s. XV, y la sala de la planta superior (Obersaal) de estilo gótico, así como la sala de los Caballeros y la cocina Rodendorf, que data de finales de la Edad Media y se conserva intacta. De la colección de pintura destaca, sobre todo, la *Virgen de la viña*, de Lucas Cranach.

Continuando por el valle del Mosela, se divisan en seguida las dos torres del castillo de Thurant en la orilla izquierda del río.
Antes de pasar el último recodo del Mosela, la carretera atraviesa en diagonal el vasto castillo rodeado de agua de **Gondorf** (restaurado); las ruinas de la fortaleza de **Kobern** (Niederburg y Oberburg) se integran a la perfección en el paisaje. Frente al Oberburg y a la torre del homenaje, de planta cuadrada, se alza la capilla hexagonal de San Matías.

★ **Coblenza** – Ver Koblenz.

MÜHLHAUSEN★

Turingia – 41.000 habitantes
Mapa Michelin nº 418 M 15

La localidad de Mühlhausen es citada por primera vez en un documento de Otón II en el año 967. En el s. XII era ya una floreciente ciudad rodeada por una muralla defensiva, que se conserva casi intacta. La prosperidad de la ciudad se fundó en la fabricación y el comercio de paños, de curtidos y del mercado del pastel (isatis tinctoria), planta con la que se elabora un tinte azul utilizado en la industria textil. En 1525 el reformador y predicador religioso **Thomas Müntzer** estableció en la ciudad su cuartel general durante la llamada "guerra de los campesinos".
La rehabilitación del casco antiguo se inició en 1991, y hasta la fecha se han obtenido resultados muy satisfactorios. La cuidadosa reconstrucción de numerosos monumentos ha sido considerada por el gobierno federal como "modelo de conservación del casco histórico".

QUÉ VER

★ **Stadtmauer** – La muralla de la ciudad, construida entre los ss. XII y XIV, se conserva casi intacta, aunque de las siete puertas que poseía solo queda en pie la Frauentor (parte interior). *Recomendamos realizar el circuito del camino de ronda, partiendo de la Frauentor y concluyendo el recorrido en el extremo de la Herrenstraße.*

Casco antiguo – Mühlhausen conserva numerosos monumentos históricos construidos entre el s. XIII y el XVIII. Los edificios más interesantes se pueden ver en la Holzstraße, en la Herrenstraße, en la Erfurter Straße y en la plaza del Untermarkt.

★ **St. Marien – Müntzergedenkstätte** – La **iglesia de Santa María**, construida en el s. XIV, es, con sus cinco naves, el edificio religioso de mayores proporciones de Turingia después de la catedral de Erfurt; su torre mide 86 m de altura. El exterior sorprende por la abundancia de elementos decorativos. Sobre la balaustrada de la portada sur se pueden ver las estatuas (1360-80) del emperador Carlos IV y de su esposa, que por su factura parece que proceden del taller Parler de Praga.
El interior alberga bellos **retablos**★, entre los que sobresalen el de san Nicolás y el de la Coronación de la Virgen. Este último, de 1530, muestra influencias de Lucas Cranach el Viejo. También destaca el altar de los Reyes Magos en el pilar occidental del crucero (1ª mitad del s. XVI).
En esta iglesia predicó el reformador Thomas Müntzer en 1525, quién vivió en el nº 9 de la Marienkirche.

Rathaus – *Ratsstraße.* El **ayuntamiento** consta de varios cuerpos de edificio, construidos en diferentes épocas (ss. XIII-XVII). El edificio principal data del s. XIV y engloba la antigua prisión, la sala del Concejo y la gran sala del ayuntamiento.

▶▶ Blasiuskirche (Iglesia de San Blas) *(Johann-Sebastian-Bach-Platz).*

MÜNCHEN ★★★

MÚNICH – Baviera – 1.298.537 habitantes
Mapas Michelin nos 419/420 V 18

Múnich, capital de Baviera y tercera ciudad en población de la República Federal, está situada a corta distancia de los Alpes. Su patrimonio artístico, conservado en sus cerca de 50 museos, es el segundo en importancia después del de Berlín. La ciudad ejerce un papel económico y cultural de primer rango sobre todo el mediodía alemán. Cuenta con más de cuarenta teatros, tres orquestas de renombre internacional, una Academia de Bellas Artes y diez escuelas de estudios superiores y es la ciudad que posee el mayor número de editoriales del planeta después de Nueva York. Finalmente, en ella se ha establecido uno de los estudios cinematográficos más importantes de Europa (Geiselgasteig). Desde el punto de vista económico, el sector industrial de alta tecnología ha experimentado en los últimos años un desarrollo espectacular, representado por empresas como BMW o Siemens.

La designación de Múnich como sede de la Oficina Europea de Patentes (abierta en 1980) rinde homenaje a su brillante tradición científica, que ha dado nombres ilustres al mundo de la cultura y la tecnología, entre los que figuran los de Fraunhofer, Liebig, Ohm y Sauerbruch. También se puede citar una larga lista de intelectuales y escritores notables que han producido su obra en esta metrópoli cultural: Lion Feuchtwanger, Thomas Mann, Frank Wedekind y Ludwig Thoma; los dos últimos fueron, además, colaboradores del célebre semanario satírico *Simplicissimus*. Pero donde mejor se expresa el carácter popular muniqués es en la lógica del absurdo del actor cómico Karl Valentin.

La ciudad del Isar también sirvió de inspiración a grandes creadores. Moritz von Schwind y Carl Spitzweg, dos notables pintores del romanticismo y del Biedermeier, produjeron su obra en la capital bávara. Gracias a la fundación de la revista *Jugend* en 1896, Múnich llegó a ser uno de los principales centros del modernismo alemán (Jugendstil), pero también fue el baluarte de la pintura moderna merced al impulso que cobró con la exposición, celebrada en 1911, por el movimiento artístico **Der Blaue Reiter** (Jinete Azul).

La amplia oferta cultural, la particular atmósfera de la ciudad –con un toque meridional que se manifiesta en el gusto por los placeres mundanos y en una mezcla de tolerancia y espíritu tradicional– unidos a la singular belleza del paisaje prealpino convierten a esta "metrópoli con alma", como ella misma se define, en una de las metas turísticas preferidas de Alemania.

Múnich

MÜNCHEN

APUNTES HISTÓRICOS

La fundación de la ciudad – El nombre de la ciudad tiene su origen en una abadía de monjes –Múnichen en el habla altoalemana– benedictinos que existía cerca del lugar donde se fundó, en el s. IX, la pequeña aldea que constituyó el núcleo de la futura capital bávara. Por eso, Múnich conserva en su emblema la imagen de un frailecillo (Münchner Kindl). En 1156 el emperador Federico Barbarroja cedió una parte de Baviera a Enrique el León, duque de Sajonia. Dos años más tarde, el duque güelfo quiso asegurarse los derechos de aduana procedentes del comercio de la sal de Reichenhall, que hasta entonces percibía el obispado de Freising, y para ello mandó destruir un puente situado a 10 km de la villa –desde el que se controlaba la ruta–, los depósitos de la sal y la casa de aduanas. A continuación construyó un nuevo puente en un lugar estratégico cerca de Múnich, por el que forzosamente debía pasar el tráfico mercantil de la villa. Esta estratagema, legalizada posteriormente por el emperador Barbarroja, sentó las bases de su brillante devenir histórico.

La ascensión de los Wittelsbach – En 1180 Enrique el León fue despojado de sus títulos y desterrado de sus posesiones al S de Alemania. En su lugar, Federico I Barbarroja colocó al duque del palatinado Otto von Wittelsbach, y desde entonces, esta dinastía reinó ininterrumpidamente en Baviera hasta 1918.
En 1225 Múnich se convirtió en residencia ducal. Un duque de la casa de Wittelsbach, Luis el Bávaro, llegó al trono de Alemania en 1314 y, pocos años después, fue coronado emperador del Sacro Imperio (1328). Al extinguirse la línea colateral de los Wittelsbach de Landshut en 1508, la ciudad fue elegida como capital única del ducado de Baviera. En aquella época, Múnich estaba en situación de rivalizar con los importantes centros comerciales de Augsburgo y Nuremberg.
En 1623 obtuvo la dignidad palatina el duque Maximiliano I, quien se distinguió durante la guerra de los Treinta Años por convertir a Múnich en el baluarte del catolicismo alemán.

Los reyes de Baviera – **Max Joseph** (1799-1825, príncipe-elector hasta 1806), quien en un principio se había mantenido neutral en las guerras de liberación europeas contra los ejércitos de Napoleón, se inclinó finalmente a favor de éste último, quien le apoyó para ascender al trono de Baviera en 1806, siendo coronado con el nombre de **Maximiliano I**. Pese a las guerras napoleónicas, Múnich se embelleció en su época con numerosos monumentos de estilo clasicista (Brienner Straße, Karolinenplatz, palacio del Príncipe Carlos).
Durante el reinado de su hijo **Luis I** (1825-1848), gran admirador de la antigüedad clásica, la ciudad vivió una nueva etapa de esplendor. El monarca atrajo a la Corte a los más prestigiosos arquitectos (Leo von Klenze), pintores y escultores de Europa. Es la época en la que se fundaron la Antigua y la Pinacoteca Nueva, la Universidad y la Gliptoteca; se construyó el Propileos y se proyectó la Ludwigstraße. Pero el escándalo por su relación con la bailarina Lola Montes le obligó a abdicar en su primogénito Maximiliano durante la revolución de Marzo de 1848. Su hijo Otón, segundo en la línea de sucesión, había obtenido la corona de Grecia en 1832.

Maximiliano II (1848-1864) continuó la tradición de su predecesor y fue igualmente un mecenas de las artes; en 1855 fundó el Museo Nacional Bávaro.
Luis II (1864-1886) ocupa en la dinastía de los Wittelsbach un lugar especial. El joven monarca, que ascendió al trono a los 18 años, tenía una personalidad compleja: era un romántico atormentado, un ferviente admirador de Wagner, un hombre inquieto, imprevisible y propenso a las depresiones, sobre todo en los momentos en los que debía hacer frente a las dificultades y

Luis II de Baviera

reveses políticos. Tras su desafortunada decisión de apoyar a Austria en la guerra contra Prusia, que concluyó con la victoria de esta última en Sadowa (1866), el rey de Baviera estableció una alianza anti-francesa con los diferentes estados alemanes del Sur para respaldar a Bismack y proclamar a Guillermo I emperador de Alemania. Bismarck supo como recompensarle apoyando económicamente la construcción de los célebres palacios de Neuschwanstein, Linderhof y Herrenchiemsee, donde Luis II, que cada vez buscaba más la soledad, halló el lugar para recluirse y vivir en su particular mundo de fantasía.

En 1886 el rey fue destronado y confinado al palacio de Berg, a orillas del lago Starnberg. Allí se le halló, a los pocos días, ahogado junto a su médico.

En ausencia de un heredero directo, el príncipe **Luitpold**, hijo de Luis I, asumió la regencia. El príncipe regente, un hombre decidido y dinámico, dotó a la capital bávara de un jardín zoológico, fundó el Museo Etnográfico, mandó edificar el ayuntamiento nuevo (Neues Rathaus), impulsó la construcción del Museo Alemán (Deutsches Museum), así como la calle que lleva su nombre, la Prinzregentenstraße.

Su hijo, coronado bajo el nombre de **Luis III** (1912-1918), fue el último rey bávaro: el movimiento revolucionario que siguió a la derrota alemana en la I Guerra Mundial (Revolución de Noviembre) le obligó a abdicar, y con él, terminó la dinastía de los Wittelsbach.

El periodo de entreguerras – Los primeros meses que sucedieron al cese de las hostilidades en 1918 estuvieron marcados por los desórdenes y la turbulencia política. En febrero de 1919, el ministro-presidente de Baviera Kurt Eisner, de tendencia socialdemócrata, fue asesinado por un aristócrata. A raíz de estos hechos se proclamó la **República de los soviets**, que fracasó a principios de mayo del mismo año por la represión del Ejército (Reichswehr). En enero de 1919 se fundó en Múnich el **Partido Alemán de los Trabajadores** (Deutsche Arbeiterpartei o DAP), al que se afilió inmediatamente **Hitler**. Como jefe del aparato propagandístico, presentó el programa del NSDAP –nombre que recibió la agrupación política a partir de 1920– en una reunión celebrada en la Hofbräuhaus. Presidente del Partido Nacional-socialista de los Trabajadores (NSDAP) desde 1921, lideró junto a Ludendorff un movimiento revolucionario contra la República de Weimar en 1923 que concluyó en un golpe de estado fallido. Disuelto el partido y condenado a cinco años de prisión, salió, sin embargo, al año siguiente gracias a una amnistía y fundó un nuevo Partido Nacional-Socialista (1925). La ciudad del Isar se convirtió en la "capital del movimiento nazi". En 1938 se firmaron los célebres **Acuerdos de Múnich**, mediante los cuales Chamberlain, Daladier y Mussolini autorizaron a Alemania la anexión de los Sudetes, territorio checoslovaco de habla alemana.

En 1942-43 se produjo en Múnich la revuelta estudiantil contra el nacional-socialismo denominada la "Rosa Blanca" (Weiße Rose).

LA VIDA MUNIQUESA

El área más animada de la ciudad se concentra en torno a la Neuhauser Straße y a la Kaufingerstraße, entre la **Karlsplatz** (también conocida como **"Stachus"**) y la **Marienplatz** (zona peatonal).

El barrio de **Schwabing** *(seguir por la Ludwigstraße)*, cuya arteria principal es la Leopoldstraße, era a principios de siglo el "Montparnasse" muniqués. Este centro artístico e intelectual, con sus atractivos bulevares poblados de terrazas, cafés, tabernas y cabarets, sigue siendo uno de los lugares de distracción más atractivos de Alemania.

La gastronomía – Las especialidades más conocidas de la cocina de Múnich son las salchichas blancas (Weißwurst), el pie de cerdo asado (Schweinshaxe) y el Leberkäs, una variedad de morcilla de hígado, que se puede adquirir en casi todas las carnicerías de la ciudad todos los días a partir de las 11 de la mañana. Estos platos se suelen acompañar con albóndigas de harina (Semmelknödel).

Durante la tradicional fiesta de la cerveza que se celebra en el mes de octubre (Oktoberfest) se pueden degustar los Steckerlfisch (pinchos de pescado al grill), la Brathendl (gallina joven a la brasa) y el Ochsenbraten (asado de buey); por supuesto, no puede faltar la cerveza, así como las Laugenbrezeln (roscas de pan), las Salzstangen (barritas saladas) y el "Radi", rábanos blancos cortados formando espirales.

La cerveza – En Múnich, se fabrican anualmente 5,5 millones de hl de cerveza, en su mayor parte para consumo local en las cervecerías, las bodegas y en los jardines o **Biergärten**, que en la estación cálida congrega a centenares de personas a la sombra de sus castaños.

En marzo comienza la estación de las cervezas fuertes. Los nombres de estas bebidas aromáticas y con una elevada graduación alcohólica, con las que los monjes solían aliviar los largos días de ayuno durante la Cuaresma, se distinguen por el sufijo "ator". Los muniqueses celebran la llegada del mes de mayo bebiendo la "Maibock".

Las fiestas – El **Fasching** muniqués, es decir, el tradicional carnaval, se celebra con gran júbilo, alegres desfiles de disfraces, máscaras y comparsas, y se concluye con el baile de las mujeres en el Viktualienmarkt. La fiesta religiosa más importante del año es el

Corpus (Fronleichmann). En las multitudinarias procesiones que discurren por las calles engalanadas con estandartes y follaje de abedul están representados todos los estamentos de la ciudad: las órdenes eclesiásticas, el patriciado urbano y las corporaciones de estudiantes católicos, así como los diferentes gremios de artesanos y ciudadanos.

El origen de la célebre Fiesta de Octubre (Oktoberfest) en la **Theresienwiese** *(vía Mozartstraße)* se remonta a los festejos celebrados con motivo de la boda del príncipe heredero Luis y la princesa Teresa en 1810. Para esta gigantesca kermés, que atrae anualmente a cerca de 6,5 millones de visitantes, las cervecerías de Múnich fabrican una especialidad, la "Wiesnbier", que se transporta a la antigua usanza en carruajes tirados por caballos. Bajo los pabellones cubiertos con lonas y en los puestos a los pies de la colosal estatua de Baviera, se sirven durante las festividades cerca de 5 millones de barriles de esta bebida, con las que se riegan las especialidades culinarias, como la gallina y el buey asado.

** EL CASCO ANTIGUO (ALTSTADT)   *1 día*

El circuito marcado en el plano se inicia en la Karlstor.

Richard-Strauss-Brunnen (Fuente de Richard Strauss) – Los bajorrelieves que decoran la columna central representan escenas de la ópera *Salomé*, compuesta por el célebre músico muniqués en 1905.

* **Michaelskirche (Iglesia de San Miguel)** – La iglesia de los jesuitas, edificada entre 1583 y 1597, siguiendo la traza utilizada en la construcción del santuario de la Compañía en Roma (Il Gesù) fue la primera iglesia renacentista al N de los Alpes. La fachada, que presenta una subdivisión de pilastras y cornisas, está decorada con 15 estatuas de los soberanos bávaros más célebres por su devoción al catolicismo, formando el séquito de los Padres de la Iglesia y del arcángel san Miguel, cuya imagen se puede ver entre las dos puertas. Se trata de una magnífica obra en bronce de estilo manierista, realizada en 1588 por Hubert Gerhard.

El espacio interior, de una sola nave –que inspiró a numerosos arquitectos barrocos del S de Alemania– está cubierto por una enorme bóveda de cañón de 20 m de anchura, que reposa sobre sólidos contrafuertes. En la parte más alta del presbiterio se alza el altar mayor en forma de arco triunfal que parece llegar hasta la bóveda. Los 9 altares laterales y el púlpito se construyeron en 1697. El brazo izquierdo del transepto alberga el monumento funerario de Eugène de Beauharnais –fallecido en Múnich en 1824–, hijastro de Napoleón y yerno del rey Maximiliano I de Baviera.

En la **cripta de los Príncipes** (bajo el presbiterio) reposan 30 miembros de la dinastía Wittelsbach, entre ellos el rey **Luis II de Baviera**.

** **Deutsches Jagd- und Fischereimuseum** ⊙ – El **Museo Alemán de la Caza y de la Pesca** está ubicado en la antigua iglesia de los Agustinos. El museo, organizado en tres niveles expositivos, presenta una bella colección de armas de caza antiguas y modernas, trofeos, cuadros y dibujos que representan escenas de caza, así como animales disecados. En un diorama se muestran las diferentes especies de peces de agua dulce.

* **Frauenkirche (Iglesia de Nuestra Señora)** – El arquitecto de esta inmensa iglesia-salón de estilo gótico tardío (1468-88) es **Jörg von Halspach**, el mismo que construyó el ayuntamiento viejo. En el exterior, este edificio de ladrillo rojo oscuro carece de decoración, a excepción de las portadas laterales que rompen la monotonía de sus altos muros. Las dos torres occidentales (algo más de 98 m), coronadas por un tejado imperial del año 1525, son el **símbolo de Múnich**.

Interior – La amplia nave, sorprende por su simplicidad y su altura. La elegante bóveda reticulada descansa sobre once pares de sólidos pilares octogonales. Desde la perspectiva de la entrada, estos pilares parecen constituir una pared única, que oculta la visión de las naves laterales.

MÜNCHEN

En la nave lateral derecha se halla el monumental **cenotafio del emperador Ludovico el Bávaro★**, realizado en mármol negro por Hans Krumper entre 1619 y 1622. Los cuatro caballeros con armadura proceden de otro mausoleo (hacia 1595).

En el mobiliario se mezclan elementos antiguos y modernos. Así, se incluyen en la **sillería** moderna las 32 tallas en madera que representan a los Apóstoles, a los santos y a los profetas, atribuidas a **Erasmus Grasser** (hacia 1500). En todas las capillas se pueden contemplar valiosas obras de arte de tema mariano. La capilla absidial del presbiterio alberga una bella tabla de la Virgen del Socorro obra de Jan Polack (hacia 1510); la Virgen de la Misericordia fue patrocinada por los ciudadanos de Múnich en 1659. Sobre el retablo de la capilla de la Presentación de la Virgen *(a la derecha de la capilla principal)* se puede ver una tabla de 1445 con la Crucifixión y escenas de la vida de Jesús.

En las capillas del deambulatorio se conservan preciosas **vidrieras** del s. XV –una de ellas es obra del pintor alsaciano Peter Hemmel von Andlau.

Detrás del altar mayor se encuentra la escalera que conduce a la **cripta de los Obispos y de los Príncipes** (tumbas de algunos cardenales de Múnich y de los Wittelsbach).

Desde la cima de la **torre sur** *(existe ascensor que funciona de abr-oct)* se obtiene una bella **vista★** de la ciudad.

★ **Marienplatz** – Es el corazón de la ciudad. En el centro se alza la célebre **columna de María** (Mariensäule), mandada erigir por el príncipe elector Maximiliano en 1638. El flanco norte de la plaza está ocupado por el edificio neogótico del **ayuntamiento nuevo** (Neues Rathaus) (1867-1908), cuya mayor atracción es el **carillón** (Glockenspiel) alojado en la torre con el mirador: en la parte superior, los personajes de cobre,

Marienplatz y el ayuntamiento nuevo

revestidos de esmalte multicolor, representan el torneo que tuvo lugar con motivo de la boda principesca de 1568; debajo, se realiza la danza popular de los toneleros (Schäfflertanz) *(se pone en funcionamiento a las 11, 12 y 17)*. Un lugar apropiado para presenciar el espectáculo es el Café situado enfrente. Desde la torre del ayuntamiento (85 m, ascensor) se disfruta de una bella **vista** de la ciudad. Al E de la Marienplatz se puede ver la fachada del **ayuntamiento viejo** (Altes Rathaus), con su característico frontón escalonado decorado con torrecitas. En la torre está alojado el **Museo del Juguete**.

Peterskirche (Iglesia de San Pedro) – El origen de esta basílica gótica de tres naves se remonta al s. XI; en los ss. XVII-XVIII se decoró en estilo barroco. El centro del monumental altar mayor está ocupado por una estatua de san Pedro (1492) realizada por Erasmus Grasser, mientras las cuatro figuras de los Padres de la Iglesia, situadas más abajo, son obra de E.Q. Asam (1732). Los muniqueses dan al campanario (1386) el cariñoso sobrenombre de "el Viejo Pedro". Merece la pena subir los *306 peldaños* de la torre para contemplar una amplia **panorámica** de la ciudad.

Viktualienmarkt – El **mercado de abastos** es uno de los sitios más populares de la ciudad, abierto al público desde 1807 y en el que se pueden adquirir tanto frutas y verduras frescas como carne y pescado. Las tiendas y puestos, así como las tabernas al aire libre en la estación cálida, convierten esta céntrica plaza en uno de los lugares más frecuentados y bulliciosos de Múnich. Dos de las seis fuentes que lo adornan están dedicadas al actor cómico Karl Valentin y a su compañera Liesl Karlstadt.

Heiliggeistkirche (Iglesia del Espíritu Santo) – Esta iglesia salón de estilo gótico (s. XIV) también fue transformada completamente al gusto barroco entre 1723 y 1730, aunque la fachada es una creación neobarroca de 1888. El cuadro del **altar mayor** es obra de U. Loth (1644), mientras los dos ángeles de grandes alas situados delante de las columnas del altar se deben a J.G. Greiff (1730). En la nave lateral izquierda (mediados del s. XV), la llamada Virgen de Hammerthal procede de la abadía benedictina de Tegernsee.

Atraviese la Talstraße, pase por el pasaje bajo el ayuntamiento viejo y gire a la derecha por la Burgstraße.

Weinstadel – Burgstraße 5. Es la casa más antigua que se conserva de Múnich (1552), ocupada en otro tiempo por la secretaría del ayuntamiento. La fachada está decorada con la técnica de trampantojo y posee una hermoso puerta.

Cruce el pasaje abovedado bajo el portón (Burgstraße 10) para llegar a la Ledererstraße, después tuerza a la izquierda por la Orlandostraße.

Hofbräuhaus – La historia de esta fábrica de cerveza situada en la Platzl, célebre en el mundo entero, se remonta a 1589. El edificio actual fue construido en el s. XIX pues la propia fábrica se había desplazado con anterioridad, por razones de espacio, a un inmueble a orillas del Isar.

En este gran templo de la cerveza se consumen diariamente cerca de 100 hl de esta bebida en jarras de 1 l de capacidad. En las numerosas salas y en el sombreado patio, las orquestinas animan el ambiente entonando melodías populares. Pero la clientela más ruidosa del local se reúne en la **Bierschwemme**, una gigantesca sala abovedada situada en la planta baja, en la que se mezclan los olores del tabaco, las salchichas, la chucrut y la cerveza.

Al fondo de la Platzl gire a la izquierda por la Pfisterstraße.

Alter Hof – En este complejo arquitectónico de cuatro alas residieron los Wittelsbach desde 1253 hasta 1474. El ala sur posee una elegante torreta de vigas entramadas con mirador en saledizo (finales del s. XV). También destaca el elegante patio interior decorado con una fuente.

El Hofgraben conduce a la Max-Joseph-Platz, limitada al N y al E por el monumental edificio de la Residencia.

** RESIDENZ (La Residencia)

En 1385, los Wittelsbach comenzaron la construcción de esta nueva residencia (Neuveste), que se fue ampliando en sucesivas etapas hasta constituir el vasto palacio actual, cuyos edificios y dependencias se despliegan en torno a siete patios. La mayor parte del complejo se levantó en la época renacentista (Antiquarium, Kaiserhof, fachada de la Residenzstraße) y posteriormente durante el clasicismo (Festsaalbau, Königsbau). La Residencia alberga en la actualidad, entre otras, las colecciones nacionales de arte egipcio y de numismática. Pero si se dispone de un tiempo limitado, se recomienda, sobre todo, visitar la Cámara del tesoro y el Museo de la Residencia. En este último se muestran al público 130 salas, en las que se ilustran cuatro siglos de cultura cortesana.

** **Schatzkammer** ⓥ – Las colecciones del **Tesoro** son el resultado de la paciente labor de la corona bávara durante tres siglos y constituye uno de los conjuntos más importantes de Europa en su género. En sus ricos fondos posee extraordinarios trabajos de orfebrería, esmalte, cristal y marfil.

Entre las piezas más valiosas destacan el magnífico Crucifijo de la reina Gisela de Hungría (posterior a 1006), la corona del rey Enrique de 1280, un tabernáculo en miniatura en el que se representa la Flagelación de Cristo (hacia 1580-85) y una esplén-

MÜNCHEN

dida obra de orfebrería con incrustaciones de piedras preciosas, la **estatuilla de san Jorge a caballo** (1586-97). Las **insignias del reino de Baviera**, con la corona real, el globo imperial, la espada, el cetro y el sello fueron realizados en París en 1806-1807 para el primer rey de Baviera Maximiliano I.

** Residenzmuseum – Si se desea visitar todas las salas, es necesario realizar dos recorridos diferentes: en el primero se muestra una parte del palacio y se efectúa por la mañana y en el segundo, por la tarde, se pueden ver el resto de las dependencias. Puede ocurrir que se invierta el orden de los recorridos, y se muestren por la mañana las salas que normalmente se visitan por la tarde.

Debido a la riqueza y complejidad de la exposición se recomienda solicitar los servicios de un guía oficial.

Resulta imposible la descripción exhaustiva y la ponderación de las piezas expuestas, por lo que nos limitaremos a destacar algunos de los centros de interés de las colecciones.

Recorrido matinal – Una sala decorada con magníficos estucos dorados alberga la **galería de los Antepasados** de los Wittelsbach. El gigantesco **Antiquarium**, la parte más antigua de la residencia (hacia 1570), se caracteriza por sus lujosos recubrimientos de mármol, las bóvedas decoradas con frescos y los numerosos bustos antiguos. Los llamados **Reiche Zimmer** (1730-37), obra de los arquitectos Effner y Cuvilliés, muestran el esplendor del estilo rococó en su etapa inicial. Merecen una atención especial los **aposentos reales** (königliche Zimmer) en el edificio Königsbau, construido por encargo de Luis I entre 1826 y 1835 por el arquitecto oficial de la Corte bávara Leo von Klenze. Aunque la estructura arquitectónica sufrió graves daños durante la II Guerra Mundial, se logró poner a salvo la mayor parte de los elementos valiosos del interior, de manera que, tras un largo proceso de restauración el edificio logró recuperar su esplendor de antaño, y volver a ser un conjunto artístico en el que brillan con igual fuerza la pintura, la escultura y el mobiliario que lo decora.

Recorrido vespertino – Las **salas de Porcelanas** contienen obras maestras de las manufacturas de Meissen, Nymphenburg, Frankenthal y Sèvres (por ejemplo, el servicio conocido por "los pájaros", de 1759). La **capilla de la Corte** está consagrada a la Virgen María, patrona de Baviera. Muy cerca de ella se encuentra la Reliquienkammer, con valiosa orfebrería, objetos culto y orfebrería (ss. XVI-XVIII).

Otras salas dignas de mención son las **Silberkammern** (salas de la Plata), la lujosa **Steinzimmer**, con su decoración de mármol, estucos y escayola, así como la **Kaisersaal** (sala Imperial).

* Altes Residenztheater (Antiguo Teatro de la Residencia) – Este bello teatro de Corte de estilo rococó fue edificado por **François Cuvilliés** entre 1751 y 1753. La sala posee cuatro niveles de galerías, cada cual con una decoración distinta. En el centro, el palco de los Príncipes se distingue por la riqueza de las tallas, las colgaduras, la rocalla y los angelotes. Los tonos oro, rojo y marfil se combinan con gran acierto en la ornamentación.

Copa cubierta (siglo XVI), tesoro de la Residencia

375

GUÍA PRÁCTICA DE MÚNICH

Prefijo telefónico – 0 89

Información turística – *Fremdenverkehrsamt München*, ☎ 2 33 03 00, fax 23 33 02 33, lu-ju 9-15, vi 9-12.30. **Oficinas de información**: Tourist Information en la estación central de ferrocarril (Hauptbahnhof), lu-sá 9-20, do 10-18, ☎ 23 33 02 57/58; Tourist Information en el nuevo ayuntamiento (Neues Rathaus) de la Marienplatz, lu-vi 10-20, sá 10-16, ☎ 23 33 02 72/73. En los quioscos de prensa se pueden adquirir las revistas *Prinz* y *Münchner*, en las que se ofrece una relación detallada de todos los espectáculos en la ciudad. La oficina de turismo edita igualmente (cada 4 semanas) un calendario de espectáculos. La venta anticipada de entradas se realiza en la sede de la oficina de turismo del ayuntamiento nuevo (Marienplatz) y en numerosos puestos de venta distribuidos por la ciudad. Es conveniente adquirir las localidades con bastante antelación.

Oficinas de Correos con horario especial – La Oficina postal n° 32 situada en la plaza de Bahnhofsplatz permanece abierta de lu-vi 7-20, sá 9-16, do 10-15; la sucursal nº 24 ubicada en el aeropuerto (Edificio central, zona 3) en McPaper, de lu-sá 7.30-21.

Periódicos – Süddeutsche Zeitung, Münchner Merkur, AZ

Internet – www.intermunich.de; www.munich-online.de; www.munich-info.de; www.muenchen-tourist.de.

Transporte público

Múnich y su área metropolitana está dividida en cuatro zonas que parten del centro en forma de anillos concéntricos. El consorcio de transportes **MVV** (Münchner Verkehrs- und Tarifsverbund; ☎ 41 42 43 44; www.mvv-muenchen.de) agrupa las líneas del metropolitano (U-Bahn), las de autobuses, de tranvías (**SWM**-Stadtwerke München), la red de ferrocarril metropolitano (S-Bahn) y las empresas que realizan el servicio de comunicación con las localidades periféricas. Existen oficinas de información en la Estación Central de Ferrocarril (Hauptbahnhof), entreplanta, lu-sá 9-20, y en la Marienplatz, entreplanta, lu-vi 9-20, sá 9-16. Los títulos de transporte se adquieren en estaciones de metro (U-Bahn), del ferrocarril metropolitano (S-Bahn), en las máquinas automáticas instaladas en la calle junto a las paradas o directamente del conductor en el autobús. El billete ordinario para viajar por el centro urbano cuesta 2 €, el billete colectivo de 10 viajes (Streifenkarte) 9 €, el abono diario para una persona 4,50 € y el abono colectivo que pueden utilizar hasta cinco personas vale 7,50 € (una vez validados, ambos caducan a las 6 de la mañana del día siguiente). Existe una tarjeta de transporte para 3 días (3-Tageskarte) al precio de 11 € (individual) y 17,50 € (de 2 a 5 personas).

La **München Welcome Card** presenta tres modalidades: la individual para un día (6,50 €), la individual para tres días (15,50 €), colectiva para tres días (utilizable por dos adultos y hasta tres personas menores de 18 años) que cuesta 22,50 €. Esta tarjeta da derecho a viajar por toda la red de transportes públicos del centro de Múnich, pero además se pueden obtener descuentos de hasta el 50% en las entradas de más de 30 monumentos, museos, palacios, atracciones turísticas, circuitos en autocar y en el alquiler de bicicletas.

Atención: La línea de autobús nº 53, que realiza el trayecto entre Nordbad y Ostbad, comunica los principales museos de Múnich; las paradas que aconsejamos para acceder a los lugares de interés son las de la Schellingstraße, Odeonsplatz y la de la Haus der Kunst/Nationalmuseum.

Visitas guiadas

Circuitos turísticos en autocar – La compañía *Münchner Stadt-Rundfahrten – Panorama Tours* (☎ 55 02 89 95, stadtrundfahrten@t-online.de) propone los siguientes circuitos turísticos por la ciudad: *Höhepunkte Münchens* (1 h) todos los días a las 10, 11, 12, 13, 14, 14.30, 15 y 16 (abr-oct, también 11.30 y 17); *Olympiatour*, que incluye en su recorrido la visita de las instalaciones olímpicas (2h30), todos los días a las 10 y a las 14.30 (nov-mar, sólo a las 14.30), y *Schloß Nymphenburg* (2h30) todos los días a las 14.30. Salida de los autobuses de la Bahnhofplatz (junto a los almacenes Hertie). Todos ellos ofrecen explicaciones en distintos idiomas. Los billetes se obtienen también en los hoteles. La empresa *STATTREISEN* presenta en su programa distintas alternativas para conocer la ciudad (hasta 60 rutas), por ejemplo, Múnich a pie, en tranvía, en bicicleta o las rutas de la cerveza. ☎ 54 40 42 30, fax 54 40 42 99, www.stattreisen-muenchen.de.

MÜNCHEN

Alojamiento

CORRECTO

Uhland – *Uhlandstraße 1 (en la esquina de Pettenkoferstraße, Lessingstraße y Paul-Heyse Straße)* – ☎ *54 33 50* – *fax 54 33 52 50* – *25 hab* – *individuales desde 62 €*. Pequeño hotel instalado en una villa de estilo neorenacentista.

Lutter – *Eversbuschstraße 109* – ☎ *8 92 67 80* – *fax 89 26 78 10* – *32 hab* – *individuales desde 62 €*. Pequeño hotel bien atendido, situado en las afueras de Múnich, en la localidad de Allach. Buena relación calidad/precio.

UNA BUENA OPCIÓN

Platzl – *Sparkassenstraße 10* – ☎ *23 70 30* – *fax 23 70 38 00* – *167 hab* – *individuales desde 127 €*. Hotel de 1ª categoría enclavado en pleno centro histórico de la ciudad (frente a la Hofbräuhaus).

Brack – *Lindwurmstraße 153* – ☎ *7 47 25 50* – *fax 74 72 55 99* – *50 hab* – *individuales desde 80 €*. Hotel moderno en el centro de Múnich, cerca de la Theresienwiese.

Drei Löwen – *Schillerstraße 8* – ☎ *55 10 40* – *fax 55 10 49 05* – *97 hab* – *individuales desde 100 €*. Hotel reformado situado en las proximidades de la Estación Central (Hauptbahnhof).

Schlicker – *Tal 8* – ☎ *2 42 88 70* – *fax 29 60 59* – *69 hab* – *individuales desde 75 €*. Hotel con vistas a la Marienplatz y al ayuntamiento.

UN CAPRICHO

Bayerischer Hof – *Promenadeplatz 2* – ☎ *2 12 00* – *fax 2 12 09 06* – *396 hab* – *individuales desde 205 €*. Hotel de gran tradición en el centro de la ciudad, ofrece diferentes variedades gastronómicas (restaurante para gourmets, especialidades polinésicas y platos típicos de la cocina bávara).

Mandarin Oriental – *Neuturmstraße 1 (detrás de la Hofbräuhaus)* – ☎ *29 09 80* – *fax 22 25 39* – *73 hab* – *6 suites* – *individuales desde 281 €*. Gran hotel metropolitano, instalado en un lujoso palacio. Desde la azotea, donde se encuentra la piscina, se distingue una bonita vista de Múnich.

Restaurantes

CORRECTO

Augustiner Gaststätten – *Neuhauser Straße 27* – ☎ *23 18 32 57* – *menús desde 9,50 €*. Típica taberna bávara con mucho ambiente, bonito patio interior (porticado); decoración modernista típica de Múnich.

Weichandhof – *Betzenweg 81* – ☎ *8 91 16 00* – *menús desde 9 €*. Agradable posada rústica en la localidad de Obermenzing.

UNA BUENA OPCIÓN

Weinhaus Neuner – *Herzogspitalstraße 8 (junto a la Karlstor)* – ☎ *2 60 39 54* – *menús desde 12,50 €*. Restaurante confortable instalado en una bodega del s. XIX.

Lenbach – *Ottostraße 6* – ☎ *549 13 00* – *menús desde 12,50 €*. Restaurante moderno con decoración de diseño.

Bogenhauser Hof – *Ismaninger Straße 85 (perpendicular a la Prinzregentenstraße en dirección a la Schack-Galerie)* – ☎ *98 55 86* – *menús desde 19,50 €*. Restaurante decorado con mucho gusto situado en la localidad de Bogenhausen y alojado en un refugio de cazadores de 1825. Posee una agradable terraza en el jardín.

Käfer Schänke – *Prinzregentenstraße 73* – ☎ *4 16 82 47* – *menús desde 19,50 €*. Restaurante propiedad de un célebre establecimiento de comestibles finos.

UN CAPRICHO

Tantris – *Johann-Fichte-Straße 7 (en Schwabing)* – ☎ *3 61 95 90* – *menús desde 25 €*. Este restaurante, especialmente adecuado para los más exquisitos gourmets, está alojado en una singular construcción de hormigón.

Am Marstall – *Maximilianstraße 16* – ☎ *29 16 55 11* – *menús desde 25 €*. Elegante restaurante frente a la Ópera de Múnich.

Cafés, tabernas y bares

En Múnich existen distintas zonas animadas pobladas de cafés y tabernas típicas. Uno de los barrios con mayor concentración de locales para tomar una copa es Schwabing. La clientela universitaria y estudiantil frecuenta los establecimientos que se agrupan en torno a la Leopoldstraße al S de la Münchner Freiheit. Otros barrios con ambiente en los que se puede pasar una agradable velada son Haidhausen (en torno a la Pariser Platz y a la Weißenburger Platz) y los alrededores de la Gärtnerplatz.

MÜNCHEN

CAFÉS

Café Arzmiller – *Salvatorstraße 2 – ☏ 29 42 73 – lu-vi 8.30-18, sá 9-18, do 11-18*. Café tranquilo instalado en el Theatinerhof donde se puede degustar buena repostería.

Café Luitpold – *Brienner Straße 11 – ☏ 29 28 65 – lu-vi 9-20, sá 8-19*. Este elegante café con ambiente nostálgico sorprende por su cúpula acristalada y el exuberante jardín de palmeras.

Café Reber – *Herzogspitalstraße 9 (junto al Karlstor) – ☏ 26 52 31 – lu-vi 7.30-18.30, sá 8-18*. Sucursal del legendario café homónimo en Bad Reichenhall.

Café in der Glyptothek – *Königsplatz 8 – ☏ 28 80 83 80 – todos los días de 10-16.30*. Refrescante oasis en el edificio del museo construido por el arquitecto Klenze.

CAFÉS, TABERNAS

Baader Café – *Baaderstraße 47 – ☏ 2 01 06 38 – do-ju 11-1, vi-sá 11-2*. Buena parte de la clientela se dedica al mundo de la música.

Café Extrablatt – *Leopoldstraße 7 (prolongación de la Ludwigsstraße en dirección a Schwabing) – ☏ 4 31 78 59*. Fundado por el columnista de ecos de sociedad Graeter, el local es frecuentado por periodistas y personas vinculadas a la prensa.

Café Wiener Platz – *Innere Wiener Straße 48 – ☏ 4 48 94 94*. A este local situado en Haidhausen acude sobre todo un público joven.

Atzinger – *Schellingstraße 9 – ☏ 28 28 80 – lu-ju 9.30-1, vi-do 9.30-3*. Esta cervecería es desde hace mucho tiempo el lugar de reunión preferido por los estudiantes muniqueses.

CERVECERÍAS TÍPICAS

Augustiner – *Neuhauser Straße 27 – ☏ 23 18 32 57 – www.augustiner-restaurant.com – todos los días de 10-24*. Casa central de la cervecería más antigua que aún subsiste en Múnich, con un salón histórico y un apacible patio interior.

Hofbräuhaus – *Am Platzl 9 – ☏ 22 16 76 – www.hofbraeuhaus.de – todos los días de 9-24*. Muy frecuentado por una clientela tanto local como cosmopolita, este local posee confortables salones en la 1ª planta y un bonito jardín en el patio interior.

Löwenbräukeller – *Nymphenburger Straße 2 (prolongación de la Brienner Straße a partir de la Stiglmaierplatz) – ☏ 52 60 21 – todos los días de 9-1*. En este local se puede degustar la excelente cerveza Löwenbräu en sus bodegas. En verano no deje de hacerlo a la sombra de los castaños que crecen en el jardín.

Weisses Bräuhaus – *Talstraße 10 – ☏ 29 98 75 – todos los días de 8-24*. Taberna tradicional con una clientela variopinta.

Hofbräukeller – *Innere Wiener Straße 19 – ☏ 45 99 25 21 – fax 4 48 35 87 – www.hofbraeukeller.de*. No confundir este local con la Hofbräuhaus; agradable ambiente muniqués. Posee un local donde se puede escuchar jazz.

CERVECERÍAS CON JARDÍN

Aumeister – *Sondermeier Straße 1 – ☏ 32 52 24 – todos los días de 9-23 si hace buen tiempo*. Esta cervecería situada al N del Jardín Inglés es toda una institución en Múnich.

Chinesischer Turm – *Englischer Garten 3 – ☏ 38 38 73 20 – www.chinaturm.de – todos los días de 10-20*. Lugar tradicional de encuentro en el Jardín Inglés, situado cerca del monumento del mismo nombre, el templete circular construido por Klenze.

Seehaus – *Kleinhesselohe 3 – ☏ 3 81 61 30 – todos los días de 11-24, fs 10-24*. Emplazamiento idílico a orillas del Kleinhesseloher See (lago) en el Jardín Inglés. También dispone de restaurante y cafetería.

Hirschgarten – *Hirschgarten 1 – ☏ 17 25 91 – www.hirschgarten.de – todos los días de 9-24*. Esta cervecería con jardín, la mayor de la ciudad, está situada en las proximidades de Nymphenburg.

BARES Y LOCALES NOCTURNOS

Schumann's – *Maximilianstraße 36 – ☏ 22 90 60 – do-vi 17-3, sá 18-3*. Lugar casi siempre abarrotado en el que se preparan excelentes cócteles.

Nachtcafé – *Maximiliansplatz 5 – ☏ 59 59 00 – todos los días de 21-6*. Local nocturno que ofrece actuaciones musicales en vivo a partir de las 23.

Brasserie Tresznjewski – *Theresienstraße 72 – ☏ 28 23 49 – www.tresznjewski.de – todos los días de 8-3, vi-sá 8-4*. Elegante establecimiento con ambiente refinado en el que se sirven magníficos cócteles.

Hotel Bayrischer Hof – *Promenadenplatz 2 – ☏ 29 12 09 94 – todos los días de 19-22*. Piano-bar con ambiente refinado y elegante.

Compras

Para muchos, Múnich sigue siendo la ciudad alemana más interesante para salir de compras. En el centro histórico existen numerosas galerías y pasajes cubiertos poblados de comercios de todo tipo y categoría. En torno a la plaza conocida popularmente como Stachus (Karlplatz) y a la Marienplatz se encuentran, entre otros, los grandes almacenes *Beck am Rathauseck*. Otra zona comercial está situada Schwabing (al O de la Leopoldstraße). Los establecimientos de **marcas exclusivas** se ubican en la Residenzstraße, en la Brienner Straße y en la Maximilianstraße. Finalmente conviene citar el centro comercial *Fünf Höfe* que se encuentra en la elegante Theatinerstraße.

Las **galerías de arte** se han establecido fundamentalmente en la Maximiliantraße y en las calles adyacentes, en la Residenzstraße y en la plaza de Odeonsplatz. En el antiguo barrio de los artistas (Schwabing) merece la pena callejear por la Türkenstraße, la Schellingstraße y la Franz-Joseph-Straße.

Anticuarios — Existe una gran variedad de tiendas de antigüedades, desde los establecimientos elegantes para los clientes con alto nivel adquisitivo, hasta los baratillos donde se entremezclan los más diversos objetos y trastos viejos a precios de ganga. La mayor parte de estos comercios se concentran en la zona de Schwabing (Amalienstraße, Türkenstraße, Barerstraße, Kurfürstenstraße y Hohenzollernstraße), y en el centro de Múnich en torno a las plazas de Lenbach y Promenadenplatz.

Rastros (Flohmarkt) — Estos mercadillos se instalan en la Arnulfstraße, junto a la vieja estación de contenedores, vi-sá 7-18, y en el Kunstpark Ost, situado detrás de la Estación Oriental del Ferrocarril (Ostbahnhof), vi 9-18, sá 7-18.

Mercados — El mercado más pintoresco sigue siendo hoy como antaño el Viktualienmarkt; otros mercados estables se sitúan en la plaza de Viena (Wiener Platz) en Haidhausen y en la Elisabethplatz en el barrio de Schwabing.

Árbol de Mayo en el Viktualienmarkt

Espectáculos

TEATRO

Münchner Kammerspiele-Schauspielhaus — *Maximilianstraße 26-28* — ☎ *23 33 70 00 — fax 23 33 10 05 — www.muenchner-kammerspiele.de — venta anticipada: lu-vi 10-18, sá 10-13.* Este prestigioso complejo ofrece excelentes montajes teatrales.

Bayrisches Staatsschauspiel — *Max-Joseph-Platz 1* — ☎ *21 85 19 40 — www.staatstheater.bayern.de — venta anticipada: lu-vi 10-18, sá 10-13. La* compañía actúa también en el *Residenztheater* y en el *Altes Residenztheater* (Cuvilliés-Theater).

Münchner Volkstheater — *Stiglmaierplatz/entrada por la Brienner Straße —* ☎ *5 23 46 55 — fax 5 23 55 56 — www.muenchner-volkstheater.de — venta anticipada: lu-vi 11-18, sá 11-14.* Teatro popular de gran categoría.

Blutenburg-Theater — *Blutenburgstraße 35 (prolongación de la Karlstraße en dirección a Nymphenburg) —* ☎ *1 23 43 00 — fax 1 29 12 70 — www.blutenburgtheater.de — venta anticipada: lu-sá 17-19, do 15-17.30.* Representación de obras teatrales del género policiaco.

MÜNCHEN

Teamtheater Tankstelle – *Am Einlaß (esquina de la Rumfordstraße y la Müllerstraße)* – ☎ *2 60 43 33* – *reserva telefónica las 24 h*. Pequeño teatro especializado en la representación de obras satíricas.

ÓPERA, BALLET, OPERETA Y MUSICALES

Nationaltheater – *Max-Joseph-Platz 2* – ☎ *21 85 19 20* – *fax 21 85 18 03* – *www.staatstheater.bayern.de* – *venta anticipada: lu-vi 10-18, sá 10-13*. El Teatro Nacional es la principal sede de la Ópera Estatal de Baviera (Bayerische Staatsoper), que incluye en su programa, además, espectáculos de danza. A veces también actúa en el *Cuvillié-Theater*, una joya arquitectónica de estilo rococó, y en el *Prinzregententheater*.

Teatro Nacional

Staatstheater am Gärtnerplatz – *Gärtnerplatz 3* – ☎ *2 01 67 67* – *www.staatstheater.bayern.de* – *venta anticipada: lu-vi 10-18, sá 10-13*. Actuaciones vespertinas fundamentalmente, pero también ópera, ballet y musicales.
Deutsches Theater – *Schwanthaler Straße 13* – ☎ *55 23 44 44* – *www.deutsches-theater.de* – *venta anticipada: lu-vi 12-18, sá 10-13*. Teatro musical y de opereta, en el que en ocasiones actúa la compañía parisina del Lido.

TEATRO DE VARIEDADES, REVISTAS Y CABARET

Münchner Lach-und Schießgesellschaft – *Haimhauser/Ursulastraße (Schwabing)* – ☎ *39 19 97* – *venta anticipada: todos los días de 16-19*. Este cabaret debe buena parte de su prestigio a las actuaciones de Dieter Hildebrandt, Werner Schneyder y Ursula Noack.
Theater im Fraunhofer – *Fraunhofer Straße 9* – ☎ *26 78 50* – *reserva telefónica las 24 h*. Teatro literario, musical y con espectáculos de cabaret.
Drehleier – *Balanstraße 123* – ☎ *48 27 42* – *www.theater-drehleier.de*. Pequeño centro de arte escénico. El café y el teatro abren a las 18.30.

CONCIERTOS DE MÚSICA CLÁSICA

Philharmonie im Gasteig – *Rosenheimer Straße 5* – ☎ *48 09 80* – *www.muenchnerphilharmoniker.de* – *venta anticipada: lu-vi 10-20, sá 10-16*. La Orquesta Filarmónica de Múnich tiene su sede en este centro cultural moderno desde 1985. También celebra aquí algunos conciertos la Orquesta Sinfónica de la Radio-Televisión Bávara.
Herkulessaal der Residenz – *Residenzstraße 1/entrada por la Hofgartenstraße* – ☎ *29 06 71* – *venta anticipada:* ☎ *22 08 68, lu-vi 9-18, sá 9-14*. Sala de conciertos situada en una zona monumental.
Prinzregententheater – *Prinzregenplatz 12* – ☎ *21 85 28 99* – *www.prinzregententheater.de* – *venta anticipada: lu-vi 10-13 y 14-18, sá 10-13*. Este elegante teatro, construido en 1900 para acoger los Festivales de Ópera que se celebran en verano, ha sido restaurado recientemente.

JAZZ

Unterfahrt – *Einsteinstraße 42 (continuación de la Maximilianstraße en dirección a Passau)* – ☎ *4 48 27 94* – *fax 41 90 29 46* – *www.jazzrecords.com/unterfahrt* – *todos los días a partir de las 19, comienzo del concierto a las 21 aprox*. Local en el que actúan figuras consagradas del Jazz y nuevas promesas de este género musical.

MÜNCHEN

CLUBS, DISCOTECAS Y MÚSICA EN VIVO

Nachtwerk – *Landsberger Straße 185 (prolongación de la Bayerstraße en dirección a Ammersee)* – ☎ *5 78 38 00* – *www.nnw-entertainment.de* – *lu, vi y sá 22-4*. Esta discoteca frecuentada por gente joven está instalada en el local de unos antiguos almacenes. El 1er y 3er martes de cada mes se celebran fiestas estudiantiles.

Muffathalle – *Zellstraße 4 (continuación de la Zeppelinstraße)* – ☎ *45 87 50 10* – *www.muffathalle.de* – *abre sólo cuando hay actuaciones de 19-4*. Oferta variada, con actuaciones musicales, conciertos, representaciones teatrales y sala de baile.

Kunstpark Ost – *Grafinger Straße 6 (junto al Ostbahnhof)* – ☎ *49 00 29 28* – *www.kunstpark.de*. En más de 30 establecimientos de este complejo (bares, clubs y restaurantes) los fines de semana abre a las 23 y no cierra hasta el amanecer.

CINE

Las novedades cinematográficas, fundamentalmente producciones norteamericanas, se proyectan en los cines situados en las proximidades del Stachus y de la avenida Münchner Freiheit. Otra zona de tradicional de cines está situada en Schwabing. En el Forum der Technik (Deutsches Museum) existe un cine con pantalla panorámica (IMAX-Kino).

Acontecimientos culturales y festivos

Starkbierzeit: mar – *Auer Dult:* finales abr-principios mayo y finales jul-mediados oct – *TollWood Sommerfestival:* mediados jun-mediados jul – *Opernfestspiele:* jul – *Oktoberfest*: finales sept-principios oct – *Christkindlmarkt*: dic.

ALEDAÑOS DE LA RESIDENCIA

Nationaltheater – El primer **Teatro Nacional**, construido entre 1811 y 1818, es la sede de la **Ópera Nacional de Baviera**, uno de los grandes escenarios de este género en el mundo. La sala de espectadores, con cinco niveles de galerías, tiene un aforo para 2.100 plazas.

★**Theatinerkirche (Iglesia de los Teatinos)** – Este gran edificio barroco fue construido entre 1663 y 1688, primero bajo la dirección del arquitecto italiano Barelli y posteriormente de Zuccalli, natural del cantón de los Grisones; la elegante fachada fue realizada por Cuvilliés un siglo más tarde en estilo rococó tardío.
En el interior impresiona la enorme cúpula (71 m) y la abundante decoración de estucos, que cubre los arcos de la bóveda, las pechinas y las columnas salomónicas del altar mayor. La madera oscura del **púlpito**, realizado por Faistenberger en 1681, contrasta con los tonos dominantes claros y grises. En la cripta debajo del presbiterio se encuentra el mausoleo de los Wittelsbach.

Odeonplatz – En el flanco occidental de esta plaza se alza el antiguo palacio Leuchtenberg, erigido por Leo von Klenze entre 1816 y 1821 para Eugène de Beauharnais, conde de Leuchtenberg. En la actualidad alberga el Ministerio de Finanzas bávaro. En el lado sur se encuentra el pórtico de la **Feldherrnhalle**, edificado por el arquitecto F. von Gärtner entre 1840 y 1844, e inspirado en el modelo de la logia de los Lanzi de Florencia. Al N de la plaza nace la Ludwigsstraße, que conduce al Siegestor.

Avance por la Salvatorstraße hasta la Kardinal-Faulhaber-Straße.

Erzbischöfliches Palais (Palacio arzobispal) – *Kardinal-Faulhaber-Straße 7*. Este palacete rococó, construido entre 1733 y 1737 para el hijo natural del príncipe elector Carlos Alberto, es una de las obras maestras del arquitecto **François Cuvilliès**. La elegante fachada de esta noble construcción de cuatro alas presenta un cuerpo central en saledizo y nueve colosales columnas.

Palais Portia – *Kardinal-Faulhaber-Straße 12*. El edificio, levantado según un proyecto del italiano Enrico Zuccalli (1694), fue trasformado al gusto rococó por Cuvilliés para la condesa de Portia por encargo del príncipe elector Carlos Alberto. Posee una elegante fachada en tonos rosa y gris.

Regrese a la Marienplatz por Maffaistraße y Weinstraße.

MÜNCHEN

ALREDEDORES DE LA PINACOTECA ANTIGUA

★★★ Alte Pinakothek (Pinacoteca Antigua)

Este inmenso edificio de estilo renacentista veneciano fue construido por Leo von Klenze entre 1826 y 1836 para acoger las colecciones de pintura reunidas por los Wittelsbach. El fondo fundamental de la pinacoteca se creó en el s. XVI gracias al duque Guillermo IV, quien encargó a los artistas más notables de su época –Altdorfer, Burgkmair– cuadros de tema histórico. En el s. XVII el príncipe elector Maximiliano I fundó la Kammergalerie, que se convirtió durante el reinado de Luis I en una de las galerías de más ricas de Europa. La Pinacoteca Antigua alberga obras maestras de la pintura europea desde el s. XIV al XVIII.

SEGUNDA PLANTA

Pintura de los antiguos Países Bajos

Sala I – La obra más sobresaliente es el *Retablo de los Reyes Magos* (hacia 1455), tríptico pintado por **Rogier van der Weyden** para la iglesia de Santa Coloma, en Colonia; se distingue por la luminosidad de los colores y la pureza de las líneas. Del mismo autor se puede admirar el cuadro de *San Lucas dibujando a la Virgen*; de Dieric Bouts se pueden ver el *Arresto de Jesús* y *Resurrección* (hacia 1450); del Maestro de la serie de José el cuadro panorámico de *José y la esposa de Putifar*; de Hans Memling, *Los siete gozos de la Virgen* (hacia 1480).

Sala IIa – Varias obras de Hans Memling.

Pintura alemana primitiva

Sala II – En esta sala están representados el gran maestro **Alberto Durero** con su fascinante *Autorretrato con pelliza* (1500), en el que se pinta a sí mismo a la edad de 28 años; el *Descendimiento de la Cruz* (1500); el *Tríptico Paumgarten* (1502-04); *Los Cuatro Apóstoles* (1526). De **Hans Holbein el Viejo** se expone el *Retablo de San Sebastián* (1516), de Hans Burgmair el *Retablo de San Juan* (1518), y de **Lucas Cranach el Viejo** el *Lamento por Cristo muerto* (1503).

Sala IIb – De Alberto Durero el *Tríptico retrato de Oswolt Krel* (1499); de **Altdorfer** *Susana en el baño* (1526), en el que se refleja la complicada arquitectura palaciega, y *Virgen con el Niño en la Gloria* (hacia 1525)

ANTIGUA PINACOTECA

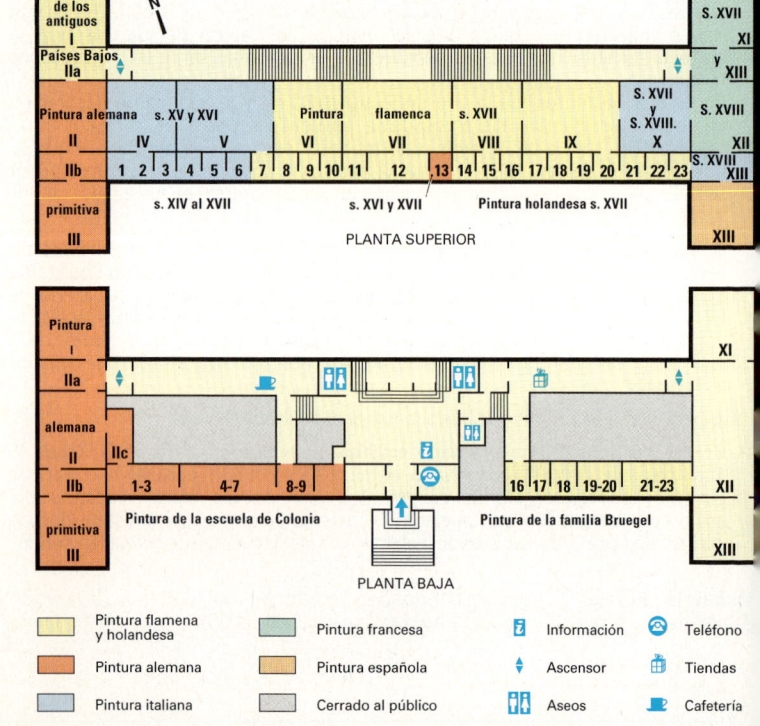

MÜNCHEN

Sala III – De nuevo obras de Albrecht Altdorfer, en esta ocasión el lienzo de la *Batalla de Iso* (1529), que se distingue por sus magníficos constrastes de luz. En esta sala se pueden ver los dos retratos que representan a *Conrado Rehlinger y sus ocho hijos*, de Bernhard Strigel (1517); el *Suicidio de Lucrecia*, 1524, y *La edad dorada*, hacia 1530. obras de **Mathias Grünewald** (*San Erasmo y San Mauricio*, 1520-24); *Cristo escarnecido*, 1503.

Pintura italiana de los ss. XV y XVI

Sala IV – *Descendimiento de la Cruz* (posterior a 1490), una obra tardía del artista florentino **Sandro Botticelli**. De Lorenzo di Credi se expone el cuadro panorámico *Nacimiento de Cristo*, de Domenico Ghirlandaio partes del altar mayor de Santa María Novella en Florencia (1490), de **Rafael** su obra maestra *Madona Tempi* (1507), la *Sagrada Familia de la casa Canigiani* (hacia 1505-06), y la *Madona della Tenda* (1513-14); de **Leonardo da Vinci** se puede ver una *Virgen con el Niño*.

Sala V – *Amor con dos perros* (posterior a 1570) y *Retrato de una dama* (posterior a 1570) son dos obras tardías del veneciano **Veronese**. De **Tiziano** se pueden admirar *Cristo coronado de espinas* y *Virgen con el Niño al atardecer* (hacia 1560). También se expone la obra temprana de **Tintoretto** *Vulcano sorprende a Venus y a Marte* (hacia 1555), así como una serie de ocho cuadros del ciclo Gonzaga, realizados por encargo de la corte de Mantua. El arte del retrato está representado por la obra de Giorgione *Retrato de un hombre joven*.

Pintura flamenca del s. XVII

Sala VI – De **Anthonis van Dyck** se exponen magníficas obras, entre otras, *San Sebastián*, *Susana en el baño* y *Descanso en la huída a Egipto*. De Pedro Pablo Rubens se puede ver la *Muerte de Séneca* (hacia 1611), de **Jacob Jordaens** *La fecundidad de la tierra* (hacia 1616-17) y *Campesino con sátiro* (posterior a 1620).

Sala VII – Está consagrada a la extensa obra de **Pedro Pablo Rubens**, y entre otros cuadros se pueden admirar los siguientes: *Rubens e Isabel Brant en la glorieta de madreselvas* (1609); *El Juicio Final* (hacia 1614-16; *Caza de hipopótamo y cocodrilo* (1615-16), *Sileno ebrio* (1617-18); *Helena Fourment vestida de novia* (1630-31).

Sala VIII – Se exhibe la obra apocalíptica de Rubens *Caída de los ángeles rebeldes*, y la *Matanza de los inocentes* (hacia 1635-39). Rubens realizó conjuntamente con Jan Brueghel el Viejo la *Virgen de la guirnalda* (hacia 1620); la colaboración entre los artistas flamencos del s. XVII era bastante usual. También se exponen paisajes de gran formato de Jacques d'Arthois: *Camino en el bosque*, *Canal en el bosque* y *Vado en el bosque*, hacia 1660.

Pintura holandesa del s. XVII

Sala IX – De **Rembrandt**, el *Retrato de un hombre ataviado con traje oriental* (hacia 1633; *La Sagrada Familia* (hacia 1633); el *Sacrificio de Isaac* (hacia 1636). De Ferdinand Bol un retrato de grupo –frecuente en la pintura holandesa– de los *Representantes del gremio de vinateros de Amsterdam* (1659). De **Frans Hals** el único retrato de cuerpo entero que realizó el artista, que muestra a *Willem van Heythuyzen*, 1625-30.

Pintura italiana de los ss. XVII-XVIII

Sala X – Giovanni Battista Tiépolo está representado con dos magníficas obras: *El papa Clemente adora la Trinidad* (1739), y *La Adoración de los Reyes Magos*, 1753. De Guido Reni se puede ver *La Asunción de la Virgen* (1631), obra pintada para una iglesia de Módena.

Pintura francesa del s. XVII

Sala XI – Del gran pintor paisajista **Claudio de Lorena** se muestra el cuadro *Vista del puerto al alba* (1674). En la obra de Simon Vouets *Judith* (1620-25) se perciben influencias de Caravaggio. Los cuadros de *Midas y Baco* (1627) y *Apolo y Dafne* (hacia 1627) realizados por **Nicolas Poussin** se inspiran en las Metamorfosis de Ovidio.

Pintura francesa del s. XVIII

Sala XII – De **François Boucher** se exhibe un retrato de cuerpo entero de la marquesa de Pompadour (1756), el cuadro *Muchacha en reposo* (1752), y algunos paisajes, como *Descanso junto al pozo* y *Paisaje idílico* (ambos posteriores a 1730). **Hubert Robert** es el autor del *Paisaje con templo romano en ruinas* (1773) y *Derrumbe de las casas sobre el puente de Change en París* (1788).

Sala XIIa – Pintura al pastel de Maurice Quentin de La Tour: *El abate Nollet*, *Mademoiselle Ferrand*, ambos de 1753. De Jean Liotard se muestra su cuadro titulado *Desayuno* (1753-56), una obra muy realista para su tiempo. *El concierto* de Nicolas Lancret denota influencias de la pintura de Watteau.

Pintura italiana del s. XVIII

Sala XIIb – En esta sala se pueden admirar magníficas vistas de los italianos **Antonio Canaletto** y **Francesco Guardi**. A este último se debe el *Concierto de gala veneciano* (1782).

MÜNCHEN

Pintura española

Sala XIII – Las imágenes místicas de El Greco (*Cristo arrancado de sus vestiduras*) el profundo sentimiento expresado por Velázquez (*Joven español*, posterior a 1623) contrastan con las escenas costumbristas de **Bartolomé Esteban Murillo**, de las que s exponen cinco lienzos, entre ellos el célebre cuadro de los *Niños comiendo fruta* 1645-46.

Pintura italiana de los ss. XIV-XVII

Gabinetes 1 a 6 – Las obras más interesantes que se exponen en esta sección son: cua tro predelas de pequeño formato realizadas por **Fra Angelico** (gab. 1), una *Naturalez muerta con perdiz* de Jacopo de Barbari (gab. 2); *Virgen con el niño* (hacia 1465 gab. 4), de Fra Filippo Lippi; *Retrato de escultor* de Domenico Tintoretto (gab. 5) *Muerte de Cleopatra* de Johann Liss (gab. 6).

Pintura flamenca del s. XVII

Gabinetes 7 a 12 – Obras de **Anthonis van Dyck** (*Descendimiento de la Cruz*, gab. 7 *Autorretrato de joven*, 1621, gab. 9); **Peter Paul Rubens** (*Helena Fourment ciñéndos un guante*, 1630-1631, gab. 9) y la serie completa de escenas campesinas (d pequeño formato) realizada por **Adriaen Brouwer**, así como cuadros de género de **Davi Teniers el Joven** (gab. 11). En el gab. 12 el ciclo de los Medici y *El Juicio Final* d Pedro Pablo Rubens.

Pintura alemana de los ss. XVI-XVII

Gabinete 13 – De **Adam Elsheimer** la *Huida a Egipto* (1609). De Johann Rottenhamme *Triunfo de la verdad* y *Nacimiento de Cristo*.

Pintura holandesa del s. XVII

Gabinetes 14 a 23 – En el gab. 14 se expone de Cornelius van Poelenburgh *Retrato d una joven dama*; en el gab. 15 *Nabucodonosor recupera la dignidad real* (1616), d Jacob Pynas. El gab. 16 está dedicado a **Rembrandt**: *Autorretrato* (1629); Ciclo de l Pasión. En el gab. 17 se pueden ver bonitos paisajes de **Salomon van Ruysdael**, y en e gab. 18 una impresionante composición del pintor holandés de temas marineros Willem van de Velde (*Mar en calma*). En el gab. 19 se reserva un espacio de hono a **Gerard ter Borch**: *Retratos de un noble y una dama*, 1642; *Muchacho espurgando su perro* (hacia 1655). En el gab. 20 destaca la obra de Frans Post, con sus paisa jes brasileños de 1649 caracterizados por su estilo sencillo y espontáneo. De Jacob van Ruisdael se muestra una obra de juventud (pintada a los 18 ó 19 años) en e que se aprecian ya las grandes dotes artísticas del pintor (*Montaña de arena* gab. 21). En el gab. 22 se exhiben cuadros costumbristas de **Gabriel Metsu**: *La coci nera* (hacia 1665); *Fiesta de los frijoles*. En el gab. 23 destacan las naturalezas muertas de Jan Davidsz de Heem, pintadas en colaboración con Nicolaes van Veerendael hacia 1665.

PLANTA BAJA

Pintura alemana primitiva

Sala I – Del Maestro de la Vida de María, que trabajó en Colonia de 1460 a 149C aproximadamente, se muestran siete retablos que representan diferentes escenas de la vida de la Virgen. El retablo llamado *Hofer Altar* (1465), de **Hans Pleidenwurff**, se compone de cuatro tablas en las que las escenas religiosas se ambientan en un pai saje natural.

Sala IIa – De Hans Baldung Grien se expone el retrato del *Conde palatino Felipe e Belicoso* (1517); de Christoph Amberger el *Retrato de Hieronymus Seiler y s esposa* (1537-138), de Lucas Cranach el Viejo *La Virgen y el Niño con Santa An* (hacia 1516) y *Adán y Eva*.

Sala II – De Michael Pacher se pueden ver el retablo de *La coronación de María* y e *Altar de los Padres de la Iglesia* (hacia 1480).

Sala IIb – Díptico de Hans Funk realizado por **Bernhard Strigel**, y *Veladores vencidos por el sueño* (posterior a 1520, del mismo autor.

Sala III – **Hans Holbein el Viejo** es el autor del llamado *Altar de Kaisheim* (1502); las tablas exteriores representan la Pasión de Cristo y las interiores escenas de la vida de María. Martin Schaffner realizó el *Altar mayor de Wettenhausen* (1523-24), que muestra (desplegado) escenas de la vida de la Virgen, y cerrado a *Cristo despidién dose de las mujeres*.

Escuela de Colonia

Gabinetes 1 a 9 – Algunas obras de **Bartholomäus Bruyn el Viejo**, entre otras un *Retablo de la Crucifixión*, 1515-20. Del Maestro del Altar de Aquisgrán se puede ver el *Retrato de Johann von Melem*, realizado entre 1495 y 1500 (gab. 4). De **Stefan Lochner**, que vivió en Colonia desde 1442 hasta su muerte en 1451, se muestran varias obras de una gran belleza: las tablas del retablo que representa el *Juicio Final* (hacia 1440-45, gab. 6); *Virgen con el Niño delante de un banco de césped*, hacia 1440; *María adorando al Niño*, 1445 (gab. 7). En el gab. 7 se expone también *La Sagrada Familia* (1475-80) de **Martin Schongauer**; en el gab. 8 la *Historia de Lucrecia* (1528) de Jörg Breu el Viejo, y la *Historia de Susana* (1537) de Hans Schöpfer el Viejo.

Los Bruegel/Brueghel

Gabinetes 16 a 23 – De **Pieter Bruegel el Viejo**, pintor de célebres escenas campesinas, se puede admirar, entre otras obras, el *País de Jauja*, 1566. La colección de cuadros de **Jan Bruegel el Viejo** que atesora esta pinacoteca es la más rica después de la del Prado (Madrid) y de la de Viena. De este maestro del paisaje y de las naturalezas muertas se puede ver un *Ramo de flores* realizado después de 1607, en el que se distinguen hasta 130 variedades distintas de flores. Las escenas de la vida cotidiana, de un gran detallismo y riqueza narrativa, se reflejan en los cuadros *Gran Mercado del pescado* y *Mercado a orillas de un río*, realizados ambos entre 1603 y 1605. Otras obras maestras que se pueden ver del artista son *Vista de un puerto con la predicación de Cristo* y *El Monte del Calvario* de 1598.

En las **salas XI a XIII** se realizan exposiciones temporales.

** Neue Pinakothek (Pinacoteca Nueva)

Este edificio de estilo posmoderno, revestido de gres claro, es obra del arquitecto Alexander von Brancas. La actual sede de la Pinacoteca Nueva, de elegantes proporciones y bellos efectos de luz, reemplazó la antigua construcción erigida durante el reinado de Luis I, que tuvo que ser demolida a causa de los grandes destrozos que sufrió durante la guerra. La Pinacoteca Nueva está consagrada a la pintura europea del s. XIX.

Salas 1, 2 y 2a – Arte internacional hacia 1800. Los retratos y paisajes de **Thomas Gainsborough** se caracterizan por sus suaves y delicados colores; obras de **Jean Louis David** (*La marquesa de Sorcy*), **Josuah Reynolds** (*El capitán Pownall*), **William Turner** (*Ostende*), **Francisco de Goya** (*Marquesa de Caballero*, 1807), Antonio Canova está representado con su estatua de *Paris* (1807).

Salas 3 y 3a – Primeros románticos de Dresde, Berlín y Múnich; paisajes simbólicos de **Caspar David Friedrich**; paisajes de Johann Christian Dahl (*Canal de Frederiksholm en Copenhague*, 1817), Karl Blechen (*Vista de Asís*, 1830), Johann Georg Dillis, Carl Rottmann.

Salas 4 y 4a – Pintura en la corte de Luis I. Célebre retrato de Goethe realizado por **Joseph Karl Stieler** en 1828 para la Galería de retratos del palacio de Nymphenburg; dos representaciones en gran formato de la *Llegada del rey Otón a Grecia*, de Peter von Hess.

Salas 5 y 5a – Los clásicos modernos alemanes en Roma. Paisajes heroicos de Josef Anton Koch, vistas de la ciudad de Roma por Johann Christian Reinhart; también se exhibe el célebre cuadro de **Ludwig Richter** *El Watzmann* (1824).

Sala 6 – Al cierre de esta edición no se conocía el destino que se iba a dar a esta sala.

Sala 7 – Consagrada a los Nazarenos, que se inspiran en motivos mitológicos y en la tradición pictórica de Rafael y Durero: Johann Friedrich Overbeck (*Italia y Germania*, 1828; *Vittoria Caldoni*, 1821). Elegante estatua de de Rudolf Schadow titulada la *Alpargatera (1813)*.

Salas 8 y 9 – Dedicada al estilo Biedermeier. Se pueden ver obras de **Moritz von Schwind** (*Cenicienta*, 1852; *La visita*, 1855); de Ferdinand Georg Waldmüller varios retratos de pequeño formato y paisajes; de Friedrich Wilhelm von Schadow *El retrato de Fanny Ebers*, 1826.

Salas 10 y 10a – Pintores románticos tardíos y realistas franceses. Obras de **Gustave Courbet** (*Caballos desbocados*, *Paisaje de río*, 1872), Eugène Delacroix (*Muerte de Ofelia*, *Liberación de Olindo y Sofronia*), Théodore Géricault (*Ataque de artillería*, 1814), Camille Corot (*Puente y molino en Nantes*, 1860/65).

Salas 11 y 11a – Pintores alemanes del romanticismo tardío y realistas. Andreas Aschenbach (*Paisaje con piedra rúnica*, 1841; *Escena en la playa*, 1880), y **Carl Spitzweg** (*El húsar*, *El pobre poeta*, 1839, *El escritor*, 1850) representan al romanticismo tardío, y **Adolf Menzel** al realismo (*La hermana de Menzel*, 1847 y *Procesión en Hofgastein* (1880).

Sala 12 – Obras del pintor de la corte de Múnich **Wilhelm von Kaulbach**.

Salas 13 y 13a – Cuadros históricos y sociales: de Wilhelm von Kaulbach (*La destrucción de Jerusalén*, 1846) y de Karl Theodor von Piloty (*Seni ante el cadáver de Wallenstein*, 1855).

Salas 14 y 14a – Pintura de la época bismarckiana (Gründerzeit). En esta sala destacan Joseph Wenglein, uno de los más notables paisajistas de la escuela de Múnich, Franz von Lenbach (*Muchacho campesino sobre un puentecillo de madera*, hacia 1859; *Princesa rusa*, 1863, *Ignaz von Döllinger*, 1874) y Hans Makart (*La cetrera*, hacia 1880).

MÜNCHEN

Am Gasteig	**LZ**	4
Amiraplatz	**KY**	6
An der Hauptfeuerwache	**JZ**	7
Beethovenstraße	**JZ**	20
Brienner Straße	**JKY**	
Burgstraße	**KZ**	30
Damenstiftstraße	**JZ**	32
Dienerstraße	**KZ**	36
Eisenmannstraße	**KZ**	39
Franz-Joseph-Strauß-Ring	**LY**	50
Hofgraben	**KZ**	75
Innere Wiener Straße	**LZ**	79
Kardinal-Faulhaber-Straße	**KY**	88
Karlsplatz (Stachus)	**JY**	91
Kaufingerstraße	**KZ**	
Ledererstraße	**KZ**	100
Lenbachplatz	**KY**	101
Lerchenfeldstraße	**LY**	102
Maffeistraße	**KY**	106
Marienplatz	**KZ**	
Maximiliansbrücke	**LZ**	119
Maximiliansplatz	**KY**	121
Maximilianstraße	**KYZ**	
Max-Joseph-Platz	**KY**	125
Max-Joseph-Straße	**KY**	127
Mozartstraße	**JY**	138
Neuhauser Straße	**JZ**	147
Oettingenstraße	**LY**	151
Orlandostraße	**KZ**	157
Pacellistraße	**KY**	160
Papa-Schmid-Straße	**KZ**	162
Pfisterstraße	**KZ**	164
Platzl	**KZ**	165
Prinzregentenstraße	**LY**	170
Promenadeplatz	**KY**	171
Residenzstraße	**KY**	177
Rindermarkt	**KZ**	179
Rosenstraße	**KZ**	182
Salvatorstraße	**KY**	184
Schleißheimer Straße	**JY**	192
Sendlinger Straße	**JZ**	
Sendlinger-Tor-Platz	**JZ**	194
Sonnenstraße	**JZ**	
Sternstraße	**LZ**	202
Theatinerstraße	**KY**	206
Triftstraße	**LY**	214
Veterinärstraße	**LY**	221
Wagmüllerstraße	**LY**	224
Weinstraße	**KZ**	228
Wittelsbacherstraße	**KZ**	231

Alter Hof	**KZ**	**N**	Deutsches Jagd- und Fischereimuseum	**KZ**	**M¹**	Glyptothek	**JY**	**M²**
Altes Rathaus	**KZ**	**D**	Erzbischöfliches Palais	**KY**	**Y**	Heiliggeistkirche	**KZ**	**F**
Antikensammlungen	**JY**	**M³**	Feldherrnhalle	**KY**	**S**	Michaelskirche	**KZ**	**B**
Bayerisches Nationalmuseum	**LY**	**M⁵**				Münchner Stadtmuseum	**KZ**	**M⁷**

Sala 15 – Está consagrada a **Hans von Marées**: *Tres jóvenes bajo los naranjos*, y los trípticos *Las Hespérides* y *La cosecha*.

Sala 16 – Böcklin, Feuerbach. Thoma. De Arnold Böcklin se pueden ver *Pan en el cañaveral* (1859) y *Jugando con las olas* (1883); de **Anselm Feuerbach** el célebre cuadro de la *Despedida de Medea* (1870) y *Nanna* (1861). La pintura de Hans Thoma está representada por dos *Paisajes del Taunus*. Bronces de Reinhold Begas (*Venus y Amor*, 1864).

Sala 17 – Leibl y su círculo. De **Wilhelm Leibl**: *Retrato de la señora Gedon* (1868), *Muchacha con pañoleta blanca* (1875) y *Estancia campesina* (1890).

Sala 18 – Impresionistas franceses. Cuadros de **Edouard Manet** (*Desayuno en el taller*, 1868; *La barca*, 1874), Camille Pissarro (*Calle en Upper Norwood*, 1871), **Edmond Degas** (*La planchadora*, hacia 1869), Claude Monet (*Puente de Argenteuil*, 1874).

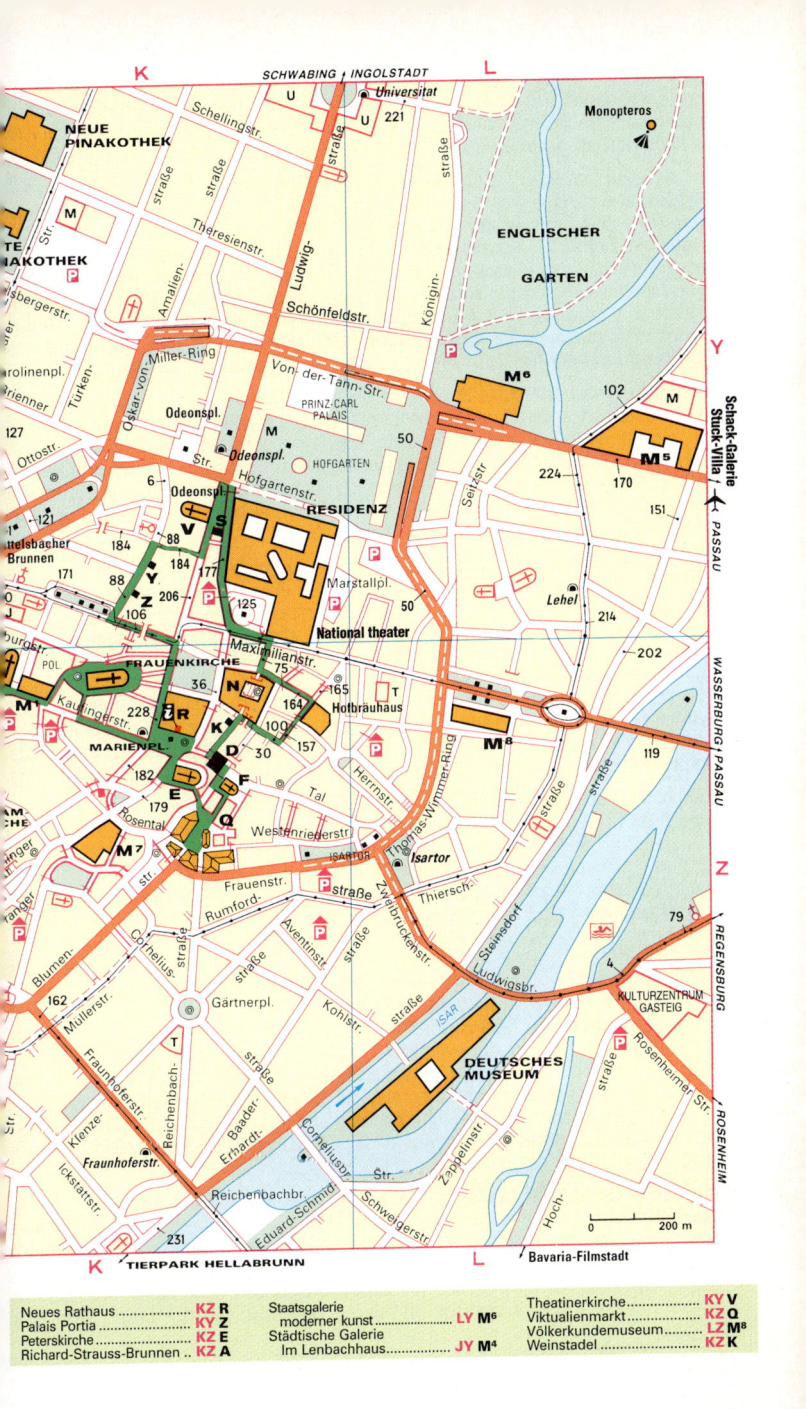

Neues Rathaus	KZ R	Staatsgalerie	
Palais Portia	KY Z	moderner kunst	LY M⁶
Peterskirche	KZ E	Städtische Galerie	
Richard-Strauss-Brunnen	KZ A	Im Lenbachhaus	JY M⁴

Theatinerkirche		KY V
Viktualienmarkt		KZ Q
Völkerkundemuseum		LZ M⁸
Weinstadel		KZ K

Sala 19 – **Vincent van Gogh** (*Girasoles*, 1888). *La llanura de Auvers*, 1890; de **Paul Gauguin** un *Nacimiento de Cristo* (1896) ambientado en los Mares del Sur; de Paul Cézanne *Naturaleza muerta con cómoda*, hacia 1885; *El túnel de ferrocarril*, 1870

Sala 20 – Realismo social, representado por **Max Liebermann** (*Cervecería con jardín en Múnich*, 1884; *Mujer con cabras paciendo en las dunas*, 1890); Max Slevogt (*Después de la jornada*, 1900)

Sala 21. – Impresionistas alemanes. Friedrich von Uhde (*El veraneo*, 1883); Lovis Corinth (*Retrato del escritor Eduardo conde de Keyserling*, 1901).

Sala 21a – Movimiento de la Secesión de Múnich. Albert Weisgerber (*Mujer somalí*, 1912); Leo Putz (*La esposa del pintor en el jardín*, 1907)

Sala 22 y 22a – Simbolismo y Jugendstil. De **Augusto Rodin** el busto en mármol de *Helena von Nostiz*. Obras de Ferdinand Hodler (*Los desesperados*), **Gustav Klimt** (*Margarethe Stonborough-Wittgenstein*, 1905), Egon Schiele (*Agonía*, 1912).

387

MÜNCHEN

Giovanni Segantini (*El arado*, 1890), Franz von Stuck (*La guerra*, 1894; la estatuilla de bronce de *Helena*, hacia 1906); Fernand Khnopff; Walter Crane (*Los caballos de Neptuno*); un busto en mármol de Max Klinger (*Elsa Asenijeff*, hacia 1900).

En las proximidades de la Antigua y la Pinacoteca Nueva (Barer Straße esquina a Gabelsberger Straße) se ha instalado la Pinacoteca de Artistas Modernos (Pinakothek der Moderne). El edificio moderno, concebido por el arquitecto muniqués Stephan Braunfels con una rotonda acristalada de diseño vanguardista, acoge tres museos: la Galería Nacional de Arte Moderno (Staatsgalerie moderner Kunst), Die Neue Sammlung (La Nueva Colección, artesanía y diseño) y el Museo de Arquitectura de la Universidad Técnica (Architekturmuseum der Technischen Universität). En una nueva fase de ampliación del edificio está previsto crear una Colección Gráfica.

Propyläen (Propileos) – Esta imponente puerta (1846-62), obra del arquitecto Leo von Klenze, está inspirada en los propileos de la Acrópolis. El monumento cierra el flanco oeste de la Königsplatz, de modo que la plaza está bordeada en tres de sus costados por construcciones de estilo clasicista. Los relieves de la torre representan las guerras de liberación griegas contra los turcos; las esculturas que coronan el frontón del pórtico dórico muestran a Otón I de Wittelsbach, rey de Grecia de 1832 a 1862.

★ **Glyptothek (Gliptoteca)** ⓥ – El edificio clasicista con un pórtico de columnas jónicas se debe, de nuevo, a **Leo von Klenze** (1816-30). En él se reúne una colección de mármoles que ilustran un milenio de historia de la escultura griega y romana. El *Apolo de Tenea*, de finas facciones y mirada sonriente *(sala I)*, es uno de aquellos kouros –figuras de jóvenes desnudos, semi-humanos, semi-divinos– de la Grecia antigua (s. VI a.C.). El **Fauno de Barberini**, (hacia 220 a.C.), una estatua en mármol de la época helenística, parece haberse rendido al sueño que le produce la embriaguez *(sala II)*. Destacan también el **bajorrelieve de Mnesarete** y la diosa de la paz, *Irene (sala V)*. Entre los grandes tesoros de la colección figuran las estatuas que decoraban el frontón del templo de Aphaia en la isla de Egina, realizadas en mármol de Paros *(salas VIII a IX)*.

★ **Staatliche Antikensammlungen** ⓥ **(Colección de Antigüedades)** – Frente a la Gliptoteca. El edificio que acoge esta colección de arte, con un pórtico de columnas de orden corintio en lo alto de la escalinata, fue construido entre 1838 y 1848 según un diseño del arquitecto Ziebland.
Una importante **colección de cerámicas** *(en la planta baja)* muestra la evolución del **arte de la alfarería y la pintura de vasijas en Grecia**, cuyo apogeo se sitúa en los ss. VI-V a.C. Destaca el gracioso cántaro con forma de cabeza femenina, fechado en el año 540 a.C. *(sala II, vitrina 7)*. Los ejemplos más notables del estilo de decoración de figuras negras sobre fondo rojo son un ánfora y una copa realizadas por el pintor Exekías: el ánfora muestra a Ajax transportando el cuerpo de Aquiles; en la copa aparece Dionisio en su embarcación escoltada por delfines *(sala II, vitrinas 10 y 12)*. La transición a un nuevo estilo –figuras rojas sobre fondo negro– se aprecia en otra ánfora que repite, una vez más, el mismo tema: el banquete de Heracles en compañía de Atenea, ya representado en el estilo anterior *(sala III, vitrina 6)*.
Los objetos de **bronce** *(vasijas de lujo, placas grabadas, estatuillas, 1ª planta)* y, sobre todo, los **collares etruscos** *(planta sótano, sala 7 y 10)* ilustran la maestría en el trabajo del bronce y la orfebrería.

★ **Städtische Galerie im Lenbachhaus (Galería Municipal de la Villa Lenbach)** ⓥ – Esta villa, construida en estilo florentino entre 1883 y 1889, alberga, principalmente, colecciones de **pintura muniquesa del s. XIX**, entre las que figuran paisajes de E.B. Morgenstern *(Lago de Starnberg)*, así como retratos de F. v. Defregger y F.A. v. Kaulbach. Del propio **Franz von Lenbach** se pueden contemplar una serie de **retratos** que se caracterizan por su fuerza expresiva *(El rey Luis I, Bismarck, Wagner)*.
Pero el renombre internacional de la galería se debe a su colección de cuadros del movimiento **Der Blaue-Reiter**, el arte de vanguardia de un grupo que produjo su obra en el turbulento periodo que precedió a la I Guerra Mundial. Esta corriente artística está representada con obras de su fundador, Kandinsky, y de otros pintores del grupo como Jawlensky, Klee y Macke. También se muestra arte contemporáneo.

★★★ DEUTSCHES MUSEUM (MUSEO ALEMÁN) ⓥ
Prevea al menos 1/2 día para la visita.

Fundado en 1903, este museo de las ciencias y de las técnicas –uno de los más importantes del mundo en su género– ocupa una isla del río Isar (Museuminsel). Sus ricas colecciones ilustran el desarrollo histórico de la ciencia y la tecnología desde sus inicios hasta la actualidad. Anualmente recibe cerca de 1,3 millones de visitantes.
Además de un gran número de piezas originales de gran valor y de reconstrucciones, el museo cuenta con maquetas a escala y dioramas, que se acompañan de tablas y cuadros explicativos. De acuerdo con los deseos de su fundador **Oskar von**

MÜNCHEN

Primera locomotora eléctrica (1879), Deutsches Museum de Múnich

Miller, pionero en el sistema de electrificación de Baviera, el concepto expositivo es muy pedagógico: el visitante no es un mero espectador, sino que puede y debe descubrir prácticamente las propiedades de determinados fenómenos o principios científicos. Existen múltiples modelos animados que permiten comprobar el funcionamiento de complicados procesos técnicos a todo tipo de público, así como instalaciones de demostración que reproducen experimentos físicos (péndulo de Foucault, caja de Faraday). Estas demostraciones se realizan regularmente en todas las secciones (fabricación de ladrillos, fundición y colado de metales, elaboración de papel, soplado del vidrio). Además, se proyectan películas sobre algunos temas concretos. Está asociada al museo una biblioteca con un fondo de 900.000 volúmenes, así como una sala que acoge exposiciones temporales y un archivo (documentos, planos, mapas, dibujos, etc.).

Debido al volumen de las colecciones (unos 18.000 objetos expuestos en una superficie de 46.000 m²) se aconseja al visitante que delimite sus temas de interés, sobre los que hallará folletos informativos a la entrada.
Por lo general permanecen cerradas provisionalmente dos o tres secciones para la realización de obras de modernización.

Planta baja — Medio ambiente; tesoros del subsuelo (metales); máquinas herramienta, máquinas motrices con diferentes tipos de energía (hidráulica, eólica, de vapor); aplicaciones de la corriente de alta intensidad; carrozas y bicicletas; ingeniería civil (carreteras, puentes, túneles, vías férreas y canales); en la **sala del Ferrocarril** se pueden contemplar famosas locomotoras de vapor, entre las que figura la del Bavarian Express S 3/6 de 1912, así como la primera locomotora eléctrica de la historia (Siemens, 1879); la **sección aeronáutica** (parte moderna) cuenta con los más antiguos aviones turborreactores, incluido el primer modelo de combate fabricado en serie (Messerschmitt Me 262), aviones de despegue vertical, helicópteros y planeadores.
La **sección de la navegación** se abre con un velero del Elba de 1880 y un remolcador a vapor italiano de 1932 *(esta sección continúa en la planta sótano).*

Sótano — **Navegación**: Construcción naval, sistemas de navegación, pesca, barcos de guerra (submarino U1 de 1906), técnicas de inmersión (batisfera de Picard de 1958); **minería** del carbón, extracción de mineral y de sal (reproducción de una mina); **sección del automóvil**: coche a motor Benz de 1885, coche a vapor Serpollet de 1891, automóviles de lujo de los años 20 y 30 (Daimler, Opel, Horch, Bugatti), vehículos utilitarios, coches de carreras (Auto-Union Grand Prix tipo C de 1936), cadena de montaje, motocicletas, carruaje Daimler-Maybach de 1885, réplica de 1906).

1ª planta — **Aeronáutica** (parte antigua): planeador de Lilienthal (hacia 1895), triplano Fokker Dr. I de 1917 ("Richthofen", reconstrucción con los elementos de origen), tipo A standard de Wright (USA, 1909), Blériot tipo XI (1909), Junkers F 13 (el primer avión de línea auténtico, 1919), los legendarios Junkers Ju 52, aviones militares de los años 30 y 40 (Messerschmitt Bf 109).

Desde la nueva sala de aeronáutica se accede *(por una escalera mecánica)* a la sección de vuelos espaciales de la segunda planta: tecnología de cohetes y vuelos espaciales desde la creación del cohete A4 (V2) hasta el Spacelab.

Física: Leyes físicas y sus aplicaciones prácticas (mecánica, termología, óptica, electrónica, física nuclear); **química** (alquimia, laboratorio de Liebig, farmacia, bioquímica); ingeniería de comunicaciones; instrumentos de música.

2ª planta – Fabricación de vidrio y de cerámica (bellas estufas de loza fina de Thurgau); elaboración del papel; imprenta; fotografía (diorama o cámara oscura de Daguerre, 1839); técnicas textiles (telar Jacquard, 1860), medio ambiente.

3ª planta – Pesas y medidas; cómputo del tiempo; agricultura (industria láctea, almacén de harinas, fábrica de cerveza; informática, robótica, microelectrónica. Acceso al observatorio astronómico de la 4ª planta *(es preciso inscribirse previamente para la visita)*.

Palacio de Nymphenburg

5ª planta – Astronomía (globos celestes, relojes solares, astrolabios, cuadrantes).

6ª planta – Planetario.

★ EL BARRIO EN TORNO AL JARDÍN INGLÉS

★ **Englischer Garten (Jardín Inglés)** – Este gran parque público próximo al centro urbano, con sus grandes extensiones de césped bordeadas de árboles, sus canales y su lago, fue creado por el arquitecto paisajista **F.L. von Sckell** a finales del s. XVIII. Lugar muy frecuentado por los muniqueses, este espacio verde está especialmente animado en verano, donde una taberna al aire libre cercana a la **torre China** (Chinesischer Turm) tiene capacidad para unas 7.000 plazas. Desde el **Monopteros**, un templete circular construido sobre una colina por Leo von Klenze, se ofrece una bella **vista★** sobre los campanarios del casco antiguo de Múnich.

★★ **Bayerisches Nationalmuseum** ⓥ – El **Museo Nacional Bávaro** fue creado por Maximiliano II en 1855 para conservar las riquezas artísticas de Baviera. Las salas de exposición de la planta baja muestran una panorámica del **arte y la artesanía** desde la época romana hasta el Renacimiento: orfebrería y estatuaria sacra, tapices, mobiliario, retablos y maquetas de la ciudad. El renacimiento italiano y alemán están representados por bronces, cerámicas, relojes, joyas y vestimentas.
En la 1ª planta se exhiben instrumentos musicales, vajillas de cerámica y plata de diferentes épocas. En la planta sótano se conserva la mayor **colección de belenes** del mundo.

Staatsgalerie moderner Kunst (Galería Nacional de Arte Moderno) ⓥ – *Está instalada en el ala oeste del edificio "Haus der Kunst".* La planta baja está consagrada al arte moderno clásico: Matisse, Picasso, Braque, Léger y Gris representan el fauvismo y el cubismo, mientras que Kirchner *(Interior)*, Schmidt-Rottluff, Marc, Kandinsky y Beckmann –este último con un impresionante *Autorretrato* de 1943)– las diferentes tendencias del expresionismo alemán (movimientos **Die Brücke** y **Jinete Azul**). Feininger *(Iglesia en Halle)* es el exponente de la pintura de la Bauhaus; el surrealismo, por su parte, está presente a través de las obras de Ernst, Miró, Chirico y Dalí, en la pintura, y Lehmbruck, Barlach, Giacometti y Marino Marini, en la escultura. La primera planta está consagrada al arte de la segunda mitad del s. XX (arte pop, expresionismo abstracto, realismo fotográfico, grupo Zero, Cobra, Vasarély, etc).

A finales del verano de 2001 la Staatsgalerie moderner Kunst se trasladó a su nueva sede en la Pinakothek der Moderne, situada en las proximidades de la Antigua y la Pinacoteca Nueva.

Y ADEMÁS

★ **Schack-Galerie** ⓥ – *Prinzregentenstraße 9.* Esta magnífica colección de pintura alemana del s. XIX, reunida por el conde Adolf Friedrich von Schack (1815-1894), presenta una gran selección de obras de los pintores más renombrados de su época. La muestra cuenta con obras de los pintores alemanes románticos y posrománticos más representativos, entre los que figuran el notable paisajista **Carl Rottman** *(El Kochelsee)*, **Moritz von Schwind** *(Rübezahl, Hora de la mañana)*, **Carl Spitzweg** *(Anacoreta, El hipocondriaco)*, **Arnold Böcklin** *(Paisaje primaveral idílico, Villa junto al mar I y II)*, **Franz von Lenbach** *(Joven pastor, Autorretrato)*, **Anselm Feuerbach** *(Paolo y Francesca, Hafis junto al pozo, Retrato de Nanna)*, **Georges Köbel** *(La fuente de la ninfa Egeria en Roma)*.

Museum Villa Stuck ⓥ – *Salga por la Prinzregentenstraße.* **Franz Stuck** (1863-1928) fue uno de los fundadores del movimiento de la Secesión de Múnich y profesor de la Academia de Bellas Artes de esta ciudad (desde 1895). La villa de estilo Jugendstil fue diseñada por él mismo en 1897, inspirándose en el modernismo italiano (Floreale). La decoración interior es suntuosa; el propio Stuck realizó bajorrelieves, revestimientos de madera en las paredes, techos de casetones, esculturas y muebles. También se pueden ver célebres cuadros del artista *(El guardián del Paraíso, El Pecado)*. Se organizan exposiciones temporales.

★ **Münchner Stadtmuseum (Museo Municipal)** ⓥ – Este museo expone una importante colección de objetos de artesanía, cuadros, instrumentos musicales, teatros de marionetas, fotografía y cine. Entre las piezas más interesantes figuran los **Danzantes moriscos★★** (Moriskentänzer) *(planta baja)*, una serie de diez figuritas talladas en madera policromada realizada por **Erasmus Grasser** (1480).

★ **Asamkirche (St. Johannes Nepomuk)** – La **iglesia de San Juan Nepomuceno** es una obra de colaboración de los hermanos **Asam** (**Egid Quirin** y **Cosmas Damian**), quienes aportaron incluso los medios financieros.
El edificio, construido entre 1733 y 1746, se caracteriza por su gran armonía. Una balaustrada de trazado curvo une el coro y la tribuna del órgano; una segunda planta está constituida por un entablamento sostenido por elegantes columnas y decorado con estucos y figuras de ángeles y querubines. Los frescos del techo *(Escenas de la vida de San Juan Nepomuceno)* se iluminan con la luz natural que se filtra por los vanos practicados en la bóveda.
A la izquierda de la iglesia se encuentra la **casa de Egid Quirin Asam** *(nº 61)*, que se distingue por su fachada barroca con una rica decoración de estucos.

Wittelsbacher Brunnen – *Entre Lenbachplatz y Maximiliansplatz.* Esta **fuente** neobarroca fue erigida por el arquitecto **Adolf von Hildebrand** para festejar la conclusión de las obras de canalización y abastecimiento de aguas a la ciudad (1895).

MÜNCHEN

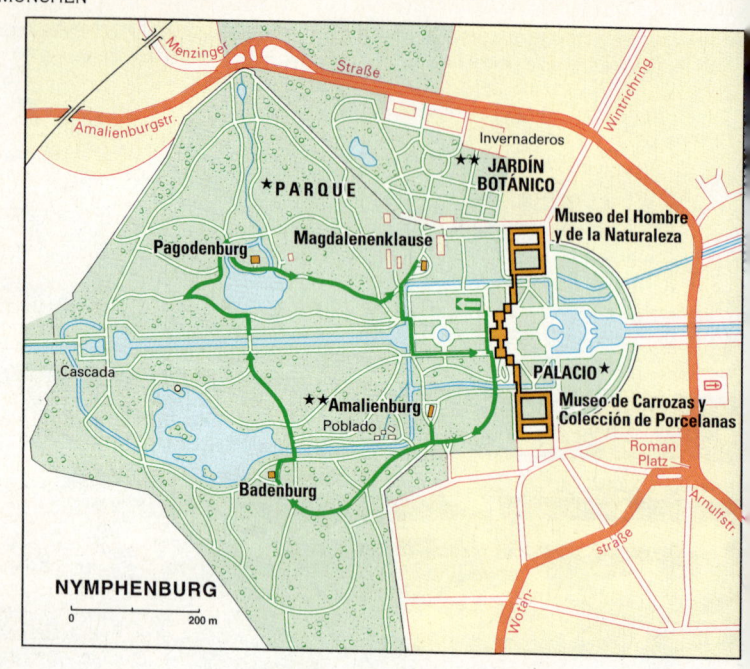

Schloß NYMPHENBURG (Palacio de NYMPHENBURG) *1/2 día*

A 6 km en dirección O. Salga de Múnich por Marsstraße.

Este palacio fue en otro tiempo la residencia de verano de los príncipes electores y de los reyes de Baviera. La parte más antigua es el pabellón central de cinco pisos (1664-74), construido por el arquitecto Barelli según un modelo italiano. El príncipe elector Maximiliano II Manuel (que reinó de 1679 a 1726) mandó añadir dos nuevos cuerpos a cada lado del edificio central, unidos a éste mediante una galería de arcadas. También trasformó la fisonomía del pabellón central, acentuando su verticalidad mediante una combinación de pilastras en la estructura de la fachada. Sus sucesores, Carlos Alberto (1726-1745) y Maximiliano III José (1745-1777), encargaron la construcción de las dependencias en forma de semicírculo, que resaltan la semejanza del conjunto con el palacio de Versalles.

A partir de 1701 se amplió, igualmente, el parque, siendo el responsable del proyecto el arquitecto paisajista Carbonet y Girard, discípulo de Le Nôtre. De este periodo datan los jardines de estilo francés y los diferentes palacetes del parque: Pagodenburg (1719), Badenburg (1721), Magdalenenklause (1728), Amalienburg (1739).

* **Palacio** ⓥ – La **sala de fiestas**, decorada en blanco, oro y verde pálido, posee bellos estucos de estilo rococó y frescos de vivos colores realizados por Johann Baptist Zimmermann y por su hijo Franz.

Los aposentos del ala norte del cuerpo central están adornados con revestimientos de madera, tapices y cuadros. En la galería norte se conservan lienzos con vistas del palacio y del parque a principios del s. XVIII.

La pieza más hermosa en el ala sur del edificio central es el **gabinete chino**, cuyas paredes están recubiertas con lacas chinas del s. XVII. El pabellón sur alberga la célebre **galería de bellezas de Luis I*** (Schönheitengalerie), en cuyas paredes penden los retratos de las mujeres amadas por el rey (entre otras la bailarina española Lola Montes). El autor de estos cuadros fue el pintor Josef Stieler (1781-1858).

* **Parque** – *Siga el itinerario marcado en el plano.* Desde la escalinata del palacio se abarca una amplia panorámica del parque; más allá del denominado Gran Parterre, adornado con estatuas de divinidades y vasijas de mármol blanco, se inicia el largo recorrido del canal que discurre en línea recta hasta la cascada de Mármol.

** **Amalienburg** ⓥ – Este encantador pabellón de caza es una de las mejores aportaciones de **Cuvilliés** a la arquitectura rococó. La espléndida riqueza de la decoración interior se oculta detrás de una fachada de aspecto sobrio. El gabinete Azul y el hermoso dormitorio, decorado con revestimientos de madera en color plata sobre un fondo amarillo, conducen a la **sala de los Espejos**, en forma de rotonda. El tono azul de las paredes y el techo de esta, los estucados plateados y las molduras de madera

MÜNCHEN

que encuadran los espejos forman un conjunto armonioso. También merece la pena visitar la sala de caza, la sala de los faisanes y la cocina, revestida de azulejos de Delft.

Badenburg – Este pabellón de baños posee, entre otros detalles de lujo, una piscina climatizada, cuyos techos están adornados con motivos mitológicos; un gabinete de gala; una sala de juegos y una habitación de descanso.

Pagodenburg – Su construcción octogonal refleja el gusto reinante durante el s. XVIII por el exotismo oriental. El piso superior de la casa del Té está ocupado por un salón Chino, un gabinete chino y una habitación de descanso.

Magdalenenklause – Esta **ermita**, construida en el estilo de "ruinas artificiales" tan popular en aquella época, está consagrada a Santa María Magdalena.

Marstallmuseum und Porzellansammlung (Museo de Carrozas y Colección de porcelanas)
Ⓥ – Esta **colección de carruajes** instalada en las antiguas caballerizas reúne espléndidos arneses, carrozas, trineos y literas de los Wittelsbach de los ss. XVIII y XIX; las piezas más lujosas son la carroza de la coronación del emperador Carlos VII y los trineos del rey Luis II. Las salas situadas encima de las caballerizas albergan la **colección Bäuml** de **porcelanas de Nymphenburg**. Destacan, sobre todo, las figuras pintadas por F.A. Bustelli, maestro de diseño de la manufactura de Nymphenburg de 1754 a 1763. Las **reproducciones sobre bandejas de porcelana★** –copias en miniatura– de cuadros de la Pinacoteca Antigua, realizados con gran destreza por los artistas de esta manufactura, se ejecutaron por encargo del rey Luis I.

Museum "Mensch und Natur" (Museo del Hombre y de la Naturaleza) Ⓥ – *En el ala norte del palacio de Nymphenburg.* Este museo de ciencias naturales está concebido con un criterio muy didáctico. En él se ilustra el nacimiento y la formación geológica de la Tierra, los comienzos de la agricultura y la producción de alimentos necesarios para abastecer a los miles de millones de hombres que pueblan nuestro planeta en la actualidad. Una serie de juegos interactivos invitan al visitante a profundizar sus conocimientos sobre el mundo de la flora y de la fauna.

★★ **Botanischer Garten (Jardín botánico)** Ⓥ – Está considerado como uno de los más bellos jardines botánicos de Europa. Un paseo a lo largo del Schmuckhof *(delante del edificio principal)*, por el jardín de primavera y la rosaleda, por el bosquecillo de rododendros rodeado de una arboleda de coníferas y el jardín alpino junto al Gran estanque puede resultar no sólo un regalo para la vista, sino un circuito muy instructivo.
En los **invernaderos** se pueden admirar multitud de plantas tropicales y subtropicales, así como maravillosas orquídeas.

Ⓥ ▶▶ Völkerkundemuseum (Museo de Etnología).

ALREDEDORES

★ **Tierpark Hellabrunn (Parque zoológico de Hellabrunn)** Ⓥ – *A 6 km del centro de la ciudad, saliendo de Múnich por la Wittelsbacherstraße.* Este parque zoológico fue construido en 1911 en un marco natural incomparable a orillas del Isar. En un amplio recinto viven en semilibertad cerca de 5.000 animales. Merece la pena visitar, sobre todo, la gran pajarera, el pabellón de los elefantes, el área de las tortu-

Museo del Hombre y de la Naturaleza

MÜNCHEN

BMW 502, museo del BMW

gas, la carpa de la jungla –con la reconstrucción de un pequeño bosque primitivo– el espacio polar y el mini-zoo dedicado a los niños. Incluso puedes sentir algún escalofrío en la misteriosa Villa Drácula, donde habitan los glotones murciélagos, frenéticos devoradores de plantas. El parque es célebre por el éxito en la reproducción de los caballos salvajes de Przewalski y las gacelas Mhorr.

Bavaria-Filmstadt Geiselgasteig (Ciudad cinematográfica "Bavaria") ⊙ – A 10 km del centro de la ciudad en dirección S. Salir de Múnich por la Hochstraße, continúe por la Grünwalderstraße y, finalmente, la Geiselgasteigstraße. El visitante tiene la oportunidad de conocer entre bastidores las técnicas de producción del cine y la televisión y contemplar los escenarios originales donde se realizaron famosas películas, como El submarino, La historia interminable o el éxito taquillero de los populares personajes de cómic Ásterix y Obelix contra César.
En la sala de proyecciones "Showscan" los asientos acompañan con un movimiento sincrónico la acción que se desarrolla en la pantalla, y en el espectáculo **Action Show**, los actores que doblan a las grandes estrellas demuestran los riesgos que comporta su oficio.

Olympiapark (Parque Olímpico) ⊙ – A 5 km del centro urbano en dirección N, saliendo de Múnich por la Dachauer Straße. En 1972 Múnich fue la sede de los XX Juegos Olímpicos y para este acontecimiento se construyó este enorme complejo de instalaciones deportivas y de servicios, que todavía hoy se utiliza para grandes competiciones internacionales. En el antiguo velódromo se ha instalado un museo que ilustra la historia de los Juegos Olímpicos.
Desde la plataforma panorámica de la **torre de televisión** (Olympiaturm), situada a 190 m de altura (ascensor) se disfruta de una magnífica **vista**★★★ sobre los Alpes.

BMW-Museum (Museo del BMW) ⊙ – Petuelring, 130. A 5 km de Múnich en dirección N saliendo por la Schleißheimer Straße y la Lerchenauer Straße. El museo histórico de la famosa fábrica de automóviles se encuentra en un edificio de aluminio plateado en forma de copa, anejo al rascacielos que alberga las oficinas administrativas de la empresa. Este último, un colosal inmueble constituido por cuatro torres cilíndricas, no ha perdido su aspecto futurista a pesar de los años transcurridos desde que se construyó (1972). En el museo, el circuito expositivo discurre por una plataforma que asciende siguiendo una trayectoria en espiral, a lo largo de la cual se traza la evolución técnica y la historia social de nuestro siglo, así como las perspectivas de futuro de la firma, fundada en 1916 y especializada en la construcción de motores de avión, motocicletas (a partir de 1923) y automóviles (a partir de 1928). La información que se obtiene al contemplar los modelos expuestos se completa con la proyección de películas, vídeos y diaporamas.

★ **Schloß Schleißheim** ⊙ – 15 km al N. Salga de Múnich por la Schleißheimer Straße. Este **palacio**, construido entre 1701 y 1727 durante el reinado del príncipe elector Maximiliano II Manuel, es un soberbio edificio cuya fachada principal mide 330 m de longitud. Una elegante escalera de honor conduce a las salas de representación de la 1ª planta, entre las que destaca la suntuosa sala de fiestas. La sala contigua, llamada de las Victorias, posee estucos dorados realizados por J.B. Zimmermann. A continuación se encuentran los aposentos de los príncipes y las salas consagradas a la **pinacoteca** (barroco europeo, maestros holandeses y flamencos de los ss. XVI-XVII). La Gran Galería ocupa todo el cuerpo central del flanco que se abre al jardín.
También están dedicadas a la pinacoteca algunas salas contiguas al salón de música de la planta baja.

MÜNCHEN

El severo diseño geométrico del parque es obra de Carbonet y Girard, que crearon un jardín de estilo francés, cuyo eje principal lo constituye el canal central. En un extremo se alza el palacete barroco de **Lustheim**, construido por Zuccali entre 1684 y 1689; en él se expone una valiosa colección de porcelanas de Meissen.

Flugwerft Schleißheim ⊙ – *Situado junto al palacio de Schleißheim*. Este **taller de construcciones aeronáuticas** fue edificado entre 1912 y 1919 para las fuerzas aéreas de Baviera. En la antigua sala de fabricación y en un nuevo complejo acristalado destinado a exposiciones, se ha instalado una filial del Deutsche Museum: el **Museo de la Aviación y la Navegación Espacial**, que atrae a un numeroso público por su rica colección de aviones de todo tipo.

EXCURSIONES

★ **Ammersee** – *116 km – 4 h aprox*. Este lago de origen glaciar está situado en un bello paisaje de colinas boscosas a 533 m de altitud. Alrededor del lago se asientan tranquilas estaciones turísticas, como Dießen o Herrsching, que ofrecen múltiples posibilidades para pasar unas agradables vacaciones, practicando la vela, la natación o realizando paseos en barco. El amante del estilo rococó no puede dejar de visitar la iglesia de la abadía de Andech.

Diríjase a Dießen bordeando el lago en dirección O.

Dießen – El **convento de Santa María**★ fue construido entre 1732 y 1739 por Johann Michael Fischer, uno de los arquitectos más renombrados del barroco tardío en el S de Alemania, en el lugar que ocupaba una antigua colegiata. En el diseño de los planos colaboraron los hermanos Asam y el francés François Cuvilliés.
La rica decoración de estucos, los frescos y los magníficos alteres realizados por notables artistas italianos y del mediodía alemán constituyen un conjunto lleno de armonía. El impresionante altar del presbiterio –de 20 m de altura– está provisto de un mecanismo por el que se repliega el retablo y muestra un teatro de los Misterios.

La carretera de Fischen a Andechs ofrece hermosas vistas del lago.

★ **Andechs** – La abadía de Andechs se yergue en la cumbre de la "Colina Sagrada", a 200 m sobre el nivel de las aguas del Ammersee. Su **iglesia**★★ ⊙, de origen gótico, fue transformada al gusto rococó por el arquitecto Johann Baptist Zimmermann (1680-1758), autor así mismo de los frescos y estucos, que muestran la genialidad de un artista en plena madurez creativa. Una elegante galería, cuya balaustrada está decorada con pinturas que evocan la historia de la abadía y de su santuario, recorre las naves. Los frescos de la bóveda, en tonos pastel, muestran la habilidad del artista para la combinación de los colores. En la capilla de la Dolorosa está sepultado el compositor bávaro Carl Orff, creador de *Carmina Burana*.
La localidad recibe anualmente cerca de 1,5 millones de personas que se acercan a visitar su santuario de peregrinación, a la vez que disfrutan de la célebre cerveza que se fabrica en el convento de Andechs.

Regrese a Múnich por Herrsching y Seefeld.

KZ-Gedenkstätte Dachau (Campo de concentración) ⊙ – *19 km al NO*. Este campo, el primero que se creó en Alemania por orden de Himmler en marzo de 1933, estuvo destinado en principio a los opositores del régimen nacionalsocialista antes de recibir a decenas de millares de deportados, entre los que se contaban muchos judíos de diferentes nacionalidades. En él perdieron la vida más de 32.000 personas, sin contar los millares de prisioneros rusos que fueron fusilados en el campo de tiro de las SS instalado en un terreno contiguo. El campo de concentración de Dachau es el símbolo del "horror organizado, pervertido e implacable de una organización burocrática especialista en el manejo de una maquinaria para causar la muerte y la deshumanización del hombre", en palabras de Joseph Rovan, un prisionero que logró escapar del campo.

Vestigios, monumentos conmemorativos y museo – *Siga las indicaciones hacia "KZ-Gedenkstätte"*. Se han reconstruido dos barracones. En la plaza de Appel (Appellplatz), el lugar donde los detenidos debían presentarse para control dos veces al día –por la mañana y por la tarde– la comunidad internacional ha erigido una obra arquitectónica en homenaje de las víctimas. En el recinto del campo se han edificado una capilla de la expiación católica con forma de torre abierta, un santuario conmemorativo protestante y un monumento a los judíos. En el exterior del campo se encuentra un convento de carmelitas, cuya capilla se puede visitar.

El museo está alojado en las antiguas dependencias administrativas del campo. En él se informa sobre la organización y desarrollo del sistema de campos de concentración nazis. En las proximidades se encuentran los hornos crematorios, cerca de las fosas comunes. Otras víctimas están enterradas en el cementerio de Dachau (Waldfriedhof) y en el de Leitenberg *(2 km al NE)*.

MÜNSTER ★★

Renania Septentrional-Westfalia – 279.000 habitantes
Mapa Michelin nº 417 K 6 – Esquema: MÜNSTERLÄNDER WASSERBURGEN

Münster, capital histórica de Westfalia, posee una de las universidades más prestigiosas de Alemania. Una esmerada obra de restauración realizada después de la guerra devolvió el pasado esplendor a sus numerosas fachadas góticas, barrocas y renacentistas.

La paz de Westfalia – Este tratado de paz puso fin, tras cinco años de negociaciones, a la guerra de los Treinta Años. La paz de Westfalia fue firmada por el Emperador y su embajador plenipotenciario el 24 de octubre de 1648 en Münster –con los representantes de los estados católicos– y en Osnabrück, con los países protestantes (Suecia y sus aliados). Las consecuencias para el Imperio Germánico fueron la fragmentación del territorio en una confederación de Estados independientes y el debilitamiento de la autoridad imperial. En la paz de Westfalia se confirmó la cesión a Francia de la Alsacia meridional y de los obispados de Metz, Toul y Verdún, así como la independencia de los Países Bajos y de Suiza. Todas estas transformaciones políticas favorecieron el ascenso de Prusia.
En el plano religioso, las disposiciones del tratado reconocían a los calvinistas los mismos derechos que a los católicos y a los luteranos.

QUÉ VER

★★ **Dom** – Este enorme edificio religioso, caracterizado por una compleja estructura de dos torres, dos presbiterios y doble crucero, pertenece al estilo de transición de Westfalia (s. XIII). Se accede a la catedral por el atrio (s. XVI) suroccidental, cuya portada interior está decorada con estatuas del s. XIII; en el parteluz se puede ver la figura de san Pablo (1ª mitad s. XVI) –a quien está consagrado el templo– y una representación de *Cristo, Juez Universal* en el tímpano.

Se recomienda realizar la visita en sentido inverso a las agujas del reloj.

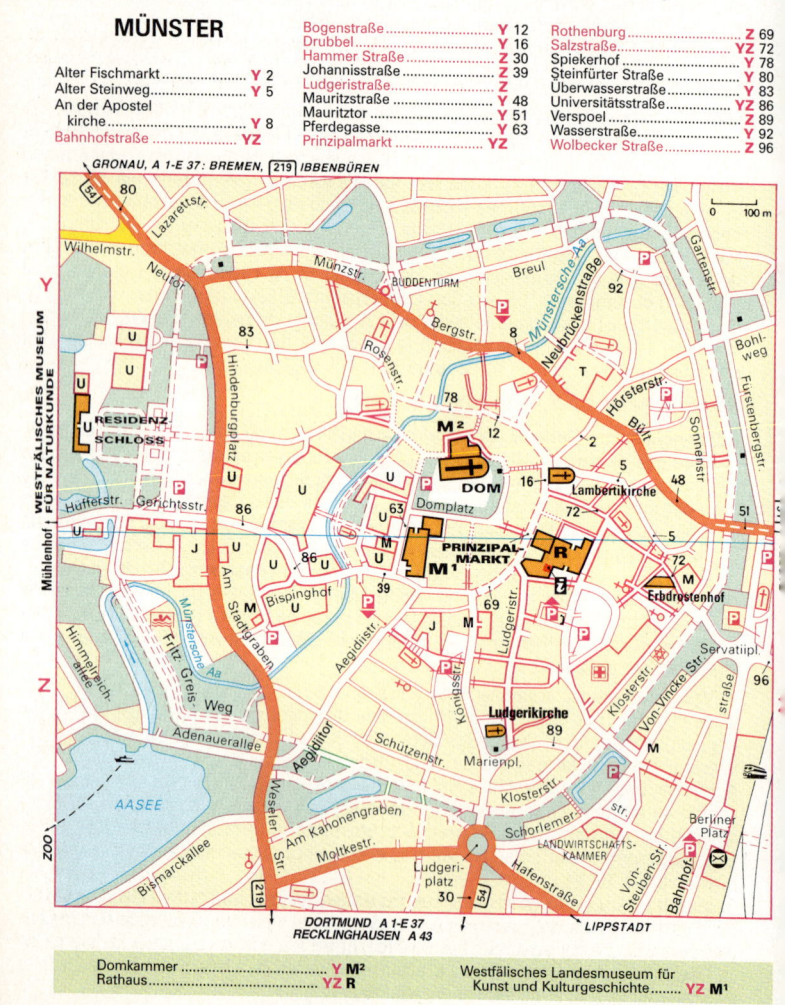

MÜNSTER

Alter Fischmarkt	Y 2	Bogenstraße	Y 12	Rothenburg	Z 69
Alter Steinweg	Y 5	Drubbel	Y 16	Salzstraße	YZ 72
An der Apostel		Hammer Straße	Z 30	Spiekerhof	Y 78
kirche	Y 8	Johannisstraße	Z 39	Steinfurter Straße	Y 80
Bahnhofstraße	YZ	Ludgeristraße	Z	Uberwasserstraße	Y 83
		Mauritzstraße	Y 48	Universitätsstraße	Y 86
		Mauritztor	Y 51	Verspoel	YZ 86
		Pferdegasse	Y 63	Wasserstraße	Z 89
		Prinzipalmarkt	YZ	Wolbecker Straße	Y 92
					Z 96

Domkammer .... Y M²	Westfälisches Landesmuseum für
Rathaus .... YZ R	Kunst und Kulturgeschichte .... YZ M¹

MÜNSTER

Paisaje de Hammamet, August Macke (Museo Regional de Westfalia)

La vasta nave principal y los largos tramos se cubren con cúpulas abovedadas de influencia francesa (especialmente de la arquitectura angevina). Las naves laterales son muy bajas. En el deambulatorio se puede contemplar un **reloj astronómico**★ animado del año 1540, decorado con figuras de autómatas realizadas por Ludger tom Ring el Viejo. Obsérvese el curioso grupo de espectadores que corona el frontón del reloj.

La capilla sacramental situada a la izquierda de la entrada al claustro posee un rico **mobiliario**★, en particular un tabernáculo de plata del s. XVIII realizado en un taller de Augsburgo.

Desde el brazo izquierdo del crucero se accede al sobrio claustro de la catedral (s. XIV).

★★ **Domkammer** – *Acceso por el claustro*. El edificio moderno se integra perfectamente en el conjunto de la catedral, con la que se comunica por la parte superior del claustro.

En la planta baja, la pieza más interesante es una **cruz procesional** (s. XIII) del capítulo catedralicio. Alrededor de esta cruz se exponen catorce bustos-relicarios de los profetas (s. XV), realizados en plata y cobre repujados, el precioso relicario dorado de san Pablo (s. XI), así como una Virgen, igualmente en oro, del s. XIII. En la planta sótano se exhibe una rica colección de vestimentas litúrgicas de los ss. XVII-XVIII fundamentalmente, así como diversos objetos de culto; en el centro se muestra la pieza más valiosa: un altar portátil del s. XII adornado con bordados de perlas.

En la primera planta, consagrada a la escultura gótica y barroca, destaca el **retablo de san Juan** (Johannisaltar, 1520).

★ **Westfälisches Landesmuseum für Kunst und Kulturgeschichte (Museo Regional de Arte y Cultura de Westfalia)** – En este museo se reúne el extraordinario patrimonio artístico medieval de Westfalia, con objetos procedentes de la catedral y de las otras iglesias de Münster. Entre las piezas figuran un bello conjunto de vidrieras policromadas y las esculturas de Johann y Heinrich Brabender. Destaca también un conjunto de **retablos**★★ realizados por Konrad von Soest, Johann Koerbecke y el Maestro de Liesborn. En la obra pictórica de la saga de los tom Ring se descubren influencias flamencas: Ludger tom Ring es el precursor de la pintura de naturalezas muertas. Lucas Cranach el Viejo está representado con sus retratos de Lutero y su esposa. Una sección del museo está consagrada al arte del s. XX, con artistas de renombre como August Macke, Ernst Ludwig Kirchner y Josef Albers.

★ **Prinzipalmarkt** – Es la principal arteria comercial y la que conserva en su fisonomía la larga tradición histórica de la ciudad. Está bordeada de elegantes casas burguesas, restauradas después de la guerra, que se caracterizan por sus frontones tardogóticos y renacentistas. Bajo sus soportales alternan atractivos negocios y tiendas de moda con agradables restaurantes y tabernas. Hacia el N, la Prinzipalmarkt se prolonga en la Bogenstraße; en una plazuela a media altura de la calle se alza la estatua del popular buhonero, el Kiepenkerl.

MÜNSTER

Rathaus (Ayuntamiento) – La fachada con frontón escalonado de finales del s. XIV es una de las obras más bellas de la arquitectura civil gótica. El frontón posee delicadas tracerías y agujas de filigrana.

★ **Sala de la Paz** (Friedenssaal) ⓥ – La cámara del Consejo –hoy sala de la Paz–, decorada con bellos revestimientos de madera, data de la 2ª mitad del s. XII y fue el escenario, en 1648, de la firma del acuerdo que puso fin al conflicto entre España y los Países Bajos y que precedió a la paz de Westfalia. Durante la II Guerra Mundial no sufrió daño alguno, por lo que se conserva tal como la representa el pintor Gérard Ter Borch en su obra *El Consejo de Münster*.

Las tallas en las puertas del archivo de documentos situado detrás de la mesa de despacho del burgomaestre es uno de los trabajos más finos de cincelado de principios del s. XVI en Alemania. La curiosa mezcla de escenas grotescas con motivos de la simbología cristiana permite suponer que la actual composición no es la original.

★ **Residenzschloß** – Este **palacio** barroco, antigua residencia de los príncipes obispos, es actualmente la sede de la Universidad de Münster. El paramento de piedra arenisca realza la elegante fachada de ladrillo rojo de este edificio de tres alas diseñado por el arquitecto Johann Conrad Schlaun. El parque (Schloßgarten), que se extiende por la parte posterior, está surcado por fosos de agua y comunica con un jardín botánico. Al S, los espacios verdes se prolongan en el paseo de los Bastiones, que llega hasta el lago del Aa (Aasee).

Lambertikirche (Iglesia de San Lamberto) – Esta iglesia gótica de tipo salón, situada en el extremo N de la Prinzipalmarkt, posee una bóveda reticulada que cubre la nave principal y bóvedas de estrella en las laterales. De esta torre de 90 m de altura, cuya elegante aguja de filigrana neogótica data del s. XIX, penden las gabias de hierro en las que fueron expuestos los cadáveres de los jefes de la secta anabaptista tras la represión del movimiento en 1535. Detrás del ábside de la iglesia se alza el antiguo edificio del gremio de los merceros, que posee un bello frontón de 1588.

Los anabaptistas

Este movimiento religioso reformador nació en 1523 en Zúrich. Los anabaptistas, aunque en sus orígenes sólo aspiraban a la renovación de las estructuras de la Iglesia, pronto se convirtieron en un movimiento revolucionario. En 1534 las sublevaciones adquirieron una violencia inusitada que se prolongó durante 16 meses. Finalmente, la ciudad fue asediada y los cabecillas de la rebelión apresados y ajusticiados.

Erbdrostenhof – Este palacio, construido en 1757 por el arquitecto Johann Conrad Schlaun, posee una espectacular fachada cóncava que avanza sobre un ante-patio triangular.

ⓥ ▶▶ Ludgerikirche (Iglesia de San Liudger) – Westfälisches Museum für Naturkunde★ (Museo de Historia Natural de Westfalia) (*Planetario*★) – Mühlenhof-Freilichtmuseum★ (Molino.museo al aire libre) (*acceso por la Hüfferstraße*).

EXCURSIONES

Telgte – *12 km al E por la B 51*. En el centro histórico de esta localidad se encuentra el **Museo local** (Heimathaus Münsterland) ⓥ, en el que se conserva una obra de arte de la manufactura textil popular, el llamado **paño del Hambre**★ (Hungertuch), de 32 m², confeccionado en 1623. Junto a él se puede visitar el **Museo de los Belenes** (Krippenmuseum). Esta villa atrae a numerosos devotos de una imagen milagrosa de la Piedad (1370) que alberga un santuario de peregrinación mariana de estilo barroco.

Freckenhorst – *26 km al E por la B 51*. La **colegiata**★ de Freckenhorst constituye con su imponente fachada fortificada uno de los ejemplos más notables de la arquitectura románica primitiva en Alemania. En la nave lateral derecha destaca una magnífica **pila bautismal**★; en la cripta se puede contemplar una monumental losa sepulcral de la fundadora del convento, Geva.
En el claustro se conservan las arcadas del ala oeste, que presentan bellas columnas gemelas.

Ostenfelde – *36 km al E por la B 51*. El **palacio de Vornholz**★ (Herrenhaus, 1666), rodeado por un foso y con el cuerpo principal flanqueado por dos alas, es el ejemplo típico del Wasserburg, el castillo característico de la región de Münster *(ver Münsterländer Wasserburgen).*

MÜNSTERLÄNDER WASSERBURGEN ★

Castillos del distrito de MÜNSTER – Renania Septentrional-Westfalia
Mapa Michelin nº 417 K 3-8

Los numerosos Wasserburgen –o "castillos rodeados de un foso de agua"– diseminados por el paisaje otorgan a la región de Münster una fisonomía particular con mucho encanto. Estas fortalezas son buena prueba de las incesantes luchas que tenían que librar los señores feudales de la Edad Media para proteger sus territorios. El origen de esta arquitectura castrense –que ocupa con frecuencia el emplazamiento de los campamentos que levantaron en otro tiempo las tribus germánicas– se remonta al s. XII. Para la construcción de los castillos –que en un principio eran simples torres de madera edificadas mediante empalizadas– se requería un terreno elevado, pero si éste no ofrecía colinas naturales, se creaba artificialmente amontonando tierras (Motten). Todo su perímetro se defendía con una cerca o un cinturón de piedra y con un foso de agua.

Con la invención de las armas de fuego a principios del s. XVI estas fortalezas, antes inexpugnables, se hicieron vulnerables a la artillería militar, que podía abrir brechas en las débiles murallas. Esto explica la evolución de las instalaciones defensivas hacia formas más complejas: construcciones estructuradas en dos cuerpos exentos, comunicados entre sí mediante un puente levadizo, y aisladas por fosos de agua y por estanques. En el primer cuerpo, el *Vorburg*, se encontraban las diferentes dependencias (almacenes para guardar los víveres y el grano, caballerizas, estancias de los vasallos, etc.); en el segundo, el *Hauptburg*, se hallaba la residencia señorial. En la concepción arquitectónica de los castillos se distinguen dos tipos de influencias distintas: la del Renacimiento del Weser, que procede del E, y la del estilo holandés, del O. Con el transcurso del tiempo, el afán de la nobleza por conseguir una vida más cómoda y suntuosa fue debilitando el carácter defensivo del castillo, al adquirir mayor importancia las partes residenciales, y la construcción se fue haciendo cada vez más palaciega. Esta tendencia se acentuó sobre todo a partir de la conclusión de la guerra de los Treinta Años (1618-48), ya que favoreció la edificación de palacios y casas señoriales, levantados en medio de bellos parques.

En el s. XVIII el estilo barroco transformó a su gusto las fachadas y portadas de los castillos. La mayor parte de estas están situados en entornos idílicos, en los que parece que el tiempo se hubiera detenido en un punto lejano del pasado. A continuación presentamos una breve relación de castillos y palacios de **interés turístico** ⓥ.

★ **Anholt** ⓥ – Rodeado por un inmenso jardín de estilo inglés (34 ha), este castillo con foso, construido entre los ss. XII y XVII, dispone sus edificios en torno a un patio interior cuadrado. Los jardines barrocos han recuperado su aspecto original (estilo holandés del s. XVIII). En el museo del castillo se puede ver un valioso mobiliario, porcelanas, tapices, armas y una pinacoteca con obras, entre otros, de Rembrandt, Brueghel y Murillo.

Gemen ⓥ – Las macizas construcciones y las torres de esta antigua fortaleza (del s. XV, modificado en el s. XVII) descansan sobre sólidos muros rodeados por un foso de agua. La primitiva torre del homenaje fue cubierta posteriormente con un tejado barroco. En el castillo se ha instalado un albergue de juventud dependiente del obispado de Münster.

★ **Hülshoff** ⓥ – Esta casa solariega consta de un primer cuerpo en el que se encuentran los edificios auxiliares, las torres cuadradas y la Hauptburg o cuerpo central con las dependencias residenciales propiamente dichas. El palacio se levantó en 1545 en ladrillo y piedra y se distingue por sus gabletes ramificados coronados por una linterna. La capilla neogótica se agregó al conjunto en 1870.
Aquí nació **Annette von Droste-Hülshoff** (1797) y a ella está dedicado el pequeño museo.

★ **Lembeck** ⓥ – La larga avenida de acceso al palacio, que avanza por el eje central del conjunto flanqueando una sucesión de puertas y portales barrocos de los diferentes cuerpos y dependencias, domina una hermosa perspectiva. La fortaleza medieval (s. XIV) fue transformada en el s. XVII en un monumental palacio que reparte sus construcciones en dos islas. Todas las esquinas de los edificios (excepto uno) poseen torres macizas rematadas con tejados barrocos y linternas. En el interior se pueden visitar algunas estancias, entre ellas la Gran Sala (Großer Saal), que destaca por sus revestimientos de madera y sus estucados. También se puede contemplar un valioso mobiliario, tapices, porcelanas y pinturas de los ss. XVII al XIX. En primavera, los macizos de rododendros ofrecen una auténtica sinfonía de colores.

Raesfeld Ⓥ – El palacio de Raesfeld, construido entre 1643 y 1658 por Alexander von Velen, consta en la actualidad de un edificio principal de dos alas, de un cuerpo que acoge las dependencias auxiliares (Vorburg) y de la capilla. La torre, de 49,50 m de altura, se reconoce desde la lejanía por su aguja y su cúpula de cebolla.

★ **Vischering** Ⓥ – Construida en dos islas independientes y defendida por un doble lienzo de muralla, el aspecto que presenta esta fortaleza es uno de los más imponentes de la región de Münster. Sobre los cimientos del castillo medieval, de planta circular (Rundburg), se levantó un edificio renacentista que alberga en la actualidad un museo, en el que se puede contemplar mobiliario de diferentes épocas –entre otras valiosas piezas figura una cama imperial del s. XVI. También destacan las pinturas murales y los frescos del techo, así como unas lujosas estufas de gres.

La Vorburg, situada en una isla aparte, acogía antiguamente las dependencias auxiliares del castillo y hoy sirve de marco para una exposición sobre la vida rural y el trabajo en el campo en la región de Münster. En la cochera se exhibe una rica colección de carrozas.

A 8 km al E de Lüdinghausen, a corta distancia de Vischering, se encuentra el castillo de **Nordkirchen**, apodado como el "pequeño Versalles de Westfalia". En la actualidad este palacio del s. XVIII es la sede de la Escuela Superior de Finanzas del Estado de Renania Septentrional-Westfalia.

★ **Vornholz** – Ver Münster.

NAUMBURG★

NAUMBURGO – Sajonia-Anhalt – 31.000 habitantes
Mapa Michelin nº 418 M 19

La sede arzobispal de Naumburgo (desde 1028) está situada al borde de la cuenca de Turingia y en el corazón del parque nacional de Saale-Unstrut-Triasland. Junto al barrio de la catedral se desarrolló en el s. XII un núcleo urbano de comerciantes, que vivió su época de mayor esplendor en la Baja Edad Media y en el Renacimiento. En algunos momentos el mercado de Naumburgo ("Peter-Pauls-Messe"), compitió a la altura de las ferias de Leipzig. Con el Congreso de Viena la ciudad pasó a dominio de Prusia y se convirtió en el centro administrativo de la provincia de Sajonia.

En 1991 Naumburgo fue distinguida –junto a otras cuatro ciudades de los nuevos Estados de la Alemania reunificada– como modelo de conservación del patrimonio histórico por el gobierno de la República Federal. En la actualidad, su economía se basa en el sector servicios y en la industria de las pequeñas y medianas empresas.

★★ CATEDRAL DE SAN PEDRO Y SAN PABLO Acceso por la Domplatz.

Esta iglesia de doble presbiterio es el ejemplo clásico del estilo de transición del románico tardío al gótico primitivo. La nave principal se construyó en la primera mitad del s. XIII en estilo románico. Entre 1250 y 1270 se levantó el presbiterio oeste, que presenta ya las características del gótico primitivo. En el s. XIV el presbiterio este fue transformado al gusto gótico, aunque la cripta subterránea conservó su estilo románico.

El presbiterio oriental está separado de la nave central por un leccionario, que es el único que se conserva de una iglesia salón en Alemania.

Estatuas de los Fundadores, catedral de Naumburgo

Presbiterio – El **leccionario oeste**★★ es una extraordinaria realización del Maestro anónimo de Naumburgo. En este muro de separación se representan escenas conmovedoras de la Pasión de Cristo con el carácter de una tragedia humana; sobre la magnífica portada central, que muestra un grupo de la Crucifixión del mismo autor, se conservan frescos de Cristo en Majestad encuadrados en un cuadrifolio.
El mismo artista es el escultor de las célebres **estatuas de los Fundadores**★★★ de la catedral de Naumburgo, que adornan el presbiterio oeste y que están consideradas como la obra cumbre de la estatuaria medieval en Alemania. La individualización de las imágenes y la profundidad de su expresión otorgan a las estatuas un efecto excepcional de humanidad y grandeza. Las más llamativas son las del margrave Ekkehard y la de su esposa Uta, fundadores de la ciudad *(a la derecha, en el centro)*.

Y ADEMÁS

★ **St. Wenzel** – La primera referencia histórica de la iglesia primitiva se remonta a 1228. El edificio actual, construido en el s. XV, es de tipo salón y estilo gótico tardío. El interior presenta la particularidad de tener las proporciones invertidas, es decir, es más ancho que largo (11 m x 33 m). Entre 1610 y 1618 se añadieron las cinco tribunas renacentistas y a mediados del s. XVIII, se transformó al gusto barroco. De esta época data la bóveda de espejo, el suntuoso altar tallado, el púlpito y el órgano. Este último, en el que tocó Juan Sebastián Bach en repetidas ocasiones, es una obra maestra del prestigioso fabricante de órganos Zacharias Hildebrandt. En la iglesia se pueden admirar dos cuadros de Lucas Cranach el Viejo: frente al púlpito, la *Adoración de los Reyes Magos* (1522) y en el ábside sur del presbiterio *Sinete parvulos* (1529). En ambos cuadros aparece el artista.

Marktplatz – La vasta **plaza del Mercado** está bordeada de casas burguesas de los ss. XVI-XVII. El **ayuntamiento**, un edificio gótico tardío, muestra una bella puerta de 1612 y seis gabletes decorados con tracerías. El mismo tipo de decoración se repite en la fachada del **palacete** (Schlößchen, 1543), detrás

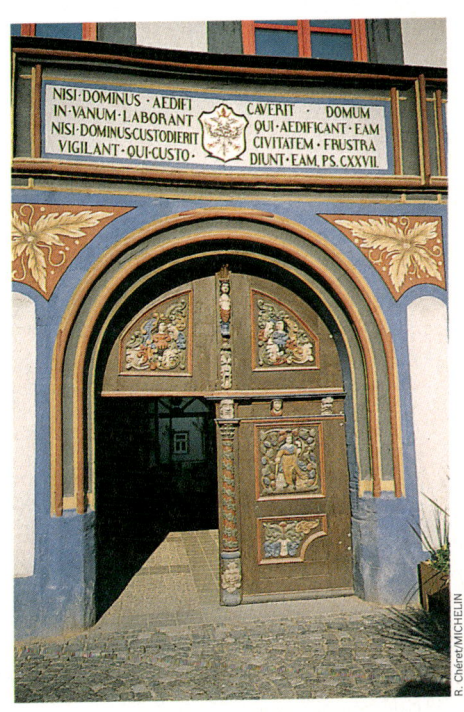

Puerta en la plaza del Mercado

del cual se alza la iglesia parroquial de St. Wenzel. En la confluencia de la Herrenstraße se encuentra un edificio de finales del gótico conocido como la *Hohe Lilie* (Museo Municipal), que presenta un frontón escalonado con una decoración de tracerías.

Otras casas burguesas – En la Jakobstraße destaca, sobre todo, el *antiguo edificio de Correos* (Alte Post, 1574), con un mirador en saledizo de tres plantas. En la **Marienstraße** se pueden contemplar numerosos edificios de interés arquitectónico, con magníficos portales que muestran la prosperidad de la ciudad en tiempos pasados. En la *Peter-Paul-Haus* llama la atención la escena que ilustra el combate entre Sansón y el león. Las bellas casas burguesas que se alinean en la **Herrenstraße** se caracterizan por sus miradores, entre los que destacan el del nº 1 (el más antiguo de Naumburgo), el del edificio contiguo, donde se aloja la *Lorbeerbaumapotheke* (farmacia del Laurel), y el del nº 8 (1515).

Marientor (Puerta de Santa María) – Es la única que se conserva de las cinco puertas de acceso a la ciudad. Esta compleja instalación de defensa, construida entre los ss. XIV y XV, consta de dos cuerpos que engloban un patio. Un adarve recorre el perímetro del edificio.

▶▶ Nietzsche-Haus (Casa de Nietzsche) *(Am Weingarten)*.

NAUMBURG

ALREDEDORES

Freyburg – *7 km al N.* Dominada por la imponente silueta del castillo de Neuenburg, esta localidad vitícola ocupa un **emplazamiento** pintoresco a orillas del Unstrut. Desde aquí se puede emprender una travesía a bordo de un vapor por los apacibles paisajes ribereños de la región.

★ **Castillo de Neuenburg** ⊙ – Este castillo fue fundado en 1090 por el landgrave Luis de Turingia –conocido como Ludwig der Springer, "el saltarín"– y representó, en el E, el papel defensivo que desempeñó el de Wartburg al O. El conjunto posee una particularidad arquitectónica de gran interés: la **capilla doble★**, construida en 1230. En ella el pueblo y los nobles asistían a los oficios en recintos separados. En la planta inferior se congregaba el pueblo, mientras la superior estaba reservada a la nobleza. Ambos niveles se comunicaban a través de una pequeña reja que cubría un vano practicado en el suelo de la capilla alta. La rica ornamentación denota influencias estilísticas de la región del Rin inferior en los arcos dobles dentados de la planta superior y en los complejos **capiteles★** dorados y adornados con motivos figurativos. La bella escalera de caracol renacentista que comunica ambas capillas fue instalada en el s. XIX.

En el **edificio de los Príncipes** se pueden visitar una docena de habitaciones magníficamente amuebladas, entre las que destacan la sala de Fiestas y la de los Príncipes. A ellas se accede por un portal de 1552 y están decoradas con una colección de retratos de los antepasados de la familia principesca.

El **Dicker Wilhelm** es una torre del homenaje de estilo románico (s. XII), cubierta con un tejado de pizarra, que alberga una exposición sobre la historia del edificio y de la ciudad.

Schulpforte ⊙ – *En la carretera B 87, poco antes de llegar a Bad Kösen, a 6 km aprox. de Naumburgo en dirección O.* La abadía cisterciense fundada en 1137 se disolvió en 1540. Desde entonces el edificio acoge un internado de renombre, que ha contado entre su alumnado con literatos y filósofos alemanes ilustres, como Schlegel, Fichte, Klopstock y Friedrich Nietzsche. La fachada occidental de la iglesia abacial (en proceso de restauración), que data de 1300, posee un gran valor artístico. Entre las dependencias del interior merece la pena visitar el **molino★** (Panstermühle), cuyo mecanismo se basa en un ingenio técnico sorprendente *(durante la visita se puede ver en funcionamiento)*.

★ **Bad Kösen** – *A 7 km al O por la carretera B 87.* Este encantador balneario a orillas del Saale posee una **instalación★** para la extracción de la salmuera. El prodigio mecánico consiste en una rueda hidráulica impulsada por el agua en su parte inferior, un doble sistema de varillaje de 180 m de longitud que data de 1780, y una torre de graduación salina de 320 m.

La **"casa romana"** (Romanische Haus) ⊙ *(Am Kunstgestänge)* era en 1138 –según un documento de la época– una hospedería del convento de Schulpforte y hoy aloja un museo. Entre los objetos expuestos figura un mueble del s. XIII y una colección de muñecos que pertenecieron a la artista Käthe Kruse, quien estableció en Bad Kösen su taller de marionetas entre los años 1912 y 1950.

A 3 km al S de Bad Kösen, en un bello **emplazamiento★** desde el que se domina el Saale, se alzan los castillos de **Rudelsburg** ⊙ y **Saaleck** ⊙, importantes centros de atracción turística. Esta construcción del s. XII, que se encontraba en ruinas desde la guerra de los Treinta Años, fue reconstruida en el s. XIX gracias al renovado interés que surgió en ese siglo por la Edad Media.

NEUBRANDENBURG

Mecklemburgo-Antepomerania – 75.000 habitantes
Mapa Michelin nº 416 F 23

La antigüedad de la ciudad se remonta a 1248, fecha en la que fue fundada por el margrave Johann von Brandenburg. Construida sobre una planta circular con calles que se entrecruzan en forma de parrilla, este esquema urbano reticular se ha conservado hasta nuestros días. La posterior expansión de la localidad se realizó extramuros. En 1945 el 80% del casco antiguo fue destruido por los bombardeos, pero el cinturón amurallado permaneció milagrosamente intacto. Por esta razón Neubrandenburg y el vecino lago de Tollensesee constituyen importantes centros de atracción turística.

QUÉ VER

★★ **Fortificaciones de la ciudad** – Cincuenta años después de la fundación de Neubrandenburg se consideró necesario la fortificación de la ciudad para protegerla del peligro externo. Se inició entonces la construcción de una muralla cuyo perímetro mide 2.300 m, alcanza una altura de 7 m y tiene un grosor de 1,40 m en la base y 0,60 m en la parte superior. En el muro se integraron cuatro puertas, que se

NEUBRANDENBURG

An der Marienkirche	**AY** 3	Bussardstraße	**BY** 8	Poststraße	**BY** 20
Beguinenstraße	**AY** 4	Darrenstraße	**AY** 9	Sonnenkamp	**BZ** 21
Behmenstraße	**BY** 5	Friedländer Straße	**BY** 12	Torgelower Straße	**BY** 22
Bernhardstraße	**AY** 7	Herbordstraße	**BY** 13	Treptower Straße	**AY** 23
		Lerchenstraße	**AY** 14	Turmstraße	**BY**
		Marktplatz	**AY** 17	Voßstraße	**AY** 24
		Mühlenholz straße	**BYZ** 18	Waagestraße	**AY** 26
		Post Boulevard	**AY** 19	5. Ringstraße	**BY** 30

cerraban al atardecer y sólo se abrían previo pago de un portazgo. Hasta mediados del s. XIX, momento en el que se introdujo el ferrocarril, estas puertas constituían las únicas vías de penetración en la ciudad. Todas ellas respondían al mismo esquema arquitectónico. La puerta principal está situada en el interior de la muralla y protegida por una barbacana, a través de la cual se comunica con el exterior. Cada puerta formaba por sí misma una instalación defensiva y los portales se cerraban con rastrillos por el lado expuesto al campo abierto. Para asegurar una protección aún más efectiva de la plaza se construyeron unos torreones semicirculares con muros de 4 m de espesor, llamados "Zingel", a 19 m del lienzo de la muralla.

Además, con el fin de repeler los presumibles ataques del enemigo desde lugares más seguros, se adosaron a la muralla una sucesión de bastiones de tres a cuatro plantas situados a intervalos de 30 m, los denominados **Wiekhäuser**. El recinto fortificado llegó a contar con 56 puestos de combate de este tipo, pero de ellos solo se conservan 25 (reconstruidos).

NEUBRANDENBURG

Todos los ciudadanos en edad militar estaban obligados a incorporarse a los Wiekhäuser en caso de agresión exterior, mientras que la defensa de las puertas era competencia de los cuatro principales gremios de artesanos: los panaderos, los tejedores, los zapateros y los herreros.

"Las Vírgenes" ("Die Jungfrauen") – Sobre la puerta de Stargard nueve estatuas de terracota representan otras tantas figuras femeninas, ataviadas con largas faldas plisadas, bajo las que asoman sus pies desnudos. Otras ocho estatuas similares se alzan sobre la Neues Tor. Existen diversas versiones que explican la naturaleza de estas esculturas. Ciertos historiadores afirman que se trata de las Vírgenes sabias y las Vírgenes necias de la Biblia, otros interpretan que son vírgenes orantes, en atención a la posición de sus brazos en actitud de adoración. En cualquier caso no es probable que estén allí para dar la bienvenida a los visitantes, pues sus rostros contemplan de frente la ciudad. La incógnita sigue sin resolución y continúa fascinando al ciudadano.

Friedländer Tor (Puerta de Friedland) – Es la puerta más antigua de la ciudad, construida probablemente hacia el año 1300. Su altura es de 19 m. La parte que se abre al campo es de estilo de transición del románico al gótico, mientras que la que se orienta a la ciudad, edificada posteriormente, es claramente gótica. En los 48 m de muralla que se extienden desde la puerta principal hasta el bastión circular (Zingel) están integradas la casa del guardián, la del secretario y la del perceptor del portazgo.

Puerta de Stargard

Stargarder Tor (Puerta de Stargard) – Fue edificada en la primera mitad del s. XIV. El cuerpo de la torre y el frontón forman una unidad, cuya verticalidad se acentúa con las figuras femeninas en terracota –las llamadas "vírgenes", ataviadas con largas faldas plisadas– que la coronan. La puerta exterior posee una abundante decoración.

Treptower Tor (Puerta de Treptow) – Es la puerta de mayor altura (32 m). Fue levantada hacia 1400 y tanto el flanco anterior como el principal poseen una rica decoración en sus muros de ladrillo. Tal vez como símbolo del poderío de la ciudad, en esta obra maestra del gótico sus creadores se esforzaron por dotar de una mayor monumentalidad a la parte orientada al campo, mientras que la que se abre a la ciudad es más sobria.

Neues Tor (Puerta Nueva) – Erigida hacia 1550, esta construcción tardogótica no agrega ningún elemento innovador; por el contrario, en su estructura se combinan los recursos decorativos de las otras tres puertas.

Fangelturm (Torre de Fangel) – De las dos torres que se levantaron en el s. XV para reforzar la instalación defensiva sólo se conserva la Fangelturm, de 19 m de altura. La aguja fue agregada en 1845.

Marienkirche (Iglesia de Santa María) – Esta iglesia con planta de salón de ladrillo que data del s. XIII sufrió graves daños en 1945, aunque todavía se puede admirar su bello frontón oriental de tracerías. El templo se ha transformado en una sala de conciertos.

St. Johanniskirche – La **iglesia de San Juan**, que perteneció a un convento franciscano en los ss. XIII-XIV, sorprende por su planta asimétrica. En efecto, el templo sólo posee una nave lateral. Las pinturas que representan motivos vegetales datan del s. XIX. El **altar barroco**, realizado en 1730, muestra una abundante decoración de tallas de madera con el tema de la Crucifixión. El **púlpito renacentista**★ de 1598, realizado en piedra caliza, reposa sobre una figura de Moisés y muestra relieves en alabastro (Cristo, los Evangelistas).

EXCURSIÓN

Tollensesee – Este **lago** de 10,4 km de largo y cerca de 3 km de ancho está situado al S de la ciudad en un paisaje de morrenas de gran belleza. La orilla oeste presenta una escarpada pendiente que conduce al Brodaer Holz.

NEUBRANDENBURG

★ **Feldberger Seenlandschaft** – *Circuito de 75 km*. Después de pasar por la **Burg Stargard**, la carretera continúa hasta la ciudad de **Woldegk**, con sus cinco molinos de viento. Aquí comienza un paisaje lacustre y suavemente ondulado que se extiende en dirección S. En esta zona se pueden encontrar especies animales poco comunes, como la nutria, el quebrantahuesos, el águila marina y el águila pescadora. Entre **Fürstenwerder** y **Feldberg** alternan los bosques, las praderas, las turberas y los lagos. La antigua residencia del escritor **Hans Fallada** en **Carwitz**, situada en un idílico paraje a orillas del lago, se ha convertido en un monumento conmemorativo.

Neustrelitz – *27 km al S*. La antigua residencia de los duques de Mecklemburgo-Strelitz conserva la prestancia de tiempos pasados: el **parque del castillo★**, transformado parcialmente a principios del s. XIX en un jardín paisajista adornado con estatuas y bellos monumentos arquitectónicos; una orangerie decorada con **pinturas★** de estilo pompeyano; una **iglesia parroquial** barroca (1768-1778); un **ayuntamiento** clasicista de 1841 y la iglesia del castillo de estilo neogótico (1855-1859).

Ravensbrück – *19 km al S de Neustrelitz, a 1 km de Fürstenberg*. Construido en 1938 a orillas del lago Schwedtsee, el campo de concentración de Ravensbrück se convirtió pronto en el centro de internamiento de mujeres más importante de Alemania. Hasta 1945 se contabilizaron 132.000 entradas de mujeres deportadas y 20.000 de hombres. Estos prisioneros procedían de 40 países diferentes. Decenas de miles de mujeres, hombres y niños perdieron aquí la vida.

Mahn- und Gedenkstätte Ravensbrück (Monumento conmemorativo de Ravensbrück) ⊙ – Se conservan vestigios del crematorio, las celdas de internamiento y parte del muro que delimitaba el campo de concentración. La exposición permanente, instalada en el antiguo edificio de la Comandancia de las SS, evoca con gran realismo la vida cotidiana en este campo de concentración, la solidaridad entre las víctimas y su lucha por la supervivencia.

Schloß NEUSCHWANSTEIN★★★
Castillo de NEUSCHWANSTEIN – Baviera
Mapas Michelin nos 419/420 X 16

La fortaleza de Neuschwanstein, con sus innumerables torres y pináculos de piedra calcárea blanca, es un producto de la desbordante fantasía del rey Luis II de Baviera (1845-1886). El joven monarca –un apasionado admirador del compositor Richard Wagner– quiso recrear en ella el universo de las célebres óperas de Tannhäuser y Lohengrin, y para ello mandó edificar un castillo feudal en el más puro estilo germano. El resultado fue un palacio que parece surgir repentinamente de un cuento de hadas. La construcción se inspira, sin duda, en el diseño de la Wartburg, que el soberano había visitado en 1867.

A corta distancia del castillo de Hohenschwangau, donde transcurrió parte de la infancia y la juventud del monarca, en un paraje bellísimo sobre un espolón rocoso desde el que se domina la garganta de Pöllat, fue el lugar elegido por Luis II para levantar "Neu-Hohenschwangau" (como se llamó el palacio hasta 1890, año en el que fue rebautizado con el nombre de Neuschwanstein).

En 1868 encargó la realización del proyecto a Eduard Riedel. Al año siguiente se puso la primera piedra. A pesar de que las obras se confiaron a tres arquitectos distintos –a partir de 1874 Georg Dollmann y de 1886 en adelante, Julius Hoffmann–, y que éstos debieron plegarse a las exigencias del soberano, el conjunto se caracteriza por la uniformidad y la armonía. A la muerte de Luis II sólo se había concluido la construcción del cuerpo principal del castillo y la decoración interior de la 3ª y la 4ª planta.

El monarca bávaro sólo moriría en Neuschwanstein 170 días. El 10 de junio de 1886 una comisión gubernamental procedente de Múnich vino a comunicarle su destronamiento. Tres días después el rey moría en circunstancias trágicas en el lago de Starnberg.

Alojamiento en Schwangau-Hohenschwangau

Weinbauer – *Füssener Straße 3* – ☎ *0 83 62/98 60* – *fax 0 83 62/98 61 13* – *40 hab* – *individuales desde 37 €*. Hospedería instalada en una casa de campo, confortable, terraza con vistas a las montañas y al castillo de Neuschwanstein.

Schloßhotel Lisl und Jägerhaus – *Neuschwansteinstraße 3* – ☎ *0 83 62/88 70* – *fax 0 83 62/8 11 07* – *47 hab* – *individuales desde 87 €*. Pabellón de caza acondicionado y decorado en estilo de principios del s. XX, con vistas parciales de los castillos de Luis II.

Rübezahl – *Am Ehberg 31 (Horn)* – ☎ *0 83 62/88 88* – *fax 0 83 62/8 17 01* – *35 hab* – *individuales desde 49 €*. Hotel acondicionado al gusto alpino.

Schloß NEUSCHWANSTEIN

VISITA ⓥ

Las salas más pintorescas se encuentran en la 3ª planta: la cueva artificial de estalactitas, aneja a un pequeño jardín de invierno que evoca la leyenda de Tannhäuser; el gran salón de estar, cuya decoración crea el ambiente de la leyenda de Lohengrin; y la inconclusa sala del Trono.
La 4ª planta del castillo está ocupaba casi enteramente por la **sala del Orfeón** (Sängersaal). El arquitecto se inspiró, sin duda, en la Wartburg, donde tenían lugar, a principios del s. XIII, los certámenes líricos medievales simbolizados en la ópera wagneriana de *Tannhäuser* y que más tarde se hizo célebre por la estancia de Lutero, acogido en la fortaleza por el duque de Sajonia.
Los turistas que al final de la visita dispongan de un poco de tiempo pueden acercarse al Marienbrücke, un puente tendido sobre la garganta del Pöllat que salva un abismo de 90 m de profundidad *(para este paseo se debe disponer de al menos 1 h)*. Luis II venía algunas veces a este puente para contemplar, en la oscuridad de la noche, el castillo vacío y silencioso, con la única iluminación de la sala del Orfeón.

Atención: en temporada alta hay que prever largos tiempos de espera a la entrada.

Musical sobre un rey de cuento de hadas

Luis II fue un ferviente admirador del teatro musical que jamás pudo imaginar que sería objeto de inspiración de una obra de este género. Hoy este anhelo se ha hecho realidad.
En el **Teatro Musical Neuschwanstein**, situado a orillas del lago Forggensee y con vistas a los castillos de Neuschwanstein y Hohenschwangau, se representa diariamente el musical " **Luis II, el Paraíso soñado** ". En este escenario giratorio —el segundo de Alemania por sus dimensiones— se ha realizado un costoso montaje para interpretar el trágico destino del monarca. La obra se ameniza además con la conmovedora música de Franz Hummel. Tampoco faltan referencias a la emperatriz Sissi, a Richard Wagner y a Franz Liszt. Al final el Rey de fábula desaparece en las aguas de un lago artificial. Reserva de viaje y entradas en el ☏ 0 18 05/58 39 44; info@ludwig-musical.com; www.ludwigmusical.com.

ALREDEDORES

★ **Schloß Hohenschwangau** ⓥ – El **castillo de Hohenschwangau** fue levantado entre 1833 y 1837 por encargo de Maximiliano II de Baviera, entonces príncipe heredero, sobre los restos de una fortaleza del s. XII. La construcción neogótica, claramente inspirada en la arquitectura palaciega y solariega inglesa, responde a la sensibilidad romántica de entonces y a su interés por el pasado y en especial por el arte y la literatura caballerescas medievales. Gran parte de la infancia y la adolescencia del rey Luis II de Baviera transcurrió en este ambiente de ensoñación, impregnado de la nostalgia por un periodo oscuro e idealizado de la historia.
El castillo se alza sobre una pintoresca colina boscosa. Rodeándola se llega al bello **mirador**★ que está situado sobre un espolón rocoso del Pinderplatz en la orilla norte del **Alpsee**★. Desde aquí se disfruta de una panorámica del lago bordeado de pinos y dominado por las pendientes laderas del Säuling. *Regrese al castillo por la alameda de la derecha.*
Comparado con el castillo de Neuschwanstein y a pesar de los excesos ornamentales —por la acumulación de objetos de arte que la familia real había recibido como obsequios de las instituciones bávaras y la obsesiva repetición del motivo mitológico del cisne— el castillo de Hohenschwangau conserva un carácter familiar y confortable gracias, en parte, a las largas temporadas que pasó en él la reina María, madre de Luis II, que contribuyó con su presencia a crear una atmósfera de relativa intimidad.
El visitante, una vez superada la impresión que produce la abusiva decoración gótica, sabrá apreciar el valor del mobiliario Biedermeier. El amplio espacio que ocupa el arte oriental se combina perfectamente con las pinturas murales, realizadas de acuerdo con los diseños de Moritz von Schwind.
El antiguo **salón de música** de la 2ª planta refleja la admiración que profesaba Luis II al compositor Richard Wagner: aquí se conserva el piano de cola que ambos tocaban y fragmentos de la correspondencia que intercambiaron. En el dormitorio del rey encontramos, de nuevo, un elemento fantástico: la pintura del techo representa la bóveda celeste cuajada de estrellas (que se enciende a voluntad). Desde la ventana de su aposento podía contemplar, con ayuda de un telescopio, los avances en la construcción del castillo de Neuschwanstein.

NORDFRIESISCHE INSELN★

Islas Frisonas Septentrionales – Schleswig-Holstein
Mapa Michelin nº 415 A-C 8-10

El viento y el mar son los dos elementos que han modelado el paisaje de las islas Frisonas Septentrionales desde el deshielo de los últimos glaciares en el Cuaternario. Algunas islas sufrieron con tal ímpetu la violenta acción de las tempestades que quedaron reducidas a grupos de islotes. Este archipiélago forma el llamado ecosistema de los "Watten". Por su constitución geológica se divide en dos grupos de islas. En Sylt, Föhr y Amrum predominan los suelos arenosos del Geest que se asientan sobre depósitos morrénicos del periodo glacial, mientras que Pellworm y Nordstrand –ambas supervivientes de las grandes tempestades de 1634– son tierras de marismas (Marschen). Las vastas playas de arena y su atmósfera rica en yodo hacen de las islas Frisonas Septentrionales un atractivo centro turístico.

★★ **Sylt** – Ver este nombre.

Föhr ⊙ – Föhr, la segunda isla en dimensiones de Schleswig Holstein, goza de un clima suave gracias a la protección que le brindan una serie de islotes situados delante de su costa. En su paisaje alternan las suaves colinas arenosas de los Geest, jalonadas de pequeñas poblaciones cuyas casas se cubren con tejados de caña (como Nibeblum, Süderende y Oldsum), y las grandes extensiones de marismas. Las playas se encuentran en la zona sur de la isla, mientras en los parajes solitarios del N abundan los pequeños bosques salpicados de lagunas pobladas de juncos.

Wyk, situada al SE, es la principal localidad de la isla. Este pintoresco puerto es un agradable lugar para pasear por sus cuidadas callejuelas o la sombreada avenida del balneario que discurre paralela a la playa (Sandwall). En Wyk se puede visitar un **Museo de las islas Frisonas** (Friesenmuseum) ⊙ en el que se explican las características naturales de la región, y la **iglesia de San Nicolás**, situada en el barrio de Boldixum. Las bóvedas de esta iglesia, construida en la 2ª mitad del s. XIII, están decoradas con bellos frescos. En **Dunsum** se puede iniciar la excursión por los terrenos de marismas (Watt) en dirección a Amrum.

Amrum ⊙ – Amrum es la isla más antigua y salvaje de las Frisias. La costa occidental está aislada por una barra de arena de 1,5 km que protege su litoral del efecto devastador de las mareas. Detrás se extienden los paisajes de dunas, los valles agrestes, los bosques, los campos de cultivos y finalmente la zona de marismas frente a la costa báltica (Watt), rica reserva ornitológica.

En excavaciones arqueológicas realizadas en los alrededores de Steenodde se hallaron importantes objetos prehistóricos y protohistóricos. El mayor túmulo de la isla es el **Esenhugh**, de 4,70 m de altura y 26,50 m de diámetro. **Nebel**, el pueblo más pintoresco, se desarrolló en el s. XVI al amparo de la **iglesia medieval de San Clemente**. En el cementerio se pueden ver interesantes estelas con inscripciones y bajorrelieves del s. XVIII. También merece la pena visitar la localidad de **Öömrang Hüs**, con una bonita casa marinera construida en 1736. Al N, la reserva ornitológica de **Amrum Odde** constituye un excelente punto de partida para realizar excursiones hacia Föhr por la zona de marismas.

★ **Halligen** – Estas islas son los vestigios de las marismas que formaban parte de la costa continental en tiempos prehistóricos. Hacia 1600 existían más de 25 islotes, de los que en la actualidad subsisten 10 de diferentes dimensiones. Los otros islotes han ido sucumbiendo a los rigurosos embates de las mareas. En las Halligen no se han construido diques protectores como en la mayor parte de las islas del mar del Norte, de forma que con frecuencia sus tierras se inundan (al menos 50 veces al año) y sólo emergen del agua las casas de las poblaciones asentadas sobre los montículos artificiales denominados "Warften". Las islas están habitadas por unas 400 personas que se agrupan en las localidades de **Hooge**, **Oland** (comunicación con tierra firme) y **Langeneß**, las dos últimas unidas entre sí. Existen diferentes compañías navieras que realizan la travesía a las Halligen.

Pellworm ⊙ – Esta isla, aunque no ofrece grandes playas de arena ni dunas, es un paraje ideal de descanso. Está rodeada por un dique de 25 km de perímetro y 8 m de altura que evita que las mareas inunden sus tierras –situadas por debajo del nivel del mar– cada 12 h. En las praderas que cubren las superficies de los diques pacen las ovejas y las típicas vacas blancas con grandes manchas negras.

Junto al cementerio que acogió a las víctimas de las grandes tempestades de 1634 **(Friedhof der Heimatlosen)** se alza la **antigua iglesia de San Salvador**, construida en los ss. XI y XII, cuya torre en ruinas es el símbolo de la isla. En el **Museo de los Watten** (Wattenmuseum Liermann) se exponen los objetos que fue depositando el mar en el litoral después de la destrucción de las islas por las mareas de 1634.

407

NORDFRIESISCHE INSELN

Islote de Langeneß

Nordstrand – La isla de las marismas está unida al continente por un largo muelle de 4 km de longitud. Los lugareños han roturado sus campos de cultivo en las tierras ganadas al mar (Polder) y sobre los montículos que construyeron en tiempos inmemoriales (Warften) para proteger sus pueblos de las inundaciones. En el paisaje alternan las praderas y los sembrados de cereales. La principal localidad de la isla es **Süden**, en la que se han establecido numerosos talleres artesanales. En una zona de las lagunas, pobladas de juncos, al N de Nordstrand se ha creado un parque marino para la protección de los ánades silvestres, mientras en otra zona crece libremente el bosque primitivo.

NÖRDLINGEN*

Baviera – 21.000 habitantes
Mapas Michelin n°s 419/420 T 15 – Esquema: ROMANTISCHE STRASSE

Esta antigua ciudad libre del Imperio, mencionada por primera vez en un documento del año 898, está situada en la cuenca del Ries. El trazado urbano y el cinturón de fortificaciones indican que la expansión de la ciudad se efectuó por círculos concéntricos.

- **★ St. Georgskirche (Iglesia de San Jorge)** – *Am Obstmarkt*. Esta iglesia gótica de tipo salón construida a finales del s. XV posee un majestuoso campanario de 90 m de altura, al que llaman "Daniel". El interior está cubierto por una magnífica bóveda reticulada. Al púlpito (1499) se accede por una elegante escalera que se apoya en tres ménsulas. El altar mayor de estilo barroco conserva un delicado **grupo de la Crucifixión★** y las estatuas de santa Magdalena y san Jorge, obras del artista Nikolaus Gerhaert de Leiden.

- **★ Stadtmauer (Murallas medievales)** – El cinturón amurallado de Nördlingen, con su camino de ronda transitable, es el único de esta naturaleza que se conserva intacto en Alemania. El único modo de acceso al pintoresco casco histórico de la ciudad es a través de una de sus cinco puertas. El circuito de la muralla, en su mayor parte cubierto, va recorriendo sucesivamente once torres defensivas de diferentes épocas. Uno de los tramos más hermosos es el comprendido entre la puerta Berger, el Antiguo Bastión (Alte Bastei) y la puerta Reimlinger. En la torre Löpsinger está instalado un pequeño museo que ilustra la historia de la muralla.

- **★ Stadtmuseum (Museo Municipal)** ⊘ – En este museo se traza la protohistoria y la prehistoria de la depresión del Ries y la evolución histórica de la ciudad imperial de Nördlingen. Una sección del museo está consagrada a la pintura, con obras de artistas del s. XIX, así como de maestros alemanes primitivos, entre los que figuran Friedrich Herlin, autor de las tablas del retablo (1462-77) del altar mayor de la iglesia de San Jorge, y cuadros de Hans Schäufelin y Sebastian Taig. También destaca un diorama de la "batalla de Nördlingen" (1634) representada con figuras de soldaditos de plomo.

NÖRDLINGEN

Alojamiento

Goldene Rose – *Baldinger Straße 42* – ☎ *0 90 81/8 60 19* – *fax 0 90 81/2 45 91* – *17 hab* – *individuales desde 34 €*. Pequeño negocio familiar bien atendido.

Sonne – *Marktplatz 3* – ☎ *0 90 81/50 67* – *fax 0 90 81/2 39 99* – *37 hab* – *individuales desde 57 €*. En el centro de la ciudad, situado junto al ayuntamiento.

Restaurante

Meyers Keller – *Marienhöhe 8* – ☎ *0 90 81/44 93* – *fax 0 90 81/2 49 31* – *menús desde 16,50 €*. Establecimiento instalado en una antigua fábrica de cerveza junto a la muralla; gran jardín a la sombra de castaños centenarios, cocina exquisita. Existe anejo un restaurante-taberna con *menús desde 11,50 €*.

★ **Rieskrater-Museum** (Museo del Cráter del Ries) ⓥ – *Junto al Museo Municipal*. La depresión circular del Ries se originó hace cerca de 15 millones de años por el impacto de un **meteorito**. Imaginemos la escena. Una gigantesca bola de piedra de 1 km de diámetro se desvía de su trayectoria entre Marte y Júpiter, se precipita sobre la Tierra a una velocidad de 70.000 km/h y produce una sima de 1 km de profundidad. Una energía equivalente a 250.000 bombas como la lanzada en Hiroshima se libera en el proceso, lo que produce una ola de calor y una presión que aniquila todo rastro de vida en un radio de 100 km. La temperatura es tan elevada que el meteorito se evapora. En principio se forma un cráter de 14 km de diámetro, que se ensancha hasta 25 km por el aporte de numerosas rocas que ruedan al interior. Durante un breve periodo, la profundidad máxima de la cuenca alcanzó los 4 km, pero en el transcurso de millones de años se fue colmatando, luego se vació parcialmente, quedando al descubierto.
El museo, instalado en un granero de 1503 cuidadosamente restaurado, dispone de un material didáctico moderno (diaporamas, vídeos, piedras que se pueden palpar) para explicar a un amplio público este fenómeno tan extraordinario y complicado. Incluso se puede contemplar un pedazo de piedra lunar de 165 gr de peso que la NASA ha prestado a perpetuidad a la exposición.

ALREDEDORES

★ **Benediktinerabtei Neresheim** (Abadía benedictina de Neresheim) – *19 km al SO*. La **colegiata**, cuya construcción se inició en 1745 bajo la dirección de Balthasar Neumann, es la última obra de este gran arquitecto barroco. El edificio, que no se concluyó hasta 1792, está decorado en su interior con frescos (1771-75) de Martin Knoller. La sensación de ingravidez de las pinturas armoniza con la extraordinaria luminosidad de las naves.

NÜRNBERG★★

NUREMBERG – Baviera – 500.000 habitantes
Mapas Michelin n⁰⁵ 419/420 R 17

Antes de la II Guerra Mundial, Nuremberg, capital de Franconia, era una de las más bellas ciudades medievales de Alemania. Sus elegantes casas burguesas de vigas entramadas ofrecían un marco típicamente germánico para la celebración de las asambleas anuales del Partido Nacionalsocialista. Después de 1945 fue la sede del Tribunal Militar Internacional constituido por las potencias vencedoras para procesar a los criminales de la guerra nazi.
La antigua ciudad de vaciadores de bronce y orfebres es hoy, junto con la vecina Fürth, uno de los principales centros industriales del S de Alemania. Los sectores económicos más activos son la fabricación de maquinaria y herramienta, de equipos eléctricos y de automóviles, así como de material de oficina y de juguetes. La **Feria del Juguete** que acoge Nuremberg todos los años es célebre en todo el mundo. La ciudad ofrece múltiples especialidades gastronómicas al visitante: salchichas braseadas y carpas, pero, sobre todo, el **pan de especias** (Lebkuchen), que se suministra en cajas metálicas de diseños atractivos. Desde el viernes anterior al primer domingo de Adviento hasta el día de Nochebuena, la plaza del Mercado es escenario de un popular mercadillo de Navidad conocido como el **Christkindlesmarkt**.

NÜRNBERG

APUNTES HISTÓRICOS

En 1219 el emperador Federico II concedió a la ciudad importantes privilegios arancelarios y fiscales. Durante los ss. XIV-XV fue el lugar de residencia preferido de la corte, que pasaba allí largas temporadas protegida por sus magníficas murallas. De 1424 a 1796 se guardaron en Nuremberg las insignias del Imperio.

La edad de oro – La ciudad llegó a la cima de su esplendor en los ss. XV y XVI. Situada en uno de los nudos de comunicaciones comerciales más transitados de Alemania y escaparate de la industria artesanal de Franconia, Nuremberg rivalizaba con Augsburgo por la hegemonía en la región. Su particular proyección cultural se fundó en la excelencia de sus científicos y artistas: el humanista Willibald Pirkheimer (1470-1530), traductor de textos griegos al latín; el cerrajero Peter Henlein, fabricante de relojes de bolsillo (hacia 1510); los geniales escultores **Veit Stoß** (1445?-1533) y **Adam Krafft** (1460?-1508/09), el talentoso vaciador-broncista **Peter Vischer** (1460?-1529), el pintor de retablos **Michael Wolgemut** (1434-1519) y, sobre todo, su discípulo **Alberto Durero** (1471-1528). Todos ellos marcaron profundamente con sus obras el arte alemán de aquella época.
Además, en el campo de la lírica no hay que olvidar a los Maestros Cantores (Meistersinger) de Nuremberg, que dieron nuevos impulsos a la poesía alemana.

***GERMANISCHES NATIONALMUSEUM (MUSEO NACIONAL GERMÁNICO)** ⓥ *1/2 día*

Para orientarse por el laberinto de salas y por las diferentes secciones del museo, se recomienda consultar el plano de situación que se exhibe a la entrada.

El museo, fundado en 1852, constituye con sus 1,2 millones de objetos la mayor colección de arte existente en los países del ámbito germánico. De este rico fondo se exponen permanentemente 20.000 piezas de gran valor. La sede del museo es un antiguo convento de cartujos del s. XIV, que fue ampliado en 1993 con la construcción de nuevas dependencias al otro lado de la Kartäusergasse. Incluso un tramo de la vía pública, bautizada con el nombre de **calle de los Derechos Humanos** por el artista israelí Dani Karavan, autor del proyecto urbanístico, se integra en el conjunto museístico.
La sección central está ocupada por la **pinacoteca**, con obras de **Alberto Durero** *(Retrato de su maestro Michael Wolgemut* y *Carlomagno con la vestimenta de la coronación),* Hans Baldung Grien, Hans Holbein el Viejo, Albrecht Altdorfer y Lucas Cranach el Viejo *(Retrato de Lutero, Venus y Cupido, Ladrón de miel).* Entre la **colección de esculturas** destacan las obras de Veit Stoß *(Arcángel Rafael y el joven Tobías),* de Tilman Riemenschneider *(Descendimiento de la Cruz)* y de Ignaz Günther.
En la sección de **Artes Decorativas** se recogen piezas de cristal, cerámica, mobiliario, tejidos, etc; destacan en especial los trabajos de orfebrería (oro y plata) y la notable colección de objetos sacros medievales.
La sección consagrada al **folclore** sorprende por el gran número de trajes regionales que se exhiben, así como por la calidad de las reconstrucciones de estancias rurales. El espacio reservado a los **juguetes y casas de muñecas** (entre ellas una de 1639) fascina tanto a los niños como a los adultos.
La sección de **instrumentos musicales antiguos** es igualmente de gran valor, tanto por la cantidad de las piezas expuestas, como por su variedad; reúne la mayor colección de pianos de macillos del mundo.
Entre los incontables instrumentos científicos del museo cabe citar en primer lugar el **globo terráqueo de Behaim** de 1492/1493: se trata de la más antigua representación de la tierra en forma esférica que se conoce. La **colección de Protohistoria y Prehistoria** posee un importante conjunto de **armas y equipos de caza** antiguos, así como una **colección de instrumental médico** antiguo, que incluye todos los aparatos y utensilios propios de una oficina de farmacia y para el ejercicio de la medicina. Además se exhiben objetos y productos de la industria artesanal de otras épocas.
La **sección de estampas** es de una extraordinaria riqueza, así como el **Gabinete de Numismática**. El **Museo de Artes y Oficios**, dependiente de la Cámara de Industria de Baviera, está integrado en el complejo del Museo Nacional Germánico. En él están representadas las artes decorativas, las creaciones artesanales y el diseño desde la Antigüedad hasta el s. XX.

Cémbalo (hacia 1750). Museo Nacional Germánico

410

NÜRNBERG

EL CASCO ANTIGUO *1/2 día*

★ **Albrecht-Dürer-Haus (Casa de Durero)** ⓘ – Esta casa burguesa (s. XV) con tejado de tipo holandés se alza a los pies de la muralla. Alberto Durero la adquirió en 1509 y vivió en ella hasta su muerte (1528). La sobriedad del mobiliario del interior refleja el modo de vida austero del artista.

Burg ⓘ – La emblemática **fortaleza** de Nuremberg domina la ciudad desde una roca de arenisca situada al N. El antiguo **castillo de los burgraves** (Burggrafenburg) –casi totalmente destruido en 1420– fue ampliado en el s. XII con la construcción de la **residencia de los emperadores** (Kaiserburg), cuyo aspecto actual data de los ss. XV-XVI. Desde el patio exterior y desde la **torre de Sinwell** se distingue una **vista★** excepcional de los pendientes tejados y las torres del casco antiguo de la ciudad. El **Pozo** (Tiefer Brunnen), ubicado en el pequeño patio del edificio principal, impresiona por su enorme profundidad (50 m). Del conjunto fortificado destacan sobre todo las dependencias residenciales y la **capilla imperial**, una capilla románica doble; desde la galería de la planta superior el emperador podía contemplar al pueblo congregado al tiempo que asistía a los oficios religiosos. En el castillo se puede visitar una exposición que ilustra la importancia del palacio imperial y una exposición de armas antiguas.

★ **Stadtbefestigung (Fortificaciones)** – Este poderoso sistema defensivo fue levantado a mediados del s. XV y se mantiene –ejemplo único para una gran ciudad en Alemania– casi intacto. El cinturón consta de un primer lienzo de muralla, con un camino de ronda cubierto, que está precedido por un segundo lienzo exterior (Zwingermauer), y, finalmente por un amplio foso desecado que rodea todo el recinto. Se conservan 67 torres defensivas. Entre ellas figuran las cuatro **gruesas torres** (Dicke Türme) cilíndricas del s. XVI, en las que se abrían las puertas orientadas hacia los cuatro puntos cardinales, cuyos muros presentan un revestimiento a prueba de balas de cañón de hasta 6 m de espesor (Frauentor, Spittlertor, Neutor, Laufertor). El sector más interesante de la muralla es el comprendido entre el Kaiserburg y la Spittlertor *(parte oeste)*. Un buen punto de partida para un instructivo **paseo** *(30 min aprox.)* pueden ser los jardines del castillo (Burggarten) *(en el exterior, bajo la Kaiserburg)*. Desde las instalaciones defensivas se accede al camino de ronda, que es transitable hasta el Neutorzwinger. Después se continúa un tramo por el paseo interior hasta el Pegnitz, que se atraviesa por el puentecillo de cadenas junto a las fortificaciones del puente, y se concluye el recorrido por la parte exterior.

Stadtmuseum Fembohaus ⓘ – El **Museo Municipal** tiene su sede en un edificio renacentista de piedra arenisca, la **Fembohaus**, cuyo frontón presenta una decoración de volutas, cornucopias y obeliscos. Es la única casa residencial burguesa que se conserva íntegra en Nuremberg y su disposición alrededor de un patio interior es característica de la arquitectura de la ciudad. En el museo se ilustra la historia de la ciudad y en particular el modo de vida en el ámbito urbano (ss. XVI -XIX).

Sebalduskirche – La **iglesia de San Sebaldo** es una basílica con doble cabecera y tres naves de estilo románico tardío, cuya construcción se inició hacia 1230-40, aunque con posterioridad se realizaron obras de ampliación y remodelación hasta finales del gótico. Las torres, destruidas por un incendio durante la II Guerra Mundial, al igual que buena parte del presbiterio oriental, han sido reconstruidas.

La sobriedad de la fachada occidental, con sus portadas románicas a ambos lados del prominente presbiterio, contrasta vivamente con la poderosa mole del presbiterio oriental gótico, que presenta una rica decoración de pináculos y estatuas. En el interior, se distinguen claramente los elementos propios del estilo románico y de principios del gótico (naves central y laterales) y los elementos característicos del gótico en su época de esplendor (presbiterio tipo "salón" y deambulatorio).

★★ **Obras de arte en el interior:**

1) Retablo de san Pedro (1485), realizado en el taller de Michael Wolgemut, pintado sobre un fondo dorado.
2) Pila bautismal gótica en bronce, ricamente decorada (hacia 1430), con boca de horno; es la fundición en bronce más antigua de Nuremberg de arte sacro.
3) Santa Catalina (1310).
4) San Sebaldo (1390).
5) El emperador Enrique II (1350) y la emperatriz Cunegunda.
6) Virgen con aureola (1420).

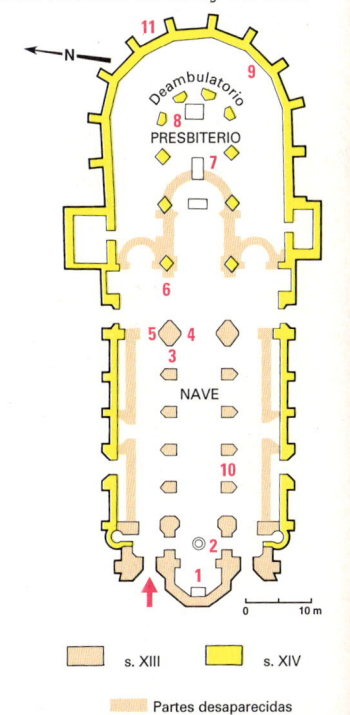

7) Sepultura de san Sebaldo. El relicario gótico está alojado en una caja de bronce realizada por Peter Vischer (1519), adornada con múltiples bajorrelieves y figuras con escenas de la vida del santo.
En las franjas más estrechas se puede ver al artista en traje de faena y a san Sebaldo.
8) Grupo de la Crucifixión de Veit Stoß (1520).
9) Del mismo artista: Transfiguración de Cristo y la Virgen de los Dolores (madera); debajo, la Última Cena, el Monte de los Olivos y el Prendimiento de Cristo (bajorrelieve en piedra, 1499).
10) Cristo con la cruz a cuestas, de Adam Kraft (1506).
11) Monumento funerario de la familia Schreyer-Landau, con bajorrelieves realizados por Adam Kraft que representan escenas de la Pasión y de la Resurrección (1492).

En el presbiterio oriental se conservan unas preciosas **vidrieras** (ss. XIV-XV).

★ **Schöner Brunnen** – La **bella fuente** gótica (s. XIV) que adorna la plaza del Mercado (Hauptmarkt) es uno de los monumentos más populares de Nuremberg. Consta de 40 figuras independientes (copias) que se distribuyen en una pirámide de 19 m, en cuya cúspide se puede contemplar la imagen de Moisés y de los profetas; debajo a los siete príncipes electores y una serie de nueve héroes míticos formando trilogías: tres de la Antigüedad, tres judíos y un terceto cristiano.

★ **Frauenkirche (Iglesia de Nuestra)** – Esta iglesia tardogótica se alza en la parte Este de la plaza del Mercado, en el lugar que ocupaba la antigua sinagoga, hoy desaparecida. Fue construida durante el reinado de Carlos IV como capilla imperial para guardar las insignias reales (1352-61). El frontón, adornado con nichos, pináculos y pequeños miradores en saledizo, es obra de Adam Kraft (principios del s. XVI). El **reloj animado** (Männleinlaufen) bajo el balcón, data de la misma época, y recuerda la concesión de la Bula de Oro por Carlos IV (1356). El mecanismo mueve un cortejo de figuritas que representan a los siete electores desfilando delante del emperador *(todos los días a las 12)*.
El interior, de planta de salón casi cuadrada, está dividido por cuatro pilares de sección circular. En el muro izquierdo se puede contemplar el **epitafio de Peringsdörffer** (María Auxiliadora) de Adam Kraft (1498).

El **retablo de Tucher**, situado en el presbiterio y decorado con figuras, es una obra maestra de la escuela de pintura de Alberto Durero; el tríptico (Crucifixión, Anunciación, Resurrección) data de 1445-50.

Heilig-Geist-Spital (Hospital del Espíritu Santo) – Este edificio (ss. XIV-XV) está construido sobre un puente tendido sobre un brazo del río Pegnitz. La construcción se asienta sobre una estructura formada por dos arcos rebajados. Desde el puente del museo se puede contemplar el elegante mirador que adorna la fachada. El patio superior, con sus grandes arcadas de gres coronadas por una galería de madera, recuerda el lujo que debió caracterizar a la arquitectura burguesa de Nuremberg antes de la guerra *(entrada desde la isleta por detrás del edificio, a contracorriente)*.

Las orillas del Pegnitz – Es un espacio en el que se conserva una pequeña parte del Nuremberg de antaño. Desde el Maxbrücke se obtiene una bella **vista** del edificio de vigas entramadas de la sala del vino (Weinstadel), de la torre del Agua (Wasserturm) y de la pasarela cubierta del Henkersteg.

★ **Lorenzkirche (Iglesia de San Lorenzo)** – La fachada occidental de esta iglesia gótica (ss. XIII-XIV) está adornada con un magnífico rosetón. El imponente presbiterio de tipo salón se agregó al templo en el s. XV. *Entrada por el lado derecho de templo.* En la nave central llaman la atención dos magníficas obras de arte: un Crucifijo sobre el arco del presbiterio (1400), y, sobre todo, el **Englischer Gruß**★★ (Saludo inglés), que pende del centro del presbiterio, una obra maestra de escultura en madera de Veit Stoß (1517-18). A la izquierda del altar mayor (Crucifijo de Veit

NÜRNBERG

Äußere Laufer	
Gasse	**KY** 5
Albrecht-Dürer-Str.	**JY** 6
An der Fleischbrücke	**JY** 10
An der Karlsbrücke	**JY** 13
Bahnhofsplatz	**KZ** 16
Beckschlagergasse	**KY** 17
Bergstraße	**JY** 18
Bischof-Meiser-Str.	**JY** 24

Frauenkirche	**JY** E
Heilich-Geist-Spital	**JY** F

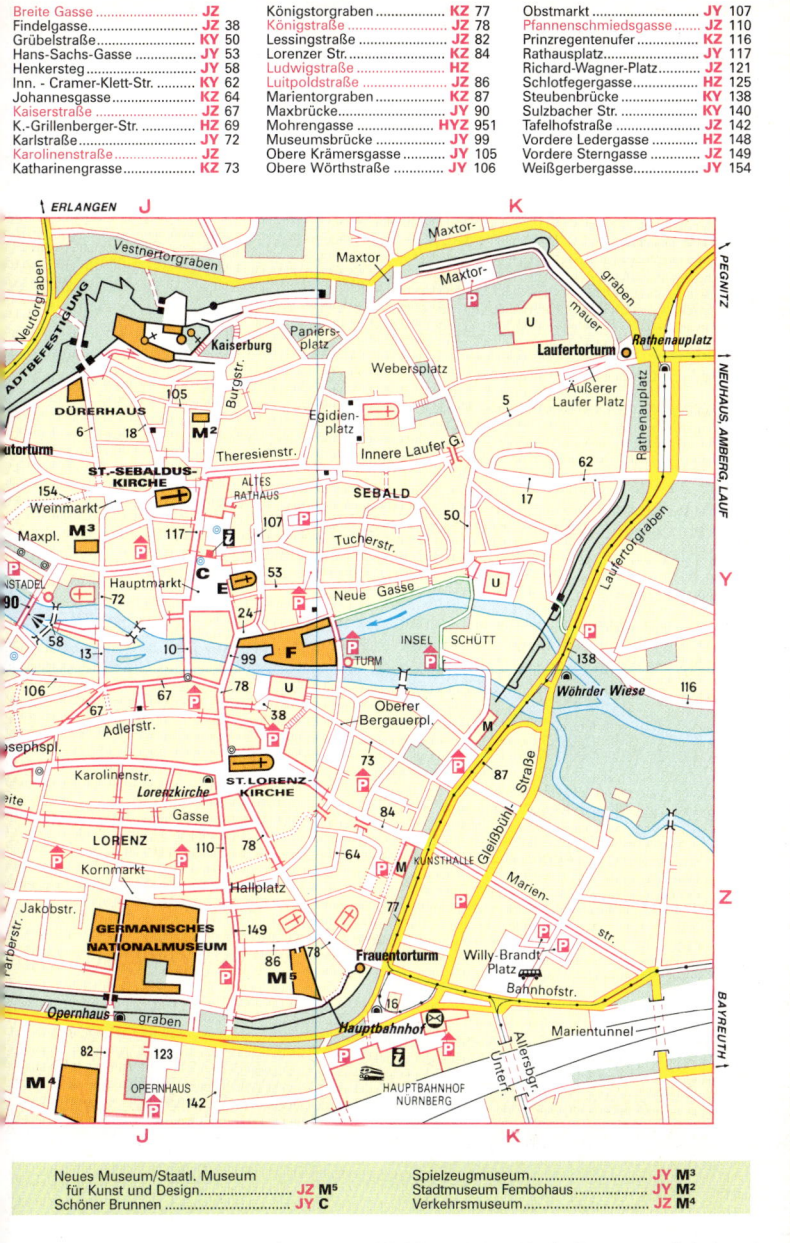

Breite Gasse	JZ	Königstorgraben	KZ 77	Obstmarkt	JY 107
Findelgasse	JZ 38	Königstraße	JZ 78	Pfannenschmiedsgasse	JZ 110
Grübelstraße	KY 50	Lessingstraße	JZ 82	Prinzregentenufer	KZ 116
Hans-Sachs-Gasse	JY 53	Lorenzer Str.	KZ 84	Rathausplatz	JY 117
Henkersteg	JY 58	Ludwigstraße	HZ	Richard-Wagner-Platz	JZ 121
Inn. - Cramer-Klett-Str.	KY 62	Luitpoldstraße	JZ 86	Schlotfegergasse	HZ 125
Johannesgasse	KZ 64	Marienbergraben	KZ 87	Steubenbrücke	KY 138
Kaiserstraße	JZ 67	Maxbrücke	JY 90	Sulzbacher Str.	KY 140
K.-Grillenberger-Str.	HZ 69	Mohrengasse	HYZ 951	Tafelhofstraße	JZ 142
Karlstraße	JY 72	Museumsbrücke	JY 99	Vordere Ledergasse	HZ 148
Karolinenstraße	JZ	Obere Krämersgasse	JY 105	Vordere Sterngasse	JZ 149
Katharinengrasse	KZ 73	Obere Wörthstraße	JY 106	Weißgerbergasse	JY 154

Neues Museum/Staatl. Museum für Kunst und Design	JZ M5	Spielzeugmuseum	JY M3
		Stadtmuseum Fembohaus	JY M2
Schöner Brunnen	JY C	Verkehrsmuseum	JZ M4

Stoß) se encuentra el **tabernáculo**★★ (1493-96) de Adam Kraft. En la parte inferior el artista esculpió su propia figura a tamaño natural. En el deambulatorio se pueden admirar los magníficos **ventanales con vidrieras** policromadas, entre las que destaca la del Árbol de Jesé (1487), realizada en el taller alsaciano de Peter Hemmel de Andlau (2ª ventana a la derecha a partir de la vidriera central).

⊙ ▶▶ Spielzeugmuseum (Museo del Juguete) – Verkehrsmuseum (Museo del Transporte) (*Museo del Ferrocarril Alemán*★, *Museo Postal y de las Telecomunicaciones*) – Neues Museum/Staatliches Museum für Kunst und Design (Nuevo Museo/Museo Nacional de Arte y Diseño).

EXCURSIONES

Hersbrucker Alb – *Circuito de 109 km* – *Prevea 1/2 día.* Salida de Nuremberg por la Sulzbacher Straße, después tome la carretera A 9 en dirección a Bayreuth hasta la salida de Plech. Continúe por la carretera a Neuhaus.

★ **Neuhaus an der Pegnitz** – Esta atractiva localidad, dominada por la esbelta torre de la fortaleza de Veldenstein, se divisa repentinamente en el camino.

NÜRNBERG

Siga el curso del Pegnitz en dirección a Hersbruck. En el recorrido a lo largo de este valle profundamente entallado se descubren, de trecho en trecho, las cumbres afiladas de las rocas que sobresalen con su enorme altura.

Hersbruck – Esta atractiva localidad situada en la zona donde se ensancha el valle del Pegnitz posee un bello conjunto residencial burgués y los vestigios de las fortificaciones medievales. La iglesia parroquial conserva un valioso altar de cajón (altar con un sepulcro de reliquias en la base) de estilo gótico tardío, el llamado altar de los Santos Padres de la Iglesia. El **Museo del Pastor** (Deutsches Hirtenmuseum) *(Eisenhüttlein 7)*, alojado en una hermosa casa de vigas entramadas de 1524, expone interesantes colecciones de arte popular. *Continúe en dirección a Happurg hasta llegar al puente sobre el Pegnitz,* desde donde se obtiene una buena perspectiva –volviendo la vista atrás– de la puerta del Wassertor (torre habitada), de la garita de la aduana y de los tejados del casco antiguo, cuyas casas se agrupan a los pies del Michelsberg.

Regrese a Nuremberg por la B 14.

Erlangen – *17 km al N.* Esta pequeña villa residencial, caracterizada por un trazado urbanístico uniforme de la época barroca, fue uno de los lugares de refugio de los hugonotes que emigraron de Francia en el s. XVII. Erlangen comparte con Nuremberg las funciones de ciudad universitaria y es, además, la patria del físico **Georg Simon Ohm** (1789-1854), descubridor de las leyes de la resistencia de los circuitos eléctricos. En la actualidad es un importante centro de fabricación de instrumental electrónico médico-quirúrgico y de instalaciones eléctricas.

En los **jardines del Palacio** (Schloßgarten), acondicionados a principios del s. XVIII, se alza la curiosa **fuente de los Hugonotes**, erigida por los franceses en 1706 en señal de agradecimiento a su protector, el margrave Christian Ernst von Bayreuth.

Alojamiento

Le Méridien Grand-Hotel – *Bahnhofstraße 1* – ☎ *09 11/2 32 20* – *fax 09 11/2 32 24 44* – *182 hab* – *individuales desde 136 €*. Edificio de piedra arenisca con decoración modernista, el hotel más lujoso de la ciudad.

Am Jakobsmarkt – *Schottengasse 5* – ☎ *09 11/2 00 70* – *fax 09 11/2 00 72 00* – *77 hab* – *individuales desde 71 €*. Cómodo hotel cerca del centro, junto a las murallas históricas.

Klughardt – *Tauroggenstraße 40* – ☎ *09 11/91 98 80* – *fax 09 11/59 59 89* – *27 hab* – *individuales desde 59 €*. Hotel bien comunicado y situado en un lugar tranquilo, negocio familiar.

Ibis-Königstor – *Königstraße 74* – ☎ *09 11/23 20 00* – *fax 09 11/20 96 84* – *53 hab* – *individuales desde 68 €*. Hotel confortable ubicado al comienzo de la zona peatonal.

Am Tiergarten – *Nürnberg-Mögeldorf, Schmausenbuckstraße 166* – ☎ *09 11/54 70 71* – *fax 09 11/5 44 18 66* – *63 hab* – *individuales desde 69 €*. Emplazamiento en zona muy tranquila, en el bosque Lorenzer Reichswald.

Romantik Hotel Landhaus Rottner – *En Großreuth bei Schweinau, Winterstraße 17* – ☎ *09 11/65 84 80* – *fax 09 11/65 84 82 03* – *37 hab* – *individuales desde 98 €*. Hotel rural moderno, muy agradable y con un restaurante tradicional con cocina de categoría.

Restaurantes

Essigbrätlein – *Weinmarkt 3* – ☎ *09 11/22 51 31* – *fax 09 11/22 51 31* – *menús desde 21,50 €*. Pequeño mesón de 1550 en el corazón del casco antiguo. Cocina creativa de 1ª categoría.

Sebald – *Weinmarkt 14* – ☎ *09 11/38 13 03* – *fax 09 11/34 63 13* – *menús desde 20,50 € en el restaurante; en la taberna desde 10,50 €*. Restaurante-taberna con cocina de temporada.

Ishihara – *Schottengasse 3* – ☎ *09 11/22 63 95* – *fax 09 11/2 05 99 57* – *menús desde 15,50 €*. Restaurante decorado al estilo de una casa de té japonesa, con gastronomía clásica de este país.

Lambert – *Bärenschanzenstraße 3* – ☎ *09 11/2 72 67 65* – *fax 09 11/2 72 67 75* – *menús desde 17 €*. Situado en un extremo de la ciudad, cerca de la B 8, en un edificio de la época de Bismarck, cocina moderna (sólo cenas).

Historische Bratwurstküche Zum Gulden Stern – *Zirkelschmiedsgasse 26* – ☎ *09 11/2 05 92 88* – *fax 09 11/2 05 92 98* – *menús desde 7,50 €*. Si visita Nuremberg, no deje de probar las famosas salchichas que se sirven en este establecimiento, instalado en un mesón histórico fundado en 1419; mobiliario muy confortable.

OBERSTDORF★★

Baviera – 11.000 habitantes
Mapas Michelin nºˢ 419/420 X 14

Este municipio de alta montaña (843 m), célebre estación de esquí y termal, está situado en el extremo más meridional del territorio alemán Por su emplazamiento en el profundo barranco del Iller y rodeado de otros siete valles de los Alpes de Allgäu, Oberstdorf es un buen punto de partida para hacer interesantes excursiones. En el centro de la villa está prohibida la circulación de vehículos a motor para evitar la contaminación atmosférica.

★★ **Nebelhorn** ⓥ – *1h30 aprox. i/v, incluidos 20 min de ascenso en telecabina (3 trayectos sucesivos).* El teleférico más alto del Allgäu conduce hasta la cumbre del Nebelhorn, situada a 2.224 m. Con tiempo despejado se ofrece desde esta altura una amplia **panorámica**★★ que abarca más de 400 cimas alpinas, entre ellas la Zugspitze, al E, el Säntis, al O, hasta las faldas nevadas del Oberland bernés. En un primer plano se distinguen en ocasiones las siluetas de los Alpes del Allgäu.
El Nebelhorn, además de lugar de destino de numerosas excursiones, es el punto de partida de la magnífica senda de escalada de Hindelang. En un "**sendero didáctico**" se explica la **formación geológica** de los Alpes.

★★ **Fellhorn** ⓥ – *El tren lleva en dos etapas a la estación superior situada a 1.967 m.* Desde la cima del Fellhorn (2.037 m) se disfruta de una magnífica **vista panorámica**★★ de los Alpes austríacos, suizos y del Allgäu.
El Fellhorn posee una amplia red de caminos que discurren a una altitud entre 1.500 y 2.000 m por los que se pueden realizar multitud de excursiones. Un interesante **sendero botánico** ofrece explicaciones sobre las hierbas y plantas endémicas, entre ellas una especie de orquídea que florece en verano incluso en la cumbre. En el periodo vegetativo del **rododendro de los Alpes**, que abarca desde mediados de junio a mediados de julio aproximadamente, los prados altos se cubren de un hermoso manto de vivos colores.

EXCURSIONES

★★ **Breitachklamm** ⓥ – *6,5 km al SO, más 1h30 a pie i/v*. El camino discurre por el fondo de un desfiladero a 100 m de profundidad, entre paredes rocosas lisas por efecto de la erosión de los torrentes de montaña. Al llegar al final del sendero se ofrecen dos posibilidades: regresar al punto de partida o ascender por una larga serie de escaleras que conducen a la garganta superior, cuyas vistas son mucho menos espectaculares. El excursionista que no disponga de vehículo propio y desee

Vista panorámica de Oberstdorf

volver a Oberstdorf, puede concluir el paseo en la cima de las escaleras, pues desde aquí se accede al Walserschanze, que está situado en la carretera a Kleines Walsertal *(numerosas líneas de autobuses enlazan los diferentes núcleos de población)*.

- **★El valle de Kleinwalser** – *17 km – 30 min aprox*. El valle del Kleinwalser fue poblado y colonizado en el s. XIII por los **walser**, un pueblo de origen germánico procedente del Alto Valais (actualmente, un cantón suizo). Hasta la construcción de la carretera moderna en 1930, los *walser* conservaron un acendrado individualismo –que se manifiesta en la dispersión del hábitat– y sus costumbres ancestrales.

Como consecuencia de varias alianzas feudales, la comarca pasó a depender de la dinastía Habsburgo en 1453, de modo que cuando se fijaron las fronteras nacionales se convirtieron en ciudadanos austríacos.

Aislada del resto de Austria por las crestas de los Alpes del Allgäu y orientada exclusivamente hacia Alemania desde el punto de vista comercial, la región obtuvo en 1891 un estatuto especial que le permitía formar parte del espacio económico alemán (zona franca, la moneda alemana es el único medio de pago), aunque siguiera integrada en territorio austríaco.

Después de atravesar las localidades veraniegas de **Riezlern**, **Hirschegg** y **Mittelberg**, dirigirse a **Bödmen**, una interesante aldea constituida por los tradicionales chalets *walser*, casas de madera oscura dispersas por las laderas del valle.

Alojamiento

Parkhotel Frank – *Sachsenweg 11* – ☎ *0 83 22/70 60 – fax 0 83 22/70 62 86 – 72 hab – individuales desde 118 €*. Hotel rural situado en el centro, aunque tranquilo. Amplias habitaciones y zona de esparcimiento.

Sporthotel Menning – *Oeschlesweg 18* – ☎ *0 83 22/9 60 90 – fax 0 83 22/85 32 – 23 hab – individuales desde 41 €*. Hotel confortable, muy tranquilo; negocio familiar.

Nebelhornblick – *En Oberstdorf-Kornau* – ☎ *0 83 22/9 64 20 – fax 0 83 22/96 42 50 – 27 hab – individuales desde 46 €*. Hospedería alpina (940 m), situada en las afueras de la localidad, bonitas vistas de las montañas de Allgäu. Negocio familiar. Restaurante sólo para los clientes del hotel.

Restaurante

Maximilians – *Freibergstraße 21* – ☎ *0 83 22/9 67 80 – fax 0 83 22/96 78 43 – menús desde 18 €*. Casa rural con elegante decoración, cocina internacional refinada.

ODENWALD ★

Macizo del ODENWALD – Baviera y Hesse
Mapa Michelin nº 417 R 10-11

El Odenwald es un macizo montañoso de mediana altura, delimitado al O por la llanura del Rin, al N por el Meno y al S por el río Neckar. Su flanco occidental, suavemente ondulado y agreste, contrasta con el oriental, de laderas escarpadas y boscosas que se inclinan hacia el valle del Mümling. Sus atractivas ciudades provincianas y el vasto parque natural atraen los fines de semana a los habitantes de las grandes urbes industriales vecinas, así como a numerosos veraneantes en la estación estival.

CIRCUITO DESDE MILTENBERG   *92 km – 4 h*

- **★Miltenberg** – Situada a los pies de las laderas boscosas del último meandro del Meno, esta pequeña localidad es célebre por las pintorescas casas de vigas entramadas que bordean su calle principal hasta la **plaza del Mercado★** (Marktplatz).
- **★Amorbach** – La imagen de esta pequeña villa en la vertiente oriental del Odenwald está dominada por las dos torres de mampostería roja que pertenecen a la **antigua iglesia abacial★** ⊙ benedictina, cuya construcción se remonta a los años 1742-17. El proyecto respetó la planta del edificio románico primitivo, e incluso las dos antiguas torres se integraron al nuevo edificio. El arquitecto se limitó a revestir la fachada con una decoración barroca de gres rojo.

Las piezas más notables del mobiliario interior son la **reja del coro**, el púlpito de estilo rococó y el órgano (1782), caracterizado por su extraordinaria sonoridad (en los meses de verano se celebran conciertos en la iglesia). También la **biblioteca★**, redecorada entre los años 1789 y 1799, presenta una ornamentación barroca. Por otra parte, la llamada **sala Verde★** (Grüner Saal) es un raro ejemplo de decoración neoclásica para una dependencia conventual en Alemania.

★ **Parque de Eulbach** ⓥ – Este romántico jardín de estilo inglés, con estanques y vestigios del limes romano, linda con una reserva natural de fauna en libertad, en la que se pueden ver corzos, jabalíes, venados y otros animales monteses. Uno de sus mayores atractivos es el nutrido grupo de bisontes europeos que viven en el coto.

Michelstadt – Esta pequeña población del Odenwald seduce por su bella plaza del Mercado (Marktplatz) bordeada de edificios tradicionales de vigas entramadas, entre los que destaca la **fachada del ayuntamiento★**, flanqueda por dos miradores con gabletes y un tejado de pendiente pronunciada. En el centro, una fuente (s. XVI) adornada con una abundante vegetación floral, completa el armonioso conjunto.
Avance por la calle que discurre a los pies del ayuntamiento y al llegar a la Einhardtspforte gire a la derecha. El patio interior de la antigua **bodega** (Kellerei) está bordeado por imponentes edificios de vigas entramadas, que albergan el **Museo del Odenwald** ⓥ (vida rural, artesanía) y el **Museo del Juguete** (juguetes, cocinitas, minicomercios, etc.).

OLDENBURG
Baja Sajonia – 155.000 habitantes
Mapa Michelin nº 415 G 8

Esta activa ciudad residencial y universitaria es el centro cultural y económico más importante de la comarca. Su puerto fluvial está comunicado por el río Hunte con el Weser y el mar del Norte, y por el canal de la costa (Küstenkanal) con los Países Bajos. Como sede administrativa del gobierno regional de la Baja Sajonia para el distrito del Weser/Ems, la ciudad ha desarrollado nuevos sectores económicos que la han convertido en una importante metrópoli comercial. La excelente red de autovías de circunvalación aleja el tráfico del casco urbano, preservando la pureza del aire y asegurando, por tanto, una gran calidad de vida. Oldenburg es la ciudad natal del filósofo Karl Jaspers.
En el centro histórico, que cuenta con la zona peatonal más antigua de Alemania, se entremezclan monumentos construidos a lo largo de cinco siglos y extensas zonas ajardinadas.

★ **Schloßgarten (Parque del castillo)** – El suave y húmedo clima costero permite que prosperen en este gran parque de estilo inglés magníficos ejemplares de árboles y arbustos de diversas especies vegetales, fundamentalmente de tulipaneros y de rododendros. A la sombra de los sauces llorones que crecen a orillas del gran estanque se obtiene una bella perspectiva de las torres de la iglesia de San Lamberto.

Landesmuseum für Kunst- und Kulturgeschichte (Museo Regional de Arte e Historia) ⓥ – El museo está instalado, desde 1923, en la antigua residencia de los condes y grandes duques de Oldenburg.

Museo Regional, Oldenburg

OLDENBURG

El castillo se construyó en el s. XVII aunque en los ss. XVIII y XIX se realizaron obras de remodelación y ampliación. La primera planta alberga la galería de antiguos maestros de la pintura, fundamentalmente de la italiana y la neerlandesa, así como pintura europea de los ss. XVIII y XIX. Merece la pena destacar, en particular, la serie de cuadros de pequeño formato titulada *Idilios*, obra del artista **Johann Heinrich Wilhelm Tischbein** (1751-1829).

El museo comprende otras secciones consagradas a la cultura y la historia de la región.

★ **Stadtmuseum Oldenburg (Museo Municipal)** ⓥ – Las estancias de las villas Francksen (1877), Jürgens y Ballin están decoradas con cuadros, mobiliario y objetos de arte industrial desde el s. XVII hasta principios del s. XX. Existe, además, una sección que ilustra la historia de la ciudad y una exposición de antigüedades.

En un edificio próximo fue inaugurado en el año 2000 el **Horst-Janssen-Museum** ⓥ, en el que se muestra la obra gráfica y los dibujos del artista, natural de Oldenburg, que falleció en esta ciudad en 1995.

Augusteum ⓥ – *Elisabethstraße 1*. En esta exposición están representados los pintores del círculo de artistas de Worpswede, así como el expresionismo alemán (Erich Heckel). Entre los surrealistas cabe citar a Franz Radziwill, quien se autodefinió como "realista simbólico".

Landesmuseum für Natur und Mensch Oldenburg (Museo de Historia Natural) ⓥ – *Damm 38-44*. Este museo está consagrado al estudio del ámbito noroccidental germánico, con sus múltiples paisajes naturales y los importantes vestigios prehistóricos, que demuestran la existencia de asentamientos humanos muy antiguos.

EXCURSIONES

★ **Museumsdorf Cloppenburg (Aldea-museo Cloppenburg)** ⓥ – *31 km al S*. En un solar ajardinado de cerca de 20 ha se ha recreado un conjunto de 53 casas rurales de los ss. XV al XIX, que se agrupan en torno a un estanque y a una iglesia. La mayor parte de los edificios reconstruidos proceden del ámbito cultural comprendido entre los ríos Weser y Ems. Las granjas de los grandes propietarios, los molinos de caja giratoria y de viento, las casas de los campesinos y de los jornaleros, así como el taller del herrero y la choza de blanqueo de metales permiten hacerse una idea de la vida cotidiana en la Baja Sajonia en tiempos pasados. Las casas están equipadas con mobiliario y utensilios domésticos, vestimentas y aperos de labranza.

★ **Steindenkmäler von Visbek (Monumentos megalíticos de Visbek)** – *38 km al S*. Los monumentos de piedra de Visbek son los vestigios de una importante cultura megalítica.

La **Novia de Visbek** (Visbeker Braut) está constituida por un conjunto de bloques de granito ordenados en un claro de forma rectangular (7 x 80 m). El **Novio de Visbek** (Visbeker Bräutigam) *(30 min a pie i/v desde el hostal Engelmannsbäke)* consta de un dolmen, considerado como una mesa de sacrificios, y de una serie de 80 bloques de piedra alineados en un rectángulo de 108 x 10 m. En el extremo O del terreno se encuentra una cámara funeraria que permite imaginar los habitáculos de aquella época remota (finales de la Edad del Bronce, principios de la Edad del Hierro).

OSNABRÜCK

Baja Sajonia – 162. 000 habitantes
Mapa Michelin nº 415 J 8

Situada en un hermoso valle entre las colinas del Teutoburger Wald y las montañas del Wiehengebirge, el desarrollo urbanístico de Osnabrück giró en torno a dos centros: la sede episcopal y el antiguo mercado, que constituyeron el núcleo del casco antiguo en el s. IX, y la iglesia de San Juan, alrededor de la cual se fue conformando, a partir del s. XI, el barrio nuevo. Los dos sectores de población se unieron hacia 1300 en la ciudad hanseática de Osnabrück y construyeron conjuntamente la muralla defensiva. En el ámbito económico, la ciudad se ha especializado en la producción metalúrgica (carrocerías de automóviles) y en la industria de fabricación de papel, que han sustituido a la tradicional manufactura de tejidos de lino.

Los preliminares de la Paz (1648) – Las largas y complejas conversaciones de paz entre los representantes del emperador y los beligerantes protestantes –Suecia y los príncipes luteranos alemanes– se iniciaron en Osnabrück cinco años antes de la conclusión de la guerra de los Treinta Años. Las negociaciones con los delegados de los Estados católicos se desarrollaron, por otra parte, en la ciudad de Münster. La noticia de la firma de la paz de Westfalia se comunicó en Osnabrück el 25 de octubre de 1648 a una multitud que, aunque al principio incrédula, comenzó a entonar espontáneamente un cántico de acción de gracias.

QUÉ VER

Rathaus – El edificio del **ayuntamiento**, construido a principios del s. XVI en estilo gótico tardío, se distingue por su enorme tejado que fue restaurado después de la II Guerra Mundial respetando el modelo primitivo. Desde su escalinata se anunció la firma del tratado de paz en 1648. Sobre la portada, ocho estatuas de emperadores y reyes alemanes rodean la figura de Carlomagno.

★**Friedenssaal** (Sala de la Paz) – La sala, escenario de los preliminares de la paz de Westfalia, está decorada con los retratos de los soberanos y embajadores que participaron en las negociaciones. El techo y el suelo han sido restaurados, mientras la sillería (1554), ricamente tallada en madera, así como el candelabro, que data de la misma época, son originales. En el **tesoro del Concejo** se guarda, entre otras piezas valiosas de orfebrería, una preciosa copa imperial del s. XIV.

Marienkirche (Iglesia de Santa María) – Esta iglesia, de tipo salón, gótica (ss. XIII-XIV), delimita el flanco norte de la plaza del Mercado. En el interior, conserva un valioso **retablo de la Pasión**★ esculpido en un taller de Amberes a principios del s. XVI.

Dom St. Peter (Catedral de San Pedro) – La catedral pertenece al estilo de transición del románico al gótico (s. XIII). Su poco estilizada silueta está dominada por dos robustas torres asimétricas. La parte norte presenta una decoración románica de arcadas ciegas y cornisas.
El aspecto interior del templo también se sale de lo habitual por su testero recto. Del arco triunfal pende un crucifijo de principios del s. XIII. Las capillas que se abren en el deambulatorio albergan algunas obras de arte notables, en particular una Piedad del s. XV y una Crucifixión en piedra del s. XVI. Desde el claustro, de planta irregular *(al que se accede desde el brazo derecho del crucero)*, se distingue una bella perspectiva de las torres de la catedral.

Johanniskirche (Iglesia de San Juan) – Esta iglesia-salón de principios del gótico data del s. XIII. El **retablo de la Pasión** (s. XVI), tallado en madera, es obra del artista Evard van Rodens. En el presbiterio se pueden ver unas interesantes esculturas en piedra que representan a Cristo, la Virgen y los Apóstoles (hacia 1400). El claustro acoge un cementerio.

Felix Nussbaum Haus – *Lotter Straße 2*. El edificio del museo (1998), diseñado por **Daniel Libeskind**, produce un sentimiento de perplejidad en el visitante por su estructura interior sorprendente, repleta de detalles que crean confusión. Este lenguaje arquitectónico tan inusitado pretende simbolizar la pérdida del sentido de la orientación y el rumbo errático en la vida del pintor de origen judío Felix Nussbaum, a quien está consagrado el museo.
La obra de este artista, que nació en Osnabrück en 1904, se adscribe al movimiento pictórico de la Nueva Objetividad, aunque en sus cuadros se perciben influencias del surrealismo. Tras una etapa enormemente productiva en Berlín, el pintor emigró a Bélgica en 1935 y murió en el campo de concentración de Auschwitz en 1944. Presintiendo su trágico destino, Félix Nussbaum había expresado el deseo de que su obra pasara a la posteridad. En este museo, que reúne 160 cuadros de su extensa producción, se cumple en parte su anhelo.

EXCURSIÓN

★**Tecklenburg** – *23 km al SO – 30 min aprox.* – *Estacione el vehículo en el aparcamiento a la entrada de Tecklenburg*. Esta pintoresca estación climática, situada en la cresta del Teutoburger Wald, posee un bello conjunto de casas de vigas entramadas. El recorrido se debe iniciar en la plaza del Mercado (Marktplatz) y desde allí, pasando bajo la puerta "Legge", camine en dirección O hacia el núcleo histórico de la villa, que agrupa sus casas a los pies del **castillo**. De esta construcción sólo se conservan una monumental puerta renacentista y una atalaya.

Museo Félix-Nussbaum

OSTFRIESISCHE INSELN★

Islas FRISONAS ORIENTALES – Baja Sajonia
Mapa Michelin nº 415 E-F 3-7

Estas siete islas habitadas ocupan la franja de litoral comprendida entre las desembocaduras de los ríos Ems y Weser, en el sector S del mar del Norte. Al E y al N del archipiélago, formado por el fraccionamiento de un antiguo cordón de dunas paralelo a la línea de costa, se extienden las playas de arena fina. Estas islas, cuya extensión oscila entre 6,5 y 36 km^2, se han convertido en balnearios cuyas playas se cubren en verano de casetas y toldos multicolores que protegen a los bañistas de los fuertes vendavales de arena. El interior se caracteriza por un paisaje de dunas que modifican continuamente su aspecto al ser transportadas por la fuerza del viento. En cambio la parte S, más resguardada de las inclemencias del tiempo, se caracteriza por las tierras fértiles cubiertas de pastos. Entre las islas y el continente se encuentra el ecosistema de los "Watten", declarado en 1986 parque natural. La configuración geográfica de las islas no es ni mucho menos un proceso concluido; debido a que las mareas y los vientos predominantes baten en sentido NO, las islas se van desplazando paulatinamente en dirección SE. El mar del Norte dulcifica su clima, que se caracteriza por las escasas diferencias extremas de temperatura de una estación a otra, y entre el día y la noche, así como por la inestabilidad atmosférica y el continuo azote de los vientos.

En todas las islas (a excepción de Borkum y Norderney) está prohibida la circulación de vehículos a motor; el transporte se realiza en coches de caballos y carretas de mano. En algunas islas existen líneas de ferrocarril.

¿Le apetece un té?

Estadísticamente hablando, los ciudadanos de las islas Frisias Orientales consumen 14 veces más té que el resto de la población de la República Federal. El hábito de ingerir té, un auténtico rito social, fue introducido por los holandeses en 1670. Federico el Grande intentó prohibir esta costumbre en 1777, pero tuvo que desistir dos años más tarde porque numerosas personas abandonaron la región ante tal medida. En los peores periodos de racionamiento de alimentos durante la II Guerra Mundial, se asignaron mayores porciones de esta infusión a los habitantes de las islas. Estos exquisitos degustadores celebran una auténtica "ceremonia del té" en la que es preciso respetar escrupulosamente el proceso de preparación. Primero debe calentarse la tetera, después se depositan en el fondo las hojas para añadir a continuación el agua pausadamente. Debe dejarse reposar unos cinco minutos. Luego se sirve en una taza de porcelana con un terrón de azúcar cande y se añade una cucharada de nata líquida. Bajo ningún concepto se debe remover la bebida, pues sería un error imperdonable.

Borkum ⓥ – Esta isla, la más extensa de las siete (30 km^2), posee un bonito paseo marítimo bordeado de edificios señoriales de finales del s. XIX. Con buen tiempo, se avista desde lo alto del faro **Neues Leuchtturm** (60 m, 315 peldaños), construido en 1879, el continente y la colonia de focas que puebla el arrecife de "Hohes Riff".

Juist ⓥ – En esta isla de 17 km de longitud merece la pena visitar el **Museo del Litoral** (Küstenmuseum) situado en la localidad de Loog. En él se ilustra la vida en las costas frisonas, la historia del salvamento de náufragos, la importancia de la construcción de diques y la actividad de los pozos de petróleo y de gas en el mar del Norte. A la salida de Loog comienza el parque natural de **Bill**, un bello paraje de inmensas dunas.

Norderney ⓥ – La más urbanizada de las Frisias Orientales fue, en otro tiempo, la residencia de verano de la familia real de Hannover y conserva todavía en la arquitectura decimonónica del centro urbano y en su cuidado balneario el encanto de antaño.

Baltrum ⓥ – La más pequeña de las islas Frisias Orientales es un remanso de paz incluso en plena temporada turística. En la localidad de Westdorf se encuentra el monumento más interesante, la **Alte Kirche** (iglesia Vieja), construida un año después de la gran marea de 1826. Junto al sencillo santuario se encuentra la campana de la iglesia, una vieja campana de un barco arrojada por las olas en las costas de Baltrum. Merece la pena una excursión al paraje natural del **valle de las Grandes Dunas** (Große Dünental), situado en la parte oriental de la isla.

Langeoog ⓥ – En esta isla se recomienda visitar el **Museo de la Navegación** (Schiffahrtsmuseum). Delante del edificio se puede ver la lancha de salvamento que se utilizó en Langeoog entre 1945 y 1980. Desde el paseo que discurre por la cresta de la cadena de dunas se distingue con la marea baja una magnífica vista de la extensa playa (14 km) y sus bancos de arena.

OSTFRIESISCHE INSELN

Spiekeroog ⓥ – Pese al gran desarrollo turístico que ha experimentado la isla, sus pueblos conservan el aspecto tradicional. La **iglesia vieja de la Isla** (Alte Inselkirche), construida en 1696, es el santuario más antiguo del archipiélago. Al parecer, la Piedad en madera y algunos elementos del púlpito proceden de un barco de la Armada Española que naufragó junto a las costas de la isla. También es interesante el **Museo de Malacología** (Muschelmuseum) instalado en el sótano del Pabellón de la Playa (Strandhalle).

Wangerooge ⓥ – Esta isla, la más oriental de las Frisias, ha pertenecido a lo largo de la historia a Holanda, a Francia, en dos ocasiones a Rusia y desde 1818, a la ciudad de Oldenburg. Wangerooge, una estación veraniega ideal para las vacaciones en familia, posee una línea de ferrocarril que atraviesa un bonito paisaje lacustre poblado de multitud de aves acuáticas desde su solitario puerto en el extremo suroriental hasta el mismo centro urbano de la localidad.

PADERBORN

Renania Septentrional-Westfalia – 132.000 habitantes
Mapa Michelin nº 417 K 10

Paderborn fue fundada por Carlomagno en el año 777 y se convirtió en uno de los principales centros del poder real y eclesiástico de la Alemania medieval. El magnífico palacio imperial (reconstruido) y la gran catedral son muestras del prestigio del que gozó la ciudad en el pasado. Aquí se creó en 1614 la primera Universidad de Westfalia. La ciudad adquirió su aspecto monumental después de la guerra de los Treinta Años, coincidiendo con el gobierno de los príncipes obispos durante el barroco.

La economía de Paderborn fue, hasta bien entrado el s. XX, fundamentalmente rural. Después de la II Guerra Mundial surgieron nuevos sectores, como la investigación y la enseñanza, así como el desarrollo de la tecnología de los medios de información y comunicación, aunque los grandes espacios verdes sugieren su ancestral vinculación con el campo.

QUÉ VER

★ **Dom (Catedral)** – Esta construcción está dominada por una maciza torre románica calada por multitud de ventanales. En la puerta del Paraíso (atrio) la estatuaria está presidida por la imagen de la Virgen en el parteluz, rodeada de estatuas de santos y de obispos.
El interior, edificado en el s. XIII según el modelo de la catedral de Poitiers, es una nave amplia y elevada, en la que se aprecia la evolución del románico (parte oeste) al gótico (parte este). A la izquierda del presbiterio se abre un pequeño atrio de tres naves de igual tamaño; algunas arcadas datan del año 1000. La cripta *(acceso desde el crucero)* alberga las reliquias de San Liborio.

Claustro – *Acceso por el atrio*. Aquí se encuentran las sepulturas de los condes de Westfalia y la capilla de Westfalia, en la que se puede ver un bello altar gótico y, en uno de los ventanales, el popular relieve de "Las tres liebres", el emblema de Paderborn, curiosamente las orejas de las libres suman en conjunto solo tres.

Bartholomäuskapelle – La **capilla de San Bartolomé** situada en el flanco norte de la catedral, es un santuario románico de tipo salón construido por maestros bizantinos en 1017. Las elegantes columnas, adornadas con capiteles corintios muy elaborados, soportan las bóvedas en forma de cúpulas.

Diözesanmuseum ⓥ – El **Museo Diocesano** posee una importante colección de arte sacro de los ss. X al XX. Entre sus objetos destacan la llamada **Madona de Imad**★ (Imad-Madonna, 1050), dos altares portátiles de Roger von Helmarshausen (hacia 1110) y el relicario de san Liborio (1627).

★ **Rathaus** – El monumental edificio del **ayuntamiento**, construido entre 1613 y 1620, es un bello ejemplo del Renacimiento tardío del Weser; la fachada está constituida por dos cuerpos porticados coronados por frontones y un cuerpo central rematado por un gran hastial escalonado.

Paderquellen (Fuentes del Pader) – Al O de la catedral nace el manantial del Pader, cuya fuerza hidráulica se aprovechaba antiguamente en los molinos.

ⓥ ▶▶ Heinz Nixdorf Museums-Forum (Forum Heinz Nixdorf) – Traktoren-Museum (Museo de Tractores) *(Karl-Schoppe Weg 8)*.

PASSAU★★

Baviera – 50.000 habitantes
Mapa Michelin nº 420 U 24

Esta ciudad fronteriza entre Alemania y Austria goza de un **emplazamiento**★★ privilegiado en la confluencia del Danubio, del Inn y del Ilz. El casco antiguo de la ciudad, con sus iglesias barrocas y sus casas patricias, se aglutina en una estrecha franja de tierra comprendida entre el Inn y el Danubio. Al N de la **ciudad entre tres ríos** se eleva, sobre la orilla izquierda del Danubio, una cresta boscosa coronada por la imponente fortaleza de Oberhaus; al S, en las pendientes de la ladera derecha del Inn, se alza el santuario de María Auxiliadora. La apertura de una sede universitaria en 1978 potenció el papel cultural y económico de Passau en el E de Baviera. Todos los veranos, las Semanas Europeas atraen a numerosos aficionados a la música y al teatro.

Un poderoso obispado – San Bonifacio, apóstol de Alemania, fundó el obispado de Passau en el s. VIII. A finales del s. X los obispos gobernaban la ciudad y en 1217, se convirtieron en príncipes del Imperio; su influencia se podía equiparar a la que ostentaban los arzobispos de Salzburgo. La gigantesca diócesis englobó, hasta el s. XV, todo el valle austríaco del Danubio, incluida Viena.

El comercio – En Passau, el caudal del Danubio casi se duplica con el aporte de las aguas del Inn. En la Edad Media la **navegación fluvial** constituyó una importante fuente de ingresos para la ciudad.
Desde que las gabarras pueden remontar el Danubio hasta Kelheim, el tráfico de embarcaciones de carga por Passau desempeña un papel de segundo orden. Sin embargo, la ciudad de los tres ríos se impone en el transporte de viajeros (líneas regulares a Viena y Budapest, excursiones por el Danubio a la región de la Alta Austria, circuito de los tres ríos).

QUÉ VER

Veste Oberhaus (**Fortaleza de Oberhaus**) – Esta impresionante construcción defensiva se edificó en 1219 para servir de refugio a los príncipes obispos que gobernaban la ciudad frente a la potencial amenaza del sector burgués de la urbe, que tenía fama de poseer un espíritu rebelde. El complejo está comunicado a través de un camino de ronda con la **fortaleza Niederhaus**, situada en el extremo de la lengua de tierra entre el Danubio y el Ilz.

Museo – El museo comprende varias secciones: arte popular, historia de la artesanía, de las creencias religiosas (Museo Diocesano) e historia de la ciudad. Posee una interesante colección de pintura (entre otros, de artistas de la escuela del Danubio).

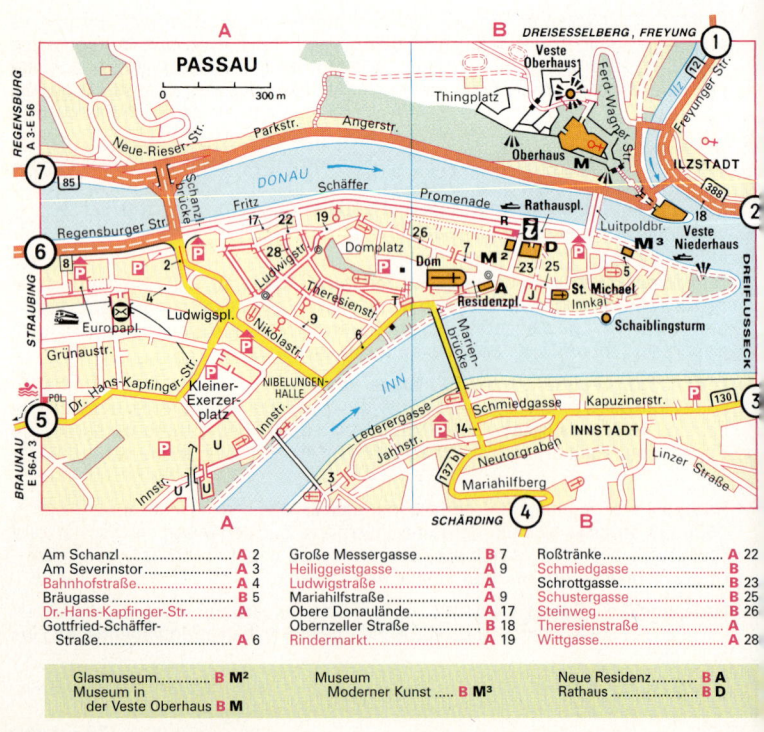

Am Schanzl .... **A** 2	Große Messergasse .... **B** 7	Roßtränke .... **A** 22
Am Severinstor .... **A** 3	Heiliggeistgasse .... **A** 9	Schmiedgasse .... **B**
Bahnhofstraße .... **A** 4	Ludwigstraße .... **A**	Schrottgasse .... **B** 23
Bräugasse .... **B** 5	Mariahilfstraße .... **A** 9	Schustergasse .... **B** 25
Dr.-Hans-Kapfinger-Str. ... **A**	Obere Donaulände .... **A** 17	Steinweg .... **B** 26
Gottfried-Schäffer-	Obernzeller Straße .... **B** 18	Theresienstraße .... **A**
Straße .... **A** 6	Rindermarkt .... **A** 19	Wittgasse .... **A** 28

Glasmuseum .... **B M²**	Museum	Neue Residenz .... **B A**
Museum in	Moderner Kunst .... **B M³**	Rathaus .... **B D**
der Veste Oberhaus **B M**		

422

Alojamiento

Passauer Wolf – *Rindermarkt 6* – ☎ *08 51/9 31 51 10* – *fax 08 51/9 31 51 50* – *35 hab* – *individuales desde 64 €*. Situado en un extremo del casco antiguo, a orillas del Danubio. Gastronomía regional muy elaborada.

Wilder Mann – *Rathausplatz* – ☎ *08 51/3 50 71 (hotel), 3 50 75 (restaurante)* – *fax 08 51/3 17 12* – *49 hab* – *individuales desde 51 €*. Edificio burgués restaurado, habitaciones decoradas en estilo rústico. Exquisita cocina regional.

Restaurante

Heilig-Geist-Stift-Schenke – *Heiliggeiststraße 4* – ☎ *08 51/26 07* – *fax 08 51/3 53 87* – *menús desde 10 €*. Mesón que data de 1358, con antigua bodega y bonito jardín cubierto por una parra. Cocina regional.

★★**Vista de la ciudad** – Desde el mirador *(Zur Aussicht)* cercano al aparcamiento y desde la torre panorámica *(142 peldaños)* que se encuentra en las murallas de la fortaleza, se obtiene una magnífica vista del casco antiguo, bañado por el Danubio y el Inn. Muchas de las casas que se apiñan en el centro histórico se distinguen por los **tejados de túmulo** (Grabendach), cubiertas tradicionales del valle del Inn que se caracterizan por una vertiente frontal casi vertical.

Otra **vista** excepcional de Passau, del triángulo en el que confluyen los tres ríos (Dreiflüsseeck) y de la fortaleza de Oberhaus se ofrece desde el santuario de María Auxiliadora (Wallfahrtskirche Mariahilf).

Dom St. Stephan (Catedral de San Esteban) – El edifico original de estilo gótico flamígero fue destruido en el s. XVII por un incendio, a excepción del presbiterio este y del crucero. En las obras de reconstrucción (1668-78) la catedral se transformó en una iglesia de estilo barroco. La mesura de su majestuosa fachada oeste contrasta con el aspecto más alegre de los remates octogonales añadidos a finales del s. XIX a sus dos torres.

El interior, de inmensas proporciones, se caracteriza por la abundancia de estucados y frescos. Cuatro de los altares laterales, cuya disposición imita la forma de una pequeña capilla, albergan cuadros del artista austriaco **J.M. Rottmayr** (1654-1730).

El **órgano** está considerado como el mayor del mundo con sus 17.774 tubos y 233 registros *(se celebran conciertos)*.

Desde la plaza de la Residencia (Residenzplatz) se puede contemplar la elegante **cabecera**★★ de la catedral, una obra maestra del gótico tardío (1407-1530); detrás, se eleva el remate barroco de la cúpula del crucero.

Residenzplatz – Esta plaza está bordeada, al S por la **Nueva Residencia** (Neue Residenz), de principios del periodo neoclásico. En las inmediaciones se puede ver una hilera de casas burguesas con soportales, miradores en saledizo y tejados de túmulo.

Rathausplatz – La **plaza del ayuntamiento** es una de las más pintorescas de Passau. El edificio del **ayuntamiento** presenta una fachada pintada del s. XIV; su torre se levantó a finales del s. XVIII.

Jarrones Jugendstil (hacia 1900), Museo del Vidrio de Passau

PASSAU

- ★★ **Glasmuseum (Museo del Vidrio)** ⓥ – *En el hotel "Wilder Mann" en la plaza del ayuntamiento.* Cuatro inmuebles del s. XIV, entre ellos el del antiguo Tribunal y el prestigioso hotel histórico *Wilder Mann*, fueron ejemplarmente restaurados y sirven de marco para la "más bella exposición de vidrio del mundo", en palabras del escritor suizo Friedrich Dürrenmatt. Distribuidas en cuatro plantas, las ricas colecciones ilustran 250 años de historia del vidrio a partir del s. XVIII.
  El **cristal de Bohemia** de los ss. XIX-XX está representado por un conjunto de piezas único en el mundo, tanto por la diversidad de modelos, como por su calidad. Entre los objetos expuestos destaca una suntuosa copa de Lobmeyr, realizada entre 1878 y 1881, que representa la *Boda de Neptuno y Anfítrite* y que está considerada como una obra maestra de la talla en cristal del s. XIX.

  St. Michaels-Kirche (Iglesia de San Miguel) – Construida por los jesuitas en el s. XVII, esta iglesia, que domina la orilla izquierda del Inn, se caracteriza por la superabundante decoración de estucos y dorados en su interior (hacia 1670). Un retablo pintado por Carlo Innocenzo Carlone cubre el testero recto del ábside.

- ★ **Dreiflüsseeck Spaziergang (Paseo de la Confluencia)** – *Desciende desde la iglesia de San Miguel al muelle del Inn.* El impetuoso caudal del Inn pasa veloz a los pies de la **Schaiblingsturm** (1481), una torre que sirvió como almacén de la sal. En la **confluencia de las corrientes** (Dreiflüsseeck) se puede observar, por el color de las aguas, que el Danubio (la mancha marrón), el Inn (la franja azul) y el oscuro caudal del Ilz se funden formando una corriente única. Desde la ribera del Danubio se ofrece una hermosa **vista** de la fortaleza de Oberhaus.

  ⓥ ▶▶ Stiftung Wörlen (Fundación Wörlen) – Museum Moderner Kunst (Museo de Arte Moderno).

EXCURSIONES

- ★ **Dreisesselberg** – *48 km al NE.* Desde la carretera se accede fácilmente a la posada de Dreisessel, situada a los pies de la **Dreisesselfelsen**, una roca granítica modelada por la erosión en forma de platos apilados. Por un sendero señalizado *(triángulos verdes con reborde blanco)* se llega hasta el primer grupo de rocas y, a continuación, por unas escaleras, al **Hochstein** (1.332 m). Desde la cima se disfruta de una amplia **panorámica**★ de la inmensa masa forestal del bosque de Bohemia.

  Osterhofen – *36 km al NO.* Los tres grandes maestros del barroco en Baviera han dejado su huella en la **iglesia** del barrio de Altenmarkt en Osterhofen: Johann Michael Fischer, en la arquitectura, y los hermanos Asam, en la decoración. La alternancia de las líneas convexas de las balaustradas y cóncavas de las pilastras, así como la ausencia casi total de ángulos rectos confieren al edificio un gran movimiento. En el interior destaca el monumental altar mayor, con sus columnas salomónicas y sus ángeles sonrientes, que rodean una mandorla.

  ▶▶ Museumsdorf Bayerischer Wald in Tittling (Pueblo-museo en el Bosque de Baviera en Tittling) *(20 km al N)*.

PFALZ★

PALATINADO – Renania-Palatinado
Mapas Michelin nᵒˢ 417/419 S 7 – R 9

Desde el punto de vista morfológico, las montañas del Palatinado son las estribaciones septentrionales de los Vosgos. Los paisajes boscosos, interrumpidos por continuos y violentos declives del terreno o por rocas de piedra arenisca roja, son análogos en ambas regiones.
En el centro, el **bosque del Palatinado** (Pfälzer Wald), con muy baja densidad de población, es visitado, sobre todo, por los aficionados al senderismo. Al S se extiende la zona accidentada del **Wasgau**, cuyas crestas cubiertas de bosque y coronadas por viejas fortalezas en ruinas o espolones rocosos, alternan con profundas hondonadas ocupadas por las aldeas y pueblos.

Los vinos del Palatinado – El reborde oriental del macizo montañoso del Palatinado, el **Haardt**, que desciende bruscamente hacia la llanura del Rin, alcanza una altura de 673 m (cima del Kalmit). A sus pies se extiende una franja de terreno soleada, cuyos suelos calcáreos son muy apropiados para el cultivo de la vid.
La recolección de la uva se realiza cuando la época de vendimia está próxima a su fin, lo que permite una cosecha que produce vinos afrutados, fundamentalmente blancos y de alta gradación alcohólica. Los caldos más afamados son los que se elaboran en Bad Dürkheim, Wachenheim, Forst y Deidesheim. El itinerario que sugerimos discurre parcialmente paralelo a la célebre "Ruta alemana de los vinos", que comienza en Bockenheim, al E de Worms, y concluye en Schweigen, en la frontera francesa.

AGENDA DE DIRECCIONES

En Bad Dürkheim

Landhaus Fluch – *En Bad Dürkheim-Seebach, Seebacher Straße 95* – ☎ *0 63 22/24 88 – fax 0 63 22/6 57 29 – 24 hab – individuales desde 41 €.* Hotel confortable bien equipado, negocio familiar.

Weinstube Ester – *Triftweg 21* – ☎ *0 63 22/98 90 65 – fax 0 63 22/98 97 26 – menús desde 8 €.* Taberna rústica con cocina regional.

En Deidesheim

Deidesheimer Hof – *Marktplatz 1* – ☎ *0 63 26/9 68 70 – fax 0 63 26/76 85 – 30 hab – individuales desde 110 €.* Elegante hospedería con habitaciones decoradas con mucho gusto. Restaurante para gourmets, así como taberna con gastronomía regional.

Gutsausschank Dr. Kern – *Schloß Deidesheim* – ☎ *0 63 26/9 66 99 – fax 0 63 26/96 69 20 – menús desde 11,50 €.* Comedor rústico con bonito techo de estuco, cocina regional y vinos de cosecha propia.

En Neustadt an der Weinstrasse

Muglers Kutscherhaus – *Peter-Koch-Straße 47* – ☎ *0 63 21/6 63 62 fax 0 63 21/60 05 88 – menús desde 11,50 €.* Antigua bodega de 1733 con mobiliario rústico, carta gastronómica regional.

En Bad Bergzabern

Zum Lamm – *En Gleizellen (4,5 km al N), Winzergasse 37* – ☎ *0 63 43/93 92 12 – fax 0 63 43/93 92 13 – 11 hab – individuales desde 46 €.* Edificio de vigas entramadas del s. XVIII con una bonita terraza en el jardín, habitaciones decoradas al estilo rústico. Emplazamiento tranquilo y agradable en una típica callejuela de la zona de bodegas.

Reuters Holzappel – *En Pleisweiler-Oberhofen (3 km al N), Hauptstraße 11* – ☎ *0 63 43/42 45 – fax 0 63 43/42 45 – menús desde 41 €.* Taberna muy agradable en una casa rural con 250 años de antigüedad, gastronomía regional (sólo cenas).

DE WORMS A BAD BERGZABERN *151 km – 1 día*

★ **Worms** – *Ver este nombre.*

Al S de Worms, en una zona que aún pertenece a la región de Hesse renana, la llanura se cubre progresivamente de viñedos. Pronto aparece en el horizonte la cadena montañosa del Haardt.

Freinsheim – Gran localidad vitícola rodeada por un sistema defensivo. El ayuntamiento, situado junto a la iglesia del s. XV, ocupa un elegante edificio barroco, cuyo tejado protege también una escalera exterior.
La carretera continúa atravesando campos de viñedos salpicados de bellos pueblos.

Bad Dürkheim – El **parque del balneario** de esta estación de aguas minerales curativas, situada al borde del bosque del Palatinado, constituye el principal atractivo de esta localidad: su clima suave permite que prosperen las higueras y los almendros. Desde las ruinas de la abadía benedictina de Limburg *(4 km al O por la Schillerstraße y el Luitpoldweg)*, se ofrecen bellas vistas del valle del Isenach y de los vestigios de la Hardenburg (al O), así como de la llanura del Rin (al E).

Deidesheim – Es uno de los pueblos vitícolas característicos de la ruta alemana de los vinos, con una bella plaza del Mercado bordeada de casas de vigas entramadas. El martes de Pentecostés se celebra una curiosa fiesta: la tradicional subasta del macho cabrío. Las gentes del lugar, ataviadas con sus trajes regionales para la ocasión, se reúnen delante de la escalinata del ayuntamiento.

★ **Neustadt an der Weinstraße** – Esta pintoresca localidad posee un interesante **casco antiguo**★. El edificio del ayuntamiento en la plaza del Mercado es del s. XVIII.

Hambacher Schloß ⊙ – *A 1 km de Hambach.* Fundado por los reyes salios en el s. XI, este castillo fue durante mucho tiempo la residencia de verano de los obispos de Espira. Las ruinas de la fortaleza, destruida en 1688, se hicieron célebres en 1832 porque fueron el marco para la celebración de la "Hambacher Fest", una manifestación patriótica en la que los militantes de ideas liberales izaron por primera vez la bandera negra, roja y oro, adoptada como emblema nacional alemán en 1919 y después, en 1949. El castillo, totalmente restaurado, acoge una exposición permanente que recuerda este trascendente acto político de la historia alemana.

PFALZ

- **★ Kalmit** – *A 8 km de Maikammer y 15 min a pie i/v*. Desde el Kalmit, la máxima elevación del Palatinado con 673 m, se pueden realizar numerosas excursiones por los bellos bosques de los alrededores. Desde la terraza del Kalmithaus se tiene una amplia **vista★★** de la llanura del Rin y hacia el E, en la lejanía, de la catedral de Espira. Al llegar a la agradable localidad de **St. Martin★** se enlaza de nuevo con la ruta del vino.

- **★ Schloß "Villa Ludwigshöhe"** ⓥ – *A 2 km de Edenkoben*. Este palacio construido por encargo de Luis I de Baviera en el estilo de las "villas italianas", alberga la **Galería Max Slevogt★**, consagrada a este artista del impresionismo alemán (1868-1932). Se recomienda visitar los salones del palacio, decorados con pinturas murales de estilo pompeyano y bellos suelos de madera. Desde la terraza se obtiene una magnífica **vista★** de la llanura del Rin.

  Un telesilla conduce hasta el **Rietburg** (550 m), punto de partida para interesantes paseos por el bosque. En el trayecto de descenso se ofrecen magníficas vistas de las extensiones de viñedos que cubren las laderas.

- **★★ El Trifels** ⓥ – *A 7 km de Annweiler y 30 min a pie, más la visita*. Fundado por los reyes salios, el Trifels es uno de los castillos con mayor tradición histórica de Alemania. Fue la fortaleza imperial de la dinastía Hohenstaufen y en los ss. XII-XIII custodió en ocasiones las insignias de la Corona, lo que explica la leyenda de que aquí se conservaba el santo Grial. Lo que es un hecho cierto es que el emperador Enrique IV mantuvo prisionero entre sus gruesos muros a **Ricardo Corazón de León**, rey de Inglaterra, al regreso de la tercera Cruzada en 1193. La enorme cuantía del rescate que obtuvo el emperador alemán por la liberación del rey Ricardo sufragó los gastos de su campaña militar contra los normandos establecidos en el S de Italia.

  Desde su magnífico **emplazamiento★★** jugaba un papel estratégico de primera magnitud en el control de las rutas comerciales que discurrían entre Metz y Pirmasens hacia la llanura del Rin. El castillo está encaramado sobre una roca de arenisca de 145 m de longitud y 40 m de anchura, con la que parece formar un solo cuerpo.

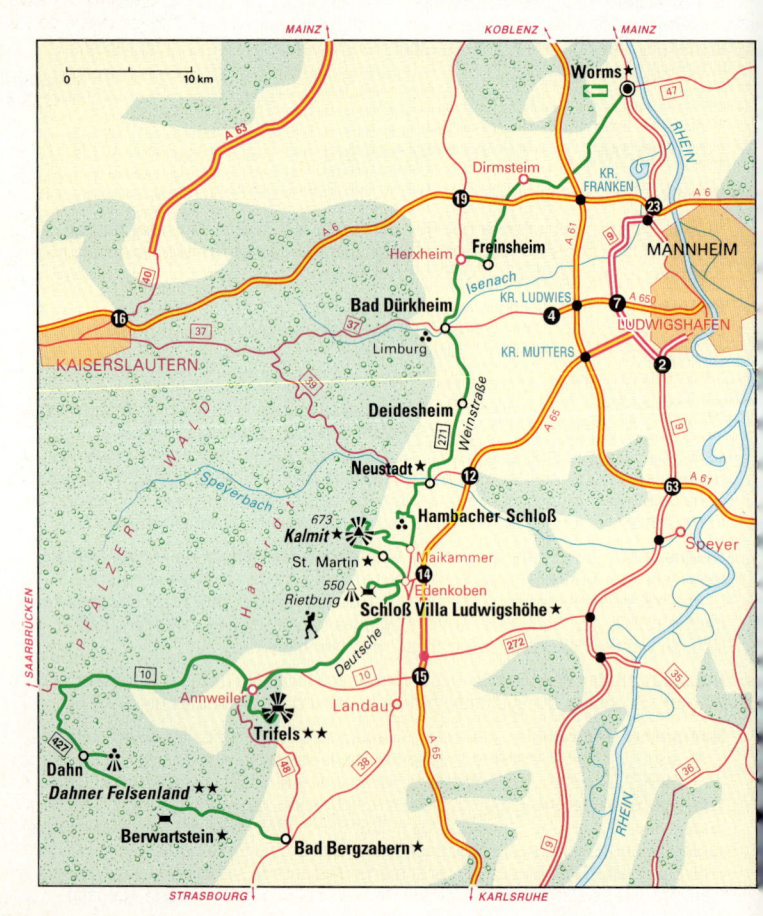

PFALZ

Paisaje del Trifels

★★ Dahner Feldsenland – Los alrededores de la estación climática de **Dahn** constituyen una de las regiones más atractivas para la práctica del senderismo en Alemania. Toda la región esta jalonada de castillos y formaciones rocosas de piedra arenisca roja. 47 torres construidas con este tipo de gres han sido declaradas monumentos de interés histórico. La imagen romántica de Altdahn está dominada por las **ruinas de la fortalez★★** (hacia 1100), con sus numerosas atalayas y escaleras talladas en la roca. Desde sus torres se tienen bellas **vistas★** de las montañas del Wasgau.

★ Burg Berwartstein ⊙ – *Por la carretera nacional B 427 gire en dirección a Erlenbach.* Situada en el punto de intersección de varios valles, el **castillo de Berwartstein**, antiguo nido de bandoleros, domina desde una altura de 100 m la localidad de Erlenbach. El origen del Oberburg (castillo alto) se remonta al s. XII, mientras el Unterburg (castillo bajo) data del s. XV. Destruida por un incendio en 1591, la fortaleza fue restaurada a finales del s. XIX. En su interior se pueden visitar la sala de los Caballeros, la habitación de la Caza, un pozo de 104 m de profundidad, la antigua cocina, las casamatas y un circuito de galerías subterráneas excavadas en la roca. Desde las terrazas, la **vista★** se pierde en un horizonte sin límites de la región montañosa de Wasgau y Francia.

La carretera discurre por parajes rocosos y llega, finalmente, a Bad Bergzabern.

★ Bad Bergzabern – Esta atractiva estación termal posee un bonito conjunto de casas de vigas entramadas de los ss. XVII-XVIII (Königstraße, Marktstraße). Entre todas ellas destaca la **posada del Ángel★** (Gasthaus zum Engel, 1579), uno de los más bellos edificios renacentistas del Palatinado. El **castillo**, con sus poderosas torres circulares, fue construido entre 1720 y 1725; en el patio se conserva una torre de escalera poligonal que perteneció a la construcción primitiva (1530).

POTSDAM★★★

Brandemburgo — 127.000 habitantes
Mapa Michelin nº 416/418 I 23

A sólo unos kilómetros al O de Berlín, Potsdam se asienta en un paraje natural privilegiado bañado por los brazos y canales del Havel. A principios del s. XVII los príncipes electores de Brandemburgo eligieron este atractivo lugar para levantar su residencia favorita.
La ciudad, devastada por las tropas suecas durante la guerra de los Treinta Años (1618-48), fue reconstruida por Federico Guillermo I. Tras la revocación del edicto de Nantes, Potsdam acogió a numerosos hugonotes franceses, entre ellos muchos artesanos que contribuyeron al desarrollo económico de la ciudad.

Un Versalles prusiano — Durante el reinado del "Rey Sargento" Federico Guillermo I, Potsdam se convirtió en un importante centro administrativo y, sobre todo, en la guarnición militar prusiana por excelencia, hasta el extremo de que más del 75% de su población eran soldados.

Palacio de Sanssouci

Su hijo, **Federico II el Grande** (1712-1786, comenzó a gobernar en 1740), marcó un nuevo rumbo en la vida de la ciudad. Amante de las artes y de las letras, este monarca embelleció Potsdam con el conjunto de monumentos que hoy la hacen célebre, sobre todo el palacio de Sanssouci y el palacio Nuevo. El rey Federico, que se expresaba mejor en francés que en su propia lengua, atrajo a la Corte a un prestigioso grupo de intelectuales, artistas y filósofos, entre los que figuraba **Voltaire**, quien residió tres años en Potsdam y mantuvo una estrecha amistad con el monarca.

La conferencia de Potsdam — El acuerdo que definía el papel de las potencias vencedoras de la II Guerra Mundial en las zonas de ocupación de Alemania fue firmado el 2 de agosto de 1945 en el palacio de Cecilienhof por los dirigentes de los países aliados (Churchill, sustituido posteriormente por Clem Attlee, Truman y Stalin). La conferencia de Potsdam no ofreció una solución satisfactoria al problema alemán y creó nuevos motivos de tensión entre los dos grandes bloques, determinando el futuro histórico del país germano.
En la actualidad Potsdam es la capital del Estado de Brandemburgo.

★★★PARQUE Y PALACIO DE SANSSOUCI

Siga el itinerario marcado en el plano.

El parque, que ocupa una superficie de cerca de 300 ha y cuenta con varios centenares de especies vegetales, fue diseñado en parte por Peter Joseph Lenné, el arquitecto paisajista más prestigioso de Prusia. Estos jardines reales y la noble arquitectura de sus monumentos —edificados entre 1744 y 1880— constituyen, sin duda, el conjunto más grandioso en su género de Alemania.

POTSDAM

Si se pasea por el parque se comprende fácilmente el sosiego que encontraba el monarca ilustrado en este paraje. Aquí podía abstraerse de las preocupaciones inherentes a un hombre de Estado y cultivar sus múltiples aficiones artísticas, en particular, la música.

Como era su deseo, los restos de Federico el Grande descansan desde 1991 en Sanssouci. En esta fecha fueron trasladados desde el castillo de Hohenzollern al mausoleo construido sobre las terrazas del palacio. La sepultura de su padre, Federico Guillermo I, se encuentra, en cambio, en el panteón de la Friedenskirche, cerca de los jardines de Marly.

Friedenskirche (Iglesia de la Paz) – Esta iglesia, edificada entre 1844 y 1854 durante el reinado de Federico Guillermo IV, se inspiró en el modelo de la basílica de San Clemente de Roma. En ella yace este rey junto a otros ilustres antepasados. En el ábside destaca un bello mosaico★ procedente de la isla de Murano, que data de la primera mitad del s. XVIII. En el mausoleo se pueden contemplar las figuras yacentes del emperador Federico III y de su esposa, así como el sarcófago de Federico Guillermo I, el Rey Soldado.

Neptungrotte (Gruta de Neptuno) – Es la última obra (1751-57) que realizó Knobelsdorff en Sanssouci. Esta fuente-surtidor, que presenta una decoración de rocalla, no se puso en funcionamiento hasta el s. XIX.

★ **Bildergalerie** ⓥ – La pinacoteca se construyó entre 1755 y 1763. En la gran sala, lujosamente decorada en estilo rococó, se puede contemplar la colección reunida por Federico II, con obras de las escuelas italiana (Tintoretto, Caravaggio, Bassano), flamenca (Terbrugghen, van Dyck, Rubens) y francesa (Simon Vouet, Van Loo).

★★★ **Schloß Sanssouci** ⓥ – *Como el aforo de visitantes es limitado, es preciso contar con un tiempo de espera a la entrada.* Resulta difícil permanecer impasible ante la sensación que se experimenta al ver surgir progresivamente la majestuosa fachada del palacio conforme se va ascendiendo por la gran escalinata que culmina en la explanada de la entrada.

La idea original del arquitecto Georg Wenzeslaus von Knobelsdorff era que la fachada, adornada con 36 figuras de atlantes, discurriera paralela al borde superior de las terrazas, pero el rey prefirió disponer de un amplio espacio libre, que con el tiempo se convirtió en uno de sus lugares favoritos de recreo, en contacto con la naturaleza. En la parte posterior, la fachada del patio de honor está flanqueada por una elegante columnata en forma de semicírculo.

La maestría y el virtuosismo de los artistas que colaboraron en la obra se manifiesta en cada rincón de las estancias decoradas en estilo rococó:

En el **gabinete de trabajo y dormitorio de Federico II** se pueden ver la mesa y el sillón de su despacho; pero la **sala de conciertos**, que es una obra maestra del rococó prusiano, era la estancia preferida de Federico II. También merece la pena visitar la **sala de Mármol**, una espléndida estancia que se abre con grandes ventanales a la terraza y es donde se celebraban las llamadas "mesas redondas de filosofía".

★ **Neue Kammern (Nuevos Aposentos)** ⓥ – Concebidos por Knobelsdorff en 1747 para albergar la Orangerie, fueron transformados por Georg Christian Unger en residencia para alojar a los invitados del palacio. En el interior, decorado en estilo rococó, destaca la galería de Ovidio★, en cuyos revestimientos se representan escenas de las *Metamorfosis*.

Historische Mühle (Molino histórico) – Sobre este molino se relata una anécdota que ejemplifica a la perfección el papel del Estado y el despotismo ilustrado de Federico II. El tableteo de este molino resultaba molesto al soberano, por lo que llamó al molinero y trató de persuadirle para que cesara en su actividad o abandonara el lugar. Como con palabras no se dejaba convencer, el rey puso en práctica todas las estrategias posibles, pero ni las atractivas ofertas económicas ni las amenazas dieron resultado alguno. Así, como el molinero no cedía ni por las buenas ni por las malas, el rey recurrió a la Justicia. Sin embargo, el molinero ganó el pleito porque se hizo valer el siguiente principio: "En los Tribunales hablan las Leyes y el rey debe guardar silencio."

Jardín Siciliano – Este bello parque fue diseñado por Lenné en estilo renacentista.

Nueva Orangerie ⓥ – Este pabellón, construido entre 1851 y 1860 según un proyecto sugerido por Federico Guillermo IV, se inspira en los palacetes italianos del Renacimiento. El zar Nicolás I y su esposa ocuparon algunas de sus lujosas dependencias, entre las que destaca, la bella sala de malaquita. También es original la **sala de Rafael**★, decorada con 47 copias de pinturas del artista.

Casa del Dragón (Drachenhaus) – En esta pequeña pagoda (adornada con 16 figuras de dragones sobre el caballete del tejado) se ha instalado un café. Fue construida por Karl von Gontarden en 1770 en las cercanías de un viñedo y servía de vivienda al viticultor.

POTSDAM

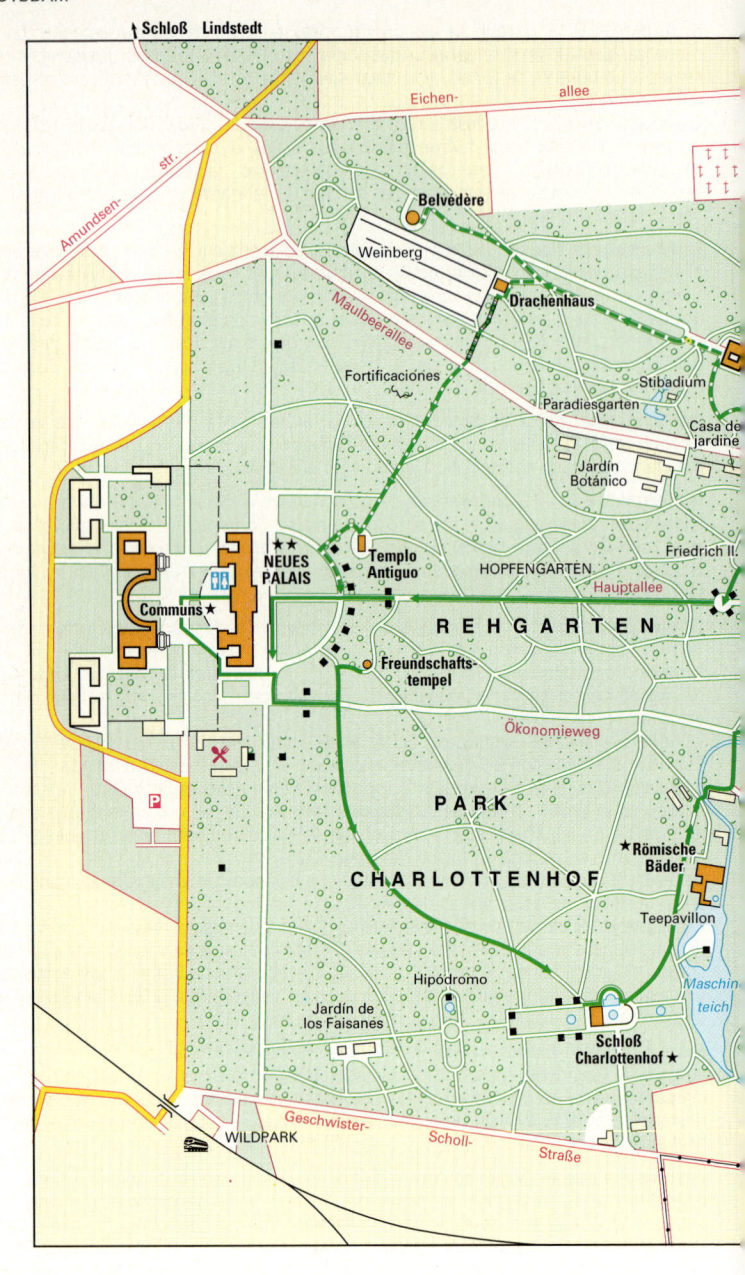

Belvedere – Este bello edificio, último encargo en Potsdam de Federico II, se levantó entre 1770 y 1772.
Antes de visitar el Neues Palais, se puede ver el **Antikentempel**, destinado a albergar una parte de las colecciones reales.

★★ **Neues Palais** ⊙ – La construcción del imponente y lujoso **palacio Nuevo** fue ordenada por Federico II al finalizar la guerra de los Siete Años para demostrar que el potencial económico de Prusia aún estaba intacto a pesar de las penurias provocadas por las hazañas bélicas. La intencionalidad de este proyecto se manifiesta en las desmesuradas proporciones del palacio (213 m de fachada), con cerca de 400 habitaciones y una superabundancia de esculturas y detalles decorativos. La obra se realizó en un tiempo relativamente corto (1763-69). El exterior, en estilo barroco tardío muy recargado, carece de la elegante sencillez que caracteriza al palacio de Sanssouci.
En la parte posterior del palacio, los llamados Communs son dos pequeños edificios de columnas que imitan la arquitectura palaciega y albergaban las oficinas de la Corte y las dependencias del servicio.

La visita dura 1 h aprox. y se pueden ver gran número de habitaciones, entre ellas, la sala de Rocalla, la galería de Mármol, el elegante salón de Mármol y el teatro, este último instalado en el ala sur.

★Schloß Charlottenhof – El proyecto de este palacio de estilo clasicista italiano, construido entre 1726 y 1829, se debe a los arquitectos Karl Friedrich Schinkel y a su discípulo Ludwig Persius. En él se pueden visitar el gabinete de trabajo y el dormitorio de Alejandro de Humboldt.

Römische Bäder (Baños romanos) – Este complejo arquitectónico fue edificado entre 1829 y 1835 por Persius de acuerdo con los planos diseñados por Schinkel, mientras que el acondicionamiento del parque es obra de Lenné. El objetivo del proyecto era ensamblar los distintos elementos constructivos de forma que constituyeran un conjunto en perfecta armonía con el medio natural. La **decoración interior★** de los baños se distingue por su exquisita elegancia.

POTSDAM

Palacio Nuevo

A través de una pérgola se accede al **pabellón de Té**, una construcción en forma de templete que consta de un único salón decorado en tonos azules, desde el que se contempla una perspectiva del parque y del jardín.

✶✶Chinesisches Teehaus – El pabellón circular que alberga la **casa de té china** refleja el gusto por la decoración chinesca durante el s. XVIII. En su salón adornado con esculturas doradas se expone una colección de porcelanas chinas.

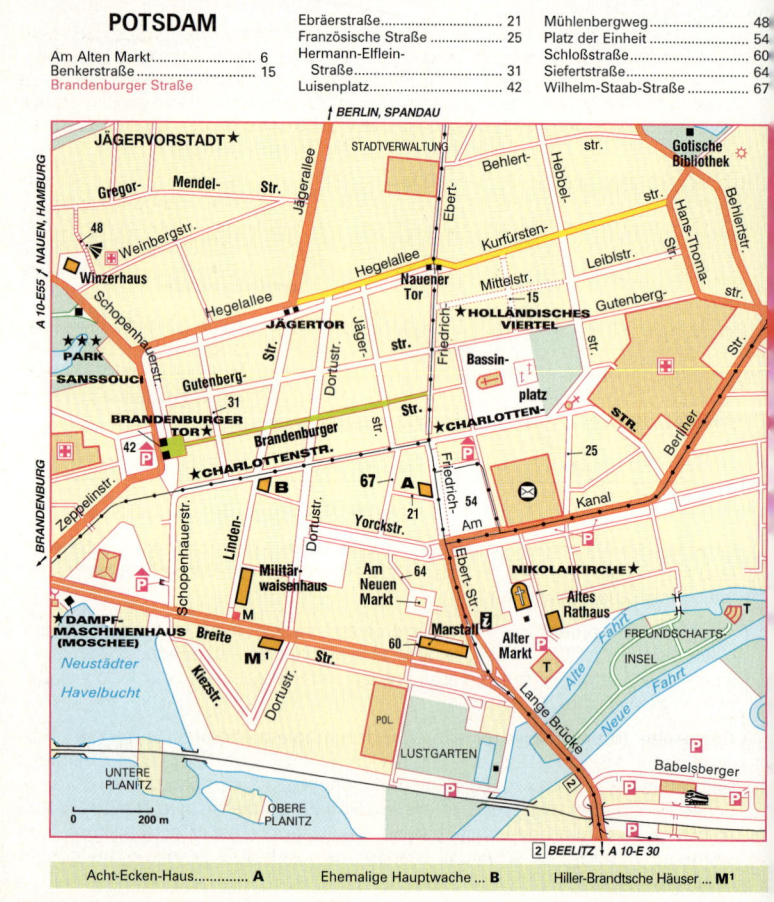

POTSDAM

Am Alten Markt	6
Benkerstraße	15
Brandenburger Straße	
Ebräerstraße	21
Französische Straße	25
Hermann-Elflein-Straße	31
Luisenplatz	42
Mühlenbergweg	48
Platz der Einheit	54
Schloßstraße	60
Siefertstraße	64
Wilhelm-Staab-Straße	67

Acht-Ecken-Haus	**A**	
Ehemalige Hauptwache	**B**	
Hiller-Brandtsche Häuser	**M¹**	

432

POTSDAM

Y ADEMÁS

* **Brandenburger Tor (Puerta de Brandemburgo)** – *Luisenplatz.* Es una puerta monumental con forma de arco de triunfo romano edificada en 1770 según el diseño realizado por los arquitectos Karl von Gontard y Georg Friedrich Unger.

* **Dampfmaschinenhaus (Moschee)** ⊙ – *Suba por la Schopenhauerstraße y gire a la derecha al llegar a la Breite Straße.* Esta **instalación hidráulica**, alojada en un curioso edificio que imita una mezquita con minarete (1841-43), suministraba el agua a los estanques, fuentes y cascadas del parque de Sanssouci. Se admiten visitas para observar su ingeniosa maquinaria en funcionamiento.

Marstall – *Breite Straße.* Las **antiguas caballerizas** fueron construidas en 1685 y remodeladas en 1746 por el arquitecto Knobelsdorff. El ático del edifico está adornado con esculturas que representan figuras de domadores de caballos. En el edificio se ha instalado un interesante **Museo del Cine**★, en el que se reproducen los camerinos de las estrellas de la pantalla Marlene Dietrich y Lilian Harvey. Se conserva, además, una amplia documentación sobre películas del cine expresionista alemán y de directores en el exilio.

Barrio holandés de Potsdam

* **Nikolaikirche (Iglesia de San Nicolás)** – Esta iglesia de planta cuadrada precedida por un pórtico ocupa el emplazamiento de un antiguo santuario barroco destruido por un incendio en 1795. Es el ejemplo perfecto del estilo clasicista alemán propugnado por el arquitecto Karl Friedrich Schinkel. Las obras se prolongaron de 1830 a 1850, y la cúpula data de 1849.

* **Holländisches Viertel (Barrio holandés)** – A ambos lados de la Mittelstraße se alinean las casas con frontones y alegre colorido, construidas alrededor de 1740 por el arquitecto holandés J. Boumann para alojar a los artesanos neerlandeses. La mejor perspectiva del conjunto se obtiene desde la esquina de la Benkertstraße con la Mittelstraße.

Alojamiento

Zur Alten Rennbahn – *En Potsdam-Babelsberg, Lessingstraße 35* – ☎ *03 31/74 79 80 – fax 03 31/7 47 98 18 – 14 hab – individuales desde 64 €.* Hotel situado en una zona residencial, con habitaciones bien equipadas; en el restaurante se ofrecen platos sencillos.

Restaurantes

Juliette – *Jägerstraße 39* – ☎ *03 31/2 70 17 91 – fax 03 31/2 70 53 89 – menús desde 20 €.* Instalado en un edificio urbano histórico, cocina francesa.

Speckers Gaststätte Zur Ratswaage – *Am Neuen Markt 10* – ☎ *03 31/2 80 43 11 – fax 03 31/2 80 43 19 – menús desde 21,50 €.* Instalado en un inmueble rehabilitado del casco antiguo, establecimiento tipo taberna que ofrece cocina internacional elaborada.

POTSDAM

★★ NEUER GARTEN

El **parque Nuevo**, proyectado a finales del s. XVIII por Peter Lenné a instancias de Federico Guillermo II, un entusiasta de los jardines ingleses, se extiende a orillas del lago de Heiligen See. Los monumentos más interesantes del parque son el Holländisches Establissement, residencia reservada a los diplomáticos, la **Orangerie**, la Pirámide, las cocinas instaladas en un edificio construido por Langhans en el estilo de "ruinas artificiales" y, sobre todo, el Marmorpalais.

- ★ **Marmorpalais** ⓘ – Este palacete fue construido por Karl von Gontard y transformado por el arquitecto Langhans en residencia de verano de Federico Guillermo II (1744-1797). Se pueden visitar los aposentos privados del rey, con su bonito mobiliario, y las salas de representación. Entre ellas destacan la sala de Conciertos, con vistas en tres de sus costados a los lagos, y el gabinete Oriental.

- ★ **Schloß Cecilienhof** – El **palacio de Cecilienhof** fue construido durante la I Guerra Mundial como residencia de verano del príncipe heredero Guillermo (1882-1951) y su esposa Cecilia de Mecklemburgo-Schwerin (1886-1954). En esta villa solariega de estilo inglés están instalados la Sede histórica de la conferencia de Potsdam de 1945, así como el hotel de lujo Schloßhotel Cecilienhof.

  Sede histórica de la conferencia de Potsdam ⓘ – En el palacio se pueden visitar las salas de negociaciones donde se firmó el acuerdo de Potsdam en 1945, los aposentos privados de los príncipes herederos, así como una habitación de la princesa Cecilie cuya disposición se realizó en forma de camarote de barco.

EXCURSIONES

Brandenburg – *38 km al O.* Esta pequeña localidad, situada en el corazón de la región lacustre originada por los brazos del Havel (Havelland), conoció una época de gran esplendor en el s. XIV gracias a los beneficios del comercio y de la industria textil. La catedral de **San Pedro y San Pablo**★, fundada en 1165 y transformada en el s. XIV, posee varios retablos góticos de interés; la cripta, de doble nave, alberga un mausoleo a la memoria de los religiosos asesinados durante el nazismo. La **iglesia de Santa Catalina**★, edificada en el s. XV, posee una rica decoración exterior y un presbiterio con deambulatorio *(actualmente en proceso de restauración)* característico de las construcciones góticas de ladrillo.

- ★ **Kloster Lehnin** ⓘ – *28 km al SO.* La **abadía de Lehnin** fue fundada en 1180 a instancias de Otón I para una comunidad de monjes cistercienses. Esta basílica de tres naves, una de las primeras construcciones de ladrillo en la marca de Brandemburgo, es de estilo de transición del románico al gótico. El convento alberga la sepultura del margrave Otón IV y una interesante cruz triunfal de 1225.

QUEDLINBURG★

Sajonia-Anhalt – 25.000 habitantes
Mapa Michelin nº 418 K 17

A los pies de la imponente roca sobre la que se alzan el castillo y la iglesia abacial de San Servasio, se agrupa un hermoso conjunto de casas de vigas entramadas que bordean el dédalo de callecitas estrechas del núcleo antiguo. Quedlinburg, sede en numerosas ocasiones de la Dieta imperial, es una de las localidades alemanas que mejor ha conservado la imagen característica de una ciudad del s. XVII. Más de 770 edificios están clasificados como monumentos de interés histórico, motivo por el que el casco viejo figura en la lista de la Unesco como Patrimonio Cultural de la Humanidad.

Alojamiento

Acron – *Oeringer Straße 7 – ☎ 0 39 46/7 70 20 – fax 0 39 46/77 02 30 – 64 hab – individuales desde 46 €.* Precios razonables.

Zur goldenen Sonne – *Steinweg 11 – ☎ 0 39 46/9 62 50 – fax 0 39 46/96 25 30 – 27 hab – individuales desde 46 €.* Edificio de vigas entramadas restaurado, situado en el centro de la población, algunas decoradas en estilo rústico.

Romantikhotel Am Brühl – *Billungstraße 11 – ☎ 0 39 46/9 61 80 – fax 0 39 46/9 61 82 46 – 47 hab – individuales desde 75 €.* Instalado en una antigua quinta, negocio bien atendido.

Romantikhotel Theophano – *Markt 14 – ☎ 0 39 46/9 63 00 – fax 0 39 46/96 30 36 – 22 hab – individuales desde 62 €.* Casa de vigas entramadas situada en la plaza del Mercado. Elegante decoración interior. Restaurante en una bodega abovedada.

QUEDLINBURG

★ EL CASCO ANTIGUO

★ **Markt** – El lado norte de la **plaza del Mercado** está ocupado por el ayuntamiento, un edificio renacentista de dos plantas, construido a principios del s. XVII, que posee una bella portada con el escudo de armas de la ciudad; a la izquierda de la fachada se alza una estatua de Roland (hacia 1440). La plaza está bordeada por casas de los ss. XVII-XVIII.

★ **Viejas calles** – Recomendamos un paseo por las calles del núcleo histórico. El recorrido puede comenzar por la iglesia benedictina que está situada detrás del ayuntamiento *(por la Marktstraße y el Kornmarkt)*. Después regresar a la plaza del Mercado por la Breite Straße, donde confluyen numerosas callejuelas pintorescas. Atravesar la plaza y dirigirse hacia la colina del castillo, deambulando antes por la Wordgasse (**Fachwerkmuseum** o museo de las Casas de vigas entramadas alojado en el edificio de Ständerbau), la Blasiistraße y la Hohe Straße. A los pies de la encantadora **plaza de la Colina del castillo**★ se alza la casa natal (nº 12) del poeta Friedrich Gottlieb Klopstock **(Klopstock-Haus)** ⊙, que data del s. XVI. En las habitaciones de este destacado autor de poemas épicos, nacido en 1724, se exponen numerosos cuadros, objetos personales y libros que evocan su vida y su obra.

Feininger-Galerie ⊙ – *Detrás de la casa-museo de Klopstock, entrada por Am Finkenherd 5a*. En la **Galería Feininger** se muestra una interesante colección de dibujos y acuarelas del pintor expresionista Lyonel Feininger (1871-1956).

★ COLINA DEL CASTILLO (SCHLOSSBERG)

La carretera conduce a una amplia terraza desde la que se tiene una bella **vista**★ del conjunto urbano.

★★ **Stiftskirche St. Servatius (Iglesia abacial de San Servasio)** – La basílica actual, en forma de cruz latina, se comenzó a construir en 1070 en el emplazamiento de una iglesia primitiva fundada en el s. IX. El templo fue consagrado en 1129. Tanto los **capiteles**★ como los **frisos** de la nave central fueron realizados por artistas procedentes del Norte de Italia. Las bóvedas de crucería de la **cripta**★★ de tres naves, situada bajo el presbiterio, están decoradas con **frescos**★ que representan escenas bíblicas. También destacan en el interior los sarcófagos del rey Enrique I y de su esposa Matilde (s. X), así como las lápidas sepulcrales de las abadesas.

El **tesoro**★★ (Domschatz) se conserva en la sacristía: se pueden ver, entre otros objetos, manuscritos, como el **evangeliario de la emperatriz Adelaida** (s. X) y magníficos **tapices de nudo de Quedlinburg**★.

Castillo – El zócalo rocoso explica la irregularidad de la planta de este edificio, construido entre los ss. XVI-XVII. El **museo del castillo**★ (Schloßmuseum) ⊙ ilustra la historia de la ciudad. En la visita se muestran los aposentos de la abadesa, el salón del trono y la sala de los Príncipes (mediados del s. XVIII).

Interior de la iglesia de San Servasio

435

QUEDLINBURG

ALREDEDORES

Gernrode – *7 km al S.* La colegiata de **San Ciriaco**★ aparece citada por primera vez en un documento de 961. Presenta una planta basilical de tres naves, techumbre plana y tribunas en la parte superior, todas ellas características del estilo otoniano. La cripta de tipo salón es una de las primeras construidas en Alemania. A principios del s. XII se modificó el cuerpo oeste. En el crucero encuentra la lápida sepulcral del fundador del convento, el margrave Gero.
La pila bautismal románica data de la 2ª mitad del s. XII. En la nave lateral sur se puede ver el **Santo Sepulcro**★, un raro y bello ejemplo de escultura románica.

RASTATT ★
Baden-Würtemberg – 46.000 habitantes
Mapa Michelin nº 419 T 8

Rastatt no ha logrado recuperar nunca el prestigio y la prosperidad que tuvo a principios del s. XVIII, cuando el margrave **Luis Guillermo de Bade** (1655-1707), conocido con el sobrenombre de **Luis el Turco**, abandonó las ruinas del castillo de Baden-Baden, destruido por las tropas de Luis XIV en 1689, y decidió construirse una nueva residencia a la medida de sus ambiciones. Este glorioso capitán, casado con una adinerada dama de nombre Sibylla Augusta, mandó edificar en la llanura de Rastatt un castillo barroco con sólidas defensas, ante el peligro que suponía la política expansionista del rey francés. El esplendor de la pequeña ciudad de Rastatt, situada a orillas del río Murg, duró hasta la extinción de la línea dinástica del margrave en 1771.
Su nombre está ligado a importantes acontecimientos históricos. El **tratado de Rastatt** puso fin, en 1714, a la guerra de Sucesión española que enfrentó a la rama imperial alemana de la dinastía Habsburgo con la casa Borbón francesa; el **congreso de Rastatt**, inaugurado en la ciudad en 1797 para hacer cumplir los acuerdos de la paz de Campoformio y que concluyó trágicamente con el asesinato de dos plenipotenciarios franceses en 1799; en el verano de 1849 la fortaleza de Rastatt fue escenario de los violentos enfrentamientos entre los revolucionarios de Baden y el ejército prusiano.

★ PALACIO ⊙

Esta elegante construcción de tres alas, con su monumental patio de honor orientado a la ciudad, fue diseñada por el arquitecto italiano Domenico Egidio Rossi y edificada entre 1698 y 1707. A la muerte de Luis el Turco en 1707, su viuda Sibylla Augusta despidió al arquitecto transalpino y nombró como sucesor a su compatriota Michael Ludwig Rohrer, natural de Bohemia.

Salones de gala – El núcleo del cuerpo central está ocupado por la alta y lujosa **sala de los Antepasados** (Ahnensaal); las figuras de estuco que adornan los capiteles de los pilares representan a los prisioneros turcos. En la parte sur se encuentran los aposentos del margrave, en la norte los de su esposa; los techos están ricamente decorados con frescos y estucos. Merece una atención especial el **gabinete de Porcelanas** situado en el ángulo del ala donde se encuentran las estancias de la margravina, desde donde se tienen bellas vistas del jardín.

Wehrgeschichtliches Museum (Museo Militar) ⊙ – *Acceso por el ala sur.* En él se ilustra la historia militar alemana y diversos procesos históricos desde 1500 hasta finales de la I Guerra Mundial. La exposición muestra colecciones de armas, uniformes y cuadros.

Erinnerungsstätte für die Freiheitsbewegungen in der deutschen Geschichte (Museo sobre los movimientos de liberación en la Historia alemana) ⊙ – *Acceso por el ala norte.* En esta exposición se evocan los movimientos de liberación populares surgidos en Alemania desde la Edad Moderna hasta la resistencia en la antigua RDA en 1990. El tema central lo constituye el periodo previo a la revolución de Marzo conocido como el "Vormärz" y la Revolución de 1848-49, que en Baden cobró una singular importancia.

★ **Schloßkirche** – *Entrada por la Lyzeumstraße. Provisionalmente cerrada.* Esta **iglesia** barroca (1719-23), construida por el arquitecto **M.L. Rohrer**, está adosada a los aposentos de la margravina, en el ala norte. En el interior, magníficamente decorado, destaca sobre todo el **altar mayor**; las columnas que lo sostienen son huecas y se iluminan por dentro. Las pinturas del techo representan la leyenda de la Santa Cruz.

Palacio de la Favorita

ALREDEDORES

★★ **Schloß Favorite (Palacio de la Favorita)** – *5 km al SE*. Este bello palacio de recreo de estilo barroco fue construido por Michael Ludwig Rohrer entre 1710 y 1712 para Sibylla Augusta, viuda del margrave Luis de Baden. La fachada presenta un original revoque de gravilla mezclada con pequeños guijarros de granito. La **decoración del interior**★★ es especialmente lujosa: **suelos de escayola** brillante (falso mármol con incrustaciones), decoración chinesca, juego de reflejos con espejos, etc.

Las salas más interesantes son la **habitación florentina**, decorada con retratos en miniatura y trabajos en piedra dura, los aposentos de la margravina, el **gabinete de los Espejos**, la lujosa cocina con una colección de loza fina (Francfort, Delft, Estrasburgo) y de **porcelanas** (Meissen, Nymphenburg, Chelsea).

RATZEBURG★

Schleswig-Holstein – 12.500 habitantes
Mapas Michelin nos 415/416 E 16

La ciudad de Ratzeburg ofrece un aspecto fascinante por su emplazamiento en una isla del **lago**★ homónimo, el mayor del conjunto de lagos diseminados en la zona de relieve morrénico que se extiende entre el Elba y Lübeck. La mejor vista **panorámica de la ciudad**★, dominada por la imponente silueta de la catedral, se obtiene desde el **mirador Schöne Aussicht** en Bäk, situado en la orilla este del lago Ratzeburg.

QUÉ VER

★ **Dom** – Esta **catedral** románica en ladrillo (s. XII) se alza en el extremo septentrional de la isla en medio de un bello parque. En el exterior destaca la rica decoración del frontón que corona el atrio sur, que constituye una pequeña capilla. *Entre en la catedral por la puerta de la torre.*

El altar mayor se adorna con un retablo en forma de tríptico, cuyo panel central posee una magnífica **tabla de la Pasión**★ (1430). En una de las capillas laterales de la parte norte se pueden ver bellísimas vestimentas sacerdotales bordadas con hilo de oro.

Ernst-Barlach-Museum "Altes Vaterhaus" (Museo Ernst Barlach) – *Barlachplatz 3, junto a la iglesia de San Pedro (Petrikirche)*. Ernst Barlach (1870-1938), escultor, dibujante, grabador, dramaturgo y uno de los máximos representantes del expresionismo alemán, residió parte de su juventud en esta ciudad y, por expreso deseo del artista, está enterrado en ella (cementerio local, Schweriner/Seedorfer Straße).

En el museo se pueden contemplar bronces originales, entre los que destacan *El cantante*, *El flautista* y *Madre Tierra*, litografías, dibujos y grabados en madera. Las obras expuestas pertenecen tanto a su primera época como a la etapa en la que Barlach residió en la ciudad de Güstrow.

RATZEBURG

EXCURSIÓN

Mölln – *11 km al SO*. Esta pequeña villa era una escala en la antigua ruta de la sal. En la plaza del Mercado se alza la **iglesia de San Nicolás**, una construcción en ladrillo de los ss. XIII-XV. A los pies de la torre de esta iglesia, situada sobre un promontorio desde el que se domina el conjunto de casas de vigas entramadas y el ayuntamiento (s. XIV) –adornado al estilo de Luneburgo con un frontón escalonado y arcadas ciegas–, se encuentra la lápida (s. XVI) que recuerda a **Till Eulenspiegel**, el célebre bufón muerto en Mölln en 1350 víctima de la peste. Se dice que trae suerte estrechar el pulgar de la estatua de este personaje que adorna la fuente moderna de la plaza.

El paisaje boscoso de los alrededores está diseminado de lagos, entre los que destaca el romántico **Schmalsee★**, al que se puede llegar a pie desde el balneario (Kurhaus) de Waldhalle.

RAVENSBURG

Baden-Würtemberg – 46.000 habitantes
Mapa Michelin nº 419 W 12

Esta pequeña localidad suaba de larga tradición histórica conserva, casi intacto, su cinturón amurallado con sus numerosas torres y puertas. Si se penetra en la ciudad por la Obertor (viniendo por la carretera de Wangen), una bella puerta coronada por un frontón escalonado, se descubre al fondo de la Marktstraße el bello complejo arquitectónico del ayuntamiento (ss. XIV-XV) y el edificio de la balanza pública con la torre Blaser (ss. XV-XVI).

Mehlsack (El "saco de harina") – Para vigilar los movimientos de los señores de la Veitsburg, situada en la colina, los burgueses construyeron esta torre de 50 m de altura enlucido originalmente en blanco. Desde la cima *(240 peldaños)* la vista alcanza hasta la iglesia de Weingarten.

Liebfrauenkirche (Iglesia de Nuestra Señora) – Este edificio del s. XIV, totalmente renovado, alberga en el altar lateral derecho una copia de la **Madona de Ravensburgo★★** (el original se encuentra en la Gemäldegalerie de Berlín), una escultura policromada datada en el s. XV que representa a la Virgen con el manto extendido para proteger a los creyentes. También reviste interés un tríptico realizado en esmalte de Lemosín de la 2ª mitad del s. XV.

EXCURSIÓN

★Wangen im Allgäu – *23 km al E*. Con las primeras crestas de los Alpes y del Allgäu como telón de fondo, las casas variopintas de Wangen se ordenan a lo largo de los dos ejes principales en forma de cruz de la red urbana, en cuyo punto de intersección se sitúa la **plaza del Mercado★**. La Herrenstraße, cuyas casas se adornan con elegantes letreros de hierro forjado, conduce a la puerta de Ravensburg (o Frauentor). Esta puerta de la ciudad de planta cuadrada posee un remate del s. XVII, flanqueado por cuatro torrecillas, y una cubierta plana con una decoración de nervaduras. En la calle perpendicular, la Paradiesstraße, se puede ver otra interesante puerta, la St. Martinstor, con un tejado piramidal y artísticas gárgolas y pinturas.

▶▶ Ravensburger Spieleland (parque de atracciones) *(en Meckenbeuren, 16 km al S de Ravensburg)*.

REGENSBURG★★

RATISBONA – Baviera – 141.000 habitantes
Mapa Michelin nº 420 S 20

El año 179 d.C. el emperador romano Marco Aurelio fundó en el mismo emplazamiento donde se asienta la actual Ratisbonala guarnición de **Castra Regina**, que constituyó, por su estratégica situación, la frontera superior de la región danubiana y el núcleo en torno al cual se conformó la futura ciudad. De este poblamiento militar se conservan algunos vestigios de las antiguas fortificaciones romanas, como la Porta Praetoria. Ratisbona fue cristianizada por san Emmeram en el s. VII, y san Bonifacio fundó un obispado en el año 739. Como sede residencial de los duques de Baviera (ss. VI-XIII), la ciudad experimentó un gran auge económico y desempeñó un papel de primer orden en las transacciones comerciales de la región. En 1245 se convirtió en ciudad libre del Imperio. La riqueza y la ambición de los comerciantes locales se manifiesta en la arquitectura de inspiración italiana de sus numerosas **torres** (Goldener Turm, Baumburger Turm), levantadas entre los ss. XII y XIV. Del imponente sistema defensivo medieval solo queda en

REGENSBURG

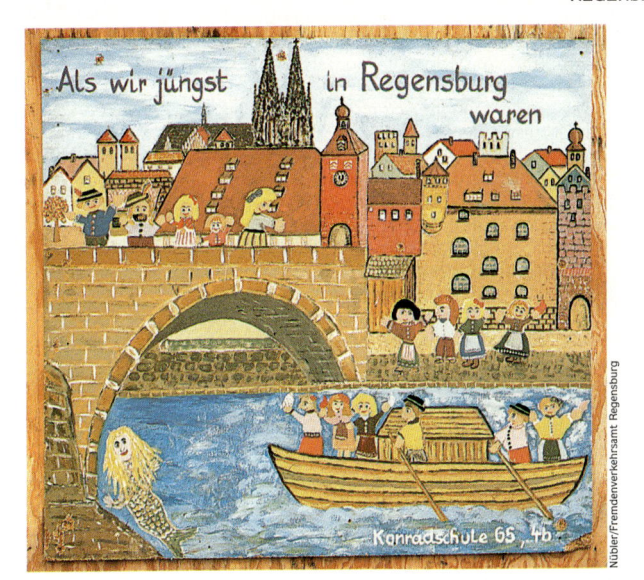

Ratisbona

pie la **Ostentor** (puerta del Este), que data del s. XIV. La gran densidad de iglesias y conventos demuestran la importancia de Ratisbona como centro religioso en la Edad Media.
En la actualidad la ciudad es el principal eje cultural –gracias a su Universidad– y económico del E de Baviera.

La sede de la Dieta Imperial – Desde la Alta Edad Media se celebraron en Ratisbona las sesiones plenarias de la Asamblea de los Príncipes y de la Dieta Imperial. Estas instituciones eran las responsables de las altas decisiones de Estado que afectaban tanto a la paz interior como a la seguridad exterior de un gigantesco Imperio cada vez más fraccionado desde el punto de vista político. A partir de 1663 y hasta 1806, la ciudad del Danubio acogió la **Dieta Permanente del Imperio** (Immerwährender Reichstag), una asamblea constituida por representantes de todos los Estados del Imperio, que llegó a reunir en Ratisbona hasta 70 delegaciones foráneas.

EL CASCO ANTIGUO 1/2 día

Siga el itinerario indicado en el plano

★ **Dom St. Peter (Catedral de San Pedro)** ⊙ – La construcción de esta basílica gótica de tres naves, caracterizada por un transepto cuyos brazos no sobresalen de la planta, se inició después de 1260. Inspirada en el modelo de las catedrales francesas, el edificio se concluyó hacia 1525, aunque las flechas de las torres se añadieron en el s. XIX. De la antigua iglesia románica, que ocupaba el mismo emplazamiento, subsiste la llamada **torre del Asno** (Eselsturm), situada en la parte norte del transepto.

Alojamiento

Sorat Insel-Hotel – *Müllerstraße 7* – ☎ *09 41/8 10 40 – fax 09 41/8 10 44 44 – 75 hab – individuales desde 126 €*. Hotel moderno instalado en una antigua fábrica metalúrgica situada sobre un brazo del Danubio; bonita vista de la ciudad.

Kaiserhof – *Kramgasse 10* – ☎ *09 41/58 53 50 – fax 09 41/5 85 35 95 – 30 hab – individuales desde 51 €*. Hotel alojado en una antigua capillita del s. XIV situada junto a la catedral.

Restaurantes

David – *Watmarkt 5* – ☎ *09 41/56 18 58 – fax 09 41/5 16 18 – menús desde 18,50 €*. Restaurante situado en la 5ª planta, con una bonita terraza en la azotea, ubicado entre el ayuntamiento y la catedral. Cocina internacional.

Brauerei Kneitinger – *Arnulfsplatz 3* – ☎ *09 41/5 24 55 – fax 09 41/5 99 99 82 – menús desde 7 €*. Cervecería y taberna con decoración rústica, situada en una pequeña plaza; gastronomía regional a precios razonables.

La **fachada occidental**, ricamente decorada, es obra de la familia Roritzer, una dinastía de arquitectos y escultores natural de Ratisbona. La portada principal se abre entre dos torres tardogóticas y presenta un original atrio triangular en saledizo. En el parteluz se puede contemplar una estatua de san Pedro, mientras los nichos están ocupados por bellas figuras, entre las que destaca una que representa el encuentro de la Virgen María y santa Isabel. *Acceda al templo por la portada sur.*

El interior es de vastas proporciones, con una nave central de estilo gótico flamígero de 85 m de largo y 32 m de altura. La galería que recorre la nave lateral sur reposa sobre ménsulas finamente cinceladas. En los pilares occidentales del transepto se puede admirar un grupo de la Anunciación, en el que destacan las figuras del arcángel Gabriel y de la Virgen María, dos magníficas obras de la escultura gótica realizadas por el maestro de Erminold (hacia 1280). Las **vidrieras policromadas**★★ de la cabecera del presbiterio datan del s. XIV.

Tesoro (Domschatz) – *En el ala sur del patio del Obispo (antigua residencia arzobispal).* En el tesoro de la catedral se conservan objetos de culto, relicarios y vestimentas litúrgicas de los ss. XI al XVIII. Entre las piezas más valiosas figuran la Cruz de Otokar (mediados del s. XIII), un cofre-relicario de Venecia en forma de pequeña casa (1400-10) y el altar de Schaumberg (1534-40), en la capilla de los Doce Mensajeros.

Claustro – *Entrada por el jardín de la catedral.* A la derecha de la galería central, en la que se conservan sepulturas de diferentes siglos, se abre la **capilla de Todos los Santos**, de estilo románico, en cuyos muros quedan vestigios de los frescos que la decoraban. En el lado norte se encuentra la **iglesia de San Esteban**, conocida también como "Alter Dom" (s. XI), que alberga un altar de cajón con un sepulcro de reliquias (Reliquiengrab) probablemente de los ss. V-VIII, constituido por un bloque de caliza y decorado con ventanas ciegas.

★ **Diözesanmuseum St. Ulrich** – El **Museo Diocesano** está instalado en la **iglesia de San Ulrico**, un edificio de galerías de principios del gótico (hacia 1225-40), decorado con pinturas murales que datan de 1571. En él se exhiben, entre otras piezas de arte sacro, báculos (el del obispo san Emmerano, del s. XII), bellos relicarios medievales y pinturas religiosas, así como objetos de oro y plata.

A través del pasaje cubierto que comunica el **patio Ducal** (Herzogshof), de estilo románico, con la **Römerturm** (torre romana), una torre imponente de planta cuadrada, se accede a la **antigua plaza del Mercado del Grano**★ (Alter Kornmarkt), de inmensas proporciones y con un adoquinado de piedras combadas.

★ **Alte Kapelle** (Capilla Antigua) – De origen carolingio, esta capilla –antigua basílica de Nuestra Señora– que se alza en el flanco sur de la antigua plaza del Grano, fue transformada en el s. XVIII al gusto rococó. Los dos oratorios dobles del presbiterio, el espléndido altar mayor, los frescos del techo y la decoración de estucos dorados realizados por Anton Landes, uno de los maestros de la escuela de Wessobrunn, se conjugan a la perfección para crear un conjunto lleno de armonía, realzado por la luz que entra a raudales a través de sus altos ventanales.

Kassianskirche – *Entrada por la portada oeste.* La **iglesia de San Casiano** es una basílica románica con una decoración rococó del s. XVIII. A la izquierda de la entrada principal, un bajorrelieve gótico representa el tema de la Visitación. En un altar lateral a la derecha *(parte sur)* destaca la talla de la Bella María (Schöne Maria), una obra realizada por el maestro de Landshut Hans Leinberger (1520).

Hinter der Grieb – Esta angosta callecita bordeada de casas burguesas conserva su aspecto medieval. Desde el fondo se obtiene una bella perspectiva de las agujas de la catedral.

★ **Haidplatz** – Esta plaza está rodeada de edificios históricos, entre los que destaca el de la hospedería **Zum Goldenen Kreuz**, que se distingue por su torre y su fachada de piedra gris, así como por su frontón almenado *(Haidplatz 7).* En el centro de la plaza se alza la **fuente de la Justicia** (Justitiabrunnen), de 1656.

REGENSBURG

Brückstraße	E	7
Domgarten	E	12
Fröhliche-Türken-Straße	E	15

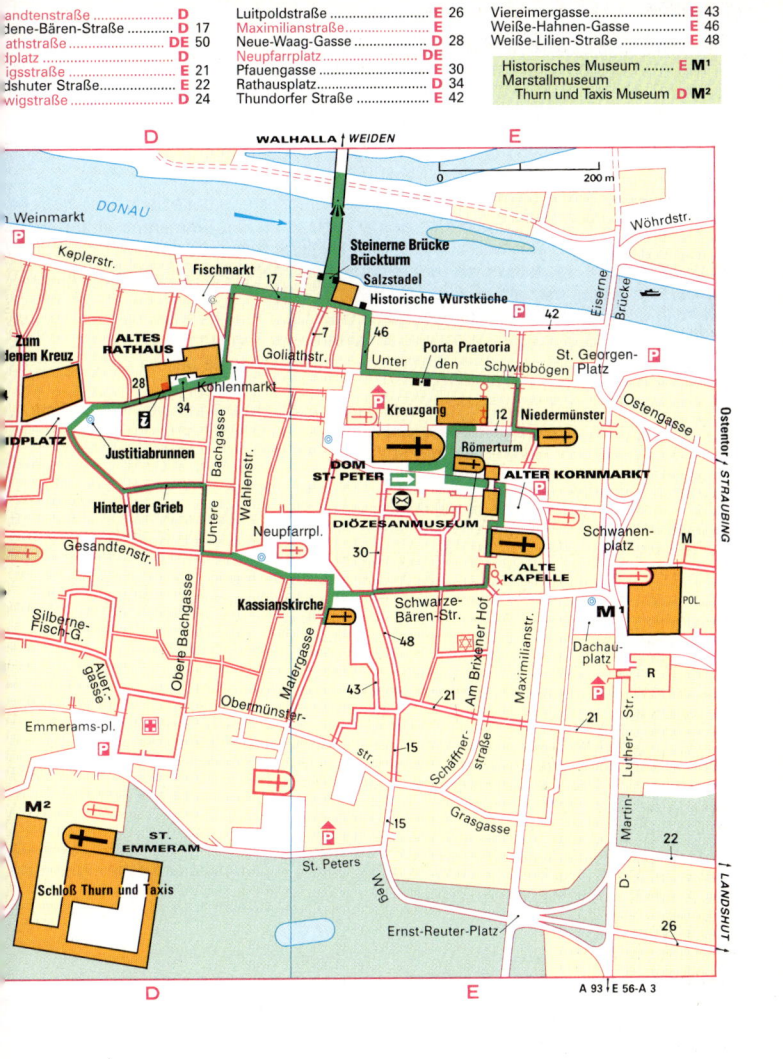

★ **Altes Rathaus** – La torre de ocho plantas del **antiguo ayuntamiento** fue construida hacia 1250, mientras que la parte oeste del edificio (Reichssaalbau), de estilo gótico, data de 1360 aprox. Su fachada presenta un hermoso mirador que reposa sobre un elevado zócalo, así como una hermosa portada decorada con gabletes.

Reichstagsmuseum (Museo de la Dieta) – El interés del museo se centra en la **Sala Imperial** de estilo gótico. En ella celebraba sus sesiones la "Dieta Permanente del Imperio". En el mismo edificio se encuentra el Reichsstädtische Kollegium, que alberga una exposición en la que se ilustra la historia de las Dietas de Ratisbona. En la planta baja se puede visitar la sala de interrogatorios (Verhörraum) y los calabozos.

Fischmarkt – Con sus viejos bancos de piedra, el **mercado del Pescado** es una de las plazas más antiguas de la ciudad, construida en 1529 en estilo italiano. Está decorada con la fuente de San Jorge o Fischbrunnen, una de las tres fuentes que existen en Ratisbona que simbolizan las virtudes, en este caso, la fuerza.

Steinerne Brücke – El **puente de Piedra** tendido sobre el Danubio, construido entre 1135-46, mide 310 m de longitud y reposa sobre 16 arcos. Desde el centro del puente se disfruta de una bella **vista**★ del casco antiguo. Las flechas de la catedral dominan sobre el conjunto de casas burguesas que se alinean a orillas del río; al fondo se distingue la silueta de la **torre del Puente** (Brückturm, s. XIV, con un museo) y, a su izquierda, el **almacén de la Sal** (Salzstadel, principios s. XVII), con su gran tejado.
Junto a este edificio, en el muelle se alza la **Historische Wurstküche**, el local más antiguo de Alemania donde se sirven salchichas a la brasa.

Porta Praetoria – Fue la antigua puerta Norte del cuartel de la legión romana de Castra Regina, que ocupaba una superficie de cerca de 25 ha. De esta sólo se conservan el arco oeste y la torre del ángulo este.

441

REGENSBURG

Niedermünster – Esta basílica románica con dos torres en la parte oeste perteneció en otro tiempo a un convento de religiosas. El interior fue enteramente "barroquizado" en los ss. XVII-XVIII (bello estucado en las bóvedas). En la nave lateral norte se encuentra, bajo un baldaquín (hacia 1330), la tumba de san Erardo.

Y ADEMÁS

★ **St. Emmeran** – Es la **iglesia** abacial del antiguo monasterio benedictino fundado en el s. VIII. Un portal gótico conduce desde la plaza de San Emmerano al antepatio que precede al vasto **atrio románico** (s. XII). A la iglesia se accede a través de una portada doble, cuyas **esculturas y relieves** (Cristo, san Emmerano y Dionisio) figuran entre las obras plásticas más antiguas de Alemania (s. XI).
En el interior apenas se reconocen los elementos románicos del templo original debido a la transformación barroca que realizaron los hermanos Asam en el s. XVIII. La luz que entra a raudales por los altos ventanales realza la belleza de los estucos y los frescos que decoran el techo.
San Emmerano alberga numerosos monumentos funerarios de gran valor artístico, entre los que destaca el **sepulcro de la reina Hemma**★ (hacia 1280, situado sobre el muro sur. La expresión de Hemma denota una profunda tristeza.

Schloß Thurn und Taxis ⓥ – Hasta el s. XIX, los príncipes de Thurn y Taxis controlaban en exclusiva el servicio postal de Alemania. Este monopolio quebró en 1812 y la familia recibió como pago parcial de la indemnización a que eran acreedores el edificio de la antigua abadía de San Emmerano, que transformaron y convirtieron en su residencia a partir de 1816. Se muestran al público (con guía) los lujosos salones de gala (salón del trono y de baile), así como (en una visita aparte) el **claustro** ⓥ románico-gótico, cuya construcción se prolongó de los ss. XI al XIV. En él destaca, sobre todo, la puerta de san Benedicto, que data de la primera mitad del s. XIII.
En el **Museo de las Caballerizas** (Marstallmuseum) ⓥ se exhibe una bella colección de carrozas, trineos y literas, así como de arneses de gala y guarniciones para las caballerías.

Thurn-und-Taxis-Museum ⓥ – Este museo, filial del Museo Nacional de Baviera, fue instalado en 1998 en la sección norte de las caballerizas con objetos de artesanía procedentes de las colecciones privadas de la familia Thurn und Taxis. En él se muestran magníficos relojes, mobiliario, porcelanas, así como valiosas piezas de orfebrería y joyas de los ss. XVII al XIX.

ⓥ ▶▶ Historisches Museum★ (Museo Histórico) – Schottenkirche St. Jakob (Iglesia de Santiago) (*portada principal*★) – Dominikanerkirche (Iglesia de los Dominicos).

ALREDEDORES

★ **Walhalla** ⓥ – *11 km al E.* Construido entre 1830 y 1842 por orden de Luis I de Baviera, este extravagante templo dórico quería rendir homenaje a los grandes hombres de la civilización germánica (en la mitología nórdica, el Walhalla era el lugar que esperaba a los guerreros muertos en combate, donde las almas gozaban de festines y combates eternos). En el interior del monumento se pueden contemplar 124 bustos en mármol y 64 placas que honran a personalidades ilustres de la ciencia y el arte.
Desde el peristilo se goza de un grandioso **panorama** sobre la curva del Danubio, las ruinas del castillo de Donaustauf y las torres de la catedral de Ratisbona.

★ **Befreiungshalle (Monumento de la Liberación)** ⓥ – *33 km al SO, en Kelheim.* La construcción de este monumental edificio fue idea de Luis I de Baviera, quien, a su regreso de un viaje por Grecia en 1836, quiso conmemorar la liberación de los territorios alemanes de la invasión napoleónica. La vasta rotonda fue levantada entre 1842 y 1863 por **Leo von Klenze**, arquitecto oficial de la corte bávara. La estructura se apoya en 18 pilares, cada uno de los cuales soporta una figura alegórica que representa a cada una de las tribus germánicas. El remate de la cubierta, que oculta parcialmente el tejado de la cúpula, está adornado con trofeos de enorme tamaño (2,50 m).
En el interior, 34 figuras de la Victoria se disponen en círculo. Desde la galería exterior se disfruta de una bella vista del valle del Altmühl.

★ **Kloster Weltenburg** ⓥ – *30 km al SO.* Situada en un precioso paraje a orillas del Danubio, la **abadía de Weltenburg** presenta un aspecto majestuoso. La **iglesia** (1718), obra de Cosmas Damian Asam, consta de un nártex y una nave principal, ambos de planta ovalada. En el interior, lo primero que llama la atención es la estatua de San Jorge del altar mayor, cuya iluminación, proyectada desde un foco oculto, produce un efecto escénico que parece envolver la figura en una "luz celestial". Por el orificio de la cúpula se puede observar el remate de ésta, decorado por Asam con un fresco que representa, mediante la técnica de trampantojo –ilusión óptica que hace que parezca real y en relieve lo que sólo es pintado– a la Iglesia triunfante. La mayor parte de la decoración plástica es obra de Egid Quirin Asam, hermano del arquitecto.

Schloß RHEINSBERG ★
Palacio de RHEINSBERG – Brandemburgo
Mapa Michelin nº 416 G 22

De igual modo que la villa de Rheinsberg se asocia al escritor alemán Kurt Tucholsky *(Rheinsberg, Un libro ilustrado para enamorados)*, el bello palacio homónimo, situado junto al idílico Grienericksee y cercano a la localidad, está ligado a la figura de **Federico II el Grande**, aunque el monarca residiera en él tan solo cuatro años. "Siempre me persiguió la desdicha, sólo en Rheinsberg he sido feliz", declararía haciendo balance de su vida. Las relaciones con su padre siempre fueron tensas, hasta el extremo de que Federico intentó huir a Inglaterra (1730) ayudado por su amigo Katte, quien fue ejecutado por orden del rey por haber apoyado esta empresa. El príncipe aceptó el compromiso matrimonial con Elisabeth Christine de Brunswick y fue liberado de la fortaleza donde su padre le tenía confinado. Poco tiempo después, Federico Guillermo I adquirió la propiedad de Rheinsberg (1734) y dotó a su hijo de los medios financieros necesarios para la reconstrucción de esta antigua fortaleza del s. XVI.

El príncipe heredero Federico el Grande, Antoine Pesne

El arquitecto Johann Gottfried diseñó un edificio barroco de tres alas; también participaron en el proyecto el propio príncipe heredero y Georg Wenzeslaus von Knobelsdorff, quien se haría cargo de la dirección de las obras a partir de 1737. En Rheinsberg, el joven Federico llegó al convencimiento, tras largas conversaciones con su amplio círculo de amistades y compartiendo las ideas filosóficas de la época, de que el príncipe debía ser "el primer servidor del Estado". Fue el momento en el que entabló correspondencia con Voltaire, que solo quedó interrumpida por la muerte del ilustre pensador en 1778. El arquitecto Knobelsdorff, el pintor Antoine Pesne y el escultor Friedrich Christian Glume crearon en Rheinsberg un estilo particular, que alcanzaría su esplendor en el rococó de Charlottenburg y de Sanssouci.

De 1752 a 1802 el palacio fue la residencia del príncipe Enrique, hermano de Federico II. En este período se construyeron, bajo la dirección de Georg Friedrich Boumann el Joven, los edificios de los ángulos. También fue erigido el obelisco en honor a los generales prusianos muertos en la guerra de los Siete Años, y transformado el parque de estilo barroco puro en un jardín paisajista.

Después de la II Guerra Mundial el palacio fue acondicionado como sanatorio. La restauración completa del conjunto llevará todavía algún tiempo; entretanto se pueden visitar unas 30 salas.

VISITA ⊙

Un puente da acceso al edificio principal (corps de logis), cuyo cuerpo central en saledizo es obra de Knobelsdorff. Sobre el ático se alzan cuatro estatuas que simbolizan a la retórica, la música, la pintura y la escultura. Del lado que se abre al jardín, las alas laterales, unidas por una columnata, terminan en dos torres circulares.

Interior – En el interior se pueden visitar la sala de los Espejos, el gabinete de Baco y la antecámara, cuyos techos están decorados con magníficos frescos de Antoine Pesne. La Cámara Roja y el dormitorio de los aposentos donde vivía la princesa Amalia muestran numerosos cuadros. El apartamento del príncipe Fernando fue diseñado por Carl Gotthard Langhans en 1767. Este artista es también el autor del proyecto de la sala rococó en el apartamento del príncipe

Schloß RHEINSBERG

Palacio de Rheinsberg

Enrique. El palacio alberga asimismo el monumento conmemorativo a **Kurt Tucholsky**.

El parque – El parque fue acondicionado de acuerdo con los planos diseñados por Knobelsdorff y Johann Samuel Sello. En él se compaginan, de acuerdo con las ideas del "príncipe ilustrado", gran entusiasta del arte de la jardinería, lo útil y lo bello. El sistema de paseos perpendiculares se respetó en la época en la que el príncipe Enrique residió en el palacio y encargó las obras de ampliación del parque hacia el otro lado del Grienericksee (desde aquí se tiene una bella perspectiva del palacio). Se conservan bastantes elementos arquitectónicos de la época del príncipe heredero, como la escalera de la Esfinge y la puerta del parque adornada con las figuras de Flora y Pomona, las diosas romanas de las flores, los frutos y la primavera.

RHEINTAL★★★
Valle del RIN – Renania-Palatinado y Hesse
Mapa Michelin nº 417 O6 – Q 7

El Rin, uno de los ríos más largos de Europa (1.320 km), baña cuatro Estados federales y constituye desde la Edad Media una vía excepcional para los intercambios comerciales, intelectuales y artísticos y una arteria vital para el Occidente europeo.
Numerosas compañías navieras organizan excursiones y cruceros por el Rin, con salidas fundamentalmente desde Colonia, Coblenza y Bingen (o Rüdesheim).

El río de las mil leyendas – Apenas existe a lo largo del Rin un solo castillo, isla o roca que no evoque un hecho caballeresco o una vieja leyenda. Lohengrin, el caballero del cisne, apareció al pie del castillo de Kleve. Roland le Preux, superviviente de la batalla de Roncesvalles, acudió a la isla de Nonnenwerth al encuentro con su prometida, pero ésta, desconsolada ante el rumor de la muerte de su amado, ya se había retirado el velo. Rolando, desesperado, decide recluirse en un castillo vecino, del que sólo subsiste un arco (Bogen), el mítico "Rolandsbogen". La Loreley, la roca del Lore, lleva el nombre de una sirena que hechizaba con su canto a los navegantes del Rin, que perdían el control de sus embarcaciones en los rápidos del río absortos por la música de la bella joven. Pero la obra capital de toda esta literatura legendaria y épica sigue siendo el *Cantar de los Nibelungos*, la más célebre de las epopeyas germánicas y una fuente inagotable de inspiración artística, de la que Wagner tomó los nombres y las ideas maestras para la composición de su tetralogía del *Anillo del Nibelungo*. El **Cantar de los Nibelungos**, basado en diversas leyendas épicas germanas y escandinavas, así como en la historia de la corte burgundia de Worms y en las desgracias que acaecieron a sus héroes, los Nibelungos, fue escrito probablemente a finales del s. XII.

De los Alpes al mar del Norte – Al principio de su recorrido el Rin es el típico río alpino, con reducido flujo en invierno y aguas turbulentas durante el deshielo primaveral. El lago de Constanza (Bodensee), que el río atraviesa, y los aportes de su afluente el Aar contribuyen a moderar la irregularidad de su curso. La recepción de las aguas del Neckar en Mannheim y del Meno en Maguncia, ambos con un curso más regular, confieren al Rin un régimen más equilibrado.
A su salida del lago de Constanza, los bloques de piedra que se desprenden de la Selva Negra y de las estribaciones del Jura suabo frenan la corriente impetuosa del río y forman las célebres cascadas del Rin en Schaffhausen. Un poco más abajo, la presencia de bancos de piedra calcárea se traduce en la formación de rápidos, que hacen peligrosa la navegación en este tramo, pero permiten utilizar la fuerza hidráulica para la producción de energía eléctrica.
En Basilea, el curso del Rin describe una curva y se dirige hacia el N, bañando la hondonada que separa los Vosgos de la Selva Negra. Hasta Breisach un canal desvía parte de las aguas del Rin hacia Alsacia; a partir de aquí y hasta Estrasburgo, las derivaciones son mínimas, limitándose al reducido volumen que acogen los canales que conducen las aguas a las centrales eléctricas.
De Bingen a la localidad de Neuwied, situada a pocos kilómetros río abajo de Coblenza, el Rin se abre camino a través del macizo Esquistoso renano. La dureza de la roca de esta formación montañosa, en particular el componente de cuarcita en las cercanías de

RHEINTAL

la Loreley, provoca remolinos peligrosos. Esta "brecha en el valle" es el tramo conocido como el **"Rin romántico"**, en el que alternan los viñedos, los bosques, las escarpadas rocas, así como los castillos encaramados sobre quebrados espolones rocosos y constituye la parte más atractiva del río por sus singulares paisajes.

Finalmente, las aguas recorren la región volcánica de Siebengebirge, para adentrarse a continuación en la zona industrial de Duisburg y dirigirse lentamente hacia el mar, dibujando sobre la llanura un trazado serpenteante.

Una vía de transporte excepcional – Los tradicionales "remolcadores del Rin", formados por una larga fila de chalanas, han sido sustituidos por las embarcaciones automotrices y los convoyes que arrastran hasta seis cargueros de 1.500 a 2.000 t cada uno. Gracias a los trabajos realizados en los pasajes más difíciles del río, más arriba de San Goar, se ha logrado abrir a la navegación un canal de 120 m de anchura.

En la actualidad, el Rin dispone de 1000 km navegables entre Rheinfelden (río arriba de Basilea) y Rotterdam. Esta última ciudad está comunicada vía fluvial con el puerto de Amberes, tramo que soporta un tráfico anual de 265 millones de toneladas. Los puertos renanos más activos de Alemania son los de Duisburg-Ruhrort (18 millones de toneladas), Colonia-Godorf, Karlsruhe, Ludwigshafen y Mannheim.

★★ LA LORELEY

1 De Rüdesheim a Coblenza *75 km – 4 h aprox.*

Esta ribera del Rin, la más escarpada y salvaje, ofrece las vistas más hermosas de los castillos situados en la orilla opuesta.

Pasado **Rüdesheim★**, la carretera pasa a los pies de los viñedos cultivados en terrazas sobre los que se alzan las ruinas del castillo de Ehrenfels, construido por los arzobispos de Maguncia en las mismas fechas que se edificó la torre de los Ratones (Mäuseturm), situada en la orilla opuesta. Desde ésta se controlaba el peaje de los barcos que surcaban el río.

La Loreley

Castillo de Gutenfels y Pfalz bei Kaub

Pasado Assmannshausen, van surgiendo en la orilla izquierda sucesivamente los castillos de Rheinstein, Reichenstein y Sooneck. Al llegar a Lorch, la torre del homenaje de la ruina de Fürstenberg marca el comienzo de un tramo más ancho del curso fluvial. Enseguida se divisan las torres y los viñedos de Bacharach. Después aparece repentinamente, en medio del río, el castillo de Pfalzgrafenstein.

Kaub – La silueta del castillo restaurado de Gutenfels domina esta pequeña localidad, que posee una pintoresca vía principal, la Metzgerstraße.

* **Pfalz bei Kaub** ⓥ – Esta fortaleza aduanera, llamada también Pfalzgrafenstein, tiene el aspecto de un barco. La torre del homenaje está rodeada por una muralla defensiva poblada de torretas.

Antes de llegar a un recodo en ángulo recto, se puede contemplar la **imagen de la ciudad**** de Oberwesel a los pies de la Schönburg en la orilla izquierda del río. Por fin se llega a la parte más espectacular del valle.

*** **Loreley** – Esta roca legendaria, que domina el río desde una altura de 132 m, es el símbolo del Rin romántico y ocupa un lugar de primer rango en la literatura alemana. Tan pronto aparece en el horizonte el mítico promontorio, comienzan a sonar los versos del poeta Heinrich Heine "No sé de donde procede mi tristeza", a los que Friedrich Silcher puso música.

St. Goarshausen – La ciudad se extiende a los pies de la fortaleza de Katz (gato) *(que no se puede visitar)* y a orillas del Rin (bello paseo). Este castillo fue construido para neutralizar la influencia de Burg Maus (ratón), situada a corta distancia río abajo.

** **Mirador de la Loreley** – *Salga de St. Goarshausen siguiendo los letreros que indican "Loreley-Burgenstraße". En temporada alta existe un servicio de autobuses entre St. Goarshausen/embarcadero y Loreley-Plateau.* Desde numerosos promontorios rocosos se disfrutan de hermosas **vistas**** del "valle romántico del Rin". En la meseta de la Loreley se ha instalado un jardín paisajista con senderos para pasear y un **Loreley-Zentrum** (Centro de Loreley) ⓥ. En este último se ilustra, mediante instalaciones interactivas, el mito de Loreley, la geología, la flora y la fauna de la región.

Wellmich – En su iglesia existen vestigios de pinturas murales (restauradas) del s. XV. En la nave principal se reconocen las escenas que representan la Crucifixión y el Juicio Final, así como el martirio de los Apóstoles.

Los hermanos enemigos (**Die feindlichen Brüder**) – *Al llegar a Kamp-Bornhofen gire a la derecha en dirección a Dahlheim, y de nuevo a la derecha cuando aparezca el indicador "Zu den Burgen".* Dos fortalezas que se miran frente a frente. Desde las ruinas de **Liebenstein** se tiene una bella **panorámica**** del castillo **Sterrenberg** y del valle.

A partir de **Boppard**, situada junto a un meandro en donde dominan las grandes extensiones dedicadas al cultivo de la vid, el paisaje se vuelve menos abrupto y más llano. Enseguida se divisa la fortaleza de Marksburg, encaramada en la cumbre de una roca. A ella se accede por la carretera que parte de Braubach en dirección a Nastätten.

★ **Marksburg** – Este castillo, el único que se conserva intacto en el valle del Rin, ocupa un magnífico **emplazamiento**★★ desde el que se divisa un amplio tramo del curso fluvial. En el interior, se recomienda visitar, sobre todo, la Gran Batería, el huerto medieval (170 variedades de hierbas y plantas) y la sala de los Caballeros (armaduras desde el 600 a.C. hasta el s. XV). En la visita guiada se explica la vida en un castillo medieval.

Burg Lahneck – A 3 km de Lahnstein. Este castillo, construido en el s. XIII para proteger las minas de plata vecinas, fue destruido en 1688. En el s. XIX se reconstruyeron sus ruinas en estilo neogótico inglés. Desde la torre del homenaje se divisa la confluencia del río Lahn y el castillo neogótico de Stolzenfels en la orilla opuesta del Rin.

★★★ LOS CASTILLOS DEL RIN

② De Coblenza a Bingen *63 km – 1 día.*

En cuanto se dejan atrás los suburbios de Coblenza, aparece a la derecha el castillo de Stolzenfels y, en la otra orilla, la fortaleza de Lahneck, desde la que se divisa la confluencia del Lahn.

Schloß Stolzenfels – En 1842 Federico Guillermo IV mandó reconstruir este vasto castillo, caracterizado por sus innumerables almenas, al arquitecto Karl Friedrich Schinkel, quien se inspiró para la realización de la obra en el estilo neogótico de las residencias señoriales campestres inglesas. El **interior**★, lujosamente decorado, se ha acondicionado como museo. Desde la terraza se tiene una vista de Coblenza y de la ciudadela de Ehrenbreitstein.

Rhens – En el colorido conjunto de casas de vigas entramadas destaca el edificio en saledizo del ayuntamiento.

Gedeonseck – *1 h i/v, incluidos 20 min en teleférico.* **Vista**★ del arco irregular que describe el meandro del Rin en Boppard.

Boppard – Esta localidad, que en su origen fue un campamento romano, se convirtió en la Edad Media en ciudad libre del Imperio. Entre sus monumentos históricos destaca la iglesia de San Severo, de estilo románico tardío, y la iglesia gótica de los carmelitas, que conserva una sillería tallada (hacia 1460) y bellos monumentos funerarios renacentistas. En el museo de la fortaleza (s. XIV) se pueden ver, entre otros objetos interesantes, muebles en madera curvada realizados por el artista local Michael Thonet. Agradable paseo a orillas del Rin.

Las dos ruinas de los "Hermanos enemigos" marcan el comienzo del tramo angosto del "valle romántico". Pasado Hirzenach, se divisan en la otra orilla del Rin los castillos de Maus y Katz, situados por encima de St. Goarshausen.

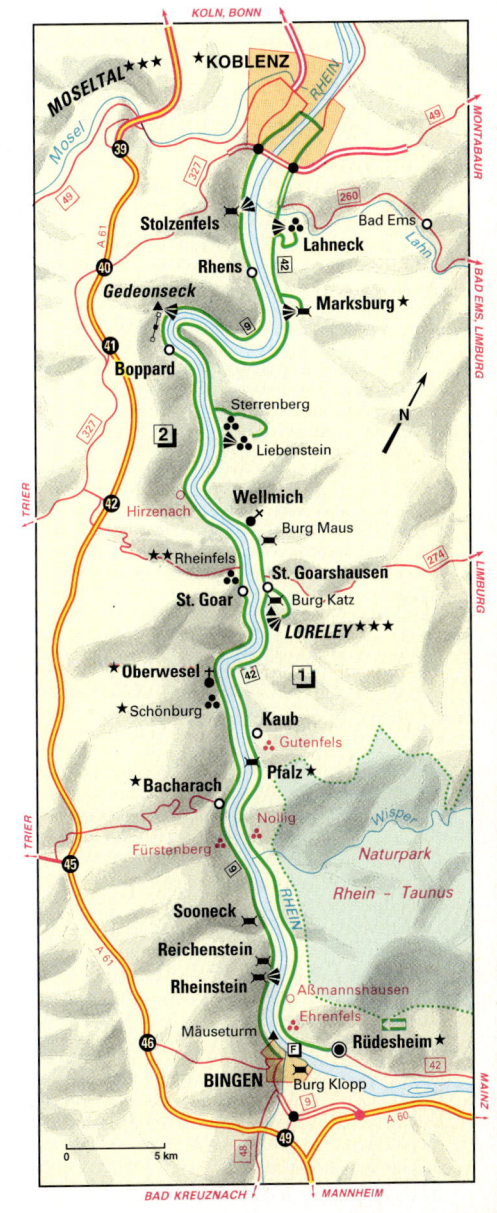

447

RHEINTAL

AGENDA DE DIRECCIONES

En Boppard

Rheinvilla – *Rheinallee 51* – ☎ *0 67 42/80 51 51* – *fax 0 67 42/80 51 52* – *12 hab* – *individuales desde 36 €*. Bonito hotel Jugendstil situado en el paseo del Rin, con una magnífica terraza.

Ebertor – *Heerstraße 172* – ☎ *0 67 42/20 81* – *fax 0 67 42/8 25 42* – *hab individuales desde 46 €*. Preciosa cervecería con jardín e interesante bodega abovedada del s. XIII. Los fines de semana en Pascua se celebran bailes.

Tannenheim – *En Boppard-Buchholz* – ☎ *0 67 42/22 81* – *fax 0 67 42/24 32*. Negocio familiar con cocina exquisita; también dispone de habitaciones a precios razonables desde 31 €.

Gasthaus Hirsch – *En Boppard-Hirzenach, Rheinstraße 17* – ☎ *0 67 41/26 01* – *fax 0 67 41/13 28* – *menús desde 15 €*. Hospedería con un siglo de antigüedad en una localidad vitícola, célebre por su exquisita cocina; también ofrece habitaciones a buenos precios desde 39 €.

En St. Goar

Zum Goldenen Löwen – *Heerstraße 82* – ☎ *0 67 41/16 74* – *fax 0 67 41/28 52* – *12 hab* – *individuales desde 49 €*. Edificio barroco, negocio bien atendido por los propietarios.

Landsknecht – *En la Rheinuferstraße (St. Goar-Fellen)* – ☎ *0 67 41/20 11* – *fax 0 67 41/74 99* – *14 hab* – *individuales desde 54 €*. Situado a orillas del Rin, vistas del castillo de Maus.

Schloßhotel und Villa Rheinfels – *Schloßberg 47* – ☎ *0 67 41/80 20* – *fax 0 67 41/80 28 02* – *57 hab* – *individuales desde 80 €*. Hotel instalado en un palacio, magníficas vistas del valle del Rin.

En Bacharach

Altkölnischer Hof – *Blücherstraße 2* – ☎ *0 67 43/13 39* – *fax 0 67 43/27 93* – *18 hab* – *individuales desde 46 €*. Bonito edificio de vigas entramadas, céntrico, pero tranquilo; salones del restaurante con revestimientos de madera.

Park-Hotel – *Markstraße 8* – ☎ *0 67 43/14 22* – *fax 0 67 43/15 41* – *25 hab* – *individuales desde 50 €*. Negocio gestionado desde hace varias generaciones por la misma familia. Piscina cubierta y sauna, gran confort.

St. Goar – Esta pequeña localidad a los pies del castillo de Rheinfels controla, junto a St. Goarshausen, la angostura del Rin frente a la roca de la Loreley. El **castillo de Rheinfels**★★ ⓥ, que resistió los asaltos de Luis XIV en el s. XVII, fue, hasta su desmantelamiento por parte de las tropas francesas en 1797, la fortaleza más sólida del valle. *Suba a la torre del reloj para contemplar, desde lo alto, el conjunto de las dependencias y, en la otra orilla del Rin, los castillos de Katz y Maus.*
En la ribera opuesta, la roca de la Loreley se adentra en el lecho del río de manera que la corriente, al topar con el obstáculo y tener que fluir por un paso estrecho, forma turbulentos remolinos. Hasta Oberwesel, las laderas del Rin son abruptas y están cubiertas por un denso bosque.

Oberwesel – En esta pequeña localidad vitícola se conservan 16 torres de las murallas defensivas, donde se ha creado un paseo transitable desde el que se tienen bonitas vistas del Rin. La **iglesia gótica de Nuestra Señora**★ (Liebfrauenkirche), al S de la ciudad, posee un bello altar mayor (1ª mitad del s. XIV) adornado con uno de los retablos más antiguos de Alemania, un leccionario gótico que separa el presbiterio de la nave principal, así como un magnífico tríptico en la nave lateral izquierda (1510), en el que se representan los quince cataclismos del fin del mundo.
Desde la terraza del castillo de **Schönburg**★, un conjunto de tres fortalezas rodeadas por una impresionante muralla común, se disfruta de una amplia vista que abarca hasta Kaub y la isla fortificada de Pfalz.
En medio del río aparece la curiosa Pfalz con forma de barco, sobre la que vela el castillo de Gutenfels.

★**Bacharach** – Bacharach, en otro tiempo propiedad de los condes del Palatinado, conserva las numerosas torres que se construyeron en la Edad Media para defender la fortaleza. La villa, rodeada de viñedos, es uno de los destinos turísticos más frecuentados del valle. A lo largo de la Oberstraße y bordeando la plaza del Mercado (Marktplatz), se alinean bellas casas de vigas entramadas, cuyos balcones rebosan de plantas y flores multicolores. La nave central románica de la iglesia de San Pedro (Peterskirche) es una de las últimas que se construyeron en este estilo en Alemania.

RHEINTAL

La complicada estructuración de sus muros (grandes arcadas, tribunas, triforio, altos ventanales) anuncia la influencia del gótico francés. Cerca de la iglesia se encuentra la inacabada **capilla gótica de San Werner**.

Las torres de Nollig y Fürstenberg, situadas a un lado y otro del Rin, señalan el comienzo de un tramo menos sinuoso del valle del Rin.

Burg Sooneck ⊙ – Esta **fortaleza**, con su dédalo de escaleras, miradores y jardines floridos dispuestos en terrazas, está encaramada en una ladera de las estribaciones del bosque de Soonwald. A partir de 1842 el rey de Prusia Federico Guillermo IV mandó reconstruir las ruinas del castillo, cuyas estancias están equipadas con mobiliario de estilo neogótico y Biedermeier.

Burg Reichenstein ⊙ – **Castillo** neogótico situado en un magnífico emplazamiento a la salida de un valle idílico. En su interior se puede ver una interesante colección de armas históricas y trofeos de caza.

Burg Rheinstein ⊙ – Este **castillo** se alza en un saliente de la ribera del Rin; desde la atalaya, situada en el extremo más cercano a las aguas, se ofrece una magnífica **vista**★★ del río. Esta fue la primera de las fortalezas del Rin que los Hohenzollern mandaron reconstruir (a partir de 1823).

Al llegar a la Mäuseturm (torre del Ratón), el valle se ensancha y la orilla derecha del río se cubre con los viñedos en terrazas de la región de Rheingau.

Bingen – Bingen, fundada por los romanos en la confluencia del Rin y del Nahe, es la ciudad donde produjo su obra la visionaria y mística la alemana Hildegarda de Bingen (s. XII), una de las personalidades creadoras más interesantes y brillantes de la Edad Media, cuyo prestigio entre sus contemporáneos fue tal, que era conocida como la "Sibila del Rin". A ella se ha consagrado un museo a orillas del río (**Historische Museum am Strom**). En la actualidad, la producción vitícola y el turismo son sus principales actividades económicas. El **castillo de Klopp**, una antigua fortaleza de los arzobispos de Maguncia, fue destruido en repetidas ocasiones, en particular por las tropas de Luis XIV. Desde su terraza se tiene una amplia **vista**★ sobre el Binger Loch, situado entre el Hunsrück y las colinas del Rheingau. Desde el monumento de Niederwald, las extensiones de vid se pierden –río arriba– en el horizonte *(ver Rüdesheim)*.

ROMANTISCHE STRASSE★★
RUTA ROMÁNTICA – Baden-Württemberg y Baviera
Mapa Michelin nº 419/420 R 13 – X 16

La **ruta romántica** atraviesa valles fluviales y amplias regiones onduladas situadas en el curso del Meno a los pies de los Alpes bávaros. Todo el recorrido está jalonado de ciudades cargadas de historia que ilustran las etapas más gloriosas del rico pasado cultural y artístico de Alemania. En las villas medievales de Rothenburg, Nördlingen y Dinkelsbühl aflora la sensibilidad religiosa de grandes artistas como Tilman Riemenschneider, en otras se percibe el prestigio que gozaron los caballeros de la orden Teutónica (Bad Mergentheim), o el fasto barroco de las Cortes episcopales y de las ciudades imperiales, como Würzburg y Augsburgo.

DE WÜRZBURG A ROTHENBURG *100 km – 4 h aprox.*

Desde **Würzburg**★★ la carretera B 27 desciende al valle del Tauber, que comienza al llegar a Tauberbischofsheim.

★ **Bad Mergentheim** – *Ver este nombre.*

Weikersheim – Esta pequeña villa, antigua residencia de los príncipes de Hohenlohe, conserva una unidad arquitectónica en sus monumentos que se manifiesta, sobre todo, en la estructura de la plaza del Mercado, construida en semicírculo en uno de los costados del palacio.

El **castillo** ⊙ fue edificado entre 1580 y 1680 a orillas del río Tauber en un estilo sobrio, libre de las influencias del barroco. El **mobiliario**★★ ilustra la evolución de las artes decorativas de 1550 a 1750. La magnífica **sala de los Caballeros**★★ (Rittersaal), concluida en 1603, es un buen ejemplo del estilo de transición del Renacimiento al Barroco. Sobre la puerta monumental destacan las efigies de los emperadores y las emperatrices. En el extremo de la avenida del parque (1710), poblada de figuras grotescas de acuerdo con el gusto de las cortes franconianas de la época, se alza el elegante pabellón de la Orangerie, en el que se abren grandes vanos.

En el trayecto a Bieberehren, remontando el curso del río, comienza un tramo pintoresco por la parte más angosta del valle del Tauber.

ROMANTISCHE STRASSE

Creglingen – La **capilla de Nuestro Señor** (Herrgottskirche) *(1,5 km por la carretera a Blaufelden)* alberga un magnífico **retablo de la Virgen**★★, esculpido por Tilman Riemenschneider, que representa, en el panel central, la Asunción de María. Frente a la iglesia se puede visitar el único **Museo de dedales** (Fingerhutmuseum) que existe en Alemania.

Detwang – En la iglesia de esta localidad se puede ver otra obra de Tilman Riemenschneider, el **Detwanger Kreuzaltar**★, un retablo de la Crucifixión.

★★★**Rothenburg ob der Tauber** – *Ver este nombre.*

DE ROTHENBURG OB DER TAUBER A DONAUWÖRTH
105 km – 5 h aprox.

Feuchtwangen – Esta antigua ciudad libre del Imperio y patria del trovador Walther von der Vogelweide se distingue por su plaza del Mercado, bordeada de casas con bellas fachadas y dominada por la iglesia de una antigua colegiata que alberga un **retablo de la Virgen** de Michael Wolgemut, maestro de Alberto Durero. A través del café *Am Kreuzgang* se accede al **claustro románico**. El **Museo Regional** de folclore franconiano (Fränkische Museum), instalado en una casa burguesa del s. XVII, muestra una colección de objetos de arte popular, entre los que figuran un completo equipamiento de muebles rústicos, loza fina y trajes regionales.

★**Dinkelsbühl** – Esta idílica ciudad medieval, rodeada por una muralla y torres defensivas, se anima cada año durante el mes de julio con los célebres festejos de la "Kinderzeche", en los que se conmemora la liberación de Dinkelsbühl durante la guerra de los Treinta Años.
La **iglesia de San Jorge**★ conserva su torre románica. El interior es de tipo salón gótico, con tres naves cubiertas por una artística bóveda reticulada. Entre las numerosas casas antiguas destacan, sobre todo, la **Deutsches Haus**★ (am Weinmarkt), con una rica fachada de estilo renacentista, así como la **Hezelhof** (Segringer Straße 7), con un magnífico patio interior recorrido por una balconada de dos niveles con una exuberante decoración floral.
El paisaje ondulado característico de la región de Feuchtwangen y Dinkelsbühl es sustituido, pasado Nördlingen, por la amplia cuenca del Ries. Esta depresión, desprovista casi por completo de árboles, dibuja en medio del Jura suabo una hondonada de 20 km de diámetro y 200 m de profundidad, que según algunos geólogos se originó por el impacto de un enorme meteorito hace 14 millones de años.

Dinkelsbühl

ROMANTISCHE STRASSE

Alojamiento en Dinkelsbühl

Kunst-Stuben – *Segringer Straße 52* – ☎ *0 98 51/67 50* – *fax 0 98 51/55 35 27* – *5 hab* – *individuales desde 36 €*. Exquisita atención al huésped en este pequeño hotel instalado en un taller de artistas.

Goldener Anker – *Untere Schmiedgasse 22* – ☎ *0 98 51/5 78 00* – *fax 0 98 51/57 80 80* – *26 hab* – *individuales desde 39 €*. Hospedería con estancias espaciosas, decoración rústica, cocina franconiana.

Goldene Rose – *Marktplatz 4* – ☎ *0 98 51/5 77 50* – *fax 0 98 51/57 75 75* – *34 hab* – *individuales desde 49 €*. Edificio con una antigüedad de 500 años, situado en el núcleo histórico, casa de vigas entramadas.

Blauer Hecht – *Schweinemarkt 1* – ☎ *0 98 51/58 10* – *fax 0 98 51/58 11 70* – *44 hab* – *individuales desde 54 €*. Hotel muy cuidado, instalado en una antigua cervecería-hospedería del año 1684. Algunas piezas del mobiliario son de anticuario, restaurante rústico de larga tradición.

Wallerstein – Desde la cima de la roca *(acceso por la Fürstlicher Keller)* se ofrece una amplia vista del Ries.

★ **Nördlingen** – *Ver este nombre.*

Schloß Harburg ⓥ – Esta poderosa fortaleza domina la localidad de Harburg, situada a orillas del Wörnitz. El complejo arquitectónico fue considerablemente ampliado y transformado en el s. XVIII.

Kaisheim – La **iglesia** de la antigua abadía cisterciense (transformada en prisión) fue construida a finales del s. XIV en estilo gótico. Alrededor del presbiterio corre un **doble deambulatorio**★ cubierto de bóvedas ojivales *(las visitas deben dirigirse al sacristán, que es el encargado de abrir la cancela)*. Se puede visitar la **Sala Imperial** (Kaisersaal) del antiguo convento real, que fue construido (1716-23) por Franz Beer, arquitecto de la escuela de Vorarlberg.

El estrangulamiento final del valle del Wörnitz, presidido por el castillo de Harburg, comunica el Ries con el valle del Danubio.

Donauwörth – La antigua ciudad libre del Imperio posee un conjunto de monumentos históricos que bordean sobre todo la Reichsstraße, como el edificio del ayuntamiento o la casa Fugger. También se conservan parte de las murallas defensivas. El monasterio y el santuario de la **Santa Cruz** (Heilig Kreuz, 1717-22), de finales del barroco, están decorados con estucos de la escuela de Wessobrunn. En la **colegiata de Nuestra Señora** (Liebfrauenmünster) se pueden admirar pinturas murales del s. XV.

DE DONAUWÖRTH A FÜSSEN 148 km – 1 día

El interés de este trayecto que sigue el curso del valle del Lech –por donde transcurría la "vía Claudia", importante calzada romana muy transitada por los comerciantes– radica menos en el paisaje como en las ciudades y monumentos históricos que se visitan: **Augsburgo**★★ y **Landsberg**★, la **iglesia de Wies**★★ *(es preciso desviarse de la carretera)*, así como los castillos de **Hohenschwangau**★ y **Neuschwanstein**★★★ *(ver Neuschwanstein)*.

ROSTOCK ★

Mecklemburgo-Antepomerania – 202.000 habitantes
Mapa Michelin nº 416 D 20

La situación privilegiada de Rostock en el ancho delta que forma la desembocadura del río Warnow favoreció el desarrollo económico de la ciudad durante la Edad Media. Desde el s. XIII fue miembro de la liga hanseática, acuñaba su propia moneda y luchaba por afirmar su independencia frente al poder de los príncipes de Mecklemburgo.
En 1419 Rostock creó la primera Universidad de los países bálticos, que pronto se ganó el calificativo de "el faro del Norte". La prosperidad y la fama de la ciudad suscitaron la codicia de las potencias vecinas: no pudo librarse de los ataques durante la guerra de los Treinta Años, ni salió indemne del conflicto bélico que enfrentó a los países del Norte entre 1700 y 1721. Tampoco quedó al margen de las guerras napoleónicas: las tropas francesas ocuparon la ciudad hasta 1813.
Con sus instalaciones portuarias, sus astilleros y su flota pesquera, Rostock fue hasta la reunificación de Alemania el único vínculo efectivo de comunicación de la RDA con el mundo exterior a través del Báltico.
Para calibrar la actividad marítima comercial de la ciudad y la importancia del tráfico de navíos internacionales por sus aguas, se recomienda una **travesía en barco por el puerto** ⓥ.

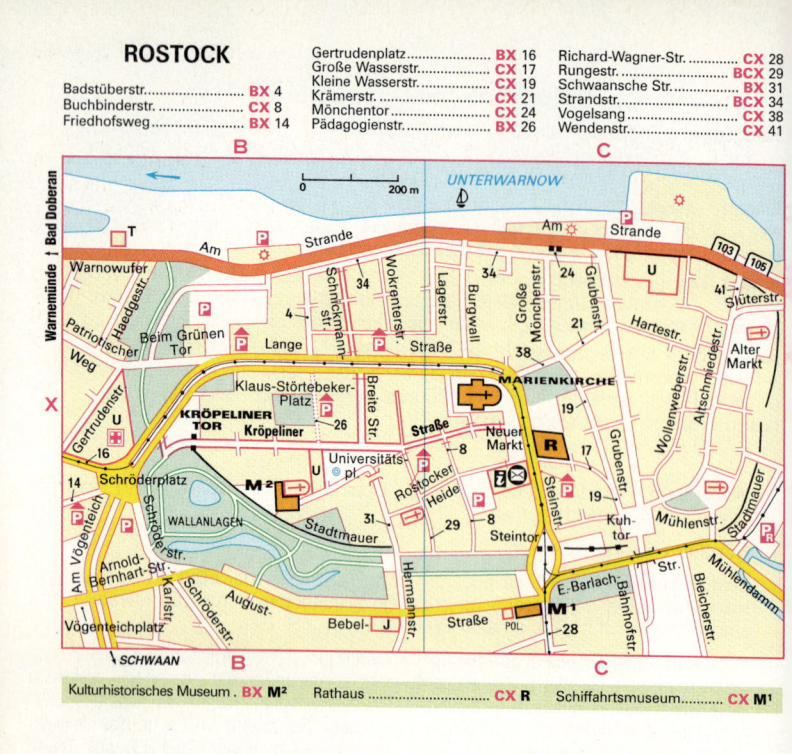

ROSTOCK

Badstüberstr.	**BX** 4	Gertrudenplatz	**BX** 16	Richard-Wagner-Str.	**CX** 28
Buchbinderstr.	**CX** 8	Große Wasserstr.	**CX** 17	Rungestr.	**BCX** 29
Friedhofsweg	**BX** 14	Kleine Wasserstr.	**CX** 19	Schwaansche Str.	**BX** 31
		Krämerstr.	**CX** 21	Strandstr.	**BCX** 34
		Mönchentor	**CX** 24	Vogelsang	**BX** 38
		Pädagogienstr.	**BX** 26	Wendenstr.	**CX** 41

Kulturhistorisches Museum . **BX M²** Rathaus .... **CX R** Schiffahrtsmuseum .... **CX M¹**

QUÉ VER

★★ Marienkirche – *Am Ziegenmarkt*. El aspecto actual de la **iglesia de Santa María**, una imponente basílica en forma de cruz, es el resultado de las obras de remodelación realizadas en la 2ª mitad del s. XV en una iglesia de tipo salón construida el siglo anterior. Por sus dimensiones es uno de los mayores edificios religiosos del N de Alemania.
La maciza torre, estructurada en varios niveles de ventanales, no se concluyó hasta finales del s. XVIII. Desde lo alto se distingue una amplia **panorámica★** de la ciudad. *(Cerrada provisionalmente por obras)*.
En el interior, que sorprende por su verticalidad, destacan un interesante **reloj astronómico★★** construido en 1472 (el marco se reformó en 1643), una elegante **pila bautismal de bronce★**, sostenida por cuatro figuras masculinas y adornada con escenas de la vida de Cristo, y un órgano barroco de 1770.

Rathaus – *Neuer Markt*. El **ayuntamiento** está ubicado en un complejo edificio constituido por tres casas con frontones a las que se añadió una galería de arcadas en la parte superior que soporta siete torrecillas.
Al edificio gótico, construido en los ss. XIII y XIV, se le añadió, en 1727, una fachada de estilo barroco. Al otro lado de la plaza se pueden contemplar bellas casas con los característicos frontones.

★ Schiffahrtsmuseum ⓥ – *En la esquina de la August-Bebel-Straße y la Richard-Wagner-Straße*. En este **Museo de la Navegación** se ilustra la historia de la actividad marítima en el mar Báltico desde la sus inicios hasta nuestros días. A través de maquetas, cuadros, instrumentos náuticos y fotos se muestra la vida a bordo de las embarcaciones. De la colección destaca, sobre todo, la reconstrucción del puente de mandos de un buque de cabotaje.

Kröpeliner Straße – Esta vía peatonal, principal calle comercial de Rostock, atraviesa el centro urbano desde el ayuntamiento hasta la puerta de Kröpeliner Tor. En la principal vía comercial de Rostock se pueden admirar numerosas casas con vistosos frontones góticos a las que se han agregado fachadas de estilo renacentista y barroco. Entre todas ellas destaca la que ocupa el nº 82 –antigua casa del presbítero del hospital del Espíritu Santo (finales del s. XV)–, con una bella fachada de ladrillo y un frontón escalonado.

★ Kröpeliner Tor (Puerta de Kröpelin) – Esta puerta en ladrillo de seis niveles, construida en el s. XIV, cierra la Kröpeliner Straße en su extremo O. En su interior se muestra la colección municipal del Museo de Historia.

★ Kulturhistorisches Museum ⓥ – El **Museo de Historia** está instalado en un antiguo convento de religiosas cistercienses fundado en 1270 por la reina danesa Margarethe. El edificio, un santuario con planta de tipo salón, de tres naves y estilo gótico en ladrillo, es el único en su género que se conserva intacto en la región. En él se expone arte medieval, como el **retablo de los Reyes Magos★** (finales del s. XV) y notables colecciones de pintura y folclore.

ALREDEDORES

★ **Warnemünde** – *11 km al NO*. Esta antigua aldea de pescadores, "comprada" por la ciudad de Rostock al duque de Mecklemburgo en 1323, se ha convertido en uno de los balnearios más cotizados de la costa báltica. Warnemünde es además uno de los puertos de destino preferido por las compañías navieras que organizan cruceros por todo el mundo. En el verano fondean en sus aguas alrededor de 50 transatlánticos que cumplen el papel de los "hoteles".

Bad Doberan – *15 km al O. Ver este nombre.*

★ **Fischland, Darß y Zingst** – *Al NE de Rostock*. La cadena de penínsulas de Fischland-Darß-Zingst es una magnífica reserva natural en la que alternan los bosques, las praderas salinas, las lagunas pantanosas y las amplias superficies lacustres. La estrecha lengua de tierra se extiende en dirección N y E paralela a la línea de la costa, separada de tierra firme por las "Bodden" (bahías poco profundas), en las que se mezclan las aguas salinas del Báltico con las aguas dulces que confluyen hacia el mar. **Fischland**, con una orografía ligeramente accidentada, posee un balneario especialmente apreciado en **Ahrenshoop**, la villa de los artistas. **Darß** y **Zingst** pertenecen al parque nacional de "Vorpommersche Boddenlandschaft". Los pequeños pueblos y balnearios, con sus cabañas y casas de tejados de caña, son otros centros de atracción de la región.

ROTHENBURG OB DER TAUBER ★★★
Baviera – 12.000 habitantes
Mapas Michelin n.os 419/420 R 14 – Esquema: ROMANTISCHE STRASSE

Rothenburg, una de las ciudades más antiguas de la "ruta romántica", domina, desde su estratégico emplazamiento, el curso serpenteante del río Tauber. Sus estrechas calles empedradas, las bellas fachadas de frontones puntiagudos, las fuentes y los edificios de vigas entramadas recrean la atmósfera de una ciudad medieval.

APUNTES HISTÓRICOS

El escarpado espolón rocoso del Burggarten, desde el que se divisa el sinuoso meandro del Tauber, fue, según la leyenda, un punto de apoyo militar en tiempos del rey franco Faramundo (s. V). En todo caso, lo que no cabe duda es que, desde el s. XII, el promontorio fue elegido para levantar dos castillos, uno imperial y otro condal, desde cuyas terrazas se controlaba todo el valle. En aquel entonces la ciudad, de dimensiones modestas, se extendía dentro de los límites del primer cinturón amurallado (Markusturm y Weißer Turm), es decir, dentro del arco formado por la Judengasse y el Alter Stadtgraben (viejo foso de la ciudad).
Tras la destrucción de sus dos castillos por un terremoto que sacudió el lugar en 1356, la ciudad comenzó a expandirse. A partir de ese momento toda la ambición de los burgueses y notables de Rothenburg se volcó en la construcción de monumentos y en el embellecimiento de los edificios públicos de la ciudad. El ayuntamiento y la iglesia de Santiago, así como numerosas casas burguesas –particularmente en la Herrngasse– datan de esta época.
La ciudad, que había adoptado la Reforma protestante, no logró superar la desastrosa situación económica que provocó la guerra de los Treinta Años. La falta de recursos impidió tanto la reconstrucción de sus edificios intramuros como la expansión de la ciudad fuera del cinturón fortificado. Así, el desarrollo de la ciudad se estancó durante los ss. XVII-XVIII. A partir del s. XIX, se dictaron severas medidas municipales para proteger y recuperar su imagen característica, con sus altos frontones y empinados tejados, las torretas escalonadas y los miradores angulares. La mayor parte de los edificios de vigas entramadas descansan sobre zócalos de piedra y con frecuencia presentan sus fachadas revocadas. Las casas más bellas de este tipo de construcción (sin sobrepintar) se pueden ver en los alrededores del hospital.

Una "tragantada" magistral – Durante la guerra de los Treinta Años Rothenburg estuvo a punto de sucumbir a los devastadores ataques de la armada imperial dirigida por Tilly. El mariscal belga estaba decidido a reducir la ciudad a cenizas y de nada valían las súplicas de clemencia, cuando el burgomaestre, como último recurso, ofreció una copa del mejor vino de la región al victorioso general. Entonces sucedió el milagro: este gesto tocó a Tilly en el corazón, y entonces prometió tratar con indulgencia a la ciudad si alguna personalidad era capaz de beber de un solo trago un cántaro (3 l y 250 cl) de ese vino. El antiguo burgomaestre Nusch aceptó el reto y lo ganó. Cada año en Pentecostés y en algunas ocasiones especiales, la población de Rothenburg participa en una representación teatral que rememora este anecdótico acontecimiento.

ROTHENBURG OB DER TAUBER

Alojamiento

Zum Greifen – *Obere Schmiedgasse 5* – ☎ *0 98 61/22 81* – *fax 0 98 61/8 63 74* – *16 hab* – *individuales desde 33 €*. Hospedería próxima al ayuntamiento; habitaciones sencillas a precios razonables.

Spitzweg – *Paradiesgasse 2* – ☎ *0 98 61/9 42 90* – *fax 0 98 61/14 12* – *10 hab* – *individuales desde 52 €*. Emplazamiento céntrico, pero tranquilo, en un edificio de 1536. Fervor por el pintor Spitzweg.

Romantik-Hotel Markusturm – *Rödergasse 1* – ☎ *0 98 61/9 42 80* – *fax 0 98 61/26 92* – *25 hab* – *individuales desde 92 €*. Instalado en el edificio de la antigua aduana del s. XIII, convertido posteriormente en cervecería y hospedería. Confortable, decorado en parte con antigüedades.

Burg-Hotel – *Klostergasse 1* – ☎ *0 98 61/9 48 90* – *fax 0 98 61/94 89 40* – *15 hab* – *individuales desde 82 €*. Bonita situación junto a las antiguas murallas y excelentes vistas al valle del Tauber. Decorado con mucho gusto.

Restaurantes

Mittermeier – *Vor dem Würzburger Tor 9* – ☎ *0 98 61/9 45 40* – *fax 0 98 61/94 54 94* – *19 hab* – *individuales desde 51 €* – *menús desde 15 €*. Hotel con ambiente rústico, exquisita cocina.

Louvre – *Klingengasse 15* – ☎ *0 98 61/8 78 09* – *fax 0 98 61/48 81* – *menús desde 20 €*. Pequeño restaurante que acoge exposiciones temporales de arte, frecuentado por artistas.

★★★ CASCO ANTIGUO (ALTSTADT) 3h30.

Siga el itinerario marcado en el plano; salida de la plaza del Mercado (Marktplatz).

★ **Rathaus** – El edificio del **ayuntamiento** posee una parte gótica del s. XIV, con una torre de 60 m de altura, y una parte renacentista porticada, con una torre de escalera octogonal y una galería superior de sillares rústicos realizada en el s. XVIII, que se abre a la plaza del Mercado. En el interior se pueden visitar las salas abovedadas (Historiengewölbe) –en las que está alojado el museo–, así como subir a la torre. Desde la cima se ofrece una **vista**★ de los tejados y la muralla de Rothenburg.
En la parte norte de la plaza se encuentra la antigua bodega del ayuntamiento (Ratstrinkstube) sobre cuyo frontón un reloj pone en movimiento *(a las 11, 12, 13, 14, 15, 20, 21 y 22)* unas figurillas que reconstruyen la historia del célebre trago magistral (Meistertrunk).

Baumeisterhaus – Los redientes del frontón de esta casa renacentista se suavizan con los motivos intercalados en forma de dragón. Las estatuas de la fachada representan las virtudes cardinales *(1ª planta)* y los siete pecados capitales *(2ª planta)*.

Mittelalterliches Kriminalmuseum (Museo de la Criminología en la Edad Media) ⓥ – Instalado en el antiguo monasterio de la orden de San Juan de Jerusalén, este museo presenta la actitud de la sociedad medieval frente a las diferentes formas de criminalidad y de comportamientos antisociales o marginales.
Seis plantas del edificio están dedicadas a la exposición de instrumentos de tortura y aparatos para la ejecución de penas correccionales o de muerte y de primitivos códigos legales, sellos y numerosos grabados de la época.

Plönlein – Este pintoresco rincón se encuentra en la bifurcación de dos calles, una de ellas en fuerte pendiente descendente. Ambas desembocan en una puerta fortificada.

Salga de la ciudad por el Koboldzeller Tor hacia la derecha y gire, por detrás, de nuevo a la derecha por un camino que discurre paralelo a las murallas de la ciudad.

En el fondo del valle, un interesante **puente fortificado de doble vía** se tiende sobre el río Tauber.

Burggarten – De la doble fortaleza imperial y condal erigida sobre el promontorio sólo subsisten la capilla de San Blas, hoy monumento a las víctimas de la guerra, y una puerta fortificada (Burgtor). Desde el parque público se tiene una bella vista del meandro del Tauber, de la singular torre residencial del palacete Toppler y de la aldea de Detwang.

Herrngasse – A lo largo de esta bulliciosa calle comercial se alinean las antiguas villas de los notables de la ciudad. Se recomienda visitar algunos patios interiores, como el de la casa del nº 15, con su galería de vigas entramadas apoyada en columnas de madera rústica.

ROTHENBURG OB DER TAUBER

Alter Stadtgraben	5
Georgengasse	3
Grüner Markt	6
Hafengasse	
Herrngasse	
Heugasse	8
Kapellenplatz	9
Kirchgasse	10
Kirchplatz	12
Markt	15
Marktplatz	16
Obere Schmiedgasse	18
Untere Schmiedgasse	23
Vorm Würzburger Tor	24

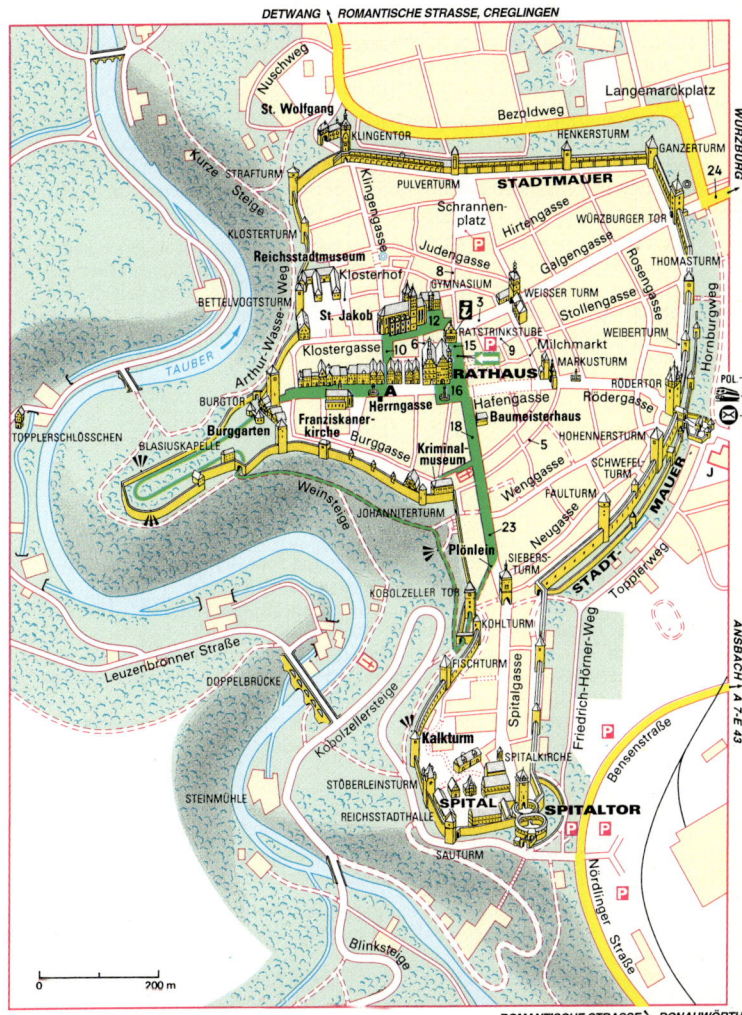

St. Jacobskirche (Iglesia de Santiago) – La construcción de esta iglesia gótica se inició en la 1ª mitad del s. XIV por el presbiterio este. El presbiterio occidental, cuya parte inferior forma una bóveda bajo la cual pasa la Klingengasse, alberga la obra maestra de la iglesia: el célebre **retablo de la Santa Sangre**★★ (1504), de Tilman Riemenschneider. El grupo principal, que representa la Última Cena, es una composición original: Judas es el centro de la escena y contempla a Jesús. En la plaza de la iglesia situada detrás del presbiterio este se alza el antiguo Gymnasium, un edificio renacentista del año 1593.

Y ADEMÁS

★ **Spital** – Las dependencias del **Hospital** –construido en su mayor parte en los ss. XVI-XVII– ocupan, al S, un saliente de la muralla denominado la "punta del gorro" (Kappenzipfel). Lo más interesante del conjunto son las obras de arte que se conservan en la capilla gótica del hospital (Spitalkirche), así como el gracioso pabellón levantado en medio del patio (Hegereiterhäuschen), con su tejado puntiagudo y la torre de escalera circular.
A través de los patios del Hospital se accede al **Kalkturm** *(también tiene una entrada en el exterior)*, una **torre panorámica**★ desde la que se pueden contemplar los monumentos de la ciudad. También se llega a través de los patios al camino de ronda, que comunica las torres Stöberleinsturm y Sauturm.

455

ROTHENBURG OB DER TAUBER

★ Stadtmauer – Las **murallas de la ciudad**, de los ss. XIII-XIV, se conservan intactas, incluidas sus torres defensivas. Cerca del hospital, la entrada sur de la ciudad está defendida por la **Spitaltor★**, un potente bastión del s. XVI con dos patios interiores ovales.

Wolfgangskirche (Iglesia de St. Wolfgang) – Al N del Klingentor, esta curiosa iglesia gótica fortificada (finales del s. XV) está incorporada en el primer lienzo del muro que defiende la puerta y conserva sus casamatas y el camino de ronda.

Franziskanerkirche (Iglesia de los Franciscanos) – El leccionario, así como las columnas y los muros contiguos están decorados con bellas esculturas de los ss. XV-XVI. También destaca en la parte izquierda de la iglesia, sobre un panteón, la imagen de la Virgen de Creglingen (1400). En los ventanales del presbiterio oriental se representa la escena de los oficios matinales de San Francisco de Asís.

Reichsstadtmuseum ⊙ – El **Museo Municipal**, alojado en el antiguo convento de los Dominicos (1258-1554), muestra al público la cocina del monasterio medieval, así como una colección de arte, instalada en las salas con bellos techos de vigas de madera, que cuenta entre sus piezas más interesantes con las Estaciones de la Cruz de Rothenburg (1494) y la copa del trago magistral del burgomaestre Nusch, en la que se representa al emperador rodeado de los siete príncipes electores (1616).

ROTTWEIL★

Baden-Württemberg – 24.000 habitantes
Mapa Michelin nº 419 V 9

Rottweil es una pequeña ciudad medieval situada sobre una suave colina que domina un meandro del Neckar entre la Selva Negra y el Jura suabo.
Fundada en 1140 por el duque Conrado de la casa de Zähringer, Rottweil se convirtió, en 1268, en ciudad libre del Imperio; en el s. XV selló una "alianza eterna" con la Confederación Helvética. La época barroca dejó su inconfundible huella en la arquitectura religiosa. Unida al Estado de Würtemberg desde 1802, la ciudad es hoy un importante destino turístico de Alemania.
La fiesta del carnaval destaca por su espectacular **desfile de los Locos** (Rottweiler Narrensprung), en la que se manifiestan tradiciones muy antiguas, como las célebres "mascaradas" (Federahannes).

QUÉ VER

Lo mejor es dejar el coche en el aparcamiento P 1 (Kriegsdamm) o P 2 (Nägelesgraben). Ambos se encuentran a unos 2 min a pie del centro de la ciudad.

★ Casco antiguo – Con sus casas burguesas adornadas con miradores (Hauptstraße) y sus numerosas fuentes, el núcleo histórico medieval se conserva en perfecto estado.
Desde la Hauptstraße se ofrece una amplia **vista★** con la silueta del Jura suabo en el lejano horizonte.

En la esquina del ayuntamiento gire a la izquierda.

Heiligkreuzmünster (Colegiata de la Santa Cruz) – La colegiata, de estilo gótico tardío, fue construida entre 1430 y 1534. En el altar mayor se puede ver un Crucifijo, cuya autoría se atribuye al gran maestro de Nuremberg Veit Stoß (1447/48-1533). Las capillas laterales están adornadas con **retablos★** de diferentes épocas: el altar tardo-

Carnaval de Rottweiler

gótico de san Pedro, en la nave norte y en la sur, los de san Nicolás, los Apóstoles y el de la Virgen, estos dos últimos del s. XV. El púlpito del s. XVII está finamente cincelado.

En la plaza de la Catedral se alza la fuente gótica de san Jorge, decorada con tres estatuas que llaman la atención por la espontaneidad de su porte (la Virgen, san Jorge y santa Catalina)

Atraviese la Pfarrgasse, gire a la izquierda por la Schulgasse y luego por el Kriegsdamm.

Dominikanermuseum (Museo de los Dominicos) ⊙ – El museo debe su nombre a un monasterio de dominicos fundado en este lugar en 1266 del que sólo subsiste la iglesia barroca. Este museo, alojado en un interesante edificio construido en 1992, presenta los principales objetos de la época romana hallados en las excavaciones realizadas en la región. Aquí se exhibe el bello **mosaico de Orfeo**★ del s. II d.C., formado por cerca de 570.000 teselas. También destaca una magnífica colección de **escultura suaba**★ de los ss. XIV-XVI, con obras de notables artistas (Hans Multscher, Michel Erhart).

Diríjase a la capilla de San Lorenzo por la Lorenzgasse.

Lorenzkapelle – La **capilla de San Lorenzo**, levantada en 1580, fue originalmente la iglesia del cementerio de la localidad. Alberga una colección de **lápidas talladas de Rottweil**, que ilustra las mejores aportaciones de los artesanos de Rottweil a la construcción de logias en la Suabia de finales de la Edad Media.

Gire a la izquierda y regrese a la Hauptstraße.

Kapellenkirche – Esta iglesia gótica, decorada en su interior en estilo barroco, posee una imponente **torre**★ tardogótica. Esta construcción de planta cuadrada presenta en su fachada principal, flanqueada de elegantes torrecillas de escalera, una extraña galería finamente labrada. En la parte superior, que consta de dos plantas octogonales, se abren grandes ventanales de tracerías. Las tres puertas conservan una rica decoración, en la que destaca, sobre todo, la representación del Juicio Final de la fachada oeste y un relieve en el tímpano de la torre del ángulo derecho que muestra los "esponsales del caballero".

EXCURSIÓN

★ **Dreifaltigkeitsberg** – *20 km al SE – 30 min aprox.* Una pequeña carretera que sale de Spaichingen conduce al santuario de Dreifaltigkeitsberg, situado a los pies del Jura suabo. Desde el santuario se ofrece una amplia **panorámica**★ de la depresión del Baar y de la silueta que dibujan las montañas de la Selva Negra en el horizonte.

RÜDESHEIM AM RHEIN★

Hesse – 10.000 habitantes
Mapa Michelin nº 417 Q 7 – Esquema: RHEINTAL

La ciudad vitícola de Rüdesheim está situada en el extremo S del valle del Rin, en el punto donde el curso del río, desviado a partir de Maguncia en sentido O por el obstáculo del macizo montañoso del Taunus y los viñedos de la región de Rheingau, retoma su orientación N. La villa a las puertas de la "ruta romántica" se ha convertido en el centro turístico más visitado de todo el valle.

En sus angostas callejas –la **Drosselgasse** es una de las más populares– se agolpan los visitantes en torno a las bodegas con el fin de degustar sus afamados *riesling*. También se pueden visitar las destilerías y las cavas en las que se producen los vinos espumosos.

Brömserburg – Esta **fortaleza**, que hasta el s. XIII sirvió de refugio a los arzobispos de Maguncia, pasó finalmente a propiedad de los caballeros de Rüdesheim y se convirtió en el lugar de reunión de los bandoleros. En 1281 el arzobispo Wernherr logró arrebatarlo de nuevo, y en la actualidad acoge un **Museo de Enología**, en el que se pueden ver viejos lagares, pero, sobre todo, una rica colección de ánforas y otro tipo de recipientes utilizados para el almacenamiento y el transporte del vino.

EXCURSIONES

Niederwalddenkmal (Monumento de Niederwald) – *Acceso por carretera (2 km) o en telecabina (salida desde la Oberstraße, 20 min i/v).* Este monumento, erigido entre 1877 y 1883, conmemora la reinstauración del Imperio alemán en 1871. Sólo la estatua de Germania pesa 32 toneladas. Los bajorrelieves en bronce del zócalo representan al emperador Guillermo I rodeado por el canciller Bismarck, los príncipes alemanes, los generales de la Armada y un grupo de soldados rasos que se incorporan a la guerra. Desde la terraza se ofrece una amplia vista de los viñedos circundantes, de Bingen y de la desembocadura del Nahe, así como de las montañas del Palatinado, en el horizonte.

RÜDESHEIM AM RHEIN

Alojamiento en Rüdesheim

Trapp – *Kirchstraße 7* – ☎ *0 67 22/9 11 40* – *fax 0 67 22/4 77 45* – *38 hab – individuales desde 52 €*. Situación céntrica y tranquila. Gran confort.

Rüdesheimer Schloß – *Steingasse 1* – ☎ *0 67 22/9 05 00* – *fax 0 67 22/4 79 60* – *21 hab – individuales desde 82 €*. Instalado en un edificio histórico de 1729. Decoración y muebles de diseño.

Alojamiento en Rüdesheim-Assmannshausen

Altes Haus – *Lorcher Straße 8* – ☎ *0 67 22/4 03 50* – *fax 0 67 22/4 03 51 50* – *hab individuales desde 41 €*. Casa de vigas entramadas del año 1578, situación céntrica, gran confort.

Jagdschloß Niederwald – *Auf dem Niederwald 1, en la carretera al monumento de Niederwald* – ☎ *0 67 22/7 10 60* – *fax 0 67 22/7 10 66 66* – *50 hab – individuales desde 77 €*. Antiguo pabellón de caza rodeado por un jardín paisajista.

★ **La región de Rheingau** – *23 km – 2 h*. La orientación al S permite el cultivo de la viña en zonas bastante altas de las laderas del Taunus. Antes de llegar al monasterio de Eberbach, la carretera atraviesa grandes extensiones de viñedos y las pintorescas localidades de Geisenheim, Winkel y Hattenheim.

★★ **Kloster Eberbach** – *Ver este nombre.*

Kiedrich – La **iglesia** (s. XV) de esta localidad vitícola posee una rica decoración interior de estilo gótico tardío. La **sillería**★★ tallada (hacia 1510) conserva la policromía y las inscripciones góticas originales. La **Virgen de Kiedrich**★ (hacia 1533), que se alza junto al leccionario, fue realizada por un maestro anónimo de Maguncia. El órgano (hacia 1500-20) es uno de los más antiguos de Alemania. En Kiedrich se puede escuchar canto gregoriano en el dialecto gótico-germánico desde 1333.

Eltville – Esta pintoresca villa de estrechas callecitas y estupendas mansiones de los ss. XVI-XVII, es la más antigua de la región del Rheingau. El castillo a orillas del Rin, del que aún subsiste la torre del homenaje, fue la residencia de los príncipes electores de Maguncia en los ss. XIV-XV. El monumento a **Gutenberg** instalado en el castillo recuerda los años que el inventor de la imprenta vivió en Eltville. En la iglesia parroquial de San Pedro y San Pablo *(Rosengasse 5)* se puede contemplar una bella pila bautismal realizada en el taller de Hans Backoffen de Maguncia; en su base figuran los símbolos de los cuatro Evangelistas.

Insel RÜGEN★

Isla de RÜGEN – Mecklemburgo-Antepomerania
Mapa Michelin nº 416 C 23-24

Unida al continente por un puente de 2,5 km de longitud que la conecta con la ciudad de **Stralsund**★, Rügen es, con sus 926 km², la isla más grande de Alemania. Las escarpadas costas del O dibujan una línea irregular que recorre los pequeños mares interiores (Binnenbodden) que han formado las aguas del Báltico. Al E, en cambio, los farallones cretáceos, inmortalizados en los cuadros del pintor romántico Caspar David Friedrich, y las playas de arena atraen anualmente a numerosos veraneantes.
Rügen es, además, la patria del poeta, escritor de libros de viajes e historiador **Ernst Moritz Arndt** (1769-1860).

QUÉ VER

★ **Putbus** – La "ciudad blanca", localidad residencial y balneario situada al SE de la isla, fue fundada en 1810 por el príncipe Wilhelm Malte I von Putbus siguiendo el modelo de Bad Doberan. Aunque el palacio principesco fue demolido en 1960, aún subsiste la villa neoclásica, que conserva su estructura homogénea como pocos conjuntos urbanísticos en Alemania. Con razón, se ha dado a Putbus el sobrenombre de "la perla de Rügen".

★ **Circus** – La plaza circular está bordeada de edificios que en su mayor parte presentan una ornamentación clásica. Revocadas en un blanco resplandeciente, sus fachadas contrastan con el color verde de los robles. En el centro de la plaza se alza un obelisco, erigido en 1845, con una altura de 21 m, que sostiene en su vértice la corona principesca.

★ **Teatro** – *Alleestraße*. El edificio fue construido por el arquitecto berlinés Steinmeyer (discípulo de Schinkel) entre 1819 y 1821. El pórtico está sostenido por cuatro columnas toscanas. El friso sobre la entrada en estuco representa a Apolo y a las Musas. El teatro es célebre por su excelente acústica.

Insel RÜGEN

★ **Schloßpark** – El parque del castillo (75 ha), jardín de estilo inglés, cuenta con una **Orangerie** (reformada en 1853 por Friedrich August Stüler), **caballerizas** y una **iglesia parroquial**.

Jagdschloß Granitz (Pabellón de caza Granitz) ⊙ – *Al S de Binz*. En el punto más elevado al E de la isla, el T e m p e l b e r g (107 m), el príncipe Wilhelm Malte I von Putbus mandó construir en 1837 un pabellón de caza de estilo Tudor neogótico. Este edificio, el más importante de la arquitectura profana de la isla, se alza en medio del bosque de Granitzwald. Es de planta cuadrada y está flanqueado por cuatro torres angulares almenadas. En 1844 se erigió una torre mirador de 38 m de altura en el patio interior, diseñada por Karl Friedrich Schinkel. Una espléndida **escalera de caracol** de hierro fundido (154 peldaños) conduce a la plataforma panorámica, desde la que se tiene una impresionante **vista**★★ de la isla de Rügen. *Se puede visitar el interior.*

★ **Balnearios** – Los principales balnearios se encuentran al SE de la isla. **Binz, Sellin, Baabe** y **Göhren** poseen agradables playas, una magnífica arquitectura y un contorno boscoso. Se puede acceder a estas estaciones en el "Rasender Roland", un pequeño tren que comunica Putbus (vía Granitz) con Göhren.

Saßnitz – Esta ciudad portuaria es el punto de partida de las líneas regulares que comunican con Escandinavia. En la parte norte existen bellos bosques de hayas.

★★ **Stubbenkammer** – El **Königsstuhl**, un farallón vertical de 117 m de altura sobre el mar, domina la impresionante costa calcárea. Si se tiene la suerte de visitar el lugar en un día soleado, la roca blanca rodeada del verde de la vegetación y del azul profundo del mar constituye una imagen digna de una tarjeta postal.

AGENDA DE DIRECCIONES

En Binz

Villa Schwanebeck – *Margarethenstraße 18* – ☎ *03 83 93/20 13* – *fax 03 83 93/3 17 34* – *20 hab* – *individuales desde 52 €*. Arquitectura característica de los balnearios, completamente renovada.

Strandhotel Lissek – *Strandpromenade 33* – ☎ *03 83 93/38 10* – *fax 03 83 93/38 14 30* – *40 hab* – *individuales desde 67 €*. Estilo típico de los balnearios, cuida hasta el último detalle en la decoración. Confort moderno, vista parcial del litoral báltico.

Villa Salve – *Strandpromenade 41* – ☎ *03 83 93/22 23* – *fax 03 83 93/1 36 29* – *13 hab* – *individuales desde 77 €*. Construido a principios del s. XX y decorado en estilo Jugendstil. Gran confort.

Am Meer – *Strandpromenade 34* – ☎ *03 83 93/4 40* – *fax 03 83 93/4 44 44* – *60 hab* – *individuales desde 98 €*. Arquitectura moderna con algunos elementos de la decoración de principios de siglo.

En Putbus

Wreecher Hof – *Kastanienallee 1* – ☎ *03 83 01/8 50* – *fax 03 83 01/8 51 10* – *43 hab* – *individuales desde 80 €*. Hotel de bungalós con tejado de caña. Habitaciones confortables, modernas.

Insel RÜGEN

El "Königsstuhl" en Stubbenkammer (Rügen)

★ **Kap Arkona** – El **cabo de Arkona**, con su farallón de 50 m, es el punto más septentrional de la isla. El **Alter Leuchtturm**, un faro de planta cuadrada, de tres pisos y construido en ladrillo sobre un zócalo de granito, fue erigido entre 1826 y 1829 según un diseño de Karl Friedrich Schinkel. Desde aquí se tiene una magnífica **vista**★★ que abarca hasta la isla vecina de **Hiddensee**, donde vivió largos años Gerhard Hauptmann. Cerca del faro se encuentran los restos de una muralla, que son los vestigios de la fortaleza de Jaromarsburg, construida por los eslavos y destruida por los daneses en 1168. Junto a la muralla de la fortaleza se alza desde 1927 el radiofaro de la Marina, que alberga el Centro Internacional de Exposiciones de la Costa Báltica.

El pirata Störtebeker

Klaus Störtebeker es uno de los personajes más pintorescos de las costas del Báltico. Este célebre pirata nació, según la leyenda, en un pueblecito de la isla de Rügen llamado Ruschwitz en 1370. Un día, el joven Störtebeker sintió tanta sed mientras realizaba su trabajo que no pudo resistir la tentación de beber un trago de la jarra de su señor. Por desgracia, fue sorprendido y castigado severamente por ello. El señor ordenó su encadenamiento, pero Störtebeker poseía tanta fuerza que fue capaz de romper los grilletes y librarse de sus torturadores. Finalmente, huyó del lugar en un bote de pescadores, con el que arribó al cabo de Arkona, donde conoció al jefe de una banda de piratas que tenía aterrorizada a las costas con sus fechorías.

Después de superar algunas pruebas, en las que quedó probada sobradamente su fortaleza, fue admitido en la banda de corsarios y se convirtió pronto en uno de los más famosos filibusteros de su tiempo. Durante muchos años surcó los mares a la búsqueda de nuevos botines, hasta que un día, delatado por uno de los miembros de la tripulación, fue apresado y condenado a muerte. Antes de ser degollado, solicitó como último deseo la liberación de algunos compañeros que habían sido sus cómplices desde los años de juventud. Según se cuenta, Störtebeker propuso un trato a sus verdugos ("para mejorar el espectáculo de la ejecución") cuando estaba en el cadalso. Pidió ser decapitado de pie y que por cada paso que diera una vez que su cabeza hubiera tocado el suelo fuera liberado uno de sus hombres. Esta última voluntad le fue concedida y ante el estupor de todos, Störtebeker dio 12 pasos antes de desplomarse.

Se dice que los tesoros apresados en sus pillajes están escondidos detrás de una roca en la zona de Stubbenkammer y que una vez al año se acerca al lugar un velero fantasma que siembra el temor en el litoral. Todos los veranos se celebra en Ralswiek una representación teatral que recuerda las aventuras de este pirata que robaba a los ricos para socorrer a los pobres.

Insel RÜGEN

EXCURSIÓN

★ Hiddensee ⓥ – *Prohibida la circulación de turismos en la isla. Recomendamos tomar el ferry en Kloster y alquilar una bicicleta en la isla. Para la visita prevea unas 5 h.* Hiddensee, conocida como la "Perla del Báltico", se extiende 17 km al O de Rügen y pertenece, al igual que la península de Fischland, Darß y Zingst al parque natural de los *Bodden* en Antepomerania (Nationalpark Vorpommersche Boddenlandschaft). Su litoral es un paraje natural de gran interés ecológico, en el que se pueden encontrar costas escarpadas, lenguas de tierra que se internan en el mar, lagunas saladas y bahías poco profundas (Bodden). Su relieve fue modelado por la retirada de los hielos escandinavos durante la última glaciación del Cuaternario, que culminó en la meseta de origen morrénico de **Dornbusch**, al N, donde se encuentra la máxima elevación de la isla (72 m). Aquí se alza también el faro de Hiddensee (28 m de altura), el monumento emblemático de la isla que fue puesto en funcionamiento en 1888. Desde la terraza superior se tiene una bonita vista de los dos istmos de Bessin, paraíso de las aves migratorias en primavera y otoño.

La isla está surcada de senderos y caminos para circular en bicicleta. Una de las localidades más pintorescas es **Grieben**, con sus casas de tejados de paja. En **Kloster**, un atractivo balneario, se encuentra la que fue residencia estival del novelista **Gerhart Hauptmann** (1862-1946), la llamada "Haus Seedorn", que se sitúa en el calle Kirchweg y puede ser visitada. El escritor está sepultado en el cementerio local. El centro administrativo de la isla es **Vitte**, en su origen una aldea de pescadores que se ha convertido en una importante estación turística. Entre Vitte y Neuendorf se extiende la zona de dunas, cuya vegetación eclosiona en agosto cubriendo la región de un vivo colorido. El pueblecito de **Neuendorf** alinea sus casas en dirección E-O para aprovechar al máximo los rayos solares.

La localidad más meridional es Gellen, originada por arenas de aluvión.

RUHRGEBIET
Cuenca del RUHR – Renania Septentrional-Westfalia
Mapa Michelin nº 417 L 4 – M 9

Con el nombre de **cuenca del Ruhr** se denomina el distrito carbonífero-siderúrgico de cerca de 4.400 km^2 ocupado por unos 5,4 millones de habitantes que viven en un amplio territorio comprendido entre el Rin, el Ruhr y el Lippe. La densa red fluvial favoreció el surgimiento de numerosos centros residenciales ya desde la época prerromana, aunque los grandes centros mineros y metalúrgicos se han desarrollado en los últimos 150 años, por lo que con frecuencia se olvida que algunas poblaciones, como Duisburgo, ya gozaban de fueros municipales en el s. XII, y que otras pertenecieron a la liga de la Hansa, como en el caso de Dortmund.

Esta región sigue siendo uno de los centros industriales más importantes del mundo: aquí se produce la mayor parte del acero alemán, el puerto fluvial de Duisburgo es el que soporta el tráfico más intenso de los puertos interiores de Europa y probablemente del mundo. La industria química y los pozos extractores ultramodernos que descienden a 1.000 m de profundidad se han implantado en la zona norte, entre el Emscher y el Lippe, mientras la pequeña industria se aglutina en el S y da empleo a la población de la región de Berg.

Los **Festivales del Ruhr** gozan ya de una larga tradición: se comenzaron a organizar en la posguerra y cada año destacan por su atractiva oferta en el calendario de fiestas de interés turístico de la comarca comprendida entre el Rin y el Ruhr. Los grandes teatros y auditorios, e incluso las iglesias, acogen los espectáculos de arte dramático y musicales que ofrecen las compañías nacionales e internacionales más prestigiosas, tanto conciertos de música clásica y representaciones de ópera, como actuaciones musicales de grupos modernos.

CAMBIOS ESTRUCTURALES

Numerosas ciudades que experimentaron un crecimiento espectacular durante la época álgida de la industrialización constituyen en la actualidad las grandes aglomeraciones urbanas entre Duisburgo y Dortmund, cuyos suburbios se han expandido de tal forma que ya es difícil establecer la línea divisoria entre unas localidades y otras.

En la década de los 60 comenzó el proceso de transformación del "puchero del Rin" (Ruhrpott) en una sociedad en la que predomina el sector servicios. En efecto, en la actualidad el porcentaje de población ocupada en la industria tradicional de extracción de carbón y producción de hierro y acero es mínimo. Las fusiones de diferentes ramos del acero y el cierre de las minas provocaron la continua pérdida de puestos de trabajo. A este inquietante proceso se ha tratado de poner freno con soluciones ingeniosas y pragmáticas, con las que se ha logrado encontrar ocupación en el sector servicios a más del 60% de la población activa. El objetivo fundamental de la política económica en la

RUHRGEBIET

cuenca del Ruhr es la creación de nuevas industrias y empresas. Este proyecto contempla, por supuesto, el fomento de la investigación y la ciencia, con la fundación de seis Universidades y escuelas de estudios superiores, así como de nueve escuelas técnicas, cuyo papel fundamental será la instrucción de los jóvenes en las modernas tecnologías.

LAS NUEVAS PERSPECTIVAS ECONÓMICAS

La reforma estructural y la reconversión industrial de la cuenca del Ruhr se puso en marcha con un amplio conjunto de medidas de diversa índole. Los economistas añaden cada día nuevas propuestas para paliar la preocupante crisis del sector hullero. Así, una ingeniosa iniciativa concibe la herencia de la industria pesada como una nueva fuente de riqueza en lugar de considerarla como una pesada lacra del pasado. Así ha surgido la noción de turismo industrial, que intenta convertir el antiguo "puchero del carbón" (Kohlenpott) en una región que atraiga al visitante por su oferta cultural y artística. La Exposición Internacional de la Construcción de Emscherpark, las Asociaciones Paisajistas de Westfalia y de Renania, así como la Federación de Municipios de la Cuenca del Ruhr han determinado dar un nuevo destino a las numerosas instalaciones y minas fuera de servicio. El programa aprobado, cuya realización llevará algunos años, tiene previsto transformar –en lugar de demoler– los viejos edificios en centros comerciales, museos e instituciones de interés cultural.

Así surgió, por ejemplo, el centro comercial más moderno de Europa: 200 comercios y tiendas de moda, 20 restaurantes y bares, así como locales en los que se ofrecen espectáculos musicales, teatros y cines ocupan hoy las 70.000 m^2 de unos antiguos talleres industriales.

Las antiguas minas de carbón y las fábricas poseen ahora, además de una utilidad comercial, una función cultural: muchas de ellas se han convertido en **museos de la industria**, que, en su calidad de instituciones educativas, instruyen sobre la historia social y tecnológica de la industria pesada.

QUÉ VER EN LA CUENCA DEL RUHR Y EN LA REGIÓN DE BERG
(en orden alfabético)

Bochum

Colección de Arte-Museo de Bochum – *Kortumstraße 147, frente al parque municipal.* El museo, instalado en un edificio moderno, espacioso y luminoso, presenta fundamentalmente arte internacional contemporáneo.

★★ **Deutsches Bergbau-Museum (Museo Alemán de la Minería)** – *Am Bergbaumuseum 28.* En este museo, creado en 1930 y situado a las afueras de la ciudad, se ofrece una panorámica completa del desarrollo de la minería desde la antigüedad hasta nuestros días. La reconstrucción de máquinas originales, la exhibición de maquetas animadas, acompañadas de cuadros y gráficos explicativos ilustran todos lo aspectos de la actividad extractora. En una explotación abandonada situada bajo el suelo del museo se ha acondicionado una **mina-museo** (Schaubergwerk) de 2,5 km de longitud. En ella se proporciona una información muy precisa sobre las diferentes técnicas en la extracción del mineral, fundamentalmente del carbón. La visita concluye con la subida al castillete de extracción (71 m de altura). Desde la plataforma se ofrece una buena vista de Bochum y los alrededores.

Museo Alemán de la Minería, Bochum

462

RUHRGEBIET

Batman, Warner Brothers Movie World

★ **Eisenbahnmuseum (Museo del Ferrocarril)** ⓥ – *En Bochum-Dahlhausen, C.-Otto-Straße 191, a mitad de camino de Essen a Bochum. Aparcamiento.* Esta fundación de la Sociedad Alemana para la historia del ferrocarril se encuentra en el lugar de una antigua estación y un taller de reparación de trenes en la orilla norte del río Ruhr. Las instalaciones, que datan de 1914 (depósito de máquinas, placa giratoria, grúa hidráulica) se conservan en su mayor parte en su estado original. Más de 180 vehículos sobre carriles muestran la evolución del ferrocarril alemán hasta que comenzó su electrificación. Las piezas más interesantes de la colección son las 15 **locomotoras a vapor**. Además se exponen numerosos **vehículos especiales** (ferrocarril Decauville o portátil, draisina a motor) y todo tipo de vagones, así como locales de trabajo con máquinas expedidoras de títulos de transporte. **Recorridos en tren por el museo**.

Bottrop

Quadrat ⓥ – *En Stadtgarten 20 (cerca del centro).* La serie de cuadros y la obra gráfica del constructivista Josef Albers titulada *Homenaje al cuadrado* dio nombre a este complejo museístico. Albers, pintor y diseñador nacido en Bottrop, fue profesor de arte en la Bauhaus y emigró a América tras la clausura de la escuela. En su obra explora hasta el infinito las relaciones entre cuadrados de color dentro de cuadrados, en un intento por descubrir la interacción entre el color y las líneas rectas. Esta búsqueda, a la que dedicó casi 40 años de su vida, dio como resultado una enorme contribución al estudio de la percepción (cómo vemos y cómo entendemos lo que vemos), por lo que su obra es fundamental en el desarrollo de la abstracción geométrica. Por tanto, es lógico que el museo se haya especializado en el arte constructivista. El **parque de esculturas** anexo exhibe obras, entre otros, de Max Bill, Donald Judd y Norbert Kricke.
Al lado, el **Museo local de Prehistoria** presenta en la sala dedicada a la **época glacial**★ la exposición más completa de Alemania sobre el periodo geológico del Cuaternario.

★ **Warner-Bros. Movie World** ⓥ – *En Bottrop-Kirchhellen; acceso por la A 31, salida Kirchhellen.* Este parque recreativo de 45 ha, cuyo tema central trata del arte y la industria del cine en Alemania ("Hollywood en Alemania"), ofrece 35 atracciones y espectáculos, entre los que destacan el **"triángulo de las Bermudas"**, con sus impetuosos rápidos y sus emocionantes cascadas; las **"aventuras de Batman"** a bordo de un simulador de vuelo que corta la respiración; un sorprendente espectáculo inspirado en la serie televisiva **"Academia de policía"**; un cine de dibujos animados tridimensional; la **"Historia interminable"**, un viaje acuático a través de cavernas y gargantas; la gran montaña rusa de **"Lethal Weapon"**, etc.
En el **Museo de Historia del Cine Alemán**★ (Museum der deutschen Filmgeschichte), el visitante puede hallar, además de un momento de reposo, una exposición que evoca un siglo de cine, así como la evolución de los aparatos fotográficos y de filmación desde la invención de la cámara oscura.

Dortmund

Ver este nombre.

Duisburg

★★ Wilhelm-Lehmbruck-Museum (Museo Lehmbruck) ⓥ – *En Duisburg-Zentrum, Kantpark.* El "Centro Internacional de Escultura" cuenta con una colección de más de 700 obras plásticas, moldeados y construcciones del s. XX (Arp, Barlach, Beuys, Calder, Dalí, Giacometti, Moore, Kollwitz, Kricke, LeWitt, Magritte, Tinguely, Euecker, etc.); una sección del museo está consagrada a la obra del escultor **Wilhelm Lehmbruck** (1881-1919), natural de Duisburg. En el parque, una amplia superficie de 7 ha con una arboleda centenaria, se pueden ver esculturas contemporáneas de artistas internacionales.

Kultur- und stadthistorisches Museum (Museo de Historia de la Ciudad) ⓥ – *En el puerto de Duisburg.* En este museo se documenta la historia de Duisburg desde la Edad Media hasta el surgimiento de la moderna ciudad industrial. Cabe destacar una rica colección numismática y de antigüedades, así como una sección consagrada al cartógrafo Mercator, con globos terráqueos y atlas del s. XVI.

★ Museum der Deutschen Binnenschiffahrt (Museo Alemán de la Navegación Fluvial) ⓥ – *Duisburg-Ruhrort, Apostelstraße 84.* El museo de la navegación fluvial más importante de Alemania está alojado en un casa de baños de estilo modernista en Ruhrort. En él se ilustra la historia económica, técnica y social de esta actividad productiva; se puede ver desde una canoa hasta los modernos buques de transporte, la vida a bordo y el trasiego en los puertos. Para visitar los dos **barcos-museo** es necesario caminar unos diez minutos hasta el puerto fluvial de Ruhrort, cerca del edificio de la Bolsa.

Landschaftspark Duisburg Nord – *En Duisburg-Meiderich, Emscherstraße 71; aparcamiento.* El centro del parque está constituido por una fábrica metalúrgica, con sus inmensos altos hornos y sus chimeneas, ya fuera de servicio. Las antiguas naves industriales se han transformado en salas que acogen espectáculos de diferente índole. Además, es el mejor lugar para contemplar los **espectáculos de luz** ⓥ del artista británico Jonathan Park, que convierte la vieja planta metalúrgica en un auténtico festival cromático.

Essen

Ver este nombre.

Hagen

Karl-Ernst-Osthaus Museum ⓥ – *Hochstraße 73.* La historia de este antiguo museo se remonta a la fundación, en 1902, del Museo Folkwang de Artes Industriales y Bellas Artes (cuya colección fue donada en 1922 a la ciudad de Essen). El mecenas de esta antigua institución fue el industrial Karl Ernst Osthaus. El museo, alojado en un edificio modernista (Jugendstil) construido por el arquitecto **Henry van der Velde**, muestra una colección de arte de los clásicos modernos y de arte contemporáneo internacional.
En el **Museum des Hagener Impulses** (*Stirnband 10*), una filial de este museo, se puede admirar la decoración interior original realizada por Henry van de Velde. Aquí se muestran obras de Ferdinand Hodler, Henri Matisse y objetos de orfebrería en plata de artistas locales.

★★ Westfälisches Freilichtmuseum (Museo al aire libre de Westfalia) ⓥ – *En Hagen, en el barrio de Selbecke, valle de Mäckingerbach.* Desde Hagen tome la salida hacia el S por la Frankfurter Straße y luego la Eilper Straße. En el suburbio de Eilpe gire a la derecha en dirección a Breckerfeld/Halver y recorra 2 km hasta Selbecke. Desde el aparcamiento del museo (Museumsparkplatz) 10 min a pie por un sendero. En una sección del valle de 2,5 km de longitud se han reconstruido más de 70 instalaciones productivas y edificios originales, que muestran la evolución técnica de las manufacturas e industrias de la región de Westfalia (desde mediados del s. XVII a finales del s. XIX). La zona inferior del valle está consagrada al trabajo tradicional del metal en la comarca. La fuerza hidráulica del torrente del Mäckingerbach, retenido mediante diques artificiales, pone en funcionamiento gigantescos martillos de hierro y cobre **(demostraciones del trabajo de la forja)**; alrededor de una docena de cualificados herreros muestran la diversidad de pequeños productos fabricados en la época preindustrial; un edifico de vigas entramadas del s. XVIII alberga el **Museo Alemán de la Forja** (Deutsches Schmiedemuseum); el martillo de vapor Nasmith (hacia 1840) y el laminador de cinc Hoesch (1841) son algunas de las piezas expuestas.
Continuando valle abajo, se llega al espacio reservado a la fabricación de papel y a la impresión gráfica. El **Museo de la Imprenta** (Druckereimuseum), alojado en un viejo molino de elaboración de papel del s. XVIII, muestra antiguas máquinas de impresión. Finalmente se puede visitar una aldea totalmente equipada de talleres dedicados a la artesanía tradicional: tintoreros, talabarteros, cordeleros, herreros, así como panaderos y fabricantes de cerveza enseñan sus buenos oficios (también se venden sus productos elaborados).
Se recomienda visitar los talleres en días laborables antes del mediodía, para poder ver a los artesanos realizando sus trabajos.

RUHRGEBIET

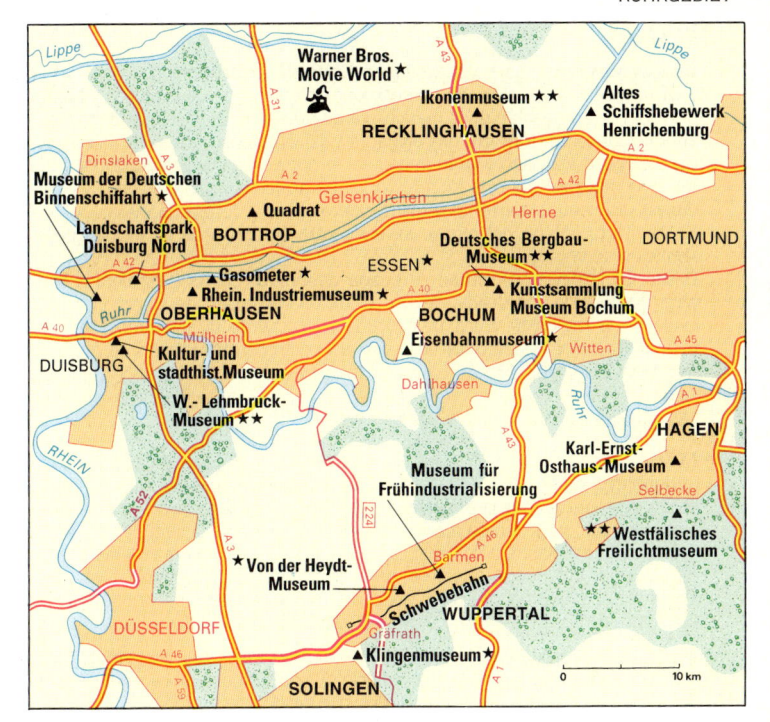

Oberhausen

★ Gasometer ⓥ – *Oberhausen-Neue Mitte (cerca del centro).* La actual sala de exposiciones fue en su época el mayor **depósito de gas** de alto horno de Europa (117,50 m de altura, 68 m de diámetro, construido en 1928-29). Una escalera exterior (592 peldaños) conduce a la plataforma panorámica. Desde la cima se pueden contemplar, en primer término, los terrenos de la Exposición Hortícola Regional 1999 (Landesgartenschau 1999), y en el horizonte lejano, la región del Bajo Rin. En el interior, una plataforma mecánica panorámica transporta a los visitantes hasta una altura de 106 m. Desde el segundo nivel se aprecian las gigantescas dimensiones de esta construcción circular.

★ Rheinisches Industriemuseum (Museo Renano de la Industria) ⓥ – *En el Oberhausen-Zentrum (a espaldas de la estación central de ferrocarril), Hansastraße 20.* La fábrica de cinc de Altenberg fue clausurada en 1981, después de 130 años de actividad en la elaboración de cinc a partir de minerales brutos procedentes de Mühlheim y Essen. Este museo de la industria pesada, instalado en la antigua sala de laminación, ilustra la evolución técnica en la producción de hierro y acero desde mediados del s. XIX en las regiones industriales del Rin y la cuenca del Ruhr, así como la historia social y política vinculada a este sector económico. En la exposición se han integrado algunos elementos originales de la sala de fabricación, por ejemplo, un martinete de vapor de 9 m de altura que data de 1900.

Recklinghausen

★★ Ikonen-Museum (Museo de Iconos) – *Kirchplatz 2a.* Los iconos están clasificados por temas: la Santísima Trinidad y la jerarquía celeste (rico lenguaje simbólico); la Virgen María; los santos y las festividades religiosas (precioso calendario). La exposición se completa con un iconostasio (mampara con imágenes sagradas pintadas que aíslan el presbiterio y su altar del resto de la iglesia).

Altes Schiffshebewerk Henrichenburg (Antiguo mecanismo elevador de barcos) ⓥ – *En Waltrop, Am Hebewerk 2.* Esta curiosa instalación fue inaugurada en 1899 por el emperador Guillermo II. Se trata de un mecanismo que permitía salvar un desnivel del terreno de 14 m en el canal Dortmund-Ems (1892-99), asegurando la navegación fluvial libre de obstáculos hasta el mar del Norte. El Museo de la Industria de Westfalia (Westfälisches Industriemuseum) ilustra la función de este mecanismo elevador (restaurado), así como las condiciones técnicas, políticas, financieras y laborales de la construcción del canal. El **Buque-Museo MS Franz Christian** (Museumsschiff MS Franz Christian) muestra las condiciones de vida y el trabajo a bordo de los barcos que circulan por el canal.

RUHRGEBIET

Solingen

★ **Klingenmuseum** ⓥ – *En Solingen-Gräfrath, aparcamiento junto al museo.* Solingen, célebre en el mundo entero por la fabricación de cuchillos y tijeras, es el principal centro alemán de la metalurgia de precisión. El museo está instalado en el antiguo convento Gräfrath, una elegante y sencilla construcción barroca, reformada con un gusto exquisito y gran imaginación por el arquitecto Joseph Paul Kleihues. En él se muestra una colección histórica de armas blancas (espléndidas espadas y dagas), así como cuberterías y menaje para servir y decorar la mesa.
En la planta sótano del museo se encuentra el tesoro de la vecina iglesia de la Asunción de la Virgen.
Desde los jardines del museo se puede descender por una escalera a la antigua **plaza del Mercado**, bordeada de las tradicionales casas de vigas entramadas al estilo de la región de Berg (restauradas): placas de pizarra cubriendo tanto los tejados, como revistiendo las fachadas, así como contraventanas de madera pintadas en color verde.

Wuppertal

★ **Museo von der Heydt** ⓥ – *En Wuppertal-Elberfeld.* Este museo, instalado en el antiguo ayuntamiento de Elberfeld (1827-42), posee ricas colecciones de pintura y escultura reunidas por la dinastía de banqueros von der Heydt, una familia que se distinguió por su generoso mecenazgo en la creación de la institución. La colección reúne pintura holandesa y flamenca de los ss. XVI-XVII, pintura alemana y francesa desde el s. XIX hasta nuestros días, impresionismo, expresionismo (Kirchner, Beckmann), fauvismo, cubismo, así como escultura de los ss. XIX-XX. El arte también se manifiesta en el café del museo, diseñado por el artista Daniel Buren.

★★ **Museum für Frühindustrialisierung (Museo de los inicios de la Industrialización)** ⓥ – *En Wuppertal-Barmen.* Instalado en el edificio de una antigua fábrica, el museo está dedicado a la historia económica y social del valle del Wupper desde mediados del s. XVIII.

Teleférico – Para trasladarse de un barrio a otro de Wuppertal, recomendamos el uso de este teleférico (1898-1903), el más antiguo funicular aéreo para el transporte de pasajeros del mundo. Además, este sistema de comunicación de cercanías ha demostrado ser uno de los medios más seguros y es utilizado anualmente por 22,6 millones de viajeros. Los edificios de las estaciones datan en su mayor parte de finales del s. XIX.

Oberes SAALETAL ★

Alto valle del SAALE – Turingia
Mapa Michelin nº 418 N 18 – O 19

El río Saale nace en el extremo oriental del bosque de Turingia y discurre 427 km en dirección N para aportar sus aguas al Elba más allá de Magdeburg. Su curso constituye una vía de comunicación natural entre las ciudades de Jena y Halle, de las monumentales Merseburgo y Naumburgo, verdaderas obras maestras de arquitectura religiosa, así como de los numerosos castillos y fortalezas que se alzan en su recorrido *(ver Naumburg).*
El itinerario que sugerimos remonta el valle superior del Saale por una zona de bosques y praderas hasta descubrir la atractiva región de lagos en torno al pantano de Hohenwarte (Hohenwarte Talsperre).

DE RUDOLSTADT A SAALBURG 61 km – 4 h

Rudolstadt – La antigua residencia de los príncipes de Schwarzburg-Rudolstadt está dominada por la clara silueta del **palacio de Heidecksburg★** ⓥ, cuya construcción se inició en 1737. Se visitan varias **salas★★**, lujosamente decoradas en estilo rococó.

Saalfeld – En la Edad Media, Saalfeld figuraba entre las principales ciudades de Turingia gracias a la extracción de cobre y plata de sus minas y a su estratégica situación en la ruta de Bohemia, que le aseguraba una función importante como plaza comercial. La ciudad cuenta con un importante patrimonio arquitectónico.
En la plaza del Mercado (Marktplatz), la fachada del **ayuntamiento renacentista** se caracteriza por una torre de escalera central flanqueada por dos miradores en saledizo. Enfrente, la **farmacia del Mercado Muncipal** (Stadtmarkt-Apotheke) es uno de los escasos edificios románicos de la ciudad (restaurado). La portada principal de la **iglesia de San Juan** (Johanniskirche) muestra una representación del Juicio Final de finales del s. XIV. En el **Museo Municipa Convento Franciscanol de Saalfeld** (Stadtmuseum Saalfeld im Franziskanerkloster) ⓥ se muestran en sus salas históricas, además de la historia de la ciudad, colecciones de arte popular y diversos retablos de finales del gótico procedentes de talleres locales.

Oberes SAALETAL

Grutas de las Hadas, Saalfeld

★ **Feengrotten (Grutas de las Hadas)** ⊘ – *1 km al SE de Saalfeld por la carretera B 281.* En las galerías abandonadas de esta antigua mina de pizarra aluminosa se han formado petrificaciones y concreciones.

Saliga de Saalfeld por la carretera B 85. Cruce el Saale al llegar a la represa de Hohenwarte (Hohenwarte-Talsperre).

La **represa de Hohenwarte** se extiende por una zona de 10 km², formando amplios meandros magníficamente integrados en el paisaje. La carretera atraviesa en sentido diagonal una meseta en la que se suceden los bosques y los campos de cultivo.

Pasados Drognitz y Remptendorf se llega al embalse artificial de Bleiloch-Stausee, que se cruza para regresar por la orilla derecha.

Con sus 29 km de longitud y un volumen de agua embalsada de 200 millones de m³, el pantano de Bleiloch es el mayor de los cinco lagos artificiales que existen entre Saalfeld y Blankenstein.

Saalburg, parcialmente cubierta por las aguas represadas de los pantanos, conserva algunos vestigios de las antiguas fortificaciones del s. XVI.

SAARBRÜCKEN ★

Sarre – 200.000 habitantes
Mapa Michelin nº 417 S 5

La capital del Estado del Sarre aparece mencionada por primera vez en un documento del año 999. Su origen se remonta, sin embargo, a la época celta y romana. En el s. I de nuestra era los romanos erigieron un "vicus" (una aldea o pequeña hacienda en el campo) situado en un paso del Sarre, en el que confluían dos importantes rutas comerciales: la de Metz a Worms y la de Tréveris a Estrasburgo; en este mismo lugar tendieron un puente de piedra sobre el río, que fue de gran utilidad hasta la Edad Media. El río Sarre divide la ciudad en dos partes: el núcleo medieval del Viejo Saarbrücken, situado en la orilla izquierda –donde establecieron su residencia los duques de Saarbrücken–, y el barrio de San Juan, en la margen derecha, que obtuvo sus fueros municipales, al igual que el sector medieval, en 1321. En 1381 la villa pasó a la casa Nassau por un enlace matrimonial.

En 1738, el príncipe Guillermo Enrique de Nassau llamó a su corte al arquitecto **Friedrich Joachim Stengel**, natural de Zerbst. Comenzó entonces un periodo de intensa actividad constructora, cuyas huellas perduran en la fisonomía de la ciudad. En este tiempo se edificaron el palacio, la iglesia de San Luis y la colegiata consagrada a San Juan. Inspirándose en Palladio, Stengel creó, además, magníficas obras de estilo barroco tardío. A partir de 1752 el Viejo Saarbrücken se transformó progresivamente en una ciudad principesca.

La industrialización de la región del Sarre a lo largo del s. XIX trajo consigo un notable desarrollo económico y prosperidad para la ciudad, pero en esta etapa se descuidó su aspecto urbanístico, que se pobló de edificios con estructuras uniformes y sin persona-

SAARBRÜCKEN

lidad. En 1909 se fusionaron la "Vieja Saarbrücken", el barrio de San Juan y Malstatt-Burbach en un municipio único, al que ya se había incorporado, en 1896, el suburbio de St. Arnual. Pese a los serios daños sufridos durante la II Guerra Mundial, Saarbrücken se convirtió pronto en la metrópoli de la región, en particular desde 1959, fecha en la obtuvo la capitalidad del 11 Estado creado en la República Federal y se materializó la independencia de la región del Sarre, hasta entonces bajo soberanía de Francia. Saarbrücken siempre ha sabido sacar provecho de su situación próxima a la frontera francesa.

Saarbrücken, una ciudad muy activa – La población del Sarre, en general, y los habitantes de Saarbrücken, en particular, se caracterizan por su espíritu emprendedor y por ser buenos amigos de los festejos. Para las celebraciones cualquier ocasión es buena. Con sólo pasear por el mercado de San Juan, enclavado en el casco viejo, se comprueba la verdad de esta afirmación. Ludwig Harig, el célebre escritor natural de la región del Sarre, definió con precisión el carácter flexible y la mentalidad tolerante de sus compatriotas: "Las gentes del lugar son capaces de limar cualquier aspereza, de hermanar a los lobos con los corderos".

VIEJO SAARBRÜCKEN (ALT-SAARBRÜCKEN) *Margen izquierda del Sarre*

Schloß – La fortaleza medieval fue reemplazada, a principios del s. XVII, por un **palacio** de estilo renacentista, que fue demolido, en 1738, para construir un palacio barroco diseñado por el arquitecto de la corte Friedrich Joachim Stengel. Las guerras y las sucesivas remodelaciones afectaron seriamente a su estructura y a su fisonomía, hasta que en 1982 se acometieron obras de reconstrucción y acondicionamiento, que fueron confiadas al arquitecto **Gottfried Böhm**. En el edificio clásico de tres alas se realizaron algunas transformaciones, pero el pabellón central fue totalmente modernizado, dotado de amplias superficies de cristal por las que se filtra la luz a raudales. La sala de fiestas es una acertada simbiosis de vidrio y color.
Una construcción de vidrio y acero adosada al ala derecha del palacio –otra creación de Gottfried Böhm– alberga el **Museo Histórico del Sarre** ⊙ (Historisches Museum Saar). Una exposición permanente aborda el tema de la I Guerra Mundial y el nacionalsocialismo en el Sarre. En otra sección del museo se ilustra el desarrollo de la región en la posguerra y en la década de los 50, hasta la integración del Estado a la República Federal de Alemania el 1 de enero de 1957.

Museum für Vor- und Frühgeschichte (Museo de Prehistoria y Protohistoria) ⊙ – *Primer edificio a la izquierda de la plaza del Palacio*. Está alojado en un edificio de estilo neobarroco, antigua sede del Parlamento Departamental. En su interior se puede admirar una magnífica barandilla de escalera en hierro forjado que perteneció a una residencia burguesa de Saarbrücken, el palacete Bode (Altneugasse 25), y que fue realizada por el herrero de la corte, Höer. En la planta baja del museo se exponen fundamentalmente objetos de la época romana. Pero la pieza más valiosa se exhibe en la 1ª planta: se trata de la **tumba céltica de una princesa**★★, procedente de Reinheim, fechada en el año 400 a.C. y que es uno de los más importantes hallazgos célticos en Europa central. Las joyas de la princesa y los objetos que la acompañan, como un jarro en bronce dorado, se conservan en perfecto estado.

Schloßplatz – En el extremo O de la Schloßplatz se alza otro edificio de Stengel, el antiguo ayuntamiento o **Altes Rathaus**, con su torre del reloj y su tejado imperial (1748-50), cuyo frontón está decorado con las armas de la ciudad de Saarbrücken. El **Abenteuermuseum** (Museo de la Aventura) ⊙, instalado en la planta superior, se concibe como una exposición que, a través del conocimiento de la historia y las costumbres de civilizaciones ajenas a nuestro entorno cultural, contribuya a la tolerancia y a la comprensión entre los pueblos.
En el flanco sur de la plaza se encuentra el **palacio del Príncipe heredero** (Erbprinzenpalais) Luis de Nassau, otra obra de Stengel levantada entre 1760 y 1766. El arquitecto transformó tres edificios antiguos y los adaptó al estilo del palacio, con un cuerpo central en saledizo y tejado amansardado. Desde la Revolución Francesa ha sido destinado a diferentes usos. Primero fue la sede de la Dirección Prusiana de Minas, posteriormente acogió la Jefatura de Policía y en la actualidad, está ocupado por las instituciones administrativas municipales.

★★**Ludwigsplatz und Ludwigskirche** – Es la obra maestra de Stengel y uno de los conjuntos barrocos más bellos y homogéneos de Alemania. La plaza y la iglesia fueron edificadas entre 1762 y 1755.

Ludwigsplatz – Ocho palacios de diferentes delimitan al N, S y O esta plaza. Casi todos ellos de tres plantas y cubiertos por tejados amansardados, este conjunto monumental ilustra de forma magistral la transición del estilo barroco tardío al neoclasicismo.
La elegante iglesia de San Luis (Ludwigskirche), construida en gres amarillo-rojizo, contrasta, en el centro de la plaza, con los palacios edificados con materiales en los que predominan el color blanco y el gris plateado. El inmueble alargado del flanco occidental era el antiguo orfanato. La sede oficial del Presidente del Consejo de Ministros se encuentra al N de la plaza.

SAARBRÜCKEN

Ludwigskirche y Ludwigsplatz

Ludwigskirche – Una ejemplar reconstrucción del edificio ha devuelto la prestancia de antaño a esta magnífica iglesia protestante de estilo barroco. Los brazos este y oeste de este templo con planta de cruz griega son algo más cortos y de trazado poligonal. La parte este presenta una abundante decoración, poco habitual en los santuarios protestantes, con artísticos marcos en las ventanas y las estatuas de los Evangelistas, obra de Franziskus Bingh, en los chaflanes del cuerpo central en saledizo. Una balaustrada de piedra, adornada igualmente con esculturas de Bingh (copias) que representan personajes del Viejo y del Nuevo Testamento, recorre la base del tejado.
La elegante sobriedad del **interior** contrasta con la abundante decoración escultórica del exterior. Esta sencillez se acentúa por el uso de tonos claros y pastel en los estucados. Las cuatro galerías se apoyan sobre cariátides. La representación del Ojo de Dios, una imagen usual en la iconografía barroca e ilustrada, observa vigilante desde la cúpula central, que reposa en cuatro columnas.
La **iglesia de la Paz** (Friedenskirche), situada en el extremo Este de la plaza, es otra realización de Stengel que completa este bello conjunto monumental.

BARRIO DE SAN JUAN *Orilla derecha del Sarre*

★ **St. Johanner Markt** – El casco antiguo en torno al **mercado de San Juan** constituye el corazón de la ciudad. En el centro se alza la bella fuente del Mercado (1759-60), con un obelisco en el centro y una artística reja de hierro forjado. El bullicio y la animación son las características del dédalo de callejuelas pobladas de tabernas y restaurantes.

★ **Basilika St. Johann** – La **basílica de San Juan**, construida por Stengel entre 1754 y 1758 y consagrada a san Juan Bautista y a san Luis, es otra joya de la arquitectura barroca. Posee una bella torre de bulbo con linterna y en el tímpano de la portada principal se representan las alegorías de la Iglesia (Ecclesia) y la Sinagoga. Las galerías son obra de Heinrich Heidehoff (1789). Son dignos de mención los cuatro confesionarios diseñados por Stengel, que anuncian ya el estilo Luis XVI. Los retratos de los medallones representan al rey David, a santa María Magdalena, a san Pedro y a san Dimas. El púlpito data de la época de fundación y muestra en sus nichos en forma de concha las imágenes de Cristo como maestro y a los cuatro Evangelistas. En los altares laterales se exhiben copias de los retablos de la iglesia de San Nicolás en Saargemünd, Francia. En cambio sí son originales las figuras de los Santos, realizadas por el artista Wunnibald Wagner.
En la entrada lateral derecha se alza una preciosa **Piedad**, fechada en la primera mitad del s. XVI (se ha restaurado su policromía).

Y ADEMÁS

Saarland-Museum – Alte Sammlung – *Karlstraße 1 (frente a la Galería moderna)*. Esta colección de pintura y artesanía reúne obras procedentes de Alemania del Sur y de Lorena desde la Edad Media hasta principios de los tiempos modernos. Entre las piezas más interesantes destaca un armario de estilo renacentista que perteneció al convento de Limburgo. También se pueden ver cerámicas y porcelanas.

SAARBRÜCKEN

Saarland-Museum – Moderne Galerie – *Bismarckstraße, a orillas del Sarre.* La **Galería Moderna** está dedicada al arte del s. XX (pintura, escultura, grabado). Las obras más interesantes de la colección pertenecen al impresionismo alemán y, sobre todo, al **expresionismo★**. También se pueden ver obras maestras de artistas de renombre internacional, como Picasso, Léger, Tapiès, Beuys, Polke.

★**Stiftskirche St. Arnual (Colegiata de St. Arnual)** – *En el barrio de St. Arnual, por la Talstraße y la Saargemünder Straße.* Este edificio gótico, dedicado al obispo Arnuald de Metz (s. VII), fue erigido entre finales del s. XIII y finales del s. XIV; en 1746 el arquitecto Stegel diseñó la cúpula barroca que corona el edificio. Esta basílica abovedada, con planta de cruz, de tres naves y transepto, atrio sobresaliente y torre adosada al flanco occidental, es uno de los monumentos religiosos más importantes del S de Alemania. El influjo del gótico francés en la parte este se contrarresta en el resto por la influencia de la catedral de Tréveris.

Desde el s. XV acoge la capilla funeraria de los condes de Nassau-Saarbrücken; en el templo se encuentran las tumbas de cerca de 50 miembros de esta familia, entre las que figuran algunas **losas sepulcrales★★** de los ss. XIII a XVIII que son obras maestras por su cincelado y policromía. En el presbiterio se encuentra la tumba de **Isabel de Lorena** (fallecida en 1446), célebre prosista y traductora de la Edad Media; adosado a su muro norte se encuentra el sepulcro, de tamaño sobrenatural, del **conde Philipp von Nassau-Saarbrücken** (fallecido en 1621) con su madre Ana María de Hesse y sus hermanas Dorotea y Luisa Juliana. En el brazo norte del transepto se puede contemplar la tumba del **conde Juan III** (fallecido en 1472), una obra espléndida que muestra al noble con su armadura acompañado por sus dos esposas, Juana de Heinsberg e Isabel de Würtemberg. Encima se halla el sepulcro del conde **Johann Ludwig** (fallecido en 1545) con sus dos hijos. La **pila bautismal★** (s. XV) octogonal en gres rojo representa un Ecce Homo junto al Ángel portador de los instrumentos de suplicio.

Deutsch-Französischer Garten (Jardín franco-alemán) – *Deutschmühlental, en dirección a Forbach.* A las puertas de Saarbrücken, este gran parque (50 ha) ofrece una reproducción del mundo fantástico en miniatura de Gulliver; otras atracciones son el telesilla y el mayor órgano hidráulico de Europa.

EXCURSIONES

★**Weltkulturerbe Völklinger Hütte (Fábrica metalúrgica de Völklingen)** – *En Völklingen, 10 km al O de Saarbrücken.* Esta fábrica metalúrgica fue fundada en 1873. Bajo la dirección de la familia Röchling desde 1881, el pequeño taller se convirtió en poco tiempo en un gran centro industrial que cubría todas las etapas de la fabricación del hierro y el acero. La localidad de Völklingen se benefició durante un siglo de la actividad de esta fábrica, que empleó en su periodo de esplendor y hasta la clausura de sus altos hornos en 1986, a 16.000 personas.

Esta instalación, única en su género en Europa, con sus seis altos hornos y sus recuperadores de calor, fue el primer monumento industrial inscrito por la Unesco en la lista del Patrimonio Cultural de la Humanidad.

Antigua fábrica siderúrgica de Völklingen

La visita permite descubrir las diferentes etapas en la transformación de la materia prima –instalación sintetizadora, coquería, altos hornos. El circuito incluye el acceso a la gigantesca **sala de fuelles a gas★**, una auténtica catedral que ilustra con su pesada maquinaria la vida industrial a principios del s. XX.

Schloßberghöhlen ⊙ – *En Homburg, 20 km al E por la autopista A 6.* La mayor cueva de gres de varios colores existente en Europa fue creada por la mano del hombre. Consta de 12 niveles y varios kilómetros de longitud, de los que solo se visitan dos galerías. La instalación fue construida entre los ss. XI y XVII con fines defensivos para almacenar y conservar las municiones y los víveres. Durante la II Guerra Mundial sirvió como refugio a la población. La temperatura es constante en torno a los 10ºC y la humedad ambiental se sitúa en el 80 y 90%. La aireación se realiza por vía natural.

La piedra de las cavernas se originó con los sedimentos que, por acción del viento y las corrientes marinas, se fueron depositando durante el periodo Triásico (hace 230-260 millones de años). El amarillo-rojizo de la piedra arenisca resulta sorprendente en las profundidades de la cueva.

Römermuseum Schwarzenacker ⊙ – *2 km al E de Homburg, por la carretera B 423.* El **asentamiento romano de Schwarzenacker** debió alcanzar las proporciones de la ciudad de Worms en la Edad Media. Fundado en torno a la fecha en que nació Cristo, fue destruido por los alemanes en el año 275 d.C. En las excavaciones se descubrieron las calzadas, diversos edificios y numerosos talleres artesanales. Se han reconstruido la casa del oculista y una villa de columnas con bodega; ambas son buena muestra de la técnica arquitectónica romana. Los objetos se exponen en el edificio barroco, el Edelhof, desde el que se accede, a través del jardín barroco, al museo al aire libre.

Unteres SAARTAL
Valle inferior del SARRE – Renania-Palatinado y Sarre
Mapa Michelin nº 417 Q 3 – R 3

Entre Mettlach y Konz, donde el río aporta sus aguas al Mosela, el Sarre se abre camino a través del macizo cristalino del Hunsrück, cuya resistencia obliga al curso fluvial a seguir un trazado sinuoso. El valle inferior del Sarre se caracteriza por los impresionantes meandros que dibuja y las abruptas gargantas que ha tallado a su paso. El 10% de la superficie dedicada al cultivo vitícola en la región del Mosela-Sarre-Ruwer se encuentra entre las localidades de Konz y Serring. Desde el s. XVIII la zona está especializada en la producción de la variedad *riesling*.

DE METTLACH A TRÉVERIS *57 km – 2 h aprox.*

Mettlach – En la carretera a Merzig, la fachada barroca de gres rojo de una antigua abadía benedictina, hoy ocupada por la fábrica de cerámicas de la firma "Villeroy & Boch", contrasta vivamente con el verdor de la vegetación circundante. En el parque de la abadía se alza el santuario más antiguo de la región del Sarre. Se trata del "Alte Turm", una capilla funeraria de planta octogonal construida en el año 994 para Lutwinus, el fundador del convento.

★★ Cloef – *A 7 km de Mettlach en dirección O y 15 min a pie i/v.* Es un mirador colgado sobre el meandro de Montclair, cuyo bucle engloba el promontorio cubierto de bosque. *Regrese a Mettlach.*

Desde Cloef o Orscholz se puede hacer un desvío (*aprox. 30 km i/v, por la L 177 y la B 406*) en dirección al valle del Mosela para visitar una villa romana en Nennig.

★★ Römisches Mosaik in Nennig (Mosaico romano en Nennig) ⊙ – En 1852 fueron descubiertos los restos de una inmensa villa romana de 120 m de fachada, construida el s. II o III d.C. en un soleado valle del Mosela. El suelo de la estancia principal posee un magnífico mosaico (16 x 10 m) que consta de 8 medallones encuadrados por motivos geométricos. En él se representan escenas de combates que enfrentan a los gladiadores contra animales fieros, como debió suceder en realidad en el ruedo del anfiteatro de Tréveris.

Vuelva a Mettlach.

Desde Mettlach a Saarburg la carretera discurre por un valle boscoso encajonado entre paredes escarpadas. El paisaje va cambiando progresivamente a medida que los viñedos comienzan a cubrir las riberas del río.

Unteres SAARTAL

Meandro del Sarre, Cloef

Saarburg – Esta pintoresca localidad del Sarre está dominada por las imponentes ruinas de un castillo. La fortaleza, citada por primera vez en un documento de 964, perteneció posteriormente a los príncipes electores de Tréveris, y fue destruida en 1705 por los franceses. Desde ella se tiene una amplia vista de la ciudad y del valle del Sarre. El **casco antiguo**, declarado de interés histórico, se caracteriza por sus estrechas callejuelas medievales bordeadas de casas de vigas entramadas, y una cascada que se precipita desde una altura de 20 m. Otros lugares de interés en la ciudad son el museo municipal "Amüseum", situado junto a la cascada, el Museo de los molinos de Hackenberg, muy próximo al Leukbach, y una fundición de campanas.

Pasado Konz, situado en la confluencia de los ríos Mosela y Sarre, continúe por la carretera en dirección a Tréveris.

★★**Tréveris** – *Ver este nombre.*

SÄCHSISCHE SCHWEIZ★★★
SUIZA SAJONA – Sajonia
Mapa Michelin nº 418 N 26

Situada entre Dresde y la frontera checa, en el curso superior del Elba, la Suiza sajona es una de las zonas de descanso preferidas de Alemania. Por sus impresionantes mesetas formadas por capas horizontales de piedra arenisca, sus picos aislados, ideales para practicar la escalada, sus largas gargantas talladas en la roca, sus desfiladeros profundamente encajonados y sus curiosas formaciones rocosas dispuestas a lo largo de los amplios meandros del río entre Bad Schandau y Stadt Wehlen, constituye uno de los parajes naturales más espectaculares del país.

El macizo arenisco del Elba (Elbsandsteingebirge) se originó durante los levantamientos de la corteza terrestre de la Era Terciaria que afectaron a las capas blandas del subsuelo en la región que se extiende entre las montañas de Lausacia, al NE, y los montes Metálicos (Erzgebirge), al SO. La mayor elevación es el Großer Winterberg, con 552 m. A principios del Cretácico, hace cerca de 100 millones de años, la Suiza sajona formaba parte de una gran zona de sedimentos cretácicos.

CIRCUITO A PARTIR DE DRESDE 78 km – 1 día

★★★**Dresde** – *Ver este nombre. Salga de Dresde por la Pillnitzer Landstraße.*

★**Schloß Pillnitz** – *Ver Dresde.*

★★★**Bastei** – El magnífico mirador colgado sobre el valle del Elba a 190 m de altura ofrece una **vista**★★ incomparable de las formaciones rocosas en capas horizontales de la Suiza sajona. Las profundas hendiduras de la meseta de Bastei, acompañada por las formas caprichosas de las rocas circundantes, recrean un paisaje lunar.

SÄCHSISCHE SCHWEIZ

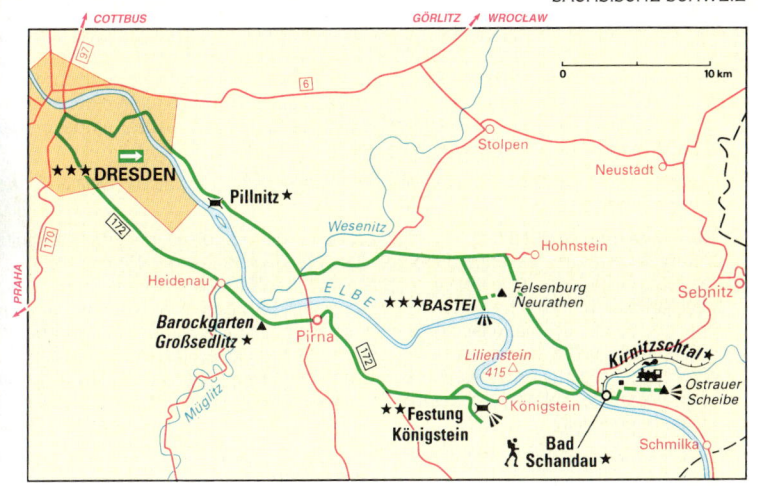

*Después de un corto descenso se llega al **puente de Bastei** (Basteibrücke), de 76 m de longitud. Desde aquí se pueden realizar numerosos paseos entre las rocas por caminos peatonales señalizados con letreros.*

* **Bad Schandau** – Esta localidad, que posee fueros municipales desde 1445, es hoy el centro turístico y termal más importante de la Suiza sajona gracias al descubrimiento, en 1730, de fuentes de aguas ferruginosas. Además, la belleza del entorno invita a numerosas excursiones por los alrededores.

A la salida de la ciudad en dirección a Schmilka, existe un ascensor, declarado monumento de interés histórico (1904), que conduce hasta el inicio de un sendero que lleva, finalmente, al mirador de Ostrauer Scheibe, desde el que se disfruta de una espléndida **vista**★ de las Schrammsteine, un macizo de rocas muy apreciado por los amantes del alpinismo.

El **valle del Kirnitzsch**★, bordeado de rocas abruptas, se puede recorrer en un tren (Kirnitzschbahn).

Al llegar a Bad Schandau cruce el Elba y continúe por la carretera B 172 en dirección a Pirna. Gire a la izquierda hacia la fortaleza de Königstein.

** **Festung Königstein (Fortaleza de Königstein)** – En este tramo del valle, el gran meandro del Elba está dominado por dos montes típicos de este macizo: el Lilienstein (416 m), situado en la orilla derecha, y el Königstein (361 m). Desde este último, coronado por una formidable fortaleza del s. XIII, se ofrece una **vista**★★ singular del valle del Elba, de las cumbres del Osterzgebirge, de las estribaciones de las monta-

Mirador de Bastei, Suiza sajona

SÄCHSISCHE SCHWEIZ

ñas de Lausacia y de los montes de Bohemia. El castillo, al principio bajo dominio de los señores feudales de Bohemia, sirvió de refugio en repetidas ocasiones a la corte sajona. En tiempos de turbulencia política ponían allí a buen recaudo sus tesoros y recluían entre sus muros a los prisioneros, entre los que figuran algunos célebres, como J.F. Böttger, inventor de la porcelana, August Bebel, fundador del Partido Democrático Social, y Fritz Heckert.

Continúe por la carretera B 172 hasta Pirna, luego gire a la izquierda hacia el Jardín barroco (Barockgarten).

★ **Barockgarten Großsedlitz** ⊙ – El proyecto de acondicionamiento del **jardín barroco de Großsedlitz** fue encargado por el conde Wackerbarth en 1719 a los artistas más prestigiosos de la época –Pöppelmann, Knöffel y Longuelune–, quienes se inspiraron en modelos franceses. En 1723 el conjunto pasó a dominio de Augusto el Fuerte, quien acometió las obras de ampliación del parque, que concluyeron en 1732. Este jardín figura entre las mejores realizaciones de estilo barroco en Alemania. Zonas ajardinadas con bonitos setos, arriates de flores, esculturas de piedra arenisca, numerosas fuentes, dos invernaderos y un palacete adornan el elegante complejo.

Regrese a Dresde por la carretera B 172.

SALEM★

Abadía de SALEM – Baden-Württemberg
Mapa Michelin nº 419 W 11

La abadía cisterciense de Salem, fundada en 1134, fue durante 650 años uno de los monasterios más importantes de la orden en Alemania. Como dependía directamente del Imperio, sólo estaba subordinado a los emperadores y al Papado. Vivió su época de mayor esplendor durante el gobierno del abad Anselmo II (1746-1778), a quien debemos el santuario de Birnau. Desde 1802 las dependencias conventuales son propiedad de los grandes duques de Baden.

★ **Münster (Colegiata)** – La antigua colegiata de principios del gótico, cuya construcción se inició en 1297 y fue consagrada a comienzos del Concilio de Constanza en 1414, es el principal edificio del conjunto conventual. La sobriedad de su aspecto exterior sólo se atenúa por los ventanales de tracería que calan los frontones este y oeste. El interior es característico del gótico cisterciense, con su gran presbiterio de cabecera plana y sus altas bóvedas. El mobiliario de alabastro, poco habitual en los santuarios de esta orden religiosa, se debe al abad Anselmo II.

★ **Schloß (Palacio)** ⊙ – Las dependencias conventuales y actual palacio fueron reconstruidas por tercera vez en su historia por Franz Beer tras un devastador incendio ocurrido en 1697. Los edificios rodean tres patios interiores, y en sus dimensiones y la riqueza de la decoración se aprecia el poder temporal del que debió disfrutar Salem en su devenir histórico.

El antiguo refectorio de verano conserva su bello techo de estucos, realizados por los hermanos Schmuzer, a quienes se debe igualmente la decoración de la biblioteca, con su magnífica bóveda de arcos carpanel. Otras estancias interesantes que se pueden visitar son el Bernhardusgang (corredor), la **sala Imperial** (1707) –la mayor sala de recepciones barroca instalada en una abadía alemana–, y el gabinete de trabajo de estilo rococó que perteneció al abad Anselmo II.

Untertor-Haus – Es un elegante **pabellón de entrada** de estilo barroco. El diseño de los dinteles de las ventanas varía de una planta a otra.

Y ADEMÁS

Feuerwehr-Museum – En este museo se ilustran cinco siglos de historia de la lucha contra los incendios, con una colección de aparatos de todo el mundo.

En el **Museo de la Destilería** se muestra el proceso de elaboración del aguardiente y en el **Museo de la Tonelería**, instalado en un edificio de 1706 con un impresionante lagar, se ilustran las artes del viejo oficio de fabricante de cubas. También existe un pequeño **Poblado de artesanos**, en el que cada trabajador muestra sus habilidades.

▶▶ Affenberg *(Recinto al aire libre para monos berberiscos, observatorio de cigüeñas; 4 km al S).*

ST. BLASIEN ★

Baden-Würtemberg — 4.200 habitantes
Mapa Michelin nº 419 W 8

Al fondo del pequeño valle boscoso de Hotzenwald, situado al S de la Selva Negra, la majestuosa iglesia barroca consagrada a san Blas ocupa el emplazamiento de un monasterio medieval, fundado en el año 858 por monjes eremitas, cuya influencia irradió por todo el S de Alemania.
Los aires saludables y la atmósfera apacible caracterizan esta agradable localidad turística.

★★ **Dom (Catedral)** – El templo ocupa, de acuerdo con un diseño muy del gusto de la arquitectura barroca, la parte central del ala norte de un antiguo complejo conventual de cuatro cuerpos. La catedral se edificó según un proyecto concebido por el arquitecto francés Michel d'Ixnard (1723-1795), quien mandó levantar una cúpula de 64 m de altura –la tercera más alta de Europa después de la de San Pedro de Roma y la iglesia de los Inválidos de París– sobre una rotonda central de columnas. El interior del casquete, que recibe la luz a través de las perforaciones practicadas en la estructura, es una falsa cúpula suspendida del cimborrio y que no se apoya, por tanto, en las columnas de la rotonda. El presbiterio, situado detrás del altar mayor, se cubre con una bóveda de cañón

EXCURSIONES

Hochkopf – *Suba por Todtmoos al puerto de Weißenbachsattel.*

Hochkopf – *45 km – 1 h a pie i/v.* Desde el aparcamiento, a la derecha de la carretera, sale un sendero que conduce a la torre-mirador, desde cuya plataforma se ofrecen **vistas**★★ de las crestas peladas del Belchen y del Feldberg, al O, y (con tiempo despejado) de los Alpes, al SE.

Regrese a St. Blasien por Bernau.

★ **Bernau** – En una alta cañada cubierta de pastos, las bucólicas granjas se agrupan formando varios caseríos. El ayuntamiento de Bernau-Innerlehen alberga el **Museo Hans-Thoma**, en el que se exponen obras de este artista nacido en Bernau, en cuyos cuadros se refleja con gran sensibilidad los paisajes de la Selva Negra.

Valle del Alb – *30 km.* La carretera discurre por los desfiladeros del Alb, alternando los paisajes rocosos con los numerosos túneles, para llegar al Rin a la altura de Albbruck.

Catedral de St. Blasien

SAUERLAND★

Renania Septentrional-Westfalia
Mapa Michelin nº 417 M 6-8

El Sauerland es la región más montañosa del macizo Esquistoso renano, aunque en ella no se encuentran los picos más altos. La cumbre máxima es el **Langenberg**, con 843 m, que se encuentra en las proximidades de Winterberg-Niedersfeld, una zona de transición al paisaje de montaña del Waldeck. Los numerosos **lagos artificiales** del Sauerland, que proporcionan agua y energía eléctrica a las ciudades industriales de la cuenca del Ruhr, son apropiados para la práctica de los deportes náuticos. El Alto Sauerland, pero sobre todo el macizo del Rothaargebirge, cubierto de bosques de hayas y coníferas, son zonas turísticas muy frecuentadas por los aficionados a los deportes de invierno.

DE SOEST A BAD BERLEBURG *181 km – prevea 1 día*

★ **Soest** – Ver este nombre.

★ **Möhnesee** – Ver Soest.

Arnsberg – El núcleo histórico se extiende en forma de terrazas por las laderas de un promontorio bañado por las aguas del Ruhr. El casco urbano posee un bello conjunto de casas de vigas entramadas de los ss. XVI-XVII. Al N, la torre del reloj, con su tejado imperial, preside la entrada a las **ruinas del Schloßberg** *(bella panorámica)*. Al S, junto a la iglesia abacial, se alza la espléndida Hirschberger Tor (1753), una puerta de estilo rococó decorada con escenas cinegéticas, que protegía la entrada a un antiguo palacete de caza.

Pasado Arnsberg, la carretera rodea por la derecha el lago de Sorpe; después, atraviesa el macizo del Lennegebirge. Las vistas en el recorrido son muy bellas, en particular en las cercanías de los puertos de montaña. A partir de Finnentrop, la carretera se interna en el valle del Bigge, jalonado de paisajes rocosos.

★ **Attahöhle** ⓥ – *A la derecha de la carretera, poco antes de llegar a* **Attendorn**. *Letrero indicativo*. Esta curiosa caverna de piedra caliza se extiende 3 km en el interior de la tierra y presenta multitud de estalactitas y estalagmitas, así como algunas cortinas de piedra translúcida.

Attendorn – La antigua ciudad hanseática de Attendorn es, desde principios del s. XX, un importante centro turístico. Pero la villa conoció su periodo de esplendor en la Edad Media, como se demuestra en la magnífica arquitectura del **antiguo ayuntamiento** (Historisches Rathaus, *junto al Alter Markt*)), con su frontón escalonado y su vestíbulo de arcadas, y en la llamada **"Catedral del Sauerland"** (Sauerländer Dom), una iglesia gótica de tipo salón con una magnífica decoración interior (ambos edificios del s. XIV).

Al SE de Attendorn, en la orilla opuesta del Bigge, se alza la **fortaleza de Schnellenberg**, cuya configuración actual se remonta, en lo esencial, al s. XVII.

Biggetalsperre – El **pantano del Bigge**, construido en 1964, es –junto al embalse del Lister– la mayor reserva acuífera de Westfalia, que además regula las crecidas de los ríos del valle del Lenne. Se realizan travesías en barco.

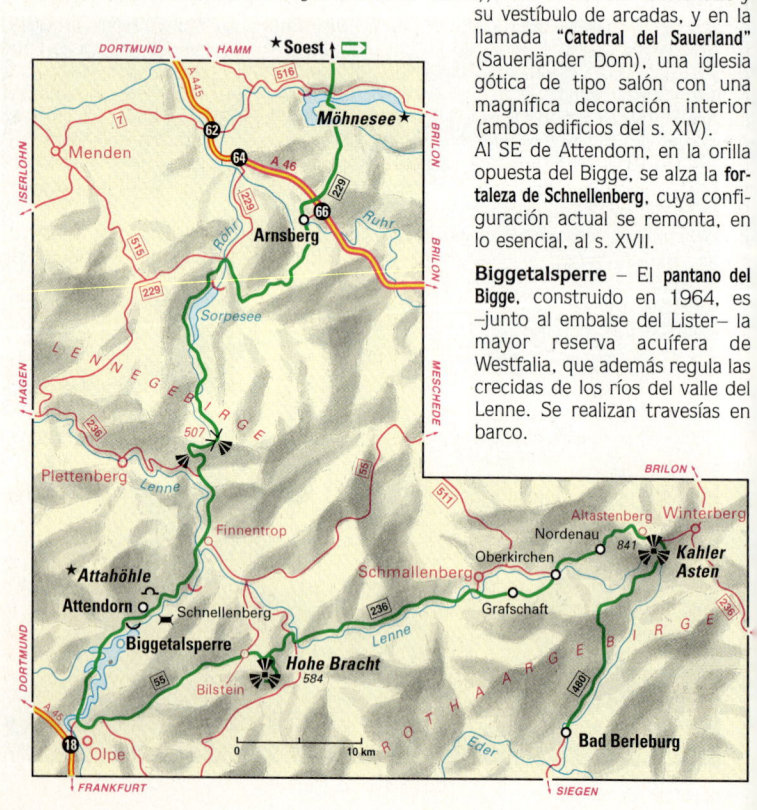

SAUERLAND

Unos 2 km antes de llegar a Olpe, gire a la izquierda y continúe por la carretera B 55. Nada más pasar Bilstein existe una bifurcación; tome la pequeña carretera de montaña, a la derecha, que conduce al Hohe Bracht.

Hohe Bracht – *Alt. 584 m.* Desde la torre-mirador (620 m) se ofrece un magnífico panorama del macizo montañoso del Rothaargebirge, que abarca hasta el Kahler Asten.
La carretera recorre los paisajes bucólicos del valle del Lenne hasta llegar a las localidades de **Grafschaft** y **Oberkirchen** (bellas casas de vigas entramadas). Aquí comienza una región más agreste y accidentada. Pasadas **Nordenau**, aldea típica del Alto Sauerland con sus casas de tejados de pizarra, y Altastenberg, una estación de deportes de invierno situada en una amplia meseta con bellas perspectivas, la carretera asciende al Kahler Asten.

Kahler Asten – *Alt. 841 m.* Es la cumbre más alta del macizo del Rothaargebirge (la segunda del Sauerland). Desde la torre-mirador se disfruta de una amplia panorámica. Al NE se encuentra la estación climática y deportiva del Winterberg.
Por una carretera sinuosa, pero con buen trazado (bellas vistas hacia el S) se desciende a una región rocosa en la que abunda la pizarra.

Bad Berleburg – Situado en el centro del casco histórico de la villa, el **castillo** de los príncipes de Sayn-Wittgenstein es el núcleo en torno al cual gira la vida de este balneario especializado en la hidroterapia de Kneipp. El castillo del s. XIII, transformado al gusto barroco posteriormente, acoge en la actualidad espectáculos musicales.

SCHLESWIG★

Schleswig-Holstein – 27.000 habitantes
Mapa Michelin nº 415 C 12

Schleswig está situada al fondo del **Schlei**, un brazo del mar Báltico que penetra 43 km en tierra firme, constituyendo una estrecha ría. La mejor **vista**★ de la ciudad más antigua de Schleswig-Holstein, con sus edificios blancos que contrastan con la imponente mole de la catedral, se obtiene llegando desde el S por la carretera B 76.

Los vikingos – A principios del s. IX se estableció una colonia de comerciantes en la orilla sur del Schlei. Su privilegiado emplazamiento en una encrucijada de la vía terrestre a Jutlandia (eje S-N) y la ruta E-O usada para el transporte de mercancías poco pesadas del Báltico al mar del Norte, hizo que el pequeño asentamiento prosperara rápidamente –unas 1.000 personas ocuparon un área de 24 ha– y se convirtiera en una importante plaza comercial en el N de Europa. Alrededor de la localidad de **Haithabu** (ciudad en la pradera) levantaron un gran sistema de construcciones defensivas, del que se conserva, entre otros, el sólido **atrincheramiento semicircular** junto al Haddebyer Noor. El **Busdorfer Runenstein** –que se puede ver en el Museo Vikingo– es otro vestigio de las fortificaciones de aquella época.
En el s. XI, los habitantes de Haithabu, constantemente amenazados por las incursiones piratas, emigraron a la orilla norte del Schlei y fundaron la ciudad de Schleswig.

Schloß GOTTORF ⊙

El **palacio de Gottorf** (ss. XVI-XVIII) es la cuna de la familia ducal de Schleswig-Holstein-Gottorf, que ocupó el trono de los zares de Rusia en 1762. El edificio alberga dos importantes museos regionales. Dada la gran riqueza de sus colecciones, el visitante deberá prever al menos medio día para disfrutar del recorrido turístico.

★★ **Landesmuseum für Kunst und Kultur** – El **Museo Regional de Arte y Cultura** posee valiosas colecciones históricas (arte, artesanía, folclore). En él destacan, sobre todo, la sala gótica (arte sacro medieval), la sección de **porcelanas y loza fina**★, la rica colección de Cranach, y la de mobiliario antiguo. También presentan gran interés la **capilla renacentista**★★, con la logia ducal y el oratorio, y la magnífica **colección de estilo Jugendstil**★, una de las más ricas del N de Alemania.
En un edificio contiguo se expone la colección de arte de Rolf Horn, con obras que abarcan desde el expresionismo hasta la actualidad; entre ellas resaltan, sobre todo, los cuadros de Emil Nolde y Alexej Jawlensky. Una sala está consagrada a la escultura de Ernst Barlach.
En dos plantas del edificio del Kreuzstall se ha instalado una exposición de obras de "Die Brücke" (El Puente), la segunda en importancia después de la del Brücke-Museum de Berlín. En la 2ª planta se puede ver también una muestra de artesanía del N de Alemania.

SCHLESWIG

* **Archäologisches Landesmuseum** – El **Museo Arqueológico Regional** presenta de forma sistematizada la prehistoria de Schleswig-Holstein desde el Paleolítico hasta la época de los vikingos. Los hallazgos más espectaculares datan del s. IV d.C. (cadáveres de las turberas, restos de tejidos, zapatos, armas), preservados de la putrefacción en los terrenos pantanosos.
El palacio Gottorf alberga también una importante **colección etnológica**, constituida entre otras piezas por el mayor conjunto de armaduras japonesas que existe en Alemania.

*** **Nydam-Boot (Barca de Nydam)** – *En la Nydamhalle*. Esta embarcación germánica, la más antigua de estas dimensiones descubierta hasta la fecha (construida hacia el año 320 d.C.), fue hallada en la turbera de Nydam, en territorio danés, en 1863. De grandes proporciones (cerca de 23 m de largo, 3 m de ancho y 36 plazas de remeros) y bello diseño, este barco en madera de roble, que se hundió en la turbera hacia el 350, se expone en la Nydamhalle (al O del palacio de Gottorf). En esta misma sala se muestran otros hallazgos realizados en Nydam y Thorsberg.

Y ADEMÁS

* **Dom St. Peter** – La **catedral de San Pedro**, inconfundible desde la lejanía por su esbelta torre oeste, es una iglesia gótica de tipo salón. Acceder al templo por la puerta de San Pedro (Peterstür), al S, en cuyo tímpano se puede contemplar un relieve del año 1170; en el interior, junto a la entrada, se alza una figura de Cristo de 1512. Pero la obra de arte más valiosa de la iglesia es el **retablo de Bordesholm**★★ (1521), en el presbiterio. Al NO del transepto se abre el **claustro** (s. XIV), cuyas bóvedas están decoradas con estilizados motivos vegetales policromados que representan pámpanos y sarmientos.

El Holm – El viejo barrio de pescadores y marineros de los ss. XVIII y XIX agrupa sus casitas de baja altura en torno a la tranquila plaza del **Camposanto**★.

Wikinger Museum Haithabu (Museo Vikingo de Haithabu) – *Acceso por la carretera B 76 en dirección a Kiel*. Este anexo del Museo Arqueológico Regional está situado cerca del lago de Haddebyer Noor, junto al antiguo asentamiento vikingo. En él se recogen los hallazgos arqueológicos del lugar (joyas, armas, utillaje, utensilios domésticos) y se traza la historia de este poblamiento vikingo. La exposición se acompaña de cuadros y textos explicativos, así como de maquetas de la villa, que ilustran el modo de vida y la economía de los antiguos habitantes de Haithabu. En la **sala de barcos** se puede contemplar un drakar, una larga embarcación escandinava que ha sido reconstruida, en parte, con piezas de la época halladas en el puerto de Haithabu.

Fíbula de Terslev. Museo Vikingo de Haithabu

EXCURSIÓN

Eckernförde – *23 km al E por la carretera nacional B 76*. En el primer tramo del recorrido, la carretera discurre junto a la orilla sur del Schlei, que alcanza su máxima anchura a medio camino entre Schleswig y Eckernförde y ofrece bellas vistas de la orilla opuesta. Los orígenes de la villa de Eckernförde, situada al fondo de la bahía homónima y que posee un pintoresco puerto pesquero, se remontan al s. XII (un documento de este periodo menciona el lugar como una "aldea de pescadores"). De aquí proceden los célebres "Kieler Sprotten", una especialidad culinaria a base de arenque ahumado.

En la plaza del Mercado se alza la **iglesia de San Nicolás** (Nicolaikirche), una sobria construcción en ladrillo de tres naves construida en el s. XV sobre un templo primitivo de una sola nave (s. XIII). Del santuario original se conserva el presbiterio y la parte inferior de la torre oeste, englobada en la iglesia al añadir las dos naves. En el interior, dividido por cuatro potentes columnas, se conservan valiosas obras de arte: el **retablo** (1640) de principios del barroco está considerado como la creación maestra del escultor Hans Gudewerdt el Joven, cuyo padre realizó las tallas del púlpito renacentista (escenas bíblicas). La **pila bautismal en bronce** de 1538, bellamente decorada, se alza en el centro de la iglesia. A ambos lados de la torre oeste se encuentran las criptas de los nobles (s. XVII) y el llamado **Sintflutbild**, un gran óleo de 1632 en el que se recuerdan las inundaciones, las pestes y los horrores de la guerra de los Treinta Años.

SCHWÄBISCHE ALB★

JURA SUABO – Baden-Würtemberg
Mapas Michelin nos 419 V 10 – T 15/420 U13 – T 15

Entre la Selva Negra y los macizos cristalinos del bosque de Bohemia (Böhmerwald), las mesetas calcáreas del Jura suabo (punto culminante: Lemberg, con 1.015 m) constituyen la línea divisoria de aguas del Rin (Valle del Neckar) y del Danubio. Desde esta altura, el desnivel entre las pendientes abruptas del NE del Jura suabo y la cuenca del Neckar alcanza los 400 m. Algunas rocas redondeadas que se desgajaron del bloque principal fueron las colinas elegidas por las familias de rancio abolengo para levantar sus castillos solariegos. Estos parajes, en los que el propio terreno constituye una fortaleza natural, fueron la cuna de las grandes dinastías de los Hohenstaufen y los Hohenzollern.

1 DE KIRCHHEIM UNTER TECK HASTA EL CASTILLO DE HOHENZOLLERN *125 km – 1 día*

Kirchheim unter Teck – El **edificio de vigas entramadas del ayuntamiento** (1724), con su torre de pináculos, se alza en el punto de intersección de los ejes principales de la villa.

Holzmaden – El **Museo Hauff**★ (Urwelt-Museum Hauff) ⊙ *(siga las señalizaciones)* reúne extraordinarios esqueletos de saurios, peces, plantas marinas fósiles y amonites hallados entre las capas de esquisto jurásicas, cuya antigüedad se cifra en unos 180.000 millones de años.

Burgruine Reußenstein (Ruinas del castillo de Reußenstein) – *45 min a pie i/v.* Aproximarse al borde del precipicio para apreciar el **emplazamiento**★★ del castillo, situado en un paraje áspero e inhóspito que domina el fondo del valle del Lindach. Desde la plataforma panorámica instalada en las ruinas del castillo se tiene una **vista**★ de la cañada y, en la lejanía, de la llanura del Reck.

A partir de Wiesensteig (casas de vigas entramadas) la carretera discurre un tramo por la "ruta del Jura suabo" (Schwäbische Albstraße), señalizada con letreros azul-verdosos.

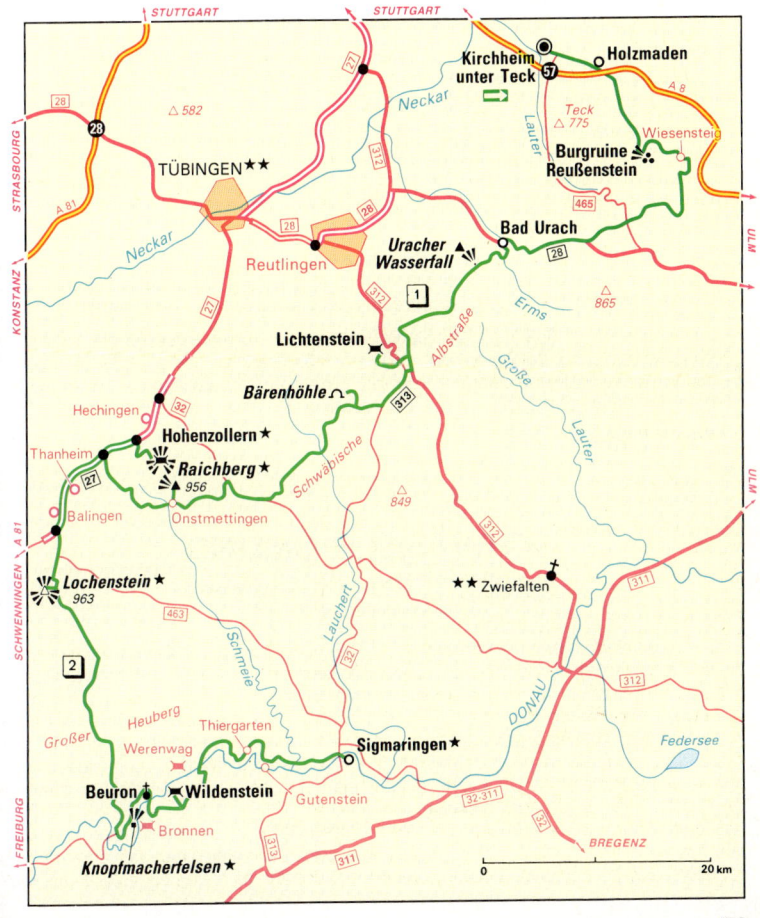

SCHWÄBISCHE ALB

Bad Urach – Esta bella localidad, encajonada en el valle del Erms, posee un bello conjunto de casas de vigas entramadas que bordean la plaza del Mercado.

Uracher Wasserfall (Cascada del Urach) – *15 min a pie i/v. Estacione el vehículo en el aparcamiento identificado con el letrero "Aussicht 350 m". Hermosa* **vista★** *de la cañada y del salto de agua, menos impetuoso en verano.*

Schloß Lichtenstein ⊙ – El **castillo de Lichtenstein** se alza sobre una roca inexpugnable, aislada de las colinas vecinas por un profundo barranco. En los años 1840-1842 fue totalmente reformado y acondicionado en el estilo de la época, es decir, a imitación de los castillos señoriales de la Edad Media. A la derecha del puente de acceso a la fortaleza, existen dos miradores: desde uno de ellos se divisa el valle del Echaz; desde el otro, una bella perspectiva del castillo.

Bärenhöhle (Cueva de los Osos) ⊙ – *En Erpfingen*. En la cavidad principal de esta gruta se pueden ver esqueletos fosilizados de osos.

Al llegar a Onstmettingen siga las indicaciones a "Nädelehaus" y "Raichberg".

★ **Raichberg** – *30 min a pie i/v.* Desde el hotel, aproximarse al reborde de la meseta (956); desde aquí se ofrece una amplia **vista★** de las pendientes del Jura suabo y del castillo de Hohenzollern.

Por Thanheim y Hechingen, diríjase al castillo de Hohenzollern★.

★ ② **DESDE EL CASTILLO DE HOHENZOLLERN HASTA LA IRRUPCIÓN DEL DANUBIO** 89 km – 1/2 día

★ **Burg Hohenzollern** – *Ver este nombre.*

★ **Lochenstein** – *30 min a pie i/v.* Estacione el vehículo en el puerto de Lochenpaß y suba a la cima (963 m) del Lochenstein, coronada por una cruz (Gipfelkreuz). La **vista★** abarca la depresión de Balingen y Hechingen, con la silueta del castillo de Hohenzollern en la lejanía.
Después de un tramo de descenso por curvas cerradas, la carretera atraviesa la meseta ondulada del Großer Heuberg, situada a 1.000 m de altitud.

★ **Knopfmacherfelsen** – Desde el mirador instalado unos metros por debajo del aparcamiento se tiene una **vista★** del valle del Danubio hasta la abadía de Beuron. A la derecha se alza el castillo de Bronnen.

Kloster Beuron (Abadía de Beuron) – La próspera comunidad benedictina de Beuron contribuyó de manera decisiva a la reforma y evolución de la liturgia y del canto gregoriano en Alemania. La Gnadenkapelle, una capilla agregada a la **iglesia colegial** ⊙ barroca en 1898, fue edificada por la "escuela de arte sacro de Beuron", que realizó su obra, inspirada en el arte bizantino, a finales del s. XIX.

Burg Wildenstein – *A 7 km de Beuron por Leibertingen*. Esta fortaleza, asentada sobre una elevación desde la que se domina el Danubio, fue construida entre 1513 y 1554. De esta época datan las pinturas murales de la torre residencial.

La carretera llega finalmente al **valle del Danubio★**. A la izquierda se yergue, sobre una peña, la fortaleza de Werenwag. Un poco más adelante, las paredes escarpadas ceden paso a una serie de agujas rocosas que constituyen un singular paisaje de riscos y roquedos entre Thiergarten y Gutenstein.

★ **Sigmaringen** – *Ver este nombre.*

SCHWÄBISCH GMÜND
Baden-Würtemberg – 63.000 habitantes
Mapa Michelin nº 419 T 13

Esta antigua ciudad libre del Imperio, situada en el valle del Rems al N de las montañas de los Kaisergebirge, constituye un importante centro de atracción turística. El asentamiento "Gamundia", por el que pasaba el limes romano, es mencionado por primera vez en un documento del año 782. Conrado III (1138-1152), de la dinastía de los Hohenstaufen, concedió privilegios municipales a Schwäbisch Gmünd y la elevó a la categoría de ciudad. La plaza del Mercado, enclavada en el corazón de la ciudad, está bordeada de edificios de vigas entramadas que datan de la Edad Media, así como de casas burguesas de la época barroca.

Desde muy antiguo, la ciudad es célebre por sus talleres de orfebrería de oro y plata; aún hoy subsisten cerca de 70 pequeñas empresas. Las cuberterías, las lámparas, los candelabros y las copas de Schwäbisch Gmünd adornan las mesas en las grandes celebraciones.

SCHWÄBISCH GMÜND

QUÉ VER

★ **Heiligkreuzmünster (Colegiata de la Santa Cruz)** – Para la construcción de esta iglesia, que se caracteriza por su sencillo tejado a dos aguas, se mandó llamar a Colonia al maestro de obras Heinrich Parler, cuyos descendientes construyeron las catedrales de Praga, Basilea, Viena y Milán. Los ventanales de tracería, las balaustradas y los pináculos exteriores son de estilo gótico tardío. El frontón oeste destaca por su fina decoración gótica en forma de parrilla. También reviste interés la ornamentación plástica de las portadas norte y sur, precedidas por sendos atrios que en otro tiempo poseyeron una rica estatuaria. La cabecera, estructurada en dos niveles, se distingue por su gran elegancia.
El interior presenta la clásica planta de tipo salón. El presbiterio, con la misma disposición que la nave, resalta por su bóveda estrellada y reticulada densamente poblada de nervios. La sillería, de principios del Renacimiento, y las capillas laterales conservan numerosas esculturas. En particular destaca el Santo Sepulcro (hacia 1350), rodeado de las tres Marías y los vigilantes dormidos, en la capilla axial. El baptisterio alberga un altar que representa el Árbol de Jesé (1520), que consta de 40 tallas de pequeño tamaño.

Marktplatz – El conjunto arquitectónico de la inmensa **plaza del Mercado**, bordeada de casas burguesas y con una fuente en el centro adornada con dos imágenes de la Virgen, es de estilo barroco; sólo algunos edificios –como el viejo ayuntamiento o "Gräth" y el hospital del Espíritu Santo– evocan la imagen de la ciudad medieval.

Johanniskirche – La iglesia de San Juan es un buen ejemplo de la arquitectura románica de la Alta Edad Media y presenta una rica decoración escultórica, en la que aparecen representadas figuras humanas, animales y personajes mitológicos.

EXCURSIONES

★ **Hohenstaufen** – *14 km al SO y 30 min a pie i/v. Estacione el coche en el aparcamiento de la localidad.* Suba hasta las dos iglesias situadas en la parte alta de la localidad y luego, ascienda por los senderos sombreados hasta la cima de la colina (684 m). Del castillo que fue la cuna del linaje imperial de los Hohenstaufen no queda nada, pero la **vista★** alcanza a las otras dos montañas imperiales, Stuifen y Rechberg, y, en lontananza, el "farallón azulado" del Jura suabo.

Hohenrechberg – *12 km y 1 h a pie i/v.* Desde las ruinas del castillo se observa un amplio panorama; se puede transitar por el camino de ronda en la parte alta de las murallas. En primer plano se contemplan los antiguos dominios de los Hohenstaufen.

SCHWÄBISCH HALL★★

Baden-Würtemberg – 35.300 habitantes
Mapa Michelin nº 419 S 13 – Esquema: HOHENLOHER LAND

Esta antigua villa suaba, que se extiende por una ladera del valle del Kocher, se desarrolló en torno a sus fuentes salinas, conocidas ya desde la época celta. Su nombre deriva precisamente del término que daban los celtas a la sal común. Schwäbisch Hall fue célebre en la Edad Media porque aquí se acuñaba la moneda Imperial de plata, los Heller.
Desde Unterwöhrd –la isla sobre el Kocher– y la Mauerstraße (paseo por la orilla izquierda), a la altura de la fábrica de cerveza Löwen (Löwenbrauerei), se ofrece una bella **vista★** del casco antiguo, con sus casas arremolinadas en torno a la iglesia de San Miguel y al monumental edificio de la **Büchsenhaus** (también llamado "Neubau"), el antiguo arsenal. Una serie de puentes de madera cubiertos permite pasar de un brazo a otro del río. En las dos calles paralelas, la **"Obere Herrngasse"** y la **"Untere Herrngasse"**, comunicadas entre sí por escaleras, se conservan numerosas casas de vigas entramadas de los ss. XV-XVI.

★★ LA PLAZA DEL MERCADO (MARKTPLATZ) *45 min*

Edificada sobre un terreno en pendiente, lo más llamativo de la plaza del Mercado es la monumental escalinata de la iglesia de San Miguel, que sirve de magnífico escenario a los actores de un festival –que se celebra de junio a agosto– en el que se representan las grandes obras de la literatura clásica. La bonita plaza está bordeada de casas de diferentes estilos arquitectónicos, desde el gótico al barroco. Las más interesantes son las casas de vigas entramadas de los ss. XV y XVI.

★ **Rathaus** – Frente a la iglesia se alza el elegante edificio del **ayuntamiento**, de finales del barroco (1730-35), con un cuerpo central en saledizo y una bonita torre de reloj.

SCHWÄBISCH HALL

Marktbrunnen – La **fuente de la plaza del Mercado** (1509) se apoya sobre un muro decorado con las estatuas de Sansón, de san Miguel y de san Jorge. El monumento cuya planta rectangular no es corriente en una construcción gótica, engloba la columna de la picota.

Pfarrkirche St. Michael (Iglesia parroquial de San Miguel) – Una escalinata de 53 peldaños conduce hasta la iglesia y el atrio, que se abre hacia la torre románica con remate renacentista. En el s. XV se reconstruyó el **interior**★ en estilo gótico con planta de tipo salón y, un siglo más tarde, fue edificado su presbiterio de estilo tardogótico. Rica decoración en el interior.

Y ADEMÁS

Hällisch-Fränkisches Museum ⊙ – Este **Museo Regional**, alojado en una torre de ocho plantas que perteneció a la dinastía de los Hohenstaufen, muestra colecciones de geología, protohistoria y prehistoria, y desde la Edad Media hasta la guerra de los Treinta Años, así como de historia local (arte, cultura y vida cotidiana) hasta que Hall dejó de ser ciudad imperial en 1802.

Gräterhaus – Esta bella mansión de vigas entramadas de 1605, adornada con cruces de san Andrés, se encuentra en la Gelbinger Gasse, donde se pueden admirar otros bonitos edificios de vigas entramadas.

Henkersbrücke – Desde este puente, pero sobre todo desde la confluencia de las calles *Am Spitalbach* y *Salinenstraße*, se obtiene una bella perspectiva de las casas de vigas entramadas que se alzan en la orilla opuesta del Kocher y del ábside de la antigua iglesia de San Juan.

ALREDEDORES

★ **Großcomburg** – *3 km al S.* La iglesia del antiguo **convento benedictino de Großcomburg** ⊙ conserva sus tres torres románicas intactas. El resto del edificio, reconstruido en 1715, presenta en su interior una estructura barroca de tipo "salón". La magnífica **lámpara**★★★ (1130) románica en forma de corona, realizada en cobre con un baño de oro, es una de las más valiosas de Occidente, junto con las de Aquisgrán y Hildesheim. El **antependio**★ del altar mayor es un trabajo de cobre dorado y repujado de la misma época que el candelabro, que representa a Cristo rodeado por los Apóstoles. El marco es de esmalte tabicado o de filigrana.

★ **Hohenloher Freilandmuseum (Museo al aire libre)** ⊙ – *En Wackershofen, 5 km al NO – ver esquema p. 284.* El traslado aquí de más de medio centenar de edificios de los ss. XVI-XIX, procedentes de diferentes localidades cercanas, ha permitido evocar el hábitat y el modo de vida en la región del N de Württemberg en el s. XIX. En ellos se muestra una colección de muebles y utensilios agrícolas.

Hohenloher Land – *Ver este nombre.*

SCHWARZWALD★★★
SELVA NEGRA – Baden-Württemberg
Mapa Michelin nº 419 W 8 – T 9

La Selva Negra, que extiende sus oscuras crestas en una longitud de 170 km entre Karlsruhe y Basilea, está separada de los Vosgos por la llanura del alto Rin. Ambos macizos tienen en común, además de un zócalo cristalino que, abombado en el S, se va aplanando progresivamente en sentido N, unas cumbres que alcanzan alturas similares (Feldberg 1.493 m, Grand Ballon 1.424 m) y un contraste análogo entre la vertiente abrupta que se inclina hacia la llanura del Rin y las laderas opuestas que se inclinan suavemente hacia las mesetas suabas del curso superior del Neckar, en el caso de la Selva Negra, y hacia la cuenca de Lorena en el caso de los Vosgos.
Pero también existen diferencias. Al contrario de lo que sucede en los Vosgos, la Selva Negra carece de una cadena de crestas significativa en sentido N-S, como tampoco posee una línea transversal de puertos importante.
La economía de la región se basó durante mucho tiempo en la explotación forestal: la madera era prácticamente el único material que se utilizaba en la construcción, así como la principal materia prima para su artesanía. En tiempos pasados, el transporte de madera flotante se realizaba por el Rin; largos troncos de hasta 50 m tenían entre otros destinos a Holanda, donde eran muy apreciados en los astilleros. El arte de la relojería sigue siendo un sector muy activo, representado por el célebre reloj de cuco. Finalmente, las últimas laderas del reborde occidental se cubren de viñedos, que alternan con los cultivos de árboles frutales.

SCHWARZWALD

Paisaje de la Selva Negra

La Selva Negra septentrional – Esta región, en cuyo subsuelo predomina la piedra arenisca, está bañada por los ríos Murg, Nagold y Enz (el Enz Grande y el Enz Pequeño), y se caracteriza por su denso bosque de coníferas.

A corta distancia, los viñedos y los cultivos de frutales que se extienden por los últimos rebordes de la Selva Negra, al S de Baden-Baden, ofrecen un vivo contraste con las altas tierras pantanosas de los "Grinde", que atraviesan la ruta de las cumbres en la región de Zuflucht.

La Selva Negra central – El principal eje de comunicación de esta región con el Danubio superior y el lago de Constanza (por carretera y por ferrocarril) discurre por los valles del Kinzig y del Gutach. En esta zona los revestimientos de gres que ocasionan la esterilidad de los suelos remite paulatinamente, de forma que comienzan a alternar los campos de cultivo y las praderas con el bosque.

Al S de los valles del Elz y del Breg, las mayores elevaciones de la alta Selva Negra, situadas en torno a la cumbre del Feldberg, presentan un paisaje ya casi típicamente alpino.

La Selva Negra meridional – Esta parte de la Selva Negra, entallada por el curso de los ríos Wehra, Alb y Schlücht, se inclina suavemente hacia el Rin. Las virtudes curativas de la atmósfera han permitido el establecimiento de estaciones climáticas de altitud.

***RUTA DE LAS CUMBRES

1 De Baden-Baden a Freudenstadt *80 km – 4 h aprox.*

Con un trazado cuya altura media se aproxima a los 1.000 m, la carretera está jalonada de miradores, acondicionados sobre todo en los tramos donde abundan las curvas.

**Baden-Baden – *Ver este nombre.*

Mummelsee – Este pequeño lago glaciar de aguas sombrías está situado a los pies del **Hornisgrinde** (1.164 m), el pico más alto de la Selva Negra Septentrional.

Su nombre procede de las "Mümmeln" (ondinas), que según la leyenda habitan en las gélidas aguas del lago. En tiempos pasados, las cervecerías de la Selva Negra se proveían aquí de bloques de hielo hasta bien entrada la primavera.

Al llegar a Ruhestein, el itinerario abandona la carretera de las cumbres y desciende hacia el **valle*** de Allerheiligen, para tomar de nuevo un camino ascendente, de pendientes muy pronunciadas, en dirección a Zuflucht.

*Allerheiligen – Entre las ruinas de esta iglesia, construida para un convento de la orden Premonstratense (2ª mitad del s. XIII), se puede reconocer el antiguo atrio, que conserva su bóveda, y los muros del transepto, que se prolonga en una capilla poligonal gótica. Un sendero escalonado conduce a lo largo del torrente del Lier hasta las cascadas.

*Allerheiligen-Wasserfälle (Cascadas de Allerheiligen) – *45 min a pie i/v, salida desde el aparcamiento situado a los pies de las cascadas, a 2 km de la abadía.* Una escalera tallada en el sendero permite pasear a orillas del torrente, entre paredes escarpadas por las que fluye el agua de las cascadas.

De Zuflucht a Kniebis la carretera atraviesa las altas tierras pantanosas de los Grinde.

SCHWARZWALD

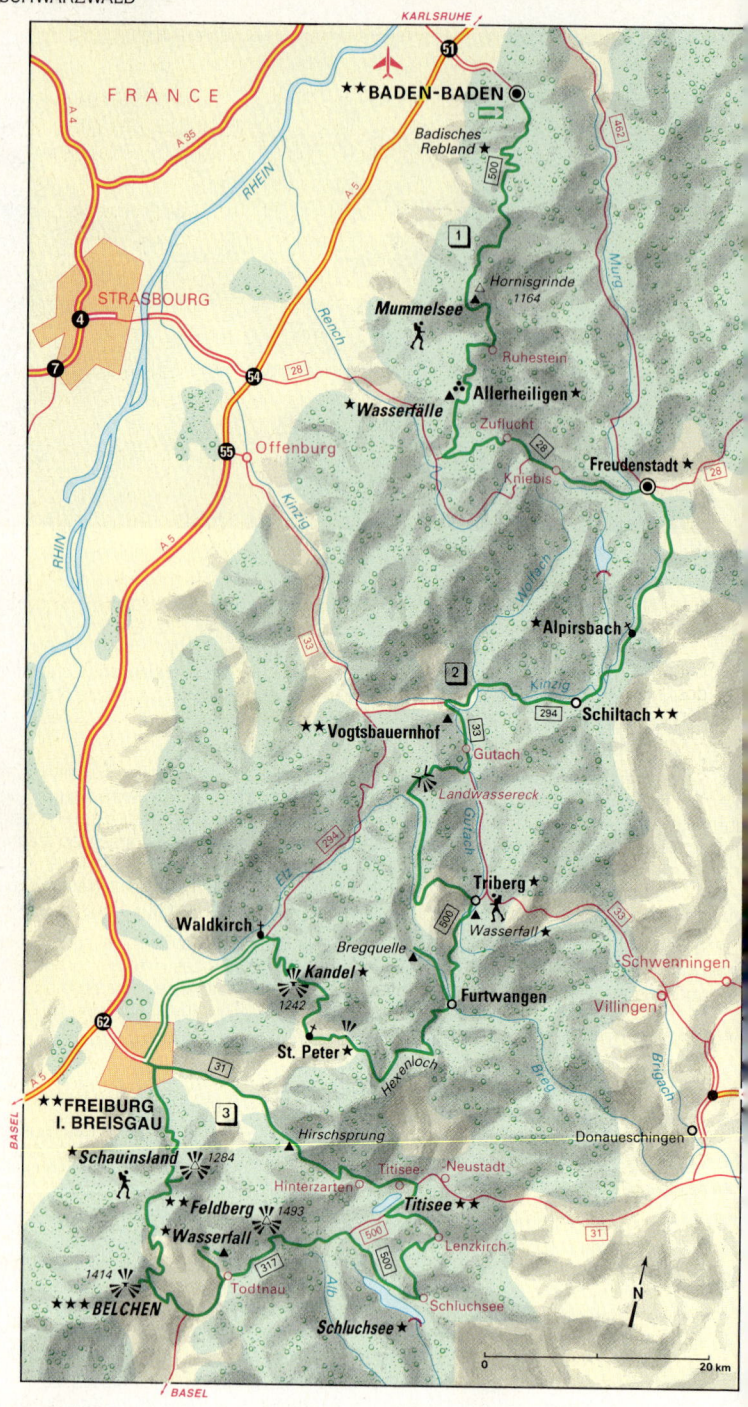

Freudenstadt – Situada en el cruce de varias carreteras, Freudenstadt se comenzó a construir en 1599 por orden del duque de Würtemberg. En 1945 un incendio destruyó la ciudad casi por completo. Posteriormente fue reconstruida con un trazado en forma de aspas de molino, de planta cuadrada y bordeada de casas porticadas, en cuyo centro se sitúa la **plaza del Mercado** (Marktplatz).
La **iglesia** (Stadtkirche) del s. XVII presenta una curiosa disposición: las dos naves forman un ángulo recto y constituyen uno de los ángulos de la plaza del Mercado. El **facistol**★★ románico (s. XII), cuyo pupitre se apoya en las figuras de los cuatro apóstoles, procede de Alpirsbach. Otra obra de arte digna de mención es la **pila bautismal**★ románica (hacia 1100).

SCHWARZWALD

LA SELVA NEGRA CENTRAL

2 De Freudenstadt a Friburgo *152 km – 1 día*

El itinerario discurre por el fondo de los valles del Kinzig y del Elz, atraviesa diversas localidades animadas y activas antes de llegar al Kandel, donde da comienzo la región de la Alta Selva Negra.

* **Alpirsbach** – La **iglesia*** de la abadía benedictina es el edificio románico (principios del s. XII) más antiguo de la Selva Negra. El ábside presenta una estructura singular: la planta inferior románica soporta un presbiterio gótico, cuyos contrafuertes no llegan hasta el suelo, sino que reposan sobre columnas exentas. En el interior, el ábside está decorado con pinturas murales que representan a Cristo en Majestad rodeado del grupo de los elegidos y de los condenados (bóveda) y una escena de la Crucifixión (bóveda de la cúpula semiesférica).
El **claustro** presenta bóvedas reticuladas (restauradas) y altos ventanales de estilo gótico flamígero.

** **Schiltach** – Esta localidad, que ocupa un bello emplazamiento en la confluencia del Schiltach y del Kinzig, posee un pintoresco conjunto de casas de vigas entramadas. La **plaza del Mercado***, en pronunciada pendiente, está bordeada de edificios históricos que se conservan en perfecto estado.

** **Schwarzwälder Freilichtmuseum Vogtsbauernhof (Museo al aire libre de la Selva Negra)** ⊙ – *En Gutach.* En este museo que tiene como marco el valle del Gutach se muestra la habilidad y destreza de los habitantes de la región en materia de construcción rural, artesanía y técnicas de cultivo. Alrededor de la Vogtsbauernhof, granja de 1612 que ocupa su emplazamiento original, se han reconstruido otras cinco explotaciones agrícolas con sus dependencias.
El pasaje del puerto de Landwassereck ofrece bellas **vistas*** de los paisajes ondulados de la Selva Negra central. Remontando el valle del Oberprech, la carretera discurre paralela a las graciosas cascadas del Elz.

* **Triberg** – Triberg, además de un importante centro de la industria relojera, es una célebre estación climática por sus virtudes curativas. El paseo de las **cascadas de Triberg*** (Triberger Wasserfälle) *(1 h a pie i/V)* avanza a la sombra de una alta arboleda jalonada de rocas. En el **Museo de la Selva Negra** (Schwarz-

> ### Alojamiento en Triberg
> **Staude** – *Obertal 20* – ☎ *0 77 22/48 02* – *14 hab – individuales desde 31 €.* Ideal para una estancia de descanso, situado a 900 m de altitud en Gremmelsbach *(9 km al NE de Triberg)*, confortable hospedería (con habitaciones), menús muy económicos.

waldmuseum) ⊙ se pueden ver trajes tradicionales y productos de la artesanía local, relojes, xilografías, cerámicas, etc. y una de las colecciones de organillos más ricas de Europa.
La iglesia de **"Santa María del Pino"** (Wallfahrtskirche "Maria in den Tannen"), uno de los santuarios de peregrinación más populares de la Selva Negra, conserva su **decoración interior*** barroca, esculpida y pintada con motivos rústicos.

Furtwangen – Esta localidad de veraneo, situada en un alto valle a 850 m de altitud, es, con sus 10.000 habitantes, el principal centro económico y cultural de la región. El **Museo Alemán de la Relojería*** (Deutsches Uhrenmuseum) ⊙ alberga la colección de relojes tradicionales de la Selva Negra más rica del mundo, y reúne piezas de diversos países y diferentes épocas, desde un reloj solar hasta relojes atómicos y cronómetros. También se ilustra la historia, el arte y la técnica relacionada con este objeto ideado para medir el tiempo.

Desde Furtwangen se puede dar un rodeo hasta la **fuente de Breg** *(6 km, dirección "Katzensteig-Martinskapelle", y después "Donauquelle").* Este manantial, que surge a 1.078 m de altura, alimenta un arroyuelo que ha de recorrer 2.900 km hasta su desembocadura en el mar Negro. El Danubio nace oficialmente en Donaueschingen.
A 3 km de Furtwangen gire a la derecha en dirección a Hexenloch, una profunda garganta boscosa con cascadas. Entre St. Märgen y St. Peter el trazado de la carretera permite disfrutar de amplias **vistas**** de la Selva Negra central.

* **St. Peter** – Este monasterio benedictino construido en el s. XVIII se conserva en su estructura y en su mobiliario casi intacto. En la iglesia parroquial (1724-27) se encuentran las sepulturas del linaje Zähringer, fundadores de la abadía y de la ciudad de Friburgo. Las estatuas de los duques que adornan los pilares son obra del escultor Joseph Anton Feuchtmayer, mientras el diseño barroco del templo se debe a Peter Thumb. La **biblioteca*** ⊙ (1737-52), decorada por Christian Wentzinger, Matthias Faller y Benedikt Gamb, es una de las más bellas realizaciones del Rococó en el Breisgau.

SCHWARZWALD

Relojes de péndulo (s. XVIII). Museo Alemán de la Relojería (Furtwangen)

- ★ **Kandel** – Desde el tablero orientativo *(30 min i/v)* se obtienen hermosas **vistas★** de los Vosgos, del macizo del Kaiserstuhl, aislado en medio de la llanura, del Feldberg y del Belchen.
- ★ **Waldkirch** – Alrededor de la antigua colegiata de Santa Margarita se alzan bellas casas del s. XVIII, que pertenecieron en otro tiempo al convento.

★★★ ALTA SELVA NEGRA

③ Circuito a partir de Friburgo *142 km – 1 día*

El primer tramo de la carretera, muy montañoso, pasa por las tres cumbres principales de la Selva Negra (Schauinsland, Belchen y Feldberg) y a continuación, por los dos lagos más célebres del macizo, el Schluchsee y el Titisee.

- ★ **Schauinsland** – La carretera, con firme en buen estado pero con un trazado lleno de curvas, conduce a la estación superior del teleférico. Desde el aparcamiento acercarse a la torre panorámica *(91 peldaños)*, siguiendo las indicaciones "Rundweg" y "Schauinsland Gipfel" *(30 min i/v)*. La **vista★** abarca las amplias campiñas y, al fondo, el Feldberg.
  Recorre 1 km por la carretera y gira a la derecha en dirección a Stohren, después continúe a Münstertal. La carretera serpentea por medio de la campiña antes de internarse en el bosque. *Al llegar a Wiedener Eck gire a la derecha hacia Belchen.*
- ★★★ **Belchen** – *Camine hasta el tablero orientativo, 30 min a pie.* Esta cumbre (1.414 m) domina de forma impresionante el Wiesental y los valles que, como el Münstertal, cortan el flanco occidental del macizo de la Selva Negra. Con buenas condiciones de visibilidad, constituye un magnífico **observatorio★★★** de la llanura del Rin, de las cumbres de los altos Vosgos y de las cadenas montañosas de los Alpes desde el Säntis hasta el Montblanc.
- ★ **Cascadas de Todtnau** – *A 1,5 km de Todtnau.* Subiendo por un sendero *(15 min a pie i/v)* a través de un valle boscoso se llega a las cascadas.

Alojamiento en Schluchsee

Mutzel – *Im Wiesengrund 3* – ☎ *0 76 56/5 56* – *fax 076 56/91 75* – *24 hab* – *individuales desde 41 €*. Hotel céntrico, pero tranquilo.

Seehotel Hubertus – *En Schluchsee-Seebrugg, 2 km al SE del lago Schluchsee* – ☎ *0 76 56/5 24* – *fax 076 56/2 61* – *15 hab* – *individuales desde 51 €*. Hotel-restaurante alojado en un pequeño palacete de caza del año 1897, situado a orillas del lago, con playa propia.

SCHWARZWALD

★★ Feldberg – Un telesilla lleva hasta Seebuck (1.448 m), coronado por un monumento dedicado a Bismarck; desde aquí se tiene una **vista★** del Feldbergsee, un pequeño lago de forma circular casi perfecta situado en el fondo de un circo glaciar. Se puede pasear hasta la cima del Feldberg (1.493 m) para disfrutar de una amplia **panorámica★★** de los Alpes.

★ Schluchsee – Originalmente un ventisquero, este lago se convirtió tras la construcción de un dique en 1932 en la mayor reserva acuífera de la Selva Negra. En sus orillas se encuentra la estación climática homónima.
Continuar a Titisee por la ruta de Lenzkirch; en el último tramo se puede ver desde la carretera el lago en el fondo del valle.

★★ Titisee – Situado en la encrucijada de varias rutas turísticas, este bello lago, cuyas aguas fueron retenidas por un dique morrénico, se ha convertido en un importante centro turístico. Además de ofrecer dos estaciones climáticas (Titisee-Neustadt, **Hinterzarten★**), el Titisee constituye un buen punto de partida para saludables excursiones por la Selva Negra.
En el camino de regreso a Friburgo se atraviesa el **Höllental★** (valle del infierno), que justifica su nombre únicamente en el desfiladero de Hirschsprung.

Alojamiento en Titisee

Alemannenhof – *En Bruderhalde, 2 km al SO del lago Titisee, Bruderhalde 21 – ☎ 0 76 52/9 11 80 – fax 0 76 52/7 05 – 22 hab – individuales desde 82 €.* Hostal moderno en la Selva Negra a orillas del lago, con playa privada.

Zum Löwen "Unteres Wirtshaus" – *En Langenordnach, 5 km al N del Titisee – ☎ 0 76 51/10 64 – fax 076 51/38 53 – 17 hab – individuales desde 29 €.* Hospedería tradicional con un agradable restaurante y habitaciones confortables.

Sonne-Post – *En Waldau, 10 km al N en la carretera al Titisee – ☎ 0 76 69/9 10 20 – fax 076 69/14 18 – 19 hab – individuales desde 34 €.* Hostal moderno con decoración típica de la Selva Negra, precios razonables.

SCHWERIN★

Mecklemburgo-Antepomerania – 105.000 habitantes
Mapa Michelin nº 416 F 18

Situada en un precioso paraje de lagos y bosques, Schwerin recuperó su tradición de ciudad administrativa en 1990 al convertirse en capital del Estado de Mecklemburgo-Antepomerania. En el s. XII los eslavos construyeron una fortaleza en el emplazamiento de la actual isla del castillo, sentando así las bases para el desarrollo de un nuevo asentamiento. Poco tiempo después fueron expulsados por el duque de Sajonia Enrique el León, fundador de la primera ciudad al E del Elba. Schwerin sería durante cinco siglos (1358-1918, con algunas interrupciones) la capital del ducado de Mecklemburgo.

★★ ISLA DEL PALACIO *2 h*

La isla y los dos puentes que la unen a la ciudad separan el Burgsee del lago de Schwerin.

★ Schloß ⊙ – Construido entre 1843 y 1857 en estilo neorrenacentista –con algunos elementos góticos y barrocos– el **palacio** es uno de los edificios civiles más importantes del s. XIX en Alemania. Su aspecto exterior recuerda al castillo de Chambord en Francia, que fue la fuente de inspiración de los arquitectos F.A. Stüler y G.A. Demmler. El Museo del Palacio, instalado en los aposentos privados y en las salas de representación, muestra la colección de cuadros y artesanía de los ss. XVIII y XIX, así como una exposición de porcelanas europeas y pintura cortesana en las antiguas habitaciones de los niños. De la rica decoración interior destacan los bellos **entarimados**, la **sala del Trono★** (Thronsaal), la galería de los Antepasados (Ahnengalerie) y la habitación de Fumadores (Rauchzimmer).

★ Schloßkirche – La **iglesia** del palacio, la primera del rito protestante en la región de Mecklemburgo, fue construida entre 1560 y 1563 y remodelada en el s. XIX. Las tribunas de estilo renacentista y la bóveda se apoyan en columnas toscanas.

★ Schloßgarten (Parque) – Este jardín barroco creado a mediados del s. XVIII (y remodelado en el XIX) se estructura en torno a un doble canal en forma de cruz, avenidas de tilos y parterres florales. En la intersección de los dos canales se pueden ver esculturas (copias) de Balthasar Permoser.

SCHWERIN

Alter Garten	CY 3	Friedrichstraße	BY 28	Lobedanzgang	BY 61
Apothekerstraße	BY 10	Heinrich-Mann-Straße	BZ 40	Ludwigsluster Chaussee	BZ 63
Bischofstraße	BY 15	Helenenstraße	BY 42	Mecklenburgstraße	BYZ 66
Enge Straße, 1	BY 25	Hermann-Straße	BZ 43	Puschkinstraße	BY 78
Franz-Mehring-Straße	BY 27	Jägerweg	BZ 46	Ritterstraße	BY 84
		Jahnstraße	CY 48	Schloßgartenallee	CZ 91
		Kleiner Moor	CY 57	Schmiedestraße	BY 94
		Lennéstraße	CZ 58		

Y ADEMÁS

★ **Staatliches Museum (Museo Nacional)** ⓥ – *Werderstraße*. Junto al Viejo Jardín (Alter Garten), en las proximidades del palacio y del teatro, se alza un edificio neoclásico (1877-82) decorado con elementos ornamentales del Renacimiento italiano, que alberga importantes colecciones de pintura holandesa y flamenca del s. XVII (Brueghel, Rembrandt, Rubens, Hals), europea de los ss. XVI-XIX (Cranach, Oudry, Gainsborough, Friedrich, Stuck, Corinth), contemporánea (Cage, Polke), así como la colección de Marcel Duchamp, natural de Schwerin.

Markt – En la **plaza del Mercado**, cerca del ayuntamiento, se conservan cuatro bellas casas con frontones de vigas entramadas del s. XVII. El Edificio Nuevo (Neues Gebäude), en el flanco norte de la plaza, fue construido entre 1783 y 1785 en estilo clasicista, con columnas dóricas y un ático. Estaba concebido para albergar comercios.

★ **Dom (Catedral)** – Construida en ladrillo entre los ss. XIV-XV, esta iglesia gótica posee en su interior obras de arte de gran interés: un altar mayor gótico realizado en el taller de Lübeck hacia 1440, diversos monumentos funerarios del s. XIV, una cruz triunfal (1420) procedente de la iglesia de Santa María en Wismar, y frescos en la capilla de la Asunción (hacia 1335).

Alojamiento

Hospiz am Pfaffenteich – *Gaußstraße 19* – ☏ *03 85/56 56 06* – fax *03 85/56 96 13* – 15 hab – individuales desde 36 €. Hotel sencillo bien atendido, emplazamiento céntrico.

Restaurante

Weinhaus Uhle – *Schusterstraße 15* – ☏ *03 85/56 29 56* – fax *03 85/5 57 40 93* – menús desde 10,50 €. Situado en un antiguo edificio próximo a la plaza del Mercado. Bonita bodega del s. XVIII, mobiliario confortable, cocina internacional.

SCHWETZINGEN

Baden-Würtemberg – 22.000 habitantes
Mapas Michelin n°s 417/419 R 9

Esta pequeña ciudad situada en la llanura del Rin disfruta de un clima suave beneficioso para la agricultura y la horticultura. En la época de maduración de los espárragos se dan cita en la región los gastrónomos para degustar sus excelentes productos, mientras que los **Festivales** que se celebran en los meses de mayo y junio atraen a la ciudad a los amantes de la música. Pero Schwetzingen es célebre, sobre todo, por el palacio que fue en otro tiempo la residencia de verano de los príncipes electores.

★ EL PALACIO ⊙

El palacio, destruido durante la guerra de Sucesión del Palatinado, fue reconstruido entre 1700 y 1717 en estilo barroco. Esta construcción de tres alas conoció su época de mayor esplendor entre 1742 y 1778, periodo en el que fue la residencia de verano del príncipe elector Carlos Teodoro y de su esposa Isabel Augusta. En 1803 pasó a dominio del ducado de Baden. En el palacio se pueden visitar cerca de 40 habitaciones: un apartamento restaurado y decorado en estilo decimonónico, en el que destaca la llamada "sala suiza" revestida con un papel pintado panorámico realizado en 1804. Los salones de la planta noble conservan el lujoso mobiliario fabricado hacia 1775.

El bonito **teatro rococó** ⊙, construido a mediados del s. XVIII por el arquitecto lorenés Nicolás de Pigage (1723-1796), se puede visitar en verano (representaciones teatrales). En él se celebran los espectáculos de ópera y los conciertos que se organizan para los Festivales anuales de Schwetzingen.

★★ Schloßgarten ⊙

En este gran **parque** del s. XVIII, que ocupa una extensión de 72 ha, se combina el rigor de un jardín al estilo francés, con sus parterres de formas geométricas y sus surtidores alineados en el eje central, y la naturalidad de los parques paisajistas ingleses, con sus cursos de agua, sus templetes y las típicas falsas ruinas tan del gusto de la época romántica. Los arquitectos responsables del acondicionamiento del parque en sus dos diferentes etapas fueron Nicolás de Picage y Friedrich Ludwig Schell respectivamente.

Entre los "monumentos simbólicos" que adornan el jardín de tipo inglés destacan el templo de Apolo, la **mezquita** y un castillo romano rodeado por un foso de agua.

Teatro rococó, palacio de Schwetzingen

SIGMARINGEN ★
Baden-Würtemberg – 17.000 habitantes
Mapa Michelin nº 419 V 11 – Esquema: SCHWÄBISCHE ALB

Por su magnífico emplazamiento –un abrupto roquedo en el extremo de un valle del alto Danubio– es lógico que Sigmaringen se convirtiera en la capital del principado de los Hohenzollern, en aquel entonces en posesión de la línea suaba y católica de ese ilustre linaje. El carácter medieval y renacentista del castillo sólo se manifiesta en su aspecto exterior y en su posición sobre una roca inexpugnable que controla el paso del valle; las dependencias y la decoración interior son reconstrucciones posteriores en diferentes estilos.

EL CASTILLO ⊙

Las salas de representación están decoradas con techos de casetones y tapices al gusto del s. XVI (sala Portuguesa, sala de los Antepasados, etc.), y equipadas con rico mobiliario y valiosos cuadros. La armería alberga una de las **colecciones de armas y armaduras** más completas de Europa (ss. XV-XIX).

Museos – En el **Museo de las Caballerizas** (Marstallmuseum) se exponen carrozas, trineos y literas. El llamado **Museum** presenta una colección de pintura y escultura de los viejos maestros suabos de los ss. XV-XVI, así como hallazgos prehistóricos (sólo se puede visitar con cita previa).

Y ADEMÁS

Iglesia parroqial de San Juan (Pfarrkirche St. Johann) – La iglesia, decorada en estilo rococó y caracterizada por su gran luminosidad, se adapta a la estrecha superficie de la roca. En una capilla del transepto, a la izquierda, se conserva la cuna de san Fidel de Sigmaringen (1577-1622), primer mártir de la orden de los Capuchinos y patrón del país de Hohenzollern.

SOEST ★
Renania Septentrional-Westfalia – 50.000 habitantes
Mapa Michelin nº 417 L 8 – Esquema: SAUERLAND

Durante la Edad Media, la ciudad de Soest desempeñó un importante papel en la vida económica y cultural de Westfalia gracias a su emplazamiento en una encrucijada de la calzada real de Hellweg, arteria comercial del Imperio muy transitada por mercaderes. El rápido desarrollo y la prosperidad que experimentó esta antigua ciudad hanseática en el Medievo se basó, además, en la extracción de la sal, que aseguraba los intercambios comerciales con tierras lejanas. En 1444 la ciudad se rebeló contra su señor, el arzobispo de Colonia, y decidió prestar vasallaje al duque de Kleve, lo que dio lugar al **conflicto de Soest**, un enfrentamiento militar que duró cinco años. Al fin, Soest logró imponer su voluntad de prestar fidelidad a un nuevo señor, pero la ciudad perdió parte de su importancia como plaza comercial. En el s. XVII pasó a soberanía de Brandemburgo.

Un producto típico de Soest es el **Pumpernickel**, un pan oscuro elaborado con harina de centeno que precisa un tiempo de cocción de 16 a 24 h.

La ciudad, protegida por murallas medievales, dispone sus estrechas calles en forma de estrella. El bello conjunto de casas de vigas entramadas está dominado por las siluetas de las torres de las numerosas iglesias. Uno de los edificios antiguos de vigas entramadas más interesante es la hospedería **Im Wilden Mann**, una casa con doble frontón situada en la plaza del Mercado. En la esquina de la Marktstraße y la Rosenstraße se alza la **Haus zur Rose**, decorada con motivos policromados. Del sistema de fortificaciones del s. XVI se conserva la **Osthofentor** (puerta del Este), que presenta elegantes adornos góticos. El **Burghofmuseum**, instalado en una casa románico-gótica, está dedicado a la historia de la ciudad.

QUÉ VER

★ **Patroklidom** – El principal interés de esta sólida construcción románica de los ss. XI y XII se centra en el **antecuerpo oeste**★★ y en su equilibrada **torre**★★ de planta cuadrada y decoración sobria de arcadas y rosetones ciegos. En la parte superior de la torre se abren dos filas de ventanas geminadas, que se combinan, en la base de la torre, con otras dos series de arcadas, la inferior de ellas con elegantes y delicadas columnas.

De las pinturas murales románicas que adornaban la catedral sólo sobrevivieron a los destrozos de la II Guerra Mundial las que cubrían el ábside del transepto norte (Marienchörchen).

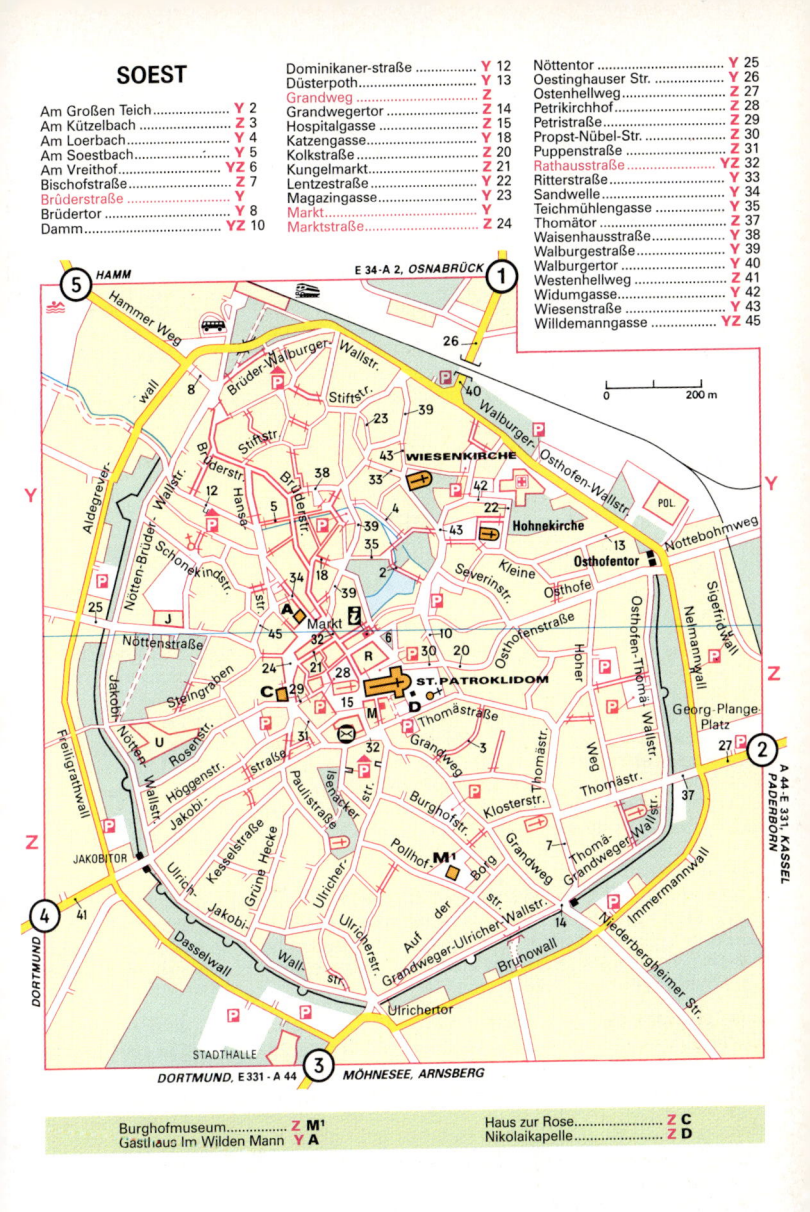

SOEST

Am Großen Teich	Y 2
Am Kützelbach	Z 3
Am Loerbach	Y 4
Am Soestbach	Y 5
Am Vreithof	YZ 6
Bischofstraße	Z 7
Brüderstraße	Y
Brüdertor	Y 8
Damm	YZ 10
Dominikaner-straße	Y 12
Düsterpoth	Y 13
Grandweg	Z
Grandwegertor	Z 14
Hospitalgasse	Y 15
Katzengasse	Y 18
Kolkstraße	Z 20
Kungelmarkt	Y 21
Lentzestraße	Y 22
Magazingasse	Y 23
Markt	Y
Marktstraße	Z 24
Nöttentor	Y 25
Oestinghauser Str.	Y 26
Ostenhellweg	Z 27
Petrikirchhof	Z 28
Petristraße	Y 29
Propst-Nübel-Str.	Z 30
Puppenstraße	Y 31
Rathausstraße	YZ 32
Ritterstraße	Y 33
Sandwelle	Y 34
Teichmühlengasse	Y 35
Thomätor	Z 37
Waisenhausstraße	Y 38
Walburgestraße	Y 39
Walburgertor	Y 40
Westenhellweg	Y 41
Widumgasse	Y 42
Wiesenstraße	Y 43
Willdemanngasse	YZ 45

Burghofmuseum	Z M¹
Gasthaus Im Wilden Mann	Y A
Haus zur Rose	Z C
Nikolaikapelle	Z D

Nikolaikapelle – En el presbiterio de esta capilla de dos naves se conserva el **retablo de san Nicolás★**, pintado por Conrad von Soest hacia 1400 sobre un fondo de oro. El cuadro representa a san Nicolás, patrón de los comerciantes y los marineros.

★Wiesenkirche – El ancho, el largo y la altura de la nave principal de esta iglesia gótica de tipo salón, construida en el s. XIV, son prácticamente idénticos. En el parteluz de la portada sur se encuentra una estatua de la Virgen con el Niño de finales del s. XIV.
Sobre la portada norte (1520) se puede ver una vidriera con el tema de la **Última Cena**, en la que se observan las especialidades de la cocina local sobre la mesa: cabeza de cerdo, jamón, jarras rebosantes de cerveza y panecillos de centeno. En una vidriera a la izquierda se representa la aparición de la Virgen a san Patroclo (finales del s. XV).
Pero la obra de arte más valiosa de la iglesia es el **retablo★** (1525) de Heinrich Aldegrever, en el absidiolo derecho, que muestra a la Virgen con su aureola luminosa rodeada por santa Ágata y san Antonio.

Hohnekirche – Esta singular iglesia de origen románico, transformada en el s. XIII en una iglesia de tipo salón, se caracteriza por un testero recto y unos absidiolos asimétricos. En el interior, tanto las bóvedas como los muros se adornan con frescos. Entre ellos destaca, sobre todo, el que cubre la bóveda del presbiterio, conocido como la **Danza de los Ángeles** (Engelreigen, hacia 1280), que representa a la Virgen en Majestad rodeada por dieciséis ángeles con estilizadas alas en forma de

SOEST

llamas. Pero la pieza más valiosa es el **Crucifijo de Soest** (Soester Scheibenkreuz, hacia 1230), que se encuentra en la parte este de la nave sur y por su singular diseño (en forma de disco) es una ejemplar único en Europa.
Frente a la portada sur se encuentra un **nicho funerario** (Grabnische) decorada con frescos del s. XIII; a la izquierda, la entrada al baptisterio se oculta detrás de un grupo de tres robustas columnas. La pila bautismal es románica.

EXCURSIONES

★ **Möhnesee** – *11 km al S.* Este lago artificial situado en el reborde norte del Sauerland se extiende sobre un terreno de 10 km de longitud; el muro de contención alcanza 40 m de altura y 650 m de largo. La orilla norte está disponible para la práctica de deportes náuticos y para el turismo, mientras que la sur, bordeada de bosque, es una reserva natural donde anidan numerosas especies de aves acuáticas.

Sauerland – *Ver este nombre.*

SPEYER★

ESPIRA – Renania-Palatinado – 50.000 habitantes
Mapa Michelin nos 417/419 S 9 – Esquema: PFALZ

La antigua ciudad imperial de Espira, inconfundible desde la lejanía por las torres de sus numerosas iglesias, está situada en la llanura del Rin. La ciudad vive de espaldas al río, que forma en este lugar un recodo pronunciado, y sólo se comunica con él a través de la avenida del Rin (Rheinallee) y del puerto interior.
Espira, residencia favorita de los **emperadores salios**, fue obispado desde el s. IV y sede de la Cámara Imperial de 1526 a 1688. Se convirtió en ciudad libre del Imperio en 1294 y en ella se celebraron más de 50 Dietas imperiales, la última en 1570. En la guerra del Palatinado fue devastada por las tropas de Luis XIV (1689), por lo que del esplendor de la villa medieval sólo subsiste su magnífica catedral, en cuyos jardines se pueden ver algunos vestigios de la antigua muralla. La Altpörtel, o puerta de entrada al núcleo histórico, situada en el extremo O de la Maximilanstraße, también formaba parte del sistema defensivo.
A excepción de un breve interregno en el que la ciudad pasó a dominio de Francia en 1797, Espira perteneció, junto a la región palatina de la orilla izquierda del Rin, al reino de Baviera. En este periodo se estableció en la ciudad un poderoso cuerpo de funcionarios, pero también se crearon archivos y bibliotecas que convirtieron a Espira en un importante centro administrativo.

Los "protestantes" – En 1529, la Dieta de Espira puso de nuevo en vigor el edicto de Worms –suspendido en la Dieta celebrada en 1526–; éste autorizaba a cada Estado del Imperio a adoptar la confesión religiosa que desease. En una declaración solemne, los representantes de los Estados reformados "protestan" contra la renovación del edicto, y de esta acción deriva el término "protestantes" que designa a los partidarios de la Reforma religiosa. La Gedächtniskirche, una iglesia neogótica que se alza en la Bartholomäus-Weltz-Platz, recuerda este trascendental episodio histórico.

Alojamiento

Goldener Engel – *Mühlturmstraße 3* – ☎ *0 62 32/1 32 60* – fax *0 62 32/13 26 95* – *cerrado: 23 dic-2 ene* – *46 hab* – *individuales desde 51 €*. Hotel en el centro de la ciudad, con elegante decoración en diferentes estilos (del rústico al moderno).

Morgenstern – *En Römerberg-Berghausen, 3 km al S, Germersheimer Straße 2b* – ☎ *0 62 32/80 01* – fax *0 62 32/80 28* – *21 hab* – *individuales desde 36 €*. Habitaciones equipadas con mobiliario confortable.

Restaurantes

Wirtschaft zum Alten Engel – *Mühlturmstraße 7* – ☎ *0 62 32/7 09 14* – *cerrado: do* – *menús desde 6,50 €*. Bodega histórica construida en ladrillo, con mobiliario acorde con el estilo del establecimiento, cocina regional.

Kutscherhaus – *Am Fischmarkt 5a* – ☎ *0 62 32/7 05 92* – *cerrado: mi* – *3 hab con mini-cocina* – *individuales desde 62 €* – *menús desde 8,50 €*. Gastronomía tanto regional como internacional. Idílico jardín con terraza para degustar cerveza con capacidad para 500 personas.

Zweierlei – *Johannesstraße 1* – ☎ *0 62 32/6 11 10* – *cerrado: do tarde y lunes hasta mediodía* – *menús desde 16,50 €*. Taberna en el centro de la ciudad con cocina de temporada.

SPEYER

★★LA CATEDRAL IMPERIAL ⊙

La catedral, fundada por Conrado II, es una basílica románica con cuatro torres y dos cúpulas construida entre 1030 y 1061; durante el reinado de Enrique IV (finales del s. XI) se añadió la bóveda, convirtiéndose en el primer edificio religioso medieval abovedado. Es el mayor templo románico de Europa.

Exterior – *Rodee la catedral por el parque.* Desde la **torre de los Paganos** (Heidentürmchen, s. XIII) se tiene una bella **vista**★★ del ábside. Una elegante galería enana recorre toda la base del tejado de la nave principal y del transepto. Los capiteles de la galería del ábside presentan una gran variedad de motivos; una de las arcadas ciegas muestra en la parte central un relieve que simboliza el Reino de la Paz. Los arcos de las ventanas, de inspiración lombarda, del transepto oriental poseen una rica decoración de sarmientos y palmetas, en particular los de la parte sur. Estos motivos se repiten en la cornisa de la base del tejado.

Interior – Se accede al templo por el cuerpo oeste, reconstruido a mediados del s. XIX; en el atrio, a la derecha, se alza una estatua de Rodolfo de Habsburgo (1843). La larga nave principal (133 m), bien iluminada, se cubre con una bóveda de aristas con arcos vueltos de color oscuro. Las semicolumnas adosadas a los pilares maestros se adornan con capiteles de hojas de acanto y anillas labradas a media altura del fuste. La sobriedad de las naves laterales, con bóvedas de arista, es aun mayor e impresionante. Desde la escalera del transepto derecho se obtiene una interesante perspectiva del conjunto.

Catedral de Espira

El **transepto**★★, situado a mayor altura y cubierto por bellas bóvedas ojivales, posee un gran equilibrio y homogeneidad estilísticas. Obsérvese la extraordinaria cúpula octogonal del crucero, que descansa sobre trompas –bóvedas voladizas fuera del paramento del muro– y está coronada por una pequeña torre-linterna. La discreta ornamentación y la ausencia de revestimiento de los muros realzan la belleza arquitectónica del edificio. Durante el reinado de Luis I de Baviera se realizaron los frescos de la nave central (1845-53).

La **capilla del Santo Sacramento** (Afrakapelle) *(delante del transepto izquierdo)* alberga dos bajorrelieves del s. XV: Cristo con la cruz a cuestas, y una Anunciación. Encima del **baptisterio** (Emmeranskapelle) *(en el lado derecho del transepto)* se alza la capilla de Santa Catalina; en ella, ocho bóvedas de arista cubren una rotonda central de dos plantas.

★★★**Cripta** ⊙ – Es, posiblemente, la más hermosa cripta románica de tipo salón de Alemania. Debajo del presbiterio y del transepto se despliega una red de bóvedas de arista románicas; cuatro columnas decoradas con magníficos capiteles de dados marcan el espacio que corresponde al crucero. Los arcos vueltos presentan claves de gres claro y rojizo de forma alternativa.

En la **cripta de los Emperadores** están sepultados los cuatro emperadores salios (Conrado II, Enrique III, Enrique IV y Enrique V). La entrada a la cripta está presidida por el monumento funerario de Rodolfo de Habsburgo (finales del s. XIII).

El Ölberg (Monte de los Olivos, 1502-12), situado en los jardines al S de la catedral, constituía en otro tiempo el núcleo del claustro. El gran pilón de piedra ("Domnapf") de la plaza se llenaba antiguamente de vino con ocasión del nombramiento de un nuevo obispo, y las gentes del pueblo podían beber hasta saciarse.

SPEYER

Y ADEMÁS

Casco antiguo – El núcleo histórico se extiende, en sentido O, desde la catedral hasta la **Altpörtel★**, una bella puerta que perteneció a la antigua muralla de la ciudad (ss. XII-XIII). La calle principal y la más animada de la ciudad es la Maximilianstraße, en la que se alza el ayuntamiento de finales del barroco. En la confluencia con la Korngasse se encuentra el edificio conocido como la "Alte Münze" (Antigua Moneda), llamado así porque ocupa el emplazamiento de la antigua casa gremial de los acuñadores de moneda en la Edad Media. Otras calles con sabor de antaño son la Kleine y la Große Greifengasse, así como la Hagedorngasse y la Gutenberggasse. También son pintorescos los barrios en torno a las plazas Holzmarkt y Fischmarkt.

★ Judenbad (Mikwe) – *Acceso por la Judengasse al SO de la catedral.* Los baños servían para las abluciones rituales y fueron construidos por los mismos obreros que trabajaron en la catedral a principios del s. XII. Están situados en el patio de los Judíos (Judenhof), en pleno centro del barrio judío medieval.
Una escalera con dos puertas nos lleva hasta una primera sala cubierta por una bóveda de arista; a su izquierda se abre el vestuario. Una segunda escalera semicircular conduce al nivel de la capa freática, donde se encuentra el baño propiamente dicho.

Dreifaltigkeitskirche (Iglesia de la Trinidad) – *Große Himmelsgasse.* El **interior★** de esta iglesia barroca de vastas proporciones (1701-17) está rodeado por una galería de dos plantas, cuya barandilla de madera posee una bella decoración policromada. También está pintada la madera del casquete esférico que cubre la bóveda vaída.

★ Historisches Museum der Pfalz (Museo Histórico del Palatinado) ⓥ – Este museo comprende varias secciones. En la de prehistoria, la pieza sobresaliente es el célebre **casco de oro★** de Schifferstadt (s. XII a.C.), un cono ritual laminado en oro. Otras secciones interesantes son las consagradas a las antigüedades romanas, así como a la Edad Media y a la Moderna. En esta última, se presenta una rica colección de arte y artesanía de los ss. XVI al XIX, que cuenta, entre otros objetos de interés, con bellas **porcelanas de Frankenthal.**

Domschatzkammer (Tesoro catedralicio) – *En los sótanos del nuevo edifico.* Sin duda, los objetos que acompañan las sepulturas de los emperadores y de los reyes en la cripta de la catedral constituyen el principal atractivo de este museo, como la corona mortuoria de Conrado II, primer emperador salio, el globo imperial de Enrique II, o la corona de Enrique IV, célebre por su peregrinación a Canossa. También se exhiben valiosas vestiduras sacras y otras piezas que poseen una gran simbología en la historia de Alemania. Ésta se ilustra, además, en una proyección de diapositivas.

Weinmuseum – En este **Museo del Vino** se ilustran dos milenios de historia del cultivo y la cultura de esta bebida alcohólica. En un **recipiente★** con forma de ánfora, hallado en un sarcófago de piedra romano (s. III d.C) en la región del Palatinado, se guarda una muestra de vino, que es el más antiguo del mundo conservado en estado líquido. También se exhibe una rica colección de toneles decorados y de imponentes lagares de los ss. XVI-XVIII.

★ Technik-Museum (Museo de la Técnica) ⓥ – Este museo, situado al S de la catedral, llama la atención tanto a los niños como a los adultos por la espectacularidad de los objetos expuestos: todo tipo de aviones y locomotoras –sobre todo antiguos modelos fabricados por los más prestigiosos constructores–, sin olvidar una amplia gama de coches de bomberos, se despliegan en sus grandes salas y en los terrenos colindantes. La visita del U 9, construido en 1966, permite experimentar la agobiante falta de espacio a la que se ve sometida la tripulación de un submarino. En la sección naval se puede ver un buen número de maquetas de barcos, y en un departamento anejo disfrutar de una bella colección de figuras musicales animadas.
Al que le gusten las grandes emociones, le recomendamos que asista a una proyección del **cine tridimensional IMAX★**, tanto en la pantalla convencional como en la omnimax esférica de 800 m².

ⓥ ▶▶ Purrmann-Haus *(Casa natal del pintor Hans Purrmann. Kl. Greifengasse 14)* – Feuerbachhaus *(Casa natal del pintor Anselm Feuerbach, Allerheiligenstraße 9).*

SPREEWALD★★

Brandemburgo
Mapa Michelin nº 418 K 25-26

Un entramado de más de 300 cauces de agua recorre esta región de exuberante vegetación, declarada por la Unesco Reserva de la Biosfera. Sus numerosas lagunas y canales evocan el paisaje veneciano. Esta zona, ocupada antaño por tierras pantanosas e inhóspitas, fue pacientemente drenada por las gentes del lugar y puesta en cultivo gracias a su tenacidad. Hoy se ha convertido en un vergel, salpicado de huertos bien cuidados dedicados a la horticultura, en particular a la producción de pepinos y rábanos. Pero la originalidad del Spreewald reside también en su población **sorbia**, una minoría de origen eslavo que a pesar de haber estado rodeada por germanoparlantes durante siglos, conserva sus tradiciones y el carácter genuinamente eslavo de su lengua *(ver Museo Sorbio en Bautzen y Wendisches Museum en Cottbus)*.

Paseo en chalana (Kahnfahrt) ⓥ – En la mayor parte de las localidades del Spreewald se ofrecen posibilidades para pasear en bote, pero el centro especializado en esta actividad se encuentra en **Lübbenau**. *Al llegar a Lübbenau, salga de la carretera general a la altura de la estación del ferrocarril y diríjase por la Dammstraße hacia los aparcamientos cercanos al embarcadero.*
Las visitas se realizan a bordo de embarcaciones de madera, de fondo plano debido a la escasa profundidad de los canales, conducidas por un barquero que es a la vez guía turístico. La chalana se interna en un paraje verde exuberante, un inmenso jardín creado por la mano del hombre, cuyo silencio solo es interrumpido por el canto de los pájaros y el graznido de los gansos.

En **Lehde★**, una pequeña aldea de 150 habitantes que cuenta prácticamente con el mismo número de casas que de islotes, se puede visitar el **Museo al Aire Libre** (Freilandmuseum) local, instalado en tres granjas de principios del s. XIX y en sus dependencias, y en el que se muestran muebles rústicos, objetos de arte y tradiciones populares, trajes regionales y utillaje agrícola. El museo ilustra la técnica de construcción de botes en el Spreewald, así como los medios para preservar el entorno natural.
Los visitantes que deseen descubrir la región a pie, pueden seguir, desde Lübbenau, tres senderos alternativos: hacia Lehde *(1 h i/v)*, hacia Wotschofska y hacia Leipe *(3 h i/v)*.

Lübbenau – Esta localidad posee un bello casco antiguo donde se encuentra la **iglesia de San Nicolás★** (Stadtkirche St. Nikolai) ⓥ, construida entre 1738 y 1741 por Findeisen, el arquitecto de Dresde especialista en fortificaciones. El interior, decorado en el estilo barroco característico de Dresde, presenta una extraordinaria homogeneidad estilística. Los muros laterales están recorridos por una galería de dos plantas, que se cierran en logias con cristales a la altura del presbiterio. En la iglesia se conservan importantes monumentos funerarios como la **tumba** (hacia 1765) del conde Moritz Carl de Lynaer.

También se recomienda un paseo por el barrio del castillo de Lübbenau, donde se puede visitar el edificio de la cancillería (construido en 1745, *hoy transformado en museo*), el palacio neoclásico (edificado en 1817, *hoy convertido en hotel*) y los pabellones de la Orangerie.

Paseo por el Spreewald

STADE★

Baja Sajonia – 47.000 habitantes
Mapa Michelin nº 415 F 12

La ciudad milenaria de Stade está situada a orillas del Schwinge, un canal navegable que desemboca en el Elba. Durante la Edad Media, el puerto de esta ciudad de la Hansa rivalizaba con el de Hamburgo. Los suecos ocuparon Stade durante la guerra de los Treinta Años y dominaron la ciudad hasta 1712. En ese periodo de casi 70 años construyeron un extraordinario sistema defensivo y convirtieron la ciudad en el centro administrativo de sus posesiones en el N de Alemania. A finales de los años 60 del s. XX, gracias al proceso de industrialización, el puerto de Stade recuperó parte del prestigio que tuvo en el pasado.

La guía de viajes del abad Alberto

Un diálogo entre dos clérigos de un convento, Tirri y Firri, citado en los llamados **Anales de Stade** por el abad Alberto (escritos hacia 1250), en el que se dan instrucciones sobre el modo de viajar de Stade a Roma y viceversa, está considerado el ejemplo más antiguo conocido, dentro del territorio germánico, de lo que hoy denominamos "guía de viaje". Junto a la descripción de las distintas rutas alternativas, que incluyen datos precisos sobre las distancias en millas (en vez de por jornadas) que separan las poblaciones o lugares, el autor proporciona numerosas informaciones prácticas para facilitar los desplazamientos del viajero. En estas observaciones se incluyen, por ejemplo, consejos de cómo actuar en caso de ser sorprendidos por el desbordamiento del Rin en Duisburg, la indicación de cuál es la mejor época para viajar si se ha de traspasar los puertos alpinos, los comentarios sobre la infraestructura "turística" en determinados lugares ("En el valle del Puster la atención al viajero es cara y pésima…") o indicaciones de lugares de interés cultural.

QUÉ VER

★★ **Altstadt** – La mayor parte de los edificios del **casco antiguo** son posteriores a 1659, fecha en la que un devastador incendio destruyó las dos terceras partes de su patrimonio arquitectónico. De los numerosos edificios de vigas entramadas destacaremos sobre todo la Hökerhus (*Hökerstraße 27*), las casas gemelas de la Bäckerstraße (*nºˢ 1 y 3*) y la Knechthaus (*Bungenstraße 20*).

St. Cosmae-Kirche (Iglesia de San Cosme) – La aguja de la torre barroca domina el casco viejo de la ciudad, con sus casas de vigas entramadas, cuyos muros carecen de revoques. El interior posee un bello mobiliario del s. XVII (órgano, púlpito, reja de hierro forjado, pila bautismal de mármol).

Alter Hafen (Puerto Viejo) – A ambos lados de la sinuosa dársena se alzan bellos edificios cuidadosamente restaurados, cuyo aspecto recuerda a la ciudad del s. XVII. Entre todos ellos destaca la **casa del burgomaestre Hintze** (Bürgermeister Hintze-Haus) (*Am Wasser West*).

Cerca del museo se encuentra la **Kunsthaus** (*Am Wasser West 7*), una hermosa villa residencial que acoge la "colección Kaufmann", con cuadros de los pintores del grupo de Worpspede (Fritz Mackensen, Otto Modersohn: *Marisma, granero y abedul*, 1896, Paula Modersohn-Becker: *Campesina con pañoleta roja*, 1900, Fritz Overbeck: *Inundación en la marisma*, 1903).

★ **Schwedenspeicher-Museum Stade** ⓥ – *Am Wasser West*. El **Museo local**, instalado en un edificio de ladrillo construido entre 1692 y 1705 que servía como almacén, ilustra la tradición comercial de Stade y su sistema de fortificaciones. También alberga una sección de prehistoria, en la que se exponen algunos objetos de gran valor, como las cuatro magníficas **ruedas de bronce**★ (hacia 700 a.C.) que pertenecieron a un "carruaje sacro", además de joyas, armas y cerámica.

EXCURSIÓN

★ **Altes Land** – *Circuito de 51 km – 2 h aprox. – por carreteras empedradas, estrechas y sinuosas. Diríjase a Buxtehude por la carretera de Hamburgo*. Esta región llana a orillas del Elba entre Stade y Finkenwerder, especializada en los cultivos frutícolas (cerezas, manzanas), posee un encanto especial en primavera durante la floración de los árboles frutales. Salga de Buxtehude por la carretera a Jork, que discurre paralela al curso serpenteante del canal del río Este. Pasada la pintoresca aldea de Estebrügge, gire a la izquierda hacia Königreich y desde allí continúe hasta **Jork**★. Atraviese esta localidad y justo a la salida, se encuentra una serie de **granjas**★ con tejados de caña, cuyos frontones se adornan con curiosos mosaicos de ladrillo. Al llegar a Mittelkirchen, no abandone la orilla derecha del canal hasta Steinkirchen, donde se puede cruzar la vía de agua por el puente basculante. Regrese a Stade por Grünendeich, bella perspectiva del Elba desde la orilla del canal.

STADE

Alojamiento

Treff Hotel Herzog Widukind – *Große Schmiedestraße 14* – ☏ *0 41 41/9 99 80 – fax 0 41 41/9 99 84 44 – 45 hab – individuales desde 92 €.* Precioso hotel en el casco antiguo, con un amplio atrio y una galería.

Zur Einkehr – *Freiburger Straße 82* – ☏ *0 41 41/23 25 – fax 0 41 41/24 55 – 37 hab – individuales desde 44 €.* Hospedería en las afueras de la ciudad.

Restaurante

Ratskeller – *Hökerstraße 10* – ☏ *0 41 41/4 42 55 – fax 0 41 41/4 42 55 – menús desde 12 €.* Restaurante alojado en el edificio del ayuntamiento histórico, con una bóveda de aristas gótica del s. XIII, cocina internacional y regional.

STENDAL

Sajonia-Anhalt – 40.000 habitantes
Mapa Michelin nºs 416/418 I 19

Stendal, fundada hacia 1160 por el margrave Alberto, llamado el Oso, se convirtió pronto en una activa plaza comercial. Fue miembro de la liga de la Hansa de 1358 a 1519 y, hasta mediados del s. XVI, el centro urbano más floreciente de la marca de Brandemburgo. La devastadora guerra de los Treinta Años marcó el fin de esta etapa de esplendor, de la que perdura un conjunto de monumentos de estilo gótico en ladrillo.

Stendal es la ciudad natal de **Johann Joachim Winckelmann** (1717-1768), un erudito al que se considera fundador de la arqueología como ciencia. Uno de sus admiradores, el escritor francés Henri Beyle, tomó el sobrenombre de la ciudad, añadiendo una "h" de acuerdo con la antigua grafía (Stendhal).

QUÉ VER

Rathaus – *Plaza del Mercado.* La parte más antigua del **ayuntamiento** (principios del s. XV), de ladrillo visto, presenta bellos frontones escalonados. A finales del s. XV se agregó el ala principal, que fue transformada posteriormente al estilo renacentista. En la sala del Concejo un bonito biombo tallado de 1462. Delante de la sala de Audiencias del ayuntamiento se alza una estatua de Rolando (la tercera en tamaño de Alemania), copia del original de 1525.

Marienkirche – *Detrás de la plaza del Mercado.* La **iglesia de Santa María**, de tipo salón con tres naves, fue construida entre 1435 y 1447. El presbiterio, rodeado por un deambulatorio, está aislado de la nave principal por una elegante cancela labrada. El altar mayor, en el que se representa la Coronación y el Tránsito de la Virgen, es de estilo gótico tardío.

★ **Dom St. Nikolaus** – La **catedral de San Nicolás** fue edificada en el s. XV en el lugar que ocupaba la iglesia de un convento de monjes agustinos. Su planta cuadrada recuerda a las iglesias de tipo salón de la Baja Sajonia, en particular a la de San Juan en Luneburgo).

Las 22 **vidrieras**★ (1420-60) son de un extraordinario valor artístico, en especial las que filtran la luz al presbiterio.

★ **Uenglinger Tor** (Puerta de Uenglingen) – *Al NO del casco antiguo.* Edificada en 1380, es una de las puertas fortificadas más interesantes de la región. En la fachada exterior, las dos primeras plantas poseen un carácter defensivo, mientras que la superior, añadida en el s. XV, tiene únicamente una función decorativa.

ALREDEDORES

★ **Tangermünde** – *10 km al SE.* La historia de esta localidad, situada –como su nombre indica (münden=desembocar)– en la confluencia del río Tanger con el Elba, muestra grandes similitudes con el pasado de la ciudad de Stendal. Esta pequeña localidad, que conserva en buen estado sus murallas defensivas del s. XIV, está atravesada por dos calles rectilíneas paralelas, bordeadas de casas de vigas entramadas con puertas finamente labradas. La **fachada del ayuntamiento**★ de finales del gótico (1430) se caracteriza por su frontón triple muy puntiagudo y decorado con fina filigrana de ladrillo.

Las puertas de la ciudad impresionan por su monumentalidad, en particular la **Neustädter Tor**★, al S de la ciudad, con su imponente torre circular.

STENDAL

Havelberg – *46 km al N; cruzar el Elba en Tangermünde.* La pequeña villa de Havelberg, situada a orillas del Havel, está dominada por la **catedral de Santa María** ⓥ, que fue consagrada en 1170. Tras el incendio que sufrió el templo, la nave principal se reconstruyó en estilo gótico entre 1279 y 1330. En su interior se pueden admirar los magníficos **relieves**★★ (entre 1396 y 1411) del leccionario y de la cancela del coro, en los que se representan escenas de la vida de Cristo y que fueron realizados, probablemente, por artistas de la escuela de Parler en Praga. También destacan tres **candelabros de gres** y una **cruz triunfal** (hacia 1300). El claustro tardogótico data del s. XIII.

STRALSUND★

Mecklemburgo-Antepomerania – 61.000 habitantes
Mapa Michelin nº 416 D 23 – Esquema: RÜGEN

Separada de la isla de Rügen por un estrecho brazo de agua del Báltico, el Strelasund, y bordeada de numerosos lagos, la ciudad de Stralsund basó su desarrollo económico en la navegación marítima y en el comercio con países lejanos. Los edificios góticos de ladrillo, inspirados en los de Lübeck, su eterna rival, son la característica arquitectónica de la ciudad.

Una ciudad muy codiciada – Desde su fundación en 1209 por el príncipe Wizlaw I de Rügen, Stralsund estuvo permanentemente en el punto de mira de sus vecinos; Lübeck, Dinamarca, Suecia e incluso Holanda se emplearon a fondo para conquistar este puerto estratégicamente situado. La ciudad, rodeada por una muralla defensiva, resistió los ataques de las tropas de Wallenstein durante la guerra de los Treinta Años. Después de las guerras napoleónicas Stralsund, que desde 1648 había pertenecido a Suecia, pasó a dominio de Prusia. Hoy vive fundamentalmente de la construcción naval, de las empresas de servicios y del turismo.

QUÉ VER

★ **Rathaus** – Construido entre los ss. XIII-XIV, el **ayuntamiento** se compone de dos cuerpos edificados en paralelo. La magnífica **fachada norte**★★ (hacia 1450), coronada por un frontón calado, está inspirada en la del ayuntamiento de Lübeck. Se accede al interior a través de un porche. Al lado, un pasaje cubierto comunica con la portada oeste de la iglesia de San Nicolás.

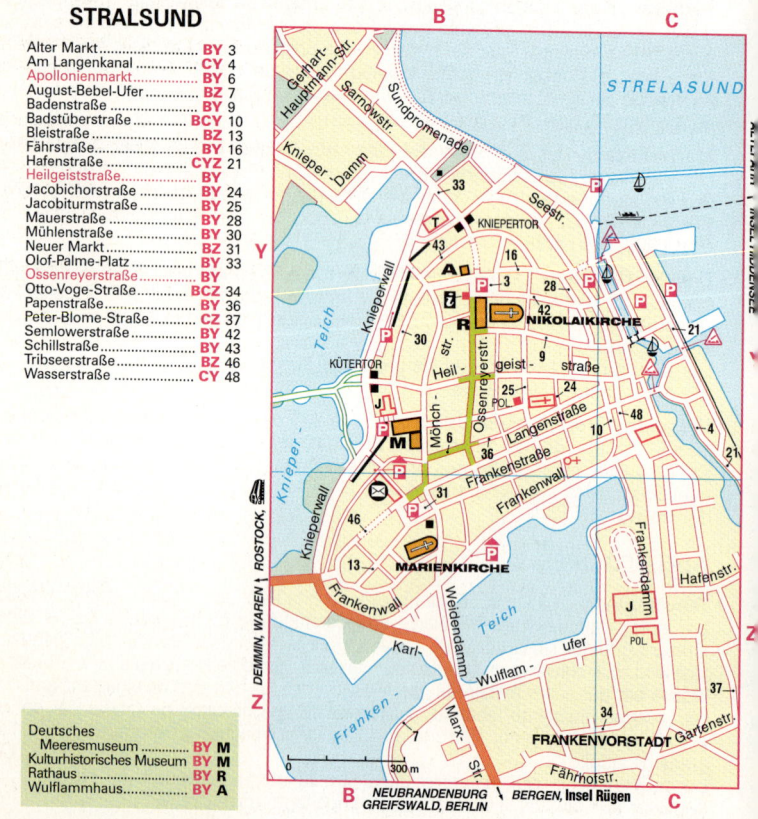

STRALSUND

Alter Markt	BY	3
Am Langenkanal	CY	4
Apollonienmarkt	BY	6
August-Bebel-Ufer	BZ	7
Badenstraße	BY	9
Badstüberstraße	BCY	10
Bleistraße	BZ	13
Fährstraße	BY	16
Hafenstraße	CYZ	21
Heilgeiststraße	BY	
Jacobichorstraße	BY	24
Jacobiturmstraße	BY	25
Mauerstraße	BY	28
Mühlenstraße	BY	30
Neuer Markt	BZ	31
Olof-Palme-Platz	BY	33
Ossenreyerstraße	BY	
Otto-Voge-Straße	BCZ	34
Papenstraße	BY	36
Peter-Blome-Straße	CZ	37
Semlowerstraße	BY	42
Schillstraße	BY	43
Tribseerstraße	BZ	46
Wasserstraße	CY	48

Deutsches Meeresmuseum	BY	M
Kulturhistorisches Museum	BY	M
Rathaus	BY	R
Wulflammhaus	BY	A

STRALSUND

Entre las casas que bordean la plaza del Mercado destaca la **Wulflammhaus** (nº 5), construida en ladrillo a mediados del s. XV y rematada por un frontón de tres pisos.

★ **Nikolaikirche (Iglesia de San Nicolás)** – Esta iglesia de tipo salón (s. XIII), construida según el modelo de la iglesia de Santa María de Lübeck, tiene un cuerpo occidental con dos torres y la nave central sobreelevada con respecto a las laterales. En el ábside, el deambulatorio, situado a una altura modesta, presenta sólidos contrafuertes.

El interior sorprende por el contraste entre la moderada altura de las naves laterales, flanqueadas por capillas, y la impresionante altura de la nave central. Algunos pilares y capillas conservan frescos de estilo gótico tardío. Entre el mobiliario destacan seis retablos medievales tallados, un grupo escultórico de santa Ana en piedra (hacia 1290), y el retablo del altar mayor, realizado a principios del s. XVIII según un diseño de Andreas Schlüter.

Museo Alemán del Mar, Stralsund

★ **Deutsches Meeresmuseum (Museo Alemán del Mar)** – Las antiguas dependencias del convento de Santa Catalina han sido transformadas en salas de exposición, en las que se tratan temas relacionados con la oceanografía, la pesca, la fauna y la flora, la pesca del mar Báltico. Una de las atracciones del museo son los acuarios. En un inmenso estanque (50.000 l) se pueden ver incluso tiburones. En el lugar que ocupaba el presbiterio se expone el esqueleto de un enorme rorcual (especie de ballena de cabeza aplastada) de 15 m de longitud, que varó en la costa occidental de la isla de Rügen en 1825.

Kulturhistorisches Museum (Museo Histórico) – En él se ilustra la historia de la ciudad y se muestran objetos de la antiquísima orfebrería de la isla de Hiddensee, así como una colección de arte sacro medieval.

★ **Marienkirche (Iglesia de Nuestra Señora)** – La particularidad de esta iglesia construida hacia finales del s. XIV –a excepción de la imponente torre occidental, que fue edificada entre 1416 y 1478– consiste en ocultar los arbotantes del presbiterio bajo la techumbre. La torre occidental, formada por un cuerpo central flanqueado por dos alas laterales a modo de transepto, está cubierta por bóvedas reticuladas. En el altar mayor gótico se representa la Coronación de la Virgen (s. XV). El órgano es obra de Friedrich Stellwagen (hacia 1659).

Stadtbefestigung (Fortificaciones) – La parte mejor conservada de la muralla está situada al O de la ciudad, a orillas del Knieperteich (lago), entre las puertas Knieper Tor y Kütertor.

STRAUBING

Baviera – 44.000 habitantes
Mapa Michelin nº 420 T 21

Esta localidad, situada en un meandro del Danubio, tuvo su origen en un asentamiento militar romano. La ciudad nueva, actual centro urbano, se desarrolló a principios del s. XIII, cuando la villa estaba gobernada por la casa de Wittelsbach. Su emplazamiento en las fértiles tierras del Gäu, conocidas como el granero de Baviera, favoreció su gran desarrollo económico. Entre 1353 y 1425 fue la capital del ducado de Straubing-Holland y conservó, hasta principios del s. XIX, su prestigio como sede administrativa de la Alta Baviera. Straubing continúa desempeñando en la actualidad un importante papel económico en la región, cuya influencia se extiende hasta la zona montañosa de la Selva Bávara (Bayerischer Wald).

QUÉ VER

★ **Stadtplatz** – Esta plaza alargada se divide en dos espacios, ocupados respectivamente por la Theresienplatz *(al O)*, en la que se alzan la columna de la Trinidad (1709) –que se adorna con multitud de figuras– y la fuente de Tiburtius (1685), y la Ludwigsplatz *(al E)*, con la fuente de Santiago (Jakobsbrunnen) de 1644. En el centro sobresale una original **torre** del s. XIII, con cinco torrecillas puntiagudas, que es el emblema de la ciudad.

STRAUBING

Jakobskirche (Iglesia de Santiago) – Esta gran iglesia de tipo salón situada junto a la Stadtplatz fue edificada en el s. XV. Su interior se distingue por sus finos pilares de sección circular que sostienen la bóveda con lunetos de la nave central. Es una de las escasas iglesias bávaras que presenta una decoración barroca discreta. El retablo del altar mayor, perteneciente a una iglesia de Nuremberg, fue adquirido en 1590; entre las figuras que lo decoran destaca una Virgen en el centro, y santa María Magdalena en la parte izquierda. La capilla de San Bartolomé *(la 1ª a la izquierda de la capilla axial)* alberga el sepulcro de Ulrich Kastenmayr (1430) ataviado con el traje de regidor. El rostro del difunto es de un impresionante realismo. El púlpito data de 1753.

Ursulinenkirche – Fue la última obra que realizaron los hermanos Asam conjuntamente. Edificada entre 1736 y 1741 en el periodo de transición del barroco al rococó, la iglesia presenta, sin embargo, una gran unidad estilística, tanto desde el punto de vista arquitectónico como decorativo. Egid Qurin Asam fue el arquitecto, escultor y estucador, mientras Cosmas Damian fue el autor de las pinturas del templo.

Agnes Bernauer

En 1432, el duque Alberto III de Baviera-München se casó en secreto con la bella hija de un cirujano de Augsburgo. El duque regente Ernesto, padre de Alberto, contrario a la boda por razones de Estado, ordenó el procesamiento de Agnes, acusándola de hechicera. En 1435, la joven fue ahogada en las aguas del Danubio cerca de Straubing. El fatal destino de la joven creó una gran conmoción. Este suceso histórico fue tema de inspiración de una tragedia política de Friedrich Hebbel (1855), así como de una ópera de Carl Orff (1947). En su memoria se celebran cada cuatro años los festivales Agnes Bernauer. Próxima cita en 2003.

St. Peter – *1,5 km. Salga de Straubing por la carretera B 20 en dirección a Cham y al llegue al puente (Schloßbrücke), gire a la derecha. San Pedro es la segunda iglesia que se encuentra en el camino.* La basílica románica de tres naves fue construida hacia 1180 y se alza en el centro de un cementerio, en el que se pueden ver numerosos monumentos funerarios de los ss. XIV al XIX. En este último se encuentran también la capilla gótica de Nuestra Señora, la capilla de **Agnes-Bernauer**, con un epitafio en mármol rojo, y la capilla de las Ánimas, con unos frescos de Felix Hölzl (1763) en los que se representa la Danza de los Muertos.

EXCURSIÓN

Las abadías del Danubio – *Ruta de 46 km río abajo, por la margen izquierda del Danubio– 2h30.*

Oberalteich – *1 km al S de Furth.* Fundada hacia el año 1100 por el conde Friedrich von Bogen, administrador de la catedral de Ratisbona, la iglesia del monasterio benedictino fue transformada entre 1622 y 1630 en una iglesia de tipo salón de cinco tramos. En el mobiliario interior destaca la escalera "aérea" que conduce a las tribunas, que presenta una interesante solución técnica, así como un tabernáculo rococó ricamente decorado, realizado por Matthias Obermayer en 1759.

Metten – *4 km al NO de Deggendorf.* Situada a los pies de las montañas de la Selva Bávara, la villa de Metten está dominada por la silueta de las torres de bulbo que coronan la **abadía benedictina** ⓥ. La iglesia gótica, construida sobre los cimientos de un templo románico, adquirió su aspecto actual entre 1720 y 1729. Sus altos ventanales iluminan los frescos de su bóveda de cañón. El retablo del altar mayor, obra de Cosmas Damian Asam, muestra a san Miguel fulminando al dragón (Satán). La **biblioteca★**, decorada en estilo barroco por J. Holzinger entre 1706 y 1720, posee un fondo de 160.000 volúmenes, entre los que figura una de las primeras traducciones de la Biblia al alemán (1477), así como el original de la *Crónica de Nuremberg* (1463).

Niederalteich – *14 km al SE de Deggendorf.* La **iglesia abacial★**, de estilo gótico y planta de tipo salón, fue "barroquizada" en el s. XVIII. El presbiterio, remodelado de nuevo en 1726, se cubrió con una bóveda rebajada. Además, se construyeron a media altura de los muros laterales unas galerías con unos vanos desde los que se ofrecen curiosas perspectivas sobre las bóvedas de las naves laterales.

Recomendamos también la visita de la iglesia de **Osterhofen***, situada en la margen izquierda del Danubio (a 10 km, ver Passau).*

STUTTGART ★

Baden-Würtemberg – 550.000 habitantes
Mapa Michelin nº 419 T 11

La capital del Estado de Baden-Würtemberg está situada en una depresión rodeada de colinas boscosas abierta en sentido NE hacia el valle del Neckar. El terreno sobre el que se asienta la ciudad es ondulado, con un cinturón verde que aísla el centro propiamente dicho de los extensos suburbios. La mejor **panorámica**★ de la ciudad y del paisaje circundante se obtiene desde la **torre de televisión** (Fernsehturm), desde cuya plataforma-mirador (400 m de altura) se divisa el centro histórico de la ciudad y los bosques de los alrededores.

"Stutengarten" – El nombre de la ciudad, originalmente "Stuttengarten", procede de un lugar donde los señores feudales poseían unos establos para la cría de caballos (Gestüt). En el s. XIV, la localidad, que había prosperado considerablemente, se rodeó de una muralla defensiva y se convirtió en la residencia de los condes, duques y reyes de Würtemberg, ocupando el lugar que habían detentado ciudades como Cannstatt, Waiblingen y Esslingen, patrimonio de la dinastía Hohenstaufen.

Dos pioneros de la industria automovilística – El ingeniero **Gottlieb Daimler** (1834-1900) fue uno de los primeros en utilizar un motor de explosión interna, alimentado con gasolina, para propulsar vehículos. En colaboración con Wilhelm Maybach desarrolló un motor monocilindro vertical que trabajaba a elevadas revoluciones por minuto y que acopló, posteriormente, a distintos tipos de vehículos (lanchas, motocicletas, coches de caballos). Al margen de las actividades de Daimler, el ingeniero **Carl Benz** (1844-1929) estaba más interesado en la aplicación de los nuevos inventos técnicos y en la creación de un vehículo para el transporte que en la invención de un motor revolucionario. Así, en 1885 construyó, en su empresa de Mannheim, el primer coche de la historia, un vehículo de metal con tres ruedas y motor fabricado por el mismo diseñador. A finales del s. XIX, la firma Benz ya manufacturaba vehículos en serie y se situaba a la cabeza de la producción mundial de automóviles. En 1901 Maybach creó en los

Alojamiento

Steigenberger Graf Zeppelin – *Arnulf-Klett-Platz 7* – ☎ *07 11/2 04 80* – *fax 07 11/2 04 85 42* – *195 hab* – *individuales desde 201 €*. El hotel de más categoría de la ciudad, alojado en un edificio urbano renovado, frente a la estación de ferrocarril.

Bergmeister – *Rotenbergstraße 16* – ☎ *07 11/28 33 63* – *fax 07 11/28 37 19* – *46 hab* – *individuales desde 68 €*. Cómodo hotel cerca del centro, con servicio de restauración.

Abalon – *Zimmermannstraße 7 (acceso por la Olgastraße 79)* – ☎ *07 11/2 17 10* – *fax 07 11/2 17 12 17* – *42 hab* – *individuales desde 64 €*. Hotel moderno situado en un lugar tranquilo (aunque en el centro de la ciudad).

Central Classic – *Hasenbergstraße 49a* – ☎ *07 11/6 15 50 50* – *fax 07 11/61 55 05 30* – *30 hab* – *individuales desde 61 €*. Hotel cómodo en una calle lateral próxima al Feuersee. Confort moderno.

Ibis am Löwentor – *Presselstraße 15* – ☎ *07 11/25 55 10* – *fax 07 11/25 55 11 50* – *132 hab* – *individuales desde 66 €*. Hotel funcional en un emplazamiento bien comunicado.

Restaurantes

Kern's Pastetchen – *Hohenheimer Straße 64* – ☎ *07 11/48 48 55* – *fax 07 11/48 75 65* – *menús desde 18 €*. Restaurante céntrico con cocina austriaca de categoría (sólo cenas).

Der Zauberlehrling – *Rosenstraße 38* – ☎ *07 11/2 37 77 70* – *fax 07 11/2 37 77 75* – *menús desde 18 €*. Pequeño restaurante en el centro, decoración rústica y cocina internacional.

Weber's Gourmet im Turm – *En Stuttgart-Degerloch, Jahnstraße 120* – ☎ *07 11/24 89 96 10* – *fax 07 11/24 89 96 27* – *menús desde 26 €*. Establecimiento para gourmets en la torre de la televisión (144 m) con una bonita vista panorámica.

Tabernas suabas

Weinstube Schellenturm – *Weberstraße 72* – ☎ *07 11/2 36 48 88* – *fax 07 11/2 26 26 99* – *menús desde 10,50 €*. Agradable restaurante de dos plantas alojado en una antigua torre defensiva. Gastronomía regional.

Weinhaus Stetter – *Rosenstraße 32* – ☎ *07 11/24 01 63* – *fax 07 11/24 01 93*. Sólo cenas, extraordinaria carta de vinos.

Weinstube Klösterle – *Stuttgart-Bad Cannstatt, Marktstraße 71* – ☎ *07 11/56 89 62* – *fax 07 11/55 86 06* – *menús desde 9,50 €*. Instalado en un edificio conventual de 1463, decoración rústica.

STUTTGART

talleres Daimler un modelo muy evolucionado con motor de cuatro cilindros en línea y 35 CV, al que bautizó con el nombre de la hija del empresario que compró el vehículo, **Mercedes**. Este coche, que alcanzaba ya la considerable velocidad de 72 km/h, fue la base del éxito futuro de la marca comercial. En 1926 se produjo la fusión de las dos firmas automovilísticas más poderosas del momento: la Daimler-Benz AG, que en 1998 se unieron al fabricante americano Chrysler constituyendo la DaimlerChrysler.

Hoy, la prosperidad proporcionada por el sector de la construcción de automóviles convierte a Stuttgart en una de las ciudades industriales más dinámicas de la República Federal. Pero la metrópoli suaba cuenta, además, con otros sectores económicos pujantes, como son la construcción de maquinaria pesada y de aparatos eléctricos, la mecánica de precisión y la industria editorial.

Imagen de la ciudad – Stuttgart conserva en la **Schillerplatz** el aspecto de la villa de antaño. En esta plaza, rodeada por el palacio Viejo (Altes Schloß) y la colegiata (Stiftskirche), se alza el **monumento a Schiller** (1839), obra del artista danés Thorwaldsen. Delante del **palacio Nuevo** (Neues Schloß), que fue construido entre 1746 y 1807 en estilo barroco según un proyecto del arquitecto L. Retti –hoy sede de las oficinas ministeriales– se abre la **Schloßplatz**, una plaza de inmensas proporciones que comunica con los jardines del palacio (Schloßpark). Éstos constituyen un largo paso arbolado de 8 km de longitud que conduce hasta el Höhenpark Killesberg. El centro neurálgico y comercial de la ciudad se encuentra en la zona peatonal en torno a la Königstraße.

QUÉ VER EN EL CENTRO

★★ **Linden-Museum** – Las ricas colecciones de este **Museo Etnográfico** se presentan en seis grandes secciones regionales:
En la planta baja: **América** (tribus indias de Norteamérica, grandes civilizaciones del antiguo Perú). **Pacífico** (Melanesia, cultura Sepik de Nueva Guinea, Australia).
En la 1ª planta: **África** (palacio real, máscaras), **Oriente Próximo** (historia de la civilización islámica).
En la 2ª planta: **Extremo Oriente y Asia meridional** (Japón, China, India, Nepal y el Tibet, sus culturas y el desarrollo de las doctrinas religiosas y filosóficas del budismo y el hinduismo. Teatro de marionetas de Indonesia).

★★ **Staatsgalerie (Galería Nacional)** – Este edificio, construido entre 1838 y 1843 durante el reinado de Guillermo I de Würtemberg, alberga las colecciones de pintura europea desde la Edad Media hasta la época del impresionismo.
La sección de **pintura de los maestros alemanes antiguos**★★ ocupa un lugar de excepción en el museo. En ella destacan los artistas suabos de los ss. XIV al XVI. Una de las obras maestras que se exponen es el **retablo de Herrenberg**, de Jerg Ratgeb (1519). La sección italiana comprende una excelente colección de pintura florentina y veneciana del s. XIV. Los **maestros holandeses** están representados por Hans Memling *(Betsabé en el baño)*, Rembrandt *(San Pablo en la cárcel)*, Ruisdael y Rubens.

La sección consagrada al s. XIX dedica un espacio a los artistas que representan el "clasicismo suabo", así como a las corrientes más importantes del periodo, desde los prerrafaelistas hasta los impresionistas.

El edificio anejo, proyectado por el arquitecto británico J. Stirling (inaugurado en 1984) acoge el **arte del s. XX**★. Las colecciones de "clásicos modernos" incluyen obras del fauvismo francés y del cubismo (Matisse, Gris, Braque), del expresionismo alemán (una buena selección de cuadros de Kokoschka) y del verismo (Dix, Grosz), así como del grupo de la Bauhaus. Un lugar de excepción ocupa la obra de **Willi Baumeister** (1889-1955), natural de Stuttgart, y de **Oskar Schlemmer** (1888-1943). También destaca una colec-

Nueva Galería Nacional

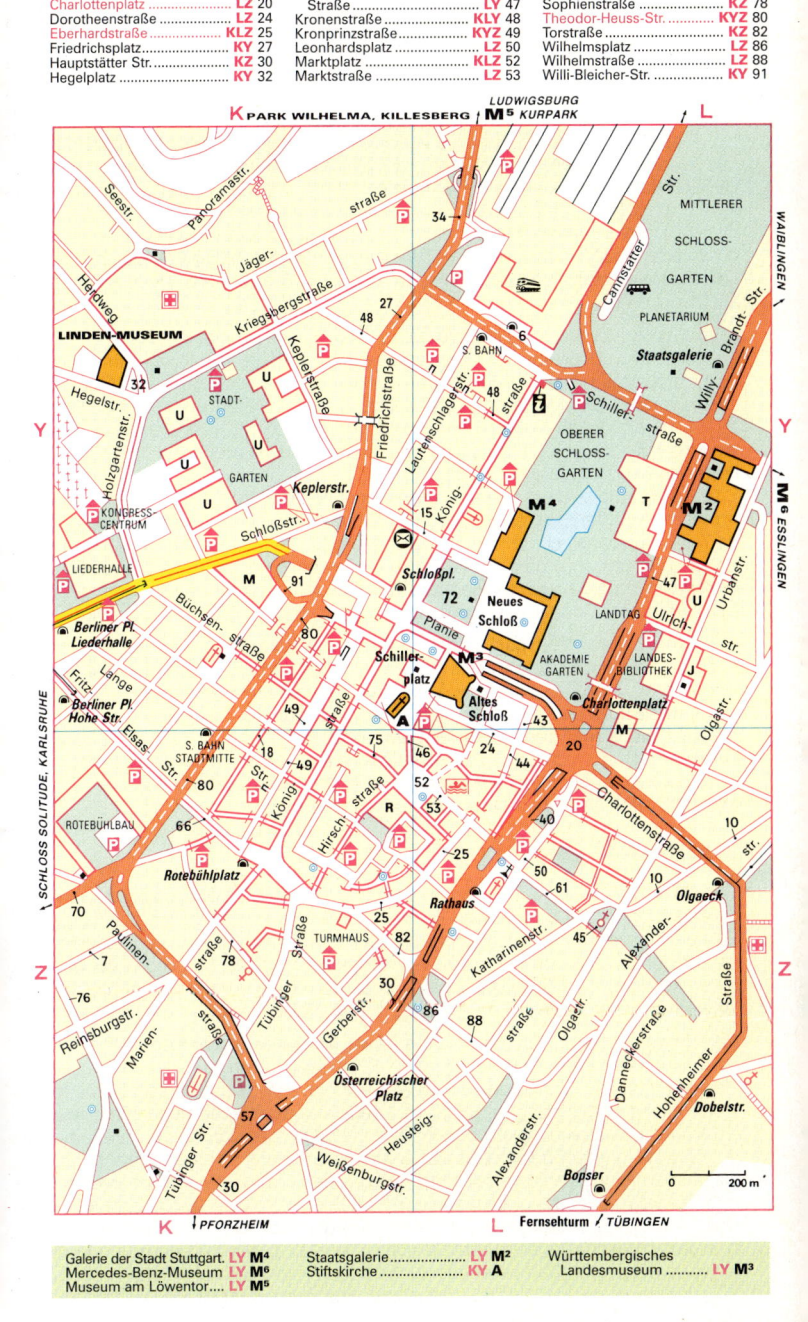

STUTTGART

Arnulf-Klett-Platz	**LY** 6	Heilbronner Str.	**LY** 34	Österreichscher	
Augustenstraße	**KZ** 7	Holzstraße	**LZ** 40	Platz	**KZ** 57
Blumenstraße	**LZ** 10	Karlsplatz	**LY** 43	Pfarrstraße	**LZ** 61
Bolzstraße	**LY** 15	Karlstraße	**LZ** 44	Rotebühlplatz	**KZ** 66
Calwer Str.	**KYZ** 18	Katharinenplatz	**LZ** 45	Rotebühlstraße	**KZ** 70
Charlottenplatz	**LZ** 20	Kirchstraße	**LZ** 46	Schloßplatz	**LY** 72
Dorotheenstraße	**LZ** 24	Königstraße	**KLYZ**	Schulstraße	**KZ** 75
Eberhardstraße	**KLZ** 25	Konrad-Adenauer-		Silberburgstraße	**KZ** 76
Friedrichsplatz	**KY** 27	Straße	**LY** 47	Sophienstraße	**KZ** 78
Hauptstätter Str.	**KZ** 30	Kronenstraße	**KLY** 48	Theodor-Heuss-Str.	**KYZ** 80
Hegelplatz	**KY** 32	Kronprinzstraße	**KYZ** 49	Torstraße	**KZ** 82
		Leonhardsplatz	**LZ** 50	Wilhelmsplatz	**KZ** 86
		Marktplatz	**KLZ** 52	Wilhelmstraße	**LZ** 88
		Marktstraße	**LZ** 53	Willi-Bleicher-Str.	**KY** 91

Galerie der Stadt Stuttgart.	**LY M⁴**	Staatsgalerie	**LY M²**	Württembergisches	
Mercedes-Benz-Museum	**LY M⁶**	Stiftskirche	**KY A**	Landesmuseum	**LY M³**
Museum am Löwentor	**LY M⁵**				

ción de 12 obras de **Picasso**, que ilustran las diferentes etapas creativas del artista; entre ellas figuran el grupo escultórico en madera *Los bañistas*. La sección de arte contemporáneo cubre un periodo que abarca desde la producción artística de los años inmediatamente posteriores a la II Guerra Mundial (Dubuffet y Giacometti) hasta el Pop Art americano (Segal, Warhol), el Arte Povera italiano, las "instalaciones" de Beuys y los últimos trabajos de Baselitz y Kiefer.

Altes Schloß – El **palacio Viejo**, construido en su mayor parte en el s. XVI, es un edificio de cuatro alas flanqueado por torrecillas circulares y un bello **patio renacentista★** (*desde aquí acceso a la Schloßkirche*) con tres niveles de elegantes arcadas.

STUTTGART

★ **Württembergisches Landesmuseum** (Museo Regional de Württemberg) ⓘ – En la 1ª planta se exponen las colecciones de las Edades del Bronce y del Hierro, entre cuyos objetos destacan los hallazgos de la **"tumba del príncipe de Hochdorf"★**, un sepulcro celta de mediados del s. VI a.C. descubierto en las proximidades de Ludwigsburg. Esta tumba, conocida como la del Príncipe de Hallstatt, es la segunda –la primera es la de Vix de Borgoña– descubierta hasta la fecha que no presenta signos de haber sido saqueada.

En la 2ª planta se encuentran las antigüedades y la colección de vestigios romanos, así como una interesante sección consagrada a la **escultura religiosa★** de Alemania meridional. También se dedica un espacio a la cultura de los pueblos **francos y alamanes★**, en el que se muestran, sobre todo, objetos procedentes de enterramientos de los ss. III-VIII. La 3ª planta contiene un gabinete numismático y una colección de muebles y relojes de Württemberg. En la planta sótano también se exhiben relojes antiguos e instrumentos científicos. La torre del Tesoro (Kunstkammerturm) alberga una armería, objetos de la "cámara ducal de las artes y las maravillas" (ss. XV-XVIII), y el **Tesoro de la Corona** de Württemberg.

La **Colección de instrumentos musicales** se expone en la Schillerplatz, una plaza cercana al Palacio Viejo.

Stiftskirche – El zócalo de la torre sur es la parte más antigua de esta iglesia (finales del s. XII). El presbiterio de principios del gótico se construyó entre 1327 y 1347, mientras la nave tardogótica, de la que sólo se conserva el muro norte, se añadió hacia 1436-55. El edificio se concluyó entre 1490-1531 con la edificación de la torre occidental. Tras los destrozos ocasionados por la guerra en 1944, el templo se cubrió con una única bóveda, prescindiendo de las columnas que separaban las naves y unificando así el espacio interior.

En el baptisterio se puede admirar una imagen poco habitual de Cristo con el manto protector (estilo tardogótico, hacia 1500). Los **monumentos funerarios★** de los condes de Württemburg en el presbiterio fueron realizados por el escultor S. Schlör a partir de 1576 por encargo del duque Luis III. Las once figuras de guerreros con sus armaduras tradicionales que se alzan delante de la arcada de estilo renacentista representan a los duques de Württemberg.

Galerie der Stadt Stuttgart (Galería de la ciudad de Stuttgart) ⓘ – La galería alberga una colección de obras de artistas de relieve, de los clásicos modernos y de arte contemporáneo. Destacan, sobre todo, los **cuadros de Otto Dix★**, un artista que se distinguió por su dura crítica de la sociedad moderna y de los horrores causados por la guerra. Los ejemplares más representativos de la exposición son el tríptico *Großstadt* (Gran ciudad) y el cuadro antibelicista *Grabenkrieg* (La trinchera). *(Hasta la inauguración del nuevo edificio de la galería prevista para el otoño de 2003 el espacio disponible para la exposición es muy limitado)*.

Y ADEMÁS

★ **Wilhelma** ⓘ – *Salga por la Heilbronner Straße*. Este **jardín botánico y zoológico**, creado a mediados del s. XIX por encargo del rey Guillermo I, es uno de los más bellos de Europa. En sus grandes invernaderos crecen interesantes plantas tropicales, así como una magnífica colección de orquídeas y de cactus. También se pueden ver más de 8.000 animales de 1.000 especies diferentes. Merece la pena visitar el **Aquarium**, el **Terrarium** y la **Amazonienhaus**. En esta última se presenta la fauna y la flora del Amazonas.

Staatliches Museum für Naturkunde (Museo Nacional de Ciencias Naturales) ⓘ – *En el parque de Rosenstein*. El **Museo del palacio de Rosenstein** (Museum Schloß Rosenstein), alojado en un edificio neoclásico diseñado por Giovanni Salucci, presenta una exposición biológica moderna con animales y vegetales de todo el mundo ambientados en su medio natural. La pieza más interesante de la colección es una ballena boreal de 13 m de longitud (reconstrucción en maqueta basada en el esqueleto original). Las modernas y espaciosas salas inauguradas en el nuevo **Museum am Löwentor★** ⓘ están consagradas a los orígenes de la Tierra. Esta exposición ilustra, a través de los **fósiles** hallados en la región de Baden-Württemberg, más de 600 millones de años de la evolución geológica de nuestro planeta. También posee esqueletos y huesos de grandes mamíferos desaparecidos (una especie extinguida de elefante, de unos 200.000 años de antigüedad), así como una sección dedicada al hombre del periodo glacial y un **gabinete de Ámbar**.

★ **Höhenpark Killesberg** – El parque público está situado en una colina al N de la ciudad perfectamente adaptado a las ondulaciones del terreno. Los juegos de agua se disponen en terrazas y espléndidos parterres de flores multicolores invitan a un sosegado paseo. También se puede realizar el recorrido a bordo de un **pequeño tren** que realiza el circuito del parque. Desde la **torre-mirador** se ofrece un amplio panorama.

★ **Kurpark Bad Cannstatt** – La antigua **villa termal de Cannstatt** es hoy uno de los mayores barrios residenciales de Stuttgart. Diecinueve manantiales de aguas curativas –el mayor surtidor de aguas minerales de Europa después del de Budapest– alimentan el pabellón de la fuente (Brunnenhof) y tres piscinas. Posee un bello parque.

STUTTGART

Mercedes deportivo "S" 1927, Museo Mercedes Benz (Stuttgart)

★ **Mercedes-Benz Museum (Museo Mercedes Benz)** ⊙ – *Salga por la Schillerstraße. El museo está alojado en un edificio de la fábrica Mercedes Benz de Stuttgart-Untertürkheim, situado en la Mercedesstraße 136.* El museo alberga la colección más completa de vehículos de una marca, que con ayuda de proyecciones de vídeos ilustran la historia del motor y la construcción de automóviles, desde los orígenes del coche hasta los modelos más recientes. La exposición muestra la evolución de la moda automovilística, desde los primeros ejemplares de Karl Benz y Gottlieb Daimler hasta los modelos actuales. Los coches deportivos legendarios de los años 30 y 50 certifican, al igual que el moderno McLaren-Mercedes, los éxitos cosechados por los modelos de esta marca en todos los circuitos de carreras del mundo.

ALREDEDORES

★ **Schloß Solitude (palacio de la Soledad)** ⊙ – *Salga por la Rotebühlstraße.* La antigua residencia de verano de la corte de Württemburg se alza en una colina al O de la ciudad, a unos 10 km del centro. Tanto el cuerpo central, de planta oval y coronado por una cúpula, como las alas laterales se elevan sobre una base porticada. Enfrente, los edificios anejos forman un semicírculo en torno al palacio. Éste fue construido entre 1763 y 1769 bajo la dirección del arquitecto de la corte La Guépière. La ornamentación de la sala central de la rotonda (Weißer Saal) y de la sala de Mármol es de estilo neoclásico; el resto de las estancias, revestidas de madera, están decoradas al gusto rococó francés. Entre las principales piezas del mobiliario destaca el escritorio del rey Federico I de Würtemberg, cuyo diseño se acomoda al físico del monarca, un hombre extraordinariamente obeso.
Desde allí se puede ver la recta avenida que comunicaba antes este palacio con Ludwigsburg, pero que hoy desemboca en una llanura densamente poblada.

★ **Porsche-Museum** ⊙ – *Salga por la Heilbronner Straße (B 10/27) en dirección a la autopista A 81/E 41 (⑧). Antes de entrar en la autopista, tome la desviación a Zuffenhausen-Industriegebiet, después gire a la derecha por la Porschestraße 42).* En 1934, Ferdinand Porsche (1875-1951), un ingeniero alemán que se había distinguido ya por su labor en la fábrica de Daimler, creó el prototipo del célebre *Volkswagen*. En 1948-49 desarrolló un coche deportivo, cuyos principios básicos siguen presentes en algunos modelos que se fabrican actualmente en Zuffenhausen. En un edificio de la fábrica se exponen una treintena de automóviles de la marca, entre los que figuran coches de carreras con motores de gran potencia.

EXCURSIÓN

★ **Tiefenbronn** – *38 km al O.* La iglesia **parroquial de Santa María Magdalena** se distingue por su magnífica decoración interior. Junto a las pinturas murales (en la parte interior del arco triunfal del s. XIV se representa el Juicio Final, y en el muro Este de la nave principal se exhiben pinturas de 1.400 aprox.), las vidrieras del s. XIV y los numerosos monumentos funerarios, destacan, sobre todo, los retablos de estilo gótico tardío. El altar mayor, obra del maestro de Ulm Hans Schüchlin (1469), muestra escenas de la Vida de María y de la Pasión. En el muro de la nave lateral derecha, el espléndido **altar de la Magdalena**★★ (1432), de Lucas Moser, representa diversos episodios de la vida de los santos. En la nave principal se pueden admirar otros altares góticos del s. XVI.
En el presbiterio, a la izquierda del altar mayor, se exhibe una **custodia**★ (hacia 1500), que por su diseño y por la riqueza de sus figuras está considerada como una obra maestra de la orfebrería tardogótica.

505

Insel SYLT★★

Isla de SYLT – Schleswig-Holstein
Mapa Michelin nº 415 B 8

La mayor de las islas Frisonas y la más septentrional de Alemania, se alarga de N a S sobre una estrecha franja de tierra de 40 km de longitud, que en algunos puntos no supera los 500 m de anchura (en Rantum). Esta isla, que goza de un clima suave, se ha convertido, por la belleza de sus paisajes y sus extensas playas, en uno de los más frecuentados centros de vacaciones. Está unida a tierra firme por una vía de ferrocarril construida en 1927 sobre el muelle de Hindenburg. A pesar de su reducida superficie –unos 100 km², existe una gran variedad de paisajes en la isla: en la costa occidental se encuentran las inmensas playas de arena fina y hacia el interior alternan los cordones de dunas y las marismas, las praderas salinas y las tierras pantanosas, los prados y los campos de cultivo jalonados por pequeñas colinas y túmulos de tiempos prehistóricos. Sylt ofrece al visitante una extraordinaria infraestructura hotelera, instalaciones terapéuticas, atractivos balnearios en el mar del Norte y saludables estaciones climáticas. En sectores determinados se permite la práctica del naturismo, aunque los límites en las playas no están claramente definidos.

Acceso en ferrocarril ⓥ – De Niebüll parten los "trenes-coche" que atraviesan el brazo de mar que separa la isla de Sylt de tierra firme por el largo dique de Hindenburgdamm.

Acceso en barco ⓥ – Existe un servicio de transporte entre el puerto de Havneby *(isla danesa de Romö, accesible por carretera)* y el puerto de List, situado al N de la isla de Sylt.

* **Westerland** – Esta localidad, la mayor de la isla, posee el balneario más elegante y frecuentado de la costa alemana del mar del Norte. Es el lugar de encuentro de un turismo refinado, que al tiempo que se relaciona en sociedad, disfruta de las confortables instalaciones de la estación termal. El balneario ofrece un pabellón de curas de reposo, un establecimiento de baños al aire libre ("Sylter Welle"), cuya arquitectura imita la forma de un barco, y 7 km de playa de arena fina y tonificante oleaje. La gran avenida del parque, con su quiosco de música en el centro, no es el único atractivo de la estación; la localidad cuenta con numerosas tabernas, restaurantes y locales nocturnos, grandes paseos junto al malecón y zonas comerciales (Friedrichstraße), galerías, tiendas y un casino. También existe una buena oferta para la práctica de distintos deportes, así como espectáculos de carácter cultural.

* **Keitum** – Esta pequeña localidad, apartada del mundanal ruido y situada en un entorno idílico, constituye el "corazón verde" de la isla. Keitum está considerada como un pequeño "paraíso": casas centenarias con los tejados de caña típicos de Frisia, densas arboledas y selvas de lilas; muros por los que trepan los rosales silvestres son las imágenes usuales del lugar. Desde el espectacular acantilado del **Grüne Kliff**★, se puede contemplar la inmensidad

Acantilado rojo en Kampen

Insel SYLT

de las marismas y las superficies cenagosas del cercano parque nacional de Schleswig-Holstein. En un extremo de la ciudad (en dirección a Munkmarsch) se alza la capilla marinera de **San Severino**, una iglesia de principios del s. XIII con una pila bautismal de estilo románico tardío.

Al S de **Kampen**, una localidad pintoresca, frecuentada por artistas y situada sobre una colina, emerge el **Rote Kliff★**, un acantilado escarpado bañado por el mar. En Wenninstedt-Braderup se puede visitar el **Denghoog**, un monumento megalítico de más de 4.000 años de antigüedad: tres gigantescas lajas de piedra, de dos toneladas de peso cada una, reposan sobre las doce piedras verticales del dolmen. También es espectacular el **Morsum-Kliff**, otra impresionante roca cuya morfología ilustra 10 millones de años de la historia geológica de la Tierra.

Al N de la isla, en las proximidades de la ciudad portuaria de List, se encuentra la célebre **duna errante** (Wanderdüne), un promontorio de arena de cuarzo movediza de 1.000 m de longitud y 30 m de altura, que cada año se traslada varios metros en dirección E.

AGENDA DE DIRECCIONES

En Kampen

Kamphörn – Norderheide 2 – ☎ 0 46 51/4 69 10 – fax 0 46 51/98 45 19 – 12 hab – individuales desde 75 €. Hotel acogedor situado a las afueras de la localidad.

Kupferkanne – Stapelhooger Wai – ☎ 0 46 51/4 10 10. Esta elegante cafetería surrealista, instalada en un búnker, ofrece excelente café y tartas (pequeña selección). Hermosa terraza con vistas a la marisma.

En Keitum

Seiler Hof – Gurtstig 7 – ☎ 0 46 51/9 33 40 – fax 0 46 51/93 34 44 – 11 hab – individuales desde 126 €. Típica casa frisona de 1761 con un precioso jardín.

En Morsum

Landhaus Nösse – Nösistig 13 – ☎ 0 46 51/9 72 20 – fax 0 46 51/89 16 58 – 10 hab – individuales desde 143 €. Edificio con tejado de caña, situado en un magnífico paraje al borde del acantilado. Restaurante para gourmets y taberna.

En Rantum

Sansibar – 3 km al S – ☎ 0 46 51/96 46 46 – fax 0 46 51/96 46 47 – menús desde 17 €. Restaurante que ofrece una extraordinaria carta de vinos; instalado en una antigua barraca de playa. El lugar de encuentro de la gente elegante de la isla. Imprescindible reservar mesa.

En Wenningstedt

Kiose – Berthin-Bleeg-Straße 15 – ☎ 0 46 51/9 84 70 – fax 0 46 51/4 10 14 – 25 hab – individuales desde 67 €. Hotel-pensión cerca de la playa, con habitaciones sencillas pero confortables.

En Westerland

Wünschmann – Andreas-Dirks-Straße 4 – ☎ 0 46 51/50 25 – fax 0 46 51/50 28 – 35 hab – individuales desde 86 €. Hotel céntrico al final de la zona peatonal. Habitaciones confortables y cómodas. Restaurante sólo para los clientes del hotel (sólo cenas).

Parkhotel am Südwäldchen – Fischerweg 45 – ☎ 0 46 51/83 63 00 – fax 0 46 51/8 36 30 63 – 24 hab – individuales desde 77 €. Precioso y tranquilo hotel en el extremo S de Westerland, decoración muy agradable.

Webchristel – Süderstraße 11 – ☎ 0 46 51/2 29 00 – menús desde 17,50 €. Típica casa frisona con decoración rústica, gastronomía regional (sólo cenas, es aconsejable reservar mesa).

THÜRINGER WALD★★
Selva de TURINGIA – Turingia
Mapa Michelin nº 418 N 14 – O 16

Turingia constituye uno de los parajes más hermosos de Alemania. La región oculta numerosos tesoros: pueblos y ciudades que se han desarrollado a lo largo de los siglos en medio de una idílico paisaje de media montaña, rico en tradiciones y artes populares. Además, Turingia puede sentirse orgullosa de asociar su nombre al de grandes personalidades del mundo de la cultura y el arte germánicos: Müntzer, Cranach, Bach, Goethe, Schiller.

EL MARCO GEOGRÁFICO

Las dos unidades físicas que forman la accidentada selva de Turingia –el macizo esquistoso del Thüringer Wald y la cuenca de Turingia– se extienden en dirección NO-SE en el corazón de Alemania. En la composición geológica predomina la arenisca abigarrada en las zonas de pie de montaña, mientras que en los alrededores de Meiningen abunda la cal de conchas. Las máximas elevaciones se encuentran en la parte central del macizo y se sitúan en torno a los 1.000 m: Großer Beerberg (982 m), Schneekopf (978 m), Großer Finsterberg (944 m). La parte central de la cadena montañosa está constituida por gneis, granito y pórfido.

La flora y la fauna – El bosque mixto se compone fundamentalmente de pinos, abetos y hayas. En las zonas más elevadas aparecen las mesetas pantanosas, y en las proximidades de las cumbres prolifera la vegetación de brezos. En los bosques abundan las aves canoras, como el arrendajo común, el pinzón vulgar y distintas especies de alondras, así como rapaces (ratonero común). La caza mayor está representada por ciervos, corzos y jabalíes.

THÜRINGER HOCHSTRASSE
(CARRETERA DE ALTA MONTAÑA DE TURINGIA)

De Eisenach a Ilmenau *110 km – 1 día*

La carretera discurre en gran parte por el **Rennsteig**, un circuito de alta montaña de 160 km de longitud que recorre la línea de las crestas de la Selva de Turingia, atravesando las cimas del Großer Inselsberg del Großer Beerberg, máximas elevaciones del macizo. En diferentes puntos de la carretera de alta montaña existen letreros que indican la comunicación con el Rennsteig, que se interna por los parajes más interesantes por donde no pasa la carretera.

★**Eisenach** – *Ver este nombre. Salir de la localidad en dirección a Gotha.*

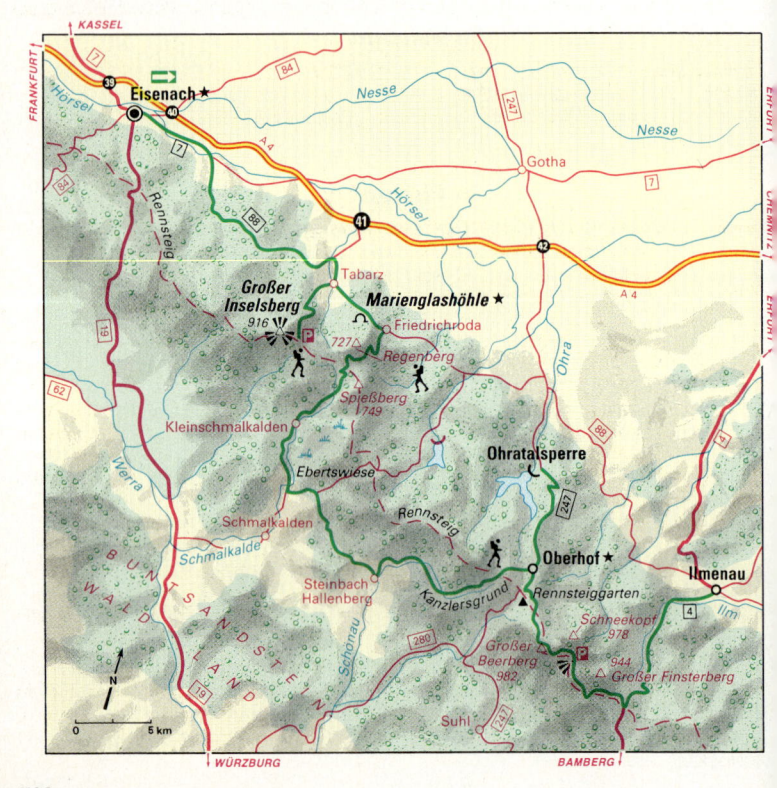

THÜRINGER WALD

Großer Inselsberg – *1 h i/v.* Merece la pena la ascensión (916 m de altitud), no sólo por la belleza del paisaje, sino porque la **panorámica**★★ abarca una gran parte de la selva de Turingia.

★**Marienglashöhle (Gruta de Marienglas)** ⓥ – De esta cavidad natural, la mayor de Europa en su género, se extraía el yeso cristalino que se utilizaba en la decoración de los altares, de ahí que se diera a la gruta el nombre de "Marienglas" (cristales de la Virgen).
La carretera cruza el Rennsteig y serpentea entre el Regensberg (727 m) y el Spießberg (749 m), ofreciendo numerosas posibilidades para realizar marchas, sobre todo en dirección a la **Ebertswiese**, una zona de praderas pantanosas con un lago de montaña.
Steinbach está dominada por las ruinas de Hallenburg. La carretera continúa hacia Oberhof atravesando el Kanzlersgrund, un valle salpicado de hermosas praderas bañadas por numerosos arroyuelos. Desde el primer gran aparcamiento al que se llega se pueden hacer bonitas excursiones.

★**Oberhof** – Situado a 800 m de altitud, Oberhof es el centro de descanso y la estación para la práctica de deportes de invierno más importante de la Selva de Turingia, escenario donde se celebran campeonatos internacionales y lugar de entrenamiento para carreras de trineos y de bobs. En el **Rennsteiggarten**, uno de los mayores jardines botánicos consagrados a la flora de montaña de Europa central, se pueden observar más de 4.000 especies de plantas.

Ohratalsperre (Represa de Ohrtal) – *Tome la carretera B 247 hasta el gran aparcamiento situado en el lado izquierdo.* Este lago artificial de 88 ha de superficie puede almacenar hasta 19,2 millones de m^3 de agua. El pantano abastece a las ciudades de Erfurt, Weimar, Jena, Gotha y a las localidades de los alrededores.

Salga de Oberhof en dirección a Schmücke y Großer Beerberg. La carretera serpentea por los pintorescos parajes del Großer Beerberg y el Schneekopf. Desde el aparcamiento de la hospedería de Schmücke se tiene una hermosa vista del valle.

El pico de Finsterberg aparece a la derecha. *En el siguiente cruce, gire a la izquierda por la carretera B 4 en dirección a Ilmenau.*

Ilmenau – Esta localidad situada en el extremo septentrional de la Selva de Turingia está ligada, sobre todo, al nombre de Goethe. Ilmenau era uno de los sitios preferidos de descanso del poeta, a quien se dedica una placa conmemorativa en el ayuntamiento de la villa (situado en la plaza del Mercado), así como en el pabellón de caza de Gabelbach. Un sendero bautizado con el nombre de **"Tras las huellas de Goethe"** (Auf Goethes Spuren) discurre por los lugares que conservan algún recuerdo del escritor.

TRIER★★

TRÉVERIS – Renania-Palatinado – 100.000 habitantes
Mapa Michelin nº 417 Q 3 – Esquema: MOSELTAL

Tréveris es la ciudad más antigua de Alemania. En el s. XIV los obispos obtuvieron la dignidad de príncipes electores y en este periodo, la ciudad a orillas del Mosela gozó de una gran prosperidad. Como consecuencia de la reestructuración del sistema administrativo impuesto durante la Revolución Francesa, **Tréveris** se convirtió de 1794 a 1814 en la capital del departamento francés del Sarre y a partir de 1815 pasó a dominio de Prusia. Situada en una región vitícola, la ciudad se distingue además de por su dinamismo cultural, por ser uno de los principales centros económicos de la región. Su rico patrimonio arquitectónico, que conserva en buen estado tanto los edificios de la época romana como los posteriores, atrae anualmente a numerosos turistas.
Tréveris es la patria del filósofo y economista Carlos Marx (1818-1883).

APUNTES HISTÓRICOS

Tréveris fue en el pasado el punto de contacto de las civilizaciones celta, romana y germánica.

Tréveris y Roma – Tras la sumisión a Roma de la tribu celta que habitaba Tréveris –originaria de la Galia Oriental–, el emperador Augusto fundó en este territorio la colonia de **Augusta Treverorum** (hacia XVI a.C). La ciudad romana, un activo centro económico, cultural e intelectual, se desarrolló hasta la invasión de las tribus germánicas en el año 274-75.

TRIER

La segunda Roma – Con la reorganización del Imperio Romano por Diocleciano (fin del s. III), Tréveris fue elevada al rango de capital del Imperio occidental (Galia, Hispania, Germania, Britania). La ciudad del Mosela vivió un nuevo periodo de esplendor en la época de Constantino el Grande, quien mandó construir magníficos edificios. En el año 313 el tolerante edicto de Milán puso fin a las persecuciones de cristianos y un año más tarde, se fundaba el obispado de Tréveris, el más antiguo de Alemania.
A finales del s. IV la presión de las tribus germánicas era tan intensa que la residencia imperial se trasladó a Milán y la prefectura a Arlés. Hacia el año 470, Tréveris fue tomada definitivamente por los francos.

Alojamiento

Berghotel Kockelsberg – *En el Kockelsberg* – ☎ *06 51/8 24 80 00 – fax 06 51/8 24 82 90 – 32 hab – individuales desde 36 €.* Magnífico emplazamiento desde el que se disfruta de una vista panorámica de Tréveris.

Alte Villa – *Saarstraße 133* – ☎ *06 51/93 81 20* – *fax 06 51/9 38 12 12 – 20 hab – individuales desde 54 €.* Villa en las afueras de la ciudad transformada en hotel.

Römischer Kaiser – *Porta-Nigra-Platz 6* – ☎ *06 51/9 77 00 – fax 06 51/97 70 99 – 43 hab – individuales desde 67 €.* Casa burguesa modernizada, junto a la Porta Nigra.

EL CASCO ANTIGUO *1 día*

★★ Porta Nigra – La puerta Norte de la muralla (finales del s. II) es el monumento romano más importante en territorio alemán. Los sillares cuadrados, ennegrecidos a lo largo del tiempo por una pátina depositada sobre la piedra arenisca, han dado el nombre a la puerta.

Porta Nigra, Tréveris

Los bloques de piedra se ajustan unos a otros sin argamasa, unidos únicamente mediante grandes crampones de hierro. Algunos de ellos fueron retirados por los germanos, y el edificio sufrió por ello graves daños. Dos magníficas torres flanquean el cuerpo central con dos filas de arcadas. La puerta estaba destinada a un uso militar: sólo las plantas superiores presentan algunos vanos en forma de ventanas. Nada más traspasar los portones externos se accede a un patio en el que se podía hacer frente al enemigo disparando desde múltiples puntos de tiro.
En el s. XI se construyó sobre la puerta fortificada una iglesia de dos plantas consagrada a san Simeón, que fue destruida por orden de Napoleón en 1804, excepto el ábside (en la parte este), recuperando así su aspecto original. Otros vestigios de la iglesia son las esculturas rococó en las galerías de la planta superior *(parte que se abre al patio interior)*. Desde la plataforma de la torre Este se ofrece una bella panorámica de la ciudad.

Städtisches Museum Simeonstift (Museo Municipal) – Instalado en el **convento románico de San Simeón** (Simeonstift, s. XI), situado junto a la Porta Nigra, contiene colecciones que ilustran la historia de la ciudad: maquetas de la urbe, mobiliario, pintura y escultura. Cuenta también con las figuras originales que adornaban la fuente del Mercado (las cuatro Virtudes y san Pedro, finales del s. XVI). El **claustro** románico, con doble galería, rodea el patio conventual más antiguo de Alemania.

★ Dreikönigenhaus (Casa de los Tres Reyes) – Este edificio residencial de principios del gótico (hacia 1230), con sus ventanas de arquerías, recuerda a las torres patricias de tipo italiano que se pueden ver en Ratisbona.

TRIER

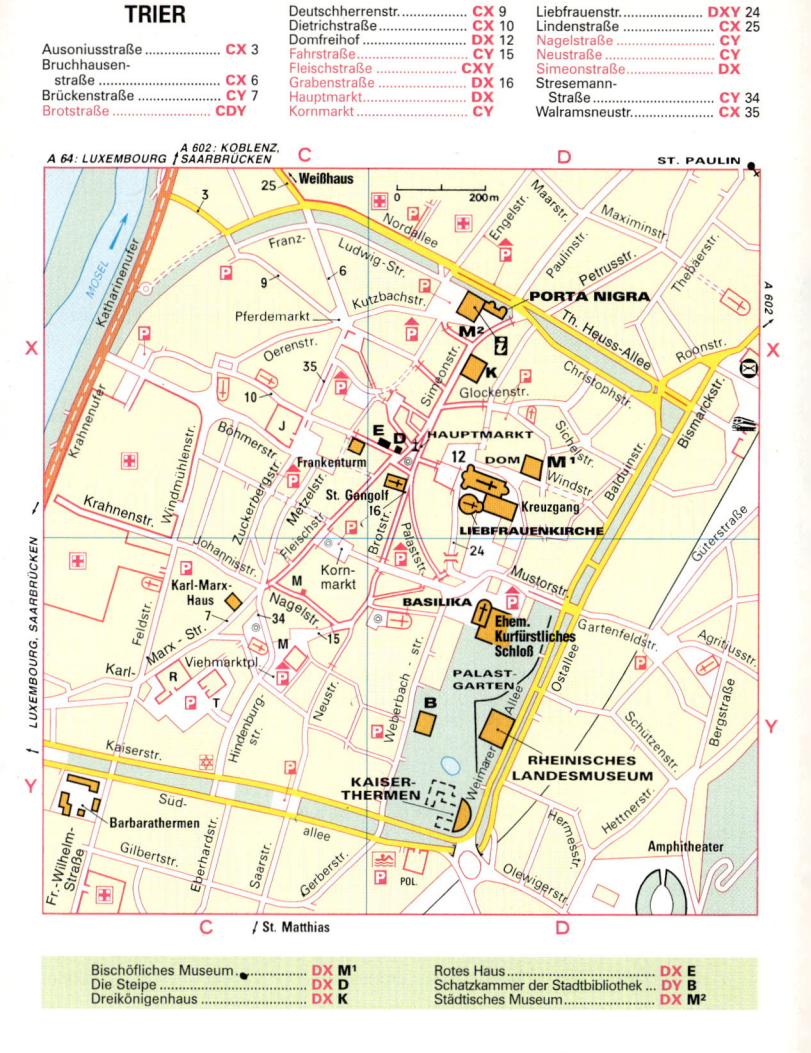

Ausoniusstraße		**CX** 3
Bruchhausen-straße		**CX** 6
Brückenstraße		**CY** 7
Brotstraße		**CDY**
Deutschherrenstr.		**CX** 9
Dietrichstraße		**CX** 10
Domfreihof		**DX** 12
Fahrstraße		**CY** 15
Fleischstraße		**CXY**
Grabenstraße		**DX** 16
Hauptmarkt		**DX**
Kornmarkt		**CY**
Liebfrauenstr.		**DXY** 24
Lindenstraße		**CX** 25
Nagelstraße		**CY**
Neustraße		**CY**
Simeonstraße		**DX**
Stresemann-Straße		**CY** 34
Walramsneustr.		**CX** 35

Bischöfliches Museum		**DX** M¹
Die Steipe		**DX** D
Dreikönigenhaus		**DX** K
Rotes Haus		**DX** E
Schatzkammer der Stadtbibliothek		**DY** B
Städtisches Museum		**DX** M²

★**Hauptmarkt** – Es una de las más bellas **plazas** de Alemania. En el centro se alza la **Cruz del Mercado**★ (Marktkreuz), erigida en el año 958 para celebrar la concesión del derecho de mercado a la ciudad (restaurada en el s. XVIII). La **fuente del Mercado**, con sus figuras que representan las virtudes cardinales, data de finales del s. XVI.

Desde el centro de la plaza se pueden admirar monumentos que ilustran quince siglos de historia de la ciudad: al N la Porta Nigra, al E la catedral románica, al S la **iglesia gótica de St.-Gangolf**, cuya torre (principios del s. XVI) poseía en otro tiempo una atalaya desde la que se velaba por la seguridad de la ciudad; al O se encuentran algunas casas con elegantes frontones renacentistas y barrocos. La **Steipe**, el ayuntamiento medieval (s. XV), con su techo de pabellón, se alza sobre una galería abierta; al lado, la **Casa Roja** (Rotes Haus) del s. XVII, se adorna con la célebre inscripción, en latín que significa "Tréveris existía ya mil trescientos años antes que Roma. Que permanezca y goce de eterna paz, amén" *(ambos inmuebles fueron restaurados después de la guerra).*

Frankenturm – Es una magnífica casa-torre románica (hacia 1100), cuyos gruesos muros están perforados por pequeñas ventanas y está coronada de almenas. Su antiguo propietario, Franco von Senheim, da nombre a la construcción (s. XIV).

★**Dom** – La **catedral** vista desde el atrio tiene el aspecto de una fortaleza. La espectacular fachada, de líneas severas, está flanqueada por dos torres de planta cuadrada. Desde el flanco norte *(Windstraße)* se aprecian las distintas fases de construcción del edificio: el cuerpo central con el frontón plano y la planta rectangular constituye el núcleo romano (s. IV); a la derecha, se puede ver el cuerpo oeste románico (s. XI) y a la izquierda, el presbiterio poligonal este (s. XII), decorado con una galería enana. La capilla, construida en el s. XVIII y rematada con una cúpula barroca, alberga el tesoro de la catedral.

Acceda al interior por la puerta de la torre derecha, a través del atrio. Cerca de la portada se encuentra la "piedra de la catedral", una sección de columna de época romana.

La decoración interior de la iglesia es, fundamentalmente, barroca y posee interesantes retablos. En el presbiterio oeste *(a la izquierda de la entrada)* se conserva el monumento funerario del arzobispo y príncipe Balduino de Luxemburgo. En la nave lateral derecha se puede ver un hermoso **tímpano**★ románico, en el que se representa a Cristo entre san Pedro y la Virgen María. La capilla recubierta de estucos, a la derecha del presbiterio, alberga una bella figura de la Virgen del s. XVI.

★ **Tesoro** (Domschatz) ⓥ – El tesoro custodia piezas de gran valor de marfil, orfebrería (estuches de los santos clavos, altar portátil de san Andrés, adornado con esmaltes), evangeliarios ilustrados con magníficas miniaturas.

Claustro (Kreuzgang) – Desde el claustro gótico se ofrece una interesante **vista**★ de la catedral y de la vecina iglesia de Nuestra Señora. En el ángulo NO se puede ver la delicada Virgen de Malberg (s. XV).

★ **Liebfrauenkirche (Iglesia de Nuestra Señora)** – Es una de las primeras iglesias góticas de Alemania (1235-60), que se inspira en los modelos de la región francesa de Champaña; la planta adopta la cruz griega.

Ocho capillas de tres lienzos de pared, se intercalan dos a dos entre los cuatro ábsides que rematan la cruz formando una rosa de 12 pétalos. El **tímpano** de la portada oeste muestra una Virgen entronizada, una Anunciación, la Adoración de los Reyes, la Matanza de los Inocentes y la Presentación en el Templo. En las columnillas de las jambas se intercalan estatuas que simbolizan la jerarquía eclesiástica. En la portada norte se representa la Coronación de la Virgen.

En el interior, los capiteles foliáceos de las columnas, el elegante deambulatorio y la riqueza de la bóveda sobre el crucero confieren un encanto extraordinario al conjunto. En una capilla a la izquierda se encuentra el **monumento funerario**★ del canónigo von Metternich (s. XVII).

★ **Bischöfliches Dom- und Diözesanmuseum (Museo Episcopal y Diocesano)** ⓥ – El museo, dedicado al arte religioso de la diócesis de Tréveris, conserva un conjunto de **fragmentos pictóricos** (s. IV) de gran valor pertenecientes al antiguo palacio de Constantino que fueron hallados bajo la catedral. El cuadro central se supone que corresponde a Fausta, esposa del emperador. Los colores conservan todo su brillo y muestran en su realización una técnica magistral.

La 1ª planta está consagrada al arte sacro y se puede ver, entre otros objetos, las esculturas originales que adornaban la iglesia de Nuestra Señora, así como la famosa lápida sepulcral del arzobispo Jacob von Sierck, realizada por Nicolás Gerhaert von Leyden en 1462.

★ **Basilika** – Es la antigua Aula Palatina de la residencia imperial construida en tiempos de Constantino el Grande (hacia 310). Este imponente edificio fue remodelado a lo largo de los siglos en numerosas ocasiones, y recuperó, finalmente –en los ss. XIX y XX– su aspecto original; hoy es una iglesia del rito protestante. El interior, caracterizado por su gran sobriedad, impresiona por sus enormes proporciones.

Ehemaliges Kurfürstliches Schloß – Del **antiguo palacio del Príncipe-elector**, construido a partir de 1615 en estilo renacentista, subsisten hoy las alas norte y este. El ala rococó se edificó entre 1756 y 1762 según un proyecto del arquitecto de la Corte Johannes Seitz, discípulo de Balthasar Neumann, cuyo virtuosismo se manifiesta en la magnífica **escalera de honor**, una de las más bellas realizaciones en su género de Alemania. La fachada sur, con sus suaves tonos, se abre a un jardín de estilo francés, el **Palastgarten**★, adornado con estanques, parterres de flores y estatuas barrocas.

★★ **Rheinisches Landesmuseum (Museo Renano)** ⓥ – Este museo comprende una sección de prehistoria *(planta baja)* y un **departamento de antigüedades romanas** *(planta sótano, planta baja, 1ª y 2ª planta).*

Prehistoria: se muestran utensilios de la Edad de la Piedra, cerámica y objetos de la Edad del Bronce y joyas de oro procedentes de sepulturas de la Edad del Hierro.

Época romana: se pueden ver magníficos mosaicos, estatuas en bronce, bajorrelieves (una escena en la escuela y una representación del pago del arrendamiento), así como esculturas, entre ellas la famosa del **barco del vino de Neumagen**, con su célebre "capitán alegre" tan popular en el folclore de la región del Mosela. También se pueden ver objetos hallados en las tumbas franconianas (joyas y vidrio), cerámicas de la zona del Rin y del Mosela, y obras de arte medievales, renacentistas y barrocas.

★★ **Kaiserthermen** ⓥ – Las **termas Imperiales** se remontan a la época de Constantino el Grande y figuran entre los baños romanos más importantes, después de los de Roma; pero al parecer las instalaciones nunca se llegaron a poner en funcionamiento. Los muros curvos con grandes ventanales de arcos de medio punto rodearon en otro tiempo el caldario, o sala para los baños calientes y de vapor; la estructura de los muros, en los que alternan un lienzo de ladrillo y otro de piedra de cantera, es típica de las construcciones romanas. El caldario estaba precedido por un trepidario –una sala de baños de agua templada–, un frigidario, una sala reservada para los baños fríos, así como de un patio para la realización de ejercicios gimnásticos (palestra). Son muy interesantes las plantas subterráneas, donde se pueden observar los sistemas de desagüe y de calefacción, así como las inmensas cisternas.

TRIER

Barco del vino de Neumagen, Museo Renano (Tréveris)

★★ Schatzkammer der Stadtbibliothek – El **tesoro de la Biblioteca municipal** alberga una preciosa colección de manuscritos y miniaturas (evangeliarios de la Edad Media, Biblias, homiliarios), antiguas impresiones ilustradas (Biblias, libros pedagógicos y de Leyes), así como documentos contractuales y salvoconductos.

Karl-Marx-Haus – *Brückenstraße 10*. La **casa natal de Carlos Marx** se ha transformado en un museo en el que se ilustra la vida y la obra de este teórico del socialismo. Se pueden ver primeras ediciones y traducciones de sus obras más conocidas *(Manifiesto del Partido Comunista, El capital)*, manuscritos, cartas, etc.

Y ADEMÁS

★ Basilika St. Paulin – El interior de la **basílica de San Paulino**, cuya construcción se concluyó en 1754, es obra del arquitecto Balthasar Neumann. El interior de una sola nave de gran altura, se ilumina con grandes ventanales. La bóveda y la nave presentan una profusa decoración de estucos. Los frescos del techo realizados por el augsburgués Christoph Thomas Scheffler representan el martirio de san Paulino, de los ciudadanos de Tréveris y de la Legión tebana (286). El altar mayor fue diseñado por B. Neumann, aunque la talla se debe al artista local Ferdinand Tietz.

Barbarathermen (Termas de Santa Bárbara) – Construidas en el s. II, estuvieron en servicio durante muchos siglos y disponían tanto de caldario como de frigidario, así como de piscinas de agua caliente. Hoy sólo quedan los cimientos.

Amphitheater – El **anfiteatro** romano, con una capacidad para 20.000 espectadores, está situado en una ladera de la montaña. Durante la Edad Media fue utilizado como cantera de piedra. En el s. XVIII las gradas estaban en tan mal estado que en ellas se cultivaban viñas. En las salas subterráneas se conservaban los bastidores y los accesorios del teatro. En los meses de verano se celebran en la actualidad los festivales de la Antigüedad.

St. Matthias (Iglesia de San Matías) – *Acceso por la Saarstraße*. Esta basílica románica (s. XII) era la iglesia de una abadía benedictina. En ella se conserva el **relicario del apóstol Matías**. La fachada presenta elementos estilísticos románicos, barrocos y neoclásicos.

Weißhaus – *Acceso en telecabina desde el puerto fluvial de Zurlauben o en coche por el Kaiser-Wilhelm-Brücke, la Bitburger Straße o el Stückradweg*. Es un restaurante con una terraza panorámica en la orilla izquierda del río Mosela. Desde aquí se ofrece una **vista** del río, de los dos **viejos transbordadores** en la orilla derecha y de la ciudad a sus espaldas.

TÜBINGEN★★

TUBINGA – Baden-Würtemberg – 83.000 habitantes
Mapa Michelin nº 419 U 11 – Esquema: SCHWÄBISCHE ALB

Tubinga, situada a orillas del Neckar y del Ammer y dominada por un castillo y por la colina del Öster (Österberg), tuvo la suerte de salir indemne de la II Guerra Mundial, por lo que su núcleo histórico conserva la imagen de una ciudad que se desarrolló entre la Edad Media y el s. XIX. El dédalo de callejuelas en pendiente, bordeadas de casas de vigas entramadas, y la continua animación que proporciona la población estudiantil, se conjugan para hacer de Tubinga una de las ciudades más atractivas del S de Alemania.

La Universidad – Se dice que Tubinga no tiene Universidad, sino que su historia y la vida de la ciudad están tan marcadas por el "Alma Mater" que es en sí misma una Universidad. En 1477 el conde Eberhardt asumió el riesgo de crear, en una localidad de apenas 3.000 habitantes, una Universidad. La historia de esta prestigiosa institución pedagógica comenzó su andadura con 300 alumnos matriculados en sus aulas. Hoy cuenta con 16 facultades y 23.000 estudiantes.

La Universidad y la Fundación Evangélica creada en 1536 han contado en sus aulas con personalidades de la talla de los poetas Hölderlin, Mörike y Uhland, y de filósofos como Hegel y Schelling. También trabajaron en esta institución el astrónomo Kepler y el humanista Melanchton. En Tubinga inventó Wilhelm Schickard la primera calculadora (1623), atribuida durante mucho tiempo a Blaise Pascal, y en 1869 el suizo Friedrich Miescher aisló por primera vez el ácido desoxirribonucleico (ADN), portador de la información genética.

Vista del Neckar, Tubinga

QUÉ VER

Si el visitante dispone de tiempo, puede pasear por el dédalo de callecitas, bordeadas de magníficos edificios de vigas entramadas, por sus plazuelas recoletas y por los múltiples rincones tranquilos propicios para la meditación. Si su tiempo es limitado, entonces proponemos el siguiente circuito por el casco antiguo, en el que se indican las principales lugares de interés. Un buen punto de partida podría ser el **Eberhardsbrücke**, un puente desde el que se observa una bella **vista★** del río Neckar. Entre los sauces llorones que pueblan la ribera emergen los tejados de las casas y la inconfundible torre de Hölderlin. A la izquierda se extiende la **avenida de los Planetas**, un agradable paseo a orillas del Neckar. En ocasiones se pueden ver las "Stocherkähne", románticas góndolas alumbradas de noche con farolillos, que parten de la torre de Hölderlin y realizan una travesía por el río, rodeando la isla del Neckar. En la margen derecha existe un estrecho sendero por el que se puede disfrutar de un agradable paseo.

Hölderlinturm ⓥ – En esta **torre**, vestigio de las viejas fortificaciones, vivió Hölderlin desde 1807 hasta su muerte. Hoy se emplea como sala de exposiciones y espectáculos.

TÜBINGEN

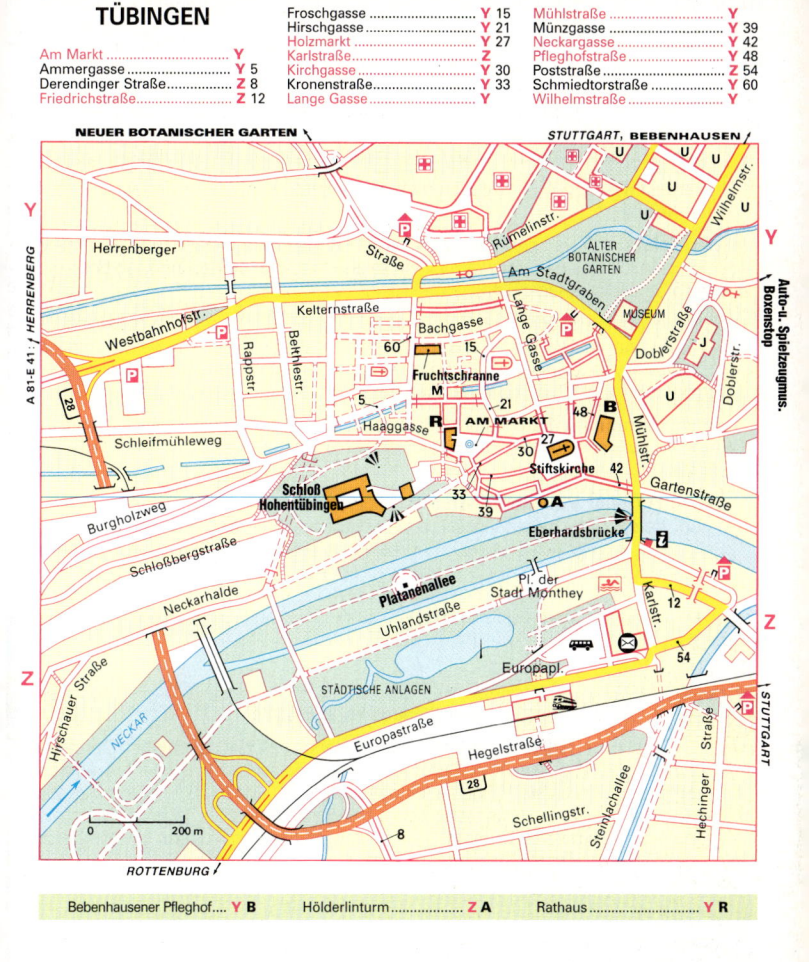

Am Markt	Y	Froschgasse	Y 15	Mühlstraße	Y
Ammergasse	Y 5	Hirschgasse	Y 21	Münzgasse	Y 39
Derendinger Straße	Z 8	Holzmarkt	Y 27	Neckargasse	Y 42
Friedrichstraße	Z 12	Karlstraße	Z	Pflegehofstraße	Y 48
		Kirchgasse	Y 30	Poststraße	Z 54
		Kronenstraße	Y 33	Schmiedtorstraße	Y 60
		Lange Gasse	Y	Wilhelmstraße	Y

| Bebenhausener Pfleghof | Y B | Hölderlinturm | Z A | Rathaus | Y R |

Schloß Hohentübingen (Castillo de Hohentübingen) – El edificio actual, construido sobre los cimientos de un castillo levantado a mediados del s. XI por los condes de Tubinga, data del Renacimiento. El castillo alberga distintos institutos de la Universidad. La entrada de acceso al complejo arquitectónico de cuatro alas posee una magnífico puerta renacentista realizado por el escultor Christoph Jelin.

★ **Museo** – El castillo es un marco excepcional para la exposición de las colecciones arqueológicas de la Universidad, formadas en parte con las donaciones de instituciones privadas. En la sección de Protohistoria y Prehistoria se muestran interesantes piezas, como el pequeño **caballito alado**★ de marfil, cuya antigüedad se estima en 30.000 años, uno de los raros objetos de arte perteneciente al Paleolítico Superior.

Friedrich Hölderlin en Tubinga

El poeta Hölderlin, nacido en Lauffen am Neckar en 1770, estudió teología en la Institución evangélica de Tubinga entre 1788 y 1793. Aquí entró en contacto con los filósofos Hegel y Schelling. Hölderlin, huérfano de padre desde joven, no quiso ejercer de pastor como era el deseo de su madre. Pasó algunos años de su vida en Francfort, Suiza y Burdeos, donde trabajó como preceptor en la casa de familias acaudaladas. En 1802 comenzó a padecer los primeros síntomas de su enfermedad, al parecer se trataba de esquizofrenia. En 1806 regresó definitivamente a Tubinga, donde ingresó en un sanatorio (instalado en el edificio de la antigua Bolsa, las dependencias más antiguas que se conservan de la Universidad). El tratamiento, a cargo del profesor de medicina Autenrieth, debía mejorar la dolencia del paciente. Pero no fue así, y el poeta fue acogido por unos amigos que habitaban en el nº 6 de la Bursagasse. En la habitación de la torre pasó los últimos 37 años de su vida, sumido en la demencia, tocando el piano y componiendo versos que firmaba con el nombre de Scardanelli.

El arte antiguo clásico cuenta igualmente con magníficos ejemplos de Oriente Próximo y Egipto, como la **cámara mortuoria**★ de una tumba del Imperio Antiguo, adornada con multitud de bajorrelieves. La sala de los Caballeros, cuyos miradores se cubren con hermosas bóvedas estrelladas de 1537, está reservada a la colección de moldes de esculturas antiguas. El museo también posee unas dependencias anejas, en las que se ilustra el arte y las tradiciones populares de la región.

La terraza del castillo constituye un excelente mirador del casco antiguo de Tubinga y del Neckar.

★ **Marktplatz** – En el centro de la plaza del Mercado, un espacio que goza de gran animación los días de feria *(lu, mi y vi)*, se alza la fuente de Neptuno, un bello monumento de estilo renacentista.

★ **Rathaus (Ayuntamiento)** – Los frescos de la fachada de este edificio, construido en el s. XV, fueron realizados en 1876 y representan las alegorías de la Justicia, la Agricultura y la Ciencia, así como a célebres personalidades de la ciudad. El reloj astronómico (1511) es obra de Johann Stöfler.

Fruchtschranne – Este edificio de vigas entramadas del s. XV, antiguo granero ducal y hoy instituto de enseñanza media, se distingue por su enorme tejado amansardado de cuatro niveles.

Bebenhausener Pflegehof – En este edificio erigido en el s. XV estuvieron durante algún tiempo las dependencias administrativas y el granero del convento de Bebenhausen *(ver Alrededores)*. Por los vanos del tejado, con tres niveles de galerías en saledizo, se introducía el grano en el desván. En el transcurso de los siglos, este noble complejo arquitectónico sirvió para los fines más diversos y en la actualidad, además de una residencia de estudiantes, da cabida a una pequeña comisaría de policía.

Murciélagos en el castillo

El castillo de Hohentübingen acoge la mayor colonia de murciélagos existente en el S de Alemania. Durante las obras de saneamiento del entramado del tejado, realizadas a mediados de los años 90, los animales, desplazados de la parte alta de la casa, emigraron tranquilamente a los sótanos, de forma que ya no es posible visitar la bodega, en la que se conserva un curioso barril de 1548 con capacidad para 850 Hl.

Stiftskirche (Colegiata) – Esta iglesia gótica de tipo salón fue construida en el s. XV; el leccionario (1490) y el **púlpito**★ (1509) son de finales del gótico. Detrás del altar mayor, el leccionario, cubierto por una bóveda ojival, está decorado con un retablo de tres tablas que representa escenas de la Pasión (1520) atribuido a Hans Leonhard Schäufelein, discípulo de Alberto Durero. El presbiterio se utiliza como capilla funeraria de los príncipes de Würtemberg. Entre los sepulcros destacan el de Eberhard el Barbudo, fundador de la Universidad de Tubinga, y las **tumbas renacentistas**★★ del duque Luis y de su esposa, adornadas con bellos relieves de alabastro. Desde la torre de la iglesia se ofrece una **vista**★ interesante del Neckar, de la colina del castillo y, en la lejanía, del Jura suabo.

A los pies de la escalinata que conduce a la colegiata se extiende la plaza del **Mercado de la Madera** (Holzmarkt), en la que se alza la fuente de San Jorge. Aquí se encuentra la vieja librería Heckenhauer (hoy agencia de viajes), en la que pasó sus años de aprendizaje (1895-99) el escritor Hermann Hesse.

▶▶ Neuer Botanischer Garten★ (Nuevo Jardín Botánico) (*invernaderos*★) – Auto- und Spielzeugmuseum Boxenstop (Museo del coche y del juguete) (*Brunnenstraße 18*).

ALREDEDORES

★ **Kloster Bebenhausen** – *6 km al N saliendo por la Wilhelmstraße*. La antigua **abadía**, fundada hacia 1180 en un paraje solitario de los bosques de Schönbuch, es un ejemplo interesante de la arquitectura románico-gótica en Alemania y pertenece, junto a Maulbronn y a Eberbach, a los conventos cistercienses mejor conservados en el S de Alemania. En la iglesia, profundamente restaurada, se distinguen todavía algunos elementos románicos.

En el s. XV Bebenhausen era uno de los monasterios más florecientes de la región de Würtemberg, con sus vastas propiedades rurales de más de 30.000 ha. De esta época de esplendor data el célebre **linternón**★, emblema del monasterio, mandado construir por un lego del convento de Salem entre 1407 y 1409, y cuyo fino trabajo de calado en la piedra es una obra de arte de la cantería gótica. En 1535 fue desmantelado, aunque permaneció una pequeña comunidad de religiosos hasta

1548. En 1556 se creó una escuela protestante en el convento, que subsistió hasta 1807. Finalmente, el Parlamento Regional del antiguo Estado de Württemberg-Hohenzollern celebró sus sesiones entre los muros de este histórico convento entre 1947 y 1952.

El **claustro**, de estilo gótico tardío (1475-1500), posee una bella bóveda reticulada. Frente a la capilla de las abluciones (Brunnenkapelle) está situado el **refectorio de verano**★, edificado hacia 1335, que posee una bóveda que reposa sobre cuatro pilares exentos y una ornamentación sencilla de tonos suaves. También se pueden visitar la sala del Capítulo, el locutorio y la sala de los legos. En el ala oeste se halla el refectorio de invierno, decorado con un cuadro histórico de 1490 y una estufa de cerámica de mediados del s. XVI.

La planta superior está ocupada por el **dormitorio**, que fue compartimentado en celdas a principios del s. XVI.

Palacio de Bebenhausen – En 1870 el rey Carlos de Würtemberg mandó transformar la antigua residencia señorial del convento en un pabellón de caza. En él se recluyó Guillermo II, último monarca de la casa de Würtemberg, tras abdicar de la corona; su viuda Charlotte residió en el palacete hasta 1946. Gracias a su discreta decoración y a las modestas proporciones de sus salas –lejos del lujo y la pompa real– el palacio se caracteriza por su agradable confort y habitabilidad.

Convento de Bebenhausen

ÜBERLINGEN★

Baden-Württemberg – 21.000 habitantes
Mapa Michelin nº 419 W 11 – Esquema: BODENSEE

Federico I Barbarroja fundó, en 1180 en el sector noroccidental del lago Constanza, a orillas de un estrecho brazo que forman las aguas del lago (Überlinger See), la ciudad de Überlingen. El desarrollo y la prosperidad de la villa en la Edad Media se basó en los beneficios que producían el comercio de cereales y de la sal y, sobre todo, la viticultura. Desde mediados del s. XIX la localidad es apreciada como lugar de descanso y veraneo gracias a su clima suave y a su agradable emplazamiento. Hoy se ha convertido en un centro turístico muy frecuentado, con una estación termal, reconocida oficialmente en 1956 y especializada en tratamientos de hidroterapia según la técnica de Kneipp.

Recomendamos un paseo por la agradable **Promenade**, bella avenida situada al O de la ciudad, que recorre las antiguas fortificaciones (Stadtgrabenanlage) y desemboca en la **Seepromenade** a orillas del lago.

QUÉ VER

Münsterplatz – Esta **plaza** está bordeada por la catedral gótica, la fachada norte del ayuntamiento y el edificio renacentista de la antigua Cancillería (Alte Kanzlei).

★**Münster (Colegiata)** – Las cinco naves de esta iglesia gótica de vastas proporciones se cubren con bóvedas reticuladas policromadas. El suntuoso mobiliario de los altares de los fundadores, de diferentes estilos desde el gótico al renacentista, como el célebre altar mayor de los hermanos Zürn de 1616, recalcan la importancia de este templo.

Rathaus (Ayuntamiento) – *Acceda al ayuntamiento por la torreta de la derecha, y suba hasta la 1ª planta.* La **sala del Concejo**★ constituye un elegante conjunto gótico de paredes de madera con delicadas tallas y multitud de estatuillas de finales del s. XV. Los revestimientos murales se adornan con arcos conopiales; la sala se cubre con un techo, también de madera, ligeramente abovedado y decorado con nervios.

517

ÜBERLINGEN

Bahnhofstraße	**A** 2
Christophstraße	**A** 3
Franziskanerstraße	**B** 5
Gradebergstraße	**B** 6
Hafenstraße	**B** 8
Hizlerstraße	**B** 9
Hochbildstraße	**B** 10
Hofstatt	**B**
Jakob-Kessenring-Str.	**A** 12
Klosterstraße	**A** 14
Krummebergstraße	**B** 15
Landungsplatz	**B** 17
Lindenstraße	**B** 19
Luziengasse	**B** 20
Marktstraße	**AB** 22
Münsterstraße	**B**
Obertorstraße	**B** 23
Owinger Straße	**B** 25
Pfarrhofstraße	**B** 26
St.-Ulrich-Straße	**B** 28
Schlachthausstr.	**B** 30
Seestraße	**B** 31

Rathaus	**B R**
Städtisches Museum	**B M**

Städtisches Museum – Entre las colecciones del **Museo local**, instalado en una mansión del s. XV con algunos elementos añadidos en la época barroca, destacan, sobre todo, las de pintura y escultura de Überlingen, desde el gótico hasta el neoclasicismo. También son interesantes los belenes del s. XVIII y 50 casas de muñecas del renacimiento al Jugendstil.

Alojamiento

Bürgerbräu – *Aufkircher Straße 20 – ☎ 0 75 51/9 27 40 – fax 0 75 51/6 60 17 – 12 hab – individuales desde 44 €*. Bello edificio de vigas entramadas.

Seegarten – *Seepromenade 7 – ☎ 0 75 51/91 88 90 – fax 0 75 51/39 81 – 21 hab – individuales desde 46 €*. Situado a orillas del lago, terraza a la sombra de una arboleda de castaños; habitaciones confortables.

Rosengarten – *Bahnhofstraße 12 – ☎ 0 75 51/9 28 20 – fax 0 75 51/92 82 39 – 14 hab – individuales desde 77 €*. Situado en el idílico parque municipal e instalado en una villa Jugendstil (restaurada), habitaciones con gran confort.

ALREDEDORES

★**Abadía de Salem** – *11 km al E, ver este nombre.*

Pfahlbaumuseum Unteruhldingen – *En Uhldingen-Mühlhofen, Strandpromenade 6 – 7 km al SE.* En este lugar se ha reconstruido un poblado de palafitos y el tipo de hábitat característico de la Edad de Piedra y del Bronce.

ULM★★

Baden-Württemberg – 115.000 habitantes
Mapas Michelin nº 419/420 U 13

"Hulma", citada por primera vez en el año 854 en un documento que se refiere al palacio imperial, fue una de las grandes ciudades europeas de la Edad Media que lideró con éxito la liga de Suabia. Su importancia económica y política comenzó a declinar tras la guerra de los Treinta Años y la guerra de Sucesión Española; en 1802 perdió sus derechos de ciudad libre del Imperio. Entre 1842 y 1859 Ulm y la ciudad gemela de Neu-Ulm, situada al otro lado del Danubio –hoy territorio de Baviera– se rodearon de un cinturón amurallado de 9 km de longitud y se convirtieron en la fortaleza del Deutscher Bund. Entre los hijos ilustres de la ciudad figura el genial físico y Premio Nobel **Albert Einstein**, nacido en Ulm en 1879.

La situación de ambas ciudades –Ulm y Neu-Ulm– en una encrucijada en la que las grandes vías de comunicación atraviesan el Danubio, explica su larga tradición comercial e industrial. Una de las ramas productivas más importantes es la construcción mecánica. En 1967 se fundó una Universidad que constituye hoy la base de un modelo de cooperación pedagógica entre la ciencia, la investigación y la producción en el campo de las nuevas tecnologías (Science Park).

ULM

** Vista de Ulm – Un paseo por la orilla derecha del Danubio –*Jahnufer*– ofrece una primera visión de conjunto de la ciudad: en la ribera opuesta se contempla en primer término la muralla, de la que emergen las siluetas de los frontones de las casas, la torre de los Carniceros (Metzgerturm) y la catedral.

*** MÜNSTER (CATEDRAL) *45 min, sin contar la subida a la torre*

La aguja de la catedral de Ulm, la más alta del mundo, se proyecta hacia el cielo hasta una altura de 161 m. Es un conjunto admirable por sus líneas estilizadas, la rica estructuración de la fachada y el fino calado. En 1377 se colocó la primera piedra, pero las dos torres que flanquean el presbiterio y la aguja no se concluyeron hasta 1890.

La puerta principal, de doble entrada renacentista y en cuyo parteluz se puede ver una copia de la figura del *Cristo Varón de Dolores* (1429) de Hans Multscher, está precedida por un pórtico de tres arcos y finas columnas.

Interior – La ausencia de crucero acentúa la verticalidad de la nave principal de arcadas puntiagudas y concentra el interés en el presbiterio. El arco triunfal, decorado con el **fresco** de mayores dimensiones al N de los Alpes, representa el tema del Juicio Final y fue realizado en 1471. A su derecha se encuentra el original del *Cristo Varón de Dolores*. Los pilares de la nave central se adornan con elegantes ménsulas del s. XV. El púlpito se cubre con un magnífico tornavoz (1510) de madera, obra de Jörg Syrlin el Joven, en cuya cúspide se distingue una especie de segundo púlpito, que representa al Espíritu Santo. Las cuatro naves se cubren con bóvedas reticuladas.

* Baldaquino – *A la izquierda de la entrada al presbiterio*. Con sus 26 m es el más alto de Alemania. Esta obra maestra cincelada en piedra calcárea y arenisca fue realizada hacia 1470. Los personajes en madera, dispuestos en tres hileras, simbolizan a los profetas y a los portadores de las Leyes. Obsérvense las pequeñas figuras humanas y de animales bajo el pasamanos de la balaustrada; el artista muestra en ellas una gran fantasía y creatividad.

*** Sillería del coro – El espléndido conjunto, tallado en madera por Jörg Syrlin el Viejo entre 1469 y 1474, sitúa en dos hileras –una frente a otra– figuras que representan a célebres poetas y filósofos de la Antigüedad, a un lado y, al otro, a personajes de la Biblia, a los grandes profetas y a los apóstoles; las imágenes masculinas se agrupan en la fila de la derecha, mientras las femeninas en la de la izquierda. Los gabletes superiores están consagrados a los apóstoles y a los mártires del Nuevo Testamento; debajo, coronados por elegantes baldaquinos, los testigos de la Antigua Alianza.

Las figuras más hermosas son las que adornan los costados: a la izquierda, los bustos de filósofos y escritores griegos y latinos (Pitágoras, Cicerón, etc.); a la derecha, las sibilas. Las primeras efigies vistas desde la nave principal representan probablemente al escultor y a su esposa.

Debajo del arco triunfal se encuentra la **triple Cátedra**, realizada por Jörg Syrlin el Viejo en 1468 como demostración de su talento. Después se le encargó el tallado de la sillería.

Subida a la torre – *768 peldaños*. Desde la plataforma de la torre o desde el mirador de la aguja se ofrece una amplia **panorámica**** de Ulm, del Danubio, de la alta meseta del Jura suabo y de los Alpes.

Y ADEMÁS

Stadthaus – El edificio del **nuevo ayuntamiento**, de un blanco luminoso, construido por el arquitecto americano **Richard Meier** entre 1991 y 1993 junto a la catedral, suscitó numerosas controversias por su arquitectura vanguardista que contrasta con la venerable fisonomía de la construcción religiosa. Sin embargo, es necesario reconocer que la yuxtaposición de un edificio antiguo y otro moderno ha contribuido a atenuar la severidad de la plaza, sobre todo en verano, cuando el espacio se puebla de terrazas en las que reina una gran animación.

* Ulmer Museum – El **museo de Ulm** está instalado en un complejo formado por cuatro casas burguesas contiguas. El museo posee una sección dedicada a los maestros de la ciudad, en la que se pueden ver obras notables, entre otras, la *Virgen de Bihlafingen* de Hans Multscher.

También destaca una hermosa escultura de la *Aflicción de María*, con ribetes en azul y oro, atribuida a un maestro originario de la Alta Suabia o de la región del lago de Constanza (principios del s. XIII). La *Kiechelhaus*, la casa situada en el extremo este, es el único edificio intacto de las numerosas mansiones construidas por el patriciado de Ulm en los ss. XVI-XVII. En la 2ª planta se puede admirar un bello **artesonado** renacentista. Muchas salas, decoradas con **cuadros de maestros** de los ss. XVI-XVIII, estaban ocupadas por los gremios, que en la próspera ciudad de Ulm detentaban un poder enorme.

Se expone además una colección de **arte del s. XX**, así como una pequeña selección de hallazgos arqueológicos.

ULM

Adenauerbrücke	X 2
Allgäuer Ring	X 3
Augsburger-Tor-Pl.	X 4
Bahnhofstraße	Y
Bahnhofstraße	X 5
Basteistraße	X 7
Bismarckring	X 10
Dreikönigsgasse	Y 16
Fischergasse	Z 19
Fischerplätzle	Z 20
Friedrich-Ebert-Str.	Z 21
Gideon-Bacher-Str.	Y 23
Glöcklerstraße	Z 25
Herdbruckerstraße	Z 26
Hermann-Köhl-Str.	X 27
Hindenburgring	X 28
Hirschstraße	Y 29
König-Wilhelm-Str.	X 32
Kornhausgasse	Y 33
Krampgasse	X 34
Kronengasse	X 35
Ludwigstraße	X 37
Marienstraße	X 38
Marktplatz	Z 39
Memminger Str.	X 40
Münsterplatz	YZ 43
Neue Str.	Z
Platzgasse	Y
Römerstraße	X 49
Schuhhausgasse	Y 52
Schweinemarkt	Y 54
Schwilmengasse	Y 55
Schwörhausgasse	X 56
Stadmauer	Z 59
Stuttgarter Str.	X 61
Wiblinger Str.	X 62
Zinglerstraße	X 63

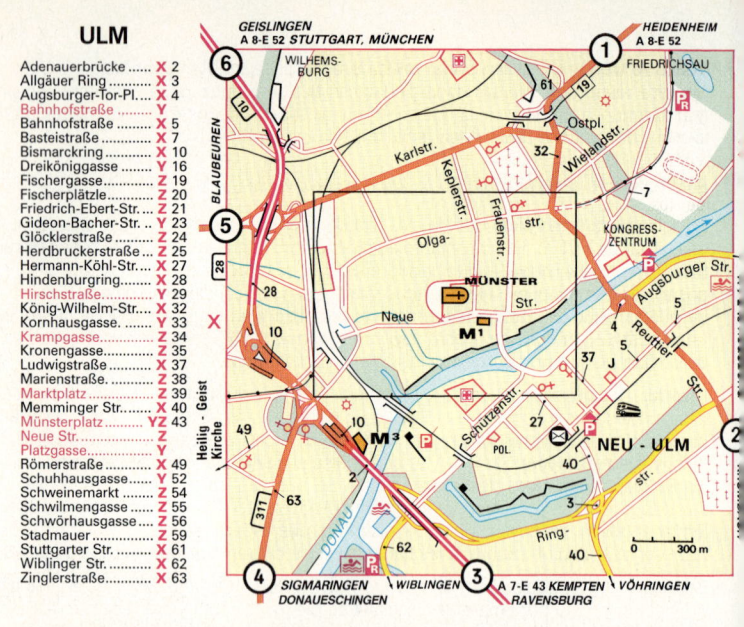

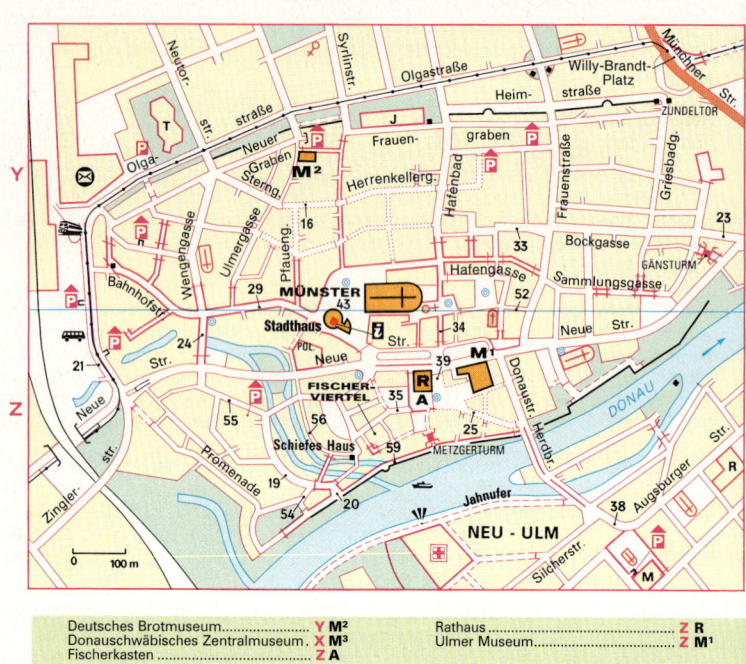

Deutsches Brotmuseum	Y M²
Donauschwäbisches Zentralmuseum	X M³
Fischerkasten	Z A
Rathaus	Z R
Ulmer Museum	Z M¹

Rathaus (Antiguo ayuntamiento) – Este elegante edificio con frontón escalonado y calado, y decorado con pinturas murales, presenta una mezcla de elementos estilísticos góticos y renacentistas. La bella fachada oeste se adorna con un reloj astronómico.

En la plaza del Mercado, frente al ayuntamiento, se alza el **Fischkasten**, que es una fuente donde antiguamente los pescadores mantenían fresca su mercancía. La columna helicoidal del centro se atribuye a Jörg Syrlin el Viejo (1482).

★ **Barrio de los pescadores y los tintoreros** – Las calles más pintorescas son las que discurren paralelas al canal Blau. El circuito se puede iniciar en la Fischerplätzle, una plazuela a la sombra de un gran tilo. Gire a la izquierda por una callecita y atravesar el pequeño puente que conduce a la **Schiefes Haus** ("casa inclinada", que data del s. XV) a orillas del Blau. La minúscula callecita de enfrente se llama "Kußgasse" (calle del Beso), porque los tejados de sus casas se tocan en las alturas. En el inmueble contiguo, conocido como el **Schwörhaus** (1613), se celebra todos los años una ceremonia solemne en la que el alcalde presenta la relación de cuentas y renueva su juramento.

Desde las **murallas** se ofrece una bella vista de los frontones de las casas antiguas. En el conjunto destaca la **torre de los Carniceros** (Metzgerturm), inclinada 2,05 m con respecto a la línea vertical. Atravesando la rosaleda se llega al **Adlerbastei** (bastión del Águila), desde el que un sastre de Ulm intentó volar con una alas confeccionadas por él mismo en el año 1811.

* **Deutsches Brotmuseum (Museo Alemán del Pan)** ⊙ – Esta colección, única en Alemania, se ha instalado en un edificio renacentista

Enseñas de 1820, Museo Alemán del Pan (Ulm)

(1592), utilizado en otro tiempo como **almacén de la sal** por el municipio. La iniciativa se debe a un empresario de Ulm, quien, desde 1950 y con la ayuda de su hijo, reunió una importante colección que ilustra 8.000 años de historia del pan. La información se completa con la proyección de películas de vídeo y dioramas.

Todos los objetos expuestos (hornos, moldes, enseñas de las corporaciones, monedas, sellos de correos) así como las obras de arte (Bruegel, Corinth, Kollwitz, Picasso) hacen referencia a los cereales (a su cultivo y al comercio) y al pan. También se ofrece una visión crítica sobre la situación de la nutrición en el mundo.

Heilig-Geist-Kirche (Iglesia del Espíritu Santo) – *Al SO de la ciudad, acceso por la Römerstraße*. Esta iglesia moderna, que se distingue por su campanario en forma de dedo, está situada en un lugar desde el que se domina una bella panorámica de la ciudad.

⊙ ▶▶ Donauschwäbisches Zentralmuseum (Museo Central de la Suabia danubiana).

EXCURSIONES

Kloster Wiblingen (Convento de Wiblingen) – *7 km al S*. Aunque se fundó en el s. XI, la **iglesia abacial** no adquirió su aspecto actual hasta el s. XVIII. Como en Vierzehnheiligen, tres cuartas partes del santuario barroco están ocupadas por el crucero, lugar en el que se veneran las reliquias de la Santa Cruz. El pintor de los frescos del techo fue Januarius Zick, quien empleó la técnica del trampantojo para crear impresión de profundidad en la cúpula rebajada, evitando así la sensación de agobio. También se debe a este artista la decoración del altar mayor.

La **biblioteca*** ⊙, cuya construcción se concluyó en 1760, constituye uno de los más bellos ejemplos del estilo rococó en Suabia. Lo más interesante de su estructura es una galería, apoyada en 32 columnas de madera policromada, cuya balaustrada, en su avance hacia el centro de la sala, produce un movimiento ondulante. La alternancia de colores azul y rosa de las columnas y los frescos que simulan relieves crean un conjunto lleno de ritmo y color.

* **Blaubeuren** – *18 km al O. Al llegar a Blaubeuren, localidad célebre por su magnífico emplazamiento, seguir las indicaciones a "Blautopf-Hochaltar". Estacionar el vehículo en el aparcamiento junto a la entrada monumental de la abadía.*

Blautopf – *15 min a pie i/v*. Esta cuenca, donde se remansan las aguas azules de manera natural, es de origen glaciar. Un sombreado paseo discurre paralelo a sus orillas.

Ehem. Benediktinerkloster (Antigua abadía benedictina) – *Visita: 30 min*. Siga los letreros que indican "Hochaltar". El conjunto arquitectónico está constituido por pintorescos edificios de vigas entramadas.

En el presbiterio de la antigua **iglesia abacial** ⊙ se puede ver un espléndido **altar mayor****, una obra maestra del arte gótico, tallado colectivamente por los talleres más importantes de Ulm (s. XV). En él se representan el tema del Nacimiento y de la Pasión de Cristo, la vida de san Juan Bautista y a la Virgen rodeada de san Juan Bautista y de Juan el Apóstol.

La magnífica **sillería del coro*** de 1493 y la cátedra de tres plazas son obras del maestro local Jörg Syrlin el Joven.

Insel USEDOM ★

Isla de USEDOM – Mecklemburgo-Antepomerania
Mapa Michelin nº 416 D 25 – E 26

Usedom es la isla más oriental de Alemania y la más extensa después de Rügen, con una superficie de 445 km². La parte oriental, con la ciudad de Swinemünde (una quinta parte de la isla) pertenece a Polonia. Usedom presenta un paisaje natural muy variado y bien preservado, con turberas, lagos interiores, bosques, dunas, playas de arena fina y escarpados acantilados. Las llanuras del NO contrastan con el SE muy accidentado, llamado con frecuencia la Usedom suiza.

La isla pertenece a la reserva natural de Usedom-Oderhaff. Sus contornos, muy recortados, podrían compararse a la dentadura de un cocodrilo. En la parte más estrecha, cerca de Koserow, la isla apenas mide 200 m de ancho. La actividad económica más importante es el turismo, que surgió a partir de 1820, cuando hicieron su aparición los elegantes balnearios de la costa del Báltico. A finales del s. XIX se dio a Usedom el sobrenombre de "la bañera de Berlín", porque entre los clientes de sus balnearios abundaban los habitantes de la capital, que acudían a la isla a descansar y a recuperarse de los ajetreos de la gran ciudad. Los bellos monumentos de la isla fueron construidos en esta época.

AGENDA DE DIRECCIONES

En Ahlbeck

Romantik Seehotel Ahlbecker Hof – *Dünenstraße 47* – ☎ *03 83 78/6 20* – *fax 03 83 78/6 21 00* – *48 hab* – *individuales desde 87 €*. Hotel del balneario de estilo neoclasicista, modernizado, situado en una bonita zona de baños. En el restaurante con decoración clásica, *menús desde 18 €*, en la taberna *platos desde 10 €*.

Ostende – *Dünenstraße 24* – ☎ *03 83 78/5 10* – *fax 03 83 78/5 14 03* – *27 hab* – *individuales desde 67 €*. Hotel en la playa, restaurado, situado en un lugar tranquilo en el paseo marítimo, mobiliario acogedor. Restaurante con cocina regional exquisita. *Menús desde 15 €*.

En Bansin

Zur Post – *Seestraße 5* – ☎ *03 83 78/5 60* – *fax 03 83 78/5 62 20* – *61 hab* – *individuales desde 62 €*. Edificio de la época de Bismarck con bonita arquitectura de balneario. Mobiliario confortable. Café-restaurante con especialidades culinarias internacionales, *menús desde 9,50 €*.

Forsthaus Langenberg – *Strandpromenade 36 (2 km al NO, acceso por la Waldstraße)* – ☎ *03 83 78/3 21 11* – *fax 03 83 78/2 91 02* – *41 hab* – *individuales desde 59 €*. Antigua residencia de vacaciones y refugio del guarda forestal, situado en un lugar muy tranquilo. Decoración rústica y cocina internacional. *menús desde 9 €*.

En Heringsdorf

Strandhotel Ostseeblick – *Kulmstraße 28* – ☎ *03 83 78/5 40* – *fax 03 83 78/5 42 99* – *61 hab* – *individuales desde 85 €*. Hotel moderno cerca del paso de la playa, con una bonita zona de esparcimiento en la "Vineta-Therme". Restaurante panorámico con preciosas vistas al mar Báltico. *Menús desde 16,50 €*.

En Zinnowitz

Palace-Hotel – *Dünenstraße 8* – ☎ *03 83 77/39 60* – *fax 03 83 77/3 96 99* – *40 hab* – *individuales desde 123 €*. Hotel moderno y tranquila, con agradables zonas de recreo. Habitaciones amplias y elegantes. Restaurante con gastronomía internacional elaborada. *Menús desde 15,50 €*.

QUÉ VER

Wolgast – *En el continente*. Existen dos accesos a Usedom: uno se encuentra en el S, junto a Zecherin, y el otro al NO de Wolgast, sobre el río Peene. En la localidad natal del pintor romántico Philipp Otto Runge no se debe dejar de visitar la **iglesia parroquial de San Pedro** (Pfarrkirche St. Petri) ⊙, con su macizo campanario octogonal, que data de 1370. El sobrio exterior contrasta con el interior ricamente decorado: pinturas murales de los ss. XV y XVI, un ciclo de la danza macabra pintado por Caspar Sigmund Köppe hacia 1700, inspirado en una escultura en madera de Hans Holbein el Joven, y una lápida sepulcral renacentista.

Insel USEDOM

Krummin – *Al E de Wolgast*. Desde la carretera B 111 parte, a la derecha, la más bella **avenida bordeada de tilos**★ de Usedom, en dirección a una pequeña aldea de pescadores situada junto al Krumminer Wiek. Esta carretera empedrada apenas tiene 2 km de longitud; pero el paraje es idílico: en ocasiones las ramas de los árboles de un lado y otro de la carrera se juntan a la altura de las copas formando una bóveda semejante a la de las catedrales góticas.

Hististorisch-technisches Informationszentrum Peenemünde Ⓥ – Al N de la isla se creó en 1936 un **Centro Experimental del Ejército en Peenemünde**, en el que se desarrollaron, entre otras armas, los mortíferos cohetes V2, que causaron miles de víctimas durante la II Guerra Mundial, aunque paradójicamente representan también los inicios de la moderna navegación espacial. La exposición que se presenta en la antigua central eléctrica ilustra el desarrollo de la técnica de construcción de cohetes y el papel ambivalente que este ingenio ha desempeñado en la historia.

La "Taille" de Usedom – En la zona más estrecha de la isla se extienden las playas de arena blanca y las villas balneario de **Zinnowitz**, **Koserow**, **Kölpinsee** y **Ückeritz**, a veces separadas por acantilados escarpados.

★**Bansin**, **Heringsdorf**, **Ahlbeck** – Situadas al SE de la isla, las "tres hermanas" se comunican entre sí por un largo paseo marítimo de 10 km de longitud. En el s. XIX eran los balnearios de moda, en los que se daban cita los miembros de la aristocracia y la nobleza de dinero. Las impresionantes villas y hoteles que han resistido el paso del tiempo son testigos de ese esplendor pasado, y constituyen uno de los grandes atractivos de estas ciudades-balneario. **Heringsdorf** (aldea de los arenques), a pesar de su nombre prosaico, fue uno de las estaciones más solicitadas, a la que acudía regularmente el emperador Guillermo II. El monarca se alojaba en la Villa Staudt *(Delbrückstraße 6)*, que todavía existe. Su puente sobre el mar es el más largo en el continente europeo (508 m). También **Ahlbeck** se siente orgullosa de su hermoso puente histórico **Seebrücke**★, tendido en 1898. Sobre él se construyó en 1902 un elegante restaurante de muros blancos, tejado rojo y cuatro torres angulares verdes.

Embarcadero de Ahlbeck

523

Insel USEDOM

Mellenthin – *Al NO de la ciudad de Usedom, 2 km al N por la B 110.* Una serena tranquilidad emana de esta pequeña villa alejada del mundanal ruido, que posee un bello castillo renacentista. Rodeado por un foso de agua, el complejo arquitectónico de tres alas se distingue por su sencillez, a excepción de su lujosa chimenea en cerámica de estilo renacentista (1613) que recibe al visitante en el vestíbulo de entrada. La **iglesia del pueblo** (Dorfkirche), del s. XIV, situada en el centro de un cementerio con robles de más de 600 años, constituye una pequeña joya por su **decoración interior**★ del s. XVII. Las tribunas barrocas policromadas, realizadas en 1755, proporcionan una nota de frescura y sencillez al espacio. El cepillo de la iglesia data de 1125.

Wallfahrtskirche VIERZEHNHEILIGEN★★
Iglesia de VIERZEHNHEILIGEN – Baviera
Mapas Michelin nº 418/420 P 17

Este santuario de peregrinación consagrado a los catorce Santos Misericordiosos se eleva en una ladera de pendiente suave de la montaña de Staffel, en el valle del Alto Meno, enfrente del convento de Banz. El audaz diseño del interior revela la genialidad de Balthasar Neumann, maestro indiscutible de la arquitectura barroca.

Orígenes de la peregrinación – En 1445 y 1446 un joven pastor tuvo visiones en este lugar. En la última, se le apareció el Niño Jesús rodeado por los catorce Santos Misericordiosos.
La devoción por este grupo de santos, fomentada por las comunidades de religiosos dominicos y cistercienses de Alemania, debe entenderse en el contexto del misticismo que imperaba a finales del s. XV, en el que eran frecuentes las apariciones sobrenaturales. El culto a estos santos permaneció vivo durante mucho tiempo, y la capillita, transformada en el s. XVIII en una suntuosa iglesia barroca, recibió incesantes oleadas de peregrinos.

VISITA *30 min aprox.*

La fachada occidental de la iglesia, construida entre 1743 y 1772 en arenisca ocre, está flanqueada por dos torres de bulbo de una altura inusual para un edificio barroco. El diseño de la fachada sorprende por el derroche de ingenio: cornisas en saledizo que realzan la estructura de las pilastras, las columnas y un movimiento sinuoso que se consigue con la alternancia de elementos cóncavos y convexos. El bello frontón está coronado por estatuas, en otro tiempo doradas, que representan a Cristo rodeado por las figuras alegóricas de la Fe y la Caridad.

Interior – En el interior, el espacio se distribuye en tres tramos de planta oval, enmarcados por columnatas y cubiertos por luquetes rebajados. El centro de la iglesia ha sido desplazado del crucero y su lugar lo ocupa el óvalo donde se encuentra el **altar milagroso**. El transepto se cubre con cúpulas circulares. La arquitectura barroca huye de las perspectivas convencionales que ofrecen los tramos rectangulares, y utiliza con gran sutileza los recursos que le brindan la variedad de formas geométricas. Las columnas, las bóvedas, los arcos vueltos se combinan aquí para conseguir efectos sorprendentes que centran la atención del visitante en el altar de los Santos Misericordiosos.
La riqueza de la decoración barroca impresiona por su refinamiento y elegancia. Llaman la atención los magníficos frescos que cubren los techos, así como los espléndidos estucos, los adornos dorados de las tribunas y los graciosos amorcillos que coronan los confesionarios o reposan sobre las cornisas.

★★**Nothelfer-Altar** (Altar de los Santos Misericordiosos) – Esta construcción rococó de forma piramidal cubierta por un baldaquino calado, en el que alternan las líneas cóncavas y convexas, fue realizado por Johann Michael Feuchtmayr en 1764 y en él colaboraron estucadores de la escuela de Wessobrunn. Está situado en el lugar donde se producían las apariciones.

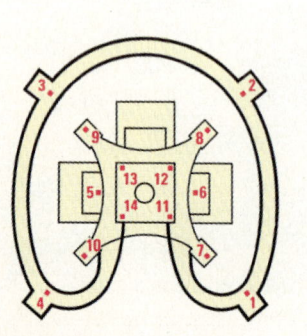

Las estatuas del altar

Balaustrada: 1) **San Dionisio** – **2**) **San Blas** – **3**) **San Erasmo** – **4**) **San Ciriaco**, que rechaza las tentaciones del demonio en el último momento.

Nichos del altar: 5) **Santa Catalina**, patrona de los eruditos y de los estudiantes – **6**) **Santa Bárbara**, patrona de los mineros y de los prisioneros (se le pide la gracia de tener una buena muerte).

Wallfahrtskirche VIERZEHNHEILIGEN

Pilares: 7) **San Acacio**, se le invoca cuando se siente miedo ante la muerte – 8) **San Gil**, el único de estos santos que no murió martirizado; de él se obtiene la gracia de una buena confesión – 9) **San Eustaquio**, cuya conversión se produjo tras aparecérsele un ciervo que llevaba una corona sobre la cornamenta – 10) **San Cristóbal**, el patrón de los viajeros.

Sobre el baldaquino del altar: 11) **San Vito**, se le invoca contra la epilepsia – 12) **Santa Margarita**, intercede para el perdón de los pecados – 13) **San Jorge**, patrón de los campesinos y de sus bienes – 14) **San Pantaleón**.

Los aficionados a las vistas pintorescas pueden subir a lo alto de la ladera donde se alza la iglesia; desde allí se divisa el convento de Banz, flanqueado por sus torres.

WALDECKER LAND★
Región de WALDECK – Hesse
Mapa Michelin nº 417 M 10-11

Esta pequeña región de Hesse, gobernada hasta 1918 por los príncipes de Waldeck, se ha convertido en una atractiva zona turística gracias a los densos bosques que cubren su superficie, a la estación termal de Bad Wildungen y al magnífico lago formado por la contención de las aguas del Eder, que invita a la práctica de los deportes náuticos.

CIRCUITO A PARTIR DE BAD WILDUNGEN *145 km – 1 día*

Bad Wildungen – La estación, que atrae a numerosa clientela, extiende sus instalaciones a lo largo de la Brunnenallee (avenida de las Fuentes) y del parque termal hasta los edificios que se despliegan con forma de herradura de la fuente de Georg-Viktor. La localidad posee un precioso centro histórico poblado de casas de vigas entramadas.

La iglesia evangélica, situada en el centro histórico, alberga en el altar mayor un **retablo**★★ (Wildunger Altar, 1403) de Conrad von Soest, que está considerado como una obra maestra de la pintura alemana primitiva. En él se muestran escenas de la vida de Cristo, cuyas figuras idealizadas se representan con rasgos muy estilizados

★ **Waldeck** – Después de recorrer las escarpadas y sinuosas orillas del lago artificial del Eder –construido en 1914 y con una capacidad de 200 millones de m³– se llega al castillo residencial de los príncipes de Waldeck. Desde la gran terraza del castillo se ofrece una amplia **vista**★ del lago y de las colinas boscosas de los alrededores. En el interior del edificio se han acondicionado varias salas como **museo** (Burgmuseum) ⊙, en las que se ilustra la historia jurídica de la región de Waldeck. La torre de las Brujas (Hexenturm) presenta tres calabozos superpuestos.

Continúe hasta Arolsen atravesando las localidades de Nieder-Werbe, Sachsenhausen, Freienhagen y Landau.

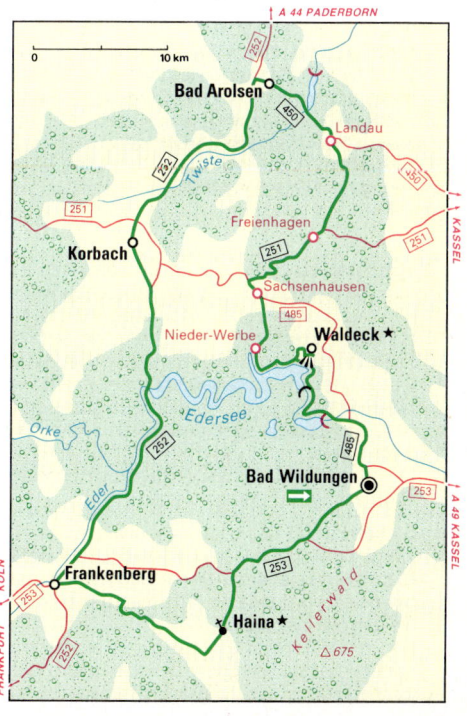

Arolsen – Arolsen, la antigua residencia de los príncipes de Waldeck, es una ciudad cuyo diseño urbanístico, de planta regular, revela su origen aristocrático. El **palacio** ⊙, inspirado en el modelo de Versalles, fue construido entre 1714 y 1728, aunque el acondicionamiento

del interior se prolongó hasta el s. XIX. Las habitaciones, decoradas con estucos y pinturas en los techos (1715-19), se comunican a través de un vestíbulo y una escalera de doble tramo. La escalera de honor, la sala del Jardín (Gartensaal) y el Gran Salón (Großer Saal) –todas estas piezas de estilo barroco– constituyen las salas de representación del castillo.

Korbach – Esta localidad nació de la fusión de dos núcleos fortificados, el Altstadt o casco antiguo (agrupado en torno a la iglesia parroquial de San Kilian) y la Neustadt o villa nueva (surgida alrededor de la iglesia de San Nicolás). **St. Kilian** es una iglesia gótica de tipo salón que presenta la particularidad –característica de la arquitectura de Westfalia– de que en su planta se invierten las dimensiones usuales, es decir, la anchura es superior a la longitud. La portada sur posee una rica decoración plástica que rodea los relieves del tímpano, en el que se representa el tema del Juicio Final; el parteluz se adorna con una escultura de la Virgen.

Frankenberg an der Eder – La ciudad alta posee un bello conjunto de casas de vigas entramadas del s. XVI, en particular alrededor de las dos plazas centrales (la Obermarkt y la Untermarkt). Uno de los edificios más interesantes es el **ayuntamiento**★ (1509), poblado de multitud de torrecillas. Situada en la cima de la colina se encuentra la iglesia de Nuestra Señora (Liebfrauenkirche), construida en los ss. XIII-XIV. En el brazo derecho del crucero se abre una bella capilla de planta poligonal irregular de estilo gótico, la **capilla de la Virgen** (Marienkapelle). En ella se puede ver un curioso retablo de piedra de sorprendente factura.

★ **Haina** – La **iglesia** de la antigua abadía cisterciense, situada en un lugar solitario del bosque, es un santuario gótico de tipo salón. La cabecera plana, las columnas de la nave central –que están cortadas en su mitad por ménsulas historiadas– y las seis capillas del transepto son de estilo románico, mientras que en el claustro se combinan elementos románicos y góticos (portada románica con el Cordero de Dios).

La carretera atraviesa los robledales y hayedos del Kellerwald y regresa de nuevo a Bad Wildungen.

WALDSASSEN ★

Baviera – 8.000 habitantes
Mapa Michelin nº 420 P 20

Waldsassen está situada en una región boscosa entre el Fichtelgebirge y el Oberpfälzer Wald. Los primeros pobladores fueron los monjes de un convento cisterciense, cuyo monasterio se fundó en la época del margrave Diephold III. La comunidad religiosa se disolvió cuando el elector palatino, de creencia protestante, adquirió el dominio de la abadía. Los cistercienses regresaron al monasterio en el s. XVII al pasar la Oberpfalz a manos de Baviera. El convento fue clausurado en 1803 como consecuencia del proceso de secularización, pero en 1865 fue ocupado nuevamente por una comunidad de religiosos de la orden del Cister. En la actualidad, los pilares de la economía de Waldsassen son la industria del vidrio y la fabricación de porcelanas.

★ **Stiftsbasilika (Basílica)** – Construida en su mayor parte según los planos diseñados por el arquitecto Georg Dientzenhofer, su nave principal, edificada en 1704, posee una extraordinaria longitud (83 m). Como es usual en las iglesias cistercienses, el presbiterio ocupa un tercio de la superficie de la nave central. La iglesia se caracteriza por su rica decoración: los estucos se deben a Giovanni Battista Carlone, mientras la **sillería del coro**★, el altar mayor de mármol rojo y negro, y un tabernáculo en forma de globo dorado, son obra de artistas locales. En los pilares del crucero se pueden admirar las figuras monumentales de los cuatro padres de la Iglesia.
El conjunto arquitectónico constituye uno de los primeros intentos de adaptar el barroco italiano al gusto alemán.

★★ **Biblioteca** ⓥ – La biblioteca es una obra maestra de la decoración barroca: las magníficas tallas de madera de las estanterías, la extraordinaria balaustrada y, sobre todo, las diez estatuas de tamaño natural que sostienen la galería convierten esta biblioteca (finalizada en 1726) en una de las realizaciones civiles más importantes del barroco alemán.
Los creadores de estas figuras, que expresan un profundo realismo teñido con una nota de humor, fueron los artistas locales Karl Stilp y Andreas Witt. La actitud de los personajes denota gran naturalidad y, según el ángulo de observación del

espectador, varía la expresión de sus rostros. Así, el librero oriental con sus enormes orejas que simbolizan la curiosidad (3ª estatua a la derecha de la entrada) muestra dos sentimientos contrapuestos: un perfil noble, de un lado y del otro, una mueca que denota sufrimiento y síntomas de enfermedad. La 4ª estatua a la derecha de la entrada dirige su mirada maliciosa hacia su vecino, a la vez que esgrime su arma en actitud amenazante. La figura más curiosa es la del crítico literario o el clérigo (2ª estatua a la izquierda de la puerta del fondo): un ave zancuda revolotea en torno a su cabeza y le agarra la nariz mientras tiene las manos atadas; el pájaro significa la conciencia de la propia individualidad, el clérigo la hipocresía.

EXCURSIÓN

★**Wallfahrtskirche Kappel (Santuario de peregrinación)** – *6,5 km al N.* La iglesia está situada en un **paraje**★★ solitario y bucólico con vistas a la cuenca del Cheb (República Checa). El santuario, consagrado a la Santísima Trinidad, fue construido en 1689 por Georg Dientzenhofer, que diseñó una rotonda de planta trilobulada con tres torres. El interior presenta tres ábsides, cada uno de ellos dedicado a una de las personas que simbolizan la Trinidad. Éstos rodean un tramo central triangular, que se apoya en tres columnas. Cada uno de los ábsides alberga un altar en forma de nicho.

WASSERBURG AM INN

Baviera – 11.400 habitantes
Mapa Michelin nº 420 V 20

La navegación fluvial y el activo comercio de la sal constituyeron en la Edad Media las bases del desarrollo y la prosperidad de Wasserburg, cuyo núcleo histórico ocupa una península bañada por las aguas del Inn. Desde el puente sobre el río al S de la ciudad se obtiene una hermosa **vista**★ del conjunto urbano, en el que se mezclan edificios con tejados planos y de "túmulo" (Grabendach), así como altas fachadas coronadas por frontones escalonados; esta yuxtaposición manifiesta el carácter mitad alemán, mitad italiano de la región de los valles del Inn y el Salzach.

QUÉ VER

Marienplatz – El edificio del **ayuntamiento**, con su gran frontón escalonado decorado con pinturas que representan escenas religiosas y blasones, cierra uno de los flancos de esta plaza bordeada de casas con soportales. En la fachada se abren ventanas de estilo renacentista. La sala del Consejo, situada en la 1ª planta, está decorada con tallas en madera, frescos del s. XVI, y con un bello artesonado de vigas esculpidas. Al otro lado de la plaza, la **Patrizierhaus Kern**, se distingue por su fachada adornada con estucos realizados por Johann Baptist Zimmermann, pinturas y un mirador en saledizo de dos plantas.

Pfarrkirche St. Jacob (Iglesia parroquial de Santiago) – Esta iglesia de tipo salón de finales del gótico (1448) se caracteriza por su elevada torre de planta cuadrada. En el interior, de estilo gótico, se conserva un púlpito adornado con figuras esculpidas en madera (1638) realizadas por los hermanos Martin y Michael Zürn.

★**Städtisches Museum** ⊙ – El **Museo Municipal**, instalado en un edifico de finales del gótico de cuatro plantas, muestra en sus 50 secciones el arte y la cultura de la región de castillo rodeados por fosos. Entre los diversos objetos de interés destacan la colección de muebles rústicos antiguos de los ss. XV-XIX y las herramientas de trabajo. Las antiguas caballerizas, situadas detrás del edificio, albergan una exposición de arte sacro del s. XV al XVIII.

EXCURSIÓN

Rott am Inn – *15 km al S.* De la antigua abadía benedictina fundada en Rott en el s. XI sólo se conserva la **iglesia**, transformada al gusto barroco en el s. XVIII. En la realización de la obra, de una gran armonía, colaboraron Johann Michael Fischer (proyecto arquitectónico), Jacob Rauch (estucados), Matthäus Günther (frescos) e Ignaz Günther (esculturas).

WEIMAR ★★

Turingia – 62.000 habitantes
Mapa Michelin nº 418 N 18

Weimar, la célebre ciudad a orillas del Ilm conocida con el sobrenombre de la "Atena de Alemania", fue durante mucho tiempo un centro de atracción de numerosos intelectuales, eruditos y artistas de la talla de Lutero, Cranach, Bach, Herder, Schiller, Liszt y, sobre todo, de Johann Wolfgang Goethe, la figura que ocupa el lugar de honor en el panteón de hombres ilustres de las artes y las letras alemanas.

APUNTES HISTÓRICOS

La primera mención de Weimar de la que se tiene noticia data del año 899, pero mucho antes de esta fecha ya existían asentamientos en el territorio que ocupa hoy la ciudad. En 1410 se le concedieron privilegios municipales y en 1547 fue elevada a la categoría de capital del ducado de Sajonia-Weimar. A partir de ese momento la ciudad comenzó a enriquecerse con notables edificios y cobró un gran impulso cultural. Desde 1552 hasta su muerte –al año siguiente– el pintor Lucas Cranach el Viejo trabajó en Weimar en la realización de su última gran obra maestra: el tríptico del altar de la iglesia de Herder (Herderkirche). Johann Sebastian Bach ocupó el puesto de organista y maestro de capilla entre 1708 y 1717, periodo durante el cual compuso numerosas obras para órgano.

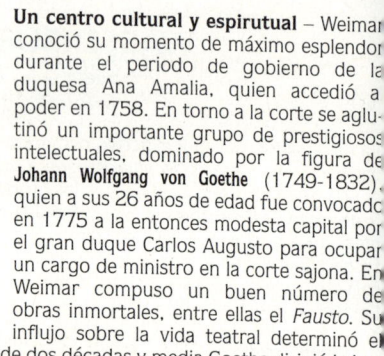

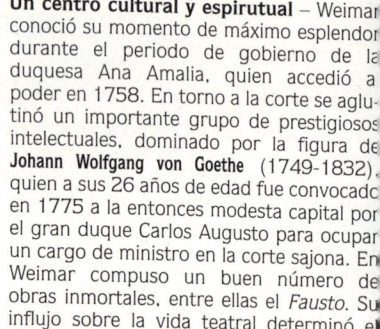

Goethe y Schiller, Weimar

Un centro cultural y espirutual – Weimar conoció su momento de máximo esplendor durante el periodo de gobierno de la duquesa Ana Amalia, quien accedió al poder en 1758. En torno a la corte se aglutinó un importante grupo de prestigiosos intelectuales, dominado por la figura de **Johann Wolfgang von Goethe** (1749-1832), quien a sus 26 años de edad fue convocado en 1775 a la entonces modesta capital por el gran duque Carlos Augusto para ocupar un cargo de ministro en la corte sajona. En Weimar compuso un buen número de obras inmortales, entre ellas el *Fausto*. Su influjo sobre la vida teatral determinó el auge intelectual de Weimar; durante cerca de dos décadas y media Goethe dirigió la institución, fundada en 1779, que con el tiempo habría de convertirse en el Teatro Nacional alemán, escenario que vio el estreno de obras que hoy forman parte de las creaciones cumbre de la literatura mundial. Sin duda, este éxito fue el fruto de la colaboración de Goethe con Friedrich von Schiller, quien trasladó su residencia permanente a Weimar en 1799. La calidad literaria de ambos autores, unida a las aportaciones del teólogo y escritor Johann Gottfried Herder (1744-1803), llevaron a considerar esta época el modelo para el desarrollo posterior de las letras alemanas y, en consecuencia, otorgó a Weimar la categoría de "ciudad alemana del clasicismo". En el **Archivo Goethe y Schiller** *(Jenaer Straße)*, uno de los fondos documentales más completos para el estudio y la investigación de la literatura alemana, se custodia el rico legado, los manuscritos y la correspondencia de más 1.000 personalidades del mundo literario.

El arte y la música en Weimar – Tras un corto periodo de relativa inactividad después del fallecimiento de Goethe, Weimar conoció un renacimiento cultural a mediados del s. XIX. En 1848 se instaló en la ciudad **Franz Liszt**, quien fue nombrado maestro de capilla de la Corte y aglutinó a su alrededor a la elite artística de la época. Su impulso fue decisivo para la creación, en 1872, de la escuela de dirección orquestal que hoy lleva su nombre. En 1860 se inauguró la Escuela de Bellas Artes –precursora de la actual "Bauhaus Universität", una Escuela Superior de Arquitectura, Construcción y Diseño– que influyó de forma decisiva en la pintura alemana del s. XX. La aportación de célebres pintores, como Arnold Böcklin, sentó las bases del ulterior desarrollo de la "Escuela de pintura de Weimar".

Jugendstil y Bauhaus – En 1902 fue convocado a Weimar el famoso artista belga Henry Van de Velde, uno de los maestros del Jugendstil o modernismo alemán. Junto a otras personalidades destacadas del mundo del arte, diseñó los proyectos de la "nueva Weimar" y fundó la Escuela de Artes Decorativas, alojada en un edificio proyectado por él que hoy ocupa la Bauhaus Universität, y que fue la primera sede de la Bauhaus. También se deben a Van de Velde diversas casas de Jugendstil en Weimar, como los números 15 y 47 de la Cranachstraße, así como su propia vivienda, la *Hohe Pappeln (Belvederer Allee 58)*, construida en 1907 y restaurada recientemente.

WEIMAR

Existen en la ciudad varios edificios Jugendstil realizados por otros arquitectos, fundamentalmente en la Gutenbergstraße y la Humboldtstraße.

En 1919 se fusionaron las Escuelas de Artes Decorativas y de Bellas Artes, dando origen a la denominada "Staatliches Bauhaus Weimar". Bajo la dirección de Walter Gropius, los planteamientos programáticos de este movimiento, tal como los definió su primer director, eran la recuperación de los oficios artesanales y la creación de una actividad interdisciplinaria que elevara la artesanía a la categoría de Bellas Artes. El trabajo conjunto de artistas y artesanos daría como resultado una nueva concepción del espacio y la decoración, estableciendo las normas del diseño industrial moderno. El estilo de la Bauhaus se expresó en la arquitectura de formas cúbicas y geométricas y en el funcionalismo de los objetos de uso cotidiano. La sociedad tradicional de Weimar no estaba preparada, sin embargo, para asimilar esta propuesta revolucionaria, y la Bauhaus se vio obligada a cesar en sus actividades y trasladarse a Dessau en 1925.

La República de Weimar – La Constitución de la llamada "República de Weimar" fue proclamada en 1919 por la Asamblea Nacional reunida en el Teatro Nacional de Weimar.

Alojamiento

Zur Sonne – *Rollplatz 2* – ☎ *0 36 43/80 04 10 – fax 0 36 43/86 29 32 – 21 hab – individuales desde 52 €*. Hotel en el centro urbano, hospedería tradicional alemana, cocina regional.

Dorotheenhof – *Dorotheenhof 1* – ☎ *0 36 43/45 90 – fax 0 36 43/45 92 00 – 60 hab – individuales desde 64 €*. Edificio rural al N de la ciudad, situado en un tranquilo parque. Gran confort. Restaurante con cocina internacional.

Restaurantes

Gasthaus zum weißen Schwanen – *Frauentorstraße 23* – ☎ *0 36 43/20 25 21 – fax 0 36 43/20 25 75 – menús desde 11,50 €*. Hospedería histórica cerca de la casa de Goethe. Decoración rústica, cocina regional e internacional.

Shakespeares – *Windischenstraße 4* – ☎ *0 36 43/90 12 85 – fax 0 36 43/90 12 85 – menús desde 14 €*. Restaurante moderno tipo taberna, bar y teatro bajo el mismo techo. Cocina internacional (lu-ju sólo cenas).

EL CENTRO HISTÓRICO

Lucas-Cranach-Haus (Casa de Lucas Cranach) – En esta casa de estilo renacentista (1549) con frontón de volutas residió Lucas Cranach el último año de su vida. Enfrente se alza el **ayuntamiento**, construido hacia 1500 y restaurado en 1970.

Platz der Demokratie (Plaza de la Democracia) – La plaza, presidida por la estatua ecuestre del gran duque de Sajonia-Weimar-Eisenach, Carlos Augusto (1757-1828), fue diseñada en 1875 por A. von Donndorf.

El antiguo palacio *(al S)* (1770-1774) alberga la **Escuela Superior de Música** "Franz Liszt".

El **Palacio Verde** (Grünes Schloß, ss. XVI-XVIII) es en la actualidad la sede de la **Herzogin-Anna-Amalia-Bibliothek**. En ella se conservan manuscritos de la Edad Media, incunables, valiosas impresiones de los ss. XVI-XVII y, sobre todo, primeras impresiones de obras literarias del s. XVIII. La biblioteca posee, además, la colección más completa de ediciones de *Fausto*. Desde hace unas décadas se ha iniciado la recopilación sistemática de publicaciones sobre el Siglo de las Luces (Aufklärung), ya sean originales o traducciones, así como de los estudios y las investigaciones más recientes realizados sobre esta época histórica.

Al O de la plaza se encuentra el **Palacio Rojo** (Rotes Schloß, s. XVI), con una bella portada renacentista, y el **Palacio Amarillo** (Gelbes Schloß, s. XVIII), de estilo barroco.

Haus der Frau von Stein (Casa de la Señora de Stein) – *Ackerwand 25*. Goethe conoció a Charlotte von Stein, dama de honor de la duquesa Ana Amalia, en noviembre de 1775, y su afecto por ella marcaría los diez primeros años de su estancia en Weimar. La mansión fue remodelada en 1776 según los planos de Goethe.

★★ Goethes Wohnhaus (Casa de Goethe) ⊙ – En esta casa barroca de 1709, situada en la plaza de Frauenplan, vivió Goethe cerca de 50 años, hasta su muerte en 1832. En el interior, que se conserva en lo esencial en su estado original, se pueden visitar los aposentos, el gabinete de trabajo, la biblioteca (5.400 volúmenes) y las colecciones de arte. La exposición permanente del Museo Nacional Goethe está dedicada al Weimar clásico de 1759-1832.

WEIMAR

Amalienstraße .... BZ 4	Carl-August-Allee .... BY 12	Karl-Liebknecht-Straße .... BZ 30
Am Posseckschen	Ernst-Kohl-Straße .... AY 13	Kaufstraße .... BZ 31
Garten .... BZ 6	Frauenplan	Marienstraße .... BZ 24
Brennerstraße .... BY	Frauentorstraße .... BZ 18	Markt .... BZ
	Heinrich-Heine-Straße .... AZ 25	Schillerstraße .... BZ 37
	Jakobstraße .... BYZ 27	Schloßgasse .... BZ 39

Bauhaus-Museum .... BZ M¹	Haus der Frau von Stein .... BZ A	Wittumspalais .... BZ M²
Deutsches Nationaltheater .. ABZ T	Rathaus .... BZ R	

★ **Schillers Wohnhaus (Casa de Schiller)** ⓥ – El poeta (1759-1805) se instaló en esta casa en abril de 1802 para poder estar cerca de Goethe, con el que mantenía una estrecha amistad. Aquí escribió *La novia de Mesinaie* y *Guillermo Tell*.

Por razones de conservación el número diario de visitantes de las casas de Schiller y de Goethe, así como del jardín, es limitado.

530

Deutsches Nationaltheater (Teatro Nacional Alemán) – El edificio actual, que data de 1907, está levantado sobre una construcción barroca de 1779. En él se representaron, bajo la dirección de Goethe, los grandes dramas de Schiller; en 1850 se estrenó la obra de Richard Wagner *Lohengrin*, y fue proclamada la Constitución de la República de Weimar.
Frente al teatro se halla el **Monumento de los dos poetas, Goethe y Schiller★★**, realizado por Ernst Rietschel en 1857.

Bauhaus-Museum (Museo de la Bauhaus) ⓥ – Mediante una selección de objetos se muestra la evolución de las actividades artísticas en Weimar de 1900 a 1930 y fundamentalmente, las de la Bauhaus. Así, junto a diseños y realizaciones de la Escuela de Artes Aplicadas (Kunstgewerbeschule) de Henry van de Velde, se muestran objetos de la colección reunida por Walter Gropius.

Wittumspalais (Palacio de la Viuda) ⓥ – Este palacio barroco (1767) de dos alas fue la residencia de la duquesa Ana Amalia tras la muerte de su esposo. En sus salones organizaba las reuniones a las que acudían personalidades de la talla de Wieland, Goethe, Herder y Schiller. En el **Museo Wieland** se ilustra la vida y la obra del "Voltaire germano", uno de los grandes impulsores del clasicismo alemán.

Stadtkirche – El templo de San Pedro y San Pablo es una iglesia de tipo salón de tres naves construida en estilo gótico tardío (1500) sobre los restos de un antiguo santuario, del que persiste la parte inferior de la torre. De 1735 a 1745 sufrió un profundo proceso de "barroquización". También se conoce como la iglesia de Herder, en memoria a este filósofo y teólogo que, como pastor protestante, pronunció sus sermones en esta iglesia, donde también está enterrado. Aquí se puede contemplar el **tríptico de Cranach★★**, comenzado por Lucas Cranach el Viejo y concluido por su hijo en 1555. Las figuras que lo acompañan representan a Lutero y a Cranach el Viejo.
En la decoración, caracterizada en general por su sobriedad, destacan las **tumbas renacentistas★** que adornan el presbiterio.

Schloßmuseum (Museo del Palacio) ⓥ – El antiguo palacio residencial fue destruido por un incendio en 1774 y reconstruido por el gran duque Carlos Augusto entre 1789 y 1803 en estilo neoclásico. El complejo arquitectónico, de cuatro alas, se completó en 1914 con la edificación del ala sur. Se pueden visitar algunas salas históricas –algunas de ellas las más bellas realizaciones del neoclasicismo alemán–, como la sala de Fiestas, la Gran Galería y el gabinete de los Poetas en honor a Goethe, Schiller, Wieland y Herder. El museo alberga asimismo las colecciones de arte de Weimar, que incluyen retablos tardogóticos de Turingia, una notable **colección de Cranach★★** (*Sibila de Cleves*, *Retrato de Lutero*), obras de Hans Baldung Grien, Alberto Durero, Barthel Bruyn el Viejo, pintura holandesa e italiana, así como obras de la escuela de Weimar y de los representantes del impresionismo y expresionismo alemanes (Liebermann, Beckmann).
Al SO del edifico se encuentran la torre del palacio (1729-32), con un remate barroco, y la bastilla (reconstruida en 1545).

EL PARQUE DEL ILM

"Weimar es en realidad un parque sobre el que se ha edificado una ciudad". Esta expresión de admiración fue escrita por Adolf Stahr en 1851, y, a pesar del tiempo transcurrido, esta frase todavía hoy tiene sentido porque la ciudad conserva su aspecto de inmenso jardín. Desde el Tiefurt al mirador se extiende una franja verde, en cuyo centro está situado, a sólo unos pasos del centro, el bello parque del Ilm. En el diseño de este parque inglés, creado bajo la dirección de Goethe, no se pretendía poner límites a la naturaleza, sino modelarla sin constreñirla.

★★ Goethes Gartenhaus – En esta villa, obsequio del duque Carlos Augusto y lugar favorito del poeta, residió Goethe de 1776 a 1782.
A nadie puede sorprender que aquí surgieran obras como *La vocación teatral de Guillermo Meister*, partes esenciales de *Ifigenia* y esbozos de *Egmont* y *Torquato Tasso*.

> "No delata pretensiones,
> alto techo y baja casa;
> todos los que aquí se llegan,
> amable acogida hallan.
> Esbeltos, airosos árboles,
> que aquí ellos solos brotaran,
> destácanse entre el verdor;
> y otros que brotan del alma,
> también a porfía se extienden,
> crecen y ensanchan sus ramas." (Goethe)

Enfrente se encuentra la **Borkenhäuschen**, el lugar de descanso preferido por Carlos Augusto; la **Römisches Haus** (*situada a 20 min.*), es un edificio clásico (1791-97) diseñado por Goethe para el duque.

Atraviese el parque en dirección a la Belvederer Allee.

Liszt-Haus (Casa de Franz Liszt) ⓥ – *Belvederer Allee.* En la entrada del parque se puede visitar esta pequeña casa de los jardineros, en la que se alojó el músico durante su segunda estancia en Weimar entre 1869 y 1886.

La Geschwister-Scholl-Straße conduce al antiguo Cementerio (Alter Friedhof).

Y ADEMÁS

Neues Museum (Museo Nuevo) ⓥ – *Ratheplatz.* Esta elegante construcción de estilo neorrenacentista fue edificada entre 1863 y 1869 para albergar las colecciones de los duques. Durante el Tercer Reich sirvió de cuartel general a la dirección del distrito de Turingia y en la actualidad ha recuperado su función original gracias a la colección privada de Paul Maenz, antiguo propietario de una galería de arte y natural de Colonia. El museo está consagrado a las vanguardias artísticas internacionales desde 1960, en particular al *arte povera* italiano, al minimalismo y al arte conceptual americano.

Fürstengruft – El **mausoleo de los Duques** está situado en el centro del Cementerio Histórico (Historischer Friedhof) y fue construido por C.W. Coudray entre 1825 y 1827. En él están enterrados, entre otros, el duque Guillermo IV y el Gran duque Carlos Augusto. También se encuentran las sepulturas de los grandes poetas **Goethe** y **Schiller**. La **iglesia rusa ortodoxa** fue edificada entre 1859 y 1862 para la gran duquesa María Pawlowna, nuera del duque Carlos Augusto.

Nietzsche-Archiv (Archivo de Nietzsche) ⓥ – En esta casa vivió Nietzsche los últimos años de su vida hasta su muerte en el año 1900. El filósofo, aquejado de una enfermedad mental, recibió hasta el final los cuidados de su hermana Elisabeth; ella fue también quien encargó al arquitecto Henry van de Velde la remodelación de la primera planta del edificio para instalar el Archivo en 1903.

La estancia más hermosa es sin duda la **biblioteca***, en la que todos los elementos decorativos se integran en un conjunto lleno de armonía. En ella destaca un busto de Nietzsche realizado por Max Klinger.

En el archivo se conservan documentos que ilustran la vida y la obra del filósofo.

ALREDEDORES

Schloß Tiefurt (Palacio de Tiefurt) ⓥ – *2 km al E.* Al E de la ciudad, rodeada por un parque paisajista inglés con grutas, templetes y cenadores, se encuentra la antigua residencia de verano (s. XVIII) de la duquesa Ana Amalia. Tanto el palacio como los jardines fueron con frecuencia el escenario de reuniones y encuentros literarios, frecuentados habitualmente por personalidades como Goethe, Wieland, Herder, Schiller, los hermanos Humboldt y otros muchos ilustres visitantes de Weimar.

Schloß Belvedere (Palacio de Belvedere) ⓥ – *4 km al SE.* Este palacio de recreo (1724-32) es una de las más bellas realizaciones del s. XVIII en Turingia. La construcción se compone de un extenso cuerpo central, flanqueado por dos alas laterales de menor altura. El conjunto se completa con cuatro pabellones –las casas de los

Biblioteca del Archivo Nietzsche, Weimar

Caballeros (Kavaliershäuser)– y una orangerie que alberga una colección de carrozas. En el palacio se pueden visitar los aposentos privados, que han sido restaurados. Se muestra una magnífica colección de porcelanas y cristalerías de los ss. XVII-XIX.
El parque, originalmente de estilo barroco, fue transformado entre 1814 y 1840 en un jardín paisajista inglés.

Buchenwald – *8 km al NO.* A pocos kilómetros de Weimar, el baluarte del humanismo alemán, en el hayedo de Ettersberg, se ocultó durante ocho años uno de los mayores campos de concentración del III Reich.

Creado en julio de 1937 para la reclusión de los opositores alemanes al régimen, el campo comenzó pronto a recibir a los judíos y gitanos perseguidos por los nazis y, posteriormente, a medida que Hitler invadía diferentes territorios europeos, también a los detenidos en los países ocupados por sus tropas. Se calcula en 250.000 las personas deportadas a Buchenwald, entre ellas muchos niños, procedentes de 32 países. Para más de 50.000 presos este fue un viaje sin retorno. El 11 de abril de 1945 los norteamericanos liberaron el campo.

En agosto de 1943 se creó en Nordhausen, unos 100 km al N de Weimar, el campo de concentración **Dora** (*ver Harz*), dependiente del de Buchenwald. Desde éste fueron enviados a partir de octubre de 1944 muchos presos para construir, en unas galerías ya existentes, una fábrica subterránea de armas secretas (cohetes V2), y después trabajar en ella. La naturaleza de su ocupación, en condiciones laborales e higiénicas catastróficas, determinó que muchos de ellos no volvieran jamás a ver la luz del día. En los 20 meses de existencia del campo encontraron la muerte cerca de 20.000 personas. Hoy se puede visitar en Dora un monumento conmemorativo con un museo anejo. Se muestran, además, algunas galerías en el marco de una visita guiada.

Gedenkstätte Buchenwald (Campo de concentración) ⊙ – *Folleto informativo y plano a la entrada.* El centro de información proyecta una película que describe la historia del campo. La visita comienza en la puerta de entrada, presidida por un letrero en el que figura aún la siniestra inscripción "Jedem das Seine" (Cada uno tiene lo que se merece). Sobre el terreno está marcado el antiguo emplazamiento de las barracas; el edificio donde se almacenaban los efectos personales de los presos se ha transformado en un museo. Fuera del recinto, un camino conduce a la cantera donde las inhumanas condiciones de trabajo provocaron una gran mortalidad entre los detenidos.

Campo especial nº 2 – Las fuerzas soviéticas de ocupación abrieron este campo especial en 1945 para internar a los antiguos cuadros del partido nazi, pero también a algunas personas detenidas arbitrariamente. Según fuentes soviéticas, el campo se cobró más de 7.000 vidas.

Monumento conmemorativo de Buchenwald – *1 km en dirección a Weimar.* Desde la puerta de entrada y el camino de las Estelas (Stelenweg) se accede a la avenida de las Naciones, que comunica tres fosas comunes. Finalmente se llega a la torre del campanario, delante de la cual se alza el grupo escultórico de Fritz Cremer, que simboliza el movimiento de resistencia dentro del campo de concentración.

WERNIGERODE★

Sajonia-Anhalt – 37.000 habitantes
Mapa Michelin nº 418 K 16 – Esquema: HARZ

Magníficamente situada a los pies del Harz, Wernigerode, con su bello núcleo urbano en el que se conservan intactos numerosos edificios de vigas entramadas, constituye una de las localidades más atractivas de la región y un punto de partida ideal para descubrir los encantos del macizo montañoso.

Alojamiento

Am Anger – *Breite Straße 92 – ☎ 0 39 43/9 23 20 – fax 0 39 43/92 32 50 – 29 hab – individuales desde 46 €.* Edificio histórico totalmente rehabilitado y modernizado. Situado en el centro de la ciudad, en un lugar tranquilo.

Weißer Hirsch – *Marktplatz 5 – ☎ 0 39 43/60 20 20 – fax 0 39 43/63 31 39 – 55 hab – individuales desde 71 €.* El edificio data de 1760, está situado frente al antiguo ayuntamiento. Renovado, buenas instalaciones.

Gothisches Haus – *Marktplatz 2 – ☎ 0 39 43/67 50 – fax 0 39 43/67 55 55 – 128 hab – individuales desde 92 €.* Instalada en un edificio histórico del s. XV.

WERNIGERODE

QUÉ VER

★★ Rathaus – *Am Marktplatz*. El **ayuntamiento**, considerado uno de los más bellos edificios de vigas entramadas de Alemania, fue construido en la 1ª mitad del s. XVI y presenta en su fachada dos miradores superpuestos coronados por agujas puntiagudas. En su interior destacan una escalera de doble tramo y las tallas en madera que representan a los regidores de la ciudad.

★★ Fachwerkhäuser (Casas de vigas entramadas) – En la **Breite Straße**, una calle que se inicia en la plaza del Mercado, se alinea un pintoresco conjunto de mansiones nobles de los ss. XVI-XVII. Muchas de ellas adornan sus vigas y paneles de madera con máscaras y otros motivos esculpidos. Un ejemplo interesante es la *Krummelsche Haus* (nº 72), del año 1674. También recomendamos dar una vuelta por las calles comprendidas entre la Breite Straße y la colina del castillo. Aquí se ven casas más modestas, pero encantadoras. En el extremo de la Kochstraße (nº 43) se alza el edificio más estrecho de Wernigerode, con una fachada de sólo 3 m de anchura.

Pfarrkirche St. Johannis (Iglesia parroquial de San Juan) – Tome la Breite Straße y después gire a la izquierda por la Grüne Straße. En esta iglesia de tipo salón gótica de tres naves (finales del s. XV) se reconoce enseguida el origen románico de su torre occidental. En su interior alberga un retablo de cuatro alas en madera tallada en el llamado "estilo dulce", realizado en 1425, que representa la vida de la Virgen.

Schloß – Situado en una colina desde la que se domina la ciudad, este **castillo** ⊙ fue totalmente reformado en el s. XIX. En él se pueden visitar más de 40 salas con su mobiliario original y objetos de artesanía.

WERTHEIM★

Baden-Württemberg – 23.840 habitantes
Mapa Michelin nº 417 Q 12

Wertheim está situada a los pies de un imponente castillo. Su bello emplazamiento y la pintoresca fisonomía de su núcleo histórico, de calles estrechas y sinuosas bordeadas de casas de vigas entramadas, constituyen los principales atractivos de esta pequeña ciudad.

QUÉ VER

Marktplatz – En el conjunto de edificios que bordean la **plaza del Mercado** destaca en primer lugar la **Zobelhaus**, un edificio del s. XVI. En un extremo de la plaza, junto a la colegiata, se alza la **fuente de los Ángeles** (Engelsbrunnen), un monumento de la época del Renacimiento (1574) adornado con figuras de piedra arenisca que representan a burgueses notables de la ciudad y con esculturas que simbolizan los planetas Mercurio, Marte, Júpiter, Saturno y Venus. Dos ángeles coronan el brocal del pozo.
A pocos pasos de aquí, en la Rathausgasse, se encuentra el **Museo del Condado** (Grafschaftsmuseum), instalado en el edificio del antiguo ayuntamiento (s. XVI). En él destaca una torre con una **doble escalera de caracol** (1540). Frente al museo se encuentra la **Haus der Vier Gekrönten** (casa de los Cuatro Coronados), un hermoso edificio de vigas entramadas de la segunda mitad del s. XVI.

Stiftskirche – Este edificio gótico, construido entre 1384 y 1445, se distingue por su sencilla ornamentación, a excepción del "pequeño presbiterio" ("Chörlein") situado junto a la portada norte. En su interior alberga una rica serie de 40 **monumentos funerarios★★**, realizados a partir de 1407, fecha en la que la iglesia se convirtió en el mausoleo de los duques de Wertheim. Las tumbas más valiosas se encuentran en el presbiterio y entre ellas figuran la **lápida sepulcral Isenburg** (izquierda), la **tumba Eberstein** (centro) y la **lápida Stolberg**. En el centro del presbiterio se alza, aislada del resto, la tumba conocida como la **Bettlade**, realizada en 1618 por Michael Kern para el conde Ludwig III zu Löwenstein (fallecido en 1611) y la condesa Anna zu Stolberg.

Burg – Este **castillo**, fundado en el s. XIII, se convirtió con el tiempo en una fortaleza inexpugnable, que fue destruida, sin embargo, durante la guerra de los Treinta Años por las tropas imperiales. La puerta exterior fue restaurada y transformada en un archivo en los años 1742-45.
Desde las ruinas se ofrece una vista de la ciudad, de la desembocadura del Tauber, de las colinas boscosas del Spessart (al N) y del Odenwald (al O).

ALREDEDORES

Ehemaliges Kloster Bronnbach (Antigua abadía de Bronnbach) ⊙ – *10 km al S*. La **iglesia★** (finales del s. XII) conserva su estructura románica. La bóveda de arista de la nave central filtra la luz a través de unos vanos que proporcionan una iluminación poco usual en los templos románicos. Desde el claustro gótico con sus arcos trilobulados se ofrece una hermosa vista de la parte sur de la iglesia y de su tejado escalonado. Se pueden visitar dos salas de estilo barroco, decoradas con estucos y frescos, entre ellas el antiguo refectorio.

WESSOBRUNN ★

Baviera — 2.000 habitantes
Mapas Michelin nos 419/420 W 17

Esta localidad de la Alta Baviera es célebre por la llamada **Oración de Wessobrunn** (Wessobrunner Gebet), uno de los documentos más antiguos que se conocen en lengua alemana (s. IX). El manuscrito, redactado en un dialecto bávaro del antiguo alto alemán, se conservaba originariamente en el convento de Wessobrunn; hoy se encuentra en la Biblioteca Nacional de Múnich.

La escuela de Wessobrunn — En los ss. XVII-XVIII, destacaron en Wessobrunn una serie de arquitectos y artistas polifacéticos, cuya excelencia y talento les permitió cambiar el pincel por el compás o por los utensilios de estucador, según la tarea que se les encomendara en cada momento. Su gran creatividad se manifestó en todas las facetas artísticas. Este grupo desarrolló su labor en el marco de una estructura gremial o familiar y trabajó fundamentalmente en Baviera, Suabia y Tirol. Los representantes más notables de esta escuela pertenecen a las familias **Schmuzer** y **Feuchtmayer**. El más célebre de todos ellos fue **Dominikus Zimmermann**, arquitecto de la iglesia de Wies.

Ehemalige Benediktinerabtei (Antigua abadía benedictina) ⊙ — Este convento data del s. VIII. Después del proceso de secularización (1803) la iglesia abacial fue destruida; sólo se conserva la torre del campanario (s. XIII), con su tejado de dos vertientes. En la 1ª planta del edificio conventual se encuentra la magnífica **galería de los Príncipes★**, una obra maestra de la escuela de Wessobrunn de finales del s. XVII; la bóveda, decorada con ricos estucos (hojas de acanto, cabezas de angelotes), posee bellos medallones pintados. También destaca por su bonito techo de estuco en malaquita la sala de Tassilo, que lleva el nombre del fundador del convento.

WETZLAR

Hesse — 54.000 habitantes
Mapa Michelin nº 417 O 9

Wetzlar, sede del Tribunal del Sacro Imperio Romano hasta principios del s. XIX, es célebre en la actualidad por sus industrias de instrumentos ópticos (Leitz). En 1929 el ingeniero Oscar Barnack inventó y desarrolló en Wetzlar la cámara fotográfica de pequeño formato. El casco antiguo y el barrio en torno a la catedral, así como las plazas de **Eisenmarkt**, **Kornmarkt** y **Schillerplatz** conservan el aspecto y el encanto de la ciudad de antaño.

QUÉ VER

Dom (Catedral) — Del edificio románico del s. XII que ocupaba el emplazamiento de la iglesia actual se conserva sólo la torre de la fachada norte y una hermosa portada de basalto y arenisca. La edificación de la fachada oeste gótica se inició en el s. XIV, pero las obras se interrumpieron repentinamente. Se concluyó únicamente la bella torre sur de estilo gótico tardío y la decoración escultórica de la puerta principal (Coronación de la Virgen), aunque ésta conducía a un espacio vacío.
Los trabajos del presbiterio y de la nave principal se terminaron al gusto gótico del s. XIII. La primera capilla a la derecha alberga una hermosa Piedad del s. XIV; en el brazo izquierdo del crucero se puede contemplar un Cristo con la cruz a cuestas (s. XIV), y en el derecho frescos góticos (restaurados).

Stadt- und Industriemuseum (Museo Municipal y de la Industria) ⊙ — El museo, instalado en la antigua sede de la orden Teutónica, ilustra la historia de la ciudad, así como el importante papel que ha desempeñado su industria en el desarrollo de la región. Se puede ver bello mobiliario de los ss. XVII-XVIII.

Las desventuras del joven Werther

En mayo de 1772 Goethe se trasladó a Wetzlar por imposición de su padre para completar su formación de jurista en la Cámara Imperial. Durante su estancia en la ciudad, el joven poeta —contaba entonces 22 años— sufrió un desengaño amoroso. Goethe se enamoró de Charlotte Buff, prometida del secretario de la legación Johann Christian Kestner, al que la joven permaneció fiel. Por la misma época causó impacto en la sociedad la noticia del suicidio de un joven, Carl Wilhelm Jerusalem, por motivos sentimentales. Para acabar con las penas del corazón, Goethe no atentó contra su vida, sino que escribió "Las desventuras del joven Werther". Esta obra, considerada como la primera novela moderna, causó en su época un gran escándalo y llegó incluso a prohibirse en algunos países, pues provocó una ola de suicidios imitando la actitud romántica del personaje de la novela.

WETZLAR

Lottehaus ⓥ – La **casa paterna de Charlotte Buff** (Lotte), un amor imposible de Goethe que inspiró al escritor su célebre novela *Las desventuras del joven Werther* (1774), sirve de marco a este museo, en el que se muestra mobiliario que recrea el ambiente en el que vivió Lotte y diversos objetos en vitrinas que recuerdan la personalidad de la protagonista. Además, junto a primeras ediciones de *Werther*, se exponen ejemplares de esta novela –la primera del género escrita en forma epistolar–, cuyo éxito hizo que se tradujera a más de 30 idiomas (se dice que Napoleón llegó a leerla hasta siete veces seguidas).

Sammlung Dr. Irmgard von Lemmers-Danforth (Colección Imgard von Lemmers-Danforth) ⓥ – *Kornblumengasse 1*. En las salas del palacio nobiliario del s. XVIII, decorada en estilo renacentista y barroco, se muestra una colección de muebles, cuadros, relojes y orfebrería de diversos países europeos (Italia, Francia, Países Bajos, Alemania).

Reichskammergerichtsmuseum (Museo del Tribunal Imperial) ⓥ – *Hofstatt 19*. En este museo se ilustra la historia del tribunal de Wetzlar (1693-1806) a través de antiguos libros de leyes y códices, sentencias y retratos de personalidades destacadas de la institución.

EXCURSIONES

Burg Greifenstein – *17 km al NO*. Desde el **castillo**, construido en el s. XII sobre un promontorio, se controlaba el tránsito del gran eje comercial que unía en la Edad Media las ciudades de Francfort y Colonia. En uno de los bastiones de la muralla defensiva se pueden ver las campanas (la más antigua data del s. XI).

*★ **Münzenberg** – *28 km al SE*. Este **castillo** medieval formaba, junto al de Gelnhausen y al de Büdingen *(ver Gelnhausen)*, una línea defensiva encargada de proteger el Wetterau, una depresión entre los macizos del Taunus y el Vogelsberg que se domina desde la cima de la torre este. El edificio residencial muestra una elegante decoración románica.

*★ **Arnsburg** – *30 km al SE*. La antigua **abadía cisterciense** de Arnsburg conserva la sala capitular de estilo gótico primitivo. La planta de la **iglesia★**, completamente en ruinas, responde al modelo arquitectónico cisterciense de cabecera plana. En el crucero se pueden ver todavía vestigios de los sólidos pilares fasciculados con capiteles románicos.

WIESBADEN ★

Hesse – 270.000 habitantes
Mapa Michelin nº 417 P 8

La capital del Estado de Hesse, situada a los pies del macizo del Taunus, es una ciudad con múltiples atractivos. Favorecida por el suave clima del valle del Rin y por la existencia de fuentes de aguas curativas, la ciudad ofrece al visitante el ambiente selecto de una estación termal y la belleza de sus alrededores, próximos a la región del Rheingau.

Mencionada por primera vez en el s. IX bajo el nombre de "Wisibada" (baños en las praderas), la dinastía de Nassau gobernó Wiesbaden desde el s. XIII y, a partir de 1806, se convirtió en la residencia permanente del recién creado ducado de Nassau. Este acontecimiento marcó el inicio de una etapa de esplendor, durante la cual se proyectó el barrio del balneario, obra del arquitecto Christian Zais, se construyeron numerosos establecimientos de estilo clasicista, así como las grandes vías de comunicación. En la época de Guillermo II, la Corte imperial veraneaba en Wiesbaden todos los años; fue entonces cuando se edificaron las numerosas villas de los elegantes barrios residenciales, así como la Wilhelmstraße y las vías de circunvalación, que todavía hoy conservan su original estilo bismarckiano.

La "ciudad balneario mundial" – Las virtudes curativas de sus 26 fuentes de aguas salinas cálidas (46-66°C) se conocen desde la dominación romana; Plinio informaba, con cierto asombro, que el agua que brotaba de estas fuentes conservaba una buena temperatura durante tres días. A mediados del s. XIX el balneario vivió su época de apogeo; en Wiesbaden se daban cita las testas coronadas y la alta nobleza del mundo entero. Los establecimientos termales actuales proporcionan tratamientos de los dolores reumáticos y sus clínicas de rehabilitación confirman con sus resultados su bien merecida reputación.

CASCO ANTIGUO

Schloß (palacio) – La antigua residencia de los duques de Nassau, construida entre 1837 y 1841 en estilo clasicista, alberga en la actualidad el Parlamento de Hessen. La entrada principal se encuentra en una de las esquinas de la diagonal del edificio, enmarcada en una rotonda.

Altes Rathaus – El **antiguo ayuntamiento**, el edificio más antiguo de la ciudad, consta de dos plantas: la baja, construida en 1609-10, es renacentista, mientras que la planta superior se levantó en 1828 en estilo romántico.

Neues Rathaus – El **ayuntamiento nuevo** es obra de Georg Hauberisser, arquitecto del ayuntamiento de Múnich. El edificio, de estilo neorrenacentista alemán, se construyó en 1886-87 y presenta una estructura de miradores y cuerpos en saledizo. De decoración sobria, la elegante construcción se distingue por sus bellas proporciones y por el uso de piedra arenisca en la planta baja y en el cuerpo central.

Marktkirche – Esta es la primera iglesia en ladrillo que se construyó en territorio gobernado por la casa Nassau. El edificio fue levantado a mediados del s. XIX por el arquitecto Carl Boos, quien se inspiró en la Friedrichwerdersche Kirche de Berlín, obra de Schinkel. *(El carillón da las horas diariamente a las 9, 12 y 17).*

EL BARRIO DEL BALNEARIO

Kaiser-Friedrich-Bad – *Langgasse 38-42.* Este edificio, construido a principios del s. XX en Jugendstil, costó en la época 3 millones de marcos de oro. En su decoración destacan, sobre todo, los frescos del vestíbulo de entrada, también modernistas, así como el baño de vapor con cerámicas y mayólicas de las manufacturas de Darmstadt y Karlsruhe.

Kochbrunnen – En esta fuente confluyen 15 manantiales. Su agua salina y cálida contiene hierro, lo que se manifiesta en las concreciones rojizas del pilón de granito de la fuente. Las mujeres romanas valoraban mucho este polvo rojo, que utilizaban para teñirse el cabello. El **templete** (Kochbrunnentempel) octogonal data de 1854.

★ **Kurhaus (Establecimiento termal)** – Una avenida ajardinada, conocida como la "Bowling Green", bordeada por el balneario y el teatro de columnas, avanza a la sombra de sus centenarios plátanos y conduce a la "casa de curas más hermosa del mundo", según la definió el emperador Guillermo II.
El edificio fue construido en 1907. La inscripción de la fachada ("Aquis Mattiacis") hace referencia a las fuentes y a los Mattiaker, una tribu germánica que poblaba el lugar en la época romana. La lujosa decoración interior fue restaurada en 1987 siguiendo la original. Aunque el visitante no pueda acceder a las magníficas salas –a menos que esté dispuesto a participar en una de las sesiones de cura– sí puede echar un vistazo a la **recepción** (Foyer), para hacerse una idea de la belleza de la decoración interior.

Staatstheater (Teatro Nacional**)** – Al S de la columnata del teatro se alza este imponente edificio de estilo renacentista, construido de 1892 a 1894. En la **sala de recepción** (Foyer), cuya decoración se inspira en el estilo rococó, se aprecia el gusto por la exuberancia ornamental que imperaba a principios de siglo.

★ **Kurpark und Kuranlagen (Parque e instalaciones termales)** – Detrás de la casa de curas se extiende, en dirección E, un vasto parque que fue acondicionado en 1852. La Sonnenberger Straße *(al N)* y la Parkstraße *(al S)* están bordeadas de hermosas villas de estilo bismarckiano (Gründerzeit).

DE LA WILHELMSTRASSE AL NEROBERG

Museum Wiesbaden ⊙ – El **Museo local** está constituido por tres secciones diferentes: la **colección de Ciencias Naturales**, la **colección de Antigüedades del ducado de Nassau** y, sobre todo, las **colecciones de Arte**, que cuentan con la más importante selección mundial de obras del pintor ruso **Jawlensky**★. Este artista vivió desde 1921 en Wiesbaden, donde falleció en 1941. También se pueden ver en esta sección pinturas de los ss. XVI-XVII, así como obras de clásicos modernos y de arte contemporáneo.

La principal arteria de Wiesbaden, la **Wilhelmstraße**, está bordeada, en uno de sus lados, por elegantes comercios y en el otro, se extienden los bellos jardines del "Warmer Damm", que conducen hasta el Teatro Nacional.

La **Taunusstraße**, que conduce al Nerotal, está especializada en los comercios de anticuario (muebles y objetos de diversa índole).

En un paseo por el **Nerotal**, hermoso parque poblado de estanques, se pueden admirar las magníficas villas de la época de Bismarck que bordean la Wilhelminenstraße.

WIESBADEN

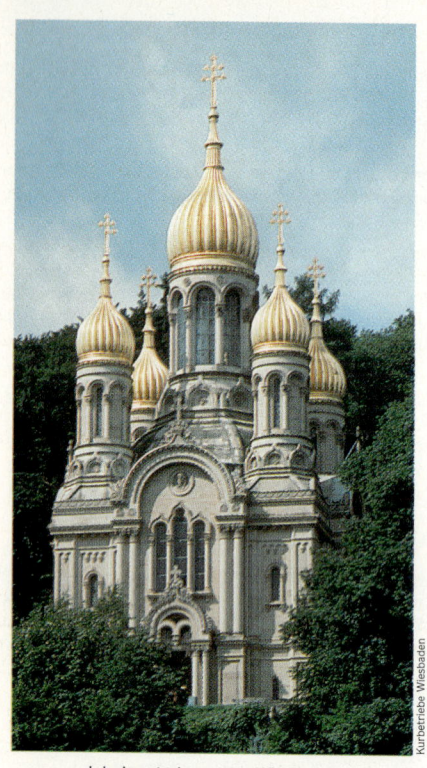

Iglesia ortodoxa rusa, Wiesbaden

★ Nerobergbahn – Este tren de cremallera, un monumento prodigio de la técnica, funciona ininterrumpidamente desde su construcción en 1888. El funicular conduce al Neroberg, la colina más alta de la ciudad (245 m de altura). Accionado mediante lastre hidráulico (depósito de 7.000 l), el vehículo que desciende al valle hace ascender, por contrapeso, al vehículo que sube al promontorio. Una vez realizado el recorrido, el agua se bombea de nuevo hacia la cima para ser reutilizada. Pocos medios de transporte contaminan menos el ambiente.

Russische Orthodoxe Kirche – (Conocida también como *Capilla Griega o Griechische Kapelle*). La **iglesia ortodoxa rusa** fue construida por encargo del duque Adolfo de Nassau entre 1847 y 1855 para su esposa Elisabeth, la archiduquesa rusa muerta a los 19 años de edad. El edificio consta de un cuerpo central coronado por cinco cúpulas doradas y desde él se domina toda la ciudad. El elegante monumento funerario de mármol es obra de Emil Alexander Hopfgarten, quien se inspiró en la tumba de la reina Luisa realizada en el parque del palacio de Charlottenburgo, en Berlín, por Christian Daniel Rauch.

WIESKIRCHE★★
Iglesia de WIES – Baviera
Mapas Michelin nos 419/420 W 16 – Esquema: DEUTSCHE ALPENSTRASSE

Esta grandiosa creación del barroco bávaro está enclavada en medio de un agradable paisaje de bosques, turberas y praderas de relieve ondulado y pendientes suaves características de la región prealpina del Ammergau, entre los ríos Lech y Ammer.

El arquitecto – El santuario situado "in der Wies" (en la pradera), junto a Steingaden, está consagrado al Jesús Flagelado. El proyecto se debe al arquitecto **Dominikus Zimmermann** (1685-1766), uno de los más geniales representantes de la **escuela de Wessobrunn**, quien ya había dirigido las obras del santuario de Steinhausen pocos años antes. En la construcción, realizada entre 1746 y 1754, colaboró su hermano Johann Baptist, pintor oficial de la Corte bávara. Al igual que en Steinhausen, el arquitecto diseñó una cúpula ovalada que se adapta perfectamente a la pintura ilusionista que cubre la bóveda.
La decoración del alargado presbiterio es de estilo rococó. Zimmermann residió los últimos diez años de su vida en una casita cercana al santuario, con el que culminó su brillante carrera de arquitecto y que representa, como ninguna otra, al estilo rococó más puro.

VISITA

La sobriedad exterior contrasta con la espectacular decoración del interior, de planta ovalada, que se estrecha y prolonga en el E. Los estucados, en parte dorados, y los frescos de espléndido colorido resaltan sobre los muros enlucidos de pintura a la cal. La luz penetra a raudales por los ventanales de variado diseño –como es característico en este artista– que contribuyen a la ornamentación tanto del interior como del exterior del santuario.

WIESKIRCHE

El fino equilibrio entre la decoración y la arquitectura proporciona una impresión de extraordinaria armonía en el conjunto: ambas forman una unidad indisoluble. La parte inferior del edificio –los muros y los pilares geminados que separan, como en la mayor parte de las iglesias de peregrinación, el deambulatorio del presbiterio– apenas presentan adornos porque simbolizan la tierra. Por el contrario, las partes superiores, que representan el cielo, se cubren y recargan de pinturas y estucos. El gigantesco **fresco del techo** muestra la Encarnación de Cristo y su sacrificio, la puerta –aún cerrada– del Paraíso, y el Trono –todavía sin ocupar–, donde se ha de celebrar el Juicio Universal.

En el presbiterio los efectos ornamentales son espectaculares: las columnas, las balaustradas, las esculturas, los estucos dorados y los frescos se combinan para formar una sinfonía de colores. El gran cuadro del altar presenta a Cristo hecho hombre. La finura y delicadeza de los adornos de la tribuna del órgano y del púlpito marcan el cenit del estilo rococó en el S de Alemania.

WISMAR ★

Mecklemburgo-Antepomerania – 49.000 habitantes
Mapas Michelin nº 415/416 E 18

Wismar, fundada en 1229, conoció su época de esplendor en el periodo que perteneció a la Hansa. Su prosperidad se basó en el activo comercio que mantuvo con los países europeos más importantes, en la fabricación de cerveza –célebre por su extraordinaria calidad– y en la industria de los tejidos de lana. La decadencia de la ciudad comenzó durante la guerra de los Treinta Años, que minó su economía. En 1648, tras la paz de Westfalia, Wismar fue asignada a Suecia, a la que perteneció hasta 1803. A principios del s. XIX la ciudad experimentó un resurgimiento gracias al establecimiento de nuevas industrias y al desarrollo del comercio marítimo.

En las últimas décadas la construcción naval, el comercio marítimo y la pesca constituyen los pilares de su economía. Otro importante sector está representado por el turismo, pues la ciudad posee un magnífico patrimonio arquitectónico que puede hacer de ella una interesante meta para el viajero.

QUÉ VER

En el casco viejo se pueden admirar magníficas casas, muchas de ellas restauradas recientemente y otras en proceso de rehabilitación. Aunque el proyecto de recuperación del núcleo histórico no se ha completado, un recorrido por sus calles permite apreciar el valioso patrimonio arquitectónico de la ciudad.

★**Marktplatz (Plaza del Mercado)** – Esta plaza de inmensas proporciones (10.000 m²) está dominada al N por la silueta blanca del edificio del **ayuntamiento**, construido entre 1817 y 1819 en estilo clasicista. Las casas con frontones pertenecen a distintas épocas; cada una de ellas escribe un capítulo diferente de la historia del arte y la arquitectura. En el flanco este se alza la casa burguesa más antigua (hacia 1380) de la ciudad, un inmueble de ladrillo rojo conocido como el "Viejo Sueco" (Alte Schwede); a su derecha se encuentra la casa de Reuter, en la que se realizaron las primeras ediciones de las obras del escritor mecklenburgués Fritz Reuter y a su izquierda, otra bella casa de estilo modernista alemán (Jugendstil).

Al SE de la plaza del Mercado llama la atención el edificio del **Wasserkunst**★, construido entre 1580 y 1602 en estilo renacentista holandés, y que se utilizó durante siglos para el abastecimiento de agua de la ciudad.

Marienkirchturm – De la iglesia de Santa María, construida en la primera mitad del s. XIII y seriamente dañada durante la II Guerra Mundial, sólo se conserva la torre del campanario, de 80 m de altura *(carillón a las 12, 15 y 19)*. El edificio de ladrillo (1450) que se alza en la esquina de las calles Marienkirchhof y Sargmacherstraße fue la sede de arcedianato.

Fürstenhof – *Al O de la torre de la iglesia de Santa María*. Este bello palacio, que consta de dos cuerpos diferentes, es el castillo renacentista situado más al N de Europa. El edificio alargado, construido por Gabriel von Aken y Valentin von Lyra en 1553-54, presenta una bonita ornamentación de pilastras y frisos, en los que se representan la guerra de Troya (fachada de la calle) y la historia del hijo pródigo (fachada del patio).

WISMAR

St.-Georgen-Kirche – La **iglesia de San Jorge**, un edificio tardogótico cuya construcción se inició en 1290 y se prolongó hasta el s. XV, sufrió graves daños durante la II Guerra Mundial; los trabajos de restauración que se están llevando a efecto pretenden devolverle su esplendor pasado.

Grube – El Grube es un canal de agua abierto en 1255, en el que hasta el s. XX se hacía la colada. Es el único de este género que se conserva en Alemania. Las obras que se están realizando para sanear las calles que lo bordean convertirán el barrio en uno de los más pintorescos de Wismar.

★**Schabbellhaus (Casa de Schabbell)** – Este edificio de ladrillo rojo ricamente decorado se alza en la esquina de la Schweinsbrücke y la Frische Grube. Fue construido (1569-71) por el arquitecto neerlandés Philipp Brandinen en estilo Renacimiento holandés por encargo de Hinrich Schabbell, un potentado comerciante que fue burgomaestre de la Wismar (epitafio en la iglesia de San Nicolás). La mansión, de dos plantas y frontón escalonado de cuatro niveles en la fachada orientada al Grube, alberga el **Museo Municipal** (Stadtgeschichtliches Museum) Ⓥ.

★**Nikolaikirche** Ⓥ – Al otro lado del Grube se alza la iglesia de San Nicolás, el templo de ladrillo más alto del mundo después de la iglesia de Santa María de Lübeck. Esta basílica fue construida entre 1381 y 1487. Los arbotantes de las naves laterales atenúan la severidad del edificio; el frontón sur está decorado con bellas figuras vidriadas. El interior del templo destaca por su rico mobiliario, procedente en parte de las anteriores iglesias que ocuparon su lugar. Llama la atención el **altar de los Merceros**★ (Krämergilde), un tríptico tallado de alrededor de 1430 en el que las figuras de la Virgen, del arcángel Miguel y de san Mauricio sorprenden por su extraordinaria expresividad. Una pila bautismal en bronce de 1335 representa escenas de la vida de Cristo, del Juicio Final, así como de las Vírgenes Sabias y las Vírgenes Necias. La "reja del Diablo" (Teufelsgitter) que rodea el baptisterio data del s. XVI. También destacan una Cruz triunfal del s. XV y los frescos que adornan las salas de la torre, con una monumental imagen de san Cristóbal fechada hacia 1450.

Alter Hafen (Viejo puerto) – Caminando desde el Grube por la hermosa calle *Am Lohberg* se llega enseguida a la zona del viejo puerto; en un extremo de la dársena se alza un sobrio edificio barroco conocido como la Baumhaus. En este lugar se atravesaba, a ciertas horas, el tronco de un árbol para impedir el acceso al puerto. Se desconoce la función que desempeñaban las dos "cabezas de suecos" policromadas, ¿pretendían tal vez disuadir a los merodeadores? En cualquier caso están allí desde el año 1672.

Puerto de Wismar

Lutherstadt WITTENBERG

Sajonia-Anhalt – 55.000 habitantes
Mapa Michelin nº 418 K 21

La ciudad de Wittenberg, situada entre las laderas boscosas del Flämling y del Elba, está ligada a la memoria del reformador religioso Lutero.

Una fortaleza del movimiento de la Reforma – En 1512 el príncipe Federico el Sabio llamó a Lutero a Wittenberg para que ocupara un puesto como profesor de Teología –exégesis bíblica– en la Universidad fundada diez años antes; al mismo tiempo fue nombrado predicador de la ciudad. En 1517 Lutero fijó en la puerta de la iglesia del castillo las *95 Tesis en las que combatía el valor de las indulgencias*, y exponía el rechazo a determinadas doctrinas de la Iglesia, la autoridad papal, los votos monásticos, el celibato de los sacerdotes, la misa, etc. Con esta acción, Lutero provocó una rebelión que hacía tiempo latía en el corazón de una Iglesia con muchas deficiencias y contaminada por el poder y los intereses mundanos. En 1520 quemó en Wittenberg la bula papal "Exurge Domine", por la que se le comunicaba la excomunión; a continuación, la Dieta Imperial le invitó a comparecer en Worms. A su regreso a Wittenberg (1522) se vio obligado a combatir la oposición de sus propios alumnos, entre ellos, Thomas Müntzer.

Otras personalidades célebres que desempeñaron un papel relevante en la historia de Wittenberg fueron el correligionario de Lutero, Melanchthon, y Lucas Cranach el Viejo. Un año después de la muerte de Lutero (1546 en Eisleben) el emperador Carlos V visitó la ciudad y meditó sobre la tumba del reformador.

QUÉ VER

★ **Schloßkirche (Iglesia del Castillo)** – *Am Schloßplatz, al O de la ciudad.* La iglesia primitiva de la residencia principesca fue destruida por un incendio en 1760 y en su lugar se construyó la actual. La puerta de bronce (1855) reproduce el texto de las 95 Tesis fijadas por Lutero en la puerta de la iglesia en 1517. En su interior están sepultados Lutero y Melanchthon, así como Federico el Sabio, cuyo bello cenotafio fue realizado en 1527 por Peter Vischer.

★ **Markt (Plaza del Mercado)** – Delante del ayuntamiento (1440) de estilo gótico tardío se alzan las estatuas de Lutero (de Gottfried Schadow, 1821) y Melanchthon (de Friedrich Drake, 1860). La plaza está bordeada de casas con bellos frontones; en el flanco suroeste (*Markt 4*) se encuentra la casa natal de Lucas Cranach el Viejo, y a corta distancia de ésta (*Schloßstraße 1*), la vivienda donde residió y trabajó el artista de 1513 a 1550.

Stadtkirche (Iglesia parroquial) – *Am Kirchplatz, al E de la plaza del Mercado.* Esta iglesia gótica de tres naves (ss. XIV-XV) fue decorada en estilo neogótico en el s. XVIII. La predela del **retablo de la Reforma**★ (1547), pintada por Lucas Cranach, muestra la predicación de Lutero en esta iglesia. También está representado, en el ala izquierda, Philipp Melanchthon, el autor del texto programático más valioso para el protestantismo, la *Confesión de Augsburgo* (1530).

Melanchthon-Haus (Casa de Melanchthon) ⊙ – *Collegienstraße 60.* La casa en la que vivió y murió Melanchthon es una construcción renacentista coronada por un elegante frontón. En su gabinete de trabajo se exponen documentos que ilustran la obra del autor de la *Confessio Augustana (ver Augsburg)*. De talante moderado y ajeno a la polémica, el carácter conciliador de Melanchthon, que trabajó por aproximar las diferentes facciones del movimiento reformador, contrastaba con la personalidad impetuosa, a menudo violenta, de Lutero.

★ **Lutherhalle (Casa de Lutero)** ⊙ – *Al final de la Collegienstraße.* En el patio del antiguo monasterio agustino donde se refugió Lutero en 1508 se encuentra la casa donde residió el reformador a partir de 1524. Tras su muerte, el conjunto fue habilitado como Universidad, a la que se adhirió el Collegium Augusteum. El **Museo de la Reforma** (Reformationsgeschichtliches Museum), instalado en 1883, alberga una colección de antiguas impresiones de la Biblia, manuscritos y ediciones originales de obras de Lutero. Existe una sección dedicada a las artes en la época de la Reforma, con retratos de Lutero, cuadros y grabados realizados por Lucas Cranach el Viejo y Hans Baldung Grien.

ALREDEDORES

★★ **Wörlitzer Park** – *18 km al O, ver este nombre.* En Coswig cruce el Elba en el transbordador (Autofähre).

WOLFENBÜTTEL ★★

Baja Sajonia – 55.700 habitantes
Mapas Michelin nos 416/418 J 15

Wolfenbüttel fue durante tres siglos, hasta el traslado de la corte a la ciudad de Brunswick en 1753, la residencia de los duques de Brunswick-Luneburgo. El plano de la ciudad, con anchas calles paralelas y perpendiculares que desembocan en plazas de trazado regular, posee una gran unidad formal. Wolfenbüttel es una de las más hermosas realizaciones urbanísticas del Renacimiento alemán.

QUÉ VER

★★**Casas de vigas entramadas (Fachwerkhäuser)** – Las casas de vigas entramadas constituyen un conjunto pintoresco y reflejan las peculiaridades de la estructura social de Wolfenbüttel en el pasado. Las mansiones de los altos funcionarios de la Corte, construidas hacia 1600, presentan fachadas majestuosas, con grandes aleros protegiendo la entrada principal. Estos edificios se pueden ver en la Kanzleistraße, la Reichsstraße y en el sector oeste de la Harzstraße. En el nº 12 de esta última se pueden ver unas curiosas caras de perfil sobre las cornisas y versos grabados con sentencias bíblicas. Las casas de los funcionarios más modestos y de los comerciantes se distinguen por su abundante decoración; por regla general, la fachada más larga suele poseer un frontón único *(Lange Herzogstraße, Brauergildenstraße, Holzmarkt, Krambuden)*. Las casas más sencillas *(Krumme Straße, Stobenstraße)* constan sólo de dos plantas y se adornan con bellos motivos policromados en forma de abanico.

Uno de los elementos característicos de la arquitectura de Wolfenbüttel son sus edificios de esquina con miradores que sobresalen escasamente. La plaza central Stadtmarkt constituye el conjunto más homogéneo de casas de vigas entramadas.

★**Stadtmarkt** – El ayuntamiento ocupa el grupo de casas de los ss. XVI-XVII que bordean los lados norte y oeste de la **plaza central**. El ala donde está alojada la oficina de Pesas y Medidas se reconoce por su puerta de arco de medio punto, sobre la que se puede ver la sentencia del rey Salomón y las armas de la ciudad. La estatua del duque Augusto el Joven (1635-1666) rinde homenaje a uno de los príncipes más cultivados de la dinastía Brunswick-Wolfenbüttel, del linaje güelfo.

Schloß ⊙ – La *Krambuden* es una pintoresca callecita de soportales que conduce al **castillo**. La antigua fortaleza rodeada por un foso de agua, edificada en el s. XII, fue conquistada por Enrique el León. Antes de adquirir las proporciones del palacio actual (el segundo en tamaño de Baja Sajonia después del Leineschloß en Hannover), fue reformado en numerosas ocasiones a lo largo de los siglos. Destaca, sobre todo, su bella **torre renacentista**★ y la suntuosa fachada barroca. En los ss. XVI-XVII, bajo la protección de los duques mecenas, la residencia de los güelfos se convirtió en un importante centro cultural del país.

Aposentos ducales – *Acceso por el patio interior y por la escalinata de la entrada principal.* El museo del palacio alberga los aposentos de los príncipes del periodo 1690-1750. El valioso mobiliario, los tapices, las magníficas porcelanas y la colección de cuadros permiten formarse una idea del lujo que caracterizaba a la Corte, de la época barroca. En las paredes del gabinete de la duquesa se pueden ver trabajos de marquetería con incrustaciones de marfil.

Herzog-August-Bibliothek ⊙ – Fundada en 1572 por el duque Augusto el Joven, esta **biblioteca** constituyó en el s. XVII el mayor depósito de libros existente en Europa. Este dinámico centro de investigación, al que acuden científicos y eruditos de todo el mundo, posee un fondo de cerca de 860.000 volúmenes. Entre ellos cuenta con valiosos manuscritos ilustrados de la Edad Media, como un raro ejemplar del *Espejo de los Sajones* (s. XIV) y el **evangeliario de Enrique el León** (s. XII). Todas estas joyas se exponen en la Augusteer-Halle y en la nueva cámara del Tesoro. En la sala de los Globos terráqueos se exhiben dos globos, uno terráqueo y otro celeste, así como diversos mapas y portulanos que ofrecen una panorámica de los conocimientos geográficos en el s. XVII. En la Sala de libros ilustrados se presenta una exposición *(temporal)* con ejemplares realizados por grandes artistas de nuestro siglo.

Lessinghaus ⊙ – El filósofo y dramaturgo alemán Gotthold Ephraim Lessing ocupó durante diez años (1770-81) el puesto de bibliotecario oficial de la Corte en Wolfenbüttel. Aquí escribió su obra *Nathan el Sabio*. En esta casa, que fue su residencia, se puede ver una pequeña exposición que ilustra su vida y su obra.

En las proximidades de la Lessinghaus se encuentra el **Arsenal** (Zeughaus), una imponente construcción renacentista del s. XVI con buhardillas decoradas con volutas y obeliscos y una bella portada (oeste) almohadillada.

WOLFENBÜTTEL

Am Herzogtore	**BY** 2	Holzmarkt	**BZ** 15	Leopoldstraße	**BY** 32
Anna-Vorwerk-Str.	**AY** 3	Jägermeisterstraße	**BY** 16	Löwenstraße	**AZ** 33
Bahnhofstraße	**AZ** 5	Jägerstraße	**AZ** 17	Marktstraße	**BZ** 35
Brauergildenstraße	**BZ** 6	Kanzleistraße	**AZ** 19	Okerstraße	**BYZ**
Breite Herzogstraße	**BYZ**	Kleine Kirchstraße	**ABZ** 21	Reichsstraße	**BZ** 36
Dr.-Heinrich-Jasper-Str.	**AZ** 8	Klosterstraße	**AZ** 23	Schiffwall	**AYZ** 37
Enge Str.	**BZ** 9	Kommißstraße	**AZ** 24	Schloßplatz	**AZ** 39
Große Kirchstraße	**BZ** 12	Kornmarkt	**AZ** 26	Sophienstraße	**AY** 40
Großer Zimmerhof	**AX** 13	Krambuden	**AZ** 27	Stadtmarkt	**AZ**
		Landeshuter Platz	**BZ** 29	Stobenstraße	**AYZ** 42
		Lange Herzogstraße	**ABYZ**	Ziegenmarkt	**BYZ** 43
		Lange Str.	**BZ**		

Hauptkirche – La **iglesia**, construida en 1608 para celebrar el rito protestante, está situada en la plaza del Kornmarkt. La construcción se inspira en las iglesias de tipo salón de finales del gótico. Las formas ornamentales propias de este estilo se mezclan ya con elementos del manierismo. La pesada torre con el remate barroco recuerda a la del castillo. El altar, el púlpito y la caja del órgano en el interior, de estilo barroco, datan de finales del renacimiento.

Trinitatiskirche – La iglesia de la Trinidad se alza al E de la plaza del Holzmarkt. Se construyó en 1719 incorporando a su estructura una antigua puerta de la ciudad con dos torres, de ahí su aspecto tan singular. Cerca de la iglesia se encuentra el **jardín público**, construido en los terrenos de la antigua muralla defensiva.

WÖRLITZER PARK★★

Parque de WÖRLITZ – Sajonia-Anhalt
Mapa Michelin nº 418 K 21

El príncipe Leopoldo III –Friedrich Franz von Anhalt-Dessau (1740-1817)–, conocido con el sobrenombre de "Vater Franz" por sus súbditos, fue el soberano prototipo del despotismo ilustrado, un monarca preocupado por atender las necesidades de su pueblo, pero sin permitirle participar en la toma de decisiones. Este interés por la prosperidad de su Estado impulsó las grandes empresas económicas de la época: la modernización de la agricultura, la estimulación de las actividades comerciales en la región, la construcción de carreteras, etc. Pero, deseoso de combinar lo útil con lo hermoso, impulsó igualmente el desarrollo de las artes y de las letras: la literatura, la música, la arquitectura y el arte de la jardinería. Tanto el progreso técnico y material, como el intelectual y artístico, habrían de contribuir por igual a la grandeza del Estado.

Leopoldo III se ajustó al modelo ideal de Estado del s. XVIII, según el cual el gobernante debía ser racional, útil y benefactor para sus súbditos. El papel de la naturaleza para la consecución de esta felicidad provenía del extraordinario hallazgo de Newton de las leyes que regulaban el Universo: si la naturaleza estaba sometida a un orden, también

WÖRLITZER PARK

debían existir unas leyes que regulasen la sociedad. Por eso, la naturaleza, a través de la interpretación de sus mensajes por medio de la razón, debía ser el modelo a imitar por el hombre para alcanzar el progreso y el bienestar social. En sus diferentes viajes por Inglaterra, Leopoldo III se interesó por los nuevos proyectos de jardinería de este país, en los que, frente a la primacía de los elementos ornamentales que caracterizaba al modelo de jardín arquitectónico francés, se prescindía de la artificiosidad geométrica y se imponía el concepto de una naturaleza exuberante. El parque de tipo inglés se concibe como un espacio natural que, aunque delimitado, permite el desenvolvimiento orgánico "libre" de las especies vegetales. Este esquema resultó muy sugerente al monarca, quien contó con el consejo y el apoyo del arquitecto y amigo **Friedrich Wilhelm von Erdmannsdorff** –su compañero de viajes– para poner en práctica en su principado el jardín paisajista.

Los trabajos comenzaron en 1764. A simple vista, el jardín parece un espacio natural, pero en realidad es el resultado de la transformación artificial del paisaje: se crearon perspectivas (en ocasiones hasta 14 líneas visuales distintas), que se dirigían a las diferentes construcciones y monumentos que adornan el parque, y a los diferentes puentes que se integran en un ambiente acorde con las concepciones de la Arcadia (1504), de Sannazaro, una obra en la que el autor se decanta por el jardín de paisaje mucho antes de concebirse por primera vez el de tipo inglés. Las obras, que se prolongaron hasta 1800, se llevaron a cabo en tres etapas. El parque de Wörlitz, que conserva todo su encanto y frescor original, constituye el primer ejemplo de jardín inglés en el continente europeo y en él se inspirarán las posteriores realizaciones en el reino de Prusia.

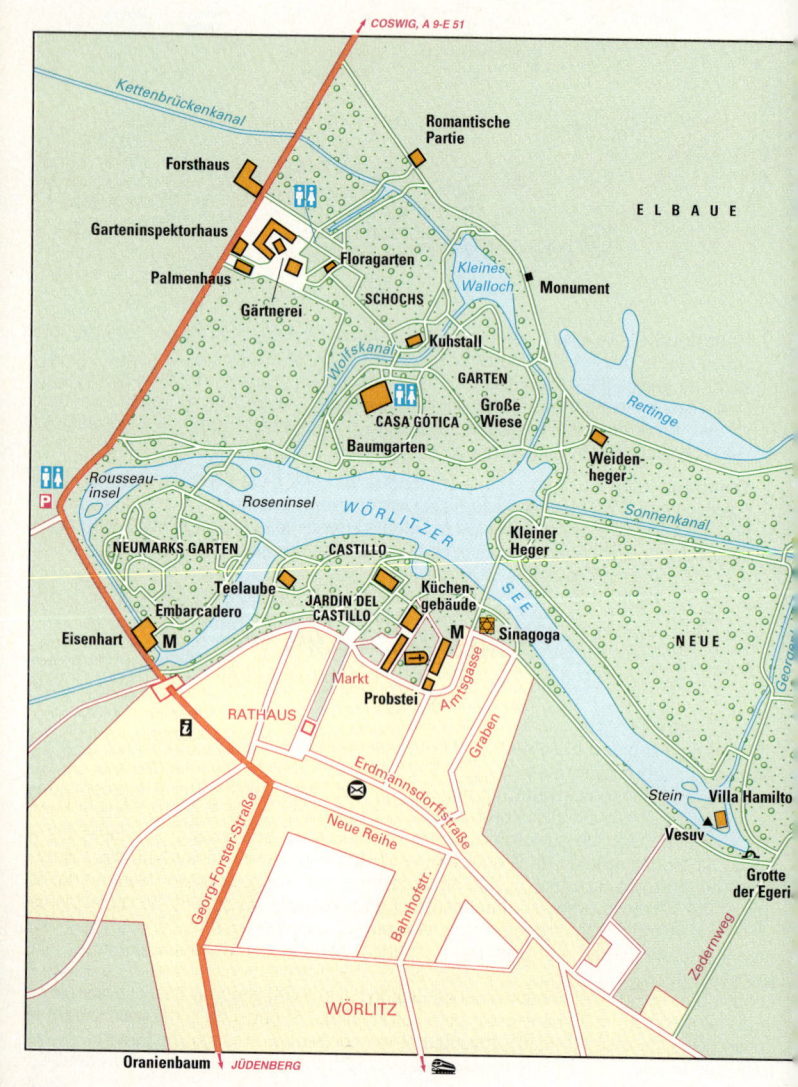

WÖRLITZER PARK

El Panteón del parque de Wörlitz

WÖRLITZER PARK

- Información
- Aseos

antheon

Großes Walloch
Amalieninsel
Rotes Wachhaus
Italienisches Bauernhaus
LAGEN
Holzhof

VISITA *prevea al menos medio día para el conjunto del parque, el castillo y la Casa Gótica.*

★ **Schloß (Palacio)** – Esta construcción, una de las primeras edificaciones clasicistas de Alemania, fue realizada por Erdmannsdorff entre 1769 y 1773, inspirándose para su diseño en el palacio de Claremont en Surrey, de estilo neopaladiano. El palacio, de dos plantas y enlucido en tonos amarillo y blanco, destaca sobre el verde de la vegetación. El pórtico, sostenido por cuatro columnas colosales de orden corintio, está coronado por un frontón cuyo tímpano se distingue por la sobriedad de su decoración. Una inscripción indica que la mansión se levantó por encargo del príncipe Francisco para obsequiar a su esposa Luisa. En su equipamiento prevalecieron los criterios prácticos y útiles, como las instalaciones para el abastecimiento de agua corriente, los montacargas, las camas plegables y los armarios empotrados. Las esculturas y las obras de ebanistería se encomendaron a artesanos locales, que realizaron su labor bajo las exigentes órdenes y la atenta mirada de Erdmannsdorff.

En el interior, las habitaciones conservan casi íntegramente su decoración original. Entre las salas destacan el elegante **comedor de gala** (Speisesaal), con sus artísticos estucos y las finas columnas de orden corintio, y el **Gran Salón de Fiestas** (Großer Festsaal), de dos plantas, cubierto por un techo de casetones y pinturas murales inspiradas en Carracci. Otras piezas de interés son: la **biblioteca**, con su rica pinacoteca (Snyers, van Ruysdael, Antoine Pesne) y su mobiliario fabricado en el taller de Roentgen (gabinete de la princesa).

★ **Gotisches Haus (Casa Gótica)** – Esta casa, construida en diferentes etapas entre 1773 y 1813, presenta una fachada (la del lado del canal) que imita la de la iglesia gótica de Santa Maria dell'Oro en Venecia, mientras que la que se orienta al jardín es de estilo Tudor, en ladrillo y con ventanas de arcos ojivales. La Casa Gótica es la segunda edificación de estilo neogótico –la primera fue la Nauener Tor de Potsdam– que se construyó en Alemania.

WÖRLITZER PARK

En ella solía retirarse el príncipe cuando no se celebraban recepciones oficiales. Bien aconsejado por el erudito suizo Johann Caspar Lavater, Friedrich Franz von Anhalt-Dessau adquirió una magnífica colección de **vidrieras policromadas suizas**★ de los ss. XV al XVII que se utilizaron para decorar las ventanas.
Todas las salas están decoradas con cuadros (*Retrato masculino* de Tintoretto en el gabinete marcial, obras de Lucas Cranach el Viejo en la biblioteca).

ALREDEDORES

Oranienbaum – *6 km al S.* Esta pequeña villa barroca debe su nombre a la princesa neerlandesa Henriette Catharina von Nassau-Oranien, esposa de Jorge II von Anhalt-Dessau. El conjunto arquitectónico, compuesto por el castillo, la orangerie y un amplio parque en el que una pagoda china pone la nota exótica, se conserva en un estado bastante aceptable. La ciudad es de planta geométrica, distribuida en cuadrículas. En la plaza del Mercado, una escultura en hierro que representa un naranjo plantado en una gran maceta de gres evoca el nombre de esta pequeña villa residencial.

WORMS★

Renania-Palatinado – 85.000 habitantes
Mapa Michelin nºs 417/419 R 9 – Esquema: PFALZ

En la época del general romano Julio César (100-44 a.C.), Worms, antiguo poblamiento celta, pasó a dominio de Roma. Con un rico pasado legendario (Cantar de los Nibelungos) e histórico, la ciudad fue, junto a Espira y Maguncia, una de las residencias imperiales en la ribera del Rin. Worms, situada en la región vitícola del Palatinado, se extiende en una fértil llanura a orillas del río.
La **iglesia de Nuestra Señora** (Liebfrauenkirche), ubicada entre viñedos en un barrio al N de la ciudad, ha dado nombre a un famoso vino, el "Liebfrauenmilch". En las proximidades de la **Torturmplatz** y de la **Karolingerstraße** se pueden ver vestigios restaurados de las antiguas murallas de la ciudad, destruidas durante la guerra de los Treinta Años.

Lutero ante la Dieta Imperial – En 1521, el Papa de Roma promulgó una bula de excomunión contra Lutero. El joven emperador Carlos V convocó con este motivo la Dieta en Worms, e invitó a comparecer al reformador religioso. Lutero acudió a la convocatoria, protegido por un salvoconducto imperial, pero se negó a retractarse de sus tesis. Carlos V mandó quemar sus escritos y le impuso la pena del destierro.

★★ DOM ST. PETER (CATEDRAL DE SAN PEDRO) *30 min*

Esta basílica románica posee dos ábsides; cada uno de ellos está enmarcado por dos torres de escalera circulares. El **presbiterio occidental**★★, concluido hacia 1181, es una de las más bellas realizaciones románicas en Alemania con sus dos galerías superpuestas de estilo renano que recorren todo el perímetro de los ábsides y la torre central.

Interior – *Acceda al templo por la portada sur*. En el tímpano se representa la Coronación de la Virgen y en el reverso, la escena de Cristo presidiendo el Juicio Universal (s. XII). La primera capilla *(a la derecha de la entrada)* alberga una escultura que simboliza a Daniel en el foso de los leones.
El presbiterio oriental, a la derecha, cubierto por una bóveda de crucería, es el más antiguo; el altar mayor es obra de Balthasar Neumann. El crucero se cubre con una cúpula característica del románico renano que reposa sobre trompas. Bajo el presbiterio se encuentra la cripta con las sepulturas de familiares del emperador Conrado II. La nave principal romana consta de cinco tramos con bóvedas de crucería. El presbiterio occidental destaca por su elegante friso en forma de damero, por sus arcadas ciegas y por la decoración de rosas de cuatro y ocho pétalos. En la nave lateral norte se pueden ver una sucesión de cinco **relieves góticos**★, que muestran diversas escenas de la vida de Cristo (Anunciación, Natividad, Sepultura, Resurrección) y un árbol de Jesé.

Y ADEMÁS

Lutherdenkmal (Monumento a Lutero) – El monumento, inaugurado en 1868, recuerda la comparecencia de Lutero ante la Dieta en 1521. La composición presenta a Lutero rodeado de los precursores de la Reforma: Pierre Valdo, John Wycliff,

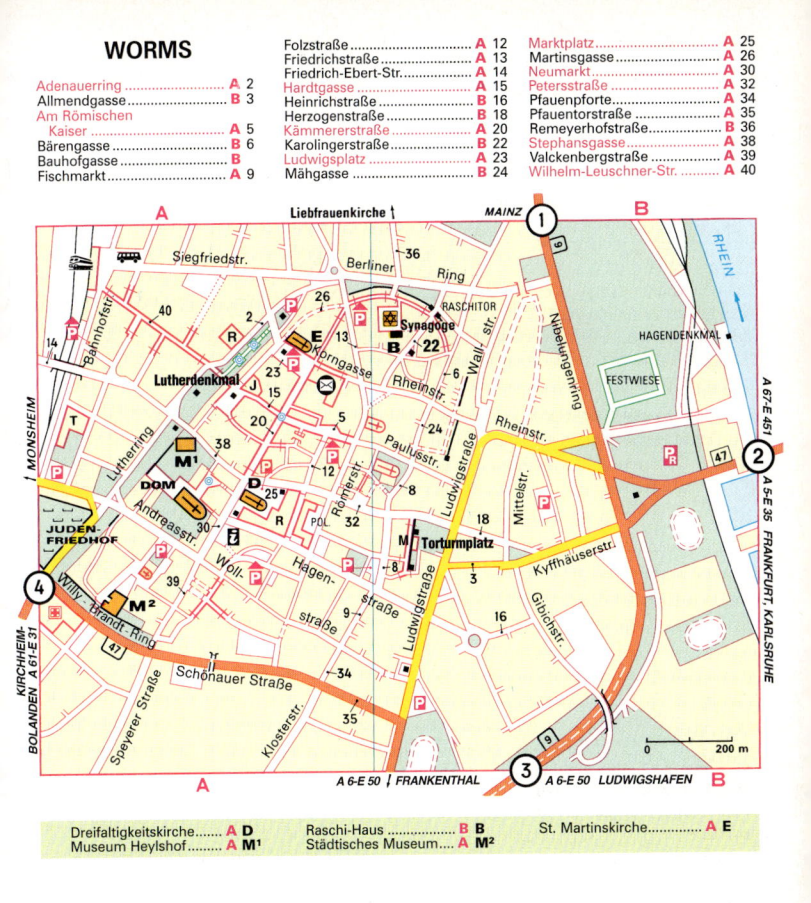

WORMS

Adenauerring	A	2
Allmendgasse	B	3
Am Römischen Kaiser	A	5
Bärengasse	B	6
Bauhofgasse	B	
Fischmarkt	A	9
Folzstraße	A	12
Friedrichstraße	A	13
Friedrich-Ebert-Str.	A	14
Hardtgasse	A	15
Heinrichstraße	B	16
Herzogenstraße	B	18
Kämmererstraße	A	20
Karolingerstraße	A	22
Ludwigsplatz	A	23
Mähgasse	B	24
Marktplatz	A	25
Martinsgasse	A	26
Neumarkt	A	30
Peterstraße	A	32
Pfauenpforte	A	34
Pfauentorstraße	A	35
Remeyerhofstraße	B	36
Stephansgasse	A	38
Valckenbergstraße	A	39
Wilhelm-Leuschner-Str.	A	40

Dreifaltigkeitskirche	A	D
Museum Heylshof	A	M¹
Raschi-Haus	B	B
Städtisches Museum	A	M²
St. Martinskirche	A	E

Jan Hus y Savonarola; en las cuatro esquinas se encuentran las estatuas de Reuchlin y Melanchthon, teólogos de la Reforma, del landgrave de Hessen Felipe el Magnánimo y del elector de Sajonia, protector de Lutero. Las figuras femeninas simbolizan las ciudades de Augsburgo, Espira y Magdeburgo.

★ **Museum Heilshof** ⓥ – Este museo, instalado en un palacio de la época de Bismarck, posee una valiosa **colección de pinturas**★ de los ss. XV a XIX, con obras de Rubens, Van Loo y Tintoretto entre otros. Además, se pueden contemplar vidrieras de los ss. XV-XVI, valiosas porcelanas, cerámicas y cristalerías.

★ **Judenfriedhof (Cementerio judío)** – Worms es uno de los centros con mayor tradición judía en Alemania. En el cementerio judío más antiguo de Europa, utilizado desde el s. XI hasta el XX, se conservan más de 2.000 estelas funerarias con inscripciones en hebreo. Desde aquí se ofrece una interesante vista de las torres de la catedral.

Synagoge – Esta **sinagoga**, fundada en el s. XI y reconstruida en 1961, es la más antigua del territorio alemán. En las proximidades se encuentra la Mikwe, los baños femeninos, así como la **Casa de Raschi** (Raschi-Haus), la escuela judía (restaurada), en la que se exponen documentos, objetos de culto y ceremoniales que ilustran la vida de la comunidad judía de Renania.

Städtisches Museum ⓥ – Hallazgos arqueológicos con más de 5.000 años de antigüedad que ha reunido el **Museo Municipal** se exhiben en las dependencias del antiguo convento de San Andrés. Es interesante, sobre todo, la sección romana, que cuenta con una valiosa colección de cristalería. En el pintoresco claustro se encuentra el lapidario.

Dreifaltigkeitskirche (Iglesia de la Santísima Trinidad) – De esta iglesia barroca construida en el s. XVIII sólo se conservan la fachada y la torre. La decoración del interior es moderna.

St. Martinskirche (Iglesia de San Martín) – La portada oeste, de estilo románico, está flanqueada por ocho columnas; en el tímpano destaca la bella decoración de hojas de sarmiento.

EXCURSIÓN

★ **Palatinado renano** – *Ver Pfalz.*

WÜRZBURG★★

Baviera – 129.000 habitantes
Mapas Michelin nos 417/419/420 Q 13

Würzburg está situada a orillas del Meno (Main), entre las colinas vitícolas de la Baja Franconia y a los pies de la ciudadela episcopal de Marienberg. La ciudad, que creció al amparo de un pequeño núcleo cortesano (s. VII), ya gozaba de cierta importancia en la Edad Media. En 1156 el emperador Federico I Barbarroja, de la dinastía de los Hohenstaufen, celebró en la ciudad sus bodas con Beatriz de Burgundia. El periodo de mayor esplendor corresponde a los años 1650-1750, cuando los tres príncipes de la casa **Schönborn** construyeron –además de numerosas iglesias– la Residencia, uno de los más bellos palacios barrocos de Alemania.

Wilhelm Conrad Röntgen descubrió los rayos X (1895) durante sus trabajos de investigación como profesor de la **Universidad** de Würzburg, fundada en 1582 durante el reinado del príncipe-obispo Julius Echter von Mespelbrunn.

El maestro de Würzburg – Este sobrenombre se le dio al gran escultor del gótico tardío **Tilman Riemenschneider** (1460-1531), quien se estableció en Würzburg en 1483 y fue alcalde de la ciudad de 1520 a 1521. La obra de Riemenschneider jamás tuvo un valor puramente decorativo: todo su interés se centra en los personajes, que expresan a través de los semblantes, las manos y las vestimentas toda la sensibilidad del artista, marcada por un sentimiento de melancolía. Los espléndidos retablos de Creglingen y Rothenburg, las estatuas del museo de la región franconiana del Meno en Würzburg y el monumento funerario de Enrique II en la catedral de Bamberg figuran entre los más preciados tesoros del arte de Franconia.

Alojamiento

Zur Stadt Mainz – *Semmelstraße 39* – ☎ *09 31/5 31 55 – fax 09 31/5 85 10 – 15 hab – individuales desde 57 €*. Pequeño negocio familiar en el centro de la ciudad, dispone de habitaciones confortables y salas de estar ambientadas al estilo de Franconia.

Schloß Steinburg – *Auf dem Steinberg* – ☎ *09 31/9 70 20 – fax 09 31/9 71 21 – 52 hab – individuales desde 77 €*. Hotel construido en un palacete de 1897, emplazamiento único con vistas a la ciudad y al valle del Meno. Gran confort.

Walfisch – *Am Pleideturm 5* – ☎ *09 31/3 52 00 – fax 09 31/3 52 05 00 – 40 hab – individuales desde 85 €*. Céntrico, pero cerca del Meno, con vistas a los viñedos y a la fortaleza. En la "Walfisch-Stube" se pueden degustar ricas especialidades gastronómicas.

Rebstock – *Neubaustraße 7* – ☎ *09 31/3 09 30 – fax 09 31/3 09 31 00 – 72 hab – individuales desde 100 €*. Bonita fachada rococó. Gran confort, decoración original.

Restaurantes

Weinhaus Stachel – *Gressengasse 1* – ☎ *09 31/5 27 70 – fax 09 31/5 27 77 – menús desde 10,50 €*. Bonito edificio antiguo, decoración rústica y acogedora, con revestimientos de madera. Bonito patio con plantas, muy agradable en verano.

Bürgerspital – *Theaterstaße 19* – ☎ *09 31/35 28 80 – fax 09 31/3 52 88 88 – menús desde 10,50 €*. Bodega con vinos del valle del Bürgersüital. Techo abovedado muy antiguo; es difícil encontrar una mesa libre; su vino se acompaña con una variada carta de platos típicos de Franconia.

Schiffbäuerin – *Katzengasse 7* – ☎ *09 31/4 24 87 – fax 09 31/4 24 85 – menús desde 13,50 €*. Restaurante con decoración rústica; especialidad en platos de pescado.

★★ RESIDENZ (LA RESIDENCIA) ⓥ *Vis guiada: 1 h*

Este magnífico palacio barroco fue construido entre 1720 y 1744 bajo la dirección del genial arquitecto **Balthasar Neumann**. A partir de entonces constituyó la residencia de los obispos, reemplazando a la antigua fortaleza de Marienberg.

La monumental **escalera de honor★★**, cuyo primer tramo es sencillo y termina en un tiro doble, es una obra maestra de Neumann; ocupa toda la parte norte del vestíbulo. El gigantesco **fresco★★** (600 m^2), obra del veneciano **Tiepolo** (1752-53), representa un homenaje de los cuatro continentes conocidos en aquel tiempo al príncipe-obispo von Greiffenclau. Los estucos de la Sala Blanca (Weißer Saal) *(entre la escalera y la sala Imperial)* fueron realizados por el italiano Antonio Bossi.

WÜRZBURG

Una obra maestra en 210 días

El príncipe-obispo Carl Philipp von Greiffenclau había confiado la realización de las pinturas de la Residencia a un artista milanés pero, descontento con su labor, decidió dar el encargo al mejor pintor de frescos de la época, **Giovanni Battista Tiépolo**. Este pintor llegó a Würzburg el 12 de diciembre de 1750 acompañado de sus dos hijos, de 23 y 14 años de edad, y fue recibido con honores de príncipe. Se le iba a recompensar por su trabajo con 10.000 florines, el triple de lo que ganaba en Venecia, además de dispensarle un trato exquisito.

Durante su estancia de apenas tres años en Würzburg, Tiépolo pintó los frescos del Salón Imperial y de las bóvedas sobre la escalera de honor, dos retablos de la capilla de la Corte, uno para la abadía de Schwarzach (que hoy se expone en la Pinacoteca Antigua de Múnich) y realizó trabajos por encargo de algunas familias de Würzburg. Como no podía pintar durante el invierno, lo más probable es que el resto del tiempo se consagrase día y noche a la labor. En 210 días, el artista cubrió las bóvedas sobre la escalera con un gigantesco fresco de 32 x 19 m, caracterizado por una profusión de personajes, alegorías y amorcillos, que representan en cierto modo un teatro del mundo. En los frescos de la Residencia, Tiépolo, célebre desde joven por su desbordante imaginación y su rapidez en la ejecución de sus trabajos, creó, sin duda, su obra maestra.

El espléndido **salón Imperial**★★ de planta oval *(1ª planta)* está decorado igualmente con **frescos de Tiépolo** en los que se representan los esponsales de Federico I Barbarroja y la sanción del poder ducal de los obispos por el emperador (1168). Siguiendo una moda barroca, el artista aplicó a la perfección la técnica del trampantojo, o ilusión óptica en la que parece real y en relieve lo que solo es pintado.

También se pueden visitar los **aposentos principescos** (Paradezimmer), que han recuperado con su restauración todo su lustre rococó: estucados, tapices, mobiliario alemán.

★★ **Hofkirche (Iglesia de la Corte)** – La compleja estructura de las bóvedas muestra la originalidad y la audacia arquitectónica de Balthasar Neumann. Las columnas de mármol veteado en rosa, el blanco y el oro de los estucos y los cálidos tonos de los frescos del pintor de la corte Rudolf Byss constituyen un conjunto rico en contrastes de color. Los altares laterales se adornan con sendas tablas de Tiépolo: la *Asunción* y *La caída de los ángeles*.

★★ **Hofgarten (Jardines)** – La hábil integración de los antiguos bastiones permitió crear en la parte Este del parque una zona de terrazas y rampas majestuosas. Desde los jardines del Este se contempla una perspectiva de la fachada de la Residencia (167 m), con su elegante cuerpo central. La obra plástica (amorcillos, jarrones) se debe a Johann Peter Wagner.

Frescos del Salón Imperial (Tiepolo), Residencia (Würzburg)

WÜRZBURG

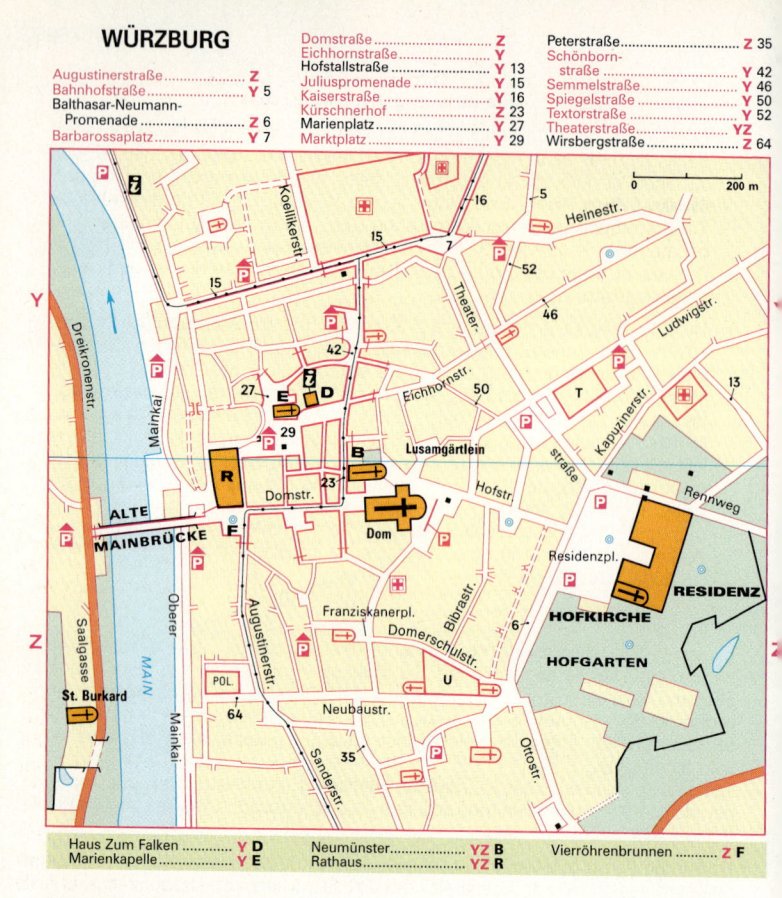

Augustinerstraße	Z	Domstraße	Z	Peterstraße	Z 35
Bahnhofstraße	Y 5	Eichhornstraße	Y	Schönborn-	
Balthasar-Neumann-		Hofstallstraße	Y 13	straße	Y 42
Promenade	Z 6	Juliuspromenade	Y 15	Semmelstraße	Y 46
Barbarossaplatz	Y 7	Kaiserstraße	Y 16	Spiegelstraße	Y 50
		Kürschnerhof	Z 23	Textorstraße	Y 52
		Marienplatz	Y 27	Theaterstraße	YZ
		Marktplatz	Y 29	Wirsbergstraße	Z 64

Haus Zum Falken	Y D	Neumünster	YZ B	Vierröhrenbrunnen	Z F
Marienkapelle	Y E	Rathaus	YZ R		

★ **Martin-von-Wagner-Museum** ⓥ – *En el ala sur de la Residencia.* La **galería de Pinturas**★ *(2ª planta)* presenta una colección de arte alemán y europeo de los ss. XIV-XX. Destacan en particular los **retablos de maestros de Würzburg** de los ss. XIV-XVI y la escultura franconiana, sobre todo la de Riemenschneider. También está bien representada la pintura holandesa e italiana de los ss. XVI-XVIII, entre la que figuran cuadros de Tiepolo.

La **colección de Antigüedades**★ *(3ª planta)* cuenta con una interesante serie de **vasijas griegas pintadas**★★ (sobre todo del s. VI-IV a.C.). Las jarras, cántaros, copas y fuentes presentan motivos de la vida cotidiana y escenas míticas; las pinturas del artista de Brygos (Atenas, s. V a.C.) son especialmente finas. También se muestran esculturas en mármol griegas y romanas, así como una sección de antigüedades etruscas, orientales y egipcias (Imperio Antiguo).

ORILLA DERECHA DEL MENO

Dom (Catedral de St.Kilian) – Esta basílica flanqueada por cuatro torres, restaurada en 1945, conserva su aspecto original (ss. XI-XIII). En su interior se distinguen las huellas de cerca de un milenio de tradición arquitectónica: los estucos barrocos del presbiterio contrastan con el techo plano románico de la nave central; el **altar de los Apóstoles** *(ábside del brazo derecho del transepto)* fue creado por H. Weber en 1967 para acoger las tres **esculturas de gres**★ de Riemenschneider (1502-06).
En los pilares de la nave principal se puede ver un conjunto de **monumentos funerarios de los obispos**★ (ss. XII-XVII); los que ocupan los pilares 7º y 8º son obra de Riemenschneider *(Rodolfo von Scherenberg y Lorenzo von Bibra)*.
La **cripta** *(acceso desde el brazo izquierdo del transepto)* alberga la sepultura (s. XIII) del fundador de la catedral, el obispo Bruno. En la parte sur de la catedral se abre el **claustro** gótico (s. XV). La **capilla Schönborn** (Schönbornkapelle) en el crucero norte *(izquierda)* fue construida entre 1721 y 1736 por Balthasar Neumann y el arquitecto Maximilian von Welsch para acoger las sepulturas de los príncipes obispos de la casa de Schönborn.

Neumünster (Nueva Colegiata) – La impresionante **fachada oeste** (1710-16) se atribuye a Johann Dientzenhofer. Los dos frontones superpuestos de la parte central cóncava –como si de un escenario se tratara– proporcionan al conjunto un gran movimiento. Delante de las tres naves que se remontan al edificio románico original, se construyó, a principios del s. XVIII, una amplia rotonda central cubierta por una cúpula. Bajo ésta, alojada en unos nichos, se puede ver una *Virgen con el Niño* de Riemenschneider y una curiosa imagen de Cristo con los brazos plegados sobre el regazo (s. XIV).

WÜRZBURG

En la cripta oeste se conserva el **sarcófago de san Kilian**, apóstol, patrón de Franconia y misionero, ejecutado en Würzburg en el año 689.

A la izquierda del presbiterio se encuentra el paso a un **jardincillo** (Lusamgärtlein) que ocupa el lugar del claustro medieval, donde reposa, al parecer, el trovador Walther von der Vogelweide.

Marienkapelle (Capilla de Santa María) – Esta esbelta y elegante iglesia tardogótica fue edificada por los ciudadanos de Würzburg entre los ss. XIV y XV. En el tímpano de la portada norte se puede admirar un bello relieve de la Anunciación (hacia 1420). En el interior se encuentra la tumba (1502) de Konrad von Schaumberg, de Riemenschneider *(reverso de la fachada oeste)* y una **Virgen de plata** del maestro de Augsburgo J. Kilian del año 1680 *(parte norte)*. Al E de la iglesia se alza la **casa del Halcón**★ (Haus zum Falken), con una elegante fachada rococó de 1752 (reconstruida).

★ **Alte Mainbrücke** (Viejo puente del Meno) – Este puente, construido entre 1473 y 1543, estaba adornado en la época barroca con doce monumentales estatuas de santos en gres. Remontando el río, en la orilla derecha se puede ver el viejo transbordador (Alter Kran, hacia 1770), obra de Ignaz Neumann, hijo del famoso arquitecto Balthasar Neumann.

Rathaus (Ayuntamiento) – El edificio, que data del s. XIII, fue en su origen la residencia de los príncipes obispos. La fachada pintada es del s. XVI; posee un bello patio interior. El **Rote Bau** *(cuerpo oeste)* es de estilo renacentista tardío (1659). Delante del ayuntamiento se alza la **fuente de los Cuatro Caños** (Vierröhrenbrunnen) (1765).

ORILLA IZQUIERDA DEL MENO

★ **Festung Marienberg** – Los príncipes obispos residieron entre 1253 y 1719 en esta fortaleza situada en la margen izquierda del Meno, desde cuyo emplazamiento se domina la ciudad y el curso del río. El castillo medieval (principios del s. XIII) fue transformado durante el reinado de Julius Echter en un palacio renacentista (hacia 1600). El complejo arquitectónico fue fortificado en la etapa de gobierno de los obispos de Schönborn (a partir de 1650).

Fürstenbaumuseum – Los aposentos donde residían los príncipes-obispos están decorados con bello mobiliario, cuadros y tapices; entre ellos figura el inmenso tapiz de la familia Echter realizado en 1564. En la Paramentenschatzkammer se pueden admirar los tesoros de la catedral y de las iglesias de la corte (Hofkirche) y de la Fortaleza (Festungskirche).

En el patio rectangular se alza la bella **torre del homenaje** (s. XIII) de planta circular, el **edificio renacentista de las fuentes** (el pozo tiene una profundidad de 104 m) y la **capilla circular de la Virgen** (Marienkirche).

La iglesia, cubierta por una elegante cúpula barroca decorada con estucos, se remonta al s. VIII (consagrada el año 706); el santuario alberga numerosos monumentos funerarios de los príncipes-obispos de Würzburg.

Desde la terraza del **jardín de los Príncipes** (Fürstengarten) se ofrece una hermosa **vista**★ de la ciudad.

★★ **Mainfränkisches Museum** (Museo Regional) – *Entrada a la derecha por el primer patio del castillo*. En las salas del antiguo Arsenal (1702-12) se presenta una selección de arte y artesanía de la región franconiana del Meno; en la 1ª planta se puede ver la colección de **esculturas de Riemenschneider** más importante del mundo (80 obras del artista, entre otras, las de *Adán y Eva*, la *Virgen con el Niño* y los *Apóstoles*).

Tragedias e ironías del destino

Resulta paradójico que Tilman Riemenschneider tuviera que soportar las horas más amargas de su vida en una ciudad que le recibió con todos los honores. El artista se había destacado por su combatividad en la guerra de los Campesinos de 1525 y, tras el fracaso de la revuelta, fue encadenado y torturado en la fortaleza de Marienberg por orden del obispo. Aunque fue puesto en libertad nueve semanas después, perdió el favor de sus poderosos patrones y se arruinó. Estas desgracias mermaron su fuerza creativa: en efecto, no se conoce ninguna obra de los últimos años de su vida.

Las magníficas salas abovedadas del **bastión de Echter** (Echterbastei) albergan estatuas, objetos de orfebrería religiosa (oro y plata), cuadros góticos pintados sobre madera, así como arte popular de Franconia. Una de las salas más interesantes es la del **lagar** (Kelterhalle), en la que se pueden ver antiguas prensas.

WÜRZBURG

St. Burkard (Iglesia de St.Burkard) – Por debajo del presbiterio de esta iglesia románico-gótica (ss. XI-XV) pasa una calle, la Uferstraße (pasaje). En el interior, junto al muro sur del crucero, se puede ver el **Busto de una Virgen** realizado por Riemenschneider y al lado, un retablo de finales del s. XVI. En el centro de la iglesia sobresale un **cepillo** para limosnas sobre una columna de estilo románico tardío con capitel de dados.

Käppele – Situado al final de un vía crucis que asciende por un camino en escalera hasta la cima de la colina de San Nicolás (Nikolausberg), este santuario de peregrinación barroco consta de una capilla central y unas curiosas torres de bulbo. La Käppele (1748-50) es la última obra en Würzburg del arquitecto Balthasar Neumann. La construcción central está decorada con frescos de Matthäus Günther y estucos de estilo rococó de Johann M. Feuchtmayer; adosada a ella se encuentra la **capilla de la Misericordia** (Gnadenkapelle). Desde la terraza se ofrece una **vista**★★ espléndida de Würzburg y el Meno; en primer término se alza la fortaleza de Marienberg en medio de un paisaje de viñedos.

EXCURSIONES

★ **Schloß Veitshöchheim** ⓥ – *7 km al NO por ③ del plano*. El **palacio**, construido a finales del s. XVII y ampliado hacia 1750 según los planos del arquitecto Balthasar Neumann, conserva mobiliario rococó y de estilo Imperio. Pero el gusto por el estilo rococó de los príncipes obispos se manifiesta, sobre todo, en el **parque del palacio**★, que embellecieron con diferentes realizaciones a lo largo de todo el s. XVIII. Cerca de 200 estatuas adornan su parte sur, de diseño francés, con bellas avenidas de tilos, setos de carpes artísticamente recortados, cenadores y glorietas. En medio del gran lago se alza el magnífico **grupo del Parnaso** (Pegaso, las Musas y Apolo), de 1766; entre los autores de las esculturas que decoran el jardín figuran F. Dietz y J.W. van der Auwera.

★ **Los viñedos del valle del Meno** (Bocksbeutelstraße) – *Ruta de 87 km – Prevea 1 día. Salga de Würzburg por ③.* Esta excursión está recomendada especialmente durante la temporada de la vendimia *(principios oct-mediados nov)*, época en la que reina

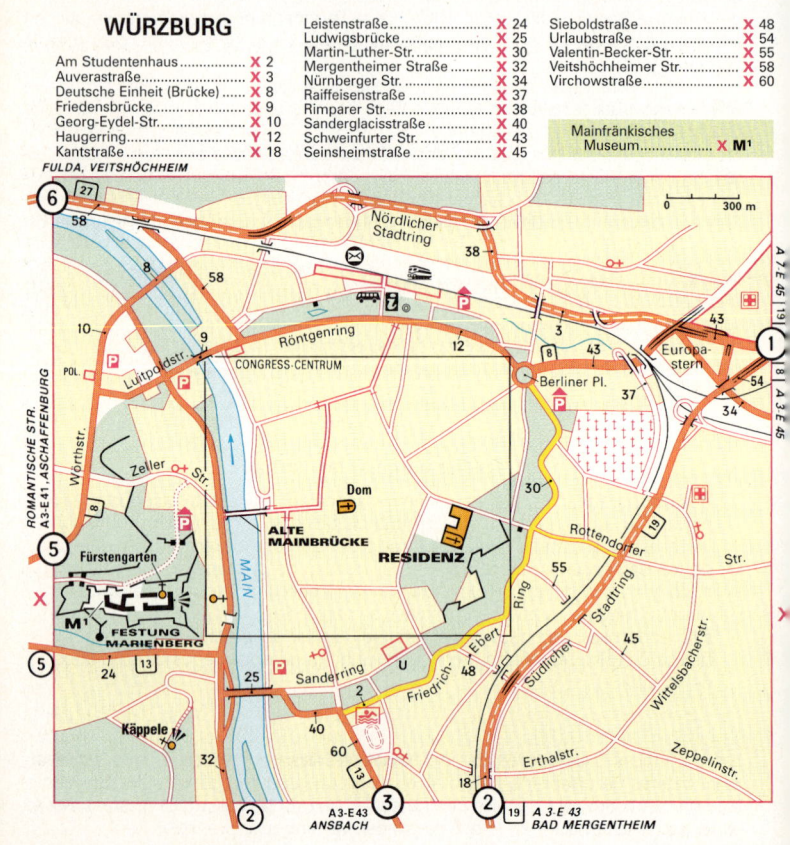

WÜRZBURG

Am Studentenhaus	X 2
Auverastraße	X 3
Deutsche Einheit (Brücke)	X 8
Friedensbrücke	X 9
Georg-Eydel-Str.	X 10
Haugerring	Y 12
Kantstraße	X 18
Leistenstraße	X 24
Ludwigsbrücke	X 25
Martin-Luther-Str.	X 30
Mergentheimer Straße	X 32
Nürnberger Str.	X 34
Raiffeisenstraße	X 37
Rimparer Str.	X 38
Sanderglacisstraße	X 40
Schweinfurter Str.	X 43
Seinsheimstraße	X 45
Sieboldstraße	X 48
Urlaubstraße	X 54
Valentin-Becker-Str.	X 55
Veitshöchheimer Str.	X 58
Virchowstraße	X 60
Mainfränkisches Museum	X M1

WÜRZBURG

una gran animación en las localidades vitícolas de la región. En las fiestas del vino se dan a catar los nuevos caldos ("Bremser"), que se consumen acompañados del típico pastel de cebolla.

El cultivo de la viña fue introducido por los monjes a principios de la Edad Media en la zona franconiana del Meno, área geográfica caracterizada por su clima suave de veranos secos y cálidos. Las cerca de 4.500 ha plantadas de viñedos producen esencialmente la variedad **Müller-Thurgau** y la tradicional **Silvaner**, una cepa de la que se obtienen vinos afrutados. Los mejores caldos se embotellan en las llamadas **Bocksbeutel**. Los digestivos vinos de Franconia son un complemento perfecto de la nutritiva cocina franconiana.

Por la carretera B 13 circule por la orilla derecha del Meno.

Sommerhausen – Pequeña localidad de Franconia rodeada de murallas. Los elegantes frontones del ayuntamiento (s. XVI) y del castillo dominan la calle principal.

Ochsenfurt – La villa, rodeada por sus antiguas **murallas★** y sus torres, está situada en la orilla izquierda del Meno. En el centro histórico, numerosas casas de vigas entramadas y tabernas se adornan con estatuas y letreros de hierro forjado. En la torreta de las Lanzas (Lanzentürmchen) del **ayuntamiento nuevo** (finales del s. XV) un reloj mecánico de figuras animadas se pone en funcionamiento a las horas en punto.

La **iglesia parroquial de San Andrés** (ss. XIII-XV) se distingue por su rica decoración interior, en la que destaca una bella talla en madera de Tilman Riemenschneider, que representa a *san Nicolás*.

Frickenhausen – Esta villa amurallada de finales de la Edad Media posee una bella **puerta fortificada renacentista** decorada con un frontón de volutas y un ayuntamiento de estilo gótico tardío.

Marktbreit – La **puerta del Meno** (Maintor, hacia 1600), situada sobre el puente de Breitbach, y el edificio del **ayuntamiento** (1579) constituyen un bello **conjunto renacentista★**. Dos casas barrocas con miradores completan el pintoresco cuadro.

Sulzfeld – Localidad histórica fortificada, con numerosas torres, puertas y casas tradicionales de vigas entramadas. Uno de los monumentos más bonitos de esta pequeña villa vitícola es su ayuntamiento renacentista, con un frontón decorado con volutas.

Continúe a Dettelbach por la carretera de Kitzingen y Mainstockheim (orilla derecha del Meno).

★ **Dettelbach** – Esta encantadora villa fortificada está situada en la ladera norte del valle del Meno. Entre sus monumentos arquitectónicos destaca el **ayuntamiento** tardogótico (hacia 1500) y la **iglesia parroquial** (mediados del s. XV), cuya torre principal se comunica por un puente de madera con la torrecilla circular de escalera. Al NE de la ciudad alta se encuentra el **santuario de Maria im Sand** (1608-1613), un ejemplo del estilo de transición del gótico tardío al renacimiento, con algunos elementos de principios del barroco. La **portada renacentista★** (1623) es obra de Michael Kern, quien también realizó el **púlpito★** (1626); este último, en arenisca y alabastro, representa una corona brotando del Árbol de Jesé. El centro de la iglesia está ocupado por un gran **altar de la Misericordia** de forma circular. La carretera de Dettelbach a Neuses am Berg discurre por una meseta cubierta de viñedos (amplio panorama de las laderas circundantes). Luego se desciende de nuevo al valle del Meno hasta la apacible aldea de **Escherndorf**. Aquí se toma un pequeño **transbordador** para cruzar a Nordheim, situado en la orilla izquierda del río.

★ **Volkach** – Esta bella localidad vitícola está situada en el extremo E del meandro del Meno. De las fortificaciones medievales se conservan dos puertas, la **Gaibacher Tor** y la **Sommeracher Tor**, cada una en un extremo de la vía principal (N y S respectivamente). En la plaza del Mercado se alza el **ayuntamiento renacentista** *(oficina de turismo)*, construido a mediados del s. XVI, con una escalera exterior de doble tramo y una torrecilla angular; delante se encuentra la **fuente del Mercado** (s. XV), adornada con una estatua de la Virgen. Un poco más adelante se puede ver la **iglesia de San Bartolomé**; la decoración interior de este edificio tardogótico destaca por sus estucados barrocos y rococós. También merece la pena visitar la **Schelfenhaus**, un palacete urbano de estilo barroco erigido hacia 1720 *(en la Schelfengasse, al N de la plaza del Mercado)*. Al NO de la villa *(1 km aprox. en dirección a Fahr)* se yergue sobre la colina del Kirchberg, en medio de los cultivos de vid, el **santuario de "Maria im Weingarten"** (s. XV). En su interior alberga la célebre **Virgen del Rosario★** (Rosenkranzmadonna), una obra tardía (1521-24) de Tilman Riemenschneider. Desde el Kirchberg se ofrece una **vista** de Volkach, del paisaje de viñedos y del valle del Meno.

553

XANTEN

Renania Septentrional-Westfalia – 20.000 habitantes
Mapa Michelin nº 417 L 3

Esta antigua ciudad de origen romano rinde homenaje a san Víctor, mártir de la Legión tebana. Xanten fue, según la leyenda, la patria de Sigfrido, el héroe de la epopeya de los *Nibelungos*. Se conservan algunos vestigios de las fortificaciones de la ciudad, como la **puerta de Cleves** (Klever Tor), de 1393.

QUÉ VER

★ **Dom** – La **catedral** de Xanten es uno de los edificios góticos más bellos de la Baja Renania. En el s. XII se construyó un templo románico en el emplazamiento de un antiguo santuario fundado por santa Helena para acoger las reliquias de san Víctor; de esta construcción aún se conserva el cuerpo oeste, con sus dos torres de los ss. XII/XIII (torre sur) y s. XVI (torre norte). Las obras de la catedral gótica se iniciaron en 1263, aunque las cinco naves de la basílica no se concluyeron hasta el s. XVI.
El altar mayor, en el que se expone el cofre con las reliquias de san Víctor, posee un bello retablo de Barthel Bruyn el Viejo. En él se representa un ciclo pictórico (1529-34) que ilustra la vida de santa Helena y san Víctor. En la nave lateral sur se encuentra el altar de la Virgen (1536) de Henrik Douvermann, el maestro de Kalkar, que es asimismo el autor del árbol de Jesé en la predela. En la nave lateral derecha se puede ver el altar de San Antonio (1500), cuyas tablas exteriores son obra del pintor Derick Baegert. El **claustro** tardogótico del s. XVI se conserva en buen estado.

Museo de la Catedral (Dom-Museum) – *Cerrado por reformas.*

Regionalmuseum (Museo regional) ⊙ – En la planta baja del museo se exponen objetos romanos y célticos procedentes de excavaciones realizadas en la región. Existe además una sección consagrada a la Prehistoria y a la Protohistoria, así como exposiciones temporales en la 1ª planta.

Archäologischer Park (Parque arqueológico) ⊙ – Al N de la ciudad se ha descubierto en unas excavaciones los vestigios de la colonia Ulpia Traiana, fundada en tiempos de Trajano. En estos terrenos se ha reconstruido una ciudad romana, con su muralla, su anfiteatro, etc. El parque del yacimiento arqueológico ofrece una información muy completa sobre la vida y las costumbres de los romanos en el curso bajo del Rin.

ZITTAUER GEBIRGE ★

Montes de ZITTAU – Sajonia
Mapa Michelin nº 418 N 27-28

Las montañas de Zittau se extienden aproximadamente 20 km en dirección SE-NO, formando una barrera abrupta que domina la cuenca de Zittau. Es una región célebre por sus estaciones termales, como Lückendorf, Oybin y Jonsdorf, y apropiada para la práctica de los deportes de invierno, el alpinismo y el senderismo. Las cumbres máximas de la cadena –Lausche (793 m), Hochwald y Jonsberg– son de roca fonolita, que aflora del gres en forma de conos abruptos. La característica principal de los montes de Zittau es la yuxtaposición de las grandes montañas de arenisca y los vestigios de las colinas volcánicas.

CIRCUITO A PARTIR DE ZITTAU *50 km – 1 día*

Zittau – La ciudad, cuyo origen se remonta a 1255, está situada en una cuenca rodeada por los montes de Zittau, las montañas de Lusacia, la zona de colinas de la Lusacia oriental y la región del Neisse.
De las villas que formaban la Liga de la Alta Lusacia, fundada en 1346 y a la que pertenecían Bautzen, Görlitz, Kamenz, Lauban y Löbau, Zittau era la más próspera. Los célebres **velos de cuaresma** (Fastentücher), testimonio de la devoción y el fervor religioso durante la Edad Media, son originarios de Zittau. Estos paños se utilizaban para ocultar a los fieles la visión del altar mayor durante el periodo de la Cuaresma y de ellos se conservan muy pocos ejemplares en Europa. Entre los más notables figuran dos de Zittau, que datan de 1472 y 1573. El primero (Großer Zittauer Fastentuch), que se expone en el **Museo de la iglesia de la Santa Cruz** (Museum Kirche zum Heiligen Kreuz) ⊙, muestra en 90 escenas el tema de la Creación hasta el Juicio Final y representa, por tanto, una Biblia ilustrada de finales del gótico.
La plaza del Mercado está dominada por el **ayuntamiento** (1840-45), un edificio construido por Karl Friedrich Schinkel en estilo renacentista italiano, y la **fuente de Marte** (Marsbrunnen, 1585).

ZITTAUER GEBIRGE

La **iglesia de San Juan** (Johanniskirche) (ss. XV-XIX) fue remodelada en estilo clasicista según el proyecto diseñado por K.F. Schinkel. La **iglesia de San Pedro y San Pablo** perteneció a un antiguo convento de franciscanos de estilo gótico tardío (s. XV), levantado sobre los cimientos de un santuario románico con un presbiterio de principios del gótico (s. XIII). El remate de la torre es barroco.

Kulturhistorisches Museum ⊙ – Este museo, que alberga interesantes colecciones de historia de la ciudad, de las artes y tradiciones populares, está instalado en el antiguo convento de franciscanos (Franziskanermuseum). Delante del edificio se encuentra la **Grüne Born★**, una fuente coronada con un bello remate de hierro forjado (1679).

Salga de Zittau en dirección a Lückendorf.

La carretera atraviesa un hermoso paraje de colinas cubiertas de bosques de coníferas. Los bloques de arenisca recuerdan el paisaje de la Suiza sajona (Sächsische Schweiz).

Pasados aprox. 8 km gire a la derecha; en Lückendorf estacione el vehículo en la parte derecha de la carretera, frente al sanatorio Karl Lucas (último edificio). Después continúe en dirección a Brandhöhle, Scharfenstein, Forsthaus (refugio forestal).

Oybinblick – Después de 10 min de recorrido se ofrece una hermosa vista de Lückendorf y de la República Checa. A 25 m se encuentra el punto de partida para ascender al Oybinblick; desde aquí se divisa una magnífica panorámica de la estación termal de Oybin y de las gigantescas moles pardas del Großer Wetterstein y del Kelchstein.

★ **Oybin** – Esta elegante estación termal se adapta a la estrecha franja de tierra que se extiende a los pies del monte Oybin. La **Bergkirche★**, también llamada "pequeña iglesia de las bodas", es una joya barroca dotada de dos niveles de galerías de madera policromada y un techo de casetones. El santuario está situado en el camino que conduce al **castillo y a los vestigios del monasterio de Oybin★** ⊙. La construcción del castillo se inició hacia 1316 y la del convento de celestinos hacia 1365. La iglesia abacial de estilo gótico fue edificada por los canteros de la catedral de Praga. La decadencia del conjunto arquitectónico se inició en el s. XVI, pero el aspecto grandioso de sus ruinas inspiraron a los artistas románticos como Caspar David Friedrich. Desde aquí se ofrece una espléndida **vista★** hasta el Lausche, punto culminante de las montañas de Zittau con 793 m de altitud, y, con buen tiempo, hasta los Riesengebirge.

En **Jonsdorf** y **Waltersdorf** se pueden ver las bellas casas de madera típicas de la región, las *Umgebindehäuser*, que sus propietarios han restaurado y embellecido con mucho esmero. Las de Waltersdorf se distinguen por sus hermosas entradas, que presentan unas puertas con dinteles muy elaborados de la 2ª mitad del s. XVIII.

Ruinas del convento de Oybin

A la salida de la localidad de Jonsdorf en dirección a Großschönau existe un gran aparcamiento desde el que se pueden realizar bellos paseos a la Waldbühne, la Steinbruchschmiede y a la Carolafelsen.

Großschönau – Esta localidad fue en otro tiempo el principal centro de fabricación de tela de damasco en Alemania. En el **Museo Alemán de Tela de Damasco y Tejidos de Rizo★** (Deutsches Damast- und Frottiermuseum) ⊙ se puede ver una amplia gama de tela-

555

ZITTAUER GEBIRGE

res, entre ellos, el más antiguo de Europa que aún está en funcionamiento (se realizan demostraciones). Los tejidos presentan una enorme variedad de motivos. También se puede presenciar la fabricación de telas de rizo.

En las proximidades del museo se conserva un conjunto de casas típicas de madera.

Regrese a Zittau por Jonsdorf.

Un tipo de hábitat característico

En la Alta Lusacia se encuentra un tipo de construcción rural (Umgewindehaus), único en Europa, que es una simbiosis de las casas de vigas entramadas edificadas por las antiguas tribus germánicas (Turingia, Franconia) y la fabricación en bloques adoptada por los eslavos que poblaban originariamente la región. Estas últimas, aunque bien adaptadas a las condiciones climáticas no permitían, por razones de estabilidad, la edificación de una segunda planta. Por este motivo, se instalaba un armazón de refuerzo, muy sólido porque es de una sola pieza, alrededor de todo el cuerpo central. Esta estructura de madera, con frecuencia de forma abombada, es la que soporta el piso superior y el entramado del tejado.

De las 30.000 casas de este tipo que llegaron a existir en la Alta Lusacia sólo se conservan unas 3.000. Algunas poseen fachadas de vigas entramadas, otras, sobre todo en Obercunnersdorf *(ver Bautzen)* están revestidas de pizarra o lajas de piedra blanca adornadas con motivos geométricos. La "Umgewindehaus" más antigua de la Alta Lusacia se encuentra en Ebersbach *(a unos 18 km al NO de Zittau)* y data de 1603.

Casa rural típica

Para internarse en el corazón de los montes de Zittau, se recomienda tomar el **tren de vía estrecha de Zittau**, que pasa, entre otras localidades, por Jonsdorf y Oybin.

ZUGSPITZE ★★★

Baviera
Mapas Michelin nos 419/420 X 16

La Zugspitze es la cumbre más alta del territorio alemán con 2.964 m, y forma parte del macizo calcáreo del Wettersteingebirge, la alta cadena rocosa que delimita el valle del Loisach. El magnífico emplazamiento, con panorámicas excepcionales, y la persistencia de las nieves, que hacen posible la práctica del esquí hasta mediados de mayo en el circo glaciar de Schneeferner, explican la importancia de este centro turístico al que se puede acceder desde diferentes puntos y utilizando diversos medios de transporte: con el Gletscherbahn (funicular) desde la estación de Zugspitzplatt; con el tren de cremallera que parte de Garmisch; directamente desde Eibsee, o también –desde la vertiente tirolesa– con el tren "Tiroler Zugspitzbahn" si se sale de Ehrwald.

LA ASCENSIÓN ⓥ *(prevea ropa de abrigo)*

Desde Garmisch-Partenkirchen – La duración total de la ascensión es de 75 min. Un túnel de 4.500 m de longitud perforado en la montaña conduce hasta la estación de Zugspitzplatt, final de trayecto del ferrocarril de cremallera. Mientras la nieve se mantiene en buenas condiciones, el Zugspitzplatt, con sus 7,5 km de extensión y equipado con remontes mecánicos, es un lugar idóneo para esquiar.

Desde Eibsee – *El teleférico conduce directamente a la cumbre en 10 min.*

ZUGSPITZE

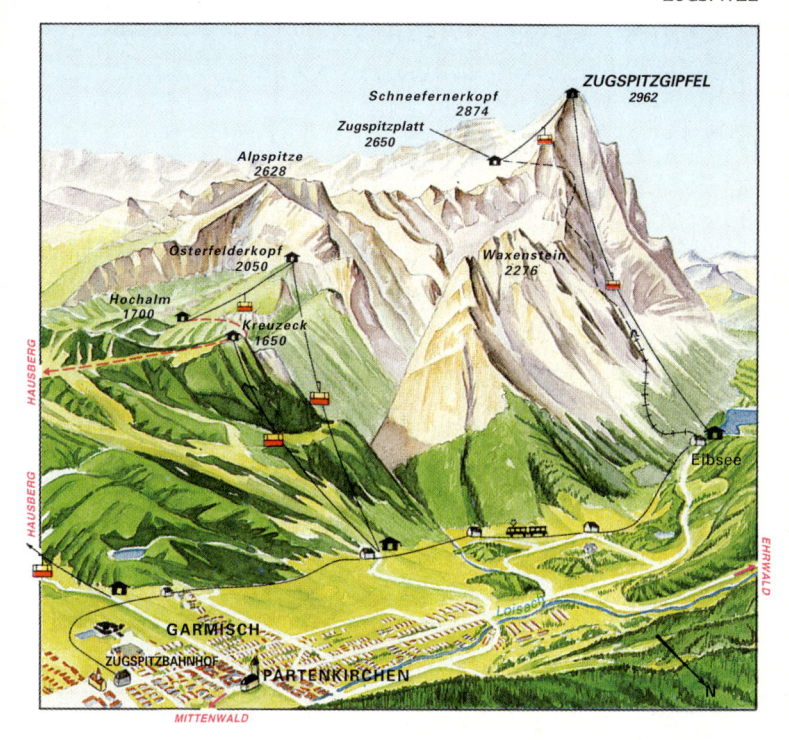

Desde la vertiente tirolesa – *Ver Guía Verde Michelin-de Austria*. Desde Ehrwald, el "Tiroler Zugspitzbahn" (cabinas con capacidad para 100 personas) realiza el trayecto hasta la cumbre en 10 min.

★★★ LA CUMBRE (ZUGSPITZGIPFEL)

En el pico este, coronado por una cruz (2.964 m) en territorio alemán, se alzan las estaciones superiores de la Gletscherbahn (terraza-mirador a 2.964 m de altitud) y del teleférico de Eibsee, así como el refugio *Münchner Haus* y el observatorio.
En territorio austriaco se encuentra la estación superior del "Tiroler Zugspitzbahn". El paso de Alemania a Austria por el camino de la cumbre ha sido rediseñado y cubierto.
El **panorama**★★★ que se ofrece desde la cumbre es excepcional: al S, los primeros bastiones de los Kaisergebirge, del Dachstein y del Karwendel, las cumbres de nieves perpetuas de los Hohe Tauern (Großglockner, Großvenediger), de los Altos Alpes del Tirol (Alpes de Ziller, de Stubai, del Ötztal), del macizo del Ortler y de las montañas de Bernina.
Al E se divisan las montañas del Arlberg (Silvretta, Rätikon), entre las que se distingue el Säntis en los Alpes de Appenzell; a continuación se pueden admirar las del Allgäu y del Ammergau. Al N se contemplan los lagos bávaros del Ammersee y del Starnberger See.

ZWICKAU

Sajonia – 107.000 habitantes
Mapa Michelin nº 418 N 21

El desarrollo económico de Zwickau, citada por primera vez en un documento de 1118, se vio favorecido gracias a su emplazamiento geográfico en el borde septentrional de los montes Metálicos (Erzgebirge). La población de Zwickau comenzó a explotar las minas de hierro y cobre situadas al S de la ciudad en 1316; pero su prosperidad se debió, sobre todo, al descubrimiento hacia 1470, a pocos kilómetros de la localidad, de las minas de plata del Schneeberg. Zwickau es también célebre por ser la ciudad natal del compositor **Robert Schumann**.
Un hito importante para la economía local fue la creación de una factoría de automóviles por August Horch en 1904. Poco después, en 1910, se comenzó la fabricación de la firma Audi, y de 1958 a 1991 se produjeron los coches de la marca Trabant, muy populares en la antigua RDA. Volkswagen quiso continuar con la tradición, y construyó en la periferia norte (Mosel) una de las fábricas de automóviles más modernas de Europa.

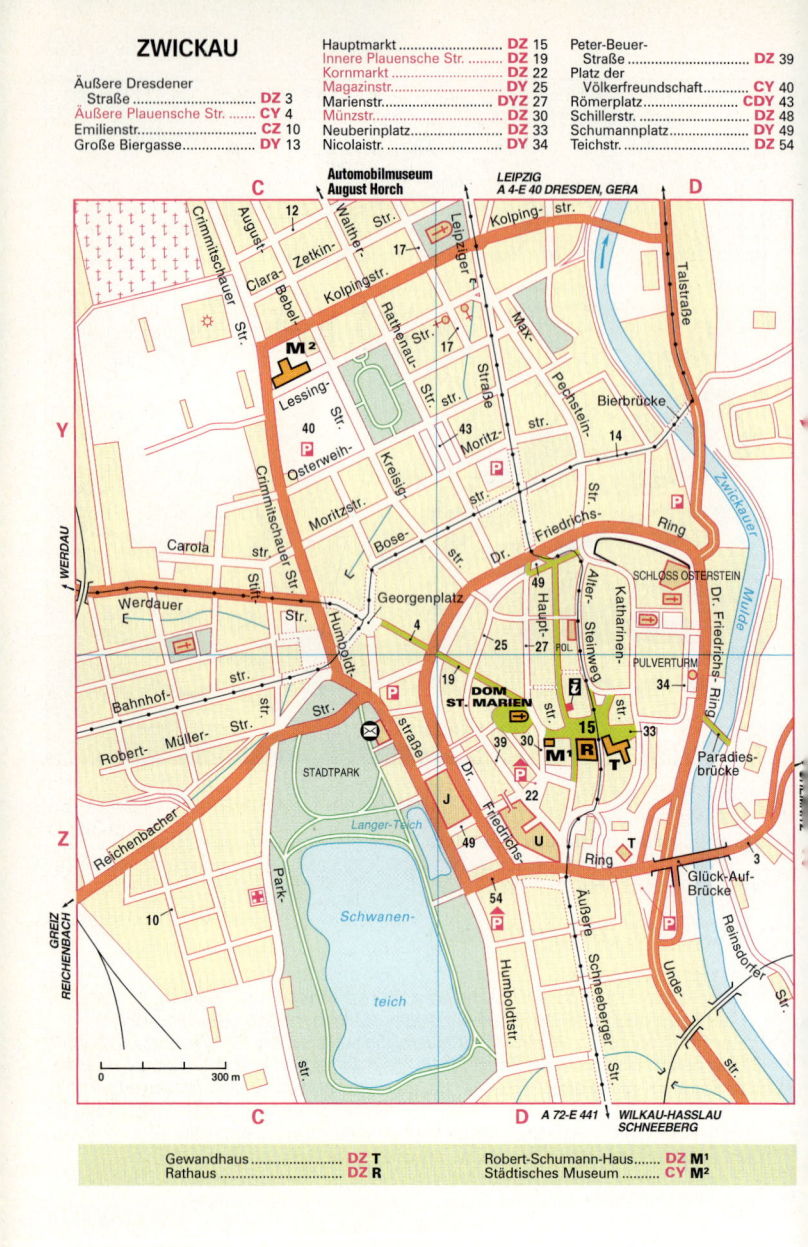

ZWICKAU

Äußere Dresdener Straße		**DZ** 3
Äußere Plauensche Str.		**CY** 4
Emilienstr.		**CZ** 10
Große Biergasse		**DY** 13
Hauptmarkt		**DZ** 15
Innere Plauensche Str.		**DZ** 19
Kornmarkt		**DZ** 22
Magazinstr.		**DY** 25
Marienstr.		**DYZ** 27
Münzstr.		**DZ** 30
Neuberinplatz		**DZ** 33
Nicolaistr.		**DY** 34
Peter-Beuer-Straße		**DZ** 39
Platz der Völkerfreundschaft		**CY** 40
Römerplatz		**CDY** 43
Schillerstr.		**DZ** 48
Schumannplatz		**DY** 49
Teichstr.		**DZ** 54

Gewandhaus		**DZ T**
Rathaus		**DZ R**
Robert-Schumann-Haus		**DZ M¹**
Städtisches Museum		**CY M²**

QUÉ VER

★ **Dom St. Marien (Catedral de Santa María)** – Esta iglesia de tipo salón de tres naves y estilo gótico tardío fue levantada entre 1453 y 1565 sobre un edificio del s. XIII en sucesivas etapas. El remate octogonal barroco de la torre occidental es obra de J. Marquardt (1671-1677). La gran sobriedad del exterior contrasta con el interior, inundado de luz, en el que las bóvedas estrelladas parecen surgir de los finos pilares, distanciados entre sí por amplios tramos.

La obra más notable del mobiliario está constituida por el retablo articulado de seis alas que adorna el **altar mayor**★★ (1479), realizado por el artista Michael Wolgemut de Nuremberg *(Virgen de la Media Luna rodeada de santas)*, con pinturas sobre tablas *(La vida de María* y la *Pasión de Cristo)*. El **Descendimiento de la Cruz**★ (1502) de Peter Breuer, un maestro de Zwickau, está ejecutado en madera de tilo.

El **Santo Sepulcro**★ (1507), situado delante de las tribunas del coro, está considerado como la obra maestra de Michael Heuffner, un artista de la escuela de Nuremberg. El **púlpito**★ y la **pila bautismal** (1538) se deben a Paul Speck, un escultor de Friburgo. La decoración y algunos elementos de la portada, así como la barandilla del púlpito, anuncian ya las formas y el estilo renacentista (obsérvense, por ejemplo, los medallones con retratos realizados por J. Elsesser, 1560).

ZWICKAU

Robert-Schumann-Haus ⓥ – *Hauptmarkt, 5*. La **casa natal** del compositor fue derribada en 1955 por hallarse en estado ruinoso, pero fue posteriormente reconstruida. Schumann nació en Zwickau el 8 de junio de 1810 y dejó la ciudad a los 18 años de edad. Murió a los 46 años en una casa de salud de Edenich, cerca de Bonn, donde había sido internado poco antes. En la casa-museo se conservan numerosos documentos y recuerdos del músico y de su esposa, la pianista Clara Wieck. La sala histórica está decorada con el mobiliario original. Se puede ver, por ejemplo, el piano de cola en el que Clara Wieck dio su primer concierto a los 9 años.

Hauptmarkt – En la **plaza central**, bordeada de mansiones nobles de los ss. XV al XIX, se alza el ayuntamiento, reformado en 1862 en estilo neogótico. En el interior, la sala del Consejo (antigua capilla de Santiago) se conserva en estilo gótico tardío.
La **Gewandhaus** (1525) reúne elementos tardogóticos y de principios del Renacimiento. Desde 1823 alberga el teatro municipal.

Städtisches Museum ⓥ – En el **Museo Municipal** se muestran documentos que ilustran la historia de la ciudad, pinturas y esculturas desde el s. XV hasta la actualidad, con obras, entre otros, del pintor local Max Pechstein; también se expone una importante colección de minerales y de fósiles.

ⓥ ▶▶ Automobilmuseum "August Horch" (Museo del Automóvil) (*Walther-Rathenau-Straße, 51*).

ZWIEFALTEN ★★
Baden-Würtemberg – 2.300 habitantes
Mapa Michelin nº 419 V 12

Como la mayor parte de los edificios barrocos de la Alta Suabia, la fachada de la iglesia de Zwiefalten transmite una impresión de sobriedad que no permite imaginar la pletórica decoración que reviste el interior. El templo, construido entre 1739 y 1753 por Johann Michael Fischer, muestra su magnificencia de puertas adentro, donde la exuberancia de la decoración cubre todo el espacio de color. El visitante, deslumbrado en un primer momento por la excesiva abundancia de elementos ornamentales, acomoda poco a poco la vista y se dispone a disfrutar de los detalles: los frescos de las bóvedas, que representan escenas de la vida de la Virgen, el púlpito decorado por M. Feuchtmayer y los bellos estucos. Las figuras de los ángeles y los amorcillos, en las más diversas actitudes, reclaman la atención del peregrino.

El presbiterio, separado de la nave principal por un altar consagrado a la Virgen que está rodeado por una magnífica reja de 1757, posee una bella sillería tallada con preciosos relieves. Antes de abandonar la iglesia, obsérvense los curiosos confesionarios que recuerdan la forma de una gruta.

EXCURSIÓN

★★ **Las iglesias barrocas de la Alta Suabia** – *84 km – 4 h*. Entre Ulm y el lago de Constanza, la meseta de la Alta Suabia, con sus colinas onduladas inundadas de luz, está jalonada de iglesias barrocas de contornos irregulares y tonos pastel, que se adaptan maravillosamente a las suaves pendientes del terreno.

Obermarchtal ⓥ – La antigua **iglesia abacial** (hoy iglesia parroquial de San Pedro y

Interior de la iglesia abacial de Zwiefalten

ZWIEFALTEN

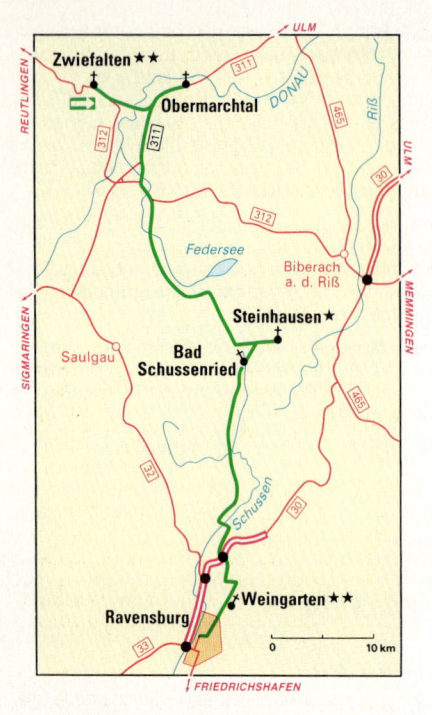

San Pablo), construida por Michael Thumb, es una de las primeras obras de la escuela del Vorarlberg. La rigidez de la arquitectura barroca, acentuada por el monumental mobiliario, se ve en parte atenuada por los estucos de Wessobrunn.

Steinhausen – Este santuario de peregrinación fue edificado por el arquitecto Johann Baptist Zimmermann. Consta de una nave única y un pequeño presbiterio, ambos de planta ovalada. La cúpula se apoya en una rotonda de pilares, que delimitan alrededor de la nave una galería de arcadas.

Observe el rico colorido del estucado que adorna los capiteles, las cornisas y los marcos de las ventanas, poblados de pájaros y guirnaldas de flores multicolores. Bonita Piedad de 1415.

Bad Schussenried – Las dependencias de la antigua abadía premonstratense (convertida en centro social) y la iglesia fueron transformadas al gusto barroco entre 1710 y 1746.

La sillería del coro llama la atención por su rica decoración plástica; 28 estatuas que representan a los fundadores de las órdenes separan los asientos de la pared posterior.

La **biblioteca**★ posee un bello fresco en el techo, obra de Franz Georg Herrmann –pintor de la corte del príncipe abad de Kempten– y una galería curva adornada con una balaustrada rococó que reposa en columnas gemelas. En los pedestales de estas últimas alternan grupos de angelotes con las figuras de los Padres de la Iglesia, realizadas por el artista de Weingarten Fidelis Sporer.

★★**Weingarten** – Por sus dimensiones (102 m de longitud, crucero de 44 m) esta iglesia, consagrada en 1724, rivaliza con la iglesia abacial de Ottobeuren, la perla del barroco alemán. La influencia italiana, transmitida a través de Salzburgo a la región situada al N del lago de Constanza, se manifiesta en la fachada oeste y en el crucero. La primera, realizada en piedra arenisca de color natural, tiene forma abombada semicircular y está flanqueada por dos elegantes torres de mediana altura. El segundo se cubre con una cúpula de tambor perforada por largos ventanales. Las perspectivas de la nave principal se amplían gracias a las aberturas practicadas en los pilares, solución arquitectónica típica de la escuela del Vorarlberg. La decoración de estucos y pinturas, relativamente discreta, se debe a célebres artistas de la época barroca. Cosmas Damian Asam es el autor de los hermosos frescos de la bóveda, mientras Joseph Anton Feuchtmayer esculpió las tallas de la sillería del coro.

Regrese a **Ravensburg** *(ver este nombre) por la carretera B 30.*

Lista del Patrimonio Mundial

En 1972, la Organización de las Naciones Unidas para la Educación, la Ciencia y la Cultura (Unesco) llegó a un acuerdo para la protección del patrimonio cultural y natural mundial. Cada año, un comité formado por 21 de estos países y asistido por organizaciones técnicas (ICOMOS-Consejo Internacional de Monumentos y Lugares de Interés Artístico e Histórico; UICN-Unión Internacional para la Conservación de la Naturaleza y sus Recursos; ICCROM-Centro Internacional de Estudios para la Conservación y Restauración de los Bienes Culturales, el Centro de Roma) evalúa las nuevas propuestas que optan a esta lista. Estas candidaturas son seleccionadas y presentadas por sus respectivos países.

La consideración de **patrimonio cultural** puede recaer en un monumento aislado (obras arquitectónicas, esculturas, sitios arqueológicos, etc.); en un conjunto arquitectónico (comunidades religiosas, ciudades antiguas); o en parajes de excepcional belleza o especial interés para la historia del hombre (asentamientos humanos, paisajes espectaculares, espacios relevantes culturalmente). Los enclaves naturales considerados **patrimonio natural** deben ser un testimonio del pasado, desde el punto de vista de la evolución geológica de la tierra, o de la evolución cultural de la Humanidad, y constituir el hábitat de especies protegidas.

Los miembros de la Organización se comprometen a cooperar en la preservación y protección de estos lugares, considerados una valiosa herencia que debe ser compartida por toda la humanidad, y a contribuir al **Fondo del Patrimonio Mundial** creado para promover las investigaciones necesarias, los planes de conservación o la restauración de los monumentos.

El Comité del Patrimonio Mundial ha inscrito hasta ahora 721 lugares distribuidos en 124 Estados. En Alemania son los siguientes:

Catedral de Aquisgrán (1978)
La Residencia de Würzburg (1981)
Catedral de Espira (1981)
Santuario de Wies (1983)
Palacios de Augustusburg y Falkenlust en Brühl (1984)
Catedral e iglesia de San Miguel de Hildesheim (1985)
Monumentos romanos, catedral e iglesia de Nuestra Señora en Tréveris (1986)
Ciudad hanseática de Lübeck (1987)
Palacios y parques de Potsdam y Berlín (1990)
Abadía y Altenmünster de Lorsch (1991)
Minas de Rammelsbergoslar y ciudad histórica de Goslar (1992)
Abadía de Maulbronn (1993)
Ciudad de Bamberg (1993)
Iglesia colegiata, castillo y casco antiguo de Quedlinburg (1994)
Fábrica siderúrgica de Völklingen (1994)
Sitio fosilífero de Messel (1995)
El Bauhaus y sitios en Weimar y Dessau (1996)
Catedral de Colonia (1996)
Monumentos conmemorativos a Lutero en Eisleben y Wittenberg (1996)
Weimar clásico (1998)
La Wartburg (1999)
Museumsinsel (isla de los museos) en Berlín (1999)
Isla monástica de Reichenau (2000)
El reino de los jardines de Dessau-Wörlitz (2000)
Complejo industrial de la mina de carbón de Zollverein en Essen (2001)

Condiciones de visita

Las informaciones que facilitamos a continuación son meramente orientativas, debido a la evolución constante de los horarios de apertura de monumentos, museos, etc. y a las variaciones del coste de la vida. En la parte descriptiva de la guía los lugares de interés con condiciones de visita están señaladas con el símbolo ⊙

Estas informaciones van dirigidas a los turistas que viajan por su cuenta y sin beneficiarse de descuentos. Los viajes en grupos pueden obtener, generalmente con un acuerdo previo, condiciones especiales tanto en horarios como en tarifas.

La dirección y el teléfono de la oficina de turismo (precedidos de una 🅱) se indican junto al nombre de cada población, que aparecen en el texto por orden alfabético.

El símbolo ♿ *indica la existencia de instalaciones para minusválidos.*

¿CÓMO SE LEEN ESTAS CONDICIONES DE VISITA?

lu	lunes	ene	enero
ma	martes	feb	febrero
mi	miércoles	mar	marzo
ju	jueves	abr	abril
vi	viernes	jun	junio
sá	sábados(s)	jul	julio
do	domingo(s)	ago	agosto
		sept	septiembre
fs	fin(es) de semana (fs)	oct	octubre
fest	festivo(s)	nov	noviembre
Carn	Carnaval	dic	diciembre
SS	Semana Santa	vac	vacaciones
Pent	Pent	vis	visita(s)
Asc	Ascensión	grat	gratis, entrada gratuita
Nav	Navidad(es)	expo	exposición

A

AACHEN (AQUISGRÁN)
🅱 Friedrich – Wilhelm – Platz – 52062 – ☎ 02 41/1 80 29 60

Catedral y tesoro – ♿ Abre lu 10-13; ma-mi y vi-do 10-18; ju 10-21. 2,50 €. ☎ 02 41/47 70 91 27. www.aachendom.de.

Ayuntamiento – Abre 10-13 y 14-17. Cerrado: 1 ene, Vi Santo, 1 mayo, Asc, 3 oct, 1 nov, 24-26 y 31 dic, así como durante actos oficiales. 1,50 €. ☎ 02 41/4 32 73 10.

Couven-Museum – Al cierre de esta edición no se conocían con exactitud los horarios de apertura del museo. ☎ 02 41/4 32 44 21. www.couven-museum.de.

Suermondt-Ludwig-Museum – ♿ Abre ma-vi 11-19; mi 11-21; fs 11-17. 3 €. ☎ 02 41/47 98 00. www.suermondt-ludwig-museum.de.

Ludwig-Forum für Internationale Kunst – Abre ma-ju 10-17; mi y vi 10-20; fs 11-17. Cerrado: do de Carn, lu de Pascua, 24 dic. 3 €. ☎ 02 41/1 80 71 04. www.heimat.de/ludwigforum.

Deutsche ALPENSTRASSE

Tren de cremallera al Wendelstein – Salida de la estación inferior de Brannenburg: mayo-oct cada hora de 9-15; nov-finales abr, lu-vi a las 10, 12 y 14, fs a las 9, 10, 11, 13 y 14. Trayecto: 30 min. Posible suspensión del servicio en algunos periodos. 22,50 € (i/v). ☎ 0 80 34/30 80. www.wendelsteinbahn.de.

ALSFELD
🅱 Am Marktplatz 13 – 36304 – ☎ 0 66 31/18 21 65

ALTENBURG
🅱 Moritzstraße 21 – 04600 – ☎ 0 34 47/59 41 74

Museo del castillo y de los Juegos de cartas – Abre ma-do 9.30-17.30. 2 €, grat 1er vi del mes. ☎ 0 34 47/31 51 93.

Lindenau-Museum – Abre ma-do 10-18. 3,60 €, grat 1er vi del mes. ☎ 0 34 47/25 10. www.lindenau-museum.de.

ANNABERG-BUCHHOLZ
🅱 Markt 1 – 09456 – ☎ 0 37 33/42 51 39

Erzgebirgemuseum y visita de la Mina – Abre ene-nov, ma-do 10-17 (última vis guiada de la mina a las 15.30). En dic también abre lu. 5,50 € (museo y mina). ☎ 0 37 33/2 34 97.

ANNABERG-BUCHHOLZ

Technisches Museum Frohnauer Hammer – Vis guiada (1 h): 9-11.45 y 13-16. Cerrado: 1 ene, 24, 25 y 31 dic. 2,50 €. ☏ 0 37 33/2 20 00.

ANSBACH
🅘 Johann-Sebastian-Platz 1 – 91522 – ☏ 09 81/5 12 43

Residenz – Vis guiada (50 min): abr-sept, ma-do 9-18; oct-mar, ma-do 10-16. Cerrado: 1 ene, ma de Carn, 24, 25 y 31 dic. 3 €. ☏ 09 81/9 53 83 90, www.schloesser.bayer.de.

ASCHAFFENBURG
🅘 Schloßplatz 1 – 63739 – ☏ 0 60 21/39 58 00

Schloß Johannisburg

Staatsgalerie – Abre abr-sept, ma-do 9-18; oct-mar, ma-do 10-16. Cerrado: 1 ene, ma de Carn, 24, 25 y 31 dic. 2,50 €. ☏ 0 60 21/38 65 70, www.schloesser.bayern.de.

Museo Municipal – ♿ Abre abr-sept, ma-do 9-18; oct-mar, ma-do 10-16. Cerrado: 1 ene, ma de Carn, 24, 25 y 31 dic. 2,50 €. ☏ 0 60 21/38 67 40.

AUGSBURG
🅘 Bahnhofstraße 7 – 86150 – ☏ 08 21/50 20 70

Städtische Kunstsammlungen – Abre ma-do 10-17. Cerrado: Vi Santo, 24, 25 y 31 dic. 3 €, grat 1er do del mes. ☏ 08 21/3 24 41 02, kunstsammlungen.stadt@augsburg.de.

Maximilianmuseum – ♿ Abre ma-do 10-17. Cerrado: Vi Santo, 24, 25 y 31 dic. 3 €, grat 1er do del mes. ☏ 08 21/3 24 41 02, kunstsammlungen.stadt@augsburg.de.

Mozarthaus – Abre ma-do 10-17. 1,50 €, grat 1er do del mes. ☏ 08 21/3 24 38 94.

Staatsgalerie in der Kunsthalle – ♿ Abre ma-do 10-17. Cerrado: 31 dic. 3 €, grat 1er do del mes. ☏ 08 21/3 24 41 55.

B

Bad DOBERAN
🅘 Alexandrinenplatz 2 – 18209 – ☏ 03 82 03/6 21 54

Münster – ♿ Abre mayo-sept, lu-sá 9-18, do 12-18; oct, mar y abr, lu-sá 9-16.30, do 12-16.30; nov-feb, ma-sá 10-16, do 12-16. 1 €. ☏ 03 82 03/6 27 16.

Bad HERSFELD
🅘 Am Markt 1 – 36251 – ☏ 0 66 21/20 12 74

Ruinas de la Abadía – ♿ Abre mediados mar-finales oct, ma-do 10-12 y 14-16. Durante la celebración del Festival (mayo-finales ago) no está permitido el acceso. 2 €. ☏ 0 66 21/20 12 74, www.bad-hersfeld.de.

Casa de muñecas, castillo de la Órden Teutónica (Bad Mergentheim)

Bad KREUZNACH

Kurhausstraße 23 – 55543 – ☎ 06 71/8 36 00 50

Römerhalle – ♿ Abre ma-do 10-17. Cerrado 24 y 31 dic. 2 €. ☎ 06 71/80 02 48.

Bad MERGENTHEIM

Marktplatz 3 – 97980 – ☎ 0 79 31/5 71 31

Deutschordensschloß (Castillo de la Orden Teutónica) – ♿ Abre ma-do 10-17. Cerrado: 24, 25 y 31 dic. 3 €. ☎ 0 79 31/5 22 12. www.deutschordensmuseum.de.

Alrededores

Stuppach: Iglesia parroquial – ♿ Abre mar-finales oct 9.30-19. 1 €. ☎ 0 79 31/26 05.

Bad REICHENHALL

Wittelsbacherstraße 15 – 83435 – ☎ 0 86 51/60 63 03

Alte Saline Bad Reichenhall – Vis guiada (1 h) mayo-oct todos los días 10-16; nov-abr, ma-ju 14-16, 1er do del mes 14-16. 4,60 €. ☎ 0 86 51/7 00 21 46. www.suedsalz.de.

Bad SÄCKINGEN

Waldshuter Straße 20 – 79713 – ☎ 0 77 61/5 68 30

Bad TÖLZ

Ludwigstraße 11 – 83646 – ☎ 0 80 41/7 86 70

Excursiones

Kloster Benediktbeuern – ♿ Vis guiada (1h30) mediados mayo-jun, mi-sá a las 14.30, do también a las 10.30; jul-sept todos los días a las 14.30, fs además a las 10.30; oct-mediados mayo, fs a las 14.30. 2,50 €. ☎ 0 88 57/8 80. www.kloster-benediktbeuern.de.

Bad WIMPFEN

Carl-Ulrich-Straße 1 – 74206 – ☎ 0 70 63/9 72 00

Iglesia: Claustro – Vis guiada (1 h) con cita previa. ☎ 0 70 63/9 70 40. www.abtei-gruessau.de.

Excursiones

Sinsheim: Auto- und Technik Museum – ♿ Abre 9-18. 7,70 €. ☎ 0 72 61/9 29 90. www.technik-museum.de.

Burg Guttenberg – Abre abr-finales oct 10-18. 2,50 €. ☎ 0 62 66/9 10 20. www.burg-guttenberg.de.

Burg Hornberg – Abre 10-17. 2 €. ☎ 0 62 61/50 01 (a partir de las 10). www.burg-hornberg.de.

Neckarsulm: Museo Alemán de la Motocicleta y del Vehículo de dos Ruedas – ♿ Abre ma-do 9-17 (ju hasta las 19). 3,60 €. ☎ 0 71 32/3 52 71. www.zweirad-museum.de.

BADEN-BADEN

Kaiser-Allee 3 – 76530 – ☎ 0 72 21/27 52 00

Römische Badruinen – Las ruinas están provisionalmente cerradas al público. Al cierre de esta edición no se conocía la fecha de la reapertura.

BADENWEILER

Ernst – Eisenlohrstraße 4 – 79410 – ☎ 0 76 32/79 93 00

Excursiones

Schloß Bürgeln – Vis guiada (45 min): mar-nov mi-lu a las 11, 14, 15, 16 y 17. 3 €. ☎ 0 76 26/2 37.

BAMBERG

Geyerswörthstraße 3 – 96047 – ☎ 09 51/87 11 61

Neue Residenz – ♿ Vis guiada (45 min): abr-sept 9-18; oct-mar 10-16. Cerrado: 1 ene, ma de Carn, 24, 25 y 31 dic. 3 €. ☎ 09 51/51 93 90.

Escalera del palacio de Pommersfelden

BAMBERG

Diözesanmuseum – Abre ma-do 10-17. Cerrado: ma de Carn, Vi Santo, 24, 25 y 31 dic. 2 €. ☎ 09 51/50 23 25.

E.-T.-A.-Hoffmann-Haus – Abre mayo-finales oct, ma-vi 16-18, fs y fest 10-12. 1 €.

Excursiones

Schloß Pommersfelden – Vis guiada (1 h): abr-finales oct 10-17. 5,10 €. ☎ 0 95 48/2 03.

BAUTZEN
🛈 Hauptmarkt 1 – 02625 – ☎ 0 35 91/4 20 16

Reichenturm – Abre abr-oct todos los días 10-17. 1 €. ☎ 0 35 91/4 20 16.

Sorbisches Museum (Serbski Muzej) – Cerrado por obras hasta oct 2002. ☎ 0 35 91/4 24 03.

Alte Wasserkunst – Abre abr-oct 10-17; feb, mar, nov y dic 10-16; ene sólo fs 10-16. 1 €. ☎ 0 35 91/4 15 88.

Excursión

Löbau: Konig-Friedrich-August Turm – Abre mayo-sept, lu-vi 9-20, fs 9-22; oct-abr, lu-vi 10-18, fs 10-20. En ocasiones puede cerrarse por mal tiempo. Aparcar el vehículo fuera del Parque Natural o solicitar permiso para transitar por él en Löbau, Oficina de Información, Altmarkt 1. 1 €. ☎ 0 35 85/45 04 50, www.loebau.de.

BAYERISCHER WALD

Telesilla del Großer Arber – Funciona de 8-16.45 (Trayecto: 5 min). El servicio se suspende desde mediados abr-nov hasta el comienzo de la temporada de invierno. 7 €. ☎ 0 99 25/9 41 40, www.arber.de.

BAYREUTH
🛈 Luitpoldplatz 9 – 95444 – ☎ 09 21/8 85 88

Markgräfliches Opernhaus – ♿ Vis guiada (30 min): abr-sept 9-18 (ju hasta las 20; oct-mar 10-16 (última visita 30 min antes del cierre). Cerrado: 1 ene, ma de Carn, 24, 25 y 31 dic. 3,60 €. ☎ 09 21/7 59 69 22.

Neues Schloß – Vis guiada (1 h): abr-sept 9-18 (ju hasta las 20); oct-mar 10-16 (última visita 20 min antes del cierre). Cerrado: 1 ene, ma de Carn, 24, 25 y 31 dic. 2,50 €. ☎ 09 21/75 96 90.

Richard-Wagner-Museum – Abre abr-oct 9-17 (ma y ju hasta las 20); nov-mar 10-17 (ju hasta las 20). Cerrado: 1 ene, lu de Pascua y Pent, 24 y 25 dic. 2,50 €. ☎ 09 21/7 57 28 16, www.wagnermuseum.de.

Schloß Eremitage – ♿ Abre abr-sept 9-18 (ju hasta las 20). Cerrado: 1 ene, ma de Carn. 2,50 €. ☎ 09 21/7 59 69 37.

Festspielhaus – Vis guiada (1h15): mar-oct, ma-do a las 10, 10.45, 14.15 y 15; dic-feb, ma-do a las 10.45 y 14.15. Durante la celebración de los festivales (mayo-ago) solicitar información telefónica sobre los horarios de las vis guiadas. 1,30 €. ☎ 09 21/7 87 80.

Alrededores

Teufelshöhle – Vis guiada (45 min): abr-oct 9-17; nov-mar, ma y fs 10-15. 2,50 €. ☎ 0 92 43/7 08 41, www.teufelshoehle.de.

Burg Zwernitz – Abre abr-finales sept, ma-do 9-18. 2,50 €. ☎ 09 21/75 96 90.

Kulmbach: Plassenburg – Abre abr-oct 9-18 (ju hasta las 20); nov-mar 10-16. Cerrado: 1 ene, 24, 25 y 31 dic. 2,50 €. ☎ 0 92 21/9 58 80.

Kulmbach: Deutsches Zinnfigurenmuseum – Abre abr-oct 9-18 (ju hasta las 20); nov-mar 10-16. Cerrado: 1 ene, 24, 25 y 31 dic. 2 €. ☎ 0 92 21/9 58 80, www.stadt-kulmbach.de.

BERCHTESGADEN
🛈 Königsseer Straße 2 – 83471 – ☎ 0 86 52/96 70

Schloß – Vis guiada (50 min): Pent-mediados oct, do-vi 10-13 y 14-17; mediados oct-Pent, lu-vi a las 11 y 14. 5,10 €. ☎ 0 86 52/94 79 80.

Salzbergwerk – Vis guiada (1 h): mayo-15 oct, todos los días 9-17; mediados oct-abr, lu-sá 12.30-15.30. Cerrado: 1 ene, Vi Santo, lu de Pent, 24 dic. 11,25 €. ☎ 0 86 52/60 02 60, www.salzbergwerk-berchtesgaden.de.

Alrededores

Obersalzberg y el Kehlstein – Servicio de autobuses entre Obersalzberg y el Kehlstein: mediados mayo-mediados oct. Información sobre los horarios en el ☎ 0 86 52/96 71 10.

BERCHTESGADEN

Königssee – Travesías en barco: finales abr-mediados oct 8.30-16.15; jul y ago 8-17.30; mediados oct-comienzo Nav sólo fs 10.30-15; 25 dic-abr 9.45-15.40. Sin servicio el 24 dic. 10,50-13 €. ☎ 0 86 52/96 36 18, www.bayerische-seenschifffahrt.de.

Roßfeld-Höhenringstraße – Peaje: 5,11 € por vehículo. ☎ 0 86 52/20 16.

BERGSTRASSE

Museumszentrum Lorsch – ♿ Vis guiada (1 h): ma-do 10-17. Cerrado: 1 ene, ma de Carn, 24 dic. 3 €. ☎ 0 62 51/1 03 82 11, www.kloster-lorsch.de.

Castillo de Auerbacher – Abre 10-18. Grat. ☎ 0 62 51/7 29 23, www.schloss-auerbach.de.

BERLIN

🛈 Europa-Center, Budapesterstraße – 10787 – ☎ 0 30/25 00 25

El abono **SchauLUST Museen Berlin**, válido para tres días consecutivos, permite visitar una amplia gama de museos e instituciones (alrededor de 60) y cuesta 8,18 €. Se obtiene en los museos asociados en esta iniciativa, en los hoteles y en las oficinas de turismo del Europa-Center y de la Puerta de Brandemburgo.

La tarjeta para un día (Tageskarte) que permite el acceso a todos los museos nacionales de Berlín se vende al precio de 4 €.

Deutsches Historisches Museum – Cerrado hasta ago 2002. La exposición se presenta en el Kronprinzenpalais. ☎ 0 30/20 30 40, www.dhm.de.

Friedrichswerdersche Kirche – Abre ma-do 10-18. 2 €, grat 1er do del mes. ☎ 0 30/2 08 13 23, www.smb.spk-berlin.de.

Berliner Dom – ♿ Abre abr-sept, lu-sá 9-20, do 12-20; oct-mar, lu-sá 1-19, do 12-19. 4 €. ☎ 0 30/20 26 91 19, Bettina.Weise@Domverwaltung.de.

Museum Knoblauchhaus/Stiftung Stadtmuseum Berlin – Abre ma-do 10-18. Cerrado: 24 y 31 dic. 1 €, grat mi. ☎ 0 30/24 00 21 71, www.stadtmuseum-berlin.de.

Museum Ephraim-Palais/Stiftung Stadtmuseum Berlin – Abre ma-do 10-18. Cerrado: 24 y 31 dic. 2 €, grat mi. ☎ 0 30/24 00 21 21, www.stadtmuseum-berlin.de.

Museum Nikolaikirche – Abre ma-do 10-18 (hora límite para iniciar la visita 30 min antes del cierre). Cerrado: 24 y 31 dic. 1,50 €, grat mi. ☎ 0 30/24 00 21 82, www.stadtmuseum-berlin.de.

Pergamonmuseum – Abre ma-do 10-18. 4 €, grat 1er do del mes. ☎ 0 30/2 66 29 87, www.smb.spk-berlin.de.

Alte Nationalgalerie – Al cierre de esta edición no se conocían los horarios de apertura de la galería. Información en el ☎ 0 30/20 90 55 55.

Bode-Museum – Cerrado provisionalmente por obras.

Altes Museum – Abre ma-do 10-18. 2 €, grat 1er do del mes. ☎ 0 30/2 66 29 87, www.smb.spk-berlin.de.

Siegessäule – Abre abr-oct, lu-vi 9.30-18.30, fs 9.30-19; nov-mar 9.30-17.30. Cerrado: 24 dic. 1 €.

Zoologischer Garten – ♿ Abre en verano 9-18.30, resto del año 9-atardecer. 7,70 €. ☎ 0 30/25 40 10, info@zoo-berlin.de.

Acuario – Abre 9-18. 7,70 €. ☎ 0 30/25 40 10, info@zoo-berlin.de.

Gemäldegalerie (Kulturforum) – Abre ma-vi 10-18 (ju hasta las 22), fs 11-18. 4 €, grat 1er do del mes. ☎ 0 30/2 66 20 01, www.smb.spk-berlin.de.

Kunstgewerbemuseum (Kulturforum) – ♿ Abre ma-vi 10-18, fs 11-18. 2 €, grat 1er do del mes. ☎ 0 30/2 66 29 02, www.smb.spk-berlin.de.

Kupferstichkabinett – Abre ma-vi 10-18, fs 11-18. 2 €, grat 1er do del mes. ☎ 0 30/2 66 20 01, www.smb.spk-berlin.de.

Neue Nationalgalerie – Abre ma-vi 10-18, fs 11-18. 4 €, grat 1er do del mes. ☎ 0 30/2 66 26 51, www.smb.spk-berlin.de.

Philharmonie – ♿ Vis guiada (1 h) a las 13. Cerrado: jul y ago, 1 ene, 1 mayo, 24 y 31 dic. ☎ 0 30/25 48 80, www.berlin-philharmonic.com.

Musikinstrumenten-Museum – ♿ Abre ma-vi 9-17, fs 10-17. 2 €, grat 1er do del mes. ☎ 0 30/25 48 11 78, mim@sim.spk-berlin.de.

Gedenkstätte Deutscher Widerstand – Abre lu-vi 9-18 (ju hasta las 20), fs 10-18. Cerrado: 1 ene, 24-26 y 31 dic. Grat. ☎ 0 30/26 99 50 00, www.gdw-berlin.de.

Kaiser-Wilhelm-Gedächtniskirche – Abre 9-19. Cerrado: 1 mayo. ☎ 0 30/2 18 50 23, www.gedaechtniskirche.de.

Palacio de Charlottenburg – Abre ma-vi 9-17, fs 10-17. 8,18 €. ☎ 03 31/9 69 42 02, www.spsg.de.

BERLIN

Historische Räume – Abre ma-vi 9-17, fs 10-17 (último pase a las 16). 2 €. ☏ 03 31/9 69 42 02.

Neuer Flügel – Abre ma-vi 10-18, fs 11-18. 5,11 €. ☏ 03 31/9 69 42 02.

Museum für Vor- und Frühgeschichte – Abre ma-vi 10-18, fs 11-18. 2 €, grat 1 do del mes. ☏ 0 30/32 67 48 10, www.smb.spk-berlin.de.

Sammlung Berggruen-Picasso y su tiempo – Abre ma-vi 10-18, fs 11-18. 2 €, grat 1er do del mes. ☏ 030/2 66 29 89, www.smb.spk-berlin.de.

Ägyptisches Museum und Papyrussammlung – Abre ma-vi 10-18, fs 11-18. 4 €, grat 1er do del mes. ☏ 0 30/2 66 21 47, www.smb.spk-berlin.de.

Bröhan-Museum – ♿ Abre ma-do 10-18. Cerrado: 24 y 31 dic. 4 €. ☏ 0 30/32 69 06 00, www.broehan-museum.de.

Gipsformerei der Staatlichen Museen zu Berlin – Preußischer Kulturbesitz – Puesto de venta abierto lu-vi 9-16. Vis guiada por el taller de modelado en escayola el 1er mi del mes. ☏ 0 30/32 67 69 10.

Museos del Dahlem – Arte y cultura del mundo

Ethnologisches Museum – Abre ma-vi 10-18, fs 11-18. 2 €, grat 1er do del mes. ☏ 0 30/8 30 11, www.smb.spk-berlin.de.

Museum europäischer Kulturen – ♿ Abre ma-vi 10-18, fs 11-18. 2,04 €, grat 1er do del mes. ☏ 0 30/83 90 12 87, www.smb.spk-berlin.de.

Museum für Kommunikation Berlin – ♿ Abre ma-vi 9-17, fs 11-19. Cerrado: 1 ene, 24, 25 y 31 dic. Grat. ☏ 0 30/20 29 40, www.museumsstiftung.de.

Deutsches Technikmuseum Berlin – ♿ Abre ma-vi 9-17.30, fs 10 a 18. Cerrado: 1 mayo, 24, 25 y 31 dic. 2,55 €. ☏ 0 30/25 48 40, www.dtmb.de.

Hamburger Bahnhof-Museum für Gegenwart Berlin – Abre ma-vi 10-18 (ju hasta las 22), fs 11-18. 4 €, grat 1er do del mes. ☏ 0 30/39 78 34 11, www.smb.spk-berlin.de.

Käthe-Kollwitz-Museum – Abre mi-lu, 11-18. Cerrado: 24 y 31 dic. 4 €. ☏ 0 30/8 82 52 10, www.kaethe-kollwitz.de.

Martin-Gropius-Bau – ♿ Abre ma-do 10-20. 5,10 €, 6,14 € según la expo que presente. ☏ 0 30/25 48 60, www.gropiusbau.berlinerfestspiele.de.

Topographie des Terrors – ♿ Abre mayo-sept 10-20; oct-abr 10-18. Cerrado: 24 y 31 dic. Grat. ☏ 0 30/25 48 67 03, www.topographie.de.

Jüdisches Museum Berlin – Al cierre de esta edición no se conocían con exactitud los horarios de este museo. Información en el ☏ 0 30/25 99 33 00, www.jmberlin.de.

Museum Haus am Checkpoint Charlie – Abre 9-22. 6,15 €. ☏ 0 30/2 53 72 50, info@mauer-museum.com.

Märkisches Museum/Stiftung Stadtmuseum Berlin – Abre ma-do 10-18 (última visita 30 min antes del cierre). Cerrado: 24 y 31 dic. 4 €, grat mi. ☏ 0 30/30 86 60, www.stadtmuseum-berlin.de.

Kunstgewerbemuseum (Schloß Köpenick) – Este museo permanecerá cerrado por obras hasta el 2002.

Botanischer Garten Berlin-Dahlem

Jardín Botánico – ♿ Abre nov-ene 9-16; feb 9-17; mar y oct 9-18; sept 9-19; abr y ago 9-20; mayo-jul 9-21. Cerrado: 24 y 31 dic. 4 €. ☏ 0 30/83 85 00 27, www.bgbm.fu-berlin.de/bgbm.

Museo Botánico – ♿ Abre 10-18. Cerrado: 24 y 31 dic. 1 €. ☏ 0 30/83 85 00 27, www.bgbm.fu-berlin.de/bgbm.

Brücke-Museum – ♿ Abre mi-lu 11-17. Cerrado: 24 y 31 dic. 4 €. ☏ 0 30/8 31 20 29, www.bruecke-museum.de.

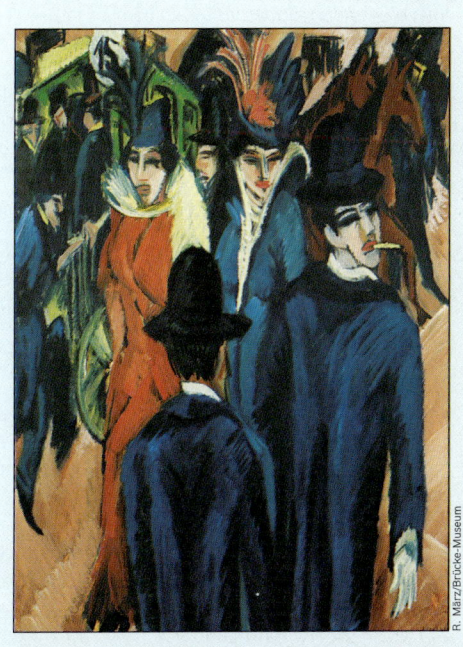

Escena de una calle de Berlín, E.L. Kirchner (Museo Brücke)

BERLIN

Pabellón de Caza Grunewald – Abre mayo-oct, ma-do 10-17; nov-abr, sólo fs 10-16. 2 €. ☎ 0 30/8 13 35 97, www.spsg.de.

Pfaueninsel: Schloß – Vis guiada (30 min): abr-oct ma-do 10-17. 3 €. ☎ 03 31/9 69 42 02, www.spsg.de.

Funkturm – Abre ma-do 11.30-23. La plataforma panorámica se cierra cuando la temperatura baja a 0ºC. Cerrado: 1 ene, 24 dic. ☎ 0 30/30 38 29 00, www.capital-catering.de.

Olympiastadion – Cerrado por obras hasta 2004.

Bauhaus-Archiv – Museum für Gestaltung – ♿ Abre todos los días, excepto ma, 10-17; 1 ene y 25 dic 13-17. 4 €. ☎ 0 30/2 54 00 20, www.bauhaus.de.

Gedenkstätte Plötzensee – ♿ Abre mar-oct 9-17; nov-feb 9-16. Cerrado: 1 ene, 24-26 y 31 dic. Grat. ☎ 0 30/26 99 50 00, www.gdw-berli.de.

Stadtgeschichtliches Museum Spandau – Abre ma-vi 9-17, fs 10-17. Cerrado: 1 ene, 3 oct, 24, 25 y 31 dic. 2 €. ☎ 0 30/3 54 94 42 00, www.zitadelle-spandau.de.

St.-Nikolai-Kirche – ♿ Abre ene-nov, lu-ju 12-16, sá 11-15, do 14-16; nov-mar sólo fs. ☎ 0 30/3 33 56 39.

Maria Regina Martyrum – ♿ Abre lu-sá 9-14, do y fest 9-12. En caso de estar cerrada la iglesia, solicitar la llave al portero del convento. ☎ 0 30/3 82 60 11.

Schloß Tegel (Humboldt-Schloß) – Vis guiada (45 min): mayo-sept, lu a las 10, 11, 15 y 16. Cerrado en festivos. 6 €.

Excursiones

Gedenkstätte und Museum Sachsenhausen (Campo de Concentración) – ♿ Abre abr-sept, ma-do 8.30-18; oct-mar, ma-do 8.30-16.30 (última visita 30 min antes del cierre). Cerrado: 1 ene, 24, 25 y 31 dic. Grat. ☎ 0 33 01/20 00, www.sachsenhausen.brandenburg.de.

BERNKASTEL-KUES

🛈 Gestade 66 – 54470 – ☎ 0 65 31/40 23

St. Nikolaus-Hospital – Abre lu-vi y do 10-; sá 10-15.30 y 17-18. Vis guiada a la biblioteca: vi a las 15, abr-oct además ma a las 10.30. 2,50 €. ☎ 0 65 31/22 60.

BODENSEE

Bodensee-Erlebniskarte: Esta tarjeta permite el acceso a más de 120 atracciones y monumentos situados en las proximidades del Bodensee (lago de Constanza) en Alemania, Suiza, Lichtenstein y Austria. Con ella se pueden realizar travesías en barco por el lago sin límite de viajes, acceder a la isla de Mainau, utilizar los trenes de montaña en Austria y Suiza, visitar numerosos museos en torno al lago de Constanza y disfrutar de las playas y zonas de baño, etc. Existen tres modalidades: 3 días (35 €, para 1 adulto), 7 días (50, para 1 adulto) y 14 días (76 €, para 1 adulto).

Zeppelin-Museum – ♿ Abre mayo-oct, ma-do 10-18; nov-abr, ma-do 10-17. Cerrado: 24 y 25 dic. 6 €. ☎ 0 75 41/38 91 33.

BONN

🛈 Windeckstraße – 53111 – ☎ 02 28/77 50 00

Bonn-Card: Esta tarjeta permite el libre acceso a más de 20 museos de la ciudad de Bonn y de su región, así como la utilización de autobuses y trenes que comuniquen con los museos que cubre la tarjeta. Además, con ella se obtienen descuentos en los circuitos turísticos de la ciudad, en las travesías en barco, en las entradas a espectáculos, etc. La tarjeta individual para un día completo (24-Stunden-Karte) cuesta 12,50 €, la tarjeta familiar para un día completo (24-Stunden-Familienkarte, 2 adultos y 4 niños hasta 16 años) 17 € y la tarjeta individual de 3 días (3-Tages-Karte) 24 €. Se obtiene en las máquinas automáticas que expiden títulos de transporte, en los puestos de venta de la compañía municipal, en las oficinas de información turística y en las agencias de viaje de la DB (Deutsche Bundesbahn) en las estaciones centrales de ferrocarril de Bonn, Bad Godesberg y Colonia. Para más información llamar al 02 28/9 10 41-30.

Beethovenhaus – Abre abr-oct, lu-sá 10-18, do 11-16; nov-mar, lu-sá 10-17, do 11-16 (última visita 30 min antes del cierre). 4 €. ☎ 02 28/9 81 75 25, www.bonn-region.de/beethovenhaus.

Haus der Geschichte der Bundesrepublik Deutschland – ♿ Abre ma-do 9-19. Grat. ☎ 02 28/9 16 50, www.hdg.de.

Kunstmuseum Bonn – ♿ Abre ma-do 10-18, mi hasta las 21. Cerrado: el día de Carn de las Mujeres (Weiberfastnacht), do y lunes de Carn, 24, 25 y 31 dic. 4 €. ☎ 02 28/77 62 60, www.bonn.de/kunstmuseum.

BONN

Sala de Exposiciones de la República Federal de Alemania – ♿ Abre ma y mi 10-21, ju-do 10-19. Cerrado: 24 dic. 6,14 €. ☎ 02 28/9 17 12 00, www.kah-bonn.de.

Deutsches Museum Bonn – ♿ Abre ma-do 10-18. Cerrado: el día de Carn de las Mujeres (Weiberfastnacht), do y lunes de Carn, Vi Santo, 1 mayo, 24, 25 y 31 dic. 3,50 €. ☎ 02 28/30 22 55, www.deutsches-museum-bonn.de.

Godesburg – Abre abr-finales oct, mi-do 10-18. ☎ 02 28/31 60 71.

Excursiones

Tren de cremallera del Drachenfels – Funciona de mayo-sept, 9-20, con salidas cada media hora; ene, feb y nov, lu-vi 12-17, salidas según la demanda, fs 11-18, cada hora; mar-oct 10-18, cada media hora; abril de 10-19, cada media hora. 7,16 € (i/v). ☎ 0 22 23/9 20 90.

Remagen: Museo de la Paz – Abre mar, abr y de primera quincena nov 10-17; mayo-oct 10-18. 1,50 €. ☎ 0 26 42/20 10, www.bruecke-remagen.de.

BRAUNSCHWEIG   🅱 Vor der Burg 1 – 38100 – ☎ 05 31/27 35 50

Herzog-Anton-Ulrich-Museum – ♿ Abre ma-do 10-17 (mi 13-20). Cerrado: do de Resurrección, 1 mayo, do de Pent, 24, 25 y 31 dic. 2,50 €. ☎ 05 31/1 22 50, www.museum-braunschweig.de.

Mittelalterliche Abteilung in der Burg Dankwarderode – Abre ma-do 10-17 (mi 13-20). Cerrado: el do de Resurrección, 1 mayo, do de Pent, 24, 25 y 31 dic. 2,50 €. ☎ 05 31/1 22 50, www.museum-braunschweig.de.

Excursiones

Autostadt – ♿ Abre abr-oct 9-20; nov-mar 9-18. 12,27. ☎ 08 00/28 86 78 23, www.autostadt.de.

Helmstedt: Zonengrenz-Museum – Abre ma-vi 15-17, mi además 10-12, ju 15-18.30, fs 10-17. Grat. ☎ 0 53 51/1 21 11 33, www.grenzdenkmaeler.de.

Helmstedt: Gedenkstätte Deutsche Teilung Marienborn – ♿ Abre ma-do 10-17. Grat. ☎ 03 94 06/9 20 90, www.marienborn.de.

BREMEN   🅱 Am Bahnhofsplatz – 28195 – ☎ 04 21/30 80 00

Abono para los Museos de Bremen – Válido para seis instituciones culturales (Bremer Landesmuseum, Kunsthalle, Gerhard-Marcks-Haus, Kunstsammlungen, Böttcherstraße, Neues Nuseum Weserburg, Übersee-Museum). Se vende al precio de 9,20 € y se puede utilizar durante tres días consecutivos tantas veces como se desee.

Hafenrundfahrt (Visita del puerto en barco) – Salida del embarcadero junto a la iglesia de San Martín (St. Martinikirche). Duración: 1h15. Viajes abr-finales oct a las 11.45, 13.30 y 15.15. 7,67 €. ☎ 0 18 05/10 10 30, www.bremen-tourism.de.

Rathaus – Visa guiada (45 min): lu-sá a las 11, 12, 15 y 16, do a las 11 y a las 12. 3 €. ☎ 0 18 05/10 10 30, www.bremen-tourism.de.

Paula Modersohn-Becker Museum – Abre ma-do 11-18. Cerrado: 24 y 31 dic. 5 €. ☎ 04 21/3 36 50 77.

Pfarrkirche St. Martini – ♿ Abre mayo-sept, lu-sá 10.30-12.30; oct-abr, ma y ju 10-12. ☎ 04 21/32 48 35, www.sankt-martini.de.

Kunsthalle – ♿ Abre ma 10-21, mi-do 10-17. 4 €. ☎ 04 21/32 90 80, www.kunsthalle-bremen.de.

Focke-Museum – ♿ Abre ma 10-21, mi-do 10-17. 3 €. ☎ 04 21/3 61 33 91, www.bremen.de/info/focke.

Übersee-Museum – ♿ Abre ma-do 10-18. Cerrado: Vi Santo, 1 mayo, 24 y 25 dic. 5,11 €. ☎ 04 21/3 61 91 76, www.uebersee.coinn-bremen.de.

Universum Science Center – Abre 10-19 (mi hasta las 21) 9,20 €. ☎ 04 21/3 34 60, www.universum.bremen.de.

Excursiones

Bremerhaven: Deutsches Schiffahrtsmuseum – ♿ Abre abr-oct todos los días 10-18; nov-mar, ma-do 10-18. Cerrado: 24, 25 y 31 dic. 4 €. ☎ 04 71/48 20 70, www.dsm.de.

Bremerhaven: Technikmuseum U-Boot Wilhelm Bauer – Abre abr-finales oct 10-17.30. 2 €. ☎ 04 71/48 20 70, www.dsm.de.

Bremerhaven: Zoo am Meer – ♿ Abre mayo-ago 8-19; sept-abr 8-18.30; oct-mar 8-17 (última visita 30 min antes del cierre). 2,50 €. ☎ 04 71/4 20 71.

BRUCHSAL

🛈 Am alten Schloß 2 – 76646 – ☎ 0 72 51/7 27 71

Palacio – ♿ Abre ma-do 9.30-17. Cerrado: 1 ene, 25 dic. 3 €. ☎ 0 72 51/74 26 61, www.schloesser-und-gaerten.de.

Museum mechanischer Musikinstrumente – ♿ Vis guiada (1 h): ma-do 9.30-17. Cerrado: 1 ene, 25 dic. 4 €. ☎ 0 72 51/74 26 61, www.schloesser-und-gaerten.de.

Städtisches Museum – Abre ma-vi 14-17, fs 9.30-13 y 14-17. Cerrado: ma de Carn, 24, 25 y 31 dic. Grat. ☎ 0 72 51/7 92 53, www.bruchsal.de.

BRÜHL

🛈 Uhlstraße 3 – 50321 – ☎ 0 22 32/7 93 45

Schloß Augustusburg – ♿ Vis guiada (1 h): feb-nov, ma-vi 9-12 y 13.30-16, fs 10-17. 4 €. ☎ 0 22 32/4 40 00.

Schloß Falkenlust – Abre feb-nov, ma-vi 9-12.30 y 13.30-16.30, fs 10-17. 3 €. ☎ 0 22 32/1 21 11.

Phantasialand – ♿ Abre abr-finales oct 9-18 (en jul hasta más tarde). 21 € (abono para un día). ☎ 0 22 32/3 62 00, www.phantasialand.de.

BÜCKEBURG

🛈 Marktplatz 4 – 31675 – ☎ 0 57 22/20 61 81

Palacio – Vis guiada (45 min): abr-sept 9.30-18; oct-mar 9.30-17. 4 €. ☎ 0 57 22/50 39.

Hubschraubermuseum – ♿ Abre 9-17. 3,60 €. ☎ 0 57 22/55 33, www.hubschraubermuseum.de.

Alrededores

Mina (Bergwerk) de Kleinenbremen – Vis guiada (1h30): mediados abr-finales oct, fs 10-16. 7,16 €. ☎ 05 71/9 34 44 38, www.mkb.de.

BURGHAUSEN

🛈 Rathaus, Stadtplatz 112 – 84489 – ☎ 0 86 77/24 35

Burg

Staatliche Sammlungen – Abre abri-sept 9-18 (ju hasta las 20); oct-mar 10-16. 2,50 €. ☎ 0 86 77/46 59, www.schloesser.bayern.de.

Stadtmuseum – Abre mayo-sept 9-18.30; oct-nov y mediados mar-abr 10-16.30 (última visita 30 min antes del cierre). 1,30 €. ☎ 0 86 77/6 51 98.

C

CELLE

🛈 Markt 14-16 – 29221 – ☎ 0 51 41/12 12

Castillo – Vis guiada (50 min): abr-oct, ma-do 11-15 cada hora; nov-mar, ma-do a las 11 y a las 15. Cerrado: 24 y 25 dic. 2,50 €. ☎ 0 51 41/1 23 73.

Bomann-Museum – ♿ Abre ma-do 10-17. 2 €. ☎ 0 51 41/1 23 72, www.celle.de/kultur/bomann.

Alrededores

Kloster Wienhausen – Vis guiada (1h15): abr-mediados oct, ma-sá y fest no religiosos a las 10, 11, 14, 15, 16 y 17; do y fiestas de guardar cada hora de 12-17. Cerrado: Vi Santo. 3 €. ☎ 0 51 49/3 57, kloster.wienhausen@arcormail.de.

CHEMNITZ

🛈 Bahnhofstraße 6 – 09111 – ☎ 03 71/1 94 33

Kunstsammlungen Chemnitz – Abre ma-do 12-19. Cerrado: 24 y 31 dic. 3 €. ☎ 03 71/4 88 44 24, www.chemnitz.de/kunstsammlungen:.

Museum für Naturkunde – ♿ Abre ma-vi 9-12 y 14-17 (mi hasta 19.30), fs 11-17. 3 €. ☎ 03 71/4 88 45 51, naturkundenmuseum@stadt-chemnitz.de.

Excursión

Schloß Augustusburg

Museo de Animales de Caza y Ornitología – Abre abr-oct 9-18; nov-mar 10-17. Cerrado: 24 y 25 dic. 2,50 €. ☎ 03 72 91/38 00, www.augustusburg-schloss.de.

Museo de Motocicletas – Abre abr-oct 9-18; nov-mar 10-17. 2,50 €. ☎ 03 72 91/38 00, www.augustusburg-schloss.de.

CHIEMSEE

Navegación por el Chiemsee – Viajes en barco con salidas todo el año del desembarcadero de Prien-Stock. 6,60 €. ☎ 0 80 51/60 90, www.chiemsee-schifffahrt.de.

Schloß Herrenchiemsee – Vis guiada (35 min): abr-3 oct 9-18; 4 oct-finales oct 9.40-17; nov-mar 9.40-16. Cerrado: 1 ene, ma de Carn, 24, 25 y 31 dic. 5,60 €. ☎ 0 80 51/6 88 70, www.herren-chiemsee.de.

Abadía de CHORIN

♿ Abre abr-oct 9-16; nov-mar 9-16. 2,50 €. ☎ 03 33 66/7 03 77.

Excursión

Schiffshebewerk (Elevador de barcos de Niederfinow) – Funciona abr-oct 9-19; nov-mar 9-16. 1 €. www.wsa-eberswalde.de.

COBURG
🛈 Herrngasse 4 – 96450 – ☎ 0 95 61/7 41 80

Kunstsammlungen – Abre abr-oct, ma-do 10-17; nov-mar, ma-do 13-16. Cerrado: 24, 25 y 31 dic. 3 €. ☎ 0 95 61/8 79 79, www.kunstsammlungen-coburg.de.

Schloß Ehrenburg – Vis guiada (50 min): abr-sept, ma-do 9-17 cada hora; oct-mar, ma-do 10-15 cada hora. Cerrado: 1 ene, ma de Carn, 1 nov, 24, 25 y 31 dic. 3 €. ☎ 0 95 61/80 88 32, www.sgvcoburg.de.

Alrededores

Schloß Callenberg – ♿ Vis guiada (1 h): abr-oct todos los días 10-12 y 14-16 cada hora; nov-mar, ma-do a las 14, 15 y 16. Cerrado: 7-31 ene, 25 y 31 dic. 2,50 €. ☎ 0 95 61/5 51 50, www.schloss-callenberg.de.

Schloß Rosenau – Vis guiada (40 min): abr-sept, ma-do 9-17 cada hora; oct-mar, ma-do 10-15 cada hora. Cerrado: 1 ene, ma de Carn, 1 nov, 24, 25 y 31 dic. 2,50 €. ☎ 0 95 63/47 47, www.sgvcoburg.de.

COTTBUS
🛈 Berliner Platz 6 – 03044 – ☎ 03 55/7 54 20

Schloß Branitz – Abre abr-oct todos los días 10-18; nov-mar, ma-do 11-17. Cerrado: 24 y 31 dic. 3 €. ☎ 03 55/7 51 50.

Niederlausitzer Apothekenmusem – Vis guiada (1 h): ma-vi a las 11 y a las 14, fsmingo a las 14 y a las 15. 2 €. ☎ 03 55/2 39 97, www.niederlausitzer-apothekenmuseum.de.

Wendisches Museum – Abre ma-vi 8.30-18, fs 14-18. Cerrado: 24 y 31 dic. 2 €. ☎ 03 55/79 49 30.

Oberkirche St. Nikolai – ♿ Abre lu-sá 10-17, do 11.30-17. Grat. ☎ 03 55/2 47 14.

Excursión

Bad Muskau: Viejo Palacio – Abre mayo-sept, ma-vi 10-12 y 13-17, fs 13-17; oct– abr, ma-vi 10-12 y 13-16, do 13-16. 1,50 €. ☎ 03 57 71/6 03 52.

D

DARMSTADT
🛈 Luisen-Center, Luisenplatz 5 – 64283 – ☎ 0 61 51/13 27 81

Hessisches Landesmuseum – ♿ Abre ma-sá 10-17 (mi hasta las 21), do 11-17. Cerrado: 1 ene, Vi Santo, do de Resurrección, 1 mayo, Asc, do de Pent, Corpus Christi, 24, 25 y 31 dic. 2,55 €, grat a partir de las 16. ☎ 0 61 51/16 57 03, www.landesmuseum-darmstadt.de.

Schloß – Vis guiada (1 h): lu-ju 10-13 y 14-17, fs 10-13. 2,50 €. ☎ 0 61 51/2 40 35.

Prinz-Georg-Palais – Abre lu-ju 10-13 y 14-17, sá +do 10-13. Cerrado: 1 ene, ma de Carn, 1 mayo, 24, 25 y 31 dic. 2,50 €. ☎ 0 61 51/71 32 33, porzellanmuseum.darmstadt@t-online.de.

571

DARMSTADT

Alrededores

Jagdschloß Kranichstein – Abre abr-oct, mi-sá 13-18, do 10-18; nov-mar, mi-sá 14-17, do 10-17. 2,55 €. ☎ 0 61 51/71 86 13. www.jagdschloss-kranichstein.de.

DESSAU
🛈 Zerbster Straße 2c – 06844 – ☎ 03 40/2 04 14 42

Bauhausgebäude – Abre 10-18. Cerrado: 24 y 31 dic. 4 €. ☎ 03 40/6 50 82 51. www.bauhaus-dessau.de.

Feiningerhaus – Abre mediados febr-oct, ma-do 10-18; nov-mediados feb, ma-do 10-17. Cerrado: 1 ene, 24 dic. 4 €. ☎ 03 40/61 95 95. www.kurt-weill.de.

Anhaltische Gemäldegalerie (Georgium) – Abre ma-do 10-17. Cerrado 24 y 31 dic. 2,50 €. ☎ 03 40/61 38 74.

Palacio de Mosigkau, Dessau

ALREDEDORES

Luisium – Vis guiada: abr-oct, ma-do 10-16.30; mayo-sept, ma-do 10-17.30; nov-mar, ju-do 10-16. Cerrado 24, 25 y 31 dic. 4 €. ☎ 03 40/64 61 50. www.ksdw.de.

Schloß Mosigkau – Visa guiada (1 h): abr-oct, ma-do 10-16.30; mayo-sept, ma-do 10-17.30. 4 €. ☎ 03 40/64 61 50. www.ksdw.de.

DETMOLD
🛈 Rathaus, Lange Straße – 32754 – ☎ 0 52 31/97 73 27

Residenzschloß – Vis guiada (40 min): abr-oct a las 10, 11, 12, 14, 15, 16 y 17; nov-marzo a las 10, 11, 12, 14, 15 y 16. 3 €. ☎ 0 52 31/7 00 20. www.schloss-detmold.de.

Westfälisches Freilichtmuseum – Abre abr-oct, ma-do 9-18 (última visita a las 17). 3,60 €. ☎ 0 52 31/70 60. www.freilichtmuseum-detmold.de.

Hermannsdenkmal – Abre mar-oct 9-18.30; nov-feb 9.30-16. 1,30 €. ☎ 0 52 61/25 02 19.

Excursión

Externsteine – Acceso permanente. Ascenso y visita del bajorrelieve del Descendimiento: abr-oct 9-19. 1 €. ☎ 0 52 34/20 13 01.

DONAUESCHINGEN
🛈 Karlstraße 58 – 78166 – ☎ 07 71/85 72 21

Fürstenberg-Sammlungen – Abre ma-sá 10-13 y 14-17, do 10-17. 2,50 €. ☎ 07 71/8 65 63.

Schloß – Vis guiada (40 min): de SS-finales sept, mi-lu 9-12 y 14-17. 2,50 €. ☎ 07 71/8 65 09.

DORTMUND
🛈 Am Hauptbahnhof – 44137 – ☎ 02 31/5 02 56 66

Westfalenpark – Abre 9-21 (taquillas automáticas a la entrada). 1,50 €. ☎ 02 31/5 02 61 00, www.westfalenpark.de.

Marienkirche – ♿ Abre ma-vi 10-12 y 14-16, sá 10-13.

Museum für Kunst und Kulturgeschichte – ♿ Abre ma, mi, vi y do 10-18, ju 10-20, sá 12-18. Cerrado: 1 ene, 1 mayo, 24, 25 y 31 dic. 2 €. ☎ 02 31/5 02 60 28, www.museendortmund.de.

Brauerei-Museum – Cerrado. No se conoce fecha de reapertura. ☎ 02 31/5 02 48 50.

Museum am Ostwall – ♿ Abre ma-do 10-18 (sá a partir de las 12). Cerrado: 1 ene, 1 mayo, 24, 25 y 31 dic. 2 €. ☎ 02 31/5 02 32 47, museumostw@aol.com.

DRESDEN
🛈 Prager Straße – 01069 – ☎ 03 51/49 19 20

Existe un abono de 1 día válido para todos los museos nacionales de Dresde (5,10 €).

Zwinger
Porzellansammlung – Cerrada hasta mediados 2003.

Gemäldegalerie Alte Meister – ♿ Abre ma-do 10-18. Cerrado: 24 y 25 dic. 3,60 €. ☎ 03 51/4 91 46 19, www.staatl-kunstsammlungen-dresden.de.

Rüstkammer – ♿ Abre ma-do 10-18. Cerrado: 24 y 25 dic. 1,50 €. ☎ 03 51/4 91 46 19, www.staatl-kunstsammlungen-dresden.de.

Mathematisch-Physikalischer Salon – Abre todos los días, excepto ju, 10-18. 1,50 €. ☎ 03 51/4 91 46 60, www.staatl-kunstsammlungen-dresden.de.

Albertinum
Gemäldegalerie Neue Meister – Abre todos los días, excepto ju, 10-18. Cerrado: 24 y 25 dic. 3,60 €. ☎ 03 51/4 91 46 19, www.staatl-kunstsammlungen-dresden.de.

Grünes Gewölbe – Abre todos los días, excepto ju, 10-18. Cerrado: 24 y 25 dic. 3,60 €. ☎ 03 51/4 91 46 19, www.staatl-kunstsammlungen-dresden.de.

Stadtmuseum Dresden – ♿ Abre todos los días, excepto vi, 10-18 (mayo-sept, mi 10-20). 2 €. ☎ 03 51/49 86 60, www.stmd.de.

Museum für Sächsische Volkskunst – Abre ma-do 10-18. 1,50 €. ☎ 03 51/4 91 46 19, www.staatl-kunstsammlungen-dresden.de.

Deutsches Hygiene-Museum – Abre ma, ju y vi 9-17, mi 9-20, fs 10-18. 2,55 €, grat vi a partir de las 13. ☎ 03 51/4 84 66 70, www.dhmd.de.

Excursiones

Schloß Moritzburg – Abre abr-oct 10-17 (última visita 30 min antes del cierre). El resto del año sólo vis guiadas: nov-mar, ma-do a las 10, 11, 13, 14, 15 y 16; ene y feb horarios especiales. Cerrado: 24 y 31 dic. 4 €. ☎ 03 52 07/87 30.

Schloß Pillnitz – Bergpalais (Museo de Artes Decorativas): abre mayo-finales oct, ma-do 9.30 a 17.30; Wasserpalais: abre mayo-finales oct todos los días, excepto ma, 9.30-17.30. 1,50 €. ☎ 03 51/4 91 46 19, www.staatl-kunstsammlungen-dresden.de.

DÜSSELDORF
🛈 Immermannstraße 65b – 40210 – ☎ 02 11/17 20 20

museum kunst palast – ♿ Abre ma-do 12-20. ☎ 02 11/8 99 62 11, www.museum-kunst-palast.de.

Kunstsammlung Nordrhein-Westfalen – ♿ Abre ma-do 10-18 (vi hasta las 20). 6,14 €. ☎ 02 11/8 38 11 72, www.kunstsammlungen.de.

Hetjens-Museum/Deutsches Keramik-Museum – ♿ Abre ma-do 11-17 (mi hasta las 21). 3 €. ☎ 02 11/8 99 42 10.

Aquazoo – Löbbecke-Museum – ♿ Abre 10-18. Cerrado: 1 ene, lu de Carn, 1 mayo, 24, 25 y 31 dic. 5,65 €. ☎ 02 11/8 99 61 50, www.duesseldorf.de/aquazoo.

Excursiones

Schloß Benrath – Vis guiada (1 h): abr-oct, ma-do 10-17; nov-mar, ma-do 11-17. 3,60 €. ☎ 02 11/8 99 72 71.

Neandertal Museum – ♿ Abre ma-do 10-18. Cerrado: 24, 25 y 31 dic. 5,10 €. ☎ 0 21 04/97 97 97, www.neanderthal.de.

E

Kloster EBERBACH

Abre abr-oct 10-18; nov-mar, lu-vi 10-16, fs 11-16. Cerrado: 21 dic-1 ene. 2,50 €.
☎ 0 67 23/9 17 80, www.kloster-eberbach.de.

EICHSTÄTT
🅘 Kardinal – Preysing – Platz 14 – 85072 – ☎ 0 84 21/8 88 00

Domschatz und Diözesanmuseum – Abre abr-finales oct, mi-sá 10.30-17, do 10-17. Cerrado: Vi Santo. 2 €. ☎ 0 84 21/5 07 40.

Fürstbischöfliche Residenz – Vis guiada (35 min): de SS-finales oct, lu– ju a las 11 y a las 15; vi a las 11, fs a las 10.15, 11, 11.45, 14, 14.45 y 15.30. 1 €. ☎ 0 84 21/7 02 20.

Jura-Museum – Abre abr-oct, ma-do 9-18; nov-mar, ma-do 10-16. Cerrado: 1 ene, ma de Carn, 24, 25 y 31 dic. 3 €. ☎ 0 84 21/29 56, www.jura-museum.de.

Museum für Ur- und Frühgeschichte – Abre abr-sept, ma-do 9-18; oct-mar, ma-do 10-16. Cerrado: 1 ene, ma de Carn, 1 nov, 24, 25 y 31 dic. 3 €. ☎ 0 84 21/8 94 50.

Excursiones

Weißenburg: termas romanas – Abre finales mar-1 nov 10-12.30 y 14-17. 1,50 €. ☎ 0 91 41/90 71 24, www.weissenburg.de.

Weißenburg: Museo Romano – Abre mar-finales dic 10-12.30 y 14-17. Cerrado: 24, 25 y 31 dic. 2 €. ☎ 0 91 41/90 71 24, www.weissenburg.de.

Weißenburg: Reichsstadmuseum – Abre mar-finales dic 10-12.30 y 14-17. Cerrado: 24, 25 y 31 dic. 1,50 €. ☎ 0 91 41/90 71 24, www.weissenburg.de.

Ellingen: Palacio – Vis guiada (50 min): abr-sept, ma-do 9-18; oct-mar, ma-do 10-16. Cerrado: 1 ene, ma de Carn, 24, 25 y 31 dic. 2,50 €. ☎ 0 91 41/97 47 90, www.schloesser.bayern.de.

EIFEL

Erlebnispark Nürburgring – Abre ma-do 10-18 (última visita a las 17). Cerrado: nov-mar, 1 ene, 24, 25 y 31 dic. 10 €. ☎ 0 26 91/30 26 02.

EINBECK
🅘 Rathaus, Marktplatz 6 – 37574 – ☎ 0 55 61/91 61 21

Alfeld: Museo Municipal – Abre ma-vi 10-12 y 15-17, fs 10-12; mayo-sept también do 15-17. Cerrado entre Nav y Año Nuevo. Grat. ☎ 0 51 81/70 31 81, museum.alfeld@online.de.

EISENACH
🅘 Markt 2 – 99817 – ☎ 0 36 91/7 92 30

Museo de Turingia – Abre ma-do 9-17. 2,60 €. ☎ 0 36 91/67 04 50, www.esisenach.de.

Lutherhaus – Abre abr-oct 9-17; nov-mar 10-17. Cerrado: Vi Santo. 2,50 €. ☎ 0 36 91/2 98 30, www.Lutherhaus-Eisnach.de.

Bachhaus – ♿ Abre abr-sept, lu 12-17.45, ma-do 9-17.45; oct-mar 13-16.45, ma-do 9-16.45. 2,55 €. ☎ 0 36 91/7 93 40, www.bachhaus.de.

Automobilbaumuseum – ♿ Abre ma-do 10-17. 2 €. ☎ 0 36 91/7 72 12.

Fritz-Reuter-und Richard-Wagner-Museum – Abre ma-do 10-17. 2 €. ☎ 0 36 91/74 32 93, www.esisenach.de.

Wartburg – Vis guiada (1 h): mar-oct 8.30-17; nov-feb 9-15.30; 24 dic 9-11, 31 dic 9-14. 5,65 €. ☎ 0 36 91/25 00, info@wartburg-Eisenach.de.

EMDEN
🅘 Alter Markt 2a – 26721 – ☎ 0 49 21/9 74 00

Ostfriesisches Landesmuseum – Abre abr-sept, ma-do 10-17; oct-mar, ma-do 11-17. Cerrado: 1 ene, 1 mayo, 3 oct, 25, 25 y 31 dic. 3 €. ☎ 0 49 21/87 20 58, www.landesmuseum-emdem.de.

Kunsthalle Emden -S tiftung Henri und Eske Nannen – Abre ma 10-20, mi-vi 10-17, fs 11-17. Cerrado: 1 mayo, 24, 25 y 31 dic. 4,60 €. ☎ 0 49 21/97 50 50, www.kunsthalle-emden.de.

ERFURT

🛈 Benediktsplatz 1 – 99084 – ☎ 03 61/6 64 00

Angermuseum – Abre ma-do 10-18. 1,50 €. ☎ 03 61/5 62 33 11, angermuseum@t-online.de.

Augustinerkloster – Vis guiada (45 min): abr-oct, lu-sá a las 10, 11, 12, 14, 15 y 16, do a las 11; nov-mar, ma-vi a las 14, do a las 11. 3 €. ☎ 03 61/57 66 00, www.augustinerkloster.de.

Barfüßerkirche – Abre SS-finales oct, ma-do 10-13 y 14-18. 1 €. ☎ 03 61/5 62 33 11.

Excursión

Arnstadt: Museo Histórico de la Ciudad – Abre lu-vi 8.30-12 y 13-16.30, fs 9.30-16.30. Cerrado: 1 ene, 24, y 31 dic. 3 €. ☎ 0 36 28/60 29 78, Haus.zum.Palmbaum@t-online.de.

Arnstadt: Nuevo palacio – Abre abr-oct, ma-do 8.30-12 y 13-16.30; nov-mar, ma-do 9.30-16. Cerrado: 1 ene, Vi Santo, 24 y 31 dic. 3,06 €. ☎ 0 36 28/60 29 32.

ESSEN

🛈 Am Hauptbahnhof 2 – 45127 – ☎ 02 01/1 94 33

Centro de Diseño de Renania Septentrional-Westfalia – Abre ma-do 11-20. Cerrado: 1 ene, 1 mayo, 24, 25 y 31 dic. 5,11 €. ☎ 02 01/30 10 40, www.design-germany.de.

Museum Folkwang – ♿ Abre ma-do 10-18 (vi hasta las 24). Cerrado: 1 ene, lu de Pascua y Pent, 1 mayo, 24 y 31 dic. 4 €. ☎ 02 01/8 84 53 14, www.museum.folkwang.de.

Ruhrlandmuseum ♿ – Abre ma-do 10-18 (vi hasta las 24). Cerrado: 1 ene, 1 mayo, 31 dic. 4 €. ☎ 02 01/8 84 52 00, www.ruhrlandmuseum.de.

Münster: Tesoro Catedralicio – Abre ma-sá 10-17, do 12.30-17. 2,50 €. ☎ 02 01/2 20 42 06, www.bistum-essen.de/dom/schatz.htm.

Villa Hügel – ♿ Abre ma-do 10-18. 1 €. ☎ 02 01/1 88 48 23, info@kak.krupp-stiftung.de.

Abteikirche St. Ludger: Tesoro – Abre ma-do 10-12 y 15-17. Cerrado: 24 dic-1 ene. 1,55 €. ☎ 02 01/40 42 81.

F

FLENSBURG

🛈 Speicherlinie 40 – 24937 – ☎ 04 61/2 30 90

Museumsberg Flensburg – Abre abr-oct, ma-do 10-17; nov-mar, ma-do 10-16. 2,50 €. ☎ 04 61/85 29 56, museumsberg.flensburg@foni.net.

Excursión

Castillo de Glücksburg – Abre abr-oct 10-18; nov-mar, fs 10-17. Cerrado: los lu en oct, 24 y 31 dic. 4,35 €. ☎ 0 46 31/22 43, www.schloss-gluecksburg.de.

FRANKFURT AM MAIN

🛈 Hauptbahnhof – 60329 – ☎ 0 69/21 23 88 49

Henninger Turm – Abre 12-22. 2,50 €. ☎ 0 69/6 06 36 01, www.henninger-turm.de.

Sala Imperial – Abre 10-13 y 14-17. 1,50 €. ☎ 0 69/21 23 49 19, voss.amt10@stadt-frankfurt.de.

Dommuseum – ♿ Abre ma-vi 10-17, fs 11-17. Cerrado: 1 ene, 24, 25 y 31 dic. 2 €. ☎ 0 69/13 37 61 86, Dommuseum-Ffm@t-online.de.

Museum für Moderne Kunst – ♿ Abre ma-do 10-17 (mi hasta las 20). Cerrado algunos días festivos. 6 €, grat mi. ☎ 0 69/21 23 58 44, www.mmk-frankfurt.de.

Goethe-Haus und Frankfurter Goethe-Museum – Abre abr-sept, lu-vi 9-18, fs 10-16; oct-mar, lu-vi 9-16, fs 10-16. Cerrado: 1 ene, Vi Santo, 24, 25 y 31 dic. 5,11 €. ☎ 0 69/13 88 00, www.goethehaus-frankfurt.de.

Städelsches Kunstinstitut und Städtische Galerie – ♿ Abre ma-do 10-17 (mi hasta las 20). 5,11 €. ☎ 0 69/6 05 09 80, www.staedelmuseum.de.

Museum für Angewandte Kunst – ♿ Abre ma-do 10-17 (mi hasta las 20). Cerrado: ma de Carn, 1 mayo, do de Pent, 5 jun. 5,11 €, mi grat. ☎ 0 69/21 23 85 30, www.mak.frankfurt.de.

FRANKFURT AM MAIN

Städtische Galerie Liebieghaus/Museum alter Plastik – ♿ Abre ma-do 10-17 (mi hasta las 20). Cerrado: 1 ene, lu de Pascua, 1 mayo, Asc, lunes de Pent, 24, 25 y 31 dic. 4 €, mi grat. ☎ 0 69/21 23 86 17, www.liebighaus.de.

Deutsches Filmmuseum – ♿ Abre ma, ju, vi y do 10-17, mi 10-20, sá 14-20. 2,50 €, mi grat. ☎ 0 69/21 23 88 30, www.deutsches-filmmuseum.de.

Zoo – Abre en verano lu-vi 9-19, fs 8-19; en invierno todos los días 9-17. 5,60 €. ☎ 0 69/21 23 37 35, www.frankfurt.de.

Naturmuseum Senckenberg – Abre lu, ma, ju y vi 9-17, mi 9-20, fs 9-18. Cerrado: 1 ene, Vi Santo, 24 y 31 dic. 3,60 €. ☎ 0 69/7 54 20, www.senckenberg.uni-frankfurt.de.

Palmengarten – ♿ Abre mar-oct 9-18; nov-ene 9-16; feb 9-17. 3,50 €. ☎ 0 69/21 23 66 89, www.stadt-frankfurt.de/palmengarten.

Historisches Museum – ♿ Abre ma-do 10 a 17 (mi hasta las 20). Cerrado: Vi Santo, 1 mayo. 4 €, grat mi. ☎ 0 69/21 23 55 99, www.historisches-museum.frankfurt.de.

Jüdisches Museum – ♿ Abre ma-do 10-17 (mi hasta las 20). 2,50 €, sá grat ☎ 0 69/21 23 50 00, www.juedischesmuseum.de.

Museum für Kommunikation – ♿ Abre ma-vi 9-17, fs 11-19. Cerrado: 1 ene, 24 y 31 dic. Grat. ☎ 0 69/6 06 00, www.museumsstiftung.de.

Deutsches Architektur-Museum – Abre ma-do 10-17. 409 €. ☎ 0 69/21 23 88 44, info.dam@stadt-frankfurt.de.

Museum für Kommunikation – ♿ Abre ma-vi 9-17, fs 11-19. Cerrado: 1 ene, 24 y 31 dic. Grat. ☎ 0 69/6 06 00, www.museumsstiftung.de.

Deutsches Architektur-Museum – Abre ma-do 10-17. 409 €. ☎ 0 69/21 23 88 44, info.dam@stadt-frankfurt.de.

Museum der Wltkulturen – Abre ma-do 10-17 (mi hasta las 20). 3,60 €, mi grat ☎ 0 69/21 23 59 91, www.voelkerkundenmuseum.frankfurt.de.

Excursiones

Offenbach: Museo Alemán del Cuero y Museo del Zapato – ♿ Abre 10-17. Cerrado: 1 ene, 24, 25 y 31 dic. 2,50 €. ☎ 0 69/8 29 79 80, www.ledermuseum.de.

Königstein: Burgruine (Castillo Medieval) – ♿ Abre mar 9.30-16.30; abr-sept 9-19; oct 9.30-16; nov-feb, lu-vi 9.30-15, fs 9.30-16. 1,50 €. ☎ 0 61 74/20 22 51, www.koenigstein.de.

Großer Feldberg (Mirador) – Abre (torre de 163 peldaños): lu-sá 9-atardecer, do a partir de las 8. Cerrado: tres primeras sem de nov. 1,50 €. ☎ 0 61 74/2 22 19.

FREIBERG

🛈 Burgstraße 1 – 09599 – ☎ 0 37 31/2 36 02

Catedral – Vis guiada (45 min): mayo-oct, lu-sá a las 10, 11, 14, 15 y 16, do a partir de las 11.30; nov-abr, lu-sá a las 11, 14 y 15, do a partir de las 11.30. 3 €. ☎ 0 37 31/2 25 98, www.freiberger-dom.de.

Lehr- und Besucherbergwerk – Vis guiada (2h30): todo el año lu-vi a las 9.30; mayo-ago también sá a las 8, 11 y 14; oct-abr también 1er sá del mes a las 8, 11 y 14. 10,23 €. ☎ 0 37 31/39 45 71.

Geowissentschaftliche Sammlungen der TU Bergakademie – Abre mi-vi 9-12 y 13-16, sá 9-16. Cerrado: fest. 2 €. ☎ 0 37 31/39 22 64, www.tu-freiberg.de.

Stadt- und Bergbaumuseum – Abre ma-do 10-17 (última visita a las 16.30). 2,50 €. ☎ 0 37 31/2 02 50.

FREIBURG IM BREISGAU

🛈 Rotteckring 14 – 79098 – ☎ 07 61/3 88 18 81

Colegiata

Presbiterio – Abre lu-vi 10-12 y 14.30-17, sá 10-12. Vis guiada (1 h): mediados jun-sept, todos los días a las 14.30; oct-mediados jun, lu-vi a las 11 y a las 14.30, do a las 14.30. 1 € (con guía 1,50 €) ☎ 07 61/20 27 90.

Torre – Abre abr-oct, lu-sá 9.30-17, do 13-17; nov-mar, ma-sá 9.30-17, do 13-17. 1,28 €. ☎ 07 61/20 27 90.

Wentzingerhaus – Museo de Historia Local – Abre ma-do 10-17. Cerrado: 24 y 31 dic. 2 €, grat 1er do del mes. ☎ 07 61/2 01 25 15, www.msg-freiburg.de.

Augustinermuseum – Abre ma-do 10-17. Cerrado: 24 y 31 dic. 2 €, 1er do del mes grat. ☎ 07 61/2 01 25 31, www.augustinermuseum.de.

Funicular al Schloßberg – Funciona abr-oct todos los días 10-18; nov-mar, mi-do 11-17. Cerrado: febrero y 1er ma del mes. 3 € (i/v). ☎ 07 61/3 98 55.

FRITZLAR
🛈 Zwischen den Krämen 5 – 34560 – ☎ 0 56 22/98 86 43

Dom – Abre mayo-oct, lu 14.17, ma-vi 10-12 y 14-17, sá 10-12 y 14-16.30, do 14-16.30; nov-abr, lu 14-16, ma-sá 10-12 y 14-16, do 14-16. Cerrado: Vi y Sá Santo. 2 €. dom.fritzlar@t-online.de.

Tesoro y Museo Catedralicio – Abre mayo-oct, lu 14-17, ma-vi 10-12 y 14-17, sá 10-12 y 14-16.30, do 14-16.30; abr sólo hasta las 16. 2 €. dom.fritzlar@tonline.de.

FULDA
🛈 Schloßstraße 1 – 36037 – ☎ 06 61/10 23 46

Museo Catedralicio – ♿ Abre abr-oct, ma-sá 10-17.30, do-12.30-17.30; nov-mar, ma-sá 10-12.30 y 13.30-16, do 12.30-16. Cerrado: ene, de Vi Santo-do de Resurrección, do de Pent, 24 y 25 dic. 2 €. ☎ 06 61/8 72 07.

Excursiones

Schloß Fasanerie – Vis guiada (45 min): abr-oct, ma-do 10-12 y 13-17. 4 €. ☎ 06 61/9 48 60, www.schloss-fasanerie.de.

FÜSSEN
🛈 Kaiser-Maximilian-Platz 1 – 87629 – ☎ 0 83 62/9 38 50

Museo Municipal – Abre abr-oct, ma-do 11-16; nov-mar 14-16. Cerrado: ma de Carn, 24 y 31 dic. 2,50 €. ☎ 0 83 62/90 31 46, www.fuessen.de.

G

GARMISCH-PARTENKIRCHEN
🛈 Dr.-Richard-Strauß-Platz – 82467 – ☎ 0 88 21/18 06

Excursiones

Wank: subida en teleférico – Funciona ene y dic 9-16.30; feb-nov 9-17. Sin servicio: abr-mayo y nov-dic, 6 semanas en cada periodo para revisión. 15 € (i/v). ☎ 0 88 21/79 70, www.zugspitze.de.

Mittenwald: Museo del Violín – Abre finales dic-finales oct, ma-vi 10-13 y 15-18, fs 10-13. 2 €. ☎ 0 88 23/25 11, www.mittenwald.de.

GELNHAUSEN
🛈 Am Obermarkt – 63571 – ☎ 0 60 51/83 03 00

Kaiserpfalz – Abre mar-finales oct, ma-do 9-17 (última visita a las 16.30); nov-feb, ma-do 9-16 (última visita a las 15.30). 3 €. ☎ 0 60 51/38 05.

Excursiones

Büdingen: Castillo – Vis guiada (1 h): ma-do 10-17. 3,50 €. ☎ 0 60 42/88 92 03, www.buedingen.de.

Steinau: Castillo – ♿ Abre mar-oct, ma-ju, fs 10-17; nov-mediados dic, ma-ju, fs 10-16 (última visita 30 min antes del cierre). 2 €. ☎ 0 66 63/68 43.

GÖRLITZ
🛈 Obermarkt 29 – 02826 – ☎ 0 35 81/4 75 70

Dreifaltigkeitskirche – ♿ Abre mayo-oct, lu-sá 14-17. Circuito turístico por la iglesia lu-vi a las 10, 12 y 14. ☎ 0 35 81/31 13 11.

Kulturhistorisches Museum – Abre ma-do 10-17. Cerrado: 24 y 31 dic. 1,50 €. ☎ 0 35 81/67 13 55, www.goerlitz.de.

St. Peter und Paul – ♿ Abre mayo-sept, ma-sá 10.30-17, do 11.45-17; oct-abr, ma-sá 10.30-16, do 11.30-16. ☎ 0 35 81/40 21 00, www.eksol.de.

Kaisertrutz: Museo Municipal del Arte y de la Cultura – Abre mayo-finales oct, ma-do 10-17. 1,50 €. ☎ 0 35 81/67 13 55, www.goerlitz.de.

Reichenbacher Turm – Abre mayo-finales oct, ma-do 10-17. 1,50 €. ☎ 0 35 81/67 13 55, www.goerlitz.de.

Alrededores

Klosterkirche St. Marienthal – Abre 7-19.30. ☎ 03 58 23/7 73 00, www.kloster-marienthal.de.

GOSLAR
🛈 Markt 7 – 38640 – ☎ 0 53 21/7 80 60

Rathaus: Huldigungssaal – Abre abr-oct 12-17; nov-mar 12-16. Cerrado: 1 ene, 24, 25 y 31 dic. 3 €. ☎ 0 53 21/7 57 80, www.goslar.de.

Siemenshaus – ♿ Abre ma-ju 9-12. Cerrado fest. Grat. ☎ 0 53 21/2 38 37.

GOSLAR

Kaiserpfalz – Abre abr-oct 10-17; nov-mar 10-16. Cerrado: 1 ene, 24, 25 y 31 dic. 4 €. ☏ 0 53 21/70 43 58, www.goslar.de.

Rammelsberg – Vis guiada (1 h): 9-18. Cerrado: 24 y 31 dic. 5,11-18 €, según la vis guiada. ☏ 0 53 21/75 00, www.rammelsberg.de.

Goslarer Museum – Abre abr-oct, ma-do 10-17; nov-mar, ma-do 10-16. Cerrado: 1 ene, 24, 25 y 31 dic. 2,50 €. ☏ 0 53 21/4 33 94, www.goslar.de.

GOTHA
🛈 Blumenbachstraße, 1 – 99867 – ☏ 0 36 21/85 40 36

Schloß Friedenstein – Abre mayo-oct, ma-do 10-17; nov-abr, ma-do 10-16. 4 €. ☏ 0 36 21/82 34 10, www.gotha.de.

GÖTTINGEN
🛈 Altes Rathaus, Markt 9 – 37073 – ☏ 05 51/5 40 00

Städtisches Museum – Abre ma-vi 10-17, fs 11-17. Cerrado: 1 ene, Vi Santo, do de Pascua y de Pent, 3 oct, 24, 25 y 31 dic. 1,50 €. ☏ 05 51/4 00 28 43, museum@goettingen.de.

GREIFSWALD
🛈 Rathaus am Markt – 17489 – ☏ 0 38 34/52 13 80

Marienkirche – ♿ Abre abr-mayo y oct, lu-vi 10 a 12; ju-sept, lu-vi 10-12 y 14-16, sá 10-12, do 10.30-12. Cerrado: 1 ene, lu de Pascua y Pent, 1 mayo, 3 oct. ☏ 0 38 34/22 63.

Dom St. Nikolai – ♿ Abre mayo-oct, lu-sá 10-16, do 11-13; nov-abr todos los días 11-13, do 11-12. Subida a la torre 1,50 €. ☏ 0 38 34/89 79 66, dom.greifswald@t-online.de.

Pommersches Landesmuseum – ♿ Abre ma-do 10-18. Cerrado: 1 ene, 24, 25 y 31 dic. 2,50 €. ☏ 0 38 34/89 43 57, www.pommersches-landesmuseum.de.

St. Jakobikirche – ♿ Abre abr-oct, lu, ma ju y vi 10-16, mi 14-16, sá 10-12, do 11.30-12; nov-mar, lu, ma, ju y vi 12-14, do 11.30-12. ☏ 0 38 34/50 22 09.

Botanischer Garten – Invernaderos y recinto al aire libre abren ene, feb y dic, lu-vi 9-15.45, fs 13-15; mar-nov, lu-vi 9-15.45, fs 13-16 (mayo-sept hasta las 18). Arboreto: abr-oct todos los días 9-15.45; mayo-sept 9-18. Grat. ☏ 0 38 34/86 11 25.

GÜSTROW
🛈 Domstraße 9 – 18273 – ☏ 0 38 43/68 10 23

Palacio Güstrow y Museo Nacional de Schwerin – Abre ma-do 9-17. Cerrado: 24 dic. 3 €. ☏ 0 38 43/75 20.

Dom – ♿ Abre mayo-sept, lu-sá 10-17, do 11-12 y 14-16; abr-oct, ma-sá 10-12 y 14-16, do 11-12 y 14-16; nov-mar, ma-do 11-12 y 14-15. ☏ 0 38 43/68 24 33.

Pfarrkirche St. Marien – ♿ Abre en abr lu-sá 10-12 y 14-16, do 11-12 y a partir de las 14; mayo-oct, lu-sá 10-17, do 11-12 y a partir de las 14; nov-mar, ma-do 11-12 y 14-15. ☏ 0 38 43/68 20 77.

Ernst-Barlach-Stiftung ♿ – Abre mar-oct 10-17; nov-feb, 11-16. 3 €. ☏ 0 38 43/8 22 99, www.Ernst-Barlach-Stiftung.de.

H

HAIGERLOCH
🛈 Rathaus, Oberstadtstraße 9 – 72401 – ☏ 0 74 74/6 97 27

Atomkeller-Museum Haigerloch – ♿ Abre mar, abr, oct y nov, sá 10-12 y 14-17, do 10-17; mayo-sept, lu-sá 10-12 y 14-17, do 10-17. 1 €. ☏ 0 74 74/6 97 27, www.haigerloch.de.

HALBERSTADT
🛈 Hinter dem Rathause 6 – 38820 – ☏ 0 39 41/55 18 15

Dom St. Stephanus – ♿ Abre lu-vi 10-17, sá 10-16.30, do 11-16.30. ☏ 0 39 41/2 42 37.

Tesoro – Vis guiada (1h15): abr-oct, ma-vi a las 10, 11.30, 14 y 15.30, sá a las 10, 12 y 14, do a las 11.30 y a las 14.30; nov-mar, ma-do a las 11.30 y a las 14.30 (fs también a las 13). 3 €. ☏ 0 39 41/2 42 37.

Städtisches Museum – Abre mayo-sept, ma-vi 9-18, fs 10-18; oct-abr, ma-vi 9-17, fs 10-17. 3 €. ☏ 0 39 41/55 14 74.

HALLE

🛈 Roter Turm, Marktplatz – 06108 – ☎ 03 45/47 23 30

Technisches Halloren- und Salinenmuseum – ♿ Abre ma-do 10-17. Cerrado: 1 ene, 24, 25 y 31 dic. 2 €. ☎ 03 45/2 02 50 34.

Staatliche Galerie Moritzburg Halle – Abre ma 11-20.30, mi-do 10-18. Cerrado: 24 y 31 dic. 4 €, ma grat. ☎ 03 45/21 25 90, www.moritzburg.halle.de.

Händel-Haus – Abre 9.30-17.30 (ju hasta las 19). Cerrado: 24 y 25 dic. 2,50 €, ju grat. ☎ 03 45/50 09 00, www.haendelhaus-halle.de.

Catedral de Halle, Lyonel Feininger (Galería de Moritzburg)

Excursiones

Doppelkapelle Landsberg – Vis guiada (1 h): mayo-oct, fs a las 11 y a las 15. 1,50 €. ☎ 03 46 02/2 06 90.

HAMBURG

🛈 Hauptbahnhof – 20099 – ☎ 0 40/30 05 13 00

Circuito del Alster – Salidas del embarcadero de Jungfernstieg: 31 mar-1 oct 10-18, cada 30 min; 2-29 oct a las 10 y de 11-16, cada 30 min; 30 oct-finales mar a las 10.30, 12, 13.30 y 15. Duración del viaje: 50 min 8 €. En los cruceros del Alster se hace escala en 9 embarcaderos: 31 mar-1 oct 10.15-17.15 cada hora. Existen distintos puntos de subida y descenso. 6,65 €. ☎ 0 40/35 74 24 19.

Hauptkirche St. Michaelis – Abre mayo-oct, lu-sá 9-18, do 11.30-17.30; nov-abr, lu-sá 10-16.30, do 11.30-16.30. Torre 2,50 €; cripta 1,25 €; multivision 2,50 €. ☎ 0 40/37 67 81 00, www.st-michaelis.de.

Hamburger Kunsthalle – ♿ Abre ma-do 10-18 (ju hasta las 21). Cerrado: 24 dic. 7,70 €. ☎ 0 40/4 28 54 26 12, www.hamburger-kunsthalle.de.

Museum für Hamburgische Geschichte – ♿ Abre lu 13-17, ma-do 10-18. Cerrado: 1 ene, 1 mayo, 24 y 31 dic. 5,10 €. ☎ 0 40/4 28 41 24 28, www.HamburgMuseum.de.

Circuito del Puerto – Salidas: abr-oct cada 30 min 9-18; nov-mar 10,30-16.30 cada hora. Desde los embarcaderos de St. Pauli (nos 1-9). Duración de la travesía 1 h. 7,70 €. ☎ 0 40/3 11 70 70.

Tierpark Hagenbeck – ♿ Abre 9-18 (en invierno hasta las 16.30). 11,50 €. ☎ 0 40/5 40 00 10, www.hagenbeck.de.

Museum für Kunst und Gewerbe – ♿ Abre ma-do 10-18 (ju hasta las 21). Cerrado: 1 ene, 1 mayo, 24 y 31 dic. 6 €. ☎ 0 40/4 28 54 27 32, www.mkg-hamburg.de.

Museum für Post und Kommunikation – ♿ Abre ma-do 9-17. Cerrado: 1 ene, 24, 25 y 31 dic. Grat. ☎ 0 40/3 57 63 60, www.museumsstiftung.de.

Fernsehturm – Acceso a la plataforma panorámica cerrado hasta finales 2002. ☎ 0 40/43 80 24.

Erholungspark "Planten un Blomen" – Espectáculos de luces y sonido de mayo-ago a las 22; sept a las 21. ☎ 0 40/30 05 13 00.

Museum für Völkerkunde Hamburg – Abre ma-do 10-18 (ju hasta las 21). Cerrado: 1 ene, 1 mayo, 24, 25 y 31 dic. 4,60 €. ☎ 0 18 05 30 88 88, www.voelkerkundemuseum.com.

HAMBURG

Alrededores

Altona: Altonaer Museum in Hamburg – Norddeutsches Landesmuseum – ♿ Abre ma-do 10-18. 4,60 €. ☏ 0 40/4 28 11 15 14, www.hamburg.de/Altonaer-Museum.

Klein Flottbek: Jenisch-Haus – Abre ma-do 10-18. Cerrado: do de Pascua, 1 mayo, do de Pent, 24, 25 y 31 dic. 4 €. ☏ 0 40/82 87 90, www.hamburg.de/Altonaer-Museum.

Klein Flottbek: Ernst-Barlach-Haus – Abre ma-do 11-18. Cerrado: 24 y 31 dic. 4 €. ☏ 0 40/82 60 85.

Wedel: Museo Ernst-Barlach – Abre ma-sá 10-12, do 10-18. 2,50 €. ☏ 0 41 03/91 82 91, www.ernst-barlach.de.

Excursión

Schloß Ahrensburg – Abre abr-sept, ma-do 10-17; oct-mar, ma-do 11-15.30. Cerrado: ene, 24 y 25 dic. 3 €. ☏ 0 41 02/4 25 10.

HAMELN
🛈 Deisterallee – 31785 – ☏ 0 51 51/20 26 17

Castillo Hämelschenburg – ♿ Vis guiada (45 min): abr-oct, ma-sá a las 10, 11, 12, 14, 15, 16 y 17, do además a las 13.30, 14.30 y 15.30. 5 €. ☏ 0 51 55/97 08 41, www.hamelschenburg.de.

Stift Fischbeck – ♿ Vis guiada (1h30): SS-finales oct, ma-do 14-16 (ma y vi también de 9.30-11). 2 €. ☏ 0 51 52/86 03.

HANN. MÜNDEN
🛈 Rathaus, Lotzestraße 2 – 34346 – ☏ 0 55 41/7 53 13

Bad Karlshafen: Museo Alemán de los Hugonotes – ♿ Abre mar-oct, ma-sá 10-12 y 14-18, do 11-18; nov, dic-feb, mi-sá 10-12 y 14-17, do 11-17. Cerrado: 24, 25 y 31 dic-16 feb. 2 €. ☏ 0 56 72/14 10.

Fürstenberg: Museo del Castillo – ♿ Abre mediados ene-mar, fs 10-17; abr-Nav, ma-do 10-17. Cerrado: 24 dic-11 ene. 3 €. ☏ 0 52 71/40 11 61, www.fuerstenberg-porzellan.com.

Corvey: Museo de Höxter-Corvey – ♿ Abre abr-1 nov 9-18. 4 €. ☏ 0 52 71/6 81 16, www.corvey.de.

HANNOVER
🛈 Ernst-August-Platz 2 – 30159 – ☏ 05 11/16 84 97 00

Rathaus – Abre lu-do 10-18, Subida a la cúpula (Turmauffahrt): abr-finales oct 9.30-19. Entrada combinada 2,50 €. ☏ 05 11/16 84 53 33, www.hannover.de.

Museo Wilhelm-Busch – ♿ Abre ma-vi 10-17, fs 10-18. Cerrado: Vi Santo, 24 y 31 dic. 4 €. ☏ 05 11/16 99 99 16, www.wilhelm-busch-museum.de.

Niedersächsisches Landesmuseum – ♿ Abre ma-do 10-17 (ju hasta las 19). Cerrado: do de Pascua y de Pent, 1 mayo, 24, 25 y 31 dic. 3 €. ☏ 05 11/9 80 75, www.nlmh.de.

Sprengel-Museum Hannover – ♿ Abre ma 10-20, mi-do 10-18. Cerrado: Vi Santo, 1 mayo, 24 y 25 dic. 3,60 €. ☏ 05 11/16 84 38 75, www.sprengel-museum.de.

Zoologischer Garten – ♿ Abre mar-oct 9-19; nov-feb 9-16. 14 €. ☏ 05 11/28 07 41 63, www.zoo-hannover.de.

Kestner-Museum – ♿ Abre ma-do 11-18 (mi hasta las 20). Cerrado: 1 ene, Vi Santo, 1 mayo, Asc, 24 dic. 2,50 €, vi grat. ☏ 05 11/16 84 21 20, www.hannover.de.

Historisches Museum – ♿ Abre ma 10-20, mi-vi 10-16, fs 10-18. Cerrado: 1 ene, Vi Santo, 1 mayo, 24, 25 y 31 dic. 2,50 €, vi grat. ☏ 05 11/16 84 30 52, www.hannover.de.

HARZ

Clausthal-Zellerfeld: Museo de las Minas del Alto Harz – Abre 9-17. Cerrado: 24 dic. 4,50 €. ☏ 0 53 23/9 89 50, www.OberharzerBergwerksmuseum.de.

St. Andreasberg: Mina de plata Samson – Vis guiada (1h15): lu-do 8.30-16.30. Cerrado: 1 ene y 24 dic. 4 €. ☏ 0 55 82/12 49, grube-samson@t-online.de.

Rübeland: Gruta de Hermann – Vis guiada (45 min): feb-jun 10-16.30; jul y ago 9-17.30; sept y oct 9-16.30; nov-ene 9-15.30. Cerrado: 24 dic. 4 €. ☏ 03 94 54/4 91 32, www.ruebeland-harz.de.

KZ-Gedenkstätte Mittelbau Dora – ♿ Abre abr-sept, ma-do 10-18; oct-mar, ma-do 10-16. Grat. ☏ 0 36 31/49 58 20, www.dora.de.

HEIDELBERG
🛈 Hauptbahnhof – 69115 – ☏ 0 62 21/1 94 33

Castillo – Vis guiada (1 h): 8-18. 3 €. El patio y el Gran Tonel se pueden visitar por separado. 2 €. Grat 25 dic. ☏ 0 62 21/53 84 14, www.schloss-heidelberg.de.

Deutsches Apothekenmuseum – Abre 10-17.30. Cerrado: 1 ene y 25 dic. 2 €. ☏ 0 62 21/2 58 80, www.deutsches-apotheken-museum.de.

580

Kurpfälzisches Museum – Abre ma-do 10-17 (mi hasta las 21). Cerrado: 1 ene, ma de Carn, 1 mayo, 24, 25 y 31 dic. 2,50 €. ☎ 0 62 21/58 34 02, kurpfaelzischesmuseum@heidelberg.de.

Studentenkarzer – Abre abr-oct, lu-sá 10-16; nov-mar, ma-vi 10-14. Cerrado fest. 2,50 €. ☎ 0 62 21/54 26 18, www.uni-heidelberg.de.

Museo de Arte Sacro y Litúrgico – Abre jun-oct, ma-sá 10-17, do 13-17; nov-mayo, sá 10-17, do 13-17. Cerrado: 1 ene, 24-26 dic. 2 €. ☎ 0 62 21/47 56 22.

Alrededores

Acceso al Königstuhl – Funciona lu-sá 9-18.40 cada 20 min (jun-principios sept hasta las 19.40), do 10.10-17.10 cada 20 min. 5 € (i/v) (salida de la estación Heidelberg-Kornmarkt). ☎ 0 62 21/2 27 96.

Insel HELGOLAND
🛈 Rathaus – 27498 – ☎ 0 47 25/8 13 70

Acceso – De abr-oct, existe un servicio de barcos diario que parte de Cuxhaven (sólo pasajeros). La excursión de un día en Helgoland permite pasar alrededor de 3h30 en la isla (salida a las 10.30). También se puede partir de Büsum, Bremerhaven, Wilhelmshaven o Hamburgo. Para conocer las comunicaciones de noviembre a febrero a partir de Cuxhaven, consultar a la compañía naviera Reederei Cassen Eils: ☎ 0 47 21/3 50 82

HILDESHEIM
🛈 Rathausstraße 18-20 – 31134 – ☎ 0 51 21/1 79 8

Dom – ♿ Abre abr-oct, lu-sá 9.30-17, do 12-17; nov-mar, lu-sá 10-16.30, do 12-17. Cerrado: Vi Santo y 25 dic. 0,25 €. ☎ 0 51 21/1 79 17 60.

Museo Romano y Museo Pelizaeus – ♿ Abre lu-vi 9-18, fs 10-18. Cerrado: 1 ene, 24 y 25 dic. 7,15 €. ☎ 0 51 21/9 36 90, www.rpmuseum.de.

HOHENLOHER LAND

Schöntal: Antigua Abadía Cisterciense – ♿ Vis guiada (45 min): abr-oct a las 11, 14 y 16; nov-mar a las 11 y 14. Cerrado: 1 ene, SS, 24-26 dic. 2 €. ☎ 0 79 43/89 40, www.kloster-schoental.de.

Langenburg: Palacio – Vis guiada (45 min): Vi Santo-1 nov 10-17, cada hora. 3 €. ☎ 0 79 05/2 64, www.schlosslangenburg.de.

Neuenstein: Castillo – Vis guiada (1 h): mediados mar-mediados nov, ma-do 9-12 y 13.30-18. 4 €. ☎ 0 79 42/22 09.

HOHENZOLLERN

Castillo – Vis guiada (40 min): mediados mar-mediados oct 9-17.30; mediados oct-mediados mar 9-16.30. Cerrado: 24 y 31 dic. 4,60 €. ☎ 0 74 71/24 28, www.burg-hohenzollern.com.

HUSUM
🛈 Großstraße 27 – 25813 – ☎ 0 48 41/8 98 70

Nordfriesisches Museum – Ludwig-Nissen-Haus – ♿ Abre abr-oct, todos los días 10-17; nov-mar, ma-vi y do 10-16. Cerrado: 1 ene, 24, 25 y 31 dic. 2,50 €. ☎ 0 48 41/25 45, www.nissenhaus.de.

Storm-Haus – Abre abr-oct, ma-vi 10-12 y 14-17, lu y fs 14-17; nov-mar, ma, ju y sá 14-17. 2 €. ☎ 0 48 41/66 62 70, www.storm-gesellschaft.de.

Excursiones

Nolde-Museum Seebüll – Abre mar-oct 10-18; nov 10-17. 3,60 €. ☎ 0 46 64/3 64, www.nolde-stiftung.de.

I-J

IDAR-OBERSTEIN
🛈 Georg-Maus-Straße 2 – 55743 – ☎ 0 67 81/6 44 21

Deutsches Edelsteinmuseum – ♿ Abre mayo-oct 9-18; nov-abr 9-17. Cerrado: las últimas tres semanas de dic. 4 €. ☎ 0 67 81/94 42 80, www.edelsteinmuseum.de.

Museum Idar-Oberstein – Abre ene-mar 10-17.30; abr-dic 9-17.30. Cerrado 24 y 25 dic. 3,60 €. ☎ 0 67 81/2 46 19, museum-idar-oberstein@t-online.de.

Weiherschleife – ♿ Vis guiada (30 min): mediados mar-mediados nov, todos los días 10-18; mediados nov-mediados dic y mediados feb-mediados mar, lu-vi 10-16. 2,50 €. ☎ 0 67 81/3 15 13, www.idar-oberstein.de.

INGOLSTADT

📘 Rathaus, Rathausplatz – 85049 – ☎ 08 41/3 05 10 98

Bayerisches Armeemuseum – Abre ma-do 8.45-16.30. Cerrado: ma de Carn, Vi Santo, 1 nov, 24, 25 y 31 dic. 4 €. ☎ 08 41/9 37 70, www.bayerisches-armeemuseum.de.

Excursión

Neuburg an der Donau: Museo del Castillo – ♿ Abre abr-sept, ma-do 9-18; oct-mar, ma-do 10-16. Cerrado: 1 ene, ma de Carn, 24, 25 y 31 dic. 2,50 €. ☎ 0 84 31/88 97, www.schloesser.bayern.de.

JENA

📘 Johannisstraße 23 – 07743 – ☎ 0 36 41/80 64 00

Stadtmuseum Göhre – Abre ma-do 10-17 (mi hasta las 18). 2,50 €. ☎ 0 36 41/3 59 80.

Goethe-Gedenkstätte – Abre abr-finales oct, mi-do 11-15. 1 €. ☎ 0 36 41/93 11 88.

Schillers Gartenhaus – Abre abr-oct, ma-do 11-15; nov-mar, ma-sá 11-15. 1 €. ☎ 0 36 41/93 11 88.

Zeiss-Planetarium der Ernst-Abbe-Stiftung Jena – ♿ Función (50 min): ma a las 11, 15 y 20, ju a las 11 y a las 15, mi y vi a las 11, fs a las 14 y a las 16; espectáculo de láser y funciones infantiles a horarios variables. 4 €. ☎ 0 36 41/8 85 40, www.planetarium-jena.de.

Optisches Museum – ♿ Abre ma-vi 10-17, sá 13-16.30, do 9.30-13. 4 €. ☎ 0 36 41/44 31 65.

K

KARLSRUHE

📘 Bahnhofplatz 6 – 76137 – ☎ 07 21/3 55 30

Staatliche Kunsthalle – ♿ Abre ma-vi 10-17, fs 10-18. Cerrado: ma de Carn, 24 y 31 dic. 4 €. ☎ 07 21/9 26 33 70, www.kunsthalle-karlsruhe.de.

Badisches Landesmuseum – ♿ Abre ma-ju 10-17, vi-do 10-18. Cerrado: ma de Carn, 24 y 31 dic. 6,15 € (museo y torre). ☎ 07 21/9 26 65 14, www.landesmuseum.de.

Torre del palacio – Ma-do 10-17. 6,14 € (torre y museo). ☎ 07 21/9 26 65 14.

Jardín Botánico – Abre todos los días 8-atardecer. Grat. Los invernaderos se pueden visitar: ma-vi 9-12 y 13-16, fs 10-12 y 13-17 (16, oct-mar). 1,50 €. ☎ 07 21/9 26 30 08, www.schloesser-und-gaerten.de.

Museum beim Markt – ♿ Abre ma-ju 11-17, vi-do 10-18. Cerrado: ma de Carn, 24 y 31 dic. 2,50 €. ☎ 07 21/9 26 65 78, www.landesmuseum.de.

ZKM (Zentrum für Kunst und Medientechnologie).

Museum für Neue Kunst – ♿ Abre mi 10-22, ju-do 10-18. 4 €. ☎ 07 21/81 00 13 00, www.mnk.zkm.de.

Medienmuseum – ♿ Abre mi-do 11-18 (mi hasta las 20). 5,11 €. ☎ 07 21/81 00 12 00, www.zkm.de.

Städtische Galerie – Abre mi 10-22, ju-do 10-18. 2,50 €. ☎ 07 21/1 33 44 01, www.staedtische-galerie.de.

KASSEL

📘 Königsplatz 53 – 34117 – ☎ 05 61/7 07 71 63

Schloß Wilhelmshöhe – ♿ Abre ma do 10-17. 3,58 €. ☎ 05 61/9 37 77, www.museum-kassel.hessen.de.

Naturaleza, Alfons Mucha (Museum beim Markt, Karlsruhe)

KASSEL

Museo de Astronomía e Historia de la Tecnología y el Planetario – ♿ Abre ma-do 10-17. 3,58 €. ☎ 05 61/7 15 43, www.museum-kassel.hessen.de.

Hessisches Landesmuseum – Abre ma-do 10-17.3,58 €. ☎ 05 61/7 84 60, www.museum-kassel.hesse.de.

Neue Galerie – ♿ Abre ma-do 10-17. 3,58 €. ☎ 05 61/70 96 30, www.museum-kassel.hessen.de.

Brüder-Grimm-Museum – Abre 10-17. Cerrado: 1 ene, Vi Santo, 24, 25 y 31 dic. 1,50 €. ☎ 05 61/77 05 50, grimm-museum@t-online.de.

Naturkundemuseum – ♿ Abre ma-do 10-17. Cerrado: 24 y 31 dic. 1,50 €. ☎ 05 61/7 87 40 14.

Alrededores

Schloß Wilhelmthal – Vis guiada (1 h): mar-oct, ma-do 10-16; nov-feb, ma-do 10-15 (último pase). Cerrado: 1 ene, 24-26 y 31 dic. 3,50 €. ☎ 0 56 74/68 98.

KIEL
🛈 Andreas-Gayk-Straße 31 – 24103 – ☎ 04 31/67 91 00

Ayuntamiento – ♿ Horarios variables. Solicitar información en la oficina de turismo de Kiel, ☎ 04 31/67 91 00, info@kiel-tourist.de.

Schleswig-Holsteinisches Freilichtmuseum – ♿ Abre abr-oct 9-18 (mediados jun-finales ago 9-20); nov-mar, do 11-16. 4 €. ☎ 04 31/65 96 60, www.freilichtmuseum-sh.de.

Laboe: Monumento a la Marina – ♿ Abre mediados abr-mediados oct, 9.30-18; de mediados oct-mediados abr 9.30-16. 2,50 €. ☎ 0 43 43/4 27 00, www.deutscher-marinebund.de.

KOBLENZ
🛈 Bahnhofplatz 17 – 56068 – ☎ 02 61/3 13 04

KÖLN
🛈 Am Dom – 50667 – ☎ 02 21/1 94 33

Dom – ♿ Abre todos los días 6-19.15. Vis guiadas: lu-sá a las 11, 12.30, 14 y 15.30, do a las 14 y a las 25.30. 3 €. Vis guiadas a las excavaciones arqueológicas en el subsuelo de la catedral: ma y ju a las 16.15 y sá a las 16.15. 5 €. ☎ 02 21/92 58 47 30, www.koelnerdom.de.

Presbiterio – Los mismos horarios de visita que para la catedral. El deambulatorio no se visita en horas de culto. ☎ 02 21/92 58 47 30, www.domforum.de.

Tesoro – ♿ Abre 10-17. Cerrado: 1 ene, Carn, Vi Santo, 24, 25 y 31 dic. 3 €. ☎ 02 21/27 28 01 65: www.koelnerdom.de

Prätorium – Abre ma-vi 10-16, fs 11-16. Cerrado: 1 ene, Carn, 24, 25 y 31 dic. 1,50 €. ☎ 02 21/22 12 23 94.

Museum Ludwig – Abre ma 10-20, mi-vi 10-18, fs 11-18. Cerrado: 1 ene, Carn, 24, 25 y 31 dic. 5,11 €. ☎ 02 21/22 12 23 79, www.museenkoeln.de.

Agfa Foto-Historama – Abre ma 10-20, mi-vi 10-18, fs 11-18. Cerrado: 1 ene, Carn, 24, 25 y 31 dic. ☎ 02 21/22 12 24 11, www.museenkoeln.de.

Römisch-Germanisches Museum – ♿ Abre ma-do 10-17. Cerrado: 1 ene, Carn, 24, 25 y 31 dic. 3,58 €. ☎ 02 21/22 12 23 04, www.museenkoeln.de.

Diözesanmuseum – Abre todos los días, excepto ju, 11-18. Cerrado: 1 ene, Carn, 24, 25 y 31 dic. Grat. ☎ 02 21/2 57 76 72, www.kolumba.de.

Wallraff-Richartz-Museum – ♿ Abre ma 10-20, mi-vi 10-18, fs 10-18. Cerrado: 1 ene, Carn, 24, 25 y 31 dic. 5,10 €. ☎ 02 21/22 12 11 19, www.museenkoeln.de.

Schnütgen-Museum – Abre ma-vi 10-17 (1er mi del mes hasta las 20), fs 11-17. Cerrado: 1 ene, Carn, 24, 25 y 31 dic. 2,50 €. ☎ 02 21/22 12 36 20, www.museenkoeln.de.

Museum für Ostasiatische Kunst – ♿ Abre ma-do 11-17 (ju hasta las 20). Cerrado: 1 ene, Carn, 24, 25 y 31 dic. 3,60 €. ☎ 02 21/9 40 51 80, www.museenkoeln.de.

Museum für Angewandte Kunst – ♿ Abre ma-do 11-17 (mi hasta las 20). Cerrado: 1 ene, Carn, 24, 25 y 31 dic. 3,58 €. ☎ 02 21/22 12 38 60, www.museenkoeln.de.

Rautenstrauch-Joest-Museum für Völkerkunde – Abre ma-vi 10-16, fs 11-16. Cerrado: 1 ene, Carn, 24, 25 y 31 dic. 2,50 €. ☎ 02 21/3 36 94 13, www.museenkoeln.de.

Imhoff-Stollwerck-Museum – ♿ Abre ma-vi 10-18, fs 11-19 (última visita 1 h antes del cierre). Cerrado: 1 ene, desde el Carn de las Mujeres hasta el mi de Ceniza, 24, 25 y 31 dic. 5,10 €. ☎ 02 21/93 18 88 13, www.schokoladenmuseum.de.

KÖLN

Cascada italiana, isla de Mainau

St. Ursula (Cámara Dorada) – Abre lu-vi; debido a las obras que se están realizando, sólo se visita con cita previa; sá 10-12 y 14-16, do 14-17. ☎ 02 21/13 34 00.

Kölnisches Stadtmuseum – Abre ma 10-20, mi-do 10-17. Cerrado: 1 ene, Carn, 24, 25 y 31 dic. 3,60 €. ☎ 02 21/22 12 57 89. www.museenkoeln.de.

Käthe-Kollwitz-Museum – Abre ma-vi 10-18, fs 11-18. Cerrado: 1 ene, Carn, 24, 25 y 31 dic. 2,50 €. ☎ 02 21/2 27 26 02. www.kollwitz.de.

Botanischer Garten – Instalaciones al aire libre: 8-atardecer. Invernaderos: 10-12 y 13-18 (en invierno sólo hasta las 16). Grat. ☎ 02 21/56 08 90.

KONSTANZ
🛈 Bahnhofplatz 13 – 78462 – ☎ 0 75 31/13 30 30

Rosgartenmuseum – Cerrado por obras hasta mediados 2002. ☎ 0 75 31/90 02 46.

Archäologisches Landesmuseum – ♿ Abre ma-do 10-18. Cerrado: 1 ene, 24, 25 y 31 dic. 3 €, grat 1er sá del mes. ☎ 07 75 31/9 80 40, www.konstanz.alm-bw.de.

Excursiones

Isla de Mainau – ♿ Acceso desde 30 mar-21 oct 7-20, el resto del año 9-18. 10 €. ☎ 0 75 31/30 30, www.mainau.de.

L

LAHNTAL

Schloß Schaumburg – Abre mar-oct, ma-do 10-17. 2,50 €. ☎ 0 64 32/37 84.

Diez: Castillo Oranienstein – Vis guiada (1 h): ma-vi a las 9, 10.30, 14 y 15.30; fs sólo previa cita. 1,50 €. ☎ 0 64 32/9 40 16 66.

Weilburg: Palacio – Vis guiada (50 min): mar, abr y oct, ma-do 10-16; mayo-sept, lu-vi 10-16, fs 10-17; nov-feb, ma-do 10-15. 3,58 €. ☎ 0 64 71/22 36.

Weilburg: Museo Municipal y de la Minería – Abre abr-oct, ma-vi 10-12 y 14-17, fs 10-17; nov-mar, lu-vi 10-12 y 14-17. Cerrado: Vi Santo, 20 dic-finales ene. 3 €. ☎ 0 64 71/37 94 47, Museum@weilburg.de.

LANDSBERG AM LECH
🛈 Hauptplatz – 86899 – ☎ 0 81 91/12 82 46

LANDSHUT
🛈 Altstadt 315 – 84028 – ☎ 0 8 71/92 20 50

Stadtresidenz – Vis guiada (45 min): abr-sept, ma-do 9-18; oct-mar, ma-do 10-16 (última visita 1 h antes del cierre). Cerrado: 1 ene, ma de Carn, 24, 25 y 31 dic. 2 €. ☎ 08 71/92 41 10.

Burg Trausnitz – Vis guiada (45 min): abr-sept, ma-do 9-18 (ju hasta las 20); oct-mar, ma-do 10-16 (última visita 1 h antes del cierre). 2 €. ☎ 08 71/92 41 10, www.schloesser.bayern.de.

LEIPZIG
🛈 Richard Wagner Straße 1 – 04109 – ☎ 03 41/10 40

Museo de Historia de la Ciudad – ♿ Abre ma-do 10-18. Cerrado: 1 ene, 24, 25 y 31 dic. 2,50 €, grat 1er do del mes. ☎ 03 41/9 65 13 60, www.t-online.de/home/Stadtmuseum.Leipzig.

Bachmuseum – Abre 10-17. Cerrado: 24, 25 y 31 dic. 3 €. ☎ 03 41/9 64 41 35, www.bach.leipzig.de.

Museum der bildenden Künste – ♿ Abre ma y ju-do 10-18, mi 13-21.30. Cerrado: 24 y 31 dic. 4 €, grat 2º do del mes. ☎ 03 41/2 16 99 14, www.leipzig.de/museum-d-bild-kuenste.de.

Grassi-Museum

Museum für Kunsthandwerk – ♿ Abre ma-do 10-18 (mi hasta las 20). Cerrado: 24 y 31 dic. 5 €, grat 1er do del mes. ☎ 03 41/2 13 37 19.

Museum für Völkerkunde – Abre ma-vi 10-18, fs 10-17. Cerrado: 24 y 31 dic. 2 €, grat 1er do del mes. ☎ 03 41/5 95 82 62.

Musikinstrumenten-Museum – Abre ma-do 11-17, fs 10-17. Cerrado: 1 ene, Vi Santo, 24, 25 y 31 dic. 2,50 €, ☎ 03 41/2 14 21 20, www.uni-leipzig.de/museum/musik.

Museum in der Runden Ecke – ♿ Abre 14-18. Cerrado: 1 ene, del 24-26 y 31 dic. Grat, se agradecen donativos. ☎ 03 41/9 61 24 43, www.runde-ecke-leipzig.de.

Völkerschlachtdenkmal – Abre abr-oct, 10-18; nov-mar 10-16. Cerrado: 1 ene, 24, 25 y 31 dic. 3 €. ☎ 03 41/8 78 04 71, www.t-online.de/home/Stadtmuseum.Leipzig.

Ägyptisches Museum – Abre ma-sá 13-17, do 10-13. Cerrado: 1 ene, 1 mayo, 24 y 31 dic. 1,50 €. ☎ 03 41/9 73 70 10.

Mendelsohn-Haus – ♿ Abre 10-18. Cerrado: 24 dic. 3 €. ☎ 03 41/1 27 02 94, www.mendelsohn-stiftung.de.

Zeitgeschichtliches Forum Leipzig – ♿ Abre ma-vi 9-18, fs 10-18. Cerrado: 24 y 31 dic. Grat. ☎ 03 41/2 22 00, www.hdg.de.

LEMGO
🛈 Am Historischen Marktplatz – 32657 – ☎ 0 52 61/98 87 10

Hexenbürgermeisterhaus – Cerrado por obras hasta 2002. ☎ 0 52 61/21 32 76.

Junkerhaus – Cerrado por obras hasta 2003. ☎ 0 52 61/21 32 76.

Weserrenaissance-Museum – Abre ma-do 10-18. Cerrado: 1 ene, 24, 25 y 31 dic. 2,50 €. ☎ 0 52 61/9 45 00, www.wrm.lemgo.de.

LIMBURG AN DER LAHN
🛈 Hospitalstraße 2 – 65549 – ☎ 0 64 31/61 66

Diözesanmuseum – ♿ Abre mediados mar-mediados nov, ma-sá 10-13 y 14-17, do 11-17. 2 €, grat do. ☎ 0 64 31/29 54 82, www.bistumlimburg.de.

LINDAU IM BODENSEE
🛈 Am Hauptbahnhof – 88131 – ☎ 0 83 82/26 00 30

Stadtmuseum Lindau – Abre abr-finales dic, ma-vi y do 11-17, sá 14-17. Cerrado: do de Resurrección y de Pent, 1 mayo, 25 y 31 dic. 2,50 €. ☎ 0 83 82/94 40 73, www.lindau.de.

LINDERHOF

Castillo – Vis guiada (25 min): abr-mediados oct 9-17.30 (ju hasta las 19.30); mediados oct-mar 10-16. Cerrado: 1 ene, ma de Carn, 24, 25 y 31 dic. 5,50 € en verano, 4 € en invierno. ☎ 0 88 22/9 20 30.

LÜBECK
🛈 Beckergrube 95 – 23552 – ☎ 04 51/1 22 54 06

Holstentor: Stadtgeschichtliches Museum – Abre abr-sept, todos los días 10-17; oct-mar, ma-do 10-16. 2,50 €. ☎ 04 51/1 22 41 29.

Buddenbrookhaus – ♿ Abre 1 ene-14 abr 10-17; 15 abr-28 oct 10-18; 29 oct-30 dic 10-19. Cerrado: 24, 25 y 31 dic. 4 €. ☎ 04 51/1 22 41 90, www.buddenbrookhaus.de.

St. Annen-Museum – Abre abr-sept, ma-do 10-17; oct-mar, ma-do 10-16. Cerrado: 24, 25 y 31 dic. 2,50 €, grat 1er vi del mes. ☎ 04 51/1 22 41 37.

Behnhaus y Drägerhaus – Los mismos horarios que los del museo St. Annen. ☎ 04 51/1 22 41 48.

LUDWIGSBURG
🛈 Wilhelmstraße 10 – 71638 – ☎ 0 71 41/9 10 22 52

Residenzschloß: Visita a las estancias – Vis guiada (1h15): mediados mar-mediados oct 9-12 y 13-17, vis continuas: mediados oct-mediados mar 10-12 y 13-16 cada 30 min. 3,58 €. ☎ 0 71 41/18 64 40, www.schloss-ludwigsburg.de.

Parque del palacio – ♿ Abre mediados mar-principios nov 7.30-20.30 (Jardín de las Hadas sólo 9-18). 6,50 €. ☎ 0 71 41/97 56 50, www.blueba.de.

LUDWIGSBURG

Alrededores

Marbach: Museo Nacional Schiller – Abre 9-17. Cerrado: 25 y 26 dic. 2 €.
☎ 0 71 44/84 80, www.dla-marbach.de.

LUDWIGSLUST   🛈 Schloßstraße 36 – 19288 – ☎ 0 38 74/52 60

Schloß – Abre 9 abr-7 oct, ma-do 10-18; 8 oct-8 abr, ma-do 10-17. 3 P.
☎ 0 38 74/2 81 14, www.museum-schwerin.de.

Stadtkirche – ♿ Abre en abr, ma-sá 11-12 y 15-16, do 15-16; mayo-oct, ma-sá 11-16, do 15-16. Se agradecen donativos. ☎ 0 38 74/2 19 68.

LÜNEBURG   🛈 Am Markt – 21335 – ☎ 0 41 31/2 07 66 20

Rathaus – Abre 10-17. Cerrado: 1 ene, del 24-26 y 31 dic. 3 €. ☎ 0 41 31/30 92 30; www.lueneburg.de.

Lauenburg: Museo de la Navegación en el Elba – Abre mar-oct, lu-vi 10-13 y 14-17, fs 10-17; nov-feb, mi y vi-do 10-13 y 14-16.30. 1 €. ☎ 0 41 53/5 12 51.

LÜNEBURGER HEIDE

Kloster Ebstorf – Vis guiada (1h15): abr-mediados oct, ma-sá 10-11 y 14-17, do 11.15 y 14-17. Cerrado: Vi Santo. 2,50 €. ☎ 0 58 22/23 04.

Handwerkmuseum am Mühlenberg in Suhlendorf – ♿ Abre feb-19 dic, ma-do 10-18. 2,50 €. ☎ 0 58 20/3 70, Museum-Suhlendorf@t-online.de.

Heide-Park Soltau – ♿ Abre abr-principios nov 9-18. 20,50 €. ☎ 0 51 91/91 91, www.heide-park.de.

Vogelpark Walsrode – ♿ Abre mar-oct 9-19; nov-feb 10-16. 10 €.
☎ 0 51 61/6 04 40, www.vogelpark-walsrode.de.

M

MAGDEBURG   🛈 Julius Bremer Straße 10 – 39104 – ☎ 03 91/5 40 49 03

Kloster Unser Lieben Frauen – ♿ Abre ma-do, 10-17 (sept-nov también lu), 2 €, grat 1er vi del mes. ☎ 03 91/56 50 20.

Johanniskirche – Abre ma-do, 10-17. 1 €. ☎ 03 91/5 40 21 26.

Elbauerpark – ♿ Abre 9-18 (en verano hasta las 20). Entrada al parque 2,50 €, a partir de las 16, 1 €, entrada libre al Schmetterlinghaus, al Sommerrodelbahn 1,50 € cada viaje; Panoramabahn cada 5-10 min, 2 €; Jahrtausendturm 1,50 €; entrada combinada al parque-Panoramabahn-Jahtausendturm 5,11 €, www.elbauenpark-md.de.

MAINZ   🛈 Brückenturm – 55116 – ☎ 0 61 31/28 62 10

Gutenberg-Museum – ♿ Abre ma-sá, 9-17, do 11-15. 3 €. ☎ 0 61 31/12 26 44, www.gutenberg.de.

Römisch-Germanisches Museum – Abre ma-do, 10-18. Cerrado: 1 ene, lunes y ma de Carn, 1 nov, 24, 25 y 31 dic. Grat. ☎ 0 61 31/9 12 40, rzentral@mainz-online.de.

Landesmuseum Mainz – ♿ Abre ma 10-20, mi-do, 10-17. Cerrado: 1 ene, 1 mayo, 24, 25 y 31 dic. 2,55 €. ☎ 0 61 31/2 85 70, www.landesmuseum-mainz.de.

MANNHEIM   🛈 Willy-Brandt-Platz 3 – 68161 – ☎ 01 90/77 00 20

Städtische Kunsthalle – ♿ Abre ma, mi, vi-do, 10-17, ju 12-17. Cerrado: Carn, 1 mayo, 24 y 31 dic. 2 €. ☎ 06 21/2 93 64 30, www.kunshalle-mannheim.de.

Museum für Kunst, Stadt- und Theatergeschichte im Reiß-Museum – Abre ma-ju 10-17, mi 10-21, vi 10-13, sá 13-17, do 10-18. Cerrado:1 mayo, 24 y 31 dic. 2 €, vi grat. ☎ 06 21/2 93 31 51, www.reiss-museum.de.

Museum für Archäologie- Völker- und Naturkunde – ♿ Las mismas condiciones de visita que el Museum für Kunst, Stadt und Theathergeschichte. 2 €. ☎ 06 21/2 93 31 51, www.reiss-museum.de.

Schloß – ♿ Abre abr-oct, ma-do 10-13 y 14-17; nov-mar, fs 10-17. 2 €. ☎ 06 21/2 92 28 90.

Landesmuseum für Technik und Arbeit in Mannheim – ♿ Abre ma, ju y vi de 9-17, mi 9-20, sá 10-17, do 10-18. Cerrado: Vi Santo, 24, 25 y 31 dic. 3 €, gratuito mi a partir de las 12. ☎ 06 21/4 29 87 50, www.landesmuseum-mannheim.de.

Museumsschiff Mannheim – Abre ma, ju y vi 9-17, mi 9-20, do 10-18. Cerrado: Vi Santo, 24,25 y 31 dic. 1 €, grat mi a partir de las 12. ☎ 06 21/4 29 87 50, www.landesmuseum-mannheim.de.

MARBURG
🛈 Pilgrimstein 26 – 35037 – ☎ 0 64 21/9 91 20

Elisabethkirche – ♿ Abre abr-sept, lu-vi 9-18, sá 9-17, do 11.15-17; oct de lu-sá 9-17, do 11.15-17; nov-mar de lu-vi 10-16, sá 10-17, do 11.15-17. Relicario de Elisabeth: 1,50 €. ☎ 0 64 21/6 55 73, www.Elisabethkirche.de.

Schloß – Abre abr-oct, ma-do 11-18; nov-mar, ma-do 11-17. Cerrado: 1 ene, 24, 25 y 31 dic. 1,50 €. ☎ 0 64 21/2 82 23 55.

Marburger Universitätsmuseum für Bildende Kunst – Abre ma-do 11-13 y 14-17. Cerrado: 1 ene, 24, 25 y 31 dic. Grat. ☎ 0 64 21/2 82 23 55.

Abadía de MAULBRONN

Antigua abadía cisterciense – Abre mar-oct todos los días 9-17.30; nov-feb, ma-do 9.30-17. Cerrado: 24, 25 y 31 dic. 4 €. ☎ 0 70 43/92 66 10, info@kloster-maulbronn.de.

MEISSEN
🛈 Markt 3 – 01662 – ☎ 0 35 21/4 19 40

Staatliche Porzellanmanufaktur – Abre mayo-oct 9-18; nov-abr 9-17. Cerrado: 1 ene, 24-26 y 31 dic. 7,16 €. ☎ 0 35 21/46 82 08, www.meissen.de.

Albrechtsburg – Abre mar-oct 10-18; nov-feb 10-17 (última visita 30 min antes del cierre). Cerrado: 1 ene, tres últimas sem de ene, 24, 25 y 31 dic. 3,58 €. ☎ 0 35 21/4 70 70, www.albrechtsburg-meissen.de.

MEMMINGEN
🛈 Marktplatz 3 – 87700 – ☎ 0 83 31/85 01 72

Excursión

Benediktinerabtei Ottobeuren

Iglesia abacial – Abre abr-oct 8.30-18; nov-mar 8.30-16. Cerrado: ju por la tarde. ☎ 0 83 32/79 80, www.abtei-ottobeuren.de.

Dependencias conventuales – Abre abr-oct 10-12 y 14-17; nov-ene 14-16; feb-mar, sólo fs 14-16 (última entrada 20 min antes del cierre). Cerrado: Vi y Sá Santo, 24 y 31 dic. 2,50 €. ☎ 0 83 32/79 80, www.abtei-ottobeuren.de.

MERSEBURG
🛈 Burgstraße 5 – 06217 – ☎ 0 34 61/21 41 70

MINDEN
🛈 Domstaße 2 – 32423 – ☎ 05 71/8 29 06 59

Domschatzkammer – ♿ Abre ma, ju y fs 10-12, mi y vi 15-17. Grat. ☎ 05 71/83 76 41 00.

Mindener Museum für Geschichte, Landes- und Volkskunde – Abre ma-do 11-17. 1,50 €, grat sá. ☎ 05 71/8 93 31, museum@minden.de.

MÖNCHENGLADBACH
🛈 Bismarckstraße 23 – 27 – 41061 – ☎ 0 21 61/2 20 01

Städtisches Museum Abteiberg – ♿ Abre ma-do 10-18. Cerrado: 1 ene, 24, 25 y 31 dic. 4 €. ☎ 0 21 61/25 26 36.

Schloß Rheydt: Städtisches Museum – ♿ Abre abr-sept, ma-do 11-19; oct-mar, ma-sá 11-16, do 11-18. Cerrado: 1 ene, 24, 25 y 31 dic. 2,50 €. ☎ 0 21 66/92 89 00.

MONSCHAU
🛈 Stadtstraße 1 – 52156 – ☎ 0 24 72/1 94 33

Rotes Haus – Visita con cita previa del Vi Santo hasta finales de nov, ma-do a las 10, 11, 14, 15 y 16. 2,50 €. ☎ 0 24 72/50 71, rotes-haus@t.online.de.

Excursión

Burg Nideggen: Castillo – Abre abr-oct todos los días 10-16.30; nov-mar, fs 10-16.30. 2 €. ☎ 0 24 27/63 40.

MOSELTAL

Excursiones en barco por el Mosela – Viajes de mayo-oct 9.45-14.30 y 15.40-20.10. Correspondencia con Coblenza y Cochem. Información en las Oficinas del embarcadero o en la compañía Köln-Düsseldorfer, Frankenwerft 35, 50667 Colonia, ☎ 02 21/2 08 83 18, www.k-d.com.

Beilstein: Ruinas del castillo – Abre abr-finales oct 9-18.30. 1,60 €. ☎ 0 26 73/9 36 39.

Cochem: Reichsburg – Vis guiada (40 min) mediados mar-finales nov 9-18. 3,60 €. ☎ 0 26 71/2 55, www.reichsburg-cochem.de.

Burg Eltz – Vis guiada (40 min) abr-1 nov 9.30-17.30. 5 €. ☎ 0 26 72/95 05 00, www.burg-eltz.de.

MÜHLHAUSEN

🛈 Ratsstraße 20 – 99974 – ☎ 0 36 01/45 23 35

MÜNCHEN

🛈 Hauptbahnhof – 80335 – ☎ 0 89/2 33 03 00

Deutsches Jagd- und Fischereimuseum – Abre 9.30-17 (lu+ju hasta las 21). Cerrado: ma de Carn, 24 y 31 dic. 3 €. ☎ 0 89/22 05 22.

Residenz: Schatzkammer – Abre abr-15 oct 9-19 (ju hasta las 20); 16 oct-mar 10-16. Cerrado: 1 ene, ma de Carn, 24, 25 y 31 dic. 4 €. ☎ 0 89/29 06 71.

Residenzmuseum – Los mismos horarios de visita que la Schatzkammer. 4 €. ☎ 0 89/29 06 71.

Altes Residenztheater – Los mismos horarios de visita que la Schatzkammer. 2 €. ☎ 0 89/29 06 71.

Alte Pinakothek – ♿ Abre ma-do 10-17 (ju hasta las 22). Cerrado: 1 ene, ma de Carn, do de Pascua, 1 mayo, 24, 25 y 31 dic. 4,60 €, grat do. ☎ 0 89/23 80 52 16.

Neue Pinakothek – ♿ Abre mi-lu 10-17 (ju hasta las 22). Cerrado: 1 ene, ma de Carn, 1 mayo, 24, 25 y 31 dic. 4,60 €, grat do. ☎ 0 89/23 80 51 95.

Glyptothek – ♿ Abre ma-do 10-17 (ma y ju hasta las 20). 3,06 €, grat do. ☎ 0 89/28 61 00.

Staatliche Antikensammlungen – Abre ma-do 10-17 (mi hasta las 20). 2,50 €, grat do. ☎ 0 89/59 83 59.

Städtische Galerie im Lenbachhaus – ♿ Abre ma-do 10-18. 4 €. ☎ 0 89/23 33 20 00, www.lembachhaus.de.

Deutsches Museum – ♿ Abre 9-17. Cerrado: 1 ene, ma de Carn, Vi Santo, 1 mayo, 1 nov, 24, 25 y 31 dic. 6,14 €. ☎ 0 89/2 17 92 50, www.deutsches-museum.de.

Bayerisches Nationalmuseum – Abre ma-do 9.30-17. Cerrado: lunes y ma de Carn, Vi Santo, 1 mayo, 1 nov, 24, 25 y 31 dic. 3,07 €, grat do. ☎ 0 89/21 12 42 16, www.bayerisches-nationalmuseum.de.

Staatsgalerie moderner Kunst – Traslado presvisto a la Pinakothek der Moderne, reapertura en 2002. ☎ 0 89/23 80 51 18.

Schack-Galerie – Abre todos los días, excepto ma, 10-17. Cerrado: 1 ene, 1 mayo, Asc y Corpus Christi, Asunción de la Virgen, 3 oct, 24, 25 y 31 dic. 2,50 €, grat do. ☎ 0 89/23 80 52 24.

Museum Villa Stuck – Abre expo temp ma-do 10-18. La expo permanente permanecerá cerrada por obras hasta finales 2003. Precio de la entrada variable según la expo. ☎ 0 89/4 55 55 10, www.muenchen.de/villastuck.

Münchener Stadmuseum – ♿ Abre ma-do 10-18. Cerrado:l ma de Carn, 24 y 31 dic. 2,50 €, grat do. ☎ 0 89/23 32 23 70, www.stadmuseum.online.de.

Palacio de Nymphenburg – Abre abr-15 oct 9-18 (ju hasta las 20); 16 oct-mar 10-16. Cerrado: 1 ene, ma de Carn, 1 nov, 24, 25 y 31 dic 3,60 €. ☎ 0 89/17 90 80.

Lola Montes, Joseph Stieler (palacio de Nymphenburg)

MÜNCHEN

Amalienburg – Los mismos horarios de apertura que los del palacio de Nymphenburg. 1,50 €. ☏ 0 89/17 90 80.

Marstallmuseum und Porzellansammlung – Los mismos horarios de apertura que los del palacio de Nymphenburg. 2,50 €. ☏ 0 89/17 90 80.

Museum "Mensch und Natur" – ♿ Abre ma-do 9-17. Cerrado: ma de Carn, 24, 25 y 31 dic. 2 €, grat do. ☏ 0 89/17 64 94, www.musmn.de.

Botanischer Garten – Abre ene, nov y dic 9-16.30; feb, mar y oct 9-17; abr y sept 9-18; mayo-ago 9-19. Cerrado: 24 y 31 dic. 2 €. ☏ 0 89/17 86 13 24, botgart@botanik.biologie.ini-muenchen.de.

Völkerkundenmuseum – Abre ma-do 9.30-16.30. Cerrado: Vi Santo, 1 mayo, Corpus Christi, 1 nov, 24, 25 y 31 dic, las tardes del mes de dic. 3 €. ☏ 0 89/2 10 13 60, www.stmukwk.bayern.de/kunst/museum/voelkerk.html.

Alrededores

Tierpark Hellabrunn – ♿ Abre abr-sept 8-18; oct-mar 9-17. 6,14 €. ☏ 0 89/62 50 80, www.zoo-munich.de.

Bavaria-Filmstadt Geiselgasteig – ♿ Vis guiada (1h30) mar-abr 9-16; mayo-oct 9-17; nov-feb 10-15. Cerrado: Nav. Filmtour 8,69 €, Action Show 6,14 €, Showscan Kino 3 €. ☏ 0 89/64 99 23 04, www.bavaria-filmtour.de.

Olympiapark – ♿ El Parque Olímpico es de acceso libre. De abr-oct se realizan vis guiadas por las instalaciones. La torre olímpica (Olympiaturm) permanece abierta de 9-24, último ascenso a las 23. ☏ 0 89/30 67 24 14, www.olympiapark-muenchen.de.

BMW-Museum – ♿ Abre 9-17 (última visita a las 16). Cerrado: 24 y 31 dic. 3 €. ☏ 0 89/38 22 33 07, BMW-Tradition@BMW.de.

Schloß Schleißheim – ♿ Abre abr-sept ma-do de 9-18; oct-mar ma-do de 10-16. Cerrado: 1 ene, ma de Carn, 1 nov, 24, 25 dic. 1,50 €. ☏ 0 89/3 15 87 20.

Flugwerft Schleißheim – Abre 9-17. Cerrado: 1 ene, ma de Carn, Vi Santo, 1 mayo, 24, 25 y 31 dic. 3 €. ☏ 0 89/3 15 71 40, www.deutsches-museum.de.

Excursiones

Kloster Andechs: Abadía Benedictina – ♿ Sólo se visitan la iglesia abacial y la cervecería. Vis guiada de la iglesia: jun-sept, lu-vi a las 15 (lugar de encuentro en la puerta del convento, junto a la iglesia, 2,50 €; cervecería: lu-ma a las 13.30 (lugar de encuentro delante de la fábrica de cerveza), 2,50 €. ☏ 0 81 52/37 60, www.andechs.de.

KZ-Gedenkstätte Dachau: Campo de concentración – ♿ Abre ma-do 9-17. Grat, se admiten donativos. ☏ 0 81 31/17 41, www.kz-gedenkstaette-dachau.de.

MÜNSTER   🛈 Klemensstraße 9 – 48127 – ☏ 02 51/4 92 27 10

Domkammer – ♿ Abre ma-do 11-16. Cerrado: 1 ene, Vi Santo-lu de Pascua, 1 mayo, do de Pent, 24-26 y 31 dic. 1 €. ☏ 02 51/49 53 33.

Westfälisches Landesmuseum für Kunst und Kulturgeschichte – ♿ Abre ma-do de 10-18. Cerrado: 24, 25 y 31 dic. 2,60 €, grat vi. ☏ 02 51/59 07 01, www.lwl.org/landesmuseum.

Rathaus: Friedensaal (Sala de la Paz) – ♿ Abre lu-vi 9-17, sá 9-16, do 10-13. 1 €. ☏ 02 51/4 92 27 24.

Westfälisches Museum für Naturkunde – ♿ Abre ma-do 9-18. Cerrado: 24, 25 y 31 dic. 3 €, grat vi. ☏ 02 51/5 91 05, www.naturkundemuseum-muenster.de.

Mühlenhof-Freilichtmuseum – ♿ Abre mediados mar-oct todos los días 10-18; (última visita a las 17); nov-mediados mar, lu-sá 13 -16.30, do 11-16.30 (última visita a las 16). 3 €. ☏ 02 51/98 12 00, www.muenster.org/muehlenhof.

Excursión

Telgte: Museum Heimathaus Münsterland (Museo local) – ♿ Abre ma-do 10-18. Cerrado: 1 ene, 24, 25 y 31 dic. 2,50 €. ☏ 0 25 04/9 31 20, www.museum-telgte.de.

MÜNSTERLÄNDER WASSERBURGEN

Excursiones en autobús – El prospecto "Busexkursionen zu den Wasserburgen und Schlössern im Münsterland" está disponible en las oficinas de turismo (Stadtwerbung und Touristik Müster, 48127 Münster) a partir del mes de abril. ☏ 02 51/4 92 27 10.

Anholt – Vis guiada (1 h): abr-sept, ma-do de 11-17; oct-mar, fs de 11-17. Cerrado: 1 ene, 24-26 y 31 dic. 5,11 €. ☏ 28 74/4 53 53, www.fuerst-salm.de.

MÜNSTERLÄNDER WASSERBURGEN

Gemen – El castillo es una escuela de formación, por lo que no siempre se puede visitar el interior. Solicitar previamente información en el ☎ 0 28 61/93 92 52.

Hülshoff – Abre mediados mar-mediados dic 9.30-18. 2,50 €. ☎ 0 25 34/10 52.

Lembeck – Vis guiada (45 min): mar-finales oct 10-18. 3,60 €. ☎ 0 23 69/71 67.

Raesfeld – Vis guiadas (1 h) con cita previa en la Oficina de Turismo ☎ 0 28 65/95 51 27, www.raelsfeld.de.

Vischering – Abre abr-oct, ma-do 10-12.30 y de 13.30-17.30; nov-mar, ma-do 10-12.30 y 13.30-16.30. Cerrado: 1 ene, 24-26 y 31 dic. 2 €. ☎ 0 25 91/7 99 00.

N

NAUMBURG
🛈 Markt 6 – 06618 – ☎ 0 34 45/20 16 14

Freyburg: Castillo de Neuenburg – Abre abr-oct, ma-do de 10-18; nov-mar, ma-do 10-17. 5 €. ☎ 03 44 64/3 55 30, www.schloss-neuenburg.de.

Ehem. Zisterzienserkloster Schulpforte: abadía cisterciense – Los terrenos y la iglesia del convento están abiertas al público en todo momento. Las dependencias históricas se muestran en vis guiadas (1h30): abr-oct, sá 10.30 y 14. 2 €. ☎ 03 44 63/3 51 10.

Bad Kösen: Casa Romana – ♿ Abre abr-oct, ma-vi 10-12 y 13-17, fs 10-17; nov-mar, ma-vi 10-12 y 13-16, fs 10-16. Cerrado: mediados dic-mediados ene. 2 €. ☎ 03 44 63/2 76 68.

Bad Kösen: **Rudelsburg** – Abre ene-mar, ma-vi 10-17, fs 10-18; abr-dic todos los días 10-18. 0,50 € (subida a la torre). ☎ 03 44 63/2 73 25, www.rudelsburg.com.

Bad Kösen: Burg Saaleck – Abre mediados abr-mediados oct, ma-vi 10-17, fs 10-18. 1 €. ☎ 03 44 63/2 77 45.

NEUBRANDENBURG
🛈 Marktplatz 1 – 17033 – ☎ 03 95/1 94 33

St. Johanniskirche – ♿ Abre jun-sept, lu-vi 10-16; oct-mayo, lu-vi 10-12 y 14-16. ☎ 03 95/5 82 22 88.

Excursión

Mahn-und Gedenkstätte Ravensbrück – Abre ma-do 9-17 (última visita a las 16.30) Cerrado: 1 ene, 24-26 y 31 dic. Grat. ☎ 03 30 93/60 80, www.ravensbrueck.de.

Schloß NEUSCHWANSTEIN

Vis guiada (35 min) abr-sept 9-18 (ju hasta las 20); oct-mar 10-16. Cerrado: 1 ene, ma de Carn, 24, 25 y 31 dic. 7,16 €. ☎ 0 83 62/8 10 35, www.neuschwanstein.com.

Alrededores

Schloß Hohenschwangau – Vis guiadas (35 min) abr-sept 9-18; oct-mar 10-16. Cerrado: 24 dic. 7,16 €. ☎ 0 83 62/93 08 30, www.ticket-center-hohenschwangau.de.

NORDFRIESISCHE INSELN

Comunicación por barco con Föhr – Trayecto Dagebüll-Föhr (45 min) unos 10 servicios diarios. 7,67 € (i/v). Dagebüll-Amrum (1h45), de 6-10 servicios diarios. 12 € (i/v). Los horarios son variables. Información y reserva para el transporte de vehículos en la compañía Wyker Dampfschiffs-Reederei Föhr-Amrum GmbH con sede en Wyk, en la isla de Föhr ☎ 0 18 05 08 01 40, www.wdr-wyk.de.

Wyk: Museo de las Islas Frisonas – Abre mar-oct, ma-do 10-17 (jul y ago también los lu); nov-feb, ma-do 14-17. Cerrado: 24 y 31 dic. 2,50 €. ☎ 0 46 81/25 71, www.friesen-museum.de.

Comunicación por barco con Amrum – Trayecto Schlüttsiel-Amrum (2h30) de 1 a 2 servicios diarios, 12 € (i/v). Horarios variables. Información y reserva para el transporte de vehículos en la compañía Wyker Dampfschiffs-Reederei Föhr-Amrum GmbH con sede en Wyk, en la isla de Föhr ☎ 0 18 05 08 01 40, www.wdr-wyk.de.

Comunicación por barco con Pellworm – Embarcaderos en Nordstrand/ trucklahnungshörn, Pellworm. Los viajes (35 min) son variables (entre 4 y 7 diarios) dependiendo de las mareas. 8,50 €/persona, 42,44 €/vehículo sin pasajeros (i/v). ☎ 0 48 44/7 53, www.faehre-pellworm.de.

NÖRDLINGEN
Marktplatz 2 – 86720 – ☎ 0 90 81/43 80

Stadmuseum – Abre mar-finales oct, ma-do 13.30-16.30. Cerrado: Vi Santo. 2,50 €. ☎ 0 90 81/2 73 82 30, stadmuseum@noerdlingen.de.

Rieskrater-Museum – Abre mayo-oct, ma-do 10-16.30; nov-abr, ma-do 10-12 y 13.30-16.30. Cerrado: 1 ene, ma de Carn, Vi Santo, 24-26 y 31 dic. 2,60 €. ☎ 0 90 81/2 73 82 20, rieskratermuseum@noerdlingen.de.

NÜRNBERG
Hauptmarkt 18 – 90403 – ☎ 09 11/2 33 61 3

Germanisches Nationalmuseum – ♿ Abre ma-do 10-17 (mi hasta las 21). Vis guiadas ma-sá a las 10.30 y 15, do a las 15. Cerrado: ma de Carn, Vi Santo, 24, 25 y 31 dic. 4 €. ☎ 09 11/1 33 10, www.gnm.de.

Albrecht-Dürer-Haus – Abre ma-do 10-17 (ju hasta las 20). Cerrado: 1 ene, lunes y ma de Carn, Vi Santo, 24-26 y 31 dic. 4 €. ☎ 09 11/2 31 25 68, www.nuernberg.de/kultur/kultur/html.

Burg – Vis guiada (45 min) abr-sept 9-18 (ju hasta las 20); oct-mar 10-16. Cerrado 1 ene, ma de Carnaval, 24, 25 y 31 dic. 5,11 €. ☎ 09 11/22 57 26.

Stadtmuseum Fembohaus – ♿ Abre ma-do 10-17 (ju hasta las 20). Cerrado: 1 ene, lunes y ma de Carn, Vi Santo, 24, 25 y 31 dic. 4 €. ☎ 09 11/2 31 25 95, www.nuernberg.de/kultur/kultur.html.

Spielzeugmuseum – ♿ Abre ma-do 10-17 (mi hasta las 21). Cerrado 1 ene, lunes y ma de Carnaval, Vi Santo, 24-26 y 31 dic. 4 €. ☎ 09 11/2 31 31 64, www.nuernberg.de/kultur/kultur.html.

Verkehrsmuseum – ♿ Abre ma-do 9-17. Cerrado: 1 ene, Vi Santo, 1 mayo, 24 y 31 dic. 3 €. ☎ 09 11/2 19 24 24, www.dbmuseum.de.

Neues Museum/Staatl.Museum für Kunst und Design – ♿ Abre ma-vi 10-20, fs 10-18. Cerrado: lunes de Carn, Vi Santo, 24, 25 y 31 dic. 3,60 €. ☎ 09 11/2 40 20 31, www.nmn.de.

O

OBERSTDORF
Marktplatz 7 – 87561 – ☎ 0 83 22/70 00

Acceso en tren al Nebelhorn (Nebelhornbahn) – Salidas cada 15 min, primera salida de la estación superior a las 8.30, última salida de la estación del valle en Höfatsblick a las 16.30 ó 17. Suspensión del servicio desde mediados abr-mediados mayo, y de principios nov-mediados dic. 22 € (i/v). ☎ 0 83 22/9 60 00, www.nebelhorn.de.

Acceso en tren al Fellhorn (Fellhornbahn) – En funcionamiento desde mediados/finales mayo-finales oct 8.20 a 16.50 cada 20 min; de mediados dic-mediados/finales abr (en función de la nieve) de 8.30-16.30 cada 15 min (a partir febr hasta las 17). Suspensión del servicio desde principios nov-mediados dic, y de mediados/finales abr-mediados/finales mayo. 20 € (i/v). ☎ 0 83 22/9 60 00, www.fellhorn.de.

Excursión

Breitachklamm – Acceso de mayo-oct 8-17; dic-abr 9-16. 2,30 €. ☎ 0 83 22/48 87.

ODENWALD

Amorbach: Iglesia abacial – ♿ Vis guiada (45 min): 15 mar-8 nov, lu-sá 9.30-17.45, do 11-17.45; 9 nov- 26 dic, lu-vi 10.30-12.30, fs 10.30-12.30 y 13.30-16; 27 dic-14 mar, fs 10.30-12.30 y 13.30-16. 2,50 €. ☎ 0 93 73/97 15 45.

Park Eulbach – Abre mar-oct 9-17; nov-feb 9-16. 3 €. ☎ 0 60 62/9 59 20.

Michelstadt: Museo del Odenwald – Abre abr-nov, ma-vi 10-12 y 14-17, fs 11-17.30 1,50 €. ☎ 0 60 61/7 41 33, www.michelstadt.de.

OLDENBURG
Wallstraße 14 – 26122 – ☎ 04 41/1 57 44

Landesmuseum für Kunst und Kulturgeschichte – ♿ Abre ma-vi 9-17 (ju hasta las 20), fs 10-17. Cerrado: 1 ene, Vi Santo, do de Pascua y de Pent, 1 mayo, 24, 25 y 31 dic. 2 €. ☎ 04 41/2 20 73 00.

Stadtmuseum Oldenburg – Abre ma-do 10-18. 1,50 €. ☎ 04 41/2 35 28 81.

Horst-Janssen-Museum – Abre ma-do 10-18. 3,50 €. ☎ 04 41/2 35 28 91, www.horst-janssen-museum.de.

Augusteum – ♿ Abre ma-vi 9-17 (ju hasta las 20), fs 10-17. Cerrado: 1 ene, Vi Santo, do de Pascua, 1 mayo, do de Pent, 24, 25 y 31 dic. 2 €. ☎ 04 41/2 20 73 00.

OLDENBURG

Landesmuseum für Natur und Mensch Oldenburg – ♿ Abre ma-ju 9-17, vi 9-15, fs 10-17. Cerrado: 1 ene, Vi Santo, do de Pascua y de Pent, 24, 25 y 31 dic. 1,50 €. ☎ 04 41/9 24 43 00.

Excursión

Museumsdorg Cloppenburg – ♿ Abre mar-oct todos los días 9-18; nov-feb, lu-vi 9-16, fs 10-16. Cerrado: 31 dic. 4 €. ☎ 0 44 71/9 48 40, www.museumsdorf.de.

OSNABRÜCK
🛈 Krahnstraße 58 – 49074 – ☎ 05 41/3 23 22 02

Rathaus – Abre lu-vi 10-17, sá 9-16, do 10-16. Cerrado: 1 ene, 24 y 25 dic. Grat. ☎ 05 41/3 23 21 52, www.osnabrueck.de.

Felix-Nussbaum-Haus – ♿ Abre ma-vi 11-18, fs 10-18. Cerrado: el 1 ene, Vi Santo, 1 mayo, 1 nov y 31 dic. 4 €. ☎ 05 41/3 23 44 35, www.felixnussbaum.de.

OSTFRIESISCHE INSELN

Comunicaciones en barco con Borkum – Ferrys a Emden (aprox. 2 h): 3 servicios al día. 25 € (i/v), transporte de vehículos 8 €. ☎ 01 80/5 01 12 11, www.ag-ems.de.

Comunicaciones en barco con Juist – Desde Norddeich (aprox. 1h15), 22,50 € (i/v). Información sobre los horarios ☎ 0 49 31/98 70, info@reederei.norden.frisia.de.

Comunicaciones en barco con Nordeney – Desde Norddeich (duración de la travesía aprox. 1 h). 12,27 € (i/v), transporte de vehículos a partir de 53 €. Información sobre los horarios: ☎ 0 49 32/9 13 13, www.reederei-frisia.de.

Comunicaciones en barco con Baltrum – Embarcaderos de Neßmersiel y Baltrum. 2 travesías (30 min) al día en función de las mareas. 19,50 € (i/v). ☎ 0 49 39/9 13 00, BaltumLinie@t-online.de.

Comunicaciones en barco con Langeoog – Desde Bensersiel (aprox. 1 h) de 9.30-17.30. Desde Langeoog de 8.15-16.15. 19 € (i/v). No existe transporte de vehículos. ☎ 0 49 72/69 32 60, www.langeoog.de.

Comunicaciones en barco con Spiekeroog – Embarcaderos: Neuharlingersiel y Spiekeroog. De 1 a 4 travesías diarias (45 min) en función de las mareas. 15,50 € (i/v). ☎ 0 49 76/91 93 33, www.spiekeroog.de.

Comunicaciones en barco con Wangeroog – Desde Harlesiel (aprox. 50 min). No existe transporte de vehículos. 24 € (i/v). ☎ 0 44 64/94 94 14, siw.wangerooge@t-online.de.

P

PADERBORN
🛈 Marienplatz 2a – 33098 – ☎ 0 52 51/88 29 80

Diözesanmuseum – Abre ma-do 10-18. Cerrado: 24, 25 y 31 dic. 2,50 €. ☎ 0 52 51/12 54 00, www.dioezesanmuseum-paderborn.de.

Heinz Nixdorf MuseumsForum – ♿ Abre ma-vi 9-18, fs 10-18. 3 €. ☎ 0 52 51/30 66 00.

Traktoren-Museum – ♿ Abre ma-do 10-18. Cerrado: 24, 25 y 31 dic. 5,10 €. ☎ 0 52 51/49 07 11, www.deutsches-traktorenmuseum.de.

PASSAU
🛈 Rathausplatz 3 – 94032 – ☎ 08 51/95 59 80

Glasmuseum – Abre abr-sept 10-16; oct-mar 13-16. 4 €. ☎ 08 51/3 50 71.

Stiftung Wörlen – Museum Moderner Kunst – Abre ma-do 10-18. 4 €. ☎ 08 51/3 83 87 90, www.woerlen-mmk.de.

PFALZ

Hambacher Schloß – Abre mar-nov 10-18. Última visita 30 min antes del cierre. 4,60 €. ☎ 0 63 21/3 08 81. www.hambacher-schloss.de.

Schloß "Villa Ludwigshöhe" – Abre abr-sept 10-18; oct, nov y ene-mar de 10-17 (última visita 45 min antes del cierre). 2,50 €. La Galería Max-Slevogt se puede visitar sin guía. ☎ 0 63 23/9 30 16, www.burgen-rlp.de.

Trifels – Abre SS-sept 9-18; oct-SS 9-17. Cerrado: dic. 2,50 €. ☎ 0 63 46/84 70.

Burg Berwartstein – Abre mar-oct 9-18; nov-feb, fs 13-18. 2,50 €. ☎ 0 63 98/2 10.

POTSDAM
🛈 Friedrich – Ebert – Straße 5 – 14467 – ☎ 03 31/27 55 80

Palacio y Parque de Sanssouci

Bildergalerie – Abre 15 mayo-15 oct, ma-do 10-17. 2 €. ☎ 03 31/9 69 42 02.

Schloß Sanssouci – Vis guiada (40 min) de abr-oct, ma-do 9-17; nov-mar, ma-do 9-16. Cerrado: 24, 25 y 31 dic. 8,18 €. ☏ 03 31/9 69 42 02.

Neue Kammern – ♿ Abre 1 abr-14 mayo, fs 10-17; 15 mayo-15 oct 10-17. Cerrado: 24, 25 y 31 dic. 2 €. ☏ 03 31/9 69 42 02.

Nueva Orangerie – ♿ Abre mediados mayo-mediados oct, ma-do 10-17. 3 €. ☏ 03 31/9 69 42 02.

Neues Palais – Vis guiada (1 h) abr-oct, sá-ju 9-16. 6 €. ☏ 03 31/9 69 42 02.

Schloß Charlottenhof – Vis guiada (45 min) mediados mayo-mediados oct, ma-do 10-17. 4 €. ☏ 03 31/9 69 42 02.

Dampfmaschinenhaus (Moschee) – Vis guiada (30 min) 15 mayo-15 oct, fs 10-17. 2 €. ☏ 03 31/9 69 42 02.

Marmorpalais – Abre abr-oct, ma-do 10-17; nov-mar, fs 10-16. 2 €. ☏ 03 31/9 69 42 02.

Schloß Cecilienhof – Historische Stätte der Potsdamer Konferenz – ♿ Abre abr-oct, ma-do 9-17; nov-mar, ma-do 9-16. Cerrado: 24, 25 y 31 dic. 4 €. ☏ 03 31/9 69 42 44.

Excursión

Kloster Lehnin – ♿ Abre abr-oct, lu-vi 9-12 y 13-16, fs 11-12 y 13-17; nov-mar, lu-vi 10-12 y 13-16, fs 11-12 y 13-16. Cerrado: 24, 25 y 31 dic. Grat. ☏ 0 33 82/76 88 41.

Q

QUEDLINBURG
🛈 Markt 2 – 06484 – ☏ 0 39 46/77 30 00

Klopstockhaus – Abre 10-17 (última visita 30 min antes del cierre). Cerrado: 24 y 31 dic. 2,50 €. ☏ 0 39 46/27 30.

Feininger-Galerie – ♿ Abre abr-oct, ma-do 10-18; nov-mar, ma-do 10-17 (última visita 30 min antes del cierre). Cerrado: 1 ene, 24 y 31 dic. 3 €. ☏ 0 39 46/23 84.

Museo del Castillo – Abre 10-17 (última visita 30 min antes del cierre). Cerrado: 23 y 31 dic. 2,50 €. ☏ 0 39 46/27 30.

R

RASTATT
🛈 Herrenstraße 18 – 76437 – ☏ 0 72 22/97 24 62

Castillo – Vis guiada (1 h) de abr-oct, ma-do 10-17; nov-mar, ma-do 10-16 (última visita 1 h antes del cierre). 3 €. ☏ 0 72 22/97 83 85. www.schloesser-und-gaerten.de.

Wehrgeschichtliches Museum – ♿ Abre ma-do 9.30-17. Cerrado: 1 ene y 25 dic a partir de las 13, 24 y 31 dic. 2,50 €. ☏ 0 72 22/3 42 44.

Erinnerungsstätte für die Freiheitsbewegungen in der deutschen Geschichte – Abre ma-do 9.30-17. Grat. ☏ 0 72 22/77 13 90.

Alrededores

Schloß Favorite – Vis guiada (1 h) de mediados mar-sept, ma-do 9-17; oct-mediados nov, ma-do 9-16. 4 €. ☏ 0 72 22/4 12 07. www.schloesser-und-gaerten.de.

RATZEBURG
🛈 Schloßwiese 7 – 23909 – ☏ 0 45 41/80 00 80

Catedral – Abre abr-sept todos los días 10-12 y 14-18; oct-mar, ma-do 10-12 y 14-16. ☏ 0 45 41/34 06.

Ernst-Barlach-Museum – Abre mar-finales nov, ma-do 10-13 y 14-17. 2,50 €. ☏ 0 45 41/37 89.

Salón Florentino (detalle), palacio de la Favorita (Rastatt)

RAVENSBURG
🛈 Kirchstraße 16 – 88212 – ☎ 07 51/8 23 24

REGENSBURG
🛈 Altes Rathaus – 93047 – ☎ 09 41/5 07 34 16

Dom St. Peter – Abre abr-oct 6.30-18; nov-mar 6.30-17.

Tesoro – Abre abr-1 nov, ma-sá 10-17, do 12-17; dic-mar, vi-sá 10-16, do 12-16; 25 dic-6 ene, ma-sá 10-16, do 12-16. Cerrado: 1 ene y 24 dic. 1,50 €. ☎ 09 41/5 76 45, www.bistumsmuseen-regensburg.de.

Claustro – Vis guiada (1h15, incluida catedral) de mayo-oct, lu-sá a las 10, 11 y 14, do a las 11 y a las 14; nov-abr, lu-sá a las 11, do a las 12. 2,50 €. ☎ 09 41/5 97 10 02, domfuehrungen@bistum-regensburg.de.

Diözesanmuseum St. Ulrich – Abre abr-1 nov, ma-do 10-17. 1,50 €. ☎ 09 41/5 16 88, www.bistumsmuseen-regensburg.de.

Reichstagsmuseum – Vis guiada (cada 30 min) abr-oct, lu-sá 9.30-12 y 14-16, do 10-12 y 14-16; nov-mar, lu-sá 9.30-11.30 y 14-16, do 10-12 (cada hora). Cerrado 24 y 31 dic. 2,50 €. ☎ 09 41/5 07 44 10, tourismus@regensburg.de.

Schloß Thurn und Taxis – Vis guiada (1h30) abr-oct, lu-vi a las 11, 14, 15 y 16, fs además a las 10; nov-mar, fs a las 10, 11, 14 y 15. Cerrado: 24 y 25 dic. 8 € (palacio y claustro). ☎ 09 41/5 04 81 33, www.thurnundtaxis.de.

Museo de las Caballerizas – Abre abr-oct, lu-vi 11-17, fs 10-17; nov-mar sólo vis guiadas fs a las 11.30 y 14. Cerrado: 24-25 dic. 4,50 €. ☎ 09 41/5 04 81 33. www.thurnundtaxis.de.

Thurn und Taxis Museum – Abre lu-vi 11-17, fs y fest 10-17. 4 € (entrada válida para el Marstallmuseum en el periodo de abr-oct), 3,50 € (nov-mar). ☎ 09 41/5 07 44 10, www.thurnundtaxis.de.

Historisches Museum – ♿ Abre ma-do 10-16. Cerrado 1 ene, Vi Santo, lu de Pascua, 1 mayo, 1 nov, 24, 25 y 31 dic. 2 €, grat 1er do del mes. ☎ 09 41/5 07 14 40, museenderstadt@regensburg.de.

Excursiones

Walhalla – Abre abr-sept 9-17.45; oct 9-16.45; nov-mar 10-11.45 y 13-15.45. Cerrado: ma de Carn, 24, 25 y 31 dic. 2 €. ☎ 0 94 03/96 16 80.

Kelheim: Befreiungshalle – Abre abr-sept 9-18 (20 ju); oct-mar 9-16 (última visita 30 min antes del cierre). Cerrado: 24 y 25 dic. 2,50 €. ☎ 0 94 41/15 84, www.schloesser.bayern.de.

Kloster Weltenburg – Sólo se puede visitar la iglesia abacial: mar-oct 6.30-21; nov-feb 6.30-17. ☎ 0 94 41/20 41 43, www.kloster-weltenburg.de.

Palacio de RHEINSBERG

Abre abr-oct, ma-do 9.30-12.30 y 13-17. 3 €. Vis guiada (50 min) de nov-mar, ma-do 10-12.30 y 13-16. Cerrado: 24, 25 y 31 dic. 5 € (palacio y parque). ☎ 03 39 31/72 60.

RHEINTAL

Pfalz bei Kaub – Abre abr-sept, ma-do 10-13 y 14-18; oct, nov y ene-mar, ma-do 10-13 y 14-17. El castillo se encuentra en una isla a la que se accede en un barco que sale de Kaub (último viaje 1 h antes del cierre). 2 €, traslado en barco aparte. ☎ 0172/2 62 28 00, www.burgen-rlp.de.

Loreley-Zentrum – ♿ Abre ene-mar 11-17; abr-oct 10-18; nov y dic 11-17. 3 €. ☎ 0 67 71/59 90 93, www.besucherzentrum-loreley.de.

Marksburg – Vis guiada (50 min) SS-oct 10-17; nov-SS 11-16. Cerrado: 24-31 dic. 4 €. ☎ 0 26 27/2 06, www.marksburg.de.

Burg Lahneck – Vis guiada (40 min) abr-oct 10-17, a las horas en punto. 3 €. ☎ 0 26 21/27 89.

Schloß Stolzenfels – Vis guiada (45 min) desde abr-sept, ma-do 10-18; oct, nov y ene-mar, ma-do 10-17 (última visita 45 min antes del cierre). 2,50 €. ☎ 02 61/5 16 56, www.burgen-rlp.de.

Telesilla al Gedeonseck – En servicio desde abr-finales oct 10-17. 5,60 € (i/v). ☎ 0 67 42/25 10.

Burg Rheinfels – Abre 17 mar-sept 9-18; oct 9-17; nov-mar, fs 9-17. 3 €. ☎ 0 67 41/3 83.

Burg Sooneck – Vis guiada (45 min) de SS-sept, ma-do 10-18; oct, nov y ene-do de Pascua, ma-do 10-17 (última visita 45 min antes del cierre). 2,50 €. ☎ 0 67 43/60 64, www.burgen-rlp.de.

RHEINTAL

Burg Reichenstein – Abre mediados mar-oct, ma-do 10-18; 1ª quincena nov fs 10-17. 3 €. ☎ 0 67 21/61 17, www.burg-reichenstein.de.

Burg Rheinstein – Abre mediados mar-mediados oct todos los días 9.30-17.30; mediados nov-mediados mar, lu-vi 14-17, do 10-17. 3,50 €. ☎ 0 67 21/63 48, www.burg-rheinstein.de.

ROMANTISCHE STRASSE

Weikersheim: Castillo – ♿ Vis guiada (1 h) abr-oct 9-18; nov-mar 10-12 y 13.30-16.30. Cerrado: 24 y 31 dic. 4 €. ☎ 0 79 34/83 64.

Schloß Harburg – Vis guiada (1 h) abr-finales oct, ma-do 10-17. 4 €. ☎ 0 90 80/9 68 60.

ROSTOCK
🛈 Neuer Markt 3 – 18055 – ☎ 03 81/1 94 33

Circuito del puerto en barco – Desde los embarcaderos de Stadthafen (a la altura de la Schnickmannstraße) y Warnemünde/Alter und Strom. Solicite información sobre tarifas y horarios al Servicio de Información de Rostock. ☎ 03 81/1 94 33, touristinfo@rostock.de.

Schiffahrtsmuseum – Abre ma-do 10-18. Cerrado: 24 y 31 dic. 3 €. ☎ 03 81/25 20 60.

Kulturhistorisches Museum – Abre ma-do 10-18. Cerrado: 24 y 31 dic. 3 €. ☎ 03 81/45 59 13.

ROTHENBURG OB DER TAUBER
🛈 Marktplatz 2 – 91541 – ☎ 0 98 61/4 04 92

Mittelalterliches Kriminalmuseum – Abre abr-oct 9.30-18; nov, ene y feb 14-16; mar y dic 10-16 (última visita 45 min antes del cierre). 3 €. ☎ 0 98 61/53 59, www.kriminalmuseum.rothenburg.de.

Reichsstadtmuseum – Abre abr-oct 10-17; nov-mar 13-16. Cerrado: 24 y 31 dic. 3 €. ☎ 0 98 61/93 90 43, www.ewichsstadtmuseum.rothenburg.de.

ROTTWEIL
🛈 Hauptstraße 21 – 78628 – ☎ 07 41/49 42 80

Dominikanermuseum – ♿ Abre ma-do 10-13 y 14-17. Cerrado los festivos que caen de lu-vi. 1,50 €. ☎ 07 41/49 43 30, www.dominikanermuseum-rottweil.de.

RÜDESHEIM A. RHEIN
🛈 Geisenheimerstraße 22 – 65385 – ☎ 0 67 22/29 62

RÜGEN

Jagdschloß Granitz – Abre mayo-sept todos los días 9-18; oct-abr, ma-do 10-16 (última visita 30 min antes del cierre). Cerrado 25 dic. 2,50 €. ☎ 03 83 93/22 63.

Kap Arkona: Alter Leuchtturm – Abre ene-abr y oct-dic 10-16; mayo-sept 10-18. Cerrado: nov-feb, do. 2,50 €. ☎ 03 83 91/41 90, www.kap-arkona.de.

Excursión

Hiddensee: acceso en barco – Travesías en barco con salida de los embarcaderos de Wiek y Schaprode desde Rügen, o desde Stralsund. Duración del viaje entre 30 y 45 min. Solicitar información a la compañía naviera Reederei Hiddensee GmbH, Oficina de Stralsund, Fährstraße 16. 18439 Stralsund ☎ 0 38 31/26 81 16. Junto al título de transporte es obligatorio el pago de una tasa de estancia (Kurkarte) de 1,50 €.

RUHRGEBIET

Kunstsammlung Museum Bochum – Abre ma y ju-sá 11-17, mi 11-20, do 11-18. Cerrado: 1 ene, Vi Santo, 1 mayo, 24 y 31 dic. 3 €, 1er mi del mes grat. ☎ 02 34/5 16 00 30, www.bochum.de/museum.

Bochum: Deutsches Bergbau-Museum – ♿ Abre ma-vi 8.30-17.30, fs 10-16. Cerrado: 1 ene, 1 mayo, 24– 26 y 31 dic. 4 €. ☎ 02 34/5 87 70, www.bergbaumuseum.de.

Bochum: Eisenbahnmuseum – Abre abr-oct, mi– vi 10-17, do 10-15; nov, dic y ene-mar, mi-vi 10-17, do 10-13. 4,60 €. ☎ 02 34/49 25 16 (mi y vi), www.eisenbahnmuseum-bochum.de.

Bottrop: Quadrat – ♿ Abre ma-do 10-18. 4 €. ☎ 0 20 41/2 97 16, www.bottrop.de.

Warner Bros, Movie World – Abre 6 abr-15 jul y 3 sept-28 oct, lu-vi 10-18, fs 10-19; 16 jul-2 sept todos los días 9-21. Abono para un día 21,47 €. ☎ 0 20 45/89 90, www.movieworld.de.

Duisburg: Wilhelm-Lehmbruck-Museum – ♿ Abre ma-sá 11-17, do 10-18. Cerrado: 1 ene, 1 mayo, 24, 25 y 31 dic. 10 €. ☎ 02 03/2 83 26 30, www.lehmbruckmuseum.de.

Duisburg: Kultur- und stadthistorisches Museum – ♿ Abre ma-ju y sá 10-17, vi 10-14, do 10-18. Cerrado: 1 ene, 1 mayo, 24 dic. 2,50 €. ☎ 02 03/2 83 26 40, www.duisburg.de.

RHURGEBIET

Duisburg: Museum der Deutschen Binnenschiffahrt – Abre ma-do 10-17 (barcos-museo sólo abr-oct). 2,50 €. ☏ 02 03/80 88 90, www.binnenschifffahrtsmuseum.de.

Landschaftspark Duisburg Nord: Espectáculo de luces – ♿ En funcionamiento de vi-do al anochecer y hasta las 2 de la madrugada. ☏ 02 03/4 29 19 42, www.landschaftspark.de.

Hagen: Karl-Ersnt-Osthaus-Museum – Abre ma-do 11-18 (ju hasta las 20). Cerrado: 24, 25 y 31 dic. 2,50 €. ☏ 0 23 31/2 07 31 31, www.keom.de.

Hagen: Westfälisches Freilichtmuseum – Abre abr-finales oct, ma-do 9-17.30 (última visita 1 h antes del cierre). 3,60 €. ☏ 0 23 31/7 80 70, www.freilichtmuseum-hagen.de.

Oberhausen: Gasometer – ♿ Abre ma-do 10-17 (mi hasta las 15). Cerrado: abr y mayo. 6 €. ☏ 02 08/8 50 37 33, info@gasometer.de.

Oberhausen: Rheinisches Industriemuseum – Abre ma-do 10-17 (ju hasta las 20). Cerrado: 1 ene, 1 mayo, 24, 25 y 31 dic. 2,50 €. ☏ 02 08/8 57 92 81, www.LVR.de.

Recklinghausen: Ikonenmuseum – Abre ma-do 10-18. 2,50 €. ☏ 0 23 61/50 19 41, www.museen-in-recklinghausen.de.

Waltrop: Altes Schiffshebewerk Henrichenburg (Antiguo Elevador de barcos) – Abre ma-do 10-18 (última visita hasta las 17.30). 2,50 €, vi grat. ☏ 0 23 63/9 70 70, Schiffshebewerk@LWL.org.

Solingen: Klingenmuseum – ♿ Abre ma-ju, fs 10-17, vi 14-17. Cerrado: 25 dic. 3 €. ☏ 02 12/25 83 60, www.klingenmuseum.de.

Wuppertal: Museo Von der Heydt – ♿ Abre ma-do 11-18 (ju hasta las 20). Cerrado: 1 ene, 1 mayo, 24 y 31 dic. 3 €. ☏ 02 02/5 63 62 31, www.wuppertal.de/von-der-heydt-museum.

Wuppertal: Museum für Frühindustrialisierung – ♿ Abre ma-do 10-13 y 15-17. 3 €. ☏ 02 02/5 63 64 98.

S

Oberes SAALETAL

Rudolstadt: Schloß Heidecksburg – Abre ma-do 10-18. 3 €. ☏ 0 36 72/4 29 00, www.heidecksburg.de.

Saalfeld: Stadtmuseum Saalfeld im Franziskanerkloster – Abre ma-do 10-17. Cerrado: 24 y 31 dic. 2 €. ☏ 0 36 71/59 84 71, www.saalfeld.de.

Feengrotten – Vis guiada (1 h) mar-oct 9-17; nov, sólo fs 10-15.30; dic-feb 10-15.30. 4 €. ☏ 0 36 71/5 50 40, www.feengrotten.de.

SAARBRÜCKEN

🛈 Franz-Josef-Röder-Straße 9 – 66111 – ☏ 06 81/92 72 00

Museo Histórico del Sarre – ♿ Abre ma-do 10-18 (ju hasta las 20, sá a partir de las 12). 3 €. ☏ 06 81/5 06 45 01, www.historisches-museum-saar.de.

Sala de fiestas del palacio de Saarbrücken

SAARBRÜCKEN

Museum für Vor- und Frühgeschichte – ♿ Abre ma-sá 9-17, do 10-18. Grat.
☎ 06 81/9 54 05 11, www.vorgeschichte.de.

Abenteuer-Museum – Abre ma y mi 9-13, ju y vi 15-19, 1er sá del mes 10-14. 1,50 €.
☎ 06 81/5 14 47, www.abenteuermuseum.de.

Ludwigskirche – ♿ Abre ma 15-17, mi 10-12 (abr-sept además 16-17.30), sá 16-18, do 11-12. ☎ 06 81/5 25 24.

Basilika St. Johann – Abre lu, mi y vi 8.30-18, ma, ju y do 9.30-18, sá 9-18.
☎ 06 81/3 29 64.

Saarland Museum: Alte Sammlung – Abre ma y ju-do 10-18, mi 10-22. 1,50 €, sá grat.
☎ 06 81/9 96 40, www.saarlandmuseum.de.

Moderne Galerie – ♿ Abre ma y ju-do 10-18, mi 10-22. 1,50 €, sá grat.
☎ 06 81/9 96 40, www.saarlandmuseum.de.

Excursiones

Weltkulturerbe Völklinger Hütte – Visita mediados mar-finales oct 10-19 (vi hasta las 22); nov-mediados mar 10-18. Cerrado: 24, 25 y 31 dic. 6 €. ☎ 0 68 98/9 10 00, www.voelklinger-huette.org.

Homburg: Schloßberghöhlen – Abre abr-oct 9-18; nov-mar 9-16. Cerrado: la 2ª semana de dic-1ª sem ene inclusive. 2,50 €. ☎ 0 68 41/20 64.

Römermuseum Schwarzenacker – Abre mar-nov, ma-do 9-18; dic-feb fs 10-16.30. 2,50 €. ☎ 0 68 48/8 75.

Unteres SAARTAL

Römisches Mosaik in Nennig – Abre mediados feb-sept, ma-do 8.30-12 y 13-18; oct y nov, ma-do 9-11.30 y 13-16.30. 1,50 €. ☎ 0 68 66/13 29.

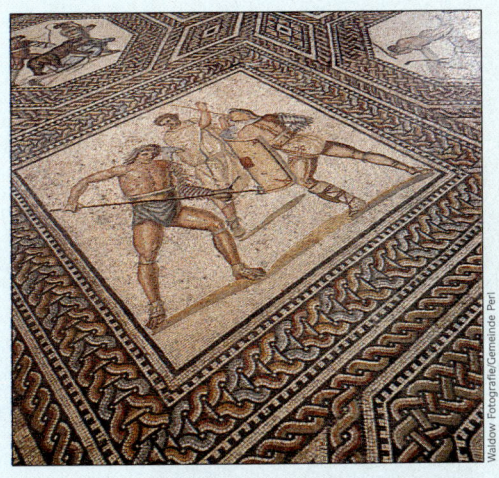

Mosaico romano, Nennig

SÄCHSISCHE SCHWEIZ

Barockgarten Großsedlitz – ♿ Abre abr-sept 7-20; oct-mar 8-16.30. 2,50 €.
☎ 0 35 29/5 63 90, www.barockgarten-grosssedlitz.de.

Abadía de SALEM

Schloß – ♿ Abre abr-1 nov, lu-sá 9.30-18, do 10.30-18. 5 €. ☎ 0 75 53/8 14 37, www.salem.de.

St. BLASIEN

🅸 Am Kurgarten – 79837 – ☎ 0 76 72/4 14 30

SAUERLAND

Attahöhle – Vis guiada (40 min): mayo-sept todos los días 9.30-16.30; nov-feb, ma-do 10.30-15.30; mar, abr y oct todos los días de 10-16. Cerrado: 24 y 25 dic. 5,50 €.
☎ 0 27 22/9 37 50, www.atta-hoehle.de.

SCHLESWIG

🅸 Plessenstraße 7 – 24837 – ☎ 0 46 21/98 16 16

Schloß Gottorf – ♿ Abre mar-oct todos los días 9-17; nov-feb, ma-do 9.30-16. Cerrado: 1 ene, 24, 25 y 31 dic. 4,60 €. ☎ 0 46 21/81 30, www.schloss-gottorf.de.

Wikinger Museum Haithabu – ♿ Abre abr-oct todos los días 9-17; nov-mar, ma-do 10-16. 2,50 €. ☎ 0 46 21/81 30, www.schloss-gottorf.de.

SCHWÄBISCHE ALB

Holzmaden: Urwelt-Museum Hauff – Abre ma-do 9-17. Cerrado: 1 ene, 24, 25 y 31 dic. 3 €. ☎ 0 70 23/28 73, www.urweltmuseum.de.

SCHWÄBISCHE ALB

Schloß Lichtenstein – Vis guiada (30 min) de abr-oct, lu-sá 9-12 y 13-17.30, do 9-17.30; nov, feb y mar, fs 9-12 y 13 a 17. 3,60 €. ☎ 0 71 29/41 02.

Erpfingen: Bärenhöhle – Vis guiada (30 min) de abr-oct todos los días 9-17; mar y nov, fs 9-17. 2,50 €. ☎ 0 71 28/6 35.

Kloster Beuron (Klosterkirche) – ♿ Abre 5-20. Grat. ☎ 0 74 66/1 70. www.erzabtei-beuron.de.

SCHWÄBISCH GMÜND
🛈 Im Spital 37/1 – 73525 – ☎ 07 71/60 34 55

SCHWÄBISCH HALL
🛈 Am Markt 9 – 74523 – ☎ 07 91/75 12 46

Hällisch-Fränkisches Museum – Abre ma-do 10-17 (mi hasta las 20). Cerrado: Vi Santo, 24, 25 y 31 dic. Grat. ☎ 07 91/75 13 60, hfm@schwaebischhall.de.

Alrededores

Convento benedictino Großcomburg – Vis guiada (30 min) de abr-finales oct, ma-vi a las 10, 11, 14, 15 y 16, sá a las 14, 15 y 16, do a las 10, 11, 14, 15 y 16. 2 €.

Hohenloher Freilandmuseum – Abre mar y abr, ma-do 10-17; mayo-principios nov, ma-do 9-18 (jun-ago también abre los lu). 4,60 €. ☎ 07 91/97 10 10.

SCHWARZWALD

Schwarzwälder Freilichtmuseum Vogtsbauernhof – Abre abr-principios nov 9-18 (última visita hasta las 17). 4 €. ☎ 0 78 31/9 35 60, www.ortenaukreis.de/sflm.

Péndulo (Augsburgo, hacia 1650)

Deutsches Uhrenmuseum Furtwangen

Triberg: Museo de la Selva Negra – Abre todos los días 10-17; mediados nov-mediados dic sólo fs 10-17. Cerrado: 24 y 25 dic. 3 €. ☎ 0 77 22/44 34.

Furtwangen: Museo Alemán de la Relojería – ♿ Abre abr-oct 9-18; nov-mar 10-17. Cerrado: 24-26 dic. 2,50 €. ☎ 0 77 23/92 01 17, www.deutsches-uhrenmuseum.de.

St.Peter: Biblioteca abacial – ♿ Vis guiada (1 h) ma a las 11, ju a las 14.30 y do a las 11.30 (jun-sept además mi a las 11). 3 €. ☎ 0 76 60/9 10 10.

SCHWERIN
🛈 Am Markt 10 – 19055 – ☎ 03 85/5 92 52 12

Schloß – ♿ Abre 15 abr-14 oct, ma-do 10-18; 15 oct-14 abr, ma-do 10-17 (última visita 30 min antes del cierre). Cerrado: 24 y 31 dic. 4 €. ☎ 03 85/56 57 38.

Staatliches Museum – Abre 15 abr-14 oct, ma 10-20, mi-do 10-18; 15 oct-14 abr, ma 10-20 y mi-do 10-17. Cerrado: 24 dic. 3,60 €. ☎ 03 85/5 95 80. www.museum-schwerin.de.

SCHWETZINGEN

Palacio – Vis guiada (1 h) de abr-oct, ma-vi 10-16, fs 10-17; nov-mar, vi a las 14, fs a las 11, 14 y 15. Cerrado: 24, 25 y 31 dic. 5,60 €. ☎ 0 62 02/8 14 81.

Teatro Rococó – Cerrado por obras hasta el verano 2002. ☎ 0 62 02/8 14 81.

Schloßgarten – ♿ Abre abr-sept 9-20; mar y oct 9-18; nov-feb 9-17 (última visita 30 min antes del cierre). 3 €. ☎ 0 62 02/8 14 81.

SIGMARINGEN
🛈 Schwabstraße 1 – 72488 – ☎ 0 75 71/10 62 23

Castillo – Vis guiada (45 min) de feb-abr y nov 9.30-16.30; mayo-oct 9-16.45. 4 €. ☎ 0 75 71/72 92 30, www.hohenzollern.com.

SPEYER
🛈 Maximilianstraße 12 – 67346 – ☎ 0 62 32/14 23 92

Catedral Imperial – Abre abr-oct 9-19; nov-mar 9-17. Se admiten donativos. ☎ 0 62 32/10 09 20.

Cripta – Las mismas condiciones de visita que la catedral. ☎ 0 62 32/10 09 20.

Historisches Museum der Pfalz – ♿ Abre ma-do 10-18 (mi hasta las 19). 4 €. ☎ 0 62 32/62 02 22, www.museum.speyer.de.

Technik-Museum – ♿ Abre 9-18. 6,65 € el museo, 6,65 € el IMAX-Filmtheater, 12 € la entrada combinada. ☎ 0 62 32/6 70 80, www.technik-museum.de.

Purrmann-Haus – Abre ma-vi 16-18, fs 11-13. Cerrado: 1 ene, SS, Pent, Nav y 31 dic. 2 €. ☎ 0 62 32/7 79 11.

Feuerbachhaus – Abre lu-vi 16-18, do 11-13. 0,50 €. ☎ 0 62 32/7 04 48 (a partir de las 16).

SPREEWALD

Lübbenau: paseo en chalana – Embarcadero en el puerto de Lübbenau. Servicio de abr-finales oct (en función de la climatología) a partir de las 9. Duración: 2-9 h, según las paradas que se realicen. ☎ 0 35 42/22 25, www.grosser-spreewaldhafen.de.

Lübbenau: Iglesia de San Nicolás – ♿ Abre mayo-sept, lu-sá 14-16, do 11-12. ☎ 0 35 42/26 78.

STADE
🛈 Pferdemarkt 11 (Zeughauspassage) – 21682 – ☎ 0 41 41/40 91 70

Schwedenspeicher-Museum – Abre ma-vi 10-17, fs 10-18. 1 €. ☎ 0 41 41/32 22, www.schwedenspeicher.de.

STENDAL
🛈 Kornmarkt 8 – 39576 – ☎ 0 39 31/65 11 90

Excursiones

Havelberg: Catedral de Santa María – Abre abr-oct, lu-vi 10-17, fs 10-18; mayo-sept todos los días 10-18; nov-feb todos los días 10-16. ☎ 03 93 87/8 93 80.

STRALSUND
🛈 Alter Markt 9 – 18409 – ☎ 0 38 31/2 46 90

Deutsches Meeresmuseum – ♿ Abre 10-17 (jul y ago 9-18). Cerrado: 24 y 31 dic. 4 €. ☎ 0 38 31/26 50 10, www.meeresmuseum.de.

Kulturhistorisches Museum – Abre ma-do 10-17. Cerrado 24 y 31 dic. 3 €. ☎ 0 38 31/2 87 90, www.stralsund.de.

STRAUBING
🛈 Theresienplatz 20 – 94315 – ☎ 0 94 21/94 43 07

Excursión

Metten: Abadía Benedictina – ♿ Vis guiada (45 min) a las 10 y a las 15 (excepto SS). 1,50 €. ☎ 09 91/9 10 80.

STUTTGART
🛈 Königstraße 1a – 70173 – ☎ 07 11/2 22 82 40

Linden-Museum – ♿ Abre ma, ju y fs 10-17, mi 10-20, vi 10-13. Cerrado: lunes y ma de Carn, 1 mayo, 24, 25 y 31 dic. Grat. ☎ 07 11/2 02 23, www.lindenmuseum.de.

Staatsgalerie – ♿ Abre ma-do 10-18 (ju hasta las 21), 1er sá del mes 10-24. Cerrado: Vi Santo, 24 y 25 dic. 4,60 €, grat mi. ☎ 07 11/2 12 40 50, www.staatsgalerie.de.

Museo Regional de Würtemberg – Abre ma 10-13, mi-do 10-17. Cerrado: 1 ene, Vi Santo, 24, 25 y 31 dic. 2,50 €. ☎ 07 11/27 90, www.landesmuseum-stuttgart.de.

Galerie der Stadt Stuttgart – ♿ Abre ma-do 11-18 (mi hasta las 20). Cerrado: 1 ene, 24, 25 y 31 dic. ☎ 07 11/2 16 21 88, www.galeriestuttgart.de.

Staatliches Museum für Naturkunde.

Museo del Castillo de Rosenstein – ♿ Abre ma-vi 9-17, fs 10-18. Cerrado: 24 y 31 dic. 2 €. ☎ 07 11/8 93 60, www.naturkundemuseum-bw.de.

Museum am Löwentor – Las mismas condiciones de visita que el Museo del Castillo de Rosenstein. 2 €. ☎ 07 11/8 93 60, www.naturkundemuseum-bw.de.

Mercedes-Benz-Museum – ♿ Abre ma-do 9-17. Cerrado los festivos. Grat. ☎ 07 11/1 72 25 78, www.mercedes-benz.com/classic.

Alrededores

Schloß Solitude – Abre abr-oct, ma-do 9-12 y 13.30-17; nov-mar, ma-do 10-12 y 13.30-17. 2,50 €. ☎ 07 11/69 66 99, www.schloesser-magazin.de.

Porsche-Museum – ♿ Abre lu-vi 9-16, fs 9-17. Cerrado: 24-1 ene. Grat. ☎ 07 11/9 11 56 85.

Isla de SYLT

Acceso por ferrocarril – El tren que transporta vehículos desde Niebüll a Westerland, 74,14 € (i/v), pasajeros incluidos. ☎ 0 46 61/93 45 67, www.dbautozug.de.

Acceso en barco – Servicio de barcos (desde Havneby, Dinamarca) diario entre 4-7 viajes, en función de la temporada (en verano hasta 12). Duración aproximada 50 min. 52-62 € (i/v), incluido pasajeros; viajeros sin coche 4 € (i/v). Información y reserva de plazas: ☎ 01 80/3 10 30 30 o en las agencias de viajes, www.frs.de/rsl.

T

THÜRINGER WALD

Marienglashöhle – Vis guiada (40 min): abr-oct 9-17; nov-mar 9-16. 3,60 €. ☎ 0 36 23/30 49 53.

TRIER
🛈 An der Porta Nigra – 54290 – ☎ 06 51/97 80 80

Trier-Card: Con esta tarjeta se puede entrar a 6 diferentes museos de Tréveris (con excepción de las exposiciones temporales), se obtienen descuentos en los monumentos romanos, en los circuitos turísticos por la ciudad, teatros, baños, en el Römer-Express, en las excursiones en barco, etc. Tarjeta individual 8,70 €, abono familiar (2 adultos y tres niños) 16,50 €.

Trier-Card plus: Además de las ventajas que ofrece la Trier-Card, esta tarjeta permite utilizar todas las líneas de transporte urbano de Tréveris. Tarjeta individual 13 €, abono familiar 22,50 €.

Ambas tarjetas tienen una validez de 3 días. Al reservar alojamiento en Tréveris o en la circunscripción Tréveris-Saarburg por una duración superior a 3 días, estas tarjetas tienen vigencia (previa presentación del documento que acredita la reserva) durante todo el periodo de estancia del beneficiario. Para más información, preguntar en Tourist-Information Trier. ☎ 06 51/9 78 08 0.

Porta Nigra – ♿ Abre ene-mar y oct-nov 10-17; abr-sept 10-18; dic 10-16 (última visita 30 min antes del cierre). 2 €. ☎ 06 51/7 54 24, www.burgen-rlp.de.

Städtisches Museum Simeonstift – Abre abr-oct todos los días 9-17; nov-mar, ma-vi 9-17, fs 9-15. 2,50 €. ☎ 06 51/7 18 14 59, www.museum-trier.de.

Dom: Tesoro – Abre abr-oct, lu-sá 10-17, do 13.30-17; nov-mar, lu-sá 11-16, do 13.30-16. 1 €. ☎ 06 51/7 58 01.

Bischöfliches Dom- und Diözesanmuseum – ♿ Abre abr-oct, lu-sá 9-17, do 13-17; nov-mar, ma-sá 9-17, do 13 a 17 (última visita 30 min antes del cierre). Cerrado: 1 ene, 24-26 y 31 dic. 2 €. ☎ 06 51/7 10 52 55, www.museum.bistum-trier.de.

Rheinisches Landesmuseum – Abre ma-vi 9.30-17, fs 10.30-17. Cerrado:1 ene y Carn, 24-26 dic. 5,11 €. ☎ 06 51/9 77 40.

Kaiserthermen – Las mismas condiciones de visita que la Porta Nigra. 2 €. ☎ 06 51/4 42 62, www.burgen-rlp.de.

Schatzkammer der Stadtbibliothek – Cerrada provisionalmente por obras hasta el verano 2002. ☎ 06 51/7 18 14 29.

Karl-Marx-Haus – Abre abr-oct, lu 13-18, ma-do 10-18; nov-mar, lu 14-17, ma-do 10-13 y 14-17. Cerrado: del 24 dic-1 ene. 1,50 €. ☎ 06 51/97 06 80.

Barbarathermen – Abre ene-finales nov 10-17 (última visita 30 min antes del cierre). 2 €. ☎ 06 51/4 42 62, www.burgen-rlp.de.

Amphitheater – Las mismas condiciones de visita que la Porta Nigra, pero cerrado en dic. 2 €. ☎ 06 51/7 30 10, www.burgen-rlp.de.

TÜBINGEN
🛈 An der Eberhardsbrücke – 72072 – ☎ 070 71/9 13 60

Hölderlinturm – Abre ma-vi 10-12 y 15-17, fs 14-17. 1,50 €. ☎ 0 70 71/2 20 40. www.hoelderlin-gesellschaft.de.

Schloß Hohentübingen: Museo – Abre mayo-sept, mi-do 10-18; oct-abr, mi-do 10-17. Cerrado: 24, 25 y 31 dic. 2 €. ☎ 0 70 71/2 97 73 84.

Stiftskirche – Abre SS-finales sept, vi-sá 11-17, do 12-17 (ago-mediados sept abierto ma-do). 1 €.

Neuer Botanischer Garten – ♿ Abre 8-16.45 (los invernaderos se cierran de 12-13.30). Grat. ☎ 0 70 71/2 97 88 22, www.botgarden.uni-tuebingen.de.

Auto- und Spielzeugmuseum Boxenstop – Abre abr-oct, mi-do 10-12 y 14-17; nov-mar sólo do y fest 10-12 y 14-17. 3 €. ☎ 0 7 71/92 90 20.

TÜBINGEN

Alrededores

Kloster Bebenhausen – Abre abr-oct, lu 9-12 y 13-18, ma-do 9-18; nov-mar, ma-do 9-12 y 13-17. Cerrado: 1 ene, 24, 25 y 31 dic. 3,50 €. ☎ 0 70 71/60 28 02, www.schloesser-magazin.de.

Castillo Bebenhausen – Vis guiada (50 min): abr-oct, ma-vi 9-13 y 14-18, fs 10-13 y 14-18; nov-mar, ma-vi 9-13 y 14.17, fs 10-13 y 14-17. Cerrado: 1 ene, 24, 25 y 31 dic. 3 €. ☎ 0 70 71/60 28 02, www.schloesser-magazin.de.

U

ÜBERLINGEN
🛈 Landungsplatz 14 – 88662 – ☎ 0 75 51/99 11 22

Rathaus: Sala del Consejo – Abre abr-oct, lu-vi 9-12 y 14.30-17, sá 9-12; nov-mar, lu-vi 9-12 y 14.30-17. Grat. ☎ 0 75 51/99 10 11, rathaus@ueberlingen.de.

Städtisches Museum – Abre ma-sá 9-12.30 y 14-17; abr-oct además do 10-15. Cerrado: ma después de lu de Pascua y Pent. 2 €. ☎ 0 75 51/99 10 79.

Alrededores

Uhldingen-Mühlhofen: Pfahlbaumuseum Unteruhldingen – ♿ Vis guiada (45 min): abr-sept 8-18; oct 9-17; mar-nov sólo fs 9-17; dic-feb sólo do 10-16. 4,60 €. ☎ 0 75 56/85 43, www.pfahlbauten.de.

ULM
🛈 Münsterplatz – 89073 – ☎ 07 31/1 61 28 30

Abono para los museos de la ciudad (Museumspaß Ulm/Neu-Ulm): La tarjeta permite el acceso a 7 museos y se vende al precio de 4 €. El periodo de vigencia es de seis meses, pero sólo se puede visitar una vez cada museo. Se obtiene en la taquilla de los museos asociados en esta iniciativa (Ulmer Museum, Deutsches Brotmuseum, Archäologisches Museum Neu-Ulm, Edwin-Scharff-Museum, Naturkundliches Bildungszentrum, Aquarium & Tropenhaus, Klosterkirche Wiblingen) y en la oficina de Tourist-Information Ulm/Neu-Ulm. ☎ 07 31/1 61 28 30.

Ulmer Museum – ♿ Abre ma-do 11-17 (ju hasta las 20). Cerrado: Vi Santo, 24 y 31 dic. 2,50 €, vi grat. ☎ 07 31/1 61 43 00, www.museum.ulm.de.

Deutsches Brotmuseum – ♿ Abre 10-17 (mi hasta las 20.30). Última visita 1 h antes del cierre. Cerrado: Vi Santo, 24 dic. 2,50 €. ☎ 07 31/6 99 55, www.brotmuseum-ulm.de.

Donauschwäbisches Zentralmuseum – Abre ma-do 10-17 (ju hasta las 19). 2,50 €. ☎ 07 31/9 62 54-0, info@dzm-museum.de.

Excursiones

Kloster Wiblingen: Biblioteca – Abre abr-oct, ma-do 10-12 y 14-17; nov-mar, fs 14-16. Cerrado: 24, 25 y 31 dic. 2 €. ☎ 07 31/5 02 89 75, info@kloster-wiblingen.de.

Blaubeuren: Iglesia abacial – Abre mar-vi anterior al do de Ramos, nov y dic, lu-vi 14-16, fs 11-16; sá víspera de do de Ramos-1 nov, todos los días 9-18; ene y feb, fs 11-16. 1,50 €. ☎ 0 73 44/96 26 25.

USEDOM

Wolgast: Iglesia Parroquial de San Pedro – ♿ Abre finales mayo-finales sept, lu-sá 10-12.30 y 13.30-17, do 12-17. ☎ 0 38 36/20 22 69.

Peenemünde: Historisch-technisches Informationszentrum – Abre abr-oct 9-18; nov-mar 10-16. Cerrado: lu de oct-mayo. 4 €. ☎ 03 83 71/50 50, www.peenemuende.de.

V

Iglesia de VIERZEHNHEILIGEN

♿ Vis guiada (30 min): el do de Ramos-oct, lu-sá a las 7 y a las 8, do además a las 9 y a las 10.30; de nov-do de Ramos, lu-sá a las 8, do a las 7.30, 9 y 10.30. ☎ 0 95 71/9 50 80.

W

WALDECKER BERGLAND

Waldeck: Museo – Abre mar-oct todos los días 10-18; nov. mi-do 10-16. 2,50 €. ☎ 0 56 23/58 90, www.schloss-waldeck.de.

Arolsen: Castillo – Vis guiada (45 min): mayo-sept, todos los días 10-16.15; abr-oct, ma-do 10-15. 3 €. ☎ 0 56 91/8 95 50.

WALDSASSEN
🛈 Johannisplatz 11 – 95652 – ☎ 0 96 32/8 81 60

Biblioteca – Vis guiada (30 min): abr-oct, lu 14-16.45, ma-sá 10-11.30 y 14-16.45, do 10-11 y 14-16.45; nov-mar, lu-sá 13-16, do 10-11 y 14-16.45 (última visita 30 min antes del cierre). Cerrado: Ju y Vi Santo y 10-25 dic. 2 €. ☎ 0 96 32/92 00 25.

WASSERBURG AM INN
🛈 Rathaus, Marienplatz 2 – 83512 – ☎ 0 80 71/1 05 22

Städtisches Museum – ♿ Abre mayo-sept, ma-vi 10-12 y 13-16, fs 11-16; oct-abr, ma-vi 13-16, fs 13-15. Cerrado: 16 dic-31 ene. 1,50 €. ☎ 0 80 71/92 52 90.

WEIMAR
🛈 Markt 10 – 99423 – ☎ 0 36 43/2 40 00

Goethes Wohnhaus – Abre 1 ene-24 mar 9-16; 25 mar-27 oct 9-18; 28 oct-30 dic 9-16. Cerrado: lunes. 5,11 €. ☎ 0 36 43/54 54 01, www.weimar-klassik.de.

Schillers Wohnhaus – Las mismas condiciones de visita que la Goethe Wohnhaus. Cerrado ma. 3 €. ☎ 0 36 43/54 54 01, www.weimar-klassik.de.

Bauhaus-Museum – Abre abr-oct 10-18; nov-mar 10-16.30. 3 €. ☎ 0 36 43/54 61 30, www.kunstsammlungen-weimar.de.

Wittumspalais – Los mismos horarios que Schloß Tiefurt. Cerrado lunes. 3 €. ☎ 0 36 43/54 54 01, www.weimar-klassik.de.

Schloßmuseum – Abre abr-oct 10-18; nov-mar 10-16.30. 4 €. ☎ 0 36 43/54 61 60, www.kunstsammlungen-weimar.de.

Franz-Liszt-Haus – Abre 1 ene-24 mar 10-13 y 14-16; 25 mar-27 oct 9-13 y 14-18; 28 oct-30 dic 10-13 y 14-16. Cerrado lunes. 2 €. ☎ 0 36 43/54 54 01, www.weimar-klassik.de.

Neues Museum – Abre abr-oct 10-18; nov-mar 10-16.30. 3 €. ☎ 0 36 43/54 61 30, www.kunstsammlungen-weimar.de.

Nietzsche-Archiv – Las mismas condiciones de visita que Goethes Wohnhaus, pero a partir de las 13. Cerrado lunes. 2 €. ☎ 0 36 43/54 54 01, www.weimar-klassik.de.

Alrededores

Schloß Tiefurt – Abre 1 ene-24 mar 10-16; 25 mar-27 oct 9-18; 28 oct-30 dic 10-16. Cerrado lunes. 3 €. ☎ 0 36 43/54 54 01, www.weimar-klassik.de.

Schloß Belvedere – Abre abr-mediados oct, ma-do 10-18; de mediados-finales oct, ma-do 10-16.30. 3 €. ☎ 0 36 43/54 61 30, www.kunstsammlungen-weimar.de.

Gedenkstätte Buchenwald (Campo de concentración) – ♿ Abre mayo-sept, ma-do 9.45-18; oct-abr, ma-do 8.45-17. Cerrado 22 dic-2 ene. Grat. ☎ 0 36 43/43 01 43, www.buchenwald.de.

WERNIGERODE
🛈 Nikolaiplatz – 38855 – ☎ 0 39 43/63 30 35

Castillo – Abre mayo-oct todos los días 10-18; nov sólo fs 10-18; dic-abr, ma-do 10-18. 4 €. ☎ 0 39 43/55 30 30, www.schloss-wernigerode.de.

WERTHEIM
🛈 Am Wenzelplatz 2 – 97877 – ☎ 0 93 42/10 66

Alrededores

Ehemaliges Kloster Bronnbach – Vis guiada (1 h): abr-oct, lu-sá 9.30 a 11 y 14-16, do 13.16. 3,60 €. ☎ 0 93 42/3 95 96.

WESSOBRUNN

Ehemalige Benediktinerabtei – Vis guiada (45 min): ma-sá a las 10, 15 y 16, do a las 15 y a las 16. 1 €. ☎ 0 88 09/9 21 10.

WETZLAR
🛈 Domplatz 8 – 35573 – ☎ 0 64 41/9 93 38

Stadt- und Industriemuseum – Abre ma-do 10-13 y 14-17. Cerrado: 1 ene, Vi Santo, 24, 25 y 31 dic. 1,50 €. ☎ 0 64 41/9 92 69, museum@wetzlar.de.

Lottehaus – Abre ma-do 10-13 y 14-17. Cerrado: 1 ene, Vi Santo, 24, 25 y 31 dic. 1,50 €. ☎ 0 64 41/9 92 69, museum@wetzlar.de.

Sammlung Dr. Irmgard von Lemmers-Danforth – Abre ma-do 10-13 y 14-17. Cerrado: 1 ene, Vi Santo, 24 y 31 dic. 1,50 €. ☎ 0 64 41/9 92 69, museum@wetzlar.de.

Reichskammergerichtsmuseum – Abre ma-do 10-13 y 14-17. 1,50 €. ☎ 0 64 41/9 96 12, museum@wetzlar.de.

WIESBADEN
🛈 Marktstraße 6 – 65183 – ☎ 06 11/1 72 97 80

Museum Wiesbaden – Abre ma 10-20, mi-do 10-17. Cerrado: 1 ene, do de Carn, 1 mayo, 24, 25 y 31 dic. 2,50 €, grat ma a partir de las 16. ☎ 06 11/3 35 21 70, www.museum-wiesbaden.de.

Nerobergbahn – En funcionamiento abr (a partir de Vi Santo) y sept, mi y sá 12-19, do 10-19; mayo-ago todos los días 9.30-20; en oct, mi y fs 12-18; viajes cada 15 min. 2 € (i/v). ☎ 06 11/7 80 22 22.

Russische Orthodoxe Kirche – Abre mediados abr-mediados nov 11-16; mediados nov-mediados abr, sólo fs 11-16. 0,50 €. ☎ 06 11/52 84 94.

WIESKIRCHE

♿ Abre mayo-oct 8-19; nov-abr 8-17. Se admiten donativos. ☎ 0 88 62/93 29 30, www.wieskirche.de.

WISMAR
🛈 Am Markt 11 – 23966 – ☎ 0 38 41/1 94 33

Schabbelhaus: Museo Municipal – Abre mayo-oct, ma-do 10-20; nov-abr, ma-do 10-17. Cerrado: Vi Santo. 2 €. ☎ 0 38 41/28 23 50, www.schabbellhaus.de.

Nikolaikirche – Abre abr y mayo, lu-sá 10-12.30 y 13.30-15, do 13-15; jun-oct, lu-sá 10-17, do 13-17; nov-mar, lu-sá 11-12.30 y 13.30-15, do 13-15. Se agradecen donaciones (aprox. 1 €).

WITTENBERG
🛈 Schloßplatz 2 – 06886 – ☎ 0 34 91/49 86 10

Melanchthon-Haus – Abre abr-oct todos los días 9-18; nov-mar, ma-do 10-17. Cerrado: 24 y 31 dic. 2,50 €. ☎ 0 34 91/40 32 79.

Lutherhalle – Cerrado por obras hasta mediados oct 2002. ☎ 0 34 91/4 20 30, www.martinluther.de.

WOLFENBÜTTEL
🛈 Stadtmarkt 3-6 – 38100 – ☎ 0 53 31/29 83 46

Schloß – ♿ Abre ma-do 10-17. Cerrado: 1 ene, Vi Santo, 1 mayo, Asc, 3 oct, 24, 25 y 31 dic. 2,50 €. ☎ 0 53 31/9 24 60.

Herzog August Bibliothek – Abre ma-do 10-17. Cerrado: Vi Santo, 24, 25 y 31 dic. 3 €. ☎ 0 53 31/80 82 14, www.hab.de.

Lessinghaus – Abre fs 10-17. 3 €. ☎ 0 53 31/80 82 14, www.hab.de.

WÖRLITZER PARK

Schloß Wörlitz – Vis guiada (1 h): mar-nov, ju-do 10-16; abr-oct, ma-do 10-16.30; mayo-sept, ma-do 10-17.30. 4 €. ☎ 03 40/64 61 50, www.ksdw.de.

Gotisches Haus – Vis guiada (1 h): abr-oct, ma-do 10-16.30; mayo-sept, ma-do 10-17.30. 4 €. ☎ 03 40/64 61 50, www.ksdw.de.

Pavo real, parque de Wörlitz

WORMS

🛈 Neumarkt 14 – 67547 – ☎ 0 62 41/2 50 45

Museum Heilshof – Abre mayo-sept, ma-do 11-17; oct-abr, ma-sá 14-17, do 11-17. Cerrado: Vi Santo, 24 y 25 dic. 2,50 €. ☎ 0 62 41/2 20 00, www.heylshof.de.

Städtisches Museum – Abre ma-do 10-17. Cerrado: Vi Santo, 24-26 y 31 dic. 2 €. ☎ 0 62 41/94 63 90.

WÜRZBURG

🛈 Congress Centrum – 97070 – ☎ 09 31/37 25 35

Residenz – ♿ Abre abr-mediados oct 9-18 (ju hasta las 20); mediados oct-mar 10-16 (última visita 30 min antes del cierre). Cerrado: 1 ene, ma de Carn, 24, 25 y 31 dic. 4 €. ☎ 09 31/35 51 70, www.schloesser.bayern.de.

Martin-von-Wagner-Museum – La galería de Pinturas (Gemäldegalerie) abre ma-sá 9.30-12.30. La colección de Antigüedades (Antikensammlung), ma-sá 14-17. La colección de Grabados (Graphische Sammlung) ma y ju 16-18, do 9.30-12.30 (la sección de antigüedades y de pintura abren alternativamente). Cerrado: 1 ene, Vi Santo, 1 mayo, 3 oct, 1 nov, 24, 25 y 31 dic. Grat. ☎ 09 31/31 28 66.

Festung Marienberg – Abre abr-mediados oct, ma-do 9-18; de mediados oct-mar, ma-do 10-16. Cerrado: 1 ene, ma de Carn, 24, 25 y 31 dic. 2,50 €. ☎ 09 31/35 51 70, www.schloesser.bayern.de.

Fürstenbaumuseum – Las mismas condiciones de visita que Festung Marienberg. 2,50 €. ☎ 09 31/4 30 16.

Mainfränkisches Museum – Abre abr-oct, ma-do 10-17; nov-mar, ma-do 10-16 (última visita 30 min antes del cierre). Cerrado: ma de Carn, 24, 25 y 31 dic. 2,50 €. ☎ 09 31/4 30 16, www.wuerzburg.de/mainfraenkisches-museum.

Excursiones

Schloß Veitshöchheim – Vis guiada (40 min): abr-mediados oct, ma-do 9-18. 1,50 €. ☎ 09 31/35 51 70, www.schloesser.bayern.de.

X

XANTEN

🛈 Rathaus, Karthaus 2 – 46509 – ☎ 0 28 01/77 22 98

Regionalmuseum – Abre mayo-sept, ma-vi 9-17, fs 11-18; oct-abr, ma-vi 10-17, fs 11-18. 2 €. ☎ 0 28 01/71 94 15.

Archäologischer Freizeitpark – ♿ Abre mar-nov 9-18; dic-feb 10-16. 4 €. ☎ 0 28 01/29 99.

Z

ZITTAUER GEBIRGE

Zittau: Museum Kirche zum Heiligen Kreuz – Abre ma-do 10-17. Cerrado: 1 ene, 25 y 31 dic. 3,50 €. ☎ 0 35 83/51 02 70, museum@zittau.de.

Zittau: Kulturhistorisches Museum – Abre ma-do 10-12 y 13-17. Cerrado: 1 ene, 25 y 31 dic. 1,50 €. ☎ 0 35 83/51 02 70, museum@zittau.de.

Oybin: Castillo y Monasterio – Abre abr-sept 9-18; oct-mar 10-16. 3,60 €. ☎ 03 58 44/7 33 11, www.oybin.com.

Großschönau: Museo Alemán de Tela de Damasco y Tejidos de Rizo – Abre mayo-oct, ma-do 10-12 y 14-17; nov-abr, ma-vi 10-12 y 13-16, la 1ª y 3ª semana del mes de 13-16. 2 €. ☎ 03 58 41/3 54 69, www.grossschoenau.de.

ZUGSPITZE

Ascensión – El tren de cremallera desde Eibsee (Eibsee-Seilbahn) lleva a la cima de la Zugspitze. En la temporada invernal, mayo, jun, sept y oct, funciona de 8-16.15; jul y ago 8-17.15. Trayecto: 10 min. con el tren de cremallera que parte de la estación de

Garmisch-Partenkirchen: ascenso 7.39-14.39, descenso 10-16. Duración: 75 min. Los precios son los mismos para ambos trenes: verano 42,50 €, invierno 33 € (i/v).
☎ 0 88 21/79 70, www.zugspitze.de.

ZWICKAU
🛈 Hauptstraße 6 – 08056 – ☎ 03 75/1 94 33

Robert-Schumann-Haus – Abre ma-vi 10-17, fs 13-17. Cerrado: 1 ene, Vi Santo, el día de Penitencia y Oración, 25 y 31 dic. 4 €. ☎ 03 75/21 52 69, www.robert-schumann-haus.de.

Städtisches Museum – Abre ma, ju y do 10-18, mi 10-20, vi 10-13, fs 13-18. Cerrado: Vi Santo, 1 mayo. 4 €. ☎ 03 75/83 45 10.

Automobilmuseum "August Horch" – Abre ma-ju 9-17, fs 10-17. 2,50 €. ☎ 03 75/3 32-38 54, www.trabant.de.

ZWIEFALTEN

Excursión

Obermarchtal: Ehemalige Klosterkirche – Visita previa cita: ☎ 0 73 75/9 50 51 12.

Bad Schussenried: Klosterbibliothek (Biblioteca de la abadía) – Abre abr-oct, lu-do 10-12 y 14-17; nov-mar, lu-vi 14-16, fs 10-12 y 14-17. Cerrado: 20 dic-mediados ene. 2,50 €. ☎ 0 75 83/33 10 01, www.neues-kloster.de.

Índice

Jagsttal.......................... Ciudades, monumentos, regiones turísticas..
Sachsen .... Regiones
Schongauer, Martin .... Nombres históricos o célebres, términos que son objeto de un texto explicativo.

NB: Los lugares de interés aislados (castillos, monasterios, montes, lagos, islas, cuevas, valles, etc.) aparecen en el índice por su nombre.

A

Aachen *Renania Sept.-Westfalia* ... 72
Adenauer, Konrad 56, 304
Ahlbeck
   Mecklemburgo-Antepomerania .. 523
Ahrensburg (palacio) 269
Albtal *Baden-Württemberg* 475
Alfeld *Hesse* 206
Allerheiligen 483
Allgäu 75
Deutsche Alpenstraße *Baviera* 75
Alpes 40
Alpirsbach *Baden-Württemberg* 485
Alsfeld *Hesse* 79
Altdorfer, Albrecht 60
Altenahr *Renania-Palatinado* 204
Altenberg (catedral) *Renania Sept.-Westaflia* 318
Altenburg *Turingia* 80
Altes Land 496
Alto Harz 276
Altötting *Baviera* 167
Altona 268
Altwindeck (castillo)
   Baden-Württemberg 98
Amberg *Baviera* 81
Ammergau 75
Ammersee 395
Amorbach *Baviera* 416
Amrum (isla) *Schleswing-Holstein* ... 407
Anabaptistas 398
Andechs (abadía) *Baviera* 395
Andernach *Renania-Palatinado* 301
Anholt (castillo) 399
Annaberg-Buchholz *Sajonia* 82
Ansbach *Baviera* 83
Aquisgrán *Renania Sept.-Westfalia* .. 72
Arminio 183
Arnsberg *Renania Sept.-Westfalia* .. 476
Arnsburg *Hesse* 536
Arnstadt *Turingia* 213
Arnstein (abadía) 322
Arolsen *Hesse* 525
Asam, hermanos 61, 391
Asamblea Nacional 51
Aschaffenburg *Baviera* 83
Attahöhle 476
Attendorn *Renania Sept.-Westfalia* .. 476
Augsburg(o) *Baviera* 85
Augsburgo, paz de 49, 85
Augusto el Fuerte 186
Augustusburg (palacio) 169
Autostadt 157

B

Baabe
   Mecklemburgo-Antepomerania .. 459
Bach, Johan S. 66, 213, 326
Bacharach *Renania-Palatinado* 448
Bad Bergzabern
   Renania-Palatinado 427
Bad Berleburg
   Renania Sept.-Westaflia 477
Bad Cannstatt *Baden-Württemberg* .. 504
Bad Doberan
   Mecklemburgo-Antepomerania .. 88
Bad Dürkheim *Renania-Palatinado* .. 425
Bad Gandersheim *Baja Sajonia* 206
Bad Hersfeld *Hesse* 88
Bad Homburg vor der Höhe *Hesse* .. 230
Bad Honnef
   Renania Sept.-Westfalia 155
Bad Karlshafen *Hesse* 271
Bad Kösen *Sajonia-Anhalt* 402
Bad Kreuznach *Renania-Palatinado* .. 89
Bad Mergentheim
   Baden-Württemberg 90
Bad Münster am Stein
   Renania-Palatinado 89
Bad Münstereifel
   Renania Sept.-Westfalia 204
Bad Muskau *Sajonia* 177
Bad Neuenahr-Ahrweiler
   Renania-Palatinado 204
Bad Reichenhall *Baviera* 91
Bad Säckingen *Baden-Württemberg* .. 92
Bad Schandau *Sajonia* 473
Bad Schussenried
   Baden-Württemberg 560
Bad Tölz *Baviera* 92
Bad Urach *Baden-Württemberg* 480
Bad Wiessee *Baviera* 77
Bad Wildungen *Hesse* 525
Bad Wimpfen *Baden-Württemberg* .. 94
Baden-Baden *Baden-Württemberg* .. 96
Badenweiler *Baden-Württemberg* .. 98
Badisches Rebland (viñedos)
   Baden-Württemberg 98
Balduinstein (fortaleza) 322
Baldung Grien, Hans 61
Baltrum (isla) *Baja Sajonia* 420
Bamberg *Baviera* 99
Bansin *Mecklemburgo-Antepomerania* 523
Banz (abadía) 174
Bärenhöle
   Baden-Württemberg 174, 480
Barlach, Ernst 62, 251, 268
Bastei *Sajonia* 472

Bauhaus 62, 179, 528
Bautzen *Baviera* 103
Bayerischer Wald *Baviera* 105
Bayreuth *Baviera* 106
Bebenhausen (abadía) 516
Beethoven, Ludwig van 67, 152
Befreiungshalle 442
Beilstein *Renania-Palatinado* 367
Belchen (montaña) 486
Belvedere (palacio) 532
Benediktbeuern *Baviera* 93
Benrath (palacio) 200
Bensheim *Hesse* 113
Benz, Carl 501
Berchtesgaden *Baviera* 110
Bergen-Belsen *Baja Sajonia* 344
Bergstraße *Baden-Württemberg* . . . 113
Berlín 114
  Alexanderplatz (plaza) 125
  Alte Bibliothek 124
  Altes Museum 134
  Aantigua Galería Nacional 133
  Arsenal 124
  Berlín-Dahlem (museos) 143
  Biblioteca de Bellas Artes 138
  Biblioteca Nacional 139
  Catedral Alemana 124
  Catedral Berlinesa 125
  Catedral Francesa 124
  Catedral de St. Hedwig 124
  Ciudadela de Spandau 148
  Colección Berggruen: Picasso y su tiempo . 142
  Columna de la Victoria 134
  Estación de Hamburgo 145
  Estadio olímpico 148
  Fernsehturm (torre de televisión) 125
  Friedrichswerdersche (iglesia) 124
  Funkturm (torre de la radio) 148
  Gabinete de Calcotipia y Colección
    de Dibujos y Estampas 138
  Gemäldegalerie (Galería de Pintura) 135
  Gendarmenmarkt (plaza) 124
  Großer Müggelsee (lago) 146
  Grunewald (bosque) 147
  Havel (lago) 147
  Iglesia de San Nicolás 125, 149
  Iglesia de Santa María 125
  Isla de los Museos 133
  Jardín botánico 146
  Kaiser-Wilhelm-Gedächtniskirche (iglesia) . 140
  Knoblauchhaus 125
  Kulturforum 135
  Kurfürstendamm (calle) 139
  Martin-Gropius-Bau 145
  Monumento conmemorativo
    del Muro de Berlín 146
  Monumento conmemorativo Plötzensee . . . 148
  Monumento al puente aéreo 145
  Monumento a la Resistencia Alemana 139
  Museo Alemán de la Técnica 144
  Museo de Arte Contemporáneo 145
  Museo de Arte de Extremo Oriente 144
  Museo de Arte Hindú 144
  Museo de Artes Decorativas 137
  Museo de la Bauhaus 148
  Museo Bode 134
  Museo Botánico 146
  Museo Bröhan 143
  Museo de las Culturas Europeas 144
  Museo de Artes Decorativas 146
  Museo de Historia Alemana 124
  Museo de Instrumentos Musicales 139
  Museo de la Marca 146
  Museo Die Brücke 146
  Museo Egipcio y Colección de Papiros . . . 142
  Museo Etnológico 143
  Museo Judío de Berlín 145
  Museo Käthe-Kollwitz 145
  Museo de Pérgamo 133
  Museo de Prehistoria y Protohistoria 142
  Museo Schinkel 124
  Museo de Telecomunicaciones 144
  Museo del Muro de Berlín 145
  Neue Wache 124
  Nikolaiviertel (barrio) 125
  Nueva Galería Nacional 138
  Pabellón de caza de Grunewald 147
  Palacio de Bellevue 134
  Palacio de Charlottenburg 140
  Palacio Ephraim 125
  Parque zoológico 135
  Pfaueninsel (isla de los Pavos Reales) 148
  Philharmonie 139
  Puerta de Brandemburgo 123
  Reichstag 123
  Rotes Rathaus 125
  Schauspielhaus (teatro) 124
  Stülerbauten 142
  Taller de moldes de yeso 143
  Tauentzienstraße (calle) 140
  Teatro Nacional de la Ópera 124
  Tiergarten (parque) 134
  Topografía del Terror 145
  Universidad Humboldt 124
  Unter den Linden (avenida) 124
  Viktoria-Park 145
  Wannsee (lago) 147
Bernau *Baden-Württemberg* 475
Bernauer, Agnes 500
Bernkastel-Kues
  Renania-Palatinado 150
Berwartstein (castillo)
  Renania-Palatinado 427
Bethmann 219
Beuron (abadía) 480
Beuys, Joseph 62
Biedermeier, estilo 60
Bigge (pantano) 476
Bingen *Renania-Palatinado* 449
Binz *Mecklemburgo-*
  Antepomerania 459
Birnau *Baden-Württemberg* 151
Bismarck, Otto von 51
Blaubeuren *Baden-Württemberg* . . . 521
Blaue Reiter (Jinete Azul) 62, 369
Blauen *Baden-Württemberg* 99
Bochum *Renania Sept.-Westfalia* . . 462
Bockbeutelstraße 552
Bode (valle) 276
Bode, Wilhelm von 135
Bodenmais *Baviera* 105
Bodensee 150
Bödmen 416
Böll, Heinrich 304
Böttger, Johann F. 191
Böhm, Dominikus 62
Bonifacio, San 237
Bonn *Renania Sept.-Westfalia* 152
Boppard *Renania-Palatinado* 447
Borkum (isla) *Baja Sajonia* 420
Bottrop *Renania Sept.-Westfalia* . . 463
Brandenburg (Brandemburgo)
  Brandeburgo 434
Branitz (palacio y parque) 175
Braunfels (castillo) *Hesse* 322
Braunlage *Baja Sajonia* 276
Braunschweig *Baja Sajonia* 156
Breisach *Baden-Württemberg* 236
Breitachklamm *Baviera* 415
Bremen *Bremen* 158
Bremerhaven *Bremen* 162
Brocken 275
Brömserburg (fortaleza) 457
Bronnbach (abadía) 534
Bruchsal (palacio)
  Baden-Württemberg 162
Brücke, Die (El Puente) 62
Brühl *Renania Sept.-Westfalia* 163
Brunswick . . . . ver Braunschweig
Buchenwald *Turingia* 533
Bückeburg *Baja Sajonia* 165
Büdingen *Hesse* 242
Bula de Oro 47

607

Burg Stargard
   Mecklemburgo-Antepomerania . . 405
Bürgeln (palacio)
   Baden-Würtemberg 99
Burghausen *Baviera* 165
Burkheim *Baden-Württemberg* 235

C

Callenberg (castillo) 174
Cantar de los Nibelungos 444
Carlomagno 45, 72
Carwitz
   Mecklemburgo-Antepomerania . . 405
Celle *Baja Sajonia* 167
Chemnitz *Sajonia* 168
Chiemsee *Baviera* 170
Chorin (abadía) 172
Clausthal-Zellerfeld *Baja Sajonia* . . . 276
Cloef 471
Cloppenburg (aldea-museo)
   Baja Sajonia 418
Coblenza . . . . ver Koblenz
Coburg(o) *Baviera* 173
Cochem *Renania-Palatinado* 367
Colonia . . . . ver Köln (Colonia)
Comisión del Imperio 51
Confederación Germánica 51
Confederación de Alemania
   del Norte 52
Constanza . . . . ver Konstanz
Corvey *Renania-Palatinado* 272
Cottbus *Brandemburgo* 174
Cranach el viejo, Lucas 60
Creglingen *Baden-Württemberg* . . . 450

D

Dachau *Baviera* 395
Dahner Felsenland
   Renania-Palatinado 427
Daimler, Gottlieb 501
Danubio (abadías) 500
Darmstadt *Hesse* 177
Darß *Mecklemburgo-*
   Antepomerania 453
Deidesheim *Renania-Palatinado* . . . 425
Deportes 28
Dernau *Renania Sept.-Westfalia* . . . 204
Dessau *Sajonia-Anhalt* 179
Detmold *Renania Sept.-Westfalia* . . 183
Dettelbach *Baviera* 553
Detwang *Baviera* 450
Dhaun (Castillo de) 288
Dyck (palacio) 365
Dießen *Baviera* 395
Dieta de los Príncipes de Erfurt . . . 211
Dieta Imperial 47
Diez *Renania Sept.-Westfalia* 322
Dilsberg *Baden-Württemberg* 95
Dinkelsbühl *Baviera* 450
Diques 40
Dix, Otto 62
Documenta de Kassel 63
Döbraberg 110
Donaueschingen
   Baden-Württemberg 184
Donauwörth *Baviera* 451

Dora (campo de concentración) . . . 533
Dornum *Baja Sajonia* 211
Dortmund *Renania Sept.-Westfalia* . . 185
Drachenfels *Renania*
   Sept.-Westfalia 155
Dreifaltigkeitsberg 457
Dreisesselberg *Baviera* 424
Dresden (Dresde) *Sajonia* 186
Droste-Hülshoff,
   Annette von 151, 399
Duderstadt *Baja Sajonia* 249
Duisburg *Renania Sept.-Westfalia* . . 464
Dunsum *Schleswig-Holstein* 407
Durero, Alberto 60
Düsseldorf *Renania*
   Sept.-Westfalia 197

E

Eberbach (convento) 200
Ebersteinburg (castillo) 98
Ebertswiese 509
Ebrach (convento) *Baviera* 102
Ebstorf (convento) *Baja Sajonia* . . . 344
Echelsbacher Brücke *Baviera* 76
Eckernförde *Schleswig-Holstein* . . . 478
Eckhart, Johann 211, 303
Ehrenbreitstein (ciudadela) 301
Ehrenzipfel *Sajonia* 214
Eibsee 241
Eichstätt *Baviera* 201
Eidersperrwerk 286
Eifel 203
Eifel Norte (lagos) 366
Einbeck *Baja Sajonia* 206
Eisenach *Turingia* 206
Eisleben *Sajonia-Anhalt* 256
Ellingen *Baviera* 203
Elsheimer, Adam 61
Eltz (castillo) *Renania-Palatinado* . . 368
Emden *Baja Sajonia* 210
Ems (Bad)
   Renania Sept.-Westfalia 321
Endingen *Baden-Württemberg* 235
Enkirch Renania Palatinado 366
Erbeskopf 288
Eremitage (palacio) 108
Erfurt *Turingia* 211
Erlangen *Baviera* 414
Erzgebirge 214
Esens *Baja Sajonia* 211
Espira . . . . ver Speyer
Essen *Renania Sept.-Westfalia* 215
Esslingen am Neckar
   Baden-Württemberg 217
Estaciones termales 28
Ettal *Baviera* 76
Eulbach (parque) 417
Eutin *Schleswig-Holstein* 299
Expresionismo 62
Externsteine 184

F

Fasanerie (palacio) 238
Fassbinder, Rainer W. 69
Favorite (palacio) 437
Federico Guillermo
   de Brandemburgo 114

Federico Guillermo I 114
Federico I 114
Federico II el Grande
. . . . 50, 115, 428, 443
Feldberg (montaña) 486
Feldberg Seenlandschatf
  Mecklemburgo-Antepomerania . . 405
Fellhorn 415
Feuchtwangen *Baviera* 450
Fichtelberg 214
Fichtelgebirge (montaña) 110
Fischbeck (abadía) 270
Fischland
  Mecklemburgo-Antepomerania . . 453
Flensburg *Schleswig-Holstein* 218
Föhr (isla) *Schleswing-Holstein* . . . 407
Forchheim *Baviera* 103
Forggensee (lago) 239
Francfort . . . . . . ver Frankfurt am Main
Frankenberg an der Eder *Hesse* . . . 526
Frankfurt am Main *Hesse* 219
Frankfurt
  an der Oder *Brandenburg* 149
Fraueninsel 171
Freiberg *Sajonia* 230
Freiburg im Breisgau
  Baden-Württemberg 232
Freinsheim *Renania-Palatinado* 425
Freudenstadt *Baden-Württemberg* . 484
Frickenhausen *Baviera* 553
Friedberg *Hesse* 229
Friedrich, Caspar D. 61, 250
Friedrichshafen
  Baden-Württemberg 152
Friedrichstadt
  Schleswing-Holstein 286
Frisonas Orientales
  (islas) . . . . . . ver Ostfriesische Inseln
Fritzlar *Hessen* 236
Fugger, familia 85
Fulda *Hesse* 237
Fürstenberg *Baja Sajonia* 271
Fürstenlager (parque nacional) 113
Fürstenwerder *Mecklemburgo-
  Antepomerania* 405
Furtwangen *Baden-Württemberg* . . 485
Füssen *Baviera* 239

G

Garmisch-Partenkirchen *Baviera* . . . 240
Gauss, Carl F. 156, 249
Gedeonseck *Renania-Palatinado* . . . 447
Gelnhausen *Hesse* 242
Gemen (castillo) 399
Gernrode *Sajonia-Anhalt* 436
Gersfeld *Hesse* 238
Gewissensrub *Hesse* 271
Glücksburg *Schleswig-Holstein* 218
Godesberg (Bad)
  Renania Sept.-Westfalia 155
Göhren *Mecklemburgo-
  Antepomerania* 459
Görlitz *Sajonia* 242
Gößweinstein *Baviera* 109
Goethe, Johann W. von 219, 528
Goitzsche 256
Gondorf (castillo)
  Renania-Palatinado 368
Goslar *Baja Sajonia* 245

Gotha *Turingia* 248
Göttingen (Gotinga) *Baja Sajonia* . . 249
Grafschaft *Renania Sept.-Westfalia* . 477
Granitz (pabellón de caza) 459
Grauhof (iglesia) 247
Greetsiel *Baja Sajonia* 210
Greifenstein (castillo) 536
Greifswald *Mecklemburgo-
  Antepomerania* 250
Grimm, hermanos 294
Gropius, Walter 182
Großcomburg 482
Großer Arber 106
Großer Feldberg 230
Großer Inselsberg *Turingia* 509
Großschönau *Sajonia* 555
Großsedlitz (jardín barroco) 474
Gründerzeit 53
Grünewald, Mathias 60
Grupo Zebra 62
Grupo Zero 62
Guerra de los Treinta Años 48
Guerra del Palatinado 277
I Guerra Mundial 53
II Guerra Mundial 55
Güstrow *Mecklemburgo-
  Antepomerania* 251
Gutenberg, Johannes 48, 349, 458
Guttenberg (castillo) 95

H

Haendel, Georg F. 67, 254
Hagen *Renania Sept.-Westfalia* . . . 464
Hahnenklee-Bockswiese (Balneario)
  Baja Sajonia 245
Haigerloch *Baden-Württemberg* . . . 252
Haina *Hesse* 526
Halberstadt *Sajonia-Anhalt* 253
Halle *Sajonia-Anhalt* 254
Halligen (islas) 407
Hambach (castillo) 425
Hamburg (Hamburgo) *Hamburgo* . . 257
Hameln *Baja Sajonia* 269
Hämelschenburg (Castillo de) 270
Hann.Münden *Baja Sajonia* 271
Hannover *Baja Sajonia* 272
Hansa, La 48, 336
Harburg (castillo) 451
Harz (macizo) 40, 275
Harz Oriental 276
Hauser, Kaspar 83
Havelberg *Sajonia-Anhalt* 498
Haydn, Joseph 67
Heidelberg *Baden-Württemberg* . . . 276
Heiligendamm *Mecklemburgo-
  Antepomerania* 88
Heine, Heinrich 197
Helgoland (isla) *Schleswig-Holstein* 281
Helmstedt *Niedersachsen* 158
Heppenheim an der Bergstraße
  Hesse 113
Heringsdorf *Mecklemburgo-
  Antepomerania* 523
Herlin, Friedrich 60
Hermanos Enemigos,
  Los (castillos) 446
Herrenchiemsee (palacio) 171
Herreninsel 170
Herrnhut *Sajonia* 105

609

Hersbruck *Baviera* 414
Hersbrucker Alb *Baviera* 413
Herzog, Werner 68
Hiddensee (isla) 461
Hildebrand, Adolf von 62
Hildesheim *Baja Sajonia* 281
Hindelang *Baviera* 75
Hindenburg-Kanzel 106
Hintersee *Baviera* 112
Hirschegg 416
Hirschhorn am Neckar *Hesse* 95
Hitler, Adolph 54
Hochkopf *Baden-Württemberg* 475
Hölderlin, Friedrich 515
Höster *Renania Sept.-Westfalia* .. 271
Hötensleben *Sachsen-Anhalt* 158
Hoffman, E.T.A. 64
Hohe Acht (montaña) 204
Hohe Bracht (montaña) 477
Hohenbaden (castillo)
    Baden-Württemberg 98
Hohenloher *(Museo al aire libre)* .. 482
Hohenloher Land
    Baden-Württemberg 284
Hohenrechberg 481
Hohenschwangau (castillo) 406
Hohenstaufen *Baden-Württemberg* . 481
Hohenwarte 467
Hohenzollern (castillo) 285
Holbein el Joven, Hans 61
Holl, Elias 61
Holsteinische Schweiz 299
Holzmaden, *Baden-Württemberg* . 479
Homburg *Sarre* 471
Hornberg (castillo) 95
Hülshoff (palacio) 399
Hunsrück 288
Hus, Jan 319
Husum *Schleswing-Holstein* 286

I

Idar-Oberstein *Renania Palatinado* ... 287
Ilmenau *Turingia* 509
Informal 62
Ingolstadt *Baviera* 288
Investiduras, querella de las 46
Isabel de Hungría, santa 354
Isar (valle alto) 77

J

Jagst (valle) 284
Jagstberg *Baden-Wüttemberg* 284
Jena *Turingia* 289
Jonsdorf *Sajonia* 555
Juist (isla) *Baja Sajonia* 420

K

Kahler Asten (montaña) 477
Kaiserstuhl 235
Kaisheim *Baviera* 451
Kalmit *Renania-Palatinado* 426
Kampen *Schleswig-Holstein* 507
Kandel (montaña) 486

Kappel (santuario) *Baviera* 527
Karlsruhe *Baden-Württemberg* ... 291
Kassel *Hesse* 294
Kaub *Renania-Palatinado* 446
Kehlstein *Baviera* 112
Keitum *Schleswig-Holstein* 506
Kiedrich *Hesse* 458
Kiel *Schleswig-Holstein* 297
Kiel (canal) ...... *ver Nord-Ostsee-Kanal*
Kirchberg *Renania-Palatinado* ... 288
Kirchheim unter Teck
    Baden-Württemberg 479
Kirnitzschtal 473
Klein Flottbek 268
Kleinenbremen *Baja Sajonia* 165
Kleinwalsertal (Valle) 416
Kleist, Heinrich von 149
Klingenthal *Sajonia* 214
Klopp (fortaleza) 449
Knobelsdorff, George W. von ... 61
Knopfmacherfelsen 480
Kobern *Renania-Palatinado* 368
Koblenz *Renania-Palatinado* 299
Kölpinsee *Mecklemburgo-
    Antepomerania* 523
Königslutter am Elm *Baja Sajonia* .. 157
Königssee *Baviera* 112
Königstein (fortaleza) 473
Königstein im Taunus *Hesse* 229
Königstuhl 281
Königswinter *Renania
    Sept.-Westfalia* 155
Köln (Colonia) *Renania
    Sept.-Westfaflia* 302
    Alter Markt (plaza) 313
    Antiguo ayuntamiento 311
    Barrio de San Martín 313
    Catedral 305
    Filarmónica (auditorio) 305
    Fuente de la Danza 305
    Gürzenich 313
    Iglesia de San Andrés 318
    Iglesia de San Gereón 317
    Iglesia de San Pantaleón 317
    Iglesia de San Severino 317
    Iglesia de Santa Cecilia 316
    Iglesia de Santa María del Capitolio .. 317
    Iglesia de Santa Úrsula 318
    Köln (Colonia)arena 305
    Mikwe 311
    Museo de Arte de Asia Oriental ... 316
    Museo de Artes Decorativas 316
    Museo Diocesano 315
    Museo Etnográfico Rautenstrauch-Joest .. 316
    Museo de la Fotografía 314
    Museo Ludwig 314
    Museo Imhoff-Stollwerck 316
    Museo Romano-Germánico 314
    Museo Schnütgen 316
    Museo Wallraf-Richartz 315
    Pretorio 311
    Rheingarten 305
    Rheinpark 305
    Tesoro de la catedral 311
Konstanz *Baden-Württemberg* ... 318
Korbach *Hesse* 526
Kornelimünster *Renania
    Sept.-Westfalia* 74
Koserow *Mecklemburgo-
    Antepomerania* 523
Kranichstein (pabellón de caza) ... 178
Kreuzberg 238
Kronach *Baviera* 110
Krummhörn 210
Krummin *Mecklemburgo-
    Antepomerania* 523
Kühlungsborn *Mecklemburgo-
    Antepomerania* 88
Kulmbach *Baviera* 110

L

Laboe *Schleswig-Holstein* 298
Lahn (valle) 321
Lahneck (castillo) 447
Lam *Baviera* 105
Länder 41
Landsberg (capilla) 256
Landsberg am Lech *Baviera* ... 323
Landshut (castillo)
  Renania-Palatinado 150
Landshut *Baviera* 323
Langenburg *Baden-Württemberg* . 284
Langeoog (isla) *Baja Sajonia* .. 420
Lauenburg an der Elbe
  Baja Sajonia 344
Lehde *Brandemburgo* 495
Lehnin (abadía) *Brandemburgo* . 434
Leibl, Wilhelm 61
Leipzig *Sajonia* 324
Lembeck (palacio) 399
Lemgo *Renania Sept.-Westfalia* 331
Lichtenstein (castillo) 480
Liebermann, Max 62
Limburg an der Lahn *Hesse* ... 333
Limes 44
Lindau im Bodensee *Baviera* .. 333
Linderhof (palacio) 335
Liszt, Franz 106
Löbau *Sajonia* 105
Lochenstein 480
Lochner, Stephan 60, 304
Löns, Herman (tumba) 345
Loreley 446
Lorsch *Hesse* 113
Lübbenau *Brandemburgo* 495
Lübeck *Schleswig-Holstein* ... 336
Ludwigsburg *Baden-Württemberg* 340
Ludwigshöhe (palacio)
  Renania-Palatinado 426
Ludwigslust *Mecklemburgo-
  Antepomerania* 341
Lüne (abadía) *Baja Sajonia* .. 344
Lüneburg *Baja Sajonia* 342
Lüneburger Heide *Baja Sajonia* 344
Luis II 75, 335, 370
Luisenburg (laberinto) 110
Luisium (palacio) 181
Lutero, Martín 48, 206, 256, 546

M

Maare 205
Macizo Esquistoso renano 39
Macke, August 62
Maestro de la Vida de María . 60
Maestro de San Severin 60
Magdeburg *Sajonia-Anhalt* 347
Maguncia .... ver Mainz
Mainau (isla) 321
Mainz *Renania-Palatinado* 349
Malente-Gremsmühlen
  Schleswig-Holstein 299
Manderscheid *Renania-Palatinado* . 205
Mannheim *Baden-Württemberg* .. 352
Marbach am Neckar
  Baden-Württemberg 341
Marburg *Hesse* 354
Marc, Franz 62

Maria Laach (monasterio) 301
Marienberg *Baviera* 166
Marienborn *Sachsen-Anhalt* ... 158
Marienburg *Renania-Palatinado* 367
Marienglashöhle *Turingia* 509
Marienthal Renania
  Sept.-Westfalia 204
Markgröningen
  Baden-Württemberg 341
Marksburg 447
Marktbreit *Baviera* 553
Maulbronn (abadía) 356
Mecklenburgische Seenplatte
  Mecklemburgo-Antepomerania . 357
Meersburg *Baden-Württemberg* . 151
Meissen *Sajonia* 359
Mellenthin
  Mecklemburgo-Antepomerania . 524
Memmingen *Baviera* 361
Mendelssohn-Bartholdy, Felix . 326
Merian, familia 61
Merseburg *Sajonia-Anhalt* 363
Messel *Hesse* 229
Metten (abadía) 500
Mettlach *Sarre* 471
Michelstadt *Hesse* 417
Miltenberg *Baviera* 416
Minden *Renania Sept.-Westfalia* 363
Mittelberg 416
Mittenwald *Baviera* 241
Möhnesee *Renania Sept.-Westfalia* 492
Mölln *Schleswig-Holstein* 438
Mönchengladbach
  Renania Sept.-Westfalia ... 364
Monrepos (palacio) 341
Monschau *Renania Sept.-Westfalia* 365
Montaña franconiana 110
Montes Metálicos 214
Moritzburg (palacio) 196
Moseltal *Renania-Palatinado* . 366
Mosigkau (palacio) 182
Mozart, Wolfgang A. 67
Mühlhausen *Turingia* 368
Mummelsee 483
München (Múnich) *Baviera* ... 369
  Alte Pinakothek 382
  Alter Hof 374
  Antiguo Teatro de la Residencia . 375
  Asamkirche 391
  Ciudad cinematográfica 394
  Colección de Antigüedades ... 388
  Colección Bäuml (porcelanas) . 393
  Columna de María 373
  Feldherrnhalle 381
  Fuente de Richard Strauss ... 372
  Fuente Wittelsbacher (Fuente) 391
  Galería Municipal de Villa Lenbach . 388
  Galería Nacional de Arte Moderno . 390
  Galería Schack 391
  Gliptoteca 388
  Hofbräuhaus (fábrica de cerveza) . 374
  Iglesia del Espíritu Santo .. 374
  Iglesia de Nuestra Señora ... 372
  Iglesia de San Juan Nepomuceno . 391
  Iglesia de San Miguel 372
  Iglesia de San Pedro 374
  Iglesia de los Teatinos 381
  Jardín botánico 393
  Jardín Inglés 390
  Marienplatz (plaza) 373
  Museo Alemán 388
  Museo Alemán de la Caza y de la Pesca . 372
  Museo del BMW 394
  Museo de carrozas 393
  Museo del Hombre y de la Naturaleza . 393
  Museo Municipal 391
  Museo Nacional Bávaro 390
  Museo de la Residencia 375
  Museo Villa Stuck 391
  Neue Pinakothek 385

Ayuntamiento nuevo 373
Odeonplatz (plaza) 381
Ópera Nacional de Baviera 381
Palacio arzobispal 381
Palacio de Nymphenburg 392
Palacio Portia 381
Palacio de Schleißheim 394
Parque Olímpico 394
Parque zoológico de Hellabrunn 393
Propileos 388
Residencia 374
Schwabing (barrio) 371
Teatro Nacional 381
Theresienwiese 372
Viktualienmarkt (mercado de abastos) ... 374
Weinstadel 374
Münster *Renania Sept.-Westfalia* .. 396
Münsterländer Wasserburgen
  Renania Sept.-Westfalia 399
Münzenberg *Hesse* 536
Müritz (lago) 358
Müritz (parque nacional) 359

N

Nacionalsocialismo 54
Nassau *Renania Sept.-Westfalia* ... 322
Naumburg *Sajonia-Anhalt* 400
Neandertal *Renania
  Sept.-Westfalia* 200
Nebel *Schleswig-Holstein* 407
Nebelhorn 415
Neckarsteinach *Hesse* 95
Neckarsulm *Baden-Württemberg* ... 95
Neckartal 95
Nennig *Sarre* 471
Neresheim (abadía) 409
Neubrandenburg *Mecklemburgo-
  Antepomerania* 402
Neuburg an der Donau *Baviera* 289
Neudenau *Baden-Württemberg* ... 284
Neue Wilde (Nuevos Bárbaros) ... 63
Neuenburg (castillo) 402
Neuenstein *Baden-Württemberg* ... 285
Neues Fränkisches Seenland 203
Neuharlingersiel *Baja Sajonia* 211
Neuhaus an der Pegnitz *Baviera* ... 413
Neumagen-Dhron
  Renania-Palatinado 366
Neumann, Balthasar 61, 548
Neuschwanstein (castillo) 405
Neuss *Renania Sept.-Westfalia* ... 200
Neustadt an der Weinstr.
  Renania-Palatinado 425
Neustrelitz *Mecklemburgo-
  Antepomerania* 405
Nideggen *Renania Sept.-Westfalia* .. 366
Niederaltaich (iglesia) 500
Niederburg *Renania-Palatinado* ... 205
Niederfinow (elevador de barcos) .. 172
Niederwalddenkmal (monumento) ... 457
Niendorf *Schleswig-Holstein* 340
Nietzsche, Friedrich 65, 528
Nördlingen *Baviera* 408
Nolde, Emil 62
Nord-Ostsee-Kanal 298
Norden *Baja Sajonia* 211
Norderney (isla) *Baja Sajonia* 420
Nordfriesische Inseln 407
Nordstrand (isla) 408
Nueva Objetividad 62
Nürburg (fortaleza) 204
Nürnberg (Nuremberg) *Baviera* ... 409

O

Oberaltaich (monasterio) 500
Oberammergau *Baviera* 76
Obercunnersdorf *Sajonia* 105
Oberhausen *Renania
  Sept.-Westfalia* 465
Oberhof *Turingia* 509
Oberkirchen
  Renania Sept.-Westfalia 477
Obermarchtal *Baden-Württemberg* .. 559
Obersalzberg *Baviera* 111
Oberstaufen *Baviera* 75
Oberstdorf *Baviera* 415
Oberwesel *Renania-Palatinado* ... 448
Oberwiesenthal *Sajonia* 214
Ochsenfurt *Baviera* 553
Ochsenkopf 110
Odenwald 416
Offenbach *Hesse* 229
Ohratalsperre *Turingia* 509
Öhringen *Baden-Württemberg* ... 285
Oker (presa) 276
Oldenburg *Baja Sajonia* 417
Oranienbaum *Sajonia-Anhalt* 546
Oranienburg *Brandemburgo* 149
Orden teutónica 90
Osnabrück *Baja Sajonia* 418
Osterhofen *Baviera* 424
Ostfriesische Inseln *Baja Sajonia* ... 420
Ottobeuren *Bayern* 362
Oybin *Sajonia* 555
Oybinblick 555

P

Paderborn *Renania Sept.-Westfalia* . 421
Palatinado 277
Paradies *Baviera* 75
Parques de atracciones 26
Parques nacionales 27
Partnachklamm 241
Passau *Baviera* 422
Peenemünde
  Mecklemburgo-Antepomerania .. 523
Pellworm (isla) 408
Permoser, Balthasar 61, 190
Pesne, Antoine 141
Pewsum *Baja Sajonia* 210
Pfalz *Renania Palatinado* 424
Pfalz bei Kaub 446
Pfalz, Liselotte von der 277
Pillnitz (palacio) 196
Pilsum *Baja Sajonia* 210
Plassenburg (Fortaleza) 110
Plön 299
Pommersfelden (palacio) *Baviera* .. 102
Pöppelmann, Matthäus D. 61, 190
Porta Westfalica
  Renania Sept.-Westfalia 364
Potsdam *Brandemburgo* 428
Pottenstein *Baviera* 109
Prien *Baviera* 170
Priwall 340
Prusia 50
Pückler-Muskau, Hermann von ... 176
Pünderich *Renania Palatinado* ... 366
Putbus
  Mecklemburgo-Antepomerania .. 458

Q

Quedlinburg *Sajonia-Anhalt* 434

R

Raesfeld (palacio) 400
Raichberg 480
Raitenhaslach *Baviera* 166
Rastatt *Baden-Würtemberg* 436
Ratisbona .... *ver Regensburg*
Ratzeburg *Schleswig-Holstein* 437
Ravengiersburg 288
Ravensbrück *Brandenburg* 405
Ravensburg *Baden-Würtemberg* .. 438
Ravensburger Spieleland 438
Realismo socialista 63
Rech *Renania Sept.-Westfalia* 204
Recklinghausen
   Renania Sept.-Westfalia 465
Reforma, La 48
Regensburg *Baviera* 438
Región prealpina 40
Reichenau (isla) 321
Reichenstein (castillo) 449
Riemenschneider, Tilman 60
Reiz, Edgar 69
Remagen *Renania-Palatinado* 155
Rendsburg *Schleswig-Holstein* 299
Reussenstein (ruinas del castillo de) ... 479
Rheinfels (castillo) 448
Rheingau 458
Rheinsberg (palacio) 443
Rheinstein (castillo) 449
Rheintal 444
Rhens *Renania-Palatinado* 447
Rhön 238
Riemenschneider, Tilman 548
Riezlern 416
Rin 444
Rin (valle) .... *ver Rheintal*
Rittersgrün *Sajonia* 214
Röbel
   Mecklemburgo-Antepomerania .. 358
Rötteln (castillo)
   Baden-Württenberg 99
Romantische Strasse 449
Rosenau (castillo) 174
Rossfeld (ruta) 112
Rostock
   Mecklemburgo-Antepomerania .. 451
Rotenburg an der Fuldal *Hesse* 89
Rothenburg ob der Tauber *Baviera* .. 453
Rothschild 219
Rott am Inn *Baviera* 527
Rottenbuch *Baviera* 75
Rottweil *Baden-Würtemberg* 456
Rübeland 276
Rudelsburg (castillo) 402
Rüdesheim *Hesse* 457
Rudolstadt *Turingia* 466
Rügen (isla) *Mecklemburgo-
   Antepomerania* 458
Ruhpolding *Baviera* 79
Ruhrgebiet (cuenca del Ruhr)
   Renania Sept.-Westfalia 461
Runkel (fortaleza) 322
Rurtalsperre
   Renania Sept.-Westfalia 366
Ruta alemana de los Alpes 75
Ruta romántica .. *ver Romantische Strasse*
Rysum *Baja Sajonia* 210

S

Saalburg *Hesse* 230, 467
Saalburg *Turingia* 472
Saaleck (castillo) 402
Saaletal *Turingia* 466
Saalfeld *Turingia* 466
Saarbrücken *Sarre* 467
Saarburg *Sarre* 472
Sächsische Schweiz *Sajonia* 472
Sacro Imperio
   Romano Germánico 46
Salem *Baden-Würtemberg* 474
St. Andreasberg *Baja Sajonia* 276
St. Blasien *Baden-Würtemberg* ... 475
St. Goar *Renania-Palatinado* 448
St. Goarshausen
   Renania-Palatinado 446
St. Marienthal *Sajonia* 245
St. Peter (monasterio)
   Baden-Würtemberg 485
Sanspareil (jardín) 109
Sanssouci .... *ver Potsdam*
Sarre (valle inferior) .. *ver Unteres Saartal*
Sasbach *Baden-Würtemberg* 98
Saßnitz
   Mecklemburgo-Antepomerania .. 459
Sauerland *Renania Sept.-Wetsfalia* .. 476
Schauinsland 486
Schaumburg (palacio) 322
Schierke *Sajonia-Anhalt* 276
Schiltach *Baden-Würtemberg* 485
Schinkel, Karl F. 61
Schlei 477
Schleswig *Schleswig-Holstein* 477
Schliersee *Baviera* 77
Schlöndorff, Volker 68
Schloßberghöhlen 471
Schluchsee (lago)
   Baden-Würtemberg 486
Schlüter, Andreas 61
Schmalsee 438
Schönburg 448
Schönbusch (parque) *Baviera* 85
Schöntal (abadía) 284
Schöppenstedt *Baja Sajonia* 156
Schulpforte *Sajonia-Anhalt* 402
Schumann, Robert 197, 326, 557
Schwäbisch Gmünd
   Baden-Würtemberg 480
Schwäbisch Hall
   Baden-Würtemberg 481
Schwäbische Alb
   Baden-Würtemberg 479
Schwalmstadt 31
Schwarzenacker 471
Schwarzenberg *Sajonia* 214
Schwarz-Rheindorf
   Renania Sept.-Westfalia 155
Schwarzwälder Freilichtmuseum
   Vogtsbauernhof 485
Schwarzwald
   Baden-Würtemberg 482
Schwerin
   Mecklemburgo-Antepomerania .. 487

613

Schwetzingen *Baden-Württemberg* .. 489
Schwitters, Kurt 274
Sea Life Konstanz 320
Seebruck *Baviera* 170
Seebüll *Schleswing-Holstein* 287
Sellin *Mecklemburgo-
   Antepomerania* 459
Selva de Baviera .. *ver Bayerischer Wald*
Selva Negra .... *ver Schwarzwald*
Siebengebirge 155
Siglo de las Luces 64
Sigmaringen *Baden-Württemberg* .. 490
Silbermann, Gottfried 231
Simmern *Renania-Palatinado* 288
Sinsheim *Baden-Württemberg* 94
Soest *Renania Sept.-Westfalia* 490
Solingen *Renania Sept.-Westfalia* .. 466
Solitude (palacio) 505
Soltau (parque de atracciones) 345
Sommerhausen *Baviera* 553
Sooneck (castillo) 449
Sorbios 103
Sosa-Talsperre 214
Speyer *Renania-Palatinado* 492
Spiekeroog (isla) *Baja Sajonia* 420
Spitzingsee *Baviera* 77
Spreewald *Brandemburgo* 495
Stade *Baja Sajonia* 496
Starkenburg *Renania-Palatinado* .. 366
Steinau *Hesse* 242
Steingaden *Baviera* 75
Steinhausen *Baden-Württemberg* .. 560
Stendal *Sajonia-Anhalt* 497
Sterreberg (castillo) 446
Störtebeker (ruta) 210
Störtebeker, Klaus 460
Stolzenfels (castillo) 447
Storm, Theodor 286
Stoss, Veit 60
Stralsund
   Mecklemburgo-Antepomerania .. 498
Straubing *Baviera* 499
Stubbenkammer *Mecklemburgo-
   Antepomerania* 459
Stuppach *Baden-Württemberg* 91
Sturm und Drang 64
Stuttgart *Baden-Württemberg* 501
Sudelfeld 77
Süden *Schleswig-Holstein* 408
Suhlendorf 345
Suiza de Holstein 299
Suiza franconiana 108
Suiza sajona .. *ver Sächsische Scheweiz*
Sulzfeld *Baviera* 553
Sylt (isla) 506
Sylvenstein (presa) 77

T

Tangermünde *Sajonia-Anhalt* 497
Tatzelwurm (cascada) *Baviera* 77
Taunus (macizo) 229
Tecklenburg
   Renania Sept.-Westfalia 419
Telgte *Renania Sept.-Westfalia* 398
Tène, La (cultura) 44
Teufelshöhle 109
Thüringer Wald 508
Tiefenbronn *Baden-Württemberg* .. 505
Tiefurt (palacio) 532

Till Eulenspiegel 156, 438
Timmendorfer Strand
   Schleswig-Holstein 340
Titisee *Baden-Württemberg* 487
Tittmoning *Baviera* 166
Todtnau (cascadas) 486
Tollensesee *Meckelenburgo-
   Antepomerania* 405
Travemünde *Schleswig-Holstein* ... 340
Treis-Karden *Renania-Palatinado* .. 368
Trento, concilio de 49
Tréveris .... *ver Trier*
Triberg *Baden-Württemberg* 485
Trier *Renania-Palatinado* 509
Trifels (castillo) *Renania-Palatinado* .. 426
Trotta, Margarethe von 69
Tübingen (Tubinga)
   Baden-Württemberg 514
Tüchersfeld *Baviera* 109

U

Überlingen *Baden-Württemberg* ... 517
Ückeritz
   Mecklemburgo-Antepomerania .. 523
Uhldingen-Mühlhofen 518
Ulm *Baden-Württemberg* 518
Ulmen *Renania-Palatinado* 205
Undeloh *Baja Sajonia* 345
Unesco
   (lista del Patrimonio Mundial) .. 561
Unteres Saartal 471
Usedom (isla) *Mecklemburgo-
   Antepomerania* 522

V

Veitshöchheim (palacio) 552
Viena, congreso de 51
Vierzehnheiligen (iglesia) 524
Vikingos 477
Visbek (monumentos megalíticos) .. 418
Vischering (castillo) 400
Völklingen 470
Volkach *Baviera* 553
Voltaire 428
Voralberg (escuela) 58

W

Wablsburg-Lippoldsberg *Hesse* 271
Wachenburg (castillo) 113
Wagner, Richard 67, 106
Walchensee 93
Waldeck *Hesse* 525
Waldecker Bergland 525
Waldenburg *Baden-Württemberg* .. 284
Waldkirch *Baden-Württemberg* ... 486
Waldsassen *Baviera* 526
Waldshut *Baden-Württemberg* ... 92
Walhalla 442
Wallerstein *Baviera* 451
Walser 416
Walsrode (parque ornitológico) 345

Waltersdorf *Sajonia* 555
Wangen im Allgäu
  Baden-Würtemberg 438
Wangerooge (isla) *Baja Sajonia* 421
Wank 241
Waren *Mecklemburgo-
  Antepomerania* 358
Warnemünde 453
Wartburg 206
Wasgau 424
Wasserburg *Baden-Würtemberg* .. 152
Wasserburg am Inn *Baviera* 527
Wasserkuppe 239
Wedel 268
Weikersheim *Baden-Würtemberg* .. 449
Weilburg *Hesse* 322
Weimar (República) 53
Weimar *Turingia* 528
Weingarten *Baden-Würtemberg* ... 560
Weinheim *Baden-Würtemberg* 113
Weißenburg *Baviera* 203
Wellmich *Renania-Palatinado* 446
Weltenburg (abadía) 442
Wendelstein *Baviera* 79
Wenders, Wim 69
Wernigerode *Sajonia-Anhalt* 533
Wertheim *Baden-Würtemberg* 534
Weser (alto valle) 271
Wessobrunn *Baviera* 535
Wessobrunner (escuela) 535
Westerland *Schleswig-Holstein* 506
Westfalia, paz de 396
Wetzlar *Hesse* 535
Wiblingen (convento) 521
Wienhausen (monasterio) 168
Wiesbaden *Hesse* 536
Wieskirche 538
Wildenstein (castillo) 480
Wilhelmsthal (palacio) 297
Wilseder Berg *Baja Sajonia* 346
Wismar
  Mecklemburgo-Antepomerania .. 539
Wittelsbacher 370
Wittenberg *Sajonia-Anhalt* 541
Woldegk
  Mecklemburgo-Antepomerania .. 405
Wolfenbüttel *Baja Sajonia* 542
Wolgast *Mecklemburgo-
  Antepomerania* 522
Wörlit (parque) *Sajonia-Anhalt* 543
Worms, concordato de 46
Worms *Renania-Palatinado* 546
Worpswede *Baja Sajonia* 162
Wuppertal *Renania Sept.-Westfalia* . 466
Würzburg *Baviera* 548
Wyk *Schleswig-Holstein* 407

X

Xanten *Renania Sept.-Westfalia* ... 554

Y

Yburg (ruinas)
  Baden-Württenberg 98

Z

Zell *Renania-Palatinado* 366
Zimmermann, Dominikus 61, 538
Zingst *Mecklemburgo-
  Antepomerania* 453
Zinnowitz *Mecklemburgo-
  Antepomernia* 523
Zittau *Sajonia* 554
Zittauer Gebirge *Sajonia* 554
Zons *Renania Sept.-Westfalia* 318
Zugspitze *Baviera* 556
Zwernitz (castillo) 109
Zwickau *Sajonia* 557
Zwiefalten (iglesia)
  Baden-Württemberg 559

Notas